学校安全指导手册

XUEXIAO ANQUAN ZHIDAO SHOUCE

上

马雷军 ◎ 主编

图书在版编目(CIP)数据

学校安全指导手册:全2册/马雷军主编.—长春:东北师范大学出版社,2013.12
　ISBN 978-7-5602-9471-1

　Ⅰ.①学… Ⅱ.①马… Ⅲ.①中小学-学校管理-安全管理 Ⅳ.①G637.4

中国版本图书馆 CIP 数据核字(2013)第 299431 号

□责任编辑:何　云　　□封面设计:青　蜓
□责任校对:江　莹　　□责任印制:刘　洋

东北师范大学出版社出版发行
长春净月经济开发区金宝街 118 号(邮政编码:130117)
电话:0431-85695744　85688470
邮购热线:0431-84568155
传真:0431-85695744　85602589
网址:http://www.nenup.com
电子函件:sacbs@mail.jl.cn
北京画中画印刷有限公司

2013 年 12 月第 1 版　2013 年 12 月第 1 次印刷
幅面尺寸:170 mm×230 mm　印张:89.75　字数:1453 千字
定价:298.00 元

编委会

主　编： 马雷军
副主编： 柳翔浩　史利平　赵　菲　张永梅　邹　荣
编　委： 朱晟利　陈会众　王春明　王　忠　龙　阳
　　　　　刘　旭　康彦涛　梁　艳　王立杰　郑伟强
　　　　　安国玲　张嗣娇

总目录

卷一　学校安全事故处理的理论与技术

第一章　学校安全的基本理论
第一节　安全与学校安全　｜ 4
第二节　学校安全的基本原则　｜ 11
第三节　我国的学校安全　｜ 14
第四节　学校安全管理的范围　｜ 18
第五节　学校安全管理的时机　｜ 22
第六节　学校安全管理的法律渊源　｜ 23

第二章　学校安全事故的预防体系
第一节　学校安全事故的预防体系概述　｜ 44
第二节　学校的安全责任　｜ 46
第三节　学校的安全制度　｜ 48
第四节　学校的安全检查　｜ 71
第五节　学校的安全技术　｜ 73
第六节　学校的安全教育　｜ 76
第七节　学校的安全预警　｜ 83

第三章　学校安全事故的应急体系
第一节　学校安全应急体系的概述　｜ 88
第二节　学校安全应急预案　｜ 90
第三节　学校安全应急演练　｜ 107

第四章　学校安全事故的处理体系
   第一节　学校安全事故的处理程序 ……………………… 120
   第二节　学校安全事故的媒体应对 ……………………… 125
   第三节　学生伤害事故的法律责任 ……………………… 128

第五章　学校安全事故中的法律救济
   第一节　教育申诉制度 …………………………………… 144
   第二节　教育行政复议制度 ……………………………… 147
   第三节　诉讼法律制度 …………………………………… 152
   第四节　学校安全事故中的证据 ………………………… 159

第六章　国外学校安全的经验
   第一节　美国的学校安全 ………………………………… 175
   第二节　日本的学校安全 ………………………………… 181
   第三节　新西兰的学校安全 ……………………………… 191
   第四节　其他国家的学校安全 …………………………… 195

卷二　学校安全事故的预防与应对

第七章　社会安全类事故的预防与应对
   第一节　社会安全类事故概述 …………………………… 206
   第二节　恐怖袭击事故的预防与应对 …………………… 211
   第三节　财产盗窃事故的预防与应对 …………………… 218
   第四节　学生暴力事件的预防与应对 …………………… 225
   第五节　学校绑架事故的预防与应对 …………………… 233
   第六节　学校抢劫事故的预防与应对 …………………… 240
   第七节　性侵害事故的预防与应对 ……………………… 248
   第八节　学生自杀事故的预防与应对 …………………… 257

第八章　公共卫生类事故的预防与应对
   第一节　公共卫生类事故概述 …………………………… 265

    第二节　常见肠道疾病的预防与应对　　　| 270
    第三节　常见呼吸道疾病的预防与应对　　| 274
    第四节　常见青春期疾病的预防与应对　　| 279
    第五节　常见传染病的预防与应对　　　　| 286
    第六节　吸烟酗酒吸毒的预防与应对　　　| 295
    第七节　常见心理疾病的预防与应对　　　| 302

第九章　意外伤害类事故的预防与应对

    第一节　意外伤害类事故的概述　　　　　| 311
    第二节　道路交通安全事故的预防与应对　| 315
    第三节　学校用火用电事故的预防与应对　| 323
    第四节　学校公用设施事故的预防与应对　| 329
    第五节　学校运动伤害事故的预防与应对　| 334
    第六节　学校溺水事故的预防与应对　　　| 341
    第七节　学校踩踏事故的预防与应对　　　| 346

第十章　自然灾害类事故的预防与应对

    第一节　自然灾害类事故的概述　　　　　| 354
    第二节　地震事故的预防与应对　　　　　| 360
    第三节　火灾事故的预防与应对　　　　　| 373
    第四节　洪灾事故的预防与应对　　　　　| 380
    第五节　泥石流事故的预防与应对　　　　| 385

第十一章　信息网络类事故的预防与应对

    第一节　信息网络类事故概述　　　　　　| 390
    第二节　学生沉溺网络的预防与应对　　　| 395
    第三节　网络色情信息的预防与应对　　　| 402
    第四节　网络诈骗信息的预防与应对　　　| 410
    第五节　网络信息泄密的预防与应对　　　| 416
    第六节　网络系统入侵的预防与应对　　　| 421

卷三 学校应急管理体系的建立

第十二章 为什么要建立学校应急管理体系
- 第一节 我国安全管理体系的不完善 | 432
- 第二节 建立应急管理体系的重大意义 | 434

第十三章 如何建立完善的应急管理体系
- 第一节 应急管理体系的主要内容 | 438
- 第二节 应急管理体系的基本构成 | 440

第十四章 学校应急预案的建立
- 第一节 应急预案基本概述 | 443
- 第二节 制订应急预案的意义与原则 | 447
- 第三节 应急预案编制步骤 | 449
- 第四节 基本预案的建立与应急功能 | 453
- 第五节 应急预案的格式与内容示例 | 458

第十五章 几项重要的学校应急预案措施
- 第一节 建立学校治安事件应急预案 | 465
- 第二节 建立学校邪教、黄赌毒等事件应急预案 | 467
- 第三节 建立学校交通事件应急预案 | 468
- 第四节 建立学校消防事件应急预案 | 469
- 第五节 建立学校公共卫生与食品安全事件应急预案 | 471
- 第六节 突发安全事故应急预案范本 | 475

第十六章 学校应急管理演练
- 第一节 应急预案 | 496
- 第二节 应急演练的准备 | 500
- 第三节 应急演练的实施 | 504
- 第四节 演练总结与评价 | 506

第十七章　完善学校应急管理组织体系
　　第一节　建立健全学校应急管理组织体系　｜ 509
　　第二节　积极开展学校应急管理体制建设　｜ 512

第十八章　构建学校应急综合保障体系
　　第一节　加强学校安全基础设施建设　｜ 518
　　第二节　提高乡村学校自身抗灾救灾能力　｜ 521
　　第三节　认真做好日常管理和巡查工作　｜ 524
　　第四节　完善校园安全监控系统　｜ 536
　　第五节　加强学校实验室装备及设施建设　｜ 538

第十九章　提升学校应急管理信息系统科技含量
　　第一节　以科技为支撑，构建应急信息平台　｜ 545
　　第二节　学校应急管理信息系统的建设　｜ 551

第二十章　推进学校应急管理法制体系建设
　　第一节　确保学校应急管理有法可依　｜ 557
　　第二节　加强学校应急管理法律法规的宣传教育工作　｜ 562

第二十一章　学校应急管理体系建设的几点建议
　　第一节　明确责任，强化管理　｜ 566
　　第二节　构建稳定的投入机制　｜ 567
　　第三节　加强应急队伍救援建设　｜ 568
　　第四节　建立完善的运行机制　｜ 570

第二十二章　国外应急管理体系简介
　　第一节　国外政府应急管理的政策措施　｜ 577
　　第二节　国外灾后应急管理救助经验　｜ 581
　　第三节　国际公共危机管理中的法制化建设　｜ 592
　　第四节　国外发达国家应急队伍建设　｜ 596
　　第五节　发达国家的应急教育体系及方法　｜ 599
　　第六节　国外中小学应急安全教育概览　｜ 604

第七节　国外中小学应急安全管理现状分析　　| 607

卷四　校园安全应急管理日常工作

第二十三章　学校安全管理的日常工作
第一节　学校安全管理日常工作概述　　| 616
第二节　学校安全管理日常工作的重要内容　　| 622

第二十四章　日常管理制度的建设
第一节　消防安全的日常管理制度　　| 645
第二节　自然灾害日常管理制度　　| 651
第三节　运动及体育器材日常管理制度　　| 658
第四节　实验教室、信息教室安全管理制度　　| 663
第五节　教学及校园生活安全管理制度　　| 667
第六节　学生游戏及运动伤害防治　　| 677
第七节　交通安全管理制度　　| 679
第八节　饮食卫生管理制度　　| 681
第九节　校园公共卫生安全管理制度　　| 686
第十节　校园暴力　　| 691
第十一节　校园安全及周边社会治安综合治理制度　　| 702

第二十五章　做好学校隐患日常排查整改工作
第一节　学校结合实际进行全面排查　　| 710
第二节　短期内可以完成整改的隐患排查　　| 716
第三节　学校情况复杂、短期内难以完成整改的隐患排查　　| 717

第二十六章　加强学校应急管理体系建设
第一节　建立学校应急管理体系的主要内容　　| 723
第二节　建立学校应急管理的预警机制　　| 729

第二十七章　加强学校先期处理和协助处置工作
第一节　如何开展学校先期处置工作　　| 734

第二节　如何防止学校发生次生、衍生事故 | 740
　　第三节　及时组织受威胁师生疏散和转移 | 748

第二十八章　加强学校综合应急队伍建设
　　第一节　建立学校应急队伍 | 755
　　第二节　做好学校应急队伍组建工作 | 757
　　第三节　加强学校应急队伍的建设和管理 | 760

第二十九章　加强学校应急工作宣传教育和培训
　　第一节　广泛开展学校应急知识普及教育 | 765
　　第二节　学校依法开展教职员工应急培训 | 769
　　第三节　把公共安全教育纳入学校教育 | 778

第三十章　进一步完善学校应急管理机制
　　第一节　建立职责分明的应急管理组织机构 | 785
　　第二节　建立健全学校应急联动机制 | 793
　　第三节　建立严格的学校应急责任制 | 797
　　第四节　加强学校应急方面的新闻舆论宣传工作 | 801

卷五　学校安全事故案例解析

第三十一章　校园门卫安全管理
　　【经典案例1】福建南平实验小学凶杀案 | 810
　　【经典案例2】雷州市校园凶杀案 | 810
　　【经典案例3】泰州市幼儿园凶杀案 | 810
　　【经典案例4】潍坊市小学凶杀案 | 811
　　【经典案例5】南郑幼儿园凶杀案 | 811
　　【经典案例6】苏州幼儿园凶杀案 | 811
　　【经典案例7】辛集市幼儿园凶杀案 | 812
　　【经典案例8】北京市幼儿园凶杀案 | 812
　　【经典案例9】莒县小学凶杀案 | 812
　　【经典案例10】石家庄市培训机构劫持案 | 813

【经典案例11】宕昌县小学凶杀案　　813
【经典案例12】汝州市高中凶杀案　　813
【经典案例13】磐石市学校凶杀案　　813
【经典案例14】邓州市学校凶杀案　　814
【经典案例15】上海市校园劫持案　　814
【经典案例16】光山县学校凶杀案　　814
【经典案例17】日本池田小学特大凶杀案　　814
【经典案例18】美国校园枪击案　　815
【经典案例19】校外人员在学校滋事以致发生的学生受侵害案　　818
【经典案例20】学生自行车丢失案　　819
【经典案例21】小学生逃学溺水死亡案　　820

第三十二章　学校教学安全

【经典案例1】体育教师殴打学生致伤　　824
【经典案例2】学生与教师相撞致伤案　　825
【经典案例3】学校提前放学后学生被撞案　　826
【经典案例4】教师误将学生锁在教室致学生伤害案　　827
【经典案例5】河南濮阳高考舞弊案　　829
【经典案例6】全国英语四级考试泄题案　　830
【经典案例7】中考试题泄密案　　831
【经典案例8】因考试试卷丢失导致的中学生跳楼自杀案　　832
【经典案例9】帮老师提水致左腿烫伤　　835
【经典案例10】班主任公开情书引发学生自杀　　837
【经典案例11】中学生受批评后自杀案　　837
【经典案例12】在校学生被陌生人接走而受伤害　　839
【经典案例13】班主任对低分同学罚款导致自杀案　　840
【经典案例14】学生挂窗帘摔伤案　　841
【经典案例15】女生离校失踪案　　842
【经典案例16】非法拘禁导致学生摔伤案　　843
【经典案例17】小学生上厕所时不慎摔伤　　845
【经典案例18】高中生上课时被社会青年叫出教室扎伤　　846
【经典案例19】初中生上课时溜出教室并致人伤害　　847
【经典案例20】教师侮辱学生致学生跳楼死亡案　　849

【经典案例21】教师侮辱学生致学生精神失常案 ……………………… 849
　　【经典案例22】教师殴打学生致伤 ……………………………………… 850
　　【经典案例23】教师摇晃学生致死案 …………………………………… 851
　　【经典案例24】学生以罚站为由状告老师 ……………………………… 852
　　【经典案例25】教师责令8名学生捉对厮杀 …………………………… 853
　　【经典案例26】责令学生做500个蹲起引发的伤害 …………………… 853
　　【经典案例27】罚学生超量做题致学生自杀案 ………………………… 854
　　【经典案例28】罚学生喝尿 ……………………………………………… 854
　　【经典案例29】教师演示实验造成的学生伤害 ………………………… 856
　　【经典案例30】学生违规操作被烧伤 …………………………………… 859
　　【经典案例31】化学课器皿爆炸致学生受伤 …………………………… 861

第三十三章　学校设施安全

　　【经典案例1】晚自习后的踩踏事故 …………………………………… 865
　　【经典案例2】学校楼梯栏杆过低导致的学生伤害 …………………… 866
　　【经典案例3】教室挂衣钩伤人案 ……………………………………… 867
　　【经典案例4】冰锥坠落伤人案 ………………………………………… 869
　　【经典案例5】学生课间嬉戏受伤 ……………………………………… 870
　　【经典案例6】学生在厕所被砸致死 …………………………………… 871
　　【经典案例7】克拉玛依火灾 …………………………………………… 873
　　【经典案例8】俄罗斯大学火灾 ………………………………………… 878
　　【经典案例9】山西学生触电事故 ……………………………………… 879
　　【经典案例10】摄像头引起的争议 ……………………………………… 880

第三十四章　学校运动安全及游戏器材管理

　　【经典案例1】小学生课间相撞引起的伤害 …………………………… 884
　　【经典案例2】学生课间打闹引发的伤害 ……………………………… 885
　　【经典案例3】小学生体育课跳远受伤 ………………………………… 886
　　【经典案例4】学校体育器材存在危险隐患导致学生受伤 …………… 888
　　【经典案例5】教学内容超过学生的正常承受能力导致的学生伤害 … 889
　　【经典案例6】教师在组织教学中存在过失导致学生伤害 …………… 890
　　【经典案例7】学生自身健康原因导致的体育课伤害 ………………… 890
　　【经典案例8】第三人的过错导致的体育课学生伤害 ………………… 891

【经典案例9】学生自身过错导致的体育课伤害事故 | 891
【经典案例10】由于意外事件导致的体育课学生伤害事故 | 892
【经典案例11】足球比赛中学生眼部受伤索赔案 | 894
【经典案例12】足球比赛中学生被撞脾脏破裂 | 895
【经典案例13】学生在课外活动中被铅球砸伤 | 897
【经典案例14】拔河引发的踩压致死案 | 898
【经典案例15】拔河绳断导致的学生伤害 | 899

第三十五章 健康饮食安全

【经典案例1】学生脑炎死亡索赔案 | 902
【经典案例2】学校未将学生体检结果告之家长被诉侵权 | 904
【经典案例3】学生上课发病被延误治疗死亡 | 905
【经典案例4】学生食物中毒案 | 907
【经典案例5】学生豆奶中毒案 | 908

第三十六章 学校宿舍安全

【经典案例1】学生宿舍煤气中毒案 | 911
【经典案例2】校长违规安排学生住宿发生火灾案 | 912
【经典案例3】12岁女生在宿舍饮酒死亡案 | 914
【经典案例4】住宿生违规点蜡烛烧伤同学案 | 915
【经典案例5】未成年学生校外同居被杀 | 916
【经典案例6】学生宿舍被窃案 | 918
【经典案例7】住宿生在学校走失家长索赔案 | 918

第三十七章 校园暴力防治

【经典案例1】校外人员敲诈学生被判刑 | 921
【经典案例2】学生提前下课后发生的斗殴事件 | 922
【经典案例3】初三学生上课期间被同学带到厕所殴打 | 923
【经典案例4】教师脱离课堂导致学生受伤 | 924
【经典案例5】教师未及时制止学生冲突致学生受伤案 | 925
【经典案例6】对未成年人夜不归宿有责任的父母和房东被处罚 | 925
【经典案例7】网吧容留未成年人浏览色情网站被处罚 | 926

【经典案例8】学生课间斗殴致伤案　　| 929
　　【经典案例9】高中生被同学打伤　　| 931
　　【经典案例10】小学教师奸淫多名女生被处决　　| 934
　　【经典案例11】小学教师猥亵学生案　　| 935

第三十八章　校外活动安全

　　【经典案例1】某小学春游前与家长签订安全协议　　| 939
　　【经典案例2】无证行医者在学校检查造成学生损害　　| 940
　　【经典案例3】学生在动物园春游时被熊猫咬伤　　| 941
　　【经典案例4】学生看电影时因拥挤被踩伤　　| 943
　　【经典案例5】学生假日在学校排练节目斗殴案　　| 945
　　【经典案例6】学生在勤工俭学的路上受伤索赔案　　| 946
　　【经典案例7】学生参加危险劳动导致受伤案　　| 947
　　【经典案例8】因学生在野炊活动中溺水死亡教师被判刑　　| 949
　　【经典案例9】学生在鼓乐队训练中受伤　　| 949
　　【经典案例10】小学生在汽车站擦玻璃摔伤　　| 950
　　【经典案例11】学生救火导致重大伤亡案件　　| 951
　　【经典案例12】中学生游泳溺水案　　| 954
　　【经典案例13】中学生离校游泳溺亡案　　| 956
　　【经典案例14】学生回家路上推搡导致跌伤　　| 957
　　【经典案例15】山西沁源重大交通事故　　| 960
　　【经典案例16】渡船倾斜致学生落水　　| 961
　　【经典案例17】汽渡违规致车辆落水　　| 961
　　【经典案例18】与火车抢道导致事故　　| 961
　　【经典案例19】中巴落水致师生死亡　　| 961
　　【经典案例20】过马路时戴耳塞导致车祸　　| 962
　　【经典案例21】带"随身听"太危险，哼歌骑车出事故　　| 962
　　【经典案例22】学生追贼被撞　　| 962
　　【经典案例23】马路溜冰丧身车轮　　| 962
　　【经典案例24】酒后开车造成悲剧　　| 963

第三十九章　自然灾害应对

　　【经典案例1】桑枣中学在地震中的奇迹　　| 966

【经典案例2】沙兰镇中心小学水灾　　| 970
　　【经典案例3】郁南县山体滑坡　　| 972

第四十章　学校事故应对

　　【经典案例1】司法助理员私了刑事案件受刑罚　　| 975
　　【经典案例2】学生恐吓学校被判拘役　　| 976
　　【经典案例3】小学生机智擒罪犯　　| 977
　　【经典案例4】流星雨案件　　| 977
　　【经典案例5】事故后家长封堵校门事件　　| 980
　　【经典案例6】学生猝死的应急处置　　| 984
　　【经典案例7】学校提交证据不当导致败诉　　| 987
　　【经典案例8】教师在地震中率先逃离引发的争议　　| 988

卷六　学校安全工作法规读本

中华人民共和国教师法　　| 995
中华人民共和国教育法　　| 1001
中华人民共和国预防未成年人犯罪法　　| 1010
中华人民共和国传染病防治法（修订）　　| 1018
中华人民共和国义务教育法　　| 1034
中华人民共和国未成年人保护法　　| 1042
中华人民共和国突发事件应对法　　| 1051
中华人民共和国消防法（修订）　　| 1063
中华人民共和国食品安全法　　| 1076
中华人民共和国侵权责任法　　| 1095
中华人民共和国道路交通安全法实施条例　　| 1104
中华人民共和国道路交通安全法　　| 1123
幼儿园管理条例　　| 1142
学校卫生工作条例　　| 1146
中小学校园环境管理的暂行规定　　| 1151
学校体育工作条例　　| 1154
教育行政处罚暂行实施办法　　| 1159
关于进一步加强学校安全保卫工作意见　　| 1166

国务院关于特大安全事故行政责任追究的规定	1169
关于加强青少年学生法制教育工作的若干意见	1173
学生伤害事故处理办法	1178
学校食堂与学生集体用餐卫生管理规定	1184
疫苗流通和预防接种管理条例	1190
教育部关于进一步加强中小学安全工作，预防学生拥挤踩踏事故的通知	1202
教育部关于加强学校体育活动安全防范工作的紧急通知	1205
中小学幼儿园安全管理办法	1207
教育部关于进一步加强中小学校校舍建设与管理工作的通知	1216
中小学公共安全教育指导纲要	1220
学生军事训练工作规定	1227
中小学法制教育指导纲要	1233
中小学生健康体检管理办法	1240
中小学健康教育指导纲要	1245
全国中小学校舍安全工程实施方案	1252
教育系统事故灾难类突发公共事件应急预案	1256
学校甲型 H1N1 流感防控工作方案（试行）	1275
中小学实验室规程	1282
农村寄宿制学校生活卫生设施建设与管理规范	1285
教育部关于修改《国家教育考试违规处理办法》的决定	1294
国家教育考试违规处理办法	1297
校车安全管理条例	1305
教育部等十五部门关于印发《农村义务教育学生营养改善计划实施细则》等五个配套文件的通知	1314
中小学校岗位安全工作指南	1348
中华人民共和国特种设备安全法	1366
教育部 公安部 共青团中央 全国妇联关于做好预防少年儿童遭受性侵工作的意见	1383

上册目录

卷一　学校安全事故处理的理论与技术

第一章　学校安全的基本理论
- 第一节　安全与学校安全　　4
- 第二节　学校安全的基本原则　　11
- 第三节　我国的学校安全　　14
- 第四节　学校安全管理的范围　　18
- 第五节　学校安全管理的时机　　22
- 第六节　学校安全管理的法律渊源　　23

第二章　学校安全事故的预防体系
- 第一节　学校安全事故的预防体系概述　　44
- 第二节　学校的安全责任　　46
- 第三节　学校的安全制度　　48
- 第四节　学校的安全检查　　71
- 第五节　学校的安全技术　　73
- 第六节　学校的安全教育　　76
- 第七节　学校的安全预警　　83

第三章　学校安全事故的应急体系
- 第一节　学校安全应急体系的概述　　88
- 第二节　学校安全应急预案　　90
- 第三节　学校安全应急演练　　107

第四章　学校安全事故的处理体系
　　第一节　学校安全事故的处理程序　　120
　　第二节　学校安全事故的媒体应对　　125
　　第三节　学生伤害事故的法律责任　　128

第五章　学校安全事故中的法律救济
　　第一节　教育申诉制度　　144
　　第二节　教育行政复议制度　　147
　　第三节　诉讼法律制度　　152
　　第四节　学校安全事故中的证据　　159

第六章　国外学校安全的经验
　　第一节　美国的学校安全　　175
　　第二节　日本的学校安全　　181
　　第三节　新西兰的学校安全　　191
　　第四节　其他国家的学校安全　　195

卷二　学校安全事故的预防与应对

第七章　社会安全类事故的预防与应对
　　第一节　社会安全类事故概述　　206
　　第二节　恐怖袭击事故的预防与应对　　211
　　第三节　财产盗窃事故的预防与应对　　218
　　第四节　学生暴力事件的预防与应对　　225
　　第五节　学校绑架事故的预防与应对　　233
　　第六节　学校抢劫事故的预防与应对　　240
　　第七节　性侵害事故的预防与应对　　248
　　第八节　学生自杀事故的预防与应对　　257

第八章　公共卫生类事故的预防与应对
　　第一节　公共卫生类事故概述　　265
　　第二节　常见肠道疾病的预防与应对　　270

第三节　常见呼吸道疾病的预防与应对　　| 274
　　第四节　常见青春期疾病的预防与应对　　| 279
　　第五节　常见传染病的预防与应对　　　　| 286
　　第六节　吸烟酗酒吸毒的预防与应对　　　| 295
　　第七节　常见心理疾病的预防与应对　　　| 302

第九章　意外伤害类事故的预防与应对
　　第一节　意外伤害类事故的概述　　　　　| 311
　　第二节　道路交通安全事故的预防与应对　| 315
　　第三节　学校用火用电事故的预防与应对　| 323
　　第四节　学校公用设施事故的预防与应对　| 329
　　第五节　学校运动伤害事故的预防与应对　| 334
　　第六节　学校溺水事故的预防与应对　　　| 341
　　第七节　学校踩踏事故的预防与应对　　　| 346

第十章　自然灾害类事故的预防与应对
　　第一节　自然灾害类事故的概述　　　　　| 354
　　第二节　地震事故的预防与应对　　　　　| 360
　　第三节　火灾事故的预防与应对　　　　　| 373
　　第四节　洪灾事故的预防与应对　　　　　| 380
　　第五节　泥石流事故的预防与应对　　　　| 385

第十一章　信息网络类事故的预防与应对
　　第一节　信息网络类事故概述　　　　　　| 390
　　第二节　学生沉溺网络的预防与应对　　　| 395
　　第三节　网络色情信息的预防与应对　　　| 402
　　第四节　网络诈骗信息的预防与应对　　　| 410
　　第五节　网络信息泄密的预防与应对　　　| 416
　　第六节　网络系统入侵的预防与应对　　　| 421

卷三　学校应急管理体系的建立

第十二章　为什么要建立学校应急管理体系
- 第一节　我国安全管理体系的不完善 ｜ 432
- 第二节　建立应急管理体系的重大意义 ｜ 434

第十三章　如何建立完善的应急管理体系
- 第一节　应急管理体系的主要内容 ｜ 438
- 第二节　应急管理体系的基本构成 ｜ 440

第十四章　学校应急预案的建立
- 第一节　应急预案基本概述 ｜ 443
- 第二节　制订应急预案的意义与原则 ｜ 447
- 第三节　应急预案编制步骤 ｜ 449
- 第四节　基本预案的建立与应急功能 ｜ 453
- 第五节　应急预案的格式与内容示例 ｜ 458

第十五章　几项重要的学校应急预案措施
- 第一节　建立学校治安事件应急预案 ｜ 465
- 第二节　建立学校邪教、黄赌毒等事件应急预案 ｜ 467
- 第三节　建立学校交通事件应急预案 ｜ 468
- 第四节　建立学校消防事件应急预案 ｜ 469
- 第五节　建立学校公共卫生与食品安全事件应急预案 ｜ 471
- 第六节　突发安全事故应急预案范本 ｜ 475

第十六章　学校应急管理演练
- 第一节　应急预案 ｜ 496
- 第二节　应急演练的准备 ｜ 500
- 第三节　应急演练的实施 ｜ 504
- 第四节　演练总结与评价 ｜ 506

第十七章　完善学校应急管理组织体系
　　第一节　建立健全学校应急管理组织体系　　509
　　第二节　积极开展学校应急管理体制建设　　512

第十八章　构建学校应急综合保障体系
　　第一节　加强学校安全基础设施建设　　518
　　第二节　提高乡村学校自身抗灾救灾能力　　521
　　第三节　认真做好日常管理和巡查工作　　524
　　第四节　完善校园安全监控系统　　536
　　第五节　加强学校实验室装备及设施建设　　538

第十九章　提升学校应急管理信息系统科技含量
　　第一节　以科技为支撑，构建应急信息平台　　545
　　第二节　学校应急管理信息系统的建设　　551

第二十章　推进学校应急管理法制体系建设
　　第一节　确保学校应急管理有法可依　　557
　　第二节　加强学校应急管理法律法规的宣传教育工作　　562

第二十一章　学校应急管理体系建设的几点建议
　　第一节　明确责任，强化管理　　566
　　第二节　构建稳定的投入机制　　567
　　第三节　加强应急队伍救援建设　　568
　　第四节　建立完善的运行机制　　570

第二十二章　国外应急管理体系简介
　　第一节　国外政府应急管理的政策措施　　577
　　第二节　国外灾后应急管理救助经验　　581
　　第三节　国际公共危机管理中的法制化建设　　592
　　第四节　国外发达国家应急队伍建设　　596
　　第五节　发达国家的应急教育体系及方法　　599
　　第六节　国外中小学应急安全教育概览　　604
　　第七节　国外中小学应急安全管理现状分析　　607

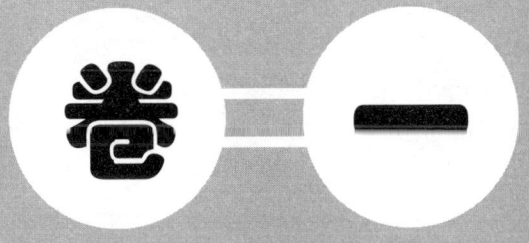

学校安全事故处理的理论与技术

第一章

学校安全的基本理论

- 第一节 安全与学校安全
- 第二节 学校安全的基本原则
- 第三节 我国的学校安全
- 第四节 学校安全管理的范围
- 第五节 学校安全管理的时机
- 第六节 学校安全管理的法律渊源

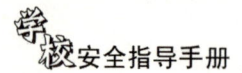安全指导手册

第一节 安全与学校安全

一、学校安全概述

（一）安全

安全是与危险相对的概念，他们是人们对生产生活中是否可能遭受健康损害和人身伤亡的综合认识，按照系统安全工程的认识论，无论是安全还是危险都是相对的。与安全对应的是危险，没有危险就是安全；安全是相对的，只要客观事物存在，就有安全问题；对客观事物危险程度的认识，因主体认识不同而异；危险程度与主体的主观感觉有关系；安全与否的基本衡量标准是主体接受程度或者感觉。

汉语中有"无危则安，无缺则全"；中文所说的安全，在英文中有 Safety 和 Security 两种解释。牛津大学出版的《现代高级英汉双解词典》对 Safety 一词的主体解释是：安全、平安、稳妥、保险（锁）、保险（箱）等；而对 Security 一词的主体解释是：安全、无危险、无忧虑，提供安全之物，使免除危险或忧虑之物，抵押品、担保品，安全（警察）、安全（部队）等。实际上，中文所讲的安全是一种广义的安全，它包括两层含义：一指自然属性或准自然属性的安全，它对应英文中的 Safety，二指社会人文性的安全，即有明显社会属性的安全，它与 Security 相对应。自然属性或准自然属性的安全被破坏主要不是由于人的有目的参与而造成的；社会人文性安全被破坏，主要是由于人的有目的参与造成的。因此，广义地讲，安全应该包括 Safety 和 Security 两层含义，而我们常常说的安全防范主要是指狭义的安全 Security，国外通常叫"保安"。安全在梵文为 sarva，意为无伤害或完整无缺；《韦氏大辞典》对安全定义为："没有伤害、损伤或危险，不遭受危害或损害的威胁，或免除了危害、伤害或损失的威胁。"

安全是人类生存和发展的重大命题，在人类的生存历史当中，使人们在大自然生存的过程中不断地认识自然、改造自然，同时逐步地使自己的生产、生活方式与大自然相和谐。在中国古代社会，人们就逐渐摸索出了安全生产和安全生活的一些基本规律。例如我国著名的水利工程"都江堰"就将以往严重的水患解除，同时为农田灌溉创造了良好的条件，为人们创造了安全的生存环境。现代安

全的理论、方法和模式是在20世纪50年代开始进入我国的，在20世纪六七十年代，我国开始对安全理论进行了较为深入、系统的研究，到20世纪末，安全理论在工业生产管理当中的研究已经初具体系。

（二）学校安全

学校安全，是指在学校的职责范围内，不发生学生和教职工伤害和财产损失的事故。学校安全工作直接关系到学校的教育教学能否正常开展、素质教育的教育目标能否正常实现，也关系到千家万户的幸福、社会的安定团结，是社会和人民群众非常关心的问题。学校安全具有其自身的规律和特点，所以在学校的安全工作当中，除了要按照一般安全规律，还要按照教育自身的规律开展工作。一般来说，学校安全包括狭义和广义的理解。狭义上的学校安全就是指发生在学校内或与学校直接相关的地点和场所的伤害性事件。一般来说，可以包括以下几类：一是自然灾害事件，如地震、洪水、台风等；二是社会性灾害事件，包括火灾、漏电事故、建筑事故、社会动乱等；三是卫生灾害性事件，包括传染病流行、食物中毒、其他中毒事件等；四是校园暴力伤害事件，包括恐吓、群体性暴力、校园动乱以及意外伤害事故等。狭义上的学校安全可能是由于人类活动造成的，如校园暴力、火灾、食物中毒、建筑物倒塌或学校设施发生故障等，也可能是一些自然因素引起的，如洪涝灾害、地震、传染病等。不管是哪种因素造成的，最终结果都会给学校成员带来身体上的伤害。而广义上的学校安全除了指身体上的安全外，更强调心理上的安全。任何对个人的威胁和伤害都可以看成是安全问题。安全的学校不只是保障学生和教师身体、心理安全的地方，而且还应该是让学生和教师相信他们就是处于一个安全的环境中。在这里，教师和学生可以安心并愉快地学习和工作，个人的财产和学校的财产都不易被盗窃、破坏和损害，教学和其他学校的事件不会被破坏或打乱；学生和教师之间相互尊重，按照促使其更加有效的教学和学习的方式行事。[①]

进入21世纪以来，学校安全问题日益得到社会的重视，学术界也逐渐开始加强对学校安全的研究。在最初的学校安全的研究中，学者比较注重学校安全的法律责任，对于学校安全当中的法律责任，尤其是学生伤害事故的民事法律责任问题进行了较为深入的研究。来自法学和教育者的两支研究队伍分别从不同的角度对学生伤害事故进行了研究，并产生了丰富的学术成果。近年来，学校安全的

---

① Daniel L. Duke. 创建安全的学校——学校安全工作指南［M］.唐颖，杨志华，译.北京：中国轻工业出版社，2006：5.

研究已经逐渐扩展到学校事故的预防和应对层面,如何预防学校事故的发生,如何建立学校的立体防控体系,以及学校安全的应急管理问题研究开始纳入了研究的视野。但同欧美、日本以及我国港台地区的学校安全问题研究相比较,我们同其还具有一定的差距,这种差距一方面是我们实践经验的匮乏,另一方面是我们专业研究队伍的匮乏。所以,学校安全的研究在我国依然任重而道远。

二、学校事故概述

《现代汉语词典》将"事故"解释为:生产、工作上发生的意外损失或灾祸。在学校安全工作当中,学校事故是指造成师生死亡、伤害、财产损失或其他损失的意外事件。所以,学校事故是一种意外事故,是人们从主观上不希望发生的,但是会因为不可抗力、过于自信、麻痹大意或者少数人故意造成而发生的事故。

学校本身就是社会的缩影,其产生的安全问题可谓形式多样。学校的事故有多种分类方法,其中按事故的后果是否有人员死亡、受伤或者身体的损害分为人员伤亡事故和非人员伤亡事故。另外,我们还可以将学校事故分为自然灾害事故、学校设施事故、教育教学事故、体育运动事故等。按照其发生范围划分,可以分为校内安全事故和校外安全事故;按其发生对象划分,可分为教职员工安全事故和学生安全事故。根据《中华人民共和国教育法》、教育部《教育系统突发公共事件应急处置预案》及北京市、上海市等高等学校云集的大城市制定的《突发公共事件总体应急预案》《影响校园安全稳定事件应急预案》等有关法律和安全应急预案,目前学校安全事故的类型划分为如下几种。

(一)社会安全类事故

社会安全类事故是指涉及学校的突发政治性、群体性安全事件,以及可能诱发群体性事件的其他不稳定事端。包括:由国际国内重大事件或涉及国家、民族尊严和领土完整问题引发的以学生为主体的,在校内发生的非法聚集、游行事件;由于重大政策调整或涉及学生切身利益问题引发的学生罢课、罢餐、聚集、集体上访等群体性事件;学校改革发展过程中,由于校内外经济纠纷等造成的校外人员干扰学校正常秩序、校门被围堵、办公场所被冲击等突发事件;校园及周边发生的、对学校产生直接或间接影响的重大治安刑事案件;学生非正常死亡、走失等可能引发学生群体性反应的突发事件;恐怖分子、对社会不满分子在校园制造的爆炸、投毒等突发事件;校内发生的宣传国家分裂、民族对立等有悖国家法律的活动,外籍和港、澳、台、侨师生未经批准举行的政治性活动等突发事件；其他可能引发群体性事件的突发事件等。

（二）事故灾难类安全事故

事故灾难类安全事故是指涉及学校的突发灾难事故。包括：教学楼、食堂、图书馆、宿舍等发生的火灾、建筑物倒塌、拥挤踩踏等安全事故；校园大型群体活动公共安全事故；学校组织师生外出实习、参观、考察等活动安全事故；造成重大影响和损失的校园供水、供电、供气、供热等事故；造成重大影响和损失的实验室事故；校园内发生的各类生产安全事故；影响学校安全与稳定的其他突发灾难事故等。这类安全问题突发性强，可控性极低。如2009年3月16日中央美术学院发生一起火灾，造成一栋临建宿舍被烧毁，过火面积3000多平方米，一名学生受伤的惨剧。

（三）公共卫生类安全事故

公共卫生类安全事故是指涉及学校的突然发生并造成或者可能造成师生员工健康严重损害的事故。包括：学校内突发群体性食物中毒、传染病疫情、群体性不明原因疾病、因预防接种或预防性服药造成的群体性不良反应；因校内外环境污染造成的学校人员急性中毒事故；学校内或学校所在地区发生的、可能对师生健康造成危害的突发公共卫生事故，如传染性非典型肺炎、高致病性禽流感等由卫生部门发布的严重影响公众健康的公共卫生事故等。

（四）自然灾害类安全事故

自然灾害类安全事故是指涉及学校的可能或已经发生的对学校建筑设施、师生人身安全造成危害的洪水、地面沉降等自然灾害、地质灾害，大风、沙尘暴、冰雪、强降雨、雷电等城市气象灾害，破坏性地震及由地震诱发的各种次生灾害等安全问题。例如2008年四川大地震和2010年青海玉树大地震都对当地的学校安全构成了严重的威胁。

（五）网络与信息类安全事故

网络与信息类安全事故是指涉及学校的网络与信息安全突发事件。主要包括校园网及学校办公管理、教务管理和财务管理信息系统。具体包括利用校园网发布反动、色情、迷信宣传活动等有害信息；窃取、伪造学校的保密信息，可能导致严重后果的事件；攻击校园网造成学校信息系统应用平台瘫痪；破坏校园信息网络系统的关键通信线路、节点设备，造成校园网无法正常、有效运行；因不可预见的原因造成学校网络信息系统大范围损害、无法正常有效运行等事件。

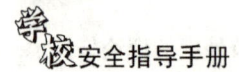

（六）考试类安全事故

考试类安全事故是指涉及学校的各级各类考试中，在命题管理、试卷印刷、运送、保管等环节出现的泄密事件，以及在考试实施、阅卷评分过程中发生的致使考试工作中断的突发事件。例如2000年广东电白高考集体舞弊案等。

（七）治安类安全事故

治安类安全事故是指涉及学校的各种治安案件，具体包括学生之间或学生与校外人员发生的打架斗殴、师生员工物品失窃、师生员工受到性骚扰、上当受骗等社会治安类安全问题。据北京某高校2008年治安案件统计，该校全年共发生失窃案39件，总案值10余万元；发生学生打架斗殴14起，赔付医药费12余万元，并造成一名学生右手掌肌腱断裂。

（八）其他学校安全事故

其他学校安全事故是指涉及学校的其他安全问题，如校园交通事故、火灾、学生因心理疾病或情感问题做出极端行为，以及教职员工触犯的影响国家安全的问题等。此类安全问题一直被当成学校安全管理的重中之重，已有一套相对完善的管理手段，发生概率极小，但一经发生其负面影响及损失不可估量。①

三、学校安全工作的意义

影响公共安全的因素很多，包括自然灾变，如风灾、水灾、地震等；以及人为灾变，如火灾、核能灾变、化学灾变、暴力等。各项灾变又具不确定性、复杂性、时机迫切和信息不全等四个特点，因此其对公共安全所带来的威胁，是众人可以想象得到的。而在学校方面，因为相关人员对于意外事故的不熟悉，以及欠缺处理的经验；另外，一般师生对于人为技术或自然的灾变认识不够，当发生重大意外灾害时，相当依赖其政府机关的专业判断，如此才能对于校园安全的处理网络也多一分的依赖和信任，例如美国 NSSC（National School Safety Center, 1984）就提供各国中小校园安全的原则以及评鉴。因此，校园安全管理对于当前学校教育来说，具有相当重要的意义。

目前，我国有各类学校和幼儿园59万余所，在校学生和幼儿园儿童多达2.3亿人，这是一个非常庞大的群体，也是一个非常特殊的群体。长期以来，有关学校安全问题非常敏感，牵动着千家万户的切身利益，即使是普普通通的刑事案

---

① 毛发虎.当前我国高等学校安全问题研究［D］.北京：中央民族大学，2009.

件、治安事件，如果我们重视不够、应对不妥、处置不当，就会使小事变成大事，甚至引发事端，影响到学校和当地的社会稳定。多年来的工作实践告诉我们，学校治安无小事。学校治安问题，不仅是关系到广大学生健康成长的重大问题，也是关系到社会稳定、关系到国家和民族未来的重大问题。据统计，2004年，公安部接报严重危及师生和幼儿园儿童的恶性刑事案件67起，涉及25个省（自治区、直辖市），共造成50人死亡、171人受伤；学校和幼儿园共发生火灾事故799起，造成12人死亡、9人受伤；共有4205名学生在交通事故中死亡、2.1万名学生受伤。仅在2005年1－4月，公安部接报严重危及师生和幼儿园儿童的恶性刑事案件19起，涉及9个省（自治区、直辖市），造成9人死亡、34人受伤；学校和幼儿园共发生火灾326起，造成4人死亡、1人受伤；1455名学生在交通事故中死亡、5905人受伤。如3月8日，山东一辆接送幼儿园儿童的校车因司机违规操作引发火灾，造成12名儿童被烧死，4月2日，一名在广东打工的人员因多次讨要工资不成，闯入校园持菜刀疯狂砍杀学生，造成8名学生被砍伤，其中6名重伤。

进入2010年以来，学校安全问题又因为一系列恶性案件的发生而引起全社会的关注。福建南平血案，广西合浦县西镇小学门前凶杀事件，广东雷州凶杀案，江苏泰兴伤人事件，山东潍坊校园血案等均造成学生多人伤亡。《中国教育发展报告（2010）》指出："频频发生的校园安全事件，显示校园安全成为影响青少年成长的重要因素。"如何加强学校的安全工作，确实地保护学校师生的人身安全已经提升到了国家的层面。为此，《国家中长期教育改革和发展规划纲要（2010－2020年）（公开征求意见稿）》提出："加强安全教育和学校安全管理，加强校园网络管理和周边治安综合治理。完善学校突发事件应急管理机制，妥善处置各种事端。"

（一）做好学校安全工作是各级教育行政部门、各级各类学校对国家、对社会、对人民应尽的义务

教育事业是整个经济社会的重要组成部分，学校的健康发展和稳定对经济社会的稳定和发展有重要的影响。在当前加快改革开放，全面建设小康社会的形势下，学校安全工作更显得尤为重要。我国各级各类学校有在校学生3亿多，教育人口占全国总人口的四分之一左右，教育工作牵涉全国城市、农村的千家万户，学生的安全更是举国瞩目。青少年学生是祖国的未来，而他们正在成长之中，相当一部分学生还不具备足够的安全意识和自我保护能力，需要学校、政府和全社会的精心爱护、保护。在全国各类安全事故中，学校安全事故所占的比重有增长

的趋势，很多事件造成的后果是触目惊心的。学校的根本任务就是培养人才，学校的一切任务为了学生们的健康成长。各级教育行政部门和学校的主要领导要充分认识肩负责任的重大，要牢固树立安全第一、"责任重于泰山"的观念，决不能有任何侥幸心理，不能有丝毫松懈麻痹思想，要坚持警钟长鸣。必须认识到，确保学生生命安全是教育战线实现好、维护好、发展好人民群众根本利益义不容辞的重大责任，也是办好让人民群众满意的教育的基础和前提。各类学校和教育行政部门要从实践"三个代表"重要思想的高度，从推进全面建设小康社会进程的高度，从维护改革发展稳定大局的高度，以对广大师生员工的生命和国家、个人财产安全高度负责的精神，认真落实好学校安全工作。

（二）学校安全工作是各级教育行政部门、各级各类学校的基本责任

学校安全工作关系广大师生员工的生命和国家、个人财产安全，关系学校和社会的发展、稳定。做好教学科研工作，不断提高教育教学质量和管理水平，是学校的主要任务。但认真执行国家法律法规，按要求建立健全学校安全工作制度，落实领导责任制，排除校园内的安全隐患，提高教师和学校工作人员的安全意识，实施安全教育，是做好教育工作改革发展的前提，同样是学校的基本责任。在过去教育不是很发达，不是很普及，生产力水平不是很高、信息传播速度不是很快的情况下，学校安全工作的矛盾不是很突出。然而，改革开放以来，我国经济社会的发展十分迅速，教育事业的发展也可以说是日新月异，这种不重视学校安全工作的思想观念已经完全不能适应经济、社会和教育发展的需要了。近年来的学校安全事故给了我们惨痛的教训，这种落后的思想观念会给我们的学校安全工作带来极大的损失。莫斯科友谊大学发生的大火给那所学校带来的损失是巨大的，可能需要相当长一段时间才能恢复回来，但更让人警醒：没有安全，谈何稳定？谈何发展？

要牢固树立安全工作是学校重要日常工作的基本观念，把安全工作纳入学校的重要议事日程，优先安排人力、物力、财力资源。树立正确的发展观，确立"一保安全、二保稳定、协调发展"的工作原则。学校的日常管理，是取得和巩固改革与发展成果的基本条件。管理工作水平不到位，已经取得的成果也不能持续。学校安全工作就是最基本的管理工作之一，要放在关系到学校长远的改革和发展大计的高度来认识。如果一个学校安全工作都没有做好，那这个学校的工作就是不合格的，其他也就是空谈。我们应该统一这样的认识：健康安全第一，责任重于泰山。

各级教育行政部门、学校的领导和工作人员，都要提高责任意识。近年来学

校安全事故情况的分析已经表明，大多数的事故原因是责任心不强、管理工作不到位。比如危房改造，近几年真正因危房倒塌而死人的情况不多，而因停电、楼道灯不亮等责任心问题、管理问题导致楼梯拥堵、学生踩踏事故而死人的情况不少，而且一死就是十几人、几十人，令人十分痛心，但是这些事件还没有引起相关部门足够的重视。实际上，加强学校安全工作管理并不存在知识和技术手段的障碍，直接的原因就是重视不够、责任心不强，对明显存在的隐患熟视无睹。

（三）加强学校安全是当前和今后一段时间教育工作的当务之急

改革开放以来，我国各级各类教育事业取得了长足的进展和显著的成绩，事业规模的快速发展、历史上的投入欠账和发展时期的投入不足使得学校设备老化、更新改造不及时的现象比较突出。近年来，国家和各级政府采取了一定的措施，加大了对学校基础设施的投入力度，但问题尚未根本解决。我们应该实事求是地看到，继续加大投入力度，彻底消除校园内存在的各类安全隐患，任务仍然十分艰巨。因此，今后一段时间，必须把学校安全工作放在突出位置，加强管理和防范，务求消除安全隐患。要充分认识安全工作的艰巨性、长期性，力戒形式主义，坚持下大力气、不懈努力，狠抓落实，尽快建立起学校安全工作的长效机制。要认真总结经验，不断研究学校安全工作中出现的新情况、新问题，加强学校安全工作的前瞻性、预见性，坚持预防为主，标本兼治。

第二节　学校安全的基本原则

一、安全第一的原则

"安全第一"的原则是指在学校的教育教学工作中，应当将学校的安全工作放在一个首要的位置。当学校的安全工作与其他教育教学工作发生矛盾和冲突时，要以学校的安全工作为重。这主要体现在学校的安全管理部门和人员的安全措施优先于其他部门的决策；学校安全专用基金划拨优先于其他费用支出；安全知识教育优先于其他教育教学；安全检查和考评在学校考核工作中应占有重要的权重。学校安全既是学校一切教育教学活动的一个基本目标，同时也是教育教学活动有效开展的一个基本保障。"安全第一"的原则就是要处理好安全工作与学校教学的关系，在保障学校师生人身和财产安全的基础之上开展教育教学活动。

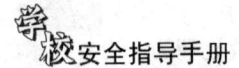

二、珍惜生命的原则

"珍惜生命"的原则是指在学校的安全工作中,要将学生和教师的生命安全放在重要位置上。具体来说,当人身利益与财产利益发生冲突时,应当以师生的人身利益为重。现代价值观更重视人的生命,将生命视为最宝贵的东西。生命只有一次,即使是十分宝贵的财产,也无法与生命和健康等值。充分认识人的生命与健康的价值,是学校安全工作中必须坚持的重要原则。

三、预防为主的原则

"预防为主"的原则是指在学校的安全工作中,要坚持防患于未然,消除事故隐患,提前采取应对措施。学校是学生生活的重心,也是良好的学习环境。因此,应该坚持"凡事预则立,不预则废""预防胜于补救"的理念,对可能发生危险的人、事、物等因素,妥善规划,在事前就进行评估、推测、检查与预防,以避免遗憾的事情发生。隐患险于明火,防范胜于救灾,责任重于泰山。实现学校安全最关键、最重要的战略,就是要从隐患入手,积极、自觉、主动地实施消除隐患的战略。事实证明,事前的预防及防范方法胜于事后被动型的救灾方法。因此人们应该通过各种合理的对策和方法,从根本上消除事故发生的隐患,把学校事故的发生率降到最小。在学校安全工作的实践中,"预防为主"是保证学校安全最明智、最根本、最重要的指导思想之一。

四、科学性原则

"科学性原则"是指在学校的安全工作当中,要根据自身条件,理论与实践相结合,合理、高效地开展安全工作。在学校的安全工作中,不能盲目地认为投入的资金和人力越多越好,这样不仅影响了学校的其他工作,也使教职工和学生为此疲惫不堪。有的学校盲目地按照书本要求开展学校安全工作,而不考虑自己学校的实际情况、特殊情况。有的教育行政部门在开展安全工作时,缺乏必要的调查、研究、论证,缺乏相应的理论基础,从而使自己的工作停留在一种疲于应对的状态。学校的安全工作不能仅仅依赖于以往的经验,一定要建立在科学理论的基础之上,以科学的安全管理理论来指导学校的安全工作。另外,时代进步,科技发展日新月异,校园安全管理应依据科学原则,进行系统性的整体规划。尤其时值信息时代,科技的运用相当的普遍,结合网络信息平台作为校园安全管理的科技支撑,以应校园安全各项因素的变异性需要,做有效管理,是刻不容缓的事。

五、协调治理原则

"协调治理原则"是指学校的安全工作不仅需要学校内部各个部门的积极配合，同时也要和社会、家庭密切联系、相互配合，争取教育行政部门之外其他相关政府机关的配合。学校的安全工作需要家庭、社会以及教育部门以外其他政府部门的大力支持，尤其是公安、交通、消防、防疫、城管、安全监督等多个部门的支持与配合，单单靠学校是无法圆满完成这项工作的。学校安全不仅仅是学校自己的事情，还需要教育行政部门、公安司法部门、社区组织、社会媒体、学生家长等多方面的努力和支持。众人皆知，学校不是真空，学校各种事情的发生都受到来自于社会多方面的影响。教育行政部门如果将保证学校安全作为自己的一项任务，那么就会从学校的实际出发，考虑学校在人力、物力、财力等方面的需要，为学校提供较为充分的客观条件，帮助学校减少或避免各种事故的发生。社会其他各方面如果都能多考虑一点学校的安全需要，就会为保证学校安全创造一个和谐的环境，多给学生一些积极的影响，多给学校一些帮助，以便学校安全计划的顺利实施。① 另外，学校的安全工作也需要学校内部各个部门之间的积极配合，相互支持，例如课堂教学安全需要学校教务部门的主抓，学生活动安全需要学生主管部门主抓，食堂饮食安全需要学校后勤部门主抓，但各个部门之间的工作也需要相互的配合。

六、尊重人性原则

学校教育的对象是"人"，学校一切安全管理的设施，皆应尊重人性需求，以学生健全人格的发展为重要的考虑因素，提供安全无障碍的学习环境。所以，学校安全工作不能以牺牲学生各方面的发展为代价，一切要以尊重人性为基本的原则。

七、分层负责原则

早在几年前，笔者就率先提出在学校的安全管理中应当建立"横向到边，纵向到底"的安全管理体系。为适应学校组织科层化的体制，发挥学校行政管理的功能，建立分层负责的行政组织，是保证安全管理制度有效运作的途径，通过诸事皆有专职人员的管理，并建立逐级负责检核制度，才能更好地完成校园安全管理的任务。

---

① 杨颖秀.美国学校安全措施及其启示［J］.现代中小学教育，2001（2）.

第三节 我国的学校安全

一、我国学校安全概况

20世纪90年代初，我国陆续颁布了《未成年人保护法》《幼儿园管理条例》《学校体育工作条例》《学校卫生工作条例》《中小学校园环境管理的暂行办法》等一系列有关学校安全的法律、法规。2000年以后，学校的安全问题得到了教育行政部门的进一步重视。《学生伤害事故处理办法》《学校食堂与学生集体用餐卫生管理规定》《中小学幼儿园安全管理办法》等部门规章又陆续出台。仅2004年，教育部专门针对学校的安全问题就出台了15个通知。2013年，《教育部办公厅关于做好2013年学校安全工作的通知》，对学校安全工作进行了全面部署。针对近年自然灾害频繁的情况，教育部还专门要求各地各校要按照《教育系统自然灾害类突发公共事件应急预案》要求，因地因校制宜，针对区域灾害特点和潜在灾害风险，积极开展地震、洪水、泥石流、山体滑坡、强降雨、台风等自然灾害防灾减灾应急演练活动。总体上，各级各类学校将学校的安全工作作为学校的重点任务来抓，陆续建立了有关学校安全的组织和规章制度，学生安全教育和教师安全培训也有声有色地开展了起来。

但我们也应清醒地认识到，我国安全事故正处于多发期，学校安全工作也出现了新的特点和情况，学校安全工作形势十分严峻。学校安全事故的数量依然居高不下，特大事故频繁发生，其中一些事故在社会上造成了恶劣的影响，给国家和学生家庭带来了深重的灾难。如以校园踩踏事故为代表的校园伤害案件接连发生；校园周边违法经营的网吧、游戏机室问题依然严重，校园周边环境治理的任务艰巨；学生交通事故、溺水事件不断；针对青少年学生的恶性刑事治安案件急剧增加等。究其原因，主要有相关人员对学校安全的重视依然不够、学校安全工作的硬件基础薄弱、学校的安全工作缺乏理论支撑等。

二、我国学校安全工作的重点

（一）完善学校安全管理组织

目前，我国学校安全工作的组织还存在组织上的空白和管理上的脱节。在各级教育行政部门中，有必要设置专门的学校安全管理部门，专门负责统一指挥、协调学校安全管理工作。在学校中，也有必要设置专门的部门或专人具体负责学校的安全工作。对于学生人数较多、规模较大的学校，应当设置学校安全管理处。对于学生人数较少、规模较小的学校，也应当设置专人具体负责学校安全工作。

（二）健全学校安全工作的法律、法规、规章制度

针对目前我国学校安全工作缺乏相应法律规范指导的情况，我们有必要尽快起草一系列的法律、法规，对学校的安全工作加以规范。例如近年来，有关《校园安全法》的立法呼声非常高，已引起了很多全国人大代表的重视，每一年的人大会议，都有相关的议案提出。同时，在各级各类学校当中，也应当尽快健全校内有关学校安全的各种规章制度，完善应急救援预案体系。

（三）加强学校安全工作的培训

针对目前我国教育系统内人员缺乏相关安全工作知识的现状，我们应有计划地对学校管理层和教职工分别进行相关的教育和培训。学校的教育教学也应同安全教育紧密结合，使学生掌握全面、系统、实用的安全知识。与此相适应，加强学校安全培训的教材建设和师资培养工作也是迫在眉睫的一项紧急任务。

按照《中小学幼儿园安全管理办法》的有关规定，教育行政部门应当组织负责安全管理的主管人员、学校校长、幼儿园园长和学校负责安全保卫工作的人员，定期接受有关安全管理培训。学校应当制订教职工安全教育培训计划，通过多种途径和方法，使教职工熟悉安全规章制度、掌握安全救护常识，学会指导学生预防事故、积极自救逃生、紧急避险的方法和手段。

（四）保证学校安全工作的资金投入

学校安全工作中的资金投入绝不是"花冤枉钱、办冤枉事"。足够的安全资金投入，恰恰是教育效益的有力保障。因此，在目前教育资金普遍紧张的情况下，应想方设法对学校安全工作的资金予以保障。对存在安全隐患的房屋、器材及时加以改造，使学校安全工作的设施、设备及时到位。

三、我国学校安全的对策

（一）建立和健全学校安全工作责任制和责任追究制，明确"一把手"责任制度

学校的党政主要领导是安全工作的责任人，要对安全工作负总责。作为制

度，要在各级各类学校中建立和完善起来。

各地教育行政部门、各级各类学校，要根据各自的实际情况，建立健全具有可操作性的安全工作责任制，任务分解落实到人。要认真执行责任追究制度，对相关责任人要严肃处理，构成犯罪的要依法追究刑事责任。

同时，要把学校安全工作的成绩作为考核学校工作状况的基本因素。今后，在学校考核、评估、评优、评奖等活动中，都要把学校安全工作作为基本条件予以考虑，而且要实行学校安全工作"一票否决"制度。

要建立安全工作通报制度，各级教育行政部门都要定期向上级政府、教育行政部门报告学校安全工作情况，坚决遏制安全事故上升的趋势，并努力使事故发生概率降低。

要把定期进行学校安全工作检查和实施相应的整改措施，作为制度确定下来。各级教育行政部门负责进行监督、考核。

(二) 要下大力气全面提高学校安全工作管理水平和应急能力

当前，加强学校安全工作管理水平是全面提高学校安全工作的关键环节。首先，各级各类学校要在建立健全学校安全责任制度的条件下，认真分析学校安全工作中存在的薄弱环节，明确安全工作的每个岗位和工作要求，责任到人。另外，对学校存在的各类安全隐患进行认真排查，建立台账，进行跟踪。能够立即整改的，要坚决立即整改；一时整改有困难的，要明确监督责任，严防死守。出现达不到安全要求的情况，无论对学校有多大影响，都必须坚决立即停止使用。各级教育行政部门要认真监督并对学校解决安全工作的难题提供帮助。同时，要制定并定期演练学校安全事故应急预案，在出现火灾、中毒、房屋倒塌、自然灾害等紧急情况下，要确保领导、职能部门负责人和工作人员迅速到达工作岗位，迅速报警，迅速配合有关部门组织抢救、自救和疏散工作，减少损失。有条件的地方和学校，也要加大设备的投入，加强技术防范的能力。要特别注意以下几方面的工作。

1. 要把学校防火安全问题放在突出位置

火灾事故危险性极大，最易造成群死群伤和重大财产损失，各地教育行政部门和高校要下大力气抓好防火安全工作。2010年12月22日，教育部、公安部下发通知，要求做好中小学校消防安全教育工作，重视新学期的消防安全知识教育，提高中小学生火灾疏散逃生意识与技能，达到"教育一个孩子，带动一个家庭"的目标。通知强调，各中小学要在每学期开学第一周内进行一次消防安全知识教育。小学重点开展火灾危险及危害性、消防安全标志标识、日常生活防火、火灾报警、逃生自救常识等教育；初中、高中重点开展消防法律法规、防火灭火基本知识、灭火器材使用、火灾自救互救知识和火灾案例教育。各中小学每学年组织学生开展一次参观消防队（站）或消防宣传教育馆的活动。

2. 加快中小学危房改造

中小学校危房量大、面广，虽然国家及地方各级政府已投入了大量资金，但危房远未彻底消除，中小学危房仍是危害中小学生安全的重大隐患，各地教育行政部门和学校应进一步加强检查，加大改造力度。该抢修的要立即组织力量进行抢修，该停止使用的要立即停止使用。新建校舍要确保建筑质量，选址要充分考虑安全因素。要用好国家和地方政府投入的改造资金，争取尽快消除农村中小学危房，要将学校食堂的改造纳入危房改造计划，统筹安排。

3. 进一步规范加强学生宿舍的管理

目前，学生宿舍的管理问题十分突出。学生宿舍是人群密集场所，也是最易发生安全和稳定问题的场所。一些学校的学生宿舍拥挤、脏乱现象仍然存在，电话线、电源线、电脑线私拉乱接，违章用电现象屡禁不止，火灾隐患突出；新建学生公寓，虽基础设施条件较好，但在学生管理上还比较薄弱，特别是校外学生公寓，管理难度较大。如针对陕西小学生一氧化碳中毒死亡特大事故暴露的问题，教育部就要求各地要迅速组织力量开展寄宿制学校学生宿舍安全排查，对校内宿舍和学校集体租用的校外宿舍，特别是有燃煤取暖的宿舍，进行一次全面安全排查，防止一氧化碳积聚造成中毒和火灾的发生；按照谁主管、谁负责的原则，切实把寄宿制学校各项安全管理规定落到实处；一定要有专人负责学生宿舍夜间管理和安保工作，加强夜间值班和定时巡查。

4. 加强学生食堂的管理

当前学校食物中毒事件发生较多，要认真分析原因，加强管理。各级教育行政部门和学校要严格执行《食品卫生法》和《学校食堂与集体用餐管理规定》，高度重视食堂的管理工作。要对照有关管理规定，对学校食堂卫生及管理工作认真进行整改。

5. 加强校园及其周边环境整治

由于多方面的原因，当前学校校园及其周边环境仍然存在不少问题，有的还比较突出和严重。主要表现在校内流动人口大幅度上升，学校管理和治安难度加大；校园周边密布了一大批以学生为主要营业对象的网吧、游戏机室、卡拉OK厅、发廊和浴室等经营网点，私搭、乱建、违章经营的情况屡禁不绝，对学校的育人环境造成了严重的不良影响，也带来了许多不安全因素。各级教育行政部门和学校要主动与地方政府及有关部门加强联系，争取他们的支持，加大校园及其周边环境的整治力度。学校房产决不允许出租用于开办网吧等影响学校周边环境的经营性行业。

（三）要把安全教育纳入学校正常的教育教学内容之中，全面培养学生的安全意识，提高学生的安全素质

加强安全教育，树立安全意识，培养学生在紧急情况下的自救能力和处理问题能力，不仅是学校安全工作的需要，也是全面提高学生综合素质的基本要求。提高学生的安全意识、培养学生的安全防范能力和应急能力，已经十分紧迫了。要通过教学计划的调整，把安全教育纳入学校正常的教育教学内容之中，各地、各学校要根据实际情况，尽快制定执行方案。

第四节　学校安全管理的范围

中小学校园安全管理，其范围依管理性质与管理对象的特性可区分如下。

一、一般建筑及设备安全管理

（一）校园建筑管理

学校是众多学生聚集、活动与学习的重要场所，而学生的安全维护更是一项重要的公共责任，是以建筑物的安全与否，直接关系学生生命的安危，间接影响社会秩序的维持。学校内的一些硬件设施，若没有做好安全防护及检查，很容易造成伤害事件。因此，学校建筑的规划设计、施工质量、保养维护，就成为安全管理相当重要的课题。

（二）消防安全管理

由于学校人员密集、易生火灾，而且近年来电气化设备及各种易燃、易爆化学物品普遍使用，稍有疏忽极可能酿成火灾，造成生命与财物的损失；因此有关防火的人员组训、警示设备、灭火设备、逃生设备、电器线路之安全、危险物品管制、设备维护保养等项目，就成了校园安全管理的重要范畴。

（三）水电设备管理

水电是支持校园各项设备运作相当重要的基本设备，其设置与管理适当与

否，直接关系学生生命与学校财产的安全，间接影响教学的效果。所以其设计、安装、使用与维护保养等，也是校园安全管理的重要项目之一。

（四）天然灾害管理

自然界本就充满着不可预知的破坏力量，如风灾、水灾、地震等，常会带给人类无法预测的灾难。学校既然是学生成长的摇篮，那么就应该对天然灾害采取有效的防范措施，以减少生命与财产的损失。因此，建立天然灾害安全防护组织，进行硬设备的检视、保养与修护，执行教育训练与灾害查报等措施，亦是校园安全管理的重要课题。

（五）运动及游戏器材管理

运动是教育的重要方面，游戏则是常被采用的教育策略之一，特别是在各种非正式的课程中。各项运动和游戏设施与器材就是满足并支持各类教育活动与需求的工具；因此，其设计、安装、使用、维护、保养等，均与学生安全息息相关，亦为校园安全管理的重要范围之一。

（六）教学设备管理

"工欲善其事，必先利其器。"教学设备乃是学校教学活动进行的重要工具，直接影响教学效果。举凡教室基本设备、专科教室的特殊设备、重要器材的维护与管理等，都是学校安全管理所不能忽视的。

二、教学及校园生活安全管理

（一）一般教学安全管理

提及安全管理职责，一般多会归责于学校的行政管理人员，但事实上校园突发事件应奠基与落实在一般教学工作上，所有的教师都应当兼具安全管理的危机意识与素养。一般教学情境中必须兼顾学生生理及心理的安顿，使之能安心于学习活动，所以为教师提供在面临学生常规问题、突发性情绪失控、学生生理的疾病、紧急性的天然灾害等等情况时的危机处理先备知识，提升其面对突发状况的应变能力，是教学安全管理上不可疏忽的课题，也是教学成功的基础。

（二）实验室安全管理

学校实验室是教育过程中训练学生正确实验操作的场所，常备置各种实验过程所需的药品、器具，尤其是化学药品，几乎不可避免。因此培养正确的操作管理习惯、妥善处理实验过程中的废气（液）及废弃物，确保师生身心健康及安全,可以说是实验室管理最重要的课题。

（三）游泳安全管理

教育部几乎每年都要针对学生溺水事件发出预警和通报。水性至柔却无情,为了确保学生游泳运动的安全,对于游泳池设施的管理与维护、相关安全设施的设置与检视、入水前后的准备与检查等,都是校园安全管理的重要范围。

（四）校外教学安全管理

"校外教学"是正常教学活动重要的一环,为了拓展学生的学习领域,充实学生的学习经验,学校经常举办。因此从拟定计划、选定日期、地点、勘察路线、租用车辆、行前安全教育、旅途中的安全维护与结束后的总结等,都是相当重要的学校安全管理事项。

（五）游戏及运动安全管理

若缺乏个人危机意识与良好的生活习惯,即使再坚固与舒适的校园环境亦危机四伏;况且环境会随自然气候与人的作为而改变,若不能提高对环境的觉察能力,校园中的游戏伤害、运动伤害将层出不穷,故将个人应注意却不注意而易产生的意外伤害提出,以降低校园游戏伤害及运动伤害,应可增进师生对环境的觉知能力。

（六）交通安全管理

随着经济的蓬勃发展,人民拥有汽车的数量日益增多;上学和放学时,学校附近交通流量骤增,车辆、行人过于拥挤与混杂,稍有疏忽,就会发生事故。因此,有关交通安全教育的规划、交通安全教育的执行、相关设施的设置、相关装备器材的使用与保养等,就成了校园安全管理的重要工作之一。2012年4月5日,我国《校车安全管理条例》公布并实施,对校车的使用原则、基本范围,以及基本要求都做出了明确的规定。

（七）饮食卫生安全管理

影响学校学生饮食卫生与安全的重要因素,不外乎餐饮调理过程、厨房与餐厅的卫生管理、厨房工作人员的卫生习惯与训练管理等。所以不论是学校自制午餐、学生自备午餐,或是委外代办午餐、贩卖餐盒等,都需要加以适当的安全管理,才能确保饮食安全与卫生。因此,对于厨房设施的规划、购置、安装、使用、管理、维护与保养,餐食的食谱设计、采购、供应、检验、验收、洗涤、烹煮、饮食水源、水管配装、贮水设备与供应,餐盒放置场所的管理,餐盒的订购、运送、供应与检验等，都是校园安全管理不可或缺的工作。

（八）校园公共卫生安全管理

校园环境是学生主要活动的场所，同时也是开放的公众场所，随着互动的频繁，许多新的传染病、虫害等疫情，无意中相对增加，因此校园环境管理日益重要。随时检测校园环境的卫生整洁，以减少传染的发生，是不可或缺的环境议题。

（九）校园性侵害或性骚扰防治

学生遭受性骚扰或性侵害在我国时有发生，举凡语言上的性骚扰、身体的抚摸、让学生看黄色书刊、暴露性器官、口部的性行为、性侵害等，均会对学生的身心造成难以估计的伤害。所以对可能发生性骚扰或性侵害的时间、空间、人物，必须采取有效的防范与反制措施，以确保学生的安全。因此，这些防护措施，也是学校安全管理不可或缺的重要项目。

（十）校园暴力、霸凌及药物滥用防治

在当今社会，由于种种原因，各种违法犯罪的事件层出不穷，而校园安全事件，如暴力、霸凌、打架、恐吓、勒索、帮派、药物滥用等问题日趋严重，学生身处这样一个充满威胁不安的学习环境中，确实令人忧心忡忡。为了保障学生免于恐惧，排除威胁、利诱、恐吓的情境，学校应建立安全管理体系，采取各种有效的措施，妥善保护、尽力防范、积极辅导，以营造温馨、和谐、安宁的校园气氛。

（十一）校园门卫安全管理

校园是学生学习活动的主要场所，所以上课期间，维持其秩序是绝对必要的。我国在近些年接连发生了多起因学校门卫管制的疏漏，使犯罪分子、精神异常的人乘虚而入，滋生事端，甚至进行恐吓、勒索、猥亵、伤害、性侵害等恶性犯罪的事件。因中小学的学生，本身防制歹徒侵扰的能力不足，更需要学校加强门卫管制、建立校园巡逻制度、设置隔离措施、实行人车分道，以透视死角、消灭死角，确保学生在校时的安全，使学习活动能顺利地进行，创造高质量的教育效果。

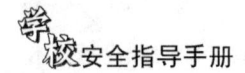

第五节　学校安全管理的时机

校园安全管理的范围很广，目的是要维护学校的人、事、时、地、物等方面的安全；换言之，就是要提供一个安稳的、无障碍的学习环境，让学生能够快快乐乐地学习、健健康康地成长。那么到底什么时候进行安全管理较为适当呢？

一、平时持续的安全管理

校园出入、水电设备、交通安全、饮食卫生、性骚扰与性侵害防治、暴力防治、公共卫生等，只要学生在学校活动，这些都是不能忽视的安全管理项目。

二、教学活动进行的安全管理

各科教师及相关人员应在教学活动进行前，准备教材、教具、检视教学设施、教学环境，了解是否可以使用，是否有危及安全的因素。活动进行时，应指导学生正确的操作方法；活动结束后，应该再检视各项器材、设施是否收拾妥当，是否复原与归位。各项设施器材若有损坏，应立即报修。此外，教学活动进行过程中更应发挥教师专业理论，提高师生之间良好人际互动，使教学活动更安全有效进行。

三、寒暑假期间的安全管理

寒暑假期间，学校的教学活动较少，学校总务处及相关人员应在假期中全面检修学校建筑、消防设施、水电设备、运动游戏器材、教学设备等，以维持其完整与安全。

四、特殊情形的安全管理

当不可抗力的因素，例如台风、水灾、火灾、地震等天然灾害发生时，必须特别加强安全管理的项目，事前有预警的，应进行妥善的防范措施，事后亦应进行检验和灾后重建工作；无预警状况的更要发挥应变能力，以减少损害的程度。

第六节 学校安全管理的法律渊源

在我国的法律法规中,有许多关于学校安全问题的规定。中国现成法的渊源包括宪法、法律、行政法规、地方性法规、自治法规、行政规章、国际条约等。下面将有关的法律渊源按照法律、行政法规、行政规章等几部分加以介绍。

一、法律

法律是由全国人大及其常委会依法制定和变动的,规定和调整国家、社会和公民生活中某一方面根本性的社会关系或基本问题的一种法。法律是行政法规、行政规章、地方性法规的立法依据和基础,后三者不能违反法律,否则无效。法律分为基本法律和基本法律以外的法律两种。基本法律由全国人大制定和修改,在全国人大闭会期间,全国人大常委会也有权对其进行部分补充和修改,但不得同其基本原则相抵触。基本法律规定国家、社会和公民生活中具有重大意义的基本问题,如刑法、民法、教育法等。基本法律以外的法律由全国人大常委会制定和修改,规定由基本法律以外的国家、社会和公民生活中某一方面的重要问题,其调整面相对较窄,内容较具体,如交通安全法、消防法、未成年人保护法等。两种法律具有同等效力。

（一）刑法

《中华人民共和国刑法》(以下简称《刑法》)是国家的基本法律之一,是规定犯罪、刑事责任与刑罚的法律。具体而言,刑法是以国家名义规定什么行为是犯罪和应负刑事责任,并给犯罪人以何种刑罚处罚的法律。它主要解决的就是对于学校事故承担责任的责任人是否承担刑事责任以及接受何种刑罚的问题。

在《刑法》当中,涉及学校安全的主要有以下条款。

1. 重大安全事故罪

重大安全事故罪,是指安全生产设施或者安全生产条件不符合国家规定,因而发生重大伤亡事故或者造成其他严重后果的行为。"安全生产设施"是指用于保护劳动者人身安全的各种设施、设备,如防护网、紧急逃生通道等。"安全生产条件"主要是指保障劳动者安全生产、作业必不可少的安全防护用品和措施,如用于防毒、防爆、防火、通风等用品和措施等。"不符合国家规定"包括的情形较广泛，如有的生产经营单位新建或改扩建工程的安全设施未依法经有关部门审查批准，擅自投入生产或使用；有的不为工人提供法定必要的劳动、防护用品；有的不具备安全生产条件或存在重大事故隐患，被行政执法机关责令停产、停业或者取缔、关闭后，仍强行生产经营等。根据《刑法修正案（六）》第2条规定对直接负责的主管人员和其他直接责任人员，处3年以下有期徒刑或者拘役；情节特别恶劣的，处3年以上7年以下有期徒刑。

2. 危险物品肇事罪

危险物品肇事罪，是指违反爆炸、易燃性、放射性、毒害性、腐蚀性物品的管理规定，在生产、储存、运输、使用中发生重大事故，造成严重后果，危害公共安全的行为。根据《刑法》第136条的规定，犯本罪的，处3年以下有期徒刑或者拘役；后果特别严重的，处3年以上7年以下有期徒刑。在学校安全工作中，这类的犯罪主要发生在对学校化学实验室等保管危险化学物品等部门的管理人员违反有关管理规定，以至危险品发生重大事故，造成严重后果的情况下。

3. 教育设施重大安全事故罪

本罪是教育部门特有的犯罪形式，所以下面较为详细地做一介绍。

教育设施重大安全事故罪，是指明知校舍或者教育教学设施有危险，而不采取措施或者不及时报告，致使发生重大伤亡事故，危害公共安全的行为。

校舍，是指各类学校及其他教育机构的教室、教学楼、行政办公室、宿舍、图书阅览室等。教育教学设施，是指用于教育教学的各类设施、设备，如实验室及实验设备、体育活动场地及器械等。所谓明知校舍或者教育教学设施有危险，是指知道校舍或者教育教学设施有倒塌或者发生人身伤害事故的危险、隐患。校舍或者教育教学设施虽然出现了危险但并不明知，则不能构成本罪。

不采取措施，既包括根本没有采取任何措施，也包括虽采取措施，但是敷衍了事，做做样子，措施不得力。但不及时报告，是指根本没有报告或者虽然做了报告但不及时。及时，在这里应当理解为一发现险情，就应当立即报告。必须具有不采取措施或不及时报告的不作为。明知存在危险，及时采取了措施；或在无力采取措施的情况下，及时做了报告，即使发生了重大伤亡事故，亦不能构成本罪。能够采取有效措施而不采取有效措施而向有关人员报告的，亦应以本罪行为论处，而不能以及时报告为由推卸责任。

至于具体方式则多种多样，如各级人民政府中分管教育的领导和教育行政部门的领导对学校的危房情况漠不关心，应当投入危房改造维修资金但不及时投入，或者虽然知道危房情况，但不及时组织、协调各方面的力量进行维修、改造；学校校长和分管教育教学设施的副校长对校舍或教育教学设施的情况从不过问，不经常进行检查，发现了问题也不及时采取防范措施，对已经确定为危房的校舍仍然使用，对有严重隐患的，不安排人员进行加固处理，对学校解决不了的，不及时报告当地政府和教育行政部门，学校教师对出现的险情不及时报告，对有危险的教学设备、仪器、器械不及时更换，发生危险时，不及时组织学生撤离；有关维修人员不按自己职责对校舍等进行正常检查、维修或者对应该立即维修的危房拖延时间不立即采取维修措施等。

根据《刑法》第138条的规定，犯本罪的，处3年以下有期徒刑或者拘役；后果特别严重的，处3年以上7年以下有期徒刑。

案例

某中学校长樊某主持召开学校的行政办公会议，会议决定从9月23日开始，每天下午放学后，从18时15分至18时55分再补一节课。补课前，该校一名教师向被告人樊某提出，教学楼楼道照明灯已损坏，但没有引起被告人的重视。9月23日补课结束后，学生着急回家，由于没有照明灯，在底楼楼梯处，近百名学生发生拥挤，有的被挤倒并形成堆积，楼梯护栏被挤倒翻向外侧，部分学生从护栏处摔下，致使21名学生死亡、47名学生受伤。

法院经审理认定：被告人樊某身为校长，负责学校的全面工作，在得知教学楼楼道照明灯损坏的情况下，没有及时安排检查、维修，在学生放学时没有进行必要的疏导，对学生伤亡负有直接责任。法院以教育设施重大安全事故罪判决校长樊某有期徒刑3年，总务处主任戈某被判有期徒刑3年，缓刑3年。

4. 消防责任事故罪

消防责任事故罪，是指违反消防管理规定，经消防监督机构通知采取改正措施而拒绝执行，因而造成严重后果，危害公共安全的行为。根据《刑法》第139条规定，犯本罪的，实行单罚制，即对单位的直接责任人处3年以下有期徒刑或者拘役；后果特别严重的，处3年以上7年以下有期徒刑。

5. 玩忽职守罪

玩忽职守罪，是指国家机关工作人员玩忽职守，致使公共财产、国家和人民利益遭受重大损失的行为。根据《刑法》第397条规定，犯本罪的，处3年以下有期徒刑或者拘役；情节特别严重的，处3年以上7年以下有期徒刑。

案例

社会无业青年杨某在2003年上半年开始，长期自由出入某中心小学，甚至经常窜进教室,在黑板上乱写乱画,恶作剧地给学生批改作业,还无故殴打学生,抢学生钱物,窃取学校教学仪器,严重扰乱了该校教学秩序,对学生的安全构成极大的威胁。而该校从校长到教师对于杨某的行为竟然熟视无睹、听之任之,既未对杨采取制止、驱逐措施,也未向上级主管部门及社会治安职能部门反映。2003年10月28日至11月3日,杨某又窜入学校,于课间在学校空闲校舍中将该校两名年仅9岁的女生先后强奸多次。在受害人家长报案后,杨某被抓捕归案,并被法院依法判处有期徒刑5年。由于该校对学生监护职责的失职,致使两名学生身心受到严重侵害。2004年3月10日,该小学校长吴某、主任郭某及教师张某因涉嫌玩忽职守罪被当地检察机关依法立案侦查。

6. 故意或过失泄露国家秘密罪

故意或过失泄露国家秘密罪,是指国家机关工作人员违反保守国家秘密法的规定,故意或过失泄露国家秘密,情节严重的行为。根据《刑法》第398条的规定,国家机关工作人员犯本罪的,处3年以下有期徒刑或者拘役;情节特别严重的,处3年以上10年以下有期徒刑。非国家机关工作人员犯本罪的,依上述规定酌情处理。

在学校的实际工作当中,这种犯罪主要表现在有关人员在重大考试中故意泄露考题,情节严重的行为。

案例1

某大学教务处教务科副科长史某与某培训学校教师曹某经预谋,于2003年9月19日,利用史某保管国家英语四级考试试卷的便利条件,私自拆开一套密封的英语四级考试试题,将试卷内容提供给曹某。后曹某同培训学校法定代表人刘某,于当日下午将试卷内容分别在培训学校举办的两个考前辅导班上泄露,并在培训学校的网页上公布。

法院审理后认为史某、曹某、刘某的行为均构成故意泄露国家秘密罪,依法判处史某、曹某二人有期徒刑3年,刘某有期徒刑两年。

案例2

2004年5月25日,某中学数学教师王某按照市教育局的安排,参加2004年度的中考数学科目的命题。6月15日,王某在自己的办公室里将2004年度中考数学命题最后3道题的基本内容,写在两张纸上交给副校长江某,由江某安排该校教导处副主任曾某负责统一安排学校的数学老师,向全校参加中考的8个班

437 名学生进行讲解。该市另外一所中学的数学老师陈某、谢某得到消息后,第二天通过关系从前一中学初三学生蒋某手中得到其在课堂上的笔记,并连夜编出一套数学测验题,其中的内容包括中考试题的最后 3 道题,然后发给全校 10 个班 595 名毕业学生进行练习,并进行了讲解,从而导致中考数学试题在 6 月 18 日的中考之前大面积泄露。此事一出,社会哗然,市教育局不得不做出重考决定。

事后,中考泄密案"主角",数学教师王某因犯故意泄露国家秘密罪被当地人民法院一审判处拘役 6 个月,缓刑 1 年。

7. 传染病防治失职罪

传染病防治失职罪,是指从事传染病防治的政府卫生行政部门的工作人员严重不负责任,不履行或者不认真履行传染病防治监管职责导致传染病传播或者流行,情节严重的行为。根据《刑法》第 409 条规定,从事传染病防治的政府卫生行政部门的工作人员严重不负责任,导致传染病的传播或者流行,情节严重的,处 3 年以下有期徒刑或者拘役。

8. 招收学生营私舞弊罪

招收学生营私舞弊罪是指国家机关工作人员在省级以上教育行政部门组织招收学生的工作中营私舞弊,情节严重的行为。根据《刑法》第 418 条规定,国家机关工作人员在招收公务员、学生工作中徇私舞弊,情节严重的,处 3 年以下有期徒刑或者拘役。

案例

在北京教育考试院组织的 2003 年美院附中招收学生的工作中,北京某中学校长金某、副校长石某和教务主任柯某,为徇私利,利用职务之便,采取为考生改分并调换试卷的手段,将 11 名考试成绩不合格的学生非法录取。2006 年 1 月,法院认定,原校长金某、副校长石某和教务主任柯某三人行为构成招收学生营私舞弊罪,一审分别判处金某、石某有期徒刑两年三个月,判处柯某有期徒刑一年缓刑一年。

9. 非法拘禁罪

非法拘禁罪,是指以拘禁、禁闭或者其他强制方法,非法剥夺他人人身自由的行为。《刑法》第 238 条规定,非法拘禁他人或者以其他方法非法剥夺他人人身自由的,处 3 年以下有期徒刑、拘役、管制或者剥夺政治权利,具有殴打、侮辱情节的,从重处罚。犯前款罪,致人重伤的,处 3 年以上 10 年以下有期徒刑;

致人死亡的，处10年以上有期徒刑。使用暴力致人伤残、死亡的，依照本法第234条、第232条的规定定罪处罚。为索取债务非法扣押、拘禁他人的，依照前两款罪的规定处罚。国家机关工作人员利用职权犯前三款罪的，依照前三款的规定从重处罚。在学校工作中，这种犯罪通常表现为学校工作人员利用职务将违纪的学生非法拘禁，触犯刑法的行为。

案例

某小学五年级的学生伍某无故旷课两天，第三天下午到学校时，班主任刘老师将其叫到自己的宿舍（兼办公室）谈话。面对老师的训斥，伍某一言不发，拒不回答老师的问话，刘老师恼羞成怒，责令他下午不要上课了，就在这里面壁思过，然后将门反锁上打麻将去了。晚上，刘老师将把伍某关在宿舍的事忘了，当夜11时左右，又饿又困的伍某打不开门，就打开老师宿舍的翻斗窗想爬出去，但不小心一脚踏空，从二楼摔到地上，造成大腿骨折。其他老师闻讯把伍某送到医院。伍某的家长向有关部门进行了举报，经当地检察机关侦查后，法院以非法拘禁罪判处刘老师有期徒刑3年，缓刑5年；同时判令学校赔偿伍某医疗费等费用3万元。

10. 非法搜查罪

非法搜查罪是指非法搜查他人身体、住宅的行为。《刑法》第245条规定：非法搜查他人身体、住宅、或者非法侵入他人住宅的，处3年以下有期徒刑或者拘役。司法工作人员利用职权，犯前款罪的，从重处罚。

案例

2000年11月4日上午，某中学初一（3）班学生小峰向班主任姜老师报告，他书包里的一百元钱下课时被人偷了。姜老师当即来到教室，问谁偷了小峰的钱，结果无人承认。姜老师便怀疑是小峰的同桌小彦，单独找小彦谈话，小彦不承认他拿了小峰的钱。姜老师就喊来几个学生搜他的书包、口袋，有一个学生正好从小彦的上衣口袋里搜出一张百元面额钞票，而且，小峰一口咬定这就是他被人偷去的那一张。小彦一再辩解说这100元钱是其姥姥前天给他的，他没有花。姜老师则说小彦狡辩，当即决定将这100元钱归还小峰，并责令小彦停课检查。小彦委屈地哭着走出教室，由于其哭着下楼，没注意看路，一脚踩空，从楼梯上摔下，造成脾破裂。其父母告到司法机关，案经检察机关公诉，法院认定姜老师构成非法搜查罪，判处免予刑事处分，判决学校赔偿小彦医疗费等费用5万元。

11. 伤害罪

伤害罪又分为故意伤害罪和过失致人重伤罪两种。

故意伤害罪是指非法损害他人身体健康的行为。根据《刑法》第234条规定，故意伤害他人身体的，处3年以下有期徒刑、拘役或者管制。致人重伤的，处3年以上10年以下有期徒刑；致人死亡或者以特别残忍手段致人重伤造成严重残疾的，处10年以上有期徒刑、无期徒刑或者死刑。本法另有规定的，依照规定。

过失致人重伤罪，是指过失伤害他人身体，致人身体健康受到严重伤害的行为。根据《刑法》第235条的规定，犯本罪的，处3年以下有期徒刑或者拘役。

在学校工作实践当中，伤害罪多是由教师的体罚行为引起的。

案例

2003年11月13日下午，某中心小学教师吴某给本校四年级（2）班学生上数学课。在讲解数学期中考试的问题时，吴某叫温某等未及格的学生到黑板前站成一排，逐一解答错题。因温某未能听懂讲解，吴某便讽刺说温某是"温家猪"，并先后两次用左手掌击打温某的右脸，其中一次击中温某的右眼，致温某右眼受伤失明。经鉴定，温某右眼损伤为外伤性白内障，属重伤，五级伤残，造成医疗费、伤残补助费等经济损失共计5万余元。

2004年8月19日，吴某被依法逮捕，后被人民法院以过失致人重伤罪判处有期徒刑1年，缓刑1年，并赔偿温某经济损失计5万余元，该中心小学承担连带赔偿责任。

12. 侮辱罪

侮辱罪，是指使用暴力或者以其他方法，公然贬损他人人格，破坏他人名誉，情节严重的行为。所谓"公然"侮辱，是指当着第三者甚至众人的面，或者利用可以使不特定人或多数人听到、看到的方式，对他人进行侮辱。公然并不一定要求被害人在场。如果仅仅面对着被害人进行侮辱，没有第三者在场，也不可能被第三者知悉，则不构成侮辱罪。因为只有第三者在场，才能使被害人的外部名誉受到破坏。

根据《刑法》第246条规定，犯侮辱罪的，处3年以下有期徒刑、拘役、管制或者剥夺政治权利。

案例

2003年4月12日，某中学初三学生丁某因上学迟到，被其班主任汪某叫到办公室批评教育。其间,汪某不仅对丁某进行了体罚,还当着丁某同学的面侮辱丁某:"你学习不好,长得也不漂亮,连'坐台'都没有资格。"当天中午,丁某留下遗书后,从学校教学楼 8 楼跳下,经抢救无效死亡。在遗书中,丁某表达了对老师汪某及家庭的怨恨。事后,丁某父母以老师汪某犯侮辱罪,向法院提起刑事自诉。人民法院对此案经过审理后做出一审宣判,以侮辱罪判处这位老师有期徒刑 1 年、缓刑 1 年。这起事件在当地引起了强烈反响,引发了一场师德问题大讨论,当地教委还出台了规范教育行为的专门规定,进一步约束教师的教育行为。

13. 侵犯通信自由罪

侵犯通信自由罪,是指故意隐匿、毁弃或者非法开拆他人邮件,侵犯公民通信自由权利,情节严重的行为。《刑法》第 252 条规定,隐匿、毁弃或者非法开拆他人信件,侵犯公民通信自由权利,情节严重的,处一年以下有期徒刑或者拘役。在学校工作实践中,其主要表现为学校的收发人员和班主任等人员出于各种目的私自截留学生或其他人员信件的行为。

案例

某大学职工黄某、李某、吴某(女)3 人在该大学收发室工作期间,严重不负责任,长期以来定期将该校师生信件擅自当成废品卖掉,牟利共同使用。经过清点,3 人共将 5065 封寄往该大学的信件卖掉,其中包括商业信函 3485 封、个人单位信函 330 封及若干其他信函。法院审理认为,3 人利用工作之便,结伙隐匿、毁弃他人信件,侵犯了公民的通信自由权利,情节严重,均已构成侵犯通信自由罪。鉴于 3 人自愿认罪,法院依法对他们做了从轻发落;黄某、李某获判拘役 4 个月,缓刑 6 个月;吴某因负责处理信件的工作时间较短,犯罪情节较轻,免予刑事处罚。

14. 性犯罪

近年来,在学校内部发生的性侵害犯罪的数量很多,因此需要学校管理人员在学校安全工作中对此高度重视。学校安全中涉及的性犯罪主要涉及以下几个方面罪名。

强奸罪。《刑法》第 236 条第 1 款规定了强奸罪:"以暴力、胁迫或者其他手段强奸妇女的,处 3 年以上 10 年以下有期徒刑。"2003 年 1 月 8 日最高人民法院《关于行为人明知是不满 14 周岁的幼女,双方自愿发生性关系是否构成强奸罪问题的批复》中规定:"行为人明知是不满 14 周岁的幼女而与其发生性关系,不论幼女是否自愿，均应依照《中华人民共和国刑法》第236条第2款的规定，以强奸罪论罪处罚；行为人确实不知对方是不满14周岁的幼女，双方自愿发生性关系，未造成严重后果，情节显著轻微的，不认为是犯罪。

嫖宿幼女罪。现行《刑法》第360条第2款规定："嫖宿不满14周岁幼女的，处5年以下有期徒刑，并处罚金。"行为人知道被害人是或者可能是不满14周岁幼女而嫖宿的，适用《刑法》第360条第2款的规定，以嫖宿幼女罪追究刑事责任。如果行为人引诱幼女卖淫与其嫖宿行为之间并无直接的手段与目的的关系，一般应对其引诱行为和嫖宿行为分别定性，即以引诱幼女卖淫罪和嫖宿幼女罪定罪，实行并罚。

强制猥亵、侮辱妇女罪。《刑法》第237条第1款规定了强制猥亵、侮辱妇女罪："以暴力、胁迫或者其他方法强制猥亵妇女或者侮辱妇女的，处5年以下有期徒刑或者拘役。"《刑法》第237条第2款规定了强制猥亵、侮辱妇女罪的加重情节："聚众或者在公共场所当众犯前款罪的，处5年以上有期徒刑。"

猥亵儿童罪。《刑法》第237条第3款规定了猥亵儿童罪："猥亵儿童的，依照前两款的规定（强制猥亵、侮辱妇女罪）从重处罚。"

案例

2002年11月25日，某中心小学接到村小学教导主任的电话，称有学生家长举报这个学校四年级教师程某有强奸猥亵学生行为。中心小学与区教育局随后向镇派出所报案，当天正在上课的程某被抓捕。

警方查明，程某从2000年起，把发泄兽欲的目标瞄准当时平均年龄9岁左右的6名女学生身上。他经常在上课时对女生进行猥亵，有时他还在放学后以补课为名留下几名女生，对她们实施强奸猥亵。到案发前，村小学四年级的6名女生共有3人被强奸，3人被猥亵。

2003年5月9日，程某涉嫌强奸猥亵幼女案在沈阳市中级人民法院正式立案。根据刑法的有关规定，法院一审判决程某死刑。

辽宁省教育厅责成沈阳市有关部门对相关责任人做了严肃处理，免去了区教育局党委书记、局长、镇党委书记的职务，撤销了区教育局人事科科长、中心小学校长、分校主任的职务。

2013年，教育部、公安部、共青团中央、全国妇联联合下发了《关于做好预防少年儿童遭受性侵工作的意见（教基一〔2013〕8号）》（以下简称《意见》），从加强预防性侵犯教育、加强常规管理、密切家校联系、积极应对性侵犯事件、营造良好的社会环境和舆论氛围等方面对做好预防少年儿童遭受性侵工作提出了要求。《意见》首先强调要通过加强教育,提高师生、家长对性侵犯犯罪的认识;通过加强教育,特别是要加强对女学生的教育,使其了解预防性侵犯的知识,提高自我保护意识和能力。其次又对各地教育行政部门和学校加强常规管理提出了明确要求,要定期开展隐患摸底排查,全面落实日常管理制度,从严管理女生宿舍,切实加强教职员工管理。教育与管理的有机统一,可以更好地内外结合,保护少年儿童免受侵犯。

15. 聚众扰乱社会秩序罪

聚众扰乱社会秩序罪,是指聚众扰乱社会秩序,情节严重,致工作、生产、营业和教学、科研无法进行,造成严重损失的行为。本罪侵犯的客体是公共秩序。这里的公共秩序是指特定的企业、事业单位和人民团体的工作、生产、营业、教学、科研秩序;客观方面表现为聚众扰乱企业、事业单位和人民团体正常活动,情节严重的行为;犯罪主体是一般主体,是聚众扰乱社会秩序的首要分子和积极参加者;主观方面是故意。《刑法》第290条规定,犯本罪的,对首要分子,处3年以上7年以下有期徒刑;其他积极参加的,处3年以下有期徒刑、拘役、管制或者剥夺政治权利。

案例

2002年5月15日凌晨,某中学初一学生黄某因与同学肖某打架受伤,经抢救无效死亡。家长周某、卢某在与学校就赔偿问题协商未果的情况下,将学校校门砸开,把尸体抬进校园,停放在教学楼大厅,致使全校无法上课。当地法院经审理认为,被告人周某、卢某因黄某死亡一事索要高额赔偿,给学校施加压力,无视国家法律,被告人周某积极煽动抬尸进校园,被告人卢某积极参与抬尸进校园,两被告人的行为严重影响了学校的正常教学秩序和学生的身心健康,造成恶劣的社会影响,情节严重,构成聚众扰乱社会秩序罪。遂根据两被告人的犯罪情节和悔罪表现,依法对周某、卢某判处有期徒刑1年,缓刑1年。

(二)民法

民法是调整平等主体的公民之间、法人之间、公民和法人之间的财产关系和人身关系的法律规范的总称。在我国,因为民法典至今尚未出台,所以《中华人民共和国民法通则》(以下简称《民法通则》)起着民事基本法的作用,除此之外,还有《合同法》《担保法》《婚姻法》《继承法》等法律。值得注意的是,2009年12月公布的《侵权责任法》于2010年7月1日开始实施。在《侵权责任法》当中,用了3个法条具体规定了学校安全事故中的法律责任。

对于学校安全,在相关民法当中主要规定了以下几个方面的问题:

1. 学校与学生的关系

学校与学生在民法上的关系主要决定了当学生在学校发生伤害事故之后学校的责任承担问题。这个问题实际上就是人们经常争论的学校究竟是不是学生的监护人的问题。这个问题基本上在《学生伤害事故处理办法》出台的前后已经基本上有定论了,即学校不是学生的监护人。那学校和学生之间是一种什么样的关系呢?笔者认为应当是一种委托监护的关系,即监护人将部分的监护职责委托给学校,学校在自己履行这些监护职责时如果有过错,就要为因此引发的民事后果承担责任。没有过错,就不需要承担责任。

 **相关法条**

《民法通则》

第 16 条 未成年人的父母是未成年人的监护人。未成年人的父母已经死亡或者没有监护能力的,由下列人员中有监护能力的人担任监护人:

(一) 祖父母、外祖父母;

(二) 兄、姐;

(三) 关系密切的其他亲属、朋友愿意承担监护责任,经未成年人的父、母的所在单位或者未成年人住所地的居民委员会、村民委员会同意的。

对担任监护人有争议的,由未成年人的父、母的所在单位或者未成年人住所地的居民委员会、村民委员会在近亲属中指定。对指定不服提起诉讼的,由人民法院裁决。

没有第一款、第二款规定的监护人的,由未成年人的父、母的所在单位或者未成年人住所地的居民委员会、村民委员会或者民政部门担任监护人。

《最高人民法院关于贯彻执行〈中华人民共和国民法通则〉若干问题的意见》

第 22 条 监护人可以将监护职责部分或者全部委托给他人。因被监护人的侵权行为需要承担民事责任的,应当由监护人承担,但另有约定的除外;被委托人确有过错的,负连带责任。

2. 学校在学生伤害事故中的归责原则

按照《民法通则》和有关司法解释,学校在学生伤害事故中的归责原则是过错责任原则,即"有过错,担责任,无过错,无责任"。值得注意的是,学校在学生伤害事故中是否承担公平责任,即在学校和学生都无过错的情况下,学校是否承担责任,目前在学术界和司法实践中还存在着争议。笔者认为,公平责任原则可以适用于学生伤害事故,但在适用时要有严格的条件限制,以防止滥用。首先事故的发生应的确与学校直接有关,例如在学生自行上学、放学、返校、离校途中发生的与学校无直接关系事故等情况应排除在外;其次要求学校和学生双方对事故的发生都不存在过错,如果损害的发生归因于加害人或第三人的过错时应由加害人或第三人承担民事责任;再次要求事故的确造成了实际的经济损失,而且这种损失应是受害学生家庭在经济上无力承担或者难以承担的;最后,学校依公平责任承担的责任仅限于因学生受伤而引起的财产损失,而不应包括精神损害赔偿。

 **相关法条**

《侵权责任法》

第38条 无民事行为能力人在幼儿园、学校或者其他教育机构学习、生活期间受到人身损害的,幼儿园、学校或者其他教育机构应当承担责任,但能够证明尽到教育、管理职责的,不承担责任。

第39条 限制民事行为能力人在学校或者其他教育机构学习、生活期间受到人身损害,学校或者其他教育机构未尽到教育、管理职责的,应当承担责任。

第40条 无民事行为能力人或者限制民事行为能力人在幼儿园、学校或者其他教育机构学习、生活期间,受到幼儿园、学校或者其他教育机构以外的人员人身损害的,由侵权人承担侵权责任;幼儿园、学校或者其他教育机构未尽到管理职责的,承担相应的补充责任。

3. 特殊学校事故的责任承担

高度危险作业致人损害、环境污染致人损害、动物致人损害等特殊的学校事故适用无过错责任原则,即无论学校在主观上有无过错,只要发生了学生伤害事故,学校就要承担责任。除非学校能够证明事故是由学生故意造成的。

地面施工致人损害、建筑物致人损害等特殊的学校事故使用过错推定责任原则。即学校如果能够证明自己没有过错的,就不用承担责任,否则就要承担受伤害学生的赔偿责任。它与过错责任的最大不同点就在于过错责任的举证责任是"谁主张,谁举证",即学生如果想要学校承担损害赔偿责任,就要举证证明学校对于事故的发生存在主观上的过错。而过错推定责任要求这个举证责任必须由学校来承担,从而增加了学校的责任。

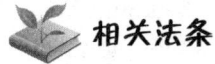 **相关法条**

《侵权责任法》

第69条 从事高度危险作业造成他人损害的，应当承担侵权责任。

第70条 民用核设施发生核事故造成他人损害的，民用核设施的经营者应当承担侵权责任，但能够证明损害是因战争等情形或者受害人故意造成的，不承担责任。

第71条 民用航空器造成他人损害的，民用航空器的经营者应当承担侵权责任，但能够证明损害是因受害人故意造成的，不承担责任。

第72条 占有或者使用易燃、易爆、剧毒、放射性等高度危险物造成他人损害的，占有人或者使用人应当承担侵权责任，但能够证明损害是因受害人故意或者不可抗力造成的，不承担责任。被侵权人对损害的发生有重大过失的，可以减轻占有人或者使用人的责任。

第73条 从事高空、高压、地下挖掘活动或者使用高速轨道运输工具造成他人损害的，经营者应当承担侵权责任，但能够证明损害是因受害人故意或者不可抗力造成的，不承担责任。被侵权人对损害的发生有过失的，可以减轻经营者的责任。

第74条 遗失、抛弃高度危险物造成他人损害的，由所有人承担侵权责任。所有人将高度危险物交由他人管理的，由管理人承担侵权责任；所有人有过错的，与管理人承担连带责任。

第75条 非法占有高度危险物造成他人损害的，由非法占有人承担侵权责任。所有人、管理人不能证明对防止他人非法占有尽到高度注意义务的，与非法占有人承担连带责任。

第76条 未经许可进入高度危险活动区域或者高度危险物存放区域受到损害，管理人已经采取安全措施并尽到警示义务的，可以减轻或者不承担责任。

第77条 承担高度危险责任，法律规定赔偿限额的，依照其规定。

4. 学生的民事权利

在我国《民法通则》和其他司法解释中，规定了公民享有生命权、健康权、名誉权、肖像权、姓名权、隐私权等人身权和财产权。

 **相关法条**

《民法通则》

第75条 公民的个人财产，包括公民的合法收入、房屋、储蓄、生活用品、文物、图书资料、林木、牲畜和法律允许公民所有的生产资料以及其他合法财产。

公民的合法财产受法律保护，禁止任何组织或者个人侵占、哄抢、破坏或者非法查封、扣押、冻结、没收。

第98条 公民享有生命健康权。

第99条 公民享有姓名权、有权决定、使用和依照规定改变自己的姓名，禁止他人干涉、盗用、假冒。

第100条 公民享有肖像权，未经本人同意，不得以营利为目的使用公民的肖像。

第101条 公民、法人享有名誉权，公民的人格尊严受法律保护，禁止用侮辱、诽谤等方式损害公民、法人的名誉。

第102条 公民、法人享有荣誉权，禁止非法剥夺公民、法人的荣誉称号。

《最高人民法院关于贯彻执行〈中华人民共和国民法通则〉若干问题的意见》

第140条 以书面、口头等形式宣扬他人的隐私，或捏造事实公然丑化他人人格，以及用侮辱、诽谤等方式损害他人名誉，造成一定影响的，应当认定为侵害公民名誉权的行为。

5. 学校教职工职务侵权行为的责任承担

在民法的理论中，法人应当对其法定代表人以及工作人员的职务行为承担相应的替代责任。即当学校的法定代表人或其他教职工在执行职务时致人损害，应当由作为法人的学校作为赔偿义务的主体，为其工作人员的致害行为承担侵权责任。学校在承担了赔偿责任之后，对于有过错责任的直接责任人，可以依法追偿。

 案例

2001年3月30日，某小学六年级学生林某及同学邓某等人因上体育课迟到，被体育教师唐某责令罚站在一旁。在其他同学上课期间，林某与邓某趁老师不注意，相互追逐打闹。唐某见状，遂揪住两人衣服将其拖往该班班主任的办公室。因林某用脚抵地不肯走，气愤不过的唐老师对林某大腿顺腿一扫，林某当场跌倒在地，大叫不止，后被送往当地医院治疗，经诊断为股骨骨折。其伤情经当地公安部门鉴定为轻伤，后经当地中级人民法院司法技术鉴定认为构成十级伤残。治疗期间，林某共花费医药费等近3万元。由于未能就赔偿问题达成协议，林某将学校及教师唐某推上了被告席。

法院经审理认为，原告林某上课时纪律散漫，可按学校有关纪律处罚。但作为教师的唐某教育方法不当，体罚学生，致原告受伤，其行为违反了法律的有关规定，应承担赔偿责任。因唐某是某小学教师，侵权行为发生在其履行教师职务期间，故致伤学生的赔偿责任应由学校向原告承担。因此判决被告某中心小学赔偿原告林某经济损失 26885 元。

相关法条

最高人民法院《关于审理人身损害赔偿案件适用法律若干问题的解释》

第 8 条　法人或者其他单位的法定代表人、负责人以及工作人员，在执行职务中致人损害的，依照民法通则第 121 条的规定，由该法人或者其他组织承担民事责任。上述人员实施的与职务无关的行为致人损害的，应当由行为人承担赔偿责任。

（三）道路交通安全法

《道路交通安全法》是 2004 年 5 月 1 日正式实施的一项法律。它对车辆和驾驶人管理、道路通行条件和道路通行规则、道路交通事故处理原则和机制、对公安交通管理部门及其交通警察的执法监督以及道路交通安全违法行为要承担的法律责任等方面都做了具体规定。其中涉及学校安全工作的主要有两项。

一是学校的道路交通安全教育工作。《道路交通安全法》第 6 条中要求教育行政部门、学校将道路交通安全教育纳入法制教育的内容。

二是学校门前应设置行人过街设施或人行横道线。该法第 34 条规定，学校、幼儿园、医院、养老院门前的道路没有行人过街设施的，应当施画人行横道线，设置提示标志。

2012 年 4 月 5 日，我国《校车安全管理条例》公布并实施。公布实施的《校车安全管理条例》明确规定施行校车使用许可制度，学校或者校车服务提供者必须向县级或者设区的市级人民政府教育行政部门提交书面申请和证明其符合校车使用许可的相关要求，未取得校车标牌的车辆不得作为校车使用。同时，条例对校车服务提供者的范围、校车随车照管人员的指派、校车应配备的安全技术装备等也都做了详细的规定。

驾驶人的安全驾驶是保障校车安全的关键。对此，条例第 25 条明确规定："机动车驾驶人未取得校车驾驶资格，不得驾驶校车。禁止聘用未取得校车驾驶资格的机动车驾驶人驾驶校车。"鉴于校车乘坐对象的特殊性，条例对校车驾驶人规定了比一般车辆驾驶人更为严格的资格条件。在保证校车安全技术状况和校车驾驶人持续符合相关要求的基础上，条例还专门规定，"校车应当每半年进行一次机动车安全技术检验"，而"校车驾驶人应当每年接受公安机关交通管理部门的审验"。

为了确保学生乘坐校车安全，条例对校车的行驶也有专门规定。条例第35条规定，"载有学生的校车在高速公路上行驶的最高时速不得超过80公里，在其他道路上行驶的最高时速不得超过60公里"，"在急弯、陡坡、窄路、窄桥以及冰雪、泥泞的道路上行驶，或者遇有雾、雨、雪、沙尘、冰雹等低能见度气象条件时，最高时速不得超过20公里"。

根据《校车安全管理条例》规定，载有学生的校车享有路上"优先权"，可在公共交通专用车道以及其他禁止社会车辆通行但允许公共交通车辆通行的路段行驶，其他机动车见校车要主动避让，同时，"道路或者交通设施的管理、养护单位，应当按照标准设置校车停靠站点预告标志和校车停靠站点标牌，施划校车停靠站点标线"，保障校车上下学生，在校车停靠站点停靠，"未设校车停靠站点的路段可以在公共交通站台停靠"。条例还特别规定，"校车停靠时，校车停靠车道后方和相邻机动车道上的机动车应当停车等待，不得鸣喇叭或者使用灯光催促校车"。

（四）消防法

这一法律共7章74条，内容包括火灾预防、消防组织、灭火救援及法律责任等内容。涉及学校安全工作的主要有以下具体内容。

一是规定任何单位和个人都负有消防义务。该法第5条规定任何单位、个人都有维护消防安全、保护消防设施、预防火灾、报告火警的义务。任何单位、成年公民都有参加有组织的灭火工作的义务。第44条规定任何人发现火灾时，都应当立即报警。任何单位、个人都应当无偿为报警提供便利，不得阻拦报警。严禁谎报火警。公共场所发生火灾时，该公共场所的现场工作人员有组织、引导在场群众疏散的义务。发生火灾的单位必须立即组织力量扑救火灾。邻近单位应当给予支援。

二是要求学校要开展消防宣传教育。该法第6条第5款规定教育、劳动等行政主管部门应当将消防知识纳入教学、培训内容。

三是要求大型活动的事前事故预防和申报制度。该法第20条规定举办大型集会、焰火晚会、灯会等群众性活动，具有火灾危险的，主办单位应当制定灭火和应急疏散预案，落实消防安全措施，并向公安消防机构申报，经公安消防机构对活动现场进行消防安全检查合格后，方可举办。

四是规定了学校应当履行的消防安全职责。具体是该法第16条和17条规定的10项内容：（1）制定消防安全制度、消防安全操作规程；（2）实行防火安全责任制，确定本单位和所属各部门、岗位的消防安全责任人；（3）针对本单位的特点对职工进行消防宣传教育；（4）组织防火检查，及时消除火灾隐患；（5）按照国家有关规定配置消防设施和器材、设置消防安全标志，并定期组织检验、维修，确保消防设施和器材完好、有效；（6）保障疏散通道、安全出口畅通，并设置符合国家规定的消防安全疏散标志；（7）建立防火档案，确定消防安全重点部位，设置防火标志，实行严格管理；（8）实行每日防火巡查，并建立巡查记录；（9）对职工进行消防安全培训；（10）制定灭火和应急疏散预案，定期组织消防演练。

（五）中华人民共和国未成年人保护法

《中华人民共和国未成年人保护法》（以下简称《未成年人保护法》）是保护未成年人的身心健康，保障未成年人合法权益的重要法律。该法律主要包含未成年人保护工作的主要原则、家庭保护、学校保护、社会保护、司法保护和法律责任等几方面的重要内容。该法中涉及学校安全的主要有以下内容。

一是维护未成年人的人格尊严。学校的教职员工应当尊重未成年人的人格尊严，不得对未成年学生和儿童实施体罚、变相体罚或者其他侮辱人格尊严的行为。教职员工对未成年学生和儿童实施体罚或者变相体罚，情节严重的，由其所在单位或者上级机关给予行政处分。

二是保护未成年人在校的人身安全。学校不得使未成年学生在危及人身安全、健康的校舍和其他教育教学设施中活动。学校和幼儿园安排未成年学生和儿童参加集会、文化娱乐、社会实践等集体活动，应当有利于未成年人的健康成长，防止发生人身安全事故。

三是禁止在未成年人集中活动的室内吸烟。主要包括中小学、幼儿园、托儿所的教室、寝室、活动室和其他未成年人集中活动的室内等地点。

四是学校的卫生保健工作。卫生部门和学校应当为未成年人提供必要的卫生保健条件，做好预防疾病工作。

（六）中华人民共和国预防未成年人犯罪法

《中华人民共和国预防未成年人犯罪法》（以下简称《预防未成年人犯罪法》）反映了社会稳定发展的需要，反映了预防未成年人犯罪的总体战略。该法对教育行政部门、学校、教师、家长等教育工作者做出了比较明确的规定，与教育教学活动有密切的联系。该法主要包括预防未成年人犯罪的教育、对未成年人不良行为的预防、对未成年人严重不良行为的矫治、未成年人对犯罪的自我防范、对未成年人重新犯罪的预防以及法律责任等几方面的内容。其涉及学校安全工作的主要有以下内容。

1. 学校对预防犯罪的法制教育

首先是开展法制和预防犯罪。教育行政部门和学校应当将预防犯罪的教育作为法制教育的内容纳入学校的教育教学计划中,结合常见犯罪、未成年人的年龄和实际情况,组织和开展展览会、报告会、演讲会等多种形式的预防未成年人犯罪的法制宣传活动,并将学校的教育计划告知未成年人的父母或者其他监护人。

其次是聘任法制教育人员。学校应当聘任从事法制教育的专职或者兼职教师,有条件的可以聘任校外法律辅导员。

最后是法制教育的考核。教育行政部门应当将预防未成年人犯罪教育的工作效果作为考核学校工作的一项重要内容。

2. 学校对未成年人的监管

第一是预防不良行为。学校应当教育未成年人不得有下列不良行为:①旷课、夜不归宿;②携带管制刀具;③打架斗殴、辱骂他人;④强行向他人索要财物;⑤偷窃、故意毁坏财物;⑥参与赌博或者变相赌博;⑦观看、收听色情、淫秽的音像制品、读物等;⑧进入法律、法规规定未成年人不适宜进入的营业性歌舞厅等场所;⑨其他严重违背社会公德的不良行为。

第二是禁止烟酒。学校应当教育未成年人不得吸烟、酗酒。

第三是及时查找。中小学生旷课的,学校应当及时与其父母或者其他监护人取得联系。未成年人擅自外出夜不归宿的,其父母或者其他监护人、其所在的寄宿制学校应当及时查找,或者向公安机关请求帮助。

第四是及时报告。学校发现未成年人组织或者参加实施不良行为团伙的,应当及时予以制止。发现该团伙有违法犯罪行为的,应当向公安机关报告。学校发现有人教唆、胁迫、引诱未成年人违法犯罪的,应当向公安机关报告。公安机关接到报告后,应当及时依法查处,对未成年人人身安全受到威胁的,应当及时采取有效措施,保护其人身安全。

第五是解聘品行不良教师。对于教唆、胁迫、引诱未成年人实施不良行为或者品行不良,影响恶劣,不适宜在学校工作的教职员工,教育行政部门、学校应当予以解聘或者辞退;构成犯罪的,依法追究刑事责任。

3. 学校周边的综合治理

首先是禁止开办娱乐性场所。禁止在中小学校附近开办营业性歌舞厅、营业性电子游戏厅以及其他未成年人不适宜进入的场所。禁止开办上述场所的具体范围由省、自治区、直辖市人民政府规定。对本法施行前已在中小学校附近开办上述场所的，应当限期迁移或者停业。

其次是学校周边的安全保护。公安机关应当加强中小学校周围环境的治安管理，及时制止、处理中小学校周围发生的违法犯罪行为。城市居民委员会、农村村民委员会应当协助公安机关做好维护中小学校周围治安的工作。

（七）中华人民共和国教育法

《中华人民共和国教育法》（以下简称《教育法》）是国家全面调整各类教育关系，规范我国教育工作的基本法律，在我国教育法规体系中，处于母法的地位，具有最高的法律权威。其他单行教育法律、法规的制定和实施，都要以《教育法》为基本依据，不得与《教育法》确立的原则和规范相抵触。在我国法律体系中，《教育法》是《宪法》之下的国家基本法律，与《刑法》、《民法通则》等国家基本法律处于同等的地位。但一方面由于《教育法》是在1995年出台的，历时已久，在当时学校的安全问题还没有引起人们的足够重视；另一方面由于教育法主要规定国家的一些原则性的教育制度，所以该法中直接涉及学校安全工作的法条并不多。另外在《教师法》和《义务教育法》中也基本上没有直接关系到学校安全工作的法条。

 **相关法条**

《教育法》

第72条　结伙斗殴，寻衅滋事，扰乱学校及其他教育机构教育教学秩序或者破坏校舍、场地及其他财产的，由公安机关给予治安管理处罚；构成犯罪的，依法追究刑事责任。侵占学校及其他教育机构的校舍、场地及其他财产的，依法承担民事责任。

第73条　明知校舍或者教育教学设施有危险，而不采取措施，造成人员伤亡或者重大财产损失的，对直接负责的主管人员和其他直接责任人员，依法追究刑事责任。

二、行政法规

行政法规是由最高国家行政机关国务院依法制定和变动的，有关行政管理和管理行政事项的规范性法律文件的总称。行政法规作为一种法的渊源，具有承上启下的作用。行政法规要按照宪法、法律来制定，不得与宪法和法律相抵触，而一般地方性法规亦不得与行政法规相抵触，否则无效。

涉及学校安全工作的行政法规主要有《学校卫生工作条例》《学校体育工作条例》《幼儿园管理条例》《危险化学品安全管理条例》《特种设备安全监察条例》等。

三、部门规章

部门规章是国务院所属部委根据法律和国务院行政法规、决定、命令，在本部门的权限内，所发布的各种行政性的规范性法律文件，亦称部委规章。其地位低于宪法、法律、行政法规，不得与它们相抵触。

在教育部的部门规章中，涉及学校安全的主要有《学生伤害事故处理办法》《中小学校校园环境管理的暂行规定》《学校食堂与学生集体用餐卫生管理规定》等。

四、地方法规

北京、上海、深圳、杭州等地都陆续制定了有关学校安全或学生伤害的有关地方性法规，对学校安全事故的预防和处理做出了相关的规定。例如《北京市中小学生人身伤害事故预防与处理条例》。

第二章

学校安全事故的预防体系

- 第一节　学校安全事故的预防体系概述
- 第二节　学校的安全责任
- 第三节　学校的安全制度
- 第四节　学校的安全检查
- 第五节　学校的安全技术
- 第六节　学校的安全教育
- 第七节　学校的安全预警

第一节 学校安全事故的预防体系概述

一、学校安全事故预防的重要性

安全预防就是做好准备和保护,以应付攻击或者避免受害,从而使被保护对象处于没有危险、不受侵害、不出现事故的安全状态。显而易见,安全是目的,预防是手段,通过防范的手段达到或实现安全的目的,就是安全预防的基本内涵。

在东汉时期,著名的政治家荀况就曾经指出:"先其未然谓之防,发而止之谓之救,行而责之谓之戒,但是防为上,救次之,戒为下。"不仅明确指出了安全工作包括预防、应对、处理的三个方面,还强调一定要以预防为主。"明者远见于未萌,知者避危于无形",所以学校日常安全工作的重点应当在事故发生之前的预防上。

近年来,学校安全事故屡有发生,不断披露于各种新闻媒体,反映出目前学校安全事故预防方面存在着诸多问题。众多事故的发生,有的涉及学校责任,有的虽然责任不在学校,但教训惨痛,一次次为我们的安全工作敲响了警钟,如何构建由学校、家庭、政府、社会组成的"四位一体"的学校安全事故预防体系对预防学校安全事故、创建平安校园、打造和谐社会、保证青少年健康成长有着重要的意义。学校事故预防是学校常规活动中的重要组成部分。将学校事故预防视为学校常规性管理,并不是因为学校会天天发生事故,而是因为对其所进行的预防工作需要天天做。学校事故的发生不仅影响学校教育教学工作正常进行,而且会给师生及学生家长带来一定的经济损失乃至人身伤害。

二、学校安全事故预防的地位

在整体学校安全工作体系当中,安全事故的预防是重要的组成部分。我们一般讲学校安全事故的工作体系分为预防、应对与处理三个层面。预防是指学校在事故发生之前就应当采取适当的措施,消灭安全事故存在的可能性,将一些安全事故的隐患消灭在萌芽状态。应当说,学校安全事故的预防是整个学校安全体系当中的第一个环节,如果能够利用这个环节将学校安全事故有效地预防,就是学校安全工作最理想的状态。

因此，我们说，学校安全事故的预防在整个学校安全工作体系当中，是非常重要的。学校中安全事故一旦突破预防体系，就会给学校的安全工作带来沉重的压力，师生人员的伤亡和财产损失就是难以避免的了。

三、学校安全事故预防的分类

安全防范是社会公共安全的一部分，安全防范行业是社会公共安全行业的一个分支。就防范手段而言，安全防范包括人力防范、实体（物）防范和技术防范三个范畴。其中人力防范和实体防范是古已有之的传统防范手段，它们是安全防范的基础，随着科学技术的不断进步，这些传统的防范手段也不断融入新科技的内容。技术防范的概念是在近代科学技术（最初是电子报警技术）用于安全防范领域并逐渐形成的一种独立防范手段的过程中所产生的一种新的防范概念。由于现代科学技术的不断发展和普及应用，"技术防范"的概念也越来越普及，越来越为警察执法部门和社会公众所认可和接受，已成为使用频率很高的一个新词汇。技术防范的内容也随着科学技术的进步而不断更新。在科学技术迅猛发展的当今时代，可以说几乎所有的高新技术都将或迟或早地移植、应用于安全防范工作中。因此，"技术防范"在安全防范技术中的地位和作用将越来越重要，它已经带来了安全防范的一次新的革命。

安全防范的三个基本要素是：探测、延迟与反应。

探测是指感知显性和隐性风险事件的发生并发出报警；延迟是指延长和推延风险事件发生的进程；反应是指组织力量为制止风险事件的发生所采取的快速行动。在安全防范的三种基本手段中，要实现防范的最终目的，都要围绕探测、延迟、反应这三个基本防范要素开展工作、采取措施，以预防和阻止风险事件的发生。当然，三种防范手段在实施防范的过程中，所起的作用有所不同。

基础的人力防范手段（人防）是利用人们自身的传感器（眼、耳等）进行探测，发现妨害或破坏安全的目标，做出反应；用声音警告、恐吓、设障、武器还击等手段来延迟或阻止危险的发生，在自身力量不足时还要发出求援信号，以期待做出进一步的反应，制止危险的发生或处理已发生的危险。

实体防范（物防）的主要作用在于推迟危险的发生，为"反应"提供足够的时间。现代的实体防范，已不是单纯物质屏障的被动防范，而是越来越多地采用高科技手段，一方面使实体屏障被破坏的可能性变小，增大延迟时间；另一方面也使实体屏障本身增加探测和反应的功能。

技术防范手段可以说是人力防范手段和实体防范手段的功能延伸和加强，是对人力防范和实体防范在技术手段上的补充和加强。它要融入人力防范和实体防范之中，使人力防范和实体防范在探测、延迟、反应三个基本要素之间不断地增加高科技含量，不断提高探测能力、延迟能力和反应能力，使防范手段真正起到作用，达到预期的目的。

探测、延迟和反应三个基本要素之间是相互联系、缺一不可的关系。一方面，探测要准确无误、延迟时间长短要合适，反应要迅速；另一方面，反应的总时间应小于（至多等于）探测加延迟的总时间。

第二节　学校的安全责任

一、学校安全责任概述

学校安全责任制是将学校各级负责人员、各职能部门及其工作人员和各个岗位的教职工在学校安全方面应做的事情和应负的责任加以明确规定的一种制度。建立学校安全责任制的目的，一方面是增强学校各级负责人员、各职能部门及其工作人员和各个岗位的教职工对学校安全的责任感。另一方面明确学校中各级负责人员、各职能部门及其工作人员和各个岗位的教职工在安全工作中应履行的职责和应承担的责任，以充分调动各级人员和各部门在安全生产方面的积极性和主观能动性，确保学校安全。

学校应当将"校园安全，人人有责"从制度上固定下来，将学校安全的责任落实到每个环节、每个岗位、每个人，从而增强各级管理人员的责任心，使学校安全工作落实到每个环节、每个岗位、每个教职工，从而增强各级管理人员的责任心，使学校安全管理工作既做到责任明确，又相互协调配合，将学校安全工作真正落到实处。

学校安全管理必须有组织上的保障，否则学校安全管理工作就无从谈起。其组织上的保障主要包括学校安全管理机构的保障和学校安全管理人员的保障。

学校安全管理机构是指学校中专门负责学校安全管理的内设机构。学校安全管理人员是指在学校中从事安全管理工作的专职人员或兼职人员。学校安全管理机构和安全管理人员的作用是落实有关部门对学校安全的各种规定，组织学校内部的各种安全检查活动，负责日常安全检查，及时排查整改各种事故隐患，组织学校师生的安全教育，监督学校安全责任制的落实等。

参照《生产安全法》第19条关于安全管理机构和安全管理人员的有关规定，学校师生在300人以上的，应当配备学校安全管理机构或者配备专职的学校安全管理人员。学校师生在300人以下的，应当配备专职或者兼职的学校安全管理人员。

根据《教育部关于做好2005年中小学幼儿园安全工作的意见》的有关规定，地方各级教育行政部门应按照属地化管理的原则，结合"地方负责、分级管理、以县为主"的管理体制，切实履行好安全管理的责任，进一步落实安全管理工作机构，配备专门人员负责中小学幼儿园的安全工作，加强对中小学幼儿园安全工作的管理和指导。在教育部等十部委2006年颁布的《中小学幼儿园安全管理办法》第16条规定："学校应当建立校内安全工作领导机构，实行校长负责制；应当设立保卫机构，配备专职或者兼职安全保卫人员，明确其安全保卫职责。"

二、学校安全责任的主要内容

建立一个完善的学校安全责任制的总要求是：横向到边、纵向到底。即学校的安全责任在范围上应落实到每一个工作环节，同时也要明确从校长到每一名教职工的具体职责。其内容要做到既明确具体，又具有可操作性，防止形式主义。同时也要配合配套的监督、检查等制度，以保障学校安全责任制真正落实。

1. 校长

学校的校长是学校安全的第一责任人，全面负责学校的安全管理工作。其安全职责主要有：

（1）建立、健全学校安全责任制；
（2）组织制定学校安全的规章制度；
（3）保证学校安全投入的有效实施；
（4）督促、检查学校的安全工作，及时消除学校安全事故隐患；
（5）组织制定并实施学校的安全事故应急救援预案；
（6）及时、如实报告学校安全事故。

其他校级管理人员应当协助校长完成以上安全职责。不同的校级领导分管的工作不同，应根据其具体分管的工作，对其在学校安全方面应承担的具体职责做出规定。

2. 学校各处室及其工作人员

学校的办公室、教务处、教育处、总务处、团委、少先队等处室的工作都涉及学校安全工作的各个方面，其安全职责需要根据各处室职责分工做出具体规定。各处室的负责人的安全职责是按照本部门的安全生产职责，组织有关人员做好本部门安全责任制的落实，并对本部门职责范围内的安全工作负责；各处室的工作人员则是在本人职责范围内做好有关学校安全的工作，并对自己职责范围内的学校安全工作负责。

3. 教职工

（1）班主任。班主任老师要对本班的安全工作全面负责。做好本班的安全教育、落实学校的有关安全的规章制度、及时发现并排除本班的安全隐患、及时向学校有关领导或部门反映安全问题等。

（2）专任教师。专任教师对自己任教课堂的安全全面负责。负责维持正常的课堂秩序，解决课堂中的突发事件，在本课程范围内进行相关的安全教育等。

（3）其他教职工。其他教职工要对自己工作范围内的安全工作负责，接受相关的安全教育，遵守学校的安全规章制度。如化学实验室管理员要对化学实验室的安全全面负责。

第三节　学校的安全制度

一、学校安全制度的概述

学校安全制度具有特定性，即与学校安全运行有关的制度，这种制度的安排或调整，是为了规范和约束与学校安全有关的各有关当事人的行为。故学校安全制度是指在学校运行过程中，为了能将人员伤亡或财产损失控制在人们可接受的水平状态，而制定出的用以规范学校安全管理相关人员行为的规则。

根据学校安全制度模式层级划分，可将其分为纵向构成和横向构成两类。纵向构成主要是按照行政隶属级别建立的。我国宪法第30条规定，我国的行政区域分为全国、省、自治区、直辖市、自治州、县、自治县、市、乡、民族乡、镇。根据这种行政划分，并结合学校特点，将学校安全制度分为国家级学校安全制度、省级学校安全制度、市级学校安全制度、县级学校安全制度、学校安全制度、班级安全制度等。横向构成是根据学校安全事故发生的类别来划分学校安全制度类型。学校安全事故从横向可以划分为交通安全事故、饮食安全事故、治安安全事故、火灾安全事故、意外安全事故、设备设施事故、疾病防治事故、网络安全事故、自然灾害事故等。

目前，学校安全制度模式还没有形成，有的仅是一些经验化的定式。虽然，这些经验化的定式在一定程度上可以帮助学校进行安全管理，但是却不具系统性和指导性。由于缺乏统一的学校安全纲领，使学校安全制度在制定上存在随意性。

1. 学校安全制度还停留在经验总结阶段，没有形成完整的形式

从前面学校安全制度的现状分析可以看出，目前学校安全制度模式还没有形成。尽管已经有一些不成文的学校安全制度制定规则，且这些规则也在一定程度上指引着学校安全制度的制定者们的行为，但是这些规则并没有上升到应有的理论高度，还是一些经验总结式的条文。据不完全统计，目前还没有发现任何的论文或著作是有关学校安全制度模式研究的，更没有政府的相关文件来规范学校安全制度的制定。在某种程度上甚至可以说是学校安全制度模式还没有形成，至少是没有一个规范的模式供学校在制定安全制度时参考。

2. 学校安全制度制定缺乏应有的理论指导

现在人们制定学校安全制度没有理论指导，只有实践经验。但事实上，从前面对"制度"和"模式"的界定就可以知道，学校安全制度是需要以制度理论和模式理论来指导其建立的，否则，学校安全制度模式的建立就会只停留在经验总结阶段而不能上升到理论阶段，或者制定的安全制度缺少系统性，甚至出现漏洞，这样既可能降低学校安全制度的应有作用，也可能在制度上留下安全隐患。

3. 目前的学校安全制度不具有约束性

正是由于学校安全制度还停留在经验总结阶段，没有成为指导学校安全制度制定者必须遵循的规则，所以对学校安全制度的制定还不具有约束力。其表现在：各学校制定的安全制度都还有很大的随意性，多是制定者凭自己的经验同时借鉴别人的经验来制定的；学校安全制度的制定可以采用这种形式也可以采用那种形式，没有固定的模式遵循，导致学校安全制度的形态多种多样；学校安全制度的规章条款也是五花八门，有的条款较多、较细，而有的却笼而统之，在实践当中，很难发现哪一所学校制定的安全制度是成系统的。

4. 目前学校安全制度制定还缺少权威性的模式指导

由于学校安全制度制定还处在经验总结阶段，这就难免使它具有片面性和不完整性，更难以成为制定学校安全制度的指导。各学校在制定安全制度时都存在想当然的现象，没有一个正确的方针来指引其工作。其中一个重要的表现就是学校制定的安全制度都没有按照编、章、节、条、款、项、目等来形成书面文本，而是随意性地形成文本。这为学校安全制度的贯彻制定带来了很大的不便，不能

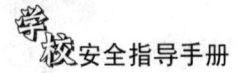安全指导手册

发挥出模式所应提供的程序和方法指导。

二、学校安全制度的类型

按照有关规定，学校应当建立以下安全制度。

1. 门卫制度

学校应当健全门卫制度，建立校外人员入校的登记或者验证制度，禁止无关人员和校外机动车入内，禁止将非教学用易燃易爆物品、有毒物品、动物和管制器具等危险物品带入校园。学校门卫应当由专职保安或者其他能够切实履行职责的人员担任。

2. 校内安全定期检查制度

学校应当建立校内安全定期检查制度和危房报告制度，按照国家有关规定安排对学校建筑物、构筑物、设备、设施进行安全检查、检验；发现存在安全隐患的，应当停止使用，及时维修或者更换；维修、更换前应当采取必要的防护措施或者设置警示标志。学校无力解决或者无法排除的重大安全隐患，应当及时书面报告主管部门和其他相关部门。学校应当在校内楼顶、水池、楼梯等易发生危险的地方设置警示标志或者采取防护设施。

3. 消防安全制度

学校应当落实消防安全制度和消防工作责任制，对于政府保障配备的消防设施和器材加强日常维护，保证其能够有效使用，并设置消防安全标志，保证疏散通道、安全出口和消防车通道畅通。

4. 水电气安全管理制度

学校应当建立用水、用电、用气等相关设施设备的安全管理制度，定期进行检查或者按照规定接受有关主管部门的定期检查，发现老化或者损毁的，及时进行维修或者更换。

5. 食堂卫生制度

学校应当严格执行《学校食堂与学生集体用餐卫生管理规定》《餐饮业和学生集体用餐配送单位卫生规范》，严格遵守卫生操作规范。建立食堂物资定点采购和索证、登记与饭菜留验和记录制度，检查饮用水的卫生安全状况，保障师生饮食卫生安全。

6. 实验室管理制度

学校应当建立实验室安全管理制度，并将安全管理制度和操作规程置于实

室显著位置。学校应当建立严格的危险化学品、放射物质的购买、保管、使用、登记、注销等制度,保证将危险化学品、放射物质存放在安全地点。

 案例

学生违规操作被烧伤

1997年6月,某中学初三的学生正在做化学实验。教师首先进行讲解和示范,并交代了注意事项。然后学生分别在两个实验室操作,教师做巡回指导。学生张某用火柴在邻座扈某的酒精灯上借火,火柴点燃后又熄灭。张某为了省事,直接用自己的酒精灯去扈某的酒精灯上借火(这是被教师事先禁止的危险行为)。由于酒精灯中的酒精外溢,引起着火,火焰迅速在扈某身上燃烧,闻讯赶来的教师立即用湿毛巾盖住扈某的脸,然后迅速将扈某送往医院。经医生诊断,扈某脸部二度烧伤面积达7%,右手臂严重烧伤,需要植皮。在经过两个多星期的治疗后,扈某的伤势才得到了控制。事后,扈某家长要求学校赔偿医疗费、整容费、精神损失费和家长的误工费共计20万元;另外,家长还提出,因为孩子受伤不能参加高中升学考试,要求学校保证孩子能够在重点中学就读。在当地青保会的调解下,扈某的家长、张某的家长和学校达成了赔偿协议:由张某的家长一次性赔偿6000元;由校方保证扈某直升本校,并帮助落实进市重点中学就读,由校方一次性支付1.4万元予以补偿。

 法律分析

在这起事故中,学生张某和学校都负有一定的责任。

◎张某不按照老师的布置进行实验,而违规进行操作,导致酒精外溢烧伤同学,所以过错是明显的。

◎学校在实验过程中也存在一定的问题,一名教师在两间实验室巡回指导,不可能对学生进行必要的监督和检查,而此时学生正在进行的是具有一定危险性的实验操作。如果学生的操作发生一定的问题,教师就很有可能不会马上发现和制止。

因此,学校应当和张某的家长一起按照各自过错的大小来承担相应的责任。

另外在本案的处理中,当事人三方并没有诉至法院,而是在当地有关组织的调解下以协议的形式进行解决,这样的解决方法应当说比诉讼程序更简单、经济、便捷,而且协议的条款也容易落实。在达成协议后,如果承担义务一方不按照协议的要求及时履行自己义务的话,对方还可以到法院请求强制执行。所以,

这种协议也具有法律效力的，任何一方没有正当的理由，是不能变更协议的。《学生伤害事故处理办法》也在该办法第18、19、20、21条中做了相应的规定。

 **律师建议**

　　学生在校就读期间，实验课是其一项重要的学习内容。但不可否认的是，同其他教学形式相比较，实验课也是具有一定危险性的。例如物理实验中经常会接触电源、化学和生物课上经常会接触一些具有危险性的化学药品等。因此，实验课教师和实验室的实验员一定要做好两方面的工作：一是保证实验室的安全，避免发生火灾等事故；另一方面要保证上课学生的人身安全。

　　在实验课学生伤害的预防上，应注意以下几点：

　　◎保证教师的素质和数量。因为实验是具有一定专业性的操作，所以学校的实验教师和实验员一定要经过专门的教育或培训，使其能够熟练地进行操作和妥善处理各种突发事件，而且由于实验课的危险性，一般情况下，学校应当保证实验课上有足够的指导教师。

　　◎实验室应当配备一些常用的急救药品和灭火器材（如灭火器、沙箱等），以保证能够及时处理突发事件。

　　◎实验教师和实验员一定要具有足够的责任心，提前检查好实验器材和药品，并要在每次实验前自己首先动手做一下，以保证实验的效果和实验的安全。

　　◎学校要在实验室建立相应的安全制度，对学生进行必要的安全教育，教师也应在每个实验前向学生交代好注意事项。

　　学校的实验室一旦发生意外事故，应当及时果断地采取适当的措施进行处理，以使损失降低到最小。如发生触电事故后，应当及时切断电源，对受伤者进行抢救；发生化学性烧伤时，应迅速脱去受伤同学烧伤部位的衣服，清除皮肤上的化学药品，并用水冲，再根据情况用相应的溶剂进行稀释、中和，并在前期处理后立即送医疗部门救治等。

 法律一点通

　　实验课是学生伤害事故多发的课程，所以教师一定要保证实验设备安全、实验操作安全，避免学生伤害事故的发生。

　　7. 卫生保健制度

　　学校应当按照国家有关规定配备具有从业资格的专职医务（保健）人员或者兼职卫生保健教师，购置必需的急救器材和药品，保障对学生常见病的治疗，并负责学校传染病疫情及其他突发公共卫生事件的报告。有条件的学校，应当设立卫生（保健）室。新生入学应当提交体检证明。托幼机构与小学在入托、入学时应当查验预防接种证。学校应当建立学生健康档案，组织学生定期体检。

案例

学校未将学生体检结果告之家长被诉侵权

居某是某小学五年级的学生，其所在的学校每年都要组织学生进行体检。在连续三年的体检中，居某左眼的视力从1997年的1.2突然降到0.25。学校对居某视力下降的情况既没有分析原因，也没有通知家长，甚至在印有体检表的1998年成绩单上也没将学生的视力检查结果记录在案，告之家长。2000年初，居某的父亲在得知儿子体检时感觉左眼看不见而哭泣时，才知道儿子左眼视力异常，立即带儿子去医院就诊，而此时左眼已无光影，诊断为左眼视网膜剥离导致失明。居某的父亲认为，学校在1998年体检时就已经发现儿子的视力异常，本应按照有关的规定立即与家长取得联系，而因为学校的疏忽大意，未能有效地沟通，以致居某因未能得到及时治疗，左眼视网膜剥离而失明。所以，居某及其父亲对学校提起诉讼，要求判令学校赔偿损失共计50余万元。

法院经审理认为，居某的家长没有对孩子尽到监护的责任，是导致居某失明的主要原因，所以应当承担主要的责任；学校的不作为行为是导致居某失明的次要原因，所以学校应当承担次要责任。最终，法院判令学校赔偿居某12560.65元。

法律分析

◎居某在学校学习期间接受学校安排的体检，其家长享有对体检结果的知情权。所以学校在组织学生进行体检后，应当将体检的结果反馈给家长，这也是国家教委《中小学学生近视眼防治工作方案（试行）》中的要求，也是学校因组织学生进行体检而产生的义务。

◎视力下降是一个渐进的、缓慢的过程，作为学生的家长也应当关心自己孩子的身体状况，而居某的家长没能及时发现自己孩子视力下降的情况，没有尽到监护人应尽的职责，所以也有过错。

◎学校的不作为行为与家长没有尽到监护责任相结合，导致居某左眼视力急剧下降的情况没有被及时发现，没有及时治疗，最终失明。其中，法院认定监护人的过失是导致损害发生的主要原因，而学校的不作为是导致损害发生的次要原因，所以只判令学校承担了其中20%的责任。

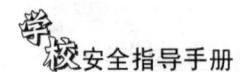

律师建议

学校有组织地定期对学生进行体检,可以及时地发现学生的生理疾病,防患于未然。但学校在开展此项工作时,应当注意以下几点问题:

◎组织学生体检应当选择正规的医疗机构,绝不能贪图便宜而去一些没有相关资质的单位检查。

◎学校在组织学生进行检查后,应当为学生建立学生健康卡,记录学生的体检情况,学生的健康卡,应当认真填写、妥善保管,并在学生升学、转学时移交到相关学校。

◎学校在组织学生进行体检后,应当及时将检查结果以书面的形式通知家长,以保证家长的知情权,使学生的疾病能及时被发现,并得到及时的治疗,对于一些在体检中发现的重大疾病隐患或特殊情况,学校更要及时与家长联系,以便及时采取措施。

◎对在体检中发现身体有疾病的学生,学校在安排教育教学活动时应当对其加以考虑,不宜安排他们从事不适于其特殊体质的运动,否则,一旦出现问题,学校就会难逃干系。

法律一点通

班主任应当将体检结果等学生的个人信息及时反馈给家长。

8. 学生安全信息通报制度

学校应当建立学生安全信息通报制度,将学校规定的学生到校和放学时间、学生非正常缺席或者擅自离校情况,以及学生身体和心理的异常状况等关系学生安全的信息,及时告知其监护人。对有特异体质、特定疾病或者其他生理、心理状况异常以及有吸毒行为的学生,学校应当做好安全信息记录,妥善保管学生的健康与安全信息资料,依法保护学生的个人隐私。

案例

学生逃学近8个月致家长索赔案

聂某是某中专学校的学生。2003年4月下旬,聂某的母亲几次发现孩子下午没有去上学,开始生疑。5月27日,聂某的母亲到学校了解情况,但2002级的两个班主任都说没有这个学生。学生科的教师在找遍学生的学籍档案表后,也没有找到聂某的名字。当天,在母亲的严厉询问下,聂某终于说了实话。原来聂某在近8个月的时间里,并没有去学校,而是天天到学校附近的网吧。此后,聂母再次到学校交涉,学校的校长承认聂某是该校的学生,但称家长的通信方式只有前任班主任掌握,而前任班主任恰逢出国,所以学校在聂某旷课的8个月内,没有及时和家长取得联系。聂母对此深表不满,表示要以法律手段为孩子讨回公道。

法律分析

◎学生连续8个月在正常上课时间逃学上网,学校对此不闻不问,直至家长找到学校才了解到这个情况,这不能不说是学校的重大失职。家长将学生送到学校学习,学校就不仅承担着对学生进行教育的责任,还承担着对学生进行管理和保护的责任。学生在学校的一些情况,学校都要及时进行管理,并将相关的情况反映给家长。本案中,学校显然没有尽到上述义务,所以应对因此给学生和家长造成的损失承担责任。

另外,假如因为学生逃学,学校没有及时向家长反映,使学生在没有监管的情况下发生意外或者给他人造成损失,学校也应因此承担责任。

律师建议

教师(尤其是班主任)每天上课前应当认真检查学生的出勤情况,一旦发现学生有缺勤或擅自离校的情况,应当立即通知学生的家长,询问缘由并做好记录。

对于学生自己交来的请假条,教师也有义务向其家长进行核实,以防个别学生假借家长的名义行逃学之实。

法律一点通

教师要严查考勤,发现学生旷课应及时通报家长并询问缘由。

案例

女生离校失踪案

1995年4月28日下午,某中学初二学生孙某的外公像往常一样到学校去接孙某回家,但一直未等到孙某。孙某的父母闻讯后急忙赶到学校查询,班主任说下午没有见孙某前来上课,也没有交过请假条,不知她去哪里了。当晚,孙某的父母到当地公安部门报案,但经过几年的查找,孙某依然不见踪影。2001年9

月，孙某的家长向法院申请宣告孙某死亡。随后，便将学校告上法庭，指控校方在孙某无故没有到校的情况下，没有及时与家长联系，教育管理严重失职，理应对孙某的意外失踪承担责任，要求学校赔偿19.5万元。法院经过审理后认为，学校对于孙某的失踪和被宣告死亡负有一定的管理责任。但孙某失踪时已经年满15周岁，应当认识到脱离学校管理及监护人的监护可能产生的危险，所以孙某的家长作为孙某的监护人，应承担主要责任，遂判决学校赔偿孙某家长3.6万元。

法律分析

◎在本案中，学校是有一定过错的，具体表现在当班主任发现孙某没有上课，也没有请假时，没有及时与家长取得联系，询问原因、通报情况，以致在下午放学之后才由家长发觉孙某失踪，失去了寻找孙某的最佳时机。所以，学校虽然没有直接导致孙某失踪，但在孙某失踪案中具有一定的过错，影响了对孙某的及时查找，所以法院判决学校承担了一部分的责任。

律师建议

学生在正常上课期间没有来上课，怎么办？这也许是因为孩子生病或者其他正常原因，家长忘了向班主任请假，但此时也存在着孩子有可能逃学或者有其他意外情况（如被坏人劫持等），此时，如果班主任不及时向家长了解情况，也许就会造成严重的后果。因此，班主任在发现班中的学生无故缺勤时，应：

◎及时向家长了解情况，即使是由于正常原因没有来上学。假如因为没有和家长取得联系而使学生发生一些意外，那么班主任就具有很大过失。

◎对于目前存在有些学生出于不正当的目的写假假条的情况，班主任一方面要认真辨别假条的真伪，另一方面，如果对学生的假条有疑问的话，也要及时地进行核实，以防止学生用假假条欺骗班主任。

此外，以上案例还给我们以下启示：当学生入学时，班主任一定要记录好学生及家长的一些情况，其中包括家长的联系方式，以便出现意外情况时及时与家长取得联系。

法律一点通

学生无故没有到校上学时，班主任一定要和家长及时联系，查明原因。

9. 住宿学生安全管理制度

有住宿生的学校应当建立住宿学生安全管理制度，配备专人负责住宿学生的生活管理和安全保卫工作。学校应当对学生宿舍实行夜间巡查、值班制度，并针对女生宿舍安全工作的特点，加强对女生宿舍的安全管理。学校应当采取有效措施，保证学生宿舍的消防安全。

住宿生在学校走失家长索赔案

17岁的齐某是某中学的住宿生，一天晚上，齐某在学校失踪。齐某失踪的当晚，班主任老师没有按照有关的规定清点住宿学生的人数。第二天，班主任也没有清查缺勤的学生人数。学校是在齐某失踪的两天后才发现。另外，该校也有学生未经批准不得擅自外出的规定。齐某的父母将学校告上法庭后，法院依法判决学校赔偿5万元。

◎《预防未成年人犯罪法》第16条规定："中小学生旷课的，学校应当及时与其父母或者其他监护人取得联系。未成年人擅自外出夜不归宿的，其父母或者其他监护人、其所在的寄宿制学校应当及时查找，或者向公安机关请求帮助。"

◎《学生伤害事故处理办法》第9条也规定，对未成年学生擅自离校等与学生人身安全直接相关的信息，学校发现或者知道，但未及时告知未成年学生的监护人，导致未成年学生因脱离监护人的保护而发生伤害的，学校应当依法承担相应的责任。

◎根据以上的规定，该校因为班主任工作不负责任，学校管理松散混乱，以致学生离校失踪两天后学校才掌握情况，使监护人和学校错过了寻找该学生的最佳时机。因此学校应当根据自己在事件中的过错承担相应的责任。

◎在本案中，作为17岁的齐某应当意识到自己行为的后果，其私自出走是其失踪的主要原因，因此学校可以因此而减轻民事赔偿责任。

学校和班主任应当如何加强对住宿生的考勤管理，预防住宿生出走？笔者认为学校和班主任应当从以下几点着手：

◎严格门卫制度，在全封闭管理的学校，住宿生在非离校时间没有相应的手续不得离校。

◎学校的围墙应达到一定的高度，防止学生越墙而出。

◎要求每个宿舍设立宿舍长,每晚统计本宿舍回宿舍就寝的情况,如有问题及时向班主任或学校有关人员反映。

◎设立上课的考勤制度,班主任或者班长如果发现有无故缺勤的学生时应及时了解情况。

◎发现住宿生的确无故出走时,学校应当向家长及时反馈情况。

◎学校应当在力所能及的范围内组织查找。

 法律一点通

班主任应当加强学生就寝和上课的考勤管理,防止学生因意外出走走失。

10. 校车管理制度

配备校车的学校和校车服务提供者应当建立健全校车安全管理制度,配备安全管理人员,加强校车的安全维护,定期对校车驾驶人员进行安全教育,组织校车驾驶人学习道路交通安全法律法规以及安全防范、应急处置和应急救援知识,保障学生乘坐校车安全。校车标牌应当载明本车的号牌号码、车辆的所有人、驾驶人、行驶线路、开行时间、停靠站点以及校车标牌发牌单位、有效期等事项。取得校车标牌的车辆应当配备统一的校车标志灯和停车指示标志。校车未运载学生上道路行驶的,不得使用校车标牌、校车标志灯和停车指示标志。禁止使用未取得校车标牌的车辆提供校车服务。取得校车标牌的车辆达到报废标准或者不再作为校车使用的,学校或者校车服务提供者应当将校车标牌交回公安机关交通管理部门。校车应当每半年进行一次机动车安全技术检验。校车应当配备逃生锤、干粉灭火器、急救箱等安全设备。安全设备应当放置在便于取用的位置,并确保性能良好、有效适用。校车应当按照规定配备具有行驶记录功能的卫星定位装置。

11. 安全工作档案制度

学校应当建立安全工作档案,记录日常安全工作、安全责任落实、安全检查、安全隐患消除等情况。安全档案作为实施安全工作目标考核、责任追究和事故处理的重要依据。2013年2月22日,中华人民共和国监察部、中华人民共和国人力资源和社会保障部、国家档案局令第30号公布《档案管理违法违纪行为处分规定》。该规定明确了事业单位工作人员有档案管理违法违纪行为的,按照《事业单位工作人员处分暂行规定》执行。

12. 教学安全制度

学校在日常的教育教学活动中应当遵循教学规范,落实安全管理要求,合理预见、积极防范可能发生的风险。学校组织学生参加的集体劳动、教学实习或者社会实践活动，应当符合学生的心理、生理特点和身体健康状况。学校以及接受学生参加教育教学活动的单位必须采取有效措施，为学生活动提供安全保障。

案例

高中生上课时被社会青年叫出教室扎伤

某中学高二的同学正在上数学课时，突然有两个自称是学生黄某哥哥的年轻人要求找黄某，说家中有急事要告诉黄某（17岁）。当时正在上课的数学教师便将黄某叫出了教室，自己随后便关上了门继续上课。但时间不长，教室外便传来黄某的呼救声，数学教师急忙出去查看，发现黄某已经倒在地上，身上正在流血，两名找黄某的年轻人已经跑远。数学老师一面组织学生迅速对黄某进行抢救，一面利用电话向学校领导报告。因抢救及时，黄某最终脱离了危险。后经警方调查，黄某前不久与这两名社会青年因为小事引起纠纷，两名社会青年便借机趁黄某上课期间不防备，将其叫出教室扎伤。另外，警方还了解到，当时两名犯罪嫌疑人都是采用翻越学校围墙的方式进出校园的。事发后，两名犯罪嫌疑人畏罪潜逃。黄某以学校教师的工作存在过失为由向当地人民法院提起诉讼，要求学校赔偿黄某的经济损失医药费、误工费、护理费、营养费等共计2万元。法院在审理后认为，学校在教学工作中，没有尽到自己对学生进行保护的义务，导致学生受伤，应当承担主要责任。同时，黄某自己对于事情的发生也有一定的过错，也应当承担一部分责任。因此依法判决由学校对黄某赔偿1.5万元。

法律分析

◎法院认定学校在教学管理中存在一定的过错，这实际上在本案中是有明显体现的。如果说两名犯罪分子是凭借偷越墙头的方式潜入学校作案，学校门卫或保卫人员无法及时发现情有可原的话，那正在上课的数学教师对此事的处理则明显不当。该老师在两名陌生人要求见黄某时，没有进行任何的盘问，便将黄某叫出教室，以致黄某发生了意外。这实际上也反映了学校管理制度的不完善。

◎黄某在出教室后见到找自己的是与自己有过节的人时，没有马上返回教室，也是导致事故发生的原因之一。因此法院判决由学校承担主要的责任，由黄某自行承担次要的责任。

上课时有人找学生，这其中有学生的家长、同学、还有学校的老师，正在上

课的教师让不让见？不同的老师经常有不同的做法。但出于管理的规范性和安全性考虑，建议采取以下解决方式：

◎为了保证上课期间的正常秩序，学校在正常上课期间，原则上不允许任何人会见学生。对于会见学生的人，教师应当婉言拒绝。

◎如果遇有特殊的紧急情况，确实需要在上课期间找学生的，应当经过学校主管部门（如教导处）或主管领导的同意，持该部门或领导的统一格式书面证明，请求任课教师将有关学生叫出。

法律一点通

教师在上课时，原则上不允许他人找班中的学生。确有必要时，要经过有关部门或领导的同意。

案例

学生提前下课后发生的斗殴事件

某中学高二（1）班上午第四节课是政治课。在部分学生的要求下，政治老师提前15分钟就下了课，同学们蜂拥奔向学校食堂。因为时间太早，学校的值勤老师和学生还没有到食堂，所以同学的秩序混乱，其中学生贾某和杜某因为排队发生争执，引起殴斗。期间被同学拉开一次后，贾某又在食堂外捡起一块砖头，重新冲向杜某，并将其头部砸破。闻讯赶来的老师立即将杜某送往医院，但事后杜某因伤经常恶心、呕吐，有近半年的时间没能正常上学。杜某的家长因此将学校和贾某告上法庭，要求赔偿杜某的损失。法院经审理后判决由该中学赔偿杜某各种损失的50%，合计2万元，由贾某赔偿杜某的经济损失的30%，合计1.2万元，杜某自行承担20%的损失。

法律分析

◎本案中，贾某和杜某的过错是明显的，两人因为在食堂打饭排队时发生冲突，就大打出手，因此应当承担相应的责任，其中贾某在被同学拉开后，又手持砖头，继续冲向杜某，并将杜某砸伤，所以过错更大。

◎学校承担责任是因为在学校的教育教学中存在过错，具体到本案中，其过错主要体现在政治教师没有按照学校规定的时间按时下课，而是自行决定提前下课。因为提前下课，所以学校食堂的值勤老师和学生还没有到位，致使学生提前处在无人监管的状态，这是造成杜某受伤的一个主要原因。法院在判决中也认定教师提前下课的行为明显不当，因此判决学校承担50%的责任。

律师建议

学校都有自己的作息时间，如果没有特殊情况，任课教师都应当严格按照学校的作息时间上、下课，如果因为教师迟到或者提前下课，在这个过程中发生的学生事故学校就很有可能会承担责任。所以：

◎教师应自觉遵守上下课时间。

◎学校应当加强巡查，发现有迟到或者提前下课的教师应当进行批评教育。

法律一点通

教师在上课时一定要认真遵守时间，既不能迟到，也不能提前下课。

13. 大型集体活动安全制度

学校组织学生参加大型集体活动，应当采取下列安全措施：成立临时的安全管理组织机构；有针对性地对学生进行安全教育；安排必要的管理人员，明确所负担的安全职责；制定安全应急预案，配备相应设施。

案例

学生在动物园春游时被熊猫咬伤

某小学组织六年级学生到动物园游玩。进入动物园后，带队老师让学生自由参观，中午12点准时到动物园门口集合。程某（12岁）等几个学生来到熊猫馆，其间，刘某和同学们打赌，谁敢摸一下大熊猫，他就请谁吃冰淇淋。争强好胜的程某不顾同学的劝阻，跨过铁丝网向大熊猫靠近。结果被一只大熊猫拖进两米深的沟里撕咬致伤。程某住院治疗，共花去医疗费、护理费等9000多元，并休学半年。程某一纸诉状将动物园、学校和刘某告上法庭，要求三被告赔偿医疗费、护理费、（父母的）误工费、因休学而请家教上门辅导所支付的家教费及精神损害赔偿等损失共计4万多元。被告动物园辩称，其已设立"动物伤人，请勿入内"的警示标志，并采取了合理的防护措施，原告被咬伤过错在于原告自身及学校，动物园在此事故中并无过错，但基于人道主义原则可给予原告一定的补偿。被告学校表示，其是否承担责任应按照法律的规定来办理。被告刘某辩称，他和同学打赌是一种开玩笑的行为，原告作为十几岁的学生应当具有辨别危险因素的能力，其受伤与被告无关。经过几次开庭审理之后，法院终审判决认定，被告学校因疏于监管，应承担此次事故的主要责任；原告程某虽为限制民事行为能力人，但应知道基本安全常识，因此也要承担次要责任；被告动物园和被告刘某不承担民事责任。

法律分析

◎《学生伤害事故处理办法》第9条规定："学校组织学生参加教育教学活动或者校外活动，未对学生进行相应的安全教育，并未在可预见的范围内采取必要的安全措施的，如发生伤害事故，学校应承担相应的责任。"所以学校在组织校外活动时，一定要履行对学生的照管、保护义务。在本案中，学校是学生活动的组织者，但在活动过程中，放任学生自由活动，失去了对学生加以照管的可能性。程某作为六年级的小学生，其明显缺乏一些自控和自我保护的能力，任其在动物园中自由活动，是很可能发生意外事故的。本案中，当程某做出危险动作时，教师没有在现场，所以无法及时加以制止，以致损害结果的发生。学校对此或者是估计不足，或者过于自信，总之是存在明显过错的，所以应当根据过错责任原则承担责任。

◎对于动物园来说，其承担的是一种安全保障义务，即应在可能的范围内保障游客的人身和财产安全。具体来讲，动物园的安全设施一定要合格，如关动物的笼子要有绝对的牢固性，保证动物不会从其中逃出伤人。在本案中，动物园在熊猫场地周围设置了铁丝网，防止熊猫越出伤人，并且在场地上设置了"动物伤人，请勿入内"的警示标志，应当说已经恰当履行了其安全保障的义务，而不能苛求动物园在每一个角落设置工作人员来维持秩序，这也是不可能的。如果程某不越过铁丝网，熊猫是不会对其造成伤害的。所以，动物园在本案中是没有过错的。

◎刘某与同学打赌，并不会直接导致程某越过铁丝网。所以刘某的打赌行为与程某受伤并没有直接的因果关系。程某越过铁丝网，完全是因为其争强好胜的心理所驱使。所以，在本案中，法官认定刘某不对事故的结果承担责任，而程某则要自己负担一部分的损失。

律师建议

必要、适当的校外活动应当说是教育教学的内容之一，它对青少年的身心成长起着极其重要的作用。但相对于校内活动来说，校外活动发生学生伤害事故的概率要大一些。所以，不少的学校因此削减，甚至取消了各种校外活动，这种因噎废食的做法是不可取的。而要组织校外活动，学校应当注意以下几点：

◎要对学生进行相关的安全和纪律教育。

◎必须要有周密的计划，落实时间、地点、人员、责任以及突发事件紧急应对预案等，计划要同学生的年龄与行为能力相适应。

◎建议小学生不易脱离教师的监管自由活动。中学生的自由活动也一定要有组织，结组进行，每组应由有责任心和组织能力强的同学带队，并且应对活动的区域、范围，禁止进行的活动类型，有突发事件时的应对方式和教师的联系方式等做出周密的安排。

◎对于一些危险的场所和活动要避免学生参与，一些学生的违规行为要及时加以制止。

正所谓有备无患，学校应尽力将事故的发生概率降到最低。这样即使有意外发生，学校也有可能主张自己因为无过错而免责。

法律一点通

学校组织学生参加教育教学活动或者校外活动，未对学生进行相应的安全教育，并未在可预见的范围内采取必要的安全措施的，如发生伤害事故，学校应承担相应的责任。

法律链接

《未成年人保护法》第17条："学校和幼儿园安排未成年学生和儿童参加集会、文化娱乐、社会实践等集体活动，应当有利于未成年人的健康成长，防止发生人身安全事故。"

14. 体育活动安全制度

学校应当按照《学校体育工作条例》和教学计划组织体育教学和体育活动，并根据教学要求采取必要的保护和帮助措施。学校组织学生开展体育活动，应当避开主要街道和交通要道；开展大型体育活动以及其他大型学生活动，必须经过主要街道和交通要道的，应当事先与公安机关交通管理部门共同研究并落实安全措施。

在学校的体育课上发生的学生伤害事故主要可以分成七种类型，下面以案例的形式加以说明。

案例

学校体育器材存在危险隐患导致学生受伤

据报道，某校高中学生张某在体育课按照教师的布置在篮球场打篮球，运动中，张某跃起抓住篮球筐，致使篮球架与篮球架底座出现锈蚀的部位断裂，篮球架倒塌,将张某砸伤。经法医学鉴定,伤残程度为七级。

法院审理后认为,建筑物或者其他设施发生倒塌造成他人损害的,它的所有人或者管理人应当承担赔偿责任。受害人对于损害的发生也有过错的,可以减轻侵害人的民事责任。根据本案查明的事实,学校作为篮球架的所有人和管理人,未及时对锈蚀的篮球架进行更换,对原告的损伤应当承担赔偿责任;但原告对篮球设施使用不当,致使篮球架倒塌,将原告砸伤,对此原告亦有一定责任。故双方对原告的损失应当均摊。依法判决被告学校赔偿原告张某医药费、误工费、陪护费、鉴定费、残疾者生活补助费、精神损害抚慰金,共计173515元。

 法律分析

这起案件属于因设施存在安全隐患而导致的体育课伤害。即因学校的场地、设施、器械等不符合国家或有关部门的安全标准,存在安全隐患而导致在体育课上发生的学生伤害事故。

◎学生张某在事故中有一定的过错,主要表现为对学校的体育设施没有正确使用。

◎学校对于事故的发生也有不可推卸的责任。因为在正常情况下,篮球架应当能够保证在一些特殊情况下的安全性。学校作为篮球架的管理者,没有尽到对篮球架的安全性予以保障的义务,在篮球架发生锈蚀,存在危险时,没有及时发现并进行修理,以致发生砸伤学生的事件,因此是具有明显过错的。法院据此判决学校承担了学生的部分损失。

 律师建议

学校应当注意校内的体育设施是否完善,有无安全隐患,并定期检查,发现隐患应当及时排除。

体育教师应当增强责任心,提高业务水平,尽力避免因为自己的教学失误而导致学生伤害事故的发生。

 法律一点通

因设施存在故障或缺陷,学校应当根据过错责任原则承担法律责任。

 案例

教学内容超过学生的正常承受能力导致的学生伤害

某小学四年级体育课上,教师在32米的距离内用板凳设置四道障碍,要求学生越障碍往返跑。练习中,学生高某在越障碍时被板凳绊倒摔伤,被送往医院治疗。该学生家长与学校协商未成,向法院提起诉讼。经法院审理查明,该体育课教学内容设置违反了国家教委《全日制小学体育教学大纲》的规定,其强度和难度均超过了四年级学生的承受能力。所以法院判决学校支付医药费、护理费、交通费等费用。

法律分析

这起事故属于教学内容超过学生的正常承受能力而导致的体育课伤害事故。即因为体育课的教学内容、难度、强度等明显超过了学生的正常身体承受能力,而导致的学生伤害事故。

◎本案中,学校的过错主要表现为体育课的教学内容违反了教学大纲的有关规定,其强度和难度明显超过了四年级小学生的身体承受能力,而这样的教学很容易导致学生伤害的后果。因此,在这起事故中,法院据此判决学校承担相应的过错责任。

律师建议

学校应当提醒学生家长,如学生存在不适于剧烈运动的特异体质,应当及时向学校反映,以防止事故的发生。

法律一点通

因教学内容超过学生的正常承受能力,学校应当根据过错责任原则承担法律责任。

案例

教师在组织教学中存在过失导致学生伤害

某中学的体育课上,体育教师安排男生练习铅球,自己就去辅导女生练习体操。学生吴某在投掷铅球时,不小心砸中正在走进场地捡铅球的董某,造成董某重伤。案件经法院审理后认定,学校的教学组织管理存在重大问题,是导致事故发生的主要原因,故承担50%的责任,学生吴某和董某也分别存在一定的过错,故各承担25%的责任。

法律分析

这起事故属于教师在组织教学中的过失而导致的体育课伤害事故。即体育教师在教学过程中因为存在某种过失，如未及时要求和提醒学生上体育课的注意事项、未充分进行运动前的热身、未采取必要的保护措施、上课过程中放羊式教学、擅离职守等导致的学生伤害事故。

◎本案中，体育教师的课堂安排的确存在很大的问题。一般在体育课上，对于存在较大危险性的运动项目，教师一定要亲自加以管理和指导，以防止运动损伤和意外事故的发生。铅球项目，本身危险性比较大，如果没有统一的管理，在训练中很容易发生误伤事件。所以，如果体育教师要安排铅球训练的话，一定要亲自指导和管理。这样才能保证教学的安全进行。

律师建议

在上课过程中，教师不应脱岗，不应让学生在失去教师监管的情况下运动。尤其是在分组训练时，教师不宜给自己未亲自辅导的小组安排一些具有危险性的活动，如投掷铅球等。

教师在辅导某一小组的同时，应留心其他小组的情况，发现学生有危险举动时，应及时制止。

法律一点通

教师在组织教学中的过失而导致的学生伤害事故，学校应当根据过错责任原则承担法律责任。

案例

学生自身健康原因导致的体育课伤害

某中学高一学生张某在400米跑测试中突然倒地，昏迷不醒。教师及时将张某送往医院，但张某经抢救无效死亡。后经查明，张某患有先天性心脏病，但其为了顺利被该中学录取，故意隐瞒了病情，而且为了不使学校发觉，坚持参加了体育测验。

法律分析

这起事故属于学生自身健康原因导致的体育课伤害事故。即因为学生身体本身存在着某种不适于体育锻炼的疾病，而导致的体育课学生伤害事故。

◎本案中，学生张某的死亡是由于自身的健康原因所致，学校没有过错，所以学校不应当承担责任。

◎张某和家长为了被学校录取，隐瞒了自己的病情，以致发生意外死亡的结果，所以应当承担全部的责任。

但值得注意的是，如果家长已经告之学校学生的身体存在不适于体育锻炼的疾病时，学校应当对以下几种情况承担责任：

◎学校仍旧安排其参加不适于其进行的体育锻炼；

◎学校发现其参加不适于自己身体状况的体育锻炼时没有及时制止；

◎如果体育教师在课上发现学生有一些异常表现，而依然强迫其训练以致发生意外时，学校也应当承担相应的过错责任。

律师建议

学校在学生入学后应当及时询问学生身体是否存在特殊情况，不是因参加剧烈学校活动，并做好记录和备案工作。

法律一点通

如果除了学校有过错之外，受害学生或第三人也存在过错的，各方应当根据过错的程度分别承担相应的法律责任。

案例

第三人的过错导致的体育课学生伤害

在某校初一的体育课上，一只狗突然闯进人群，将12岁的学生吴某咬伤。因当地医疗条件差，狂犬疫苗三天后才买到，最终吴某因未及时打狂犬疫苗，在一周后狂犬病发作而死亡。

法律分析

◎在本案中，吴某和学校都不存在过错，全部的责任应当由狗的主人，即导致意外伤害事件发生的第三人来承担。但如果案件的发生除了第三人的原因，学校也存在一定过错的话，学校也应共同承担责任，如体育教师发现两学生在自由活动时用树枝打闹，没有及时制止，以致发生一学生眼睛被戳伤，学校应因为过错和学生一起承担责任。

律师建议

在体育课上发生伤害事故后，体育教师及学校的有关人员应及时救治，以免因救治不及时而导致不良后果加重。无论是否对事故负有责任，学校都应当本着人道主义和教育工作者的职业道德，关心、照顾、安慰受伤害的学生和家长，在力所能及的范围内对他们给予必要的帮助，这样也有利于问题的解决。

法律一点通

在因学生自身健康原因导致的伤害、因第三人的过错导致的学生伤害案件中，如果学校没有过错，校方就不承担责任。

案例

学生自身过错导致的体育课伤害事故

某中学一名高一女生在体育课上进行前滚翻练习时，被装在裤兜中的钩针扎入小腹，造成重伤。经查，该体育教师学期初就对学生强调过体育课服装和物品的注意事项，要求学生不能携带钥匙、小刀等危险物品上体育课，而且教师在上课前又曾对学生进行过提醒，但未引起该女生的注意。

法律分析

这起案件属于学生自身过错导致的体育课学生伤害事故。
◎在本案中，学生的伤害事故完全是由于自己不听从教师的要求，擅自携带危险物品上体育课，所以应当自己承担伤害事故的损失。

案例

由于意外事件导致的体育课学生伤害事故

某校高二学生上体育课时，体育教师带领学生做完准备活动之后，组织学生练习跳绳，体育教师在一旁看护。学生徐某在跳绳时被绳绊倒，腹部着地，造成脾脏外伤性破裂。

法律分析

◎在本案中，学生徐某和体育教师都没有过错，事故的发生完全属于意外。在这种情况下，目前法院的判例主要有两种：一是学校没有过错，所以由学生自己承担事故造成的损失；二是虽然学校没有过错，但基于公平责任原则，由学校给予学生适当的经济援助。因为现行法律并没有明确规定这种情况的责任承担，所以此时学校是否基于公平责任给予学生经济补偿关键在于法官的判断。

 **律师建议**

　　在学校伤害事故中，体育课上发生的伤害事故占有相当大的比例。这是与体育课自身所具有的运动性、激烈性、对抗性和开放性等特点分不开的。体育课容易发生学生伤害事故，这是一个不争的事实。其原因主要有：体育课的教学内容具有危险性；教学对象——学生心理的不完善性和不稳定性；教学中组织管理的难度大；体育器械的安全性并非万无一失。

　　所以对于体育课学生伤害事故的预防应当注意以下几点：

　　◎领导要重视，制度要健全。安全无小事，对于学校，尤其是体育课来讲，更是这样。学校应当建立相应的责任制度，层层把关，将每一个细节落到实处，确保万无一失。但也不应因噎废食，因为体育课发生事故的可能性比较大就减少学生的体育活动。这样做既不利于学生身心健康发展的要求，也不利于素质教育的贯彻和开展。根据《学校体育工作条例》第27条的规定，对不按规定开设体育课或者随意停止体育课的单位和个人，由当地教育行政部门令其限期改正，并视情节轻重对直接责任人给予批评教育或者行政处分。

　　◎学校应当注意校内的体育设施是否完善，有无安全隐患，并定期检查，发现隐患应当及时排除。检查的内容包括运动场地是否平整、运动设施是否固定牢固、运动器材有无不合理的结构等。

　　◎学校应当严格依照《教学大纲》的要求开展教学。如果有其他的教学内容，其强度和难度也一定应在学生身体的承受范围之内。

　　◎体育教师应当加强责任心，提高业务水平，尽力避免因为自己的教学失误而导致学生伤害事故的发生。

　　体育教师应对学生强调在体育课上的纪律，对学生穿着的服装、运动鞋以及禁止携带危险物品上体育课等做出严格的要求，并在课前及时提醒。

　　上课后，教师应当带领学生进行充分的准备活动，将关节、韧带活动开。

　　在上课过程中，教师不应脱岗、让学生在失去教师监管的情况下进行"放羊式"教学。

　　在分组训练时，教师不宜给自己未亲自辅导的小组安排一些具有危险性的活动，如投掷铅球。学生的活动范围一般应在教师的视线所及范围之内，教师在辅导某一小组的同时，应留心其他小组的情况，发现学生有危险举动时，应及时制止。

　　◎学校应当提醒学生家长，在学生存在不适于剧烈运动的特异体质时，应当及时向学校反映。例如有的学校向家长发放学生身体健康情况调查表，及时了解学生的健康情况就是一个很好的方法。另外，当体育教师发现学生在运动中出现一些反常的表现时，应当及时采取必要的措施，以防止事故的发生。

◎在体育课发生伤害事故后，体育教师及学校的有关人员应当及时救治，以免因救治不及时而承担责任。

法律一点通

体育课是学生意外事故的"高发区"，所以体育教师一定要尽最大的努力保证学生的安全，这样也是防止学校承担责任的最佳方式。

15. 上下学与家长的交接制度

小学、幼儿园应当建立低年级学生、幼儿上下学时接送的交接制度，不得将晚离学校的低年级学生、幼儿交与无关人员。

案例

在校学生被陌生人接走而受伤害

某小学一年级的学生小玲在教室内准备上课时，被一男青年叫出教室领走。当天中午，小玲没回家吃午饭，其父汤某到学校来找孩子。学校得知情况后当即与汤某一起去派出所报案。直到晚上，才在一车站附近找到了小玲。此时，小玲精神恍惚，身上有受过伤害的明显痕迹。后来，小玲经住院治疗共花去医药费等4000多元。为此，小玲的父母要求学校赔偿损失。

法律分析

◎学校应当对小玲受到的伤害承担责任。学校对在校的未成年学生承担着教育、管理和保护的职责。作为一年级学生的小玲属无民事行为能力人，学校有义务对其进行管理和保护。小玲在校学习期间，学校疏于管理，未核实陌生男青年的身份，也未征求小玲监护人的意见，任凭陌生人将小玲领走，致使小玲受到伤害，所以教师和有关人员的行为严重失职。由此给小玲及其监护人造成的经济损失和精神伤害，学校应承担赔偿责任。

律师建议

学生被犯罪分子接出学校后遭受犯罪侵害或被绑架勒索的案件近年来时有发生。这也提醒我们，对于学校的学生接送制度一定要加以重视，以防止犯罪分子利用学校工作的漏洞实施犯罪。一般情况下，接送制度只涉及寄宿制学校中年纪较小，需要父母接送的学生。另外，一般学校对于正常上课期间，学生家长以外的人员接年纪较小的学生出校也应当有所规定。

◎有的寄宿制学校对此采取了接送登记制度，学校门卫也对被接出学校的学生认真检查有关接送手续是否符合规定。

◎对于学生家长以外的人接学生出校，一般情况下应当要求学生家长提前与学校联系。还有的寄宿制学校在开学伊始即与学生家长约定接送孩子的人员，对接送孩子的人员一般实行持证接送，除了家长与学校约定的特定接孩子人员以外，其他人员来校要求接走孩子时，学校原则上不予同意。

◎对于其他学校在正常上课时间要求接走学生的，也可以参照以上寄宿制学校的做法制定有关规定。

此外，对目前发生的一些案例来看，有些犯罪分子谎称学生的家人受伤、生病住院，或者声称自己是学生家长的同事、朋友，因有紧急情况，所以代替学生家长来接孩子。对此，教师一定要留心，认真核实对方的身份，以及理由是否真实。不能辨别真伪时，为了慎重起见，拒绝其将孩子接走也不为过。

 法律一点通

学校应当建立健全学生接送制度，尤其对于非学生家长的人接学生出校，更要慎重处理。

16. 其他制度

例如学校应当建立教学楼疏散的相关规定，以防止发生拥挤踩踏事故；安排负责人和教师值班制度等制度，以保证在校学生的安全。

第四节　学校的安全检查

学校安全检查是指对学校教育教学及安全管理中可能存在的隐患、有害与危险因素、缺陷等进行查证，以确定隐患或有害或危险因素、缺陷存在的状态，以及它们转化为事故的条件，以便制定整改措施，消除隐患和危险等有害因素，确保学校的安全。

没有安全的学校，学习就不可能发生。因此如何防范意外事件的发生，使学校、社会能在安全中求稳定，在稳定中求进步与发展，已是当前刻不容缓的工作。在美国教改运动"No Child Left Behind"（2002）中，明文揭示学校必须提供学子安全的学习场所。就我国中小学而言，目前在校园安全工作上虽已具有一定的水平，但多一份准备就少一份灾害，为了防患未然，力求在教育环境设施上达到准确的安全境地，以确保人、事、时、地、物的安全无虞，进行事前的安全检查成为最基本的必要措施。因此所谓校园安全管理，乃是针对中小学教学活动所需的各项设施、场所、器材设备等项目，以及门禁管制、活动进行等，实施定期或不定期的检查，采取适当的措施，随时予以改善，使校园安全及灾害事件和其所造成的伤害减至最低程度，以提升教育质量，奠定幸福安全的基础。

学校安全检查通常可以分为以下七种类型。

一、定期安全检查

定期安全检查是指列入计划，每隔一段时间进行一次的检查，例如每周一次教室安全隐患排查，每学期一次管制刀具排查。这种检查可以是全校性的，也可以是以班级为单位进行的。定期检查面广，有深度，能及时发现安全隐患并加以解决。

二、日常安全检查

日常安全检查是采取个别的，日常巡视的方式来进行的检查。在教育教学中进行经常性的安全检查，能及时发现隐患，并及时消除。例如日常教学秩序巡查。

三、季节性安全检查

学校可以根据事故在不同季节的发生规律，进行重点突出的安全检查。例如夏季进行防水灾、防雷电、防食物中毒检查；冬季进行防火灾、防煤气中毒检查。

四、节假日前后安全检查

由于节假日前后，师生的思想容易麻痹大意，易发生安全事故。同时，由于寒暑假和国庆、五一等假期时间比较长，放假前一定要进行办公室和教室的安全检查。

五、专项安全检查

专项安全检查是针对某个专项的安全问题进行的检查。如食堂卫生检查、消防检查等。专项检查具有较强的针对性和专业要求，用于检查难度较大的安全项目。通过检查，发现潜在问题，研究整改对策，及时消除隐患，进行技术改造。

六、综合安全检查

综合安全检查一般是由地方政府或教育行政主管部门对下属学校进行的全面综合性的检查，必要时可进行系统的安全性评价。

七、家长安全检查

家长安全检查是指学校邀请学生家长到学校进行安全检查，给学校提供安全建议。台湾的一些学校，经常性地邀请家长来学校进行安全检查。因为学校的教职工和学生因为长时间在学校学习、生活，容易产生"习惯性错觉"，即不正常的事物因为看的时间长了，也感觉不出它的异常了。邀请家长进行检查，恰好能克服"习惯性错觉"，而且能够集思广益。

第五节 学校的安全技术

一、学校安全技术概述

学校的安全技术是学校安全预防体系中用于安全防范的专门技术，在国外，安全防范技术通常分为三类：物理防范技术（Physical Protection）、电子防范技术（Electronic Protection）、生物统计学防范技术（Biometric Protection）。这里的物理防范技术主要指实体防范技术，如建筑物和实体屏障以及与其匹配的各种实物设施、设备和产品（如门、窗、柜、锁等）；电子防范技术主要是指应用于安全防范的电子、通信、计算机与信息处理及其相关技术，如电子报警技术、视频监控技术、出入口控制技术、计算机网络技术以及其相关的各种软件、系统工程等。生物统计学防范技术是法庭科学的物证鉴定技术与安全防范技术中的模式识别相结合的产物，它主要是指利用人体的生物学特征进行安全技术防范的一种特殊技术门类，现在应用较广的有指纹、掌纹、眼纹、声纹等识别控制技术。

安全技术防范是以安全防范技术为先导，以人力防范为基础，以技术防范和实体防范为手段，所建立的一种具有探测、延迟、反应有序结合的安全防范服务保障体系。它是以预防损失和预防犯罪为目的的一项公安业务和社会公共事业。

对于警察执法部门而言，安全技术防范就是利用安全防范技术开展安全防范工作的一项公安业务；而对于社会经济部门来说，安全防范技术就是利用安全防范技术为社会公众提供一种安全服务的产业。既然是一种产业，就要有产品的研制与开发，就要有系统的设计与工程的施工、服务和管理。

二、学校安全技术的作用

（一）预防事故

学校一旦发生有可能危及安全的情况，防范系统能及时发现、及时报警，并自动记录下事件的整个过程，留下视、听资料等。另外利用安全防范技术进行安全防范，还能够对犯罪分子有威慑作用，使其不敢轻举妄动。

（二）制止事故

由于报警及时，事故一般都能够在萌芽状态被监控系统及时发现，同时，监控系统还可以及时启动应对措施，例如在火灾中，利用自动喷淋的装置，可以及时扑灭火灾。另外，在犯罪分子对学校实施犯罪时，报警系统的启动可以使罪犯受到惊吓后设法逃离现场。有的防范系统还带有催泪、喷烟、加锁等主动防范措施，使犯罪分子无法继续作案甚至无力逃脱、束手就擒。

（三）节省人力、财力，弥补人防、物防之不足

在学校安全事故预防工作中，人防具有一定的缺陷：一是受经济条件和其他多种社会因素的制约，不可能大量地投入人员进行安全防范；二是人防的触角不能延伸到防范区域的各个部位；三是人的精力有限，不可能长期保持高度戒备状态；四是人的生理特点限制了人的感知能力，不能保证在任何环境条件下正常工作；五是人防的开支是长期的，费用较高。技防能够很大程度地弥补以上不足，以较小的、一次性的投入解决治安防范工作中的诸多问题。技防是预防、打击犯罪和各种灾害事故的有力武器，是社会治安综合治理必不可少的重要手段，也是公安保卫工作走向现代化的必经之路。

但是，我们还应该看到，任何先进的技防手段，最后处置还需要人来处理，这同机器永远代替不了人的道理一样，不能片面地强调技防，只有人防、物防、技防相结合，才能更好地发挥技防的作用。

三、安全技术防范系统的基本构成

学校的安全技术防范系统经历了一个由简单到复杂、由分散到组合再到集成

的发展变化过程。从早期单一分散的电子防盗报警系统，到后来的报警—联网系统、报警—监控系统，发展到防盗报警—视频监控—出入口控制综合防范系统。近年来，在智能建筑和社区安全防范中，又形成了融防盗报警、视频监控、出入口控制、访客查询、保安巡更、汽车库（场）管理、系统综合监控与管理于一身的集成式安全技术防范系统。

安全技术防范系统主要由入侵报警系统、电视监控系统、出入口控制系统、保安巡更系统、访客查询系统（包括楼宇对讲系统）、车辆和移动目标防盗防劫报警系统、报警通信指挥系统、其他系统等几个子系统构成。

对具有特殊使用功能要求的建筑物、构筑物或其内的特殊部分、特殊部位，需要设计具有特殊功能的安全技术防范系统，如专用的高安全实体防护系统、防爆和安全检查系统、停车场（库）管理系统和安全信息广播系统等。

简单地概括起来，各子系统的基本配置包括：前端、传输、信息处理/控制/显示/通信三大单元。不同的子系统，其三大单元的具体内容有所不同，现就三个主要子系统的基本配置说明如下。

（一）入侵报警系统的构成

入侵报警系统的构成一般由周界防护、建筑物内（外）区域/空间防护和实物目标防护等部分单独或组合构成。系统的前端设备为各种类型的入侵探测器（传感器）。传输方式可以采用有线传输或无线传输，有线传输又可采用专线传输、电话线传输等方式；系统的终端显示、控制、设备通信可采用报警控制器，也可设置报警中心控制台。系统设计时，入侵探测器的配置应使其探测范围有足够的覆盖面，应考虑使用各种不同探测原理的探测器。

（二）电视监控系统的构成

电视监控系统的前端设备是各种类型的摄像机（或视频报警器）及其附属设备，传输方式可采用同轴电缆传输或光纤传输；系统的终端设备是显示、记录、控制、通信设备（包括多媒体技术设备），一般采用独立的视频中心控制台或监控—报警中心控制台。

（三）出入口控制系统的构成

出入口控制系统一般由出入口对象（人、物）识别装置、出入口信息处理、控制、通信装置和出入口控制执行机构三部分组成。出入口控制系统应有防止一卡进多人或一卡出多人的防范措施，应有防止同类设备非法复制有效证件卡的密码系统，密码系统应能授权修改。

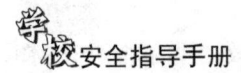

第六节 学校的安全教育

学校安全教育是提高师生的安全意识，增强师生的安全素质，减少教师和学生的不安全行为，防止人为失误的重要途径。学校的安全教育应当针对不同的对象进行不同内容的安全教育。

一、学校相关领导的培训

学校的相关领导主要指学校的校级领导和中层领导。学校相关领导的培训主要有以下内容：
（1）学校安全的法律、法规、规章、标准和有关制度；
（2）学校安全管理的基本知识；
（3）学校常见的重大事故防范；
（4）应急救援预案的制作与操作；
（5）学生伤害事故的预防和处理；
（6）典型事故案例及分析。

学校相关领导的安全培训应当主要由地方各级教育行政部门组织，地方各级教育行政部门组织应当将安全管理纳入校长培训的内容，通过远程教育和集中培训等多种形式进行安全管理培训。

二、教职工的培训

学校教职工的培训主要是针对学校教育教学中班主任、专任教师和其他工作人员常见的一些法律问题和安全知识，使他们能在自己的职责范围内有效的预防学生伤害事故的发生，在事故发生后，能够妥善应对，积极组织学生逃生。其具体有以下内容：
（1）学校安全的法律、法规、规章、标准和有关制度；
（2）教育教学常见法律问题分析；
（3）组织逃生的基本知识和技能；
（4）学校常见事故的预防及处理；
（5）典型案例分析。

三、特殊岗位教职工培训

学校存在一些特殊岗位，如电工、校医等，他们需要经过特殊的培训，并领取相关证件后才能够上岗。对于这些特殊岗位，学校应当按照有关规章制度的规定，安排他们进行校内外的相关培训。

四、学生安全教育

学校是教书育人的场所，也是未成年学生事故多发的场所。所以学校对学生进行安全教育具有重大意义。一方面，安全教育可以使学生提高安全意识，从而减少学生在学校发生伤害事故的概率；另一方面，学生通过课堂教学，可以掌握相应的安全知识，提高自身的知识、素质和能力，并提高自己的生存能力。2006年，国家十部（局）颁布的《中小学幼儿园安全管理办法》第28条明确规定："学校应当按照国家课程标准和地方课程设置要求，将安全教育纳入教学内容，对学生开展安全教育，培养学生的安全意识，提高学生的自我防护能力。"认真贯彻和落实这些要求，是确保安全教育落到实处的重要保证。安全教育不能落实，学校就没有安全的保证。要解决学校安全教育能够落到实处，还应当解决七个关键问题：安全教育目标（树立安全意识，掌握自护、自救、逃生和恰当报警，恰当地参与救助基本技能）；安全教育主体（地方教育行政部门、学校、教师、学生、家长、社会，关键是学校和教师）；安全教育内容（重点是交通安全、上下楼梯安全、社会治安安全、课外活动安全、游泳安全、用火安全、用电安全、用气安全、公共卫生安全、心理安全等）；安全教育方法（理论联系实际讲授法、典型案例分析法、现场参观学习法、师生共同讨论法、实践训练法等）；安全教育时间（开学初或者放假前的安全教育周或月、日，进入日常课程计划）；安全教育载体（编写安全教育教材、动漫画，电视广播，安全教育网站）；进行学校安全理论与实践研究。解决好这七个关键问题既有观念问题，也有教育问题，更有管理问题。

学生安全教育的主要内容有未成年人保护的相关法律、法规；基本安全常识和逃生技能；心理健康教育；生理健康教育；

学生安全教育的途径可以通过课堂教学、课外活动、演习、讲座、知识竞赛、演讲等多种适合学生接受能力的形式进行。

另外学校还要做好全国中小学生"安全教育日"的宣传和教育工作。全国中小学生"安全教育日"安排在每年3月的最后一周的周一。其每年确定一个主题，对广大学生进行安全教育，提高学生的安全意识和能力。2005年"安全教育日"的主题是"增强交通安全意识，提高自我保护能力"。2006年"安全教育日"的主题为"珍爱生命，安全第一"。2007年"安全教育日"的主题为"强化安全管理，共建和谐校园"，2008年"安全教育日"的主题为"迎人文奥运，建和谐校园"，2009年"安全教育日"的主题为"加强防灾减灾，创建和谐校园"，2010年"安全教育日"的主题为"加强疏散演练，确保学生平安"，2011年"安全教育日"的主题为"强化安全意识，提高避险能力"，2012年"安全教育日"的主题为"普及安全知识，提高避险能力"，2013年"安全教育日"的主题为"普及安全知识，确保生命安全"。学校应当通过对学生的安全教育，使他们牢固树立自救自护的观念和意识，掌握自救自护的能力，在面对各种异常情况或危险时，能用学到的安全知识和掌握的自护自救的能力，果断地进行自护自救，机智勇敢地处置危险。

附：

<h3 style="text-align:center">珍爱生命，火场逃生</h3>

——××幼儿师范学校消防安全教育主题班会

活动背景

校园安全一直受到全社会的广泛关注，对于幼师生来说，安全教育不仅关系到他们自身，同时也是幼儿教育的重要内容，因此也会对其未来的幼教职业产生深远影响。幼儿师范学校是寄宿制学校，这给学校的消防安全工作带来了一定的困难。因此应让学生了解必要的消防安全知识，防患于未然；掌握一些火场应对的基本能力，把事故损失降到最低点；同时培养学生珍爱生命的情感以及面对紧急事件沉着冷静的心理素质。

活动目标

了解火灾的预防常识。

了解校园、宿舍及公共场所火场逃生技巧和自救方法。

掌握火灾报警的途径、方法、程序。

活动准备

相关资料（包括相关知识、歌曲、PPT课件等）

学生场景模拟准备。

活动过程

一、导入

主持人甲：同学们，在我们日常生活中，有很多美好的事物给我们带来欢乐，但也有很多意想不到的天灾人祸带给我们惊恐和痛苦。火灾就是其中一个大魔头。因此，掌握预防火灾、火场逃生及报警的知识非常重要。

主持人甲乙："珍爱生命，火场逃生"主题班会现在开始。

主持人甲：首先我们来观看一段录像资料。

（"克拉玛依火灾事件"回放。）

主持人乙：火患猛于虎啊！

主持人甲：是啊！我们再来观看两个发生在校园里的火灾事件。（播放莫斯科人民友谊大学火灾录像、江西南昌某幼儿园火灾事故）

主持人乙：这几起火灾虽然已经过去一段时间了，但仍然令人触目惊心。

主持人甲：说到这里我想让大家谈一谈：火灾会给我们带来哪些危害呢？

生1：人员伤亡、财产损失。

主持人甲：据统计，近五年来，我国每年由于火灾带来的经济损失就达1360000000余元。提起火灾带来的损失，我们不能不沉痛地想起它给我们带来的人员伤亡。"中国消防在线"援引公安部消防局统计显示，2005年全年共发生火灾235941起，共造成死亡2496人，受伤2506人。

生2：火灾也给家庭带来巨大的痛苦。

主持人乙：对，一人伤亡对家庭带来的灾难有时是无法用金钱来计算的。

二、火灾原因剖析

（一）起火有因

主持人甲：同学们，我们知道"防患于未然"这句话，对于火灾来说也是一样的。据调查，绝大多数火灾是由于麻痹大意造成的。

主持人乙：以克拉玛依火灾为例，如果在以前发生幕布被引燃事件后能引起警醒，加以注意，这场大火是可以避免的。如果这个剧场的管理人员平时注重检查消防通道是否通畅；如果平时进行过火灾应急处理的演练，事故发生后现场疏散能有序地进行，事故的损失也不会如此惨重。

主持人甲：是这样的。因此，作为学生我们也应该了解一些防火的常识。下面我们就分组举行一个小小的竞赛。全班同学分四组，看哪一组同学能找出更多引发火灾的原因。

（同学们争相发言）

主持人乙：同学们找出的引发火灾的原因这么多，下面我们把其中较常见的

总结一下。(PPT 展示引发火灾的常见原因)

1. 化学实验

2. 违章用电

3. 乱丢烟蒂

4. 焚烧垃圾

5. 燃放鞭炮或玩火

6. 自然因素（如雷电等）

(二) 预防为先

主持人甲：我们知道了火灾发生的原因就可以有针对性地进行预防，我们呼吁同学们自觉做到以下几点：(PPT 展示)

1. 遵守化学实验的有关规定

2. 安全用电，不乱接电源，严禁使用违章电器

3. 不乱焚烧杂物、垃圾等

4. 不在寝室存放易燃物

5. 外出时、睡觉前进行防火安全检查，消除火险隐患

6. 寝室内禁止使用明火

7. 不擅自使用煤炉、液化气灶具等可能引起火灾的器具

8. 台灯不要靠近枕头被褥

主持人乙：我觉得对于幼师生来说，做到以上这些尤为重要，因为作为未来的幼儿教师，还担负着教育幼儿的责任。

三、火灾逃生技巧

(一) 火灾逃生情景剧表演

主持人甲：同学们，人的生命是最宝贵的，火灾一旦发生，作为普通人，我们的首要任务是逃生。下面我们来观看一个火场逃生的情景剧。

表演内容简介：主持人出题目，三组同学表演宿舍起火应急逃生、教室起火应急逃生。

A 组同学的题目：宿舍楼起火，烟雾从门缝渗入。

A 组同学用一只手背碰了一下门上的金属把手，说道："把手不是很烫，说明大火还有一段距离。"要求同学们立即用口罩或湿毛巾遮挡口鼻，有的披上浸湿的衣服，她们靠着墙边俯身沿走廊冲向出口。组长要求大家始终保持镇静有序。

B组同学的题目：某同学衣服起火

几名同学身上衣服着火，有的同学吓得跳起就跑，有的同学用课本拍打，组长指示："身上着火千万不能乱跑，越跑火越大，应就地打滚。"

C组同学的题目：教室起火

教室起火，组长指示保持镇静，听从老师或学生干部的指挥，有秩序外逃，切勿拥挤，以防被踩伤。前面同学发现所在逃生路线被大火封锁，组长指示立即退回室内，用打手电筒、挥舞衣物、呼叫等方式向窗外发送求救信号。

(二) 火灾逃生要点提示

主持人甲：三组同学为我们演示了正确的逃生方式，特别提醒：生命是最宝贵的，紧急关头，保护生命是最重要的。下面我们再学习一些火场逃生的要点：(PPT展示)

1. 备——熟悉环境，牢记路标，简易防护，不可缺少

平时要了解掌握火灾逃生的基本方法，进入楼房、娱乐场所等先要熟悉几条逃生路线，记住紧急出口等标志，以防不测。

2. 稳——大火袭来，切勿惊跑，冷静待门，发出信号

室外着火，门已发热，千万不要开门，以防大火蹿入室内，要用浸湿的被褥、衣物等堵塞门窗缝，并泼水降温。教室起火，要听从老师或学生干部的指挥，有秩序外逃，切勿拥挤，以防被踩伤。若所在逃生路线被大火封锁，要立即退回室内，用打手电筒，挥舞衣物，呼叫等方式向窗外发送求救信号。

3. 逃——护头蛇行，上下撤离，善用通道，莫入电梯

火势不大时要当机立断披上浸湿的衣物、被褥等向安全出口方向冲出去。要尽量往楼层下面跑，若通道被烟火封锁，上逃到天台、阳台处。逃生时经过充满烟雾的路线，要防止烟雾中毒，可采用毛巾，口罩蒙鼻，匍匐撤离的办法。遇火灾万不可乘坐电梯或扶梯，要向安全出口方向逃生。

4. 下——结绳自救，缓降逃生

在无计可施时，也不要盲目跳楼，可用梯子或把床单撕成条状连起来，紧拴在门窗或重物上，顺势滑下。此为下计。

(学生熟记，同学间互相提问)

主持人乙：刚才同学们表演得真是太精彩了，为了便于同学们记忆，咱们还是以口诀的形式将火场逃生的要点熟记于心吧！(PPT展示)

逃生的口诀是：熟悉环境，出口易找；保持镇定，有序外逃；湿巾掩鼻，匍匐弯腰；慎入电梯，改走楼道；缓降逃生，不等不靠；火已及身，切勿惊跑；就

地打滚，扑灭火苗；被困室内，固守为妙；巧妙呼救，等待外逃。

主持人乙：我们是幼师生，未来的幼儿教师，许多技巧可以编成儿歌的形式，便于小朋友记住。

主持人甲：比如"家中煤气灶，火苗红又旺，做饭本领高，危险也不小，远离煤气才最好，小朋友们要记牢"。

主持人乙：好了好了，还是请同学们下去以后编写更好的安全儿歌吧！

四、火灾报警途径介绍

（一）火灾报警竞赛

主持人甲：一旦逃离火场，置于安全之处，及时报警可以避免更大损失。

主持人乙：我们还是以竞赛的形式来比一比哪位同学的报警方法最恰当。

竞赛内容简介：

请一组同学表演火灾现场，另外一组同学扮演消防队，请几位同学轮流模拟火灾报警过程，比一比哪位同学能用最短的时间让消防队员到达火灾现场。请其他同学组成评判团进行评价，指出不当之处。最后由老师为获胜的同学发"笑脸"小卡片。

主持人甲：刚才同学们表现很好，如果采用口诀的形式，会记得更牢，而且今后我们还可以把报警口诀教给小朋友们。

主持人乙：对呀！安全教育也是幼儿教育的重要内容。

报警口诀（PPT展示）：报警早，损失小，"119"电话要记牢。社会主义制度好，救火分文都不要。报清门牌和号码，说明火势大和小。跑到路口等车来，救火时间能提早。（同学们齐声朗读）

（二）消防安全知识测试

主持人甲：今天我们学习的内容真不少，下面要出几道有关消防安全知识的抢答题来考考大家了。

（两位主持人轮流出题，同学们争相回答。）

消防安全知识抢答题：（判断正误）

家用的一次性打火机不会引起爆炸。

消防队救火一次性收50～100元。

发生电器火灾时首先应断电。

高楼发生火灾要赶快使用电梯逃生。

火场逃生时最好用湿毛巾掩住口鼻。

火势太大时就不要向门外跑了，可以选择跳楼。

身上衣服着火时要赶快跑。

炒菜时锅内起火要赶紧盖盖子灭火。

烟头直接扔进纸篓可能引起火灾。

发生火灾时应牢记生命是最宝贵的财产。

主持人甲：看来同学们在今天的消防安全主题班会上确实学到了不少知识，最后再提醒同学们一句。

主持人甲、乙：遇事千万要冷静。

五、教师小结

孔子说："身体发肤，受之父母，不敢毁损，孝之始也。"对于我们每个人来说，生命只有一次，只有在安全和文明这片沃土的培育下，幸福之花才会绽放在你的生命旅程中。希望我们将安全牢记心中，让文明常伴左右。

六、结尾

播放歌曲《祝你平安》。

活动反思

本次班会的成功之处在于用现实的事例告诉学生火灾的危害，具有较强的感染力；用易记的口诀教给学生实用的火灾预防和火场逃生的技巧，具有较强的实用性，而且便于幼师生走上工作岗位后对幼儿进行相关内容的教育。

不足之处在于本次班会针对的是幼师生，但对幼儿安全教育的内容还显欠缺。

相关材料

歌曲《祝你平安》

第七节　学校的安全预警[①]

一、学校安全预警概述

"预警"一词最早源于军事，是指通过预警飞机、预警雷达、预警卫星等工具来提前发现、分析和判断敌人的进攻信号，并把这种进攻信号的威胁程度报告给指挥部门，以提前采取应对措施。第二次世界大战后，预警被西方经济统计学界用于对宏观经济波动问题的研究。如美、日、法和前联邦德国在世界经济大危机后为了防止经济过度萧条、预警经济危机而建立的"警报指标"，用比较敏感

[①] 该节的写作借鉴了刘畅、张玉堂撰写的《学校安全预警机制的构成与运行》一文，特此说明。

的指标来反映经济是否景气,以此进行社会预警。此后预警这一概念逐渐延伸到各个社会和自然科学领域。

学校安全预警是对一定区域范围内的学校安全现状进行评价,通过对学校伤害事故成因系统的分析,对其发生、发展及造成的危害进行测度,预报不正常状态的时空范围和危害程度,对于已有的问题提出解决措施,对即将出现的问题提出有防范措施的报警和调控系统。作为完整的预警,学校安全预警同样包括学校安全系统现状评估、变化趋势预测、调控方案三个部分。

首先,评估学校系统安全现状。准确恰当地反映学校安全系统的现实状态是对其未来状态进行预测的基础,也是对系统提出警示和防范、调控方案的基础,是整个预警的基点。

其次,预测未来学校安全状态的变化趋势。趋势预测要根据学校安全系统的现状分析与评估,预测未来某一时期内学校安全系统是否可能出现功能失衡,是否可能发生重大变化及其时空范围和危害程度,并根据预测结果决定是否发出警示信息。依据当前现状和变化趋势,学校安全状况划分为无警情(常态)、轻警情(非常态)、中度警情(警示级)、重警情(危险级)和特重警情(极度危险级)五个等级,并依次采用绿色、蓝色、黄色、橙色和红色来对其进行警示。

最后,根据学校安全现状评估和预测未来变化趋势,调控安全预警方案。

二、学校安全预警的类型

学校安全预警根据不同的分类标准,可以有多种分类方法。按预警的空间尺度分,主要有宏观、中观和微观的安全预警机制,或者教育行政部门和学校两级安全预警机制;根据预警的时间尺度分,主要有中长期预警机制(如大量常规预警机制)和短期预警机制(如学校维修期间的预警机制);根据预警的对象分,主要有交通安全预警机制、饮食安全预警机制、治安安全预警机制、火灾安全预警机制、设备设施安全预警机制、公共卫生预警机制、心理安全预警机制等;根据预警的方式分,主要有指标预警机制、统计预警机制和模型预警机制等。

三、学校安全预警的运行

学校安全预警机制的运行是指学校安全预警系统的动态逻辑过程,是学校安全预警工作形成的有效的、有机联系、分工合理、责任明确的操作技术系统,通常由警情监测、警兆识别、警源分析和警级评估、警情发布五个阶段构成。警情监测是学校安全预警系统运行的逻辑起点,是预警机制运行的基础;警兆识别和警源分析属于对警情的因素分析;警级评估是预警系统的最终产出形式,也是学校安全预警的直接目的所在;根据评估得出的警级发布警情,对症下药,采取相应的防范与调控方案,就可以使学校安全预警机制得以运行。

(一) 警情监测

所谓警情,就是那些值得人们警惕的异常情况,也就是学校安全业已存在或将来可能出现的各种各样的问题(包括学校过失、个人过失、家庭变故、社会影响、突发事件等),警情一般用一些基本的、重要的预警指标来加以监测和反映。警情监测就是通过监测警情指标,敏感地反映预警对象在运行中的异常状态,并及时反馈,进而加以控制的动态过程。

(二) 警兆识别

警兆识别是学校安全预警过程中的关键环节。所谓警兆,即是警情在孕育与滋生过程中先行暴露出来的现象,是警情爆发之前出现的先兆(如学生对教师的体罚或奚落表现出的激动、反抗性语言或直接对抗、突然的沉默、对学校学习的兴趣降低、自杀倾向等都可以视为学校安全事故的警兆)。警兆识别就是要辨识在警情发生前所表现出来的各种警兆,诊断这些警兆性质怎样,有什么发展的趋向。

(三) 警源分析

警源是导致警情发生的根源,警源分析就是对数据资料进行反复的分析和论证,合理区分和分析不同警源的不同作用过程和作用效果,发现导致警情产生的真正警源的过程。在学校安全预警研究中,寻找警源是制定预警预案和对策的重要依据。一般每一种警情都是不同警源的不同组合引起的,很少只由一种单一的警源导致警情的发生,需要根据警情和警兆具体情况进行反复分析。产生学校安全事故的警源可以从与人有关、与事有关、与时间有关、与地点有关、与物有关等方面加以分析。

(四) 警级评估

警级是人们为表达警情的严重程度而人为划分的预警级别(如本文前面提到过的五个警级)。警级的划分是根据人为制定的警限标准而定的。所谓警限,是警情由量变转化为质变的临界点,亦称警戒线。警情作为一个过程包含着其孕育、发展、扩大、爆发等若干阶段,警限就是对于这些阶段之间的"临界值"的主观判断(如本文前面提到的警级划分标准就可以视为一种警限)。警级评估就是结合历史经验,运用定性与定量的方法分析警兆的变动情况与警限的实际关系，当警兆的实际数值超过特定的警限区间时，则表明相应级别的警情出现。

（五）警情汇报与发布

学校安全预警机构经过警级评估后，要马上向主管部门汇报情况，由主管部门召集有关专家组成员进行预警商谈，根据商谈的综合结论发布包括警情、警级和预防、调控方案在内的预警信息。学校内部的预警信息可以通过校广播站、电视台、校报、教师等发布，教育行政部门的预警信息可以选择电台、电视、电话、报纸、计算机网络、学校组织等途径发出。同时启动预警协调组织制度，及时通知有关单位做好相应准备工作。对于黄色及其以上的警示级别，要及时启动应急机制，组织专门的机构和人员立即落实预防和调控方案。对于应急机制和预防、调控方案的落实情况应给予及时的信息反馈，主管部门召集有关专家根据反馈信息重新发布预警信息，及时调整排警措施和预防、调控方案，直到警情消除。相应的预警信号的定义和种类、管理部门、发布程序等还应以制度形式明确下来。

第三章

学校安全事故的应急体系

- 第一节 学校安全应急体系的概述
- 第二节 学校安全应急预案
- 第三节 学校安全应急演练

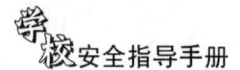学校安全指导手册

第一节 学校安全应急体系的概述

一、学校安全应急体系

学校安全应急体系是指学校针对有可能发生的学校突发事故,提前建立的应对系统。学校安全应急体系是在学校突发事故发生之后才能发挥作用的系统。学校安全应急体系的作用就在于避免或者减少学校事故所造成的人员伤亡或财产损失等损害。

在没有准备的一般情况下,学校对于学校突发事故的应对很容易手忙脚乱,甚至应对不当。而仅仅依靠学校的安全预防体系,并不能完全将所有的学校事故都阻挡在校园之外,因为很多学校突发事故的发生属于不可抗力,例如地震、洪水等。还有一些是学校自身不能够完全预防的,例如学校遭遇到针对学校的恐怖袭击。所以学校必须提前针对有可能发生的各种突发事故,提前做好应对的计划,并进行演练,不断更新,以保证突发事故在学校发生时,学校的教职工和学生能够最有效地减少事故所造成的灾害。

二、学校突发事故

学校突发事故,一般是指在学校突然发生,时间上不确定,但事件种类相对可以预料,可能对学校公共财产与学生的生命财产安全、学校正常管理秩序等构成重大威胁和严重影响的紧急事件。具有以下主要特征。

(1)发生突然性。即事件发生得紧急,时间上不确定性。让教师和学生根本预料不到,但确实发生了,并给学生和教师在正常生活和工作上产生一定的影响。

(2)时间不确定性。突发事件发生的时间有白天和晚上的差异,也有正常工作日和节假日的区别。正因为时间具有的不确定性,对正确处置造成了一定困难。

(3)事件相对可预料性。学校毕竟不同于各类社会事件的复杂和广泛性,相对来说,学校发生的突发事件具有一定的可预料性。总结起来大概有火灾、防汛抗台、流行病、电梯故障、打架、非法聚会、心理问题引起的自杀等,有些在社会上发生的事件因学校的特殊性,完全不具备在学校发生的可能。如交通运输

事故、环境污染与生态破坏、矿难等。

（4）处置紧急性。突发就决定了事件处置上的紧迫性。实践中，要防止因延误而错过最佳抢救时机，造成的不必要损失。

（5）结果重大性。如果事件处理上不能妥当或不够及时，对于认知能力有限的未成年学生将会引起重大的影响，并可能引起恶劣的社会影响。

三、学校应急体系的构成

学校应急体系虽然在突发事故发生时才能发挥作用，但是学校应急体系的建构却是必须提前完成的。学校应急体系主要由学校安全应急预案和学校安全应急演练两个系统构成。

其中，学校安全应急预案是学校应急体系的基础和前提，没有安全应急预案，就不可能形成学校的应急体系，学校的应急演练也就无从着手。学校应急演练是学校应急体系的支持和保障。只有通过应急演练，才能使学校的师生熟悉安全应急预案的具体内容和程序，以保证安全应急预案在需要的时候能够及时启动，并发挥最大的减灾效力。

四、我国学校安全应急体系存在的问题

目前，我国在学校应急管理中存在着较多的问题，这些问题的存在成为防范和处置突发性公共事件的制度隐患。我们认为主要的问题有以下几个方面。

（一）应急管理理念落后

从国际先进经验和我国近年来政府应急管理的转变来看，突发性公共事件的应急管理应该更加着重于预防而不是事后的处置。但是我国学校应急管理从理念上滞后于这样的变革，管理者的理念、主要的应急管理精力和投入都集中在事后的"善后"上。

（二）应急管理责任不明确

应急管理预警和事后处置各个环节都是应急管理的重要环节，应急管理的效果必须依赖管理人员的勤勉尽责。而学校的应急管理往往责任机制不够健全，责任没有分解到环节，各个岗位上的责任也没有明确落实的人头，责任追究机制也不够细化。

（三）应急管理预警机制不健全

由于管理理念的落后，学校突发性公共事件应急机制的设计中应急预警机制

较为欠缺，缺乏对隐患信息的搜集、处理系统，缺乏隐患排查的长效机制。

（四）应急管理缺乏全系统支持

由于学校管理的特殊性，学校应急管理仅有教育部门的努力，孤掌难鸣，很难取得成效。学校与公安、消防、卫生防疫等部门还缺乏长期稳定的配合，无法纳入应急管理系统，为学校的应急管理工作带来了很大的障碍。

（五）应急演练执行不力

突发性公共事件的特点决定了处置反应必须快速、及时。这就要依靠长期的演练来培养应急的能力。而在应急演练工作中存在的普遍问题是，演练安排没有制度化，随意性较大，演练安排较少，搞成了表演、作秀。

第二节　学校安全应急预案

一、学校安全应急预案概述

学校安全应急预案是学校针对可能的重大事故（件）或灾害，为保证迅速、有序、有效地开展应急与救援行动、降低事故损失而预先制订的有关计划或者方案。制订应急预案可以为突发事件的现场应对提供指导，帮助应对人员用高效的行动将损失降至最低。因此制定预案是突发事件应急管理中的重要内容。学校安全应急预案是指学校为降低紧急事件后果的严重程度，以对危险源的评价和事故预测为依据而预先制定的紧急事件控制和抢险救灾方案，是紧急事件应急救援的行动指南。尽管人们对事故采取了种种预防措施，但事故的发生依然是难以避免的，而且学校事故往往都是突发性的，制订应急预案的目的就是为了在发生紧急事件时，能以最快的速度发挥最大的效能，实施有序的救援，从而尽快控制事态的发展，降低紧急事件造成的危害，将事故的损失降低到最小。

随着社会对学校安全工作关注度的逐步提高，作为控制事故扩大的最有效方法之一的事故应急救援工作已经受到教育行政部门和学校的高度重视。2006年新春伊始，国务院就公开发布实施了《国家突发公共事件总体应急预案》，加强应急管理，提高预防和处置突发公共事件的能力。在贯彻执行《国家突发公共事件总体应急预案》的同时，学校安全应急预案编制工作也成了学校安全工作的重中之重。

安全应急预案的编制是一个比较庞大的系统工程，需要投入大量的时间和精力。预案从编制、维护到实施都应该有学校各个部门的广泛参与和支持。编制学校安全应急救援预案的步骤包括建立预案编制小组、预案编制资料的收集、学校内部风险分析、预案的撰写、预案的修改与维护等主要环节。

二、学校安全应急预案的类型

根据可能发生的各种学校事故，保证各种类型预案之间的整体协调以及实现共性与个性的结合，可将学校应急预案分为四个层次，即综合预案、专项预案、现场预案以及临时活动预案。

（一）综合预案

综合预案是从整体上规定应急救援的原则，应急救援的组织机构及相应的职责，应急行动的思路等，通过综合预案应当可以很清晰地了解学校的整个应急体系，并可作为整个应急救援工作的基础和"底线"，即对那些没有预料的紧急事件也能起到一般的应急指导作用。

（二）专项预案

专项预案是针对其中具体的、特定的紧急事件类型而制定的应急救援预案。专项应急救援预案是在综合预案的基础上充分考虑某种特定危险的特点，对应急救援的组织机构、程序做了更具体的阐述，具有较强的针对性。学校制定专项预案，要体现既全面又突出重点的原则。我们要根据实际形势发展的需要，把各种可能发生的安全事故考虑进去，分别制定专项预案，把我们学校要做的事、所负的责任在预案中体现出来。预案可以根据学校所负责任而有繁有简。

1. 火灾事故预案

学校人员集中、建筑密集、砖木结构房屋较多，还有些高层建筑，各类易燃易爆物品较多、各类教学设备资料较多、习惯性违规违章行为较多，因而极易发生火灾，且疏散逃生难度大，是防火重点单位，所以，要制定火灾事故预案。

2. 拥挤踩塌事故预案

学校人员密集，中小学生防范意识较差，自控能力不强，在上下课、上下操等集中上下楼梯时，很容易形成拥挤踩踏，如果楼梯扶手损坏、照明设施损坏或停电情况可能更糟，在安全事故发生以后的紧急疏散过程中也可能造成拥挤踩踏，楼梯设置不足、宽度不够也易引发拥挤踩踏，大型活动过程由于各种原因引发的秩序混乱也易引发拥挤踩踏，因而要制定拥挤踩踏事故应急预案。

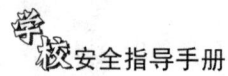

3. 校舍倒塌事故预案

部分农村中小学校基础设施较差，存在一定量的危房，而且由于陈旧老化及事故灾害侵袭，每年还有新增危房，部分危房还在教学、办公、住宿、生活中使用，存在安全隐患。一些大的地质灾害会将校舍摧毁，直接导致校舍倒塌。因此，有关学校要在加强危房改造的同时，切实制定防房屋倒塌预案。

4. 食品卫生安全事故预案

学校食堂从原材料采购、储存、操作、器具消毒、工作人员身体健康等环节的过失，都有可能出现食品卫生安全事故，而且容易引发群体性事故，因此要做好食品卫生安全事故预案。

5. 突发传染病预案

传染病一般发病突然、传播迅速、交叉感染严重，学校人员又特别集中，学校所在地区发生传染病也极易波及学校，因此，制定完备的突发传染病预案，及时防范处置突发传染病极其重要。

6. 学生意外伤亡处置预案

学生意外伤害有校内意外伤害、校外意外伤害，校外意外伤害有学校有直接责任的意外伤害，有学校无直接责任的意外伤害。学生意外伤害给当事人及其家庭带来极大伤害和痛苦，极易引发学生家长、亲属等集体来学校提出有关要求，这些人员一般情绪激动，言行过激，且可能有人煽风点火，处置不当，极易引发其他事端。因此，要制定学生意外伤害处置预案。

7. 暴力侵害、恐怖袭击预案

近些年，随着改革开放的深入发展，一些社会深层次矛盾逐渐浮现，社会贫富差距有增大趋势，一些人心里极不平衡，社会治安环境问题突出，根据全国近几年的情况看，学校受到的暴力侵害事件增多。敌对势力、恐怖分子对学校进行恐怖袭击的可能不能排除。另外还要防止一些精神病人进学校侵害师生。因此要制定好防暴力侵害、恐怖袭击应急预案。

8. 实验、实习、实践活动安全预案

学生实验过程中有可能发生由于操作不当或器具质量问题引发的安全事故，学生实习事件实践过程中可能发生由于管理不到位、安全措施未落实而引发的安全事故，因此要制定学生实验、实习、实践活动安全预案。

9. 防危险品、化学品泄漏污染事故预案

一些学校为了教学的需要，存放和使用一定的危险化学品，如果存放和使用不当，发生泄漏，可能危及人身及设施安全，甚至造成其他污染，因此要制定防危险化学品泄漏污染事故预案。

10. 防后勤保障事故预案

供水、供电、供气、供暖及通信等后勤设施发生故障会对学校的正常运转造成直接影响，严重时有可能造成学校运转瘫痪，而且还会引发其他次生型危害，如火灾、触电、爆炸、泄漏污染等，因此要制定后勤设施故障预案。

11. 防学生打架斗殴和故意伤害他人事件预案

中小学生性格正处在养成时期，受诱导性很强，易冲动，自控能力较弱，对法律知识掌握不足，对自己行为的违法性及后果可能认识不清，容易发生打架斗殴致人伤亡事件，甚至发生故意伤害他人事件，因此要制定防学生打架斗殴和故意伤害他人事件预案。

附：

学生斗殴事件处理应急预案[①]

一、学生向你报告有学生在校外打架

（一）初步评估

（1）了解参与人数。

（2）了解本校参与学生的资料，如班级、性别、姓名、别名或身高及相貌特征。

（3）另一帮学生所属学校名称及特征。

（4）事发地点。

（二）分工合作，寻找支援

（1）知会校长、训辅组老师或危机队老师。

（2）召集训辅组有经验且与学生熟悉的老师或班主任等一同处理（视参与人数而定）。

（3）联络邻校老师，告之事情的发生，及商讨合作处理方法。

（4）如有需要，联络区内警署，告之事件，寻求协助。

（5）由部分老师先赶往现场，了解情况。

二、动武现场

（一）停止打斗

喝停动武的学生，如认识动武学生，可直呼姓名及喝停手。

---

① 来源于香港小童群益会、香港教育专业人员协会合办校园危机支援计划。

（二）场面控制
(1) 老师先保持冷静，不要被情绪牵动。
(2) 表明自己的身份，然后严厉地要求两方学生分开。
(3) 若有旁人围观，劝说与事件无关者离开。
(4) 表示在公众场所打架的严重性及可能的跟进工作，包括已通知邻校老师及警方等。

（三）初步了解事件
(1) 了解双方在事件中的陈述，从中可了解谁是关键人物及不同人所担当的角色。
(2) 态度要严厉，但要保持公平公正，不妄下判断，让学生可先自由表达。

三、回校跟进事件
(1) 为免受途人骚扰，及早将学生带返学校，邻校学生由该校老师处理。
(2) 通知家长。
(3) 若有需要，可带学生验伤及交给警方处理。
(4) 可安排两校老师一同开会，商讨处理方法。

四、预防工作
（一）在早、午及放学时间，由老师巡查附近学生聚集或犯事地点，然后发放消息，让其他老师知悉，共同加以留意重点学生或社区动态。

（二）组织社区友校网络

1. 目的

可互相支援、互通消息及协助。

2. 运作形式

由同区学校自发组织，或由警方、教育署及训导人员协会等协助组织。
成员主要由每所学校的训导老师组成，再邀请区内团体一同合作。
定期举办与学生有关的社区资料交流会或事件分享会等。
开学时，向全体师生介绍组织成立的背景及参与学校老师的资料，以便老师在区内执行工作。于每天的早、午及放学时间轮流巡查。

3. 合作团体

区内中学；区内青少年中心、综合服务中心、外展队；警署；教育署及社署。

4. 好处

扩大老师的支援网络。不论遇到己校或邻校的学生，也可即时介入。

发生问题,并不单是自己学校的问题,可能是其他学校或社区问题所引起。老师间可互相认识、交流资料、经验及意见。

可对滋事学生起威慑作用,也可对区内学生起保护作用。

(三) 与学生建立良好的关系

与学生建立良好的关系,这样学生遇到问题时可向老师寻求解决方法;一旦问题发生后,也可因着信任的关系而使问题及早,并有建设性地解决。

五、整体性的跟进工作

(一) 严厉对待冲突事件,让学生明白学校立场。

(二) 在校内营造严肃气氛,令学生知道校方不会容忍任何暴力事件发生,方法如下:

(1) 在早会上讲解近期内校外的暴力事件、其成因及面对时保护自己的方法等。

(2) 与校内领导等有岗位的同学,分组讨论暴力事件,一方面提高他们的意识及营造正面支援的气氛;另一方面可收集他们所整理的意见和校内所见所闻,以便在早会讲解。

(3) 安排一节特别课,让肇事班别/级别的学生在大礼堂中,分别由校长和训导老师讲解有关事件,而班主任坐在最后排,营造特别气氛;促使学生特别留神及能以较严肃的态度聆听。

(4) 可在班会上做有关暴力的剪报,阅读理解,与学生讨论有关题目,借此让学生了解欺凌及暴力事件的祸害。

(5) 到较容易以武力解决问题的班别,重申学校的立场并剖析问题。

(三) 推动和谐校园文化,鼓励及灌输和谐相处之道和互相尊重的气氛,如公开赞扬忍让的学生。

六、注意事项

(1) 为易于控制场面,到场老师人数不能太少。

(2) 安排与该批学生较熟悉的老师到场协助处理,有利于了解及游说工作。

(3) 如情况容许,老师当中也可分工,部分担任严厉的角色,另一部分安抚及劝化学生,角色比较宽松,分工的好处有利于处理不同性格的学生。

(4) 学生如有表面伤痕,可由老师带往医院急诊室验伤。

(5) 不要随便放过闹事者,这会让问题延续,后果可能会变得很严重。

(6) 学生犯错,是一个让老师及社工介入、令学生改过的好机会,不要错过。

12. 防学生出走预案

中小学生在成长的过程中逐渐形成自己独立自尊的性格，在受到老师、家长的批评或体罚时，有可能采取出走的方式以示反抗，因此要制定防学生出走预案。

13. 学生溺水事故预案

学生游泳、过河、在水面滑冰、在水边行走玩耍等都有可能发生溺水事故，因此要制定学生溺水事故预案。

14. 道路交通安全事故预案

由于农村道路交通条件差，中小学生在校外很有可能乘坐无证照、超载等安全无法保证的交通工具；学校的校车在接送师生的过程中由于主客观原因也可能发生交通事故；学校组织校外集体活动乘坐社会上的交通工具也可能发生交通事故。因此要制定交通事故预案。

15. 社会安全类事件预案

中学生年轻气盛，精力充沛，并且处在世界观形成的重要时期，开始对很多问题形成自己的见解，但又不够成熟，易受周围因素影响；近年来，国内、国际局势的动荡变化会在中学生中产生较大反响；我国教育体制正处在深化改革时期，学校内部的一些问题以及学校和社会上的一些矛盾有可能引发中学生的情绪波动。因此要制定好危及社会安全稳定的群体性事件预案。

16. 学生误入传销组织预案

近年来，传销组织活动猖獗，极具欺诈性和诱惑性，有不少学生在找工作的过程陷入其中，被其控制，有些人还不知悔悟，高中生也不能完全排除这中可能，因此可以根据实际情况，适时制定防高中生陷入传销组织预案。

17. 自然灾害预案

一些农村中小学校地处河边或者山体下，容易受到洪水侵袭或山体滑坡的侵害，一些地方易遭受冰雹、大风、暴雨袭击，地震时要普遍坚持长期防范的地质灾害，因此要制定自然灾害应急预案。

（三）现场预案

现场预案是针对特定具体场所的应急需要编制的应急预案，它通常是为事故风险较大的场所或重要防护区域所编制的预案。它是针对某一具体现场的特定情况和周边环境，在详细分析的基础上，对应急救援中的各个方面所做出的具体而细致的安排，具有比前两者更强的针对性和对现场救援活动的指导性。例如学生宿舍安全应急救援预案、化学实验室安全应急救援预案、学校图书馆安全应急预案等。

（四）临时活动预案

临时活动预案是针对学校组织的某一项具体活动所编制的预案，具有特定性和临时性的特点。它通常是学校在开展某一学生活动前临时根据活动的环境、特点所编制的安全应急救援预案。例如学生春游安全应急预案。

三、学校安全应急预案的原则

根据学校突发事件的特征和分类，其应急预案不仅要体现《国家突发事件总体应急预案》的六项原则：以人为本，减少危害；居安思危，预防为主；统一领导，分级负责；依法规范，加强管理；快速反应，协同应对；依靠科技，提高素质。而且，更应结合学校的特点，体现以下基本原则。

（一）以人为本，安全第一原则

以人为本，就是要以广大学生和教师的生命安全和人身安全为本。在生命、财产等所有的价值体系当中，人的生命安全是第一位的，具有核心价值和优先原则。所以学校在制订应急预案的时候一定要把学生和教职工的生命安全确立为首要的任务，要优先得到保护，这就是"以人为本，安全第一"原则的充分体现。例如当学生宿舍发生火灾时，预案首先要求学生，报告值班室或拨打报警电话。而千万不能先去抢救物品而拖延逃离现场的时间。当火情不清或者难于进行自救时，学生和教职工千万不能盲目冲到火海之中，以免发生人员窒息或烧伤事件。

（二）显性化与制度化原则

显性化原则就是要及时将突发事件的应急预案在学生和教职工中进行宣传和教育，让大家提前知晓各类突发事件处置的方式，能够积极将应对措施变成大家的自觉行为。显性化的方法主要为书面化，即将应急预案编制成册，让学生和教职工切实感觉到预案的存在和可操作性。它的对立面就是隐性化，即未能将理论上的应急预案宣传到实践生活中。书面化的要求特征主要体现在系统化、分类化、程序化和简单化上。

制度化是应急事件的应急预案要通过上级部门或本部门的会议、文件或通知等形式来确定其重要性和强制性。突发事件可能影响学校和谐校园的建设以及对学校声誉、学生生命财产造成严重后果，其重要性不言而喻。所以，在条件成熟时，应将应急预案上升为学校的制度体系。通过学生入学教育、员工培训等形式

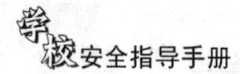

加以宣传、培训和落实。

（三）分类指导与统一领导原则

根据社区突发事件性质上的分类，在应急预案制定及执行中要做到分类指导原则。如火灾和打架斗殴事件，根据其突发事件影响范围、危害程度与表现形式等情况，其在处理的程序、动用的人力、技术手段等方面都有很大的差别。所以在应急预案制定时要分开进行，不能笼统和简单化。但在小类中如打架斗殴与聚众闹事中有很多相似的特点，基本可以归为一类进行化解。落实统一领导原则，就是要对处理突发事件的组织机构和体系做出明确规定，建立统一的应对系统与指挥中心。首先，突发事件具有紧急性和突发性，要求反映系统的高效协同和快速应对。其次，应对突发事件需要大量的资源，发挥良好设备的救济作用。所以建立统一的领导结构，能有效地避免浪费沟通协调时间，尽可能地做到快速、有效反应。结合实际情况，社区负责人或上级主管领导要肩负起统一领导的职责。

（四）便于记忆、切实可行原则

应急预案是在紧急情况发生时才予以启动的。但往往突发事件因其突然性、不可确定性令当事人迷失方向和丧失基本的判断能力。所以，高校社区在应急预案的制定上要务求操作简单、便于记忆、切实可行。比如发生火灾时，学生要做的首先是逃离现场、报告社区员工、打火警电话、协助疏散同学。社区员工要做的就是切断整幢楼电源、报火警、组织疏散学生。在力所能及的范围内才组织学生、同事等进行自救。所以，在制订应急预案时千万不可复杂和不易操作化，即不要产生所谓的理论与实践脱节现象。应急预案中应明确执行应急任务的主体、时间、地点、具体的应急行动、行动步骤和行动标准等，使任何参与应急的人员都能有效、高速地开展应急工作，而不会受到紧急情况的干扰导致手足无措，甚至出现错误的行为。

（五）权责明确、信息畅通原则

明确主体权利与义务关系，是落实一项制度的重要形式。在社区应急预案制定的每个环节和程序点上，都要明确相关人员的职责，让其知道在面对突发事件时如何"作为"，并明确"不作为"可能造成的严重后果。只有权责明确后，社区工作人员的工作才有方向性与正确性。信息畅通，就是一线人员要及时做到"上传下达"，上要对领导反映和汇报准确的突发事件状况和危害，便于上级进行正确判断，实施恰当的应对措施。下要告知其他学生真实情况，积极组织大家疏散和撤离，避免因宣传、通知不到位而引发的不必要损失。对于事件处理结束后，第一时间向学校报告突发事件发生的原因、造成的损失和相关其他信息，防止学生对事件的扩大化误传。①

（六）分级管理原则

学校在面对不同层次、不同类型、不同性质的危机时应有不同的管理主体。学校必须坚持不同危机对应不同管理主体的原则，例如可以用1号危机表示学校层面可以解决的危机，如小规模的学生罢课，可由学校负责处置；2号危机表示需要外部帮助但学校层面可以控制的危机，以学校处置为主，社会相关机构协助处理，如小范围的食品卫生安全等；3号危机是学校无法解决和控制，亟须外界介入的危机，如大规模学生骚乱事件、人质挟持等。

（七）快速反应原则

校园突发危机事件的特征，决定了危机应对的快速反应性。面对可能导致重大人员伤亡或财产损失的突发事件，如果不立即采取有力措施妥善处理，影响会迅速扩大。因此，在危机事件发生后，要快速上报、快速反应、迅捷处理，才能防止扩散，减少生命、财物损失和对学校形象的伤害。

（八）依法管理原则

依法管理包括两层意思：一是依法制定校园应急预案；二是依法处置各类危机，即预案中涉及对校园危机的处置要求要合法。依法治校，是现代学校管理的基本要求，应急预案制定的程序、批准、颁布执行的主体、要件要合法。学校应对和处理危机的一切行动，都要依据法律法规，切忌感情用事，违规办事，使得危机扩大或加深危机。应急预案的制定，从程序到内容都切忌和法律法规相违背。

四、学校安全应急预案的内容

一套完整的校园应急预案一般包括总预案和专项预案。总预案是阐明应急整体框架结构及应急的基本原则；专项预案是根据总预案的要求，在危险分析的基础上，根据事故的种类、现场区域位置等因素，确定的子预案。如某校的专项预案根据事故种类可分为：火灾应急专项预案、公共卫生应急专项预案、学生罢课应急专项预案等。它是在综合预案的基础上，充分考虑了某些特定危险的特点，

---

① 任和平.高校社区突发事件应急预案制定的原则与方法［J］.中国应急救援，2009（4）.

对应急的形势、组织机构、应急活动等进行更具体的阐述，具有较强的针对性。以下着重介绍总预案的内容构成。

（一）组织指挥体系

1. 领导机构

学校一般设立专门的应急领导小组，以便一旦特别严重的突发事件发生，便可立即转为应急指挥机构。领导机构下设执行机构，负责领导机构职能的具体实现。

2. 应急人员构成

结合学校自身组织管理模式，针对不同的危机类型和层次，分配相应人员到相应的专项与级别的应急救援组织机构中。

3. 职责分配

应对事故应急管理过程中可能遇到的问题详细分析，科学全面地将职责划分到相应的应急救援人员中。其中这里科学是指职责划分要合理，符合事故应急救援过程特点，全面是指所有的应急救援人员都必须要有职责。

4. 总指挥权替补顺序

考虑到事故的发生具有偶然性，为确保学校在任何时候发生危机事故都能有人履行事故应急救援总指挥的职责，在预案中应规定应急救援总指挥权的替补顺序。一旦第一指挥者因公共卫生事件或安全事故导致其不能履行指挥权，则按照总指挥权替补顺序，由替补者继续指挥学校处置危机。

5. 应急机制

应急机制主要描述事故应急救援时，学校应急救援系统各组成部分运作的相互关系。学校应急系统的工作机制必须体现快速、高效、有序的原则。

在学校应急救援现场指挥小组中，还应当注意以下几个问题。

首先，上班时间的指挥系统与非正常上班时间的指挥系统相结合。在非正常上班时间，值班的学校领导和在场的教职工也要担负起现场指挥的任务。

其次，现场指挥小组的任务一定要明确具体。即在险情发生之后，每一位领导和教职工都应当明确自己的职责和任务，按照应急救援的有关程序进行指挥。

最后，要固定指挥与临时指挥相结合。例如在校长外出的情况下，应当指定特定的人员代替其履行总指挥的职责。

（二）管理流程

1. 危机预防

危机的预防是事前管理的重要部分，防患于未然才是危机管理的最高境界，危机预防应纳入学校日常管理中。在学校，危机预防主要措施包括学校各类安全制度、安全信息监测与报告、预警预防措施、预警支持系统、预警发布。危机预防还包括危机的级别划分、危机的报告程序、危机预案的激活条件等旨在防范和阻止突发事件的发生，或把突发事件控制在特定类型或特定范围内的措施。

2. 危机准备

对危机的准备包括危机预案的演练以及人员、物资和资金准备。物资准备对危机管理来说十分重要，定期的检查和更换必须列入预案中。危机准备还包括危机发生时及时识别并通报危机，自动激活预案等。

3. 应急反应

应急反应主要措施包括分级响应程序、信息共享与处理、通信、指挥和协调、紧急处置、应急人员与学生安全防护、社会介入、媒体沟通等，旨在通过快速反应及时控制突发事件并防止其蔓延。

4. 危机恢复

危机恢复包括善后恢复、社会救助、师生心理健康干预、保险赔付、事件调查报告与总结改进，危机恢复的主要作用在于尽快恢复正常教育教学秩序并从危机中学习。

（三）保障措施

根据高校自身的危机分析、应急资源分析及应急人员能力评估结果，按照人员（部门）保障、器材（资金）保障、制度（法律）保障和舆论（媒体）保障等4个方面内容，建立学校应急后勤保障体系。通过以应急准备及保障机构为主线，明确各参与部门的职责，这就形成了有法可依、有章可循的部门协同运作的整体制度框架。同时，应急预案还需要做好日常的宣传培训演习，监督检查等工作，这样才能使得学校应急预案基于制度，成于规范。[①]

---

① 孙华.论大学校园应急预案的编制［J］.煤炭高等教育，2007（2）.

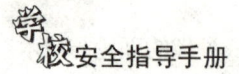

五、学校安全应急预案的制作

（一）制定前期

1. 成立学校安全应急预案编制小组

学校安全应急救援预案的编制是一个比较庞大的系统工程，需要投入大量的时间和精力。预案从编制、维护到实施都应该有学校各个部门的广泛参与和支持。所以编制学校安全应急救援预案的第一个环节就是要建立预案编制小组。

预案编制小组的组长最好由学校的校长直接担任。因为校长一方面是学校安全的第一责任人，对学校的安全工作负有主要的责任、了解学校安全工作的全面情况；另一方面校长担任组长还可以确保预案编制的权威性，促进工作的实施，便于学校内部各个部门之间的协调。

预案编制小组还应当吸收学校内部各个部门、各个层次的人员参加，因为在应急救援预案的编制中需要学校各个部门的信息和情况。这些信息和情况单靠学校的决策层和专家是无法掌握的，而且各部门对预案编制是否合理和实用有绝对的发言权。成立预案编制小组是将社会各有关职能部门、各类专业技术有效结合起来的最佳方式，可有效地保证应急预案的可行性和完整性，而且为社会应急各方提供了一个非常重要的协作与交流机会，有利于统一应急各方的不同观点和意见。预案编制小组的成员一般应包括：学校各职能部门、社区代表、学生代表、教职工代表、学校主管部门、政府应急管理部门、学校所在行政辖区负责人、消防、公安、环保、卫生、市政、医院、医疗急救、卫生防疫、交通和运输管理部门、技术专家、广播、电视等新闻媒体和法律顾问等。预案编制小组的成员确定后，必须确定小组领导，明确编制计划，保证整个预案编制工作的组织实施。

对于进入应急救援预案编制小组的成员，应当鼓励他们通过自己的专业知识和在企业中的工作经验为应急预案的执行做出贡献。各部门成员代表的参与一方面增加了应急救援预案编制过程的透明度，加快了编制的速度，另一方面也使预案的编制过程集思广益，加强了预案的编制质量。

应急救援预案编制小组建立及明确职责后所要做的第一件事情就是制定应急救援预案编制的计划表，使编制小组的成员明确自己的任务和期限。随着编制工作的开展，有关的计划表可以根据编制的实际情况加以调整。

2. 预案编制资料的收集

应急救援预案编制小组成立后，首要的任务是收集与编制学校紧急救援预案有关的一切资料。

（1）学校内部的相关规章制度。主要包括学校以往制定的与学校安全有关的各种规章制度，如学校门卫管理制度、学校宿舍管理制度等，从而保障紧急救援预案的编制与学校的有关规定相衔接。

（2）有关学校安全的法律、法规和教育行政部门的规章。包括国家的有关法律法规、规章制度、部门标准、行业规范。这主要是搜集学校外部的相关资料，如《消防法》《道路交通安全法》《学生伤害事故处理办法》以及教育部和地方教育行政主管部门的各项具体制度和相关要求，从而使学校应急救援预案的编制符合有关规定。

（3）其他单位编制的应急救援预案。学校还可以通过各种途径收集其他单位，尤其是对学校的应急救援预案进行参考。在对这些预案进行收集参考时，应注意自己学校与参考学校的不同。主要应区别对待以下几个问题：

一是学生的区别。例如在小学里小学生意外伤害偏多，而在中学里校园暴力事件明显多；走读制学校应注重校园周边环境的治理工作，而寄宿制学校应将重点放在学生宿舍的安全防范上；技工学校类男生偏多的学校注意学生中易发的暴力事件，而师范类女生偏多的学校应注意防范性侵害事件。

二是学校位置和建筑的区别。山区学校注意滑坡、泥石流等自然灾害，而低洼地区的学校则要对洪灾格外注意；木制建筑物较多的学校要着重预防火灾，有高层建筑的学校应预防学生坠落；单出口教学楼与多通道教学楼的疏散方式也应有所区别。

三是教职工队伍与学校管理组织的不同。

因此，学校对于其他单位的应急救援预案只能限于参考，而不能照搬。一定要根据自己学校的实际情况，制定出适合自己校情的科学、合理、有效的安全应急救援预案。

（4）其他资料。学校应当收集学校所属地地方政府、教育行政部门及其有关科室、公安、消防、防疫、急救、电力、通信等部门的地址和通联方式。

学校还应当收集学校内部办公电话、教职工家庭住址和联系电话等。

除此之外，如果学校所属的地方制定有相关应急预案的，学校也应当加以收集。例如北京市就制定有《北京突发公共事件总体应急预案》。学校应将地方政府和有关部门制定的应急预案具体化，并使本学校的应急预案与其合理衔接。

3. 校园情况分析

（1）结合学校实际充分调研。当前我国学校的结构和设计、师生人员情况等方面差别很大，如何制定适应本校的突发事件应急预案，不仅要调研、学习兄弟学校的良好经验，而且要因地制宜，因时制宜，充分结合学校实际情况，制定适合本校社区特色的应急预案。

（2）检查排摸学校相关硬件部位。要在预案制定前，检查排摸学校诸如消防栓、灭火器、应急通道等硬件设备所在的部位，并将其标注到书面的预案中去，让学校员工及学生熟知，防止在事故发生时因紧张而找不到应急设备所在而束手待毙，贻误时机。

（3）明确不同应急事件疏通渠道的差异。如对于自然灾害，要明确报火警、报学校保卫处等相关部门，要明确这些部门的电话，并将火警、匪警和医疗救护等电话要写入到预案中，让大家熟知。但当遇到学生自杀等情况时要及时和教师、学生处等部门联系报告，让专家进行处理。

4. 校园危机评估

（1）危机识别。危机识别的目的是要将校园中可能存在的重大危险因素识别出来，作为下一步危机分析的对象。危机识别应分析本地区的地理、气象、交通等条件和本校的社区环境、校园建筑、学生构成等具体情况，总结本地区其他学校历史上曾经发生的重大事故和最近一阶段的学校危机热点事件来识别出可能发生的自然灾害和重大事故。这些危机可能从实验室的有毒物质泄漏直至学校遭受恐怖袭击。识别可以采取对照经验法、类比法等方法。对照、经验法即对照有关标准、法规、检查表或依靠分析人员的观察分析能力，借助于经验和判断能力直观地评价对象危险性和危害性的方法。经验法是辨别中常用的方法，其优点是简便、易行，缺点是受识别人员知识、经验和占有资料的限制，可能出现遗漏。为弥补个人判断的不足，学校可以采取专家会议的方式来互相启发、交换意见、集思广益，使危险、危害因素的识别更加全面、细致、具体。另外，学校也可以利用安全隐患检查表的方式来识别学校的危险、危害因素，以弥补知识、经验不足的缺陷。类比法是利用相同或相似的学校事故案例或学校事故的统计资料来类推、分析学校存在的危险、危害因素。学校潜在危险因素的识别是一个复杂而琐碎的工作。因此在进行此项工作时，一定要细致、耐心，在分析本校位置、设施、学生、教职工及教育教学工作特点的基础上，结合学校日常的安全隐患排查，尽可能全面地分析、判断、综合出本校潜在危险因素。

（2）脆弱性分析。脆弱性分析要确定的是：一旦发生危险事故，学校的哪些地方容易受到破坏。脆弱性分析结果应提供下列信息：受事故或灾害严重影响的环节、时间或领域及其可能的后果；预计位于脆弱环节中的师生群体类型等。

(3) 风险分析。风险分析可以提供下列信息学校发生校园危机和环境异常（如台风、危房等）的可能性，或同时发生多种紧急事故的可能性；对师生造成的伤害类型（急性、延时或慢性的）；对学校和师生财产造成的破坏类型（暂时、可修复或永久的）等。要做到准确分析事故发生的可能性是不太现实的，一般不必过多地将精力集中到对事故或灾害发生的可能性进行精确的定量分析上，可以用相对的定性词汇，但关键是要在充分利用现有数据和技术的基础上进行合理的评估。

5. 学校应急能力评估

依据危机分析的结果，对已有的应急资源和应急能力进行评估，包括学校应急资源的评估和社会应急资源的评估，明确应急救援的需求和不足。应急资源包括应急人员、应急设施、应急物资和应急资金等；应急能力包括人员的技术、经验、接受的培训和对应急预案的熟悉程度等。应急资源和能力将直接影响校园应急行动的快速有效性。预案制定时应当在评价与潜在危险相适应的应急资源和能力的基础上，选择最现实、最有效的应急策略。

6. 编制应急预案

应急预案的编制必须基于学校重大事故风险的分析结果，学校应急资源的需求和现状以及有关的法律法规要求。此外，预案编制时应充分收集和参阅相关的应急预案，以最大可能减少工作量和避免应急预案的重复和交叉，并确保与其他相关应急预案的协调和一致。校园应急预案的格式还应尽可能与国家、当地政府编制的预案格式一致。

7. 应急预案的修改与审核、颁布

为使预案的具体行动切实可行，在草稿编写完成后，学校还要到现场实地勘察，对具体地点的地形、环境、行动路线、救援设备、疏散通道和路线进行实地勘察。并在广泛征求各方面意见的基础上进行修改，以确保预案的科学性、实用性、可行性。

为保证大学校园应急预案的针对性、科学性和可操作性，校园突发危机事件应急预案必须经过审核，包括学校内部评审和专家审核以及主管部门的审核。校园应急预案只有经审核通过，再按有关程序，在学校批准后方可正式颁布和备案。

（二）制定后期

1. 积极组织宣传、培训工作

突发事件应急预案在制定好后，要对预案中涉及的工作人员进行普及培训工作。要让大家明确突发事件的基本类型、处理方式和应对措施。明确知晓突发事件的"预防"和"避险"方式,掌握"自救"的方法和注意事项,了解"他救"的渠道和联系途径等,使大家在思想上高度重视各类预案,行动上合理操作各类预案。

2. 积极组织预案的演练工作

定期、分类对突发事件应急预案组织演练,不仅是组织宣传和培训的良好方法;同时也是提高应急体系协同作战和快速反应能力的良好途径,可以确保在突发事件面前不慌乱,有序进入预警状况,更是检验应急预案的可操作性以及存在问题的途径。只有通过演练,才能彻底地检验预案的系统性、程序性和完善性。

3. 及时组织补充、修改、完善工作

应急预案制定后,不可能一劳永逸,一成不变。随着时间、社区硬件环境、人员素质等方面的改善和提高,应急预案也要进行及时论证,要结合学校社区的状况进行补充、修改和完善,并进行新的演练,让社区员工及相关学生将理论转化为实践,实现应急预案的提升与内化。①

六、学校安全应急预案的评估

学校安全应急预案进行评估的内容包括:检验预案中系统的完整性、报警系统、信息的传递速度及合作质量、应急反应系统的质量、外部机构合作、外部人力的和物力的提供情况、实施保护和补救措施的速度、事件的监控、应急人员、管理机构和当地指挥中心的通信联络。

(一)应急预案的前评估

在应急预案实施前对其进行评估,主要是针对一个应急预案,从其编制原则、构成要素和内容等方面进行评估。因为预案制定是否科学、内容是否完备等都会影响到应急预案的实施效果。

(二)应急预案的后评估

应急预案的实施可以看作是一个项目的实施,因此可以借鉴项目管理中后评估的办法。项目后评估可以分为:项目跟踪评估、实施效果评估和项目影响评估。应急预案的实施是为了减少突发事件造成的影响和损失,因此对应急预案实

---

① 任和平.高校社区突发事件应急预案制定的原则与方法[J].中国应急救援,2009(4).

施的后评估主要是从应急预案的实施过程和效果两个方面进行评估。对应急预案的后评估是在应急预案实施后对其实施效果进行的评估。对应急预案的效果评估是为了分析原因，比如在应急预案实施过程中出现资源未能满足需求的情况，是由于地区资源布局不足，还是资源调度过程时间耽误，或者是应急指挥者的判断失误；等等。如果是由于地区资源布局的原因，则返回去分析在应急预案制定过程中是否进行了资源布局的评估，资源布局的评估结果是否可以解释此次出现的结果；如果是调度过程时间耽误，要分析是否由于应急指挥体系出现职责不明确的情况造成的，这需要返回制定过程中分析应急体系的合理性；而对资源需求判断不足，则可能是对此种突发事件分级的不合理、突发事件各级别对资源需求的分析不合理或者是由于应急指挥者经验不足等原因造成的。总之对应急预案的综合评估是根据后评估的结果，将前评估和后评估相结合，从而实现对应急预案从制定到实施再返回到制定的一个动态评估过程，为未来制定有效的应急预案提供参考。

第三节 学校安全应急演练

学校事故应急演练指以事先制定的学校事故应急救援预案为依据，通过演练来检验应急救援预案的整体或局部是否能有效地付诸实施，验证预案在应付可能出现的各种意外情况方面所具备的适应性使预案得到进一步的修改和完善同时提高学校各应急救援组织之间、应急指挥人员之间的协同应急作战能力和水平，以达到提升学校事故应急救援实战能力的目的。

作为学校应急体系的一项重要内容，应急演练是对预案及培训效果的有效检验，结合预案开展不同层次的应急演练，对于发现应急工作中的薄弱环节，提高我国各级政府对突发性事件的应急处置能力有重要意义。但我们也必须看到，尽管我国的学校针对各类突发性事件已开展了大量的工作，但与应急演练开展较早的欧美发达国家相比，在演练的科学性、演练方案的合理性等方面还存在一定差距。如在演练的目标、组织协调、方案设计、场地选择、情景设置、突发事件不同层面的应对中，各应急处置主体间的配合与协调、演练与预案之间的对接关系等方面还存在若干问题，容易造成演练的针对性、实效性和科学性不强，有些演练流于形式。美国2001年"9·11"事发时，世贸中心内至少有几万人在办公，如果恐慌，如果无序，其死亡绝不可能仅仅是3000人。现在总结美国"9·11"

疏散的成功经验，很简单即大家都遵守着靠右边走的指令，有序及其纪律是保住"9·11"灾难绝大多数幸存者的关键。可见，在人员拥挤及混乱的场合中健康的心理防护是实现科学应急的重要措施。据统计在"二战"中，美英军队中25%的军人因为紧张而不能有效使用武器，从而使战斗力大为降低。在今日不断"花样翻新"的事故及灾难中，许多人由于惊吓及恐惧，造成长久的精神伤害，成为灾时逃生的最大障碍。30多年前唐山大地震，约有90%的获救人员，开始表现出一段时间的痴呆、痛苦、焦虑及慌乱，只有当他转入镇定后，才想起采取进一步的措施。可见，心理防护及其安全演练是在公共场所及校园开展安全自护文化教育的关键。

在2008年的四川大地震中，桑枣中学虽然也遭遇重创，但由于该校长年坚持组织学生进行突发事故紧急疏散演练，因而地震发生后，全校师生仅用了1分36秒就从不同的教学楼中冲到操场上，2300多名师生无一伤亡。桑枣中学师生此次地震逃生的过程、模式与平时模拟演练的场景几乎一模一样。桑枣中学的安全意识及常规化的事故应急演练经验是值得每位校长和教师学习借鉴的。

应该说，如何开展高水平的演练以检查学校安全应急预案的科学性和可操作性，是我国各级各类学校面临的一项迫切任务。

一、应急准备与应急演练

应急准备阶段的工作包括预案、培训和演练三个部分，三者具有相互依存、缺一不可的特点，通过演练可有效地检验预案的可行性和培训的效果。一般的流程为预案—培训—演练，但这是一个循环的过程，演练可用来修正预案，进一步修改培训方案，从而有效地提高应急反应能力。

应急演练是对实际突发事件应急救援过程的模拟，包括常规的应急处置流程和设定的关键事件等。应急救援演练的目的是为了检验应急反应预案、应急装备、应急基础设施、后勤保障等，从而发现问题和薄弱环节，提高预案的可操作性，提高应急反应能力。应急演练一般可分为演练前、演练中和演练后三个阶段，演练前的工作包括演练规划、演练准备、演练方案编制等工作，演练后的工作包括演练的评估和总结、预案的修订等，演练实施过程包括陈述、设施准备、实施等。

学校事故应急演练的基本任务[①]

过程	演练内容与要求
演练准备	确定演练日期、目标和范围：由演练策划小组协商确定。
	编写演练方案：对演练性质、规模、参演部门和师生、假想事故、情景事件、响应行动、评价标准与方法等进行总体设计。
	确定演练现场规则：确保演练过程中参演人员的安全。
	指定评价人员：预先确定演练评价人员，分配评价任务。应急指挥中心、医院救护机构和关键岗位至少各安排一名评价人员。
	安排后勤工作：策划小组事先完成演练通信、卫生、物资器材、场地交通、现场显示和生活保障等后勤工作。
	讲解演练方案与演练活动：策划小组负责人在演练前简要讲解演练日程、演练现场规则、演练方案、情景事件等事项。
演练实施	启动警报：策划小组负责人宣布演练开始。策划小组发布警情报告，警报长鸣（计时开始），学校迅速启动突发事故应急处置预案。
	紧急疏散：在各楼层疏散引导人员、楼层管理员、班主任的指导下，全体学生按预定路线有序疏散。各班主任将学生带入指定地点按班级集中后清点人数，如发现少人则迅速与疏散总指挥部联系。应急疏散总负责人向策划小组汇报疏散情况。
	紧急救护：应急演练中如发现有师生受伤，立即与现场救护小组联系，并展开紧急救护。
	终止演练：策划小组负责人宣告事故已经排除，险情已经结束，宣布终止学校突发事故应急演练，学校恢复正常秩序。
演练总结	记录应急演练表现：评价人员记录演练情况。
	汇报与协商：演练后策划小组应尽快听取评价人员对演练过程的观察与分析，得出演练结论并启动协商机制，确定采何种纠正措施。
	编写书面评价报告：评价人员应于演练后尽快写出书面评价报告和说明。
	通报不足项：策划小组负责人应通报演练中存在的不足及应采取的纠正措施。

[①] 尹晓敏.学校事故应急演练的策划与实施［J］.中小学管理，2008（12）.

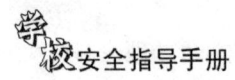

续表

过程	演练内容与要求
演练总结	编写演练总报告：策划小组负责人应向学校及上级主管部门提交演练报告，内容包括演练的背景信息、演练时间、方案、参演应急组织、演练目标、演练不足项、整改项及建议整改措施等。
	追踪整改项的纠正：策划小组负责人应追踪整改项的纠正情况，确保整改项能在下次演练中得到纠正。

二、演练的规划与准备

开展演练不能一劳永逸，是一个持续的过程，而且需要通过多次演练来发现演练存在的问题，提高演练质量。因此，各级政府和企事业单位应针对自身特点，制定总体的演练规划，确定演练举行的年度间隔、演练的最佳时机、演练类型的选择等，并根据总体的演练规划开展应急演练。

演练必须由相应的演练筹备与管理机构来承担完成，一般以主管应急的部门为核心，组织相关人员参加。演练筹备或管理机构应设以下小组：指挥组，负责演练的总体指挥与协调；方案组，设计演练方案、编写脚本、准备相关背景信息、场景模拟资料和演练注入信息；控制组，演练过程总控，负责演练全过程的控制与管理，包括参演模拟角色扮演人员，由协调组、方案组人员及其他模拟角色人员组成；评估组，参演人员的演练效果评估，由熟悉应急工作的专家组成；支持组，负责演练过程的后勤保障和安全保卫工作，由后勤处组织人员参加。此外，可根据情况设观察员组。

演练计划是否合理是演练成败的关键，演练设计组在演练中也应处于核心的地位，在实际演练进程中还要充当控制组的角色。因此演练前应合理地安排会议对演练计划进行制订和讨论。会议应考虑由设计组、演练指挥人员和其他核心人员参加，通过讨论，形成较为完善的演练计划，给出演练的目的、内容、日程安排等。

三、演练类型的选择

根据演练的内容与尺度，应急演练可分为单项演练和综合性演练。单项演练可以类似部队的科目操练，如模拟某一灾害现场的某项救援设备的操作或针对特定建筑物废墟的人员搜救等，也可以是某一单一事故的处理过程的演练；综合演练相对复杂，需模拟救援力量的派出，一般包括应急反应的全过程，涉及大量的信息注入，包括对实际场景的模拟、单项实战演练、对模拟事件的讨论解决等。

根据演练形式的不同，应急演练可分为模拟场景演练、实战演练和模拟与实战相结合的演练。模拟场景演练以桌面练习和讨论的形式对应急过程进行模拟和演练，信息注入的方式包括灾害描述、事件描述等，演练一般通过分组讨论的形式，达到提高应急反应能力和应急管理水平的目的，因此也可称为桌面演练，模拟场景演练一般针对应急管理高级人员，可作为实战演练的预演；实战演练，可包括单项或综合性的演练，涉及实际的应急、救援处置等；模拟与实战结合的演练形式则是对前两者的综合。

（一）桌面演练

桌面演练是指由学校应急组织的代表或关键岗位人员参加，按照应急预案及标准运作程序，讨论紧急情况发生时应采取行动的方案。桌面演练的特点是对演练情景进行口头演练，一般在会议室内举行，其成本较低。桌面演练一般仅限于有限的应急响应和内部协调活动，事后一般采取口头评论的形式收集参演人员的建议，并提交一份简短的书面报告。

（二）功能演练

功能演练是指针对学校事故应急预案中某项应急响应功能或其中某些应急响应活动举行的演练。功能演练一般在学校应急指挥中心举行，并可同时开展现场演练。功能演练的规模比桌面演练大，需动员更多的人，因而协调工作的难度也随之增加。功能演练结束后，除采取口头评论外，还应向学校主管部门提交有关演练活动的书面汇报，提出改进建议。

（三）全面演练

全面演练是指针对学校事故应急预案中全部或大部分应急响应功能，检验、评价应急组织应急作战能力的演练活动。全面演练过程要求尽量真实，充分调用人员、设备及其他资源进行实战性的演练。与功能演练相比，全面演练参与人员更多。全面演练结束后，除采取口头评论、书面汇报外，还应向上级教育主管部门提交正式的书面报告。

以上三种演练方式的最大差别在于演练的复杂程度和规模大小不同。应急演练的形式多样，可以根据需要灵活选择，但要根据演练的目的、目标，选择最恰当的演练方式，并且牢牢抓住演练的关键环节，达到演练效果。

在确定应急演练方式时，应考虑学校事故应急预案和应急执行程序制定工作的进展情况，学校面临风险的性质和大小，学校目前的应急响应能力，应急演练成本及资金筹措等因素。在组织实施演练的过程中，必须满足"科学计划、突出重点、周密组织、统一指挥、讲求实效"等基本要求。

四、编制演练方案与脚本

虽然桌面演练、职能演练相对简单，但演练方案的设计上的各项内容与综合性的实战演练是相近的，只是在某些方面可能内容相对简单。演练方案的编写以演练情景设计为基础。一般来说，演练方案应包括以下内容。

（一）演练基本情况

演练的基本情况，即演练的总体概述、演练的目的、演练的适用范围、总体思想和原则，演练的假设条件、人为事项和模拟行动，演练的规模及演练的主要内容等。演练的目的应给出演练要达到的实际目标并作为评价演练是否成功的标准。演练的规模应给出演练持续的时间、演练的场地分布、参演人员的数量及部门组成等。演练的内容部分应概要地描述演练针对的突发事件的基本背景，演练包括的主要应急反应工作内容或演练的具体科目等。

（二）演练组织与保障

演练的组织、后勤保障和安全应根据演练规模，合理地设置演练组织机构、人员的组成和内部分组同演练筹备组。演练的安全是一个非常重要而且容易忽略的问题，在演练前应制订安全计划，设定安全小组负责演练人员的安全，对于在演练中有效地防止人员伤亡等意外事件的发生是非常重要的。安全计划应包括个人安全事项、演练保卫事项等。不论是桌面演练，还是实战演练，都涉及后勤保障的问题。演练方案中的后勤保障计划应该考虑演练所需物品的准备、场景的搭建、交通运输等。

（三）演练脚本

演练的脚本，即对整个演练过程的情景描述，包括突发事件的基本发展过程，及可能的偶发事件。演练脚本应包括突发事件总体过程的描述、插入突发事件的描述、参演人员应做出的合理反应的概略描述等。演练脚本是控制整个演练过程的关键，也为演练评估提供了基本的参考。以表格的形式表达演练脚本是一种较好的形式，可以比较清晰地给出演练的时间进程、背景信息与相应动作。

（四）演练现场规则

演练现场规则是指为确保演练安全而制定的，对有关演练控制、参与师生职责、演练程序等事项的规定或要求。在以往的学校演练过程中，因为学生纪律松散，反而发生了一些学生挤伤、摔伤、踏伤的事件。所以学校在进行安全应急演练之前，必须规定相应的纪律规范，以保证演练能够正常进行。

五、演练的实施过程

（一）演练的陈述

演练实施前应向演练控制组和演练人员进行必要的陈述。向演练控制组的陈述应包括以下内容：主要安全事项、演练要求、演练场景描述、剧本的推演、各组职责等。向演练人员的陈述应包括以下内容：演练要求、突发事件规模、演练目的、初始条件、安全事项、模拟角色的识别、演练的协调管理与后勤保障等。

（二）设施的准备

演练实施前必须完成一切演练所需的场地等基本设施的准备。

1. 桌面演练的准备

桌面演练的准备需求很小，主要包括满足要求的会议室、一定数量的圆形会议桌、椅子、投影机、白板、贴纸、彩笔等。

2. 实战演练的准备

实战演练所需准备的物品较多，针对不同类型的演练差别较大。一般需要准备的设施与物品包括：事故或灾难废墟、模拟灾难的烟雾生成器、模型或角色扮演人员、关键事项检查、安全事项检查等。

（三）实施的过程

1. 桌面演练的实施

桌面演练一般设会议主席控制整个的演练集成。首先由会议主席宣布演练开始并给出演练突发事件的基本描述，之后，不断地注入信息，并设置讨论题目。主席应对分组讨论的结果进行阶段评述，控制整体演练进程，既要积极发挥参演者的主观能动性，又要防止参演者偏离基本主线太远。

2. 实战演练的实施

实战演练的实施过程总体上应保持演练的自然发展，减少过多的干预，但也必须采取必要的措施保证演练的顺利进行。演练启动后，应保持演练人员具有较大的自主性，根据突发事件背景和注入的信息或插入事件，自主地根据预案做出及时的反应。控制组应当只在演练人员的行为偏离演练主线很远，并有可能影响整体演练进程的条件下，再进行必要的干预。

（四）评估与总结

演练的评估是对参演人员表现的总结，包括任务层面、职能层面和演练总体层面的评估。任务层面主要针对演练中的某个具体任务的完成情况进行评估；职能层面针对某个部门的实际职能职责的完成情况进行评估；演练总体层面是对演练的总体完成情况进行评估。

演练评估的内容应包括演练过程中的正确反应程序和存在的不足。演练评估的过程一般包括评估计划的制订、数据收集、数据分析和评估报告的编写几个步骤。演练实施前，评估组应制订适当的评估计划；演练过程中，评估组应参与其中，收集演练进行情况的资料并进行分析；演练结束时，评估组应给出针对演练的评价，并编写评估报告。

演练的目的是检验预案，发现工作中的薄弱环节。因此，在演练结束后应编写演练总结报告，对演练进行描述，总结合理的应急反应程序及发现的问题，进一步修改预案，提高其可操作性和合理性。此外应指出演练方案存在的问题，以便进一步完善。①

附：

松鹤希望小学火灾事故应急演练预案②

一、指导思想

以《消防法》《安全生产法》和《机关、团体、企业、事业单位消防安全管理规定》等法律法规为依据，以预防和遏制重特大火灾事故，特别是群死群伤恶性事故为目标，进一步强化监督管理，以学校法人代表（校长）为消防安全第一责任人，全面落实消防安全责任，确保学校的消防安全。

二、演练目的

为了贯彻落实上级教育部门有关加强校园安全的文件精神，为加强学校的消防安全，预防火灾和减少火灾危害，保护人、财、物的安全，加强学生消防安全知识，本着"预防为主，防消结合"的宗旨，切实做好防火、灭火工作，特制定消防安全应急预案。通过消防安全演练，让学生学到有关的安全防护知识，做到有事不慌、积极应对、自我保护的目的。

---

① 李亦纲，尹光辉，黄建发，曲国胜.应急演练中的几个关键问题 [J].中国应急救援，2007（5）.
② 该预案来源于中电国际松鹤希望小学。

三、灾害预设

当二楼的教室突然失火时，在火光、浓烟之中，学生会产生惊慌失措现象，或慌不择路而跳楼，或缩成一团任火烧。可能发生学生被烧死、踩死、摔死、呛死、挤死的恶性伤害事件。

四、组织机构

1. 指挥部

学校成立灭火和应急疏散指挥部。

总指挥：略

成员：略

指挥部职责是：平时指导全校灭火和应急疏散的宣传教育，培训演练；战时指挥协调各职能小组和义务消防队开展工作，迅速果断将火灾扑灭在初始阶段；协调配合到达火场的公安消防队开展各项灭火行动；配合协助公安消防机构做好火灾事故调查等善后工作。

2. 义务消防队

队长：略

队员：略

职责：平时进行培训和演练。实战时现场灭火、抢救被困学生和救护伤员。

3. 疏散引导组

成员：正在上课教师

职责：负责全校火场自救、应急疏散的宣传教育、培训演练的具体事务；战时指挥火灾单位的领导做好人员和物资的疏散自救工作。

五、前期准备阶段

6月12日至6月29日为宣传发动和培训阶段。

1. 制定应急演练预案

学校安全工作领导小组负责制定《松鹤希望小学学校消防安全应急演练预案》，通盘筹划和指挥火灾应急避险演练。

2. 组建学校义务消防队

由学校组建义务消防队，邀请消防官兵来校进行消防器材使用培训和消防知识讲座，并组织校义务消防队进行实战演练。

3. 落实相关安全措施

学校安全工作领导小组会同消防官兵进行学校消防工作检查。重点是安全疏散设施管理情况，消防设施、器材维护管理情况，以及火灾隐患整改，用火、用电安全检查，燃气和电气设备检查等。

4. 安排相关人员培训

邀请消防官兵对我校义务消防队队员和有关教职工进行培训，使他们能正确使用灭火器等消防器材。

5. 对学生进行消防安全教育

团、队充分运用电视、广播、网络、黑板报、宣传窗等不同媒体，以讲座、竞赛、展览等形式向学生宣传开展消防安全教育的意义、应急自护办法等，对学生开展消防知识、技能的宣传教育。教育学生不玩火、不玩电，不触摸有电源标志的器物、不拨弄公共场所开关，不擅自使用电器。教育学生在火灾发生时严禁跳楼逃生，不提倡学生参加救火工作。

6. 开展消防灭火自救培训与练习

班主任网上下载有关防火、救火、救人资料，组织学生学习有关自我保护知识，开展消防灭火自救培训。并会同指导教师一起在白天进行以班级为单位的疏散练习，熟悉疏散线路，进行自救逃生练习。教育学生发生火灾时，能够做到：

①遇事不慌，头脑冷静。

②判明情况，思考对策。

③积极自救，互帮互助。

④听从指挥，有序疏散。

大忌：恐慌混乱，相互践踏。（班主任要求学生熟记）

六、应急实战演练

6月30日（星期四）开始火警应急演练。全体教职工参加和观摩演练。邀请上级领导、新闻媒体参观演练。一切按原来值班安排进行。

全体学生在操场集中，校长做动员性讲话。随后学生指导教师安排学生在教室和操场。

教师用喷烟喷雾设备放起烟雾，权作是因为电线短路引发火灾（事先做好准备工作）。

1. 值周教师

值周教师发现火灾或接到学生火警报告时，应立即向值日领导报警，报警时应同时说清着火地点、部位、燃烧物品、火灾状况等。所有教师参加灭火和疏散学生。

2. 值日行政领导

第一时间向校长电话汇报火情。察看火情，视火情下达各种避险指令。拨打

119 火警电话报警，拨打时要沉着镇定，讲清着火单位地址，靠近什么路口和明显标志，燃烧的是什么物质，起火部位，火势大小，有无人员被困，以及报警人的姓名和电话号码，以便及时联系；值日领导在第一现场指挥灭火和疏散学生。值日领导掌握火势发展情况，随时向 119 指挥中心通报火情，根据火情指挥切断电源；值日领导召集在校的义务消防队员，指挥义务消防队员和增援人员灭火，指挥抢救伤员，疏散物资，及时控制火势蔓延。值日领导在向 119 报警后，应立即派人在路口等候，引导接应消防车进入火场灭火。

公安消防队到达后，值日领导及时向公安消防火场总指挥报告灾情。此后一切抗灾抢险工作听从公安消防官兵的指挥。

3. 留校的全体教职工

在火灾发生后，消防官兵到来前，如有人员被火围困，值日领导要立即组织力量抢救，应坚持救人第一，救人重于救火的原则，救人是火场上的首要任务。

（1）听到报警电铃或哨子时，所有教职工应迅速赶赴火灾现场。组长组织指挥在校教师引导疏散学生和灭火救人，要求每个教师负责一个楼层学生的安全疏散。教师主要站在各楼梯口，护送学生有条不紊地向安全区（操场）疏散，同时要查清现场是否有遗漏人员。学生撤离时每人随身带一条湿毛巾，以便用湿毛巾捂嘴，防止烟雾中毒。当火势比较大时，要求有关学生外衣浸水，防止灼伤。火场救人方法，应根据火势对人的威胁程度和被救者的状态来确定。对神志清醒的人员，可指定通道，引导他们自行脱离险区；对在烟雾中迷失方向的人员，可指派专人护送出险区；对伤残学生要把他们背、抱出火场（两个学生进行模拟）。当抢救的正常通道被隔断时，应利用安全绳、梯等将人救出。

（2）门岗和食堂人员听到报警电铃后或哨子后在第一时间切断火场区电源，打开所有学校大门，并到现场参加灭火、清理通道障碍物和抢救物资。火场疏散物资是减少火灾损失、控制火势、防止蔓延的有效方法。如果是食堂厨房发生火灾，首先要及时疏散受火灾威胁的易燃易爆物品及石油液化气钢瓶等；其次要疏散贵重设备及物品等，并把疏散出来的物资集中存放到安全地点，指定专人看管，防止丢失。

（3）其他教职工负责维持现场秩序、清点人数。特别注意要有人在大台阶引导学生有序下撤，以防发生学生挤倒踩踏等恶性事件的发生。校医现场抢救伤员并接应救护车，指引救护人员及时对伤员进行处理或送医院救治。所有在校的义务消防队成员必须无条件火速赶赴现场，参加救火行动。

（4）各班班长协助教师清点本班同学人数，并及时上报给教师；班长整理班级队伍并清点本班同学人数，及时上报给值日行政领导和教师，协助教师管理学生不越过火灾安全警戒线（安全警戒区设在操场）。

（5）当人报告有学生失踪或未脱离火区时，指导教师和其他教职工进入火场寻人，寻人时要注意方法（模拟六年级班长报告有人失踪，教师又一次进入火场救出一学生来）。

当消防车、消防官兵到来后，一切抗灾抢险工作听从消防官兵的指挥，救人救火工作由消防官兵来完成，教职工做协助和配合工作。义务消防队员模拟手持灭火器进行灭火救灾。

4. 校长和其他行政领导

火速赶到学校火灾地，实地了解火灾情况，和公安消防官兵一起现场指挥抗灾工作。根据火势及伤亡情况向当地驻军和警署求助。做好受惊吓和受伤学生的安抚工作。

演练结束后由校长做总结性讲话。

七、总结反思

2005年7月1日至5日为演练反馈阶段。要求参加演练和观摩的我校教师（包括教职工）每人谈一谈消防意见建议书或演练心得体会文章，以利学校能进一步排查安全隐患，制定相应的安全的处理意见。

第四章

学校安全事故的处理体系

- 第一节 学校安全事故的处理程序
- 第二节 学校安全事故的媒体应对
- 第三节 学生伤害事故的法律责任

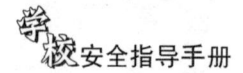安全指导手册

第一节 学校安全事故的处理程序

学生伤害事故的应对与处理程序是指学校在应对和处理学生伤害事故时应当遵循的方式、步骤、时限和顺序。目前,很多中小学校都将学生伤害事故的预防作为学校的一项主要工作加以落实,但因为学生伤害事故本身的特点,其发生仍然是难以避免的。在学校的工作实践中,具体可以参照以下几方面对已发生的学生伤害事故进行应对和处理。

一、现场紧急处置

学校在学生伤害事故中的归责原则为过错责任原则或者过错推定责任原则,即对于学校来说,有过错担责任,无过错无责任。但即使学校对于伤害事故的发生并不存在过错,也有可能会因为对事故的处理和救治不及时,而承担过错责任。所以,学校对于学生伤害事故的现场紧急处置一定要加以重视。

(一)启动安全应急预案

在事故发生时,学校及有关人员要及时有效地启动安全应急预案,各个工作岗位上的学校领导和教职工要各司其职、密切配合,尽最大的可能保证学生的生命和健康安全,将事故的损失降到最低。

(二)及时救治受伤学生

《学生伤害事故处理办法》第15条规定:"发生学生伤害事故,学校应当及时救助受伤害学生,并应当及时告知未成年学生的监护人;有条件的,应当采取紧急救援等方式救助。"根据此条规定,在发生学生伤害事故之后,学校应当尽最大的努力对受伤学生进行救治。对于伤势轻微的,可以由校医进行处理,对于伤势严重的,学校不具备救治条件的,应当及时采取有效措施,将其送往有条件救治的医院进行治疗。在此过程中,如果因为救治不及时、救治措施不当等原因导致学生伤势加重的,学校应当承担相应的过错责任。

在救治的过程中,对于伤势较重的学生,学校应当尽快通知学生家长,履行自己的告知义务。

（三）向有关部门报告

《学生伤害事故处理办法》第16条规定："发生学生伤害事故，情形严重的，学校应当及时向主管教育行政部门及有关部门报告；属于重大伤亡事故的，教育行政部门应当按照有关规定及时向同级人民政府和上一级教育行政部门报告。"根据该条的规定，学校应当将本校发生的严重学生伤害事故及时向教育行政主管部门报告，以便教育行政部门及时掌握有关的情况，对事故处理做出统筹的安排，并协助学校做好善后工作。另外，如果该学生伤害事故的责任人已触犯法律，构成犯罪的，学校应当及时向公安机关或检察机关报告，以便有关部门立案侦查。切不能因为顾及学校的名誉等因素而隐瞒不报，对于知情不报的，应当追究有关学校责任人的法律责任，甚至刑事责任。

（四）其他学生的安抚

在发生学生伤害事故之后，即使是未受到伤害的学生，一般也会因为惊吓导致情绪紧张，此时学校应当通过班主任、心理教师等人员及时对其他学生进行安抚，使其情绪尽快平静。

二、做好准备工作

（一）调查取证

在学校发生学生伤害事故之后，很可能随之而来的就是关于学生赔偿的法律纠纷。在司法实践中，人们常说，"打官司就是打证据"，在案件的审理过程中，法官判案的依据是本案证据所能证明的事实。所以掌握确实、充分、有利的证据是学校在日后诉讼中胜诉的重要保障。学校应当重视各种证据的收集工作。

尤其值得注意的是，根据刚刚通过的《侵权责任法》，无民事行为能力人，即10周岁以下的未成年学生在学校受到伤害后，实行举证责任倒置。也就是说，以往受伤学生要想让学校承担责任，必须由学生和家长提交学校具有过错的证据，而自《侵权责任法》实施之后，无民事行为能力的学生诉学校承担因意外伤害造成的损失时，必须由学校提交自己没有过错的证据，假如学校不能提交充分有效的证据证明自己没有过错，就要承担相应的法律责任。这一点是非常值得教育工作者注意的。

我国民事诉讼法将证据分为书证、物证、视听资料、证人证言、当事人陈述、鉴定结论和勘验笔录等七种。在收集以上证据的过程中，学校应当注意以下几点。

1. 调查取证应当及时

因为证据本身的特点，很多物证如果不及时收集，日后便很难得到。而且因为主观方面的原因，学校如果不及时收集有关目击者、知情人的口供，日后再去收集时会遇到很大的麻烦。例如某校在一起学生伤害事故发生几个月后收到法院传票，在诉讼过程中，学校请求某位刚刚从该校毕业的学生做证时，遭到该学生的拒绝。如果该校在事故发生后马上收集该学生的证人证言，其拒绝做证的可能就很小了。

2. 收集证据应当合法

首先，收集的手段要合法。例如学校对知情学生以不准上学等相威胁，要求其提供有利于学校的证言，这不仅侵犯学生的受教育权，而且在日后的诉讼中也有可能使对方当事人对该学生证言的可信性提出质疑，使该证言的证明力降低。另外有的学校为了胜诉，提供了一些伪证，这更是不可采取的，相关责任人也会因此承担相应的法律责任。

3. 收集证据应当严谨

首先，对于各种证据，要尽可能地多搜集，以备在日后选用。另外，在收集证人证言时，一定要让证人在证言上签字，也可以利用录音等手段进行记录。确有必要时，可以聘请律师协助收集证据，并邀请公证机关对人证、物证加以公证，以增强证据的效力。

（二）受伤学生的安抚工作

在学生伤害事故当中，受伤学生一般都受到了严重的身心痛苦。此时，如果学校能够对其加以慰问，对于学生和家长来说都是极大的安慰。有的学校领导认为，如果学校的领导和老师去看望受伤的学生，等于是承认自己对于事故的发生有责任，容易让受伤学生和家长过分追究学校的责任。但学校作为教书育人的机构，本身就应当发扬人道主义精神，对学生加以关怀。另外事实也证明，学生和家长在学校的积极态度下，往往会使其更加冷静地处理相关事件，避免了一些家长与学校之间不必要的冲突。

三、遵守法律程序

《学生伤害事故处理办法》第18条规定："发生学生伤害事故，学校与受伤害学生或者学生家长可以通过协商方式解决；双方自愿，可以书面请求主管教育行政部门进行调解。成年学生或者未成年学生的监护人也可以依法直接提起诉讼。"因此，当受伤害学生家长与学校在关于赔偿问题产生纠纷时，可以采取协商、调解以及诉讼的方式解决争端。除此之外，当事人还可以选择仲裁的方式解决争端。但这四者之间没有先后顺序，学生和家长可以不经协商和调解，直接向人民法院提起诉讼。

（一）协商

协商是指发生纠纷的双方当事人在平等自愿的基础上，按照有关法律的规定，直接进行磋商或谈判，以达成双方都可以接受的解决方案。用协商的方式解决争端，快捷、简便，并有助于解决方案的实现。在学生伤害事故的处理中，协商的当事人一般是学校、受伤的学生及家长、其他责任人（如导致该学生受伤的其他学生）。学校在协商之前，应当向有关的专业人士，最好是律师进行咨询，并征询教育行政主管部门的意见。协商的基础是建立在平等自愿基础之上的，所以如果有一方当事人拒绝协商的话，协商即不能够进行下去。

（二）调解

调解是指纠纷的当事人在第三人的协调和斡旋下，在自愿的基础上达成协议解决争端的方法。它具有同协商解决一样的优点。但其与协商明显的区别在于调解是在第三人的主持下进行的。实践中，第三人一般是教育行政机关、当地司法机关、人民调解委员会、律师等，这些组织和个人通过对当事人双方的协调和斡旋，促使受伤学生、家长与学校达成协议。另外这种调解又区别于人民法院的调解，人民法院的调解是指在民事诉讼中，双方当事人在法院审判人员的主持和协调下，就案件争议的问题进行协商，从而解决纠纷所进行的活动。普通的调解与人民法院的调解在发生时间、调解的主持人以及达成协议的效力上都是不同的。

（三）诉讼

在学生伤害事故的双方当事人通过协商和调解后仍不能达成一致意见时，可以通过诉讼的方式进行解决。因为法院是解决纠纷的最后一道屏障，所以它的公正性是值得信赖的，所以有的当事人在学生伤害事故发生之后便直接进入诉讼程序。但采用诉讼手段的缺点也是有的，例如费用较高、手续繁杂、费时较长，另外在判决的执行方面也可能会发生一些麻烦。

对于学校来说，应当尽可能地利用非诉手段解决纠纷。一旦收到法院传票，进入诉讼阶段，学校应当聘请专业的律师代理自己进行诉讼。有些学校认为："有理就能打赢官司"，这种想法是非常错误的，因为诉讼是一种专业性非常强的活动，实践中，就发生过很多涉诉的学校因为提交证据的时间不当、答辩状的书写内容不当等因素而败诉的例子。

（四）仲裁

除了协商、调解和诉讼等手段之外，当事人还可以利用仲裁手段解决学生伤害事故。所谓仲裁，就是纠纷当事人在自愿的基础上达成协议，将纠纷提交仲裁机关审理，由仲裁机关做出对争议各方均有约束力的裁决的一种解决纠纷的制度和方式。与诉讼相比，其具有简便、快捷、费用低等特点，但进行仲裁的前提是双方当事人一致同意将争议交由特定的仲裁机关仲裁，而且仲裁机关做出的裁决与法院的判决相比，法律效力要低。

四、积极利用保险

在一些学生伤害事故中，学校往往面临着巨额的经济赔偿，因此赔偿经费问题是困扰和制约学校工作的一个棘手的问题。而利用保险来解决学生伤害事故中的经济赔偿问题是一个行之有效的措施。教育部在《学生伤害事故处理办法》中规定："学校有条件的，应当依据保险法的有关规定，参加学校责任保险。教育行政部门可以根据实际情况，鼓励中小学参加学校责任保险。提倡学生自愿参加意外伤害保险。在尊重学生意愿的前提下，学校可以为学生参加意外伤害保险创造便利条件，但不得从中收取任何费用。"

学生伤害事故的保险主要有两大类，一类是学校责任险，另一类是学生人身平安保险。

（一）学校责任险

学校责任险是指由于校方的疏忽或过失造成的学生身体受到损害，依照法律应由校方承担的经济赔偿责任由保险公司负责赔偿的制度。这种保险在一定程度上化解了学校应对巨额赔偿的困境，所以目前越来越多的地方政府开始出资为当地学校购买学校责任保险，但在更多的地方，保险费用由谁支付的问题成为了制约学校责任保险制度开展的瓶颈。

（二）学生人身平安保险

学生人身平安保险是学生或监护人支付保费，当生命健康受到意外伤害时由保险公司根据保单协议予以赔偿的险种，简称学平险。但需要注意的是，学校在组织学生购买学平险时，不能强迫学生购买，也不得从中收取任何费用。在学生发生意外伤害后，学校应当协助学生向保险公司进行理赔。

第二节 学校安全事故的媒体应对

一、学校安全事故媒体应对概述

新闻价值是媒体衡量一个事实是否能够成为新闻报道的重要客观标准。新闻价值的要素有时新性、重要性、接近性、显著性、趣味性等。新闻价值的有无决定新闻有无，新闻价值的大小决定新闻意义的大小。新闻工作者善于及时发现、判断并采写具有新闻价值的事实的报道，能及时发现事物的变动并确认其中的社会意义，这是媒体记者具有新闻敏感性的主要表现。就学校安全事故本身而言，突发性、意外性、猎奇性、严重性、非常态性，明显符合记者的新闻价值判断。媒体记者的这种新闻敏感性与职业习惯，会让他们在第一时间来获取新闻事实的5W1H（who，when，where，what，why，how）。这样，记者不请自来的情况，对于发生危机事件的学校来说或许有点不可思议乃至不受欢迎，但是从媒体的角度看这很正常，甚至说明这个记者很有敬业精神。危机事件已经发生了，这是事实，不可否认。记者来采访，这是他们的权利，也是工作职责。学校不希望媒体报道特别是负面报道，也情有可原。就学校而言，关键在于如何将危机事件通过自己的努力转"危"为"机"。

新闻媒体对学校公共关系而言，是一项重要的途径，与媒体建立良好的关系有助于学校的信誉度以及消息传播的速度，并能够充分将学校理念传达出去，建立大众对学校的良好印象。最重要的是在学校危机处理时，能适当运用媒体以降低大众对学校的负面印象。随着新闻媒体的发展，学校无法关起门来办教育。社会关心教育，并通过媒体来了解教育，特别是在危机处理时，媒体对事件的报道会影响公众对此事件的关注程度和看法。不适当的报道，常让问题扩大造成难以补救的伤害，因此了解媒体，妥善应对，是学校安全事故处理成败的关键。

二、学校安全事故媒体报道的特点

学校安全事故具有突发性、猎奇性、严重性、过错性等特点，能够吸引公众眼球，十分符合媒体的报道偏好，所以校园危机事件的媒体报道通常也较为迅速。媒体对于校园危机事件的报道往往具有如下特点。

（1）渲染负面信息。相比积极的信息，负面信息通常更能吸引公众眼球，媒体往往会抓住受众特点，挖掘相关材料集中报道事件的严重与危害。

（2）现象化。媒体对事件的报道与点评往往会提升到价值认定的层面，从社会主流价值或个人认定进行评论，力图将其上升成为某种社会现象。

（3）同情弱者、受害者。公众对于弱者或受害方天然地有同情心理，媒体往往会抓住公众的这一心理进行渲染报道。

（4）炮轰效应。对于违背主流社会价值的事件，媒体往往会集中攻击相关责任人，当事人辩解等方式常常适得其反。

三、学校安全事故媒体应对中的注意事项

对于校园危机事件主要应以预防为主，但一旦发生，就应该集中精力面对问题进行及时处理，以求"危险"向"机遇"的转化。具体来说，学校方面对危机事件想要做到举止得当，应该从以下几个方面加以注意。

（一）态度定位

及时分析问题，选择应对姿态。校方首先应该成立危机应对小组，具体问题具体分析，对于事件成因、责任方、媒体情况有大致的了解，进行初步的危机评估，主要涉及相关责任方以及从客观角度分析危机的主要责任方。如果校方负有的处理应对不当的责任或者主要责任人为校方人员，校方就应该以低姿态入手，诚恳理性地去解决问题，重在改正的举措，如上述分类中的安全事故、管教冲突、道德危机、管理责任等问题；如果校方只负轻微责任或不负责任，则应将问题的重点放在澄清事态方面。

（二）途径选择

信息公布途径方式的选择。如果事态并不严重或影响较小，不足以吸引大众眼球，校方可以采取淡化处理的方式，不予报道或者适当延期报道，让舆论压力过去，失去新闻点，如校园暴力事件和学生自我伤害，如果校方本身无过错，就可以尽量防止媒体对相关枝节新闻的挖掘；如果事态严重，不可能做到淡化处理，校方应及时在可靠、广泛的信息平台公布事实情况，占领舆论的先手高地，使媒体失去前期舆论创作的空间。对于公布的信息量应仔细斟酌，但切不可捏造事实，防止因此负全部责任。

（三）及时行动

校方对于事件的处理应该有媒体可见的具体的表示，在媒体视角制造出校方有序应对处理危机的景象，如及时的安全教育、心理辅导、整改措施、相关责任

人的处理、问题的补救等。

（四）尊重学生

学校在学校安全事故的媒体应对时，应当尊重学生，考虑学生的利益。对于学生，如果问题严重应及时澄清事态，对于问题的处理应就着主流价值出发，不应做出过激的行动，而应认识到学校的功能，以早日平息事态，对学生影响最小为根本，同时也要尽量避免媒体的进一步挖掘。

（五）尊重媒体

对于媒体的合理要求尽量配合，考虑其时效性等因素配合公布信息，切不可将其惹怒，防止报复性舆论。

四、学校安全事故媒体应对中的具体程序

（一）学校平时的媒体应对准备

（1）平时应有危机意识。
（2）成立媒体应对小组，其成员其中发言人一般由校级或中层干部兼任。
（3）搜集案例推演处理程序并定期研讨。
（4）熟悉采访学校的地方记者，尊重新闻记者，并建立友好关系。
（5）掌握社会动向与新闻敏感度。

（二）学校在事故发生时的媒体应对

（1）掌握处理的基本原则：①一定要有人出面（最好是学校负责人）；②第一时间做出回应（而且要正确）；③真诚关怀，提供事实；④给予信心展现实力（平时形象、关系良好并公布有力证据）；⑤否认、傲慢为大忌（媒体不会放过说谎的人）。
（2）尽快了解报道内容及可能伤害，若尚未上报，了解事情经过及可能的报道方向，分析如何减少负面或错误报道。
（3）召集会议并联络事件相关人员，相互沟通后，了解问题事件经过与研商处理程序予以化解，避免其夸大报道。
（4）主动向上级和主管机关报告，并综合内外资源，协助处理。
（5）统一对外发言窗口，谨言慎行，随时记录做成书面数据。
（6）选择适当时机主动与媒体沟通，对于报道与事实有出入时予以澄清。

（三）学校发言人的应对技巧

（1）与媒体互动，首应考虑：①媒体记者关心之事件为何；②新闻处理的思考面向；③与媒体记者的沟通模式；④记者的需求。

（2）发言人的选派和授权，并加强演练。

（3）平时应注意形象，信誉卓著。

（4）回复记者须迅速而有效率。

（5）注意服仪，表现冷静，应对得体。

（6）谈话简洁，前后一致而诚实，陈述要有真凭实据。

（7）将要沟通的信息事先妥适组合，并简短写下信息重点，确保不会遭受误解。

（8）慎选沟通管道和时机。

（9）准备周全预拟谈话流程和内容。

（10）切勿愤怒或带有情绪攻击他人。

第三节 学生伤害事故的法律责任

学生伤害事故是在学校教育教学实践中经常遇到的一类教育法律问题。因为对相关法律知识缺乏必要的了解，以致造成目前有些学校和教师在教育教学中往往胆战心惊、如履薄冰、不知所措，甚至因噎废食，取消了一些必要的教育教学活动。这些问题已经极大地影响了学校正常的教育教学秩序，阻碍了素质教育的正常开展。所以，作为一名教师，有必要对学生伤害事故的一些法律问题有所了解，以便指导自己今后的教育教学工作。

一、学生伤害事故的概念

学生伤害事故是指发生在对未成年学生承担着教育、管理和保护职责的幼儿园、学校或其他教育机构内，以及虽然发生在幼儿园、学校和其他教育机构之外，但是在由这些幼儿园、学校或其他教育机构组织的教育教学活动中发生的，未成年学生的生命健康受到侵害的事故。

正确理解学生伤害事故的概念，我们需要注意以下几个问题。

（一）学生伤害事故中学生的范围

学生伤害事故中学生的主体范围仅包括其中的未成年学生。究其原因，学生伤害事故之所以成为一种民事法律上特殊的侵权行为类型，其特殊点关键在于在这种事故中的学生行为能力受限，他们在校就读的未成年学生，即无民事行为能力人和限制民事行为能力人，对自己行为的意义和后果缺乏正确的判断，同时他们又处在脱离监护人监护的状态，在他们身上很容易发生人身损害的侵权结果，因此，他们应当是侵权行为法着重保护的对象。一般来讲，其包括幼儿园的学龄前儿童、小学生、初中生以及未满18周岁的高中生和大学生。我们可以将其概括称为"未成年学生"，即未满18周岁的学生。

（二）学生伤害事故中学校的范围

在我国的教育体制中，有幼儿园等学前教育机构，也有小学、初中等义务教育机构，同时也存在高中、大学等非义务教育机构，另外，还有少年宫、少年儿童活动中心、少年科技中心、少年业余体校等校外教育机构。按照《教育法》的规定，所有的这些教育机构，实际上都承担着对未成年学生教育、管理和保护的职责。而且在所有这些教育机构中，同样存在着发生未成年学生伤害的可能性。因此，以上的学校和教育机构都应当是适用学生伤害事故条款调整的学校。那些将幼儿园、大学或其他教育机构排除在外的观点是不正确的。

但值得注意的是，目前还存在着函授学校、网络远程教育学校、电视学校等教育机构，主流的观点认为这些机构是应当被排除在外的。其原因在于这类学校与其他教育机构一个显著的不同就是不存在"面授"形式的教学，因此学生在这种形式下学习一般不会因为学校的原因造成人身健康的损害。综上，学校的范围应当包括有未成年学生就读的各级各类学校和教育机构，但函授学校、网络远程教育学校、电视学校等不存在面授形式教学的教育机构除外。

（三）学生伤害事故中的主观要件

在界定学生伤害事故的范围时并不以学校存在主观过错为要件。在学校没有过错的情况下发生的学生伤害事件也属于学生伤害事故。因为在极少数的学生伤害事故中即使学校没有过错，也会根据无过错责任和公平责任承担一定法律责任的。

另外，因为学校或者教职工的主观故意引发的学生伤害事件也属于学生伤害事故。在目前的教育教学当中，因为学校或教师故意引发的学生伤害事故并不少见，如目前学校中存在着大量的因为教师故意体罚学生而导致的学生伤害事故。

假如这一类的事故不能得到同其他学生伤害事故同等的保护，将极不利于未成年学生的保护。而且，即使因为教师主观故意引发的学生伤害事故社会危害严重，触及了刑律，其民事赔偿的问题依然要由民法来解决，而适用的条款也主要是有关未成年学生伤害事故的条款。所以，不能将因为学校或教师故意引发的学生伤害事故排除在外。

（四）学生伤害事故不以发生在校园内和正常上课时间的伤害事故为限

学生伤害事故是在学校替代学生家长履行教育、监督和保护义务时发生的事故，只要是发生在这个范围内的学生伤害，学校就有可能承担责任。其有可能发生在学校的地域范围之外，如学校组织的校外参观、校外活动、春游等，也有可能发生在正常的教学时间之外，如学校对于住宿生在晚上就寝时也应承担管理、保护的职责。再如学生因为在学校受到教师的侮辱，放学回到家后自杀，虽然事故的发生地点不在学校，时间也不在正常上课时间，但学校依然要为自己没有妥善履行教育、管理和保护的职责而承担相应的法律责任。

二、学生伤害事故的有关法律渊源

所谓学生伤害事故的有关法律渊源，是指学生伤害事故发生后，在决定学生伤害事故的责任承担时应当遵循的法律依据。目前在我国并没有一部系统的专门关于学生伤害事故认定和处理方面的法律，但也并不是无法可依。涉及学生伤害事故的法律规定主要有以下几种。

（一）《宪法》

《宪法》是我国的根本大法，具有最高的权威和法律效力，任何法律、法规都不得与它相抵触。《宪法》第19条关于发展我国教育事业的规定是有关教育法规的最高表现形式。与《宪法》的基本精神相违背的法律法规，当属无效。

（二）法律

1. 《侵权责任法》的有关规定

以往对于学生伤害事故的处理，主要是依据《最高人民法院关于审理人身损害赔偿案件适用法律若干问题的解释》第7条的有关规定。但值得注意的是，第十一届全国人民代表大会常务委员会第十二次会议刚刚通过了《侵权责任法》，该法于2010年7月1日起施行。该法共92条，其中直接规定学生伤害事故处理的法条就有3条，充分显示了该法对于学生伤害事故侵权问题的关注。同时，该法也是第一次以成文法的形式直接规定了学生伤害事故的归责原则，该归责原则与以往相比有了重大变化,所以要引起教育工作者的充分重视。

该法第 38 条规定:"无民事行为能力人在幼儿园、学校或者其他教育机构学习、生活期间受到人身损害的,幼儿园、学校或者其他教育机构应当承担责任,但能够证明尽到教育、管理职责的,不承担责任。"

该法第 39 条规定:"限制民事行为能力人在学校或者其他教育机构学习、生活期间受到人身损害,学校或者其他教育机构未尽到教育、管理职责的,应当承担责任。"

该法第 40 条规定:"无民事行为能力人或者限制民事行为能力人在幼儿园、学校或者其他教育机构学习、生活期间,受到幼儿园、学校或者其他教育机构以外的人员人身损害的,由侵权人承担侵权责任,幼儿园、学校或者其他教育机构未尽到管理职责的,应当承担责任。"

2. 《民法通则》的有关规定

虽然《侵权责任法》已经出台,但《民法通则》作为我国民事法律的基本法,依然发挥着法律效力,其中规定的一般侵权归责原则,也是学生伤害事故处理中应当遵守的。《民法通则》第 119 条规定:"侵害公民身体造成侵害的,应当赔偿医疗费、因误工减少的收入、残废者生活补助费等费用;造成死亡的,应当支付丧葬费、死者生前抚养人的必要的生活费等费用。"第 132 条规定:"当事人对损害没有过错的,可以根据实际情况,由当事人分担民事责任。"

最高人民法院《关于贯彻执行〈民法通则〉若干问题的意见》第 160 条规定:"在幼儿园、学校生活、学习的无民事行为能力人或者在精神病院治疗的精神病人,受到伤害或者给他人造成损害,单位有过错的,可以责令这些单位适当给予赔偿。"

3. 教育法的有关规定

《教育法》第 44 条规定:"教育、体育、卫生行政部门和学校及其他教育机构应当完善体育、卫生、保健设施,保护学生的身心健康。"

《教师法》第 8 条规定:"教师应当制止有害于学生的行为或者其他侵害学生权益的行为,批评和制止有害于学生健康成长的现象。"

《义务教育法》第 16 条规定:"禁止体罚学生,对违反规定造成损失的,责令赔偿损失。"

4. 其他法律

与学生伤害事故有关的还有《未成年人保护法》《预防未成年人犯罪法》《刑法》等法律中的相关条款。

(三）法规和规章

由教育行政部门和地方行政机关和权力机关制定的法规和规章，也是处理学生伤害事故的重要法律依据。

教育部曾在 2002 年专门颁布了《学生伤害事故处理办法》，比较系统、全面地对学校处理学生伤害事故的有关问题做了具体的规定，但因为其法律效力比较低，目前在民事诉讼中仅能起到参照适用的效力。但学校应当无条件地按照该办法的有关要求开展相关工作。

此外，《上海市中小学生伤害事故处理条例》《北京市中小学生人身伤害事故预防与处理条例》等地方性法律规范在处理当地的学生伤害事故时，都是重要的法律依据。

三、学生伤害事故的法律责任

按照有关法律的规定，对学生伤害事故负有责任的当事人承担责任的法律形式主要有刑事责任、民事责任和行政责任等几种。

（一）刑事责任

在学生伤害事故中，如果当事人的行为触犯刑法，构成犯罪时，应当由有关的部门追究其刑事责任。与民事责任不同的是，如果当事人触犯了刑法，即使受害人没有要求追究其刑事责任，公安、检察等司法部门也应当根据职权主动立案，进行查办。刑事责任的具体形式有死刑、无期徒刑、有期徒刑、拘役和管制等形式。

（二）民事责任

按照有关法律和司法解释，当学生伤害事故给当事人造成经济和精神上的损失时，有关责任人应当对受害学生因就医治疗支出的各项费用以及因误工减少的收入，包括医疗费、误工费、护理费、交通费、住宿费、住院伙食补助费、必要的营养费予以赔偿。

受害学生因伤致残的，其因增加生活上需要所支出的必要费用以及因丧失劳动能力导致的收入损失，包括残疾赔偿金、残疾辅助器具费、被扶养人生活费，以及因康复护理、继续治疗实际发生的必要的康复费、护理费、后续治疗费，赔偿义务人也应当予以赔偿。

受害学生死亡的，赔偿义务人除应当根据抢救治疗情况赔偿相关费用外，还应当赔偿丧葬费、被扶养人生活费、死亡补偿费以及受害人亲属办理丧葬事宜支出的交通费、住宿费和误工损失等其他合理费用。

受害学生或者近亲属遭受精神损害，赔偿义务人应当根据《最高人民法院关于确定民事侵权精神损害赔偿责任若干问题的解释》支付精神损害赔偿金。

《学生伤害事故处理办法》还同时规定，学校对学生伤害事故负有责任的，根据责任大小，适当予以经济赔偿，但不承担解决户口、住房、就业等与救助受伤害学生、赔偿相应经济损失无直接关系的其他事项。因学校教师或者其他工作人员在履行职务中的故意或者重大过失造成的学生伤害事故，学校予以赔偿后，可以向有关责任人员追偿。

（三）行政责任

根据《学生伤害事故处理办法》的有关规定，发生学生伤害事故，学校负有责任且情节严重的，教育行政部门应当根据有关规定，对学校的直接负责的主管人员和其他直接责任人员，分别给予相应的行政处分。其责任形式主要有撤职、降职、开除、记过、警告等。

四、学生伤害事故的民事归责原则

以往学生伤害事故的处理主要依据是最高人民法院的司法解释，而在最新通过的《侵权责任法》中，用了三个条款规定了学生伤害事故的法律责任。同时需要教育工作者注意的是，在 2010 年 7 月 1 日施行的《侵权责任法》中，涉及学生伤害事故的有关规定与以往的司法解释有了较大的变化，尤其是无民事行为能力人（不满 10 周岁）在校期间受到伤害的，不再适用一般的过错责任原则，而要适用过错推定责任原则，加重了学校的责任和义务，学校领导和教师必须有针对性地加以了解。

依据《侵权责任法》以及其他法律法规、司法解释的有关规定，学校在学生伤害事故中应当承担过错责任，即有过错担责任，无过错无责任。无民事行为能力学生在校发生伤害事故适用特殊的过错责任，即过错推定责任，也叫作举证责任倒置，即学校必须要拿出证据证明学生在校期间的伤害是由于本人或第三人的原因造成的，学校在其中没有过错，否则学校就要承担赔偿责任。而无过错责任和公平责任仅在法律规定的特殊情况下才能适用于学生伤害事故。

（一）过错责任在学生伤害事故中的适用

1. 一般的过错责任

限制民事行为能力学生（10 周岁至 18 周岁以下）在校期间如果发生意外伤

害，适用一般的过错责任，即学校应当根据自己在学生伤害事故中的过失大小承担民事赔偿责任。

《侵权责任法》第39条规定："限制民事行为能力人在学校或者其他教育机构学习、生活期间受到人身损害，学校或者其他教育机构未尽到教育、管理职责的，应当承担责任。"如果学校的过错是学生发生伤害的唯一原因，学校就要承担全部的赔偿责任；如果学校的过错是学生发生伤害的部分原因，学校就要根据自己过错承担部分的赔偿责任；如果学校对于学生伤害事故的发生没有任何过错，就不应承担赔偿责任。

根据《侵权责任法》的上述规定，限制民事行为能力人在学校或者其他教育机构学习、生活期间受到人身损害的，如果该限制民事行为能力人或者其监护人能够证明学校或者其他教育机构没有尽到教育、管理职责，对该限制民事行为能力人所发生的人身损害有过错，学校或者其他教育机构就要承担责任。《教育法》《未成年人保护法》以及其他地方性法规和部门规章中，对于学校和其他教育机构的教育、管理职责已经做了广泛、具体的规定，只要能够证明学校违反了这些职责，使得限制民事行为能力人在学习、生活期间受到人身损害的，学校就要承担责任。例如在《学生伤害事故处理办法》中，具体规定了学校应当根据过错承担相应责任的12种具体情形：①学校的校舍、场地、其他公共设施，以及学校提供给学生使用的学具、教育教学和生活设施、设备不符合国家规定的标准，或者有明显不安全因素的；②学校的安全保卫、消防、设施设备管理等安全管理制度有明显疏漏，或者管理混乱，存在重大安全隐患，而未及时采取措施的；③学校向学生提供的药品、食品、饮用水等不符合国家或者行业的有关标准、要求的；④学校组织学生参加教育教学活动或者校外活动，未对学生进行相应的安全教育，并未在可预见的范围内采取必要的安全措施；⑤学校知道教师或者其他工作人员患有不适宜担任教育教学工作的疾病，但未采取必要措施的；⑥学校违反有关规定，组织或者安排未成年学生从事不宜未成年人参加的劳动、体育运动或者其他活动的；⑦学生有特异体质或者特定疾病，不宜参加某种教育教学活动，学校知道或者应当知道，但未予以必要的注意的；⑧学生在校期间突发疾病或者受到伤害，学校发现，但未根据实际情况及时采取相应措施，导致不良后果加重的；⑨学校教师或者其他工作人员体罚或者变相体罚学生，或者在履行职责过程中违反工作要求、操作规程、职业道德或者其他有关规定的；⑩学校教师或者其他工作人员在负有组织、管理未成年学生的职责期间，发现学生行为具有危险性，但未进行必要的管理、告诫或者制止的；⑪对未成年学生擅自离校等与学生人身安全直接相关的信息，学校发现或者知道，但未及时告知未成年学生的监护人，导致未成年学生因脱离监护人的保护而发生伤害的；⑫学校有未依法履行职责的其他情形的。

学生伤害事故中的过错包括故意和过失。故意是指学校或者教职工明知自己的行为会发生学生伤害的结果，并且希望或者放任这种结果发生。例如教师体罚学生导致学生受伤。过失又分为疏忽大意的过失和过于自信的过失。疏忽大意的过失是学校或教职工应当预见自己的行为可能发生学生伤害的结果，但因为疏忽大意而没有预见，以致发生这种结果的。例如教师在课堂进行化学实验演示时，不慎烫伤坐在前排的同学。过于自信的过失是指学校或教职工已经预见自己的行为可能发生学生伤害的结果，但因为过于自信而轻信能够避免，以致发生这种结果的。如某校校长在有教师向其提醒教学楼楼道的电灯发生故障应及时修理后，并没有及时安排电工修理，以致当晚学生晚自习下课时楼梯处过于黑暗，发生多人伤亡的踩踏事故。

对于学校没有过错的学生伤害事故，应当由对于引发学生伤害负有过错的当事人承担或学生监护人自行承担。

学生课间打闹引发的伤害

李某和吴某都是某小学六年级学生。一天在课间休息时，李某跑到吴某身边与吴某玩耍。在嬉戏的过程中，李某搂住吴某的脖子，并使劲往下压，吴某在挣扎时突然觉得脖子不能动了，便疼得大哭起来。中午放学后，吴某回到家告之家长自己的脖子不能动了，吴某的母亲急忙带他去医院。经检查，吴某被确诊为寰枢椎半脱位，法医鉴定为十级伤残。吴某的家长为给孩子治病共花去医疗费等2万多元。在与学校和李某协商不成之后，吴某将学校和李某起诉到当地人民法院。法院经审理判决：由李某承担吴某的部分治疗费；学校没有过错，不承担责任。

 法律分析

一般来讲，学校的过错可以分成故意和过失。

◎故意是指学校或者学校的教职工在履行教育教学职责时，明知自己的行为会发生侵害学生权益的后果，却仍然希望或者放任这种结果发生的主观心理状态，如教师用教鞭抽打违纪的学生就属于故意的侵权。

◎过失又可以分成疏忽大意的过失和过于自信的过失两种。

前者是指学校或教职工应当预见到自己的行为有可能发生侵害学生权益的后果，却因为疏忽大意而没有预见到，以致发生侵害学生合法权益的行为，如学校的篮球架固定不牢而学校和有关人员没有及时发现，以致砸伤学生的情形。

后者是指学校或教职工已经预见到自己的行为有可能发生侵害学生权益的后果，却因为过于自信而轻信能够避免以致发生的侵害学生合法权益的行为，如教师在上课期间离开教室，而教室中的学生因为打闹以致发生学生伤害的情形。

从这起案子中我们看到，吴某的伤害是因为李某的行为造成的，而学校在事故的发生当中并不存在过错。法院的判决认为学校因为不存在过错而不承担责任，这就是过错责任的适用，即有过错担责任，无过错无责任。在一般情况下，与学校有关的案件都要适用过错责任原则。

无过错责任也是我国侵权行为的一种归责原则。但它一般并不适用于学校发生的学生伤害等事故。只有学校的行为符合法律规定的特殊情况时，才有可能承担无过错责任。

 **律师建议**

从教育者的角度，学生间的打闹是正常的，不应当限制，学校未禁止学生的此类行为，并不属于管理的疏忽和过错。如果孩子的玩耍在正常的范围内，只是由于偶然的和难以防范的意外而发生事故，那么学校就没有管理的过错。但由于学生是未成年人，其对危险的认知和判断是有限的，学校和教师还是有义务制止他们明显的危险行为，如在危险的地方玩耍、以危险的方式游戏、以危险的手段玩笑等。如果学校、教师发现了而未及时予以制止，那么就应对事故后果承担部分责任。

 法律一点通

学校和教职工如果因为在教育教学中存在过错而侵犯学生的合法权益，就应当承担相应的责任。

2. 过错推定责任

不满10周岁的学生在校期间发生伤害事故，适用过错推定责任。这也是《侵权责任法》中学生伤害事故法律责任部分与以往法律规定变化最大的一个地方。《侵权责任法》第38条规定："无民事行为能力人在幼儿园、学校或者其他教育机构学习、生活期间受到人身损害的，幼儿园、学校或者其他教育机构应当承担责任，但能够证明尽到教育、管理职责的，不承担责任。"

过错推定原则，是指在适用过错责任原则的前提下，在某些特殊的场合，由损害事实本身推定行为人有过错，并据此确定过错行为人赔偿责任的归责原则。过错推定责任原则在本质上仍然是过错责任原则，只不过它是过错责任原则的一种特殊表现形式。过错推定与一般的过错原则最大的区别即在于举证责任的不同。传统的过错责任原则采取"谁主张、谁举证"的原则，受害人要提出损害赔偿的请求，需就行为人具有过错提出证明。在我国，一般侵权行为适用过错责任原则，因此受害人应承担过错的举证责任。而在过错推定责任中，采取了举证责任倒置的方式，行为人若不能提出合理的抗辩事由的存在以证明其没有过错则将被推定有过错。

根据《侵权责任法》的上述规定，无民事行为人在幼儿园、学校或者其他教育机构学习、生活期间受到人身损害的，幼儿园、学校或者其他教育机构应当证明自己已经尽到了教育管理的职责，对该民事行为能力人所发生的人身损害没有过错，否则就要承担责任。

除此之外，《侵权责任法》还规定了一些特殊的情形要适用过错推定责任，主要有：学校饲养的动物伤人；学校建筑物上的搁置物、悬挂物坠落伤人；学校的堆放物伤人；学校的树木折断伤人；学校挖坑、下水井等伤人。

在以上这些情况中，即使是10岁以上的学生，学校也必须拿出自己已经尽到了自己应尽义务的证据，否则就要承担赔偿责任。

野狗进校咬伤学生

某学校窜入一条野狗，将该校正在上体育课的五名学生咬伤。野狗在正在上体育课的教师和门卫的追打下逃出学校。事发后，五名学生被家长带到卫生防疫部门注射了狂犬疫苗，但学生家长认为学校没有尽到安全保护的义务，要求学校赔偿学生被咬伤的费用，但学校认为是校外闯入的野狗，学校没有办法预防和制止，所以拒绝承担赔偿责任。几名家长遂将事件反映给了当地新闻媒体。

由于被学校能力所不能预见和克服的因素造成的突发性、偶发性侵害，如校外的汽车失控，撞入校门伤及学生；歹徒强行闯入校园，伤害、劫持学生；疯狗

突然进入校园等情况。由于这些情况是突然发生,事先并无预兆,已超出了学校的预见能力或者防范能力,所以学校并无过错。

◎如果造成伤害的狗是学校饲养的,学校就要承担过错推定的责任,即只要发生了狗将学生咬伤的事故,学校就要承担因此造成的损失,除非学校证明是学生故意或重大过失造成的。《侵权责任法》第78条规定:"饲养的动物造成他人损害的,动物饲养人或者管理人应当承担侵权责任,但能够证明损害是因被侵权人故意或者重大过失造成的,可以不承担或者减轻责任。"在本案中,咬伤学生的野狗是从校外闯入的,所以不能对学校适用过错推定责任原则。而且事发后学校也采取了及时妥当的救护措施,所以是没有过错的,不能要求学校承担因此造成的损失。

律师建议

学校要加强门卫制度管理,防止土狗从学校大门或其他地方溜进校园的。在校门口一旦发现有狗,将立即予以驱离。

严禁在校园内携带或放养犬只及其他任何宠物。

有条件的校园应当将住宿区和教学区隔离开。

法律一点通

由于学校能力所不能预见和克服的因素造成的突发性、偶发性侵害,学校无过错。

(二)无过错责任在学生伤害事故中的适用

无过错责任是指没有过错,但法律规定应当承担民事责任的,应当承担民事责任。《侵权责任法》第7条规定:"行为人损害他人民事权益,不论行为人有无过错,法律规定应当承担侵权责任的,依照其规定。"学校只有在法律规定的特殊情况下,才会承担无过错责任。此时只要学生的损害是由于学校的行为所致,不论学校有无过错都要承担民事责任。除非学校在证明自己无过错的同时,能够证明学生伤害是由于受害学生的故意、第三人故意、不可抗力所致,则学校不承担民事责任。无过错责任在学生伤害事故中的适用范围极其有限,根据《侵权责任法》等法律的规定,仅在以下法律规定的情形下才可以适用:

第一,学校进行高危作业所致的学生伤害事故。这主要是指学校的高压、易燃、易爆、剧毒、放射性等高危作业导致的学生伤害。如学校教室中的电源开关漏电导致学生发生了触电事故。

第二，因学校原因产生的环境污染所导致的学生伤害事故。如学校化学实验室排放的实验废液污染环境导致学生中毒事故。

第三，除此之外，产品责任也适用无过错责任，但学校一般不会有产品生产的情况，所以在学校实践中一般可以忽略不计。

（三）公平责任在学生伤害事故中的适用

公平责任是指当事人对造成损害都没有过错的，可以根据实际情况，由当事人分担民事责任。它适用于没有过错方的意外事故，但在学生伤害事故中是否可以适用公平责任原则，目前无论在理论界还是司法实践中都存在着巨大的意见分歧。例如学生在体育课跳绳时不慎跌倒受伤，如果适用公平责任，学校就要承担部分的赔偿责任，如果不适用公平责任，就要由学生自行承担受伤造成的经济损失。

在最新制定的《侵权责任法》中，也没有对学生伤害事故是否可以适用公平责任原则做出具体的规定。该法第24条规定："受害人和行为人对损害的发生都没有过错的，可以根据实际情况，由双方分担损失。"所以，在司法实践当中，审案的法官依然有可能根据这条规定要求判决学校分担一定的经济损失。

《侵权责任法》之所以坚持适用公平责任原则，立法原意在于如果有负担能力的无过错一方此时分担适当的损失，就会协助受害人渡过难关，有利于社会的稳定。此时如果有负担能力的学校能为受伤害学生分担部分经济费用，就会减轻学生家庭的压力，有利于社会公平，有利于社会安定。在这种情况下，学校并非对事故的发生负有责任，而是承担了一种分担损失的责任。

在确定公平责任原则在学生伤害事故的适用范围时应注意以下几点：首先事故的发生应的确与学校直接有关，如在学生自行上学、放学、返校、离校途中发生的与学校无直接关系事故等情况应排除在外；其次要求学校和学生双方对事故的发生都不存在过错，如果损害的发生归因于加害人或第三人的过错时应由加害人或第三人承担民事责任；再次要求事故的确造成了实际的经济损失，而且这种损失应是受害学生家庭在经济上无力承担或者难以承担的；最后，学校依公平责任承担的责任仅限于因学生受伤而引起的财产损失，而不应包括精神损害赔偿。

在学生伤害事故中适用公平责任原则划分具体经济损失分担时应当注意，公平责任原则绝不是指绝对的平均分担，而是根据实际情况来确定。这里的实际情况是指受害人的受损害程度、双方的经济状况、承受能力和社会舆论等。如损害应当达到相当的程度，如果学校不分担损失则受害人将受到严重的损害，且有悖于民法的公平、正义观念时，才考虑适用公平责任原则。再如对于一个教育经费严重不足、教师工资也难以保障及时发放的学校，一般就不应根据公平责任原则承担经济分担的责任。

 **案例**

小学生体育课跳远受伤

某小学五年级学生吴某在上体育课跳远的过程中，不慎造成右腿髌骨骨折。吴某伤后，学校老师及时将其送往医院住院治疗，后经法医鉴定为轻伤。吴某家长在与学校就医疗等费用负担不能达成协议的情况下，以学校的沙坑不标准为理由诉至法院，要求被告赔偿医疗费、后期治疗费、法医鉴定费、护理费、住院伙食补助费等共计4000余元。

法院经审理后认为，吴某在上体育课时，按照体育老师的安排进行跳远训练，作为接受义务教育的吴某本身并无过错。而吴某所在学校按照正常的教学活动，对学生进行体育训练，也无过错。吴某提出学校的沙坑不标准，但没有提供证据，另外法院经过咨询本地业余体校的教师，得知目前对中小学的沙坑标准没有明文规定，所以学校的沙坑可以因地制宜，只要实用即可，因此吴某的该理由不能成立。法院认为本案应适用公平原则来分配责任，即可以根据实际情况，由被告分担民事责任。遂判令被告学校赔偿吴某1520元。

  法律分析

在本案中，吴某是以学校的沙坑不符合要求为由提起诉讼的，法院经过调查认为，原告的主张是不成立的，即学校在吴某受伤的事件中并不存在过错，事故的发生完全属于意外。在这种情况下，目前法院的判例主要有两种：一是学校没有过错，所以由学生自己承担事故造成的损失；二是虽然学校没有过错，但基于公平责任原则，由学校给予学生适当的经济援助。在本案中，学校和吴某对于伤害事故的发生都不存在过错，因此法院按照民法有关公平责任原则的规定做出了上述判决。

  律师建议

学校要按照国家制定的各级学校体育器材设施配备标准，有计划，有步骤地逐步配齐，并要求达到卫生和健康标准。

合格的体育教师在上课之前应该检查器材的安全性，不管是新的器材（尚未使用过的）还是旧的器材；不管是固定的器材还是移动器材。

不管是上体育课还是课外活动课，不管是业余训练还是自由活动，体育教师都有责任检查一下学生会用到的体育器材的安全性。

 法律一点通

学生在学校受到意外伤害，学校虽无过错，但按照公平责任原则，还应当适当给予学生经济援助。

第五章

学校安全事故中的法律救济

- 第一节 教育申诉制度
- 第二节 教育行政复议制度
- 第三节 诉讼法律制度
- 第四节 学校安全事故中的证据

法律救济是指公民、法人或者其他组织认为自己的人身权、财产权因行政机关的行政行为或者其他单位和个人的行为而受到侵害，依照法律规定向有权受理的国家机关告诉并要求解决，予以补救，有关国家机关受理并做出具有法律效力的活动。而教育法律救济是指教育法律关系当中的主体权益受到侵害时，使自己的权利得到恢复和补救的法律制度。教育法律制度则是在教育法律关系当中，权利义务关系得以恢复正常的法律制度，是法律救济在教育法律关系当中的体现。

　　在法律当中，一般都规定了法律关系主体的各项权利和义务，但这种法定的权利义务经常在日常的社会生活当中没有得到具体的体现，甚至合法的权利会出现被不法侵害的现象，在这种情况之下，就需要法律救济制度来使法律关系主体被侵害的权利恢复正常的状态，这是法律的公平与正义得以落实的制度性保障。作为一名教育工作者，对教育领域的法律救济制度有所了解，对于维护学校、教师和学生的法律权益是有着极其重要的积极作用的。

　　法律救济有以下特征：一是受理机关法定。只能由法律授权的国家行政机关和人民法院受理并做出裁决。二是有严格的受理范围和审理程序。行政复议法、行政诉讼法、民事诉讼法和国家赔偿法分别做了明确规定，超出受理范围有关机关将不予受理，违反法定程序则承担法律责任。三是有明确的申请、起诉期限。申请行政复议期限，为自知道具体行政行为之日起60日；提出行政诉讼的期限，为知道具体行政行为之日起3个月，或者自收到行政复议决定书之日起15日；提起国家赔偿要求，为国家机关及其工作人员行使职权的行为被依法确认为违法之日起2年；提起民事诉讼的一般时效为2年。除法律另有规定外，逾期将丧失申请、起诉权。四是审理方式明确。行政复议原则上采取书面审理，特定情况下也采取调查取证、听取意见等方式审理；行政诉讼、民事诉讼一审采取开庭审理，二审视情况采取开庭审理或者书面审理。五是做出的决定具有法律效力，由国家强制力保证执行。不履行决定的，有关机关将依法强制执行。

　　目前，法律救济在教育领域的主要体现方式有教育申诉制度、行政复议制度和诉讼制度。

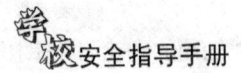安全指导手册

第一节 教育申诉制度

一、教育申诉制度概述

申诉制度可以分为诉讼上的申诉制度和非诉讼上的申诉制度。诉讼上的申诉制度是指当事人或其他公民对已经发生法律效力的判决、裁定不服,依法向人民法院或人民检察院提出要求重新处理的申诉。

根据《教育法》和《教师法》的规定,教育申诉制度是非诉讼意义上的申诉制度。教育申诉,即指作为教育法律关系主体的法人、组织和公民,在其合法权益受到损害时,向教育行政部门等国家行政机关申诉理由、请求处理的制度。它是保障我国宪法赋予公民申诉权利在教育法律关系中的具体体现。在我国的《教育法》和《教师法》当中,具体规定了教师申诉制度和学生申诉制度。除此之外,其他教育法律关系当中的主体,如果认为自己的合法权益受到侵害,一样可以按照法定的程度进行教育申诉。除了教师和学生之外,其他的教育主体,例如学校、教育中介组织等可以根据有关的法律规定向教育行政部门等行政机关提起申诉。

根据《宪法》第41条的规定,中华人民共和国公民对于任何国家机关和国家工作人员的违法失职行为,有向有关国家机关提出申诉、控告或者检举的权利。对于公民的申诉、控告或者检举,有关国家机关必须查清事实,负责处理。任何人不得压制和打击报复。

二、教育申诉的范围

(一)教师申诉的范围

根据《教师法》的规定,教师申诉的范围包括三个方面。

第一,教师认为学校或其他教育机构侵犯其《教师法》规定的合法权益的,可以提出申诉。这里的合法权益,包括《教师法》规定的教师在职务聘任、教学科研、工作条件、民主管理、培训进修、考核奖惩、工资福利待遇、退休等各方面的合法权益。但只要教师认为学校或其他教育机构侵害了其合法权益,就可以提出申诉。

第二，教师对学校或其他教育机构做出的处理决定不服的，可以提出申诉。针对学校或其他教育机构的处理决定，如果教师对其不服，可以提出申诉。

第三，教师认为当地人民政府的有关行政部门侵犯其《教师法》规定的合法权益的，可以提出申诉。这表明，作为被申诉人，仅限于当地人民政府有关行政部门，可能是教育行政部门，也可能是其他行政主管部门，但不能以政府为被申诉对象。其他企业、事业单位或个人侵犯教师合法权益的，不列入教师申诉制度的范围。

（二）学生申诉的范围

《教育法》第42条第（四）项规定："对学校给予的处分不服向有关部门提出申诉，对学校、教师侵犯其人身权、财产权等合法权益，提出申诉或者依法提起诉讼。"根据这一规定，提起申诉的人必须是受教育者或其监护人，被申诉人是学校或教师，申诉的事项必须符合教育法规定的受理范围。

根据《教育法》的规定，学生申诉的范围包括以下三个方面。

第一，对学校做出的各种处分不服，如警告、严重警告、记过、留校察看、勒令退学、开除学籍等，可以申诉。

第二，对学校或教师侵犯其人身权，如在教育活动中对其进行体罚或变相体罚，限制其人身自由权等合法权益者，可以申诉。

第三，对学校或教师侵犯其财产权，如非法乱收费、乱摊派、乱罚款，非法没收其财物，强迫其购买非必需教学物品或无必需物品等权益者，可以申诉。

三、教育申诉的程序

（一）申诉的提出

申诉的提出必须符合下列条件。

1. 符合法定申诉范围

我国《教育法》《教师法》对教育申诉的范围做了明确规定。凡在此范围内提起的申诉，才会被有关机关受理，否则申诉不予受理。

2. 有明确的理由和请求

从申诉的理由看，一般是被申诉人侵害其合法权益，或者被申诉人的处理决定不当等。申诉人根据其理由应当向受理机关提出申诉要求。

3. 以法定形式提出

教育申诉应当以书面形式提出。申诉书中应载明申诉人的姓名、性别、年龄、住址；被申诉人的名称、地址以及法定代表人的姓名、性别、职务；申诉要求；申诉理由；附项等。

（二）申诉的受理

在对教育申诉的受理上，主管教育行政部门接到申诉书后，要对申诉人的资格和申诉条件进行认真审查，并就不同情况，做出相应处理。对于符合申诉条件的应予以受理；而对于不符合申诉条件的，可以答复申诉人不予受理；如果申诉书未说清理由和要求时，应要求申诉人重新提交申诉书。

（三）申诉的处理

受理机关对于受理的申诉案件，在进行调查研究，全面核查的基础上，应区别不同情况，分别做出如下处理决定：

（1）学校或者其他教育机构的管理行为符合法定权限和程序，适用法律法规正确，事实清楚，则维持原处理结果；

（2）管理行为有形式上和程序上不足的，可以责成被申诉人改正；

（3）被申诉人不履行法律、法规职责的，可责令其限期改正；

（4）管理行为的一部分适用法律、法规错误，处理不当或越权的，可以变更原处理结果；

（5）管理行为违反法律法规，越权或滥用职权，处理明显不当的，可以撤销原处理决定，或责成被申诉人重新处理；

（6）学校或者其他教育机构的管理行为所依据的内部规章制度与法律法规及其他规范性文件相抵触的，可以决定撤销其内部管理规定或者责成学校或者其他教育机构对其内部管理规定进行修改。

教育行政部门应当在接到申诉书的次日起30日内，做出处理。逾期未做处理或者久拖不决的，若申诉内容涉及人身权、财产权及其他属于行政复议、行政诉讼受案范围的，申诉人可依法提起行政复议或行政诉讼。

（四）处理的送达

受理机关做出申诉处理决定后，应当制作行政处理书，并将决定书发送当事人。申诉处理决定书自送达之日起生效。同时，还应告知当事人如果不服该决定时，可以依法提起行政复议或行政诉讼的途径和时限。

第二节 教育行政复议制度

一、教育行政复议制度概述

(一) 教育行政复议的概念

教育行政复议是指公民、法人或其他组织认为教育行政机关的具体行政行为侵犯其合法权益，依法向上级行政机关或法律法规规定的其他政府机关提出重新处理的申请，由行政复议机关依法对该教育行政行为的合法性和适当性进行审查并做出处理决定的法律制度。1999年4月29日，第九届全国人大常委会第九次会议通过了《中华人民共和国行政复议法》(以下简称《行政复议法》)，并于该年10月1日起实施，该法为教育行政复议行为提供了制度的保障。

(二) 教育行政复议的含义

(1) 教育行政复议只能由作为教育行政部门行政行为的相对人提起，除此之外，任何其他主体不得提起教育行政复议。

(2) 教育行政复议权只能由做出具体行政行为的教育行政机关的上一级行政机关或法律授权的组织行使。

(3) 教育行政复议对于公民、法人和其他组织是维护其权益的一种程序性权利，不得非法剥夺，但公民、法人或其他组织可以资助处分自己的程序性权利，既可以提起行政复议，也可以放弃行政复议的权利。

(4) 教育行政复议的对象原则上只能是教育行政机关做出的具体行政行为。

(三) 教育行政复议的目的

1. 保护教育法律关系主体的合法权益

教育行政复议是公民、法人和其他组织认为教育行政机关的行政行为侵犯其合法权益时向上级行政机关申请复议，请求复议机关依法保护其合法权益的法律制度。在教育行政管理的领域内，教育行政部门总是处于主动的强势地位，如果没有行政复议或者行政诉讼，公民、法人或其他组织即使认为自己的合法权益受到了教育行政部门的侵害，除了服从之外，也别无选择。因此必须设置教育复议制度，以保护教育法律关系主体的合法权益。

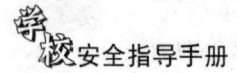

2. 防止和纠正教育行政部门的违法或不当行为

教育行政复议制度一方面保护了教育法律关系主体的合法权益，另一方面对于教育行政部门的违法或不当行为也及时予以了纠正。通过教育行政复议，上级行政机关对于下级行政机关的具体的行政行为进行审查，发现下级行政机关的具体行政行为违法或不当，做出相应的撤销或变更决定，这样可以及时纠正教育行政部门的违法或不当行为，保证教育行政部门做出的教育行政行为的合法性和合理性。

3. 保障和监督教育行政机关依法行使职权

教育行政复议的结果有两种，一种是认为教育行政行为合法、适当，应予维持；另一种是教育行政行为违法、不当，应予以撤销或变更。正是通过教育行政复议，一方面可以加强上级行政部门和社会对教育行政部门行政行为的监督，另一方面也可以督促教育行政部门自身保持行政行为的合法性和适当性，以更好地行使法定职权。

二、教育行政复议的基本原则

（一）合法原则

教育行政复议的合法原则是行政法治原则在教育行政复议中的体现，指复议机关在行使复议权时必须合法。首先是复议机关和复议机构主体必须合法；其次是审理复议案件的依据应当合法；最后是审理复议案件的程序应当合法。

（二）公正原则

公正原则是指教育行政复议机关在行使复议权时应当公正地对待复议双方的当事人，不能有所偏袒，教育行政复议机关的复议活动不仅应当是合法的，而且应当是公正的，即应当在合法性的前提下尽可能做到合理充分，无偏私。

（三）公开原则

公开原则是指教育行政复议活动应当公开进行，复议案件的受理、调查、审理、决定等一切活动，都应该尽可能地向当事人、公众及新闻媒体公开，使社会各界了解行政复议活动的基本情况，避免因"暗箱操作"而可能导致的不合理，甚至腐败现象。

（四）及时原则

及时原则主要包括以下内容：首先是授理行政复议申请应当及时；其次是复

议案件的审理要按审理期限审结案件；再次是做出复议决定应当及时；最后是对复议当事人不履行复议决定的情况，复议机关应当及时处理。

（五）便民原则

便民原则是指教育行政复议机关在复议的一切环节和步骤上应做到因地制宜，尽最大可能使教育行政复议制度能够方便、有效地进行，使一切认为自己权利受到教育行政部门行政行为侵害的公民、法人和其他组织的权益能够得到维护。

（六）有错必纠原则

有错必纠原则是指教育行政复议机关对于被申请复议的行政行为进行全面的审查，不论是违法，还是不当，也不论申请人有否申请，只要是发现该行政行为存在错误就一律予以纠正。

（七）诉讼终局原则

诉讼终局原则是指教育行政复议机关的复议决定不是最终发生法律效力的决定，辅以当事人对该决定不服的，可以在法定期限内向人民法院提起行政诉讼。

三、教育行政复议的程序

（一）申请

教育行政复议申请是指公民、法人或者其他组织依法向行政复议机关提出请求，要求对被申请教育行政部门的具体行政行为进行复查并对其做出决定。行政复议实行"不告不理"原则，即复议机关不能主动复议。因此行政复议的程序以申请人申请为前提，申请人申请行政复议，必须满足一定条件。

1. 一般条件

一般条件是申请人提起教育行政复议都必须具备的条件，即所有的教育行政复议都要符合的条件。

（1）申请人符合资格。即申请人是认为具体教育行政行为侵犯其合法权益的公民、法人或者其他组织。只有合法权益受到具体行政机关侵犯的公民、法人或者其他组织才有权提起行政复议。

（2）有明确的被申请人。复议申请人提出复议申请必须明确指出哪一个教育行政机关做出的具体行政行为侵犯了自己的合法权益，否则复议机关不予受理。因为没有明确的被申请人，就意味着教育行政复议无法进行，也意味着没有人承担责任。

（3）有具体的复议请求和事实根据。具体的复议请求是申请人提出的主张，即要求复议机关保护自己哪些具体权益和提供哪些具体救济。明确的事实根据是指能证明教育行政机关做出具体行政行为的材料，如行政处罚书等能够支持其复议请求的证据材料和其他材料。复议请求是申请人的复议主张，事实根据是支持复议主张的材料，这是复议申请必须具备的条件。

（4）属于复议范围和受理机关管辖。公民、法人或其他组织只能按照法律、法规的规定提出复议申请，不在行政复议范围内的复议机关不予受理。同时，申请复议必须向有管辖权的复议机关提出，复议机关无权受理不属于自己管辖的复议案件。

（5）法律法规规定的其他条件。如有关法律法规规定了其他特别条件的，申请人还应具备与其相对应的条件，如不属于人民法院已经受理的行政案件等。

2. 时间条件

时间条件又称申请时效，申请时效是对申请复议权的时间限制，超过申请时效，将丧失申请复议的权利。公民、法人或者其他组织认为具体教育行政行为侵犯其合法权益的，可以自知道该具体行政行为之日起60日内提出行政复议申请，因不可抗力或者其他正当理由耽误法定申请期限的，申请期限自障碍消除之日起继续计算。法律规定申请时效是为了促使申请人尽快行使复议申请权，以利于复议案件的处理和行政秩序的稳定。所以申请人一定要注意申请复议的时间条件，避免因为时间的拖延而丧失申请教育行政复议的权利。

3. 形式条件

形式条件是指申请人提出复议申请应当提交书面复议申请书。在申请人书面申请确有困难时，可以口头申请，行政复议机关应当当场记录申请人的基本情况。

（二）受理

教育行政复议机关接到行政复议申请后，应当在5日内进行审查，对于符合申请复议条件的，应当立案受理。对于不符合法定条件的，应当裁定不予受理。受理复议申请既是复议机关的职权，也是其职责，必须严格依法履行。

如果申请人不服不予以受理的裁决，可以有两种选择，其一是将情况向复议机关的上一级行政机关反映，上级行政机关认为复议机关无正当理由拒绝受理的，应当责令其受理或者必要时可直接受理；其二是向人民法院提起诉讼，对于行政复议机关决定不予受理或者受理后超过行政复议期限不做答复的，公民、法人或者其他组织可以在收到不予受理裁定书起15日内向人民法院起诉。

（三）审理

教育行政复议机关受理复议申请后，应全面审查具体行政行为所依据的事实和规范性文件，并最终做出复议决定。

复议机关应当自受理之日 7 日内将复议申请书副本发送被申请人，被申请人应当在收到复议申请书副本之日起 10 日内，向复议机关提交做出具体行政行为的有关材料或者证据，并提出答辩书。被申请的教育行政机关提交的证据应当是具体行政行为做出之前收集到的证据，在做出具体行政行为之后收集到的证据，复议机关不予采纳。

教育行政复议在一般情况下实行书面复议制度，但申请人提出要求或者复议机关认为有必要时，可以向有关组织和人员调查情况，听取申请人、被申请人和第三人的意见。

（四）决定

教育行政复议的决定，失职教育行政复议机构对于案件进行初步审查，提出意见，经行政复议机关的负责人审查同意或者集体讨论通过后，就有关具体行政行为是否合法、适当所做出的书面裁断。教育行政复议决定的种类包括：维持决定、履行决定、撤销决定、变更决定、确认决定和行政赔偿决定等。

1. 维持决定

维持决定是教育行政复议机关经过对具体行政行为的审查，认为具体行政行为认定事实清楚，证据确凿，适用依据正确，从而做出否定申请人指控，维持原具体行政行为的决定。

2. 履行决定

履行决定是教育行政复议机关经过审查，认定被申请人没有履行法律、法规和规章规定的职责，做出责令其在一定期限内履行职责的决定。

3. 变更决定

变更决定是教育行政复议机关经过对具体行政行为的审查，认为该具体行政行为违法或者不当，做出改变原具体行政行为的决定。

4. 撤销决定

撤销决定指教育行政复议机关经过对具体行政行为的审查，认为具体行政行为违法或不当，做出否定具体行政行为的决定。

5. 确认决定

确认决定是指教育行政复议机关经过审查有关行政机关的不作为行为或事实

行为，宣布该行为违法的复议决定。

6. 赔偿决定

赔偿决定是指公民、法人或其他组织在申请行政复议时可以一并提出行政赔偿请求，行政复议机关对符合国家赔偿法的有关规定应当予以赔偿的，在决定撤销、变更或改变原具体行政行为的同时，应当决定由被申请的教育行政机关对被申请人依法给予赔偿。

（五）执行

申请人对复议决定不服的，可以在收到复议决定书之日起 15 日内向人民法院提起行政诉讼。如果申请人逾期不起诉又不履行复议决定，由行政机关申请人民法院强制执行，或者由自己依法强制执行。

对于复议申请人，如果复议机关在受理之后 60 日内没有做出复议决定，可以在 60 日届满后的 15 日内，向人民法院提起行政诉讼。但此时原告可能会将复议机关作为被告，理由是复议机关不履行法定职责。

第三节 诉讼法律制度

诉讼法律制度是教育法律救济当中的最后一道屏障，也就是说，当前面的救济程序都没有使当事人的合法利益得到维护时，可以请求向人民法院提起诉讼，以诉讼制度来保证公民、法人或者其他组织的合法权利，维护社会的正常秩序。在我国，行政诉讼与民事诉讼、实行诉讼并称三大诉讼制度，分别解决不同范围的法律纠纷，当事人可以根据案件的具体形式来确定自己打算提起的诉讼种类。

另外值得强调的是，诉讼是一门专业性很强的司法制度。在一般情况下，当事人应尽量委托律师等专业人员代为诉讼。但作为教育工作者，掌握基本的诉讼常识也是非常必要的。

一、行政诉讼制度

（一）行政诉讼制度概述

行政诉讼是法院应公民、法人或者其他组织的请求，通过审查行政行为合法性的方式，解决特定范围内行政争议的活动。

与其他诉讼制度和救济制度相比较，行政诉讼制度具有以下特点：

（1）行政诉讼是法院通过审判的方式进行的一种司法活动，只有通过法院解决行政争议的司法活动才能叫行政诉讼。

（2）行政诉讼是通过审查行政行为合法性的方式解决行政争议的活动，以审查行政行为为核心内容。

（3）行政诉讼是解决特定范围内行政争议的活动，并非所有的行政争议都能够通过行政诉讼予以解决。按照《行政诉讼法》的有关规定，行政诉讼只解决行政机关实施具体行政行为时与公民、法人或其他组织形成的争议。

（4）行政诉讼当事人地位具有特殊性。行政诉讼的被告只能是作为行政主体的行政机关或者法律法规授权的组织。

（5）行政诉讼具有一些特殊的制度设计，如法院一般只审查行政行为的合理性；不能够适用调解；被告负举证责任；被诉行政行为不停止执行等。这些制度设计都是为了更好地维护当事人的合法权益，保证社会的正常秩序。

（二）行政诉讼的受案范围

行政诉讼的受案范围，是指人民法院受理行政案件，解决行政争议的范围。它规定了司法机关对行政机关的行政行为的监督范围，规定了受到行政机关侵害的公民、法人和其他组织诉权的范围，也规定了行政机关终局裁决权的范围。

根据《行政诉讼法》的有关规定，我国行政诉讼受案范围的设定有下述四项标准。

1. 具体行政行为标准

行政机关的行政行为涉及公民所有的权利和义务，但并非所有的行政行为都可以进入行政诉讼程序。具体的行政行为是指具有国家行政权力的机关和组织及其工作人员做出的行政行为，公民、法人或者其他组织对此不服，依法提起诉讼的，属于人民法院行政诉讼受案范围。与具体行政行为相对应的是抽象的行政行为，抽象的行政行为是指行政机关基于法律、法规的授权，针对不特定的人或事制定和发布普遍使用的行为规则的行为。抽象行政行为本质上是一种立法行为，这是它与具体行政行为的最根本的区别，也是决定其不能提起行政诉讼的最主要因素。

2. 人身权、财产权标准

人身权、财产权标准是指人民法院只受理涉及人身权、财产权的行政案件。侵犯人身权、财产权的具体行政行为无论其具体表现为何种形式，都在行政诉讼的受案范围之列。人身权、财产权标准的确立主要是考虑到人身权、财产权为公民、法人或者其他组织最重要的权利，国家必须依靠行政诉讼制度从法律方面加以严格保护。

3. 违法侵权标准

违法侵权标准是指人民法院只受理公民、法人或者其他组织认为具体行政行为违法的案件。所谓违法是指具体行政行为违反了法律的规定和法律的要求，它包括以下方面：超越职权、违反法定程序和滥用职权。具体行政行为没有违法就没有可诉性。

4. 法律上的利害关系

法律上的利害关系标准是指与具体行政行为有法律上利害关系的公民、法人或者其他组织对该行为不服的，可以依法提起行政诉讼。所谓法律上的利害关系，是指具体行政行为的做出直接影响到公民、法人或者其他组织法律上的权利义务关系。当事人的合法权益受到具体行政行为的侵害时，该受到侵害的权益必须属于法律所要保护的权益范围之内，才能称得上与该具体行政行为有法律上的利害关系。

（三）行政诉讼的程序

1. 起诉

起诉，是指公民、法人或者其他组织依其在行政诉讼中单方面享有的诉讼权利，在认为行政机关的具体行政行为侵犯其合法权益时，依法请求人民法院通过行使国家审判权给予司法救济的诉讼行为。

在行政诉讼中，起诉需要满足六个基本条件：原告是认为具体行政行为侵犯其合法权益的公民、法人或者其他组织；有明确的被告；有具体的诉讼请求；有明确的事实根据；属于人民法院的受案范围；属于受诉人民法院管辖。

2. 受理

受理是指人民法院对公民、法人或其他组织的起诉进行审查，对符合法律规定的起诉条件的案件决定立案审理的诉讼行为。对于符合起诉条件的，受诉人民法院应当在受到起诉状之日起7日内立案。对于不符合起诉条件的，应当自受到起诉状之日起7日内做出不受理的裁定。

3. 审理

审理程序是真正意义上的行政性诉讼程序，是从案件受理到终审判决执行完毕的全部过程，包括第一审程序、第二审程序、再审程序和执行程序，但并非每个案件都要经历上述程序，除了第一审程序外，其他程序都要在特定条件下才能发生。我国《行政诉讼法》规定我国行政诉讼一审案件的一般审理期限是3个月,二审案件为收到上诉状后2个月,延长审理期限必须在审理期限届满前得到高级人民法院的批准。

二、民事诉讼制度

(一) 民事诉讼制度概述

民事诉讼是指人民法院在当事人和其他诉讼参与人的参加下,审理和解决民事案件的活动以及在这种活动中产生的各种法律关系的总和。

与其他法律救济制度相比,民事诉讼具有如下几个特点:
(1) 民事诉讼是在国家审判机关的主持下进行的;
(2) 民事诉讼的进行应当依照严格的诉讼程序和诉讼制度;
(3) 民事诉讼具有强制性。

(二) 民事诉讼的受案范围

民事诉讼的受案范围主要有三类。第一类是由受民法调整的民事主体间的财产关系和人身关系所引起的纠纷,第二类是由受劳动法调整的劳动关系所引起的依法应适用《民事诉讼法》审理的劳动争议纠纷,第三类是法律规定的适用《民事诉讼法》审理的其他纠纷或事项。

1. 第一类纠纷范围

第一类纠纷主要涉及婚姻家庭纠纷;继承遗产纠纷;土地纠纷;房屋纠纷;各种物权纠纷;相邻关系纠纷;涉及人身权纠纷;债务纠纷;知识产权纠纷;各种票据纠纷。

2. 第二类纠纷范围

第二类纠纷主要涉及劳动合同争议纠纷;除名、辞退或开除争议纠纷;对企业做出的其他处理或处分决定不服争议纠纷;关于是否工伤的认定争议纠纷;其他纠纷。

这类纠纷或争议引起民事官司的前提条件是必须先由相关的劳动争议管理部门进行仲裁,当事人对仲裁结论不服才可以去法院打官司,未经仲裁不能直接向法院提起诉讼。

3. 第三类纠纷范围

第三类纠纷是指上述纠纷种类尚不能包括进去的其他纠纷或非纠纷。如选民不服选举委员会对选民资格的申诉所做的处理决定而引起的纠纷,申请宣告死亡、失踪，申请认定公民无民事行为能力或限制行为能力，申请认定财产无主等非纠纷。

(三) 民事诉讼的程序

1. 起诉

起诉是指公民、法人和其他组织在其民事权益受到侵害或与他人发生争议时，向人民法院提起诉讼，请求人民法院通过审判予以司法保护的行为。起诉时当事人获得司法保护的手段，也是人民法院对民事案件行使审判权的前提。

起诉的条件是：原告必须是与本案有直接利害关系的公民、法人或其他组织；有明确的被告；有具体的诉讼请求、事实和理由；属于人民法院受理民事诉讼的范围和受诉人民法院的管辖。

2. 受理

受理是指人民法院通过对当事人的起诉进行审查，对符合法律规定条件的，决定立案审理的行为。人民法院对于起诉符合法定条件的，应当在7日内立案并通知当事人，对于起诉不符合法定条件的，应当在7日内裁定不予受理。原告对不予受理裁定不服的，可以提起上诉。

3. 审理

我国的民事诉讼中的审理包括一审程序、二审程序和审判监督程序。我国为了通过民事诉讼公正、合理解决民事纠纷，确保案件审判质量，保护当事人的合法权益，在审级制度上规定了两审终审制，在此之外又规定了审判监督程序，弥补审级少或单纯法院判案的不足，对确有错误的已经生效的一审或二审裁判进行纠正。所以说，以两审终审为基础，以再审和审判监督制度为补充的我国民事诉讼程序制度，为民事案件的公正、及时解决提供了基本保障。

在一审当中，普通程序的一般审理期限是6个月，二审的一般审理期限是3个月。

(四) 学校安全诉讼中的常见民事证据

民事诉讼证据是指能够证明民事案件真实情况的一切客观事实。根据《民事诉讼法》第63条的规定，证据有下列几种：(一) 书证，以文字、符号、图画等所表达的思想内容来证明案件事实的书面文件或其他物品；(二) 物证，凡是以自己存在的外形、重量、规格等标志证明待证事实的物品或痕迹的都是物证；(三) 视听资料，利用录音、录像以及电子计算机储存的资料来证明待证事实的证据；(四) 证人证言，证人以口头或书面形式，就他们了解的案件情况向人民法院所做的陈述；（五）当事人陈述，当事人就有关案件的事实情况向人民法院所做的陈述；（六）鉴定结论，鉴定人运用自己的专业知识和技能，对某些专业性问题进行鉴定后做出科学的结论意见；（七）勘验笔录，审判人员对与案件争议有关的现场和物品进行查验、拍照、测量后所制作的笔录。

在司法实践当中，涉及学校安全的民事诉讼案件一般会涉以下证据：

（1）纠纷发生的时间、地点、起因的证据；其他部门处理纠纷的相关证据；

（2）被告实施侵害行为的证据；

（3）人身受到侵害及伤害后果的证明（病情诊断、法医鉴定、有关照片等）；

（4）赔偿医疗费、误工费、护理费及交通费的证据（医疗费单据、误工天数和误工收入的证据、医疗部门准许专人护理的证明和护理费凭证、车船票等）；

（5）要求赔偿丧葬费或生活费的，关于亲属关系的证明、受害者生前抚养、扶养、赡养情况的证明、丧葬费凭证；

（6）被告无过错或受害人对发生损害亦无过错的证明；

（7）其他证据。

三、刑事诉讼制度

在教育领域，还有相当数量的案件触犯了刑事法律，要受到刑法的处罚，这就要经过刑事诉讼程序。

（一）刑事诉讼制度概述

刑事诉讼是指审判机关、检察机关和侦查机关在当事人以及诉讼参与人的参加下，依照法定程序解决被追诉者刑事责任问题的诉讼活动。

刑事诉讼制度具有以下的特征：

刑事诉讼是实现国家刑罚权的活动；刑事诉讼由国家专门机关负责进行；刑事诉讼必须有当事人和其他诉讼参与人的参加；刑事诉讼必须依照法定程序进行。

（二）刑事诉讼的受案范围

（1）受理人民检察院提起公诉的各类刑事案件。

（2）人民法院直接受理下列刑事自诉案件。

①告诉才处理的案件；

②人民检察院没有提起公诉，被害人有证据证明的轻微刑事案件。

③被害人有证据证明对被告人侵犯自己人身、财产权利的行为应当依法追究

刑事责任,而公安机关或者人民检察院已经做出不予追究的书面决定的案件。

(三)刑事诉讼的程序

1. 立案

刑事诉讼中的立案,是指公安机关、人民检察院发现犯罪事实或者犯罪嫌疑人,或者公安机关、人民检察院、人民法院对于报案、控告、举报和自首的材料,以及自诉人起诉的材料,按照各自的管辖范围进行审查后,决定作为刑事案件进行侦查或者审判的一种诉讼活动。

立案的材料来源有三个。首先是公安机关或者人民检察院直接发现的犯罪事实或者获得的犯罪线索;其次是报案、举报和控告;最后是犯罪人的自首。立案必须同时具备两个条件,一个是必须要有犯罪事实,二是需要追究刑事责任。

2. 侦查

侦查是指公安机关、人民检察院在办理案件过程中,依照法律进行的专门调查工作和有关的强制性措施。侦查的任务就是依照法定程序发现和收集有关案件的各种证据,查明犯罪事实,查获和确定犯罪嫌疑人,并采取必要的强制性措施,防止现行犯和犯罪嫌疑人继续进行犯罪活动或者逃避侦查、起诉和审判,从而保证刑事追诉的有效进行。

侦查行为包括询问犯罪嫌疑人、询问证人和被害人、勘验检查、搜查、扣押物证书证、鉴定和通缉等。

3. 提起公诉

提起公诉是指行使国家公诉权的检察机关,对公安机关侦查终结移送起诉的案件或者对自行侦查终结的案件,经过全面审查,确认侦查阶段所搜集的证据已经确实、充分,犯罪嫌疑人的行为已经构成犯罪,依法应当追究刑事责任而提请人民法院审判的一项诉讼活动。

4. 审理

审理是指人民法院在控辩双方以及其他诉讼参与人的参加下,调查核实证据、阐明案件事实并审查如何适用法律的活动。刑事案件经过人民检察院向人民法院提起公诉或者经自诉人向人民法院提起自诉,即进入审理程序。

我国《刑事诉讼法》规定了四种基本的审理程序,即第一审程序、第二审程序、特殊案件的复核程序和审判监督程序。人民法院审理一审和二审的公诉案件,应当在受理后1个月以内审判,最长不得超过1个半月,适用简易程序的在20天内审结。

第四节　学校安全事故中的证据

一、证据的概述

证据是诉讼中用来证明案件真实情况（或者能够证明案件真实情况）的客观真实材料。中国《刑事诉讼法》第 42 条规定："证明案件真实情况的一切事实，都是证据。"刑事诉讼法关于证据概念的规定具有代表性，对于民事诉讼和行政诉讼证据都是适用的。在学校安全工作当中，证据是非常重要的。尤其是 2009 年 12 月我国最新出台的《侵权责任法》中，加大了学校安全事故中学校的举证责任。在司法实践当中有一句谚语，叫作"打官司就是打证据"，当事人提出的事实，都必须要用证据来证明，让证据来说话。假如学校在涉及学校安全的司法程序下拿不出相应的证据，即使事实上并不存在过错，也有可能会承担相应的法律责任。所以，学校在安全工作当中，不仅要重视事故发生时的各种证据，也要注意收集整理学校在日常工作当中的各种证据材料。例如，出入校门的登记记录、学校安全检查记录、学生体检记录等。

二、证据的特征

在判断一个事实资料能否作为证据使用时，需依据证据所具有的三个特性：

第一，客观性，即证据是客观存在的或者是对客观存在的客观反映。如书证、物证，要求应当是原件；而证人证言、当事人陈述等证据则只能是对客观存在的客观反映。

第二，关联性，即证据与待证事实之间需存在一定的内在联系。

第三，合法性，即证据需符合法定形式要求以及收集证据的程序应合法。根据《最高人民法院关于民事诉讼证据的若干规定》（以下简称《证据规定》）第 58 条的规定，以侵害他人合法权益或者法律禁止性规定的方法取得的证据，不能作为认定案件事实的依据。该条文作为民事诉讼中证据的排除规则，排除了以侵害他人合法权益或者法律禁止性规定的方法取得的证据在民事诉讼中的运用。

三、证据的种类

关于诉讼证据的种类或者具体表现形式，中国三大诉讼法均有相应的规定。

《刑事诉讼法》第 42 条规定："证据有下列七种：（一）物证、书证；（二）证人证言；（三）被害人陈述；（四）犯罪嫌疑人、被告人供述和辩解；（五）鉴定结论；（六）勘验、检查笔录；（七）视听资料。"

《民事诉讼法》第 63 条规定："证据包括：（一）当事人的陈述；（二）书证；（三）物证；（四）视听资料；（五）电子数据；（六）证人证言；（七）鉴定意见；（八）勘验笔录。"

《行政诉讼法》第 31 条规定："证据有以下几种：（一）书证；（二）物证；（三）视听资料；（四）证人证言；（五）当事人的陈述；（六）鉴定结论；（七）勘验笔录、现场笔录。"

证据是证明案件事实的唯一根据或手段（即所谓的证据裁判原则），而案件事实又是裁判的根据（即所谓以事实为根据、以法律为准绳原则），因此为了保障裁判公正，证据必须真实可靠。三大诉讼法均规定："证据经法庭审查属实，才能作为定案的根据。"

（一）书证

1. 书证的概念与特征

书证是指以文字、符号、图形等所记载的内容或表达的思想来证明案件真实的证据。这种物品之所以称为书证，不仅因它的外观呈书面形式，而且更重要的是它记载或表示的内容能够证明案件事实。从司法实践来看，书证的表现形式是多种多样的，从书证的表达方式上来看，有书写的、打印的，也有刻制的等；从书证的载体上来看，有纸张、竹木、布料以及石块等。而具体的表现形式上，常见的有合同、文书、票据、商标图案等。因此，书证的主要的表现形式是各种书面文件，但有时也表现为各种物品。书证在民事诉讼中是普遍被应用的一种证据，在民事诉讼中起着非常重要的作用。

2. 书证的分类

书证可以根据不同角度按不同标准做以下的分类：

（1）以制作书证的主体为标准进行的分类。分为公文书和私文书。公文书是指国家公务人员在职权范围内和企事业单位、社会团体在其权限范围内制作的文书。私文书是指公民个人制作文书。区分意义在于判断文书是否真实的方式不同。根据最高人民法院《证据规定》第 77 条第 1 款，国家机关、社会团体依职权制作的公文书证的证明力一般大于其他书证。之所以公文书证的证明力大于其他书证，其原因在于单位制作的书证是经国家机关、法人或者其他组织依照一定程序和格式，在行使自己职权范围内制作的各种文书。例如，人民法院的调解书、判决书、公证机关制作的公证书、婚姻登记机关颁发的结婚证、离婚证等。该类书证与其他书证相比更具客观性，只要没有相反证据加以推翻的话，其证明力应高于其他书证。

（2）以文书的内容和所产生的法律效果为标准进行的分类。可分为处分性书证和报道性书证。处分性书证是记载一定意思表示或行为而能设定、变更或消灭某一特定法律关系的书证，如委托书、遗嘱、契约、合同等。报道性书证，是指只是报道具有法律意义的事实，不以引起民事法律关系发生为目的的书证。如日记、信件等。依据该标准进行的划分意义在于，处分性书证能够直接证明有争议的民事权利义务关系，因而具有较强的证明力。报道性书证一般不具有直接的证明作用。

（3）以书证制作必须采用特定形式或履行特定手续为标准进行的分类。可以分为普通书证和特定书证。所谓普通书证是指具有一定思想内容，但法律不要求具备特定形式和履行特定手续的书证。如收条、借据等。特定书证，是指法律规定必须具备一定形式或必须经过特定程序或履行特定手续否则无效的书证。例如，公证机关公证收养关系成立的文书、涉外公证的认证书等就是特定书证。

（4）按书证的制作方式和来源的不同进行的分类，可将书证分为原本、副本、复印件和节录本。原本（或原件）是指文件制作人最初制作的文件；照原本全文抄录、印刷而具有原本效力的文件，称为副本；复印件是指用复印机复制的材料；节录本是指仅摘抄原本或正本文件部分内容的文件。我国《民事诉讼法》和最高人民法院的《证据规定》对于该类书证的提交有不同的规定，《民事诉讼法》规定，书证应当提交原件，提交原件有困难的，可以提交复制件，而《证据规定》规定，调查人员调查收集书证，可以是原件，也可以是经核对无误的副本或复制件。是副本或者复制件的，应当在调查笔录中说明来源和取证情况。

对书证做上述分类，有助于掌握各种书证的不同特点并认定其法律效力，便于当事人举证，便于人民法院审查核实和判断书证。

（二）物证

1. 物证的概念和特征

物证是指以其存在的形状、质量、规格、特征等来证明案件事实的证据。物证是通过其外部特征和自身所体现的属性来证明案件的真实情况，它不受人们主观因素的影响和制约。因此，物证是民事诉讼中重要的证据之一。民事诉讼中常见的物证有：争议的标的物（房屋、物品等）；侵权所损害的物体（加工的物品、衣物等）；遗留的痕迹（印记、指纹）等。

物证和其他证据相比，具有如下特征：

（1）物证具有较强的客观性、真实性。争议的案件事实都是已经发生的，是现实的客观存在。如果能够判定物证是真实的，通过物证与案件事实的联系，就能够用其来证明案件事实，因而物证具有较强的证明力。

（2）物证具有独立的证明性。物证是一种客观实在的，并不反映人的主观意志，比较容易审查核实。不像证人证言和当事人陈述那样，容易受主观因素和其他客观因素的影响。在大多数情况下，物证能独立证明案件事实是否存在，而不需要其他证据加以印证，即可成为认定事实的依据。例如，在因产品质量而引发的诉讼中，物证就可以直接作为定案的依据。因为，该产品作为争议的标的物本身就是物证。也就是说，只要查明该标的物质量是否符合要求，就可以直接认定案件事实，解决当事人之间的纠纷。从这个意义上讲，物证还具有一定的可靠性，所以有人也称物证是"哑巴证人"。

（3）物证具有不可代替的特定性。物证作为一种客观存在的具体物体和痕迹，具有自己的特有的特征，且被特定化于特定的物体之上。因此，它是不能用其他物品或者同类物品来代替的，否则就不能保持原物的特征。民事诉讼法明确规定："物证必须提交原物。"只有在提交原物确有困难时，才"可以提交复制品、照片"，但提交的复制品的一切特征必须与原物相同，照片也只能是原物的真实情况的反映。这种复制品和照片，只是固定和保存原物的方法，作为物证的仍是原来的物品和痕迹，而不是复制品和照片。

2. 物证的分类

物证可以按照不同的标准进行分类。

（1）按照与争议标的物的关系为标准，分为争议标的物的物证和非争议标的物的物证。所谓争议标的物的物证，是指诉讼中的当事人的民事权利义务关系所指向的对象，如双方当事人争议的不动产（房屋、土地）和动产（珠宝、古董）等。非争议标的物的物证，是指不是当事人民事权利义务所指向的对象，而是案件所涉及的作为物证的物品，如侵权行为所使用的工具等。

（2）按照物证是否便于保存为标准，分为易保存的物证和不易保存的物证。易保存的物证，是指在常规条件下不易改变其原有特性的物证，如彩电、冰箱等。不易保存的物证，是指在常规条件下容易改变其原有特性的物证，如药品、水产和食品等。

（3）依物证所起的证明作用不同，可以分为实物物证、痕迹物证、微量物证和气味物证。实物物证，是指以物体本身起证明作用的物证，如房屋、汽车等。痕迹物证是物体相互作用遗留的遗迹起证明作用的物证，如指纹、印记等。微量物证，是指以存在少量物质起证明作用的物证，如灰尘、粉末等。气味物证是指以某种物质散发的气味来起证明作用的物证，如废气等。

（4）依物证的出处为标准，可分为原始物证和复制物证。原始物证，是指凡证明内容直接来源于原始的物品，如劣质产品等。复制物证，是指证明的内容来自于原始物证的复制品，如有瑕疵产品的复制件等。

3. 物证与书证的区别

物证与书证之间有着明显的区别，其主要区别在于：

（1）物证以其存在、外形等外部特征和物质属性证明案件真实情况；书证则以文书或物品所记载的内容证明案件事实。

（2）法律对物证无特殊的形式上的特定要求，只要能以其存在、外形、特征证明案件事实，就可以作为物证；对书证则不同，法律有时规定必须具备特定形式或履行了特定的程序后，才具有证据效力。

（3）物证是一种客观实在，不反映人的主观意志；而书证是一定主体制作的，反映了人的主观的意志。

（三）视听资料

1. 视听资料的概念和特征

视听资料，是指利用录音、录像、电子计算机储存的资料和数据等来证明案件事实的一种证据。它包括录像带、录音片、传真资料、电影胶卷、微型胶卷、电话录音、雷达扫描资料和电脑储存数据和资料等。外国民事诉讼法一般都没有将视听资料作为一种独立的证据类型对待，仅将其归入书证和物证的种类中，我国民事诉讼法鉴于其具有独立的特点，将其归为一类独立的证据加以使用。

视听资料是通过图像、音响等来再现案件事实的，其特征具有生动逼真、便于使用、易于保管等特点。具体而言，首先，视听资料具有较强的生动性和真实性。由于视听资料是采用现代科学技术手段记录下的有关案件的原始材料，并且通过对该资料的回放能够再现当事人的声音、图像和数据等，它同物证一样不受主观因素的影响，所以能够比较客观地反映案件的事实。其次，视听资料还具有体积小、重量轻等优点，从而易于保管和使用。随着科学技术的发展，录音机、录像机、电脑、传真机等日渐普及，在人们的日常生活中，视听资料的来源和应用上都具有了更多的广泛性。作为证据种类不仅在民事诉讼中可以应用，而且在仲裁活动和非讼案件中也得以广泛应用，并越来越受到欢迎，它对人民法院的审判活动以及当事人和其他诉讼参与人的诉讼活动提供了更多的方便。

视听资料虽然具有生动逼真、便于使用、易于保管等特点，但也不能由此认为其是绝对可靠的证据，原因在于视听资料是可以通过剪接手段伪造变换的。因此，对视听资料需进行全面审查，具体分析。根据《证据规定》第22条规定："调查人员调查收集计算机数据或者录音、录像等视听资料的应当要求被调查人提供有关资料的原始载体。提供原始载体确有困难的可以提供复制件。提供复制件的，调查人员应当在调查笔录中说明其来源和制作经过。"人民法院在审查视听资料时，应查明该项视听资料的来源、录制的时间、地点、录制的内容、目的，参与录制的人，录制的形象和声音是否真实，以及该项视听资料的保管、储存情况等。凡窃听、偷录、剪接、篡改、内容失真的视听资料，都不能作为诉讼证据。

2. 视听资料的种类

视听资料是我国的诉讼证据上新增添的证据种类，它对于人民法院查明案情，提高审判质量，正确处理民事纠纷有着重要的价值，如何对视听资料这一新的证据种类进行划分，目前尚没有统一的见解和认识。但一般认为，视听资料应包括录音录像资料、电脑储存的资料和电视监视资料三大类。

录音录像资料，是指用现代科技的手段将声音、图像如实地加以记录，通过该记录的重放来证明案件事实的一种证据；电脑储存资料是指通过计算机中储存的数据和信息，来证明案件事实的证据；电视监视资料是指对特定人或物通过电视监视手段所获得的图像和声音，并用于证明案件事实的一种证据。

3. 视听资料与书证和物证的区别

（1）视听资料与书证。视听资料与书证既有相同之处也有不同之点。相同之处在于它们都以一定的思想内容来证明案件事实。区别在于：首先，书证是以书面文字形式记载的思想或者行为内容来证明案件事实的。视听资料主要是以音响、图像、数据来反映案件的内容的。但是，并不能否认的是视听资料中也有以文字形式反映人的思想的内容，但绝不是单纯地用文字和符号证明案件事实的；其次，书证是以静态的方式来证明案件事实的，而视听资料则是可以动态的方式来证明案件事实，其具有生动逼真的特点，书证则无可比拟。

（2）视听资料与物证。物证是以外部特征证明案件事实，而视听资料是以资料中的内容发挥证明作用。虽然都能够证明案件的真实，但作为独立的一种证据，两者又有着明显的区别。物证是以自己外部的形态、质量、规格、特征等来证明案件事实的；视听资料也能反映物的外部形状、规格、质量、特征，但却是以科技手段为载体的再现。

(四)证人证言

1. 证人证言的概念和特征

证人是指知晓案件事实并应当事人的要求和法院的传唤到法庭作证的人,证人就案件事实向法院所做的陈述称为证人证言。

根据我国《民事诉讼法》第70条第1款规定:"凡是知道案件情况的单位和个人,都有义务出庭作证。有关单位的负责人应当支持证人作证……"以上规定大致说明了诉讼证人的范畴。我国诉讼法规定的证人,包括单位和个人两大类。即凡是知道案件情况的单位和个人都有义务出庭做证。但这里有一个值得探讨的问题是,单位能不能像自然人一样出庭做证呢?单位显然是不能的。《民事诉讼法》第70条第2款规定,不能正确表达意志的人,不能做证。这一条是关于证人的能力方面的规定,在我国自然人作为证人,除必须了解案件的事实外,还须能够正确表达自己的意志。最高人民法院《证据规定》也进一步规定了不能正确表达意志的人不能作为证人。无民事行为能力和限制民事行为能力的人当待证事实与其年龄状况相适应的可以作为证人。因此,根据我国法律和司法解释,自然人虽然是无民事行为能力或限制民事行为能力的人,仍然能够作为证人对与自己年龄和智力状况相适应的待证事实做证。

证人证言具有三个方面的特征。第一,证人证言是了解案件事实的人提供证明。也就是说,证人必须是知道案件情况的,只有知道案情的人才能做证,知道案件情况的人并不一定都是亲眼所见,如盲人可以就其听到的事实进行做证。作证的人也并非一定要用言词形式做证才有效力,如聋哑人可以就自己亲眼所见,用哑语表达加以做证。第二,证人证言只包括能够正确表达意志的人就案件事实所做的陈述。例如,精神病人或年幼不能辨别是非,不能正确表达意志的人,所做的证人证言是无效的。第三,证人证言的真实性、可靠性受到多种因素的影响。证人作为自然人,对于案件的事实的感知要受到主观和客观各种因素的制约和限制。因此,证人证言可能有真有假,审判人员应尽可能地结合其他证据对其进行印证,印证后无误的,才可以作为认定案件事实的根据。

2. 证人证言的形式和评价

证人证言有两种形式,一是口头形式,二是书面形式。

口头形式,是指证人就所了解的案件事实向法庭所做的陈述。该形式是证人做证的基本形式。在审判实践中证人大多是以口头形式向法院陈述的,证人作证以到庭接受口头询问为主,主要是便于当庭质证和确认。依据《证据规定》,当事人向人民法院申请要求证人出庭做证时,应当在举证期限届满10日前提出,并经人民法院许可。且必须指明证人的姓名、住址，以便法院传唤，当事人虽未申请，法院为了查明一定的案情事实，也可依职权主动地传唤证人。

书面形式，是指以文字形式向人民法院陈述已知的案件事实。证人做证以到庭接受口头询问为原则，但"证人确有困难不能出庭"的，如年迈体弱或者行动不便无法出庭的；或特殊岗位确实无法离开的；或路途特别遥远，交通不便难以出庭的；或因自然灾害等不可抗力的原因无法出庭的；或其他无法出庭的特殊情况。经人民法院许可，证人可以提交书面证言。书面证言应当庭宣读，听取当事人的意见。但应注意的是，书面证言不应认为是"书证"，而是"证人证言"的一种表现形式。

证人证言应当是证人耳闻目睹的与案件有联系的客观情况，即引起民事法律关系发生、变更或者消灭的事实以及发生争议的事实。对于证人提供的证言只要其能将这些事实陈述清楚即可，并不要求证人对这些事实做主观上的评价。因此，证人陈述与案件无关的事实，不应作为证言的内容；证人的分析认识或者法律评价也不能作为证据。证人证言应是自己亲自所见所闻，如果是别人看到或听到转告的所谓传闻证言，也不能作为证人证言的内容。人民法院在分析证人证言时，还必须查明证人的身份以及他和当事人之间的关系。然后，再仔细地从证人的主观及客观因素两个方面来分析研究。对证人的主观因素方面，应考虑他的文化水平，对事物的理解程度，以及他的认识能力和表达能力等。在其客观因素方面，则应考虑证人当时所处的客观环境，如光线明暗、距离远近、室内或室外、嘈杂还是安静等。对证人证言分析判断时，应综合案件的全部情况及其他证据，加以全面分析、认真研究，只有这样才能确定证言的真伪及其效力的大小。

（五）当事人陈述

1. 当事人陈述的概念和特征

当事人陈述是指当事人在诉讼中就与本案有关的事实，向法院所做的陈述。当事人陈述作为证据的一个种类是我国的民事诉讼证据种类划分中的特色。当事人是民事诉讼法律关系的主体，由于与诉讼结果有着直接的利害关系，决定了当事人陈述具有真实与虚假并存的特点。因此，审判人员在运用这一证据时应注意防止将虚假的证据作为认定案件事实的根据，对于当事人的陈述应结合本案的其他证据进行审查核实，以确定作为认定案件事实的根据。

2. 当事人陈述的形式

当事人陈述分为口头陈述和书面陈述，也可以分为对案件事实的陈述和当事人的承认两类。当事人对案件事实的陈述，其目的在于取得有利于自己的后果。

当事人的承认,是指一方当事人向另一方当事人所证明的事实的真实性表示同意的一种陈述。

当事人的承认又可以分为审判上的承认和审判外的承认两种。审判上的承认,是指在审判案件时,当事人向法院所做的承认。这种承认是一方当事人对对方当事人所做的关于事实的陈述表示同意,一旦承认即可免除了对方当事人的举证责任。该承认的主体仅限于原告、被告、法定代理人、第三人、诉讼代表人和经被代理人特别授权的诉讼代理人等。审判外的承认,是当事人在法院外对某些事实所做的承认。这种承认不能作为免除举证责任的根据,因其没有人民法院的参与,对法庭不存在任何约束力。

人民法院对当事人陈述的可靠性的判断,必须综合全部案情和其他证据加以判定。在判断承认时必须审查承认是否系当事人自愿,如果存在受欺诈、恶意通谋和重大误解的情况,则不能认定承认的效力。

(六) 鉴定结论

1. 鉴定人的概念

鉴定人是指那些接受聘请或指派凭借自己的专门知识对案件中的疑难问题进行科学研究并做出具有法律效力结论的人。我国民事诉讼理论中普遍认为鉴定人是诉讼参与人,并在某种意义上认为鉴定人就是法官的帮手。在国外一般是将鉴定人纳入证人范畴,称为专家证人。

鉴定人与证人的不同之处在于:①法律对他们知识结构的要求不同。法律要求鉴定人必须具备某种专门知识,且能够解决案件中的专门性问题。证人则不一样,法律并未要求他们具备专门知识,只要他了解案情即使是文盲也可出庭作证。②知悉案件的时间不同。证人是在案件发生的过程中凭其五官感知案件的;而鉴定人是案件发生后通过阅卷和访问等途径了解案件情况的。③主体的特定性不同。鉴定人是用专门知识对某些专门性问题进行分析判断的人,只要具有所需的专门知识和技术条件,并且不存在法定回避情由的人,均可以被指定为鉴定人。因此,鉴定人具有可替代性;但证人则不同。根据我国法律的规定,无论证人有无专门知识,也无论证人是否存在回避情由,证人始终是证人,是证人就必须到庭做证,任何理由的推脱都是不允许的。与鉴定人相比,证人则具有不可代替性。

2. 鉴定人的诉讼权利与义务

为了保证鉴定人能顺利地进行鉴定和认真地做出科学鉴定结论。鉴定人在鉴定活动中应依法享有一定的权利并承担一定的义务。

鉴定人主要的诉讼权利是：①有权了解全部案件情况，并有权要求人民法院提供为进行鉴定所需要的材料；②有权询问当事人、证人以及参加检验证据和现场勘验等活动；③有权拒绝鉴定；④有权用本民族语言文字作鉴定结论；⑤有权请求给付必要的鉴定费用和劳务报酬。

鉴定人主要的诉讼义务是：①鉴定人接受鉴定任务后，除有正当理由外，必须按时到庭陈述鉴定结论；②鉴定人必须忠实地进行鉴定，对所需要鉴定的问题，必须认真负责地进行科学的实验、分析，做出科学的判断；③鉴定人必须接受审判人员、检察人员、当事人和诉讼代理人对所鉴定的内容、结论提出质询，并应给予科学的回答和说明；④要遵守鉴定纪律，妥善保管提交鉴定的物品的材料；⑤对鉴定中涉及国家秘密的内容，必须严格保密。

3. 鉴定结论的概念和特征

鉴定人运用专业知识、专门技术对案件中的专门性问题进行分析、鉴别、判断后做出的结论，称为鉴定结论。民事诉讼中的鉴定结论具有广泛性和多样性，通常有医学鉴定结论、文书鉴定结论、痕迹鉴定结论、事故鉴定结论、产品质量鉴定结论、会计鉴定结论、行为能力鉴定结论等。

鉴定结论作为诉讼证据中的一种，它具有三个基本特点：一是独立性。它是鉴定人根据案件的事实材料，按科学技术标准，以自己的专门知识，独立对鉴定对象分析、研究、推论做出的判断。二是结论性。其他证据仅就某一个方面或某几个方面做证，通常不可能有结论性意见。结论只能由法官去做。鉴定结论则不然，它不仅要求鉴定人叙述根据案件材料所观察到的事实，而且更重要的是必须对这些事实做出结论性的鉴别和判断。三是范围性。对这种专门性问题所做出的鉴别和判断，只限于应查明的案件事实本身，而不直接涉及对案件的有关法律问题做出评价。对法律问题的评价，应由审判人员去解决，而不应属于鉴定结论的范围。

4. 鉴定的程序

（1）鉴定人的确定。根据最高人民法院《证据规定》第25条规定，当事人申请鉴定，应当在举证期限内提出。对需要鉴定的事项负有举证责任的当事人，在人民法院指定的期限内无正当理由不提出鉴定申请或者不预交鉴定费用或者拒不提供相关材料，致使对案件争议的事实无法通过鉴定结论予以认定的，应当对该事实承担举证不能的法律后果。《证据规定》第26条同时规定，当事人提出申请鉴定，经人民法院同意后，由双方当事人协商选择鉴定机构和鉴定人；如果协商不成也可以由人民法院加以指定。

《证据规定》第 27 条规定，当事人对人民法院委托的鉴定部门作出的鉴定结论有异议申请重新鉴定，提出证据证明存在下列情形之一的：①鉴定机构或者鉴定人员不具备相关的鉴定资格的；②鉴定程序严重违法的；③鉴定结论明显依据不足的；④经过质证认定不能作为证据使用的其他情形。对有缺陷的鉴定结论，可以通过补充鉴定、重新质证或者补充质证等方法解决的，不予重新鉴定。另外，一方当事人自行委托的部门做出的鉴定的，另一方当事人有证据足以反驳并申请重新鉴定的，人民法院应予准许。

（2）鉴定部门的确定。鉴定部门的确定有两种情况：一种是法律或行政法规明确规定鉴定部门，例如，根据最高人民法院《医疗纠纷事故处理办法》中规定医疗纠纷的鉴定采用的是由医学会建立专家库，当事人可随机抽取进行的鉴定。另一种是法律和行政法规未对鉴定部门规定，由人民法院根据具体情况加以指定。

（3）鉴定结论的审查和判断。审判人员对鉴定人出具的鉴定书，应当审查是否具有下列内容：①委托人姓名或者名称、委托鉴定的内容；②委托鉴定的材料；③鉴定的依据及使用的科学技术手段；④对鉴定过程的说明；⑤明确的鉴定结论；⑥对鉴定人鉴定资格的说明；⑦鉴定人员及鉴定机构签名盖章。

鉴定人有责任在法庭上回答审判人员、当事人及其诉讼代理人提出的有关鉴定方面的问题。鉴定人应当出庭接受当事人质询。鉴定人确因特殊原因无法出庭的，经人民法院准许，可以书面答复当事人的质询。在法庭上进行的比较简单的鉴定，鉴定人也可用口头向法院提出鉴定意见，由书记员记入笔录，并由鉴定人在笔录上签名或盖章。不论以书面或口头方式提出鉴定意见，如有必要，当事人及其诉讼代理人都可以要求鉴定人对鉴定意见做补充说明或解释，这些说明和解释，也应记入法庭笔录，如果数个鉴定人的鉴定意见互相抵触，或鉴定人未能提出肯定的意见，或者人民法院对鉴定意见有怀疑时，除可要求鉴定人进行补充说明或补充鉴定外，还可以另行指定鉴定人再行鉴定。

（七）勘验笔录

所谓勘验，是指人民法院审判人员，在诉讼过程中，为了查明一定的事实，对与案件争议有关的现场、物品或物体亲自进行或指定有关人员进行查验、拍照、测量的行为。对于查验的情况与结果制成的笔录叫勘验笔录。勘验笔录是一种独立的证据，也是一种固定和保全证据的方法。

在勘验物证或者现场时，勘验人员必须出示人民法院的证件，邀请当地基层组织或者当事人所在单位派人参加，当事人或者他们的成年家属应当到场；拒不到场的，不影响勘验的进行。有关单位和个人根据人民法院的通知，有义务保护现场、协助勘验工作的进行。人民法院勘验物证或者现场，应当制作笔录记录勘验的时间、地点、勘验人、在场人、勘验的经过、结果，由勘验人、在场人签名或者盖章。对于绘制的现场图应当注明绘制的时间、方位、测绘人姓名、身份等内容。勘验笔录应把物证或者现场上一切与案件有关的客观情况，详细、如实地记录。在开庭审理时，审判人员应当庭宣读或出示勘验笔录和照片、绘制的图表，使当事人都能了解勘验的事实情况，并听取他们的意见。当事人要求重新勘验的，可以重新勘验。

勘验笔录是以其文字、图表等记载的内容来说明一定案件事实，从这个意义上来说，它与书证有相似之处，但不能认为它是书证。两者的主要区别是：①产生的时间不同。书证一般是在案件发生前或在发案过程中制作发生的；而勘验笔录则是在案件发生后，在诉讼过程中，为了查明案件事实，对物证或者现场进行检验后制作的。②制作主体不同。书证一般是由当事人或有关单位及公民制作的；而勘验笔录则是办案人员或人民法院指定进行勘验的人，执行公务依法制作的一种文书。③反映的内容不同。书证一般是用文字、符号来表达其内容，本身能直接证明案件的事实情况，是制作人主观意志的外部表现；而勘验笔录的文字、图片记载的内容，是对物证或者现场的重新再现，其内容不能有制作人的主观意思表示，完全是一种对客观情况的如实记载。④能否重新制作不同。书证不能涂改，也不能重新制作，要保持其原意；而勘验笔录则不同，若记载有误或不明确，可以重新勘验，并做出新的勘验笔录。

四、证据的范围

学校对于证据的收集不能盲目，一定要有目的性，有一定的范围，即围绕事件的主要事实进行。事件主要事实的构成要素包括责任主体、时间、地点、原因、主观过错、损害后果六大要素。学校要围绕这六个方面有针对性地收集证据。

（一）责任主体

学校要依法减轻或免除责任，首先要收集证据证明谁是真正的责任人。例如，学校向其他销售者采购食品而直接提供给学生，如果学校所购买的是合格厂家的、外观合格的产品，若发生了中毒事故，学校就不应是赔偿责任主体，因为对食品实际质量的判断已超出了学校应有的注意能力。真正的赔偿责任主体应是食品的生产者或者销售者，学校可以提供购买食品的购物发票等证据来协助学生向食品的生产者或者销售者索赔。

（二）时间

事故是发生在课堂上还是课间、是放学后还是放学前、是提前放学期间还是拖延放学期间等，对于认定学校和学生等相关各方的责任至关重要。

此外，事故持续时间的长短对于认定责任也很重要。如当教师在课堂上背对学生时，学生突然扔出一支铅笔、一把小刀等而造成伤害。由于学生致害行为的快捷性，对此教师是根本无法预见并制止的。这种在课堂上瞬间发生的快捷性动作，只要没有明显的能够被任课教师发现的"前奏"，就不应让教师承担责任。但是，如果学生的行为持续了较长的一段时间，教师应该发现却没有发现和制止，学校是不能免除责任的。

（三）地点

事故是发生在校内还是校外、是在操场上还是隐蔽的场所、是在一般的教室内还是实验室等，都直接影响着相关各方的责任认定。

（四）事故发生的原因

很多情况下学生伤害事故的发生属于"多因一果"，因此学校应有意识地收集造成学生伤害事故的各方面原因的证据。

（五）过错

学校要注意收集可以证明自己没有过错或过错较小方面的证据。

（六）损害后果

对此学校要慎重对待，必要时应申请法医鉴定。

五、学校应当如何收集学校安全事故中的证据

（一）要合法地收集证据

证据合法性的核心是指证据来源合法，即证据的收集方法、手段和程序要合法。如果证据是通过非法手段即以侵害他人合法权益或者违反法律禁止性规定的方法取得的，就不会被法庭采纳，不能作为认定案件事实的证据，甚至还要受到法律制裁。

（二）要客观、全面地收集证据

所谓客观、全面地收集证据，是指收集证据时要尽可能不带主观倾向，同时

要全方位地收集证据。

1. 收集证据要客观

伤害事故发生后,有的学校和教师为了摆脱责任,随意取舍,断章取义,甚至歪曲事实制造假证据以及指使、诱导学生做伪证。这样不仅无法达到维护自己和学校合法权益的目的,还可能带来严重的法律后果。

2. 收集证据要全面

学校和教师要注意全方位收集证据,不可忽视每一个细节。例如,在一桩教师体罚学生案件中,学生家长找到学校,称其孩子因教师体罚造成了外伤性癫痫,并向学校出示一份外伤性癫痫的诊断证明书。从医学角度看,造成外伤性癫痫必须具备的条件之一,就是受害人受伤当时有昏迷倒地的情况。学校注意细节,全面收集证据,取得了确凿的材料证明学生在受伤当时根本没发生昏迷倒地的情形,并在诉讼中申请进行法医鉴定。鉴定结论最终否定了学生患有外伤性癫痫的诊断证明。

(三)要及时收集证据

多数证据存在时效性,随着时间推移会发生不同程度的变化,造成收集困难,或者是证明力降低,甚至消失。例如,学生就餐后出现中毒症状,学校必须及时保留残羹送交检验,以查明中毒原因。又如,作为证人的目击者、其他知情者都可能随着时间的延长而对事故发生时的情况出现记忆不清、难以回忆甚至基本忘掉的情况。对未成年学生证人来说,受认知能力所限,此种情形更为明显。因此,伤害事故发生后,如果不及时获取有效证据就很难确保证人证言的客观真实性和证明力。一般来说,在事故发生当时或短暂时间内获取的未成年学生的证言,要比在事故发生半年之后获取的未成年学生的证言的真实性高、证明力强,被法庭采信的可能性大。

(四)要尽力收集最佳证据

证据有以下种类:书证、物证、视听资料、证人证言、当事人陈述、鉴定结论和勘验笔录。各种类型的证据本身的证明力是存在差异的。根据最高人民法院《证据规定》,就数个证据对同一事实的证明力,可以依照下列原则认定:①国家机关、社会团体依职权制作的公文书证的证明力一般大于其他书证;②物证、档案、鉴定结论、勘验笔录或经过公证、登记的书证,其证明力一般大于其他书证、视听资料和证人证言;③原始证据的证明力一般大于传来证据;④直接证据的证明力一般大于间接证据;⑤证人提供的对与其有亲属或其他密切关系的当事人有利的证言,其证明力一般小于其他证人证言。这就要求学校尽力收集最佳证据,即尽量收集形式和格式符合法律要求以及证明力较大的证据。具体来说,要注意以下几个问题。

第一,对书证的要求。学校制定的规章制度、对学生的安全教育材料、学生的学习成绩单、考勤记录、日记、书信、支付部分赔偿款的收据、当事人自行达成的赔偿调解协议以及伤害事故发生后由教育、公安、卫生等相关部门在职权范围内对事故发生的原因及事实经过进行客观调查而形成的书面材料等,都属于书证。收集书证要收集原件,收集到复印件的,要证明复印件与原件一致,如在复印件上加盖相关单位的公章或者档案材料专用章等;对于无法与原件核对的复印件,又没有其他证据佐证的,法院是不会将其作为认定事实的证据的。

第二,对物证的要求。学生在劳动中使用的劳动工具、致害学生的教育教学仪器、体育器械设施等就属于物证。因物证具有不可替代性,所以对于物证要及时收集并注意封存。

第三,对视听资料的要求。为调查事故发生的原因和经过,学校对有关当事学生调查时进行的录音等就属于视听资料,应当注明制作方法、时间和制作人等,并对该声音内容做文字记录。由于声音资料具有易于被伪造、修改的特点,所以不能单独作为认定事实的证据。

第四,对证人证言的要求。在学生伤害事故中,证人证言是十分广泛的一种证据。但是由于未成年人排除干扰能力差,决定了其证言易变性强,可能会受到父母或利害关系人误导性暗示的影响。因此学校自行收集的未成年人证言的效力很低,而公证证据的效力是优于自行收集的证据的,所以学校可考虑申请公证机关对未成年人的证言进行保全证据公证。[1]

---

[1] 解立军.在学生伤害事故中学校应如何收集证据[J].人民教育,2008(6).

第六章

国外学校安全的经验

- 第一节 美国的学校安全
- 第二节 日本的学校安全
- 第三节 新西兰的学校安全
- 第四节 其他国家的学校安全

第一节　美国的学校安全

学校安全问题是世界性的教育难题，已经成为世界教育研究的重要课题。美国为减少这类事故的发生，制定了积极的防范措施。美国高度重视学校安全，在立法上把建设安全的学校作为国家的教育目标。1994年，国会通过了《美国2000年教育目标》，将国家教育目标增加为8项，其中第7项目标是"安全的学校"。该项目标的主要内容是：美国的每一所学校都将没有毒品和暴力，不能出现未经授权的枪支和酒精；为学生提供一种秩序井然、有益的学习环境。1994年，国会通过的《学校安全法》是专门为实现这项目标而制定的法律，这是联邦第一次拨专款用于地方学区以帮助学区实现更为安全的联邦计划。国家对校园安全问题的关注，促使联邦、各州、各地区尽力完善解决校园安全问题的立法工作。联邦立法者通过制定各种具体法案并要求地方政府积极贯彻法案来保障校园安全。例如，为遏制校园暴力事件，美国国会于1994年制定了《校园禁枪法》。该法要求所有接受联邦教育基金的州通过《改善校园环境法案》，该法案规定各校区如发现学生带枪入校，有权将其至少开除一年。任何州到1995年若仍没有类似《改善校园环境法案》的法规出台，将被取消领取联邦教育基金的资格。1995年10月，全美50个州都颁布了相关法规，达到了《改善校园环境法案》的要求。为了创建安全无毒的学校和社会，1994年，美国国会制定了《安全和禁止毒品学校社会法》，此法律为《美国校园法》修正案的一部分，它努力陈述校园暴力增长造成的危害，并为各种防止校园暴力的活动提供专项资金。此外，2001年，布什总统签署了《不让一个孩子掉队法案》，该法案要求学区对校园暴力事件进行详细的统计，并将结果公之于众。这项法案以得克萨斯州"所有学校必须通报暴力事件"的法规为蓝本，规定每个州必须对"长久处于危险境地的学校"做出说明和认定。这样即可保证学生对"长久处于危险境地的学校"有知情权，国家允许每个州对"长久处于危险境地的学校"制定不同的标准。[①]

当然，美国校园并不是绝对安全的。时常发生的校园枪击案就是证明。2007年弗吉尼亚理工大学发生的校园枪案更是造成33人死亡的惨剧。关于校园安全的讨论在美国也一直进行，大家都希望能通过努力给孩子们创造更安全的校园

---

① 尹晓敏.美国如何加强校园安全管理［J］.中小学管理，2007（4）.

环境。

美国在学校安全工作上采用了以下一些措施。

一、把学校安全作为学区的一项任务

美国政府认为学校暴力与教育任务是不相容的,保证学校安全是一个系统工程。从美国制定的防范措施来看,保证学校安全不仅仅是学校自己的事情,还需要教育行政部门、公安司法部门、社区组织、社会媒体、学生家长等多方面的努力和支持。这一提议得到了学校董事会和法院的支持,他们认为,如果学区的任务不包括学校安全,那么学校的工作也就难以保证学区的安全。

二、不同的学校要制订不同的安全计划

学校安全计划要依据学校教育对象的年龄特征、学校所在地点等主客观条件来制订。学校管理工作可以概括地分为计划、实行、检查、总结四个阶段。学校应将制订安全计划作为学校总体工作计划的重要内容之一,在此基础上采取各种措施实施安全计划,包括规章制度的制定,对教职工工作状况的检查、监督,对学校工作督导评估以及此后的总结反馈等,确保学校安全工作列入日程。

三、与其他社会力量形成协议

美国认为校董会和学校行政人员不可能独自维护学校安全,因此需要其他社会力量的协助。保证学校安全不能等事故发生之后再来检讨事故发生的原因,而应该采取积极的行为防患于未然。积极的行为有多种表现方式,无论哪一种方式都应反映教育者的主动性。

四、制定危急情况管理政策,进行学校安全训练

美国要求每一所学校和学区都要有一个可操作的危急情况管理计划,包括管理人员、学生、家长,协调法律实施部门、社区危急情况服务部门和媒介部门等。但仅靠计划和书面协议是不够的,还要体现在长时间训练之中,使学生和教师知道怎么做,同时学校设施的建设也要对此有充分的考虑。依程序,首先要制订交流计划,如学校与警察、媒介的交流,这是通知家长、学生开除、转学、恢复上课及危急情况诉讼等方面的需要。其次要制订训练计划。学校行政人员、教师、职工、学生都需要在危急情况中进行训练和实践,如在教室管理中训练,进

行纪律性训练等,这是一个长期的过程。以美国学校的防火演习为例:"当课堂上突然响起防火警报时,教师和学生会立即秩序井然地走出教室和校园,等待消防人员的到来。没有人会去顾及自己的东西,也没有人拥挤。"

五、在学校中公布危险性的境况和人员

学校公务人员要注意学校和学校附近的危险性人员,同时要注意具有危险性的学生的转入或在学区内的就学。美国曾经发生过一名儿童被邻居一个宣判有罪的儿童骚扰并杀害的案件。为此,美国通过了"Megan's Law"。此后,联邦允许州通过地方法规支持在学校公务人员中公布有违纪历史的学生信息。公布这种信息的目的不是对学生打上什么烙印,只是一种确保有利于不对他人构成危害的督导和教育政策的运用。总之,保证学校安全是学校教育工作的重要组成部分,如果学校没有安全的教育教学环境,便无法论及有效的教育教学活动。

六、保持与学生的接触

美国督导者总结认为,当糟糕的事情要在学校发生时,学生总是说:"我担心这种事情发生。"这表明,如果你知道了学生担心的事,就可能防止悲剧的发生。因此,美国要求教育者在学校中进行走访,与学生交谈,观察学生的生活,了解他们的忧虑,并鼓励家长和教师去做这些事情。

七、实行学校安全现场评估

学校安全管理很烦琐,要清理各种障碍、修理门窗、清除各种对学校安全有影响的因素。对此类问题学校要有书面的、成体系的报告,包括对问题的分析。实行学校年度安全现场评估和规范校园检查,可以激发学生和教师作为学校拥有者的感情和骄傲。美国学校还十分注重通过权威性机构如学校安全服务署对校园安全进行权威性的评估。学校安全服务署是美国著名的为学校提供安全咨询、相关培训、学校安全评估以及其他有关青少年安全服务的专门组织。学校安全评估主要是对申请这项服务的学校进行一对一的考察、评估,并提供一套经济、可行的建议。安全服务署评估的重心并非一味集中在关乎学校安全的硬件或人力配备上,而是力求使学校通过对现有资源的充分利用改善安全状况。评估的主要方面有:学校的防暴措施、校警的工作情况、安全规范和细则、技术性防范能力、安全教育和实训、预防和调停工作、内部安全以及与社区的合作程度等。在评估工作中,服务署更注重事实和数据:分析学校安全工作的政策及其实施的合理性,

对师生进行学校安全方面的调研,对学校以往发生的犯罪和违纪事件进行分析,检测安全设备的运行情况,分析其他的公共资讯(如整个社会的犯罪率),采用专门的分析模型。

八、评价雇员

评价雇员是从雇员的进入到转出的整个过程。校董会要了解新雇员的历史,有责任对每一个雇员实行监督。要建立工作实施准则、定期观察评价制度以及处理有犯罪行为雇员的制度,及时清除那些不胜任者或对儿童具有危险性的人员。①

九、注重学校的安全设施

根据美国教育部的调查,美国学校中常采用的安全措施的比例是:96%的公立学校要求来客登记,80%的公立学校实行封闭的教学环境管理,不允许学生在午餐时间外出;53%的公立学校对在校内设建筑物实行严格的限制。在硬件配备上,美国约有39%的城市学校配备金属探测装置,由于这类设备可以检查出一些金属器件,包括枪支和匕首等,因而备受校方的青睐。一些较大的学校还会安装一种名为School Lobby 的高科技系统。该系统能够储存学校员工、学生的全部资料和相片,还可以为学生、员工以及来访者制作有一定权限的 ID 卡,每张卡上面都一个磁条,以便学校对学生的行踪进行追踪。一些较小的学校则使用一种名为 Time Badge 的系统,这种系统仅为来访者制作相应的出入证件,这类证件有一定的时间限制,一旦来访者在学校停留的时间过长,该系统就会自动报警。随着高科技的发展,美国学校在安全硬件设施的配备上也日趋现代化。例如,2006年美国的一些公立学校安装了价格约为 15000 美元的虹膜识别仪安全系统,无论是教师、学生、家长或是访客,如果在校园的安全网络里存有虹膜记录,那么学校的大门就会自动开启,倘若没有记录,就只能和学校的保安部门联系。虹膜识别仪可以精确地识别来访者的身份,使校园更加安全。目前美国学校正努力凭借高科技手段建立和完善多功能的防火、防盗、交通安全、报警等监控严密的安全防范体系,使校园安全防范系统成为一个纵横交错、点面结合的严密网络。

---

① 杨颖秀.美国学校安全措施及其启示 [J].现代中小学教育,2001(2).

十、学校的安全防卫体系

美国绝大多数中小学的校园不像我国的校园有围墙遮挡，而是属于半开放状态，但中小学的校园安全保卫工作却处于"外松内紧"的状态中。在美国许多地方，要进入幼儿园和小学，必须先按门铃登记。如果不是老师和学生，在学校里活动必须佩戴标明身份的标签，如"家长""志愿者"等。在接孩子放学的时间段内，学校附近一般会出动交通协管，帮助维护秩序，防止发生事故。同时，学校也随时给家长安全提醒。在弗吉尼亚州的一所小学不久前发生一起儿童放学遭尾随事件，第二天周围的家长就收到不同学校寄来的信件，提醒他们注意孩子的安全，可以说"防患于未然"是美国中小学校园安全的首要目标。

美国早在20世纪60年代就由各州立法建立了校园警察。大多数综合型大学或学院都会在学校范围内建立完备的校园警察机构，而校园警察会行使与真正的警察同样的权利——可以携带枪支、拘捕犯人、按地区法及州法律和联邦法律办事。一些中小型学校则会与一些提供安全管理工作的公司签订契约，聘用经过专业训练的人员（保安人员）来保护他们的师生员工。这些"私家"警卫人员也被允许携带火器、警棒或者泰瑟枪（电棒），但总的来说，他们不能逮捕市民或者拘留嫌疑人，要等真正的警员到达现场。

除了依靠警力保障校园安全，美国的学校还致力于培养儿童从小树立安全意识与求生能力。美国的幼儿园教育经常通过灵活多变的手段增强儿童的安全意识。在户外活动时，为了培养孩子预测、判断、回避危险的能力以及探索、创新、自主的精神，教师允许孩子尝试各种他们自创的具有"冒险性"的活动。

美国教育部门设立专款，帮助学校进行紧急疏散演练，训练孩子如何应对歹徒入侵校园这样的紧急情况。如俄亥俄州肯伍德小学三年级的孩子正在上算术课，突然校长发出通知说，有一持枪匪徒进入学校。孩子们马上放下课本，安静地在老师的指点下退到墙边盘膝坐下。老师迅速关好窗户，用厚纸挡住教室门上的小玻璃。10分钟后，校长宣布，枪匪警报解除。这是美国多所中小学里都会开展的抵御枪匪的演习之一。

美国的犯罪专家认为，重要的是减少疯狂枪手射杀进入他视线中所有人的可能性；尽量锁住房门，保持黑暗，让歹徒误认为房间内没有人；不要刺激歹徒杀回马枪。美国学校将这一保护方式称为"关锁保护法"。警方说，在实施"关锁保护"时，千万不要听到有人敲门就应，老师要在可能的情况下用手机保持与外界的联系。

附：

感受美国学校的安全教育[①]

世界上什么东西最值钱？黄金还是白银？不！生命最值钱。美国人从小就从爸爸妈妈那里懂得了这个道理，大人们也会通过各种活动对小朋友们进行安全教育。

美国学校的演习很多，几乎每个月都有多次演习活动。

俄亥俄处于美国中东部地区，龙卷风是常见的自然灾害。因此，在辛辛那提，龙卷风演习是挺多的。尽管我们经常听到警报的尖叫，但我只赶上了一次真正的龙卷风。不过州里并没有因此掉以轻心，从幼儿园到大学，龙卷风演习是必不可少的。我就赶上过好几次学校里的演习。这种演习有时会提前告诉老师，有时就是突然在上课时进行的。每当警报响起时，我们都会立刻站好队，不到一分钟，一个班就可以有序地从教室里出来。然后大家就贴着走廊的墙坐下，安静地等待，直到校长和有关人员检查通过后才可以回班继续上课。没人认为这是一场大游戏，大家都会好好地配合。尽管有时个别男生管不住自己的嘴，悄悄说笑，但是老师提醒一下，他们就会安静下来。

辛辛那提大多数房子都是木头建造的，包括我们学校的教学大楼也有很多地方是以木头为材料修建的。所以，"防火求生"也是一门必修课。

美国红十字会经常来人给我们讲防火安全课。他们把枯燥的各种火场求生方法编成一个小话剧，再请一些同学上去一起参与互动表演，这样就教会我们：做饭时着火怎么办？睡觉时着火怎么办？……另外，消防队也会派消防员来讲消防课。让我意想不到的是他们竟然开来了一辆丹麦产的全新的沃尔沃云梯消防车。讲完课后还带我们去看那辆高大无比的消防车，并且告诉我们这个机器是怎样救人的。目的就是教我们万一遇到火灾了，怎样配合消防员把自己救出去。这辆救火车非常高，光车轮就快和我一样高了。驾驶室后面有一个水箱，里面装有消防水龙头。在水箱后面还有一个指挥室，上面是云梯。看着身着制服的消防员站在自己的消防车前给我们讲课，真酷！谁都羡慕得不行！

当然，防火光说不练是不行的，防火演习是必不可少的。有时我们上课正听得津津有味的时候，安在墙上的火警报警器突然闪起刺眼的白光，所有的同学都

[①] 雷天杨.感受美国学校的安全教育［N］.北京青年报，2010-02-10.

放下笔，在班里排好队。然后按照指定路线撤出教学楼，在指定地点集合好。要知道这些刺眼的白光在浓厚的烟雾里也能看得一清二楚。和龙卷风演习不同的是，龙卷风是必须躲在楼里，而火灾是必须跑到楼外去。

最刺激的就是校园枪击案演习了。因为美国是允许私人携带枪支的，所以在学校大门口都贴有"严禁带枪"的警告标志。开始我觉得很恐怖，因为大街小巷到处都可以看到这样的标志，但时间长了也就不害怕了。不过，要是真遇上了枪击案，我还真不知道该怎么办，还真要人教教我。幸运的是，我经历了一次这项演习：一天上课时，突然广播说要进行校园枪击案的演习。老师马上组织自己的班级，让学生把灯关掉，然后把门锁上。所有人都躲在离门最远的一个墙角，安安静静地坐着，目的是让坏人觉得班里好像没人。然后一层的同学迅速地从窗户翻出去，二层以上的同学就静静地等持枪者离开本层后，再悄悄地快速撤出去。听我的班主任说他以前就见到过有人冒充谁的爸爸，带着枪进了我们学校。但是那天刚好有一个警察在我们学校讲课，所以马上就把那个人带走了。

每次演习前我都有点兴奋，但是我看美国小孩们都已经习以为常了，他们都知道该怎么样做，但也没有流露出"我会了"的感觉，重要的是保护好小命。正是因为这么多的安全教育，才使小朋友们在没有大人的帮助时也能获得救助。要是中国的学校也能有这么多的演习该多好呀！

生命第一，演习不是游戏！

第二节　日本的学校安全

日本属于自然灾害多发国家，所以日本对于学校安全方面的管理和教育非常重视。20世纪中期，日本就已经建立起了一套比较完整的学校安全体系，并随着日本教育的发展逐渐进行着完善。

一、学校的安全防卫

2001年6月8日，一名叫作宅间的37岁男子，持刀冲进大阪教育大学附属池田小学，当场刺伤13名小学生，其中8名死亡。最后，该校体育教师奋力与之搏斗，方将其擒获。后来，警方在审讯中发现，宅间的杀人动机是为了通过这种行为唤起社会对自己的注意。

池田惨案同样在日本社会造成了极大震动，日本文部省不仅为遇难者家属提供了赔偿金，更重要的是，此事引起了日本政府对校园安全问题的高度关注。及时总结教训，开始执行严格的"日本校园安保方案"，杜绝了惨剧再次发生的可能。

首先，在学校、幼儿园等儿童经常活动的地方，设置"警察巡逻区"并立标志牌，严格控制校外人员进入学校。很多学校因此除了上下学时间，校门都紧闭。日本从幼儿园开始，就有辖区派出所警察定期到学校巡查、讲座，并通报近期治安动态，以加强对犯罪的威慑，增加孩子、家长和老师的安全感。校园门口配有校方的警备员、保安，在学生上下学时在校门口、交通路口维护孩子们的安全。警察巡逻区包括与学校相邻的所有道路，规定必须派出佩带警棍的警官在学生上下学时间段内，执行巡逻任务。非上下学时间，不设巡逻警官，但必须在每条道路上距离学校不超过2千米的警察岗楼安排机动警员，以便一旦有可疑情况发生时，能第一时间发现并在最外围进行拦截。

其次，学校在校园内设置录像监控系统，增设保安员，随时对可疑者采取措施。规定保安员年龄必须在65岁以下（日本有雇用退休人员担任保安员的传统），以保障危险情况下的反应能力。同时，限定学校为教学专用场所，禁止任何非教学行为在此发生。日本的许多小学校里，原先设有公共图书馆，可供社会人士前来阅读。事情发生后，学校内设立的公共图书馆均不再对外开放。日本还为小学和幼儿园配备了警棍、催泪喷子、钢叉。幼儿园使用安全教育画册教孩子们如何逃生、遇到毒气的时候如何用毛巾捂住嘴巴，非常生动，也很实用。

最后，强化小学生集体上学措施，使小学生上下学途中始终能在教职员的监护之下。日本小学校采取就近上学的方式，学生居住地离学校的路程步行不超过10分钟，出校门时教师点名，由多位教师分别带领不同路线的学生排队回家。最近几年，带有GPS定位功能的儿童手机深受日本家长欢迎。在遇到紧急情况时，只要用力拉手机的挂绳，手机警铃就会鸣响，同时会把自己的所在位置发送到事先指定的设备上，而父母随时可以通过电脑等设备确定孩子的位置、掌握孩子的行踪。日本人在学生书包上也下了不少功夫，于2004年推出了带有GPS定位器的学生书包，大受欢迎。专家们还提醒，学生要经常性地携带警报器、哨子等，并且不要放在书包里，而要放在手边，以备不时之需。

此外，还设立了"儿童110"救助电话，地方志愿者团体协助校园保安等措施，在大阪市，市教育委员会的职员们会在上下学时开巡逻车在学校周围巡逻，提供保护。

二、学校的建筑设施

日本地处太平洋板块、北美板块、非洲板块和菲律宾板块的交界处,地震时有发生,并已成了日本最大的灾难隐患。为了使学校建筑成为孩子以及社区的临时庇护所,日本加强了对安全校园的建设,出台了一系列方针与政策,大刀阔斧地对中小学的建筑设施进行改建。

2003 年 7 月,日本文部科学省颁布了《促进学校建筑抗震指南》,描述了学校建筑的基本概念,并列出了设计抗震学校建筑的方法。随后,政府出台了《改造学校建筑手册》,具体给出了学校改建措施方案,将可能在地震中易倒塌或严重损坏的学校建筑列为重点对象进行改造,如加入钢架,增加防震墙,给柱子加上大梁等具体方法。为了配合这项政策实施,日本文部科学省拨出大约 1000 亿日元(约 7.9 亿美元)用于改进学校建筑,并指出在 2007 财政年度市政府应拨出 1140 亿日元(约 9 亿美元)用于抗震改建。通过持续不断的努力改进,日本学校建筑抗震改建工作取得了巨大的进展,2007 年 4 月文部科学省的调查显示 59% 的日本中小学建筑已经完成了防震改造,达到了安全校园建筑标准。

日本的"促进学校建筑抗震指南"以及"改造学校建筑手册"是一项很好的实践,它在较短的时间内集中了大量的财力和物力对日本的校园建筑进行了抗震改建,提升了校园安全程度,并将重点集中在易损建筑和危险建筑的改造与重建上,短期内取得了成效。此外,日本还计划将指南与手册翻译成英文,让日本学校建筑抗震的经验在世界范围内传播。

三、学校的饮食供给

1954 年日本颁布了《学校供给饮食法》,目的是"鉴于学校供给饮食有助于儿童及学生身心的健全发展,并且有助于国民饮食生活的改善,通过规定学校供给饮食的必要事项,以谋求学校供给饮食的普及充实",并通过供给饮食使学生"培养对日常生活中饮食的正确理解和良好习惯","谋求饮食生活的合理化,改善营养及增进健康"。

(1)学校饮食供给以学校在校的所有儿童或者学生为实施对象,学校供给饮食在一年内原则上每周五次以上,在授课日的午饭时实施。

(2)学校饮食供给的内容主要包括三类。第一类是完全饮食供给,即供给饮食的内容为面包或者米饭、牛奶及副食品;第二类是补充饮食供给,即供给饮食的内容以在完全饮食供给之外的牛奶及副食品等为饮食内容；第三类为供给牛奶，即供给饮食的内容只是牛奶的饮食供给。同时还规定，学校供给饮食的食物营养内容应严格按照儿童或者学生一人一次的平均所需的营养量基准执行，以确保儿童或者学生营养的均衡。

（3）实施学校饮食供给必须要有必要的设施，如烹饪室、面包存放室等场所，这些学校供给饮食设施必须是在保健卫生上及管理上合格，同时在义务教育诸学校或共同烹饪场掌管学校供给饮食营养专门事项的职员，必须要持有《营养士法》规定的营养上许可证、拥有对学校供给饮食的实施有必要的知识或者经验者担任。

（4）对学校供给饮食实施的必要设施及设备所需经费，以及学校供给饮食的运营所需的经费，由义务教育诸学校的设置者负担，但依政令并在预算范围内，国家可对公立或者私立教育诸学校的设置人补助其开设的学校供给饮食实施的必要的设施及设备所需的经费。

四、学校的保健

日本1958年的《学校保健法》规定了学校的保健管理及安全管理的必要事项，谋求儿童、中小学生或者幼儿的健康保持增进，并且有助于学校教育的顺利实施及确保其成果。在学校中必须拟订关于学生及职员的健康诊断、环境卫生检查、安全检查及其他有关的保健或安全事项计划。

（1）学生的健康诊断。在学校里必须每学期定期进行儿童、中小学生或者幼儿的健康诊断。在学校里必须根据学生的健康诊断结果进行疾病的治疗和预防工作，积极采取或指示治疗，或减轻运动及学习等适当的措施。学校里应设校医，在大学以外的学校校医主要包括学校牙医及药剂师。对患有传染病及有患传染病嫌疑的儿童或者学生，校长可以依政令停止其出席。

（2）学校环境卫生。在学校里必须适当进行换气、采光、照明及保温，努力保持环境的清洁卫生，并根据需要谋求其改善，这主要包括以下几个方面：①学校饮用水及游泳池中水的水质以及排水的状况；②上下水道及游泳池（包括其附属的设施及设备）与学校供给饮食使用的设施及设备的卫生状况以及净化消毒设备的卫生；③教室及其他学校场所的采光、照明以及其他学校的空气、室内取暖、换气方法及噪声等方面。

（3）学校环境的安全。在学校里必须适当地进行设施及设备的检查，采取必要的修缮等防止危害的措施，以谋求学校安全的环境。同时在1970年颁布的

《交通安全对策基本法》中也规定要采取振兴关于交通安全的教育、充实交通安全的宣传等措施,将学生的安全保护由校内扩展到了校外。

五、学校的体育活动

1961年日本颁布了《体育振兴法》,以"有助于国民身心的健全发展和形成愉快丰富的国民生活"为目的,明确规定了关于体育振兴的基本准则。根据该规定,在实施关于体育振兴的政策时,国家及地方公共团体必须努力协助在国民中间开展体育等自发活动,使民在任何时候、任何场所都能得到适合个人健康状况的体育运动。

国家及地方公共团体为培养体育指导者及提高其素质必须努力采取并举办各种讲习所、研究集会等其他必要的措施,并同时加强医学、生理学、心理学、力学等各种科学的综合研究,进一步促进对于体育实际方面和基础方面的研究。

国家及地方公共团体为了防止学生发生登山事故、游泳事故及其他体育事故,必须努力整备设施、培养指导员、普及关于防止事故的知识及采取其他必要的措施。每学期学校必须对儿童或者学生经常使用的设施及设备的安全状况进行一次以上的系统检查,并根据检查的结果,按照需要在危险地方做出明显标志,或者进行设施及设备的及时修缮以防止安全事故的发生。

国家对学校法人设置的学校体育设施的整备所需的经费,在预算范围内可补充一部分。同时,对补助的具体方案也有规定,"地方公共团体设置的学校体育设施,如游泳池及其他依政令规定的体育设施所需的经费,国家补助三分之一","根据都道府县教育委员会推荐,有文部大臣指定市町举办的振兴青少年体育事业所需经费,为二分之一"。

六、学校对安全事故的责任

除了针对常见的学校安全事故做出一系列有针对性的预防措施之外,日本还对学校在学校安全中的法律责任做出了具体的规定。该规定一方面对学校的安全工作做出了详尽的规范,以保证师生的人身和财产的安全;另一方面也充分保证了学校的权益,保证了学校正常的教育教学不会因为对学校安全事故的缩手缩脚,而受到过大的影响。

学校对安全事故承担责任主要包括三种情况:①儿童或学生负伤,其原因的事故是发生在学校的管理之下的;②起因于学校供给饮食的中毒及其他儿童或者学生的疾病，其原因的行为是在学校的管理之下发生的；③造成儿童或者学生死亡原因的行为是在学校的管理之下的。在这三种情况之下，都在强调"在学校的管理之下"，这其中包括以下四个方面的内容：第一，儿童或者学生根据法律规定，正在根据学校制定的教育教学计划上课时；第二，儿童或者学生根据学校的教育计划进行的课外指导时，这其中包括第二课堂、课外活动和社会实践等；第三，儿童或者学生的整个休息时间都在学校时，或者根据校长的指示或者承认儿童或学生在学校时，这其中包括在寄宿制学校中的学生、学校拖堂或者学校差使学生做某些事情等情况；第四，儿童或者学生按照通常的路线和方法上学时。

日本在1985年颁布了《日本体育及学校健康中心法》，建立了具有法人资格的日本体育及学校健康中心，其中很重要的一项业务是"对于义务教育诸学校（指小学、中学、障碍学校或者养护学校）的管理下的学生的灾害（指负伤疾病障碍或者死亡等），对该儿童或者学生的保护人提供灾害共济给付（主要包括支付医疗费、障碍慰问金和死亡慰问金）"。此中心的经费主要来源于儿童或者学生的共济缴纳金，因此当儿童或学生在学校的管理下发生事故时，由该中心代替学校承担因学校安全事故而应承担的责任，以保障学校教育教学经费的稳定。①

七、《学校安全法》的制定

（一）制定《学校安全法》的背景

尽管日本在学校安全方面取得了不少的成绩，积累了不少的经验，但近些年来，学校安全事故依然不断，制定学校安全法的呼声也非常之高。近几年，在自诩为"安全王国"的日本，在公认为最安全的地方——中小学校园里，接二连三地发生了多起恶性事件。如2001年6月8日，"大阪教育大学附属池田小学杀伤事件"之后，在全国又发生了多起校园行凶案件，其中有的罪犯是想把对社会的不满发泄到弱小的孩子身上；有的是毕业后把在就业或生活中遇到的挫折归结为在学习期间的遭遇，于是重返母校对师生进行报复；还有的是同学之间的不愉快导致悲剧发生，杀人者甚至还有小学六年级女生。另外，在校园犯罪事件中还出现了一个引人注目的现象，那就是针对教职员的犯罪事件，或者说受害者为教职员的犯罪事件增多了。例如，2006年元旦过后不久（1月12日），日本千叶县立百里高中发生了一起年轻男性闯入学校办公室，将一名女职员砍成重伤的事件；一个月后（2月14日）在大阪府寝屋川市立中央小学，一名毕业生持刀闯

---

① 曲正伟.日本小学生学校安全保护简况［J］.外国中小学教育，2001（4）.

入,将一名男教师杀死、两名女职员砍成重伤。这些事件一次又一次地摧毁了日本"治安天国"神话,也使得加强和重建学校危机管理与安全教育体系成为迫在眉睫的重大课题。在日本,虽然也有一些有关学校安全问题的法律规定,如《宪法》第13条、25条、26条中提到,儿童和教职员有"安全、安心地生存的权利",以及儿童有"安全地接受教育的权利"。《教育基本法》规定,为了保障以上权利的实现,教育行政部门有整备"安全的教育条件"的义务(第10条第2项)。在《学校保健法》第2条中,规定了学校必须对健康诊断、环境卫生检查和安全点检等有关保健安全的事项订立安全计划的要求。另外,在《日本体育振兴中心法》中也有关于学校安全问题的规定。但是,仅凭这些已有的法规,并不能完全保障儿童安全地接受教育的权利。例如,对国家和地方政府的安全义务以及学校、教职员的安全照顾责任,对学校安全(点检)的责任主体,设施基准等,都没有明确的法律规定;事故发生时,在对受害者如何给予迅速完善的医疗保障等学校灾害赔偿制度上还存在很多问题,另外对预先防范学校事故事件的学校设施设备的最低安全基准也没有具体规定,这些问题,都要依靠国家将"学校安全基准"进行立法化才能完全彻底地解决。因此,学校事故研认为,应该成立一部单独的《学校安全法》,在提出新法案的同时,将其他法规中的有关内容也一并吸收过来,以解决现有法规中存在的暧昧和不足等问题。

(二)《学校安全法》草案的基本理念和主要内容

《学校安全法》草案(第二稿)分四章共26条,目录如下:

第1章 总 则

1　目的
2　基本理念
3　定义、对象的范围
4　国家、地方公共团体制定学校安全标准的义务
5　学校设置者、学校的安全管理义务
6　配置学校安全职员、安全点检
7　安全教育、安全研修的机会
8　国家财政上的措施
9　国家策划制定学校安全基本计划的义务

第2章 学校安全基本计划

10　学校安全基本计划的内容

11　学校安全基本计划审议会的设置

12　学校安全基本计划策划制定、公布的程序

13　地方公共团体的地方学校安全计划策划制定义务

第3章　学校安全标准

14　学校设施设备的安全标准

15　学校环境卫生的安全标准、安全管理

16　高危险度环境下的活动的安全规模标准

17　安全的上、放学条件的整备与妥当的配置

18　学校安全职员等的配置标准

19　国家、地方公共团体的学校安全管理

第4章　学校安全的管理体制

20　学校及学校设置者的学校安全管理

21　学校防灾、保全对策

22　学校防范对策

23　教育活动中注意安全的义务

24　学校灾害发生时的救护体制、报警和报告义务

25　学校灾害的不满意见、商谈和调查

26　日本学校安全中心

（三）《学校安全法》草案的基本理念

　　草案提出五个基本理念：①儿童青少年从自身的最佳利益原则出发，拥有安全地接受教育的权利。为保障此权利，国家及地方公共团体必须努力履行保证学校安全的责任和义务。②在学校教育中，应当最优先保证儿童和教职员的生命、身体和健康的安全。③在学校教育中，应该在不妨碍学校自主性教育活动的同时，努力维护和管理学校环境。④在整备学校环境时，不仅要遵守本法律规定的学校灾害防范的最低标准，而且还要通过创建一个舒适而有创造性的学校环境及改善教育条件，来保证儿童及教职员的安全与健康。⑤儿童及其监护人和教职员，根据以上四条所列内容，有权利向学校设置者要求整备安全舒适的学校环境。

　　在第一章的《总则》部分，提出了作为学校安全基准制定主体的国家和政

府的义务，作为学校安全管理义务主体的学校设置者及学校本身的责任和义务。还提出了设置"学校安全职员"，使安全行政工作制度化的总体性规定，并要求国家必须承担学校安全研修制度和"学校安全职员"设置所需要的财政开支。

（四）《学校安全法》草案的主要内容

1. 由国家制定学校安全最低基准

现在，关于学校设施安全的最低基准，除有少数行政指导基准以外，一般都按照《建筑基准法》《消防法》等一般法令来执行，由于这些基准并非从孩子的角度来考虑制定，因此无法保证儿童不发生意外伤害事故。例如，2005年在东京六本木的一座大楼就发生了旋转门挤死六岁男童的事故，当这名男孩被门夹住时，由于自动停止装置的感应器位置较高，探测不出身高117厘米的男孩的情况，没能及时启动停止装置。因此，草案提出，应该把学校安全基准加以法制化，即国家有义务从孩子们的视线、体格、特征等出发，来制定适合孩子们日常学习生活的学校独自的安全最低基准，而学校设置者和地方政府也必须严格遵守这个基准。具体地说，这个安全基准应该包括以下三个方面：

（1）国家应设置一个"学校安全基本计划审议会"，负责策划制定基本计划和国家级的学校安全政策，设定学校安全的各项基准，对地方和学校进行安全管理。为防止事故事件再度发生开展调查研究并听取各方意见，提出建议，进行安全奖励等一系列持续的、有组织的工作。

（2）在发生致死致残等重大事故之后，国家应该吸取教训，设定一个安全最低基准，通过采取必要的物力和人力上的措施，防止同样事故再度发生。

（3）近年来，像阪神大地震等防灾、池田小学事件等防范、0157集体感染等卫生管理这样现实而具体的学校灾害问题已成为社会问题，为防止类似事故再度发生，应该制定与学校安全管理事项有关的法令。

2. 建立"学校安全职员"制度，整备安全学校的条件

学校事故研究人员认为，现在之所以类似的事故不断发生，其根本原因在于，学校缺乏一个安全基准，而国家却置之不顾，所采取的对应措施几乎都是发放各种通知文件，把学校的安全管理和安全教育工作完全交给第一线教职员，所做成的规范手册中只是一味强调教职员、家长和地方居民对儿童安全保护的责任。如2003年12月，面对手持尖刀闯入小学校的罪犯，一位24岁的女教师奋力抓住罪犯的手腕加以制止，从而保护了孩子们的安全。对这位勇敢的女教师，

国家给予了高度评价，可是后来发生的几起教职员被害的事件证明，这种靠教师或家长舍身抵抗来防止罪犯闯入的做法是十分危险的。国家和行政部门如果不采取真正的对应措施，就不可能履行《教育基本法》第10条规定的教育行政必须对教育条件进行整备的义务。诚然，教职员为了孩子们的安全，努力履行自己的职责，这是必要的，也是可贵的，但这并不意味着教育行政部门就可以逃避放弃自己整备"使孩子们和教职员、家长可以安心、安全地开展学校教育活动"教育条件的义务和责任。为此，学校事故研究人员认为，作为彻底保证儿童和教职员安全、进行治安防范的根本解决手段，国家和地方政府应划出预算，建立"学校安全职员"制度，也就是说，在负责教学教育工作的教职员之外，还应配置如门卫这样专门负责保卫学校安全、进行安全管理和监察工作的安全专职人员，并用法律形式确定下来。

前面已经提到，寝屋川事件发生以后，大阪府已拨出专款为各学校配置学校警卫人员，这是一个非常值得推广的办法。不过总的来看，采取这种措施的地方政府尚在少数，如岩手、千叶、富山、长崎、宫崎和鹿儿岛等县的学校，完全没有配置任何学校警备员，全国配置了警备员的学校平均只占学校总数的4.9%。要改变这种令人担忧的状况，只有期待国家和各行政部门进行努力。

3. 设立"日本学校安全中心"

一旦发生学校灾害事故，围绕事故原因和善后处理等问题，受害者家属与学校之间发生纠纷的情况在所难免，而学校在提供事故发生原因和善后处理经过等信息时，也容易出现一些不准确、不及时的问题。这种"不诚实的对应"的做法，往往给受害者家属带来更多的痛苦，但是由于事故报告书一般都为不公开的文书，所以家长们在表示怀疑的同时，也显出更多的不满。在这里，学校事故研究者认为，应该建立一个学校灾害情报公开制度和咨询商谈制度。另外，学校事故的问题，仅靠受害者家属与学校、教育委员会之间的当事者往往不能从根本上解决问题，因此需要一个第三者来对事故原因进行追查，对纠纷进行判断和裁决，以防止事故再度发生。这种制度，与提出诉讼等可能给被害者家属造成经济负担的方法不同，它是一种公共性的调查救济机关，所做的工作是持续性的、有组织的。如现在神奈川县川西市正尝试进行的儿童监察员制度，就是国家和地方政府对权利受侵害儿童进行救济的一种制度，可将其作为一种模式加以借鉴。

现有与学校安全有关的第三者性质的机构，其情况十分令人担忧。原先作为国家对学校灾害进行共济给付并开展学校安全调查和普及事业的"日本体育/学校健康中心"的"学校安全部",2003年10月被改组为独立行政法人"日本体育振兴中心"的"学校健康/安全部"。在文部科学省,安全工作也只处于是"健康教育科"下面的一个"担当"的位置而已。因此,学校事故研提出,应该把改组后的日本体育振兴中心的学校健康/安全部重新组建成独立行政法人,名为"日本学校安全中心",在原来的基础上进一步充实完善其机构职能,使之成为一个第三者性质的具有调查机能的救济组织。

第三节 新西兰的学校安全[①]

新西兰是一个非常重视教育的国家,同时在尊重生命意识的强烈影响下,新西兰社会对学校的校园安全问题十分关注。新西兰中小学采取了许多行之有效的校园安全管理措施,有效地保护了学校成员的生命安全,维护了学校的正常教育教学秩序,赢得了社会公众对学校的信任,为新西兰的高质量教育活动开展提供了有力的保障。

一、校园安全管理工作的基本框架

新西兰中小学校园安全管理工作的实施通常以一年为周期,包括计划、执行、检查等环节的六个步骤:①结合学校情况提出学校的安全管理计划;②制定各项工作的时间进度安排,明确各项行动的职责;③提交校董会批准;④按计划采取行动;⑤定期向校董会汇报进展;⑥进行年度检查,准备下一年的安全计划。

在计划环节中,学校安全工作负责人结合学校实际制定(或修正)学校的安全政策、安全目标、学校成员安全职责、安全管理程序、安全教育组织安排等。安全政策在新西兰政府及教育部颁布的《新西兰健康安全工作修订法》、《国家教育指导方针》及《公立中小学健康安全行为准则》等指导下制订,是学校安全管理工作开展的指导方针。安全目标的制定遵循"SMART"的原则,即specific(特定的)、easurable(可测量的)、achievable(可达到的)、relevant(相关联的,与学校全体成员相联系)、timely(适时的)。

---

① 罗侃.新西兰中小学校园安全管理[J].基础教育参考,2007(11).

检查环节的主要工作是对学校安全目标的达成情况、学校自我安全评价（学校成员代表对学校安全的评价）的结果、学校成员的参与度、相关安全法规的遵守情况、安全工作的改进过程、校园安全教育开展情况、仍没有解决的安全问题、提高学校安全的建议等方面进行回顾和检查，并为下一年度学校安全管理工作计划的制订提供了参考。

二、校园安全危急事件管理

安全危急事件管理是学校安全管理工作的重点和难点。新西兰中小学把校园安全危急事件管理作为学校安全管理程序的重要环节，特别加强了对校园危险、突发事件的管理，并建立了安全事故的报告制度。

（一）危险事件管理

校园危险是指能够导致危害的活动、情形或物质。新西兰中小学把校园危险分为五类：物理方面（物体掉落、电击、室温过高或过低、噪声等）、化学方面（实验室化学制品的储藏搬运、除草剂、游泳池内化学用剂添加等）、生物学方面（盥洗室不卫生、烹饪设备不卫生、传染病等）、工效学方面（工作区域安排、桌椅高度等）、个人及心理方面（危险行为、压力/疲劳、暴力、恐吓/胁迫等）。

新西兰中小学对危险事件的管理集中在以下五个方面：

1. 确认危险

了解学校的自然地理情况、校内外安全巡查、进行安全讨论、关注学校临时来访者（临时来访者进入校园可能与学校环境、时间安排等因素冲突，对学校安全产生新的威胁）等是发现校园安全隐患的有效方法。对学校各岗位的工作内容及程序的分析、已发事故调研也能有效发现校园中存在的安全问题。

2. 记录危险

记录危险就是将发现的危险记录在学校的"危险登记簿"中。危险登记簿不仅是学校安全隐患情况的记录册、校园安全教育内容的来源，并且是日后产生法律纠纷的证据。

3. 评估危险

新西兰中小学通常采用计算危险等级的方法对发现的危险进行评估，对重大危险采取优先控制。计算方法是，先将危险的严重度和频发率定级，严重度分为4级：1级，可以忽略的损伤或疾病；2级，轻微的损伤或疾病；3级，严重损伤或疾病；4级，死亡；频发率分为5级：1级，几乎不可能发生；2级，过去曾在其他地方发生过；3级，极有可能发生；4级，在学校中发生过；5级，总是发生。定级后严重度与频发率相乘的结果即为危险等级，等级分数较高的为优先控制的危险，危险最高等级为20。

4. 控制危险

学校根据实施效果、费用及人员需要等情况对危险采取消除（修复、移除）、隔离（悬挂警告标志、设置防护栏等）或降低（加强监控、开展培训等）的方法进行控制。在降低危险是唯一控制危险的方法的情况下，学校必须密切监控危险和有关人员的健康状况，并为所有暴露于危险中的人员配备足够的防护设备。

5. 监控危险

为及时发现新的危险并制定相应的应对措施，根据新西兰教育部的要求，学校每个季度要进行一次全面的危险巡查。对于已经发现并经过处理的危险，学校也要继续监控。

（二）突发事件管理

校园突发事件是指突然发生的对学校及其成员安全产生威胁的大范围事件。在新西兰，校园突发事件通常分为自然发生和人为造成两种，自然突发事件如地震、火灾、洪水、暴风雨、火山爆发、化学制品泄漏等；人为突发事件如突袭、携带武器的罪犯闯入、炸弹恐吓、严重受伤/死亡、学生失踪等。

新西兰中小学对突发事件采取"4R"的方法进行管理：

减少（Reduction）——减少突发事件发生的可能及其潜在影响。这一方法主要与校园危险事件管理相联系，通过加强对危险事件的管理可以减少发生突发事件的可能。

准备（Readiness）——制订突发事件应急计划。学校对各种可能发生的突发事件都要制订相应的应急计划，通常包括事件行动程序、救援联系人名单（如学校负责人、校医、地方急救人员、消防、警察等）、学校地图、学校师生员工中需要帮助的残疾人员名单、急救人员及器具清单、人员撤离程序等内容。

反应（Response）——按应急计划对突发事件做出反应。

恢复（Recovery）——事件处理结束后，检查措施是否适切。在突发事件或突发事件演习后，学校安全协调员或校长要召集学校安全委员会成员及事故涉及人员召开检查会议，评估学校对事故的准备情况，并对应急预案进行调整。为让教师员工尽快恢复工作，学校有时也会要求教师员工撰写报告，汇报他们对突发事件的反应。在一些情况下，学校还为部分人安排心理辅导。

（三）安全事故报告制度

安全事故汇报制度主要包括事故汇报和登记两个部分。学校发生安全事故后，学校要立即向相关管理部门汇报，并提交事故报告，与相关部门联手展开事故后续调查工作，听取安全工作改进建议等。此外，学校还要将安全事故的相关信息向学校的教职员工、学生及其家长汇报。这一方面是出于对学校成员权益的维护和尊重，而且在仍有可能发生危险的情况下，通报事故情况可以引起学校成员的充分注意并进行有意识的防范。

事故处理结束后，学校还要开展相关信息的登记备案工作，将事故发生的时间、人员姓名、受伤类型及相应治疗、事故汇报情况、预防事故再次发生及事故索赔的相关信息等记录在学校的"事故登记簿"中。

三、校园安全教育的组织安排

校园安全需要学校全体成员的共同维护，开展校园安全教育可以帮助学校成员了解在校园内可能面临或制造的危险，掌握在校园中减小发生危险和躲避意外伤害的知识技能，从而保护自己和他人的安全，还能更好地促进校园安全管理工作有效、有序地开展。因此，新西兰中小学把开展校园安全教育活动也列为学校安全管理工作的重要内容之一。需要说明的是，校园安全教育只是新西兰中小学安全教育的重要组成部分之一。

新西兰中小学校园安全教育的组织安排主要从教育对象、教育内容、时间地点安排、培训教员、预算及相关资源等方面着手。其中，教育内容依据各校的具体实际而定，主要参考学校的安全年度计划、危险登记簿、事故登记簿、事故调研报告、教育对象等方面，采取信息发布和培训的方式进行，如入校教育、张贴海报、教师/学生手册、家长会、班级活动、安全委员会会议、教职工会议等。

新西兰中小学十分重视入校安全教育。新的教职工入职将接受校园安全事故管理、岗位安全职责、发现记录危险及事故调研报告方法、安全使用学校仪器设备等方面的培训。学生入学安全教育则是帮助学生树立基本的安全观念、教会学生识别和报告危险、让学生了解校园可能存在的危险及紧急撤离的程序等，并对学生进行安全使用校内设施、火灾避难等的训练。家长在孩子入学时也会收到一本学校安全方面的手册,学校日常致家长的信函也会涉及学校安全方面的信息。学校来访者在进入校园后通过学校安全宣传印刷品、特别标志提示等也可获得学校安全方面的信息。

第四节 其他国家的学校安全

一、孟加拉国:了解灾害与化解灾害

地处南亚的孟加拉国是一个自然灾害频繁的国家,饱受洪水、飓风和热带风暴的煎熬,还面临地震和海啸的潜在威胁。自然因素加之社会经济发展缓慢等人为因素,孟加拉国的大部分人口时常暴露于危险之中。在各种灾害中,儿童所受的伤害最为严重。为了使儿童了解自然灾害,掌握应对自然灾害的措施,尽可能地降低因自然灾害所带来的损失与风险,孟加拉国提出了"了解灾害=化解灾害"的减灾教育口号。他们根据当地的实际情况设计了首套用孟加拉文写成的《儿童减灾学习手册》,帮助学生了解自然灾害,学习如何采取有效的减灾手段,并通过学生将这套学习手册推广到整个社区当中,使更多的人能够了解灾害,并学会应对自然灾害的技能。

自2006年年初以来,该学习材料已经在孟加拉国26所中小学进行试验和推广,在那些自然灾害最为频繁的地区,该学习材料已经成为中小学正式课程的一部分。

减灾学习手册的内容以一所学校为背景,在这里减灾教育的重要性受到高度重视。手册首先介绍了灾害的基本概念、类型和基本知识,让学生讨论自然因素和人为因素在灾害中扮演的角色。接下来,介绍了灾害发生时的逃生技巧、灾害的预防和防灾意识的形成。手册中有专门一章讲解了社区防灾地图的制作和使用方法,以及如何准备家庭中的紧急工具箱等。手册还鼓励儿童通过短文、诗歌、图画等方式表达他们在灾害中的经历和感受。除了文字介绍和说明外,儿童减灾学习手册还设计了一些游戏,帮助儿童进行学习和实践,并鼓励家长和教师参与到防灾教育的演练和模拟当中。从学生和教师的反馈来看,孟加拉国的这一减灾教育计划收到了很好的效果,当地一位教师说:"学习的过程有利于在每一个社区形成一个'知识库',有利于形成一种分享知识、分享实践经验的灾害预防文化。"

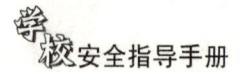

二、泰国：社区减灾，儿童先行

减灾教育在泰国起步较晚，"减灾教育"一词是在2004年12月印度洋大海啸之后才开始被逐步关注的，一开始主要集中在国家和地区层面，较少关注社区层面的减灾教育。从2006年6月开始，泰国的学校开始推行以"拯救儿童"为主题的减灾教育计划，其口号是"社区减灾，儿童先行"。

在泰国的减灾教育计划中，儿童成为了社区减灾运动的"催化剂"。人们坚信，当儿童和青少年受到适当训练并得到成年人支持的时候，他们就会在社区事务中发挥积极作用。儿童总被看成灾难中的受害者，但是拥有丰富的减灾知识的儿童能协助成年人保护社区其他成员免受灾害袭击。学校环境是营造防灾文化的理想场所，让减灾知识成为中小学课程的一部分能加深学生对环境的理解。

目前，泰国的"社区减灾，儿童先行"减灾教育计划已经顺利完成了第一阶段的实践，并进入了第二阶段。其主要内容包括通过发放宣传资料、访谈、演讲等形式在社区中宣传"如何让儿童成为社区减灾运动先行者"的理念；对社区工作人员和志愿者进行培训，使他们熟知减灾的基本概念，了解如何绘制社区逃生地图以及如何在社区中开展减灾教育活动等；加强对社区减灾教育的技术和其他支持等。"社区减灾、儿童先行"的减灾教育计划得到了泰国各地方政府和社区成员的广泛支持，它表明在适当的引导和支持下，儿童和青少年完全可以在社区的减灾教育中发挥"催化剂"的功效。

三、法国："减灾大使"加强责任意识

法国许多年来坚持不懈地开展减灾教育。从20世纪90年代开始，环境教育部门就开始向人们宣传预防灾难的注意事项，2002年法国政府出台了新的减灾教育行动计划，开展针对性的减灾教育计划，将减灾教育的内容细化到具体的灾害事故，并且规定对学生进行强制性的减灾教育活动。目前，这一计划已经开始在全国范围内实施。该计划将减灾教育的内容融入具体的学科当中，作为学生课堂学习的一部分内容，同时将学校急救训练与校外开展的赈灾活动联系起来，努力使学生在日常生活中结合本地的实际情况进行情景学习，从而拥有分析灾难的能力、敏感的态度、负责任的行为及协调一致的行动，最终使学生能正确地面对灾难，当学生从学校毕业时，他们能够获得急救资格证书并具备

急救能力。

这项计划的成功离不开社区的支持与配合。2006—2007年,法国罗什福尔市的地区中学与当地政府共同实施了一项名为"中学生:减灾宣传大使"的项目,其主要做法是在教师的指引之下,让学生深入社区当中进行减灾教育的宣传与实践,使校内校外的减灾教育资源得到充分利用,对于形成社区灾害预防文化起到了很好的促进作用。该项目得到了当地媒体的极大关注,并赢得了法国生态和可持续发展部颁发的奖杯,为学校与社区联合开展减灾教育提供了一个良好的范例。

四、英国:自己动手做"出行急救包"

英国在维护校园安全方面,有着悠久的传统。为了有效地保护校内安全,从幼儿园到高中,英国的每所学校里都设有一名荷枪实弹的警察。他们会待在一个单独的房间里,保持警觉,随时行动。在欧美国家,校园暴力多发,此举除能有效应对那些携带刀具等武器进校园的"暴力学生"外,对社会力量企图伤害学生的行为,也能予以震慑。

此外,英国教育部门还向未成年人的家长们提出了明确的要求,家长们肩负着"安全责任"。学校对于家长接送孩子有明文规定。3~5岁的孩子上幼儿园期间,必须每天由家长接送。小学阶段的孩子也要求家长统一接送。学校规定,家长必须把孩子送进校门。放学后,老师和孩子在学校操场的固定区域等候家长来接。

此外,英国更加重视对孩子进行全方位的安全教育。《儿童十大宣言》是目前世界公认的最为全面的儿童安全指南,其内容包括十个方面:平安成长比成功更重要;背心、裤衩覆盖的地方不许别人摸,有拒绝被亲吻与触摸的权利;生命第一,财产第二;小秘密要告诉妈妈;不吃陌生人的东西;有权不与陌生人说话;遇到危险可以打破玻璃、破坏家具;遇到危险可以自己先跑;不保守坏人的秘密;坏人可以骗。

这些观念表面上看是颠覆了教育孩子"懂礼貌"等传统做法,但却教会了孩子发现危险、积极应对的本领,最大限度地保护了孩子的生命安全。

尽管英国本土不是自然灾害频发地区,但是随着英国孩子外出旅游机会的增多,遭受灾害侵袭的可能性也随之增加,为此英国专门建立了普及防灾和安全知识的网站,教育学生如何预防与回应灾难。它运用不同的导航键引导学生去体验他们可能会经历的灾难,让孩子们自己去发现并学会当灾难降临时如何保护自己，同时了解灾难的本质。

2004年印度洋海啸发生时，英国一位和父母旅游的四年级小学生利用自己学过的知识，通过海水退去的异常现象判断海啸即将发生，并立即告知游人迅速向高处撤退，挽救了100多人的性命，小女孩因而成为家喻户晓的人物，这也反映了英国学校减灾教育的成功。利用网络进行减灾教育是英国的一大特色，一般每个教师一次性指导2~3名学生，带领他们浏览专业的减灾知识网站，并在班级进行实践模拟演示，学生在学习结束之后，在家长和网站指导下，自己设计一个"出行急救包"，包里的物品是预防与应对灾难来临时的所需物品，并交给老师评定，通过这样一种实践，培养学生的减灾技能和防范意识。每个学生的"出行急救包"可以与同伴和其他班级的学生分享，还可以制作成多语种的视频影像上传到网站上，便于更多的人了解和传阅。这种以网络为平台推行的减灾教育形式新颖，内容丰富，容易引起学生的学习兴趣，收到了较好的学习效果，也非常适于学生自学，目前英国的减灾教育知识网已经与加拿大和美国的官方教育网站进行连接，每个月的访问量突破一万，吸引了越来越多的人进行学习和交流。

五、韩国：校车关注儿童安全到家

韩国学校、特别是幼儿园和小学非常重视学生的安全管理。比如说，上学及放学时，学校会安排专门的老师维持校园门口治安，家长们也会轮流做志愿者，协助校方维持校园周边交通安全。另外，从幼儿园开始，学校每年都会组织3~4次消防安全演练，使孩子从小就养成在危急情况下能迅速而有秩序地逃生的意识。

为了防止校园内发生安全事故，并及时补偿受害师生，韩国于2007年1月26日颁布了"有关预防学校安全事故及补偿法律"，并于当年9月起正式施行该法律。另外，韩国教育委员会按地域设立学校安全补偿共济会，使管辖区内的师生都能加入学校安全保险，发生安全事故时能得到相应的补偿。

虽说总体上韩国的社会治安较好，但针对学生的恶性事件也时有发生。2009年，韩国先后发生数起针对女学生的恶性骚扰事件，之后校方和家长都加大了针对学生人身安全的防范和教育力度。校方增加了校园周边的摄像头数量和保安的人数。此外，家长们纷纷为学生购买可随身携带的安全防范设备，如喷雾剂、报警设备等。

经济合作与发展组织2004年研究报告指出，过去20年，其成员国在公路上死亡的儿童已达到10万人，儿童交通事故死亡率是成人的4倍，交通事故成为儿童最主要的死亡原因之一。儿童交通事故死亡率比较高的国家有美国、新西兰、韩国，比较低的国家有瑞典、意大利、英国、日本等。鉴于这种情况，韩国政府在2006年对《道路交通法》进行了全面修改，进一步补充、完善了有关学龄前儿童、学生通勤车辆的安全管理，对校车申请、更换、性能、标记、保险、行驶规则、司机的义务与责任，都做出了详细的规定。

在韩国，接送儿童集体上下学的校车在公路上享有受保护的地位，并得到了法律保障。韩国《道路交通法》规定，路上遇到运载学龄前儿童或学生的车辆停车时，在停车路面或路边行驶的汽车司机要先停车，一直等到学生车的停车指示灯逐渐消失为止，确认安全后再缓慢行驶。法律还规定，在有儿童乘坐的车辆行驶时，所有车辆不得超车；校车可以在公交车专用线路行驶，在遇到小的交通事故时，优先和保障校车通行；携带未满6岁的儿童时，必须戴好车内安全带，如违反规定，罚款3万韩圆；将幼儿园、小学、残疾人学校、保育所等处划为"儿童保护区"，在通过"保护区"时，行驶车速不得超过每小时30公里。《道路交通法》还规定，校车接送儿童时应有讲师、特殊学校教师、保育员、体育设施管理员等相关保护工作人员一同乘车。

韩国的机动车申请成为校车的手续比较严格，首先向当地警察署提出申请，并获得批准证明。校车司机或经营者必须把获得批准的证明贴在车前玻璃右侧，才能开始运营。没有得到批准的车辆，不能模仿校车的颜色或做相似标记，更不得私自承担接送学生的工作。对车主更改车型、内部结构，也都提出了严格要求，规定了一套申报程序，包括提交交通安全汽车检验必需的书面材料、综合整修认定书、车辆结构检验认定书、申报警察署检验证明，等等。韩国对校车本身也有具体要求。学龄前儿童、学生用"保护车"颜色统一规定为黄色；车门处第一层台阶高度30厘米；第二层台阶高度20厘米；车前玻璃右侧和车后中央下方贴上"儿童保护车辆"字样；校车应明确车主，如有合伙经营者也需说明；校车必须加入综合保险；坐席安全带要符合儿童体形；车辆门窗必须是开放型；车内不得放折叠椅，等等。

虽然韩国已经做出了关于校车和学生交通安全方面的详细规定，但由于种种原因，还存在很多现实问题，如资金不足、学生因居住零散而难以集中、政府管理职能界限不清、公民安全管理意识不到位等，民众还有很多不满。据2007年统计，韩国运营中的校车为13929辆，比2006年增加3000辆。然而有接送需要的儿童居住区达到三万多处，校车只能满足社会需求的一半。目前，很多非法车辆仍在运行之中。承担接送儿童集体上下学任务的车辆中,具备安全设施的只占35%,而其余65%的车辆没有齐全的安全设施,各种规范化手续也不齐全。车主想按照校车标准进行改造,至少需要400万~600万韩圆,高昂的资金使很多车主望而却步。

六、新加坡:保安站岗巡逻

新加坡对校园也采取了专门的防范措施。早在2004年9月俄罗斯发生别斯兰人质事件后,新加坡教育部和国家安全协调秘书处便对新加坡的校园安全进行了评估,随后采取了系列措施。比如,学校安装闭路电视并安排保安人员站岗巡逻等。

新加坡的犯罪率在世界排名中是很低的,校园安全案几乎闻所未闻。《世界新闻报》驻新加坡记者介绍说,在新加坡,人们晚上走在没有人的街道上也不感到担心,这和新加坡严厉的法律制度是密切相关的。

在降低犯罪率方面,新加坡有着许多特立独行的做法,虽然这些做法也招致不少批评,但它们的确行之有效。在新加坡,犯罪成本极高,罪犯不仅会失去自己的工作,也会失去社会的信任,有过案底的人在这个城市里是很难生存的。新加坡有部电影叫《三个好人》,里面有句经典台词:"法官判我三年,社会判我无期。"这很恰当地描绘了新加坡有犯罪前科人员的艰难处境。

对于那些不在乎名誉的人,新加坡法律为他们准备了另一套制裁方案,其中最出名的是足以让人破产的高额罚款。如果罚款不管用,鞭刑会让罪犯更好地记住他们所犯下的错误。

七、德国:"星期六没有课"

针对校园暴力,德国引入一套"动态风险分析系统",学校收集行为异常学生的相关信息,借助软件加以分析,计算出某名学生暴力倾向的严重程度,以便掌控。

在科技防范上,德国要求今年年底前所有学校要安装警报装置,一旦发生险情,将发出警报信号。在德国波茨坦市,每位教师都可以在险情发生时通过手机启动特定号码,激活警报系统,警报声可响遍教室、走廊和运动场馆。

除了增添高科技安保设备之外,德国在保障校园安全上还注重加强危机处理机制的建设。在德国黑森州,许多学校都设立了危机处理小组、下发《危机情况下的处置》手册，指导学校在遭遇枪击等暴力事件时如何采取保护措施。应急预案中要求必须确保所有教室大门锁上并用障碍物堵住，学生们趴在地上或者躲藏在桌子底下，等待警察的指令。

此外，德国老师之间还会约定特定的暗语，在险情发生时彼此发出警报，而不会让学生知道，以免造成不必要的慌乱。暗语可以是"星期六没有课"，一旦听到有老师说出这个暗语，其他老师便会口口传递，并组织学生采取保护措施，关闭教室门窗，以防歹徒冲进教室。

八、俄罗斯：配发身份登记卡

2004年9月1日，恐怖分子劫持了俄罗斯别斯兰市第一中学的学生、教师以及前来参加新学年开学典礼的家长，并与闻讯赶来的警方展开对峙，直到9月3日，反恐行动展开后，匪徒们被消灭，人质方才获救，但在本次恐怖事件中，共有333人死亡，其中包括180多名儿童。

俄罗斯别斯兰市校园人质事件发生后，俄罗斯政府计划采取一切必要措施加强全国中小学校的安全防范，其中就包括为中小学生配置类似军用的身份识别牌以及记录有学生身份和基本医疗信息的登记卡。

这一类似军用的金属制身份识别牌可以放在登记卡里，也可以戴在脖子上，即使遭到炸弹袭击，该识别牌上的信息也不会丢失。登记卡主要包括学童的姓名、指纹、照片、家人资料以及基本医疗信息等，同时还有一些指导学生如何应对洪水、火灾、交通事故以及恐怖袭击等知识。

九、阿根廷：商贩担任流动岗哨

2003年，阿根廷首都布宜诺斯艾利斯发生了一宗令人震惊的案件，一名叫卢西拉的中学生在学校附近遭到歹徒强暴并杀害。这起案件给阿根廷的校园安全敲响了警钟。布宜诺斯艾利斯和附近地区随后建立了一个由警察、交通安全人员以及商贩组成的"校园安全通道"，共同维护校园安全，取得积极成效，学校和周围地区的恶性犯罪事件明显下降。

在这个"校园安全通道"中，每到上学和放学时间都会有警察以及交通安全人员在校门口及附近地区值勤。在学校门口附近经营的商贩也被邀请加入校园安全体系，担当起流动岗哨的职责。他们协助警方密切关注校园门口的可疑人群，并随时为遇到紧急情况的学生提供力所能及的帮助。

除了警方采取的安全措施外，阿根廷的各所学校也高度重视校园安全，为学生们建起一座安全的保护墙。

创建于20世纪90年代的富兰克林中文学校是一所向华人子弟教授汉语的阿根廷中文学校。校长毛亦丰介绍说，学校每个学生的胸前都佩戴校卡，上面写有姓名、班级和离校方式。离校方式不同，校卡的颜色就不同。一部分年龄较小的学生放学后由校车送到家门口，司机负责将孩子交到家长手上；另一部分孩子则必须由家长来学校从教室里接走，并且在离开教室和校门的时候分别经过班主任和校务处老师的核对。只有一些年纪较大并且住址离学校较近的学生，在家长授权后可自行离校回家。

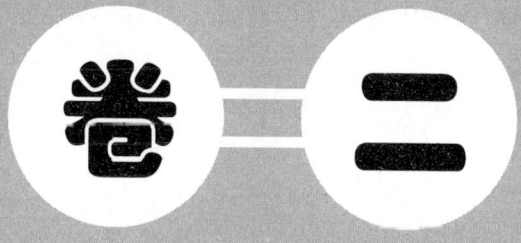

学校安全事故的预防与应对

三 部

第七章

社会安全类事故的预防与应对

- 第一节 社会安全类事故概述
- 第二节 恐怖袭击事故的预防与应对
- 第三节 财产盗窃事故的预防与应对
- 第四节 学生暴力事件的预防与应对
- 第五节 学校绑架事故的预防与应对
- 第六节 学校抢劫事故的预防与应对
- 第七节 性侵害事故的预防与应对
- 第八节 学生自杀事故的预防与应对

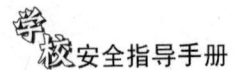

第一节　社会安全类事故概述

目前我国面临的社会公共安全问题也正日趋增多，涉及的领域也越来越广泛，产生的影响也越来越重大，带来的后果更是越来越严重。因此如何建立健全处理各种社会公共事件的应急管理体制，提高政府应对公共危机的能力，日益成为当前和谐社会建设的重要内容，与此同时，社会公共安全的工作也逐渐被提上日程。

一、社会安全类事故的内涵

社会公共安全事件是指对公众生存环境造成巨大冲击的事件，如恐怖事件、城市水灾、瘟疫传染病、群体性暴乱、政治骚乱、粮食安全、水安全、金融安全、网络安全、校园安全等重大安全事件。

二、校园里社会安全类事故的特点

（一）危害大，影响深远

校园公共安全事件的危害很大，它一般会对正常的教学秩序产生很大的影响，甚至会造成很大的冲击；会在学生和老师心中产生沉痛的阴影；会对学生和老师的人身安全造成巨大的威胁；会使学校周围的群众产生恐慌心理；会对正常的社会秩序和公共安全形成不良影响，乃至引起社会的不稳定。

（二）事故受害者低龄化

校园里的安全事故有事故受害者低龄化的特点。相对于高年级学生，低年级学生的生活经验和安全知识都比较欠缺，安全意识相对淡薄，自我防护能力也比较差，这是导致低年级学生安全事故多发的主要原因。而一些暴力事件、意外事件的对象便指向了这些低年级的学生，指向了这些无辜的受害者。

（三）事故地点多元化

因为学生从离开校园到家中还有很长一段路程，这期间便有了很多不确定因素，所以事故多发地点主要集中在上下学路上、江河水库和学校及周边。据统计，在各类中小学生事故中，有32%发生在学生上下学路上，其中以交通事故为主，也包括个别学生斗殴、强奸、抢劫、杀人等事故；有39%发生在学校里，其中以校园伤害和学生斗殴为主，另外还有少数踩踏、房屋倒塌、一氧化碳中毒等事故；24%发生在江河水库和公路，其中以溺水事故为主，包括个别发生在非学生上下学路段公路上的交通事故；5%发生在学生家中，包括个别学生自杀、一氧化碳中毒、火灾等事故。

（四）节假日是事故多发期

暑假和周末等节假日及其前后是溺水、自杀等事故的集中多发期，在这段时间学生的主要精力都集中在游玩上，自我防范意识淡薄，因此导致了很多悲剧的发生。据有关部门统计，"全年有36%的中小学生安全事故发生在暑假和节假日"。

三、校园里社会安全类事故的成因

从自然角度分析，中国是世界上受自然灾害影响最严重的国家之一。中国地域辽阔，人口密度大，所以受灾害影响大，突出表现为灾害种类多，灾害发生频率高，灾害损失严重。自然灾害在中国有着很强的社会性。而校园是学生密集的场所，所以一旦发生社会安全类事故，对校园产生的影响是非常严重的。

从社会角度分析，我国目前正处于社会经济发展的关键阶段，既是社会发展的关键期，又是社会矛盾凸显期。人们内部矛盾出现了一些值得重新审视的问题，如果处理失当，极有可能会出现社会危机。

从学校角度分析，学校投入的安全防护力量不足，学校的安全教育缺乏，没有做到安全防卫和校园建设的同步发展，学校只顾抓学习，从而导致安防力量与学校发展严重脱节。

从学生角度分析，学生缺乏安全意识。由于学生只顾专心学习，对社会、对人生都缺少必要的了解，更别提所谓专业的安全教育学习了，所以学生在遇到紧急情况时往往不能采取有效的自我防范措施。

四、近几年发生的严重校园安全事故

2005年6月黑龙江省牡丹江市沙兰镇中心学校发生特大洪水伤亡事件。
2006年2月四川省宜宾市阙溪中学发生歹徒携带炸药劫持学生事件。
2007年2月重庆市开县义和镇兴业村小学发生雷击事件。

2008年上海市虹口区第三中心小学发生大面积食物中毒事件。

2009年湖南湘乡育才中学发生踩踏事故。

2010年福建南平、广东雷州、江苏泰兴、山东潍坊、广西合浦等多地发生校园伤人事件。

2011年新疆维吾尔自治区、大连开金州新区、海南省三亚、湖北荆州、山西灵石、甘肃省庆阳、辽宁凤城等多地发生校车伤亡事件。

2012年河南濮阳、山东高密等地发生多起校车伤亡事件,造成多名儿童死亡。

……

学校安全是社会公共安全的重要组成部分,学校安全工作关系到师生人身安全和学校的财产安全,关系到教育改革、发展、稳定的大局,所以安全问题再怎么强调也不为过。近年来,我国各级各类学校校园及周边区域的安全事件、事故问题相当严重,困扰着国家教育事业健康、高效的发展。一件件、一桩桩危及校园安全的事故使得校园安全问题成为人们议论和关注的焦点,而对学校安全问题的研究也摆到了我国政府、社会以及教育工作者的面前。虽然这些问题经过各级部门的集中整治取得了一系列的成果,但是效果还不是很明显,离社会、学校、师生、家长的期盼还有很大的距离。特别是近一段时期,扰乱校园秩序、危害师生人身安全的恶性案件仍然层出不穷,所以校园安全问题也越来越引起社会各界人士的高度关注和深切焦虑。

五、目前校园安全方面存在的主要问题

(一) 对社会治安形势的严峻性认识不足

目前,我国社会在治安上总体是稳定的,但是其形势依然很严峻。从数量上看,案件居高不下,保持上升的趋势。从犯罪主体看,青少年犯罪突出,流动人口、社会闲散人员开始增多。所以现在社会治安形势还是很严峻的,我们千万不能掉以轻心。

(二) 看不清社会犯罪对校园安全的影响及表现

目前存在的事实是:从公安机关查处的案件来看,杀人、强奸、爆炸、火灾、中毒、盗窃等案件,均已在学校内有所表现,已经严重困扰着校园安全,是治理校园安全的难点。但是学校、家庭和社会却没有对这些事实给予足够的重视,由于各个部门认识不足,从而导致采取的措施不够全面,才会导致很多事故

没能避免。

（三）没有把校园安全提高到尊重学生生命、保障学生人权的高度上去认识

生命健康权是人权最核心的基本权利，是其他一切权利赖以存在的基础。每一名学生都有最基本的生命健康权，学生有权向校方提出校园安全保障问题，校方有义务为学生提供校园安全保障。从形式上说这是权利与义务的问题，实质上是生命健康权的问题。校园应该给学生以安全的保障，"一切为了学生，为了学生一切，为了一切学生"这句话已经成了很多学校的宗旨，而和谐校园的口号也日渐深入人心。因此，以和谐校园为宗旨就要求以人为本，以学生为本，落实科学发展观，就是要把师生的生命健康权放在首位。保障校园安全正是捍卫人权，捍卫生命尊严，落实学生生命健康权的具体表现。

（四）校园安防机制落实不到位

校园的安防体系是根据教育部、公安部的要求，结合国家法律法规和学校的实际情况，在公安机关的指导下搭建而成的，具有一定的实用性和长久性。但是在现实事件中，校园里还是时常发生一些意想不到的案件、事故。究其原因，主要表现在以下三个方面：一是安全防护意识没有深深地印入头脑；二是安全防护工作没有从基层做到位；三是安全防护工作没有持久地坚持做下去，总是来也匆匆，去也匆匆。

（五）安防资源保障缺乏

目前，许多学校在资源配置上重发展、轻安全，对安全问题上资金投入很少，就是投入的资金也往往被克扣、挪用、贪污等。一方面学校在扩张，学生数量增多，给学校安全工作带来了极大的压力；另一方面学校安防力量得不到同步的增长，这样的直接后果就是导致各种校园安全问题很容易发生。

六、校园安全防范对策

（一）让安全防护的意识渗入课堂、渗进学生的头脑

学校要做好安防工作，首先要让学生了解安防，然后才能进行遵守和维护教育。因此，学生入校后，第一时间要上好的课就是"安全课"，要让学生在老师的指导下，理解安全防范的原理、安全防护的技能与应急处理办法，以及一些相关的法律知识，等等。学生则需要掌握基本的安全知识，进而把安全防护意识渗

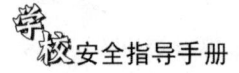安全指导手册

入到自己心中、脑中、日常生活和学习中。

（二）安全防范教育重在实战

安防教育的突出特点是应用性、实用性、超前性。学生通过学习安防的知识至少能保证遇到一般险情会选择正确的处理方法，不至于遇到紧急情况时过于紧张或者手忙脚乱。如在火灾中会报警、会扑灭初期的火、会使用灭火器、会选用正确的方法逃生。在交通安全上要懂得依法参与交通出行、正确识别标志线、明确违章事故的法律后果和参与交通者应尽的义务、会应急处理等。在遇到地震等自然灾害时知道如何逃生、如何在艰苦的环境中求生、如何保护自己的生命等。在传染性疾病蔓延时要知道如何预防疾病的发生、如何进行简单的治疗、如何增强自己的免疫能力等。在预防杀人盗窃等暴力犯罪上，能做到防微杜渐、防患于未然，即早预防、早发现、早报警。所有的安全教育都要落到实处，这样学生才能切身体会到安防的重要性。

（三）学校需要完善矛盾纠纷排查和化解机制以及学校风险评估机制

各地党委、政府要高度重视、大力加强、重点支持，同时组织力量把本地区存在的各种矛盾纠纷排查清楚，逐一登记造册，逐一落实责任，逐一跟踪查办，切实有效解决。同时要求建立健全维护社会稳定和重大决策风险评估机制，切实解决群众最关心、最直接、最现实的问题，从源头上预防和减少矛盾与纠纷。这些属于国家的大政方针，落实到学校就是要切实维护师生的利益。

学校是重要的教育阵地，其综合治理工作当然要与党中央保持一致。目前在学校中，有部分教师对一些司空见惯又微不足道的隐患往往不以为然，熟视无睹，如有些学生之间争风吃醋，有打架斗殴、侮辱、诽谤、猥亵等侵犯人身权利和一些不文明的行为和习惯，老师就装作没看见，根本不加以重视。有些教师在教学中发现这些问题后不闻不问、视而不见，结果导致这些不文明行为无所顾忌，迅速蔓延、滋长。学校应该对这些细小的事件给予足够的重视，积极做好与班主任、学生和相关部门的信息沟通，进而化解矛盾。同时教师对不安全行为的干预应纳入长效管理机制。

（四）校园发展要与校园安防同步推进

校园安全是否被重视，关键是看是否被提到学校工作的议事日程，即要做到与学校发展同规划、同布置、同检查、同考核、同奖惩，将学校的安全防护工作与其他重要的工作放到同一个平面上考虑。具体要做到五个方面：一是学校的安全管理要与学生生活的正当需求相和谐；二是学校的资金投入要与学校发展的安全提升同

步；三是对于学生的管理要结合学生的最大需求来确定；四是学校的教学管理也要与学生的最大需求相一致；五是学校后勤保障要根据学生的正当需求来确定。

总之要消除校园安全的隐患、扭转校园安全问题严重的局面，必须采取综合有效的治理措施。这样才能解决困扰着国家、社会和学校教育事业正常、和谐开展的问题，才能最终促进国家教育事业健康、高效的发展，才能确保校园成为一方神圣安全的净土。

第二节　恐怖袭击事故的预防与应对

一、恐怖袭击的概念和特征

（一）广义概念

恐怖袭击的概念众说纷纭，即使在美国范围内，国防部、联邦调查局和国务院使用的定义也不同。而在美国之外，联合国和不同的国家也用他们自己的方式来定义恐怖袭击。当你从恐怖分子的立场出发时，它的概念则变得更加难以理解：他们经常不认为自己的行为是罪恶的，他们认为自己是自由战士或是在思想或种族中挣扎的反抗者。实质上他们认为，一个恐怖分子是其他人的自由战士，认为自己是正义的代表。恐怖袭击是猛烈的犯罪行为，它依靠其强大的破坏力所产生的恐惧和威逼来影响受害者之外的观众。恐怖组织和恐怖分子使用一定数量的战术，引起人们的恐惧和迫使政府向恐怖分子屈服。这些战术包括抢劫、刺杀、临时爆炸装置（如路旁炸弹）、生物和化学武器、自杀性炸弹和绑架。恐怖活动的方式主要包括袭击、劫持、破坏等。袭击如爆炸（对人员、建筑和车辆等目标的爆炸）、暗杀、自杀性袭击，生物、化学、核袭击，信息袭击，投毒和纵火等；劫持如劫持人质，劫持飞机，劫持车辆等；破坏如破坏交通枢纽等重要设施或系统。

（二）校园恐怖袭击类事故

恐怖袭击类事故在不同的国家和地区呈现不同的特点，而现在在学校——宁静的象牙塔内却上演了一次次的校园恐怖袭击的血案。福建南平、广西合浦、江苏泰兴、山东潍坊连续发生校园血案，虽然具体犯罪动机可能不同，但有一些共同特点——怀着报复社会的动机杀向无辜的弱者，这些事件可以概括为校园恐怖袭击事故。

每个国家都存在着个人恐怖主义这种社会现象。作为一种社会事实，这种现象有五个主要构成要素：社会问题——矛盾突出的社会，总存在着贫富差距、特权腐败、社会歧视、缺少关爱等问题；伤害者——个性偏执的杀人者，但从更广泛的社会意义上说，这些伤害者是谁并不重要，所谓仁者见仁，智者见智，每个人对社会的看法都有一定的局限性，某些关于社会问题的信息在某个人头脑中积聚直至爆发，本身具有社会性，杀人者本身具有某种公共的象征意义；受害者——手无寸铁的弱者，从整个事件的客观意义上来看，受害者作为个体并不重要，重要的是作为无辜的弱者，他们的无辜让人惋惜，但是在伤害者眼里，社会问题没有无辜者；影响力——事件具有可传播性并且具有震撼性的广泛社会意义，产生了强大的负面影响力，引起社会的广泛关注，进而强化了某种社会共同体的共识。

校园恐怖袭击类事故造成的校园血案具有如下特点：一是凶手多是因为个人问题得不到及时解决而长期生活在压抑环境中的心理失衡或变态者。

二是犯罪地点均选择在校园。校园安全防范意识差，管理松懈，给犯罪分子制造校园血案以可乘之机。同时，校园里除了老师便是毫无反抗能力的儿童，犯罪目的较易得逞。此外，校园也是备受社会关注的公共场所，容易产生社会轰动甚至连锁反应，以便犯罪分子要挟政府达到个人目的。

三是犯罪手段残忍，后果极其严重。每起案件的受害人都在15人以上，凶器多为杀伤力很大的刀具，甚至爆炸物品。

四是犯罪动因多为泄私愤而报复社会，对抗政府。深层原因则是社会矛盾的处置不当。

二、触目惊心的校园恐怖袭击类事故

在日本，校园的"安全指数"一直是最高的。但是从2001年起，日本多个城市接连发生有人在校园持刀行凶事件，造成多人死伤。日本国立教育政策研究所专家立田庆裕对《环球时报》记者说，以往校园安全事件集中在交通、食品安全等方面，学校面临的最大问题也只是校园盗窃等。而现在校园安全事件发生了质的变化，人身安全成为最突出的问题。

在美国，校园频发的枪击事件令美国政府和民众揪心不已。2007年，弗吉尼亚理工大学的韩裔学生赵承熙枪杀32人，是美国历史上最惨烈的校园枪击案。此后，美国校园里更是枪声不断：

2007年4月16日，美国弗吉尼亚工学院发生了美国历史上最严重的枪击事件，造成包括犯罪嫌疑人在内的33人死亡。这起枪击案是美国历史上最为严重的校园枪击事件。

2007年5月7日，加利福尼亚州立大学弗雷斯诺分校附近一座公寓大楼内发生枪击案，造成一死两伤。开枪者是加利福尼亚州立大学弗雷斯诺分校19岁的大学生容凯尔·布鲁克斯，死者布兰特也是19岁，是从洛杉矶来到弗雷斯诺的，不是学生。

2007年9月21日，美国特拉华州立大学发生枪击事件，有两名学生受伤。

2007年10月10日，美国俄亥俄州一所高中发生枪击事件，一名14岁的学生开枪打伤至少4人，然后饮弹自尽。

2008年2月8日，美国路易斯安那州一所大学的教室内发生枪击案，一名女学生在枪杀另外两名女子后饮弹自尽。

2008年2月11日，美国田纳西州孟菲斯市一所高中发生一起枪击案，造成一名女学生受重伤。

2008年2月14日，美国北伊利诺伊大学发生枪击事件，造成包括凶手在内的7人死亡，另有至少18人受伤。

2008年10月26日，美国阿肯色州康韦市的阿肯色中部大学发生一起枪击案，造成2人死亡、1人受伤。

2009年4月10日，密歇根州底特律市西郊亨利·福特社区大学校园内发生枪击案，造成2人死亡。

2009年7月22日，美国休斯敦市的得克萨斯南方大学发生一起枪击案，造成6人受伤。

2010年2月23日，美国科罗拉多州丹佛市附近的一所中学发生一起枪击案，2名学生受伤，但没有生命危险。

2010年3月9日，美国俄亥俄州立大学发生一起枪击案，一名即将遭到解雇的清洁工开枪打死一名同事，打伤另一名同事。没有学生在这起枪击案中受伤。

2011年12月8日，弗吉尼亚理工大学发生枪击案，造成2人死亡。

2012年2月27日，美国俄亥俄州克里夫兰（Cleveland）附近查顿高中发生枪击案，死亡3人。嫌疑人名叫T.J.莱恩，17岁。

2012年4月2日，美国加利福尼亚州一所教会学校发生枪击，至少7人死亡、3人受伤。

2012年4月11日，洛杉矶南郊的南加大校园附近，2名中国留学生在车中遭枪击身亡。

2012年6月9日，美国南部亚拉巴马州奥本市奥本大学附近公寓楼发生一起枪击案，造成3死3伤，均为年轻人，其中2人曾效力于该校橄榄球队。

2012年12月14日，美国康涅狄格州一所小学发生枪击案，造成包括枪手在内28人死亡，受害者大多为儿童。

而在大家公认的社会治安良好的德国，校园安全也成为重大的社会问题。2012年3月，一名年仅17岁的学生在德国斯图加特市附近小镇温嫩登的一所中学射杀了15人，然后开枪自杀。2002年，在艾尔富特的一所学校，凶手打死15名师生和1名警察后自杀。十年来，这样血腥的校园惨剧在德国有7起，特别是艾尔富特和温嫩登血案让德国掀起了校园安全的反思高潮。德国为这两起惨案遇难者举行了国葬。德国前总统约翰内斯·劳2002年在哀悼时说："我们茫然无措。我们从来没想到在我们当中会发生这样的事情。"

在中国，2010年就发生了多起校园惨案，让阳光明媚的校园蒙上了沉重的阴影，给天真活泼的孩子的心中带来了极大的创伤。

2010年3月23日7时20分左右，正逢孩子上学时间，福建省南平市实验小学门口发生一起恶性杀人案件，一名中年男子手持砍刀，连续砍杀13名小学生，造成8名小学生死亡、5名小学生受伤的严重后果。

2010年4月12日16时30分左右，广西合浦县西镇小学门前约400米处发生凶杀事件，2名死者中一名为8岁小学生，另一名为老年女性。5名伤者包括：两名小学生、一名未入学小孩和一对中年夫妇。

2010年4月28日下午15时，广东湛江雷州市雷城第一小学发生行凶事件，一名男子持刀砍伤15名学生和一名为保护学生而与歹徒搏斗的老师。

2010年4月29日上午9时40分，发生一名失业人员进入江苏省泰兴市泰兴镇中心幼儿园持刀砍伤31人（28名幼儿、2名教师、1名保安，其中5人伤势较重）的严重事故。

2010年4月30日7点40分，山东潍坊一男子骑摩托车携带铁锤、汽油，强行闯入尚庄小学，用铁锤打伤5名学前班学生，然后点燃汽油自焚。

2010年5月12日，陕西南郑幼儿园，南郑县圣水镇林场村村民吴焕明持菜刀闯入该村幼儿园，致使7名儿童和2名成年人死亡，另有11名学生受伤，其中2名儿童伤势严重。死亡的7名儿童为5男2女，2名成人为幼儿园教师吴红英及其母亲。犯罪嫌疑人吴焕明行凶后返回家中自杀身亡。

2010年5月19日凌晨，海南科技职业学院发生歹徒闯入学校砍伤人事件，先后有9名学生被砍受伤，其中2人伤势严重。

2012年9月21日14时许发生在广西贵港市平南县的砍杀儿童事件致3死13

伤。

2012年12月14日早上7：40分，一男子持刀在光山县陈棚村完全小学门口砍伤学生。受伤学生22人，群众1人。

这些惨案，每一件都让人瞠目结舌，每一桩都让人心惊肉跳，无辜的孩子成了社会矛盾的牺牲品，没什么比孩子的苦难更触痛我们，没什么比孩子的安危更揪人心。

无论是东方还是西方，学校的孩子都是社会中最弱势的人群，凶手竟然针对这样的人群下手，让许多国家在校园惨案后都陷入反思。这些惨不忍睹的校园血案、这些不堪回首的血泪回忆，让每一个内心柔软的人，每一个有良知的人都深感痛心。我们不禁会问，那些丧心病狂的杀戮者，面对着手无寸铁的孩子如何下得了手？面对着一连串的惨案，我们应该多反思血案背后的问题。

三、校园恐怖袭击类事故的反思

我们从这些事件里看到行凶者都是年龄较大，社会地位较低，无论在事业和感情上都屡受挫折，遂对这个社会不满，为泄私愤而报复杀人。他们共同的特点是：其一，凶手已经抱定必死的决心，凶手明知杀人须偿命，但是却依旧用极其残忍的手段杀死多名孩子和成年人；其二，凶手多为无工作或者是低收入的人员；其三，凶手的根本目的是报复社会，从案件来看，除一名精神病患者之外，其他5名凶手都是智力正常的人；其四，案件被伤害的对象是小学生和幼儿，以杀死多人为目的、猝不及防、惨烈无比、学校治安意识差。选择对小学生和幼儿实施伤害显然是容易得手而且容易引起注意的，而且现在多为独生子女，这样就达到了其报复社会引起恐慌的目的！

孩子无罪，他们如此纯真，如此柔弱，实在不该成为泄愤的出口。屡屡发生的惨案警示着我们：孩子的安全怎么强调和重视都不过分。

校园惨案时常发生的原因有很多：

一是转型时期的震荡。随着转型时期人们思维方式、生活方式、行为方式和道德价值观念等的变化，这一时期的社会矛盾以利益冲突和碰撞为突出特点，日益呈现出错综复杂、公开激烈的态势，不可避免地给现有的社会运行体系造成了强烈震荡，如处置化解不当，稍有不慎便会诱发违法犯罪。

二是社会阶层分化严重。由于经济发展的不平衡，加之反贪惩腐不力，贫富分化扩大，导致社会阶层分化严重。一方面是社会上"仇官""仇富"心理的大量存在；另一方面又是"官压民""富欺贫""强凌弱"现象的频繁出现，在某种情况下、某种意义上甚至可说已呈现出阶层对立的趋势。

三是社会保障机制薄弱。当前我国的社会保障机制较为薄弱，还不能从根本上解决下岗职工、失业人员、失地农民、拆迁群众等弱势群体的后顾之忧。如果这些弱势群体在合法权益受到侵害后，既得不到与经济社会发展水平相适应的补偿，又不能通过社会保障机制消除后顾之忧，自然会表现出强烈的对抗情绪以捍卫自己的切身利益，有的甚至不惜走上以身试法的道路。

四是心理疏导机制滞后。心理疏导被人们称作"温柔的精神按摩"，是社会矛盾的减压阀。特别是在人们采取司法救济、行政途径、上访渠道等方式均未能达到自己的诉求目的时，心理疏导就尤其显得重要。但是，当前，社会的心理疏导机制却严重滞后，极不适应转型时期社会矛盾大量产生的急剧变化，致使有的人在诉求无法实现时，精神得不到慰藉，心态得不到平衡，加之自身不善调理，从而在司法不公、上访无门的心态下极易产生报复社会的极端念头。

四、校园恐怖袭击类事故的预防机制的建立

（一）明确校园管理机构，进一步明确职责

明确规定校园安全防范的管理机构，强调"谁主管谁负责"的原则，学校的校长应是本单位的安全防范责任人，对本学校的防范工作全面负责。扎实抓好保安队伍建设，严格情况信息报告制度。负责人在抓安全工作中要注意突出工作重点，形成工作合力。要联合公安机关、消防部门及综合治理部门，切实抓好校园周边环境的整治工作，消除不安定因素，净化校园环境。联合广电、工商、文化和新闻出版部门，采取有效措施，加强对校园生活的正面报道力度，及时消除不良信息的影响，净化校园的舆论环境。

（二）提高认识，将校园恐怖袭击防范纳入日常工作议程

提高师生公共安全意识。学校应该对提高师生员工公共安全意识负有责任。一方面，学校要对目前各级政府所采取的种种管理措施、预警制度有清醒的认识和理解，予以配合并积极遵守；另一方面，学校还要对预案实施中的防范、救护、避难、灾难恢复等措施积极组织员工演练，并对师生进行必要的宣传、教育和演练。总之，要想解决和应对校园面对的恐怖袭击犯罪，除了加大打击力度外，更应当加强防范，把科学严谨的预案落到实处。

（三）要加大对校园公共安全建设的投入

从经费、编制、装备各方面予以保障。校园恐怖袭击不仅对学校的人员素质

能力提出了考验，而且对学校的硬件设施也提出了要求。比如：对学校进行实时影像监控并在学生上下学路口、事故多发地点、出入口等重点部位安装可视探头等监控设施及紧急报警装置。只有加大对校园公共安全建设的投入，从经费、编制、装备各方面予以保障，才能树起防范校园恐怖袭击的技术堤坝。

五、校园恐怖袭击类事故的应对机制的建立

（一）召开危机处理事后检讨会

对于危机时所作的处理方式及学校的危机沟通政策再做一次评估，以作为下次改进的依据。评估的重点可包括：发言人发言是否恰当、是否按照危机沟通手册执行、处理的优缺点何在等。就这些观点加以评估，以作为改善的依据。

（二）加速复原工作以及心理危机的干预治疗

当代精神医学理论认为人们遭到强烈的精神创伤时，他的心理危机一般是沿着如下程序发展的：呆滞期、侵袭期、冲突期、消化期与重建期。而国内已有的研究成果表明，如果不重视消化期与重建期学生的心理健康，就有可能对当事人心理造成更严重的伤害，把当事人推向更深的危机之中。

心理危机的干预治疗，可能需要较长的时间，加上治疗工作本身情况复杂多变，因此干预治疗的方案不是一次就能完成的，要根据治疗的进程以及受害者的情况的变化，不断修订干预治疗方案。

危机干预技术主要有两类：一是支持技术，二是解决问题技术。

其中支持技术，是指旨在尽可能地解决心理危机，使病人的情绪状态恢复到危机前水平的一类技术。它具有包括暗示法、疏泄法、环境改变法、镇静药物法等。

解决问题的技术，是指采用"明确问题、确立方案、执行方案、解决问题"的方法来处理危机的技术。它通常包括七个步骤：一是明确存在的问题和困难；二是提出各种可供选择的解决问题的方案；三是罗列并澄清各种方案的利弊及可行性；四是选择最可取的方案；五是确定方案实施的具体步骤；六是执行方案；七是检查方案的执行结果。

通过把危机转化为具体的问题，处理起来就能方便操作了。不过，由于危机的实际情况不同，相应选取的干预技术也应该有所不同，这样才能使危机得到合理的处理与化解。

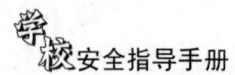安全指导手册

（三）逐步挽回因危机事件而受损的组织形象

突发性危机事件往往是一种完全超出学校能力掌控的偶然发生的事件，但既然危机会发生，就必然有其原因与疏漏。学校应虚心检讨，找出原因，加强预防措施，并感谢所有参与任务的单位与个人，发感谢函与说明信件给相关家长，以取得各界对学校的信任。

学校可以向公众承诺纠正不当行为，保证目前问题只是个别现象，类似事件将不再会发生。学校也可以直接承认错误，向有关利益人公开道歉，请求公众的原谅。需要指出的是，在危机管理的实践中，学校出于担心承担法律责任，很少做出请求公众原谅的明确声明，而是倾向于着重表达自身对危机事件的遗憾之情，这对于恢复学校组织形象是远远不够的。

第三节　财产盗窃事故的预防与应对

财产盗窃行为是指以非法占有为目的，窃取他人数额较大的财物，或者多次窃取的行为。随着社会的进步、人民生活水平的提高，笔记本电脑、数码照相机、手机、平板电脑之类的电子产品等贵重物品已经逐渐走进了校园，拥有这些贵重物品的学生数量也在逐年增多。然而由于受到社会上不良风气的影响，校园财产盗窃案件也开始在校园里逐年增加，由此引发的校园治安问题也越来越严重了。尤其是宿舍盗窃案件，教室盗窃案件，图书馆盗窃案件，甚至食堂盗窃案件，这些已成为校园里的公害，它不仅使师生的财产遭受损失，还使正常的教学秩序遭到干扰，甚至在师生中造成了恐慌情绪，使学校师生谈"偷"色变，对盗窃事件深恶痛绝。因此，研究校园公寓盗窃案件发生的原因、规律及其防范措施，对减少校园盗窃案件的发生有着重要的意义。

一、校园财产盗窃案的规律和特点

（一）作案手段与方式多样化

校园财产盗窃案主要有以下几种作案方式：

1. 顺手牵羊、乘虚而入

顺手牵羊是指盗窃者趁受害人不注意，将放在桌上、走廊、阳台等处的钱物

信手拈来而占为己有；乘虚而入则是指盗窃者趁被害人不在，趁受害人房门、抽屉未锁之机入室行窃。如今有些校园的管理混乱，而且学校内来往的人员很复杂，就为这类盗窃案件提供了很好的机会。

2. 撬门扭锁

在这类盗窃案件中，当犯罪分子得知宿舍内、教室中或其他藏有财物的房间无人时就采用插门缝、撬门锁或直接撞门等方式入室行窃。这类案件通常具有室内翻动较大，抽屉、箱子常被撬坏的特点，犯罪分子主要窃取现金和价值较高又便于携带的贵重物品。对于那些平时粗心大意、忘记锁门窗的师生来说，他们的疏忽将会为犯罪分子提供作案的好机会。

3. 窗外钓鱼

窗外钓鱼即犯罪分子用竹竿等工具在窗外将被害人的衣物等贵重物品钓走，有的甚至把纱窗弄坏，钓走被害人放在桌上、床上的物品。

4. 翻窗入室

翻窗入室指的是犯罪分子通过攀爬气窗、窗户、阳台等进入室内盗窃，所以没有安装护栏的窗户、露台，包括门上气窗，窃贼都有可能翻入。盗窃目标与撬门扭锁者往往比较相似。

5. 溜门行窃

溜门行窃即盗窃者乘房门未关严或室内无人之机盗窃作案。作案手段与"顺手牵羊"相似，但性质不同。"顺手牵羊"是临时起意，溜门入室是有备而来。此类偷窃目标主要是现金、手机、数码相机、平板电脑之类的电子产品以及手提电脑等贵重物品。如果盗窃时被人发现，盗窃者常以找人等借口抽身逃离，他们一般不带作案工具，作案时间短，作案后迅速逃离现场。如果破案者不能在现场抓个正着，破案难度会更大。

除上述五类作案手段之外，还有偷配钥匙，预谋行窃，以会友、找老乡、卖东西等名义混入宿舍，乘机行窃等。

（二）失窃场所以底层和高层为主

1. 底层无防盗措施

失窃场所大多位于低层的宿舍、教室或其他场所。由于这些地方缺少必要的防盗设施，所以在这些地方经常会发生攀爬阳台、翻窗入室的案件。

2. 高层无人注意

一些位于高层的宿舍或者教室由于极少被人注意，经常空无一人，所以也极易发生溜门入室、插片入室、钥匙开锁等案件。

（三）涉案物品趋向贵重

1. 自行车

校园丢失案中常见的有自行车，因为校园自行车比较普遍，而学生一般防范意识较差，所以自行车丢失一般比较严重。现在更多的趋向是手机、笔记本电脑、MP4、MP5、无记名有价证券、现金等物，这些物品因体积小、价值高、便于偷盗和销赃，成为犯罪嫌疑人的主选目标。

2. 银行卡

盗窃银行卡并冒领存款的案件时有发生，主要都是内部人员所为。

（四）作案人员成分复杂

校园盗窃作案人员组成主要有三类。

1. 内部人员

他们多为本班、本寝室或生活在周围地区的其他人员，或被高校惩处过的离校人员，他们对事主的生活规律及钱、财、物的存放地点非常了解，一旦动手，极易得逞。内部人员的作案具有有目的、有准备、速度快的特点，在现场极少留有破坏痕迹，所以侦破起来有一定难度。

2. 外来人员

他们往往打扮成学生模样，以认老乡、探亲友、找同学、寻求帮助、推销物品等为理由，悄悄混入学生宿舍等待机会作案。

3. 内外勾结

校内人员联合校外人员进行作案，他们对侵害对象和目标比较了解，往往是"旗开得胜"，几乎全能得手。

（五）侦查复杂

无论是顺手牵羊，还是溜门行窃，它们通常都具有时间短暂、隐蔽性强、手法简单等特点，被盗现场往往留有的痕迹和物证都很少，即使有一些也很难提取，所以导致破案难度增大。

（六）时间规律性

由于学生的生活规律性，作案时间多发生在以下时段。

（1）刚入学或放假前学校比较混乱时，宿舍、教室或其他存放财物的地方易被盗。

（2）在节假日、寒暑假时期，易发生撬门扭锁盗窃、偷盗自行车及其他财物的事件。

（3）上午第一、二节课时或晚自习时学生财物易被盗。

（4）夏秋季节，由于天气比较闷热，所以很多学生喜欢开窗睡觉，这样就容易被"钓鱼"盗窃；由于开门多，所以易发生乘虚而入的盗窃。

（5）学校举办大型文体活动时，外来人员剧增时，发生盗窃的可能性也会增加。

（6）学校开大会、考试、周末看电影等，因宿舍同学走空，教室也没人在，所以此时容易被盗。

（7）新生军训期间，宿舍长期无人居住，易被盗。

（8）夜晚时候，因教室没人，学校存放财物的地方也很少有人把守，所以会给偷窃者以可乘之机。

二、校园盗窃案发生的原因

（一）从学校方面来看，部分校园治安防范工作相对滞后，不能有效遏制案件发生

随着社会的进步，校园改造扩建的加快，"跨区域、多校区、社会化、大开放"已成为多数学校的发展模式，但是与此同时校园及周边治安环境日益复杂，所以校园的安全防范工作难度也就相应加大。主要表现在：

（1）校园进出人员复杂，学校缺乏有效管理。社会上的不法分子利用学校开放式办学的机会，轻易就能混入学校实施犯罪行为。

（2）校园治安防控网络不完善，防范力量相对薄弱。特别是宿舍缺乏相应的防盗基础设施、配套的管理力量以及严格的管理制度，学校偏僻的路段没有监控录像设备，有些存放财物的地方虽配备了管理人员但形同虚设，不能切实发挥守护宿舍、保护财物安全的作用。

（3）有的学校后勤搞社会化改革，学生宿舍、校园安全开始由物业公司、保安公司管理。对于宿舍内部的治安防范工作，学校保卫部门和物业公司的职责分工不明确，甚至出现工作互相推让的现象，这样无法有效遏制盗窃案件的发生。

（二）从师生个人来看，校园宿舍钱财物相对集中，师生自我防范意识薄弱

随着人们生活水平的提高，在校师生的可支配现金日益增多，手机、电脑等

贵重物品已经渐渐成为师生的日常消费品。由于师生个人防范意识不强，有的门不关，有的抽屉不锁，有的钥匙、贵重物品、有价证卡及其密码保管不当，有的随口说出个人的私密信息，所以不法分子能够轻而易举地实施犯罪也就不足为奇了。

（三）不法分子逐渐将侵害目标从社会面转向校园面，客观上导致了校园案件的频发

当前，公安机关正着力加大对社会治安防范控制的力度，政府机关、企业、居民社区等区域的内部治安工作经过多年的摸索和经验的总结，防范措施相对严密，所以不法分子在社会上实施违法犯罪行为的风险较大，于是将侵害目标转向安全防范管理较为薄弱、钱财物比较集中的校园，尤其将目标锁定在学生宿舍。所以校园盗窃案件总量逐年上升，已成为影响校园安全稳定的突出治安问题。

三、校园财产盗窃事故预防机制的构建

（一）加强学生的思想道德教育和法制教育，提高学生的自控能力

一个人的思想道德风貌不仅体现在他的行为举止上，也体现在他的实际行动中。有一部分学生道德品质不高，法律意识淡薄，对于他们的教育，单靠正面打击和侧面防范是不能从根本上解决问题的，所以必须在德育上、思想上下大工夫，应该从三个方面来实现。

1. 道德品质教育

认真抓好学生的道德品质教育工作，帮助学生树立正确的世界观、人生观和道德观，使每个学生都具有良好的道德风尚，从根本上预防和减少学生盗窃行为的发生。教书育人，首先应该教会学生要做一个诚实的人。

2. 思想教育

加强对学生的思想教育。一方面抓好学生的日常行为教育，不断提高学生自觉遵守日常行为规范的思想意识，使其逐步养成良好的行为习惯；另一方面有针对性地进行思想教育。高校逐年扩招后，学生来源复杂，层次繁多，个人素质差距大。因而，在认识、性格特点和成熟程度等方面都有较大的差距，必须增强教育的针对性，针对不同层次的学生，采取不同的教育方法，做到对症下药，因材施教，才能收到事半功倍的效果。

3. 法制教育

加强学生法制教育，增强法制观念。这是提高学生素质的重要一环。现在是

法制社会,所以我们要善于利用法律来维护学生的合法权益。在学校教育上,我们要根据不同层次人员的特点,对他们进行有针对性和实效性的法制教育,使学生真正做到学法、知法、守法,做一名遵纪守法的好学生。

(二) 加强防范意识教育,采取有效措施,确保校园财产安全

首先,针对师生员工防范意识的薄弱环节,充分利用《法制宣传栏》、《法制讲座》、校园广播、组织法律辩论赛等多种形式对师生员工进行广泛的防范意识教育,积极引导师生员工们自觉做好防范工作。

其次,针对作案分子的作案规律和特点,采用相应的防范措施。比如:一是通过写通知、列标语、各类安全知识讲座等各种宣传形式,提醒和要求师生妥善保管好自己的贵重物品;二是在每年新生入学期间,学校为新生开办暂时代管现金服务,老师或学校其他的组织将新生带在身上的多余现金集中保管,以防被盗,如果有条件的话让学生将现金就近存入银行;三是在每年寒暑假期间,要求学生将各种贵重物品带回家或放在学校集中保管。

(三) 强化治安防范和管理

随着办学规模迅速扩大,校内人员急剧增加,人员结构复杂化,治安问题突出,尤其是盗窃案件更为突出。在这种情况下,只有加强校园治安防范管理,把防范措施落到实处,才是减少公寓盗窃案件发生的良策。笔者认为,应通过以下途径来加强防范工作。

1. 加强重点部位防范,实行技防、人防与物防相结合

当今社会比较混乱,犯罪分子作案手法更是胆大妄为,所以单靠人防的力量是微不足道的。在这种复杂的情况下,就得实行人防与技防相结合的方针。近年来学校对重点防范部位都安装了防盗报警摄像头,在校门口安装了监控系统,防范效果日益好了起来。

2. 严格门卫管理

配合学校门岗监控系统的使用,实行凭证进入门岗制度,减少外来人员进校,防止社会上犯罪分子潜入校园作案。

3. 加强校内流动人员管理

因学校发展的需要,近几年来,涌进学校的民工和临时工猛增,这些民工来源复杂,给校园安全带来了极大的隐患,所以管理难度大。针对外来民工的复杂性,要采取多种方法来管理:一是深入了解,了解情况之后再逐个登记清楚,存入档案;二是学校保卫处与校内各工程队负责人签订《治安目标责任书》,要求

各工程队管理好自己队伍里的人员,自觉遵守学校有关规定,保证在校施工期间不发生任何治安问题,责任到人,如若出现问题,应该负起自己的责任;三是对来校民工实行办证出入,持证上岗,防止不法分子混杂其中在校园作案;四是要建立隔离区域,民工活动地点和学生活动地点要划分清晰。

四、校园财产盗窃事故应对机制的构建

校园财产盗窃事故发生之后,我们要有积极的应对机制,只有这样才能够把损失减少到最低。我们要做到以下几点。

(一) 发挥群防群治作用

群防群治是我国社会治安的独创优势,在校园中其核心是以广大师生为主体。预防和治理违法犯罪,维护学校安全,并不是学校保卫部门所能包办的事,需要广大师生员工的积极参与。目前校内人员高度密集,人来人往,非常繁杂,作案分子也乘机混杂其中,不容易被发现。

针对人员密集和繁杂的特点,要积极开展综合治理,充分发挥群防群治作用,力争取得较好的效果。主要通过几种途径来开展工作:

(1) 在学生宿舍区,发挥公寓管理人员的作用,保卫干部和学生公寓管理干部深入其中协助与指导做好学生宿舍治安应对工作,同时在学生宿舍楼建立学生治保小组,以学生为主体进行自我管理,要求学生义务轮流参加本宿舍楼的治安值班,协助做好治安保卫工作,以减少学校内盗案件的发生,一旦发生可疑情况,要尽快配合有关部门进行调查取证。

(2) 建立应急值班小组,参与校园值班巡逻,接受报警求助,处理突发性事件,减少各类案件发生。

(3) 在每年寒暑假期间,认真组织部分留校学生参加公寓值班工作,这样做一方面可以发挥学生的自我管理作用,另一方面也加强了校园安全的防范,有利于保护学生的利益。

(4) 要充分发挥保卫队的作用,要让保卫队分别划分管理的区域,及时联络,这样一旦发生情况才能够变被动为主动,制止案件的发生。

(二) 提高破案率,打击校园犯罪活动

学校盗窃案件发案率高,但破案率低,这是因为校园盗窃案件大多属于小偷小摸行为,是内部人作案居多,因此破案难度大。但也不是没有破案办法,只要深入了解和掌握作案分子的作案规律,弄清周围与校园盗窃案件有关的人、事、

物之间的相互关系和内在联系,就不难找出破案的办法。

1. 掌握规律,积极调查

选择频发案件的地点,组织一帮强大的力量,潜伏守候,一举抓获,这是当前打击校园公寓犯罪活动的一种可行方法。例如,一段时间,某高校学生宿舍连续发生被盗案件,保卫部门组织精干力量潜伏守候,不到两天时间,一名作案分子在学生宿舍行窃,被事先潜伏守候人员当场抓获。经审查案犯交代,学生宿舍连续发案是他一人所为。

2. 追查赃物,捉拿案犯

在校园里一旦发现赃物,就立刻追查其来源,这也是破案的有效方法。例如,一个骑自行车的人路过校门时,门卫发现其所骑自行车嫌疑很大,当即将自行车扣下,经审查其自行车是从某公寓走廊内盗来的。

3. 了解周边环境,有利于案件的破解

一些学校周边环境十分复杂,各色人员鱼龙混杂。学校紧靠农村、工厂,并且周围出租屋多、网吧多,废品收购站多,各类人员混杂居住,学生安全实在让人不敢恭维。因此,经常深入这些地方与有关人、事、物接触,有目的地了解、掌握和熟悉相关的信息,并通过调查走访了解相关的信息,这也是侦破案件的一种方法。

第四节 学生暴力事件的预防与应对

校园,是莘莘学子追求知识的场所,是知识渊博的老师授业解惑的地方,本应是充满欢声笑语,本应是书声琅琅、温馨和睦的港湾,但曾几何时,校园这块往日的净土已不再平静。在我国城乡中小学校园内,以打架斗殴、欺侮学生、勒索钱物、残害师生、逞凶作歹为典型表现形式的校园暴力有蔓延发展的趋势,并且日益成为校园中一颗亟待拔出的"毒瘤"。校园暴力已成为全社会不可忽视的社会问题之一,学生斗殴事故则是校园暴力事件的典型代表,所以应给予高度重视。此外,给同学起外号、语言讥讽、歧视等非典型的暴力形式也普遍存在。这些外在的和潜在的暴力行为让众多学生的心灵深处蒙上了不安全的阴影,不少学生因为被欺侮而不敢来学校上课,对学校产生了恐惧;一些被欺凌的学生由于面对校园暴力不敢抗争,也无力抗争,只好消极容忍,他们无处倾诉,无处求助,进而造成学习情绪低落甚至辍学；有的学校由于受校园学生打架斗殴等暴力事件的影响，所以导致学校教育质量下降。

校园打架斗殴等暴力事件表面上看只是一种个别的、简单的社会现象，其实具有深层复杂的社会心理背景，它给青少年造成的危害，远远不止身体上的创伤，更严重的是会导致孩子们心灵的扭曲，在孩子幼小的心灵中播下了仇恨的种子，危害无穷。如果此种现象任其发展蔓延，必将危害一代人的健康成长，甚至会毁掉年轻的一代，这将会阻碍国家的长远发展和社会的不断进步。对此，学校、家长和社会决不能等闲视之。因此探究以学校打架斗殴为主的校园暴力形成的原因、预防与应对措施有着重大的现实意义。

一、暴力与校园暴力的定义

1996年，在日内瓦召开的世界卫生大会正式宣布，暴力为危害健康的重要原因，并从医学的角度将暴力定义为：蓄意地运用躯体的力量或权力，对自身、他人、群体或社会进行威胁或伤害，造成或极有可能造成损伤、死亡、精神伤害、发育障碍或权利剥夺的行为。校园暴力是近年来在教育界提出的一个新概念，是社会中常见的一种暴力形式。一般泛指发生在青少年之间、与学校的教学活动有直接关系的暴力行为，既包含了发生在校园内的暴力事件，也包括了发生在校园外但与学校有着直接关系的暴力行为。而在本节主要以校园学生斗殴事件为主来分析。

二、国内外校园暴力现状

近年来，校园暴力事件发生率不断升高。国内调查发现，16.8%的学生在过去1个月内有过打架行为，2.8%的学生在调查前1个月内因感觉上下学途中不安全而没去上学，4.3%的学生在校内曾被人用诸如匕首或棍棒等可致人受伤的东西威胁或伤害。在美国2003年危险行为监测中，33.0%的高中学生在过去1个月内打过架，4.2%的学生因为打架受伤而到医院治疗，5.4%的学生在调查前1个月内由于感到学校或上下学途中不安全而不去上课。在牙买加，78.5%的高中生曾目睹过社区中发生的暴力事件，44.7%的学生目睹过家庭暴力，60.8%的学生看到过校园暴力。美国Nansel TR等对中学生的调查显示，有29.9%的学生发生过欺侮或被欺侮事件，其中13.0%欺侮过别人，10.6%被他人欺侮过，还有6.3%的人既欺侮过他人，也被他人欺侮过。这些惊人的数字表明校园暴力问题已经到了非治理不可的地步。

三、学校暴力事件的主要表现

据中国青少年犯罪研究会统计资料表明：近年，青少年犯罪总数已占到了全国刑事犯罪总数的 70% 以上。发生在中小学等未成年人之间的搜身、拦截、殴打、强行索取财物、人身伤害等现象屡见不鲜，一些学校竟有 10% 左右的中小学生受到过不同程度的侵害。

校园暴力行为有以下具体表现。

（1）叫受害者侮辱性绰号，指责受害者无用、侮辱其人格等。

（2）对受害者进行重复性的物理攻击。如拳打脚踢、掌掴拍打、推撞绊倒、拉扯头发；使用管制刀具、棍棒等攻击受害者。

（3）干涉受害者的个人财产、教科书、衣裳等，损坏或通过它们嘲笑受害者。

（4）欺凌者明显地比受害者强，而欺凌是在受害者未能保护自己的情况下发生。

（5）传播关于受害者的消极谣言和闲话。

（6）恐吓、威迫受害者做他或她不想要做的，威胁受害者跟随其命令。

（7）让受害者遭遇麻烦，或令受害者招致处分。

（8）中伤、讥讽、贬抑评论受害者的体貌、性取向、宗教、种族、收入水平、国籍、家人或其他。

（9）分派系结党，孤立、杯葛或排挤受害者。

（10）敲诈，强索金钱或物品。

（11）画侮辱画。

（12）网上欺凌，即在网志或论坛上发表具有人身攻击成分的言论。

从总体上来说，概括校园暴力的现象总结起来可分为三种形式，即语言暴力、力量暴力和心理暴力。

（一）语言暴力

语言暴力主要指包括起侮辱性外号，造谣污蔑等一系列对学生精神达到某种严重程度的侵害行为。语言暴力虽然不会对学生的身体直接造成伤害，但对学生的性格发展有极大的影响，大部分语言暴力的受害者的性格都会越来越孤僻，极度自卑，导致患社交恐惧症、抑郁症等，同时也可能导致受害学生产生一些自残的行为，危害极大。

（二）力量暴力

力量暴力主要指包括校园凶杀、打架斗殴、抢东西、强索钱财、毁坏物品等一系列对学生身体及精神达到某种严重程度的侵害行为。力量暴力在校园暴力现象中最为普遍。力量暴力表面上只是对受害学生的身体造成了很大的危害，很有可能让受害者残废，甚至死亡。但除了身体上的伤害，更大的是精神上的伤害。有可能导致受害者反社会人格的形成，严重影响他们身心的健康发展。同时，对施暴者也有极其严重的影响，对他们的心灵成长增添了大量的阻力，很有可能导致他们成人后走上犯罪的道路，这些人将很难获得社会（主要是学校和家庭）的认可，社会归属感长期得不到满足。

（三）心理暴力

心理暴力主要指包括孤立、侮辱人格等一系列对学生的精神造成某种严重程度的侵害行为。心理暴力的问题常被忽略，但其危害又非常大。心理暴力可能无处不在，而且任何学生和老师都可能成为施暴者。心理暴力的危害是潜在持久的，让学生无法对自己建立正确的认知，无法树立正确的人生观和价值观，影响到他们以后的社交能力。同时对社会、对人性也无法建立正确的认知，严重的也可能导致受害学生患上抑郁症及社交恐惧症等。

四、学校暴力事件形成的原因[①]

（一）青少年个性张扬中的偏狭、自私与冷酷

相当多的家长越来越困惑于读不懂自己的孩子。孩子越大，接受的知识越多，和家长间的隔阂往往就越深。其实这种隔阂的焦点，就是两种不同价值取向的相互冲突。无论是做家长的，还是做子女的，都是立足在自身价值取向的基础上，试图用自己的价值观来规范对方的行为，这就势必要产生矛盾。

问题的关键是总有少数家长的价值取向是非理性的，甚至是自相矛盾的。一方面，家长总是希望孩子能在学业上和品行上都出类拔萃；另一方面，出于一种原生态的本性，又时刻担心孩子遭受挫折或蒙受委屈，这种两难中的家长，大多学会了通过物质或其他途径来补偿的办法，以此来求得自己内心的平衡。

然而这种补偿多数情况下被演化成了一种放纵——文化课学习之外的放纵。由于放纵，孩子个性中的很多弱点被淡化、忽视，许多违反行为规范的举动被认可甚至纵容。这些小错的点滴积累，慢慢地养成了孩子个性中的偏狭、自私与冷

---

① http://baike.baidu.com/link?url=waj81EeOHUfyYpE3ezSFnuFEiKsFpABu1emdh2_kNZF8nzHehGvdm-jBaWHM4uBP2v_XUk2BGET842muFFAjXK#refIndex_2_1173763.

酷，使得孩子在处理问题时不能通过理性和规范来约束行为，而是率性而为、不顾后果。因为从小到大，在相当多的孩子的脑海中，就没有贮存过关爱他人、与人为善的传统美德。写满他们人生词典的都是竞争是残酷的，是为了目的不择手段。

正是这种极端的以个人为中心的思想，养成了孩子唯我独尊的畸形心态，形成了遇事只考虑自身利益、漠视他人存在的偏狭性格。在这种心态的支配下，一旦自身利益受到了外界的侵犯，就立刻会采取一些极端行为来进行反击，其中就不乏通过伤害对方身体或者性命来发泄自身的愤怒的残忍的"江湖仇杀"行为。

（二）青少年万千宠爱集一身的价值取向错觉

随着独生子女现象的出现，"4+2+1"的家庭结构形式，使得1个孩子处于6个成年人浓浓关爱的包围中。这6份关爱的交汇，织成了一张厚重而温柔的网，呵护起孩子从童年到青年的一切，遮挡住孩子可能遭受的挫折和坎坷。

但正是这爱的网，人为地割裂了个体的孩子和整个社会的有机交融，使得孩子的活动，绝大多数情况下被局限在这要风有风要雨得雨的狭隘范围内。在这个狭小的家庭王国中，孩子是当然的国王，是可以左右家庭一切活动的最高权威。孩子的要求，无论是对的还是错的，多数情况下，总会获得满足。于是，一切的付出都开始扭曲了，成了一种理所当然的支出。孩子心灵的田园，丧失了感恩的思想，只有唯我独尊的莠草没有约束地蔓延。

当孩子的心中充斥了以自我为中心的思想意识之后，他的价值取向也就滑入了错觉的泥淖中。这种错觉，养成了他不能承受任何轻视、嘲弄，更不能承受肉体和精神伤害的脆弱心理。而一旦这样的伤害成为了事实之后，他们总会或是无法应对，只会一味地躲避退让，最终成为忍气吞声的被伤害者；或是恼羞成怒，愤然出击，选择他们认为最好的"江湖"方法来解决问题。

更严重的是，在极端宠爱中长大的孩子，往往自觉不自觉中就形成了别人必须听从于我的错觉。他们把这种错觉带入了校园，在和同学交往的过程中，总是希望时时刻刻能占上风，希望大家都能听命于自己，希望自己是"老大"。然而，有这样心态的孩子太多，"老大"却只能是一个，矛盾自然也就产生了。大家都要做"老大"，学校又不可能来排这样的位次，家长对此也是无能为力，如何解决呢？只有用从小说和电视上学来的方法，通过"江湖决战"来解决问题。而这样的"老大"形成后，其自身又确实能体味到一种满足，其他弱小者为了不被欺凌，或主动或被迫地总要巴结讨好他们。如此，又反过来助长了他们的病态心理需要。

（三）教育惩戒功能丧失后的放纵

当教育民主被哄抬到一个不切实际的高度之后，教育就成了一个什么人都可以指手画脚的行业。教育的神圣外衣被媒体用尖刻的文字描绘成了一个令人望而生厌的黑斗篷。从事阳光下最伟大的事业的教师，也时常被打上负面的形象标签。所以，绝大多数学校再不敢轻易地处分一个学生，哪怕这个学生已经无恶不作。更有的省份干脆由决策机构下文来统一规定，彻底废除中小学校沿袭多年的最高处分——开除。

然而，教育永远都不是万能的。失去了必要的惩戒功能后的校园，并没有出现想象中的那种人人知书达礼的好现象，反而是因为没有了高悬在头顶的"达摩克利斯利剑"，一些原先收敛的恶行便都敢于公开表现出来。这些校园病毒又相互感染，使得原本健康的校园文化肌体上开始出现块块腐烂的肌肉。

惩戒功能的丧失，催动了畸形心理的自由萌发，使得丑陋和猥亵都变得无所畏惧；反过来，这些个性中的丑陋，又在惩戒的日益退缩中越发地强大起来，并慢慢地自发凝结成一个个的团体，形成了带有明显江湖色彩的小集团。这些小集团，常常为了点滴小事而发生殴斗，甚至是团伙持械玩命，严重地干扰了正常的学校教学，也直接危害了社会治安。但即使如此，学校能采用的，也还是一个说服教育。这种说服教育和那血淋淋的砍杀相比照，是多么的苍白无力！

（四）教师权威地位颠覆后问题归属的误判

与教育惩戒功能丧失同步的，是"师道"的尊严扫地。在中学生、特别是高中生的眼中和心中，教师仅仅成为了一种最没有用的读书人的代名词。教师失去了应该获得的尊重和感恩，师生间的关系、教师和家长间的关系也日趋微妙。在相当多的家长和学生心目中，教师成了单一的出售知识的人。家长、学生与教师间的关系，就是一种顾客和销售员的关系。这种价值取向，又反过来影响着教师们的工作情绪，使得一些教师也自动地进入家长和学生划定的这个"售货员"的角色中，成了除了教授知识别的就一概不加过问的甩手掌柜了。

教师权威地位颠覆带来的后果是很明显的。首先，是师生间丧失了一种相互的理解和信任。学生遇见了无法解决的问题，不再愿意去征询老师的意见，不愿意向老师敞开自己的心扉；而老师也是只从表面上依照学校的量化条款来接近学生，心灵深处的空间中，却很少有一块领地能真正属于学生。学生和教师成了真正的被管理者和管理者的关系。其次，是同学间发生纠葛时，告诉老师并请老师帮助解决成了一种无能的体现。而且，大多数的学生还认为老师根本就解决不了问题，要切实解决好纠纷，依靠的只能是自己的力量和自己所归属的小团体的力量。可以说,学生们在推翻了教师的权威地位后,又依照自己的经验,确立起了通过强权来获取尊严并替代教师权威的新的地位观。

这种完全依照少年的懵懂而生发出来的新地位观,眼下正成为越来越多的中学生的价值信仰。在此信仰的操纵下,同学间的纠纷便有了新的"处理条例",力量、财富和容貌等世俗社会用来评价判断人的标准,成了这新的"处理条例"的基础,也成了裁定问题归属的新权威。这"法外法"撇开了所有发生矛盾时该走的正道,刻意地把原本简单的问题,上升到类似江湖纷争的地步,使得单纯的校园,平添了几分恐怖江湖的气氛。

(五)对强权政治、黑恶势力、暴力游戏与灰色文学的认同与膜拜

相对于书本的说教,游戏和影视文学以其鲜明生动的形象特征,在更宽广的思想空间上影响甚至左右了青少年的道德和价值评判。暴力游戏的快意杀戮,港台影视的黑社会英雄,在青少年心底播种的就是一种根深蒂固的对邪恶的认同和膜拜。

这种建立在非理性基础上的认同和膜拜,内化后又成为了部分"问题少年"处世的准则,使得他们在待人接物等多方面都体现出一种对主流社会的反叛和仇视。因为反叛,他们便只想依照自己的规矩行事;因为仇视,他们便采用极端的手段来对待他人。

五、学校斗殴事故的预防机制的建立

当前防范校园暴力应从以下三个方面入手。

(一)学校要做到领导重视,常抓不懈

学校及校主管部门领导要高度重视校园暴力的防范工作,指定分管领导重点抓好这项工作;学校保安人员要切实履行自己的职责;学校要组织定期分析研究学生的思想动态及校园治安的形势,做好"重点人"的工作,对有关校园暴力事件要从严处理,以达到震撼及教育一些后进学生的效果。

(二)加强家庭教育,营造良好环境

家庭是青少年的第一教育阵地,父母是他们最直接的老师。所谓"子不教,父之过",因此,在家庭生活中,父母一定要对自己的言行负责,自己的每一个举动都将会对孩子产生较大影响,在教育孩子的时候既要告诉他们要戒骄戒躁,又要鼓励他们再接再厉;既要对他们的缺点加以指正,又要赞扬他们的优点,要他们继续发扬;既要言辞恳切地教育他们,又要中肯地给予他们评价,让他们从教育中体会到父母的爱和家庭的温暖。

（三）强化心理教育和法制教育

针对当前学生中出现的部分学生在人格上争强好胜、以自我为中心、报复心强或怯懦、逃避、承受能力差等行为偏差问题，学校应加强学生的心理知识教育和心理技能训练，开展心理健康方面的知识讲座，开设心理健康教育课堂，为青少年提供解决心理烦恼和困惑的途径，培养青少年形成良好的人格、性格和品格。老师要教育孩子："对暴徒要勇敢，既轻视又果断。既沉着又善战，能打赢不手软。打不赢就谈判，已正义属防范。打伤他不用管，法律责不承担。施暴者无真胆，怕张扬怕报案。"学校应强制对学生进行法制教育，重点学习《刑法》《未成年人保护法》《预防未成年人犯罪法》和《教育法》等，讲清同学之间的体罚、变相体罚、人格侮辱、打架斗殴等是一种犯罪行为，讲明16周岁以上的未成年人对于所有刑事犯罪都要承担刑事责任，提高学生的识别能力。同时还要加强学生的理想、道德、集体主义、社会主义的教育，培养他们科学的世界观、人生观、正确的价值观，做一个对社会有用的人。

六、学校斗殴事故的应对机制的建立

（一）加强管理，提高管理人员素质

校园暴力应对的第一要务是加强管理。

首先，要加强管理师资队伍建设，选拔和任用有爱心、有责任感、正义感的教师充实管理队伍，担任班主任和学生科干部，加强对师生进行法制和安全教育，增强师生的法制意识和自我保护意识。经常了解学生的思想动态，与学生交朋友，以期得到学生在情感上的认可，愿意将自己的心里话跟老师诉说，取得老师的帮助和指点。

其次，要选好学生干部，把那些品学兼优、乐于做社会工作的学生选拔为学生的"头"，担任学生会干部、班长、副班长或宿舍"舍长"，这样可以形成监管互动的网络，保证信息畅通，一旦发现不良苗头，管教人员立即行动，将暴力消除于萌芽状态。

再次，要加强学校保卫工作。严格门卫登记、管理制度，控制外来人员进入学校。保卫人员要加强责任心，夜间加强巡逻。学校门卫要坚守工作岗位，建立登记制度，防止社会不法分子窜入学校内外勾结作案。学校保卫部门对于违法行为要予以坚决打击，以保护广大学生的合法权益。

最后，要制定校园暴力防范预案，对可能引起矛盾激化事件的当事人要逐一

排摸登记，耐心接待，尽力做好化解工作。明确责任人，并要落到实处。

（二）在学校斗殴事故发生时老师需要告诉学生以下几点

第一，在打架斗殴事件发生之时，首先告诉自己不要害怕。要相信邪不压正，相信社会上一切正义的力量都是自己的坚强后盾，会坚定地站在自己的一方，千万不要轻易向恶势力低头。而一旦内心笃定，就会散发出一种强大的威慑力，让坏人不敢贸然攻击。

第二，大声地提醒对方，他们的所作所为是违法违纪的行为，会受到法律纪律严厉的制裁，会为此付出应有的代价。同时迅速找到电话准备报警，或者大声呼喊求救。

第二，如果受到伤害，一定要及时向老师、警察申诉报案。不要让不法分子留下"这个小孩好欺负"的印象，如果一味纵容他们，最终只会导致自己频频受害，陷入可怕的梦魇之中。

（三）加强学校、家庭和社会之间的联系，共同构建良好的教育环境

学校要与家长取得联系，定期将学生在学校的表现情况通报给家长，与家长沟通，以期取得家长的配合，利用假期学生返乡或通信联络方式协助对学生进行教育，防止家长将孩子推给学校而不闻不问。要与社区取得联系，净化学校周边的环境，对问题网吧、迪吧、舞厅、游戏厅或不法娱乐场所，建议有关部门予以取缔，远离学校，为学校创造一个安定、清静的办学环境。

（四）利用法律武器维护自己的权益

公安、司法等各级政法机关要切实关注青少年的健康成长，一方面送法律进校园，多做法制宣传，预防校园斗殴事故的发生；另一方面，当校园暴力发生时，用法律的武器维护校园安宁，还青少年一片健康成长的净土。希望家长、学校、老师、社会都能够对这些孩子多一些关注、关心和关爱，多一些爱心、细心和耐心，多一些理解、同情和包容，帮助他们最终走出"困境"。

第五节　学校绑架事故的预防与应对

绑架犯罪是指犯罪分子为了达到一定的目的，采用暴力劫持、拘禁人质的手段，要挟受害人亲友提供巨额赎金，或者要挟有关方面满足其某种要求的一种恶

性犯罪。近年来，由于种种原因，绑架犯罪呈明显上升的趋势，虽然它在犯罪总数中所占比重不是很大，但是它会对社会政治、经济造成巨大的危害，对国家的安全与稳定构成严重的威胁，所以应当引起全社会的高度重视，并应该给予这类犯罪严厉打击。绑架犯罪目标多指向高收入人群，手段日趋高智能化、组织形式也日趋团伙化。

绑架犯罪通常是以讹诈为目的绑架人质的行为，它不仅危及受害人的财产安全，也危及受害人的生命安全，进而产生恶劣的社会影响，更为严重的是它还会在社会中制造难以消除的恐怖气氛。它利用了受害人亲属对受害人的关心担忧，依靠恐吓、威逼的方式，勒索巨额赎金，不达目的则残忍地伤害或杀害人质，这是对受害人和受害人亲属最泯灭人性的精神和心理折磨。绑架犯罪的目的既有政治型、索财型的，又有复仇型和拒捕型与流窜型。绑架犯罪总是与黑社会组织犯罪、恐怖主义犯罪交织在一起，给民众造成极大的恐慌，给社会造成极大的危害，给政府带来极大的压力。如何健全和完善司法制度并加强打击绑架犯罪，就成为摆在各级政府面前的一个严峻的命题。所以分析绑架事故的成因及其应对措施对我国各级大中小学校预防校园绑架的发生就显得尤为重要了。

一、校园绑架事故的界定与现状

绑架罪，也被称为绑架人质罪、劫持人质罪、掳人勒赎罪等。绑架人质俗称"绑票"，被绑架的人质被称为"肉票"，杀害人质被称为"撕票"。绑架犯罪并不是新型犯罪，它同文明社会的发展一样，也有着漫长的发展史。新中国成立以来，党和政府采取了积极的措施，消除了很多旧社会留下的恶势力，严厉地打击了绑架犯罪，并取得了明显的效果。

可是，随着改革开放的深入，随着社会主义市场经济体制的建立与发展，人们的思想观念、道德标准和价值取向都发生了相应的变化。在经济持续快速发展的过程中，由于新旧体制的转换，打破了原有的封闭与割据，人、财、物大量流动，使原有的社会控制机制面临严峻的挑战。市场经济具有趋利性的特点，这样拜金主义、享乐主义有了生存的空间。所以一些人利用政策、制度的不完善以及社会管理的缺陷，通过合法或非法的方式积敛财富，迅速致富。再加上贫富差距越来越大，社会上那些好逸恶劳、好吃懒做的人不是希望通过诚实劳动致富，而是在寻求快速致富的歪门邪道，于是"无本之利或者一本万利"的绑架人质勒索钱财便成为犯罪分子快速致富的选择。于是绑架犯罪在新的历史条件下又开始死灰复燃了。特别是当今社会，随着资本全球化，世界经济一体化的推进，绑架犯罪呈现出了新的特点,如绑架犯罪已由传统型发展为政治型、牟利型、拒捕逃窜型和报复型。更加严重的是,在物质利益的刺激下,传统的绑架案正在向原本纯洁的校园渗透,最近几年校园频发绑架案不能不让我们提高警惕。

二、校园绑架案的成因

通过最近几年公安机关侦破的校园绑架案件,我们不难发现主要有下面几种成因。

(一)以图财、勒索财物为目的

随着市场经济的快速发展,犯罪分子的图财动机比以往更加突出。图财、勒索财物成为诱发绑架犯罪案件的主要动因。市场经济的发展,使人们的价值观念发生了巨大的变化。在拜金主义的影响下,超前的消费意识和无限膨胀的物质追求欲望不断地刺激着人们,但是现实世界中我们的状况却不尽如人意。部分人为满足自身畸形需要不惜采用犯罪手段,抱着大不了一死的决心进行犯罪活动。同时,人们物质财富的普遍增多和城乡富裕户的大量出现,让很多人分外眼红,这也给了犯罪分子更多的作案对象。

(二)经济纠纷,以追款、讨债为目的

当今社会,经济活动大量增加,由经济纠纷引起的绑架犯罪也不断增多。最为常见的是因追款、讨债而诱发的绑架案件。在经济纠纷中,一些债权人不知法、不懂法,有的债权人认为"欠债还钱是天经地义的事""不还钱就扣你的人",在这种封建思想的驱使下,实施犯罪也就变得理所当然了;也有的人明知经济纠纷应该通过法律途径解决,但是由于诉讼费用高,调查取证时间长,加上案件由谁管理并不清晰,执行起来有一定困难等诸多原因,这些人对通过法律途径保护自己合法利益失去了信心,他们认为绑架人质追讨债务来得更为快捷,这种思想直接导致了绑架案频发。

(三)以报复社会或个人为目的

我国正处于计划经济向市场经济、农业社会向工业社会过渡,正处于社会转型期,人们的行为方式、生活方式、价值体系都发生了明显的变化,很多人适应不了这些变化,而我国又不重视心理方面的教育和治疗,于是很多心理有问题的人就通过报复社会来发泄内心的不满。

同时,由于社会贫富差距正在增大,人的幸福感其实可以用对比来形容,别人越比我过得好,我就越不幸福,这是很正常的心理。如果这种差距太大,大于人的心理极限之后，人的心理急切地寻找其他的依靠。据统计接近80%的学生绑架案件均为熟人作案。由于学生对熟人的警惕性不够高，所以很容易被哄骗走。参与校园绑架的这些人一般和亲人的关系都非常不好，也没什么朋友，他们已经失去了社会的支持。最后他们找到了一个理由：他们的现状是社会不公平造成的，所以他们要报复社会，而且是强烈的报复。

（四）校园安全体制的不健全

有些学校只顾管理学生的日常学习，而对学生上下学路上的安全疏于管理，这就给了犯罪分子可乘之机。家长则应该积极配合学校日常的校园安全管理，多提一些保障学生安全的意见，这样才能避免安全事故的发生。学校各班任课老师在每堂课上课前都要清点班里的人数，一旦发现异常，要马上与家长联系。

据公安部门粗略统计分析，四、五年级的小学生最容易成为绑架对象，几乎所有被绑架案例均针对独行的学生。初中生反抗能力较强，不容易受控制恐吓；而几岁的孩童难以照顾，达不到勒索家长的目的，反而碍手碍脚；只有小学生不仅易于控制，且能在不法分子的恐吓下受其摆布。

三、校园绑架事故的预防机制的建立

校园绑架案，极大地破坏了校园的正常教学秩序，使师生们普遍缺乏安全感，因此我们必须用专政的方法对付它，依法给予校园绑架案以严厉打击。只有这样，才能有效地维护校园安全、保障师生人身安全。

大量的斗争实践经验告诉我们，同此类严重暴力犯罪做斗争，同样也要两手抓，一手抓打击，一手抓预防。两者相辅相成、缺一不可。没有严厉打击，就不能震慑犯罪分子，以致工作中防不胜防；没有预防，便不能抑制犯罪活动，不能消除犯罪因素，其结果往往是打不胜防。所以，搞好预防，就可以减少案件的发生，维护社会的稳定。实践证明，严重暴力犯罪，是可以预防的，只要我们认真工作，把基础工作做好了，找到犯罪分子的活动规律，挖掘线索，搜集信息，发现犯罪产生的条件，并做好群众的发动工作，就一定可以有效地把绑架等严重暴力犯罪消灭在萌芽阶段，把绑架犯罪案件扼杀在摇篮中，减少或消除绑架案等严重暴力犯罪给师生带来的危害。具体来说应该做到以下几点。

（一）加强校园防范，提高教师、家长和学生的防范意识

1. 家长如何提高防范意识

该如何提高防范意识？著名青少年安全教育专家、中国人民公安大学王大伟

卷二 学校安全事故的预防与应对

教授对此给出了自己的建议,如不随便和陌生人交谈,不露富,要教孩子识方位等一些基本的自救知识。

王大伟教授建议教给孩子一个四不原则:不和陌生人交谈,不把财富来显现,不在半夜进酒店,不能离开小伙伴。王教授说:"要教孩子们知道,不要和陌生人说话,不要露富,比如说背个书包500多块钱,穿双耐克鞋很名贵,这样的事情要尽量避免。不要半夜进酒店,晚上不能让孩子出入娱乐场所。再就是不能离开小伙伴,要和大家待在一起,不要让人调虎离山,各个击破。"

在城市长大的孩子,很多都不懂得辨别方位,所以要从小就开始教孩子正确认识南和北。孩子在3岁左右的时候,就要教给他,东西南北是什么,白天要教给他看太阳,太阳落山的时候就是在西边,太阳升起来的时候就是在东边,孩子要明白这些,就知道方位了。等到晚上就看北斗星,教给孩子们,那个北斗星,七星北斗像马勺,那个勺子的边再往前数五个星星的距离,就是北极星,北极星就是正北。如果说3岁的孩子们记住了这个,然后再记门牌,孩子们一般就能找到方位。

家长还要教孩子记住爸爸的电话号码是什么,妈妈的电话号码是什么,家里的电话号码是什么,还要记住一个好邻居的电话号码。如果孩子知道了这些电话号码,一旦有什么意想不到的紧急情况,一旦他遇到危险,就能够尽快通知别人。所以说这是防患于未然,这是关键时刻能够救命的招。

虽说远离绑架,重在防范,但万一不幸发生时,家长要教孩子学会保护自己。最好的处理方式是"三不原则",即不慌、不喊、不动,等待救援。如果过度挣扎、反抗,可能会引起歹徒恐慌,更易产生危险。

2. 教师如何提高防范意识

教师要提高防范意识需要从一些细节方面着手,如不让学生随便跟陌生人走,向迟接孩子的家长发告家长书,提醒他们在等候时有安全隐患,要求他们想方设法按时来校接孩子。

对于家长晚来接的孩子,学校应当设立留置室,接纳等候家长来接的学生,实行统一管理。班主任教育好在留置室的学生遵守纪律。留置室开放时间16:00,可由值周老师负责,16:30后交门卫管理。门卫在留置室没有学生后关闭门窗。

班主任教育学生放学后在没有教师辅导情况下要按时离校,不在校内做家庭作业。值周老师将在放学后开展检查,对于违反规定的学生送到留置室。值周老师在低段学生等候区的管理时间延长至16:00。管理要点:①要求学生言行文明，不随意走动，不玩耍，让熟悉的大人安全地接回家。②不让没有家长来接的学生出校门。16：00后将还在等候的学生送到留置室。同时，保安负责随时处置在校门内外等候的学生，将其叫回学校留置室，值周老师配合等。

（二）加强对校园周边地区重点单位、重点人的预防保卫工作

校园绑架犯罪与其他犯罪相比较，出现的范围比较小，有很强的选择性，通常只发生在一定的部位、一定的场合、一定的人群中。因此，预防工作中要抓住重点，区别对待，有的放矢。如果重点不明确，漫无目的地到处设防，不仅会出现防范力量不够用的情况，而且还可能会出现盲目撒网，漏洞百出的状况，以至难以达到真正预防的目的。所以要对校园周围地区有重点地进行预防保卫工作。

（三）坚持校园周边重点地区巡逻制度

首先，要围绕重点保护目标进行各种形式（步行、自行车、汽车、骑马等）的巡逻，可以有效地预防和对付绑架、持枪持刀拦路抢劫等严重暴力犯罪。

其次，还要采取重点目标的巡逻，这样可以为广大师生壮胆，缓解师生的恐慌心理，给他们增加安全感。

（四）加强与公安机关的交流，建立健全校园预警机制

加强与公安机关的信息交流。学校要与各级公安机关多交流，公安机关要对从各条渠道反馈、搜集、提供上来的各种预谋案件线索、信息，进行及时分析、筛选，整理分类之后再予以处理。只要各级公安机关和广大群众、师生齐心协力地工作，再加上我们细心观察，采取有力措施，下大工夫解决好各种矛盾，绑架犯罪就一定可以预防。绑架犯罪所带来的严重危害一定可以避免，广大师生的生命、财产安全也一定可以得到更好的保障。

四、校园绑架事故的应对机制的建立

校园绑架事故发生之后，学校、家庭、社会以及公安部门都应该积极应对。

（一）首先警方要精心策划，确保人质安全

歹徒绑架人质后，有几种心态：一种是拿到赎金后放人，一种是不管能否拿到赎金，都要"撕票"，还有的介于两者之间，对如何处置人质犹豫不决，稍有受惊，同样可能"撕票"。因此，警方接到报警之后，首要的是考虑人质的安全，侦查活动稍有不慎，就可能使人质遭受不测。同时，摸清作案方的意图，再同其展开谈判，尽量说服其释放人质，停止犯罪，争取宽大处理。如果对方一意

孤行，为了人质的安全，就要考虑运用拖延战术，寻求其他解决途径，最终达到安全解救人质的目的。

（二）注重多种侦查手段的综合运用，提高侦查效能

校园绑架案件一般都是针对性很强、目的性很强的，绑架案件的侦破牵涉很多方面，所以要充分运用法律赋予公安机关的侦查权力，要运用多种侦查手段和措施，特别是现代高科技手段，始终掌握案件的主动权，使每一步侦查工作都能环环相扣，有的放矢。

（三）公安机关要加强与银行、电信等部门的协作配合，寻求支持，形成一种协作配合机制，共同打击绑架犯罪

由于绑架犯罪的流窜性质和跨地域性，不同地区之间的公安、银行、电信等部门也应当相互支持、相互配合，为案件侦破提供有利的环境和条件。

（四）警察要做好受害人家属的工作，积极争取其支持配合

在绑架案件中，受害人家属的心理承受能力和态度、信心等，在一定程度上影响案情的进展和人质解救工作的成败。因此，要积极主动地做好受害人家属的工作，努力争取其支持配合，通过说服教育，增强其对公安机关成功解决问题的信心，使其尽可能配合公安机关的行动。同时，公安机关也要通过合适的工作方法、态度，表现出坚定的信心和决心，取得家属的信任和配合，避免出现受害人家属背着公安机关单独同绑架分子接触和答应对方条件的行为。

（五）被绑架人要冷静应对，沉着地面对种种困境，要有信心自己肯定能够获救

保持冷静！一定要记住：绑匪要的是你的钱，不是你的命。同时和歹徒斗智斗勇，当你和绑匪谈判时，冷静的头脑往往是至关重要的。和绑匪巧妙周旋，要从他们的谈话中了解到对自己有利的信息，千万不要惊慌失措，要巧妙地留下相关信息以便获救。

（六）学校应该和家长及时地沟通

学校应该和家长及时地沟通，让家长积极配合学校开展一些关于保障学生生命安全的活动，家长应及时向学校反馈信息，将上下学路上的一些安全隐患及时反映到学校。只有家长和学校同时关注，共同出力，才能够使校园绑架案件的应对工作收到显著的效果，才能够还给孩子们一方净土。

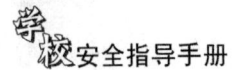

第六节 学校抢劫事故的预防与应对

目前,我国社会正处在转型时期,即处在由传统型社会向现代型社会转变的时期。在此期间,人们的社会规范、道德观念、价值标准和行为方式会在较短的时期内出现较大的跳跃性。社会结构的急剧演变,社会原有的平衡机制被打乱,社会形态日益复杂,常常会使青少年在社会化的过程中出现偏差而无法适应社会。近年来,我国青少年暴力抢劫犯罪增多、团伙犯罪增多。青少年抢劫犯罪的明显增多给师生的财产安全、生命健康造成严重威胁,是构建和谐社会的重大障碍。青少年抢劫犯罪,日益成为影响校园稳定的严重问题,也逐渐成为全社会急需解决的问题之一。

一、校园抢劫的特点

(一)犯罪团伙化特点

团伙犯罪的猖獗对社会造成的危害远远超过了单个或一般的共同犯罪。根据笔者的调查,在青少年犯罪案件中,约有60%~70%属于团伙犯罪。而据黑龙江省公安厅研究室对哈尔滨少管所700名在押犯调查,团伙犯罪占88.23%,其中杀人团伙占17.1%,抢劫团伙占43.75%。造成校园抢劫团伙化的原因主要有两点:其一,青少年处在特殊的年龄阶段,他们通过成群结伙可以相互壮胆,可以增加安全感,可以减少恐惧感。在同伙之间,他们互相教唆,互相利用,互相依存。因此,他们多是三五成群、七八一伙共同作案。其二,据有关心理专家介绍,在青少年成长过程中,由于父母的严重缺位会导致孩子寻找新的情感替代。比方说,与同辈群体中有不良行为的青少年结伴。如果长期与不良群体交往,这些孩子就会形成一些不良的行为习惯,进而走向犯罪。

(二)反复性特点

青少年的思想具有很强的可塑性,极易受外界的影响,往往是"近朱者赤,近墨者黑"。违法犯罪的青少年经过帮助,痛哭流涕,表示要改邪归正,表现出易于接受改造的一面。但另一方面,也存在较大的反复性。例如,犯罪分子出狱以后,受到同伙的教唆,又没有自控能力,他们照样违法犯罪。有的青少年犯罪过去只是"一面手",劳教后则变成"多面手",重新犯罪。据有关资料表明,近年来,青少年重新犯罪率不断增加,达到15%～20%,个别地区达到30%以上。青少年重新犯罪的一个突出特点,就是所犯新罪往往比以前的犯罪严重得多。当前我国的许多大案、要案和恶性案件,多是重新犯罪分子所为。所以加强研究重新犯罪的特点和规律,预防和控制重新犯罪率是一项极其重要的任务。

(三)犯罪低龄化特点

几年前,青少年抢劫犯罪的平均年龄还在17岁以上,而近年青少年犯罪的平均年龄却只有15.7岁,平均年龄下降了2岁。一些参与抢劫案的未成年人才刚刚12岁,一些刚满15岁的少年就已经参与过多次抢劫。如石家庄市破获的一起抢劫犯罪团伙中,年龄最大的16岁,最小的只有12岁。这些孩子本应是在校学习的学生(其中有辍学者,也有在校生),但是却犯下如此重罪。这些现象不能不引起社会的深思。

(四)犯罪成人化特点

青少年时期是一个人社会化进程中的特殊阶段,这是由儿童逐渐发育成为成年人的过渡时期。青春期是人体迅速生长发育的关键时期,青少年在此期间生理、心理不成熟,具有敏感、好奇、幼稚、自制力差、易受外界影响等诸多内在品性特征。因此青少年犯罪以往都具有偶发性的特点,而且突发性犯罪也很明显,作案前很少进行密谋。而近年来,大部分青少年抢劫案在作案前均有严密的策划。这是由于青少年在这一时期求知探索欲旺盛,模仿性极强,尤其是对坏事物的接受能力强,感染快,再加上现代信息的传播便利,人们的交流增多,使犯罪方式、作案手段在青少年中的传播速度很快,因此其犯罪的方式和手段趋于成人化。并且未成年人犯罪有些已经向智能化方向发展,并采用现代化的一些技术手段和方法进行犯罪。

二、校园抢劫案形成的原因

(一)社会文化的多元化的影响

在改革开放后,我国传统的价值观和道德观念受到外来文化的剧烈冲击,各种文化之间的交流与碰撞更为频繁,不同的文化观念使人们开始怀疑传统文化存在的合理性,社会价值观念和道德评判标准出现了极大的跳跃性。好奇心重和模仿欲强是青少年心理发展的重要特点之一,他们面对纷繁复杂的文化差异,根据外界事物对感官刺激的强弱去接受周围环境的各种不同影响。但由于自我控制能力差和是非判断能力不强，在这种缺乏统一标准的、多元化的社会化过程中，他们常感到迷惘和无所适从，因而也就导致他们偏离社会规范，进而导致自身行为的偏差，以至走上违法犯罪的道路。

（二）大众传播媒介中不良文化的影响

现代社会是网络社会，各种媒体传播着大量的信息，大众媒介具有传递思想、道德规范、提供教育、文化娱乐等方面的社会功能。因而对人们的价值观念具有导向作用，对人们的行为活动具有暗示作用。然而，改革开放以来，西方腐朽没落的思想和一些不良的社会风气通过大众传播媒介迅速在我国泛滥。不良文化是指对全社会成员具有消极影响的各种文化现象，尤其是充满凶杀和色情内容的画报、书刊、图书、影像，这些东西充斥着文化市场，并且对青少年的危害最大。这些不良的传播媒介，很容易诱导青少年走向犯罪。通过对河南省少年管教所的调查可以了解到31.3%的犯罪青少年是受了大众传媒中不良文化的消极影响。究其原因，青少年时代富于"英雄幻想"，同时体质精力过剩，在此期间他们承担的社会责任和义务较少，对暴力产生的后果往往没有意识到。同时他们又有强烈的模仿心理，因此暴力形象刺激了青少年的暴力倾向，使其产生暴力崇拜后，就大大增强了青少年暴力犯罪的倾向。而大众传播媒介对色情的渲染，使青少年自身价值观念中的性观念越来越偏离社会主导规范和要求，这些媒介的文化传播刺激着青少年的犯罪动机，大大提高了青少年性犯罪的比率。大众传播媒介的示范效应与青少年的模仿行为是预防青少年犯罪所不能忽视的问题。

（三）过度追求物质利益而导致的社会心理失衡的影响

随着社会主义市场经济体制的不断完善和发展以及生产力水平的不断提高，人们的生活水平也得到了极大的改善，但同时也造成了许多新的社会问题，如人们消费欲望的高期望值与低实现值的巨大反差，人际关系的金钱化、冷漠化，道德水平的滑坡，社会分配的严重不公等现象。这些问题进而引发人们的社会心理失衡，扭曲着人们的社会行为，对正在成长中的青少年造成了很多不利的影响。

（四）家庭环境的影响

在社会转型时期，我国的家庭结构也发生了巨大的变化。由于离婚导致的单亲家庭、再婚家庭也在大量增加。单亲家庭成长的孩子由于缺乏父母的关爱，很容易出现心理问题，他们会有强烈的孤独感，缺乏安全感，个人认识偏激等。有关资料显示：青少年暴力犯中，60%的人家庭残缺不全或存在其他家庭问题。同时，由于社会利益的调整，家庭作为社会的基本单位，贫富差距也日益明显。在城市和农村同时出现了一批富裕家庭和贫困家庭。一些富裕家庭里的青少年容易表现出过分膨胀的物欲，形成挥霍财富的习惯。而一些贫困家庭里成长出来的青少年则容易对社会产生不公平感、不信任感，并且有可能做出一些反社会的行为。在一些家庭中，青少年的父母亲肩负着"上有老下有小"的任务，他们既要适应社会竞争又要忙于照顾家庭，所以他们往往会产生把希望寄托于下一代的思想。这就导致了家长不顾子女自身的兴趣和愿望，而对子女提出过高的要求和期望，甚至对孩子采用家庭暴力。这种不良的教育方式极易引发青少年的逆反心理，成为青少年违法犯罪的催化剂。

（五）学校教育缺失的影响

我国的学校教育过于注重青少年学生知识的灌输，而忽视了道德品质以及适应社会主义法治国家建设所需要的主体性人格和公民意识。这些特点导致了青少年的自主意识不是很强。此外，学校的教育环境是单调的，无法满足青少年强烈的探求心理和广泛的兴趣要求，从而导致部分青少年产生严重的厌学情绪。

三、校园抢劫案的预防机制的建立

社会控制理论认为，人们之所以不违反社会的规章制度和法律条例，主要是因为他们受到了社会的有效控制，如果这种社会控制一旦失效，人们就会违规犯法。人们这种违规犯法的倾向在社会上是普遍存在的，必须受到社会有效的控制，如若一人犯法而未被惩处那么其他人都会仿效犯罪。而形成校园抢劫犯罪的因素又是多方面的，因此要从根本上预防青少年抢劫犯罪问题必须从以下几个方面入手。

（一）强化家庭教育

青少年对家庭的依赖程度直接影响社会对青少年的控制能力。青少年行为失范与青少年同家庭关系的弱化、父母不妥当的教育方式以及子女对其他家庭成员关系的疏远具有密切关系。调查表明，父母对子女的支持与青少年的失范行为，有着密切的关系。行为正常的青少年比那些行为失范的青少年更愿意接受父母的监督，也更愿意和父母交流谈心。行为正常的青少年所受到父母亲的管教通常是适度而有益的。与之相反，行为失范的青少年却很少能得到父母亲有力而妥善的管教，父母对他们的管教不是过严就是过松。在家中受到虐待的子女，遇事易于使用暴力；而在家中过度受到宠爱的子女，遇事则手足无措。此外，父母缺乏一致性的管教同样会导致青少年的失范行为。在家中，如果父母参与一些孩子们的娱乐活动，重视他们学习上的成就，给予他们中肯的评价。那么，孩子行为失范的现象将会相应减少。因此在家庭教育中，父母要以身作则，用良好的言传身教影响未成年人，使其从小能够在一个良好的家庭氛围中成长。与学校教育不同，家长是靠其平时的一言一行对未成年人产生潜移默化的影响，这种影响渗透在日常生活的每个细节当中。所以，家长对子女既要严格要求，又要耐心诱导。作为家长，无论自身文化程度高或低，无论家庭经济状况是贫困还是富裕，都要掌握一定的教育子女的方法，最起码要教育子女基本的做人准则，教育他们不要侵犯别人的利益，不要做对国家、社会有害的事情。在发现子女有吸烟、喝酒、夜不归宿、与社会上不良人员交往等不良苗头的时候，要及时劝阻制止。父母离异的残缺家庭，做家长的更要重视子女的心理发育，培养其乐观开朗的性格，鼓励他们在学校和社会大胆与人交流沟通，努力克服家庭变故对其产生的不良影响。家长要明白作为未成年人的监护人，一旦子女走上了违法犯罪的道路，其自身也是要承担一定的责任的。

（二）加强学校日常教育管理

青少年在学校的有效活动时间比在家里的时间还要多，所受的影响之大仅次于家庭，因此加强学校日常教育管理对于预防青少年犯罪意义重大。学校应注重以下三个方面的工作。

1. 为青少年开设普通心理学的课程，提供日常的心理咨询服务

依据《教育部办公厅关于调整中小学心理健康教育专家指导委员会委员的通知》，建议中小学心理健康教育做好以下工作。

其一，逐步建立在校长领导下，以班主任和专兼职心理辅导教师为骨干，全体教师共同参与的心理健康教育工作体制。专门负责心理健康教育的教师应发挥学校心理健康教育带头人的作用，引领全体教师具备心理健康教育的意识，注重学生的心理疏导，以预防为主，避免学科化、医学化倾向。

其二，把面向全体和关注个体差异结合起来，根据不同年龄、不同学段学生的身心发展特点和成长规律，注重培养学生良好的心理品质和尊重自己、珍爱生命、自律自强的优良品格，增强排解烦恼、克服困难、承受挫折的能力，保持积极健康向上的心理状态。

其三，通过多种方式使中小学教师特别是班主任掌握心理学的知识和技能，并自觉应用到教育教学中。要进一步明确心理健康教育是教师特别是班主任的工作职责，关注学生的精神状态和心理活动，广泛开展谈心交流，有针对性地帮助学生处理好学习、交往、成长、升学等方面的具体问题。

其四，制订和完善学校心理健康教育规划，确定相应的教育内容和科学的教育方法，让学生及时了解可能会碰到的问题以及正确处理的方法。要采取措施逐步在学校配备专兼职心理健康教育教师，有条件的应建立心理健康教育和咨询的专门机构，开展心理健康教育和心理咨询辅导。要加强适应我国学生特点的心理健康科学研究，避免出现违反科学规律的做法。

2. 将法制宣传教育纳入学校教学计划

依据教育部、司法部、中央综治办、共青团中央联合下发的《关于加强青少年学生法制教育工作的若干意见》，各中小学的法制宣传、教育工作要在教育方式上做到以下几点。

其一，巩固课堂教学主渠道，提高法制课质量，注重法制内容向其他学科的渗透教育，增强学习效果。

其二，积极开辟第二课堂，开展学法用法实践活动。举办法律知识竞赛、开展有奖征文、模拟法庭等活动，对青少年学生进行生动、直观、形式多样的法制教育。

其三，依托社区，结合基层安全创建和"法律进社区"活动，把对青少年学生法制教育作为社区建设的一项重要工作，大力加强社区青少年法律学校建设，努力营造社区开展青少年学生法制教育的良好环境。

其四，开展依法治校。通过制定各种制度、落实责任，保证学校有一个正常的教学、科研秩序，把学校管理工作纳入法制化管理轨道；加强学校治安综合治理工作，落实预防青少年违法犯罪的各项措施；整治学校周边环境，深入开展创建安全文明校园活动。切实保证师生有一个和谐、安全、健康的学习和生活环境。

其五，加强青少年法制教育基地建设。要根据《中共中央办公厅、国务院办公厅关于加强青少年学生活动场所建设和管理工作的通知》精神，依托课外活动基地开展法制教育；继续加强、完善各级各类法制教育基地（中心）建设，利用基层法院少年法庭、少管所、戒毒所、监狱、劳教所、法律援助中心、青少年宫等社会资源，在全国地市以上单位或有条件的县（市区）创建一批综合性、常设性、功能齐全的法制教育基地。要坚持建设和管理并重，加强指导与交流，制定规范性标准，加强法制教育基地的硬件设施和软件建设。

其六，推进青少年学生网络文明行动。要结合"青少年安全放心网吧"创建活动的开展，依托学校电教室以及校外管理规范的网络阵地，广泛开展在校学生网络知识培训普及活动，利用网络开展法制教育，提高自我保护意识，最大限度地消除网络不良内容对青少年学生的负面影响。

3. 适时进行挫折教育

《中小学心理健康教育指导纲要》指出,"良好的心理素质是人的全面素质中的重要组成部分。心理健康教育是提高中小学生心理素质的教育,是实施素质教育的重要内容。心理健康教育的具体目标是:使学生不断正确认识自我,增强调控自我、承受挫折、适应环境的能力;培养学生健全的人格和良好的个性心理品质。"挫折教育是指让受教育者在受教育的过程中遭受挫折,从而激发受教育者的潜能,以达到使受教育者切实掌握知识的目的,其实质就是良好意志品质的培养。

(1) 寓挫折教育于日常的教育教学过程中。

课堂教学是学生学习的主渠道,也是培养学生良好心理素质的主要途径。教材中,包含着各种丰富的心理信息,特别是历史、思想品德、语文等教材中有大量的挫折教育方面的事例可供利用、挖掘。在课堂教学中要充分利用这些事例,步步渗透,让学生认识挫折,正视挫折,增强克服挫折的勇气。在班队活动课中,班主任也可以有计划地开展行为训练、学习磨炼、登山野炊、军训、社会劳动实践等,让学生从温室中走出来,敢于承担责任,自我锤炼。只有自理能力、适应能力、承受能力提高了,才能形成良好的心理素质。

(2) 结合学校活动,加强挫折教育。

学校的活动丰富多彩,班主任应善于发掘其中能培养孩子耐挫折力的活动,加强教育。可以根据学校组织的诸如野营、登山、自炊、支农、学工、军训等专题活动,从室内拓展到室外,从单纯追求安全保险趋向于敢于承担风险,从"坐而论道"发展到"起而力行",在"吃苦活动"中"自讨苦吃"、自我锤炼。

(3) 结合家庭教育,深化挫折教育。

现实生活的很多素材都是锻炼、培养、提高学生耐挫能力的正面教材。所以我们要善于联系,善于捕捉、使用这些学生看得见、摸得着的生活教材,使其产生感情共鸣,增强学生心理上承受挫折的能力。班主任可与家庭联系,以团组织为依托,以班队组织为阵地,开展"今天我当家""每月学会一件事""我是父母的好帮手""怎样解决生活难题"等实践操作活动,让学生了解挫折情境、挫折认知、挫折反应、挫折防御、挫折疏导等有关的基本知识,提高挫折意识,以提高学生生存能力、自理能力,做好迎接逆境、向挫折挑战的各种准备,自觉增强应付挫折的心理能力。

(4) 教给学生战胜挫折的方法,提高学生对抗挫折的能力。

适当地教给学生战胜挫折的方法,可以提高其对抗挫折的应付能力。

①选择性忽视:即有意不去注意自己的挫折和精神痛苦。对伤心事不去感

知,不去接触,不去回忆,不去思考。但应注意尽量采用积极的方法,避免或尽量少用消极的方法。

②选择性重视:即特别注意自己的优点、成就,乐观地以自己的长处比较别人的短处,恢复自信心和自尊心。努力向上,以优异的成绩来弥补精神上的创伤。

③改变愿望满足方式:在遭受精神创伤之后,选择其他方式获得满足。如:积极参加文娱、体育等活动,培养业余爱好。

④降低自己的理想、愿望与要求:即以符合事实或低于实际的方法要求自己。比如:以前总要求自己成绩排进前10名,现在要求排进前20名就可以了,其余时间培养一种兴趣。

⑤在遭受挫折时与老师、家长、同学坦率地交谈,他们可以为你提供必要的帮助,让你树立信心。

⑥学会自我激励:多和积极性格的人交往,多给自己良好的心理暗示,能经常自己给自己"打气",多主动寻找外界的激励源,多看振奋人心的好书,多听积极的报告或讲座,多唱积极向上的好歌,并通过互相交流等方式起到让大家共同提高的效果。

联合国教科文组织在1972年就提出了一个口号:学会生存。这个口号将竞争提到了人们生死存亡的高度。在竞争日益激烈的今天,在小学生中进行抗挫折教育不仅是社会的要求,也是学生自身发展的需要。巴尔扎克有一句名言"我粉碎每一个障碍"。作为教育工作者,为了下一代能具有良好的心理素质,从容应对各种困难挫折,宠辱不惊,让我们共同努力,共同撑起一片灿烂的晴空吧!

(三)净化社会环境

文化部门和司法行政机关应切实贯彻实施《未成年人保护法》和《预防未成年人犯罪法》,严格整治文化市场和校园周边环境,对大众传播媒介进行有效的监控、限制。把不利于青少年社会化和身心发展的东西剔除,以我国优秀的传统文化理念为基础,创造良好的社会主导文化氛围,为青少年提供安全洁净、积极向上的学习和生活环境。如应严格监督学校周围日益增多的网吧,加强对青少年网络健康知识普及的教育工作,保证网络传播内容积极健康。

四、校园抢劫案应对机制的建立

(一)矫治学生的不良行为

我国法律规定对有不良行为的未成年人,其父母和监护人不得放弃对他们的教育责任,学校同样对有不良行为的学生负有矫治责任。对那些经常旷课、与同学们打架斗殴、有小偷小摸恶习、喜欢与社会闲杂人员交往的学生,应尽早督促他们纠正。在矫治方法上,要以正面教育为主,在深入了解其不良行为产生根源的基础上,对他们做深入细密的思想工作,在必要时要联合其家长共同做工作。治理整顿学校周边环境,许多学校附近网吧、游戏厅较多,不少学生夜不归宿,在网吧过夜,并在网吧中结交了不少社会上闲散的无业人员,并深受他们的消极影响。学校应和有关部门配合,开展校园周围环境的整顿工作,为学生创造良好的校园周边环境。学校对学生进出校门要进行严格的管理,对进出校园的社会人员更要严加防范,对在校学生与社会不良人员的交往要严加掌握和控制。一方面尽可能地避免在校园内外发生刑事案件;另一方面避免学生因与校外不良人员的交往,参与这些人组织的团伙型犯罪。

(二)强化九年制义务教育

国家应该强化九年制义务教育,因为目前仍然有一批没有接受完九年制义务教育就辍学的青少年,特别是在贫困落后地区这种情况较为严重。而且从权利与义务的角度也是坚决不允许没有接受完九年制义务教育就辍学。因为文化程度的高低和是否辍学直接关系着青少年抢劫犯罪率的高低。

(三)对社会闲散青少年进行职业技能培训

一些失学的青少年没有立足的技能和本领,因而无法就业,他们整日无所事事,纠集在一起就有可能走上犯罪的道路。当前,社会上急需大批的技术工人,对青少年进行职业技能培训,使他们能够有一技之长,尽快就业,这种做法对于构建和谐社会具有重大意义。因此,政府应该加大对青少年进行职业培训的力度,根据具体情况减免培训费用,这样的成本总比青少年犯罪后的矫治成本低得多。要从根本上预防、减少校园抢劫犯罪是一项涉及不同方面、不同角度、不同部门的系统工程,必须调动全社会力量齐抓共管、综合治理。

第七节　性侵害事故的预防与应对

继校园暴力之后,校园性侵害在近几年成为社会各界关注焦点,有关儿童在校园内遭受性侵害的案件频频曝光。校园性侵害已经成为校园秩序和儿童安全的重大威胁。由于它涉及的是儿童这个绝对的弱势而需备受呵护和关注的群体,尤其是发生在一直被认为是纯净、安全的校园这个教育环境中，因此相比成人女性所受到性侵害在社会上引起的关注也更大。近年来校园性侵害案件尤其是教师"猥亵"强奸学生的恶性案件频频发生，屡禁不止，且犯罪对象日渐低龄化，犯罪情节日趋恶劣，对青少年成长和教育工作带来了极为严峻的破坏性冲击，给我们的教育观念、教师队伍管理、青少年性保护等提出了一系列新的问题。这些被曝光的案件大都为受害时间长、受害人数广、受害次数多、受害年龄低的恶性案件，令人触目惊心。如何避免校园性侵害再次发生、如何保护和救助遭受性侵害的儿童等问题应当引起家长、学校以及各界人士的高度重视。因此深入研究校园性侵害的特点，构建一套预防校园性侵害的有效机制，是解决这一问题的关键。

一、校园性侵害的认定

联合国《儿童权利公约》所定义的儿童，是 18 岁以下。儿童性侵害是指加害者以权威、暴力、金钱或甜言蜜语，引诱、胁迫 18 岁以下的儿童及少年，与其发生性活动。这些性活动包括：猥亵、乱伦、强暴、性交易、媒介卖淫等。《儿童及少年性交易防治条例》及《性侵害犯罪防治法》皆有详细的规定，以防治儿童性交易及性侵害，并保障受虐者的权益。

校园性侵犯案件有哪些类型？据检察机关介绍，猥亵儿童的惯用手法一是引诱型，哄骗小孩吃糖果、看电视、玩手机、打游戏、买书本或者给钱等；二是欺骗型，谎称帮孩子写作业、补课或请孩子帮忙等；三是强迫型，直接将孩子强行抱走或威胁、恐吓孩子。

二、校园性侵害的现状

2013 年发生在我国的校园性侵害事件主要有：

5 月 8 日，海南万宁，校长带着女生开房。当日，万宁市一小学校长陈在鹏和房管局工作人员冯小松带 6 名小学女生开房。目前两人涉嫌强奸罪被提起公诉。

5 月 15 日，安徽潜山，校长 12 年性侵 9 女童。杨某因涉嫌强奸猥亵儿童罪被提起公诉。

5 月 18 日，安徽舒城，男教师猥亵 7 岁女生。50 多岁的数学老师王某某被刑拘，并承认犯罪事实。

5 月 20 日，山东青岛，幼儿园保安猥亵儿童。两名犯罪嫌疑人已被刑拘。

5 月 21 日，河南桐柏，54 岁教师猥亵女生。28 日，杨某某因涉嫌猥亵儿童罪被批捕。他在 2010 年至 2012 年的师德考评中均为合格。

5月21日，湖南嘉禾，小学老师猥亵多名女生。26日，该教师已被刑拘。

5月22日，广东雷州，小学校长性侵2名女生。雷州某小学校长郑某于22日自首，已被刑拘。

5月27日，广东深圳，教师猥亵4名学生。已被刑拘。

6月6日，上海，一所国际学校的一名外籍教师涉嫌性侵多名儿童。

7月15日，陕西石泉，云雾山镇中心小学教师蔡某因涉嫌猥亵儿童，被石泉县公安局刑事拘留。

7月18日，安徽庐江，小学教师猥亵6名小学生。年近花甲的四年级语文老师周某，假借给孩子上辅导课的名义，在宿舍内对多名女生进行猥亵。

7月21日，安徽肥东，一男子3次潜入校园猥亵6名女童被起诉。

北京青少年法律援助与研究中心作为专业的未成年人保护机构，长期关注未成年人遭受性侵害问题，该中心对2006年至2008年媒体报道的340个案件进行了专项调查分析。报告分析发现，校园性侵害是一个非常严重的问题，在340个案件中，有50个这样的案件。校园性侵害案件中，有两个明显特点值得关注：农村处于高发状态，有60%的性侵害案件发生在农村；高比例的老师、校长性侵害，在统计中占到校园性侵害的70%。此外，校外人员进校进行的性侵害，占到了16%，学生之间的性侵害也占到了10%。

与校园有关的还有因校园周边有问题而发生的案件。一些侵害人利用校园周边治安不好，在学校门口等待学生，通过哄骗或者拦截等方式将其带走实施强奸或者迫使受害人提供色情服务。实际上，发生在校园周边的案件是这一类案件的共性问题。在一起案例中，20岁的师范学校学生周某为了赚钱，和另一名犯罪人来到郑州某中学门口，以介绍男朋友、买好衣服、买手机为诱饵，诱骗两名初中女生到酒店实施卖淫。另一起案件中，犯罪人洪某多次守在学校门口，以抓小鸟游戏为由将一女学生多次骗奸。安徽某小学门口的个体商贩，以3名小学生赊账购买零食为由，在长达一年多的时间内不仅自己实施强奸行为，还多次介绍其他人与其发生性关系。这些案件的发生都表明校园周边的治安混乱和安全隐患成为在校未成年学生遭受侵害的重要原因。

大部分留守儿童由于得不到有效监护和全面保护，在受到侵害后又不能及时告诉亲人，因此成为一部分犯罪人性侵害的"目标"。据统计，留守儿童遭受性侵害的案件有19件。留守儿童一般在农村跟随年老的爷爷奶奶或者其他委托监护人生活，由于身体、经济等各方面原因，委托监护人不能尽到充分的监护义务，使未成年人缺乏全面的保护和管理。而且在性侵害案件发生后，由于父母不在身边，留守儿童也不愿意或者害怕将遭受侵害的事实告诉委托监护人。

除了留守儿童外，流动儿童也容易成为犯罪人的侵害目标。打工子弟学校的学生，她们的父母忙于打工，无暇顾及对年幼子女的接送。侵害人便利用了这个机会实施犯罪行为。因此，外来务工人员和学校应同时加强安全措施，对外来务工人员的子女应做好自我保护的教育，提高防范侵害的意识和能力。

在统计的340个案件中，未成年人实施的性侵害案件有42件，占案件总数的12.4%，这个不小的比例令人反思，由未成年人参与实施的团伙性侵害犯罪问题进一步凸显。

未成年人犯罪的原因与其成长环境有很大关系。这些实施或者参与实施性侵害的未成年人有初中没有毕业即辍学的，有来自离异以及单亲家庭的。色情信息对未成年人的影响应当引起高度重视。统计的案件中有20%的未成年人在看过黄色碟片、浏览过黄色网站后，抱着模仿心理或者难以控制冲动实施了性侵害。这些实施性侵害的未成年人60%都存在包括酗酒等不良行为。

由此可以看出，这些绝大多数具有不良行为以及严重不良行为的未成年人，缺乏有效监护，处于辍学、无业状态，受到色情信息的诱惑和酒精的麻痹，很容易冲动，进而实施或者参与了对其他未成年人的侵害行为。因此，没有对未成年人不良行为及时关注和矫正是导致其他未成年人受到伤害的深层次原因。

除了男性未成年人直接实施强奸或者猥亵行为外，未成年人强迫、组织其他未成年人提供色情服务的行为也应当引起关注。贵州习水县的案件中，14岁的辍学女孩刘某和其15岁的男友同社会无业人员袁某共同联系嫖客，寻找女学生，强迫其卖淫。

此外，网络一定程度上成为未成年人遭受性侵害的介质。340个案件中，被网友性侵害的案件达到了21件。网友实施的性侵害方式主要是，未成年受害人通过上网交友等方式轻信网友，通过约见或被骗去外地玩等遭受性侵害；此外，由于未成年人接触了色情淫秽的不良信息，冲动之下对年龄较小、反抗能力差的其他未成年人实施了性侵害。

三、校园性侵害的特点

（一）隐蔽性强，迷惑性大

校园性侵害属于熟人犯罪，正因为是熟人，而且犯罪者在实施犯罪前后都很注意维护自己的身份，所以具有很强的迷惑性。而且犯罪者在实施犯罪行为前都没有什么很明显的特征表现出来，更多的是情绪性、突发性的犯罪。而且犯罪者往往是在一个看似很合理、很平常的环境下实施犯罪行为的，校园性侵害的实施场所有很大比重公然发生在教室、办公室等公共场所，隐蔽性非常强，不容易事先被发觉。

（二）犯罪主客体具有特殊性，在身份上具有密切的关联性

犯罪行为一般是发生在校园这个特定的环境中，犯罪的主体主要包括教师、外来社会青年和本校学生，而以教师最为突出。犯罪的客体是学生，两者之间犯罪主体处于明显的优势，而犯罪客体无论是在体力、体型、智力、自我保护能力等方面都处于绝对的弱势。另外，犯罪主体和犯罪客体都有着比较密切的联系，比较熟悉对方，同时犯罪主体对犯罪客体有领导和控制的资格和能力。

（三）持续周期较长

由于犯罪者的胁迫、哄骗以及被害人的无知、被害人监护人的疏忽等原因，有很多校园性侵害从发生到被发现都持续了较长的时间，犯罪者对被害者实施了不止一次而是数次，甚至是长达几个月、一年或更长时间的性侵害，有的犯罪者是在长时间内对数个被害者进行性侵害，造成了被害者身心的极大伤害。有不少被害者直到怀孕或身体被损伤时才被发现。

校园性侵害的主要受害对象是儿童，经受过性侵害的儿童面临身心的极大伤害，对他们健康人格的形成以及今后行为取向都有很大的影响。1998年12月，美国电视节目报道了威廉·赫姆斯医学博士对男童被性侵害现象的研究。研究结果表明：10%~20%的男孩曾遭受某种方式的性侵害。男童被性侵害之后，有较大的可能会在成年以后沦为罪犯，或性攻击他人，并且有较强的自杀欲。少年罪犯中1/3在年幼时曾被性攻击。对他人实施性攻击的成年人中约有40%在年幼时受到性攻击，连续强奸犯中有76%在年幼时被性攻击。在12岁的男童吸毒者中，年幼时被性攻击的人数是没有受性攻击的人数的12~40倍。

四、校园性侵害预防机制的构建

（一）建立完善的法律保障机制

法律不健全和惩治不力是校园性侵害频频发生的重要原因。目前我国立法并没有界定性侵害的概念，只是在刑法中规定了每种性侵害犯罪的概念以及刑罚。《未成年人保护法》首次明确提到了禁止对未成年人实施性侵害。该法第四十一条规定："禁止对未成年人实施性侵害。"但作为一部未成年人保护的原则法，该法没有对性侵害作出具体规定。

2013年"六一"前夕,最高人民法院公布3起侵犯未成年人权益犯罪典型案例,其中之一是利用教师身份侵害学生身心健康的鲍某强奸、猥亵儿童案,鲍某被依法判处死刑,经最高人民法院复核核准已于近日执行。最高人民法院有关负责人表示,最高人民法院今后将指导各级法院进一步加大对侵犯未成年人权益犯罪的惩治力度,坚持最低限度的容忍、最高限度的保护,该重判的坚决依法重判。但实际上,在对未成年人的性侵害案件中,现行的立案标准并不适合。因为未成年人遭受性侵害的案件,一般没有第三人在场,如果仅凭未成年人的证言,特别是受害未成年人年龄比较小时,公安机关一般不立案。而实际上要求未成年人及其家长自行收集提供基本证据是不现实的。一方面是因为一些年龄较小的未成年人不知道什么是性侵害行为,他们根本就不懂得发生性侵害后自己应该做些什么;另一方面有些案件是经过较长时间才报案的,基本的物证已经不存在,而未成年人及其家属又没有能力搜集其他证据。即使未成年人及其家长提供了一些基本的证据,但是公安机关对此却有比较严格的标准要求,这些证据也不能充分发挥作用。

(二)建立有效的法制教育机制

法制教育缺乏针对性和实效性是发生校园性侵害的根本原因。许多学校的教师政治学习和学生思想品德教育走形式居多,忽视了对师生的法律、法规的教育,即使有法制教育也只流于学习法律条文的形式,忽视了法制教育与现实生活的结合,尤其是对教师可能触犯的强奸、猥亵、故意伤害、侮辱等刑事犯罪的针对性教育不够,在依法束缚性行为方面强调不够,致使一部分教师不学法、不懂法、不守法,忘记了自己的行为应该受到法律道德的强制约束。

学校对于教师教育、管理的松散是校园性侵害案件发生的重要原因。学校没有将预防性侵害作为重点工作,法制观念淡薄。例如在一起案件中,10岁女孩被小学老师多次猥亵报警后,学校将该老师"保释"出来,不仅没有给其任何处分,反而继续让其走上课堂"为人师表"。在发现老师实施性侵害行为后,甚至有3起案件中的学校直接作为中间人努力促成"私了"。

构建有效的法制教育机制:一是要健全组织,明确责任,完善制度。二是法制教育内容要注重针对性和实效性。做到法制教育计划、课时、教材、师资四落实,要贴近师生生活,以生动、直观、形象的活动形式,让师生从中潜移默化地受到法律熏陶,使学法用法成为师生内在的迫切要求和自觉行动。三是将法制教育纳入教师和学生素质评价的内容。

（三）建立良好的教师入口机制

教师素质不高是校园性侵害的主要根源。应该承认在现有的教师队伍中的确有一小部分教师的素质特别是思想道德素质和心理素质不高。他们并不热爱教育事业，没有为教育奉献的心理准备，不具备基本的为人师表的要求。针对这一情况，应该从源头上抓起，适当提高教师资格准入的门槛，全面推行教师公开招考聘用制度，并把思想道德素质和心理健康作为中小学教师任职资格的重要条件之一。在招考聘用教师时，除了对文化、专业知识进行必要的考试外，还须进行严格的思想道德考查，进行心理素质与心理健康的综合评价。通过科学及较全面的考核，让具备较高素质的教师走向上教育岗位。

其实，早在2003年《教育部、公安部、司法部通报辽宁等地相继发生教师强奸猥亵学生事件的情况》中，已明确提出坚决打击教师队伍中的性犯罪分子，严惩不贷。对事件相关责任人要严肃处理，决不姑息。学校管理松懈，发生教师性犯罪事件的，要坚决依法追究校长、教育行政部门领导和相关管理人员的责任，严重的要撤销行政职务和开除公职。对推卸责任、延缓上报的要追究学校领导的行政责任，对包庇罪犯、隐瞒不报的要坚决依法追究有关领导及相关责任人的法律责任。这份通报还明确指出，学校每个教职工对学生人身安全都负有保护责任。对教师性犯罪知情不报的教师，丧失了作为教师的基本职业道德，要开除出教师队伍，永不录用。

（四）建立有效的教师评价机制

在校园性犯罪教师中有极少部分竟是优秀教师，究其原因是我们缺乏对教师的科学评价机制。长期以来，由于受应试教育的影响，我们评价教师的唯一标准就是教学质量，教学质量高的教师就是优秀教师。这样的评价机制不但扭曲了教育的基本职能，更扭曲了教师的职业心态。"学高为师、身正为范"，老师不仅要具备渊博的文化知识，更需要高尚的道德情操。因此，构建科学有效、符合教育本质和教师成长的评价机制是预防校园性侵害的关键所在。从评价内容上看，除注重教学质量外，还要注重评价教师的思想、心理和职业品质。从评价方式上，要让学生、家长及社区参与对教师的评价。

《关于建立健全中小学师德建设长效机制的意见》中明确提出将师德教育纳入教师教育课程体系，师范生培养、新任教师岗前培训、在职教师培训都必须开设师德教育课程。同时，将师德表现作为评优奖励的必要条件，作为晋职晋级、人才培养的优先条件。将师德考核作为教师考核的核心内容。2013年，教育部首次提出，师德考核不合格者，年度考核应评定为不合格，并在教师资格定期注册、职务（职称）评审、岗位聘用、评优奖励和特级教师评选等环节实行一票否决。教育部还要求各级教育行政部门要制定师德考核办法，学校制定具体的实施细则。采取教师个人自评、家长和学生参与测评、考核工作小组综合评定等多种方式进行。考核结果一般分为优秀、合格、基本合格、不合格四个等次。考核结果公示后存入师德考核档案并报学校主管部门备案。

此外，《中小学教师违反职业道德行为处理办法》明确为师德画出"红线"，包括体罚学生、收受学生送礼、有偿补课等行为均被列为教师禁行行为。对教师违反职业道德的行为视情节轻重给予警告、记过、降低专业技术职务、开除等处分。涉及违法犯罪的及时移交司法部门。

（五）建立有效的学校安全制度

学校安全制度的不健全，也是导致校园性侵害案频发的直接原因。这些性侵害案件发生的场所都为教室、学生宿舍、教师宿舍、学校内废弃的房屋以及广播站，甚至一些猥亵案件还发生在讲台上。学校既没有安排教师值班巡查，也没有给学生宿舍配备必要的防护措施，以致校外人员能够进入学生宿舍实施犯罪。在个别案件中，有的学校面对已经出现的"危险"，不但没有亡羊补牢，反而坐视不理。

在一起校园性侵害案件中，在校外人员进入卫生间猥亵女生的案件发生后，学校老师称以前经常有校外青年进入校园，有时甚至在走廊内喊女生的名字。但是学校对此没有重视并采取有效措施，导致14岁女孩被猥亵。这些案件提醒，学校的管理制度应是多方面的，不仅涉及对教师的教育，也包括对学校勤杂人员的管理和对所有校内人员包括在校老师亲属的管理。

五、校园性侵害应对机制的构建

（一）建立对教师执业的监督制度

从师资队伍上说，应实行教师准入制，同时，监督机制也要完善。在教师准入之后，要对在职教师进行师德培训。一方面，我们要相信我们的老师；另一方面，可以合理对教师与学生接触做出一些限定。比如，不在宿舍对学生一对一辅导。宿舍是比较隐私的环境，不适合辅导学生。与学生谈话应该在办公室进行，并且把门敞开。

（二）加强校园管理，完善校园安全防控体系

学校要加强校园的治安巡逻管理，要有一套完善的校园性侵害的预警系统和应对系统，从人员到软硬件都要配备，这部分的人力、物力和财力的投入是绝对

必需的。预警系统包括对校园性侵害高危地点的预防、高危人员的预防以及相应的知识培训等，比如禁止教师在私人场所与学生进行单独的辅导和谈话，必要时可在办公室设立监控设备。应对系统包括校园性侵害发生后对受害者的保护、对犯罪嫌疑人的监控、及时与有关部门联系、保护现场及相关证据、协助公安机关调查等。

（三）加强对监护人的培训及教育

监护人在性侵害问题上的认识有所欠缺、警惕性不强对校园性侵害的预防和及时制止非常不利，所以教育部门、司法机关、妇联等有关机构应联手合作，针对校园性侵害的防治以及儿童性教育方面的知识开设培训学习班，提高儿童监护人对校园性侵害的警惕性。同时也应该建立校园性侵害咨询热线或机构，接受儿童或儿童监护人的咨询，这会大大减少校园性侵害发生的可能性。

从家庭的角度来看，当务之急是为家长补上性知识与性教育这一课。由于传统观念的保守性，多数家长羞于向孩子讲授性知识，这就容易导致孩子形成错误的性观念，甚至形成不健全的人格心理。更严重的是，好奇心极强的孩子可能通过不正当的渠道，如色情网站、黄色碟片等去寻找答案，这就使他们容易受到这类媒体的负面影响，对其身心发展极其不利。

未成年人遭受性侵害的案件发生后，家长应该第一时间报案。报案对于保护证据、保护孩子非常重要，还应立即到医院检查，并保全证据。一般来说，以下证据对于案件认定具有重要的作用：被害人身上的伤痕；被害人抓伤侵害人的伤痕；被害人被撕破的衣服；从犯罪嫌疑人处获得撕扯过的衣服；迷奸案件中剩余的药物或者盛放这些药物的酒杯等；被害人对犯罪嫌疑人隐私部位及特别特征的描述；被害人对犯罪嫌疑人穿着等特征的描述；侵害人是否在场的证明；与网络有关的性侵害案件中的网址、IP信息以及聊天记录；犯罪嫌疑人承认罪行的录音；企图"私了"的"私了协议"以及私下协商解决的录音；侵害人留下的毛发以及其他物品等。

（四）对学生进行性教育

未成年人由于体力智力发育不成熟、年龄较低，因而更容易遭到侵害；另一方面，未成年人容易受到侵害的另一个重要原因是由于性知识的缺乏，有的14岁以下未成年人甚至不了解性行为的性质以及后果。侵害人认为未成年人根本不会想到自己遭受性侵害，自己也不用接受法律的处罚。在统计的案件中发现10件为不满14周岁的人自愿与侵害人发生性关系并同居的案件，其中一起13岁女孩被强奸后，同侵害人谈恋爱并表示不愿意告发。

防范性侵害，首先要让孩子懂得什么样的行为是性侵害行为。性侵害行为不仅包括性交，还包括抚摸、暴露性器官、手淫等。要让孩子懂得自己身体的哪些部位是不可随便让别人触摸的，与异性须保持一定距离。

从小应该给孩子灌输一个意识，就是别人不能随便触摸你的身体，当然你也不能触摸别人的身体，隐私部位更不能触摸。当孩子接受这个观念，如果有人这么做，她就会表现出抗拒，比如喊叫。喊叫后，犯罪分子就可能停止他的行为，其他老师也可能会知道。这个方法对于教育孩子如何防止性侵害是简单有效的。

同时，教育孩子，一旦受到伤害，要大胆告诉自己信任的人。有的女孩特别害怕这种事，认为只要自己沾上一点这样的事，父母就会说是自己不好，所以她就不说。孩子的性教育首先应该在家庭中进行。现在女生性发育的平均年龄是9.2岁，平均来例假的时间为12.54岁。男生性发育的年龄是11岁，平均初次遗精的时间为13.85岁。男女生性发育时间的提前，要求我们从小学就开始进行系统的性教育。进行性教育是一件专业的事，目前我们的师资准备不足，教育部门一定要培养进行青春期性教育的师资，而且要把教材编好。社会也应当有一些援助机构，提供支持与帮助。

第八节　学生自杀事故的预防与应对

目前校园自杀问题已成为当前中国社会的一大焦点，在某种程度上已演变为社会性问题。据权威机构所做的调查显示，在我国15～34岁的青壮年中，自杀成为首位死因。这意味着，青年成为自杀的高发群体。鉴于校园自杀事件的多发性以及其呈现出的独特性，笔者特意将研究视角定位在校园青少年学生这一范畴，通过认真分析研究校园自杀问题的现状及原因，试图从理论层面解决或阐释当前我国青少年心理危机和自杀问题所呈现出的独特社会性症结。从而为积极探寻并采取有效的干预策略、提高在校学生的心理健康水平、保障其生命安全、构建平安校园，促进社会稳定与和谐提供理论支持。

一、校园自杀的定义

自杀是指个体蓄意或自愿采取各种手段结束自己生命的行为。法国哲学家加缪就曾说："自杀是对个体生存意义的否定和对个体所在社会的否定。"

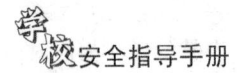

二、校园自杀的现状

2011年5月,17岁初中生范某因为陪同学看病,缺了一下午课,被误以为其逃课的父亲打骂了一通,赌气空腹喝下一瓶敌敌畏(500ml);而在范某就诊的市第一人民医院,从5月1到26日,已经接诊8名服毒中学生。

2011年5月24日中午,高二男生文某,从住宅楼上坠楼身亡,事发前被老师发现作弊。

2011年10月24日放学后,六年级女生小梦和周周,在莹莹和朱朱这两个同学、好朋友的注视下,在教室服下剧毒农药敌敌畏。

2012年2月27日,一名16岁高中生被疑偷同学200元,为证清白跳楼自杀。

2012年8月22日下午,高三的小朱在学校组织的暑期补课的最后一天,被政教处主任等3位老师找去谈话半小时后,突然从政教处办公室冲出,跑到后面的教学楼四楼并从上面跳下。

2012年12月2日晚,实验中学高二学生侯某从教学楼上跳下,当场身亡。在刚刚结束的期中考试中,他还考了理科年级第一名。事情的起因是由于无人选其做同桌,使得孩子自尊心受到严重的打击。

……

深圳市疾控中心曾在2008年公布过一份《深圳市青少年心理问题调查》,结果显示深圳中小学生心理状况不容乐观,有12.1%的学生有过自杀的想法,6.6%的学生有过自杀计划,还有2.2%的学生采取过自杀措施。13.2%的深圳中小学生存在不同程度的心理问题,11.6%的孩子说他们经常失眠。12.1%,这个数目超过一成。这本身就意味着存在严重心理问题的可能。而且,这其中又有一半学生——6.6%都有过计划,说明已经打算实际操作只因为种种原因未能成行。更有2.2%的学生已经真的自杀过,这个比例相当大,这不过是一些中小学生而已。他们在这个年龄段就有这么高的自杀比例的话,那么等他们成年以后,这个比例只会更高。虽然那项调查只是针对深圳市的中小学生,不过我认为管中窥豹可见一斑,这也反映出我国中小学生的整体心理健康状态。

三、校园自杀现象频发原因探究

针对目前层出不穷、令人扼腕的校园自杀事件,笔者做了大量的分析与研究,认为主要存在以下几个方面的原因。

(一) 社会环境的各种诱导

现代社会中,酒吧、舞厅、网吧等场所,对部分学生而言,充满了极大的诱惑力。父母管教不严,学校放学后老师监管不到,某些学生为了缓解学习的疲劳,禁不住诱惑从而走进这些场所。久而久之,娱乐活动愈来愈多,学习热情愈来愈低,这些学生有时即使自己想学好,但心有余而力不足。慢慢地,与同学成绩相比,自卑感愈来愈强,最后甚至演变为全班或全年级名次倒数,在同学中抬不起头来。同时这些学生又十分要强,很要面子,加之缺少家长与学校的正确思想引导,于是就有可能产生轻生的念头。

此外,关于社会不良文化的诱导也是重要因素,比如因"想穿越而自杀"实际上就是社会不良文化的诱导。除此之外,关于自杀也有很多的不良文化现象,都在侵蚀着孩子们的心灵。自杀是可以传染的,这一点早已被心理学家们所证实。这种传染不是传染病,而是一种诱导作用。负面的情绪可以传染,不良的解决方式也可以模仿,这就是自杀传染的本质。有资料表明,很多中小学生想到自杀都是"学"会的,而且很可能是故意模仿。市面上甚至有一些书籍专门介绍如何自杀,很多中小学生以此为乐,平时看着玩,一旦有了念头就可能模仿实施。我们成年人也有相关方面的不足,当成年人因为种种原因而选择自杀时,会对未成年人起到一种示范作用。中小学生们很可能因此认为这是解决苦恼的一种良好方式。因此,很多学校就出现了某一个教学楼成了"自杀圣地",不知详情者甚至因此有迷信的想法,实际上就是诱导的结果。

(二) 父母等人施加的压力

子女如果学习成绩不好,或在外边惹是生非,父母觉得很丢面子,于是埋怨、恐吓、打骂孩子。致使这些学生认为自己太没用处,太没价值了,再加上一些老师的冷嘲热讽、亲戚朋友和同学的挖苦讽刺,就会觉得压力太大了、实在受不了了,这样一来就有可能产生轻生的念头。

此外,父母的关爱不够,人际关系恶化也是重要原因。爱与关心是维系情感的桥梁。只有爱存在,生活才会融洽,有的学生自闭自卑、不善交流沟通,也与父母未及时引导有关。父母望子成龙尚可理解,对孩子的关心却不应该仅停留在学习层面,还应关注孩子心理健康、人际关系的发展。融于集体之中,抱有积极向上态度的中学生,才能像沐浴着雨露的花朵,向阳积极成长。

(三) 成长环境顺利,缺乏挫折磨炼

冰冻三尺,非一日之寒。这些年来,独生子女被众星捧月,既没有兄弟姊妹的竞争，也没有长辈们必要的限制，养成了以自我为中心的人格，自尊心过分强大，外在表现就是"气性大"。这样的人格，遇到挫折，容易因缺乏思想准备和因应能力，而出现过激行为。所以，在孩子成长的各个阶段，引入挫折教育十分必要。让他们正确估量自己在家庭、社会中的位置，能够使青少年更好地适应现代社会，避免他们一出家庭、学校的温室就变得弱不禁风，养成健康、健全的人格。

"艰难的人生各有各的艰难"，对不同时代是完全适用的。前几代人远比今天更难，战争、饥饿、瘟疫、政治运动，伤害多少美丽的青春。但当年的年轻一辈一一挺过来了，而且对于未来不失信心。他们意志坚强，并且始终满怀希望地生活。借用一位普通农村老人的话，身处逆境时，没有迈不过的坎儿，没有过不去的河。

（四）认识不到生命对人的重要性

保尔·柯察金曾说："生命是人最宝贵的，因为每个人仅有一次。应当怎样度过人生呢？回首往事，不因虚度年华而悔恨，也不因平庸无为而羞耻……"路遥在《平凡的世界》中也曾说："命运总是不如人愿。但往往是在无数的痛苦中，在重重的矛盾和艰难中，才使人成熟起来，坚强起来；虽然这些东西在实际感受中带来的并不都是欢乐。"尽管生命的价值如此重要，但一些同学却认识不到生命的重要。碰到烦恼、忧伤、挫折，动不动就想以死了结，却没想到这是最轻贱自己的行为。

（五）精神抑郁

有资料显示，近年来，中国有3000万青少年处于心理亚健康状态。20%的中国儿童面临抑郁症威胁；小学生有心理和行为问题的占总数的10%左右；初中生占15%左右；高中生约为19%；大学生中患有强迫症、适应不良、情绪不平衡、人际关系紧张等问题的人数相当众多。这些数字表明了一个事实——心理亚健康甚至心理危机状态相当程度地存在于当代青少年之中。于是当遇到某些诱因，部分有精神抑郁症状的青少年学生便会选择自杀。

（六）网络成瘾

虽然，网络成瘾并不必然导致自杀行为的产生，但毫无疑问，网络成瘾会严重地影响到成瘾者的心理、生理、人际交往以及学习或工作。一方面可能导致人际交往空间日渐萎缩，迷失自我，出现多重人格；另一方面，网络成瘾的危害还表现为躯体疾病，甚至还会伴发心理障碍或精神疾病，严重的可能引发抑郁症及自杀意图乃至自杀行为。

(七）就业、学习压力

一名初一的学生在教室里喝农药自杀身死，她的遗书里有一句话看了让人为之动容：如果我不上学那就好了！在今天这个甄别和淘汰功能极强的教育体制下，说实话，就那一句"别让孩子输在起跑线上"，就足以引发一个我们十天十夜也谈不完的沉重和严酷的话题。任何一个孩子都很难自始至终适应此种应试教育的竞争状况，升学的竞争无比激烈，应试教育的压力不断地转嫁到学生和老师的身上，而此种教育的情形，其实牺牲的，是对孩子的身心健康的忽略。我们的教育，没去主动尊重孩子的内心选择，没去倾听孩子的心声。

四、校园自杀现象的预防机制的建立

自杀无论是对个人与家庭还是对社会来说都是一种悲剧，同时给他人带来心理阴影，给家庭、学校、社会和国家带来的巨大损失和负面影响是无法估算的。因此，通过认真分析研究校园自杀问题的现状及原因，积极探寻并采取有效的干预策略，对于提高在校学生的心理健康水平，保障其生命安全，维护家庭完整，构建平安校园，促进社会稳定与和谐，具有十分重要的现实意义。

（一）建立健全政府自杀预防协调体系

自杀是重要的社会问题，自杀预防更是一项复杂的系统工程。若无政府的支持和领导将难以实现。如美国就曾通过参议院来宣布自杀是一项国家问题，预防具有优先地位。我国应借鉴国外做法，应建立健全全国性的自杀预防协调机构并制订国家预案，形成覆盖全国的监控网络体系。由各级卫生、教育部门牵头，组成各级自杀预防网络协调机构，动员全社会力量组织多领域专家合作，共同做好这项意义深远的人道主义事业。

（二）建立健全自杀危机预警干预体系及应急机构

要想做到建立健全自杀危机预警干预体系及应急机构，应着重在如下几个方面进行努力。

（1）健全工作网络体系。构建学校、班级、寝室、学生几个层面的危机干预工作网络。

（2）建立预警信息体系。按照早发现、早报告、早研究、早预防、早控制的信息预警要求，及时准确地掌握学生危机信息。

（3）增强教师和学生的自杀危机干预意识。

（4）建设一支专业的专职心理健康教师队伍，设置专门的心理咨询机构。

（5）建立和落实心理筛查制度，及时掌握学生的心理健康状况。确定工作重点，进行防范与跟踪治疗。

（三）启动社会和家庭心理支持体系

动员高危人群的亲朋、同学以及社会心理服务网络、媒体等社会力量。共同参与危机干预，给其关爱、安慰和帮助，使其产生对家庭、亲友和生活的留恋，增强生存信心。并尽可能地帮助危机对象解决实际困难，消除引发其自杀行为的危机根源。

（四）对高危人群的监控和预防

要预测存在危机的学生，并高度关注有自杀企图或自杀未遂学生的动态，建立心理资料，并定期调查其心理发展状况，及时与相关的部门一起重点防范和挽救危机对象。

（五）加强对网络、传媒的监管

网络和传媒在报道校内外人群非正常死亡现象时，有时不能客观地反映事实真相，所以应加强对网络传媒的监管，让其保持谨慎、客观的态度，避免因报道的片面化和情绪化而导致不良影响。美国俄州州立大学心理咨询与会诊中心主任 Louise Douce 教授曾说："绝大多数的自杀是可以预防的。有针对性地重塑学生对自杀的态度可以降低自杀率。"

生命对于每个人来说只有一次。国家、社会、家庭、学校、学生个人应共同重视和努力。尽可能地疏导和缓解学生的各种心理压力，解决好他们各方面的实际困难，引导其形成健康积极的心态，远离自杀、死亡的阴影。为学生们的成长和发展开拓一片广阔的蓝天。

五、校园自杀现象的应对机制的建立

（一）营造良好的校园环境，健全心理危机干预网络

加强校园文化建设、优化育人环境，为学生营造一个积极健康的校园文化氛围，对建立学生良好的人际关系、减少引发自杀行为的诱因具有非常大的作用。要加强校园精神文明建设，积极改善学生的心理环境，培养学生奋发进取的敬业精神，大力弘扬中华民族传统文化和传统美德；要丰富学生课余的文化娱乐生活，大力开展多种文体、学术活动，形成浓厚的校园学术氛围；组织学生积极参加社会实践活动，在实践中引导他们正确地看待社会、看待人生，为学生的健康成

长创造良好的育人环境。同时，各高校应建立学生心理危机的干预网络。学生心理"气象员"应由学生担任，从本班选拔，经过心理学培训，结业考试合格后上岗工作，他们距离同学最近，具备专业知识，最容易发现问题，而且反应比较快。

（二）加强生命教育

长期以来，由于我国生命教育的缺失，导致校园自残、自杀以及各种伤害学生身体以及生命的现象屡屡发生。珍惜生命，理解生命的意义，建立积极向上的人生观，已成为现代教育不可忽视的一环。学生花季凋零或受到摧残，有极其复杂的原因，也有多种解决的途径与方式，其中根本性的工作是：开展生命教育。它不仅使学生能够正确地认识生命、理解生命，进而尊重生命、热爱生命，而且能够使学生更好地呵护生命，这对预防与消除学生自杀等问题的产生也是极其有效的途径与方式。

（三）提高心理受挫能力

教育学生正确认识和面对生活中的挫折是预防学生自杀的重要手段之一。当代学生有自己美好的理想和追求，但是，现实生活却常常会遇到一些暂时的困难和挫折。引导学生在挫折面前保持理智，培养积极进取的精神和百折不挠的毅力，使学生做到充分认识困难和挫折的暂时性，树立战胜困难与挫折的勇气和信念。

第八章

公共卫生类事故的预防与应对

- 第一节　公共卫生类事故概述
- 第二节　常见肠道疾病的预防与应对
- 第三节　常见呼吸道疾病的预防与应对
- 第四节　常见青春期疾病的预防与应对
- 第五节　常见传染病的预防与应对
- 第六节　吸烟酗酒吸毒的预防与应对
- 第七节　常见心理疾病的预防与应对

第一节 公共卫生类事故概述

一、公共卫生的内涵

公共卫生是关系到一个国家或一个地区人民大众健康的公共事业,是防治疾病、延长寿命、改善身体健康和机能的科学和实践。公共卫生通过有组织的社会努力来改善环境卫生、控制传染疾病、教育人们关于卫生的知识、组织医护力量进行疾病预防工作、对疾病做出早期诊断和治疗,并建立一套有效的社会体制,以保障每一个社会成员的身体健康。

公共卫生的内容包括对重大疾病尤其是传染病(如结核病、艾滋病、SARS等)的预防、监控和医治;对食品、药品、公共环境卫生的监管;以及相关的卫生宣传、健康教育、免疫接种等。

二、学校公共卫生事故

学校公共卫生事故是指发生在学校内的,造成或可能造成师生身体健康严重损害的传染病疫情、群体性不明原因疾病、群体性异常反应、食物中毒以及其他严重影响师生身体健康的公共卫生事件。学校突发公共卫生事故的发生与学校的本身特点有关。由于学校是一个特殊的场所,具有社会性与相对独立性的特点。学校与自然、广大的社会有着密切的联系,学校内的人与物时刻都与外界社会发生着交往,社会中发生的变化随时会影响到学校。因此,一旦出现突发公共卫生事件,极易造成蔓延扩散。

三、学校公共卫生事故类型

(一)校内与学校所在地区突发公共卫生事故

校内与学校所在地区突发公共卫生事故是指在学校内或学校周边地区突然发生的,造成或可能造成广大师生身心健康严重损害的重大传染病、群体性不明原因疾病、重大食物中毒,以及因自然灾害、事故灾难或社会安全等其他引起的严重影响师生身心健康的公共卫生事件。

（二）食物中毒与非食源性的突发公共卫生事故

以食物是否是学校突发公共卫生事故的原因为分类标准，可分为食物中毒的公共卫生事故与非食源性的公共卫生事故。

1. 食物中毒的公共卫生事故

食物中毒是指人食用了含有生物性、化学性毒害物质的食品后，或误食毒害物质后所出现的非传染性的急性或亚急性的食源性疾病。

2. 非食源性的公共卫生事故

（1）生物病原体所致疾病导致的学校公共卫生事故。这主要是指传染病、寄生虫病、地方病区域性流行、爆发流行或出现死亡；预防接种或预防服药后出现群体性异常反应；群体性医院感染等事件。

（2）有毒有害因素污染环境造成的学生群体性中毒。这主要是指由于水体污染、大气污染、放射物污染等环境污染造成的学校师生中毒。

（3）自然灾害造成的学校突发公共卫生事故。自然灾害本身就是突发公共事件，自然灾害不仅会给学校带来灾难，威胁师生的生命和财产安全，而且会造成传染病的发生和流行等次生灾害。如洪水导致环境恶化、饮用水源污染，引起师生肠道传染病暴发流行；气象灾害引起师生呼吸道传染病暴发和流行。

（4）不明原因引起的师生群体性发病或死亡。这类突发公共卫生事件是由不明原因所致，在实务中难以预警和控制。

四、学校公共卫生事故的特点

（一）突发性

突发性是指事故发生突然或发病迅速，在发生前经常是没有任何先兆或者先兆不明，往往是突然发生，令学校师生们猝不及防。在相同的接触环境中的个体均出现相似的临床表现，不能用疾病的一般流行规律解释或病因不明确，致病因素种类繁多、形式多样，有生物性的也有化学性，虽然事先难以预测和防范，但也有其规律性。

（二）群发性

学校突发公共卫生事件中健康受到损害的师生往往不是单一的，而是在短时间内，某个相对集中的区域内同时或者相继出现具有共同临床表现的病人，且病例不断增加，范围不断扩大。

(三) 低龄性

除了个别普通高等学校外,绝大多数学校在校人员90%以上是学生。2005年我国各级各类全日制在校学生约有2.25亿人,其中2亿多是中小学校的在校学生,这部分学生的绝大多数是未成年人。因此,与机关、企业和其他事业单位不同,处于学校突发公共卫生事件中的是低龄化的群体。

(四) 危害性

通常突发公共卫生事件会对人类身心健康造成严重损害,对经济的破坏也是显而易见的,严重者甚至直接影响一定区域范围内社会政治经济生活的安定,甚至引发社会和政治事件。教育系统的突发公共卫生事件危害广大师生的身心健康,在一定程度上扰乱了正常的教学秩序,造成恐慌,影响青少年身心健康发展。

五、学校公共卫生存在的问题

(一) 对学校公共卫生工作重要性的认识不足

调查中发现,个别学校领导对学校公共卫生工作不够重视,缺少规范的管理,多数学生对学校公共卫生工作的重要性也缺乏必要的认识。比如在学校组织的各类疫苗的接种过程中,总是有相当一部分学生不予配合,不愿意接受注射;个别学生在明知自己患有某种传染病的情况下,却故意隐瞒病情,不愿意报告学校,唯恐自己被隔离或休学,这样就造成了传染病扩散的极大隐患。

(二) 学校公共卫生工作队伍建设薄弱

据有关专家调查表述,很多学校都没有专门的公共卫生安全防控机构,缺乏公共卫生专管人员和专项经费的支持。校医大都缺乏专业医学知识,层次水平偏低,对学校里发生的传染病的发现、诊断、治疗的能力比较差,而且事故报告意识薄弱,往往在传染病都已经开始传播以后才开始意识到问题的严重性,从而导致了传染病在学校中蔓延开来。很多学校的医务室,在硬件设施方面严重地缺乏,只能提供一些简单的包扎消毒工作,或治疗普通的感冒头痛等,而不开展传染病的防治工作。

(三) 学校公共卫生管理力度不够

有些学校虽然制定了突发公共卫生事件的管理制度,但落实程度不高,流于形式或根本没有执行,制度形同虚设。

(四) 学生卫生习惯不良

学生自身的不良卫生习惯是造成公共卫生事故的直接原因。比如，学生们喝生水，饭前便后不洗手，去学校周围卫生条件恶劣的小餐馆吃饭等，都加重了公共卫生事故发生的风险。

六、学校公共卫生的主要任务

当前我国学校公共卫生工作的主要任务是："理顺学校卫生管理机制、规范学生健康监测分析、处理突发公共卫生事件、调整学生常见病防制策略、加强预防性卫生监督力度、探索学校健康教育新模式、促进学校卫生信息化建设、提高学校卫生人力资源质量。"①

(一) 理顺学校卫生管理机制

教育行政部门负责学校卫生工作的行政管理，卫生行政部门负责学校卫生工作的监督指导。卫生行政部门必须加强与教育部门的合作，将学校卫生工作纳入公共卫生体系，加强对学校卫生的监测监督，做到有法必依，执法必严。各级疾病防治机构要明确专人负责学校卫生工作，为学校提供疾病防治、食品卫生、健康教育等技术支持，协助学校落实各项卫生措施。

(二) 规范学生健康监测分析

规范学生健康调查和常年健康监测分析，使学生的健康状况和健康问题能够得到准确、及时的反映。健全学生健康检查制度，有条件的学校每年组织1次健康检查，经济欠发达地区的学校，至少做到入学与毕业时的2次学生健康检查。建立学生体质健康档案，进行生长发育、常见病等监测分析，研究学生体质健康方面存在的问题，及时采取防治措施，如提供咨询、确诊和治疗服务，改善环境不良因素，促进学生健康成长。

(三) 处理突发公共卫生事件

按照我国《突发公共卫生事件应急条例》《中华人民共和国传染病防治法》的规定，落实学校突发公共卫生事件报告制度，指定专人作为学校卫生安全工作的联络员，完善食物中毒和传染病流行等突发事件的应急处理机制，及时切断传染病在学校的传播途径，有效处理突发公共卫生事件。在学校传染病防治方面，

---

① 刘祥瑞.开拓进取努力实现学校卫生工作跨越式发展 [J]. 中国学校卫生, 2005 (1): 80-82.

要进行学生疫苗接种证的查验和实施疫苗补种，加强学校生活饮用水水源管理，做好粪便无害化处理等厕所卫生管理，改善学生宿舍卫生与通风条件。在食物中毒防治方面，要加强对学校食品卫生的监督，培训分管校长、卫生保健教师以及食堂从业人员，加大学校食堂改造力度，不断改善硬件设施，加强食堂卫生管理。

（四）调整学生常见病防治策略

调整学生常见病防治策略就是要扩大常见病的监测范围，增加有关成年期疾病早期防治（肥胖、高血压、高血脂）和伤害（车祸、溺水等）等监测项目，并加强对中小学生心理问题和健康危险行为的预防监测。在贫困的乡村地区，传统的"六病"监测，特别是对沙眼、贫血和蛔虫感染的防治仍然需要加强；在城市发达地区，针对当前青少年健康危险行为持续增加的现状，重点则要放在近视、肥胖、伤害的一级预防上。

（五）加强预防性卫生监督力度

卫生行政部门必须加大执法力度，从根本上做好学校卫生设施的预防性卫生监督。要开展学校卫生设施现状调查，对于学校的卫生室、教室、课桌椅、照明灯、食堂、厕所、饮水设施等，实施公共卫生标准化建设，不断优化卫生环境和教学卫生条件，保证学校新建、改建、扩建项目和建筑设施的卫生质量。

（六）探索学校健康教育新模式

学校健康教育是促进学生健康的重要手段，学校卫生必须探索有效开展学校健康教育的新模式。

学校健康教育要根据学生年龄和性别特点，从社会、家庭和学校关注的公共卫生热点问题出发，开展多种主题的健康教育活动。如可以设立爱牙护牙、用眼卫生、平衡膳食、食品卫生、控制吸烟、环境保护、远离毒品、预防艾滋病、伤害等专题。

学校健康教育要采取学生喜闻乐见的多种形式，开展能激发学生兴趣和参与热情的健康教育活动。如采用主题班会、读书活动、知识竞赛、板报、广播、录像片、专题讲座、绘画、图片展、辩论赛等形式。

学校健康教育要重视心理健康教育，培养学生良好的心理素质；逐步建立健全心理咨询机构，采取有效措施积极预防青少年健康危险行为和心理问题的发生，重点做好心理健康教育工作。

（七）促进学校卫生信息化建设

为了及时、准确、全面地了解学生身体素质和学校卫生工作状况，必须促进学校卫生信息化建设。在学校卫生信息化方面，要加强学校卫生计算机网络基础设施建设和工作人员计算机应用能力的培训提高。在"学校卫生疾病综合监测信息系统"的基本模块中，应当包括学校基本情况，教室、食堂、饮水和厕所等环境卫生状况，学生生长发育监测（体检），学生常见病和传染病监测，学生伤害监测，青少年行为危险因素监测等内容。

（八）提高学校卫生人力资源质量

学校的校医室是学校卫生工作的基层单位，校医负责组织学生健康检查、监控学生常见病，开展健康教育、培养学生良好习惯，监督学校环境卫生、防治学生传染病，检查学校食品卫生、防范食物中毒发生。因此，要全面提高校医的医学专业知识水平，使师生健康得到保障。

第二节 常见肠道疾病的预防与应对

一、什么是肠道传染疾病

人们日常的饮用水及食物，如果被病原体所污染，经过口腔进入肠道，这些病原体在肠道内繁殖且散发毒素，破坏肠黏膜组织，引起肠道功能紊乱和损害，严重影响身体健康。人体一旦被传染，患者由粪便中排出病原体，病原体将再次污染他人，这就是肠道传染病。导致肠道传染病的罪魁祸首统称为肠道致病原，其种类很多，主要为细菌、病毒和寄生虫。这些病原体主要存在于病人的粪便和呕吐物中，还有那些被病人粪便和呕吐物污染的食物、水、餐具和其他物品上面。苍蝇、蟑螂等昆虫是传播肠道传染病的帮凶，当它们叮食了病人的粪便和呕吐物后，又会在食物、水和餐具上爬行，从而一路播撒这些病原体。常见的肠道传染病包括细菌性痢疾、伤寒、副伤寒、霍乱、副霍乱以及食物中毒等。

二、肠道传染疾病的传播途径

（一）经水传播

病人或病原携带者的粪便、呕吐物排入水源，洗涤被病原体污染的衣裤、器具、手等都可使水受到污染，水源受到污染后可引起肠道传染病的爆发流行。

（二）经食物传播

在食品的生产、加工、运输、贮存和销售的过程中都存在被病原体污染的危险。食品中的病原体可来自存放容器、进餐用具、手的接触、施用粪肥及被昆虫污染等。

（三）接触传播

通过握手、使用或接触衣物、文具、门把手、钱币等都有可能造成病原体的传播和扩散。

（四）昆虫传播

苍蝇、蟑螂等都能起机械搬运病原体的作用，到处活动的苍蝇、蟑螂等昆虫也是造成肠道传染病扩散的重要原因。

三、肠道传染疾病的预防

（一）学校食堂卫生安全工作基本要求

（1）学校的食堂必须取得卫生行政部门发放的卫生许可证。搞好食堂的环境卫生，保持内外环境整洁，采取有效措施，消除老鼠、蟑螂、苍蝇和其他有害昆虫及其滋生条件。食堂的操作间不能太小，墙壁上应有瓷砖或其他防水、防潮、可清洗的材料制成的墙裙；地面应由防水、防滑、无毒、易清洗的材料建造，易于清洗与排水；配备有效的防蝇、防尘、防鼠及存放废弃物的设施和设备。要使餐具保持干净，餐饮具使用前必须洗净、消毒；消毒后的餐饮具必须贮存在专用保洁柜内备用；已消毒和未消毒的餐饮具应分开存放，并在餐饮具贮存柜上有明显标记。

（2）严格把好食品采购关。食堂采购员必须到持有卫生许可证的经营单位采购食品，并按照国家有关规定进行索证；不得采购腐败变质、油脂酸败、霉变、生虫、污秽不洁、混有异物或者其他感官性状异常，含有毒有害物质或者被有毒、有害物质污染，可能对人体健康有害的食品；未经兽医卫生检验或者检验不合格的肉类及其制品；超过保质期限或不符合食品标签规定的定型包装食品。

（3）注意食品的贮藏卫生，防止蟑螂、鼠类及其他不洁物污染食品。食品贮存应当分类、隔墙、离地存放，定期检查、及时处理变质或超过保质期限的食品。食品贮存场所禁止存放有毒、有害物品。用于保存食品的冷藏设备，必须贴有标志，生食品、半成品和熟食品应分柜存放；用于原料、半成品、成品的刀、墩、板、桶以及各种容器工具等，必须标志明显，分开使用；加工食品的工具、容器等要做到生熟分开，加工后的熟制品应当与食品原料或半成品分开存放，半成品应当与食品原料分开存放。

（4）加工食品必须做到烧熟熟透，需要熟制加工的大块食品，尤其要烧熟熟透。必须采用新鲜、洁净的原料来制作食品。职业学校、普通中小学校的食堂不得自售冷、荤、凉菜。食堂的剩余食品必须进行冷藏，冷藏的时间不能超过24小时。冷藏的食物在确认没有变质的情况下，必须经过高温彻底加热，然后才能继续出售。

（5）食堂的从业人员每年必须进行一次健康检查。新参加工作和临时参加工作的食品生产经营人员都必须进行健康检查，取得健康证明后方可参加工作。凡患有痢疾、伤寒、病毒性肝炎等消化道疾病，活动性肺结核，化脓性或者渗出性皮肤病的，不得从事接触直接入口食品的工作。食堂从业人员有皮肤溃破、外伤、感染、腹泻症状的，不要带病加工食品。食堂从业人员要有良好的个人卫生习惯，工作前、处理食品原料后、便后应用肥皂及流动清水洗手。

（6）开展健康教育，提高群众的防病意识。充分利用宣传橱窗、黑板报、墙报、院报等宣传阵地，开展防病知识宣传。要让群众知晓肠道传染病的传染源和主要传播途径，提高群众的防病意识，培养群众良好的卫生习惯，教育群众一旦出现腹泻症状，应及早报告、及早治疗。

（二）化学性食物中毒的预防

（1）严禁食品贮存场所存放有毒、有害物品（如鼠药、农药等）。

（2）鼠药、农药等有毒化学物要标签明显，存放在专门场所并上锁。

（3）加强亚硝酸盐的保管，做到标签明显，避免误作食盐或碱面食用。

（4）蔬菜加工前要用清水浸泡5~10分钟后，再用清水反复冲洗。一般要洗3遍，温水效果更好。

（5）不能随便使用来源不明的食品或者容器。

（6）食堂应建立严格的安全保卫措施。严禁非食堂工作人员随意进入学校食堂的食品加工操作间及食品原料存放间。厨房、食品加工间和仓库要经常上锁，防止坏人投毒。

（三）有毒动植物中毒事件的预防

（1）四季豆中毒：未熟四季豆含有的皂甙和植物血凝素可对人体造成危害，如进食未烧透的四季豆可导致中毒。

预防措施：加强对食堂炊管人员的宣传教育，知晓未煮熟四季豆会导致食物中毒，烹调时先将四季豆放入开水中烫煮 10 分钟以上再炒。

（2）生豆浆中毒：生大豆中含有一种胰蛋白酶抑制剂，进入机体后抑制体内胰蛋白酶的正常活性，并对胃肠有刺激作用，导致恶心、呕吐、腹痛、腹胀和腹泻等。

预防措施：加强对食堂炊管人员的宣传教育，知晓未煮熟豆浆会导致食物中毒；生豆浆烧煮时将上涌泡沫除净，煮沸后再以文火维持煮沸 5 分钟左右。

（3）河豚鱼中毒：河豚鱼的某些脏器及组织中均含河豚毒素，其毒性稳定，经炒煮、盐淹和日晒等均不能被破坏。误食后 10 分钟至 3 小时出现症状，主要表现为感觉障碍、瘫痪、呼吸衰竭等，死亡率高。

预防措施：加强宣传教育，防止误食。

（4）毒蕈（有毒蘑菇）中毒：我国有可食蕈 300 余种，毒蕈 80 多种，其中含剧毒素的有 10 多种。常因误食而中毒，夏秋阴雨季节多发。一般在误食后 0.5～6 小时出现症状。胃肠炎型中毒主要表现为恶心、剧烈呕吐、腹痛、腹泻等，病程短；溶血型中毒发病 3～4 天出现黄疸、血尿、肝脾肿大等溶血症状，死亡率高。

预防措施：加强宣传教育，对不认识的野蘑菇或对是否有毒没有把握的野蘑菇不要贸然采摘，防止误食。

四、肠道传染疾病的应对

一旦学校发生群体性肠道传染病疫情，应采取以下应急措施。

（一）疫情报告

（1）学校师生员工发现肠道传染病人或疑似肠道传染病人时都应立即向学校医务室或当地防保站报告。

（2）校医或当地医务人员对可疑病人进行首次诊治，并上报学校有关领导。

（3）学校领导根据肠道传染病类别、发病人数、病情等疫情程度，2 小时内向属地卫生防疫机构、当地政府和市教育局逐级上报。任何人不得瞒报、谎报、缓报疫情，一经发现将视情节、后果轻重追究责任，直至依法追究刑事责任。

（二）应急措施

（1）对疑似肠道传染病的病人，在明确诊断前，安排在指定场所（医务室）进行医学观察，不能确诊的，应送当地医疗机构诊治。

（2）经医疗保健机构、卫生防疫部门确诊为肠道传染病者，应及时予以隔离治疗，隔离期限根据医学检查结果确定。

（3）对引起肠道传染病传播的可疑物品要进行封存，控制传染源，切断传染途径，防止疾病扩散，等待防疫部门来检测和处理。

（4）对被肠道传染病病人、病原携带者、疑似肠道传染病病人污染的场所、物品，学校医务人员应指导相关工作人员做好消毒处理。与肠道传染病人或疑似病人密切接触者，学校应采取必要的检查和预防措施，并进行医学观察。

（5）肠道传染病人在医院接受治疗时，未经学校和医务人员同意，任何同学、同事不得前往探望。

（6）暂时停止大规模的集体活动，必要时全校暂停上课；加强对校门的出入管理，控制人员的进出。

（7）学校在接到当地政府、市教育局和疾控中心有关重大肠道传染病疫情的预警报告后，应立即启动《突发公共卫生事件应急预案》。应急预案启动后，各级领导和全体教职员工应按预案规定的职责要求，立即到达规定岗位，听从指挥。

（8）学校领导发现肠道传染病人后，应采取积极的措施，让广大师生了解情况，稳定学生的情绪，安定人心，维护学校的稳定，树立战胜肠道传染病的信念。

第三节　常见呼吸道疾病的预防与应对

一、什么是呼吸道传染疾病

病原体从呼吸道感染侵入、传播而引起的疾病叫作呼吸道传染病。呼吸道是人体从鼻子吸入氧气和从肺呼出二氧化碳的通道。呼吸道与外部相通，受各种病原体侵袭的机会较多，呼吸道进入的病原体，原始寄生部位通常是呼吸道黏膜及肺。引起呼吸道传染病的病原体有以下几大类：主要包括病毒、致病菌和支原体、衣原体等。此外，还有肺炎支原体、肺炎衣原体、立克次体及军团菌等病原体。

二、冬春季易发呼吸道传染疾病的原因

（1）冬春季节天气寒冷，人们在外边的活动减少，多集中在室内，这就增

加了传染机会。为了御寒，人们习惯把门窗关得很严，这样，室内外的空气很难交换，在空气相对静止的室内，带有病菌、病毒的飞沫在空气中飘浮，人在屋子里待的时间长，空气又不新鲜，自然容易感染呼吸道传染病。

（2）冬春季节天气多变，气候干燥，冷空气和干燥空气被吸入呼吸道，刺激呼吸道黏膜，使黏膜血管收缩、局部贫血和营养障碍，致使呼吸道黏膜抵抗力降低。另外，由于寒冷，室内通风换气较差，一些有害病原体繁殖后，也能刺激呼吸道黏膜，使黏膜上皮的纤毛运动减弱及净化防御机能降低。

（3）呼吸道黏膜易损，其非特异性免疫力降低。由于冬春季节一般发生呼吸道感染的人，易使上呼吸道黏膜受损，使柱状纤毛上皮细胞发生变性、坏死、脱落等病理改变，因而呼吸道黏膜的非特异性免疫力减低，各种病原微生物易于乘虚而入，以致感染呼吸道。

三、常见的呼吸道传染疾病

常见的呼吸道传染病有病毒性呼吸道传染病如流感、麻疹、水痘、风疹、流行性脑脊髓膜炎、肺炎等。

（一）流行性感冒

由流感病毒引起的急性呼吸道传染病，具有很强的传染性，其发病率占传染病之首位。流感病毒主要侵入呼吸道，但其毒素对全身器官有广泛的毒性作用，临床上有发热、全身酸痛、咽痛、咳嗽与白细胞减少等症状。流感的传染源主要是病人和隐性感染者，传染期为1周。流感以空气飞沫直接传播为主，也可通过被病毒污染的物品间接传播。人群对流感普遍易感，病后有一定的免疫力，但维持的时间不长，病毒不断发生变异，可引起反复感染发病。流感全年均可发病，以冬春多见。隔离病人是减少传播的有效途径，隔离期为1周。流行期间尽量避免公共集会，室内注意通风。流感可通过疫苗预防，常用的疫苗有减毒疫苗和灭活疫苗，每年应加强免疫一次。

（二）麻疹

麻疹是由麻疹病毒引起的急性呼吸道传染病，冬春季节多发，传染力极强。临床以发热，皮疹及两眼发红、流泪、畏光、喷嚏、流涕、咳嗽为主要症状，并以颊黏膜出现麻疹斑为特征。病程中可出现肺炎、喉炎、脑炎等并发症。患病后一般可获得持久免疫力。病人是传染源，病人自发病前2日至出疹后5日内，眼结膜分泌物、鼻、口、咽、气管的分泌物中都含有病毒，具有传染性。

以空气飞沫直接传播为主，也可通过被病毒污染的物品间接传播，尽量减少和患者及其患者家属接触是预防麻疹的关键。人群普遍易感，多见于婴幼儿，但近年来由于麻疹疫苗的广泛接种，发病年龄有后移趋势。做好保健工作，按时接种麻疹疫苗，保持室内空气流通，流行季节少到公共场所，锻炼身体，增强抗病能力。

（三）水痘

主要由水痘病毒引起的一种传染性很强的出疹性急性传染病。水痘起病较急，有发热、倦怠、食欲减退等全身症状，一般1~2天内发疹。皮疹一般是成批出现，有免疫缺陷的人患此病时症状较严重，常有继发细菌感染及合并各种并发症：如肺炎、水痘脑炎、水痘肝炎等。患者为主要传染源，从发病前1天到全部皮疹干燥结痂均有传染性。水痘主要通过飞沫经呼吸道传染，接触被病毒污染的尘土、衣服、用具等也可能被传染。人群普遍易感，常见于2~10岁的儿童，一次发病可终身获得较高的免疫力。预防是加强病人的隔离，隔离期一般为发病至疱疹全部结痂或出疹后7天。

（四）风疹

是由风疹病毒引起的急性呼吸道传染病。以低热、上呼吸道轻度炎症、全身长满红色斑丘疹及耳后、枕部淋巴结肿大为特征，多见于冬春季节，可造成流行。病人是传染源。大多是通过呼吸道飞沫散播传染，也可通过患儿口、鼻及眼睛的分泌物直接传染给被接触者。年龄越小，发病比例越高，成人偶见感染。预防风疹病毒的关键是减少与风疹病人面对面的接触，不要与风疹病人面对面地谈话。预防风疹最可靠的手段是接种风疹疫苗。

（五）流行性脑脊髓膜炎

由脑膜炎双球菌引起的急性呼吸道传染病。感染起自鼻、咽，侵入血液循环，最终达到脑膜或身体其他部分，产生炎性损害。这种主要侵犯脑膜的传染病多发于冬春季节，发病急、传播快、病死率高。

病人经过2~3天的潜伏期后，最初表现为上呼吸道感染，多数病人无明显症状，一部分病人有咽痛、鼻、咽黏膜充血及分泌物增多，这可以表现为鼻炎、咽炎或扁桃体炎，随后病人突然寒战，高热体温可达40℃，头痛、呕吐反复发作，呕吐呈喷射状，早期皮肤上可见出血点或淤斑，起病之后有时唇周出现疱疹，亦可见于口腔内、额、耳、胸、四肢、生殖器及臀部等处，严重时出现脑膜刺激症，1~2日内发展为脑膜炎，高热持续不退，头痛剧烈，频繁地呕吐，伴有惊厥，甚至出现昏迷。带菌者和流脑病人是本病的传染源。大多是通过呼吸道飞沫传播而感染。人群普遍易感，儿童发病率高。免疫接种是预防流脑的主要措施，接种对象为 1~15 周岁儿童。

（六）肺炎

肺炎是指肺泡腔和间质组织在内的急性肺实质感染性病变，多为病毒、支原体、细菌、真菌等感染引起。病人是传染源。大多是通过呼吸道飞沫传染，也可通过直接接触感染。要搞好个人卫生和环境卫生，保持居室清洁，空气新鲜。冬春季节，体弱者应避免去公共场所，以防感染。对体弱免疫力低的人，可注射肺炎免疫疫苗。

四、呼吸道传染疾病的预防

（一）各学校领导要高度重视学校传染病预防控制工作

学校人群密集，学生易感，容易发生传染病爆发流行；在校学生牵涉千家万户，是一个敏感的特殊群体。各学校要从维护社会稳定的大局出发，认真落实防病防疫的各项措施。

（二）广泛宣传呼吸道传染病防治知识

学校应做好健康宣传教育工作，利用上课、班会、广播、黑板报、宣传橱窗等多种方式，广泛宣传呼吸道传染病防治知识。教育学生加强体育锻炼，增强体质，在气候变化无常的季节要随时增减衣服，勤剪指甲，勤洗澡，勤晒衣被，经常保持室内及个人卫生。通过各种形式的健康教育，把呼吸道传染病防治知识传授给学生，增强广大学生的自我保护意识和防病能力。

（三）学校要做好呼吸道传染病的监测工作

学校要做好呼吸道传染病的监测工作，开展晨检，每天早晨由班主任对全班学生进行人数清点，及时掌握学生缺课原因，并注意有无身体不适的学生坚持上课的情况，一旦发现异常情况，要及时向教育主管部门和当地疾病监控中心报告疫情，采取正确防治措施控制疫情，防止扩散和蔓延。

（四）学校要做好预防工作

学校要做好预防工作，保持教室的空气流通，有病例的教室、住宿学校学生宿舍需采用醋氯酸熏蒸消毒或紫外线消毒。

（五）做好呼吸道传染病的疫苗预防接种宣传工作

接种疫苗是预防呼吸道疾病比较有效的方法之一。及早接种某些呼吸道传染病的疫苗，可以减少发病率。如需接种疫苗的学生可与属地疾病控制中心联系，但必须坚持自愿原则。

（六）传染病预防知识培训

疾病控制中心、中小学保健所，负责对学校的医务人员进行传染病相关法律、法规和预防知识的培训，提高校医传染病报告的法律意识，真正做到早发现、早诊断、早报告、早隔离、早治疗，以便及时控制疫情。

五、呼吸道传染疾病的应对

（1）出现呼吸道传染病病例的学校，对患者应及时隔离治疗，并对密切接触者进行医学观察，观察期间发现不适要立即就医。

（2）严格执行疫情报告制度。一旦出现群体发病情况，学校传染病报告人要第一时间向教育行政主管部门和辖区疾控机构报告。

（3）学校发生疫情后应在疾病控制中心的指导下对教室进行严格消毒，同时通风换气。

（4）要求学校医务人员早发现、早诊断、早报告、早隔离、早治疗病人，发现学生身体不适，及时到医院就诊，避免乱投医、乱服药、延误病情。

（5）一旦出现了呼吸道传染病的学校要避免集体活动，防止（潜伏期病人）互相传染。

（6）发生疫情的学校要追踪发热病人的相关情况，按照疾控机构的意见采取隔离、消毒等措施控制疫情，必要时学校可决定班级停课。

（7）及时接种疫苗，建议对学生进行相应的疫苗接种，这是预防传染病最直接、最有效的方法。接种疫苗的同时要严格掌握禁忌症。

（8）疾病控制中心负责对学校开展传染病疫情等突发公共卫生事件防控、疫情监测与报告工作提供技术支持，并定期到学校进行经常性的技术指导。

（9）当学校发生呼吸道传染病疫情时，应积极配合疾病控制中心开展流行病学调查工作，对其提出的防控措施与建议，学校要积极落实。

第四节　常见青春期疾病的预防与应对

一、常见青春期疾病的类型

青春期是指以生殖器官发育成熟、第二性征发育为标志的初次有繁殖能力的时期，人类及高等灵长类以雌性第一次月经出现，雄性第一次遗精出现为标志。青春期是由儿童逐渐发育成为成年人的过渡时期，是人体迅速生长发育的关键时期，也是继婴儿期后，人生第二个生长发育的高峰。在这个特殊时期，常见的疾病类型有以下几种。

（一）女生青春期常见疾病

1. 月经不调

许多青春期少女的月经周期和血量均不规律，在初潮后的前几年中，月经周期间隔可达两个月或三个月，这是正常的，无须多虑。然而，如果间隔更久，出现继发性闭经时，就应该求医和寻求帮助。

2. 痛经

15 岁以下的少女很少发生痛经，因为原发性痛经很少发生于无排卵周期，许多少女在初潮后，具有 6～18 个无排卵周期。继发性痛经和其他异常可能是器质性损伤的信号。

3. 经期前综合征

大多数女性，包括青春期少女，会经历经期前的不适，但她们的绝大多数仅是较轻的症状，所以不会寻求咨询和治疗。因经前期综合征而寻求医生帮助的少女，大多数主诉水肿或痤疮生长过快。可以让少女记月经日记，至少一个周期，这样可以找出症状与经期的准确关系，找出应对方法。

4. 下腹疼痛

青春期少女由于生殖器引起的下腹痛是不常见的，在这一年龄组中，发生的下腹部疼痛的最常见原因是月经间痛和非典型性痛经。然而，偶尔也能遇到器质性损伤，如卵巢肿瘤或卵巢肿瘤出现突然病变（扭转、出血和破裂）等也可引起下腹痛。

5. 白带异常

女孩会阴部皮肤薄嫩，没有脂肪垫和阴毛，得不到保护，易致损伤和感染。有些少女也会为自己的白带增多、颜色改变、黏性改变而忧虑。

(二) 男生青春期常见疾病

男生在青春期常出现的生理疾病为遗精异常，其中包括了频繁遗精和从不遗精。

青春期男生如果遗精频繁，首先要找出引起遗精的原因。比较常见的原因是患生殖器官疾病，如龟头炎、前列腺炎、包皮过长、包茎、尿道炎等，均可引起遗精次数增加。另外，男生内裤太紧，被子盖得太厚太热、手淫、喜欢看性刺激的书画影视，身体过度兴奋和过度疲劳等都会引起遗精次数增加。另外，男生生殖器官明显异常，如睾丸很小、阴茎发育很差或伴有第二性征发育不好的男生，从来没有遗精，也是一种异常现象，专家建议此类男生及时到医院请专科医师诊治。

(三) 痤疮：俗称粉刺，是青春期相当普遍的一种皮肤病

痤疮好发于脸、头、胸、背等处，除内分泌增多因素外，遗传因素、精神紧张、多吃脂肪和糖类、消化不良、使用脂肪类化妆品、接触矿物油等，均可诱发痤疮或使痤疮加重。

痤疮是怎样形成的呢？专家解释说，由于青春期性腺活动增加，雄激素分泌增多，促使皮脂腺分泌的皮脂增多，大量的皮脂不能完全排泄出去，积聚在毛囊口；同时毛囊也因性激素影响而过度角化；毛囊脱落的上皮细胞增多和皮脂混合在一起，成为干酪样物，栓塞在毛囊口；此时如遇细菌入侵，便会引起毛囊及毛囊口周围皮肤发炎，在皮肤上形成一颗颗米粒大小的疙瘩，其顶端有一黑点，挤压时有乳白色、豆渣样物质排出，这就是痤疮。

(四) 近视眼

近视眼也称短视眼，因为这种眼只能看近不能看远。近视眼是青少年中最普遍的一种疾病。近视形成的原因有以下几点。

1. 用眼距离过近

青少年近视眼以长期用眼距离过近引起者为多见。青少年眼睛的调节力很强，当书本与眼睛的距离达 7~10 厘米时仍能看清物体，但如果经常以此距离看书、写字就会使眼睛的调节异常紧张，从而可形成曲折性（调节性）近视，即所谓的假性近视。如果长期调节过度，使睫状肌不能灵活伸缩而引起辐辏作用加

强，使眼外肌对眼球施加压力，眼内压增高，眼内组织充血，加上青少年眼球组织娇嫩，眼球壁受压渐渐延伸，眼球前后轴变长，超过了正常值就形成了轴性近视眼，即所谓的真性近视。正常阅读距离应是30~35厘米。

2. 用眼时间过长

有的青少年看书、写字、做作业、看电视等连续3~4小时不休息，甚至到深夜才睡觉休息，这样不仅影响身体健康，而且使眼睛负担过重，眼内外肌肉长时间处于紧张状态而得不到休息，久而久之，当看远处时，眼睛的肌肉不能放松而呈痉挛状态，这样看远处就感到模糊而形成近视。有的学生过了一个暑假视力就明显下降就是这个原因。一般主张连续看书、写字或看电视40~50分钟就应休息片刻或向远处眺望一会。

3. 照明光线过强或过弱

如果光线太强，如阳光照射书面等，会引起强烈反射，刺激眼睛，使眼睛不适，难以看清字体；相反，光线过弱，书面照明不足，眼睛不能清晰地看清字体，头部就会向前，凑近书本。以上两种情况均能使眼睛容易疲劳，使眼睛调节过度或痉挛而形成近视。

4. 在行车上或走路时看书

有的青少年充分利用时间，边走路边看书或在行走的车厢里看书，这样对眼睛很不利。因为车厢在震动，身体在摇动，眼睛和书本距离无法固定，加上照明条件不好，加重了眼睛的负担，经常如此就可能引起近视。

5. 躺着看书

许多青少年喜欢躺在床上看书，这是一种坏习惯。因为人的眼睛应保持水平状态看书，使调节与集合（辐辏）取得一致，减少眼睛的疲劳。如果躺着看书，两眼不在水平状态，眼与书本距离远近不一致，两眼视线上下左右均不一致，书本上的照度不均匀，都会使眼的调节紧张而且容易把书本移近眼睛，这样可加重眼睛负担2~3倍，日久就形成近视。

6. 睡眠不足

当睡眠不足时，第二天精神不振，头昏脑涨，大脑没有充分休息，疲劳未能消除，加重眼睛负担，促使近视发生。睡眠不足是近视眼的形成原因中很重要的一条。

7. 课桌不符合要求，写字姿势不正确

若桌椅太低，使头前倾，脊柱弯曲，胸部受压，眼睛调节相对紧张；或桌椅过高，双脚悬空，下肢容易摆动，不能保持正确姿势，都能使眼睛发生疲劳，久

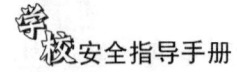

而久之就容易发生近视。

（五）龋齿

龋齿是牙齿硬组织逐渐遭到破坏的一种疾病，也就是人们常说的"虫牙""蛀牙"。龋齿使青少年疼痛难忍，而且影响食欲、咀嚼、消化、吸收和生长发育，有时会导致牙髓炎、齿槽脓肿，甚至引起全身疾病，影响健康。

二、常见青春期疾病的预防

（一）痤疮的预防

痤疮是青春期的暂时现象，随着青春发育的完成，常常自然减轻和消退，到35岁左右，便会自愈，因此，不必为此发愁。痤疮一般不需要治疗，但为了减少和减轻痤疮的发生，年轻人要注意保护皮肤。

（1）注意保持皮肤清洁，常用温水洗脸，不能用手挤压粉刺，以免造成感染而形成脓肿和疤痕。不宜使用多油脂和刺激性强的化妆品，以免进一步堵塞毛孔，加重症状。

（2）保证睡眠充足，减负，调整心态，保持乐观开朗的心情，不要乱用皮质激素类药物。

（3）注意调整饮食结构，少食动物性脂肪、甜食、辛辣刺激及油腻食物，不吸烟、不喝酒，多食新鲜蔬菜、水果，保持大便通畅。

（4）合理使用化妆品，少用修复、养护型的化妆品，而且晚睡前要正确卸妆，以防毛孔堵塞。

（二）近视眼的预防

（1）近距离用眼的时间不宜过长，每隔45~60分钟要休息10~15分钟。休息时应隔窗远眺或进行户外活动，使眼球调节肌得以充分放松。

（2）近距离用眼时的光线要适中。近距离用眼时光线过强或太弱均是造成近视眼的重要因素。因此，在夜晚或光线暗的环境下，照明最好采用40~60W的白炽灯，放在书桌的左上角。这是因为白炽灯的光线比较柔和，显色性能良好，眼球容易适应，防止了光线过强或过暗所带来的用眼疲劳。

（3）近距离的用眼姿势要正确。近距离用眼姿势是影响近视眼发生率的另一个因素。近距离用眼时，桌椅高低比例要合适，端坐，书本放在距眼30厘米的地方。坐车阅读、躺在床上阅读或伏案歪头阅读等不良的用眼习惯都将增加眼的调节负担和辐辏频率，增加眼外肌对眼球的压力，尤其是中小学生的眼球正处于发育阶段,球壁伸展性比较大,长时间的不良用眼姿势容易引起眼球的发育异常,导致近视眼的形成。

(4) 积极参加体育锻炼,增强体质。机体素质的好坏与青少年近视眼的发生也有密切关联。比如说,营养不良、患急慢性传染病、体质虚弱、偏食或贪吃甜食的孩子常见有近视眼。因此日常生活中青少年的饮食要荤素搭配合理,不偏食,保证各种营养成分齐全均衡。平日里要加强体育锻炼,如跑步、做广播操、打球、踢毽子等。此外,眼保健操也是预防近视眼、自我保健的好方法,可以在读书写字的间隙做眼保健操,以起到解除眼疲劳的作用。

(三) 龋齿的预防

(1) 注意调理饮食和营养,多吃黄豆和豆类制品,新鲜蔬菜水果,骨头汤、蛋黄和牛奶等,保证食物中钙、磷和维生素含量充足,不挑食,不偏好精制米面和细粮。

(2) 养成"早晚刷牙,饭后漱口"的良好习惯,睡前不吃糖果等零食。

(3) 一方面,不应用牙咬过于坚硬的东西(如核桃、啤酒瓶盖),避免牙齿受到磨损;另一方面,又要经常吃一些比较粗硬的食物(如锅巴、炒蚕豆、软骨等)。吃的时候细细咀嚼,让牙齿、牙槽骨和颌骨得到适当的刺激和锻炼,使它们发育健全,增强抗龋能力。

(4) 医学研究发现氟元素能够增加牙齿的硬度,增强牙齿的抗酸能力,并能抑制口腔里糖分的酵解,减少产酸酶的活动,对预防龋齿有帮助。青少年如果采用含氟的水漱口,或使用含氟的牙膏刷牙,均能取得较好的防龋效果。

(5) 每半年定期检查一次口腔,以便早期发现龋齿,及时填补治疗,预防疾病加深蔓延。

三、常见青春期疾病的应对

(一) 少女在月经期的保健

(1) 保持外阴清洁。经常用干净的温水冲洗外阴,避免经血结痂。清洗外阴时,下身不要泡在水中。以免脏水渗进阴道。更不能用洗脚巾和洗脚水洗外阴。洗外阴的盆也要和洗脚盆分开。大小便后用手纸时要由前向后擦,这样可避免把肛门周围的细菌带到外阴处。

(2) 保持乐观和稳定的情绪。在月经期间,少女往往因身体的某些不适,如乳胀、腰酸、小腹坠胀、头痛而情绪烦躁,易怒或抑郁,情绪波动反过来又影响月经。保持心情舒畅，自我调节情绪，就可以减轻月经的不适感觉，也能防止月经失调。

（3）适当控制运动量。月经期要注意休息，保持充足的睡眠，以增强机体抵抗力。避免剧烈的体育运动和重体力劳动。女同学若遇到月经期间上体育课，可以向老师说明情况，参加一些轻松的运动，如体操、散步、打羽毛球或乒乓球等。

（4）注意保暖。月经期身体抵抗力下降，盆腔充血，要注意保暖。要避免淋雨、涉水、游泳或用冷水洗澡、洗头、洗脚，也最好不要在太潮湿的地上坐。夏天不要喝过多的冷饮，以免受寒、着凉，刺激盆腔血管收缩，导致月经减少或突然停经，引发其他疾病。

（5）注意饮食卫生，加强营养。月经期间可吃些容易消化吸收的食品如蛋类、瘦肉、豆制品、蔬菜、水果，同时还要多喝开水，增加排尿次数，冲洗尿道，以预防炎症。不吃生冷及辛辣带刺激性食物，保持大便通畅，减少盆腔充血。

（6）做好月经周期的记录。通过记录可观察自己月经是否规律，也便于做好经前的准备。如果月经没按日期来潮，应当去找医师就诊，以便及时发现原因。

（二）青春期男生的保健

（1）每天睡前清洗外阴有利健康。包皮过长容易藏垢纳污，容易招致生殖器炎症，婚前如能割治，更符合性卫生。

（2）不穿过紧的牛仔裤。因既不通气，又形成对睾丸的压迫和较高的温度，能导致精子生成障碍，引起不育，所以不宜长期连续穿牛仔裤。牛仔裤宜与其他衣服交替穿戴。

（3）养成良好的生活习惯，不抽烟、不喝酒、不吸毒。手淫是男子正常性功能。但是，频繁手淫，造成体质虚弱、精神萎靡、失眠，则是手淫过度的表现，应当减少和节制。

（4）处在青春期的男生应该养成良好的生活习惯，尽量避免诱发遗精的因素。如不穿太紧身的短裤睡觉，不盖太重太热的被子，不看性刺激的书画影视，平时积极参加有益的文体活动，戒除手淫习惯。正常的遗精要解除思想顾虑，频繁的遗精亦不要讳疾忌医。

（三）痤疮的治疗

1. 局部涂药（外用药）

早期以及症状较轻的痤疮可以用祛除堵塞毛孔角质的药、杀灭细菌的药、消除炎症的药治疗，即外用药治疗。

2. 口服药（内用药）

痤疮的治疗主要是清除堵塞毛孔的皮脂以及消除炎症。症状比较严重时，可服用抗生素、消炎类、激素类、维生素 A 族。

3. 压出痤疮

用特殊设计的痤疮压出机使痤疮治疗更加快速，可预防痤疮疤痕。早期痤疮使用痤疮压出机效果较好，压出炎症性痤疮时要小心。

值得提出的是，对痤疮这种青春期的特殊病症应给予格外关照。虽然痤疮病不妨碍健康，但青少年却求治心切，因为痤疮恰恰发生在开始爱美的青春期，他们常以难以想象的热情去寻觅各种治疗方法，或胡抠乱挤，甚至造成感染。不能低估他们担心痤疮有损美容的心理压力。

（四）近视眼的治疗

许多疾病都能影响视力，所以视力低下者首先到眼科做详细的眼部检查，排除其他疾病所致，对于青少年还需要做散瞳验光，以明确诊断，根据情况进行相应治疗。如果青少年正处于生长发育期，要注意把握治疗的黄金时期。

（1）首选配镜。要注意验光的准确性和眼镜的质量。

（2）特殊治疗可进行手术，手术要慎重。

（3）佩戴角膜接触镜。要注意清洗卫生，要求消毒保养和经常更换。

（4）近视眼食疗方法，进行辅助治疗。

（5）防治近视的新方法——心理疗法。

心理疗法是防治近视的一种简便可靠的新方法，主要是通过假想看远和看近、促使睫状肌放松和收缩、活跃和恢复两眼的生理调节功能，从而达到提高视力，预防近视的目的。

（五）龋齿的治疗

已经患了龋齿，可用针灸、按摩、拔火罐或吃止痛药等方法，暂时减轻或止住疼痛，但根本痊愈还是靠专门的治疗。一般来说，患上龋齿后想不经过治疗，让它们自己长好是很困难的。当龋齿引起牙痛到无法控制的程度，经过填补治，都能达到消除疼痛，恢复功能的目的。龋病治疗的目的在于终止病变过程，阻止其继续发展并恢复牙齿的固有形态和功能。由于牙齿结构特殊，虽有再矿化能力，但对实质性缺损无自身修复能力。除少数情况可用药物外，均需根据牙齿缺损的范围、体积采用充填术、嵌体或人造冠修复治疗，以恢复形态和功能。治得越早，效果越好。

具体方法是用牙科电钻机除去龋洞内腐烂软化的牙质，做成一定的洞形，清洗、消毒以后，将金属和其他牙科材料填补进去，病变即中止，病症亦随之消失。如果龋齿已发展成牙髓炎，用单纯填补不能解决问题时，应对牙髓进行治疗。一旦龋齿破坏到仅剩下残根时，就应当及时拔去。

第五节　常见传染病的预防与应对

一、传染病的界定

传染病是由某种特殊的生物病原体（如细菌、病毒、寄生虫等）通过呼吸道、消化道、皮肤黏膜等不同途径侵入人体后所引起的能在人与人之间或人与动物之间传播的具有传染性的疾病。病原体在体内繁殖或产生毒素，并对正常细胞及功能造成破坏，严重时可导致感染者死亡。这些病原体，能通过多种途径，从一个传染源（例如病人、病畜）传到另一个人身上，在人与人或动物与人之间相互传染，使其他人也感染同样疾病。

二、传染病的特点

（一）传染性

病原体从宿主排出体外，通过一定方式，到达新的易感染者体内，呈现出一定传染性，其传染强度与病原体种类、数量、毒力、易感者的免疫状态等因素有关。

（二）流行性

按传染病流行过程的强度和广度分为以下几种。

散发，是指传染病在人群中散在发生。

流行，是指某一地区或某一单位，在某一时期内，某种传染病的发病率，超过了历年同期的发病水平。

大流行，指某种传染病在某个短时期内迅速传播、蔓延，超过了一般的流行强度。

暴发，指某一局部地区或集体中，短时间内突然出现大批患同一传染病的人。

（三）地方性

地方性是指某些传染病或寄生虫病的中间宿主，受地理条件、气温条件变化的影响，常局限在一定的地域范围内发生。如疟疾等虫媒传染病，鼠疫等自然疫源性疾病。

（四）季节性

季节性是指传染病的发病率在年度内出现季节性升高，如乙型脑炎多发生于夏末秋初，流行性脑脊髓膜炎多发生于冬春季节。

（五）免疫性

传染病痊愈后，人体对同一种传染病病原体产生抵抗力，一段时间内再次遇到该病原体的入侵而不会再感染，称为免疫。不同的传染病，病后的免疫状态有所不同，有的传染病患病一次后可终身免疫，有的还可再感染。

（六）有一定潜伏期，且有特殊的临床表现

绝大多数传染病在病程中体温升高，有皮疹、毒血症和肝脾肿大等症状。

三、传染病流行的三个基本环节

传染病能够在人群中流行，必须同时具备传染源、传播途径和易感人群这三个基本环节，缺少其中任何一个环节，传染病就流行不起来。

（一）传染源

传染源是指能够散播病原体的人或动物。病原体在传染源的呼吸道、消化道、血液或其他组织中生存、繁殖，并且能够通过传染源的排泄物、分泌物或生物媒介（如蚊、蝇、虱等），直接或间接地传播给健康人。当病原体进入机体后，在体内繁殖，这种被感染的人和动物就是传染源。传染源有三类，即病人；病原携带者；动物传染源。

（二）传播途径

病原体由传染源传播给他人所经过的路线叫作传播途径。传播途径很多，病原体传播的主要途径有飞沫传播、空气传播、水传播、饮食传播、虫媒介传播、血和血制品传播、接触传播、生物媒介传播等。

（三）易感人群（疾病易感者）

易感人群是指对某种传染病缺乏免疫力而容易感染该病的人群。例如，未出过麻疹的一些儿童，就是麻疹的易感人群。

总之，传染源是病原体生存繁殖的客体，它能向外界环境排出病原体；而病原体必须通过一定的传播途径才能进入人体；只有易感染的机体才能发病。这三个条件，在传染病发生的过程中缺一不可。因此要预防控制传染病的发生，就必须控制传染源，切断传播途径和增强人体的抵抗力。

四、常见传染病及传播途径

（一）流行性感冒

流行性感冒是由流感病毒引起的急性呼吸道传染病，临床表现为急起发热、剧烈头痛、极度乏力、全身肌肉酸痛、呼吸道症状轻、传染性强、传播快，易引起大流行，传播途径为空气飞沫经呼吸道传染。

（二）流行性脑脊髓膜炎

流行性脑脊髓膜炎简称流脑，为脑膜炎双球菌引起的急性呼吸道传染病，常见于冬春季，病变主要在脑膜。临床特点为起病急、高烧、头痛、皮肤淤点及脑膜刺激症。传染源为带菌者及病人，通过空气飞沫经呼吸道传染。

（三）乙型肝炎

乙肝是由乙肝病毒引起的一种常见传染病。它的表现多种多样，有病毒携带者、急性感染者、重症感染者和慢性乙肝患者，其临床症状有轻度的发热、上腹饱胀、浑身乏力、厌油、食欲减退、恶心呕吐。乙肝可经输血、血制品、注射器污染、密切接触传染，也可以母婴垂直传播。

（四）细菌性痢疾

细菌性痢疾是由痢疾杆菌所引起的一种急性肠道传染病，主要临床表现为腹痛、腹泻、排脓血便及里急后重。传染源为病人及带菌者，人群普遍易感，传播途径是通过食物、水、手、苍蝇等传染。

（五）细菌性食物中毒

细菌性食物中毒是因食含细菌及细菌毒素的食物而发生的急性中毒，临床表现因细菌而异，以急性胃肠炎多见，潜伏期短，集体中突然许多人同时发病，恶心、呕吐、腹痛、腹泻及全身中毒症状，一两天内发病达高峰。传染源为进食大量细菌及其毒素污染了的同一食品。

（六）流行性乙型脑炎

乙脑是由乙型脑炎病毒引起的中枢神经系统的急性传染病。临床上以高烧、意识障碍、抽搐及脑膜刺激症为特征，流行季节为7、8、9三个月，传播途径是经蚊子叮咬。

（七）非典

非典是由变异的冠状病毒引起的，主要通过近距离空气飞沫和密切接触传播的呼吸道传染病，其临床主要表现为肺炎。在家庭和医院有显著的聚集现象，潜伏期为2~12天，通常为4~5天。病人有发烧、体温高于38℃，伴畏寒、头痛、疲乏、干咳、呼吸急促、肺部X光胸片有不同程度的片状、斑状、浸润阴影或网状改变，抗生素治疗无效。

（八）禽流感

禽流感是禽流行性感冒的简称，是由甲型流感病毒引起的禽类传染性疾病，禽类感染后死亡率很高。高致病性禽流感病毒可以直接感染人类，它起病急，早期表现类似普通感冒、发热，体温大多在39℃以上，持续1~7天，可伴流涕、鼻塞、咳嗽、咽痛、头痛、全身不适，部分患者可有恶心、腹痛、腹泻，重症患者可出现肺炎、呼吸窘迫等表现。传播途径可经消化道、呼吸道、皮肤破损和眼结膜等进入人体传染给人。

（九）手足口病

手足口病是肠道病毒引起的常见传染病之一，多发生于5岁以下的婴幼儿，在夏秋季比较常见。可引起低热和手足、口腔等部位的皮疹、溃疡，个别患者可并发心肌炎、肺水肿、无菌性脑膜脑炎等致命性并发症。主要是通过人群间的密切接触进行传播的。患者咽喉分泌物及唾液中的病毒，可通过空气飞沫传播。唾液、疱疹液、粪便污染的手、毛巾、手绢、牙杯、玩具、食具、奶具以及床上用品、内衣等，通过日常接触传播，亦可经口传播。与患者同一室最易感染。接触被病毒污染的水源，也可经口感染，并常造成流行。门诊交叉感染和口腔器械消毒不严也可造成传播。

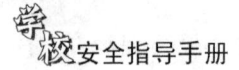

五、学校传染病的流行特点

（一）学校传染病极易发生

学校是人群高度集中的地方，一个班 50 个左右的学生，集中在 50 平方米左右的教室里，整天在一起生活学习，相互之间密切接触；如果卫生设施不好，卫生制度不健全，卫生习惯不好，这就具备了传染病在学校里发生与流行的条件，使中小学生成为传染病高发的人群。

（二）学校是传染病的集散场所

学校是社会一个特殊的组成人群。年龄构成从儿童、少年到青年。学生每天从四面八方，一家一户会集到学校里来，又从学校分散到千家万户里去，传染源从社会的每个角落进入学校，又从每个学校分散到每个家庭和社会上各个角落，所以说学校是传染病的集散场所。

（三）学校极易造成传染病的爆发和流行

传染源、传播途径和易感人群是传染病流行的基本条件，缺一不可。而流行的强度大小则取决于传染源的多少、易感者的密度、传播途径实现概率大小和病原微生物致病力的强弱。学校易感者密度高，传染源又容易进入学校，传染机制极易实现。所以学校极易造成传染病的爆发和流行。

（四）学校传染病的季节性变化

学校传染病的流行与社会上传染病流行一样，具有明显的季节性变化。冬春季呼吸道传染病多发，夏秋季则以肠道传染病为主。除此以外，学校传染病的发生还与学校寒暑假及开学有密切关系。

（五）学校传染病的年龄特点

学校里的在校学生，其年龄可以从 6~7 岁到 20 岁左右。学校传染病的发生与流行，可因年龄不同而有所不同。小学的传染病由于小学生基础免疫水平低，而易发生呼吸道传染病流行。中学的学生，正处于青春期，呼吸道和肠道传染病均可以爆发、流行。

六、学校传染病的管理

(一) 常规性的预防措施

1. 改善学校的卫生条件

学校的卫生条件的好坏,直接影响到传染病的发生和流行。只有不断地改善学校各种卫生条件,增加必要的卫生设施,才能切断传染病的传播途径,防止传染病在学校的发生和流行。

2. 制定和执行合理的卫生制度

各学校要针对学生的不同年龄、课堂听课、课外自习、体育锻炼、业余活动的特点,制定出合理的卫生制度,这些制度包括教室、宿舍和公共场所卫生清扫制度、个人清洁卫生制度、食堂卫生制度等。制度的制定和认真地执行,是学校防治传染病的重要保证。

3. 加强健康教育,培养良好的卫生习惯

学校要加强健康教育,普及卫生知识,提高自我保健能力,从小培养学生良好的卫生习惯,鼓励学生积极地参加体育锻炼,增强体质,增加对疾病的抵抗能力。

4. 提高学生的免疫水平

根据传染病的流行季节和学生的实际免疫水平,认真搞好预防接种工作,以形成完整的免疫屏障。

(二) 传染病疫情管理

1. 疫情登记

学校里发生疫情后,应由校医或保健教师按照卫生防疫部门的要求,作好疫情登记工作。登记的内容可以由卫生防疫部门统一规定,按照疫情报告卡的内容登记,也可以按照不同传染病自行拟定内容,列成表格,以班级为单位进行登记。登记时注意病人的姓名、性别、病名、详细地址、发病时间、确诊时间的准确性。

2. 疫情报告

学校的校医和有关责任人是法定的疫情报告人,必须要做好传染病报告工作,迅速而准确地掌握疫情是及时地采取防治措施,防治传染病的关键。因此,传染病诊断或疑似诊断确定后,应迅速地向主管行政部门和当地疾控中心用电话或书面报告。

3. 疫情管理

疫情管理工作，除切实做好疫情的搜索、疫情的登记、疫情的报告外，还应健全学校的疫情档案工作。疫情档案的内容应包括：教职工人数、学生人数、学生的年龄性别、班级；传染病的流行情况分析，包括年龄分布、班级分布、时间分布、传入传出的途径、学校的自然情况，包括学校地貌景观、周围环境、气候条件等。

学校的疫情资料要有专人负责，疫情的登记、分类、统计和分析的原始资料应设专柜予以妥善地管理，不得任意存放或丢失，也不得随意向社会公布，切实做好传染病疫情的保密工作。

七、传染病的预防

传染病流行的时候，切断三个基本环节中的任何一个环节，传染病的流行即可终止。

（一）控制传染源

不少传染病在开始发病以前就已经具有了传染性，当发病初期表现出传染病症状的时候，传染性最强。因此，对传染病人要尽可能做到早发现、早诊断、早报告、早治疗、早隔离，防止传染病蔓延。传染源是引发传染病的根源之所在，因此控制和消除传染病源是控制与消灭传染病的根本措施。

（二）切断传播途径

传播途径是传染病传播的通道，因此，切断传播途径是控制与消灭疾病的关键措施。切断传播途径的方法，主要是讲究个人卫生和环境卫生，消灭传播疾病的媒介生物，进行一些必要的消毒工作等，可以使病原体丧失感染健康人的机会。

（三）保护易感者

保护易感人群，是控制与消灭传染病的重要措施。一种传染病是否能在某人群中发生、流行（包括流行的强度），均与该人群是否具有对该病的易感性有关。人群易感性高，说明该人群具备发生该病流行的可能性较大，一旦有传染源传入，并且有适宜的传播途径，即可形成爆发或流行。对于一种新的传染病而言，从来没有感染过这种疾病的人群都是易感者。注射疫苗是保护易感人群的最好方法,现在很多传染病可以通过注射疫苗来控制。对易感者本人来说,应该积极参加体育运动,锻炼身体,增强抗病能力。

八、传染病的应对措施

(一)疫情的判断与核实

根据上述介绍的学校常见传染病主要症状判断与核实为何种传染病,确认后向当地卫生院防疫组织做疫情报告。

(二)坚持晨检制度

认真询问、观察、检测(测体温)学生的健康状况,一旦发现异常,督促其就诊并严格居家隔离。

(三)严格病人隔离

严格掌握并按各种传染病的隔离期限责成患病学生居家隔离治疗,直至满隔离期限后。或经当地卫生院提供医师开具的无传染性的证明,患病学生方可返校上课。教师职工亦同。

(四)执行疫情日报告

每日根据晨检结果,报告当日新发病例数、痊愈病例数、住院病例数等信息,疫情报告信息要准确、及时。

(五)环境清洁与消毒

开展爱国卫生运动,保持学校环境卫生的清洁,校园内无卫生死角;定期对教室、宿舍等学生活动场所进行通风、消毒。学校发现传染病人后,除及时将病人隔离治疗外,还应及时地对病人居住的宿舍和学习活动场所进行消毒处理,消毒持续时间应以一周左右没有发现新病人为标准。

(六)健康教育工作

学校通过授课、板报、发放宣传单等形式对师生进行各类传染病防控知识的宣传教育,教育学生平时加强身体锻炼,合理饮食和休息,增强自身抗病能力,学会勤洗手、勤晒被、多通风、喝开水、吃熟食的十五字防病口诀。疫情发生期间同学不互相探望、串门,学校根据实际情况减少或停止集体活动,尽量避免全校或较多人员集会。

（七）保护易感人群

对未发病学生可建议由家长携带到当地卫生院应急接种相关疫苗或视疫情程度经卫生行政主管部门批准后由当地卫生院组织入校开展疫苗应急接种工作，保护易感人群。

学校出现传染病病例后，除了加强上述的防护措施外，还要做到如下几点。

1. 做好病例登记

发现传染病病例后，要做具体详细的记录，内容至少包括就诊日期、姓名、性别、年龄、家长姓名、家庭地址、班级、家长联系方式、发病日期、确诊病名、开始隔离日期、解除隔离日期等，以便于掌握疫情动态，分析疫情传染来源、传播途径、易感人群，为采取应对措施提供依据。

2. 及时报告疫情

一周内发生3例类似病例，或发生爆发疫情时，要及时向疾控中心报告。学校还要实行爆发疫情日报制度，对新增病例的数据进行公布，同时每天将新增病例信息向疾控中心报告，直到一个最长潜伏期内无新发病例时，才恢复为常规报告。

3. 落实隔离措施

落实对传染病、疑似传染病的学生居家隔离是控制学校传染病流行最重要的措施，隔离一定要达到规定期限，避免疫情蔓延。传染病在经过一段时间治疗后，病例大部分症状和体征消失，符合临床痊愈的标准，可以解除隔离。但如病例仍在隔离期限内，仍有较强传染性，一定不能放松警惕，坚决隔离到规定的时间。另外，由于一些学生的症状可能表现不明显，特别是在发病早期临床医生诊断困难，对于有类似症状的学生，结合该学生与病例的接触史，即使诊断为非传染病，也应作为病例隔离。

4. 早期发现病例

每日严格落实晨检措施，重点对象为病例的密切接触者，一旦有任何不适，立即隔离，待明确为非传染病后方可上学。

5. 开展通风消毒

加强教室通风换气，教室每日开窗通风数次，发生传染病流行时，可开展消毒措施，对室内进行醋酸、食醋熏蒸，对桌面、地面、把手等进行消毒液擦拭、喷洒。

6. 做好教育安抚工作

学校要开展疾病防治知识的健康教育,教育学生做好个人卫生,发病学生在家隔离治疗,不得外出,同时做好家长的解释和安抚工作。

7. 限制集体活动

疾病流行期间,应减少集会,班级和学生间减少接触。必要时报经政府批准,对发病学校或班级放假一定时间。

8. 保护易感人群

可开展相关疫苗的应急接种,但由于疫苗产生抗体需要2周到1个月的时间,接种疫苗对于已处于传染病潜伏期的人群无效。

第六节 吸烟酗酒吸毒的预防与应对

一、我国青少年吸烟酗酒吸毒现状及原因分析

有关调查研究以菏泽市6所学校的1699名青少年学生为研究对象,采用修订的青少年危险行为调查问卷。结果显示51.4%的学生吸过烟,14.2%的学生近期内吸烟,8.0%的学生经常吸烟,12.8%的学生尝试过戒烟,15.5%的学生在13岁前就吸过1整支烟。76.5%的学生喝过酒,36.7%的学生近期内喝酒,27.7%的学生喝醉过,37.1%的学生在13岁前饮过酒。6.5%的人未经医生许可私自服用镇静安眠类药物,6.2%的人对服用过的药物有依赖。在吸烟、饮酒及其他药物使用的占比上,大学生高于高中生,高中生高于初中生。男生明显高于女生,农村学生普遍高于城市学生。结论是青少年学生吸烟、饮酒及其他药物使用的情况较为普遍,学校应针对青少年学生不同年龄阶段的特点,开展有针对性的健康教育,以减少吸烟、饮酒对其的危害。

(一)新时期青少年吸烟现象增多的原因分析

青少年开始吸烟的影响因素是多方面的,儿童、青少年正处于生理、心理的快速发展时期,对事物缺乏准确的判断力,易受外界影响,初中学生开始吸烟者人数较小学生有急剧增加趋势,提示这一时期是儿童、青少年吸烟行为的一个关键变化期。英格兰的一项定性调查研究指出,青少年认为吸烟是社会群体活动,吸烟可以显得与众不同。国内外许多资料表明:青少年往往是在遇到问题、感到

孤独、寻求放松、追求感官刺激、希望标新立异，显得"另类"、"酷"、"强硬"，或者是受父母朋友的示范作用尝试吸烟的。同伴影响是青少年尝试吸烟的重要原因，此外名人、师长的示范效应也极大地影响了青少年对烟草的使用。吸烟家庭中子女的吸烟比例明显高于不吸烟家庭子女，可见父母对吸烟的态度和行为对子女是否吸烟具有很大的影响。但 Limichell 等研究发现，个体因素在影响青少年采纳吸烟行为上远比通常认为的社会化过程和同伴压力等来得重要。武亚军等分析指出：思想活跃、兴趣广泛、好奇心强是青少年吸烟的心理因素；家庭、老师、同学中的吸烟行为和社会上敬烟、让烟的不良习俗是影响中学生吸烟的社会因素。吸烟行为的形成，是个体心理、社会、环境等诸多因素共同作用的结果。

（二）新时期青少年酗酒现象增多的原因分析

从调查结果来分析，可以发现，造成未成年学生饮酒的原因既有未成年学生的主观内在因素，也有社会不良风气存在的客观因素。

1. 内在因素方面

内在因素方面主要是受未成年学生的生理、心理特点影响。未成年学生正处于人生的过渡阶段，即从童年向青年过渡、从幼稚向成熟过渡、从不定型向定型过渡的时期。在此期间，学生充满着依赖与独立、幼稚与成熟等种种错综复杂的矛盾；他们往往是孤立地认识事物的个别特征和表面现象；行动容易受好奇心驱使，常常具有冲动性和情绪性的特点；他们存在着求知欲强与识别力低的矛盾特点。喝点酒，觉得无伤大雅；出于好奇，想尝尝酒到底是什么滋味；为了助兴，分享快乐，使自己显得时尚、老练成熟，这些五花八门的观点表现出他们瑕瑜不分、糟粕不辨，思想较多地受到外界因素的影响和支配的心理思维特征。由于大部分未成年学生还缺乏意志上的自主调控力，常常表现出意志行为上的脆弱性。当前整个社会环境的竞争加剧，给青少年学生产生了较大的思想负担，造成不少学生对外界事物的过分敏感、缺乏信心，产生了情绪失调、焦虑、抑郁、偏执、心理不平衡感等情绪障碍。这种形势下，一些未成年学生误把酒作为精神放松的辅助剂，企图"借酒消愁"，缓解面临的矛盾与冲突，以求得短暂的宽慰与松弛。从调查数据中显示，已经有 10.2% 的学生饮酒的目的是"为了摆脱束缚，放松自己"。这显示了已有相当数量的未成年学生存在企图借助于酒精来逃避自己生活中所遇到的困难的心理危机现象。

2. 外在因素方面

外在因素方面主要包括学校教育、媒体广告、家庭和酒类经营商等对青少年造成的影响。

首先,学校对禁止学生饮酒的教育力度严重不足。学校是学生学习知识的主要平台,但是目前不少学校对学生的饮酒问题却未给予足够的关注。大多数学校里没有专门讲授有关酒类知识,许多学生缺乏酒对未成年人危害性的系统知识,并不了解未成年人饮酒的具体危害。尽管所有中小学校的行为规范中,有明文规定严禁学生饮酒,但对禁止未成年学生饮酒问题的宣传教育和重视程度远远不够,对违规喝酒的学生也没有明确的处罚规则。

其次,媒体广告是误导未成年人饮酒的一个重要助推力。广告的影响不可低估,未成年人接触到的酒类广告比任何人群都要多,而且他们比大人更容易受酒类广告的影响。从调查数据显示,有52%的学生通过电视了解酒及其品牌;有6%是通过报刊认识酒;5.7%是通过网络结识了酒。而在我国酒类商品的广告宣传内容方面,对于酒会对人产生的危害性是极少提及,更难于见到禁止未成年人饮酒的内容。广告充斥的是大量的"喝出健康、喝出快乐、喝出品位、舒服不只一点点"等片面、夸张的信息宣传,从而使一些未成年学生觉得饮酒是值得去追求推崇的事。可以说,媒体广告的错误宣传是误导未成年人饮酒的重要助推力。还有一些酒类商品经营商违反规定,售酒给未成年人。

此外,家庭因素也不容忽视。未成年人模仿能力很强,父母长辈的举止对他们影响很大。

(三)新时期青少年吸毒现象增多的原因分析

新时期青少年吸毒现象增多,原因是多方面的,其中既有自身主观方面的原因,又有外界消极因素的影响,还有家庭、学校和社会的教育、管控失当等一系列方面存在的问题,是现阶段社会诸多矛盾的综合反映。

1. 错误的人生观和价值观

青少年,正是人生观、世界观、价值观形成的重要时期,其生理、心理上还不够成熟,在个人主义、拜金主义和享乐主义冲击下,少数人的观念和心态发生扭曲,他们寻求刺激,追求享受,错误地认为吸毒时髦、气派,将吸毒作为炫耀的资本。当学习、工作或生活不顺时,有的人感到前途渺茫,压力大,常常易受诱惑,以吸毒排遣精神苦闷。上述案例中,有12名青年,自初二、初三起就有学不上,和社会上的"大哥"混,帮"大哥""看场子",月收入1000多元。"大学毕业还不一定能找到工作呢,我现在收入可观,吃喝不愁,玩得痛快,还图个啥?"在他看来,在社会上,只要"会混",只要能弄到钱,而不管弄钱的手段是合法还是违法,这样的人就是"能人"。

2. "灰色环境",不良群体影响

在不良群体中,负面的影响和教育包围着涉世未深的青少年。游荡于社会,整天泡网吧、打麻将、抽烟喝酒、观看凶杀色情录像、传播黄段子等活动充斥于他们全部的业余生活。"刚开始,我不想吸,但不吸怕朋友说不给面子。"涉案的一名学生说。其实他和过生日的两名辍学男孩并不相识,是因为有同学叫就跟着去了,"反正有的玩,捧捧场而已"。他说的这两个辍学男孩,高中未上完,因平时家里管不住,两年前便辍学开始混迹社会,跟着一些无业青年经常出入摇吧、酒吧等娱乐场所,经常夜不归宿。为了在"道上"混,撑面子,谁交的朋友多、谁玩的东西新奇、刺激,谁就是"大哥",久而久之,二人就跟着"大哥""嗨"粉。

3. 对社会青年的管教失控

离开学校的青年,游荡于社会,无所事事,家庭对之无奈,社会也感到棘手,基本上处于失控状态。应该说,关于这方面的管理规定制定得不少,但真正管用的不多。"在这些孩子的成长过程中,缺乏对社会责任感的培养,他们不关心别人,只注重自己的感受。"办案民警感慨地说,"过早混迹于社会,对'大哥'言听计从。而有的家长因无法管教,就把孩子推向社会,甚至整日难觅踪影。经了解,这些孩子绝大多数是独生子女,要么过早辍学,缺乏父母管教,要么是单亲家庭,缺乏家庭温暖,没有家庭的关心和引导。有的家长沉迷于麻将、舞厅、酒场,甚至本身就吸毒,对孩子不闻不问"。

4. 毒品泛滥的大环境未能得到有效控制

虽然破获了一大批重特大毒品犯罪案件,但毒品泛滥的大环境还未能从根本上得到有效控制。越来越多的娱乐场所在丰富人们闲暇生活的同时,也带来一些社会问题。吸毒与娱乐相结合对青少年的诱惑很大,不法分子利用这点,勾结歌舞娱乐场所老板在其经营的酒吧、歌舞厅、桑拿按摩场所等地贩卖毒品。青少年社会交往活动日益增多,去娱乐场所的机会多,所以相对而言,青少年获得毒品的可能性就更大,沾染毒品的概率就更高。

5. 对毒品危害的宣传力度不够,预防措施不力

目前,我国禁毒宣传、教育机制不健全,缺乏长效机制,往往局限于"6·26"。许多青少年对毒品知识所知甚少,对毒品的种类、特点和危害认识不清。有些青少年对禁毒的法律、法规几乎一无所知,甚至不知道吸毒是违法行为。青少年的禁毒、反毒意识比较淡薄。在对毒品不够了解的情况下很容易上当受骗而沾染毒品。而且,高速发展的现代社会,造成了青少年学业、就业压力日益加

重。为了摆脱沉重的精神压力,青少年千方百计地通过各种方法寻求轻松、寻求解脱。为了逃避现实,回避矛盾,减轻紧张、焦虑、苦闷等心理压力,有的青少年开始滥用精神活性物质。出于对毒品常识的无知,不少人就错误地选择了毒品。

二、我国青少年吸烟酗酒吸毒预防机制的建立

(一)预防青少年吸烟机制的建立

开展创建"无吸烟学校"活动,通过组织和个体行为改变和制定校园不吸烟的政策,建立支持性环境,有效地预防学生吸烟。目前全国大部分省区均开展了这一活动,"无烟学校"上万所。1996年中国联合国儿基会健康教育项目"学校预防吸烟教育新模式的研究"项目曾在17个省(区)35所学校试点成功,并在全国近400所学校中推广。该项目吸取了以往的学校教育难以成功降低青少年吸烟率的经验教训,以降低学生的尝试吸烟率为目标,强调以学生为中心,引入参与式教育方法,成功编印了内容新颖、形式活泼的学校预防吸烟健康教育活动指导用书——《不吸第一支烟》,将预防吸烟健康教育与技能培养融入到学生正规教育中去,创造性地开展活动。

(二)预防青少年酗酒机制的建立

1. 中小学校应该加强对学生进行禁止未成年人饮酒的教育

学校作为教书育人的地方,是未成年人学习知识、健康成长的主要平台。强化搞好禁酒教育工作的责任感和紧迫感,积极加强对学生进行禁止未成年人饮酒知识的教育。各中小学校应该充分发挥课堂教学的主渠道作用,在相关课程里增加相关酒类常识,向学生介绍酒的特性,剖析酗酒对未成年人身心危害性的系统知识,让学生真正认识到"酗酒无异于自杀"。从理性上增加学生对于酒的危害性的系统科学认识,从主观上提高学生禁酒的自觉性和主动性。

2. 各学校要充分利用墙报、学刊、演讲、班会等多种有效载体加大宣传力度

详细揭示未成年人饮酒的危害性,在学校里形成浓厚的禁酒教育氛围。让学生深刻认识到"禁酒才是成熟的表现,酗酒是伤身败行的蠢举",使学生形成"酗酒为蠢,禁酒为智"的正确舆论导向。

3. 各学校应该进一步加强学生的心理教育

对一些学生在学习、生活、人际交往和自我意识等方面遇到或产生的各种心

理问题，开展有针对性的心理健康教育，使学生不断正确认识自我，增强调控自我、承受挫折、适应环境的能力；培养学生健全的人格和良好的个性心理品质。对少数有心理困扰或心理障碍的学生，给予科学有效的心理咨询和辅导，使他们尽快摆脱障碍，帮助他们掌握调控自我、发展自我的方法与能力，避免他们陷入"借酒消愁愁更愁"的尴尬境地。

（三）预防青少年吸毒机制的建立

1. 充分发挥学校教育阵地的作用

充分发挥学校教育阵地的作用，就是要把防毒、禁毒教育作为对学生教育的重要内容，以禁毒知识讲座、以案示例、观看禁毒展览、自护教育等形式，对青少年学生进行禁毒教育，把禁毒教育纳入德育教育的内容，使防毒、禁毒的观念深入人心，从而使广大青少年自觉增强拒绝毒品、远离毒品的自觉性，提高自我防范的能力。学校宣传教育的内容主要应包括：一是普及毒品的有关知识；二是加强心理卫生知识教育；三是加强人生观、价值观教育。

2. 注重家庭教育的重大预防作用

家庭教育和预防，对防止青少年吸毒具有很大作用。因为孩子读书期间，有近一半时间是在家中度过的，中学毕业后大部分时间也生活在家庭环境中，处于父母亲的教育和影响之下。父母及家庭其他成员对孩子的教育是在潜移默化中进行的，具有极强的感染性。为教育好子女、预防孩子吸毒，父母要做到：注意自己的言行对孩子的影响，为孩子提供一个互爱、守纪、温暖和向上的家庭环境。特别是自己不吸毒，起表率作用；学习、了解毒品的有关知识并经常向孩子讲解，让孩子充分认识到毒品的危害性；在满足孩子的好奇心时，一定要培养正确的是非观、金钱观；注重理想教育和美育，决不要培养孩子注重吃、喝、玩、乐的生活态度；教育孩子应踏实、好学、向上，决不能好慕虚荣；注意孩子与哪些人结交朋友，不能与吸毒者为伍；关心孩子的生活，若发现孩子性格和行为有异常变化，如经常将自己关在房内不愿见人或花钱很多，要引起警惕；及早纠正孩子的心理问题（如焦虑、抑郁等），密切注意孩子的人格状态，发现偏差应及时求助于专业的心理辅导机构进行心理矫正。

三、我国青少年吸烟酗酒吸毒应对机制的建立

（一）创新学校、老师、同伴预防吸烟教育模式

以往的学校预防吸烟教育活动主要是通过健康教育课来实现，能够用于预防

吸烟的教育时间极其有限,且教育形式主要是教师在课堂上讲课学生听,不能产生的很好的效果。中国健康教育所的专家们通过多年研究和实践,总结出一套强化学校控烟干预效果的创新模式,其创新之处在于:以组织活动为主、以行为引导为主、以课堂外为主、以学生为中心、与家庭社区相结合、多门课协同作战、以降低尝试吸烟率为目标。这个新的模式现在被推广到我国许多省市的中小学。教师的干预,在针对学校影响因素的干预中,对教师进行专门的培训,是有效干预的重要部分。一方面教师可给学生树立不吸烟的角色模型;另一方面由教师执行干预活动,向学生传播健康信息,可以产生更好的干预效果。同伴教育是干预学生吸烟行为行之有效的方法,通过对班级干部、"学生头"、"伙伴头"进行有关吸烟有害健康的知识、审美观、拒绝递烟技巧的教育和培训,再由他们去影响其他伙伴或同学。安徽省健康教育所在两所学校开展以"同伴教育"和"生活技能培训"为主的干预实验,结果通过18个月的干预实施,中学生有关吸烟危害健康的知识知晓率由基线调查时的39.2%上升到64.4%;态度正确率由43.0%上升到53.7%;中学生习惯吸烟率由4.3%下降到0。

(二) 责成媒体在酒类营销广告中加入禁酒警示内容

在现代社会中,广告已成为人们日常生活中不可缺少的内容。它对于人们的消费观念、消费心理和消费行为具有引导作用。在铺天盖地的广告环境中,人们日常生活的兴趣、爱好和行为都不可避免地要受到广告潜移默化的影响。对于未成年人来说尤为显著,未成年人接触到的酒类广告比任何人群都要多,而且他们比大人更容易受酒类广告的影响。从我们的调查数据也显示出有60%以上的未成年学生是通过媒体广告了解酒及其品牌。可以说,目前媒体广告成了未成年学生接触有关酒类知识的主要来源。媒体应该要认识到,广告是一种有责任的信息传播活动,必须遵循相关法律原则,对社会和公众负责。如今,国家的《预防未成年人犯罪法》和商务部的《酒类流通管理办法》等法规均作出了禁止未成年人饮酒的相关规定,因此应该要求媒体广告在介绍酒类商品信息的时候,必须加入"过量饮酒有害健康"、"禁止未成年人饮酒"等相关警示内容。从而让广大消费者,尤其是让未成年学生提高对"嗜酒有害"、"未成年人不应饮酒"的警觉性。强化禁止未成年人饮酒的社会舆论氛围。

(三) 加大毒品犯罪打击力度

吸毒以能获得毒品为前提和条件,因此,加大毒品犯罪打击力度,杜绝毒品来源,使吸毒现象成为无源之水,是减少、消除吸毒问题的根本手段。是遏制青少年吸毒蔓延趋势的最直接有效的措施。我国现行刑法对毒品犯罪的规定是细密、全面而严厉的。除了吸食毒品外的所有与毒品有关的行为,我国刑法均规定为犯罪,具体包括:走私、贩卖、运输、制造毒品罪,非法持有毒品罪,包庇毒品犯罪分子,窝藏、转移、隐瞒毒品、毒赃罪,走私制毒物品罪,非法买卖制毒物品罪,非法种植毒品原植物罪,非法买卖、运输、携带、持有毒品原植物种子、幼苗罪,引诱、教唆、欺骗他人吸毒罪,强迫他人吸毒罪,容留他人吸毒罪,非法提供麻醉药品、精神药品罪等。只要我们严厉而有效地打击了这些犯罪,比如能及时铲除种植的毒品原植物,能及时发现和堵住贩卖毒品的各种通道,能及时查封地下的各种非法"烟馆",引诱、强迫、教唆、容留、欺骗他人吸食毒品的犯罪分子能及时被抓获归案等,青少年的吸毒问题也就失去了蔓延的条件和基础。

第七节 常见心理疾病的预防与应对

一、心理疾病的界定及常见表现形式

心理疾病又称精神疾病,是一类以精神活动失调或紊乱为主要表现的疾病。它主要包括:精神病、神经症、人格障碍、性变态以及精神发育迟滞等。青少年学生在学习和生活中常常表现出烦恼、紧张、焦虑、恐怖、强迫、疑病、抑郁、歇斯底里等特征,这就是患有心理疾病的主要表现。具体到校园学生,心理疾病有以下几种。

(一)神经衰弱症

此症常见于毕业班的学生,因就业形势严峻,心理压力大,长期精神过度紧张而成,表现为:失眠、健忘、疲乏、头痛头晕、心情烦躁抑郁、易发怒、易冲动、注意力不集中、记忆力减退、学习成绩下降等。这些学生往往自尊心很强,追求上进,易自我加压,家庭责任感很重,想尽早经济独立,渴望为父母争气。他们给自己定的目标往往较高,超出实际,一旦达不到,便陷入无限的自责、愧疚状态。

(二)强迫症

此症是一种以强迫症状为主要临床表现的神经症。强迫症状的特点是意识的自我强迫与意识的自我反强迫同时并存，两者的冲突导致病人紧张不安、十分痛苦。病人知道这是异常的但无法摆脱，强迫症状多见于强迫观念和强迫行为，所表现出的性格特征，如谨小慎微、墨守成规、缺乏自信、胆小怕事、优柔寡断、办事认真、喜欢过多过细地思考问题、缺乏随和、过于追求完美，或者主观任性、急躁、好强、自制力较弱等。

（三）焦虑症

患有焦虑症的学生无端感到惶惶不安、心烦意乱，甚至产生恐惧感。它与一般人平时偶尔出现的焦虑情绪不同，后者一般由具体事物引起，有一定对象，往往事过境迁症状就会消失，属于情境性焦虑，而焦虑症却往往找不到引起焦虑的具体对象和理由。随着焦虑情绪的产生，还往往同时伴有心悸、头昏、恶心、手脚发冷等植物神经系统症状。

焦虑症患者的内心深处往往有一种无法解脱、不愿正视的心理问题，焦虑只是那种矛盾、冲突的外显，借此作为防御机制，以避免接触那更深层的困扰。个性特点方面表现为情绪不稳、自卑多疑、好夸大困难或回避困难、依赖性强、谨小慎微、优柔寡断、神经质倾向等。

（四）孤独退缩症

患此症的学生，农村多于城市，女生多于男生，这些学生往往情绪消沉、胆小怕事、闭锁孤僻、寡言独行，不愿与人交往，不愿参加集体活动，甚至不愿到公开场合去。一旦被迫出现在公开场合，则忸忸怩怩、面红耳赤、手足无措、语无伦次。

（五）多疑症

患此症的学生女生多于男生，表现为主观臆测，无端猜疑，这些学生往往性格内向，很少与人交往，心胸狭窄、患得患失，非常在意别人对他的看法，从而引起内心不必要的痛苦。

二、产生心理疾病的原因

导致青少年学生产生心理病症的原因很多，在每一个心理疾病学生的案例后面，都有着学校、家庭、社会、个体及遗传等背景，并且各种背景因素之间交互作用，从而导致了青少年心理疾病的产生。

(一) 学校因素

1. 繁重的课业负担和频繁的考试，使学生难得喘息机会，心理始终处于高度疲劳状态

面对"千军万马过独木桥"的激烈竞争，多数学校采取日光+灯光的办法。拼时间、拼体力，学生整天有写不完的作业、读不完的书，终年累月的刻苦拼搏，使他们的情绪低落、体质下降。那些成绩优秀的学生迫于压力，只能更加严格地约束自己。即使那些升学无望的成绩较差的同学，怯于团体压力和家长的逼迫，始终处于上不去也不敢下的焦虑之中，直接影响学生心理的发展。

2. 教育方法不当，导致师生之间关系紧张

有些教师本身素质偏低，在教育学生时往往采取粗暴的方法，如当着全班同学的面大声训斥违纪的同学，甚至会令其滚出教室不让听课。更有少数的教师对学生施行体罚或罚款，造成学生自尊心严重挫伤，使他们始终在提心吊胆中学习和生活，这种教育方法必然会给青少年的心理健康造成严重的威胁。

3. 缺乏心理健康指导

青少年的心理状态正处于急剧转折时期，内心充满矛盾与无助，对于这些矛盾，自己不会排解，又不能得到家长和教师有效合理的指导和帮助，长时间积聚在心中的抑郁之情无法得到及时合理的化解，于是他们内心的那架天平便日益出现偏差，心理不平衡的状态日益严重，从而导致了严重的心理疾病。

(二) 家庭因素

1. 对于子女期望过高，使青少年学生面临着巨大的心理压力

父母望子成龙、盼女成凤之心非常迫切，这使本来难以达到心理平衡的青少年变得更加不平衡。他们难得有空闲时间放松一下高度紧张的神经，只能整天为父母而学习，为考上大学而学习。因此，家长过高的期望对子女产生的心理压力易造成孩子心理畸形发展甚至导致心理疾病。

2. 溺爱式家教方式是孩子心理发育不良的主要原因之一

由于溺爱，孩子逐渐养成了"自我中心"的心理定式。这种"自我中心"的观念，带到学校会形成过分"要尖儿"，一旦在班级里要不成尖，便心生烦恼与嫉妒，便会感到自尊心受到了极大的打击。溺爱型的孩子缺乏应有的应对逆境的心理素质，像是长在温室里的花朵，经不起风雨的打击，欠缺锤炼。因此，遇到实际问题就窘态百出，强烈的自尊变成了强烈的自卑，这种"自卑情绪"长期郁积于心头，很容易形成各种恐惧症和偏常人格，造成做事畏首畏尾，学习不

求上进，人际关系紧张。

3. 错误的家教策略

第一在教育态度上，父母的意见不一致，一方教育而另一方袒护便会造成孩子"认知不协调"，诱发和助长孩子病态的"双重人格"。第二是封建家长式的教育方法，恨铁不成钢，家长对孩子总是无缘无故地打骂、训斥，给孩子造成深深的心理创伤，使孩子形成羸弱的奴隶性格，或形成以暴制暴的反社会叛逆性格。第三是家长唠唠叨叨，使孩子形成逆反心理，对家长正当的要求也不放在心上，形成我行我素的不好的习惯。同时，由于"代沟"的存在，亲子之间缺乏合理的沟通与理解，孩子的心理矛盾不能及时排解，促使孩子心理朝畸形化方面发展。

（三）社会因素

1. 社会发展速度快，现代人心理压力大

现代社会科技发展快，信息来源快，观念更新快，关系变动快，生活节奏快，升学竞争、就业竞争等各式各样的竞争，都使青少年心理压力越来越大，甚至超过其承受能力，从而转换为心理疾病。

2. 社会不良风气对青少年的心灵起着潜移默化的毒害作用

由于社会风气不良，易使青少年形成狭隘抑郁、怯懦自卑、消极颓废、对立破坏等病态心理。

3. 社会心理保健机构发展滞后，学生心理保健意识差

青少年学生有病不医，病情加重，缺乏心理健康方面的知识，导致青少年出现心理疾病。

（四）个体因素

1. 体质因素

体质因素包括自身和母体两方面。例如，抑郁质在周围环境不顺利的情况下，容易出现神经官能症、瘟病，而胆汁质的人更容易出现精神分裂症，这些属于自身的。据研究，怀孕的母亲，如果经常焦虑和精神沮丧，则在生理上会产生一种化学物质，这种物质能穿透胎盘直接影响正在生长发育的胎儿，使孩子出生后也受到母亲体质因素的影响。

2. 身体发育所带来的影响

青春期是一个人生长发育的剧变时期，生理状态会产生很大的变异，有的孩

子不能很自如地去应付这种生理上的变异。如果未能得到家长和老师的关怀就容易导致孩子心理出现不健康的情况。

3. 感情反常也是影响学生心理健康的重要因素

惧怕、冲突、失败等情感感受是影响心理健康的重要因素。

4. 意志薄弱是影响心理健康的又一重要因素

青少年意志薄弱，尽管他们也有一定的道德认识，但在行为中受到干扰和阻碍，无法达到预定的目标，于是就产生相反的行为结果，使他们感到悲观、失望、心理受到挫折。

三、心理疾病预防机制的建立

逐步建立在校长领导下，以班主任和专兼职心理辅导教师为骨干，全体教师共同参与的心理健康教育工作体制。专门负责心理健康教育的教师应发挥学校心理健康教育带头人的作用，引领全体教师具备心理健康教育的意识，注重学生的心理疏导，以预防为主，避免学科化、医学化倾向。

（一）开设心理健康教育课程

各级各类学校应开设心理健康教育课程，并作为必修课之一。学校要针对学生的年龄特点系统地向学生进行必要的心理健康知识和技术教育。同时还要结合各科教学特点进行心理健康教育，如采用"愉快教学法"、"情境教学法"可以使学生放松心情、陶冶情操，不断提高心理素质。同时，把面向全体和关注个体差异结合起来，根据不同年龄、不同学段学生的身心发展特点和成长规律，注重培养学生良好的心理品质和尊重自己、珍爱生命、自律自强的优良品格，增强排解烦恼、克服困难、承受挫折的能力，保持积极健康向上的心理状态。

（二）设立心理咨询处，建立咨询信箱

每个学校应由3~5名受过专业岗位培训的心理咨询教师负责对学生进行心理咨询与测量，并矫正轻度心理障碍和偏差行为。同时建立咨询信箱，让学生毫无顾虑地倾吐心声，一定程度上缓解学生们的心理疾病的状况。

通过多种方式使中小学教师特别是班主任掌握心理学的知识和技能，并自觉应用到教育教学中。要进一步明确心理健康教育是教师特别是班主任的工作职责，关注学生的精神状态和心理活动，广泛开展谈心交流，有针对性地帮助学生处理好学习、交往、成长、升学等方面的具体问题。

（三）减轻学生的课业负担，变应试教育为素质教育

要不断改革教学方法，切实做到素质教育，发挥素质教育给孩子们带来的益处。切实减轻孩子们的负担，寓教于乐，使学生由"乐学"到"会学"再到最后的"要学"。根据学生的实际情况因材施教，综合评定学生成绩，减少作业量，提高学习效率，多参加社会实践，丰富课堂生活。

（四）开办家长学校，争取家长对学生心理素质教育的密切配合

首先，应更新家长教育观念，改变娇惯的教育方式，变专制教育为民主式教育。其次，要教会家长一些关于如何培养教育孩子的知识，使他们遇到问题知道该如何去和孩子交流，从而避免那些使学生感到压抑的教学方法重现。最后，应教给家长一些青年心理学和心理卫生的有关知识，使他们掌握一些基本常识和技巧，了解自己孩子的心理特点和存在的问题及矫治方法。

（五）培养积极的情感、坚强的意志、良好的性格

应使学生保持良好的心境和乐观的情绪，形成适度的情绪反映能力和较强的抗干扰能力，有意识地培养自信心、成就感、提高自我评价、自我控制能力和勇敢坚强的行为品格，克服自卑心理，形成开朗、活泼、具有同情心和正义感的良好性格。

（六）应积极治疗心理疾病

患了心理疾病应及时向心理医生咨询，并积极治疗。心理疾病是危害青少年学生的大敌，也是影响家庭生活幸福、社会安定团结的祸根。为此作为家长和教师有义务和责任对他们进行心理健康知识教育。掌握青少年产生心理疾病的原因，经常与他们沟通，了解他们的所思所想、所需所求、所作所为，对心理健康的同学进行正确的引导，对患有心理疾病的同学要认真分析、查找原因，对症施治，使每个青少年都具有健康的心理。

四、心理疾病的应对机制的建立

（一）常见心理疾病的矫正

1. 神经衰弱症

第一，应多找学生谈心，为其化解压力。例如面对那些正在招聘会上忙碌奔波的毕业生，应该劝慰他们面对严峻的就业形势，要有吃苦和经受挫折的心理准

备，要把个人志愿和国家的需要结合起来，脚踏实地，定会达到胜利的彼岸，坚信有志者事竟成。第二，动员学生加强营养，多参加文体活动，增强体质，注意一张一弛，必要时辅之以药物治疗。

2. 强迫症

患强迫症的学生心理是非常痛苦的，他们心理所承受的心理煎熬是难以想象的，他们自身有强烈的治疗愿望，但自己又缺乏信心，非常担心会被别人看不起。所以班主任老师要多安慰他们，并严格为其保密，防止伤害到这些学生的自尊心，对患强迫症的学生，可采用如下方法：

第一，可采用森田疗法，主张"顺其自然"，即指导学生接受自己的症状，不排斥它，带着症状生活。比如，对强迫现象要顺其自然，对恐怖对象不回避，带着症状去接近，即使感到不愉快也要坚持，要像正常人一样生活，这样症状会慢慢淡薄以至消失。

第二，经常组织这些学生参加每天的课外活动和其他文娱活动，最好让他们担任诸如文娱委员、体育委员、劳动委员等方面的职务，使其全身心地投入到文体活动中去，以转移注意力，打破他们原有的心理与行动程序。

第三，特别严重的再辅之以药物治疗，这些心理问题是可以治愈的。

3. 焦虑症

对患有焦虑症的学生，可采用如下方法：

第一，使他们了解焦虑症与躯体变化之间的关系，减轻其心理上的压力及焦虑，尽可能地揭示焦虑症背后的潜在冲突（如学习压力过大、追求完美，对严峻的就业形势思虑过度），在此基础上给予支持性心理咨询，增强他们各方面的信心。

第二，采用松弛疗法（如音乐放松训练）、气功疗法、生物反馈疗法以及催眠疗法等都有良好效果。

第三，药物治疗常用抗焦虑药如安定、利眠宁、安宁等，可控制焦虑症状。多虑平具有抗抑郁与抗焦虑的双重作用，常用于焦虑、抑郁同时存在的情况。

4. 孤独退缩症

第一，晓之以理，动之以情。人应该去积极适应社会，而不该让社会适应自己。人应该面对现实，主动将自己融入丰富多彩的社会，才能达到与整个社会的和谐一致。老师和同学多向他们伸出温暖之手，生活学习方面多与他们交往，使之认识到老师、同学对他们都是很友好的，生活中大多数人都是好人。

第二，勉励其积极参加集体活动，班级管理最好使用班干部轮流制，使这些学生能有机会公平地参与班级管理，在一些活动中起组织发动作用。老师给他们机会在班会上讲话，这样他们会逐步体会到自己的价值、与人坦率交往的乐趣，性格也会变得逐渐开朗。

5. 多疑症

第一，教育这些学生心胸要开阔，性格要豁达，像大海那样能够容纳百川、负载万物，这样才能笑对人生，永远生活在爱的海洋中。

第二，鼓励这些学生多与别人交往、沟通，多参加集体活动，充分享受同学友谊的乐趣和集体生活的温暖。

第九章

意外伤害类事故的预防与应对

- 第一节　意外伤害类事故的概述
- 第二节　道路交通安全事故的预防与应对
- 第三节　学校用火用电事故的预防与应对
- 第四节　学校公用设施事故的预防与应对
- 第五节　学校运动伤害事故的预防与应对
- 第六节　学校溺水事故的预防与应对
- 第七节　学校踩踏事故的预防与应对

第一节　意外伤害类事故的概述

一、校园意外伤害事故的内涵及其特点

学生意外伤害事故不同于学生伤害事故，它是从属于学生伤害事故的一个下阶位概念。教育部于 2002 年 3 月 26 日制定，并于 2002 年 9 月 1 日开始实施的《学生伤害事故处理办法》中对学生伤害事故的定义为：在学校实施的教育教学活动或者学校组织的校外活动中，以及在学校负有管理责任的校舍、场地、其他教育教学设施、生活设施内发生的，造成在校学生人身损害后果的事故。所谓学生伤害事故应当是指由于学校、本人或其他的原因而对在校的学生造成人身伤害的事故。

意外伤害事故具有以下的特点：①外来因素造成的，使身体外部造成损失的，如车祸、溺水、食物中毒等。②突发的，指在瞬间造成的事故，没有较长的过程，如落水、触电、跌落等。③意外发生的，指未预料到和非本意的事故，如飞机坠毁等。另有一些事故虽然可以预见或避免，但由于无法抗拒或由于履行职责而不得回避，也应列入"意外"范围，如轮船着火被迫跳海逃生，见义勇为与歹徒搏斗而负伤等。校园意外伤害事故的类型主要有道路交通安全事故、学校用火用电事故、学校公用设施事故、学校运动伤害事故、学校溺水事故、学校踩踏事故，等等。

目前校园意外伤害事故的发生率越来越高，且多集中于体育课或课外活动时发生，中小学生发生率远远高于大中专院校学生，城镇学生发生率高于农村学生。频频发生的校园意外伤害事故使素质教育受到不利影响，校园意外伤害事故和责任的难以分清，令学校产生了惹不起、躲得起的心理，有些学校为了避免承担高额赔偿的风险而刻意回避正常的课外活动，取消了对抗性强、有风险的活动，像跳山羊、翻单杠都被排出体育课之外。还有的学校不到上课时间不准学生到操场，有的学校不允许提前到校，要求学生放学后尽快离校，可谓用心良苦。学校对校园意外伤害事件的惧怕和做出的以上种种预防措施极大地影响了素质教育的开展。

二、校园意外伤害事故的原因

造成校园意外伤害事故的原因很复杂，既有客观方面的，也有主观方面的，

大致可以归纳为以下几个方面。

(一) 学校教育失误

一是学校教育失当。一些地方的教育部门、学校领导和教师面对市场经济大潮的冲击，指导思想的价值观念发生变化，导致育人的错位。有的重智轻德，片面追求升学率，偏重文化课教育，放松了费时、费力的德育教育、法制教育和行为管理。有的教师责任心不强，为了"创收"，不把精力放在教育上，而热衷于搞"第二职业"或当校外教师。学校课程设置及教育内容方面也存在着严重的缺失：在很多学校，校园安全、校外活动安全、交通安全、自然灾害防范、性侵犯防范等教育至今仍是空白。二是学校的建筑、设备等存在隐患。学校的各种通道以及楼道应当与学生的人数成比例，通道或楼道过窄就可能造成拥挤并发生伤害事故，尤其是在下课、上操等人数相对集中的时刻。学校建筑的层高不够与通风不畅、楼梯栏杆高度不达标、没有围墙或围墙太低、实验室通风不规范、厕所建设不达标、饮用水供应不标准、电风扇安装不牢等问题，都可能酿成校园伤害事故。在校园设备方面，如教学器械设备不达标、体育器械故障、门窗玻璃不牢固或质量差等也会对学生造成伤害。三是校园制度存在隐患，学校管理不到位。门卫制度、食堂卫生制度、宿舍管理制度、定期安全检查制度、作业与作息制度等方面，都可能潜藏安全隐患。

(二) 家庭教育的误区

很多家长对孩子的安全教育意识淡薄，或因为种种原因没有切实履行抚养和监护的责任。有的学生父母双亡，未成年的孩子成了孤儿，缺少家庭温暖和教育；有的父母奔波劳苦，没有时间教育孩子；有的父母一味娇生惯养孩子，在孩子学习、生活遇到困难时，不是鼓励其通过自己的努力去克服，而是无原则地包办代替；有的父母对孩子采取"放羊政策"，放任自流，不加管教，忽略了孩子的需要。家长在安全教育上的盲区，忽视孩子生存需求，造成孩子依赖性强、心理素质差等不良素质，致使学生缺乏安全防卫知识、安全意识和安全习惯，自我保护能力差，安全意识不强。

(三) 社会环境的影响

学校所在区域的经济水平和文化发展状况，尤其是社会风气、校园周边地区的治安质量等都直接影响学生的安全保障水平。另外日益复杂的国际国内形势，例如互联网、经济全球化所带来的一些负面效应等外部因素，都可能成为引发校园不安定的因素。家长、学校和社会缺少交流合作，人们习惯于把意外伤害看作是公安、交通等部门处理的事情。卫生部门也仅对伤员进行抢救、治疗，而对意外伤害没有引起足够的重视。很多意外伤害事故的发生潜伏着很大的危机。

三、校园意外伤害事故的预防

青少年是民族的希望与未来。然而，随着自然和社会环境的变化，由各类灾害、人为暴力等导致的校园意外伤害致使近年来青少年受伤害人数急剧上升，给本人和家人带来极大痛苦和灾难，给学校、社会乃至整个国家带来无法弥补的损失。重复的情节和重复的事故值得我们深深地思考与反思。那么如何有效地预防校园意外伤害事故的发生？建立校园意外伤害事故预防与应对机制则是必要的选择。

（一）构建切实可行的安全防范体系是预防学校安全事故发生的基础

学校是安全事故发生的多发地，努力构建学校安全防范体系，是预防学校安全事故发生的重要保证。学校领导要本着对学生安全负责的态度，增强抓好学生安全的使命感、责任感。严格执行学校安全工作规定，抓安全防范从而将事故消灭在萌芽状态。学校对教师、学生乃至家长要加强安全教育，掌握一些突发事件来临时的应对措施。同时同有关部门联合做好安全预防工作，强化学校责任是学生学习和生活的重要安全保障。学生的大部分时间都是在学校度过的，学校在他们的生活中处于最核心的地位，而学生最容易受到伤害的地方又往往是他们活动的地方。因此，学校在保护学生免受伤害方面具有不可推卸的责任。保护学生安全，是学校开展正常教育教学活动的基础，保护学生的生命权和健康权是学校必须履行的法律义务。学生安全要纳入教师的职责范围，教师要以监护人的身份保护学生不受伤害。学校应通过教学计划的调整，把安全教育纳入学校正常的教育教学内容之中，长期坚持、不断完善、不断创新、不断总结提高，努力使中小学、幼儿园安全工作达到新水平。学校要根据国家法律法规，不断健全各种安全规章制度，从根本上为学校安全工作奠定良好的基础。根据学校规模、性质、地理环境的不同，健全安全工作规程、安全教育制度、安全管理制度、安全检查制度、安全保卫制度、安全值班日制度、门卫制度、教育教学及涉外活动制度、安全工作月报告制度、重大安全事故报告制度、安全事故处理制度、安全工作预案和避险紧急预案、安全考核制度以及安全工作责任追究制度等，使安全工作做到有章可循，有据可查。

（二）安全教育是预防学校安全事故发生的关键

学校安全教育应以学生为主，同时对教职员工开展教育。安全管理重点在于预防，重视和加强对学生和教职员工的安全教育，增强安全防范意识和自我保护能力。进一步加强安全教育，普及安全常识，增强预防及自我保护能力，这是减少事故、减少伤害的关键性环节。学校要因地、因时制宜，有计划地根据不同层次学生的特点，开展多种形式、广泛深入、确有实效的安全教育活动，普及安全常识，增强预防及自我保护能力；通过实践演练、安全防范应变技能比赛、自救自护方法教育和训练、安全知识竞赛等活动提高师生安全意识和防范技能；要通过家长会、家长学校宣传安全工作重要性，赢得家长的配合和支持；学习重大安全事故案例，帮助师生树立珍爱生命的意识和思想；利用广播、网络、板报、标语、集会等多种形式营造学校安全教育的良好氛围。把对中小学的安全教育，渗透到社会、体育、劳动、实验等相关学科的教育教学活动之中，结合学科特点重视学生安全实践机会，锻炼和提高学生的安全防卫意识和能力。普及安全知识教育，一方面是结合中小学生安全教育日活动，围绕主题，确定教育日及全年的教育重点，有针对性地逐步提高学生的自我保护意识和能力。对学生进行安全教育的形式应多样化，将安全知识的教育融入教育教学、实践活动及日常管理之中。可以通过专家讲座、班会活动、观看电视和VCD教育片，如《与安全同行》、《关爱明天》、《中小学安全知识》、《中小学安全教育》等，也可以通过宣传栏宣传有关安全知识，组织模拟活动、汇演等。加强安全教育，树立安全意识，培养学生在紧急情况下的自救能力和处理问题的能力，不仅是学校安全工作的需要，也是全面提高学生综合素质的基本要求。另一方面要加强学生心理素质的培养。安全是一种意识，更是一种习惯。在预防校园伤害的教育中，不能忽视学生心理素质的培养，包括应激心理训练（如冷静心态、勇敢精神、创造能力等）、良好心理品质的训练（如沟通、合作能力等）和安全能力的训练（如防灾避险、自救互救、被害预防等）。训练应强调实践和体验，力求使学生获得全面的生活经验。同时，应做好学生的心理辅导工作，预防学生的心理危机。

（三）依法处理学校安全事故为学校持续健康发展起到了保驾护航的重要作用

学生伤害事故大多是由于各方的过错造成的。全面、深入地剖析学校事故的防范举措，具有重要现实意义。学生伤害事故中的责任认定、责任承担、赔偿标准、处理方式等，我国的教育法、教师法及未成年人保护法，以及民法通则、最高法院有关司法解释等都有相应的或类似的规定，《学生伤害事故处理办法》的出台更为事故处理提供了具体的法律依据。同时要建立学生意外伤害事故保险制度。学生意外伤害事故险是一种社会化的运作方式，由学校在学生入学初期向保险机构交纳一定的保险金。在事故发生后，保险机构经过认定，直接支付赔偿金给受伤害学生。这种制度的优点表现在：①能保证受害人及时得到必要的救助。这也可有效避免受害人及其家长为得到必要的救助和补偿而与学校进行旷日持久的交涉。②减轻了学校的负担，使得学校不必在经济上付出不必要的赔偿支出，也有利于维护学校的正常教育教学秩序。构建学校风险分散机制，有效提高学生风险意识，切实做好学校风险转移，是妥善处理学校安全事故和学生伤害事故的有效方法，是学校安全工作和风险防范工作的必要补充，是保障学校及社会稳定的重要环节，是维护学校及师生合法权益的有效途径。

第二节 道路交通安全事故的预防与应对

一、道路交通事故的内涵

道路交通事故也称公路交通事故，是指车辆驾驶人员、行人、乘客以及其他在道路上行进的与交通有关活动的人员，因违反《中华人民共和国道路交通安全法》和其他道路交通管理法规、规章的行为（以下简称违章行为），过失造成人身伤亡或者财产损失的事故。构成道路交通事故，须具备以下条件：①事故必须发生在特定的道路上。依据我国有关交通法律法规的规定，道路交通事故必须发生在交通法规明确规定的公路、城镇街道、胡同（里巷），以及公共广场、公共停车场等供车辆、行人通行的地方。②构成交通事故的主体必须是特殊主体，即车辆驾驶人员、行人、乘客以及其他在道路上进行与交通有关活动的人员。非上述特殊人员，不能成为交通事故的主体。另外，在交通事故的构成中，至少有一方当事人是使用或者驾驶车辆的人。车辆包括机动车和非机动车，没有车辆不构成交通事故。行人是指进行与交通有关活动的自然人。③交通事故的主观方面，必须是由特殊主体的过失行为造成的。如果是出于故意，则不构成交通事故，如故意驾驶车辆杀人、伤人或危害公共安全等行为。如果交通事故发生是由于不可抗力、意外事件所引起的，由于当事人没有过失，也不构成交通事故。过失主要表现为违反交通规则或者违反操作规程、疏忽大意没有预见事故发生或者虽然预见但轻信可以避免等几种情况。此外，法律规定在特殊情况下，当事人虽然没有过错，也应承担责任时，则不受过错责任原则的限制。④交通事故在客观上必须有发生在道路上的违章行为，并且该违章行为已经产生了危害后果。所谓违章行为，即要有违反《道路交通安全法》和其他道路交通管理法规、规章的行为。违章是原因，事故是结果。因此，由于违章行为以外的原因，如地震、洪水、台风等不可抗力、合法行为等造成的人身、财产方面的损害，就不属于交通事故的范畴。⑤交通事故必须造成人身伤亡或财产损失的后果，并且违章行为与损害后果之间要有因果关系。如果某一违章行为既没有造成人身伤亡，也没有造成任何财产损失，或者既有违章行为，也有损害后果，但二者之间无因果关系，则不能构成交通事故。

实践中，应注意下列情况不属于交通事故：①厂矿、油田、农场、林场的专有道路，农村机耕道，机关、学校、单位大院、车站、机场、港口、货场内以及住宅区楼群之间不供公众通行的道路上发生的事故。②在道路上举行军事演习、体育竞赛发生的工作人员、演习人员、竞赛人员的事故。③工程车辆在道路上作业时发生施工人员的事故。④在车上发生挤伤挤死的事故。

道路安全事故的危害性主要包括：交通事故造成人员伤亡、交通事故造成的物质损失、交通事故对社会的危害性等。道路交通安全事故的特点有：交通事故的因果性、交通事故的随机性、交通事故的潜伏性、交通事故的再现性、交通事故的可预防性、交通事故的动态性，等等。

二、学生道路安全事故出现的原因

（一）学生原因

1. 自我保护意识差

大多数中小学生由于生理、思想上尚未完全成熟，心理上也常常处于不稳定的状态中，尤其是小学生，他们是活跃的群体，可他们的交通安全常识缺乏，对行人的行走规则及机动车的行驶特点不明确，更不明白违反交通法规将会导致怎样的后果，公路和街道就常常变成了学生们的操场、竞技场和打闹玩耍场所，直到危险降临而不自知。

2. 交通行为较盲目

小学生大多好奇心强且具有冒险精神，明知违规却偏要穿越隔离护栏，与车辆赛跑，追车扒车，骑车追逐、嬉戏；或明知危险，却硬是胡钻乱窜，掉头猛拐，车辆临近突然横穿，骑车撒把，加之小学生遇事不冷静，对后果估计不足，遇到突发情况经常手忙脚乱，采取措施不当，从而诱发交通事故。

3. 学生骑自行车

小学生冒险心理较强，不遵守交通规则，缺乏交通安全知识的学习，在马路上横穿乱窜，导致其他司机猝不及防，安全隐患层出不穷。

(二) 社会原因

1. 家长的率先垂范不够

有的家长接送中小学生时不走人行横道线，过马路随意闯红灯，有的逆行或上机动车道行驶，与机动车争道抢行，骑摩托车不戴头盔，这些不良的交通习惯，对孩子的影响极深，起到潜移默化的作用。另一方面家长监管力度不够大。有的家长因忙于工作，对孩子严重缺乏管教，更谈不上教育了。

2. 社会放松管理

一般情况下，学生上下学时在通往学校的各主要路口都有交警，学校门口都有助学岗，学生看到有交警执勤，基本上都能自觉遵守交通法规，交通违法行为相对少一些。

3. 学校重视不够

学校没有从思想上引起足够的重视，没有将道路交通安全知识的学习纳入日常的教学计划之中。

三、预防道路交通安全事故的对策

学生道路交通安全事故，特别是中小学生交通安全已成为一个主要问题。预防和减少中小学生交通事故的发生，从根本上来说就是要提高全体中小学生交通安全意识水平。解决好这一个问题，不仅对当前交通事故的预防有着极大的促进作用，对未来我国道路交通管理也有着重大的意义。道路交通安全问题必须要引起各部门的重视，形成一个系统工程，把道路交通安全问题纳入政府重要工作的一部分，努力给中小学生健康成长营造一个良好的交通环境。

(一) 加强教育——学生

（1）加强教育，提高学生预防和应对交通事故的能力。用多种方式开展交通安全教育。请当地交管部门的人员结合本地区的交通事故实例，对学生开展交通法规和交通安全知识教育，使学生知法、懂法和守法。学校可通过举办交通安全展览、"安全出行"主题班会或团队活动，让学生了解交通法规和可能存在的交通安全隐患，知道发生交通安全事故的规律，提高防范意识，科学预防，减少事故的发生。

（2）学校要通过学生家长会，向家长宣传交通法规和交通安全知识，提高家长做好学生安全工作的紧迫感。请家长和学校共同做好学生的交通安全教育工

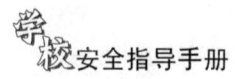

作。提醒学生在上下学路上注意交通安全,不在马路上追逐打闹,不斜穿马路,不在高速公路上行走,要有意避让车辆等。

(3)学生应了解和掌握采用不同交通方式时应注意的事项(具体见附表1)。

表1 采用不同交通方式时应注意的事项

交通方式	注意事项
步行	(1)步行时应当在人行道内行走,没有人行道时靠道路右边行走。 (2)通过路口或横过道路,应当走人行横道或过街设施。 (3)通过有交通信号灯的人行横道,应当按照交通信号灯指示通行。 (4)通过没有交通信号灯、人行横道的路口,或在没有过街设施的路段横过道路时,应当在确认安全后迅速直行通过。 (5)不得在车辆临近时,突然加速横穿道路或中途倒退、折返。
乘车	(1)不在机动车道上拦截机动车。 (2)在车站候车时应自觉排队,公交车进站还未停稳时,不要着急拥向车门。 (3)车门打开后要按先下后上顺序上下车,自觉礼让老人、儿童与残障人员。 (4)上车后要扶好或坐好,乘车的过程中不把身体的任何部位伸到车窗外。 (5)所乘车辆发生交通事故时,要听从司机或售票人员的指挥。 (6)乘坐家用轿车或打车时,不要从机动车道一侧上下车。 (7)所乘座位有安全带时,要系好安全带。
骑车	(1)骑车要走非机动车道,无非机动车道时,要靠右行驶。 (2)骑车过程中,不得多人并行或在行驶过程中交谈。 (3)行驶途中左拐弯时,要打手势向后面行驶车辆示意,禁止强行猛拐。 (4)设有左拐指示灯的路口,左拐指示灯(绿灯)亮时,才能左拐。 (5)无人行横道的路段,横穿道路时,要主动避让机动车,禁止与机动车抢行。 (6)通过无人看守的铁道路口时,要确认安全后再通过。 (7)不逆行,不闯红灯;当不得不逆行时,可靠边行驶;车辆较多时,应推车行走。 (8)禁止骑车走机动车道,不在人行道上骑车。 (9)不骑车闸、车铃失灵的车辆出行,途中车闸失灵时,要推车行走。 (10)骑车时不双手离把、攀扶其他车辆、手中持物或使用手机。 (11)超车时不在妨碍被超车辆正常行驶的前提下,从左侧超越,不能S型行驶。 (12)骑车时,如遇到正在执行紧急任务的特种车辆(警车、救火车、救护车、抢险车),应主动避让。 (13)骑车途中,不双耳插耳机及戴耳麦听音乐或广播。 (14)遇暴雨、雷电、风雪等恶劣天气,不选择骑车方式出行。

(4) 要教育学生不坐不符合安全规定的车辆，主要包括：
①不乘坐司机酒后驾驶的车辆。
②不乘坐非法运营或没有牌照的车辆。
③不乘坐严重超载或超员的车辆。
④不乘坐没有驾驶执照者驾驶的车辆。
⑤不乘坐两轮摩托车、农用车、小货车等。

(5) 农村学校周边是交通事故的多发区，教育农村学校学生安全出行是减少交通事故的重要环节，要让他们了解在上下学路上的注意事项，确保学生上下学路上的安全，具体包括：
①应具有安全意识，随时观察所通过的道路是否存在安全隐患。
②崎岖不平的山路、陡峭的山崖存在因下雨而发生道路坍塌、滚石、山体滑坡、泥石流等自然灾害引发的危险。
③道路位于深山峡谷、河道边时，要提防上游暴雨引发山洪暴发。
④冬季下雪时崎岖的山路要特别注意行走安全。
⑤雨季要关注天气预报，尽量避开在恶劣天气出行。
⑥行走的路上遇暴雨时，要选择地势较高处躲避，同时注意防止雷击。
⑦夏季走在山路上要防止被蛇咬伤，可手持木棍边走边敲打。
⑧天快黑时尽可能不走山路，以防因视线不好而摔伤。
⑨在偏僻的道路上行走时最好结伴而行，以防发生意外。
⑩在行走的过程中不要到小河中戏水或游泳，以防溺水。
⑪通过河道时最好快速通过，防止突然猛涨的河水将人冲走。
⑫不图抄近路而从冰面上通行，以防掉入冰窟。

(6) 教育学生学会发生交通事故时的逃生方法：一是所乘车辆发生侧翻，自己被困在车内时，应采取措施逃至车外；无法从车门逃出时，可击碎车窗玻璃逃出。二是所乘车辆着火时，应设法迅速逃离所乘车辆；当车内已有大量烟气时，应用衣物捂住口鼻后，再设法逃出，以防吸入大量有毒、有害烟气而窒息；从车中逃出后，要远离事故发生地点，防止因车辆着火、爆炸而对自己造成伤害。

(二) 加强管理——学校

(1) 学校要制定《交通事故应急预案》。明确当较大交通事故发生、造成群体伤亡时，学校应采取的措施和相关人员的工作职责，要措施有效，分工合作，有条不紊地做好各项工作。

(2) 加强校车管理，确保学生乘车安全。校车标牌应当载明本车的号牌号码、车辆的所有人、驾驶人、行驶线路、开行时间、停靠站点以及校车标牌发牌单位、有效期等事项。取得校车标牌的车辆应当配备统一的校车标志灯和停车指示标志。校车未运载学生上道路行驶的，不得使用校车标牌、校车标志灯和停车指示标志。禁止使用未取得校车标牌的车辆提供校车服务。取得校车标牌的车辆达到报废标准或者不再作为校车使用的，学校或者校车服务提供者应当将校车标牌交回公安机关交通管理部门。校车应当每半年进行一次机动车安全技术检验。校车应当配备逃生锤、干粉灭火器、急救箱等安全设备。安全设备应当放置在便于取用的位置，并确保性能良好、有效适用。校车应当按照规定配备具有行驶记录功能的卫星定位装置。

(3) 学校要建立在开学初和节假日前集中对学生进行交通安全教育的制度。

(4) 农村学校应建立"路队"制度。学生放学要根据学生的居住地组织路队，统一排队回家。在路上要排成一队靠公路右边行走，确保安全。

(三) 加强管理——道路环境

(1) 公安部门要加强机动车安全技术检验，提高机动车安全性能，对报废车辆一律强制解体；严格驾驶证管理和驾驶员考试考核工作，强化驾驶员年度审验，提高驾驶员业务技能；对客运车辆及其驾驶员要严格实行"客运车辆准驾证"和"客运安全监督卡"制度。

(2) 交通部门要加强对车辆定期维护的监督检查，督促车主按照国家规定执行车辆定期维护制度，保证车况良好；设置和不断完善县（乡）道路的标志、标线，对不适宜大型客运车辆通行的线路要设置明显的禁令标志，对三级以下达不到夜间安全通行要求的路段，要设置禁令标志，并滞留车辆；切实加强对客运车辆始发站（点）的管理，严禁存在安全隐患的客运车辆驶出站门。

(3) 公安、卫生、保险等部门要加大道路交通事故救助工作力度，减少事故人员伤亡，要按照国家有关规定，强制实行第三者责任险；建立抢救交通事故伤员快速反应机制和交通事故抢救的"联动机制"，及时抢救事故伤员，最大限度减少交通事故死亡人数。

(4) 城管、交通部门要加强对出租车的安全管理，对营运企业实行实抓实管，对自然实习期的驾驶员，坚决不让其驾驶营运性客车，抓好客运企业和驾驶员这个源头，逐步解决出租车行业营运管理松懈的问题。

(5) 农机部门要对上路行驶的农用机械及其驾驶员落实安全管理措施，认真落实责任，严格预防农用车、拖拉机在乡村道路上发生各类交通事故，特别是重特大事故。

(四) 整治路面行车秩序，净化道路环境

根据交通事故和公路行车秩序的实际情况，公安部门要将日常管理和集中整治有机结合起来，适时开展路面秩序集中整治行动。整治的重点是：集中整治省道以及县城道路无证驾驶、疲劳驾驶、酒后驾驶、超速、超载、强行超车、夜间违法使用灯光、违法停车；集中查处和纠正县乡道路短途客车超载，货车、农用车、拖拉机载人、摩托车违法载人，无牌无证车辆上路行驶等。公安交警部门要配合酒精检测仪和雷达测速仪，根据辖区内道路特点，充分利用科技装备，坚决纠正酒后驾驶、各类车辆超速等违法行为；农机部门要加强农用车、拖拉机的源头管理和安全管理；运管等部门要采取有力措施，整治营运车辆不按规定时间、线路营运及在行驶中争道抢行，不按规定停车，上下乘客等违法行为。并且要严格交通事故查处，认真落实事故责任追究制度。

(五) 加强交通安全宣传教育，夯实预防交通事故基础

交通安全宣传教育是预防道路交通事故的一项根本性和基础性工作。宣传部门要把提高广大交通参与者交通守法观念和交通安全意识作为公民道德教育的一项重要内容；教育部门要将加强中小学生交通法规、交通安全教育形成制度，落实责任，切实帮助中小学生提高安全意识和自我保护能力，对外出学生活动要及时到交通部门备案；对中小学生发生有责任交通事故的，要追究有关领导的责任；努力形成以交通管理部门为主导、新闻媒体为依托、社会各界广泛参与的交通安全宣传教育网络，充分发挥报刊、电视、广播等新闻媒体作用，通过开办栏目、制作专题、播发公益广播等多种形式，营造浓厚的交通安全宣传的舆论氛围，为预防道路交通事故夯实基础。

四、道路交通安全事故的应对措施

(一) 一旦发生车祸，不要惊慌失措，而应该沉着、镇定、有条不紊地做好下面几件事

(1) 及时报案。在没有受伤或伤势较轻的情况下，要立即用通信工具报告当地的公安交通管理大（中）队或附近的值勤民警，然后站在现场路边比较安全的地方等候民警来处理现场。

(2) 抢救伤者。积极设法抢救车祸中的受伤人员。实行人道主义是每个公民的义务。但在抢救伤员时要用正确的止血、固定、包扎、运送等方法。做简单

处理后，立即拦截过往车辆将重伤者送附近医院抢救。如没有抢救知识，可打急救电话120，待急救中心来抢救。

（3）保护现场。协助民警做好现场保护工作，这是每个公民的义务。现场存在着大量的痕迹和物证，对于查清车祸原因和认定责任都有着重要的意义。保护现场的方法，有照相、录像、标画被移动的人、车和物体。

（4）记下证人和车号。在现场将见证人记录下来转告公安交通管理的有关人员，以备事后访问。记下肇事车号是为了防止肇事者驾车逃逸，一旦逃逸，也能通过车号查出肇事者。

（二）车祸发生后如何救护

出血，可以把身上的衣服撕成布片，对出血的伤口进行局部加压止血。

骨折，现场可以找块小夹板、树枝等物，对患肢进行包扎固定。

头部创伤，把伤者的头偏向一边，不要仰着，这样会引起呕吐，使胃内容物引起呼吸道堵塞，造成伤者窒息。

腹部创伤，应把内脏尽量在原来的部位拿一个容器扣在腹壁上，不要把内脏放入腹腔内，以免造成腹腔感染。

呼吸心跳停止，这时周围人应该对伤者进行口对口的人工呼吸或进行简单的心脏按压，也许就这两下简单的动作就可以使伤者脱离危险。

（三）具体车祸情况应做具体对待

1. 行人交通事故应急要点

行人与机动车发生事故后，应立即报警，并记下肇事车辆的车牌号，等候交通警察前来处理。

行人被机动车严重撞伤，驾车人应立即拨打110、122报警，并拨打120求助，同时检查伤者的受伤部位，并采取初步的救护措施，如止血、包扎或固定。应注意保持伤者呼吸通畅。如果呼吸和心跳停止，应立即进行心肺复苏法抢救。

行人与非机动车发生交通事故后，在不能自行协商解决的情况下，应立即报警。

遇到撞人后驾车或骑车逃逸的情况，应及时追上肇事者。在受伤的情况下，应求助周围群众拦住肇事者。

发生重大交通事故时，伤者很可能会脊椎骨折，这时千万不要翻动伤者。如果不能判断脊椎是否骨折，也应该按脊椎骨折处理。

2. 地铁（城铁）列车意外事故应急要点

发生事故疏散撤离时，应注意服从车站工作人员的指挥，沿着指定路线有序撤离，不要拥挤冲撞。

列车因停电滞于隧道时，乘客应耐心等待救援人员到来，千万不要扒车门、砸玻璃，甚至跳离车厢。救援人员将悬挂临时梯子并打开前进方向右侧的车门，引导乘客顺次下车疏散。

列车运行中发现可疑物时，应迅速利用车厢内报警器报警，并远离可疑物，切勿自行处置。

列车运行中遇火灾事故时，乘客应首先使用车厢两端报警器通知司机，然后取出车厢中部座椅下的灭火器扑灭初起火苗。列车司机应就近停车，尽快打开车门疏散人员。如果车门开启不了，乘客可利用身边的物品破门、破窗而出。

列车运行中如遇到爆炸事故，乘客应迅速使用车厢内报警器报警，并尽可能远离爆炸事故现场。

列车运行中遇到毒气袭击时，乘客应迅速使用车厢内报警器报警，并远离毒源，站在上风处，用随身携带的手帕、餐巾纸、衣服等用品捂住口鼻，遮住裸露皮肤。

发生以上情况或其他紧急情况均应及时拨打110、119报警电话。

第三节　学校用火用电事故的预防与应对

火在给人类带来光明与温暖的同时，用之不当也会带来灾难。火灾是指在时间和空间失去控制的燃烧所造成的灾害。按照一次火灾事故所造成的人员伤亡、受灾户数和财物直接损失金额，火灾分为一般火灾、重大火灾和特大火灾。①特大火灾指烧死10人以上，重伤20人以上，死亡、重伤20人以上，受灾50户以上，直接经济损失100万元以上的火灾。②重大火灾指烧死3人以上，重伤10人以上，死亡、重伤10人以上，受灾30户以上，直接经济损失30万元以上的火灾。③不具备以上两项情形的火灾，为一般火灾。

电是我们生活中不可缺少的，它给我们带来光明和方便。随着生活水平的不断提高，我们生活中用电的地方越来越多，但如果不注意安全，电也会给我们带来危险和灾祸。

学校一直是消防安全管理的重点单位，特别是学生宿舍，以其人员密集、停留时间长、消防设施不齐全、管理困难等问题更成了学校火灾隐患较为集中的部位。一旦发生火灾事故，极易造成重大财产和人员伤亡，带来恶劣的社会影响。

近年来，学生宿舍火灾时有发生。学生宿舍内使用电器日趋增多，隐患严重，安全管理工作难度越发加大。加强学生宿舍消防管理工作，已是刻不容缓。

一、校园火灾频发原因

（一）违章用电引发火灾

据统计，每年的校园火灾中，电器引发的火灾占30%~40%。有些学生宿舍中，电热杯、电火锅、热得快、饮水机、电脑、电视、充电台灯、各种充电器等一应俱全，由于学校监督管理不到位，大功率电器也频频使用，这就很大程度上加大了火灾的发生频率。违章用电包括以下几种情况：违规使用大功率电器，私拉电源线引起电路短路，使用劣质电器，等等。

（二）在宿舍内使用明火

据相关资料显示，在宿舍内使用明火而引发火灾的比例占校园火灾的25%左右。直接使用明火的情况又分为以下三点。

（1）学生吸烟引燃可燃物。有些学生吸烟后，随手扔掉燃着的烟头，烟头的表面温度达300℃~300℃，很容易引燃附近可燃物。

（2）违规使用酒精锅或炉灶等。有的同学为图一时"口舌之快"在宿舍使用酒精锅，并不当保存酒精，一旦使用不当或无人看管，在宿舍很容易引燃周围床单、衣物等可燃物，酿成火灾。

（3）点蜡烛、蚊香引燃可燃物。大多学校都有定时熄灯的制度，熄灯后有些同学习惯用蜡烛找东西或是点蜡烛学习。在晚上他人都准备入睡，而周围环境又比较昏暗的情况下，人的警惕性比较低，一时疏忽很容易引燃可燃物。夏天使用蚊香不当也是造成火灾的一大成因。

（三）学校监管不到位

校方领导对安全预防工作不够重视，把大量时间和精力用于教学和学校建设方面，而对安全的管理就比较薄弱。虽然经常强调安全工作的重要性，但制度落实不够，消防安全管理的力度有待大大加强。

（四）消防安全的宣传教育马虎

防火教育是学校教育的盲点之一，有些学校虽然开展了消防安全学习活动，但只是流于形式，并没有得到足够的重视。

（五）学校人口密度大，人员流动性大，消防通道少

学校就是一个小社会，既有生活区、教学区，又有家属区，既有公共娱乐场所、饭店、商业网点，又有教学楼、实验室、计算机房，构成了学校人员复杂且流动性大的特点。有些学校的部分消防安全通道却因各种原因被封闭，一旦发生火灾不利人员疏散，后果不堪设想。

（六）建筑物本身火灾隐患多

众多学校中建校史几十年甚至上百年的不乏其校，而这些学校中很多旧式建筑仍在使用中。这些建筑因当时法制不够健全，建筑防火结构设计和使用材料大多不符合防火规范，防火间距不够，电线铺设也存在一些问题。而且学校对消防安全上投入少，灭火器材不足，或年久已经失效，已很难满足消防安全的需要。

二、校园火灾的预防

（一）公安消防机构明确"隐患险于明火，防患胜于救灾，责任重于泰山"，应认真贯彻"预防为主、防消结合"的消防工作方针

学校人口密度大，发生火灾极易造成群死群伤的事故。要建立消防安全检查制度，定期组织防火安全检查，不定期进行安全抽查，通过检查及时发现并消除火灾隐患。同时，公安消防机构要加大执法力度，要充分发挥好属地派出所的监管作用，做到执法思想统一，问题发现及时，整改方案可行，责任落实明确，消除隐患彻底。公安消防部门要利用消防安全大检查的时机，对学生宿舍、食堂、锅炉房、燃气取暖设备、供电设施、仓库、实验室、阅览室、会议厅等人员密集场所或可能造成火灾事故的场所进行全面细致的检查，尤其是对校园内的危旧建筑、电网线路等进行重点排查，不留死角。对于发现的问题要立即处理，不能拖延。特别是学校应对学生宿舍这一校园火灾高发区给予高度重视。

对于宿舍内使用电器：一忌私拉乱接电气线路，随意增加线路负荷和不按标准安装用电设备；二忌电气线路老化后不及时更换或电线接头氧化、松动、油污不及时重接；三忌电器使用后或停电时不拔掉插头；四忌用钢、铁、铝丝等代替保险丝或超标准使用保险丝；五忌电器线路不穿管保护或沿可燃、易燃物敷设等。对学生公寓的违章用火问题也须采取积极有效的应对措施。坚持"一保安全、二保发展"的指导思想，认真彻底地组织贯彻安全管理制度，从客观上"防患未燃"。

（二）加强消防安全教育，使防火意识深入人心，从主观上"时时防火"

按照《消防法》的要求，将"消防知识纳入教学培训内容"。向学生开设消防安全课程或培训，提高他们应付火灾事故和火场自救的能力，火灾发生后如何灭火和逃生自救，如何利用安全通道疏散，如何防止窒息，使他们懂得自身的消防安全职责，懂得常用的防火巡查、火灾报警、扑救初期火灾以及引导众人和自身疏散逃生的知识，这些都是需要实践的课题，同时定期不定期地举办火灾事故和防火、灭火知识展览，教育全体师生员工树立安全责任心，时刻不忘消防安全。

（三）加强学校消防设施配备和管理

对消防器材配备不足的部分学校，要根据《消防法》规定进行配备。对学校失效的灭火器进行及时更换。学校相关负责人须定期对消防设施进行检查，主要是检查设施配备是否到位，设备是否可以有效使用，设施安装是否合理，室内外消防栓要定期检查开关的灵活性，灭火器干粉若失效要及时更换，气压不达标要及时充气，安全通道要保持畅通无异物。每次检查时要做好记录，发现问题立即解决，并定期整理存档。努力消除学校的消防安全隐患，以确保师生的生命安全。

三、建立消防安全管理制度

（一）防火巡查制度

指派专人负责消防安全重点部位管理工作，并坚持每日进行防火巡查。对巡查的情况要作详细记录，由巡查人员及其主管人员签字。对巡查中发现的火险隐患要及时纠正，妥善处置，当场无法解决的，要立即报告，发现初起火灾要立即报警并及时组织扑救。

（二）防火检查制度

有计划、有步骤地进行防火检查工作，重点部位的防火检查每月不少于一次，其他部位的防火检查每季度一次，年终进行全校消防检查。防火检查要认真填写检查记录，检查人员和被检查单位负责人要在记录上签名，并建立防火检查档案。对检查中发现的火灾隐患，能当场改正的当场改正，无法当场改正的，应书面报告有关部门，并加强防范措施，防止火灾事故的发生。学校消防安全领导小组定期组织学校有关部门对全校依法进行防火安全检查，对发现的火灾隐患及时下发隐患整改通知书，限期整改。

（三）用火安全管理制度

学校管辖范围内不得擅自动用明火，因教学、教研需要在校园、学生宿舍区、禁火区内动火的，应按规定实行严格的审批制度，办理许可证，明确动火地点、时间、范围、动火方案、防火措施、现场监护人、责任人，经审核批准后方能动火。校内各基建工地动火、用火，施工承包单位负责人应对消防安全全面负责，确保工地安全。

（四）用电安全管理制度

校内输变电设施必须严格按章管理，线路的安装、改造、维修必须由专门人员按规程作业。电工人员安装、改造、维修电器设备，必须严格按照规程操作，避免因操作失误、技术不熟练造成火灾事故的发生。严禁任何单位、个人在校内输电线路上私自乱拉、乱接电线。教学、教研用电设备要确定专人负责、按章管理，坚持人走拉闸断电。要严格学生宿舍用电管理，规定学生在宿舍用电的范围。

（五）消防安全宣传教育培训制度

学校要经常开展多种形式的消防安全宣传教育工作，通过校报、板报、橱窗、校园网、主题校会、班会、讲座、演出等多种形式开展经常性的消防安全宣传教育，提高广大师生员工的消防安全知识和技能水平。消防安全重点岗位人员应当至少每年进行一次消防安全培训。新上岗员工要进行上岗前的消防安全培训。

四、建立火灾事故应急预案

（一）建立报警程序

（1）迅速组织有关人员携带消防器具赶赴现场进行扑救。

（2）根据火势如需报警立即就近用电话或手机报告消防中心（电话119），报告内容为："……发生火灾，请迅速前来扑救"，待对方放下电话后再挂机。

（3）在向学校、教育局领导汇报的同时，派出专门人员到显眼位置或主要路口等待引导消防车辆进入现场。

（二）组织实施

（1）参加人员，在消防车到来之前，以校区内消防安全员和教师成员为主，其余人员（学生除外）均有义务参加扑救。

（2）消防车到来之后，校内人员配合消防专业人员扑救或做好辅助工作。

（3）使用器具，如灭火器、水桶、脸盆、铁锹、水浸的棉被等。

（4）学校各级领导和教师要迅速组织人员逃生，原则是"先救人，后救物"；或用扩音器宣传自救办法和安慰被困人员。

（5）无关人员要远离火场和校区内的固定消防栓，以便于工作，便于消防车辆驶入或操作。

（三）扑救方法

（1）扑救固体物品火灾，如木制品、棉织品等，可使用各类灭火器具。

（2）扑救液体物品火灾，如汽油、柴油、食用油等，只能使用灭火器、沙土、浸湿的棉被等，绝对不能用水扑救。

（四）注意事项

（1）火灾事故首要的一条是保护人员安全，扑救要在确保人员不受伤害的前提下进行。

（2）火灾第一发现人应查明原因，如是电源引起，应立即切断电源。

（3）火灾后应掌握的原则是边救火，边报警。

（4）不得组织学生参加灭火。

（5）发生火灾事故时，在向119消防指挥中心报警时，应立即报告教育局和当地乡镇人民政府。

（6）抢险救灾组等人员迅速疏散师生撤离到安全区域。

（7）积极配合消防人员灭火。

（8）在进行灭火的同时，应采取有效的隔离措施，防止火势蔓延。

附录：

火灾逃生儿歌：

第一诀：逃生预演，临危不乱。第二诀：熟悉环境，暗记出口。

第三诀：通道出口，畅通无阻。第四诀：扑灭小火，惠及他人。

第五诀：保持镇静，明辨方向，迅速撤离。

第六诀：不入险地，不贪财物。第七诀：简易防护，蒙鼻匍匐。

第八诀：善用通道，莫入电梯。第九诀：缓降逃生，滑绳自救。

第十诀：避难场所，固守待援。第十一诀：缓晃轻抛，寻求援助。

第十二诀：火已及身，切勿惊跑。第十三诀：跳楼有术，虽损求生。

第四节 学校公用设施事故的预防与应对

学校公用设施包括教学楼、食堂、公共厕所、体育场及场内设施、游泳馆、医务室、宿舍，等等。对学校公用设施使用不当，在很大程度上可能造成学校公用设施事故。例如，学校使用的教育教学和生活设施、设备不符合国家和本市的安全标准；学校的场地、房屋和设备等维护、管理不当；学校组织教育教学活动未采取必要的安全防护措施或未进行必要的安全教育；实验操作不当等原因都可能造成学校公用设施事故。

一、学校公用设施事故的预防

学校公用设施的管理和使用不当，都可能造成安全事故，所以学校要采取针对性的预防措施，以保障校园安全。

（一）加强安全教育工作

（1）运用各种形式，加强对学生进行行为规范教育、安全教育，增强学生的自我保护意识。

（2）加强对教师进行师德规范教育，增强责任意识和法制意识。

（3）加强对学校教育、教学和生活设施、设备以及场地、房屋和设备的安全检查，发现隐患要立即整改。

（4）明确教育对象，学校安全教育以学生为主，同时对教职员工开展教育。

（5）明确学校安全教育的内容，主要是消防安全教育，饮食卫生安全教育，用电用气安全教育，实验、实习及社会实践安全教育，劳动及日常生活安全教育，等等。

（二）教育方法和途径

（1）学校应有针对性地进行安全防范意识培养、安全知识教育和安全技能训练，重视加强紧急情况下撤离、疏散、逃生等安全防护教育，增强师生自救、自护和互救的能力。

（2）学校应在每学期开学初组织教职工认真学习安全知识。

（3）学校应根据学生年龄特点、认知能力和法律行为能力，确定各年龄段安全教育目标，形成层次递进教育。

（4）定期对学生进行集中安全教育，将安全教育渗透到教学、社会实践、日常生活及各类大型活动中。

（5）制定应急疏散预案，组织师生进行应急逃生演习，并传授发生意外事故的自救、自护知识和基本技能。

（6）向学生进行水陆交通安全、饮食卫生、消防安全和校内外活动安全的专题教育。

（7）针对安全教育的薄弱环节，开展宣传安全主题教育活动。

（8）学校应充分利用家长会、家长学校和家访等形式，加强家校联系，关注学生心理健康教育，防止和减少学生因心理疾病而发生的他伤、自伤、自残事故。

（9）严禁体罚学生或变相体罚学生。

（三）加强安全制度建设和检查工作

1. 建立学校安全工作责任制度

学校内部应层层建立安全责任制度。

2. 配备专职保卫人员，负责学校日常安全保卫工作

居于交通要道、闹市区或社会治安环境较差、规模较大的学校，要积极同公安、交警部门取得联系，争取在学生上学、放学时，派警员在校门疏导和排除干扰，保证学生出入有序安全。

3. 强化教育教学过程安全管理

学校应对教育教学工作的各个环节提出安全要求，尤其要加强实验室用电、用火、用水以及药品使用的管理，并对校内安全防范重点环节和重点区域加强管理。

4. 建立学校安全工作检查制度

学校应在每月第一个星期进行全面安全检查，特别在节假日应加强重点防范，杜绝事故发生。同时做好工作记录或检查记录。

5. 高效落实安全隐患整改工作

学校对教育主管、公安、消防等职能部门在安全督查中发现的安全隐患，应及时整改，对学校无力解决的问题应及时书面报告教育局，请示协助解决。

6. 建立学校安全工作考核制度

安全工作应列入学校内部管理、评估的重要内容。实行安全工作"一票否决

制",凡发生重大安全责任事故的学校,一律取消当年评优评先资格。

(四) 加强校内设施安全管理

1. 增设必备安全设施

幼儿园(所)楼上活动平台、二层及以上楼房窗户应加护栏、警示牌,加强对悬挂物、高处堆放物的管理。

2. 定期进行校舍勘验检查

发现险情(危房、危楼、危墙、危厕等)应果断采取应急措施,立即报告教育局,并协调、督促,以求尽快解决。

3. 定期检修消防设施、加强用电安全检查

消除漏电或线路老化等隐患。配齐配足消防器材,保持安全疏散通道畅通,保证灭火器械功能有效,有关管理人员必须熟悉使用灭火器等消防设施。设置人员疏散指示标志,开展夜间活动(包括上晚自习等)应有完好的照明设施和停电应急措施,确保紧急情况下师生能安全撤离和疏散。

4. 加强防火灾、防爆炸工作

严禁学生参加燃放烟花爆竹类活动,严禁在校(园)内焚烧纸张、垃圾。

5. 加强实验室易燃、易爆、放射、剧毒等危险化学品的管理

使用人员必须经过安全培训,熟知其安全防范、救治措施,并严格按照技术规范要求开展实验。除教学正常使用的少量化学试剂外,各种危险化学品应存放在危险品库或专用危险品橱柜内,实行双人双锁管理。

6. 加强校园计算机网络管理

防止反动、色情、暴力等不健康的内容影响学生。

(五) 加强健康与卫生安全管理

1. 严格教育教学设施的配备、使用、修检管理

学校体育器械等教育教学设施应严格按照安全和卫生标准配备,新器械和设备投入使用前,教师要先对其进行性能测试,完全合格方可投入使用,并定期进行检修。

2. 加强常规体育活动的管理

学校应加强对早操、课间操、体育课教学等校内活动的组织工作以及运动技术要领、准备、整理活动等方面的指导与安全保护,防止发生意外伤害事故。

3. 加强学生食品卫生安全管理

学校应认真执行《食品卫生法》等法律法规,为师生提供符合卫生标准的

饮用水和健康食品，杜绝过期、变质、有害、有毒及污染的食品进入校园；食堂工作人员应经卫生防疫部门批准，实行持证上岗，并进行定期体检。严防食物中毒和传染病的发生。对师生午餐应按要求保留餐样，特别要加强春秋两季传染病高发期的食品卫生管理，教育学生不到校园周边卫生状况较差的饮食店就餐。

（六）加强校园环境的管理

1. 严格宿舍管理

住校教师、学生宿舍要有专门机构或人员进行管理，学生宿舍的值班、会客、携物、安全等要有明确的规章，教师、学生宿舍一律不得留宿他人。非寄宿制学校，严禁招收住校生。教师不得将异性学生单独留在宿舍进行谈话、辅导或帮助料理其他事务。

2. 加强财务管理和固定资产管理

对重点部门和要害部位，学校应落实人防、物防和技防措施，有条件的学校应配备技术先进、质量可靠的监控设备，防止因管理不善发生失火、失窃等事故。

3. 净化周边治安环境

与公安、综合治理等行政执法部门密切配合，加强学校周边治安环境治理，为学生健康成长创造良好的环境。

二、制定相应的章程

在具体的学校公用设施的使用和操作过程中，为防止意外事故的发生，需制定相应的章程。现举例说明之。

（一）实验室操作章程

（1）学生进出实验室一律排队并由任课教师带领，按规定座次入座。

（2）未经教师允许，不得动用仪器及试剂，在进行实验时，各实验组只准取用自己桌上的仪器和试剂，不得到其他桌上去取用。

（3）取用药品按规定数量，用药、用水、用电、用酒精灯尽量节约，用完后立即关闭。操作时，要按规程严肃认真，准确迅速，注意观察记录，不得做未经教师允许的实验。

（4）实验后，把教师指定回收的药品一律交回，其他在实验进行中的所有废液、废纸等无用废品，要倒入废品桶内，不得倒在水槽内，以防止腐蚀或堵塞下水道。

（5）为保证地面不受药液物品损坏，严禁在地面上倾洒药液，丢弃纸屑废品。

（6）灼热的玻璃仪器不得直接放在桌面上，不得用凉水骤冷。

（7）在实验室内必须保持安静，不得大声喧哗打闹。

（8）实验室里的任何物品未经教师或实验室工作人员许可，不得拿出室外。

（9）实验完了应把用过的所有仪器洗刷干净，放归原处，擦净桌面，如有损坏的仪器要向任课教师说明原因，并登记在损坏物品登记簿上，按规定制度赔偿。

（10）实验完后立即清扫实验室。

（二）锅炉工安全操作规程

（1）锅炉工必须专门训练，经有关部门考核合格，发给合格证，方准上岗操作，严禁无证人员操作锅炉。

（2）锅炉工必须对锅炉的受压容量及其所有附件，都要彻底地熟悉和掌握。

（3）锅炉开火前，锅炉检修和清洗完毕后，锅炉的出气管、给水管及排气管上的临时堵板和堵头，必须拆除。

（4）安装入孔和手孔盖前要彻底检查炉内有无工具及杂物，同时要检查烟道，完全无误时再关严，螺丝必须紧固。

（5）水位表的气水考克要在开启位置，排污考克要在关闭位置上，玻璃管要经常保持清洁透明。

（6）所有安全阀及气压表要定期检验，保证有效。

（7）要经常检查排气管及池水管，必须保持畅通。

（8）输气管道要经常检查，发现漏气现象要及时进行修理，严格禁止带气压操作。

（9）开火时，要对燃料进行细致的检查，发现爆炸物及时汇报领导处理，严禁加入炉内。

（10）开火严禁使用强烈挥发性的油类和爆炸性的物料做引火物。

（11）开火时不可火力太猛，必须使锅炉墙和锅炉本体慢慢地加热和均匀地膨胀。

（12）水管锅炉必须保证膨胀水箱的正常状态。

（13）锅炉工在锅炉开火后，要经常检查水位表的水位，严禁水位超过标准线。

（14）锅炉在运行中，锅炉工严禁离开工作岗位，并禁止非锅炉工参加工作。

（15）锅炉工要严格根据气压规定标准进行工作，严禁超气压

(16) 锅炉每季必须进行一次小修,每一年必须进行一次大修,每周要进行一次试验。

(17) 锅炉工作人员必须在规定的值班时间内接班。

(18) 如接班人员没到,在班人员严禁离开工作岗位。

(19) 交班人员在交班前,应清炉、清除炉渣和炉灰,对锅炉附件设备进行检查,将发现的问题详细交代接班人。

(20) 锅炉房内严禁存放易燃物品,并要经常保持室内清洁宽敞。

第五节 学校运动伤害事故的预防与应对

一、学校运动伤害事故的内涵

学校运动伤害事故是指在学校组织的各种校内外体育活动、体育竞赛、课余体育训练和体育课教学中造成在校学生人身伤害或者死亡,以及对他人造成人身伤害或者死亡的事故。伤害可以分为人身伤害和精神伤害。人身伤害是指直接对身体造成有损害后果的创伤,造成的后果有明显征兆,或通过普通医学手段的身体检查能够做出鉴定,对造成的原因能够做出准确判断。而精神伤害则是指给被害人造成的思想、情绪、精神痛苦而引发的被伤害人的精神疾病。由于引起精神伤害的原因十分复杂,是否引发精神疾病又与人的个体差异有较大关系,而且引发精神疾病一般具有渐变的过程,难以客观准确界定造成伤害的直接外因,所以学校运动伤害事故一般是指人身伤害。

目前学校运动伤害事故有多种分类方法,由于划分依据的不同,分类结果也就存在很大的差异性。

(1) 从学校运动伤害事故发生的伤害轻重程度来划分,可分为:轻微学校运动伤害事故、中等学校运动伤害事故、严重学校运动伤害事故。

(2) 按学校体育组织形式可分为体育课事故、课外体育活动事故、体育竞赛事故和课余体育训练事故。

(3) 根据学校事故发生原因的不同,分为意外事故和过错事故。

(4) 从事故的表现形式上看,可以分为游戏型伤害事故、恶作剧型伤害事故、失职型伤害事故、突发型伤害事故。

(5) 还可将事故分为混合型事故、学校责任事故、学生责任事故、教师责任事故，等等。

学校运动伤害事故发生的特点主要有以下几点。

（1）学校运动伤害事故的频发性及不可避免性。由于体育运动总是在不停地超越自我，处于对抗、竞争中，经常发生大量的身体接触，难免会发生小到皮肤擦伤、韧带拉伤，大到在运动中致伤残或突然死亡的事故。

（2）学校运动伤害事故的潜隐性。影响学校运动伤害事故的因素有显性因素和隐性因素。显性因素是显而易见的，是一些客观存在的实体，能够被人们很好地认识，也较好控制。比如人的某些行为、场地器材的规格、数量、种类等。而隐性因素是潜隐的，没有客观的实体，人们只能靠一些表象来判断其可能的状态，以此来寻找控制的办法。比如人的认识、情感、意志、课堂气氛、学校环境等。但是由于人们认识水平的限制，对表象的判断不一定正确，造成人们对事物错误的判断。

（3）发生学校运动伤害事故的运动项目多样性。调查发现，造成学生运动伤害事故的体育项目和活动的内容也是多种多样，不仅仅有人们所知的容易造成学生运动伤害事故的足球、篮球等对抗性较强的运动，也有慢跑、游泳等非对抗性运动，而其随着一些极限运动、轮滑、山地车、定向运动等项目在高校中的开展，这些运动造成的伤害事故也在不断地扩大。

（4）发生学校运动伤害事故原因的复杂性。体育伤害事故的发生多数是由于当事人包括学校、体育教师、学生或其他非学校人员的疏忽大意、过失、渎职等原因。

二、学校运动伤害事故的原因

（一）学校

学校是学生接受教育的专门机构，学校除应依法开展教育教学活动外，在教育教学活动中学校有依法保护学生人身安全的义务和职责。保护学生安全，是学校开展正常教育教学活动的前提和基础，也是学校必须履行的法律义务。体育场地设施不符合规范要求，设备陈旧而造成的运动伤害事故，比如学生进行双杠支撑摆动时，杠架或杠柄发生断裂，学生摔下来而发生的伤害事故。

下列原因造成的学生体育伤害事故属于学校责任事故：①学校有关人员玩忽职守，致使学校体育设施倒塌，如学校篮球场上篮球架突然倒塌，正好砸在打球的同学身上，酿成惨祸；②学校体育设施陈旧老化或放置的位置不当；③学生有特异体质或者特定疾病，不宜参加体育教学活动，学校知道或者应当知道，但未予以必要注意的；④学校违反有关规定组织或者安排未成年学生参加不宜未成年人参加的体育运动的。

（二）学生

学生责任事故是由学生本人、其他学生过错造成的事故。学生事故主要分为他伤事故和自伤事故，他伤事故又可分为故意他伤和非故意他伤。如在足球比赛中，由于双方身体对抗激烈，往往会造成运动员情绪激动，因而会做出一些过激行为，学生在拼抢和射门时，故意猛踹或狠踢对方球员，致使对方球员的身体受到严重伤害，然而在比赛前教师已经强调了安全参赛事项，这里教师是没有过错的，此为故意他伤。非故意他伤，是指在同场比赛中，运动员在无意间给对方造成的伤害，如在篮球比赛中，双方激烈对抗，导致队员脚踝扭伤。有些事故是由于受伤害者自身所造成的，主要表现为：①不遵守课堂纪律，不听从教师的指挥，擅自行动或和同学打闹，学生纪律松散；②身体素质太差或存有生理缺陷而未通知教师，不能适应正常的体育教学；③技术动作不正确或未按教学要求从事超出自己运动水平的练习等。如学生在练习跳箱时，在助跑结束时，双手即将接触跳箱的一刹那，由于心里害怕，前胸直接撞到了跳箱上，而发生了伤害。另外，其他同学不遵守运动规则，动作粗野，严重违反体育道德；保护与自我保护不到位、不彻底；体育教学中学生缺乏安全意识，不听从指挥，我行我素，同学间打打闹闹等都可造成伤害事故。

（三）教师

教师责任事故是指由于教师的原因造成的学生体育运动伤害事故，即事故的发生与教师有着直接的因果关系。发生这类事故，教师应当承担主要或全部责任。我国《教师法》第8条明确指出了教师应当履行的义务：遵守宪法、法律和职业道德，为人师表；关心、爱护全体学生，尊重学生人格。下列原因造成的学生体育伤害事故属于教师责任事故：①体育教师体罚、变相体罚学生或者辱骂学生。②在履行职责过程中擅自离开工作岗位，违反职业道德或者其他相关规定的。③在体育课或学校组织的体育活动中，没有进行安全保护，教学中违反教学规范等而造成的学生伤害事故。

（四）多种原因

体育运动伤害事故的发生往往不是单方面的原因造成的，而是多种原因复合而成。体育伤害事故的发生多数是出于当事人包括学校、体育教师、学生或其他非学校人员的疏忽大意、过失、渎职，很少是出自故意伤害的意图。例如，在体操课跳山羊的教学中，学生跳过山羊后手扶地导致骨折，追查这件运动伤害事故的原因可能存在着学生技术动作不熟练、教师没有做好保护、学生有恐惧心理、山羊破旧损坏、场地湿滑等原因，这些都可能导致事故的发生。

三、运动伤害事故的预防措施

（一）学校责任事故预防措施

通过对学校责任事故原因的分析，结合专家意见，此类事故的预防措施主要有以下几个方面：

1. 场地设施、器材的维护与增加

第一，定期检查，及时维修。学校应对校内体育场地设施、器材进行定期检查，对已损坏的设施、器材立即维修或更换，把单双杠、沙坑、踏跳板列为重点检查项目，同时建立体育设施维护与保养制度，责任到人，定期检查和维修。

第二，体育场馆内部存在危险的设施、物品、位置等应给予警示，重视体育设施摆放的安全性。例如游泳池应被标出并注明"深水区"。

第三，适当增加场地器材的面积和数量，让学生有足够的场地器材使用，创造良好的体育环境，调动学生参加体育活动的积极性。

2. 健全卫生保健制度

第一，建立健全的学生健康档案。健康档案就是人的健康资料的文档形式，即体格检查、体质测试、身体素质测试、心理健康检查以及疾病等与健康的相关资料的文字、图片、图像及其他各种形式的原始记录。"病历"是最常见的医院为病人设计的"健康档案"。它是了解病人的病史、诊断疾病非常重要且不可或缺的资料，学生是祖国的人才，为每个学生建立健康档案是非常重要的。个人健康档案中的数据资料，便于体育教师、医务人员或本人根据个人的年龄、性别、体质状况安排体育教学、训练、锻炼内容，采取合理的教学方法，制订运动处方和科学健身计划，同时避免一些学生因特异体质造成的体育运动伤害事故的发生。

第二，定期对学生进行健康检查，谨防运动猝死的发生。检查的重点应当是心血管系统。导致猝死的最常见的原因有心脏病、脑血管意外、急性肝坏死等疾病。除上述与心血管疾病有关的患者不适于运动外，患肺炎、肝功能衰竭、肾功能衰竭、消化道出血、传染病以及急性热性病和精神病病人，在疾病未获痊愈时，不宜进行体育锻炼。所以学校要定期做好对学生的健康检查，一经发现有上述症状的学生要禁止其参加体育运动或责令其休学治病。

第三，对不宜参加体育活动的同学进行定期复查，做好医务监督。对于这类学生，学校要加强保护，做好这部分学生的安全教育，让其明白进行体育运动的严重后果，一经发现其参加体育运动则令其停止运动，并劝回家休息。

3. 加强学校安全管理

第一，加强师生的安全教育。安全教育就是按照社会的安全要求，运用一定的教育方法和手段，对受教育者进行安全知识、安全技能、安全意识等方面的教育，以提高受教育者的安全素质，保障其人身、财物安全和合法权益免遭侵害，促进其身心健康发展。安全教育是一种有目的、有计划的活动，对学生长期进行安全教育有利于：①保障学生身心健康，培养学生的安全素质，促进学生全面发展；②增强学生的自身免疫力，有效预防和制止侵害学生安全的事件、事故和学生违法犯罪案件的发生；③维护学校安全、家庭幸福和社会稳定，确保学校教学的顺利进行。学校应认真贯彻"预防为主，教育先行"的方针，高度重视和切实做好学生安全教育工作，教育中应以防伤害事故为主要内容。教育的方法可采用课堂教学法和警示教育法。教育的形式可多种多样，如举办专题讲座、办黑板报（宣传橱窗）、张贴宣传画、播放音像制品、树立宣传展牌、召开现场会、开设模拟法庭、组织学生旁听法院审判、参加宣判大会、开展安全知识竞赛等，这样可以让学生更好地学习、掌握安全知识，提高安全防范与保护的能力。同时，要加大对体育运动伤害事故发生的防范的教育力度，学校可以利用电视、广播、报刊、专题讲座，加大体育运动损伤宣传力度，警钟长鸣、防患于未然，将体育运动伤害事故扼杀在萌芽状态。

第二，构建保护救助专业人员体系。首先依据有关规定，对于学生进行体育活动的体育场馆、场所配备数量足够的、合格的安全保障人员，如医护人员、救生值班人员等。同时，还应根据其活动场所的项目特点，在相关岗位配备专业工作人员，以避免事故的发生和及时对事故进行紧急处理。如游泳场（馆）应当设置救生人员，且经过专业培训合格，持证上岗等。一旦意外事故发生，安全保障人员能够迅速做出正确反应，按照紧急事故手册要求、规定的对策采取行动。

第三，建立健全的学校体育安全工作责任制度。为确保学生的体育安全工作落到实处，学校应建立健全以分管校长为首的分级负责的体育安全管理保证体系，使体育安全管理责任明确、协调配合、齐抓共管。①由分管校长挂帅的学校体育安全教育与管理工作领导小组，全面负责学校体育安全工作。②校党委书记为首的体育安全思想工作保证体系，做好体育安全思想工作，让每位师生员工都把体育安全工作作为自己的一件大事。③校团委、学生会为首的学生体育安全工作保证体系。④由专职人员组成的保卫处,对学校体育安全工作进行督促、检查和协调,维护体育教学、训练的正常进行,为学生的课外体育锻炼保驾护航。

第四,减少单位班级人数和上课班级数量,并增加学生单位活动面积。在减少单位班级人数方面,可以采用小班化上课,尽量把班级人数控制在30人以内;在上课班级数量太多,相互干扰严重方面,学校应统筹安排体育课,尽量错开场地器材集中的运动项目上课时间,避免相互干扰影响;在增加学生单位活动面积方面,希望能引起领导的重视,摒弃重文轻武的思想,加强场地设施建设。

(二) 学生责任事故预防措施

1. 增强学生运动伤害事故的防范意识

一定要让所有的学生都认识到,在大部分体育活动中,都有伤害风险的存在,从思想源头上进行预防,提高安全意识,提醒学生不能麻痹大意。体育教师在每次课上向学生讲解安全注意事项,检查并制止学生佩戴手表、项链、钥匙等物品。

2. 明确"患有特异体质疾病学生禁止参加体育活动"的严重性

在开学之初,让有疾病的学生进行登记,对这部分学生进行体育康复的锻炼或遵照医嘱,轻微锻炼或不锻炼,讲明"患有特异体质疾病学生禁止参加体育活动"的严重性,从而降低运动伤害事故发生的风险。

3. 科学进行体育锻炼

第一,运动时要戴好护具,避免佩戴易伤他人或自己的饰物。一些运动项目对抗激烈易发生损伤,如篮球、足球,另一些运动项目虽无对抗性但其本身的危险性很高,如轮滑、攀岩,在从事这些运动时应当佩戴护具。

第二,适当的运动量和强度。在体育活动时,运动量和强度是因人而异的,在平常锻炼中强度上都要合理安排运动量,凭自己的身体感觉来进行调节,使自己始终维持在"有点累"的感觉上。

第三,进行体育活动前要做好准备活动。准备活动可以使其机体迅速进入工作状态,防止因身体的惰性而造成肌肉拉伤、扭伤等意外损伤。在教学中体育教师应当根据不同的项目、季节和气候因素合理地安排准备活动内容和运动量,因为准备活动不足是导致产生伤害事故的重要原因之一。

第四,体育活动中应正确合理运用技术动作和自我保护动作。

第五,要全面发展学生的身体素质。通过合理的教学安排和计划,发展学生的速度、力量、耐力、灵敏、柔韧、协调能力,全面提高他们的身体素质,抵御运动伤害事故的发生，同时养成良好的锻炼习惯，也为终身体育活动打下基础。

4. 开展校规校纪教育，增强学生的纪律观念

从目前学生体育安全事故的发生来看，表面上往往都有一定的偶然性，但偶然中隐藏必然。因此，对学生进行体育安全教育，必须建立和完善学校体育中教学、组织、管理等各方面的规章制度，把法律和道德规范具体化。学生必须掌握一些运动损伤应急处理方法，充当第一救护人。学校可以通过开设专门的运动损伤处理方法课程，以此让学生学会一些基本的损伤（如肌肉痉挛、擦伤、扭伤等）处理方法。

5. 加强心理健康教育

学生正处于生理的发育时期，心理教育也尚未成熟，他们思想和行为的波动性比较突出。因此，对学生进行体育安全教育应加强心理学知识，让学生了解更多的心理卫生知识，开设心理咨询服务，给学生建议、鼓励、诱导，帮助学生正确认识和对待社会、学校、家庭以及自身学习、工作和人际关系中的种种矛盾与问题，缓解其焦虑，排遣其苦闷，化解其矛盾，恢复心理平衡，矫正不良行为，提高他们正确认识和调节自我以及应付各种事件的能力，把事故消除在萌芽状态。

（三）教师责任事故预防措施

随着素质教育的深入推广，学校体育教育教学的内容和形式都将更加丰富，体育教师要不断地更新教育观念，贯彻以人为本的教学理念，采取积极有效的教学方法和措施，防患于未然。体育教师要对自己所从事的体育职业有极强的事业心、高度的社会责任感和历史使命感。针对体育课中学生发生体育运动伤害事故的原因，体育教师应从以下三个方面做好预防工作：

第一，教学内容、方法、组织管理要科学合理，教学内容设计要合理，要针对学生的生理、心理等特点选择教学内容。体育教师认真钻研教材教法，制订合理的学年学期教学工作计划，对教学安全具有重要意义。体育教师要采取合理的教法，科学地安排练习顺序。此外，体育教师还要充分地了解和掌握教材的重点、难点，以及容易发生伤害事故的环节，做好预防准备工作。

第二，课前要仔细地检查场地器材。学校应提高安全设施管理者的警惕性与责任心，定期检查学校的各种设施的安全情况，对学生经常聚集区的公共设施进行检查。在学校的权职范围内，对发现的问题及时进行解决，对确实不能使用的体育器材和设施，应主动地与学校有关部门取得联系，做到及时更换。

第三，做好易伤体育教学内容的安全防范工作，做好准备活动。由于足球、

篮球、技巧和器械体操是比较容易发生伤害事故的体育教学内容和体育活动内容，因而体育教师对这些活动内容要尤为重视。

第六节 学校溺水事故的预防与应对

一、溺水事故的内涵

溺水是人们在游泳或失足落水时发生的意外伤害。它在儿童青少年意外死亡构成比中占40%左右，是儿童青少年意外死亡中最主要的原因之一。溺水多发生在小学高年级和初中学生中，他们往往缺乏安全观念和有关知识，常背着家长、老师去非开放水域戏水或游泳。由于不了解水情或体力不足、或缺乏游泳技能而发生溺水。常常是游泳时间过长，而引起手足抽搐，或因水温过低发生痉挛而失去游泳能力。有的学生平时患有心脏病或其他疾病，游泳时旧病复发而致溺水。溺水的发生率农村高于城市，河流、水库、鱼塘密布的地方和沿海的地区发生率较高。报道比较多的主要是江南地带，各地的发生率不等，发生溺水的年龄主要集中在1~24岁，5岁以下儿童主要因玩水发生淹溺，5岁以上则多是在游泳时发生淹溺。因男孩更爱玩水和游泳，男性溺水多于女性。溺水有明显的季节分布特点，主要集中在夏秋季。

二、溺水事故的原因

（一）儿童自我保护能力较差

儿童溺水死亡率最高的年龄段为1~4岁期间。主要是由于这个年龄段的儿童，生长发育的速度很快，学会走路后的孩子独立性不断增强，对周围的世界充满了好奇和探索的欲望，好动好跑，爱玩水。另外，由于生理发展的限制，幼儿不能很好地控制自己的身体和行为，遇到危险又缺乏逃避的意识。其次便是青春期的孩子。青春期的孩子富于尝试和冒险，独立性增强，与开放性水体如江水、河水、水塘等接触机会增多，没有意识到水体的危险性，对自己的游泳能力也没有足够的认识，迫于同伴的压力或喜欢尝试冒险而发生意外。

（二）学生单独到江河、湖泊游泳

学生放暑假期间无纪律约束，自行到江河、鱼塘、湖泊、海水中游泳或学游泳。由于经验不足，环境不熟，技能有限，又常常在水中嬉戏，有时盲目冒险，很容易发生意外。况且在发生意外时，中、小学生自救或互救能力及经验都不足，往往导致死亡。

（三）忽视准备活动

下水前没有进行必要的准备活动，下水后受冷水的刺激而引起肢体肌肉抽搐、失控而下沉。在北方地区冰层不厚的情况下，溜冰时不慎掉入冰窟中，是寒冷的冬季发生溺水的主要原因。

（四）自救、互救意识能力不足

2011年11月，一名11岁小女孩救人溺亡。

2012年6月，岳阳一名12岁少年救人溺亡。

2013年，一名湖北小学生救人溺亡。

……

孩子救人而亡本身是值得肯定并给予表扬的，但是我们不主张也不鼓励他们不顾个人安危去施救。不提倡未成年人和不识水性者盲目施救，于这两类人而言，应及时报警，更应该做的是"见义智为"。

遇到有人溺水，一般会面临两种情况：急救人员会游泳和不会游泳，要分情况准确把握。不识水性的解救者可以大声呼喊，并拨打救援电话，如果身边有长木杆或绳子，可以利用这些工具救人。如果有救生圈，可以利用救生圈试图接近溺水者，但不能游太远，等待救援者到来。对于自己游泳时万一发生溺水或脚部抽筋，游泳者千万不要慌张，要大声呼喊让周围的人尽早发现自己，同时，尽可能将嘴露出水面，等候救援。

三、溺水事故的预防

夏季天气炎热，游泳有利有弊，既是广大学生十分喜爱的运动形式，同时又有一定的危险性。每年青少年学生因游泳而引发的溺水事故时有发生，且大多发生在校外，发生在脱离学校管理的时段。因此各级教育行政部门和学校需要注意以下三点。

第一，各级教育行政部门和学校要切实加强对暑期学生安全保护工作的领导，增强防范意识和责任意识，把学校和学生的安全管理工作作为暑期各项工作的重中之重抓紧、抓好、抓实，确保广大师生的生命、财产安全，确保学校的安全与稳定。

第二，进一步加强学校与家长、社区的联系，共同做好青少年学生校外游泳安全工作。各级教育行政部门和学校要认真分析本地、本校特点，切实加强与家长、社会有关部门、社区的联系，组织、动员全社会都来关心青少年学生的生命安全，尽力减少游泳溺水事故的发生。通过《告家长书》、家校联系卡、家访等多种形式督促家长履行监护人职责，增强家长安全意识和监护人责任意识，共同做好学生的安全教育与防范工作。同时，要联合共青团、少先队、社区等单位，组织开展丰富多彩的青少年学生校外活动，确保广大学生过一个安全、健康、有意义的暑假。

第三，对溺水事故，学校不应消极预防，而应积极应对。最好的预防是教会学生游泳，学会在突发事件发生时自救、自护。为此，学校一要加强管理；二要加强教育；三要采取必要措施，科学预防溺水事故发生。

1. 加强管理

（1）学校要制定《溺水事故应急预案》，明确相关人员责任和分工。当事故发生时，能够迅速、果断处置。

（2）学校要与当地政府和社区一起积极创造条件，在学校周边不适于游泳的水域插上警示木牌，提醒学生不得下水。

（3）农村地区特别是山区，夏季暴雨季节易发生学生在上下学的路上被洪水围困或冲走的事故，学生家长与教师要了解学生所经过的道路存在哪些隐患，并采取有效的措施，防止学生不慎落水或被水冲走。

（4）加强学校与附近水域地区居民的联系，发放学校事故警报联系卡给居民，便于居民一旦发现异常情况马上告知学校。农村学校可以通过发放"告家长信"，在池塘边、江边等设警示性标志，实行学生放学"路队"制，聘请游泳安全巡视员或义务监督管理员，预防学生发生溺水事故。

2. 加强教育

（1）学校可根据当地的季节变化，及时对学生进行防溺水教育。初夏与暑假前是防溺水教育的重点时间段，雨季教育重点是预防学生被洪水冲走，初冬与早春应提醒学生预防落入冰窟而溺水。

（2）学校要教育学生不得在没有成人带领的情况下私自游泳。更不许在上下学路上和节假日私自或结伴到非游泳水域（如水库、池塘、湖泊、河流、水坑等）游泳。下水前要作充分准备活动，游泳时，根据自己的体力和能力量力而行。饥饿和疲劳时，不宜下水。

（3）学校要通过学生家长会，向家长宣讲防溺水的知识，请家长与学校配合，共同做好学生工作。教育学生不去不明水域游泳，不在没有成年人带领的情况下游泳，提高防止溺水的意识和能力。

3. 要教会学生游泳和自救

（1）教师在指导学生学习游泳时，除让学生通过大量的练习熟练掌握游泳的基本技能外，还要训练学生在出现溺水的迹象时（如被水草缠住或腿抽筋），如何自救并进行相应的训练。

（2）在正规游泳池和进行游泳训练的场所，要教育学生不得打闹，不得在水下拽腿，以防呛水。在不了解水域深浅的地方不练习跳水，以免造成危险和伤害。

（3）教师要教育学生，在水中发现有危险时，要沉着冷静，不要紧张，因紧张会使身体的密度加大，更容易迅速沉入水中；也不要乱扑腾，尽可能使鼻子露出水面呼吸，呼气要浅，吸气要深。因为深吸气时，人体密度减小，可浮出水面。

（4）中小学生属于未成年人，救助他人的能力有限。要教育学生，发现有人溺水时，不能贸然救助，防止在救助他人时自己溺水身亡。在这种情况下，要向四周大声呼救，请周围的成年人救助溺水者。当周围没有人时，可跑到距事发地点最近的村庄去求救。现场可用投木板、救生圈、长杆、绳子等方式，让落水者攀扶上岸。

四、溺水事故的应对

（一）抢救措施

1. 现场抢救

当发现溺水者，应该积极进行抢救。不会游泳的救护人员，可将竹竿、绳索或木板等物抛给溺水者抓住，再拖其靠岸，并呼唤他人前来抢救，不容稍有耽误。会游泳的救护人员，应当迅速从溺水者的后面抓住其头部或腋窝，采取仰泳姿势，将溺水者救出水面。注意不要从正面接近溺水者，以免被溺水者抱住，双双下沉。

2. 控水方法

将溺水者救上岸后，迅速清除口、鼻内的污泥、杂草及分泌物，如有活动假牙应取出，以免坠入气管。解开衣扣、腰带后，利用头低、脚高的体位，将溺水者呼吸道和胃里的水压出。年幼儿童溺水时，可倒提其双足，或将溺水者腹部扛在救护人员的肩上，头部向后自然垂下，救护者抱住溺水者的双腿，快步走动，使腹部积水倒出。溺水时间短，溺水量少的溺水者经过控水后，情况会迅速好转；但有的溺水者控水后效果不明显，就不必再多花时间，应立即采取其他急救措施。

3. 人工呼吸和心脏按压

救护人员用耳朵贴在溺水者心脏部位，听听有无心跳，同时测脉搏，观察溺水者有无自主呼吸。如溺水者已无呼吸，听不到心跳，应立即用拳击心前区3~5次，往往可使心跳恢复，然后实行胸外心脏按压。操作者可双手交叉，用手掌根部压在溺水者胸骨下端，肘关节伸直，有节奏地向脊柱方向压迫胸骨下端，每分钟100次左右，以推动心脏排血。另一位在场者同时做人工呼吸。方法是：一手捏住溺水者鼻孔，先深吸几口气，把自己吸入的气用力快速吹入溺水者的口中，随后松开鼻孔，每分钟20~25次，如此反复，即胸外心脏按压4次，口对口吹气1次。吹气时见溺水者胸部隆起，说明人工呼吸有效，持续进行心肺复苏直到成功或医生赶到。

若溺水者救上岸时心跳呼吸均有，清堵后立即予以倒水（体位引流）。方法是：救护者单腿跪地，另一腿屈膝而立，将溺水者匍匐在救护者的膝盖上，使其头部下垂，按压其腹背部，促使溺水者肺组织及胃内吸入的水快速排出，病情即见好转。需要指出，千万不要只顾倒水而延误心肺复苏。在抢救溺水者的过程中要注意溺水者的保暖，可将其湿透的衣服及时换掉，擦干全身后用干的被单、衣物等给予保暖。现场初步急救后，视情况再转送附近医院进一步救治。

4. 注射强心剂

如心跳已停止，可用1‰肾上腺素0.5~1.0ml作心脏内注射，并酌情重复使用。还可肌注中枢兴奋剂（尼可刹米、咖啡因等）。针刺合谷、人中、内关、太冲、丰隆等穴，对于兴奋呼吸中枢、恢复呼吸有一定作用。

（二）建立溺水应急预案

1. 启动应急预案

当得知学生发生溺水的消息后，立即启动《溺水事故应急预案》。学校要立刻拨打电话110和120请求警务人员和医务人员迅速赶到现场救助。同时，学校领导要迅速赶到现场。

（1）快速了解落水的准确地点与基本情况。

（2）在迅速组织营救或拨打求助电话的同时，向上级报告。

（3）如事发时间属于学生在校时段，应迅速与家长取得联系。

2. 组织抢救和治疗

（1）迅速组织现场救助工作，组织有经验的成年人抢救落水者。

（2）当把溺水者打捞上岸后，应先清除其口腔、鼻孔里的淤泥，清空肚子里的积水，再进行抢救。对心跳、呼吸停止者，应及时进行心肺复苏术，尽快使其恢复正常的心跳与呼吸。进行初步的现场救助后，应快速将溺水者送到医院进行进一步的救治。

3. 三点注意事项

在处理事故的过程中，要做到以下三点。

（1）要与有关部门配合，迅速抢救。

（2）要报告上级有关部门。

（3）要做好溺水死亡者家长的工作。

第七节　学校踩踏事故的预防与应对

一、踩踏事故的内涵

学校中的拥挤踩踏事故是导致学生群死群伤的恶性事故，一旦事故发生，往往会造成多名人员的死伤。第一，易发生事故时间：事故多在下晚自习、下课、上操、就餐和集会时，学生集中上下楼梯，且心情急切。第二，易发生事故地点：事故多发生在教学楼一、二层之间的楼梯转角处。第三，易发生事故的学生群体：事故发生主要集中在小学生和初中生。他们年龄较小，自我控制和自我保护能力较差，遇事容易慌乱，使场面失控，造成伤亡。第四，易发生事故的设施设备因素：一是通道狭窄，楼梯特别是楼梯拐角处狭窄，不能满足学生集中上下的需要；二是建筑不符合标准，一栋楼只有一个楼梯，不易疏散；三是照明不足，晚上突然停电或楼道灯光昏暗，没有及时更换损坏的照明设备，也容易造成恐慌和拥挤。第五，易发生事故的管理因素：一是学生在集中上下楼梯时，没有老师组织和维持秩序；二是学生上晚自习时没有老师值班，下课时无人疏导；三是个别学生搞恶作剧，在混乱情况下狂呼乱叫，推搡拥挤，致使惨剧发生；四是没有对学生和教师进行事故防范教育和训练，无应急措施。

二、踩踏事故的特点和原因

第一，具有时间性。学生集中放学或者课间集会活动或者下晚自习之后，学生较为集中上下楼梯时段，学生上下楼的心情急迫；第二，具有地点性。学校楼梯踩踏事故地点多数发生在教学楼第一层或者第二层之间的楼梯处，第四和第三层的学生下到此处与第二层学生会合集中，容易形成拥挤而导致事故发生；第三，具有情绪性。由于人多拥挤，再遇突发事故，中小学生不易控制自己情绪，往往遇事慌乱，失去理智，常常拥挤、怪叫，使场面失控，导致踩踏事故；第四，自我保护能力差。由于中学生特别是小学生生理原因，不会更不善于自我保护，在拥挤时容易滑倒、绊倒、踩空栽倒，或失掉东西或者鞋子被踩脱，而弯腰拾物或穿鞋被挤倒，造成后面学生拥上来挤压和踩踏事故；第五，缺乏组织性。放学或者集会、上下自习，学生上下楼集中，往往楼梯现场无教师维持秩序，或维持、疏导和指挥不力，或者由于太拥挤而疏导失控，而导致踩踏事故发生；第六，具有恶作剧性。由于平时缺乏对学生及教师进行楼梯踩踏事故防范教育和自救训练，夜间学校突然停电又无应急照明措施，个别学生趁楼梯拥挤制造恶作剧，趁机发泄情绪或恶意取乐或有意或者无意推搡，致使楼梯踩踏惨剧发生；第七，具有气候性。学校楼梯踩踏事故发生往往与气候或者季节、或者夜间学校突遇停电有关，或楼道楼梯灯光昏暗，楼梯无灯光或者视线差，个别学生因失足跌倒造成踩踏伤害事故；第八，具有超流动性。发生学校楼梯踩踏事故，往往与楼层班额太多，楼道楼梯较窄，突遇学生集中，而不能满足学生特别是超大班、超高楼层条件下学生集中疏散和上下楼梯的需要而发生。

三、踩踏事故的预防

学校必须对踩踏事件引起足够的重视，必须加大力度采取必要的预防措施，保障学生的人身安全。

（一）以健全制度、落实责任为核心，切实加强学校内部安全管理工作

地方各级教育行政部门尤其是县级教育行政部门要增强安全工作的责任感，切实负起责任，加强行政区域内中小学的安全管理工作，提出预防拥挤踩踏事故的具体办法。中小学校要尽快健全校内各项安全管理制度，将安全工作的各项职责层层进行分解，落实到人，每一位班主任、任课教师都要担负起对学生进行安全管理和教育的责任。要专门针对预防学生拥挤踩踏事故建立制度，提出要求，采取措施。要从学生实际出发，在上操、集合等上下楼梯的活动中，不强调快速、整齐，适当错开时间，分年级、分班级逐次下楼，并安排教职工在楼梯间负责维持秩序，管理学生。要定期检查楼道、楼梯的各项设施和照明设备，及时消除安全隐患。校舍楼梯、通道的设置要符合安全要求和国家有关规范。要制定预

防校园拥挤踩踏事故的应急预案，做好防范，避免发生此类事故。特别要加强对县镇中小学、乡中心学校、农村寄宿制学校的安全管理工作。要全面提高学校校长和教师的安全责任意识，要针对学校普遍存在大班额的现实和安全隐患较多的现状，提出有效的事故防范要求。学生晚间自习，必须有教师值班，出现停电或楼梯间照明设施损坏时，要及时开启应急照明设备，同时学校领导与值班教师要立即到现场疏导。

（二）以检查教学楼楼梯、通道等拥挤踩踏事故多发地点为重点，认真开展校园隐患大排查

中小学校要认真检查本校教学楼楼梯、通道的设置是否符合规范。要将检查情况登记造册，并报告当地教育行政部门。对于不符合要求的，当地教育行政部门应书面报告当地政府，并在政府的统一领导下，会同建设部门提出整改办法。同时，当地教育行政部门要将目前学校大班额和超大班额的情况报告当地政府，在当地政府领导下，落实好学校管理和安全工作。今后，新建校舍的建筑质量、选址、建设等要充分考虑安全因素，严格执行国家有关标准，凡因建设标准和使用不符合规定的，一旦发生安全事故，要严肃追究有关部门和领导的责任。中小学校要对教学楼楼梯、扶手、楼梯间照明设施进行全面检查，及时清理楼道、楼梯间堆积物，确保楼道、楼梯通畅。要加固已损坏的楼梯扶手，更换不符合购置安装规范的楼梯间照明设施，并落实专人定期检修，发生损坏及时修复或更换。

（三）以提高安全意识和防范能力为目标，深入开展学生安全教育活动

中小学校要通过各种丰富多彩的活动，如团队活动、主题班会、黑板报等多种途径和形式对学生深入开展预防拥挤踩踏事故的专题教育，让学生充分认识发生拥挤踩踏事故的主要原因、严重后果及其防范措施，了解在楼梯间打闹、搞恶作剧的危险性。要在教学楼楼梯间设置指示、警示标志，告诫学生上下楼梯相互礼让，靠右行走，遵守秩序，注意安全。要制定应急疏散预案，每学期组织学生演练一次，提高学生应对突发事件的实际能力。可以专门组织主题班会，教师与学生一起参与讨论如何防止拥挤踩踏事故的发生。

四、踩踏事故的应对措施

第一，拥挤踩踏事故不断发生，严重危害了学生的生命安全。各级教育主管部门、各级各类学校领导都要吸取此类事故的沉痛教训，从讲政治、保稳定的高度，从立党为公、执政为民出发，按照构建和谐社会、打造平安校园的要求，本

着对学生高度负责的精神,进一步提高认识,培养学生的生存能力,切实预防拥挤踩踏等事故的发生,为教育创造良好的发展环境。

第二,各学校要建立健全学生上下楼梯、课间操、集会和放学时间的教师值班制度。对楼梯要划分左右线,集会、放学时段,学生上下楼梯要适当分流,如建立固定行走路线、错开上下时段制度,保证楼道楼梯照明、设施安全检查制度等,加强对楼道楼梯管理力度,认真检查,切实保障师生的生命安全。

第三,各校要加强对学生安全知识的教育和技能的训练,明确要求学生在上下楼梯时要遵守上下楼秩序,不拥挤、不凑热闹,特别是上下楼梯靠右行,听从值班教师指挥,不拥挤打闹等。教育和训练学生在上下楼梯时鞋带松散不系鞋带、不捡掉在地上的物品、不攀肩而行、不高声喧哗、不搞恶作剧如尖叫、乱喊、开玩笑等,不快跑、乱窜和不参与拥挤,发现拥挤苗头及时撤离,提高自我防范踩踏事故的能力。

第四,凡学校公共疏散通道,特别是楼梯容量较小,不能满足学生遇突发事件疏散需要的要增加辅助设施,确保疏散通道畅通。各学校要严格执行学籍管理规定,避免大班额招生。凡班额超过规定标准的学校,要严格控制转入、借读等,切实控制班额。同时采取有效措施,避免小学建立超过三层、初中超过五层的教学楼。政府部门要按规定扩建校舍、配备教师、分流大班。如因班额过大、楼层过高发生重大安全事故,将追究主管部门有关人员或者校长的责任。

第五,各学校要针对不良气候、突发停电、学校放学和其他集体活动后上下楼梯可能发生踩踏事故制定预防预案,建立"一岗双责",定岗值班疏散学生责任制度,要结合本地学校实际情况,进行预防楼梯踩踏事故教育,制定预防学校楼梯踩踏事故预案,加大培训和个人责任力度,定期进行上下楼梯疏散技能演练,让所有师生熟练掌握楼梯突发拥挤时的避险、逃生、自救和请求他救的方法。切实采取预防踩踏事故发生措施。

第六,各教育主管部门和各学校,要定期开展学校安全楼梯、楼道安全检查,重点检查楼道设施、设备,预防踩踏事故的上下楼梯安全教育与技能训练、楼梯突发事故预案制定和责任落实等,发现安全隐患及时上报的同时要立即整改。对学校楼道安全检查、安全教育和技能训练开展不力的学校或责任人员,要在教育界范围内进行通报批评,必要时,对切实不重视安全教育和技能训练的领导或者校长还应采取行政措施,从组织上做到切实保证预防学校楼道踩踏事故的发生。

第七,建立楼道安全管理制度。为加强学校楼道(学生聚集场所如教学楼、宿舍等的楼梯间和通道)的管理工作,维护正常教学生活秩序,杜绝拥挤踩踏事故发生,结合学校实际情况,特制定本制度。

（1）加强楼道管理是学校日常安全工作的重要内容，重点部门是教学楼、学生公寓楼和其他学生集中通过的主要通道；重点时段是集会、课间休息、晚自习和集中放学时间。对操场等场所大规模集体活动的人员疏散问题，以及宿舍等在紧急疏散中的楼道安全问题也应高度重视。实行楼道安全负责制，具体人员安排附后。

（2）值周领导和值周教师要随时检查，确保楼道设置符合国家建设要求：栏杆安装牢固且高度达到标准；楼梯坡度及踏步高度、宽度符合规范；楼道中不得存在门槛及其他障碍物，雨后的积土必须及时清除；楼梯踏步上画出中线标识，旁边应有醒目标识提醒"靠右慢行"；晚上必须使用照明灯具并确保照明亮度（必要时应加装应急照明灯）；危险设施必须停止使用。

（3）中小学各部要结合实际健全楼道管理制度，落实管理责任，加强检查督促。楼道安全负责人要及时排查安全隐患，存在的问题必须立即整改；一时难以彻底改造的要采取重点监管措施。检查监控记录要进入安全工作档案。对不认真履行职责的人员必须及时追究责任。

（4）中小学各部在班级教室、学生活动等安排上要充分考虑安全疏散问题。学生集中通过楼道时，必须保证出口全部开启并安排人员在相应位置值守（巡查），指导学生有秩序通过，重点时段值周领导和值周教师以及楼道负责人要加强对重点部位的巡视。

（5）通过经常有针对性的宣传教育活动，加强学生日常行为教育。培养他们遵守秩序、相互礼让的文明习惯；掌握正确通过楼道的要求和在拥挤场所自我保护的知识；注意发挥学生自我教育、自我管理的作用。

（6）建立健全楼道安全突发事件应急预案。预案要针对临时停电和其他可能的意外，突出操作性。重点是在特殊情况下快速反应，准确判断危险，及时采取正确处置措施，维护现场秩序，避免事故发生。预案必须为全校师生员工熟知并做好相应物资保障准备，通过各种演练不断加以完善。

（7）加强监督工作。学校要努力调动师生员工积极性，形成人人关心安全的校园氛围。楼道值班（巡视）要求和具体安排都要在醒目位置张贴，落到实处并接受群众监督。学校楼道存在的问题、应对措施和对学生的要求，都要向学生及其家长公布，接受他们的监督，共同配合做好各项工作。

（8）值周教师要把学校楼道管理情况作为日常安全监管的重要内容，加强检查督促。要及时准确掌握情况，总结、宣传，针对存在的问题和薄弱环节，及时向校行政领导汇报，以便采取有效措施，确保楼道安全。

附：

预防踩踏十大注意：

（1）人多的时候不拥挤、不起哄、不制造紧张或恐慌气氛。

（2）尽量避免到拥挤的人群中，不得已时，尽量走在人流的边缘。

（3）发觉拥挤的人群向自己行走的方向来时，应立即避到一旁，不要慌乱，不要奔跑，避免摔倒。

（4）顺着人流走，切不可逆着人流前进，否则，很容易被人流推倒。

（5）假如陷入拥挤的人流时，一定要先站稳，不要弯腰捡鞋子或系鞋带。有可能的话，可先尽快抓住坚固可靠的东西慢慢走动或停住，待人群过去后再迅速离开现场。

（6）若自己不幸被人群拥倒后，要设法靠近墙角，身体蜷成球状，双手在颈后紧扣以保护身体最脆弱的部位。

（7）在人群中走动，遇到台阶或楼梯时，尽量抓住扶手，防止摔倒。

（8）在拥挤的人群中，保持警惕，发现有人情绪不对或人群开始骚动时，就要做好准备保护自己和他人。

（9）人群骚动时，千万不能被绊倒，避免成为拥挤踩踏事件的诱因。

（10）当发现自己前面有人突然摔倒了，马上要停下脚步，同时大声呼救，告知后面的人不要向前靠近。

五、建立踩踏事故的《应急预案》

（一）建立应急预案

学校一旦发生踩踏事故，要立刻采取有效的应对措施，最大限度地减少事故对学生造成的伤害。

1. 启动应急预案

踩踏事故发生后，学校要立即启动《学校拥挤踩踏事故应急预案》。迅速拨打120、110电话呼救，抢救受伤人员。在规定时间内向上级有关部门报告，同时做好伤亡者家长的工作。

2. 快速疏导现场人员

学校要利用一切有效手段快速疏导现场人员，让学生尽快疏散到安全地点，禁止无关人员滞留现场，防止有人故意制造恐慌气氛，避免再次发生事故。

3. 紧急救护伤者

在专业医务人员到达之前，学校要抓紧时间用科学的方法进行自救和互救。

（二）如何进行现场急救

当学生受伤后，在事发现场应积极采取正确有效的救助措施，为救治伤者赢得时间。

1. 大量出血不止的处置

受伤者被伤及较大的动、静脉血管，流血不止时，必须立刻采取止血措施。常见的止血方法有加压包扎止血法和指压止血法。加压包扎止血法是用干净、消过毒的厚纱布覆盖在伤口，用手直接在敷料上施压，然后用绷带、三角巾缠绕住纱布，以便持续止血。指压止血法是用手指压住出血伤口的上方（近心端），阻断血流，达到止血的目的。

2. 发生骨折的处置

发生骨折后，应设法固定骨折部位，防止发生位移。固定时，应针对骨折部位采取不同的方式，可用木板、木棍加捆绑的方式固定骨折部位。受伤者发生骨折无大量出血，且事故发生地离医院较近时，可让受伤者原地不动，等待医生救助。

3. 呼吸与心跳停止的处置

对呼吸与心跳停止的伤者，应采取人工呼吸与胸外心脏按压的办法进行抢救。人工心肺复苏需要接受专门的训练，才能在现场救助他人时使用。受伤者呼吸与心跳停止时，正确及时的现场救护可挽救其生命。

（三）事故的善后处理

踩踏事故发生后学校要做好各项善后处理工作。

（1）及时向上级行政管理部门报告事故的最新情况，特别是学生伤亡的情况。

（2）组织人员到医院看望受伤学生，协助有关部门处理好治疗、康复和医疗费等敏感问题。

（3）认真接待好家长，并稳定家长情绪。

（4）配合相关部门做好事故调查和善后处理工作。

（5）对学生进行心理辅导，消除事件对他们心理的影响。

第十章

自然灾害类事故的预防与应对

- 第一节 自然灾害类事故的概述
- 第二节 地震事故的预防与应对
- 第三节 火灾事故的预防与应对
- 第四节 洪灾事故的预防与应对
- 第五节 泥石流事故的预防与应对

第一节 自然灾害类事故的概述

一、自然灾害的内涵

（一）自然灾害的概念

"自然灾害"是自然界中所发生的异常现象，自然灾害对人类社会所造成的危害往往是触目惊心的。它们之中既有地震、火山爆发、泥石流、海啸、台风、洪水等突发性灾害；也有地面沉降、土地沙漠化、干旱、海岸线变化等在较长时间中才能逐渐显现的渐变性灾害；还有臭氧层变化、水体污染、水土流失、酸雨等人类活动导致的环境灾害。这些自然灾害和环境破坏之间又有着复杂的相互联系。人类要从科学的意义上认识这些灾害的发生、发展以及尽可能减小它们所造成的危害，已是国际社会的共同主题之一。

（二）自然灾害的种类

自然灾害大致可以分为以下几类。

1. 气象灾害

由大气圈变异活动引起的对人类生命财产和国民经济及国防建设等造成的直接或间接损害。我国气象灾害种类繁多，不仅包括台风、暴雨、冰雹、大风、雷暴、暴风雪等天气灾害，还包括干旱、洪涝、持续高温、雪灾等气候灾害，沙漠化、山体滑坡、泥石流、雪崩、病虫害、海啸等气象次生灾害或衍生灾害也时有发生。此外，与气象条件密切相关的环境污染、海洋赤潮、重大传染性疾病、有毒有害气体泄漏扩散、地震、火灾等也成为影响人们生活和安全的重要问题。例如，自2010年4月1日以来，全国累计有16个省份遭受洪涝灾害，农作物受灾83.5万公顷，受灾人口1367万人，因灾死亡70人（不含重庆因大风倒房死亡32人），失踪21人，倒塌房屋7.4万间，直接经济损失约103亿元。2010年的"旱"动中国：中国云南、广西、贵州发生秋冬春连旱，旱灾造成当地人畜饮水生活困难，同时导致粮食、绿化苗木、甘蔗等多种植物受灾死亡。

2. 地质灾害

由岩石圈活动所引起的灾害。具体地说，在地壳某个薄弱的地方突然发生剧烈变形、位移及地表物质运动，给生活在这一区域的人们带来突如其来的灾难，称为地质灾害。地质灾害种类很多，主要有地震、火山喷发、海啸、滑坡、泥石流、地裂以及水土流失、沙漠化、盐碱化、海水入侵、地下水变异、煤层自燃、瓦斯爆炸、有害地气、黄土湿陷、泥沙淤积等，它可以在瞬间吞没数十万人的生命，将整座城市毁灭。

3. 生物灾害

在生物圈内，由于各种生物活动（包括动物、植物和微生物活动）对人类生命和生存环境引发的重大伤亡和破坏称为生物灾害，包括动物灾害、植物灾害和微生物灾害。

4. 天文灾害

天文灾害指空间天体或其状态，如太阳表面、太阳风、磁层、电离层和热层瞬时或短时间内发生异常变化，如强的日冕物质抛射、大耀斑、高速太阳风、磁暴、亚暴、电离层突然骚扰等，可引起卫星运行、通信、导航以及电站输送网络的崩溃，危及人类的生命和健康，造成社会经济损失。例如小行星撞击地球，科学家担心小行星撞击地球将造成人类的灭顶之灾。2009年10月，一颗小行星不宣而战，偷袭印尼上空，其直径10米左右，幸好在15千米高空爆炸，未砸向地面，它的爆炸威力相当于2~3颗广岛原子弹。印尼当地人目击了在一大团尘埃中有一颗明亮耀眼的大火球，在16000千米以外的监测站也听到了爆炸声。近地天体撞击时刻威胁着地球的安全，紫金山天文台赵海斌说："目前有近700个被列入危险名单的近地小行星，紫金山天文台的专家都在常规的巡天观测中密切关注，而在这其中，比2010GA6更令天文专家关注的是一颗叫作'阿波菲斯'的近地小行星，它属于重点监控的目标。"因为这颗小行星2029年撞上地球的危险虽然已被排除，但在2036年仍然存在着与地球发生碰撞的可能性，虽然这种可能性的概率只有约1/45000，并且还存在着变数，但万一发生碰撞，其后果不堪设想。

（三）自然灾害的四种共性

1. 危害性

自然灾害给人类带来了各种难以想象的灾难性后果，从而酿成社会经济和环境的重大损失，以致直接威胁到人类的发展和生存。这是自然灾害的最主要特点。

2. 突发性

某些自然灾害具有不确定性、突发性和隐蔽性。人们若忽视了对灾害的预防，造成的损失将尤其惨重。

3. 并发性

当某种自然灾害发生后，往往会诱发其他灾害的发生。例如，发生了大地震后，除了造成房屋倒塌、火灾、人畜伤亡等直接的损失外，还会诱发火山喷发、海啸和瘟疫等灾害。

4. 地域性

自然灾害的种类和发生的频率往往有一定的区域范围，某些特定的自然灾害往往发生在特定的地区，如海啸常常发生在沿海地区；而特定的地区往往决定特定的自然灾害，如日本处在环太平洋火山、地震带上，所以是一个多地震的国家。人类在同自然灾害的斗争过程中，认识到防灾、减灾是全人类共同的责任。因此，我们一方面要正视自然灾害的危害性，不能掉以轻心；另一方面要对自然灾害的形成、发展不断地进行洞察、预测和预防，使自然灾害所造成的损失减小到最低的程度。

二、自然灾害对学校的危害

自然灾害具有不可预测性、不可抵抗性、高频率性、突发性、地域性、剧烈性、波及面广、种类多、破坏大、损失重的特征，易引发次生灾害和社会秩序混乱。涉及学校较多的自然灾害主要有地震、台风、暴雨、洪水、雷电、泥石流、山体滑坡、地面塌陷、沙尘暴、火灾等。自然灾害对学校的危害有以下几方面。

1. 破坏性强

自然灾害突然性强，爆发力大，防御难度大，引发的各类次生灾害严重。2004年的东南亚海啸，造成24万余人死亡，几十万人流离失所。

2. 人员伤亡和财产损失大

由于社会的进步和经济的发展，每一次的自然灾害都会造成重大的人员伤亡和财产损失。以地震为例，学校是人员密集场所，地震灾害一旦发生，伤亡最多的是学生，倒塌最多的是学校建筑。

3. 社会影响大

自然灾害不仅破坏环境，而且人员伤亡和财产损失巨大，这些都造成了很大的社会影响。

4. 环境影响大

自然灾害发生后，会对环境造成较大的影响，同时也会产生许多的次生灾害。地震次生灾害是由于地质工程结构被破坏而造成的诸如火灾、水灾、海啸、滑坡、泥石流等灾害。"5·12"汶川大地震就导致大量的山体滑坡,甚至有的山体整体滑移,形成了 104 个堰塞湖,新增地质灾害隐患 10000 处,其中滑坡占 41%,崩塌占 28%,泥石流占 10%,不稳定斜坡占 20%。

5. 防疫任务重

自然灾害发生后,往往由于基础设施损毁,造成垃圾遍地、污水四溢,再加上禽畜尸体腐烂变臭极易爆发传染性疾病。在救灾工作中,认真搞好卫生防疫非常重要。搞好食品卫生,派专人对救灾食物的储存、运输和分发进行严格管理和监督。

四、学校对自然灾害的预防

学生是国家的未来,校园是社会的缩影,学校的特殊性和脆弱性以及灾难的残酷与无情,让我们更加认识到对学生进行防灾救生教育的迫在眉睫。学校不仅需要在自然灾害发生时采取积极的应急措施和应急预案,同时要坚持"安全第一,防范为主"。

(一) 自然灾害的预防措施

加强防灾安全教育。古人云:"灾异之生,常出于人之所不意,诚素有其备,虽甚灾不足为忧也。"而要做到"诚素有其备",安全文化教育必须符合中国实际,要有综合减灾的教育体系,国情教育中应加入灾情内容。可持续发展战略应更强化安全减灾内容,在中小学教科书中不仅要增加防灾减灾内容,更要有一些必考的知识点,包括如何应对台风、尘暴、地震等。由于灾害都具有综合性和连锁性,这些都需要通过扎实、系统的教育及知识普及使公众知晓。

1. 培养学生的安全意识

要坚持"安全第一,预防为主"的方针,经常查找不安全因素及各种事故隐患苗头,及时采取针对性的整改措施,防患于未然,这是培养学生安全意识的基本方法。告诉学生校园内存在着哪些不安全因素,会造成什么样的后果,如何预防。班级安全员与宿舍舍长应经常检查可能出现的隐患,发现情况及时报告老师,让安全警钟长鸣。

要认真做好安全宣传,营造良好的氛围,这是增强安全意识的基础和前提。方法应当多样化,充分利用宣传挂图、安全科教电影、电视以及幻灯片;可以请公安、交通、司法等有关部门的人员做专题讲座;也可进行安全教育展览;随时随地进行针对性的安全教育，进行实地参观、现场教育，介绍事故案例，特别是警示教育。一场别开生面的交通事故图片展，一定会增强学生的交通安全意识，开展安全周、安全月活动，定会促进学校的安全工作。

每开展一项活动，都先说明安全注意的事项，每天利用晨会、午会时间，提醒学生应注意的安全问题。找一些安全方面的典型案例，分析造成事故的原因及教训，有针对性地进行安全教育。在安全教育中，安全思想、安全态度的教育最为重要。

对发现的事故隐患要常抓不放，小题大做。经常检查教学、生活设施，发现问题及时整改。检查学生是否携带违禁物品，严禁刀具、易燃易爆及危险性物品进入校园。

2. 学校组织防灾演习

定期组织逃生自救演练。根据灾害类型，开展经常性的应急训练和各种模拟演习，提高在灾害到来时的逃生和救灾效率。1989年8月，美国联邦与州政府的一个1000人的联合灾难处理队伍在旧金山演习测试一个地震应急计划，不料6周后剧烈的大地震真正袭来，震塌了房屋，引发了大火，而很多生命都因为疏散工作以及紧急医疗救助的得力而得以保全。有研究表明，特大地震每50～100年发生一次，1906年4月18日的旧金山大地震导致700多人死亡。此后加利福尼亚人加深了对地震知识的了解，学校和医院定期进行地震演习，应急部门不断操练，当地震再度发生时人们逃生、救助、消防井井有条，大大降低了伤亡率。

3. 学校制定防灾应急预案

制定各类自然灾害应急预案，各学校应当制定具体应急预案，为交通工具和有关场所配备报警装置和必要的紧急救援设备、设施。注明其使用方法，并显著标明安全撤离的通道、路线，保证安全通道、出口的畅通。

4. 学校建立保障体系

为保障自然灾害发生时的应急处置及后期处置工作迅速有效地开展，学校还应针对救灾抢险工作的需要，在平时做好各项保障措施的准备，包括治安保障、医疗卫生保障、水电气保障、紧急避难场所保障、应急队伍保障，等等。学校应组织专职或兼职的应急救援队伍，学校保卫处、校卫队、校医院或门诊部是负责学校应急处置职责的专职人员，与此同时，还要发动成年的师生员工组成志愿者救援队伍及后备队伍，参与自然灾害的应对工作。志愿者队伍应分布至院、系、班、教学楼、教职工宿舍或学生宿舍的各楼层。

（二）自然灾害发生时的应对工作

1. 积极应对已发生的灾害

保卫处、校卫队、校医院以及志愿者应急队伍进入待命状态，并动员后备人员做好参加应急救援和处置工作的准备。调集应急救援所需物资、设备、工具，组织学生按照安全撤离标志迅速撤离到紧急避难场所。启动应急通信工具，确保指挥机关通信畅通。充分发挥对讲机、广播及车载收音机功能与上级机关保持联系，及时向师生发布有关采取特定措施避免或者减轻危害的建议、劝告。将人员迅速转移到紧急避难场所，控制或者限制容易导致危害扩大的公共场所的活动。及时了解灾害程度，统一救灾思想，不等不靠，积极主动开展自救工作。

2. 防止次生灾害发生

次生灾害是指自然灾害造成工程结构、设施和自然环境破坏而引发的灾害，如火灾、爆炸、瘟疫、有毒有害物质污染以及水灾、泥石流和滑坡等。学校作为教学、科研场所以及人群避险的聚集地，预防次生灾害尤为重要。因教学科研的需要，多数学校都存放有危化物品，灾害发生后，立即检查储存的危化物品，妥善销毁或转移危化物品，严防剧毒药品泄漏，放射性等物品的丢失；及时开展医疗救治、疾病预防控制等卫生应急工作，对食品、饮用水、人员密集地卫生状况进行监测，防止瘟疫的发生；要联系专业技术人员对受损的建筑设施、教学生活设施以及其他异常现象进行安全监测、评估，在确认安全之前不可以投入使用；仔细检查水、电、气设施，严防火灾发生。

3. 加强校园治安防范

地震后要注意加强防盗工作，防止泄密和贵重物品丢失。加强外籍教师及学生的安全管理，防止涉外事件发生。马上封闭重点区域，指派专人看护重点部位。调动各种资源，按照"特事特办"的原则，请求当地公安机关或救援部队进校，组织学生志愿者，开展高强度的治安巡查。保障紧急避难场所等重点部位照明，将学生按班级划分区域临时居住，指定专职教师负责管理。特别要加强对外来人员的管理，要强化外来人员集中居住点的管理，加强检查，对不服从管理的外来人员，在公安机关的配合下予以严肃处理。

4. 预防不实信息传播

大灾大难时信息中断，由于极度的紧张及个别别有用心人的煽动，各种小道消息就像"二次灾害"，负面作用很大。谣言止于公开，学校应传播正面信息，及时辟谣。面对师生的疑惑和传言，学校有关部门应当尊重和保障师生的知情权,尽快发布权威信息,让师生在第一时间了解真相,可以按照《治安管理处罚法》依法打击制造和传播谣言的人,让更多的人相信政府,相信主流媒体报道。例如,四川汶川地震发生后短短几天,全国公安机关共查获网上造谣类案件55起,抓获犯罪嫌疑人55人,其中治安拘留13人,训诫42人。

5. 加强师生心理疏导

灾难会使人产生压力,出现焦虑、压抑以及其他情绪和心理问题,这些问题可以持续很长时间甚至人的一生。极度灾难造成的心理障碍,会使当事人产生持续的、不必要的、无法控制的无关事件的念头,强烈地避免提及事件的愿望和睡眠障碍,社会意识退缩以及强烈警觉的焦虑障碍。学校必须组织相关专业的师生和社会专门人员,对全校师生进行心理疏导,重点帮助受到伤害的学生及心理素质较差的学生。

第二节 地震事故的预防与应对

一、地震的概述和危害

地震又称地动、地震动,是在地壳快速释放能量过程中造成震动,期间会产生地震波的一种自然现象。

(一)地震的成因

地球可分为三层。中心层是地核,中间是地幔,外层是地壳。地震一般发生在地壳之中。地壳内部在不停地变化,由此而产生力的作用(即内力作用),使地壳岩层变形、断裂、错动,于是便发生地震。地震是地球内部介质局部发生急剧的破裂产生的震波,从而在一定范围内引起地面震动的现象。地震就是地球表层的快速震动,在古代又称为地动。它就像海啸、龙卷风、冰冻灾害一样,是地球上经常发生的一种自然灾害。大地震动是地震最直观、最普遍的表现。在海底或滨海地区发生的强烈地震,能引起巨大的波浪,称为海啸。地震是极其频繁的,全球每年发生地震约550万次。

(二)地震的前兆

对地震灾害,科学家目前还不能准确地做出预报。但仍会出现一些征兆,提醒人们提高警惕。动物出现异常:大量的蛇爬出洞来长距离迁移;家禽家畜不吃不喝，狂叫不止，不进窝圈；大量的老鼠白天出洞，不怕追赶；动物园里的动物萎靡不振、卧地不起等。地下水发生异常：震区的枯井突然有了水，井水的水位突然大幅度上升或下降，井水由苦变甜、由甜变苦等。出现地光和地声：临震前的很短时间里，大地常会突然发出彩色的或强烈的地光，还可能发出轰隆隆的或像列车通过、或像打雷般的巨响。地震发生前，某些人也会有异常感觉，特别是老人、儿童、患病者可能更为明显。例如，唐山大地震的前兆有很多，据蔡家堡、北戴河一带的渔民说，鱼儿像疯了一般。7月27日那天，油轮周围的海蜇忽然增多，成群的小鱼急促地游来游去，放下钩去，片刻就能钓上100多条。在7月28日前后，各种鱼儿纷纷上浮、翻白，极易捕捉，渔民遇到了从未有的好运气。歧门河闸附近，光着身子的孩子们用小网兜鱼，鱼儿简直是往网里跳，数小时就能兜几十斤鱼。唐山以南天津大沽口海面，"长湖"号油轮的船员介绍，7月27日，唐山地区滦南县王盖山的人们亲眼看见成群的老鼠在仓皇奔蹿，大老鼠带着小老鼠跑，小老鼠则相互咬着尾巴连成一串，等等，这些动物要比人类更敏感，所以是地震前很好的预兆。

中国人凭借自己的聪明与智慧，根据地震前宏观异常现象，编成地震前兆的诗歌和谚语。

1. 关于地震前兆的诗歌

（1）地下水异常。

井水是个宝，前兆来得早。

无雨水质浑，天旱井水冒。

水位变化大，翻花冒气泡。

有的变颜色，有的变味道。

（2）生物异常。

震前动物有预兆，群测群防很重要。

牛羊骡马不进厩，猪不吃食狗乱咬。

鸭不下水岸上闹，鸡飞上树高声叫。

冰天雪地蛇出洞，大鼠叨着小鼠跑。

兔子竖耳蹦又撞，鱼跃水面惶惶跳。

蜜蜂群迁闹哄哄，鸽子惊飞不回巢。

家家户户都观察，发现异常快报告。

2. 关于地震前兆的谚语

响声一报告，地震就来到。

大震声发沉，小震声发尖。
响得长，在远程；响得短，离不远。
先听响，后地动，听到响声快行动。
上下颠一颠，来回晃半天。
离得近，上下蹦；离得远，左右摆。
上下颠，在眼前；晃来晃去在天边。
房子东西摆，地震东西来；要是南北摆，它就南北来。
喷沙冒水沿条道，地下正是故河道。
冒水喷沙哪最多？涝洼碱地不用说。
豆腐一挤，出水出渣；地震一闹，喷水喷沙。
洼地重，平地轻；沙地重，土地轻。
砖包土坯墙，抗震最不强。
酥在颠劲上，倒在晃劲上。
女儿墙，房檐围，地震一来最倒霉。
地基牢一点，离河远一点；墙壁好一点，连接紧一点；房子矮一点，房顶轻一点；布局合理点，样子简单点。要想再好点，互相多学点。
地震闹，雨常到，不是霪来就是暴。
阴历十五搭初一，家里做活多注意。
井水是个宝，前兆来得早。
地下水，有前兆：不是涨，就是落；甜变苦，苦变甜；又发浑，又翻沙。见到了，要报告。为什么？闹预报。

（三）地震的危害

地震给人类带来的危害之大、损失之重、伤亡之多、波及之广、重建之难都是不言而喻的。地震除了剥夺了人的生命外还造成很多其他危害：主要包括直接灾害和次生灾害。地震带来的直接灾害除了人员和财物的损失外，主要还有：第一，地震对生态、建筑、公路的损坏尤其严重。其中地震打破了原有的生态平衡，导致生态失衡。例如，在地震中一些稀有的动植物灭亡了，破坏了生物的食物链。另外，地震后的重建同样也会给生态造成巨大的危害。例如，重建房屋需要砍伐木材，等等。第二，地震对建筑的破坏，如房屋倒塌，特别是对于古建筑的破坏尤为严重。第三，地震对公路的破坏，桥梁断落、水坝开裂、铁轨变形、地面破坏，如地面裂缝、塌陷、喷水冒沙等。

地震除了给人类带来直接灾害外，地震带外的次生灾害主要有：第一，由震后火源失控引起的火灾,由水坝决口或山崩壅塞河道等引起的洪灾。例如堰塞湖,四川汶川特大地震造成多处堰塞湖危险地带。以北川县为例,震后北川部分地区被堰塞湖水淹没,震后形成了大面积堰塞湖泊。唐家山堰塞湖是汶川大地震后形成的最大堰塞湖,地震后山体滑坡、堵塞河道形成的唐家坝堰塞湖位于涧河上游,北川县城约6千米处,是北川灾区面积最大、危险最大的一个堰塞湖。第二,由建筑物或装置破坏等引起的毒气泄漏。第三,由地震后生存环境的严重破坏所引起的瘟疫。

二、学校在防震减灾中的重要性

学校在防震减灾中的特殊角色和作用,以及学校在防震减灾中的重要性是由学校组织形式和活动形式的独特性决定的。

(一)学校是传播知识的平台

学校是传播知识、教书育人的公共场所,它的主要职能就是知识和信息的传播,帮助人们更好地掌握生存和生活的本领以及做人的道理。由于学校的教育具有全民性、普及性、大众性和集中性的特征,所以学校关于安全教育的效果会比其他公共场所和组织团体要更加明显,传播的范围也非常广泛。这决定了学校在自然灾害防范中的重要地位和不可或缺性。例如,2004年12月26日印尼发生里氏7.9级的强烈地震,并引发了波及印度洋沿岸十多个国家和地区的巨大海啸,造成12万人死亡,20万人流离失所。但在海啸中仅10岁的女孩蒂莉·史密斯,人们称她是"海滩天使",并获得了英国皇家颁发的荣誉勋章。这个10岁的小女孩救了海滩上的157人,海啸发生当天,这个小女孩最先发现海中有泡泡,她记得老师说过,在海啸发生前海水会冒泡,并且会有一个退潮现象。母亲听完小女孩的话,马上通知当地的海上救援队。海上救援队很重视她们的意见,马上撤离了海滩上的157人。撤离后10分钟,高达10米的海啸将海滩上所有设施全部卷走。在这次生命的救助中,蒂莉·史密斯利用学校中学到的地理常识救助了无辜的生命,这充分说明了学校在宣传安全意识和安全知识中的重要地位。

(二)学校具有人口密集性和不易疏散性

学校之所以要积极地宣传和组织防震减灾活动,首先是由学校的特点决定的。

1. 低龄性

除了个别普通高等学校外,绝大多数学校在校人员90%以上是学生。这部分学生的绝大多数是未成年人。因此，与机关、企业和其他事业单位不同，处于学校发生地震危机下的一般属于低龄化的全体，所以这更需要老师和学校对学生进行相关教育和培训。

2. 群体性

学校是人群密集的公共场所，对于学校这样的群体性组织，在地震中尤其要注意学生的疏散和自我保护，要做到"以人为本"。例如，在汶川8.0级大地震中，不少学校的教学大楼坍塌，给灾区人民留下了难以弥补的伤痕，聚源中学就是其中一所，共有278名师生遇难。

3. 突发性

地震发生突然，在发生前经常是无任何先兆或者先兆不明，往往是突然发生，令学校师生猝不及防。北京时间5月12日14时28分，短短几分钟，江油市175所学校（其中村小94所）建筑物80%受损，其中危墙倒塌11653米，校舍损毁8365间，约36万平方米。北川县第一中学，共有学生2600多人，1000名左右学生被压在废墟下。北川县北川中学6~7层高的主教学楼塌陷，当时正值上课时间，21个教室里师生约1000人，除个别逃生以外，大部分被掩埋在废墟下。

由于学校的低龄性、群体性和地震的突发性决定了学校在地震事故中的特殊角色和防震减灾中的重要性。

三、学校地震预防机制的构建

地震是人类社会发展中无法回避的现象，而有效的地震预防教育可以在一定程度上减轻地震对人类损害的程度。地震教育是学校素质教育的重要内容，有助于培养学生的危机意识。学校可以通过学科教学的渗透、地震知识宣传、地震应对演习以及开发专门的地震教育游戏等方式，对学生进行地震知识、地震应对体验的教育。在开展灾难教育过程中，要重视对教师和管理人员的教育培训，要使教育内容和方式适应学生的心理水平、体现不同地区的差异，并要取得社会和家长的支持。

（一）加强地震知识的教育

1. 学校地震教育的意义

联合国教科文组织就21世纪教育提出的口号是"学会生存"，这表明生存能力教育是21世纪教育的重要内容。当人们碰到紧急情况时，有无应急知识，往往直接关系到其是否能够生存。中小学生自救能力有限,开灾难教育课更显得重要。我们讲教育要"以人为本",灾难教育就是"以人为本",我们讲"素质教育",灾难教育无疑是素质教育应有之义,因为灾难教育是增强个体生存能力的教育。人的生命权是人权中最基本、最重要的因素,只有人的生命安全能够得到保障,其他权利才能得到更好维护,道理很简单:生存,而后才能发展。

(1)地震教育有助于培养学生的危机意识。古人云:"生于忧患,死于安乐。"人类的忧患意识是人类社会能够持续发展的重要条件。长期以来,由于人们一直生活在一个相对安全的社会环境之中,导致公众普遍缺乏危机意识,甚至认为安全是理所当然的事,危机不可能降临到自己身上,更没有必要为危机进行各种准备,导致学生在地震来临的时候不知所措,慌张混乱。所以要培养学生的危机意识,加强学生的自救本领,这样才能在地震来临时,有条不紊,紧张有序。

(2)有助于提升学生的道德情怀。应对灾难往往要靠整个社会的力量。在灾难面前,社会的凝聚力、社会的道德水平就显得非常重要,只有整个社会团结一致,树立起共同的价值观,共同去克服困难,整个社会才有希望,人类才有希望。所以在灾难发生时,遭遇者道德品质的高低往往会成为避难、救灾以及灾后重建的重要影响因素。通过灾难教育,有助于学生树立高尚的道德情怀:纪律、责任感、同情心、助人为乐等。如灾难演习有助于培养学生的纪律性。对灾难发生时不同人员的职责分工有助于培养学生的职业道德感,让学生直接或间接参与救灾,有助于培养学生的团结互助精神以及同情心等品质。

2. 学校地震教育的内容

涉及地震的知识非常多,学校在对学生进行地震教育时,应当具有针对性。一般而言,地震教育内容的选择主要考虑以下几个因素:学生年龄、地区差异和学校的教育条件等。

(1)地震知识教育。地震教育首要的内容就是对学生进行地震知识的教育。具体而言,这些教育内容主要体现在五点。

第一,世界地震带的分布。我国是多地震国家,但地震灾害的分布并不均匀,介绍主要的地震带的地理位置。

第二,地震的危害。可以通过地震的具体事例说明,让学生了解和他们的生活相关的灾难的危害性以及不同的灾难的危害程度和危害范围。

第三,地震前兆和表现。地震发生前都会有一些征兆,如地震会造成房屋的摇晃以及物品的脱落。这样可以让学生通过观察对部分灾难的发生做出初步的判断并及时采取防范和避险措施。

第四，地震原因。了解灾难发生的原因是了解灾难的重要组成部分，可以利用学生探究的兴趣，告诉他们自然灾难发生的简单原因和人为灾难发生的多种可能的原因。

第五，灾难规律。不同地方发生某种灾难的概率是不一样的，如靠海地区容易发生海啸，地震带上的区域容易发生地震，多山地区容易发生泥石流、山体滑坡等地质灾害。同时，任何一种灾害的发生都有其自身的规律。学生掌握这些规律有助于加深对灾害的认识。

（2）地震应对教育。目前部分自然地震在技术上还难以完全预测和防备，因而灾难会时有发生。当地震发生后，如何有效应对就成为减灾的重要途径。地震应对教育主要包括三个方面：其一，预防教育，其二，救助教育，其三，游戏教育。

第一，地震预防教育不是指教育学生预测灾难发生，而是在日常生活中就为灾难的发生做好准备。如可以组织学生自己撰写班级或个体应对地震的应急预案以增强学生应对突发事件时的心理稳定性，从而提高自救能力；也可以让学生随时准备一些在遇到地震时必需的物品，并放在特定的地方，以便于地震发生时取用。

第二，灾难救助教育主要包括逃生和自救、互救教育。例如，地震发生时以何种方式逃生，哪些逃生方法是正确的，哪些方法是错误的。如果在灾难中受到伤害，如何进行自救，以及发现他人受到伤害或者在自己脱险后如何有效救助他人；在无害的情景下，演练应随机进行，因为许多灾难的发生通常都是无征兆的。演练要持之以恒，一般而言每个学期至少举办一次，尽可能使演练情景逼真，对演练中可能出现的突发情况要有预案。

第三，开发灾难教育的软件、游戏等。南亚海啸灾难发生几个月后，联合国粮食计划署发布了一款视频游戏，该游戏教育孩子如何在重大人造危机中应对分发食物的挑战。游戏名为"粮食部队"（Food Force），游戏背景是名为Sheylan的虚拟岛，该地受到干旱灾难和战争破坏。联合国粮食计划署要求游戏时孩子完成6个虚拟任务，这些任务反映了联合国粮食组织对海啸和全球其他地方饥荒危机采取救援行动时所面临的真实障碍和困难——显然，这种寓教于乐的教育形式是很成功的设计。因此，在学校灾难教育中，为增强学生对教育的参与度，可以开发一些专用的富有趣味性的游戏软件。

3. 学校地震教育的方式

（1）因地而异。加强地方教材相关内容的建设，推进安全和减灾知识与实践课程的开发和教学工作。地方课程是由各地方教育行政部门进行规划和开发，在本地区范围内统一设置的课程。它应充分利用当地的各种课程资源，反映当地社会、文化、经济发展的需求，突出本地特点。校本课程是在保证国家课程和地方课程的前提下，结合本校实际，从本校学生的兴趣和发展需要出发开发的课程。我国是多地震国家，但地震灾害的分布并不均匀，因此，各地应根据本地地震活动背景和地质构造环境，有针对性地编制各自的地方教材。特别是在地震灾害频发地区或地震重点监视区的学校，一定要在地方课程和校本课程中适当增加防震减灾知识内容。

　　学校的防灾和安全教育还应分层次，不同的年级讲授不同的内容，层层递进，形成防灾和安全教育体系。同时，根据教材内容，结合应急预案进行适时和必要的演练，"纸上得来终觉浅"，只有通过演练，才能使学生把课本知识真正转化为实际行动，掌握避震逃生和自救互救的技能。在这方面，日本地震教育可供借鉴。1995年1月17日，日本兵库县大阪—神户地区发生了强烈地震。这次地震震级为7.2级，造成人员死亡5466人，3万多人受伤，几十万人无家可归，受害人数达14多万人，被毁房屋超过10万栋，生命线工程和大量公共设施被严重破坏，造成经济损失达1000亿美元。日本的兵库县是阪神大地震所在地，所以阪神大地震也叫兵库县南部地震。地震后，兵库县学校大力加强了防震减灾的教育，因此，兵库县的防灾教育与相关活动是日本防震减灾教育的典型代表。兵库县每个学校都指定一名教师专门负责学校的防灾教育。该教师的职责是：编制学校的应急管理手册，协调组织学校的灾害风险管理和应急疏散演练，制订本校防灾教育的年度计划并组织本校教师的培训。学校积极参与社会上的有关应急演练，如应急食物供给、紧急救护等。学校的应急疏散演练分为几种有课间休息的演练、有不事先通知教师的演练和在紧急情况下把学生送交家长的演练，后者要求必须有学生家长参与。学校地震安全教材的编制一般分为四级：小学低年级（1～3年级、6～9岁）、小学高年级（4～6年级、10～12岁）、初中（13～15岁）、高中（16～18岁）。各等级教材的内容由浅入深、由简单到复杂。如，小学低年级的教材就教孩子们遇到灾害时如何保护自己，而到了高中就涉及了灾害的原理。以地震为例，讲到了地震造成沙土液化、地基失效的原理，在讲到防灾措施时，甚至详细地讲解了建筑物的抗震结构。

　　（2）课本渗透。可以把安全和减灾教育渗透到学校教育的其他有关课程中，如，物理课讲到波时可介绍地震波知识；生物课上可适当介绍地震的生物前兆异常；地理课可介绍我国或本地的地震构造环境和地震灾害；生理卫生可讲自救互救和地震后防疫的知识；体育课可传授运动中的自我防护等，甚至英文课中可选择一些防震减灾方面的材料作为课外读物。

（3）课外实践。学校关于地震教育渗入到开展校园科技节、科学小发明竞赛、科技小组等多种形式的科学实践活动中，在夏令营、冬令营、征文等课外活动中都可选择将地震安全和防震减灾作为重要活动内容之一，并请有关部门进行检测评估。充分利用班会、校会等，开展安全与减灾的讲座、演讲、讨论等多种形式的主题活动。注意为校图书馆或阅览室购置补充相关的图书、光盘等资料，请校外专家或有关人士做专题讲座或演讲等。地震灾害的社会性决定了防震减灾的公众性。人类的意识具有能动性，公众正确的减灾意识可以变成一种物质力量，可以增强人们战胜灾害的信心和能力。尤其在学校开展不同形式、不同特点的防震减灾教育，不断增强每一个青少年的防灾减灾意识，显得尤为重要。例如5月12日，上海世博会中，在汶川地震2周年之际，上海世博园区远大馆特设8级地震体验屋开放，真实模拟汶川、玉树地震强度，众多游客排队亲身感受地震带来的破坏性和威力。

（二）校内环境的安全建设

重视学校建筑和设施的安全性，加强学校内部环境安全的建设。加强校内环境安全的建设，分为硬件建设和软件建设两部分，二者互相促进、互为依托。硬件建设包括消除隐患，对校园内的安全隐患进行排查。这种排查又可分为结构性安全和非结构性安全检查两大部分。结构性安全主要是在专业人员的协助或指导下对学校建筑的抗震性能进行仔细排查，彻底查出隐患，对安全隐患进行必要的拆除、治理或结构性加固。非结构性安全主要指对家具一类的是否固牢，如教室的闭路电视；学校建筑物的空调室外机或广告牌等悬挂物是否在受到一般性外力时对师生构成安全威胁，是否需要加固或拆除；学生宿舍如存衣柜、电视之类是否需要固定锚紧，以免地震时倾翻伤人；紧急情况下的疏散通道是否畅通。另外，学校是否在有条件的情况下准备一些灾害应急食物、饮水和其他物资的储备。通过诸如此类在学校的实际减灾行为，使师生耳濡目染，在潜意识中提高防灾减灾意识，安全环境建设工作本身就是一种对师生暗示性的宣传和教育。

消除隐患关键是发现问题立即整改。正如汶川地震中创造"零伤亡"的桑枣中学校长，他发现新楼的楼板缝中填的不是水泥，而是水泥纸袋，就找正规建筑公司，重新在板缝中灌注了混凝土。他又将整栋楼的22根承重柱子，按正规的要求，从37厘米直径的三七柱，重新灌水泥，加粗为50厘米以上的五零柱，经测量，每根柱子直径加粗了15厘米。新楼外立面贴的大理石，只贴一下，怕掉下来砸到学生，就让施工者把每块大理石板都打四个孔，然后用四个金属钉挂在外墙上，再粘好。他管得严，集体开会时，不允许学生拖着自己的椅子走，要求大家必须平端椅子——因为拖着的椅子会绊倒人，使后面的学生看不到前面倒的人，会往前拥，这样可能发生踩踏事件。这些做法都是值得借鉴和吸取的。

（三）加强师资培训

加大地震安全课任课教师的培训，尽量开阔任课教师的视野。我国许多学校地震安全课的任课教师基本是由其他学科的教师兼任，因此，相关的知识背景和储备可能不足，要想把防震减灾课讲得生动，引起学生的兴趣，教师本身的素质、教师的知识底蕴和积累都起着决定性的作用。除了教师自己的努力之外，上级主管部门和学校都应尽量创造条件，加强培训，给教师提供丰富的参考资料和具体的教学建议，最好有课程实施手册。在有条件的地方，与专业部门合作，或在其指导下开发统一的教学课件。此外，要让教师详细地明了防震减灾疏散演练活动方案、疏散路线，以及教师在疏散过程中的职责，清楚每一个细节，不忽略任何微小的安全隐患，岗位落实到人。

四、学校地震应对机制的构建

2006年9月1日施行的教育部等十部门颁发的《中小学幼儿园安全管理办法》第4条、第42条、第45条、第55条对学校健全安全预警机制，制定突发事件应急预案，开展针对地震、火灾等灾害事故的紧急疏散演练，使师生掌握避险、逃生、自救的方法等做了更为明确、具体、全面的规定。

（一）学校制定地震应急预案和应急组织体系

1. 地震应急预案

根据国务院《破坏性地震应急条例》，结合学校实际情况，制定地震应急预案，要做到分工详细、责任明确、分工到人。我们以《苏州市破坏性地震应急预案》为例加以说明。

第一个内容是临震应急与预案。

（1）接到上级地震、临震预（警）报后，领导小组立即进入临战状态，依法发布有关消息和警报，全面组织各项抗震工作。各有关组织随时准备执行防震减灾任务。

（2）组织有关人员对所属建筑进行全面检查，封堵、关闭危险场所，停止各项大型活动。

（3）加强对易燃易爆物品、有毒有害化学品的管理，加强对食堂、供电输电、机房机库等重要设备、场所的防护，保证防震减灾顺利进行。

（4）加强对广大师生的宣传教育，做好师生、学生家长思想稳定工作。

（5）加强各类值班值勤，保持通信畅通，及时掌握基层情况，全力维护正常教学、工作和生活秩序。

（6）按预案落实各项物资准备。

第二个内容是震后应急行动。

（1）无论是否有预报、警报，在本市范围或邻近地区发生破坏性地震后，领导小组立即赶赴本级指挥所，各抢险救灾队伍必须在震后1小时内在本单位集合待命。

（2）领导小组在上级统一组织指挥下，迅速组织本级抢险救灾。

第一，迅速发出紧急警报（连续的急促铃声和呼喊声），组织仍滞留在各种建筑物内的所有人员撤离。

上课（自修）时间：A. 各班学生在上课（登班或值日）教师的组织下按下列顺序立即撤出教室到操场中央避震：教学楼一二楼同时进行，二楼按先"先中间后两边"顺序有序撤出；B. 所有校内其他人员立即撤到操场中央。

就餐时间：A. 在餐厅就餐的学生在值日教师及后勤人员的组织下按离出口"近及远"原则撤离，即按座位自左到右、自前到后撤离到操场中央；B. 所有校内其他人员立即撤到操场中央。

第二，迅速关闭、切断输电、燃气、供水系统（应急照明系统除外）和各种明火，防止震后滋生其他灾害。

第三，迅速开展以抢救人员为主要内容的现场救护工作，及时将受伤人员转移并送至附近救护站抢救。

第四，加强对重要设备、重要物品和历史文物的救护和保护，加强校园值班值勤和巡逻，防止各类犯罪活动。

第五，积极协助当地党委、政府做好广大师生的思想宣传教育工作，消除恐慌心理，稳定人心，迅速恢复正常秩序，全力维护社会安全稳定。

第五，迅速了解和掌握本校受灾情况，及时汇总上报市地震局办公室及当地党委政府。

第三个是一些其他的内容。

（1）进入防震紧急状态后，学校指挥部将通过各种新闻媒介发布各种命令、指示，防震减灾领导小组将通过电话、口授等形式传达各种命令、指示。

（2）在抗震减灾应急行动中，要密切配合，服从指挥，确保政令畅通和各项工作落实。

2. 应急组织体系

学校应当根据地震具有突发性、次生灾害种类多、易成巨灾等特点，将有效预防地震、消除次生灾害作为学校安全的最高目标，建立学校校长负总责，学校各部门相互协作、各尽其职的地震应急组织体系。但是，地震又具偶发性，学校天天防震也是不现实的。因此，应建立一种"平震结合"的应急组织体系。基于以上考虑，学校应当建立防震减灾工作领导小组，主要负责非震时（平时）的防震减灾知识宣传、普及工作，组织开展地震应急演练；震时，学校防震减灾工作领导小组转为地震应急指挥部，组织师生开展应急避震、紧急疏散、自救互救、灾情调查等活动。地震突发时，学校原有的教学管理体系适应不了突发震情，需要建立一个能够快速、高效、有序地指挥地震应急的新组织体系。但新的组织体系又不能完全分割原来经过长期运转的、已经为全体师生所适应的教学组织体系。这就要求学校地震应急组织体系既要体现地震应急的特点，又要充分考虑学校各部门在教学体系中的职责与作用。在指导学校编制"地震应急预案"实践中，建议学校建立地震应急指挥部，下设避震疏散、自救互救、教育安抚、灾情调查、资源保障等小组。地震应急指挥部指挥长为学校校长，全面负责学校地震应急工作，体现行政首长负责制的管理理念。副指挥长可为分管教学、安全、科普、后勤的副校长及教务、行政部门主要领导。副指挥长应在指挥长的领导下，负责某一方面或几个方面工作。为减少中间层次，副指挥长可分别兼任一个小组的组长。避震疏散组组长、副组长可由学校教务、后勤部门领导担任，成员为突发地震时在校的所有教师。职责是指挥学生应急避震，并安全疏散到指定地点。自救互救组组长、副组长可由学校安全或后勤部门负责人担任，学校有医务室的，医务室负责人可担任副组长，成员为各班班主任及任课教师，其职责是按班级为单位，组织师生开展自救互救，对伤者给予必要的医疗处置，做好重伤员送医、急救工作，并向相关灾害救助部门提出紧急救援请求。教育安抚组组长、副组长可由学校科普宣传、思想教育、心理疏导等部门负责人担任，成员为各班级班主任及相关任课教师。职责是开展震后防震减灾科普宣传教育及心理疏导工作，舒缓学生心理压力。灾情调查组组长、副组长可由学校办公室或校长办公室负责人担任，成员为各年级组长及后勤部门人员。职责是了解学校地震应急中采取的基本措施，对地震中师生伤亡、校舍损坏等情况进行统计、汇总，做好灾情信息上报工作。资源保障组组长、副组长可由学校办公室或校长办公室及财务、后勤部门负责人担任，成员为学校后勤部门工作人员。职责是负责通信、交通等设施的维护，为地震应急提供必需的器材、工具等；负责震后校舍安全检查，组织安全鉴定；负责震后临时教学点的设立工作。

（二）学校地震应急相应措施

1. 地震中学校做什么

政府临震预报发布后或遇突发地震，学校应启动"地震应急预案"。但地震短临预报是世界科学难题，政府震前发布临震预报的可能性很小，所以，学校地震应急响应和地震一样，具有突发性。按校长负责制的原则，"地震应急预案"一般应由校长（指挥长）启动。任课教师在突发地震后，针对学生可能出现的情绪紧张、神情焦虑等心理问题，应当开展教育安抚工作，舒缓学生心理压力。震后应对校舍进行安全检查，如发现校舍受损严重，应对其进行封闭，并组织安全鉴定。校舍受损严重无法满足教学需要的，应搭建帐篷或活动板房，设立临时教学点。开展灾情调查，对地震中师生伤亡、校舍损坏等情况进行统计、汇总，了解、收集学校地震应急中采取的基本措施，报教育、防震减灾行政主管部门。有新的重大灾情的，应随时报告。

2. 地震中教师应该做什么

教师应立即停止授课，转为避震疏散组成员，负责授课班级的应急避震、紧急疏散工作，立即提示学生"地震来了，不要慌乱"，命令学生迅速就地避震。紧急状态下，教师的一句提醒对稳定学生情绪会起到非常关键的作用。为防止意外，教室讲台靠楼梯最近的任课教师应立即赶到楼梯间做好安全防护工作；每幢教学楼设立一名疏散指挥员，按规定的次序、路线组织疏散；其他在校教师应立即赶到学生疏散路线相关节点做好防护工作。学生到达疏散地后，班主任应立即清点人数，检查学生受伤情况，稳定学生情绪。发生破坏性地震，师生受伤将不可避免，如果发生校舍坍塌，则可能造成重大伤亡。时间就是生命，科学研究发现，如果震后半小时之内能够迅速地救出被埋压的人员，那么这个人的存活率可以达到99%。震后能够立即投入救援力量，就是当时在现场、有救援能力的人，开展自救互救，是地震应急的重要环节。自救互救一般包括对轻伤者给予必要的消毒、清洗、包扎等医疗处理；对伤势较重者就近送医或联系"120"请求救治；对可能发生的火灾、水灾、毒气等次生灾害，采取预防、处置措施，向"119""110"等部门提出救援请求。

3. 地震中学生做什么

学生应该迅速躲避在各自的课桌下或课桌旁，尽量蜷曲身体，降低身体重心，蹲下并用双手或书包保护头部。但是，在平房或底楼教室靠门口的少部分学生可直接冲出教室，躲避到安全地方。另外，上实验课的师生应该注意迅速关闭电源、火源、气源等，预防次生灾害的发生。在紧急疏散时，最容易发生拥挤、踩踏事件。

第三节　火灾事故的预防与应对

一、当前学校消防现状及存在的安全隐患

学校一旦发生火灾，必将导致无辜的学子伤亡，几十年的科研资料毁于一旦，给国家造成重大的经济损失和恶劣的政治影响。保证学校师生的消防安全，是学校开展教学及科研工作的前提。因此，加强学校的消防工作，具有十分重要的意义。尤其是寄宿制学校一直是消防安全重点单位，一旦发生火灾事故，极易造成重大财产损失和人员伤亡。学生集体宿舍因其人员密集、停留时间长、消防设施不齐全、管理不严等问题成了学校火灾隐患较为集中的部位。近年来，消防安全越来越受到学校的重视，消防器材设施逐步完善，工作力度逐年加强，消防安全环境大为改观。但是，学校消防安全工作在不断发展的背后也仍然存在一些隐患，消防安全现状不容乐观。

（一）当前学校消防安全状况和存在的隐患

1. 危机意识淡薄

（1）学校防火安全宣传教育不到位，消防安全意识差。

师生员工缺乏逃生自救本领和危机意识淡薄是难逃厄运的主要原因之一。《消防法》规定：教育、人力资源行政主管部门和学校、有关职业培训部门应当将消防知识纳入教育、教学、培训的内容。近年来，许多中小学校通过组织消防应急疏散演练、参观消防部队等方式开展了一些消防宣传教育培训活动，取得了一定效果。但从总体来看，依然存在消防知识宣传教育随意性大、没有形成制度化、宣传形式单一、效果不明显等问题，主要原因是许多学校还没有把消防知识教育纳入到日常素质教学范畴内，没有专兼职消防安全教师，没有相对固定的消防宣传教育教材，学校开展消防教育依赖性强，这些都源于学校防灾意识的淡薄，没有充分重视防火教育，消防意识很差。

学校领导对消防工作往往不是十分重视，对火灾隐患危害的认识不够，思想麻痹，认为抓消防工作事倍功半，不如抓教学质量、升学率等工作见成效。所

以，在消防工作中，只做表面文章，在消防方面投入的经费不多，对发现的火灾隐患整改不到位，存有侥幸心理。不认真履行消防安全职责，没有真正把消防安全责任制落实到位。

（2）学校消防安全责任不明确，消防安全组织制度不健全。

在消防部门日常监督检查中发现，当前仍有许多学校管理层对消防安全工作重视程度不够，认为学校主要场所是学生上课的教室和办公室，发生火灾的概率很小，存在麻痹思想和侥幸心理，没有严格按照消防法律法规规定建立健全消防安全制度，确定消防安全责任人和消防安全管理人，各岗位消防工作职责不明确。有的学校将消防工作职责全部寄托在一两名兼职工作人员身上，学校领导、其他教职工对消防安全工作很少过问，长期以来，对学校内部的消防安全工作是属于松散的粗放式管理，没有形成制度化、规范化，学校消防管理工作中漏洞较多，消防安全隐患不能得到及时发现和排除。

2. 设施匮乏与违章设施多

（1）学校建筑物耐火等级低。

早期修建的学校由于当时建筑防火设计等方面的技术规范尚不完备、法律不健全，达不到现行消防技术规范要求，还有部分学校的教学楼、学生宿舍为砖木结构建筑，耐火等级低，再加上年久失修，致使火灾隐患十分突出。而近期新建、改建、扩建的工程因部分学校没有依法报经公安消防部门审核、验收，同样存在建筑布局不合理，消防通道、防火间距不足，疏散出口缺乏，大型建筑无防火防烟分区，未按消防技术规范要求设置室内外消火栓、自动灭火系统等许多火灾隐患。

（2）消防安全设施维护保养不到位，缺损严重，不能正常发挥作用。

许多学校的校园内虽然配备有消防安全设施，但长期处于无人管理、无人维护的状态，造成消防设施年久失修，无法正常使用。如有的学校教学楼室内消防给水管网内无水，室内消火栓内配件丢失，灭火器得不到维护保养，过期失效现象普遍存在。造成这些问题的主要原因还是学校对消防工作重视不够，对消防设施维护保养工作没有做到定人定责，造成许多消防设施得不到及时维护和检修。

（3）电线老化，用火用电管理混乱。

随着学校教学设施的不断完善和师生生活水平的不断提高，各种电器设备也大幅增加。然而，由于缺乏必要的消防常识，不少学生乱拉乱接电线，在宿舍内使用电脑、录音机、电炉等大功率电器，大多是明线敷设，没有穿管保护，许多电器、开关插座和电气线路直接安装在木质、竹质等可燃材料上，还存在一个插座供十几台微机共同使用的情况。再加上电气线路布置不规范、学校电线又多年不进行检修更换，导致绝缘层脱落、线芯裸露，电气设备老化现象十分严重，稍不留意，极易引发电气火灾。2002年12月1日晚，位于南京老虎桥附近的某大学成教院宿舍楼电线老化引起大火，宿舍内的学生衣物等贵重物品均被付之一炬，损失惨重。

（4）消防水源不足，消防器材设施缺乏。

许多学校地处偏远地区，离城镇有一定距离，市政给水管网还没有引入到学校，没有专门设置消防水池、消防水泵，还有大量教学楼和宿舍没有按现行消防技术规范要求设置室内外消火栓、水带、水枪、水泵接合器、消防水泵、自动灭火系统等设施，没有配备必要的灭火器、应急照明灯、疏散指示标志等器材，甚至有的学校连一具小型灭火器都没有，一旦发生火灾，只能望火兴叹。

3. 学校管理不当、疏通不善

（1）消防安全疏散通道不畅通。

学校作为人员密集场所，在使用中必须确保安全出口、消防安全疏散通道畅通。但有的中小学校为了便于管理，擅自将教学楼、宿舍楼第二安全疏散通道锁闭、堵塞，或将楼梯间设置仓库、堆放可燃杂物，一旦发生火灾，对于学生安全疏散造成很大威胁。另外，部分学校在招生时没有考虑教学楼、学生宿舍的最大容纳人数，造成教室、学生宿舍等场所人员密度过大，紧急情况下人员疏散困难；有的寄宿制学校为了便于学生管理，从日常的防盗安全或学生人身安全考虑而关闭大多数消防安全出口或加设防盗门，只留有一两个出口用于日常进出，使"安全出口"名存实亡。例如，2004年7月17日据《北京晚报》报道，印度南部泰米尔纳德邦坦贾武尔县贡伯戈纳姆镇的洛德·克里希纳学校发生火灾，学校的学生正在课堂上课，由于学校楼道狭窄，撤离受阻，许多学生在浓烟中昏迷，导致80余名儿童葬身火海。

（2）学校学生宿舍时常夜间上锁。

在检查中多次发现，某些小学寄宿制宿舍楼管理员，为了不使学生夜间外出，便于管理方便，将学生宿舍楼安全出口上锁。这类事件在某地幼儿园发生过，在学生睡觉期间将铁门上锁，被困人员出不来，救援队进不去，最终导致17名儿童死亡。很多学校为了便于对学生进行管理和防偷防盗，在教职工和学生宿舍楼的窗户、疏散通道和安全出口等处安装铁栅栏，疏散通道、安全出口不畅，严重妨碍人员疏散。

（3）学校的管理不到位。

平时不注意消防安全教育，学生用火不注意安全，不懂基本消防常识。宿舍

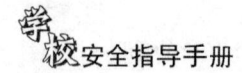

内乱拉电线、乱接插座；使用大功率电器如电热棒、电磁炉、电炉等；蚊帐内点蜡烛、抽烟、使用台灯等。上海市徐汇区中山西路2271号上海商学院宿舍楼602室发生火灾，寝室里使用"热得快"引发电器故障并将周围可燃物引燃，宿舍内4名女生慌不择路从6楼跳下，当场身亡。

二、学校火灾的特点

1. 伤亡大和影响大

学校是教师和学生高度集中的场所，这类人员防火意识薄弱，消防常识和逃生自救知识极其匮乏，一旦发生火灾，极易造成群死群伤的严重后果。如2009年以来的几起学校火灾，均造成了大量人员伤亡。如2004年印度一所私立学校发生的火灾，导致约80名儿童死亡，100多人受伤，其中30多人伤势严重。

2. 时间多在夜晚

特大火灾一般发生在晚上。有的学校为防盗或治安需要，采取了一些安全措施，如给学生宿舍的窗户加装防护栏，楼道出口安装防护用的铁栅栏；有的寄宿制中小学采取封闭式管理，禁止学生随意外出，学生管理者为图省事，在学生就寝后将宿舍楼楼门上锁，凡此种种，一旦深夜发生火灾，极易酿成安全事故。

3. 易发生在学生宿舍

学生宿舍是学校火灾隐患最突出的地方，学校疏于对学生宿舍的安全检查和管理，在一些学校的学生宿舍存在乱拉乱接电线、违章用电、宿舍内吸烟、蜡烛照明、点蚊香、楼道不畅通和消防器材配备不齐全等问题。1997年5月23日凌晨3时许，云南省富宁县洞波乡某学校的寄宿班女生宿舍发生火灾，学生死亡21人，轻伤2人，烧毁宿舍24平方米，直接经济损失1.5万元。火灾原因为该校学生在床上蚊帐内点蜡烛看书，不慎碰倒蜡烛引燃蚊帐和衣物而引起火灾。

三、学校对火灾事故预防机制的建构

《消防法》规定，预防工作要贯彻"预防为主、防消结合"的方针，专门机关与群众相结合的原则，实行安全责任制，搞好学校消防工作。

(一) 学校对火灾事故的教育与宣传

1. 加强消防宣传教育

《消防法》第六条规定：教育、劳动行政主管部门应将消防知识纳入教学、培训内容。教育部门要依法将消防安全知识教育纳入学校教学内容之中，结合消防宣传"四进"活动,运用重特大火灾事故典型案例深入开展警示教育,提高广大师生消防安全意识,真正把消防安全制度贯彻到位,落实到人。同时,要创新宣传平台,拓宽宣传渠道,丰富宣传内容,力争把消防安全宣传教育工作经常化、制度化,并促进消防知识宣传进家庭,达到"带动一个家庭,影响整个社会"的宣传效果,提高全社会整体消防意识。教育部门和消防部门要相互协调,合力开展多种形式的消防宣传活动。在宣传教育过程中,学校和消防部门可利用军训、"3·29""11·9"等消防宣传活动时机,通过校园广播电视、黑板报、宣传栏、校报、校园网络等形式广泛开展消防知识宣传教育,指导学校制定适合本单位重点部位的灭火和应急疏散预案,并定期进行演练;可以开设学校消防安全专题讲座。

2. 健全制度、落实责任

制定消防安全制度、消防安全工作考评和奖惩制度、消防器材维护保养制度等,并认真贯彻执行,做好学校消防工作。落实消防安全责任制是关键,健全消防组织是保障。学校要按照消防工作要求成立防火安全领导小组,增强责任意识,确定校内消防安全责任人和管理人,并认真履行消防安全职责;形成"消防安全自查、火灾隐患自除、法律责任自负"的消防管理运行机制。

(二)结合实际开展消防演练

制定切实可行的消防预案,开展逃生演习。学校要结合自身实际,制定灭火和应急疏散预案,并在学校领导的统一组织下适时开展灭火和疏散演练,一来检验学校领导和各部门人员之间的配合情况,加强学生对消防知识的理解,提高师生自我防范和逃生自救能力,同时结合演练情况及时修改和完善预案内容。学校在组织文艺演出等大型活动前,要勘察现场,成立安全保卫组织、制定防火灭火预案,向当地消防机构申报,待消防检查合格后方才举办。

(三)消除隐患,加强管理

(1)寄宿制学校当前存在宿舍人员密度过大问题,要积极采取措施予以整改,在各学校新建宿舍楼竣工投入使用后予以妥善解决,一般宿舍7~8人为宜。

(2)加强对学校员工和师生的宣传教育,提高校方扑救初起火灾和引导人员安全疏散的能力,使他们掌握火灾事故发生后如何组织扑救初起火灾、引导人员疏散、最大限度避免人员伤亡等相关常识。

(3)建立校园防火体系,形成一个横向到边、纵向到底的消防安全网络。经常性地检查校园内部消防设施是否完整好用,灭火器的配置是否符合规范要求,寄宿制学校的消防应急预案和各项规章制度的制定是否完备,消防安全制度的落实情况、用火用电是否规范等内容。

(4)要对学校周围违法乱搭乱建棚、房等违章建筑及时进行清理,确保消防通道畅通,绝对不允许改造或堵塞门窗、楼道等。

(5)坚持学生宿舍管理员24小时值班制度,严禁学生就寝后将楼层隔门和大门锁闭。克服麻痹思想,坚决遏制各类火灾事故的发生,确保学校有一个良好的消防安全环境。

总之,当前我国的寄宿制学校消防安全现状堪忧,消防部门要同教育、城建、水电等部门,联合开展专项整治行动,消除各种火灾隐患,确保寄宿制学校的消防安全,创造良好的校园环境。

三、学校火灾事故应对机制的建构

学校除了要建立完善的预防机制,培养学生的自救能力外,还要在火灾中实施积极的应对机制,将损失降到最低。

火灾事故中学生自救十诀。

第一诀:熟悉环境,暗记出口。

当学生处在陌生的环境时,为了自身安全,务必留心疏散通道、安全出口及楼梯方位等,以便关键时候能尽快逃离现场。

第二诀:扑灭小火,惠及他人。

当发生火灾时,老师如果发现火势并不大,且尚未对人造成很大威胁时,当周围有足够的消防器材,如灭火器、消防栓等,应奋力将小火控制、扑灭;千万不要惊慌失措地乱叫乱窜,置小火于不顾而酿成大灾。

第三诀:保持镇静,明辨方向,迅速撤离。

突遇火灾,面对浓烟和烈火,首先老师要强令自己保持镇静,迅速判断危险地点和安全地点,决定逃生的办法,尽快组织学生撤离险地。千万不要盲目地跟从人流和相互拥挤、乱冲乱窜。撤离时要注意,朝明亮处或外面空旷地方跑,要尽量往楼层下面跑,若通道已被烟火封阻,则应背向烟火方向离开,通过阳台、气窗、天台等往室外逃生。

第四诀:不入险地,不贪财物。

身处险境,应尽快撤离,告诫学生不要因害羞或顾及贵重物品,而把逃生时间浪费在寻找、搬离贵重物品上。安置逃离险境的学生,切莫重返险地。

第五诀:简易防护,蒙鼻匍匐。

逃生时经过充满烟雾的路线，要防止烟雾中毒、预防窒息。为了防止火场浓烟呛入，老师可采用毛巾、口罩蒙鼻和匍匐撤离的办法帮助学生撤离。烟气较空气轻而飘于上部，贴近地面撤离是避免烟气吸入、滤去毒气的最佳方法。穿过烟火封锁区，应佩戴防毒面具、头盔、阻燃隔热服等护具，如果没有这些护具，那么可向头部、身上浇冷水或用湿毛巾、湿棉被、湿毯子等将头、身裹好，再冲出去。

第六诀：善用通道，莫入电梯。

按规范标准设计建造的建筑物，都会有两条以上逃生楼梯、通道或安全出口。发生火灾时，要根据情况选择进入相对较为安全的楼梯通道。除可以利用楼梯外，还可以利用建筑物的阳台、窗台、天台屋顶等攀到周围的安全地点，沿着落水管、避雷线等建筑结构中凸出物滑下楼也可脱险。在高层建筑中，电梯的供电系统在火灾时随时会断电或因热的作用导致电梯变形而使人被困在电梯内。同时由于电梯井犹如贯通的烟囱般直通各楼层，有毒的烟雾直接威胁被困人员的生命。

第七诀：缓降逃生，滑绳自救。

高层、多层公共建筑内一般都设有高空缓降器或救生绳，人员可以通过这些设施安全地离开危险的楼层。如果没有这些专门设施，而安全通道又已被堵，救援人员不能及时赶到的情况下，你可以迅速利用身边的绳索或床单、窗帘、衣服等自制简易救生绳，并用水打湿，从窗台或阳台沿绳缓滑到下面楼层或地面安全逃生。

第八诀：避难场所，固守待援。

假如用手摸房门已感到烫手，此时一旦开门，火焰与浓烟势必迎面扑来。逃生通道被切断且短时间内无人救援时，可采取创造避难场所、固守待援的办法。首先应关紧迎火的门窗，打开背火的门窗，用湿毛巾或湿布塞堵门缝，或用水浸湿棉被蒙上门窗然后不停用水淋透房间，防止烟火渗入，固守在房内，直到救援人员到达。

第九诀：缓晃轻抛，寻求援助。

被烟火围困无法逃离的人员，应尽量待在阳台、窗口等易于被人发现和能避免烟火近身的地方。在白天，可以向窗外晃动鲜艳衣物，或外抛轻型晃眼的东西；在晚上，可以用手电筒不停地在窗口闪动或者敲击东西，及时发出有效的求救信号，引起救援者的注意。

第十诀：跳楼有术，虽损求生。

跳楼逃生，也是一个逃生办法，但应该注意的是：只有消防队员准备好救生气垫并指挥跳楼时或楼层不高（一般4层以下），非跳楼即烧死的情况下，才采取跳楼的方法。跳楼也要讲技巧，跳楼时应尽量往救生气垫中部跳或选择有水池、软雨篷、草地等方向跳；如有可能，要尽量抱些棉被、沙发垫等松软物品或打开大雨伞跳下，以减缓冲击力。如果徒手跳楼一定要扒窗台或阳台使身体自然

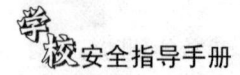

下垂跳下，以尽量降低垂直距离，落地前要双手抱紧头部，身体弯曲卷成一团，以减少伤害。

第四节　洪灾事故的预防与应对

洪灾作为自然界中的随机事件，它的发生受许多因素影响，不以人们的意志为转移，一旦达到致灾条件，随时可能发生灾害。特别是在全球变暖的大背景下，异常极端气候事件偏多，强度偏强，导致局部暴雨、大暴雨出现的频率增加，而我们现有的监测、预报、预警能力还十分有限，因而极易引发严重的山洪灾害。2005年6月发生在黑龙江省宁安市沙兰镇中心小学的山洪灾难中106名学生罹难。此次灾难再次为中小学生的安全问题敲响了警钟，也对学校的安全教育提出了新的课题，其中有诸多值得反思的地方。

一、洪灾事故的成因和特点

（一）洪灾事故的成因

按照洪灾成因，中国的洪灾可分为暴雨洪灾、冰凌融雪洪灾、风暴潮灾害、溃坝洪灾、山洪泥石流灾害。

1. 暴雨洪灾

暴雨洪灾指由暴雨洪水造成的灾害。中国自然地理气候复杂，降雨在时间、地区分布上不均衡，是多暴雨的国家。就全国而言，出现日降雨量50～100毫米的暴雨天气比较频繁，日降雨量100～200毫米的大暴雨和200毫米以上的特大暴雨天气也时有发生。暴雨洪灾分布范围较广，北起松花江流域，沿燕山、阴山经河套、关中、四川到两广一线的东南地区，都曾出现过暴雨洪水灾害，是中国的主要洪灾之一。

2. 冰凌融雪洪灾

冰凌融雪洪灾指由冰凌融雪洪水造成的灾害。江河流域内如有高寒积雪或结冰地区，当气温急剧上升时，积雪（冰）迅速大量融化，就会形成融雪（冰）洪水。如果同时再有降雨，就会形成雨雪混合洪水。我国积雪（冰）的范围较广，稳定的和季节性的积雪（冰）区共约420万平方千米，主要分布在青藏高原、阿尔泰山、天山、黑龙江流域及长白山区。融雪（冰）洪水在这些地区时有发生。在我国纬度较高的西部和北方山区，由于春季降水促发冰雪融化，形成雨雪混合洪水，量级一般要比融雪（冰）洪水大，往往会形成春汛。

冰凌洪水又称凌汛，是由于气温下降时河水结冰封冻和气温回升后解冻开河时冰凌阻塞河槽而形成的洪水。冰凌洪水多发生在由低纬度流向高纬度的河流（河段），在我国就是发生在从南向北流的河流（河段），如黄河河套地区河段、下游河段，松花江和黑龙江部分河段。

3. 风暴潮灾害

风暴潮灾害指由天文大潮、风暴潮、海啸，特别是台风暴潮造成的灾害。我国海岸线曲折绵亘，大陆岸线从辽宁鸭绿江口到广西北仑河口，总长约18000千米，岛屿岸线总长约14000千米，沿海地区受天文大潮、风暴潮、海啸的影响，常常发生风暴潮洪水，台风暴潮还会导致沿海地区江河发生洪水，几种因素产生的洪水相互叠加往往造成严重的灾害。台风暴潮在我国多发生在夏秋季节，登陆地点遍及我国沿海，但主要集中在浙江以南沿海，尤其是广东、台湾、海南、福建等地。台风暴潮灾害严重岸段主要在东海、南海沿岸和台湾、海南等岛屿，其中长江口、钱塘江口和珠江三角洲是台风暴潮灾害最严重的地区。

4. 溃坝洪灾

溃坝洪灾指溃坝洪水造成的灾害。溃坝洪水原指水坝或其他挡水建筑物突然崩溃，大量蓄水突然下泄而造成的洪水。也有把堤防决口、冰坝溃决以及因崩山滑坡、冰川推进堵塞河道、壅高水位又漫溢溃决而造成的洪水都视为溃坝洪水一类。产生溃坝洪水的原因，有自然和人为两方面的因素。如出现超标准洪水、发生强烈地震等导致溃坝的属于自然因素；因设计不周、质量不好、管理不善、战争破坏而溃坝的属于人为因素。

5. 山洪、泥石流灾害

山洪、泥石流造成的灾害称山洪、泥石流灾害。山洪是在山区沟谷中突降暴雨或因气温急剧上升大量积雪（冰）融化而形成的局部性洪水，常发生在地形陡峻岩石裸露的山区。由于成因不同，又可分为暴雨山洪、融雪山洪和雨雪混合山洪。山洪的过程短暂，陡涨陡落，泥石含量相对较小，但流速很大，对河床的冲蚀作用很强，基本上不发生河槽沙石沉积现象。

泥石流是在表层地质疏松、山坡岸壁容易崩塌和堆积物较多的山区，遇到暴雨或大量融化的冰雪而形成的局部性洪水。泥石含量很高是泥石流的突出特点，泥石流中的固体物质的体积一般要超过泥石流总体积的15%，最多可达70%~

80%。泥石流的暴发性很强，流速一般要比山洪低，在发生过程中常具有冲蚀和沉积两种作用。在峡谷之中的涨水阶段，冲蚀作用明显；在河谷放宽和落水阶段，沉积作用明显，往往有大量沉积物堆积，甚至形成石海，最大巨石有数十甚至上百吨重量。

（二）洪灾的特点

洪灾，通过各种努力，可以尽可能地缩小灾害的影响。从洪灾的发生机制来看，洪灾具有明显的季节性、区域性和可重复性。如我国长江中下游地区的洪涝几乎全部发生在夏季，并且成因也基本上相同，而在黄河流域则有不同的特点。

同时，洪涝灾害具有很大的破坏性和普遍性。洪涝灾害不仅对社会有害，甚至能够严重危害相邻流域，造成水系变迁。并且，在不同地区均有可能发生洪涝灾害，包括山区、滨海、河流入海口、河流中下游以及冰川周边地区等。虽然洪灾仍具有可防御性，但是人类不可能彻底根治洪水。

二、校园洪灾事故的危害性

洪灾除破坏环境、污染水源，造成食品污染、传染病流行和个体免疫力下降之外，洪灾给学校带来的损失和危害是不可估量的。

首先，会造成大量人员伤亡和财产损失。有的学校被淹没，有的学校使用的课桌、书本，以及住校生的生活用品等都会被洪水冲毁，大量教学设施、电子设备被损毁。据统计，1997年"8·8"洪灾，给福建教育部门造成巨大损失。全区中小学倒塌教学用房568间、23078平方米；倒塌生活用房856间、23608平方米；倒塌围墙12118米，造成新危房58883平方米；损坏课桌椅、床架11919套；损失图书资料1025513本（册）；损失教学仪器设备和饮用水设施等价值691.6万元。全区652户教师受灾，其中房屋全部倒塌、无衣无粮无房的受灾教师347户；房屋部分倒塌、严重受灾的教师249户；房屋受淹、财产受损的教师56户；全区14307名学生无家可归，需由政府补助入学费用，其中，小学生10411人、初中生3237人、高中生464人、职中（专）学生195人。

其次，洪水持续时间较长，学生管理困难。一般大洪水会持续数天才退去，时间过去1个月后，依然可以看到当时洪水肆虐留下的痕迹。发洪水的地区一般在山区，学生家住得分散，一段时间内水电通信全部中断，通知学生在指定时间、地点集体转移存在很大难度。

最后，会造成学校停课时间较长，复课困难。2004年9月3号到6号连续降雨，四川省达州市遭遇了特大的洪涝灾害和山体灾害。这场灾害不仅给当地的人民生产生活带来了严重的影响，也造成了全县 19 万学生被迫停课。2006 年广元青川县遭遇 "8·28" 百年不遇特大洪灾，损失达 2 亿多元。全县 203 所中小学校有 20 所不同程度受灾，造成 894 万元的经济损失，8 所学校 3000 多名孩子不能按时开学上课。

三、校园洪灾事故的防御机制的建立

校园洪灾防御一直是各级政府抗汛抗灾工作中的重点和难点。近几年各地加强了研究，加大了工作力度，积累了经验，取得了成效，极大地减轻了灾害损失。但是，各地防御校园洪灾仍然面临十分严峻的形势，实际工作中仍然存在许多薄弱环节。因此要建立健全校园洪灾事故的预防机制，具体来说要做到以下几点。

（一）提高危险意识

对校园洪水灾害的危害性要有足够认识，校园洪水灾害在全国几乎年年发生，已成为经济社会发展的重要制约因素。校园洪水灾害由于突发性强、成灾快、毁灭性大，不仅会对校园基础设施造成严重破坏，而且对师生的生命安全构成极大威胁，对财产造成极大损坏。发生严重校园洪水灾害时，顷刻之间就可造成溪河改道、道路中断、校舍倒塌，甚至造成大的人员伤亡。近几年来，各级党委、政府和防汛部门对山洪灾害防御十分重视，采取多种措施，不断加大对校园洪水灾害的宣传力度。总的来说，干部群众尤其是各级领导干部和曾经发生过校园洪水灾害地区的群众对校园洪水灾害的认识不断提高。但是，大部分洪水灾害易发地区的学校位于交通、通信闭塞山区，很少与外界接触，信息不通，对校园洪水灾害性的认识远远不够，因而缺乏主动防灾避灾意识。因此，一定要进一步采取各种形式向山区广大师生宣传校园洪水灾害的危害性、严重性。尤其是要通过典型校园洪水灾害造成群死群伤的血的教训事例来教育师生，真正提高山区学校广大师生对校园洪水灾害严重危害性的认识。在当前条件下，师生自觉主动的避灾行动，是减少山洪灾害人员伤亡最有效的途径。

（二）要避开危险区域

山区在建学校时，必须尊重自然规律，避开危险区域，用严谨、科学的态度建设校园。一定要避开山洪直接冲刷的溪边、沟边、河边、峡谷边、山坡边和斜坡上等危险地带，已建在这些危险地带的，各级政府要统一规划，指导和扶持搬迁，把学校建在安全地带。

（三）加强科学研究，不断完善预测方法

加强科学研究，不断完善预测方法，尤其要针对校园洪水灾害发生的特点，

加强突发性、小尺度、超强降水的气象、水文预测预报方法的专题研究，掌握不同地区的气象、洪水特点和测报规律。完善预测预报方案，提高气象、水文预报的精度、准确率、时效性，保证校园洪水灾害气象、水文预报发布渠道畅通。

（四）提高师生应对能力

要进一步总结校园洪水灾害防御试点地区积累的应对校园洪水灾害的成功经验，针对近年发生校园洪水灾害时在应对方面暴露出来的问题，完善校园洪水灾害防御方案，不断提高师生应对校园洪水灾害的能力。要立足于早、立足于快、立足于安，重点做到三个确保。

1. 确保信息传递及时

要进一步完善县级以下校园洪水灾害各类信息传递途径和责任保障体系。关键是要确保校园洪水灾害信息及时有效地传递到学校。校园洪水灾害等各类信息通过广播、信息、电话等各种途径传递。各地校园洪水灾害多发区平时要组织进行培训和演习，使学校掌握校园洪水灾害基本知识和基本应对方法，熟悉当地的校园洪水灾害防御方案和师生的转移路线、临时安置场所，确保需要时能有条不紊地组织安全转移。

2. 确保转移道路畅通

要抓住乡村公路建设的机遇，进行安全转移道路建设。要广泛发动群众，根据当地的地形条件，修建和完善永久或临时的安全转移简易道路，形成简易、安全的转移道路网络。对一些山高坡陡的险要路段要设立简易扶手等安全设施，确保在安全转移道路上不造成人员伤亡。

3. 确保人员安置到位

一定要按照就近、安全、便于救助的原则做好人员安置方案。要一个学生一个学生地落实固定的安置地点，登记造册，要做好吃、住等相关后勤保障预案。

（五）要保护生态和环境

要齐心协力，杜绝乱砍、乱挖、乱建、乱开采矿藏和随意在山坡上堆填加载，随意改变地质结构破坏地貌，随意侵占、阻塞河道等破坏自然生态的行为。自觉维护山丘区山林和河流生命健康，绝不能人为诱发校园洪水灾害。

四、校园洪灾事故的应对机制的建立

生活在洪水危险区域的群众因种种原因被突发的洪水围困时，能否脱离险境，甚至死里逃生，取决于是否具备较充分的防灾知识及相应的准备，以及能否保持冷静，避免盲目行动。

第一，保持冷静情绪，防止恐惧心理，避免由于精神崩溃而造成的混乱。特别是老师应当安抚被困学生，共同采取自救行动。

第二，有防洪和自救经验的人员应当根据平时所积累的知识判断。比如洪水的可能发展趋势，所在位置的危险性如何，有无可能采取措施转移到安全地带等。

在做出第三项决定时要特别慎重。因为洪灾水流与一般水流不同，其特性难以掌握，如水的深浅、流速大小及有无旋涡、跌水、潜流等都难以预料和判断，因而在转移途中发生意外伤亡的事例较多。没有足够的安全措施，如有可靠的船只、非常熟悉水的深浅和习性，不要轻易采取转移行动。

第三，在决定原地待救时应采取的自救措施有：

（1）有条件修筑或加高围堤时，组织机械和人力取土修堤，不具备条件时应选择登高避难的方式，如基础牢固的屋顶；大树上筑棚或将几棵树相互联系，在树上设避难台；临时搭建避难台等。

（2）发出等待救援信号，如柴烟、高处悬挂彩布、各种声响等。

（3）利用和保存各种尚能使用的通信设施，如电话、电台、对讲机、信鸽等，尽早发出求援信息并设法保持联系。

（4）注意保存火种、医药等用品。

（5）安置好学生，必要时将他们送上救生设备及在身上绑扎救生器材。

第五节　泥石流事故的预防与应对

泥石流不仅分布广泛，而且类型多样，活动频繁，造成的灾害也十分严重。泥石流灾害严重威胁着人民的生命和财产安全，给国家造成重大经济损失。一次特大型泥石流可造成上百人的死亡。正因为如此，我们要深入做好校园泥石流的防御与应对措施，确保师生的生命和财产安全。

一、校园泥石流灾害发生的评估

泥石流是山区常见的一种自然现象，是一种饱含泥沙石块的洪流。泥石流的活动具有如下特征。

（1）分布广泛、类型齐全、数量大。我国位于东亚季风区，季风气候决定了我国雨季在年内的高度集中。暴雨活动的区域性决定了滑坡泥石流灾害范围的广泛性，使我国的滑坡泥石流灾害表现出类型多样、齐全、数量大、分布范围广的特点。

（2）突发性强、预测预报难度大。一般而言，从降雨到滑坡泥石流灾害形成一般只有几个小时，甚至在1小时以内，加之山丘区目前监测站网覆盖率低、雨量计算太少，给预防滑坡泥石流灾害带来很大的困难。

（3）来势猛、成灾快、破坏性强。泥石流具有强大的冲毁能力，所经之处会造成毁灭性灾害。

（4）季节性强、频率高。据湖南、贵州省统计，汛期发生的滑坡泥石流灾害往往占全年滑坡泥石流灾害的90%以上，其中6－8月份发生的滑坡泥石流灾害达到80%以上。

（5）地域性明显、易发性强。西南地区、秦巴地区、中南地区和东南沿海地区的山丘区滑坡泥石流灾害最为集中，而且易发性强，西北地区和青藏高原相对分散。

（6）暴发越来越频繁、危害越来越严重。

根据泥石流发生的特征，可见校园受到泥石流侵害的可能性很高。尤其是那些位于偏远山区的学校，它们往往交通闭塞，信息流通不畅，监控措施跟不上。鉴于近几年发生的泥石流特大事故，我们很有必要提高警惕，加强管理，确保师生的人身安全，营造和谐、安全的校园环境。

二、校园泥石流灾害预防机制的建立

多年来我国有关部门对泥石流的防治进行了积极的科学研究和实践探索，投入了大量的人力物力进行泥石流防治，取得了许多有益的经验和显著的防治效果，形成了"硬""软"兼备的防治措施。所谓的"硬"措施是指以工程措施为主、生物措施为辅防治泥石流，对泥石流沟进行工程综合整治；"软"措施就是按照"防重于治"的战略思想，积极对泥石流灾害进行预测、预报、预警，进行综合决策。

1. 加强滑坡泥石流预警预报系统建设

位于山区和泥石流高发区的学校，可以参照长江上游滑坡泥石流预警系统，制定完善的泥石流应急预案，加强滑坡泥石流灾害监测、预测和预报等实用技术研究。

2. 提高安全意识和科普教育

由于泥石流多发生在偏远的山区和交通闭塞的村庄，教育设施和师资力量都比较薄弱，危机意识也淡薄，所以需提高学生的安全意识和普及科普教育，广泛宣传和普及基础的防灾知识，提高学生防灾减灾意识和危机意识。科普教育不仅可以渗透进学生的课本，还可以进行丰富多彩的实践演习和生动有趣的课外模拟活动。

3. 注意泥石流前兆

河流突然断流或水势突然加大，并夹杂着较多杂草、树枝；深谷或沟内传来类似火车轰鸣或闷雷般的声音；沟谷深处忽然变得昏暗，并伴随着轻微的震动感。

4. 泥石流多发区学生要注意自己的生活环境，熟悉逃生路线

5. 去山地游玩要注意收听当地天气预报，不在暴雨之后或持续阴雨天气进入山区

宿营时，要选择平整的高地作为营地，避开河道弯曲的凹岸或地方狭小高度低的凸岸，不要在沟道处或沟内的低平处搭建宿营棚。

6. 加大滑坡泥石流防治试点力度

根据灾害的成因和形成环境，选择有代表性的典型小流域进行试点治理，探索防治经验，逐步扩充试点范围，全面推进滑坡泥石流的防治工作。对校园和居民点构成巨大威胁的灾害点，除加强监测预警外，应当进行工程治理，加强对工程建设项目的管理，减少人类活动对环境的破坏以及引发的灾害。

三、校园泥石流灾害应对机制存在的问题

1. 泥石流灾害防治部门管理责任不清

这是当前工作中较为突出的问题。泥石流灾害防治涉及水利、国土、气象、建设、民政等部门，容易形成多部门管理、各自责任又不十分清楚的状况。目前，泥石流灾害防治规划由三防水利部门牵头，地质灾害防治由国土部门主管，业务交叉多，部门规划内容难统一，平时沟通又不多，协作难度大。加之泥石流灾害防治规划和报告制度不健全、信息传递不及时，给泥石流灾害的防御和救灾工作带来了很大困难。

2. 不合理的人类活动造成水土流失、河床淤塞，加剧了泥石流灾害的发生和损失

山丘区人口与耕地的矛盾比较突出，毁林开荒加上采矿、修路等不合理的开发利用，造成了严重的水土流失、河道淤积，降低了河道的泄洪能力，从而加剧了泥石流灾害发生的频率和损失的严重性。此外，最近几年，在经济利益的驱动下违规建设小水电站、小水库（山塘）造成的危害也十分严重。

3. 泥石流灾害防治投入严重不足

防治灾害是一项综合性的系统工程，由于灾害隐患点面广、量大，类型不一，需要投入相当的人力、物力和财力。目前校园还没有安排防治的专项经费，资金严重缺乏，使泥石流灾害的科学研究、防御与治理工作的开展较为困难。

四、校园泥石流灾害应对机制的建立

1. 教师应该保持头脑清醒，有序疏导学生

教师应该保持头脑清醒，有序疏导学生，如果发生在身边，应该不要惊慌，要求学生赶紧到坚硬的大岩石下躲避，因为大岩石会挡住从山上滚下的碎石，不至于被砸伤；或者躲避在树林密集的地方，因为碎石滚落遇树就会减速，这样会减小伤害。

2. 设法脱离险境

如果有学生不幸受伤，找不到脱离险境的好办法，就要尽量保存体力，不要乱动，以免使骨头错位，影响下一步治疗。最实用的方法是用石块敲击能发出声响的物体，向外发出呼救信号，安抚学生不要哭喊、急躁和盲目行动，这样会大量消耗精力和体力，尽可能控制自己的情绪或闭目休息，等待救援人员到来。

3. 应掌握正确的逃离方法

首先，老师应该不能沿沟向下或向上跑，而向两侧山坡上跑，离开沟道、河床地带。注意不要在土质松软、土体稳定的斜坡停留，以免斜坡失稳，应选择在基底稳固又较为平整开阔的地方停留。其次，泥石流常滞后于大雨发生，雨后不要马上返回危险区。逃生时抛弃重物，不要躲在有滚石和大量堆积的山坡下面，不要停留在低洼处，也不要爬到树上躲避。

4. 学习救护被泥石流伤害的人员

泥石流对人的伤害主要是泥浆导致窒息。将压埋在泥浆或倒塌建筑物中的伤员救出后，应立即清除口、鼻、咽喉内的泥土及痰、血等，排出体内的污水。昏迷的伤员，应使其平躺，头后仰，将舌头牵出，尽量保持呼吸道的畅通，如有外伤应采取止血、包扎、固定等方法处理，然后送医院急救。

第十一章

信息网络类事故的预防与应对

- □ 第一节 信息网络类事故概述
- □ 第二节 学生沉溺网络的预防与应对
- □ 第三节 网络色情信息的预防与应对
- □ 第四节 网络诈骗信息的预防与应对
- □ 第五节 网络信息泄密的预防与应对
- □ 第六节 网络系统侵入的预防与应对

第一节　信息网络类事故概述

一、学校信息网络安全的内涵

随着现代社会科学技术的迅速发展，网络日趋成为人们日常工作学习中不可缺少的一部分。网络在校园里利用率的提高使得校园网络安全问题日益凸显出来。学校网络安全事故属学校安全范畴，不是通常所指的网络技术安全事故，而是特指学生因使用网络不当而导致的危及自身或他人的身心、财产，危及社会的现象。

据中国互联网信息中心的统计结果显示，目前我国网民中，8～35岁青年占85.8%，其中，24岁以下的青年占56%，18岁以下的少年就占到24%。网络犹如一把双刃剑，既拥有天使之笑容，又拥有魔鬼之恶毒，它既可增强青少年与外界的沟通和交流、及时获得最新的国内和国外信息，但同时网络上所存在的一些不良内容也极易对青少年的身心健康造成不可估量的伤害。这突出表现在：许多青少年上网浏览色情、暴力等不健康的内容，沉迷于内容低级、庸俗的网上聊天等。

根据学生网络安全事故的突出表现形式，有关专家对学校网络安全事故进行了分类，大致可以分为两类：一类是危及学生自身的网络安全事故。主要包括由于各种不当上网行为引发的逃课、离家出走、突发疾病、自杀，甚至使得学生自身成为了诈骗、强奸、故意伤害、杀人、拐卖等刑事犯罪受害者的事故；另一类是危及他人及社会的网络安全事故。主要包括由于各种不当网络行为引发的各种违法或犯罪，如因"网资"不足而引发的抢劫和盗窃等违法犯罪；因网上色情淫秽内容及网恋的影响所引发的性犯罪；因网上暴力游戏内容潜移默化的影响而引发的绑架、杀人等暴力型犯罪等。

二、信息网络事故的特点

校园信息网络不健康信息借助网络这一方便快捷的传播工具正在逐渐侵害着孩子们的成长。有关专家就目前存在的网络事故进行了研究分析，专家们针对未成年的犯罪学生进行了大量的问卷调查，并对有关问题进行了数据统计和分析。同时搜集整理了一些学校网络安全事故案例，而且对具体的案例进行了深入的访谈，包括学生的心理状态、家庭环境、上网经历等都进行了深入了解。在大量的调查研究工作的基础上，专家发现校园信息网络事故呈现以下特点。

（一）危害大，影响深远

网络上的不良信息所带给青少年的危害是不可想象的，既存在对青少年自身的身心健康的精神层面的危害，也包括财产等物质层面的危害。这种危害的影响不仅仅只是存在于现在，还会对以后社会的和谐发展造成不可估量的破坏，对我们国家和人民来说损失的将是我们的未来。

1. 身心安全

当前大部分青少年为了追求刺激和隐蔽的环境，宁愿去空气污浊、噪音严重的网吧上网，而一些"黑"网吧，无视网吧内部安全设施的建设，存在严重的火灾隐患。2002 年北京"蓝极速网吧"的那场大火，导致了 25 名学生死亡！

长时间待在电脑前会受到大量的电脑辐射。同时也会导致精神的高度紧张，这些都会造成青少年生理机能严重失调、神经系统的正常规律被严重破坏、内分泌极度紊乱等生理疾病。据专家调查研究得出，长时间坐在计算机前的青少年，30% 患有缺铁性贫血、近视、脊椎及身体其他部位的疾病，并呈现明显偏高的趋势。

网上流行的"芙蓉姐姐""凤姐""犀利哥"等信息会对青少年的人生观和价值观的形成造成误导。2003 年河南某市所破获的杀害 23 名青少年的杀人案件，罪犯就是将上网少年骗至家中，利用青少年的好奇心理，以"神奇木马"这一死亡游戏将其杀害。这些案件让我们看到了网络所带来的危害是如此之大，在我们为之震惊的同时，不得不提高我们的校园网络安全意识，尽量避免那些不良网络信息侵害我们的青少年学生。

2. 财产安全

网络是一个虚拟的开放的空间，匿名交往让某些人肆无忌惮，蓄意发布虚假信息或有害信息，让身心不成熟、判断能力很弱的青少年难以辨别真伪。QQ、MSN 等网络聊天方式及各种网络会员的注册等都需要填写翔实的个人信息，如学校名称、家庭住址、手机号码、身份证号、照片等，甚至会有涉及父母的联系方式等更为私密的信息。而很多青少年毫不防备地把自己的个人信息全都如实填写，或者在他人问询时如实相告。而一些人或网站正是利用这些套取的个人隐秘信息或从他处购买来的个人信息进行诈骗等非法活动，给上网青少年及其家庭造成财产方面的损失。

（二）事故发生地点多在校外

在对事故发生地点的研究分析中发现，发生在校内的网络安全事故很少，而绝大部分的校园安全事件发生在校外或者说是校园的周边地区，其中发生在网吧的案例占18%，发生在学生家中的占21%，发生在除网吧及家以外的校外其他地方的竟然高达54%，而真正发生在校内的只有7%。由此我们可以发现，网吧是信息网络安全事件的高发地点，需要引起有关部门的高度重视。

（三）男生比例显著高于女生

学校网络安全事故的发生在性别上呈现出很明显特征，即男生因为不当上网而发生安全事故的比例远远高于女生，男生高达79%，女生则只占21%，而在这21%的女生中99%属于事故的受害方，如被网友拐骗、强奸等。这也是校园网络事故中的一个重要的不可忽视的特点。

（四）事故表现形式多样

学校网络安全事故的表现形式各种各样，仅从问卷调查涉及的构成犯罪的网络安全事故来看，就表现为拐卖、贩毒、盗窃、抢劫、强奸、诈骗、杀人、伤害等，其中抢劫、盗窃、强奸所占比例较大，分别为23%、21%、21%；此外，自杀、离家出走也是很普遍的事故表现形式。表现形式多样性的特点也增加了我们预防和干预工作的难度，需要我们针对具体问题具体分析，因地制宜地处理不同形式的网络安全事故。

三、信息网络事故的原因

根据对网络安全事故特点的分析，专家们对学校网络事故的成因也进行了深入的研究，他们认为其成因是较为复杂的，主要与个体、家庭、学校、社会等因素密切相关。

（一）个人因素

1. 心理特征

从总体来看，学生处于精力旺盛的青春期阶段，处于这一阶段的青少年心理特征主要包括：强烈的好奇心理、爱好模仿、富有冒险精神、头脑灵活多变、对于新鲜事物的接受能力很强。而网络作为一个新鲜事物，其内容的丰富性、平台的开放性、信息的快捷性、娱乐的互动性正好满足了青春期学生的心理需求。在调查中发现，95%的被调查者都表示在事故发生前非常喜欢上网。由于青少年学生的心理与生理发展存在不平衡性，社会阅历浅，缺乏辨别是非的能力，使得一些学生无法对虚拟世界的人和事进行正确而又精准的分辨，这就很容易被居心不良的不法之徒利用。因此这一心理特征导致了网络安全事故的频频发生。

良好的生活习惯、有序的生活、安定的环境，是保证心理健康的前提。既要适度安排学习时间和分量，同时要适当安排文娱和体育活动，使孩子的大脑和神经系统有张有弛，有交替和更新，从而保证其身心都得到发展。心理和健康是息息相关的，我们需要一个健康的身心。它要求我们过一种有节制、有秩序的生活。

2. 法制道德观念淡薄

由于一些学生的道德观念较弱，法制观念淡薄，法律意识不强，不仅使其对网上虚拟世界失去了道德与法律的自我约束，也使其在现实生活中或为满足上网的极度需求，或受网络不良内容影响，做出种种危害他人和社会的违法犯罪行为，也使学校网络安全事故表现形式呈多样性。法制观念的淡薄也是造成学校网络安全事故的重要因素之一。

（二）家庭因素

1. 家庭管教不恰当

父母是孩子最重要的老师，孩子的教育问题父母应该肩负起重要而又不可替代的任务。在深入调查访谈中我们发现，有些家长对孩子十分溺爱，疏于管教，极少过问不当上网行为，在经济上无限制地满足其不合理需求，最终导致对孩子的上网行为失去控制。有些家庭对孩子管教十分严厉，对孩子的期待值过高，导致孩子自暴自弃、心理逆反，亲子间无法有效进行交流，孩子自然容易到虚拟的网络世界去寻找寄托。94%的被调查者表示事发前父母对自己的管教十分严格；还有一些家庭管教方式不合理，甚至极其粗暴无理，把孩子当作自己的撒气筒，经常会使用家庭暴力，甚至是虐待孩子。这种环境下成长起来的孩子大多性情粗野，喜好打斗，因此在其过多接触暴力型网络游戏后，便会模仿网络血腥游戏中的粗暴行为。

2. 缺少家庭温暖

问卷调查显示，有44.5%的犯罪青少年是来自父母双方长期不在、跟随其他人生活的留守家庭的孩子。近年来，随着离婚率的增多，家庭作为一个集体不再像以前那么巩固和坚实，大量的"问题家庭"在社会中凸显出来。如父母长期外出经商或打工的"留守家庭"、父母离异或一方死亡的"单亲家庭"、父母关系不和的家庭，等等。生活在这些家庭的孩子大多得不到正常家庭的温暖，上网问题上缺乏父母的正确引导。这就导致了一些青少年无法正确对待网络问题，从而走向了犯罪的道路。

（三）学校因素

1. 管理因素

学校管理人员素质低、管理措施不完善、管理法规不健全、用户安全意识淡薄，等等。就上网安全教育薄弱这一点来说，师生对于网上不良内容的认知及倾向性存在差异。许多学生都曾无意间浏览过不良内容，相比较而言，绝大部分教师只是听说而已，还有近半数教师不知有网上不良内容之说。对教师进行问卷调查时，许多教师表示"根本不懂"，学生对于网上不良内容的认知要远远高于教师。在对网上不良内容的认知上教师没有起到很好的纠正作用，这就会使得辨别是非能力很弱的青少年容易对网络上各种各样的信息产生错误的认识和错误的接受。

上述学者进行的问卷调查，意在了解师生对此的了解程度，结果让人感到遗憾的同时也为之感到害怕与担忧，大多数学生和教师对这些知识一无所知。而且绝大多数青少年对浏览色情网站感到无所谓。这些都说明目前青少年普遍缺少上网安全意识，我们对于青少年上网安全教育投入的力度和强度都不够。由此看来，对网上不良内容的分级过滤不仅重要，而且必要。

2. 技术因素

操作系统、防火墙等软件本身的漏洞；加密和解密、入侵监测等技术产品的不完善；病毒的层出不穷；黑客程序在网络上的肆意传播等。这种技术上的因素直接导致了那些不良信息的肆意入侵青少年的上网环境，因此需要不断地改进技术，来提高网络合理利用率，给学生一个安全绿色的上网环境。

3. 人为因素

学生有网络安全技术的挑战欲望，想利用攻击网络而出名，对校园网络充满了好奇心。据某省对掌握计算机知识的学生调查显示，高达90%的学生对如何攻破防火墙、解开他人电脑密码等感兴趣，面对无法轻易了解的数据，好奇心激发他们破解密码或输入计算机病毒的动机，也诱使他们去发现网络系统内部或外在的漏洞。

（四）社会因素

1. 社会风气的败坏

在商业化市场化不断侵入现代社会以后，社会不良风气迅速泛滥，如贪图享乐、唯利是图、性开放等有损道德的风气，剧烈冲击了青少年学生正在形成的人生观、价值观，使得很多学生对于自己的上网行为缺乏自我道德约束。没有正确而坚定的道德观的约束，学生就很容易做出危害他人和社会的事情；社会黑恶势力和团伙也常常利用网络为自己谋取利益，一些青少年学生思想简单、为人单纯，辨别是非能力弱，常常成为其中的受害者或被利用成为施害者。不良的社会风气，没有为孩子们形成一个良好的道德环境，使得孩子们失去辨别是非的能力，沉迷于网络的虚拟世界，影响了青少年健康成长。

2. 不良的网吧环境

网吧的不良环境是造成网络安全事故的重要因素，也是学校网络安全事故多发在校外这一特点的原因之一。问卷调查中，有58%的被调查者表示在事故发生前都经常在网吧上网。学生在网吧上网，一方面，时间和内容上都不会被家长监督，也不会受到任何限制，上网较为自由；另一方面，网吧是人员混杂之地，并不适合心智不成熟的学生进入。尽管有关部门出台了一系列禁止未成年人进入网吧的条例，特别是2006年新修订的《未成年人保护法》，在法律责任中，对于在中小学周边设立网吧、接纳未成年人的网吧都有处罚规定，但一些经营者为了谋取利益，非法让未成年人在人员混杂的网吧上网等现象仍屡禁不绝。这种现象直接导致了网络安全事件的频繁发生。

第二节　学生沉溺网络的预防与应对

一、学生沉迷网络的原因及危害

（一）学生沉迷网络的原因

1. 青少年的心理需要

青少年学生正处于情绪不稳定的时期。他们的大脑兴奋与抑制不平衡，判断事物往往感情色彩太浓，情绪很容易偏激，好奇、敏感，尤其喜欢争强斗胜，缺乏意志力，同时自我意识的觉醒和成人感的确立，使很多青少年有了一定的叛逆心理，希望寻求属于自己的独立空间。与此同时，他们对未来充满了渴望与期待，富有理想，但往往知识贫乏、辨别真假是非的能力很弱，对一些不正确的宣传、不健康的思想缺乏正确分析、客观判断的能力，经常会混淆是非。因此，这一阶段的青少年十分容易沉迷于虚拟的网络世界，无法自拔。其沉迷网络的心理需要具体表现为以下两个方面。

第一，爱与归属的需要。爱与归属的需要包括与其他人建立亲密伙伴的渴求，成为某个群体的一员，或者是一种归属感，也就是人际交往的需要。很多人玩网络游戏是因为现实的交往出现危机，孤独和自我的怀疑让他们变得早熟，而这种早熟却充满了无奈和酸涩。他们渴望获得别人的认同和信任，可是现实并不能满足他们的这种渴望。如果说玩家的求胜心理是生理宣泄的一种外在表现，那么通过游戏获得朋友和团队认同则是游戏者渴求摆脱孤独与冷漠的一种反应。所以这种虚拟的网络空间正好迎合了青少年对爱与归属的这种需要。

第二，尊重的需要。这是一种对自我积极和高度评价的需要。这种评价可被分成两类——自尊的需要和他人尊重的需要。自尊的需要驱动个体去获得成功、自信、独立和自由。从本质上来说，自尊的需要是一种觉得自己有价值的渴望。他人尊重的需要是获得名誉、地位和认可。当尊重的需要得到满足时，我们就会有一种自信感和自我价值感或者是成就感，就会认为自己活在世上是有目的的和有意义的。在现实生活中，人们都希望获得成功，渴望得到他人的认可。然而，规则分明的现实社会却存在着残酷的竞争和利益的争夺，因此才有人们的抗争与抗争失败。于是，问题出现了：一旦不成功，个体就会为维护自我概念和自我价值体系，而产生相应的心理适应不良和心理失调，当心理长期处于失调情况下，人就会主动寻找适应自身价值体系的团体和事物。将注意力从主流价值体系分离出来，投向网络虚拟的环境中去，在虚幻中实现自我价值和自我认同感，在虚拟社区中不断展示个人魅力，这就成了一些沉迷于网络的青少年的首选理由。

2. 家庭教育的不适当

当前城市中的青少年一般都处在学生时期，这一时期自我心理处于一个逆反时期，这一时期学生对外部世界充满了好奇，但同时他们的思想和价值观又很容易受到外界的影响，而家长却往往在这一时期忽视对孩子的监管力度，忽略了对孩子的思想和价值观进行正确的引导。大多数家长由于自我工作过于忙碌，很少去关心孩子们的思想和心理。他们给予孩子的支持往往就是金钱与食物，而这些支持却成了青少年沉迷网络的主要支持，也成为青少年沉迷网络现象的一个主要外在因素。

3. 校园周边社会环境不良，存在违法经营的黑网吧

虽然国家在前段时间正式立法并明确要求禁止18周岁以下的学生进入网吧

上网,但在学校周边的一些偏僻地域,仍然存在着一些无视国家法律规定,纵容学生进入的"黑网吧"。他们无视国家法律,不仅不制止未成年的中学生进入网吧上网,甚至还会提供通宵上网优惠以及代为购买夜宵等便利服务,想方设法引诱中学生上网。

4. 学习压力大

素质教育已经被社会呼吁了很多年,但应试体制还是没有得到改观,十几年的寒窗苦读无非还是想在最终的高考中金榜题名。为了使学生能够顺利考上自己理想的大学,无论是学校还是家长,都在无时无刻地为自己的学生或孩子提供最好的帮助办法,这在无形中就加大了学生学习的压力。正常的课程以外还要奔波于各种各样的辅导班,使他们的身心在经历了一天疲惫后却不能得到合理的休息。这就使得他们的压力愈加增大,甚至给他们的心灵造成了极大的伤害。学习上的压力也促使孩子们从网络的虚拟世界中去寻找解压的方式,从而使得很多学生沉迷于网络世界而不能自拔。

(二)学生沉迷网络的危害

1. 学习成绩急剧下降

过于沉迷于网络中的青少年,常常游离于课堂,沉迷在网络的虚拟空间中,根本无心学习,以至于成绩下滑。

2. 身心健康发展受影响

身体方面:长期沉迷于网络游戏,不仅会遏制儿童左前脑的正常发育,而且特别影响儿童的早、中期智力发育。长时间地坐于电脑前会导致植物神经紊乱,体内激素水平失衡,使免疫力下降,引发各种疾病。由于恐怖或过度刺激镜头频繁,超过青少年所能承受的限度,导致他们情绪不稳定、失眠,甚至还有可能导致神经衰弱症。

心理方面:对于青少年形成正确人生观、价值观、道德观有着重要的影响。在网络游戏世界中,他们可以随心所欲、为所欲为、语言恶俗、尔虞我诈、钩心斗角、弱肉强食、想砍就砍、想杀就杀、拉帮结派,逐渐模糊了道德认知,模糊了虚拟世界与现实生活的差异。目前,受其影响,在现实生活中,青少年道德失范、行为越轨甚至违法犯罪的问题,如盗窃自行车、敲诈勒索等正逐渐增多。高校心理老师在工作中发现,不少夜间沉迷网络的学生都不同程度地存在着失眠、情绪低落、心情烦躁的现象,用他们的话说:"只有与网络为伴,我们才感觉到自信和力量。"

二、学生沉迷网络的预防

（一）学习迁移法

心理学认为，两种学习之间有一定的相同因素时可以互相影响，一种学习对另一种学习的影响叫作迁移。学生之所以沉迷网络游戏中是因为网络游戏能够满足学生在现实生活中体验不到的自我成就感、自我价值感。从某种角度来说，网络游戏本身也是一种学习，如果把这种学习迁移到现实生活中能让他们感到成功的地方，那么就可以逐步摆脱对网络游戏的沉迷。而一个人的兴趣、爱好或专长往往是其最容易获得成功的地方，发掘学生的其他兴趣、爱好或专长，并及时加以发挥，就可能使他们在现实中获得成功，体验现实中的成就感，从而发生兴趣迁移，矫正其网瘾。

（二）倾听疏导法

学生正处于青春期阶段，是人生第二个自我意识增强的时期。在这一时期，他们要求与老师、家长平等交流的愿望非常强烈，渴望受到他们的尊重。而我们国家传统的师道尊严以及家长制作风，使老师、家长凌驾于学生之上，不能平等地与学生进行交流，因而不能及时疏导学生的心理问题，使学生转向网络游戏，从那里寻找平等与尊重的感觉。因此，老师和家长要转变传统的教育观念，放下权威人物的架子，多与学生进行互相尊重的平等交流，多给学生说话的机会，多倾听学生的心声，少些要求、命令与责备，在倾听过程中适当做些心理疏导。当一个人倾诉被人倾听时，会感觉到安慰，同时平等的交流，能形成主体意识的自我教育环境，这种自我教育能增强学生的自我评价能力和自我调控能力，给学生更多的自主与自由的空间，增强学生的自主性和被尊重感。

（三）转变教学理念与手段，营造良好学习氛围

由于客观原因，农村学校教师信息相对闭塞，教学理念相对陈旧落后。应设法积极学习和吸收新的教学理念，创新教学手段，灵活处理教材，吸引和提高农村学生的学习兴趣，面向全体学生，营造良好的积极向上的学习氛围。

（四）对学生进行心理辅导

首先，针对全体在校中学生开设相应的学校心理辅导活动课程。内容可以包括：学会勇敢面对挫折；怎样建立健康的人际关系；怎样与家长沟通；培养健康的兴趣爱好；树立正确的世界观、人生观、价值观；辩证看待网络游戏等。这些

课程可以帮助青少年自觉抵制不良网络游戏的诱惑，合理利用网络帮助自身成长。

其次，对于部分已经沉迷于网络游戏的学生，可采取个别辅导手段，逐步引导其远离网络游戏。当然，对于情节特别严重的学生，要建议家长请专业的医生或网络问题专家帮忙解决。

（五）加强防范意识，改善教育方法

在现代信息社会，网络已日益成为青少年生活中不可忽视的一部分。青少年可以利用网络资源和信息技术开阔视野，掌握大量的需求信息，了解更多的未知领域，促进学业发展和个性培养。但我们都知道网络是一把"双刃剑"，网络从某种意义上是 个信息的堆积场，学术信息、娱乐信息、经济信息以及各种各样的黄色、暴力信息往往同时并存。青少年在信息高速公路上驰骋的时候，倘若不以客观的态度对待滚滚而来的信息快餐，而一味地接受，可能对其思维方式、人格发展等造成极大的负面影响。对此，家长和学校应予以高度重视，对其上网应提出必要的约束条件，对他们实行公开上网、限时上网，并有目的地培养其监控能力和良好的上网习惯。

（六）加强网络立法，抑制网络糟粕

网络在为我们带来信息开放的同时，又向人们警示：倘若置网络糟粕的泛滥而不顾，必将对青少年健康构成危害；但若因噎废食，禁止青少年上网，亦会对精华的流通构成人为阻滞。如何才能取其精华，弃其糟粕？有关专家学者认为有必要设计一种制度来规范网络本身，最有效的途径是通过立法的形式加以明确规定。从这个角度来说，未成年人网络保护立法尤为显得紧迫。我国目前理论界对之呼声很高，但至今仍未有一部统一的未成年人网络保护法。因此，加速未成年人网络保护法的立法进程，使网络运营做到有法可依，是防治青少年沉迷于网络的根本途径。

立法是目前约束网络糟粕泛滥的较为有效的方法，但它不是万能的。当上网者与网吧经营者的利益趋于一致时，他们会联合规避政府的监管，绕开法律的束缚。因此，对青少年沉迷于网络的防治，还应重视社会力量的作用，管理者应积极发动社会力量共同防治。

（七）开展丰富多彩的课外文体及实践活动，培养学生健康的兴趣爱好来转移问题学生对网络游戏的注意力

老师开展课外活动要注意把思想性和趣味性结合起来，同时将教师的主导作

用和学生的自主性结合起来。开展课外活动首先要有明确的方向和目的，更要有思想性。因此，搞好深层次思想内容的活动才能引起学生的思想共鸣。当然，也不能一味强调思想性而不讲趣味性，如果只是干巴巴的讲大道理，整个活动就会枯燥、乏味、呆板，学生是不愿参加的，即使参加了也是勉强的、反感的，达不到预期目的。课外活动要以学生为主，他们是活动的主人，要坚持学生自主性原则，把学生的主动权交给学生，放手让学生去思考、去研究、去创造，让他们去商量计划、组织活动，自己教育自己、锻炼自己。教师的工作其实就在于使学生尽量去领会教师的意图，使其变成学生自己的意愿和行动，指导的目的也就在于此。

（八）大力整治校园周边社会环境

坚决取缔或清理整顿学校及周边非法经营的网吧、电子游戏室、录像厅、歌舞厅、无证经营的饮食和食品及生活用品摊点、出租房屋和违章建筑等。

三、学生沉迷网络的应对措施

青少年沉溺于上网，尤其是黄色网站，危害极大。对此，家长以及学校要积极加以教育、引导。面对那些已经沉迷于网络的青少年，我们需要从以下几个方面去应对。

（一）采取有效措施去转移孩子对网络的注意力，将求知欲引向正确的轨道

家长和老师应设法引导青少年的求知方向，帮助青少年培养积极向上的理想目标，培养其高尚的情操，加强其自控力。作为学校来说，可以经常开展各种文体活动，长期主办各种兴趣小组，针对学生的特长与兴趣举办各种特色培训班，积极鼓励其参加社会实践活动和各种有益的夏令营等，有意识地将青少年的视线从网络上转移。

（二）开展正常的性知识教育，消除青少年性苦闷问题和对性所产生的那种神秘感

家长和老师可通过适当方式，对其进行一些性知识的教育讲解。对于孩子在成长过程中出现的性生理现象和性困惑，不应该觉得不便谈而敷衍了事。在性教育方面，学校应及时开设正式的性知识教育课，以消除青少年对性的神秘感和性苦闷，使青少年对性有正确的认识，以消除其对黄色网站的热衷。从而解救那些沉迷于网络色情的青少年，使他们能够健康快乐地成长。

（三）父母积极主动与孩子进行平等的交流沟通，从精神和心理上加强对孩子的关心

家长应该积极与孩子进行平等的交流沟通，主动去了解他们的内心世界，了解孩子所需所想，给孩子精神上的关怀、理解与安慰。如家长可经常与孩子聊孩子感兴趣的事情，共同参与孩子感兴趣的有意义的活动，尊重孩子的认知，满足孩子对精神之爱的需求，减少孩子上网的欲望。

（四）青少年应加强形成自身良好的心理品质与自控力

首先青少年应树立一个坚定正确的奋斗目标，以此为动力培养自己的控制力与忍耐力。他们应加强自身情操的陶冶，对一些生活中的困惑，积极与外部沟通，寻求父母、老师、朋友等外部帮助。青少年如想上网，可有意识地转移目标，如去图书馆看书，参加一些自己热爱的活动。如不能立即戒掉网瘾的话，可逐步地减少上网的次数与时间。上网时，应有意识地克服自己的好奇心和欲望，避免上黄色网站。如自己难以控制自己，还可让家长参与进来监督自己。家庭和学校应进行经常性沟通，建立起有效的监控系统，控制有网瘾的孩子的作息时间，以此构建一个良好的外部环境。

（五）教育者要有正确的网络意识，以帮助学生澄清对网络的误解

首先，当前大多数教育工作者只把电脑或网络视为一种电教手段，或仅利用它去沟通信息、查阅资料、娱乐游戏，而还未从文化现象的高度来审视它。我们应当知道，网络可以让我们获取大量信息，但它不是用来"教"科学的，而是用来"创造"科学的。有研究表明，如果为了"玩"或演算习题而使用电脑，其成绩会下降0.6%。正如美国儿童电脑教学课程大师毛尔科维奇所说："先进工业国，如美国和德国，所犯下的最大错误就是以为电脑可以代替教师。到了最后，他们才逐渐明白人才是最好的教育工具。"

其次，帮助学生认清上网绝不是一种脱离现实的绝对自由的活动，它是一种社会行为，虽然人与人之间不能面对面，但如果大家都想从网上得益，就需要遵守起码的规则，具有"网络兴亡，匹夫有责"的意识。

（六）家长应改变教育方式，以适应网络时代的要求

现在很多家长所采取的教育方式还依然是传统的"打压模式"，通常忽略与孩子们在思想、情感上的沟通交流。在这样的大环境下，孩子们始终感到压抑，于是网络便成了一个很好的宣泄渠道。

家长应该是帮助孩子走出网络误区最重要的引路人。俗话说，家长是孩子的

第一任启蒙老师。这不仅适用于传统的文化知识和为人处世之道，也同样适用于飞速发展的网络知识，而且显得尤其重要。大多数家长的爱主要表现在物质的慷慨上，而忽视了精神、情感上的交流和关爱。面对孩子对网络的迷恋，家长不是冷静分析，与孩子平等地交流，查找问题的症结，而是怨天尤人，采取简单粗暴而又缺乏针对性的办法。不仅起不了作用，还起反作用。所以要学会正确地引导他们，不使用棍棒教育方式而要合理地分析网吧利弊，不要一棒子打死。甚至可以一起与孩子上网，一起学习。

（七）对已沉迷于网络的青少年，家庭和学校应对其采取灵活的教育策略，在予以充分理解和了解的基础上实施教育

家庭和学校应把孩子沉迷于网络的行为后果告诉他，信任而平等地与其沟通交流。在其认识到沉溺网络对自己造成的巨大危害后，再去谈如何戒除其网瘾的问题。要么采取直入主题的方式，与其协商，共同制订戒除网瘾的行动计划；要么采取曲线救瘾的策略，先在荒地上种上庄稼，然后再清除杂草。切忌采取过激行为，不问青红皂白地打骂，这只会使情况变得更糟。青少年皆有逆反心理，你压得越重，他反弹得越快。

第三节　网络色情信息的预防与应对

一、网络色情信息的危害及预防网络色情信息的必要性

（一）网络色情信息的危害

1. 对青少年的学业或工作状态产生严重的影响

迷恋网络色情对青少年突出的影响是荒废学业或工作。个人的精力、时间是有限的，把大量的精力、时间浪费在网络上必然会影响青少年的学业或工作。网络色情信息肆无忌惮地传播，使那些辨别是非能力不强的青少年耗用了大量时间，从而严重影响了他们正常的学习和工作状态。

2. 危及青少年的人身安全甚至生命

某些有组织的色情制造和传播者利用网络聊天室诱骗青少年提供各种有偿的性服务，对青少年的人身安全甚至是生命构成了极大的威胁。在南方某省就发生一起犯罪团伙利用网络聊天室诱骗女性青少年卖淫的恶性事件。那些个人犯罪分

子会经常利用聊天室与青少年网友进行"网恋""网婚",利用青少年单纯的思想和不成熟的辨别能力,从而达到他们无耻的目的。据一则媒体报道,不少于5起青少年女性被网友强暴并残杀的案例,手段极其残忍,场面令人发指。由此可见,网络色情对涉世不深的青少年的人身安全构成了直接的威胁,一些青少年甚至因此而付出了生命的代价。

3. 引发性犯罪和其他犯罪行为

受网络色情信息的毒害而走上犯罪道路的案例层出不穷。据我国司法部门统计,当前青少年性犯罪中,有60%以上是受到各种媒体传播的黄毒的影响。网络色情信息中经常包含性犯罪的详细描述,直接诱导人进行性犯罪。网络色情直接引发性犯罪的案例虽然没有多少翔实的报道,但很多色情信息都是通过网络取得的,所以网络色情在引发性犯罪方面难辞其咎。网络色情还引发其他犯罪行为。例如,色情服务业近几年就获得了长足的"发展"。庆幸的是,对于网络色情引发各种犯罪行为这一点,人们已经有了比较清楚的认识。

4. 对性疾病传播推波助澜

网络色情所描写的性行为和宣扬的性观念很多都是非健康的甚至是变态的。强奸、轮奸、乱伦、同性恋和儿童色情是网络色情的主要内容。网络色情的泛滥与非正常性行为的"流行"和各种性疾病的传播成正比例关系。

5. 导致全社会的道德紊乱与沦丧

网络色情信息及其中渗透的色情思想的长期影响,会导致人们的心理不健康,进而导致全社会的道德紊乱与沦丧。性丑闻报告对社会道德造成的伤害比性丑闻本身的冲击还要大。中国自古就是一个相当传统和保守的国家,历来人们对"性"这个话题都是避而远之。现在国人面对突如其来的网络色情,简直不知何去何从,更不知道该如何去对待。人们对网络色情的态度从最初的惊讶和恐慌转变为听之任之,最后干脆转化为放纵和欣然接受。实际上,在今天的中国社会中,很多所谓的艺术和色情的界限已经非常模糊了。这在某种程度上也说明了大众的审美观和道德观出现了很大的扭曲与变形。人们的心理也在某种程度上受到了网络色情信息的腐蚀与玷污,从这个角度来说,社会才是网络色情文学的最大受害者。

(二) 预防网络色情信息的必要性

1. 当前我国互联网色情活动活跃

网络色情是指通过互联网传播的色情信息和信息中渗透的色情思想。自由的互联网给色情信息的传播提供了前所未有的便利，也造成了网络色情的泛滥。

在网上有许多与性和色情有关的站点、新闻组、电子公告板等，稍不留意，就可能误入其中。从目前的情况来看，网络色情信息和色情活动正呈现出一种愈演愈烈的趋势。过去，网络色情泛滥的情况还不像今天这样严重，原因不是出自于网络用户的自律，而是图像传输技术不发达，多数网络用户只能利用速度很慢的电话拨号方式上网。现在，随着网络多媒体技术的发展以及网络信息传输信道的加宽，在网络上不仅存在大量的更新速度很快的色情影像，而且还能够举行可视色情会议。

我国的网络色情问题虽然远没有西方国家那么严重，但也表现出咄咄逼人之势。如国内有些著名网站打着"人体艺术"的幌子，在主页上传播"准色情"信息，一步一步地勾起人们的好奇心和"性"趣。一些网站的 BBS（Bulletin Board System，即电子布告牌）上色情小说、黄色笑话正在悄然流行。前段时间，著名的聊天网站"西祠胡同"上提供色情小说供下载，造成了极其恶劣的社会影响。

2006年8月29日我国最大的色情网站"情色六月天"的9名创办者和参与者被太原市检察院以传播淫秽物品牟利罪提起公诉，"情色六月天"一案被公安部列为部督大案。从2005年到2006年该网站以注册方式吸纳60余万会员，注册会员涉及全国20多个省（区、市），以年轻人居多，很多都是在校学生。作为一种严重的网络社会问题，网络色情活动的蔓延及其严重性并不仅仅在于网络色情信息以及其表现形式的多寡，而是主要在于上网者对网上色情信息的迷恋程度。根据大多数著名的网络搜索工具的统计结果显示：人们在网络上对性和色情信息的直接查寻要远远多于对其他信息的搜索。这实际上也就是为什么色情信息在网络信息总量中所占的比例相对较少，但在网络信息流量中所占的比例却要大得多的原因所在。色情行业可以说是网络行业中利润最高的行业，所以网络上的色情网站会如同雨后春笋般不断冒出来，就是由于利之所趋。同时这也是网络色情犯罪问题愈演愈烈且屡禁不止的原因。

严峻的网络色情现状，让预防和打击网络色情信息传播的任务显得尤为的重要和必要，在认清现状以后，需要我们采取一些行动去对待这种电子毒品，为我们的青少年营造一个健康绿色的网络环境，让我们的下一代能够健康成长，不受网络色情的污染。

2. 社会呼吁强烈

网络色情信息肆无忌惮地传播，对青少年的身心健康的危害是不可估量的，这就引起了父母对网络色情信息的高度关注和极度的担心,很多家长面对网络媒体电台向社会呼吁"留给孩子一片纯洁的网络天地吧"。网络对于孩子的学习和工作是有着一定积极作用的,正确地使用网络可以促进孩子健康而全面地成长,但网络色情信息的大量无限制地传播使得家长不得不担心网络这架天平会偏向不好的一面。

近期,青少年教育专家宗春山率先提出了组建"妈妈评审团"的建议,本着"儿童最大利益优先"的原则,从家长的角度对网上不良信息展开监看、评议。这一提议得到了北京网络媒体协会等相关部门的大力支持,立即着手制定评审团章程并开始在网上招募成员。

组建"妈妈评审团",其成员不仅要热心公益事业,还要有很强的社会责任感及清晰的分析判断能力,能够积极参与评审团的活动。同时,评审团成员对评审对象有处置建议权,形成一致意见后提交给相关部门处理,并有权要求相关部门反馈处置结果。

"妈妈评审团"招聘以来,得到社会公众踊跃响应,在报名的同时还留下了许多感人的肺腑之言,以下撷取部分留言:

★每个成年人都有义务为未成年人提供网络净土,而在现有的技术条件、法制条件下网络低俗信息的过滤网远远达不到提供"净土"的条件,而我们不可能在信息时代堵塞孩子的信息之路。所以我希望可以尽自己的一份力量变成人工"过滤团"的成员,为了屏幕前的每一双稚嫩的双眼而努力。

★我是一个妈妈,也是一名教师,在学校里每天都能接触到很多的孩子,他们真的充满了童真,是那么的可爱、那么的让人心疼!看到网络上低俗的文字与图片,再想到孩子们天真的笑脸,忍不住向所有人呼吁:亲爱的朋友们,请为我们的孩子撑起一片蓝天,让他们可以有一个健康的童年,享受幸福的人生!

★限制级的内容不应该是公开化的,无论是网络还是书籍音像制品均如是。必须有一定的门槛,前所公认的门槛就是"仅限成人"。正确地获取知识的途径也应该是绿色的,低俗的内容即便是成人也应该有所甄别。儿童是祖国的未来,其身心健康是值得我们每个人关注的,孩子心灵的健康成长尤其重要。其实这是全社会达成的共识。每个人都有维护儿童心理健康成长的责任和义务,全民动员起来才能达到效果。我认为打击网络低俗信息应该是每位成人应尽的义务,无论是有意识的还是下意识的,在自己能力范围内必须给予支持。

★网络低俗信息的危害性是显而易见的,尤其是对于未成年人的危害更甚。我认为对于这类信息的打击力度要从两个方面着手:一是从个人的角度,二是从社会的角度。作为社会的成员之一,我们每一个人都要加强自律,让这些低俗信息没有可以生长的土壤。同时作为父母，要加强对孩子的精神生活的关注和引导，而从社会的角度来看，经济利益是此类信息泛滥的根本因素，而处罚手段又不足以让这些违法的人对此种行为望而却步。所以除了让社会上每一个人都行动起来之外，加大处罚力度让这些人一经发现就没有翻身之力，达到没有人敢于发布和经营这类信息才是最有效的手段。而目前的情况是对此行为是发现一个处罚一个，但处罚不重，而经营利润的巨大让很多人铤而走险。

三、网络色情信息的预防措施

网络色情是个社会顽疾，绝非一时可以根除。为了尽可能有效高效地治理网络色情，需要构建政府、家庭、社会和学校协调互动、四位一体的综合治理新模式，明确责任，多管齐下，标本兼治，使网络色情治理工作不留空白和盲点，切实提高治理实效。尽管限制网络色情难度很大，但对于中国来说，采取各种手段尽量遏制网络色情的蔓延之势，以降低其对社会的危害，有必要也有可能。

（一）明确政府的主体责任和主导地位

在我国推进信息化过程中，网络建设工作强烈呼唤着政府干预。政府有责任进一步加强网络规范管理、网络执法能力建设，切实履行公共管理职责，强化政府在网络色情治理工作格局中的主体责任和主导地位。要从根本上治理互联网和手机媒体色情及低俗信息，政府必须加强网络监管立法，制定专门的互联网内容管制法，确定专门监管机构，明确网络色情治理标准，全面净化互联网和手机媒体环境，为广大青少年和所有网络受众营造健康绿色的网络环境。

（二）突出家庭教育环境的基础性地位

家庭环境是青少年成长的基础环境，父母则是孩子的第一位老师，在中国传统文化中，家庭一直肩负着这一教育责任。要在网络时代培养一代积极健康向上的青少年，需要我们把更多的关注放在家庭教育的质量上。网络不良信息对青少年的成长是有害的，但我们不能因噎废食，只能趋利避害，发挥网络对青少年的有益作用，尽可能地将网络的不良影响降到最低。每一个家庭都要积极并且正确地对待网络问题，不能一味地排斥网络，而应对网络在教育中的作用有正确的认识和客观的评价。首先，家庭要关注孩子的网络生活，把孩子的上网行为置于自己的监控之下，注意培养孩子使用网络的自制力，规范孩子的上网行为，引导青少年健康上网；其次，积极建立和谐的代际关系，和孩子保持良好的沟通，多带孩子接触社会、适应社会，以免孩子沉溺于虚拟世界的不良信息而不能自拔；最后，学习运用网络，学会使用过滤软件，主动加强与学校之间的联系，及时寻求学校的指导与帮助，提高家庭教育质量。

(三) 彰显学校教育中的网络伦理教育

因互联网的迅猛发展而带来的网络伦理的缺位，使学校教育猝不及防，至今依然还没有引起各级学校的重视，认识不足，行动迟缓。作为校方应该承担起这份责任，首先，学校应加大校园网络建设力度，给学生自由上网的时间和空间，把学生留在校内上网，避免因在网吧上网所接触到的网络色情的污染，规范网络使用行为；其次，学校教育中应突出网络伦理教育，开展网络道德和法制教育，引导学生健康地使用网络，树立正确的网络观，形成科学的网络认知，增强青少年抵制不良信息诱惑的能力，养成学生科学、文明、健康的上网习惯；最后，学校应高度关注有重度网瘾的学生，多给予关心与帮助，绝对不能不管不问，任其发展，而是应加强与家庭的协作，共同教育学生，帮助学生走出网络的泥潭。

(四) 建立全民参与的综合治理新机制

网络色情严重影响了青少年的身心健康和人民群众的根本利益，因此防范和打击网络色情不仅仅是政府执法部门的事，而且也是广大人民群众自己的事。整个社会都应该高度重视网络色情的严重危害性，发挥社会各界的力量去营造一个使网络色情无处容身的健康的网络世界，给孩子一片绿色空间。所以，必须建立全民参与的综治工作机制，形成网络色情治理的长效机制。实行公民举报奖励机制，鼓励公民检举揭发色情网站，设立举报热线、举报信箱，方便网民、群众举报。同时，加大警力、财力投入，及时受理举报信息，及时立案查处，对举报的色情网站或网页给予坚决的封堵、查处，对色情网站或网页的经营者进行坚决的打击，坚决堵住网络不良信息的来源。网络色情治理工作形势依然严峻，任重而道远。但我们相信，多管齐下，全民参与，标本兼治，一定可以有效遏制网络黄毒的大肆蔓延，为我们的青少年网民营造一片纯洁、健康、绿色的网络空间。

(五) 积极寻求网络色情问题控制的国际合作

网络色情问题是一个全球性问题，已经在全球形成了非常严重的影响。控制网络色情是一项利国利民、造福子孙后代的事业。因此，国际社会有义务共同努力，积极合作，用心来完成这一国际重任。现在，国际万维网联合会制定在互联网上实行信息技术分级的技术标准，称"互联网内容选择平台"（Platform of Internet Content Selection），要求全球各个互联网信息发布机构、互联网服务提供机构、互联网监控机构对以上的信息分类做出标记，以方便各种内容监控软件的识别和判断。已经有许多国家响应这一倡议并参与到这项工作中来。相信在国家和社会的共同努力下，我们一定会在网络色情问题上取得突破性的进展和成效。

四、网络色情文学的应对措施

（一）明确运营商责任

全国自依法打击网络淫秽色情专项行动以来，中国电信、中国网通、中国铁通、中国移动、中国联通五家主要基础电信运营商用信息安全"问责制"来应对网络色情问题，在各自运营的固定、移动网络平台上依法强化对不良信息的监控和打击力度，合力围剿网络色情。目前，各基础电信运营企业已经与当地通信管理局、公安等部门建立了协同工作流程，配合相关部门协查和关闭非法及未备案网站。

依据《非经营性互联网信息服务备案管理办法》第五条规定，在中华人民共和国境内从事非经营性互联网信息服务，应当履行网站备案手续。即指在中华人民共和国境内的组织或个人利用通过互联网域名（域名为顶级域名，顶级域名也就是指直接从域名注册商处注册的域名）访问的网站或利用互联网 IP 地址访问的网站，提供非经营性互联网信息服务。经营性互联网信息服务，是指通过互联网向上网用户有偿提供信息或者网页制作等服务活动。从事经营性互联网信息服务，首先应当在省通信管理局申请办理互联网信息服务增值电信业务经营许可证。取得许可证书后，再向"网站备案管理系统"提交网站信息，通信管理局核配经营许可证号。

2013 年，工信部发布《电话用户真实身份信息登记规定》，9 月 1 日起，用户在办理固定电话、移动电话和无线上网卡等入网手续时，需提供有效证件进行身份信息登记。在手机号码实名制工作难度较大的社会代理渠道上，中国移动已强化监督、考核、处罚力度，将用户真实身份信息登记和信息保护纳入渠道考核奖惩体系，强化对社会渠道的日常监督管理。

（二）鼓励青少年网民要加强自身素质的培养，坚决抵制网络色情的诱惑

根据搜索引擎门户网站雅虎的统计，"sex"是网络用户在互联网络上搜索频率最高的前六个词之一，并认为很多网络用户对性和色情信息的查询远远多于对其他信息的搜索。网络色情的制造者、传播者固然可恶，但众多网民尤其是青少年网民对网络色情信息、色情服务的狂热追逐说明了青少年网民自身素质的低下。对于自控能力差、识别能力差的青少年网民来说，网络色情犹如吸毒，一旦

沾上是难以摆脱的。我们要大力倡导网络文明，要坚持用马克思主义的、正确的、科学的、文明的、健康的内容来占领网络阵地，让充斥大量封建落后的、反动、黄色的、不文明的包括低级趣味的东西远离网络，教育引导青少年不断加强自身素质的培养，形成良好的上网习惯，坚决抵制网络色情的诱惑。

（三）清剿色情网站

毒有毒源，黄毒的来源就是色情网站。政府应加大对色情网站的查处力度，掐断色情传播的源头。网络监管部门应加强互联网信息服务单位、广告商的管理和检查，严查主机托管业务不备案或者备案不完整，严查网管人员知情不报甚至知情包庇，建立规范有效的互联网接入管理体制。

网络运营商、电信运营商在巨额的商业利益面前，往往把所应承担的社会责任抛之脑后，铤而走险，与广告联盟甚至是手机色情网站联姻，结成利益共同体。有专家指出，运营商对于手机网络信息的被动不仅仅是疏于管理。色情网站到广告联盟，到增值服务供应商，再到电信运营商，都在通过手机色情网站层层获利。全国扫黄打非办相关负责人表示，打击手机淫秽色情网站的关键是要斩断传播淫秽色情获利的利益链条。因此，治理网络色情，需要明确网络、电信运营商的管理责任，加强对电信运营商、电信增值服务商的监管，依法严厉打击直接从事制作、传播淫秽色情信息的增值服务商和手机网站，依法追究为色情网站提供建站、网络接入、增值服务、广告推广、手机网站联盟、代收费服务的运营商和第三方支付企业的相关法律责任，斩断手机淫秽色情网站的获利渠道。

（四）取缔经营性网吧

网吧是我国互联网建设过程的产物。由于监管不力，当前各地黑网吧随处可见，依然能看到未成年人出入。一些注册的网吧为了利益，容忍网民上网查看或传播不法信息，甚至提供色情视频或色情网站。网吧已经成为继游戏厅之后影响青少年成长问题的又一顽疾且来势凶猛。如果说，我国网络建设初期，网络普及程度不高，建设成本高，使用需求大，需要建立经营性网吧，满足公民的信息需求。在网络普及的今天，学校教学、单位办公、家庭生活等领域都可以自由地使用网络，经营性网吧已没有存在的必要性。从网吧上网者来源分析，我们知道中小学生不允许上网吧，成年人不会去网吧。网吧已经完成了它的历史使命，应该退出历史的舞台了。因此，政府应切实负起管理责任，加大对黑网吧的治理力度，拿出铁腕，取缔社会经营性网吧，还青少年一个健康的生活环境。

（五）强化社区、行业协会的社会责任

社会是一个大环境，网络色情治理工作离不开全社会的共同努力。中共中央、国务院在《关于进一步加强和改进未成年人思想道德建设的若干意见》中明确要求："社区内，要有组织地建设一批非营业性的互联网上网服务场所，为未成年人提供健康有益的绿色网上空间。"通过社区创办非经营性网吧，让孩子在他们熟悉的环境中上网，把孩子留在社区，规范上网行为，有利于孩子们的健康成长。同时，借鉴美国、加拿大的互联网管理模式，支持和协调行业协会并制定相应的自律规则，引导行业协会加强自律，鼓励服务商对网站内容进行分级和过滤，开发防火墙和各种过滤软件，与社会、学校、家庭共同努力，提高未成年人自我防范意识，共同保护青少年免受网络色情的侵害。如千龙网等网站联合向全国互联网界发出《文明办网倡议书》，掀起了"知荣辱、树新风"的文明办网和文明上网的热潮。全社会每一个人都应加强对网络文明建设的引导，坚决禁止未成年人进入营业性网吧，推进整个互联网站的自律建设。

第四节　网络诈骗信息的预防与应对

一、网络诈骗的特点及其原因

网络诈骗罪，是以非法占有为目的，利用互联网采用虚拟事实或者隐瞒事实真相的方法，骗取数额不等的公私财物的行为。主要有：利用网上拍卖实施的诈骗犯罪、利用收货地与受害人住处的空间差实施犯罪、黑客伪装网络客务人员进行网上虚拟交易的诈骗犯罪、利用互联网骗取信用卡的诈骗犯罪等。

（一）网络诈骗的特点

由于网络是个虚拟的社会环境，人与人之间的交流与现实社会的交流有很大的区别，现实中需要面对面接触，而网络却只要通过虚拟空间或者网络聊天工具就能进行交流。网络的这些特征决定了网络诈骗犯罪迥异于普通诈骗犯罪的特点。

1. 隐蔽性强

互联网的虚拟性决定了当诈骗犯罪分子利用网络进行诈骗时，其可以不受时空的限制。犯罪分子可以在与被害人不进行面对面接触的情况下进行犯罪活动。这就使犯罪分子可以隐藏在网络中而不至于暴露自己的真实身份。这种隐蔽性对青少年的危害及影响是不可估量的，使得本来辨别是非能力就很弱的青少年更易被欺骗，落入不法分子的陷阱。

2. 犯罪形式多样、犯罪设施简单且成本低

如前所述，网络诈骗的表现形式是多种多样的，犯罪分子只要具备一定的计算机知识，在任何具有互联网的计算机或者现代通信工具能够使用的地方都能实施犯罪活动，其并不需要特别的条件和环境，成本非常低廉。

3. 渗透性强，犯罪对象十分广泛，社会危害性很大

由于网络的迅速发展，"地域"这个概念在网络上的界定已变得十分模糊，可以说在网络上是没有地域之分的。相对于普通诈骗罪中一对一或者一对几的诈骗行为，网络诈骗表现出来的更多的是面对整个互联网网民或者特定网民群体的诈骗，其并没有特定的诈骗对象，其诈骗行为的实施并不是特意地针对特定的人，而是广泛散布诈骗信息，等待受害者上钩。这种方式带来的后果，往往是大批的网民上当受骗，其对社会的危害极其严重。我们的青少年由于涉世未深，缺少对这些信息的辨别能力，从而容易相信网络上的一些诈骗信息，最终被不法分子利用。

（二）网络诈骗的原因

造成网络诈骗犯罪猖獗的原因是多方面的。

1. 网络犯罪收益大，风险小

网络诈骗的"投入产出效益比"是非常高的，而其隐蔽性、连续性、跨地域性等特点使网络诈骗的侦破较之普通诈骗要困难得多。巨大的利益诱惑和较小的风险使进行网络诈骗活动的行为人前仆后继，有恃无恐。

余小姐毕业于某外语学院，工作之余一直想做兼职。一次在网上看到一则招聘广告招翻译，她发信应聘，对方先发来一篇文章让她翻译，随后就"正式录用"了。双方通过网络传递文件，约定每月底按工作量付酬。于是余小姐为对方翻译了不少文件及技术资料，但到了该结算酬劳时，对方却迟迟不将钱汇入她提供的账号。余小姐发信去询问也再没答复，这才知道是白干了。网络的这种隐蔽性特点使得犯罪分子很容易逃脱法律的监控，获得巨大的收益，给人们的生命财产造成很大的损失。

2. 网络程序漏洞多，安全性低，给网络诈骗以可乘之机

很多程序漏洞其实都是一些很低级的错误。程序漏洞的存在，不仅给原本就有犯罪意向的潜在犯罪人以可乘之机，还可能诱发一些原本没有犯罪意图的人产生犯罪意图，特别是在道德环境十分恶劣的网络世界。

3. 网络安全管理制度混乱

即使存在程序漏洞，如果将网络安全管理制度落到实处，那么网络诈骗也不会那么容易得逞。而公安机关的调查也显示，大部分网络诈骗案件是由于有关部门的疏于管理造成的。以"网易案"为例，据网易公司的软件工程师讲，虽然丁某和臧某利用程序漏洞使网通公司向网易公司发出了发卡通知，但如果网易公司认真检查就可以发现丁某二人其实是在重复领取，只是因为一看是网通的客户并带有发卡标识就没有严格执行验证制度，从而导致了丁某二人诈骗行为的得逞。

4. 网络世界道德缺位，法制观念淡薄

由于没有现实世界中那种可触可感的界限，一些上网者便认为可以凭着好奇心自由浏览，不受约束，甚至有时越过了"界限"也浑然不知。很多公众也认为网络世界不过是"虚拟"的，在这个世界中的所作所为也都是虚拟的，不具有现实的危害性。他们可以认同现实世界的盗窃与诈骗，但对于网络世界发生的这种行为却不以为然。依然以"网易案"为例，两名被告人一开始对于自己行为的性质并不十分清楚，直到他们的诈骗所得达到几十万时，才开始意识到自己行为的违法性。在宣判时，两名被告人的家属对于认定两人为诈骗罪感到无法理解，甚至有些愤怒不平。臧某的父亲当庭怒骂，其母则当庭晕倒。按其父亲的说法，臧某二人的行为只不过是一种"游戏"，根本不是犯罪。其母醒过来后则哭着说："原以为当天就可以把儿子领回家，根本没有想到他的行为会有这么严重的后果。"

二、网络诈骗的预防

现今，网络诈骗犯罪的日趋严重已是一个不争的事实，而伴随着网络普及程度的提高，网络诈骗犯罪的形成、特点将更加复杂多变。面对严峻的形势，我们必须明确刑法关于网络犯罪的规定，强化网络监管与监控，提高公众预防网络诈骗自我保护能力与水平，这些措施将使诈骗分子无所遁形，网络诈骗必将得到有效的遏制。

（一）加强网络安全技术防范

网络诈骗能够顺利得逞很大一部分原因是程序漏洞，而高科技犯罪必须用现代化科学技术手段来预防。如果计算机网络程序的安全性提高了，那么这些网络诈骗的"苍蝇"也就无从下"嘴"了。

完善网络技术，堵塞漏洞。技术发展的弊端应由技术来克服，法律规范仅仅是技术不足状态下的暂时补充。在这个意义上，先进的科技预防是预防网络诈骗犯罪的最有力的武器。谁掌握了科学技术谁就控制了电脑网络，谁首先拥有了最先进的科学技术谁就将主宰未来。就目前而言，特别要注重研究、发展与计算机网络相关的各类行业产品，如网络扫描监控技术、数据指纹技术、数据信息的恢复、网络安全技术等。这些将利于网络诈骗犯罪的侦查与证据的提取保存，在很大程度上将网络诈骗阻挡于萌芽状态。因此，国家应鼓励相关的投资与研发，为该领域的技术研发与推广应用提供除税收优惠以外更强有力的政策支持。

（二）以专门犯罪罪名明确规定网络诈骗罪

为了有效防范网络诈骗犯罪，必须要有明确且行之有效的法律规定与体系。鉴于我国现行刑法对网络诈骗行为的规定已经不能有效制止、打击和处罚网络诈骗行为，因此有必要完善相关规定，提高对网络诈骗的打击力度和强度。在以后刑法修改时，应该在刑法条文中规定专门的网络犯罪罪名，将目前关于利用金融信用卡诈骗犯罪、利用计算机系统犯罪及合同诈骗罪等均以网络为工具但犯罪客体有所差异的犯罪形式规定为网络犯罪，从而较好地梳理网络犯罪的定罪量刑体系。在修改刑法条件成熟的情形下，可考虑制定关于计算机系统安全及惩处计算机违法犯罪的专门法规或司法解释，以增强网络诈骗行为的规定在司法实践中的可操作性。

健全网络诈骗立法。虽然具备传统诈骗罪的犯罪构成，但是又不能不承认，网络诈骗犯罪是一种新兴的高技术、高智能犯罪，制裁传统犯罪的法律、法规并不能完全适合它。因此，有必要从法律层面对此类犯罪行为的认定加以明确。对于网络诈骗的罪犯，则建议附加适用"资格刑"，即剥夺其以后从事与网络相关职业的资格。

（三）强化网络管理规章制度

网络管理规章制度是计算机网络的"第二道防火墙"。如果把网络安全技术比作"硬件"，那么网络管理规章制度就是"软件"。管理制度的完善和充分落实可以在一定程度上弥补技术上的不足。

（四）普及网络法制观念，树立网络道德新风

与计算机网络技术的普及程度和速度相比较，网络法制观念的普及工作却十分滞后。由于很多网民，特别是青少年网民对于在上网时哪些可以做、哪些不可以做、哪些行为违法、哪些行为不违法并不十分清楚。因此，应该将计算机网络

法制教育纳入国家的全民普法计划中，避免广大青少年因为"无知"而滑向犯罪的深渊。另外，必须树立健康的积极向上的网络道德新风尚。网络世界的虚拟性使原本在现实世界就相当脆弱的"诚信"，在网络世界更显得苍白无力。因此，规范网络道德、营造良好网络环境也是预防网络诈骗的极其重要的一环。这就要求进行网络知识教育时不仅包括技能的传授，更要注重道德的培养，在网络世界中同样需要知"荣辱"。

（五）加强国际间的网络协调合作

由于网络诈骗犯罪的地域性概念十分模糊，其经常会出现这种情况：在甲国家通过乙国家的网络服务器对丙国家的公民实施诈骗活动。在这种情况下，如果三个国家之间没有协同行动则很难对此种犯罪进行处罚。加强国际间的协调合作，首先要加强国际间司法管辖权的协调，与尽可能多的国家签订双边引渡条约，加强国际间的合作。其次，要促进国家之间犯罪防治机构的信息共享体制，针对犯罪活动实施快速反应机制，及时打击犯罪活动，有效维护公众合法权益。最后，各国之间应该制定一部公约性质的法律文件，使各国的刑事立法满足此公约的要求，这样将有望解决网络诈骗犯罪的国际性问题。

（六）努力提高公众的网络知识水平

社会各界应该加强对网络知识的科普宣传与教育，使人们对网络有尽可能多地了解，加强披露网络诈骗犯罪的新形式，加大揭露与防止网络犯罪的宣传力度，使公众在虚拟的网络空间中对诈骗分子在网络上设置的陷阱保持高度警惕，以增强其自我保护的意识、能力与水平。当然，强化网络诈骗行为的打击力度，使"图谋不轨"的网络诈骗者不心存侥幸是根本之途。只有如此，才能真正减少网络诈骗行为的发生；但公众的预防能力的提高与警惕性增加，是预防网络诈骗行为的低成本选择。

三、网络诈骗的应对措施

（一）受害者该如何应对

如果发现自己掉进网络诈骗陷阱被骗后或者发现诈骗信息时，应当及时向当地网络安全监察部门报案，或登录公安部网络安全监察举报网站举报，也可以到当地派出所报案。

1. 报案地点

报案地点可以向案发地、诈骗行为实施地、诈骗结果发生地、嫌疑人住所地报案，也就是可以选择在你的住所地，也可以选择在犯罪嫌疑人住所地报案，两地警方任何一方接到报案后均应受理。

2. 报案前最好保存证据

网络诈骗案件的犯罪人一般都是通过媒介间接与被害人接触联系，如 QQ、MSN、BBS、手机短信、网络游戏和电子邮件等。首先受害者要保存所有证据以及交易记录，最好有银行的交易记录和网络聊天记录、与对方的联系方式，如果可以的话，可以请熟悉网络的高手查找到他们的 IP 地址，这样报警就会有保证。

3. 应当如实向公安机关反映案件事实

公安机关破案主要根据被害人的陈述以及犯罪人实施犯罪活动中在计算机网络上遗留的数据信息，利用专业技术和工具，分析判断犯罪人的有关情况，追踪犯罪所使用的计算机终端的位置和有关数据，以确定侦查方向和侦查范围，开展侦查工作。有的受害人因感到懊悔和羞愧，而很少报案或者即使报案也有所隐瞒，给公安机关破案加大了难度。

4. 联系其他受害人

报案时可以联系其他受害人一并到派出所报案或者将相关信息反馈给派出所，争取达到刑事立案标准。现在公安派出所出警任务重，对因数额较小没有达到 2000 元，尚不构成诈骗罪的报案只予以登记报案。如果公安机关侦查人员能够判断受害者是一个大的诈骗案中的一个，就会积极上报并及时立案，否则案子太小，也会容易使其不太愿意办理，或者虽然接受，但不投入大量精力办理。

(二) 警察该如何应对

1. 应建立快速反应机制

网络诈骗有作案快、易逃脱、证据易灭失等"网络"特点。如果拘泥于原有的到派出所填写报案表格，提交有关证据，然后是公安机关内部的层层立案报批，这种传统模式很难应对瞬息万变的虚拟诈骗陷阱。所以，警方应启动建立网络报警方式，如 MSN、QQ 等快速受案方式。

2. 应拓展公众报警的渠道

天下公安是一家，目的都是打击违法犯罪。因此，公众可以向案发地、诈骗行为实施地、诈骗结果发生地、嫌疑人住所地等报案，也就是说无论是在被害人的工作地，还是住所地，任何一地警方接到报案后均应受理公众报警，而不应教条式理解现行法律，动辄指引被害人去他方立案。

3. 要加强对网络违法和犯罪理论的调查和研究

作为营利性犯罪的网络诈骗罪，我国现行立法规定了一定的数额。但对因故

（如被害人无钱财）产生的未遂，亦应依法侦查，因为即使不构成犯罪，亦是违反治安管理处罚法的行为，而不能以被害人是否受骗上当以及被诈骗数额作为受理案件的标准。否则，无疑是对公民的打击，是对骗子的保护，是助纣为虐之举。所以，必须加强对网络违法诈骗和犯罪理论的调查和研究，根据不同情况作出不同判断。

第五节　网络信息泄密的预防与应对

一、网络泄密案件及危害

1998年7月底8月初，美国一黑客组织在因特网上公布了一个"BO"（Back Orifice 后门）黑客攻击工具程序。该程序功能强大、使用简单、危害性极强，可通过电子邮件投递、软件下载、黑客站点提供、盗版光盘的使用等途径进行扩散，一旦植入连接了因特网的计算机，便以极其隐蔽、极具欺骗性的技术手段自动安装、自动运行，使该计算机受控于施控方，不仅能破坏计算机系统，而且能控制、修改、窃取计算机中存储的所有信息。

据国家安全局负责人介绍，在所抓获的间谍中，其中50%的间谍承认一些重要情报是在网络社区中获得的。他们往往在侧面得知一些零星情报后，在各大网站论坛里发帖，引诱网民为他们搜集情报。最新的方法还有有奖竞猜，拿出一个图，让大家分析，谁猜对了，就进行奖励，令很多网民趋之若鹜。很多网民对此不以为然，但是，网络泄密导致我国每年损失上百亿。

某军工的孩子，在网络上发现一个帖子图片正是父亲工作的基地，而后受到网络特务欺骗，拿相机偷拍了一张资料照片，并传到网上。结果凭着这张资料照片，我们研究的战术导弹打航母项目，立即被美国人知道，并采取了应对措施。结果，我们的这项计划被迫终止，直接导致上千万美元的损失。

随着计算机网络广泛应用到人民生活的各个领域，网络威胁无孔不入，使得网络环境下计算机泄密问题越来越严重。日趋严重的网络泄密问题已逐渐成为与黑客入侵、病毒袭击、垃圾邮件、流氓插件并行的五大网络安全隐患。据统计，计算机网络泄密案数已占泄密案发生总数的70%以上，并且呈现逐年增长的趋势，国家安全与利益受到严重威胁。

针对日益严重的网络信息泄密事件，重庆市率先设立泄密举报电话，应对网络泄密事件。北京市国家保密局已开通 24 小时泄密举报电话 63895006，并正式运行，从而成为全国第一个公开泄密举报电话的城市。

二、网络泄密的主要方式

计算机泄密的途径可以归为四种：电磁波泄密、网络泄密、媒体泄密和工作人员泄密，而网络泄密是主要的泄密途径。网络泄密又可以概括为三种：网络窃听、网络窃取、网络收集。其中网络窃取主要有暴力破解、木马技术、网络钓鱼、网络攻击。由于木马具有隐蔽性和多样性，现已成为目前流行的窃密手段。下面将详细介绍木马技术采取的手段。

木马的窃取技术经历了击键记录、屏幕快照、远程控制、摆渡技术四个演变过程。

击键记录：黑客在木马程序里面设计了键盘"钩子"程序。一旦你的电脑感染木马，钩子程序就会监听和记录所有的击键动作，然后把记录下的账户、密码等信息发送到黑客的指定邮箱。典型的例子有"网银大盗"木马、"密码大盗"木马，专门用于窃取网上银行的密码。

屏幕快照：由于用户通过虚拟键盘可以避开木马的击键记录技术，于是黑客又开发出屏幕快照的技术。通过屏幕快照将用户的登录界面连续保存为两张黑白图片，然后发送到指定的邮箱。黑客通过对照图片中鼠标的点击位置，就有可能破译出用户的账号和密码，从而突破软键盘输入的保护技术。典型的例子有"证券大盗"木马。

远程控制：黑客通过木马对被感染的电脑实施远程控制，查找和获取有价值的文件资料。典型的例子有"灰鸽子"木马。

摆渡技术：为了窃取不上网电脑的资料，黑客会把木马植入 U 盘或移动硬盘中，当这个 U 盘或移动硬盘用于涉密的电脑上时，木马就会自动收集该电脑上的文档资料，同时悄悄地储存到 U 盘或移动硬盘上。下次一旦再将这个 U 盘或移动硬盘在联网电脑上使用时，木马就会将 U 盘或移动硬盘上的资料转移到上网电脑上，然后传给黑客。整个过程是秘密、自动完成的，用户根本不会察觉到，极具隐蔽性。

三、网络泄密的应对措施

由于泄密的形式多种多样，并且处于不断的改变过程中，所以应该把安全防范视为一个动态的过程。下面将介绍常用的防范措施。

强化保密观念：保密观念是安全的前提，在使用计算机的时候必须坚持强化保密观念，并且加强涉密文件和设备的使用管理，确保凡是涉及重要数据的操作应断开网络连接。

进行系统安全配置：删掉 Netbios 协议；禁止建立空链接；禁用游客账号；关闭远程控制服务、信息服务以及远程桌面服务等一些不必要的服务。取消 Windows 系统默认开启的隐藏共享 IPC＄，并且不要共享文件夹，如有需要时务必设置共享密码。管理好用户账号，设置足够强度的口令。

安装必备的防护软件：杀毒软件和防火墙软件都要安装，必要时还要安装防间谍软件。

及时升级：对操作系统、应用软件和病毒库应做到及时升级维护，以确保计算机处于最新防护状态。

重要信息加密处理：采用加密技术对重要数据文件进行加密存储和密文传输，这样在出现网络泄密时，可以坚守住最后一道防线，确保信息内容的安全。

保持良好的上网习惯：①慎待收到的电子邮件，由于陌生人发来的邮件中有可能存在安全隐患，所以不要轻易回复陌生人的邮件，不要随便打开邮件中的附件，不要随便点击邮件中的网址链接，以免感染病毒或被植入木马。②拒绝从不明网站下载软件，一定要到知名的大网站去下载；下载的软件先杀毒后再使用；谨慎对待网上的免费软件，不了解的不轻易下载使用；安装软件时要仔细，以免安装其捆绑的软件。③浏览网页时不随便安装弹出的 ActiveX 控件和插件，严防网页中暗中放置的恶意插件和恶意脚本。在公共机器上网后，要及时清理掉 Cookies 文件。④不访问非法或不良网站，不要轻易去点击陌生的站点。

附：

以下为网络上搜集到的众多热心网友罗列出的几种常见电脑与网络信息泄密方式及其解决方法，以供读者借鉴。

1. 开始菜单的泄密与解决

在 Windows 的开始菜单中的文档下，会有最近访问文件的记录。当你离开计算机后，其他人完全可以浏览你最近看过的文件。所以，如需保密，操作完文档后一定要记住清除它们。

解决办法：点击 Windows 的"开始"→"设置"→"任务栏和开始菜单"→"开始菜单"选项卡→"自定义"，点击其中的"清除"选项即可。若只想删除自己看过的文档，则可进入 C 盘中的 Windows\recent 文件夹，依次删去即可。

2. 回收站泄密与解决

在 Windows 操作系统中删除的数据文件往往并不是真正删除了，而是把它转移到回收站中了，这样可以防止误删除，但同时也为不法分子提供了可乘之机，所以当有重要数据文件删除后一定要及时清空回收站。

解决办法：打开回收站，点击左侧面板中的"清空回收站"或者选取要删除的文件，右击该文件选择"删除"即可，这样操作后就真正把数据文件删除了。

3. 一些临时文件泄密与解决

在电脑的 C 盘中 Windows 和 Documents and Settings 目录下的 temp 文件夹中存放有使用者在操作计算机过程中产生的临时文件，这些临时文件是在安装或运行某些软件时产生的，由于某种原因（如软件本身设计的原因或突然断电等）没能及时删除。这些临时文件在公共计算机上存在泄密隐患，别人完全可以通过查看这些文件来了解你的喜好，揣测你曾经所做的计算机操作。

解决办法：关闭所有运行的软件程序后，进入 C 盘中 Windows 和 Documents and Settings 目录下的 temp 文件夹，删除里面的文件。对于那些删除不了的临时文件可以通过重新启动系统后再删除。

4. 剪贴板泄密与解决

在使用公共计算机时要注意及时清空剪贴板，避免别人趁机把剪贴板中的内容进行拷贝。

解决办法：离开时把剪贴板的内容清空即可。如果使用了剪贴板增强工具，一定要记得用软件自带的清除记录功能把剪贴板的内容清除。

5. 浏览网页泄密与解决

浏览器会把曾经浏览的网上信息保存在 C 盘中 Windows 目录下的 Temporary Internet Files 文件夹下，这样可以在下次访问时提高浏览效率。但这些记录可以透露出个人信息的蛛丝马迹，进而窥探你的上网动向。

解决办法：将 C：\ Windows \ Temp \ Temporary Internet Files 下所有的文件删除。或者打开 IE，点击"工具"→"internet 选项"，在弹出的对话框中单击"internet 临时文件"项目中的"删除文件"按钮。

6. 浏览网址（Url）泄密与解决

Windows 操作系统具有历史记录功能，能将用户以前的各种操作记录下来（如运行的程序、浏览的网站、查找过的内容等），这样可以提高使用者的效率，但同时历史记录也带来了泄密的可能。有些人会利用这些记录来获取你已经访问过的 Web 页面信息，进而窥探你的喜好。

解决办法：在浏览器中点击"工具"→"internet 选项"→"常规"，然后单击"历史记录"项目中的"清除历史记录"按钮即可。或者是启动注册表编辑器 Regedit，并展开到 HKEY－CURRENT－USER \ Software \ microsoft \ InternetExplorer \ TypedURLs 键值，该键值就是专门用于保存 IE 历史记录的，删除它们即可。另外，在输入网址时，按下 Ctrl＋O 组合键后，在弹出的窗口中填入要访问的网站名或 IP 地址，你输入的 Url 就不会被人看见了。

7. Cookie 泄密与解决

Cookie 是 Web 服务器发送到电脑里的数据文件，它记录了诸如用户名、口令和关于用户兴趣取向的信息。因此，在公共计算机上上网，删除 Cookie 文件是十分必要的。

解决办法：打开资源管理器内的 C：\ Windows \ Cookie 目录，这里会有许多记录你个人上网信息的文件，在该文件夹下用鼠标选中除"index. dat"的文件外的所有文件，然后删除它们就可以了。此外，用鼠标单击 IE 菜单栏中的"工具"→"internet 选项"，选中"安全"标签，再单击标签答案中的"自定义级别"按钮，在打开的"安全设置"对话框中找到关于 Cookie 的设置，然后选择"禁用"或"提示"，就可以一劳永逸，不用每次再进行删除操作了。

8. 木马泄密与解决

由于木马程序的隐蔽性，对付木马可能是最难的一关。如果计算机被人种下了木马程序，口令信息、邮件内容、聊天记录等个人信息都会被木马客户端得到。公共计算机是木马程序最多的地方，因此在使用公用计算机时应该格外留神重要数据信息的保护。

解决办法：公共计算机一般都装有杀毒和防黑软件，建议在上网前先检查是否有木马运行，即使杀毒和防木马软件报告没有发现木马也要小心。尽量不要在公用计算机上处理重要数据及信息，以免泄密。

9. 微软的 Office 软件泄密与解决

Office 软件会在"文件"菜单中列出你最近打开过的文件，这样在方便文件编辑者多次打开同一文件并修改的同时也使得其他人可以轻而易举地看到这些文件，甚至进行拷贝。因此，当你在公共计算机上使用微软 Office 软件编辑重要文件后，一定要记得清除该处记录。

解决办法：以 Word 为例，选择 Word 中的"工具"→"选项"→"常规"，把复选框"列出最近所用文件数"前面的"打钩"标记去掉即可。

10. QQ 密码泄密与解决

如今聊天工具 QQ 已经成为人们日常生活中重要的通信方式，针对 QQ 程序的盗号手段多种多样,尤其是在公用电脑上使用QQ,应当格外留意。

解决办法:不选择保存密码功能,然后使用虚拟键盘输入密码进行登录。离开时务必要关闭QQ。必要的话应当开通QQ密码保护功能,这样即使密码被盗,也可通过密码被盗申诉取回来。

第六节　网络系统入侵的预防与应对

一、案例

2012年12月,公安部公布侦破的几起网络违法犯罪典型案例,透过这些案例不难发现,网络的匿名性在一定程度上助长了犯罪活动的产生,同时也加大了公安机关对此类案件的侦办难度。公安机关提醒,广大群众要充分认清网络犯罪的危害和常用手法,从而提高警惕,防止上当受骗。下面举列了一些案例。

(一)QQ视频诈骗案

2011年7月28日,广西南宁公安机关接到陈某某报案,称其二姐(浙江温州人,在南宁市做生意)于2011年7月23日被人利用QQ诈骗人民币38万元,事因是有人使用QQ视频冒充其在英国伦敦留学的儿子。QQ视频诈骗类案件始发于2008年年初,2009年后开始泛滥,犯罪的专业化程度越来越高。犯罪嫌疑人首先在网上与不特定对象进行聊天,在聊天过程中利用木马盗取不特定对象的QQ号码,并利用视频软件录制被盗QQ号码使用者的视频图像,然后登录盗来的QQ号码,诈骗其好友。

(二)网络盗窃案

2012年4月7日,孙某到江苏无锡公安机关报案称,其支付宝登录密码被人修改,账上的4.7万余元人民币被人于当日凌晨分9次转入浙江某科技有限公司账户内。案发后,无锡网安支队在第一时间调取了受害人网银账户的交易记录,发现犯罪嫌疑人将盗取的资金全部充入某网络交易平台的账户上,并购买虚拟货币销赃洗钱。经查发现,该网络交易平台账号系案发当日注册,但没有登记注册人相关身份信息,案件侦办陷入了僵局。办案民警后来几经周折,通过其他线索终于查明了犯罪嫌疑人刘某某的真实身份,并在辽宁将其成功抓获。

（三）网络贩枪案

2012年4月5日，浙江省温州市公安局龙湾区分局网警大队根据线索，发现网民"低调"涉嫌通过网络非法向他人大量贩卖枪支。办案民警经过线索梳理分析，发现网民"低调"的真实姓名为曹某某。经查，从2012年1月份开始犯罪嫌疑人曹某某与易某某合谋，由易某某在网络上购买枪支，然后出售给曹某某，曹某某然后伙同周某等人通过网上聊天、网络购物等形式卖枪支，利用第三方支付平台、网银转账等方式进行支付，通过物流将枪支发送给买家。经侦查，易某某、曹某某等人共通过网络出售枪支399人次，遍及全国29个省份。2012年11月，公安机关开展全国集中收网行动，共抓获犯罪嫌疑人180余人。

（四）网络雇凶杀人案

2011年8月26日晚，上海虹口区发生一起凶杀案，一名香港籍中年女子陈某遇害。经查，主犯沈某因不满被受害人陈某降职，于当年2月通过网络认识杜某，提出花15万元雇凶杀人。杜某随后通过网络物色到以杀手集团自居的高某和牟某，高某和牟某又继续通过网络物色到有意杀人的费某和崔某，最终由年仅19岁的崔某实施了杀人行为。

（五）特大盗窃机动车案

2011年5月，公安部指挥全国公安机关破获一起利用网络盗窃机动车专案，犯罪嫌疑人利用网络通信群组交流盗窃、改装、销赃机动车的技术和经验，利用互联网接收订单并发布销售赃车信息。经过细致摸排和线索梳理，共发现58个涉案网络通信群组，涉及全国28个省区市，查明涉案人员838名，涉案被盗车辆1120辆。

现如今我国网络入侵犯罪层出不穷，如何端正学生使用网络态度、提高学生网络安全意识、增强其防范网络入侵的能力是我们教育工作者必须面对的问题。

二、计算机网络现状

随着计算机的普及和网络技术的广泛应用与高速发展，信息化已成为人类社会发展的大趋势。计算机信息网络已成为信息获取、信息互动、开展各种社会活动的基础工具，并已深入到各行各业，极大地改变着人们的工作和生活。但同时，来自网络内部和外部的危险和犯罪也日益增多，计算机病毒传播、网络黑客攻击、计算机网络犯罪等违法事件的数量迅速增长，网络系统侵入的预防与应对已成为人们普遍关注的问题。

网络系统、协议及数据库等在设计上存在缺陷是造成目前网络不安全的主要因素。由于当今的计算机网络系统在自身代码设计与结构设计时侧重考虑人们使用的方便性，从而导致了系统在远程访问、权限控制和口令管理等诸多方面存在安全隐患。要保证网络信息的安全，有效防范网络入侵和攻击，就必须熟悉网络入侵和攻击的常用方法，在此基础上才能制定行之有效的防范策略，确保网络安全。

三、典型网络入侵和攻击方法

（一）网络入侵

人们将网络系统侵入定义为：潜在的、有预谋的、未经授权的访问信息、操作信息，致使系统不可靠或无法使用的企图。只要计算机接入 Internet，就会给非法入侵者攻击网络提供可乘之机。非法入侵者会通过网络窃取篡改数据、毁坏文件和阻碍合法用户使用网络。非法入侵者来自网络上的黑客及四面八方的网络蠕虫、木马和恶意代码等，另外还有来自网络上各种方式的恶意攻击等，所有这些对网络的非法入侵和攻击都会对被侵入者造成不同程度的危害。

（二）典型入侵方式

典型的入侵方式有：特洛伊木马、缓冲区溢出、蠕虫病毒、网络监听、网络扫描器、IP 欺骗、拒绝服务攻击等，下面将具体介绍每种侵入方式。

1. 特洛伊木马

特洛伊木马是一种 C/S 结构的网络应用程序，木马程序一般由服务器端程序和控制器端程序组成。目标主机中被安装了木马的服务器端程序即为我们常说的"中了木马"。若主机被植入木马程序，则攻击者就可以利用木马的控制器端程序与驻留在目标主机上的服务器端程序进行联通，进而达到获取目标主机上的各种信息与破坏系统的目的。木马的服务器端程序通常是嵌入到主机的合法程序中，随合法程序运行后独立工作，或者作为单独的程序在设定的条件下自动运行，具有极强的隐蔽性和危害性，是目前最流行的入侵方法，应引起计算机使用者的高度重视。

2. 缓冲区溢出

缓冲区是指计算机程序运行时在内存中开辟的临时存储数据的区域。在理想情况下程序应该检查数据长度并且输入的内容不超过缓冲区长度，但是由于很多程序在设计时都不做这种检查，这就为缓冲区溢出埋下隐患。通过向缓冲区写入超出其长度的内容，造成缓冲区的溢出。缓冲区溢出可能会带来两种结果：一是过长的内容覆盖了相邻的存储单元，引起程序运行失败，严重的可导致系统崩溃；二是破坏程序的堆栈，使程序转而执行其他的指令，由此而引发多种攻击方法。

3. 蠕虫病毒

计算机"蠕虫"病毒实质上是一种通过自我复制以达到广泛传播目的的程序，通过网络共享和操作系统漏洞进行传播的病毒。蠕虫病毒通常会尝试通过弱密码登录目标系统，然后把自己加载到注册表启动项，以使下次开机自己能够继续运行。蠕虫病毒还会在感染的电脑上打开后门接收攻击者发出的指令，并连接特定的 IRC 服务器通知攻击者病毒的存在。蠕虫病毒还会扫描网段内的机器并猜测共享密码，占用大量网络带宽资源，造成局域网阻塞或使网络和服务器瘫痪。

4. 网络监听

以太网协议的工作方式把要发送的数据包发往同一网段内的所有主机，在数据包中含有目的主机的地址，正常情况下，只有地址与数据包的目标地址相同的主机才能接收数据包，但是当主机工作在监听模式下，不管数据包中的目标地址是什么，它都可以接收。网络监听就是利用这一原理，将主机设置在监听模式下从网上截获各种信息。网络监听需要进入到目标主机所在的局域网内部，选择一台主机实施，监听效果最好的地方是在网关、路由器、防火墙上，这样能捕获更多的信息。

5. 网络扫描器

网络扫描器是网络入侵者收集信息的重要工具，其原理是利用 C/S 结构中的请求—应答机制来实现的。扫描器能够发现目标主机和网络，识别目标主机的端口状态和目标主机正在运行的各种服务，进而测试这些服务中是否存在漏洞，并且能够根据漏洞信息分析系统脆弱点，生成扫描报告。常用的扫描方法有：漏洞扫描、端口扫描和利用网络命令。

6. IP 欺骗

IP 欺骗是利用 TCP/IP 协议本身的安全缺陷实现攻击的，它通过盗用合法的 IP 地址，获取目标主机的信任，进而达到入侵的目的，从而获得访问目标主机上的资源的权限。目前，IP 欺骗攻击包括序列号欺骗、路由攻击、源地址欺骗和授权欺骗。由于许多计算机与网络安全性解决方案都依赖于精确的 IP 地址，所以不论目标主机上运行的是何种操作系统，IP 欺骗攻击都是容易实现的。

7. 拒绝服务攻击

拒绝服务攻击是利用合理的服务请求来占用过多的服务资源，目的是使目标主机服务（包括网络带宽、磁盘容量、内存、进程等）超载，停止提供服务或资源访问。这种攻击会导致资源的匮乏。拒绝服务攻击是由网络协议本身的安全缺陷造成的，无论目标主机运行速度多快、内存容量多大、网络环境多好都无法避免这种攻击。拒绝服务攻击能实现两种效果：一是迫使目标主机的缓冲区溢满，不接收新的请求；二是使用 IP 欺骗，迫使目标主机把合法用户的连接复位，影响合法用户的连接。常见的拒绝服务攻击方法有广播风暴、SYN 淹没、IP 分段攻击和分布式攻击等。

四、防范网络入侵的主要技术

入侵预防的目的在于及时识别攻击程序或有害代码及其克隆和变种，采取预防措施，先期阻止入侵，防患于未然，或者至少使其危害性充分降低。入侵者在实施入侵时往往同时采取多种入侵的手段以保证入侵的成功概率，而这些威胁会对被入侵者造成巨大的损失。因此我们需要利用入侵检测与防护技术，实时监控网络资源，准确识别各种入侵攻击，防止或降低入侵造成的危害。在检测到入侵攻击时，通过及时报警、动态防护，来减少入侵带来的损失。下面是几种主要的防范入侵和攻击的技术措施。

入侵检测技术通过收集和分析网络行为、审计数据、其他网络上可以获得的信息以及计算机系统中若干关键点的信息，从而检查系统和网络中是否存在违反安全策略的行为或迹象。入侵检测系统（软件与硬件的组合）是一部能够监视网络中资料传输行为的计算机网络安全设备，能够即时地中断、调整或隔离一些不正常或是具有伤害性的网络资料传输行为。入侵检测作为一种动态安全防护技术，提供了对内、外部攻击和误操作的实时保护，在网络系统受到危害之前拦截和响应入侵，它与防火墙相互配合使用可构成坚固的网络安全防御体系。

防火墙（fire wall）是一项协助确保信息安全的设备，会依照特定的规则，允许或是限制传输的数据通过。防火墙最基本的功能就是控制在电脑网络中不同信任程度区域间传送的数据流。防火墙是网络安全的屏障，是提供安全信息服务、实现网络安全的重要基础设施之一。防火墙能极大地提高一个内部网络的安全性，防止来自被保护区域外部的攻击，并通过过滤不安全的服务而降低风险；能防止内部信息外泄和屏蔽有害信息，限制安全问题扩散，从而降低了局部重点或敏感网络安全问题对全局网络造成的影响；能强化网络安全策略，将局域网的安全管理集中在一起，便于统一管理和执行安全策略。

数据加密是网络中最基本、使用最多的安全技术，它主要通过对网络中传输的需要保密的信息进行加密来保障其安全性。其作用是防止入侵者查看、篡改、删除重要数据文件，或者使入侵者不能轻易地查找到文件。数据加密是一种主动的安全防御策略，其实质是对以符号为基础的数据进行移位与置换的变换算法，这种变换受"密钥"控制。常用的数据加密技术有私用密钥加密技术和公开密钥加密技术。

访问控制是网络安全保护和防范的核心策略之一，其主要目的是确保网络资源不被非法访问和非法利用。访问控制技术主要用于对静态信息的保护。目前，访问控制主要涉及入网访问控制、权限控制、目录级安全控制以及属性安全控制等多种手段。入网访问控制通过对用户名、用户密码和用户账号默认权限的综合验证、检查来限制用户对网络的访问。入网访问控制为网络访问提供了第一层访问控制。

安全扫描是对计算机系统或者其他网络设备进行与安全相关的检测，以找出安全隐患和可能被攻击者利用的漏洞。目前，安全扫描主要涉及基于网络的检测技术、基于应用的检测技术、基于主机的检测技术、基于目标的漏洞检测技术四种检测技术。但同时攻击者可以利用安全扫描入侵系统，而管理员利用它可以有效地防范攻击者入侵，因此安全扫描是把双刃剑。

安全审计是一种积极、主动的安全防御技术，其作用是在一个特定的网络环境下，为了保障网络和数据不受来自外网和内网用户的入侵和破坏，而运用各种技术手段实时收集和监控网络环境中每一个组成部分的系统状态、安全事件，以便集中报警、分析、处理的一种技术手段。计算机网络安全审计主要包括对操作系统、数据库、Web、邮件系统、网络设备和防火墙等项目的安全审计。目前，网络安全审计系统主要包含采集多种类型的日志数据、日志管理、日志查询、入侵检测、自动生成安全分析报告、网络状态实时监视、事件响应机制、集中管理等多种功能。

安全管理就是指为实现信息安全的目标而采取的一系列管理制度和技术手段，包括安全检测、监控、响应和调整的全部控制过程。没有有效的信息安全管理，即使再先进的安全技术也难以较好地发挥其效果，所以建立良好的信息安全管理体系，制定符合实际的网络安全管理制度，加强网络安全的规范化管理，强化网络管理人员和使用人员的安全防范意识，是网络安全管理的核心任务。只有做到网络管理者与使用者共同努力，才能有效防御网络入侵与攻击，才能保障信息安全。

通过以上分析，我们可以了解到目前网络入侵普遍采取的手段及防范措施，这有助于我们综合考虑各种安全因素，认真分析各种可能的入侵和攻击形式，采取有效的技术措施，制定合理的网络安全策略和配套的管理办法，防止各种可能的入侵和攻击行为，避免因入侵和攻击造成的各种损失。

对于我们学生来说，就是要具有网络安全意识，采取合理的防护手段。例如，安装防火墙和杀毒软件，定期升级系统与更改密码等，这样才能尽可能地降低电脑被入侵的风险，最大限度地保护个人隐私。下面将给出密码安全与网上冲浪安全的具体措施。

密码安全常识：

（1）设置足够长度的密码，推荐使用大小写混合加数字和特殊符号，并且不要将所有的口令都设置为相同的。

（2）不要使用与自己相关的资料作为个人密码，如自己的生日、电话号码、身份证号码、门牌号、姓名简写等。

（3）不要使用有特殊含义的英文单词做密码。

（4）不要长期使用一个密码，要经常更换。

（5）不要让 Windows 或者 IE 保存密码。

冲浪安全常识：

（1）不要下载陌生个人站点的程序，其程序有可能感染了病毒，或者带木马。

（2）不要逛一些可疑或者另类的站点，以免感染网页病毒和木马。

（3）不要运行不熟悉的可执行文件，或者运行前进行病毒扫描。

（4）不要随便与陌生人通过 QQ 或者 MSN 等聊天工具进行聊天，避免遭受端口攻击。

（5）不要随便打开陌生人的邮件附件。

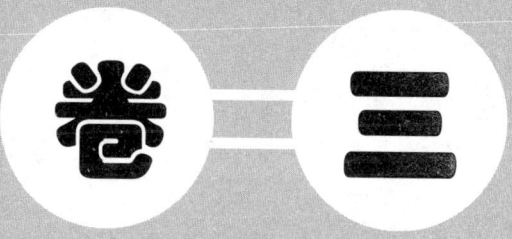

学校应急管理体系的建立

第十二章

为什么要建立学校应急管理体系

□ 第一节 我国安全管理体系的不完善
□ 第二节 建立应急管理体系的重大意义

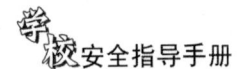

第一节 我国安全管理体系的不完善

频发的校园安全事故，使中小学的师生遭受到严重的伤害，除了社会、人为因素之外，学校没有足够的防范措施和师生缺乏相关的安全知识也是极为重要的因素之一，这也暴露出当前校园安全管理的制度性问题：学校对安全进行预防和预警、指挥和协调的平台，即学校安全管理体系并不完善。

一、学校师生安全预防意识不强

2005年6月10日，黑龙江沙兰镇中心小学在罕见的洪灾中，有105名小学生被夺去了生命。2008年5月12日，汶川大地震致使该地区中小学的校舍大量坍塌，造成师生6581人死亡，1274人失踪，1107人被埋。2009年12月7日，湖南省湘乡市育才中学踩踏事件造成8名学生死亡，28人受重伤；2010年3月23日至5月12日，福建南平实验小学、陕西林场村幼儿园等地接连发生6起校园血案，造成师生死亡17人，伤76人。面对这些触目惊心的数字，社会和媒体普遍把这些事件的多数原因归结为校舍工程质量问题、社会矛盾纠纷等深层次原因，但从这些突如其来的事故中，我们同时也可以看到学校思想没有准备、行动杂乱无章，进而凸显出学校的安全教育、安全管理体系问题。我们发现大部分学校不仅没有安全预警体系，师生们也同样缺乏相应的安全知识。一些发达国家有专门的学校管理机构对学校安全管理进行研究，不仅如此，他们更加注重强化学校管理者的安全管理意识，而且不惜花费巨资对学生进行经常性的安全意识教育和培养。与此相反，我们很多学校对安全预防缺乏重视，安全机构附设在某个部门代管。管理机构的安全意识都不够，更谈不上对学生的安全意识的培养了。

二、学校安全管理"头痛医头，脚痛医脚"

保护好每一名孩子、强化校园安全是一项系统工程，不仅是学校，更应是全社会的责任。一起起校园安全事件暴露出我国校园安全还存在亟待完善之处。

一项调查显示，在中小学生的生活环境中，家长最担心受到伤害的场所是学校（包括校园内和学校周围）。曾经由团中央、教育部、公安部、全国少工委主办，中国少年儿童出版总社承办的"中国少年儿童平安行动"，2003年在北京、天津、上海、湖南、浙江、云南、广东、陕西、福建等 10 个省市,对容易引发中小学生安全事故的内容、场所进行了调查,在中小学生和家长提交的 28570 份有效答卷中,对孩子最容易受到伤害的场所,家长首选"学校",36.32% 的家长选择"公共场所",10.44% 的家长选择"大自然中",1.8% 的家长选择"家里"。全国每年平均有 1.6 万名中小学生非正常死亡,平均每天有 40 名中小学生属非正常死亡。

中小学生在学校最容易受到伤害,这一看法得到了大多数家长的认同,学校的公共安全问题已成为家长们心头上一块拂之不去的"心病",成了另一种"社会之痛"。据调查,在这些非正常死亡者中,除了不可预见的自然灾害和人力不可抗拒的重大事故外,约有 80% 的非正常死亡本来可以通过预防措施和应急处理得以避免。可见,如何在学校开展尊重生命的教育,如何建立有效的应对公共卫生突发事件的机制,已日益突出地摆在学校管理者面前。

平安的时候,大家无事可做,学生摔伤了,就强调不能追打玩耍;爆发了流行性疾病,才想起要晨检和消毒;别处地震来了,就忘了晨检,只顾撤离演练;发生校园血案了,才开始重视周边治理;等等。当然,不同时期,学校安全管理的重点有异,出现新的安全问题,是要采取相应的措施,但往往一阵风过去后,一切又一如既往,没有形成系统的、常规的防范体系。

三、学校安全的法律法规不健全或"有法未依"

我国对学校安全问题一直是很重视的,但校园安全是一个特殊环境中的特殊问题。长期以来,涉及亿万师生安全、学校稳定、保障校园正常秩序的学校保卫工作无法可依,这与依法治校的要求不相适应。大多数教育行政机关没有校园安全管理的专门机构和管理人员,学校保卫机构受到削弱,有的甚至被撤销,安全工作权力、责任都不明确。校园周边环境日益复杂,学校保卫人员无权处理,以至于盗窃案、伤害案、流氓犯罪案、教唆犯罪案等时有发生。学校安全不仅仅是学校的责任,还需要社会、政府各职能部门、家庭共同来保障。现行《义务教育法》虽有相关规定,如第 23 条:"各级人民政府及其有关部门依法维护学校周边秩序,保护学生、教师、学校的合法权益,为学校提供安全保障";第 24 条:"学校应当建立、健全安全制度和应急机制,对学生进行安全教育,加强管理,及时消除隐患,预防发生事故。"但这些规定还是比较笼统。《中小学幼儿园安全管理办法》虽然明确了具体的分工和要求,但这一部教育部签署的部门法规的执行情况和监督还有待加强。2002 年虽然制定了《学生伤害事故处理办法》,但同样，作为一部部门法规，对其执行的监督还需加强。

值得欣慰的是，我们不少城市已经意识到了问题的严重性，并制定了地方法规来规范校园安全问题。2001年，宁波市发布了《宁波市学校安全条例》。该《条例》明确规定，学校不得组织未成年学生参加抢险、救灾等危险性活动。同时学校课程设置应当包含安全教育内容。2003年，上海、北京也相继出台了相关法规，应付日益频繁的中小学安全事故。中小学安全问题也引起了"两会"代表的重视，成为"两会"上人大代表、政协委员谈论最多的话题之一。在九届人大四次会议上，20多个代表团150多名代表提出尽快制定《校园安全法》，切实保障师生的安全。

第二节　建立应急管理体系的重大意义

一、学校安全工作备受各界关注

学校安全工作影响广泛，事关祖国下一代的健康成长，学校公共安全以实现学生的生命安全和健康成长为基本目标，事关千家万户的幸福与安宁，事关教育事业的稳定和发展，事关整个社会的安全稳定。维护学校的公共安全，不仅仅是教育部门的事情，各地区政府和有关职能部门同样责无旁贷。确保学校安全，是营造良好的育人环境的需要；是树立和落实科学发展观，构建和谐社会的重要内容；也是社会文明与进步的重要标志。正所谓"学生利益无小事"，"安全第一"，"健康第一"。

据有关机构调查，我国校园安全事故仍处于多发期，每年非正常死亡的中小学生都在1万人以上，平均每天约40多名学生因各类事故失去生命，这是一个令人震惊的数字。校园安全问题已引起政府和各类学校的高度重视，也引起了社会、家庭的关注。据专家分析，加强安全管理和教育，提高学生安全意识和自我保护能力，80%的意外伤害是可以避免的。可喜的是教育部在行动，2006年修订的《义务教育法》首次将学校安全教育写入了法律，为中小学校开展安全教育提供了依据和保障。同年教育部联合十个部委下发了《中小学幼儿园安全管理办法》，对各部门安全责任、学校安全管理制度、学校日常安全管理、安全教育、校园周边安全管理和事故处理等方面提出了明确要求。2007年制定了《中小学公共安全教育指导纲要》，将公共安全教育纳入了中小学校教育。教育部还建立健全学校安全工作机制，通过有针对性地发布安全预警、定期开展安全检查、及时通报各类事故、加强日常安全教育、普遍开展安全演练等工作措施，努力为广大中小学生创造一个安全健康的成长环境。广东省也在行动，2008年广东省校园安全管理平台开通运行，大大加强了广东省中小学校的安全管理工作，东莞市在2013年起全市全面推进"平安校园"创建工作，推出了《东莞市学校创建"平安校园"考评体系》，进一步加强、规范了全市中小学校的安全建设和管理工作。

二、居安思危，有备无患

"居安思危，思则有备，有备无患。"安全问题是人类发展的永恒主题。随着社会文明的进步、科学技术的发展和生活水平的提高，安全问题显得越来越重要，也越来越复杂和多样化。除个人安全外，公共安全更多地进入了人们的视野，成为个人、组织、国家乃至世界都不容忽视的重大问题，学校也不例外。近年来，随着教育的快速发展，学校公共安全的任务更加繁重、复杂和多样化，面临的形势也更加严峻。比如随着人们生活水平的提高，电脑走进了许多家庭，网络的发展给人们的生活和交流带来很多方便，但是它也使大量青少年逐渐成为"黑客"犯罪的主要对象。因此，在新的历史时期，学校公共安全管理工作必须引起高度重视和关注，及时总结成功经验，推动其理论、实践的不断提升，并针对学校发展的新要求进一步创新和升华。

有不少学校也较重视校园安全管理工作，只因校园安全工作涉及面广、内容多、工作量大，而不知该如何统筹操作。我们认为校园安全防护体系，首先包括软件和硬件两方面：软件方面涉及思想、制度、教育、组织、管理；硬件包括安全投入、物防、技防、运行维护等。其次，校园安全防护体系还要从校园内延伸到校外，应将安全工作延伸到学生的家庭中去，延伸到社会，安全管理主动争取得到公安、消防、综治办等政府部门的支持，还有家长和社区的支持。没有一个健全有效的校园安全防护体系，学校的安全工作就会被动，有缺陷，甚至存在危险。

三、关系到教育事业的稳定和社会的和谐

学校的教育教学工作，实际就是育人工作。育人工作做得如何，除了落实国家法律、法规，还要看这个学校柔性的人文关怀氛围怎样。俗话说"医者父母心"，"教者"也有"父母心"，这个"父母心"就是学校与教师对学生的人文关怀。教师的人文关怀，就是教师的职业道德。从教师的职业道德中我们也能体会出要关心学生的身心健康与安全。现在学校教育提倡"以人为本"，"学生的身

心健康与安全"就是真正的"本"。学生是学校的教育教学对象,安全关爱是爱学生的基石与核心。学校没有关爱学生的身心健康与安全,其他方面的关爱也难以落到实处。也就是说生命不保,又何谈教育呢?

　　学校公共安全是以实现学生的生命安全和健康成长为基本目标,是实现国家"科学发展"和构建"和谐社会"的需要,是全社会"以人为本"的根本体现,也是社会文明与进步的重要标志。学校对学生生命安全的保障关系到社会稳定、家庭幸福和国家未来。因此,要全面建设和谐社会,离不开"和谐校园"的建设。学校的教育教学对象是学生,而学生来自千家万户。学生的安全,是一项牵一发而动全身的敏感事情:学生安全了,家长放心,学校顺心,政府安心;学生不安全,家长伤心,学校闹心,政府烦心。学校的安全工作稍有风吹草动,就会引起校园的波动、学校所在地区的社会局面的震动。校园不是独立于社会之外的世外桃源,建设了一个和谐的校园,就为千家万户的和谐、社会的和谐做出了巨大的贡献。如果校园都变成危险地带,社会也就难以和谐了。所以,重视和加强学校公共安全工作,无论从政治、经济、文化的角度,还是针对国家、社会和家庭,都是事关重大的问题。青少年是祖国的未来,他们正在成长之中,相当一部分还不具备足够的安全意识和自我保护能力,他们特别需要学校、政府和全社会的关心和爱护。

第十三章

如何建立完善的应急管理体系

☐ 第一节　应急管理体系的主要内容
☐ 第二节　应急管理体系的基本构成

日本是一个地震灾害非常频繁的国家，但是在成熟的社会安全保障体系下，日本学校普遍建立了较为完善的应急管理体系，几乎每所学校都制定了应急管理规则和行动手册。在日本的社会应急管理体系中，学校发挥着巨大的作用，许多学校承担着社区居民疏散、安置和救护中心的任务，甚至在一些中小学校里还储存着医院才会有的药品、血浆、帐篷等应急物资。

与发达国家相比，目前我国学校的应急管理水平严重滞后，应急管理体制、建设跟不上要求。每年地震、冰雹、暴雨、干旱等自然灾害频发，人为引致的火灾、踩踏等重大安全事故亦是不断发生。如何有效、及时、和平地处理这些突发性危机事件已经成为今后一定时期内各学校必须高度重视的重大问题。为了进一步加强我国中小学校安全管理，保障学校及其广大师生的人身、财产安全，维护正常的学校教育教学秩序；为了全面提升中小学校对突发事件的应急处理能力，创建平安和谐校园，维护校园稳定，建立完善的应急管理体系已是刻不容缓的事情。

第一节　应急管理体系的主要内容

一、什么是应急管理

应急管理是指政府及其他公共机构在突发公共事件的事前预防、事发应对、事中处置和善后管理过程中，通过建立必要的应急机制，采取一系列必要措施，保障公众生命财产安全，促进社会和谐健康发展的有关活动。

应急管理不但包括应急期间的各种活动（如消防扑救、疏散等行为），更重要的是，还包括灾害发生前的备灾措施和灾害发生后的救灾工作。因此，应急管理是一个动态管理，包括事故预防、应急准备、应急响应和应急恢复四个阶段。

1. 事故预防

在应急管理中，预防有两层含义：一是事故的预防工作，即通过安全管理和安全技术等手段，尽可能有效地防止事故的发生，实现本质安全；二是在假定事故必然会发生的前提下，通过预先采取的预防措施以达到降低或减缓事故。从长远观点看，低成本、高效率的预防措施是减少事故损失的关键。

2. 应急准备

应急准备无疑是应急管理过程中一个极其重要的过程，它是针对可能发生的事故，为迅速有效地开展应急行动而预先所作的各种准备，包括应急体系的建立，有关部门和人员职责的落实，预案的编制，应急队伍的建设，应急设备（施）、物资的准备和维护，预案的演习，与外部应急力量的衔接等，其目标是保持重大事故应急救援所需的应急能力。

3. 应急响应

应急响应是在事故发生后立即采取的应急救援行动。包括事故的报警与通报、人员的紧急疏散、急救与医疗、消防和工程抢险措施、信息收集与应急决策和外部救援等，其目标是尽可能地抢救受害人员、保护可能受威胁的人群，尽可能控制并消除事故。一般来说，应急响应可划分为两个阶段，即初级响应和扩大应急。

初级响应是在事故初期，有关部门应用自己的救援力量，使事故得到有效控制。但如果事故的规模和性质超出本单位的应急能力，则应向上级部门请求增援和扩大应急救援活动的强度，以便最终控制事故。

4. 应急恢复

恢复工作应该在事故发生后立即进行，它首先使事故影响区域恢复到相对安全的基本状态，然后逐步恢复到正常状态。要求立即进行的恢复工作包括事故损失评估、原因调查、清理废墟等，在短期恢复中应注意的是避免出现新的紧急情况。长期恢复包括建筑重建和受影响区域的重新规划和发展，在长期恢复工作中，应吸取事故和应急救援的经验教训，开展进一步的预防工作和减灾行动。

二、如何做好应急管理工作

当前，在复杂多变的自然条件和社会形势下，学校发生突发事件的风险日益加大，严重威胁学校的稳定和广大师生的生命、财产安全。因此，各校园要对可能发生的突发事件作充分的分析和全面的准备，做到事件发生后能够迅速启动相应的应急预案，并有序、有效地开展各项工作。为此，各单位对本单位的应急预案要作进一步的充实和细化，建立和完善各种应急机制，重点是增强学校应急预案的可操作性，沉着、冷静地应对可能发生的各种风险和威胁。

1. 及时建立应急反应队伍，适当储备应急所需物资

各单位应当成立以单位一把手为队长的应急小分队，成员可以由学校相关领导干部和青壮年党团员教职工组成，小分队各成员之间要保持信息畅通。针对可能发生的紧急事件，学校在平时要储备适当的应急工具和物资，如铁锹、手电筒、蜡烛、喇叭、遮雨帐篷（或塑料彩条布）、雨衣等，学生宿舍和教学楼楼

梯、通道以及操场要保证紧急状态下的灯光照明，以免因拥挤、踩踏造成人员伤亡。

2. 强化师生纪律意识，规范学生应急行为

实践证明，越是在紧急状态下越要加强行为规范管理，防止因混乱而贻误最佳时机。学生遇险疏散后要相对集中并加以严格纪律约束。学校教职工在紧急状态下应主动与学校负责人联系，如遇到通信中断，应自觉到学校门口集中并等候接受学校工作安排。如遇涉及师生伤亡事件和需要紧急疏散学生，班主任教师和学校干部要力争在最短的时间内赶到现场。

3. 加强通信网络建设，提高紧急状态下的信息发布和处理能力

各校园要根据应急管理的要求，建立高效、快捷的信息发布网络平台，各单位相关人员要保证全天24小时内通信工具畅通，使突发紧急事件能在第一时间告知相关部门并适时做出反应，这样可以为正确应对、化解突发事件赢得宝贵的时间，力争事态影响最小化，最大限度减少学校、师生财产损失和人员伤亡。

第二节 应急管理体系的基本构成

应急管理体系是应急管理的基础。应急管理体系由一案、三制、一系统——应急预案、应急机制、应急体制、应急法制和应急保障系统构成。

学校应急预案在应急体系中起着至关重要的作用。应急预案的作用，是明确指示在突发事故发生之前、发生过程中以及刚刚结束后，相应的策略以及资源准备等。

应急运作机制，是指应急组织体系中各机制之间相互作用的方式和规律。应急运作机制有统一指挥、分级响应、属地管理、公众动员四个基本原则。

应急体制建设，主要是建立应急组织体系。包括建立应急管理组织机构，负责应急管理、组织、协调、联络工作；建立承担不同应急救援任务的应急功能部门；确定应急指挥；建立应急救援队伍。

应急法制建设是应急体系的基础和保障，也是开展各项应急活动的依据。包括与应急管理有关的、国家发布施行的有关法律、法规；地方政府和地方教育部门颁布的有关法规、条例；学校制定的包括应急预案在内的有关规章、制度。

应急救援工作快速有效地开展，依赖于充分的应急保障体系。保障体系包括

人力资源保障、各类物资保障和应急能力的保障。

信息与通信系统是应急保障体系的前提。建立集中管理的信息通信平台是应急体系的最重要基础建设之一。事故发生时，所有预警、报警、警报、报告和指挥等活动的信息交流，要经过应急信息通信系统的保障才能快速、顺畅、准确到达。另外，建立信息平台可以使宝贵的信息实现资源共享。如果有些信息有军事价值和商业价值，应界定信息资源共享的范围和人员，同时要防止借信息共享的名义将国家某些重要的军事、安全、地理和重要商业的信息泄露出去，给国家造成损失。

物资与装备不但要保证有足够的资源储备，而且还一定要实现快速、及时供应到位。并且，要界定和明确对于不同应急资源管理、使用、维护和更新的相应的职责部门和人员。

对用于应急的通信和通信联络设备、进入事故现场实施救援的人员的防护用品，一定要保证充足的数量和合格的质量。

应急活动中除了准备常用的一些救援装备以外，在特殊情况时，还需要一些特种救援装备，如破拆、吊装、起重、运送设备，建筑破拆、金属切割和挖掘设备，探测、支撑、防护设备，以及封闭等特种和侦检装备等。学校应了解哪里有这些设备，通过什么样的快捷方式能在需要时迅速得到，这对于救援出现紧急情况时是非常重要的。

另外，有些虽不属于设备，但也应作为保障体系的一部分。如现场地图和图表，有关材料储存区域、工艺区域、服务区域、路径、校区规划等信息和资料。在国外，很多救援活动指挥开始就是在图纸上进行的。要了解相关的信息情况时，图纸常常可以给我们最直观的印象。

现场应急设备还包括危险品泄漏控制装置、营救设备、应急电力设备、重型设备、文件资料等。另外，医疗服务设施机构、设备和供应应有足够的准备。保安和进出管制设备方面，应有足够的控制交通及疏散时的执法、进出管制设备，如路障等。

应急人力资源保障，主要指的就是紧急情况下可动员的全职及兼职人员，其应急能力和培训水平应达到要求。

人力资源保障包括专业队伍和志愿人员及其他有关人员，他们是经过相应的培训教育，并能在应急反应中起到相应作用的人员，如指挥人员、医疗救护人员、抢险人员、指挥疏散人员等。

应急财务保障，是指以保障应急管理运行和应急反应中各项活动的开支。

第十四章

学校应急预案的建立

- 第一节　应急预案基本概述
- 第二节　制订应急预案的意义与原则
- 第三节　应急预案编制步骤
- 第四节　基本预案的建立与应急功能
- 第五节　应急预案的格式与内容示例

第一节 应急预案基本概述

一、应急预案的基本结构

应急预案指面对突发事件如自然灾害、重特大事故、环境公害及人为破坏的应急管理、指挥、救援计划等，它一般应建立在综合防灾规划之上。它的几大子系统为：完善的应急组织管理指挥系统，强有力的应急工程救援保障体系，综合协调、应对自如的相互支持系统，充分备灾的保障供应体系，体现综合救援的应急队伍等。

应急预案又称应急救援预案，它包括以下几个方面：①对可能发生的危机进行预测和评价；②人力、物质等资源的确定与准备；③明确应急组织和人员的职责；④设计行动战术和程序；⑤制订训练和学习计划；⑥制订专项应急计划；⑦制定危机后消除和恢复程序。制订应急预案要做到科学、实用和权威。应急预案编制出来以后还要进行预案的演练，以检验预案是否合理有效，发现问题及时进行修正完善；同时也通过预案演习，锻炼管理人员和工作特别是救援人员的实战能力以提高协调配合水平和救援所需要的实际技术，加强人们的防范意识。

应急预案本质上是一个透明和标准化的反应程序，可以使应急救援活动能按照预先周密的计划和最有效的实施步骤有条不紊地进行。这些计划和步骤是快速响应和应急救援的基本保证。应急预案是应急体系建设中的重要组成部分，应该有完整的系统设计、标准化的文本文件、行之有效的操作程序和持续改进的运行机制。一般的应急预案，其基本结构可采用"1+4"的结构模式，即一个基本预案加上功能（职能）设置、特殊风险预案、应急标准化操作程序和保障支持系统四个分预案组成。

二、应急预案的分类

预案有多种分类方法，《中国教育报》是这样解释的：预案按行政区域，可划分为国家级、省级、市级、区（县）和企业预案；按时间特征，可划分为常备预案和临时预案（如偶尔组织的大型集会等）；按事故灾害或紧急情况的类型，可划分为自然灾害、事故灾难、突发公共卫生事件和突发社会安全事件等预案。

一般而言，比较适合学校组织预案文件体系的分类方法，是按预案的适用对象范围进行分类，可将学校的应急预案划分为综合预案、专项预案、现场预案和应急救援方案，以保证预案文件体系的层次清晰和开放性。

综合预案是总体、全面的预案，以场外指挥与集中指挥为主，侧重在应急救援活动的组织协调。

专项预案主要是针对某种特有和具体的事故灾难风险，如地震、重大火灾事故等，采取综合性与专业性的减灾、防灾、救灾和灾后恢复行动。

现场预案则是根据现场设施或活动为具体目标所制定和实施的应急预案，如针对学校组织的某项大规模的全校活动制定的应急预案。现场应急预案要具体、细致、严密。

应急救援方案是针对一些单项、突发的紧急情况所设计的具体行动计划。

另外，按照校园突发事件的严重程度、影响范围和可控性，我们还可将学校的应急预案分为四个等级，即特别重大校园突发事件预案（一级）、重大校园突发事件预案（二级）、较大校园突发事件预案（三级）、一般校园突发事件预案（四级）。

《中国教育报》曾对应急预案做过总体描述，阐述了应急预案所要解决的紧急情况，应急的组织体系、方针，应急资源，应急的总体思路；并明确各应急组织在应急准备和应急行动中的职责，以及应急预案的演练和管理等规定。此外还对特殊风险预案给予了介绍。特殊风险预案是在对潜在重大事故风险进行辨识、评价和分析的基础上，针对每一种类型可能发生的重大风险事故而编制的专门预案。预案需明确其相应的主要负责部门、有关支持部门及其相应的职责，并为该类专项预案的制定提出特殊要求和指导。

综合预案、专项预案和现场预案由于各自所处的层次和适用的范围不同，其内容在详略程度和侧重点上会有所不同。

三、应急预案的内容

基本预案是应急预案的总体描述。主要阐述应急预案所要解决的紧急情况、应急的组织体系、方针、应急资源、总体思路，并明确各应急组织在应急准备和应急行动中的职责，以及应急预案的演练和管理等规定。基本预案一般包括以下12项内容。

（1）预案发布令。
（2）内部应急部门和外部机构及其负责人。

（3）术语和定义的解释和说明。

（4）相关法律和法规。

（5）应急管理和应急救援的方针和原则。

（6）危险分析和环境综述。

（7）应急资源准备的情况，包括应急力量的组成、应急能力、重要应急设备设施和物资的准备情况。

（8）应急部门机构组成和职责。

（9）教育、培训和演练。

（10）本预案与其他应急预案的关系。

（11）与相邻单位或专业救援机构签署的互助协议，明确可提供的互助力量、物资、设备、技术等。

（12）预案管理。

基本应急行动和任务包括：接警与通知、指挥与控制、警报和紧急公告、通信、事态监测与评估、警戒与治安、人员疏散与安置、医疗与卫生、公共关系、应急人员安全、消防和抢险、泄漏物控制、应急恢复等。它们构成了应急救援工作的有机整体。这些基本应急行动和任务常被称作应急功能。

特殊风险预案。特殊风险预案是在对潜在重大事故风险进行的辨识、评价和分析的基础上，针对每一种类型的可能重大事故风险编制的专门预案。明确其相应的主要负责部门、有关支持部门及其相应的职责，并为该类专项预案的制定提出特殊要求和指导。学校中可能存在的特殊风险，有火灾、群集情况、集体中毒、传染病等。

应急标准操作程序。由于在应急预案中没有给出每个任务的实施细节，各个应急部门必须制定相应的标准操作程序，为组织或个人提供履行应急预案中规定的职责和任务时所需的详细指导。

学校应急预案与上级部门、地方或社区以及相关单位应急预案的衔接。衔接方式：获取上级部门的预案、联系方式，学校预案到当地政府备案，与上级部门、社区共同进行培训和演习等。

四、应急预案编制的核心要素

在编制预案时，一个主要问题是预案应包括哪些基本内容，这些内容能满足应急活动的需求。因为应急预案是整个应急管理工作的具体反映，它的内容不仅限于事故发生过程中的应急响应和救援措施，还应包括事故发生前的各种应急准备和事故发生后的紧急恢复，以及预案的管理与更新等。因此，完整的应急预案编制应包括以下一些基本要素，即分为六个一级关键要素。

1. 方针与原则

无论是何种等级或何种类型的应急救援体系，首先必须有明确的方针和原则，作为开展应急救援工作的纲领。方针与原则反映了应急救援工作的优先方向、政策、范围和总体目标，应急的策划和准备、应急策略的制定和现场应急救援及恢复都应当围绕方针和原则开展。

事故应急救援工作是在预防为主的前提下，贯彻统一指挥、分级负责、区域为主、单位自救和社会救援相结合的原则。其中，预防工作是事故应急救援工作的基础，除了平时做好事故的预防工作，避免或减少事故的发生外，还要落实好救援工作的各项准备措施，做到预先有准备，一旦发生事故就能及时实施救援。

2. 应急策划

应急预案最关键的特点是要有针对性和可操作性。因而，应急策划必须明确预案的对象和可用的应急资源情况，即在全面系统地认识和评价所针对的潜在事故类型的基础上，识别出重要的潜在事故及其性质、区域、分布及事故后果。同时，根据危险分析的结果，分析评估应急救援力量和资源情况，为所需的应急资源准备提供建设性意见。在进行应急策划时，应当列出国家、地方相关的法律法规，作为制定预案和应急工作授权的依据。因此，应急策划包括危险分析、应急能力评估（资源分析）以及法律法规要求三个二级要素。

3. 应急准备

应急准备指针对可能发生的应急事件，应做好的各项准备工作。能否成功地在应急救援中发挥作用，取决于应急准备的充分与否。应急准备基于应急策划的结果，明确所需的应急组织及其职责权限、应急队伍的建设和人员培训、应急物资的准备、预案的演习、公众的应急知识培训和签订必要的互助协议等。

4. 应急响应

应急响应能力的体现，应包括需要明确并实施在应急救援过程中的核心功能和任务。这些核心功能既具有一定的独立性，又互相联系，构成应急响应的有机整体，共同完成应急救援任务。

应急响应的核心功能和任务包括：接警与通知，指挥与控制，警报和紧急公告，通信，事态监测与评估，警戒与治安，人群疏散与安置，医疗与卫生，公共关系，应急人员安全，消防和抢险，泄漏物控制等。

当然，根据风险性质的不同，需要的核心应急功能也可有一些差异。

5. 现场恢复

现场恢复是事故发生后期的处理，比如受损建筑的重建、伤员的救助、教学秩序的恢复等一系列问题。

6. 预案管理与评审改进

强调在事故后（或演练后）对于预案不合适的部分进行不断的修改和完善，使其更加适宜于各单位的实际应急工作的需要，但预案的修改和更新要有一定的程序和相关评审指标。

六个一级要素之间既具有一定的独立性，又紧密联系，从应急的方针、策划、准备、响应、恢复到预案的管理与评审改进，形成了一个有机联系并持续改进的应急管理体系。根据一级要素中所包括的任务和功能，应急策划、应急准备和应急响应三个一级关键要素，可进一步划分成若干个二级小要素。所有这些要素构成了重大事故应急预案的核心要素，这些要素是重大事故应急预案编制应当涉及的基本方面。在实际编制时，根据具体的风险和实际情况的需要，也为便于预案内容的组织，可根据自身实际，将要素进行合并、增加、重新排列或适当的删减等。

第二节 制订应急预案的意义与原则

一、制订应急预案的意义

应急预案是公共危机预测预警机制的重要组成部分，它的总目标是控制紧急情况的发展并尽可能消除危机，将危机对人、财产和环境的危害减少到最低程度。统计表明，有效的应急预案系统可以把危机造成的损失降低到无应急预案系统的6%。制订应急预案的重要性具体有以下几个方面。

1. 增强应急决策的科学性

应急决策的科学性来源于对危机情况的准确判断，来源于对应急资源的准确了解及科学配置。编制应急预案，是在总结以往应急管理经验教训的基础上，按照危机爆发的规模、程度、等级确定相应的警戒等级及处置方式、程序，一旦危机爆发，只需要通过现场监测或者情报检测，就能够比照相应的等级，确定相应的处置方案，从而增强应急决策的科学性。

2. 增强应急决策的时效性

应急决策的关键在时效性。能够在最短的时间之内做出最优的决策，对于减轻危机的危害具有重要的意义。在编制应急预案时，可将各种类型的危机可能爆发的规模、程度、等级一一列举出来，在危机爆发时，只要了解了危机的基本情况，就能够按照应急预案进行处置，这就大大缩短了危机决策的时间，为快速、合理地解决危机奠定了基础。

3. 增强应急指挥的规范性

危机爆发时，必须由专业人员按照确定的程序、有条不紊地进行处置，才能及时化解危机或者最大限度地减轻危机危害。编制应急预案，将不同类型、不同层次的危机处置按照精简、统一、效能的原则进行程序编排，不同等级的危机类型由不同层次的指挥机构、指挥人员进行指挥，一旦确定危机的等级，就可以按照应急预案，确定相应的指挥机构、指挥人员和处置程序，这将大大增强应急指挥的规范性，减少应急指挥的盲目性。

4. 增强应急指挥的权威性

应急指挥的权威性来自指挥人员的专业性和法定性。前者表明指挥人员对业务的熟悉、了解程度，后者表明指挥人员权力的合法性。应急预案要对指挥人员的指挥程序做出规定，尤其是对法定的指挥人员出现空缺时的内容、程序以及决策方案作出规定，否则就是不称职。危机爆发时，如果指挥人员出现空缺，则按照递补原则进行递补。如此产生的指挥人员能够做到专业性与法定性的结合，这一结合也就造就了应急指挥的权威性。

二、应急预案制定的原则

应急预案制定的目的在于预防或阻止某种突发事件的发生，或在某种事件发生后，进行及时有效的处理。因此，预案的制定需要遵循一定的原则。

1. 完整性

危机预案将涉及危机处理的所有方面和所有工作内容，必须进行完整的安排，强调可操作性，其中包括危机处理的目标、为实现既定目标而进行的所有工作安排等。

2. 预见性

危机预案不可能预见到危机事件的具体时间、地点、规模、伤亡的具体人数等，但是预案必须在如下方面体现出它的预见性，以有利于组织的有效处理：其一，本地区不同种类危机事件的性质和大概原因；其二，危机可能发展的方向；其三，不同级别危机事件可能运用的资源；其四，可采取的措施等。

3. 进攻性

危机预案中的所有措施都应该是主动的和较强的进攻性策略，而不是防御性措施。

4. 可操作性

所有进攻性措施都要结合环境及资源的实际，具有完备的可操作性。预案中的文字要简单、易懂，必要时采用标识或图案等。

5. 时间性

对危机事件中的伤员和财产的抢救，是以小时、分钟甚至是秒来计算的。因此，对危机处理的每一步骤的时间和策略必须做出精心安排。

另外，也有专家学者将制定学校应急预案的原则归结为以下几点：以人为本，最大限度地保护师生的生命和财产安全；尊重法律，依照法律，以法律为准绳；尊重科学，依靠科学，以科学为指导，科学管理；依靠群众，鼓励师生民主参与；引进第三者协商制度和决策评估制度，坚持标准化、程序化等。

第三节　应急预案编制步骤

学校应急预案的编制步骤主要为以下几步。

一、成立应急预案编制小组

应急救援行动，需要各部门在相互信任、相互了解的基础上进行密切配合和相互协调。因此，应急预案的成功编制需要各个有关职能部门和团体的积极参与，并达成一致意见，尤其是应寻求与危险直接相关的各方进行合作。成立预案编制小组应组织尽可能多的部门和人力参与，充分利用专家资源。编制过程中注意交流和沟通，注意鼓励师生参与，可有效地保证应急预案的准确性和完整性，而且有利于统一应急各方的不同观点和意见。

预案编制小组的成员一般应包括校长、副校长、总务处、政教处、食堂、医务室、各年级组组长、各班主任、学生代表等。预案编制小组的成员确定后，必须确定小组领导，明确编制计划，保证整个预案编制工作的组织实施。

二、明确预案编制的授权、任务和进度

1. 明确应急管理的各项承诺

通过授权应急编制小组采取编制计划所需的措施，以形成团队精神。该小组应由最高管理者或者安全主要管理者直接领导。

小组成员和小组领导之间的权力应予以明确，但应保持充分的交流机会，保持必要的沟通。

2. 明确对应急管理所做出的承诺

最高管理者或安全主要管理者应发布任务书，来明确对应急管理所做出的承诺。这些声明如下。

（1）确定编制应急预案的目的，指明涉及的范围（包括整个组织）。

（2）确定应急预案编制小组的权力和结构。

3. 时间进度和预算

要明确工作时间进度表和预案编制的最终期限。明确任务的优先顺序，情况发生变化时可以对时间进度进行修改。

确定完成时间的期限取决于风险水平；应急情况的复杂性；编制人员的能力；可利用的资料情况等。

编制人员的能力需要学习、提高，编制小组需要及时交流和沟通。一般来说，一个完整的预案编制过程至少应需要半年的时间，当然，根据风险水平和规模不同也有很大区别（不包括后期的维护与应急演练）。

4. 时间分配

时间分配可参考以下几个阶段进行。

（1）培训。全员培训，提高认识。

编制小组培训。主要是对预案编制方法进行有针对性的培训和对预案编制的技术开展内部研讨。

具体编制人员的培训。主要是对应急基本意识的认识，了解和掌握有关的评估方法。

（2）初始评估。包括危险识别、应急能力评估、脆弱性分析、法律法规符合性分析。

（3）预案编制（按照1+4的结构编制一个整体预案）。包括基本预案的结构与格式、应急功能设置（矩阵图）、特殊风险管理应急标准操作程序、应急预案支持附件。

（4）预案评审与改进。根据各自的情况确定。

（5）应急演练。应急预案中应急响应有很多应急功能，如消防、医疗救护、通信、报警等。学校应有计划地针对其中的一些功能分别进行演练，以验证预案编制的有效性。有条件的学校在时间允许的情况下，可分期进行，可以进行全面的演练，也可仅对其中某一功能进行演练。

应在 2~3 年内将所有应急功能都演练一遍。经过一段时间还应重复进行，使得应急功能持续有效。

（6）预案管理（定期修订）。应急预案编制过程也需要必要的资金投入，学校必须对这一情况给予足够的保障。一般应对下列任务进行初步预算：初始评审、前期调查、办公费、各类研讨会、请外部机构的咨询服务费用以及编制过程中其他一些所需的费用。

三、进行危险分析和应急能力分析

1. 危险分析

危险分析是应急预案编制的基础和关键过程。危险分析的结果不仅有助于确定需要重点考虑的危险，提供划分预案编制优先级别的依据，而且也为应急预案的编制、应急准备和应急响应提供必要的信息和资料。

危险分析包括危险识别、脆弱性分析和风险分析。

（1）危险识别。要调查所有的危险并进行详细的分析是不可能的。危险识别的目的是将可能存在的重大危险因素识别出来，作为下一步危险分析的对象。危险识别应分析本地区的地理、气象等自然条件，学校建筑、设施等的具体情况，总结本地区历史上曾经发生的重大事故，来识别出可能发生的自然灾害和重大事故。危险识别还应符合国家有关法律法规和标准的要求。

危险识别应明确下列内容：①伴随危险化学品的泄漏而最有可能发生的危险（如火灾、爆炸和中毒）；②重大火灾隐患的情况，如宿舍、实验室等易发生火灾的地方；③其他可能的重大人事故隐患，如楼梯、食堂等；④可能的自然灾害，以及地理、气象等自然环境的变化和异常情况。

（2）脆弱性分析。脆弱性分析要确定的是：一旦发生危险事故，哪些地方容易受到破坏。脆弱性分析结果应提供下列信息：①受事故或灾害严重影响的地方，以及该地方的影响因素；②预计位于脆弱带中的人口数量；③可能遭受的财产破坏；④可能的环境影响。

（3）风险分析。风险分析是根据脆弱性分析的结果，评估事故或灾害发生时，对学校造成破坏（或伤害）的可能性，以及可能导致的实际破坏（或伤害）程度。通常可能会选择对最坏的情况进行分析。风险分析可以提供下列信息：①发生事故和环境异常（如洪涝）的可能性，或同时发生多种紧急事故的可能性；②对人造成的伤害类型（急性、延时或慢性的）和相关的高危人群；③对财产造成的破坏类型（暂时、可修复或永久的）；④对环境造成的破坏类型（可恢复或永久的）。

要做到准确分析事故发生的可能性是不太现实的，一般不必过多地将精力集中到对事故或灾害发生的可能性进行精确的定量分析上，可以用相对性的词汇（如低、中、高）来描述发生事故或灾害的可能性，但关键是要在充分利用现有数据和技术的基础上进行合理的评估。

2. 应急能力评估

依据危险分析的结果，对已有的应急资源和应急能力进行评估，明确应急救援的需求和不足。应急资源包括应急人员、应急设施（备）、装备和物资等；应急能力包括人员的技术、经验和接受的培训等。应急资源和能力将直接影响应急行动的快速有效性。预案制定时应当在评价与潜在危险相适应的应急资源和能力的基础上，选择最现实、最有效的应急策略。

四、编写应急预案

应急预案的编制必须基于重大事故风险的分析结果，应急资源的需求和现状以及有关的法律法规要求。此外，预案编制时应充分收集和参阅已有的应急预案，以最大可能地减少工作量和避免应急预案的重复和交叉，并确保与其他相关应急预案的协调和一致。

预案编制小组在设计应急预案编制格式时则应考虑以下几个方面。

1. 合理组织

应合理地组织预案的章节，以便每个不同的读者能快速地找到各自所需要的信息，避免从一堆不相关的信息中去查找所需要的信息。

2. 连续性

保证应急预案各个章节及其组成部分在内容上的相互衔接，避免内容出现明显的位置不当。

3. 一致性

保证应急预案的每个部分都采用相似的逻辑结构来组织内容。

4. 兼容性

应急预案的格式应尽量采取与上级机构一致的格式，以便各级应急预案能更好地协调和对应。

五、应急预案的实施

为保证应急预案的科学性、合理性以及与实际情况相符合，重大事故应急预案必须经过评审，包括组织内部评审和专家评审，必要时请上级应急机构进行评审。应急预案的实施包括：开展预案的宣传贯彻，进行预案的培训，落实和检查各个有关部门的职责、程序和资源准备，组织预案的演练，并定期评审和更新预案，使应急预案有机地融入城市的公共安全保障工作之中，真正将应急预案所规定的要求落到实处。应急预案经评审通过和批准后，按有关程序进行正式发布和备案。

第四节 基本预案的建立与应急功能

一、基本预案的建立

基本预案是应急预案的总体描述。主要阐述应急预案所要解决的紧急情况、应急组织体系、应急方针、应急资源、应急的总体思路，并明确各应急组织的职责，以及应急预案的演练和管理规定。

基本预案可以使领导能从总体上把握本单位针对应急的有关情况，了解应急准备状况，同时也为制定其他应急预案如标准化操作程序、应急功能设置等提供框架和指导。基本预案包括以下内容。

1. 预案发布令

学校第一负责人应为预案签署发布令，援引国家、地方、上级部门相应法律和规章的规定，宣布应急预案生效。其目的是要明确实施应急预案的合法授权，保证应急预案的权威性。

在预案发布令中，学校第一负责人应表明其对应急管理和应急救援工作的支持，并督促各应急部门完善内部应急响应机制，制定标准操作程序，积极参与培训、演习和预案的编制与更新等。

2. 应急机构署名页

在应急预案中，可以包括各有关内部应急部门和外部机构及其负责人的署名页，表明各应急部门和机构对应急预案编制的参与和认同，以及履行承担职责的承诺。

3. 术语和定义

应列出应急预案中需要明确的术语和定义的解释和说明，以便使各应急人员准确地把握应急有关事项，避免产生歧义和因理解不一致而导致应急时混乱等现象。

4. 相关法律和法规

我国政府近年来相继颁布了一系列法律法规，对危险化学品、特大安全事故、重大危险源等制订应急预案作了明确规定和要求，要求县级以上各级人民政府或生产经营单位制定相应的重大事故应急救援预案。

在基本预案中，应列出明确要求制订应急预案的国家、地方及上级部门的法律法规和规定，有关重大事故应急的文件、技术规范和指南性材料及国际公约，作为学校制订应急预案的根据和指南，以使学校应急预案更有权威性。

5. 方针与原则

列出应急预案所针对的事故（或紧急情况）类型、适用的范围和救援的任务，以及应急管理和应急救援的方针和指导原则。

方针与原则应体现应急救援的优先原则。如保护人员安全优先，防止和控制事故蔓延优先，保护环境优先。此外，方针与原则还应体现事故损失控制、高效协调，以及持续改进的思想。

二、应急行动和任务的设置

应急行动和任务通常也被称为应急功能。中国安全生产科学研究院的专家认为，由于事故的危险类型以及学校应急组织方式和运行机制的不同，应急预案包含的基本应急行动和任务的数量和类型会有所不同，但核心功能设置主要有以下几个方面。

1. 接警与通知

（1）应明确 24 小时报警电话，建立接警和事故通报程序。

（2）列出所有的通知对象及电话，将事故信息及时按通知对象及电话清单通知。

（3）接警人员必须掌握的情况有事故发生的时间与地点、种类、强度、危害。

（4）接警人员在基本掌握事故情况后，应立即向领导报告事故情况，以及可能的应急响应级别。

（5）在进行应急救援行动时，首先是让校内人员知道发生紧急情况，此时就要启动警报系统，最常使用的是声音警报。

（6）将事故有关情况上报政府主管部门，通报应该包括以下信息：将要发生或已发生事故的学校名称和地址；通报人的姓名和电话号码；事故发生的时间与地点、种类、强度、危害；已采取和准备采取的应急行动；应急行动级别。

2. 指挥与控制

指挥与控制应明确：现场指挥部的设立程序，指挥的职责和权力，指挥系统（谁指挥谁、谁配合谁、谁向谁报告），启用现场外应急队伍的方法，事态评估与应急决策的程序，现场指挥与应急指挥部的协调，学校应急指挥与外部应急指挥之间的协调。

应急指挥可设应急总指挥和现场应急指挥，应急总指挥一般由校长担任。同时要指定，原定总指挥或现场指挥无法到达事故现场时，由谁来担任指挥的角色。

（1）应急总指挥的职责是负责组织应急救援预案的实施工作；负责发布启动或解除应急救援行动的信息；开设现场指挥机构；向当地政府或驻军通报应急救援行动方案，并提出要求支援的具体事宜。

（2）现场指挥的职责是全权负责应急救援现场的组织指挥工作；负责及时向总指挥部报告现场抢险救援工作情况，保证现场抢险救援行动与总指挥部的指挥和各保障系统的工作协调；进行事故的现场评估，并提出抢险救援的相关方案报应急救援总指挥部备案，必要时，与总指挥部的专业技术人员或有关专家进行直接沟通，确立抢险救援方案；提出现场抢险增援、人员疏散、向政府求援等建议并报总指挥部；参与事故调查处理工作，负责事故现场抢险救援工作的总结。

（3）联合指挥。当学校在救援时用到当地消防、医疗救护等其他应急救援机构时，这些应急机构的指挥系统就会与学校的指挥系统构成联合指挥。学校应急指挥应该成为联合指挥中的一员。学校的应急指挥主要任务是提供救援所需的学校信息（如校区分布图、重要保护目标、消防设施位置等），配合其他部门开展应急救援（如协助指挥人员疏散等）。

当联合指挥成员在某个问题上不能达成一致意见时，则负责该问题的联合指挥成员代表通常做出最后决策。

但如果动用其他部门较少，仅需要某一机构支援（如消防部门）时，可以考虑由支援部门指挥，学校为其提供信息、物资等支持。

3. 警报和紧急公告

当事故可能影响到其他人员，甚至是周边企业或居民区时，应及时向公众发出警报或公告，告知事故性质、自我保护措施、疏散时间和路线、随身携带物品、交通工具及目的地、注意事项等，并进行检查，以确保公众了解有关信息。

该应急功能要求事先告知公众存在的事故危险、应采取的措施及疏散路线；明确在发生紧急事故时，如何向公众发出警报，发出警报的责任人、时间及使用的设备；各种警报信号的不同含义；公众疏散或安全避难的路线和标识。

4. 通信

该应急功能要求：明确应急指挥部、现场指挥、各应急部门、外部应急机构之间的通信方法，说明主要使用的通信方式、电话号码等；定期维护通信设备、核对电话号码；准备在必要时启动备用通信系统。

5. 人员疏散与安全避难

对人群疏散所做的规定和准备应包括：谁有权发布疏散命令；需要进行人群疏散的紧急情况和通知疏散的方法；有可能需要疏散的位置；对疏散人群数量及疏散时间的估测；对疏散路线的规定；对需要特殊援助的群体的考虑，例如幼儿、低年级学生、老人、残疾人等。

所有人员应该熟悉关于疏散的有关信息，应事先确定出通知人员疏散的方法、主要或替换集合点、疏散路线和查点所有人员的程序。应该制定规定以警示和查找学校来访者。保卫人员应该持有这些人的名单。学校陪同人员负责来访者的安全。

逃生路线、集合点应该清楚地标出来。夜间应保证照明充足，便于安全逃生。学校内应该设置风标和南北指示标志，让人员辨识逃生方向。

在发生紧急情况，需要向校外疏散和安全避难时，应急指挥者的首要任务是向外报警并建议主管部门采取校外疏散和安全避难行动。接到学校通报，地方政府主管部门应决定是否启动校外应急行动，协调并接管应急总指挥的职责。

校外疏散与避难虽然由政府进行组织，但学校必须事先做出准备，包括向政府提出疏散的建议。学校管理者应该积极与地方政府主管部门合作，制订应急预案，保护人员免受紧急事故危害。

6. 事态监测与评估

为控制事故现场，制定抢险措施，保障人员安全，必须对事故的发展势态及影响进行动态监测。在该应急功能中应明确：由谁负责监测与评估活动，监测方法，监测点的设置及报告程序。

事故监测的主要内容有事故范围和扩展的潜在可能性；建筑物坍塌的可能性；现场危险物质的类型、特性；密闭系统，如压力容器的受损情况。

7. 警戒与治安

该项功能的具体职责包括：对危害区外围实施交通管制，严格控制进出事故现场的人员，避免出现意外的人员伤亡或引起现场的混乱；指挥危害区域内人员撤离、保障车辆的顺利通行，指引不熟悉地形和道路情况的应急车辆进入现场，及时疏通交通堵塞；维护撤离区和人员安置区场所的社会治安工作，保卫撤离区内和各封锁路口附近的重要目标和财产安全，打击各种犯罪分子。除上述职责以外，警戒人员还应该协助发出警报、现场紧急疏散、人员清点、传达紧急信息以及事故调查等。

8. 医疗与卫生

及时有效的现场急救和转送医院治疗，是减少事故现场人员伤亡的关键。在该功能中应明确：

（1）可用的急救资源列表，如急救医院、救护车和急救人员。

（2）抢救药品、医疗器械、消毒解毒药品等的来源和供给。

（3）建立与医疗机构的联系与协调机制。

（4）针对学校主要的危险，为急救人员和医疗人员提供培训的安排和要求，保证其掌握正确的消毒和治疗的方法，以及个人安全措施。

（5）指定医疗指挥官，建立现场急救和医疗服务的统一指挥、协调系统。

（6）建立对受伤人员进行分类急救、运送和转送医院的标准操作程序。

（7）记录汇总伤亡情况，通过公共信息机构向新闻媒体发布受伤、死亡人数等信息。

（8）保障现场急救和医疗人员个人安全的措施。医疗救护包括现场抢救及医院救治。现场救治要及时将伤员转送出危险区，并按照先救命后治伤、先治重伤后治轻伤的原则对伤员进行紧急抢救。现场抢救主要进行保持呼吸道通畅、心肺复苏、抗休克、止痛和其他对症处理。

9. 公共关系

重大事故发生后，应将有关事故的信息、影响、救援工作的进展、人员伤亡情况等及时向家长、媒体和公众公布，以消除恐慌心理。该应急功能应明确信息发布审核和批准程序，保证发布信息的统一性，避免出现矛盾信息；指定新闻发言人，适时举行新闻发布会，准确发布事故信息，澄清事故传言。

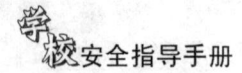安全指导手册

第五节 应急预案的格式与内容示例

××初中突发事件应急预案

学校的安全,事关学校的稳定与发展。我校近几年来一直把安全工作放在重要位置上来抓。根据上级有关教育部门的文件精神,我校本着"预防为主,创建平安校园"的宗旨,结合本校实际制定本预案以顺利应对学校突发事件,妥善处理紧急情况,最大限度地减少意外事故带来的损失,确保师生和学校财产安全。现我校对这项工作做出以下具体部署。

一、应急领导小组

职务	姓名	电话	职务	姓名	电话
组长	×××		副组长	×××	
成员	×××		成员	×××	
成员	×××		成员	×××	
联络员	×××				

二、安全网络

岗位	负责人(室)	岗位	负责人(室)
总岗	校长室	交通岗	值班教师、班主任
病员岗	校医、班主任	火电岗	总务处
集合岗	值班教师、班主任、体育教师	危房岗	总务处
纠察岗	政教处、学生会、值班教师		

三、突发情况分三级

一级:在校期间学生的一些小的身体异常。在医务室由校医与值班教师负责,必要时送医院,并通知家长;在教室内由任课老师和班主任负责,必要时送医院,并通知家长。

二级:学生在校期间突发事件导致意外伤害。由值班老师或相关人员在第一时间内向学校相关岗、科室报告,立即送往医院,并及时通知家长。

三级：重大突发事件。如学生在校间意外伤亡、师生集体食物中毒。

四、事件应急措施

1. 校园事故的确定

校园事故是指在学校实施的教育教学活动中，以及在学校负有管理责任的校舍、场地、其他教育教学设施、生活设施内发生的造成在校生人身损害的事故。

2. 校园事故的上报

在校内外发生校园事故后，第一知情人在2分钟内报告到各岗负责人，各岗负责人立即报告到安全组，安全组视情节2小时内报告到教育局等相关部门。

特别情况下，各相关人员可以同时或越级直接向有关领导汇报事故的信息，争取相关方面以最快的速度投入力量进行抢险救护工作，力争把损失降到最低程度，同时组织或配合组织现场保护、伤员抢救、开展事故调查工作或善后处理工作。

3. 事故抢险的几点纪律

（1）校班子人员、党员干部必须起带头作用。

（2）任何教师必须听指挥参与抢险、救护工作。

五、集体事件的预案

（一）火灾（房屋倒塌）的预案

1. 加强预防工作

（1）加强安全设施、设备管理。一些木结构等有火灾隐患处配齐灭火器；一些可燃物要有专用场所堆放；可燃化学品要专柜摆设。

（2）学校成立消防安全巡视制度。具体由危房岗落实，要求对各楼室的消防用品及各项安全设施进行清点检查，对教学楼内乱接的电源要立即进行拆除。

（3）严禁学生私接电源和野外用火。严禁在校内放鞭炮。

2. 教室疏散

（1）领导小组分工：

成员	任务	成员	任务
×××	总指挥	×××	负责初一
×××	负责初二	×××	负责初三

各班主任负责本班疏散指挥，任课老师全员参与。

（2）事件发生时，若正在上课，当堂科任老师组织学生分级疏散。

（3）疏散楼梯安排，按照出操顺序全体师生一律到操场集合，各班清点人数。

（二）食物中毒的预案

做好学校饮食卫生安全工作，事关广大师生身体健康和生命安全，事关社会稳定的大局。为防控学校师生食物中毒事件的发生，特制定以下应急预案。

1. 提高认识、加强领导

（1）成立以校长为组长、副校长为副组长，总务处、政教处、食堂、医务室、学生代表为成员的"学校膳食管理委员会"。

（2）学校形成校长亲自抓、分管领导配合抓、各成员具体落实抓、全校师生共同参与的格局。加强学校食堂、小店卫生的管理力度，加强餐饮从业人员卫生意识的教育与培训，增强他们对预防和控制食物中毒工作重要性的认识，牢固树立"健康安全第一，责任重于泰山"的思想，全力抓好学校食品卫生的监督和管理。

2. 加强食堂卫生自身管理

（1）严格按照教育部、卫生部《学校食堂与学生集体用餐卫生管理规定》的要求，建立健全各项食品卫生管理规章制度。

（2）进一步加强食堂卫生管理，严格控制食物操作各个环节，对食品采购、蔬菜进货、餐具消毒等把好索证、验收质量关。

（3）实行销售食物48小时留样、登记制度。

（4）对食堂炊饮人员经常进行食品卫生、法制教育培训，提高炊饮人员的法制意识和法制观念，做到持证上岗。

（5）保证学生饮用水质量安全。供水部门必须备有饮用水质量合格证及批次合格化验单。

3. 加强卫生宣传力度

大力开展健康教育，普及防治食物中毒卫生知识，提高广大师生员工的自我保护意识。充分利用广播、黑板报、电视、录像、卫生小报、墙报、宣传窗、卫生委员培训、班队课等多种形式，广泛开展《食品卫生法》、肠道传染病的预防知识等宣传教育，防止病从口入；及时印发"预防食物中毒""营养卫生""肠道传染病预防"等健康教育系列科普资料，提高师生对预防食物中毒的认识，增强自我防护意识和技能。

4. 加强校园环境卫生管理

积极开展爱国卫生运动，彻底清理校园内外及周边环境，不留死角。对学生宿舍、食堂、教室、图书馆、厕所等人群聚集的场所按相关要求进行定期消毒，保持室内空气流通。校园环境卫生各班划片包干，责任到人，按常规一日两次安排打扫、检查；对校园、小店、食堂内及周边环境卫生存在的问题，实行定期整改。

5. 明确突发事件应急处理职责

（1）遇有学校内发生食物中毒事件，有关当事人必须在发现疾病的第一时间向校长、教育局、疾病控制中心同时报告；并及时与学生家长联系通报。

（2）校长室：完善食物中毒、肠道传染病疫情监测报告网络，保证24小时信息畅通。做到早发现、早报告、早隔离、早治疗。

（3）政教处、医务室：对患者提供基本救护的同时保护现场、采取样本（如吐、泻物等），掌握第一手资料，并做好隔离、防护工作。在疾控中心的指导下，对本单位内被污染的场所、物品实施消毒、隔离。对学生及教职工的发病情况进行仔细登记、检测与排查。

（4）校务办：建立考勤监测制度，对缺勤的师生员工进行登记，查明缺勤原因。

（5）班主任：坚持学生因病缺课登记制度，发现问题及时与医务室联系。

（6）总务处：做好保障措施，严格学校门卫管理制度，实行24小时值班制度，及时掌握校内各类人员流动情况。做好后勤防护用品等传染病防治物资供给，以备应急。

（7）全校教职员工齐心协力，共同应对，确保应急工作有条不紊进行。

（三）学校传染病防治预案

1. 传染病预防

（1）按照国家对传染病实行预防为主的方针，针对学校人口密集的特点以及容易在学生中发生的常见传染病，如病毒性肝炎、肺结核、痢疾、肠道传染病等，开展传染病预防知识和预防措施的卫生健康教育工作。

（2）定期组织开展爱国卫生运动，增强师生的公共卫生安全意识，促使师生养成良好的卫生习惯，提高自我防范的能力。

（3）定期组织力量消除鼠害和蚊蝇等病媒昆虫及其他传播传染病或者患有人畜共患传染病的动物危害。

（4）有计划地建设和改造公共设施，对污水、污物、粪便进行无害化处理，改善饮用水卫生条件。

（5）建立有计划的预防接种制度，每年新生入学进行传染病预防接种。

（6）食堂饮食从业人员必须按照国家有关规定，取得健康合格证后方可上岗。

2. 传染病疫情报告

疫情的报告和管理在预防、控制和消灭传染病中起到非常重要的作用，准确及时的疫情报告是控制疫情蔓延的情报信息，健全的疫情报告管理组织和管理制度是确保疫情报告准确及时的关键。

疫情报告时限和办法：严格按照《中华人民共和国传染病防治法》及《中华人民共和国传染病防治法实施办法》要求执行。

每个教职工及学生均为法定疫情报告人，学校医务室为我校责任疫情报告人。任何人发现传染病病人或者疑似传染病病人时，均有报告的责任和义务，可用口头、书面、电话等方式向学校医务室、班主任迅速报告，相关科室和人员接到报告后，迅速报告校医务室，由校医务室及时整理出文字材料向学校领导报告，同时向上级主管部门及上级疾病预防控制机构和当地卫生行政部门报告。

如果隐瞒不报、漏报、谎报或延期报告的，要追究当事人有关责任。

3. 传染病控制措施

（1）经医疗保健机构、卫生防疫部门确诊为传染病者，应及时予以隔离治疗（学生应当办理休学手续），隔离期限根据医学检查结果确定。

（2）对疑似传染病的病人，在明确诊断前，安排在指定场所（科技楼）进行医学观察；密切接触的人员，实施必要的卫生处理和预防措施。

（3）建立学生定期健康检查制度，及时发现传染病患者并采取相应的隔离防范措施，及时切断传染病在学校的传播途径。

（4）对传染病人的居住寝室进行必要的消毒处理，并结合当前实际情况，定期安排全校范围内的消毒工作。

（四）其他事件预案

发生火灾后，要在第一时间拨打119，通知安防领导。安防人员要及时到位，人员不足要想办法立即补充，快速疏散危险人群撤离现场，到达安全场所。安防人员要尽全力协助救灾人员做好救助工作。

盗窃现象发生后，要在第一时间报告公安部门，及时通知安防领导，疏散围观人员，保护好现场，安抚受害者，并全力配合公安部门做好侦破工作。

门卫平时做好外来进校人员的登记工作，如遭遇暴力或恐怖分子第一时间向学校领导汇报，学校及时拨打110，组织人员稳定现场，同时组织疏散人员，待警察赶到现场后，配合警察做好排险工作。

以上突发事件发生时，在校长室设立突发事件应急中心，负责突发事件的研究、处理、指令的发布，在校长办公室设立接待中心，负责对相关人员的心理疏导和安抚工作。

第十五章

几项重要的学校应急预案措施

- 第一节　建立学校治安事件应急预案
- 第二节　建立学校邪教、黄赌毒等事件应急预案
- 第三节　建立学校交通事件应急预案
- 第四节　建立学校消防事件应急预案
- 第五节　建立学校公共卫生与食品安全事件应急预案
- 第六节　突发安全事故应急预案范本

学校安全工作关系到学生的生命安全，关系到千千万万个家庭的幸福，关系到青少年的健康成长，关系到社会的和谐稳定。各学校要从贯彻以人为本的科学发展观和构建和谐社会的高度，本着对人民利益高度负责的精神，全面加强学校安全工作。因此，每个学校都要建立安全应急预案，提高学校突发事件的应急处置能力。应急预案内容要全面，具有很强的可操作性，并且每年开展不少于两次的安全定期检查，并且要对查出的安全隐患建立档案，有针对性地采取措施。每个学校还要结合各自的特点，每年开展一次紧急疏散、灾害救助、逃生自救及生存训练等方面的应急预案演练，以提高师生应急自救能力。

第一节 建立学校治安事件应急预案

一、及时报警、报告

在校内发生治安事件时，分管校园治安工作的部门或者是校领导应立即拨打110请求援助。出现伤害事故时，中小学分别由总务处和保育员负责联系有关医院，请求120支援，迅速落实救援车辆。各分管领导以及相关职能部门组织后勤人员负责遣散周围的围观人群，清除停靠在进入校园通道的一些车辆，指派专人佩带校园标志负责到学校门口引路，接110、120车辆。中小学中的应急指挥部和保安人员在接到突发治安事件警情后，应该立即报告上级主管部门并宣布启动一级处置应急预案，报告时必须说清楚有关信息，包括发生时间、事件名称、发生地点、波及人群、潜在的威胁、报告联系单位的人员及准确的通信方式。尽可能报告事件的范围、可能原因、严重程度、事件发生后已采取的措施、伤亡的发生和分布及可能的发展趋势。事件报告的主要内容为事件的产生与变化趋势、发展进程、事件的原因以及可能导致事件全面升级的因素。在处置过程中的阶段报告里既要报告事件新的发生情况，同时也要对第一次报告的情况进行及时的修正和补充。

二、确保师生生命和学校财产安全

校园中的治安事件发生以后，校园安全负责领导应该迅速赶到事发现场，尽快指挥设置警戒线，划定事件防范警戒区，维持现场秩序，疏散现场无关人员及有关重要物资，并放置防爆围栏、隔离墩、警戒带等必要的安全警戒设施，在公安机关到来之前，对突发校园暴力事件进行必要的前期处置。以维护学校安全和稳定，保证师生员工人身、财产的安全为首要工作重点，争取做到尽量减少人员伤亡，减少社会影响，将事件造成的危害降到最低。

当刑事案件发生时，应该以最快的速度组织师生按照安全疏散路线有秩序地撤离到指定的安全地点。尤其是针对幼儿园中的低龄儿童转移速度慢、应变能力弱等特点，一定要保证有足够的人手转移低龄儿童，确保其及时安全离开，避免受到暴力伤害。认真清点、上报在场各班学生、幼儿的人数，如果有学生受伤，立即送往就近医院进行救治。

倘若发生的是盗窃事件，首先应安排专门人员保护现场并验查现场情况，然后向在场的知情人了解被盗物品的名称、数量、价值，并做好相应的登记；根据被盗物品的数量和价值，尽快向公安机关报案；积极协助公安机关的办案人员勘查盗窃现场，为侦破案件提供线索，协助公安部门查破、取证工作。

三、维持正常的教学秩序

中小学各部门领导、教职工要明确分工，确定自己的职责和任务，按照突发事件应急预案，互相协调，积极配合，对校内的突发事件进行妥善的处置。教师应根据事态发展变化的程度，向学校领导和公安部门及时汇报。应对校内群体性突发治安事件，顺利、有序、高效、有条不紊地做出合适的处理，尽最大努力减少事件对学校造成的损失以及可能带来的负面影响，尽快恢复学校内的教学和生活秩序。

四、迅速控制或解决案情

案情发生时，学校主管领导要亲临现场，全面系统地掌握事件情况，准确分析所面临的局势，果断地做出正确判断。校长指挥学校保卫队以最快的速度赶到事件发生地点，首先采取有效措施全力控制事态的发展，制止肇事者的侵害行为。

学校应尽可能地控制事态发展，保护事发现场，为公安机关的进一步勘查和取证提供便利。学校应急领导小组成员和保安人员应迅速在现场开展力所能及的工作，并采取有力措施控制制造暴力事件的侵害人员，制止侵害行为的再次发生。

为避免不法分子逃窜，在制止、制伏其之前，需要关闭学校大门；利用一切可以利用的宣传工具和手段向肇事者开展心理攻势，劝其立即停止违法犯罪活动，不要再扰乱校园的正常教学秩序和治安，对少数冥顽不化者必要时可采取非致命性手段予以制伏，事态严重的，可视具体情况运用必要的保卫措施。

如果侵害人员以学生为人质在现场进行要挟，应该以学生的生命安全为重点考虑对象，先不要激怒肇事者，更不要擅自采取行动，待公安部门赶到后再进行处置。

第二节 建立学校邪教、黄赌毒等事件应急预案

广大中小学学生正处于人生成长的关键时期，但是他们还没有树立明确的人生观和价值观，对一些大是大非的问题缺乏足够的判断能力，因此容易受到各种不良信息、有害行为的侵害。邪教、黄赌毒等不良、有毒的信息毒害中小学学生的精神健康，影响他们的健康成长。各个中小学要建立完善的应急预案，对发生的邪教、黄赌毒等事件进行及时处理，减少各种危险事件造成的危害。

要建立完善的邪教、黄赌毒等事件的应急预案，需要注意以下几个方面的工作。

第一，要尽快使中小学学生脱离邪教、黄赌毒的危害。在发生邪教、黄赌毒等事件后，如果有中小学学生遭受到这些事件的危害，要迅速采取有效措施，使其脱离这些事件的危害。如发现中小学学生的家庭成员参与邪教的宣传、组织等活动，为了阻止邪教对中小学学生的进一步危害，要及时对其实施保护，使其脱离邪教的侵害；如发现中小学学生参与黄赌毒事件，要及时对其实施监管，使其脱离黄赌毒环境，停止接触和参与黄赌毒事件。

第二，及时阻止邪教、黄赌毒等事件的继续发生。在发现有危害中小学学生精神健康的邪教、黄赌毒事件后，要及时向有关部门报告，并采取有效措施，阻止这些事件的继续发生。

第三，追究相关责任人的责任。对宣传邪教、黄赌毒信息，引诱中小学学生参与邪教、黄赌毒事件的组织和个人，要依照相关法律，严肃追究其法律责任，加强打击力度，防止中小学学生、幼儿的身心健康继续遭受侵害。

第四，加强对中小学学生的教育。在对邪教、黄赌毒等事件进行严肃处理之后，为了防止中小学学生再次遭受侵害、增强其防范意识和能力，必须注意加强对中小学学生的教育。首先要加强对中小学学生人生观、价值观的教育，使他们

能够尽早树立正确的人生观、价值观,从而能够自觉抵制反动言论和邪教的毒害,拒绝参与黄赌毒。其次要加强对中小学学生安全知识的教育,使他们明白邪教、黄赌毒对社会治安、社会稳定造成的危害,从而自觉抵制邪教和黄赌毒,对参与邪教、黄赌毒的组织和个人进行积极检举、揭发。

第三节 建立学校交通事件应急预案

一、抢救伤员

当交通事故发生时,在场或最先赶赴现场的教职员工应尽快组织在场人员,稳定局势,并报120急救系统迅速赶到现场抢救受伤人员,做好转移工作;在交通警察、医院急救队伍还未到达现场的情况下,应秉承救人要紧的原则,紧急实施对伤员的救助,或者是将受伤人员直接送往医院。医疗急救部门应组织医疗救护队伍、车辆尽快赶赴交通事故现场,设立受伤人员临时救治中心,及时抢救、转移伤员,调动医护人员、医疗器械、急救药品对伤员进行抢救工作。

二、报警

在交通事故发生后,应及时拨打122报警,使交警接到报警后,能够迅速会同交通事故处理部门,对发生的事故进行分析和及时处理。报警时注意讲清楚交通事故发生的大致区域、范围以及对事故后果做出的基本判断,使得交警与交通事故管理部门能够根据事故情况确定参加应急的人数和所要采取的方式方法。

三、维持现场秩序

当交警到达事发现场后,学校应该协助交警、消防等部门及当地公安派出所组织好现场警戒,做好交通事故的现场保护工作,积极疏导现场周围的交通,勘查现场,调查取证,并协同有关部门清理事故现场,扑灭可能发生火灾的残留物,恢复道路交通秩序,积极参加伤员救护等工作。及时疏散交通事故现场周围的围观人员,协助交警维持现场秩序,尽最大可能提供交警需要的交通事故证据。

四、尽快疏通交通

交通管理部门应该负责交通道路的清障工作。对交通事故处理结束后,应尽快清理现场,清除可能造成交通堵塞的障碍物,维持交通秩序,保持道路畅通。

第四节 建立学校消防事件应急预案

一、举报火灾

一旦发现火灾事故,第一发现人应在第一时间向学校防火办公室报告,若在幼儿园中应及时向园长报告。当接到发生火灾的报告信息时,相关负责人应立即前往现场,查看是否确实发生火灾,确定所发生火灾的类型和大小。在确认为火灾事故后,根据火势大小拨打火警电话119报警,报警时务必通报火灾事故的详细地址、起火原因以及着火范围,并安排有关人员到校门口迎接消防车辆以指明发生火灾现场的准确位置。尽可能地组织义务消防员到火灾事故现场进行灭火,及时疏散学生,立即报告学校防火指挥系统,指挥系统启动火灾防范紧急预案,并及时报告学校上级领导,及时扑救,处置火灾事故。

二、组织灭火

在明确火灾现场的具体情况后,应关闭防火分区的防火门,立即组织现场力量根据需要使用灭火器、消防栓等消防设施进行扑救,切断火灾现场的电源,防止火势继续蔓延。

1. 使用消防栓

开启消防栓箱,铺设输水带,开动消防栓,喷射水流。喷射水流时应将喷口对准燃烧的物体,并把水流喷射到燃烧火焰的根部。在火焰消失的情况下,不要再盲目喷水,要根据火灾现场燃烧的具体情况,及时变换水流方向。

2. 使用灭火器

在使用灭火器时,首先拔出喷口保险插销,然后手把向下压,站在上风方向对准燃烧物体火焰的根部进行喷射。当电器设备起火并引燃附近的可燃物时,在一般情况下应首先切断电源,再进行扑火。

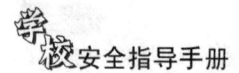安全指导手册

三、救人

在发生火灾的现场，立即组织人营救受困人员，有效组织撤离或者采取相应的措施保护火灾危害区域内的人员，因此抢救火灾受害人员是火灾应急救援的首要任务。有人员受到火势威胁的时候，根据营救任务的大小和现场的灭火力量，首先组织灭火人员救援受困人员，同时部署一定的力量继续扑救火灾。在力量严重不足的情况下，应将主要力量投入到救人的战斗中来。在对被火灾围困人员进行施救时，应该随身携带必要的器材、工具，如安全绳、手电筒等。对于营救出来的人员要及时进行清点，核对人数，搞清被火灾围困的人员是否全部救出，对部分受伤的人员除了在现场施救外，还应及时送往医院进行救治。

四、疏散人员与保护物资

疏散火灾现场人员是避免人员伤亡的有效措施，也是最彻底的火灾应急方法。可事先在现场平面图上绘制火灾疏散通道，如果发生火灾等事故，可以使在场人员按图示疏散撤离到安全地带。在火灾应急救援的行动中，快速、有序地实施火灾现场急救，安全地运送受伤人员是减少伤亡率、降低火灾事故损失的关键。由于重大火灾事故发生突然、扩散迅速、涉及范围广、危害大，此前应该及时教育和组织中小学学生采取相应的措施进行自身防护，有条件的情况下迅速撤离火险区域或者是可能受到火灾危害的区域，组织撤离过程中的学生开展自救和互救工作。

对受到火灾威胁的物资，是进行疏散还是就地保护，要根据火灾现场的具体情况决定，根本目标是尽量避免或减少财产的损失。在一般情况下，切断火区及附近电源，隔离可燃物，应当先疏散和保护贵重的、有爆炸倾向和有毒害危险的以及处于下风方向的物资。疏散出来的物资切忌堵塞火灾现场的道路，应该将这些物资放置在免受烟、火、水等威胁的地点，并派专人保护，防止丢失和损坏。

五、安全警戒

控制火灾事态，对事故造成的危害进行排查、监测，调查事故造成的危害程度、危害区域及危害性质。控制造成火灾事故的危害源头是火灾应急救援工作的重要任务，只有及时地控制危险源，防止火灾事态的扩大，才能有效进行火灾现场的救援。发生火灾事故，应尽快组织义务消防队与救援人员及时控制事故继续扩展，减少不必要损失，控制好出入口，并配合消防部门查找火因。为了保证扑

救火灾、疏散与抢救人员的工作有秩序地顺利进行，必须对发生火灾的地点采取安全警卫措施。火灾发生和扑灭以后，火灾现场指挥小组要派专人保护好现场，维护现场秩序，等待对事故原因的调查和对相关责任人的处理，同时进行火灾善后工作，及时清理，将火灾事故造成的垃圾分类处理以及采取其他有效措施，使火灾事故对环境造成的污染降低到最低。

六、后勤保障

后勤保障的内容主要有三方面。

第一，保证用于灭火的水源供应不间断。

第二，保证火灾现场的灭火器材和运输车辆，提供处置突发火灾事件物资装备，安排车辆处于正常状态、通信设备齐全，负责平时的装备保养和维护管理。

第三，积极协助灭火人员，提供支援项目，保障各种灭火物质的供应。

第五节　建立学校公共卫生与食品安全事件应急预案

各个中小学要建立严格的校园卫生保健制度，严格执行定期健康检查、传染病管理、卫生消毒、膳食管理、预防接种、食品采购索证制度及医疗保健登记、统计制度，建立突发公共卫生事件应急预案。

一、突发传染病应急预案

突发性传染病对中小学学生的危害很大，影响社会秩序稳定。中小学领导要根据国家有关文件精神，制定校园传染病应急预案，确保一旦发现传染病，及时采取坚决措施，控制传染病疫情，阻断病原体的传播途径，坚决防止疫情传播及蔓延，建立校领导、医务室、班主任参加的校园传染性疾病防控的三级管理网络系统。充分发挥学校各级组织机构的作用和能力，定期召开中小学学生参加校园卫生会议，使各个班级卫生工作、健康教育、传染病防控等任务都能够及时贯彻、落实。

（一）及时报告

学校领导、在校教师和学生对于突发性传染病的发现和发生应及时做好逐级上报、排除和积极认真处理等工作。在发生突发性传染病时，学校要立即在第一时间内由校长或园长、教务处、医务室或者是保育员，以最快的方式向上一级教育主管部门和卫生防疫部门报告。

突发性传染病发生后要实行日报告与零报告制度；尊重家长知情权，根据病情在第一或第二时间告知家长。发生一般突发传染病疫情后，疫情发生的中小学应积极组织开展前期处置，及时控制疾病发生的事态，努力降低损失，并将有关情况尽快报告上级卫生部门。

疾病控制中心、医疗机构和有关单位发现特别重大、重大、较大、一般突发传染病疫情，应当及时启动突发传染病应急处理机制，并随时续报现场采集的有关信息。

（二）隔离确诊高度疑似病人

在各级中小学中，如果学生出现发烧、呕吐、咳嗽、腹泻等不明原因的群体性症状，并在短时间内急骤增多，学校应采取积极的防治措施。

如果遇到传染病事件，学校或者幼儿园应立即将学生、幼儿送到传染病医院就诊，而且要严格落实患者的隔离，加强对与患者密切接触者的观察工作，及时采取饮食消毒，防止事态的进一步扩大。根据国家卫生部门和各级政府有关预防的要求，实施积极的传染病预防措施。根据不同的病毒、病原、病菌、病理对确诊的高度疑似的病人或与上述人员密切接触的中小学学生的学习场所进行专业消毒；如果他们的亲属中发现有疑似病人或确诊病人，要主动向传染病防疫部门报告并将其留家观察，避免与其他人有进一步的接触。患有传染病的学生和幼儿在医院接受治疗，老师和同学去探望要采取防止感染的措施。

（三）及时消毒

依据校园防范传染病的具体情况，组织工作人员对校园内的各个场所进行定期消毒，指派专人负责采购消毒所需要的药品。中小学要对感染传染病的学生所在班级的教室及所涉及的公共场所进行严格消毒，对与传染病学生有密切接触的学生、老师进行隔离观察，严格防止传染病疫情扩散，迅速有效地切断感染源。对学生教室、宿舍、图书馆、食堂、厕所等人群比较集中的场所定期进行专业消毒并保持这些场所的空气流通；校园卫生的区域划分要明确，责任包干到人，一日两次打扫班级卫生；各个班级的卫生情况每星期都要在学校主管卫生工作的领导处详细备案；在发现传染性疾病时，及时向全体在校学生公布传染病病情、感染源以及采取的相应防护措施，让广大在校学生了解现实的情况，维护校园稳定。

（四）加强监测与出入口的监控

加强对校园各出入口的监测控制，防止确诊、高度疑似的传染病病人进入各中小学的校园。对于传染病疑似病人应及时报告，及时把疑似病人送到指定的传染病医院进行诊治，同时协助防疫部门对传染病患者密切接触人群及时进行调查，并要求全部被接触者留院、留家观察，避免再与其他人接触。

各级疾病预防控制中心要利用传染病直报网络进行突发传染病疫情信息的监测，向社会公布全天候疫情值班电话，收集突发传染病疫情信息并进行必要补充。对于收集到的突发传染病信息马上进行核实和分析，一旦发现传染病有流行趋势，在进一步核实的同时，要严格按照规定及时报告上一级突发传染病应急指挥系统办公室和传染病控制中心。另外，还要了解周边及全国地区传染病疫情信息，准确预测本地区发生传染病疫情的趋势，及时采取有针对性的措施。

二、食物中毒应急预案

（一）及时报告食品卫生监督检验部门

在校园中发现学生有剧烈的呕吐、腹泻、腹痛等症状，极有可能是发生了食物中毒。这时班主任应及时向学校领导或校园防治部门报告，相关领导则需要向上一级食品卫生监督部门报告。报告内容包括发生食品中毒的单位地址、时间、中毒人数及造成的伤害情况、主要的临床表现、可能引起中毒的食物等，以便于有关部门能够采取积极防治措施、组织抢救、调查分析食物中毒的原因。若怀疑是投毒造成的食物中毒则还需要向公安机关报案，当地的食品卫生监督检验部门应尽快采取中毒病人的标本，以备送去检验。学校应立即将中毒的学生送往医院诊断，同时积极做好相应的思想工作，安抚学生情绪，避免出现集体隐病现象。校园领导和本次中毒有关的人员，如食堂工作人员、病人等应该如实地反映本次中毒的实际情况，将中毒病人所吃的食物，进餐学生数目，同时进餐而未发病的学生所吃的食物，中毒学生的主要特点，可疑中毒食物的来源、质量、加热的温度、加工烹调的方法等情况如实向有关部门反映。

（二）抢救人员、及时催吐

中毒事件发生时应立即停止食用中毒食品，对病人采取催吐等急救治疗措施。因为反复呕吐和腹泻是身体排泄有毒物质的途径，所以在出现食物中毒症状的短时间内，不要擅自使用止吐药或者是止泻药。值得注意的是，呕吐可能会使人体水分大量散失而造成脱水，尤其是幼儿及中小学学生中毒，必须及时补充身体所丧失的水分，大量喝水或通过静脉注射氯化钠溶液。中小学班主任的保育员必须负责协助医护人员护理中毒患病的学生，学校有关部门做好后勤保障工作，保障抢救机动车辆、药品、消毒用品到位，保障抢救中心必需品的供应，对已确诊的重症幼儿及中小学学生尽快进行转院治疗。

（三）保护现场

发生食物中毒之后，学校有关部门要负责保护好现场，不要处理任何可能导致中毒的剩余食物及原料、工具、设备，保护好中毒现场和食品留样；中毒病人吃剩的食物不要急于倒掉；食用时用的工具、容器、餐具等不要急于冲洗；病人的排泄物（呕吐物、便出物）要保留，以便卫生检验部门采样，为确定食物中毒提供可靠的采集标本。要防止人为地破坏现场，等候卫生执法部门处理。

1. 封存中毒的食品或疑似中毒食品

封存一切剩余的可疑食物，此时除成批存放的食品外，还应查明有无零散的同一批食物，如有则应立即追回，并取样等候防疫部门化验处理，根据结果，进一步采取相应的补救措施。

2. 查明污染原因

校园医务室要深入各班级配合卫生行政部门，做好中毒事件的调查。向患者了解食物中毒的经过、可疑食品、中毒人数，并预测发展趋势。查明可疑食物在校园内被污染的可能原因，并认真督促，及时改进。如污染原因不在校园内，则应立即通知该批食品供销系统的各个环节，如商店和加工厂，将可疑食物封存。

3. 做好善后工作

必要时指导现场进行消毒工作，对食物中毒进行调查时，应根据具体情况，组织医疗、卫生、检验、司法等有关人员协同进行。在调查中，要依靠各个部门领导，充分发动师生员工，调查情况和结果应写成书面总结，及时向有关领导和部门汇报。

（四）对中毒场所和中毒食物采取相应的消毒处理

根据导致中毒的食品的不同，对中毒场所必须采取相应的消毒处理，以防止中毒的范围扩大。如果卫生主管部门已查明中毒的情况，对于已经化验确定后的中毒食品，必须进行无害化处理或销毁。可采取对中毒食物焚烧或煮沸一段时间后掩埋；液态食品可用漂白粉混合消毒；放食品用的工具、容器可用漂白粉溶液或者是其他消毒溶液进行消毒；病人的呕吐物和排泄物可用生石灰或者是氢氧化钠溶液进行消毒。

第六节　突发安全事故应急预案范本

一、学校防范暴力事件应急预案范本

1. 编制目的和依据

为了预防和减少本校暴力事件的发生，全力提高我校处置暴力事件的应急能力，确保校园暴力事件发生时的有效救援工作，最大限度减少伤害，根据《中华人民共和国未成年人保护法》《教育系统处置突发公共事件应急预案》，结合学校实际，特制定本预案。

2. 基本情况

学校位于××镇××社区，分中、小学部两处，现有学生1186名，教职员工128名。小学部有16个班，学生573名；中学部16个班，学生613名。

在学校管理的过程中，不难发现由同学与同学之间的纠纷引起的矛盾激化，导致家长出场的暴力事件，校内学生邀请校外不良青年出场的暴力事件，还有学生离异家庭发生的暴力事件等有很多。

3. 适用范围

本预案适用于应急处置在本校发生的暴力事件。

4. 应急处置部门与职责

4.1　学校成立应急处置工作小组

学校主要领导任正、副组长，成员由学校德育处、教务处、治保安全干部、年级组长、家长委员会代表组成。

组长：×××（校长）

副组长：×××（书记）

组员：×××（副书记、工会主席）

　　　×××（副校长）

　　　×××（副校长）

　　　×××（副书记）

　　　×××（校务办主任）

　　　×××（教导主任）

×××（德育主任）
×××（总务主任、安全干部）
×××（人事干部）
×××（团支部书记、卫生教师）
×××（大队辅导员）
×××（总务处人员）
×××（法制辅导员）

4.2　主要职责

防范暴力事件的基本原则：以人为本，预防为主；统一领导，加强管理；快速反应，遵纪守法，减少伤害。

4.2.1　摸清情况

一旦发生暴力事件，学校一定要摸清情况，分析暴力事件出现的性质、原因，同时及时制止暴力事件的发展。

4.2.2　立即报告

如无法阻止暴力事件，而且暴力事件范围、程度比较严重，学校应立即启用110等报警装置，向公安部门和区教育局应急办报告详细情况。

4.2.3　统一指挥

在公安和现场指挥部门的统一指挥下，妥善高效地开展应急处置工作。

4.2.4　迅速布控，减少伤害

迅速疏散师生，尽一切努力，最大限度地避免和减少人员的伤亡。

4.2.5　快速处置

学校必须在公安的协助下，采取一切有效的措施和手段，开展各项处置工作，有效控制局面和事态的发展。

5. 预防办法和措施

5.1　宣传教育，学校要通过学校宣传阵地加强宣传力度，增强师生的防范意识，提高法制观念。

5.2　加强家庭教育的指导，定期召开家长会议，加强对学生家长的家庭教育指导，以减少家庭暴力。

5.3　加强教师的职业道德教育，严禁体罚和变相体罚学生，开展铸师德炼师魂的活动。

5.4　加强中小学生日常行为规范的教育和训练，注重养成教育。

5.5　大力加强师生的思想教育，采取一系列防激化措施，把矛盾消灭在萌芽状态。

5.6　严格值班制度，认真做好出入登记。

5.7　校内发现不良分子袭击行凶，为防不测，先拨打110报警，再制止、制伏。

6. 应急处理

6.1　信息报告程序

学校健全安全紧急情况报告制度，严格落实值勤人员，构建"安全工作绿色通道"，确保安全紧急情况信息报送渠道畅通。

学校发生暴力事故后，应立即启动本预案，并及时向学校负责人（校长或分管副校长）报告，如学校负责人都不在则迅速向其他行政人员报告（安全紧急情况报告制度实行"首问负责制"）。

与此同时，立即以口头形式报告教育局应急办，同时立即拨打110报警。在1小时内以书面形式报告区教育局办公室。

上报时做到及时、准确、全面、不漏报、不虚报。报告内容为：事故发生的时间、地点、单位、事故的简要情况、采取的主要措施、目前的状况等。

6.2　事件处置程序

6.2.1　报告情况（在校的最高行政领导）

学校立即启用110等报警装置向公安部门和区教育局应急办报告详细情况，同时视伤害情况向120急救中心发出求救信息。

6.2.2　控制现场（德育主任、德育副主任）

组织师生进行疏散，并明确专人负责维护秩序。

6.2.3　迅速营救（副校长、总务人员）

学校迅速组织营救，并转移疏散人员，最大限度地避免和减少人员伤亡。

6.2.4　组织救护（总务主任）

在现场医护人员的指导下，做好救护准备。

7. 善后处理措施

7.1　评估分析

在事件应急处置工作基本完成后，要组织有关人员对事件造成的危害结果以及对社会政治稳定可能造成的威胁进行评估分析，并认真做好各项善后工作，做好家访工作，维护社会政治稳定。

7.2　安排慰问受害者及家属

保障设施、认真落实救护家属。

7.3 开展救助应急演练

学校应急队伍要制订相应的处置方案，积极开展应急演练。

7.4 通信保障

学校值班室电话应有来电显示功能，学校主要负责人家庭电话和手机应保持畅通。

二、学校火灾火险事故应急预案范本

1. 编制目的和依据

为了及时、高效、妥善地处置发生在学校的火灾火险事故，保护师生人身安全和国家财产安全，根据《中华人民共和国消防法》《××市消防条例》和《××区教育系统处置突发公共事件应急预案》，制定本预案。

2. 基本情况

学校位于××乡，为中学部，现有学生700名，教职员工75名。学校是人群高度集中的场所，一旦突发公共事件，处置难度大，容易造成严重后果。

学校电路老化，违章使用电器，操作不当，易燃易爆物品使用及管理不当，乱扔烟蒂、小孩玩火等都可能引发事故。因此，加强事故防范尤为重要。

3. 适用范围

本预案适用于应急处置发生在本校的火灾火险事故。

4. 应急处置部门与职责

法人代表校长为总指挥，成立应急工作小组，组长为具体责任人。

4.1 应急工作小组

组长：×××（校长）

副组长：×××（书记）

组员：×××（副书记）

×××（副校长）

×××（副校长）

×××（校务办主任）

×××（教导主任）

×××（德育主任）

×××（总务主任、安全干部）

×××（人事干部）

×××（团支部书记、卫生教师）

×××（大队辅导员）

×××（总务处人员）

4.2 工作小组职责

4.2.1 发生火灾火险事故后，学校应急工作小组立即启动本预案。

4.2.2 校长负责学校火灾火险事故应急处置的总指挥，学校火灾火险事故应急工作小组负责现场应急处置的指挥和协调。

4.2.3 学校的若干工作小组在学校应急工作小组的指挥下分别开展疏散引导、安全救护、灭火行动、通信联络工作。

5. 预防办法和措施

校长为学校消防安全第一责任人，对本校消防安全工作全面负责。

根据消防工作有关法律、法规，结合学校实际制定学校消防安全管理制度，落实学校消防安全责任制。

加强师生员工消防安全教育，普及消防知识；组织消防演练，学会正确使用灭火器材以及掌握逃生的方法。

消防设施、消防器材、消防栓及消防通道符合要求；加强消防安全检查，发现问题及时整改。

6. 应急处置

6.1 信息报告

6.1.1 学校发生火灾事故后，事故现场有关人员应当在第一时间内，拨打火警电话119或110，向消防部门报告和求援施救；事故现场有关人员在求援施救的同时，应当立即报告学校负责人；学校负责人再向上级有关部门报告。

6.1.2 学校发生安全事故后，应当根据事故的类别、性质按规定的时间和方式向相关部门报告。

6.1.2.1 一般事故。学校发生无人员死亡、重伤1人或财产损失1万元以下的安全事故后，学校应当在半小时内口头向局应急办报告，事故处理结束后一小时内书面报局应急办。

6.1.2.2 重、特大事故。事故死亡1人及以上、伤多人，学校应当在半小时内口头向区、局应急办报告，事故处理结束后一小时内书面报区、局应急办。

6.1.3 安全事故报告的必要内容。事故发生的时间、地点、伤亡情况、事故简要经过、采取的施救措施、事故发生的初步原因、报告单位、报告人及其他应当报告的事项。

6.1.4 保护好现场，协助有关部门调查取证。

6.2　事故处置程序

6.2.1　应急处置程序。

6.2.1.1　发生火灾火险时，立即拨打119或110报警电话，关闭电源，迅速报告学校领导。

6.2.1.2　校领导接警后，立即报告局应急办，同时指挥本校各应急工作小组开展灭火和救援工作，尽最大可能保证师生生命安全和财产安全，使损失减少到最低程度。

6.2.1.3　起火点的教职工就地取材，使用灭火器材或者其他适用器材灭火。

6.2.1.4　凡起火点有学生的，必须迅速打开通道，按照消防演练逃生的路线，迅速有序地疏散学生；若火势已蔓延，要稳定学生情绪，等待救援，避免慌乱。

6.2.1.5　疏散引导人员立即到达楼梯口、转弯处等重要部位和指定位置，做好学生疏散引导工作，安慰和管理好学生，不使学生走失、走散。

6.2.1.6　若有受伤者，除就地开展施救以外，要及时送往医院救治；若有学生受伤，要及时通知家长。

6.2.2　及时扑救初起火灾的程序和措施

校领导接警后，在报警的同时应立即组织灭火行动组灭火；初起火点的教职员工要就地取材用各种灭火器材进行灭火。

6.2.2.1　疏散引导组。

总指挥：×××

组长：×××（负责切断电源）

教学楼：

一楼通道楼梯口：×××（西）×××（东）

二楼通道楼梯口：×××（西）×××（东）

三楼通道楼梯口：×××（西）×××（东）

四楼通道楼梯口：×××（西）×××（东）

各班教室：各班班主任

操场疏散集中地：×××　×××

工作职责：

6.2.2.1.1　发生火灾后根据起火地点立即到达指定位置，指挥疏散学生离开火灾现场，到达疏散集中地。

6.2.2.1.2　要安慰学生，稳定学生情绪。

6.2.2.1.3　管理好学生，防止学生惊慌、走失、走散。

6.2.2.1.4 随时向应急工作小组汇报现场情况。

6.2.2.2 安全救护组。

组长：×××

组员：×××及各班班主任

工作职责：

6.2.2.2.1 发现受伤者就地对伤者进行救护。

6.2.2.2.2 和附近医院取得联系准备床位，应急救治。

6.2.2.2.3 联系救护车辆，护送受伤者至医院救治。

6.2.2.2.4 随时向应急工作小组汇报工作情况。

6.2.2.3 灭火行动组。

组长：×××

组员：×××　×××等

工作职责：

6.2.2.3.1 发现火情后应立即采取有效措施拿好灭火器材，迅速到达火灾地点进行有序的灭火。

6.2.2.3.2 配合好消防部门进行灭火，直至控制火情。

6.2.2.3.3 随时向应急工作小组汇报工作情况。

6.2.2.4 通信联络组。

组长：×××

组员：×××

工作职责：

6.2.2.4.1 接警后应迅速到达现场，并将相关情况通知各有关方面，立即向局和镇领导汇报现场情况。

6.2.2.4.2 联系119、110到场扑救，联系120实施医疗救护。

6.2.2.4.3 火灾后向上级领导做好书面汇报。

6.2.3 通信保障。

应急工作小组成员必须24小时保持通信畅通。

6.2.4 善后处置措施。

6.2.4.1 火灾火险后，应保护好现场，协助公安、消防部门进行事故现场分析，查明事故原因，做好火灾火险防范工作。

6.2.4.2 在区教育局领导下，对事故造成的损害进行评估分析，根据相关原则，由区委宣传部、区应急办适时公布有关情况。

6.2.4.3 安抚慰问师生，稳定情绪，安排好工作和生活，消除焦虑和恐慌。

6.2.4.4 开展必要的维修和重建,迅速恢复正常教育教学秩序和生活秩序。

7. 处置保障

学校按照职责分工做好应急准备,加强日常工作,为处置火灾火险事故提供切实、可靠的保障。

7.1 应急队伍保障

学校建立应急处置工作小组,下设疏散引导组、安全救护组、灭火行动组、通信联络组等若干工作小组。

7.2 开展应急演练

学校应急工作小组要制订火灾火险的处置方案和演练计划,在教职员工和学生中开展应急处置技能培训和应急逃生演练,提高应急能力。

7.3 设施保障

按《消防法》及有关规定配备数量足够、质量合格的消防设施设备,并定期检查和维护,确保设施设备完好和正常使用。

7.4 通信保障

学校主要负责人的手机及家庭电话应保持畅通。

8. 注意事项

通过各种形式加强消防法律法规和预防、避险自救、互救等常识的宣传教育,增强师生员工的消防意识和应急基本技能。

不得组织学生参加灭火救灾行动,教职工要正确使用灭火器材,不得顶风灭火,在火势无法控制的情况下以消防官兵灭火为主。

加强自我保护,先救人后救物。

注意言论,避免造成不必要的恐慌。

三、学校处置食物中毒事件应急预案范本

1. 总则

1.1 编制目的

有效加强对食堂食品卫生工作的管理,及时处理和控制食物中毒事故,维护保障师生的身体健康和生命安全,保证正常教育教学秩序,维护社会稳定。

1.2 编制依据

依据《中华人民共和国未成年人保护法》《中华人民共和国食品卫生法》《中小学幼儿园安全管理办法》《食物中毒事故处理办法》等法律法规以及《××区教育系统突发公共事件应急预案》,结合本校实际,制定我校食物中毒应急预案。

2. 基本情况

学校位于×××镇×××社区，分小学部和幼儿园两处，现有学生 722 名，教职员工 86 名。小学部有 16 个班，学生 513 名。幼儿园 9 个班，学生 209 名。学校和幼儿园是人群高度集中的场所，一旦突发公共事件，处置难度大，容易造成严重后果。

3. 适用范围

本预案适用于应急处置本校发生的师生集体食物中毒事件。

4. 应急处置部门和职责

4.1 学校成立特大事件应急管理工作小组

由学校主要领导任组长、副组长，成员由德育处、总务处、值勤教师、食堂负责人等组成。

组长：××× （校长）

副组长：××× （书记）

组员：××× （副书记、工会主席）

　　　××× （副校长）

　　　××× （副书记）

　　　××× （校务办主任）

　　　××× （教导主任）

　　　××× （德育主任）

　　　××× （总务主任、安全干部）

　　　××× （人事干部）

　　　××× （团支部书记、卫生教师）

　　　××× （大队辅导员）

　　　××× （总务处人员）

4.2 处置食物中毒事件的基本原则

预防为主，以人为本，统一领导，健全制度，依法规范，加强管理，快速反应，协同应对。

5. 预防办法和措施

加强对食堂的日常管理，及时消除各种隐患。

5.1 宣传教育

要加强有关预防食品中毒事故发生的宣传教育，增强师生员工的食品卫生意识和防范能力。

5.2 检查指导

学校应急工作小组要充分履行对本校食品卫生工作的检查指导职责。

5.3 加强管理

5.3.1 学校将集中人力、物力、财力，加强食堂建设，把预防工作当作重中之重，切实抓好、抓紧、抓实，确保师生的饮食安全。

5.3.2 建立岗位责任，分工明确，责任清楚。

6. 应急处置

6.1 信息报告（即时报告在校的最高行政领导）

6.1.1 学校健全安全紧急情况报告制度，严格落实值勤人员，构建"安全工作绿色通道"，确保安全紧急情况信息报送渠道畅通。

6.1.2 学校发生食物中毒事故后，应立即启动本预案，并及时向学校负责人（校长或分管副校长）报告，如学校负责人都不在则迅速向其他行政人员报告（安全紧急情况报告制度实行"首问负责制"）。

6.1.3 在半小时之内以口头形式报告教育局应急办、区卫生监督所。处置完毕1小时内以书面形式报告区教育局办公室。

6.1.4 上报时做到及时、准确、全面、不漏报、不虚报。报告内容为事故发生的时间、地点、单位、事故的简要情况、采取的主要措施、目前的状况等。

6.2 事件处置程序

6.2.1 停止食用中毒食品，并拨打120，及时将病人送至医院进行治疗，安全救护组要积极做好中毒学生的就医陪护工作。

6.2.2 对中毒食品控制处理：王卫红（德育副主任）、邵龙官（食堂负责人）保留造成食物中毒或者可能导致食物中毒的食品及其原料、设备和现场。要负责安慰管理好学生，不使学生走散。

6.2.3 协助调查

学校要配合食药监部门、卫生部门进行调查，按食药监部门的要求如实提供有关材料和样品。保健教师要做好食物中毒事件的专项登记工作，包括班级、人数、姓名、发病日期、主要症状、处理情况等，并积极协助区食品监督所、区疾控中心等部门做好调查工作，在区食品监督所等部门的指导下做好相关工作。

7. 善后处置措施

7.1 了解中毒伤害情况

校领导和相关教师到医院看望和慰问中毒师生和家属，并向医生了解中毒伤害情况。

7.2 做出事后处理方案

校工作小组根据中毒原因和医疗诊断,做出初步事后处理方案。

7.2.1 及时评估分析。

中毒事件应急处置工作基本完成后,要对事故情况以及对社会政治稳定可能造成的影响进行评估分析,并全力做好各项善后工作,维护社会稳定。

7.2.2 由区应急办、食药监部门、卫生部门适时公布情况。

7.2.3 收集社情动态。

学校要做好当事学生家长的情绪稳定工作,关注本校师生动态并加以引导。

7.3 安抚慰问师生

认真做好安抚慰问工作,做好宣传工作,消除社会恐慌。

7.4 汇总情况

对处置工作进行总结评估。

8. 处置保障

校应急工作小组要按照职责分工进行应急准备,加强日常管理,为处置中毒事故提供切实、可靠的保障。

8.1 应急队伍保障

建立学校中毒事故应急处置工作小组。

8.2 事故应急演练

学校事故应急队伍要制订相应的处置方案,并积极开展应急处置技能培训和应急演练。

8.3 设施保障

加强食堂建设,确保食堂设备设施完好和正常使用。

8.4 通信保障

切实保持通信畅通。

9. 注意事项

落实处置人员的防护要求。

统一突发事件的宣传口径。

四、突发体育活动事故应急预案范本

1. 总则

1.1 编制目的

快速、高效、妥善地处置本校学生体育活动事故,规范学校处置体育活动事故工作，努力保障师生的生命安全，切实将体育活动事故造成的不良影响和伤害降到最低程度，维护社会稳定和学校安宁。

1.2 编制依据

依据《学校体育工作条例》、《中小学幼儿园安全管理办法》等法律法规以及《×××教育系统突发公共事件应急预案》，制定本预案。

1.3 工作原则

以人为本，预防为主；及时报告，积极应对；分工明确，责任到人；守望相助，减少损失。

2. 基本情况

学校位于×××镇×××社区，分中、小学部两处，现有学生1186名，教职员工128名。小学部有16个班，学生573名。中学部16个班，学生613名。学校是人群高度集中的场所，一旦突发公共事件，处置难度大，容易造成严重后果。

在体育教学、活动、训练、比赛中会出现类似因身体机能状况而出现的猝死，由于器械使用不当或损坏造成的伤害事故，体育活动中学生间引起的各类伤害事故等。

体育活动时由于对预防体育活动伤害事故认识不足，缺乏准备活动或准备活动不正确，运动技术上的缺点和错误，运动量过大，学生身体机能状况不佳的情况下参加体育活动，教学、训练和比赛的组织方法有缺点，动作粗野或违反规则，场地设备不安全等都会引发事故。因此，加强事故防范尤为重要。

3. 适用范围

本预案适用于处置本校师生中出现的体育活动事故，包括体育课教学、课外体育活动、课余体育训练和体育竞赛。

4. 应急处置部门与职责

4.1 成立学校突发事件应急管理工作小组

4.2 工作小组主要职责

组长：×××（校长）

副组长：×××（书记）

组员：×××（副书记、工会主席）

×××（副校长）

×××（副校长）

×××（教导主任）

×××（德育主任）

×××（安全部主任）

×××（人事干部）

×××（团支部书记、卫生教师）

×××（大队辅导员）

×××（总务处人员）

在区、局应急办领导下，组织、指导、协调学校的体育活动事故处置工作。组织制定完善学校处置体育活动事故应急预案；组织对学校体育活动设备设施检查，消除安全隐患；贯彻执行区应急办的指挥命令；指导本校处置体育活动事故；配合上级部门开展调查，并向上级部门报告。

4.3　学校处、室职责

4.3.1　校长室职责：承办本校处置体育活动事故应急工作小组召开的会议和重要活动，检查督促学校处置体育活动事故应急工作小组决定事项的贯彻落实情况；协调和参与学校有关科室涉及处置体育活动事故应急的相关工作。

4.3.2　总务处职责：负责体育设备设施的维修管理；做好对伤员的救护工作；做好后勤保障和处置总结工作。

4.3.3　教务处职责：负责师生安抚工作；负责师生体育活动中安全常识的宣传、教育工作。

4.3.4　工会职责：向上级部门报告处置工作开展情况和事态发展情况；对外联络、信息资料收集。

发生体育活动事故后，学校应急管理工作小组启动本预案，按照局应急办发出的处置指令工作。

5. 预防办法和措施

5.1　加强思想教育，增强防范意识

学生好胜心强，经验不足，思想上麻痹大意，缺乏预防事故的意识，教师要教育学生树立"宁失一球，勿伤一人"的思想。

5.2　改善活动设施建设和加强运动场地及运动器械的管理

运动场地要保持平整，不应有石块等，球架等体育器械要定期检修。

5.3　精心设计训练

教学和训练、竞赛活动必须精心设计、严密组织、严格要求、严格训练。

5.3.1　建立良好教学秩序，重视课前准备；教师、学生着装规范，必须穿着体育服装上课，学生不准穿皮鞋、有跟鞋、凉鞋，女学生不穿裙子上课。

5.3.2 精密组织教学，加强纪律教育。体育教师必须经常反复地向学生进行遵守纪律、遵守常规、服从组织、遵守游戏规则等方面的教育。

5.3.3 培养学生自我保护、相互保护的意识。

5.3.4 掌握合理的运动量，注意区别对待。在运动量的掌握上，教师要随时注意学生的生理反应，进行合理调整；教师对于病痛、体弱、伤残的学生要及时关心，安排他们免修、见习等。

5.4 重视准备活动，加强医务监督

教师应根据上课内容和气候情况决定准备活动的内容，严禁不做准备活动就进行体育活动，准备活动要充分、有针对性；学生应掌握自我医务监督的常识。

5.5 加强保护措施

严格裁判，禁止粗野动作，不使用错误的推、拉、撞等危险动作。

5.6 健全制度

加强组织领导，建立和健全规章制度。

6. 应急处置

6.1 信息报告

6.1.1 在场人员发现险情后要及时报告在场老师、卫生室保健老师和班主任，紧急或情况复杂时还应及时报告学校领导，出现重大事故时学校总指挥应立即报告局应急办。

6.1.2 无人员死亡、重伤1人以下的体育安全事故，学校应当在半小时内口头向局应急办报告，事故处理结束后一小时内书面报局应急办。

6.1.3 死亡1人及以上、伤多人的体育安全事故，学校应当在半小时内口头向局、区应急办报告，事故处理结束后一小时内书面报局、区应急办。

6.1.4 事故报告的必要内容。事故发生的时间、地点、伤亡情况、事故简要经过、采取的施救措施、事故发生的初步原因、报告单位、报告人及其他应当报告的事项。

6.2 事件处置程序

6.2.1 控制现场。发生体育活动事故后，立即将师生疏散，将未受伤的师生进行安置，并明确专人负责维持秩序。同时，了解受伤人员的基本情况，防止受伤人员因受到器械压迫、相互挤压等造成伤情加重。体育课教学、课外体育活动、课余体育训练等发生事故后现场教师要稳定学生情绪，立即派人通知学校领导和卫生室老师，了解受伤人员的基本情况。

6.2.2 组织救护。现场人员在现场医护人员的指导下，应开展初步救治工作，并及时将伤者送到医院；根据事故情况，请求公安、医疗部门进行救援，并发动社会资源进行支援。

6.2.3 关闭场所。事故发生现场，人员全部撤离后，应封闭隔离或限制使用有关场所。

6.2.4 现场取证。所有人员离开事故现场后，学校应急工作小组根据事故情况配合局应急办、公安部门对事故现场进行调查，初步掌握事故发生的主要原因。

6.2.5 现场维护。学校负责人应组织人员及时抢修被损坏的体育设施；涉及校外的体育资源，由拥有者及时加以维护。

6.2.6 报告情况。学校应急工作小组及时将处置情况报有关部门，向保险公司报告学生伤亡情况。

6.3 学校应急小组

6.3.1 报警、报告小组。

工作职责：

发生事故及时报告学校领导，发生严重事故迅速联系120；发生事故后保护现场，了解事故发生经过，调查事故原因，做好有关记录，采集有关证据，以利于对事故处理做到事实清楚，责任明确。

6.3.2 协调、接待小组。

工作职责：

及时通知家长，以便做出救治决定，并做好安抚工作；接待好家长，做好家长思想工作，避免家长与教师发生矛盾；联系保险机构，做好善后处理。

6.3.3 救护小组。

工作职责：

了解伤者情况，判断伤情，先行急救，及时处理；遇到重伤的或不能判断伤情的，应及时送医院检查、急救；随时向领导小组汇报现场情况。

6.3.4 后勤保障小组。

工作职责：

及时维修相关设施，加强学校体育设施日常检修；发生重、特大事故后，保障后勤供应，供应学生家长及相关人员的餐饭；配合有关部门调查取证。

6.4 善后处置措施

6.4.1 评估分析。体育活动事故应急处置工作基本完成后，学校总指挥立即责成有关人员对体育活动事故造成的危害结果，以及对社会政治稳定可能构成的威胁进行评估分析，并向局应急办做好汇报。

6.4.2 收集社情动态。学校做好当事学生及家长的情绪稳定工作，加强体育设施安全隐患摸排等工作；关注师生动态并加以引导。

6.4.3 安抚慰问师生。学校成立善后领导小组，帮助伤亡者家属做好善后工作；同时，积极协助家属做好保险理赔工作，对师生及家长提出的正当要求尽快予以满足。

6.4.4 事故责任处理。对事故中存在玩忽职守等过错或过失行为的当事人予以处理。

6.4.5 其他善后工作。处置工作基本完成后，学校要立即汇总情况上报教育局，并对处置工作进行总结评估。

7. 注意事项

学校应急工作小组要制订相应的处理方案，并积极开展应急技能培训和应急演练。

场所、设施保障。学校对各类体育场所和设备、器材等应经常维护和检查；借用校外体育场所，在活动前必须对场地器材进行检查，确保体育场地、设施等完好和正常使用。

学校要加强开展体育活动安全常识的宣传，合理预见、积极防范在体育活动中可能发生的危险，提高师生参与体育活动的安全意识，增强自我保护能力。

体育事故的新闻发布由区教育局负责。学校不向社会公布有关情况。

五、突发集体活动事故应急预案范本

1. 编制目的和依据

为了及时、高效、妥善地处置好学校大型集体活动突发事故，保护学生的生命安全，维护社会稳定及校园安宁，根据《××市突发公共事件总体应急预案》和《××区教育系统突发公共事件应急预案》，特制定本预案。

2. 基本情况

学校位于大团镇，分中、小学部两处，现有学生1113名，教职员工108名。小学部有14个班，学生550名。中学部16个班，学生613名。学校是人群高度集中的场所，一旦突发公共事件，处置难度大，容易造成严重后果。

由于学校活动空间有限，加上体育竞技、现场会等不确定的因素较多，给管理者带来难以预料的安全事故隐患。校外大型活动由于不确定因素多，尤其是春季、秋季的社会实践活动，学校未对学生进行必要的安全教育、带队教师疏于管理、学生不遵守活动纪律擅自离队；活动场所的设施、设备存在安全隐患；租用的车辆安全性能差；驾驶员疲劳驾车、违章驾车，驾驶员驾驶技术、应变能力差，等等，安全事故的隐患更大。

3. 适用范围

本预案适用于处置××学校举行的大型集体活动突发事故。

4. 应急处置部门与职责

组长：×××（校长）

副组长：×××（书记）

组员：×××（副书记、工会主席）

×××（副校长）

×××（副校长）

×××（副书记）

×××（校务办主任）

×××（教导主任）

×××（德育主任）

×××（总务主任、安全干部）

×××（人事干部）

×××（团支部书记、卫生教师）

×××（大队辅导员）

×××（总务处人员）

职责：预防为主，以人为本，统一领导，健全制度，依法规范，加强管理，快速反应，协同应对。

5. 预防办法和措施

5.1 加强日常管理

5.1.1 出操、升旗仪式、上专用室上课、放学等，规划各班学生上下楼的路线，并按要求规范执行。

5.1.2 外出社会实践活动、校内大型现场会活动、运动会等，向全体学生明确不同活动的行为要求。学校除了制订活动方案外，还要制定活动安全事故处置预案。

5.2 宣传教育

5.2.1 加强师生的日常安全、行为规范、法制教育，增强师生的自我防范意识、自我防范能力和自救能力。

5.2.2 班主任根据学校大型活动的要求，对学生进行细致的安全教育和安全行为训练。

5.2.3 通过告家长书，向家长明确活动要求，利用家长的力量配合学校对孩子进行安全教育。

5.3 检查防范

5.3.1 校内大型活动前进行现场勘查，对发现的问题立即采取措施，消除安全隐患。

5.3.2 规范外出实践活动的程序，委托经过区教育局资质认定的活动承办机构组织校外集体活动，并要求活动承办机构为参加活动学生购买保险，同时对车辆、驾驶员、活动内容等提出注意事项。

5.4 培训演练

结合本校实际，不定期地组织全校师生开展专项演练。

6. 应急处置

6.1 信息报告

6.1.1 目击者第一时间内报告校长室或事故负责人。

6.1.2 一般事故。学校发生无人员死亡、重伤1人以下的安全事故后，学校应当在半小时内口头向局应急办报告，事故处理结束后一小时内书面报局应急办。

6.1.3 重、特大事故。事故死亡1人及以上、伤多人，学校应当在半小时内口头向区、局应急办报告，事故处理结束后一小时内书面报区、局应急办。

6.1.4 安全事故报告的必要内容。事故发生的时间、地点、伤亡情况、事故简要经过、采取的施救措施、事故发生的初步原因、报告单位、报告人及其他应当报告的事项。

6.2 事件处置程序

6.2.1 校内大型集体活动事故处置程序。

6.2.1.1 学校应急工作小组启动本预案；按照学校应急预案的指令开展工作。

6.2.1.2 应急处置现场指挥。现场指挥部，根据职责分工，迅速开展工作。总指挥立即进行情况汇总、分析判断，并做出决策。

6.2.1.3 组织疏散、救护。按照大型活动专项演练程序，迅速发出报警铃声，直至全体师生安全撤离。事态严重立即打120、110急救电话，请求有关部门立即组织救护。

各年级组长负责本年级疏散工作。

另外根据学校安排，各班主任、任课老师为本班活动期间第一安全责任人，活动期间班主任不得离开本班学生，随时掌握本班级学生情况，遇到特殊情况及时做好本班级学生的疏散和控制，并向有关领导报告。

6.2.1.4 关闭场所。事故发生现场，人员全部撤离后，封闭隔离或限制使用有关场所，并保护好现场。

6.2.1.5 配合调查取证。配合有关部门对现场目击的师生进行询问，做好事故的调查取证工作，初步掌握事故发生的主要原因。

6.2.2 校外大型集体活动事故处置程序。

6.2.2.1 目击者第一时间向负责本次外出活动的负责人报告，并以最快的速度将受伤师生送就近的医院进行救治，同时通知家长。

6.2.2.2 学校负责人第一时间内通知本次活动的主办机构负责人，同时启动事故处置预案。

6.2.2.3 若事故严重，学校事故处理小组负责人立即向教育局报告，同时通知有关保险公司。

6.2.2.4 事故处理小组协调有关部门对事故进行调查分析，掌握事故发生的主要原因。同时掌握控制事故消息的传播。

7. 善后处置措施

7.1 评估分析

大型集体活动突发事件应急处置工作基本完成后，活动负责人立即组织有关人员对事故造成的危害以及对社会政治稳定可能构成的威胁进行评估分析，并下达指令全力做好各项善后工作，维护校园、社会政治稳定。

7.2 收集动态

善后领导小组要关注师生动态并加以引导。努力做好当事师生及家长的情绪稳定工作，预防事态延伸扩展。一旦发生无理取闹的事件，扰乱学校正常教育教学秩序或侵犯学校、教师合法权益的，学校将报公安机关依法处理，造成损失的，依法要求赔偿。

7.3 抚慰师生

学校迅速派出有关人员安抚伤员，帮助受伤、死亡者家属做好善后工作；同时，积极协助家属做好保险理赔工作，对师生及家长提出的正当要求尽快予以满足。

7.4 其他工作

学校配合有关部门做好事故的处理、调解工作；处置工作基本完成后，应急管理领导小组组长立即汇总情况上报区教育局。

8. 注意事项

8.1 处置人员防护要求

8.1.1 应急队伍保障。不断增强学校应急队伍的总体力量、处置能力，若进行重大调整和人事变更，及时报区教育局应急管理领导小组备案。

8.1.2 开展应急演练。学校应急队伍要制订相应的处置方案，并积极开展应急处置技能培训和应急专项演练。

8.2 突发事件的宣传口径

8.2.1 学校值班室电话应有来电显示功能；学校主要负责人的家庭电话及手机应保持畅通。

8.2.2 做好对教师、学生的务虚工作。

8.2.3 学校不接受任何新闻采访，不对外宣传。

第十六章

学校应急管理演练

- 第一节　应急预案
- 第二节　应急演练的准备
- 第三节　应急演练的实施
- 第四节　演练总结与评价

学校作为这样一个人员相对集中的单位、防范能力相对薄弱的群体，应当随时做好防范工作。学校应当健全自然灾害防范的相关措施，翔实地制订应急预案。在自然灾害以及其他突发事故的应急预案制定后，学校应当定期组织全校的模拟演练，可以结合季节特点进行，如在夏季重点组织对暴风雨、雷电等灾害的防范演练。

尽管有许多突发的自然灾害是人力不可抗拒的，但如果我们能够防患于未然，加强应急预案制定和演练工作，培养师生在紧急情况下沉着应对、自救和处理问题的能力，就有可能减少或避免危害。学校应当始终把应急预案的制定和落实摆在安全防范的重要位置，要不定期地加强校舍的检查、维护，加强对水、电、燃气等设备的检测和维修，为师生构筑一道坚固的生命之墙。

第一节 应急预案

应急预案可以根据突发事件的类型、事件所在的区域和事件发生所在单位进行定义。就基本内容而言，一个完整的应急预案框架通常应该主要包括如下六大要件。

（1）总则，规定应急预案的指导思想、编制目的、工作原则、编制依据、适用范围。

（2）组织指挥体系及职责，具体规定应急管理的组织机构与职责、组织体系框架。

（3）管理流程，根据应急管理的时间序列，划分为预警预防、应急响应和善后处置三个阶段。

（4）保障措施，规定应急预案得以有效实施和更新的基本保障措施，如通信信息、支援与装备、技术；宣传培训演练、监督检查等。

（5）附则，包括专业术语、预案管理与更新、跨区域沟通与协作、奖励与责任、制定与解释权、实施或生效时间等。

（6）附录，主要包括各种规范化格式文本、相关机构和人员通讯录等。

这六个方面共同构成了应急预案的要件，它们之间相互联系、互为支撑，共同构成了一个完整的应急预案框架。其中，组织指挥体系及职责、管理流程设计、保障措施规划是应急预案的重点内容，也是整个预案编制和管理的难点所在。

下面我们不妨通过一起志愿者队伍的应急演习来了解一下在突发危机事件中如何化解危机。

2006年4月27日，厦门市在思明区莲花公园进行了应急避难模拟演练，组织社区居民和学生共一千多人参加。演练模拟一场"灾害"发生时，社区多处着火、浓烟滚滚、自来水管道破裂、大量喷水的场景。面对"灾难"，许多学生和居民惊慌失措，到处乱跑，有的人精神过度紧张，昏倒在地，场面一度混乱。在社区应急救援志愿者的疏散引导下，学生和居民迅速撤离到公园的空旷场地。同时，社区志愿者派出自救互救小组，争分夺秒进行现场急救。针对"受灾"群众情绪不稳定、精神恐慌的状态，社区志愿者立即实施精神安慰，并提供饮用水。抢险抢修人员还利用灭火器和消防栓进行灭火，对破裂的自来水管道进行快速抢修。为防止不法分子趁乱进行犯罪活动，社区志愿者治安维护组在交通要道、重要设施等地点进行安全巡逻。经过应急救援志愿者的努力，现场混乱局面得到了有效控制。

通过演练，不仅锻炼了应急救援志愿者队伍，发现了社会应急方面的差距和问题，也让公众明白了公园还具有应急避难、防灾避险的功能，并进一步增强了民众的避难意识和防震救灾能力。

（一）组织指挥体系及职责

组织指挥体系具体规定了应急反应组织机构、参加单位、人员及其作用；应急反应总负责人，以及每一具体行动的负责人；本区域以外能提供援助的有关机构；政府和其他相关组织在事故应急中各自的职责。对组织指挥体系及其职责进行规定的基本原则，是要在统一的应急管理体系下，对分散的部门资源进行重新组合和优化，把体制建设与激励机制、责任机制、公私合作机制以及观念更新相结合，从而为政府应急管理提供组织保证。

从组织层次来看，可以把应急管理的机构分为领导机构、执行机构、办事机构三大类，它们共同构成一个科学的组织指挥体系。

1. 领导机构

应急管理最高决策指挥机构，一般设立专门的应急领导小组，以便一旦特别严重的突发事件发生，可立即转为应急指挥机构。

2. 执行机构

领导机构下设执行机构，负责领导机构职能的具体实现，如定期召集有关政府官员和专家就某一领域中当年度或者是更长的时间内可能发生的突发事件进行预警，并对相关事件进行调查评估，向领导机构定期汇报，提出相应的应急管理措施。

3. 办事机构

领导机构内设办公室，作为直接对领导机构负责的独立办事机构，负责办公室日常组织协调和战时指挥调度以及应急预案的管理、更新与维护等具体工作。

从组织网络来看，应急管理的组织指挥体系涉及纵向机构和横向机构的设置。

（1）横向机构。体现为三个层次，一是不同行政区域之间的人大及其常委会，二是不同行政区域之间的地方人民政府，三是同一行政区域内或不同行政区域间的行政主管部门。当然，横向机构主要是同一行政区内的具体应急管理部门之间的横向协调关系，包括医疗、交通、公安、物价、教育、财政、农业等政府各部门。

（2）纵向机构。设置要体现实用、节约、高效的特点，各地方、各部门的应急管理机构应当依据相关法律法规和国务院"三定"方案，立足现行的体制框架，针对本地区、本部门的现状和地理条件、医疗设施、治安环境、政府活动、自然环境等不同方面的特点和特征，因地制宜地设置符合地方实情的应急管理体系。

（二）管理流程设计

突发事件通常遵循一个特定的生命周期。每一个级别的突发事件，都有发生、发展和减缓的阶段，需要采取不同的应急措施。因此，需要按照社会危害的发生过程将每一个等级的突发事件进行阶段性分期，以此作为政府采取应急措施的重要依据（若有必要，可再将每一个阶段划分为若干等级）。应急管理流程设计正是基于突发事件的生命周期而对突发事件进行分期管理的，旨在建立一个全面整合的政府应急管理模式。根据突发事件的社会危害可能造成危害和威胁、实际危害已经发生、危害逐步减弱和恢复三个阶段，可将突发事件总体上划分为预防预警、应急响应和后期处置三个阶段。

1. 预防预警

预防预警主要措施包括信息监测与报告、预警预防行动、预警支持系统、预警级别及发布等，旨在防范和阻止突发事件的发生，或把突发事件控制在特定类型或特定区域内。

2. 应急响应

应急响应主要措施包括分级响应程序、信息共享与处理、通信、指挥和协调、紧急处理、应急人员与群众安全防护、社会参与、事件调查分析、检测与后果评估、新闻报道、应急结束等，旨在通过快速反应及时控制突发事件并防止其蔓延。

3. 后期处置

主要措施包括善后恢复、社会救助、保险、事件调查报告与总结改进，旨在尽快减低应急措施的强度，尽快恢复正常秩序并从事件中学习。政府应急管理的目的，是通过提高政府对突发事件的预见能力、救治能力以及学习能力，及时有效地化解危急状态，尽快恢复正常的生活秩序。

（三）保障措施规划

随着突发事件综合性、跨地域属性日趋明显，应急管理涉及从交通、通信、消防、信息、医疗卫生、救援、安全、环境到军事、能源等多个部门。这就要求相关部门协同运作，快速有序采取措施，尽快控制事态发展，从而对财力支持、物资保障、人力资源保障、法制保障、社会动员与舆论支持方面提出了要求。

在各应急部门之间的职责分配方面，可以运用职能方法，对最可能需要的各类援助进行分组，每项职能由一个主要机构领导牵头负责，其他职能部门提供支持。通过职能细分，明确应急管理过程中各环节的主管部门与协作部门，每一项职能分别对应若干各主要的牵头机构和辅助机构，并制定各机构的具体责任范围和相应的应急程序。通过以应急准备及保障机构为支线，明确各参与部门的职责，这就形成了有法可依、有章可循的部门协同运作的整体制度框架。

同时，除了通信信息、支援与装备（现场救援工程抢修、人员队伍、交通运输、医疗卫生、治安、物资、经费、社会动员、避难场所等）、技术支撑等实际部门的协同运作之外，应急预案还需要做好日常的宣传培训演习、监督检查等工作，这样才能使得政府应急预案基于制度，成于规范，在实践中根据不断变化的新情况、新问题而不断发展和完善。

应急预案是应对突发性自然灾害的行动方案，或者说是救灾应急响应的行动指南。作为行动指南，救灾应急预案必须是科学的、完整的、周密的和可操作的，并且需要根据各种变化调整自身，始终保持行动指南的作用。预案的科学性、完整性、周密性和可操作性程度如何得到验证呢？怎样才能持续保持预案行动指南的作用呢？在突发性自然灾害发生过程中可以解决这两个问题，但需要付出人民群众生命财产损失和经济发展不稳定的沉重代价。救灾应急演练则是解决上述两个问题的有效方法，是评价、检验救灾应急预案作用的重要手段。

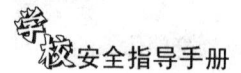安全指导手册

第二节 应急演练的准备

一、建立临时组织机构

由于救灾应急演练是由许多部门和单位共同参与的一系列行为和活动,因此,演练的组织与实施是一项非常复杂的任务,建立应急演练临时组织机构是成功组织开展应急演练工作的关键。临时组织机构包括的部门和单位必须根据演练内容、涉及范围等因素来确定,通常包括民政、气象、医疗急救、消防、公安、市抗震演练现场的应急通信设备、新闻媒体等部门和单位的代表;必要时,解放军、武警部队、预备役等军事部门可派出人员参加。临时组织机构以领导小组或策划小组形式组成,人员构成包括组长、副组长及若干名成员,人员构成及人数多少需要根据演练的规模和范围等因素确定。

领导小组或策划小组的主要任务包括:确定演练目的、原则、规模、参演的单位;确定演练的性质与方法,选定演练的地点与时间,规定演练的时间尺度和公众参与的程度;确定演练实施计划、情景设计与处置方案,设定演练准备工作计划和调整计划;检查和指导演练准备与实施,解决演练准备与实施过程中所发生的重大问题;协调各类演练参与人员之间的关系;组织演练总结与追踪。

二、策划、制订演练方案

救灾应急演练方案一般由策划小组制订,为保障演练的仿真效果,参演人员不得参加策划小组,更不能参与演练方案的设计。除了总体设计思想、遵循原则等宏观性框架内容外,救灾演练方案中最为重要的内容是演练目标、情景设计和规则等问题。

(一)演练目标

演练目标是指检查演练效果,评价应急组织、人员应急准备状态和能力的指标。包括:应急动员、指挥和控制、事态评估、资源管理、通信、应急设施、警报与紧急公告、应急响应人员安全、警戒与治安、紧急医疗服务、衍次生灾害防范与控制、搜救与抢险、撤离与疏散等项目。

（二）灾害情景设计

灾害情景，是指在灾害发生具体场合下的情绪、思维等心理状态及其所造成的气氛总和，简单讲，就是受灾及救灾人员情感与灾害场景的总和。灾害情景设计的基本要求是最大限度地模仿出真实的灾害境况，除了以本地本部本单位预案为依据外，还要详尽掌握演练历史灾情、灾害风险、社会人文等相关信息。

（三）演练规则

演练现场规则是指为确保演练安全而制定的，对有关演练和演练控制、参与人员职责、实际紧急事件、法规符合性、演练结束程序等事项的规定或要求。主要为以下几项。

1. 开头或结束语规则

演习过程中所有消息或沟通必须以"这是一次演习"作为开头或结束语，事先不通知开始日期的演习必须有足够的安全监督措施，以便保证演习人员和可能受其影响的人员都知道这是一次模拟紧急事件。

2. 人员安全规则

参与演习的所有人员不得采取降低保证本人或公众安全条件的行动，不得进入禁止通行的区域，不得接触不必要的危险，也不得使他人遭受危险。

3. 假设与真实应对规则

一方面，演习中不得把假想事故、情景事件或模拟条件错当成真的，特别是在可能使用模拟方法提高演习真实程度的地方，如使用烟雾发生器、虚构伤亡事故和灭火地段等，当计划这种模拟行动时，事先必须考虑可能影响设施安全运行的所有问题。另一方面，除演习方案或情景设计中列出的可模拟行动及控制人员的指令外，演习人员应将演习事件或信息当作真实事件或信息做出响应，应将模拟的危险条件当作真实情况采取应急行动。

4. 环境饱和规则

演习不应要求承受极端的气候条件或污染水平，不应为了演习需要的技巧而污染大气或造成类似危险。

5. 状态规则

参演的应急响应设施、人员不得预先启动、集结，所有演习人员在演习事件促使其做出响应行动前应处于正常的工作状态。

6. 遵守纪律原则

所有演习人员应当遵守相关法律、法规，服从执法人员的指令。

7. 信息传递规则

控制人员应仅向演习人员提供与其所承担功能有关并由其负责发布的信息，演习人员必须通过现有紧急信息获取渠道了解必要的信息，演习过程中传递的所有信息都必须具有明显标志。

8. 终止取消规则

演习过程中不应妨碍发现真正的紧急情况，应同时制定发现真正紧急事件时可立即终止、取消演习的程序，迅速、明确地通知所有响应人员从演习到真正应急的转变。

9. 关键提示规则

演习人员没有启动演习方案中的关键行动时，控制人员可发布控制消息，指导演习人员采取相应行动，也可提供现场培训活动，帮助演习人员完成关键行动。

三、演练前的准备工作

（一）确定演练要求

（1）学校应根据自身的性质、隶属关系、地理位置、周边环境、教职工、学生人数、校园内建（构）筑物类型、数量及抗震能力、师生对地震应急知识技能的掌握情况等，合理确定演练要求。

（2）演练要求应包括演练时间、地点、参演人员、组织指挥人员、安全疏导员、计时员、疏散线路、应急疏散场所、演练科目、演练流程等。

（3）应急疏散场所要求。通常利用操场、广场等设立应急疏散场所，应急疏散场所应远离高大建（构）筑物，离开建（构）筑物的距离应大于其高度的三分之一；应避开有毒气体储放、易燃易爆物或核放射物储放、高压输变电线路等设施对人身安全可能产生影响的地段；避开陡坡等已发生地质灾害的地段；疏散场地应有方向不同的两条以上与外界相通的疏散道路。

（4）疏散通道要求。应保持疏散通道、安全出口畅通，禁止占用疏散通道；禁止将安全出口上锁；应将挤占疏散空间的老式内开窗户改成外开式或平移式窗户。

（5）疏散路线要求。应根据学生分布和建筑物结构，合理确定各班级疏散路线，合理分流。

（二）演练物资准备

（1）疏散通道、应急避难场所应设置统一的指示标识，入口处应设置标有文字说明的地震应急避难场所平面图和疏散路线图。指示标识、平面图和路线图应当

卷三 学校应急管理体系的建立

美观大方、经久实用，具体尺寸可以根据下文所示图形结合场所实际情况设计。

指示标识示意图

编号	图形标识	名称
1		地震应急避难场所标志牌 Sign of emergency shelter for earthquake disasters
2		应急避难场所道路指示标志 Road sign to the emergency shelter
3		应急避难场所出口道路指示标志 Exit sign of emergency shelter
4		应急避难场所方向、距离道路指示标志（右转） Road sign of direction, distance of emergency shelter (turning right)
5		应急避难场所方向、距离道路指示标志（直行） Road sign of direction, distance of emergency shelter (keeping straight on)
6		应急避难场所方向、距离道路指示标志（左转） Road sign of direction, distance of emergency shelter (turning left)

（2）印制演练相关文件，包括演练方案、演练人员手册、演练脚本等。

（3）根据演练科目设置和要求的不同，可以酌情配备如下装备器材：胸挂式应急工作证和指挥员、安全疏导员标志、手电筒、应急灯、口哨、对讲机、手持扩音器、医疗急救箱、灭火器材、警戒线等。

(三) 演练协调宣传准备

为保证演练安全顺利进行，避免发生误解、恐慌和地震谣传，演练前，学校进行以下协调宣传工作。

(1) 向上级主管部门报告，视情况通报当地应急管理、地震、公安等部门和周边单位。

(2) 通过广播、网站和悬挂张贴宣传横幅标语等方式，预告演练的时间、地点、内容。

(3) 组织师生学习防震减灾知识，宣讲疏散演练方案，让每一名师生明确演练的必要性和基本步骤，熟悉疏散的路线和地点，掌握应急避震和疏散的方法。

第三节　应急演练的实施

一、演练实施过程

(一) 启动程序

总指挥可以在学校广播系统中宣布："老师们，全体同学，紧急疏散演练马上就要开始，请大家做好准备，各就各位。"

(二) 应急演练

(1) 信号员发出"紧急疏散"信号。

(2) 上课教师立即停止授课，转而成为教室演练负责人。演练时（班主任）立即就位到岗，立即告知学生"不要慌"，安抚学生情绪。

(3) 指挥学生迅速开启教室门窗，各教室（班主任）指导学生迅速从书包里拿出口罩或小毛巾，倒上水，捂着口鼻，猫着腰，分成二路纵队，并指挥其有秩序地出门，按预定撤离线路有序撤离。

(4) 学生在（班主任）带领下有秩序地从教室撤离，并按照预定的疏散路线，迅速撤离到操场事先指定的地点整队。

(5) 撤离次序。第一批一年级、三年级、五年级，第二批二年级、四年级、六年级。从教室撤离，时间错开，避免拥挤。维持纪律的教师要随时提醒学生有序撤离，学生出现跌倒现象时应及时扶起，避免踩踏现象发生。

(6) 队伍间距和队形。

①队伍要求：A. 队伍间距，班与班之间间距2米左右。B. 队形，学生以单纵队组织行进，间距0.5米。

②返回行动：A. 当收听、收看到解除警报信号或接到命令时，指挥人员立即组织疏散师生按规定路线有序地撤离至隐蔽区域。B. 返回路线及顺序，各班级在引导员的带领下按疏散路线反顺序原路返回。

(7) 疏散过程。

①组长接收示警讯息，全面通知各教室疏散。

②各教室启动疏散行动，组长指挥相应班级按拟定撤离时间顺序及路线疏散。

③各班安抚好学生情绪，紧急疏散（每人用湿毛巾捂住嘴巴）。

(8) 及时处理疏散过程中的突发事件。

①学生情绪失控，应开启教室门窗，安抚学生情绪，紧急通知楼层组长，请求增援。

②预定通道堵塞，应根据实际情况及时选择适当路线疏散。

③如有学生受伤，班主任或组长及时将学生送医务救护组。

④如有学生跑散，通知组长，请求指挥调度组组织寻找、堵截。

(9) 撤离后在操场集中排队，各班班长协助教师清点本班同学人数，并及时上报给班主任。班主任整理并清点本班同学人数，及时上报现场指挥。

(三) 学校在操场进行演练活动总结

指挥长对演练进行现场总结讲评，内容主要包括演练组织情况，演练目标及效果，参演人员的动作是否规范、态度是否认真，演练中暴露的问题及解决办法等。

(四) 按照学校的安排有序返回教室

演练结束，各班级应按照学校的安排有序返回教室。

二、演练注意事项

(1) 学校演练前，各班要召开学生培训会，强调演练过程中应注意的事项，如演练的程序、队伍的安排、演练疏散的顺序、行进路线及方式、疏散地点等。

分班演练时，教师要教育学生首先要冷静，稳定学生情绪，有序地组织学生从教室前门、后门迅速撤离，不得跑步行进，不准用手推扶前面的同学。

（2）演练前5分钟，演练指挥小组所有成员、各教职工必须各就各位，确保演练过程中不发生伤害事故、踩踏事故。

（3）引导人员指挥学生撤离，杜绝拥挤踩踏事故，如遇个别班级行动缓慢，楼梯口指引人员可视情况，及时调整顺序，各班行至楼梯口处，一定要听从指引人员指挥，直至最后一名学生离开后才能离开，离开前由各组长负责人检查所负责教室是否有人逗留。

（4）演练期间，任何教职工不得擅离工作岗位，要服从学校的工作安排。

（5）演练结束后，各班召开总结会，反思演练的体会和收获，并进行安全知识教育。

第四节　演练总结与评价

（一）召开演练总结

总结会一般在演练结束两周内召开，会议由策划小组主持。

总结会的议题一是汇总整理演练过程中收集到的资料；二是获取演习人员的意见和建议；三是对演练中发现的问题进行讨论研究，确定导致该问题的根本原因、纠正方法、纠正措施；四是确定演练总结报告的框架和内容。

（二）进行演练效果评价

应急演练结束后应对演练的效果做出评价，并提交演练报告，详细说明演练过程中发现的问题。按照对应急救援工作及时有效性的影响程度，将演练过程中发现的问题分为不足项、整改项和改进项。

1. 不足项

演练过程中观察或识别出的应急准备缺陷，可能导致在紧急事件发生时，不能确保救灾部门或应急救援体系有能力采取合理应对措施，保护公众的安全与健康。应急预案中最有可能导致不足项的方面有职责分配，应急资源，警报、通报方法与程序，通信，事态评估，公众教育与公共信息，保护措施，应急人员安全和紧急医疗服务等。问题确定为不足项时，策划小组负责人应对其进行详细说明，并给出应采取的纠正措施和完成时限。

2. 整改项

整改项指演练过程中观察或识别出的，单独存在时不会在应急救援中对公众的安全与健康造成不良影响的应急准备缺陷。整改项可以转变为不足项，但须满足两个条件，一是某个应急组织中存在两个以上整改项，共同作用可能对公众安全与健康造成损害；二是某个应急组织在多次演练过程中，反复出现前次演练发现的整改项问题。需要强调，整改项应在下次演练前予以纠正。

3. 改进项

改进项不同于不足项和整改项，它不会对人员安全与健康产生严重的影响，可以视情况予以改进，不必一定要求予以纠正。最后，根据演练的总结和评价结果修改和调整本地区、本部门、本单位的救灾应急预案。

第十七章

完善学校应急管理组织体系

- 第一节　建立健全学校应急管理组织体系
- 第二节　积极开展学校应急管理体制建设

第一节 建立健全学校应急管理组织体系

一、应急管理组织体系

（一）领导小组的构成

学校设立突发公共事件应急工作领导小组，统一领导全校突发公共事件应对工作。处置突发事件领导小组的组长一般由中小学校长担任，是校园安全第一责任人，负责校园全面安全工作；副组长由主管学生工作的副校长担任，是校园安全第二责任人，协助校长全面负责校园安全工作；小组成员可由校学生处、团委和医务室的负责人组成，负责师生安全工作、校车接送安全工作、食堂安全工作、水电安全工作、校园内及外出活动安全工作、住宿安全及保安工作，其中学生处处长兼任现场总指挥或者由校长、园长担任总指挥。另外，还可以任命一名安全顾问，协助校长对学校安全工作进行检查督促，发现问题，提出整改建议。在这一小组中，实行安全责任制，让每个成员都清楚地了解自己的职责和其他有关人员的职责，以便相互配合。

（二）应急处置工作领导小组的主要职责

1. 安全小组的总职责

校园安全小组主要负责统筹突发事件管理的各项日常工作，起到有效的预警作用。平时要对学校可能潜在的灾害源进行估计，并一一列举出来，且要加以分类，考虑其可能造成的后果，并根据这些可能的突发事件的性质来制订相应的行动计划，做好工作预案。当学校突发事件发生时，应该立即启动预案，采取任务编组的方式，加速突发事件的处理和恢复。重要的是要在校内形成强有力的安全管理核心，并形成能够迅速调动各种资源的快速反应机制。

2. 组长的职责

校园安全小组组长的职责是要充分发挥自己对突发事件的感知能力，沉着应对；要尽量迅速到达现场，了解和掌握事故情况，正确判断事件性质，控制局面，阻止事态发展，并研究事故处理的具体策略；要在第一时间向上级报告情况，果断地启动应急机制的程序，组织力量并全程指挥其他各职能人员投入工作；要密切配合公安、医疗、防疫等机构对事故进行处理，负责事故的调查、分析和处理，查找原因和责任。

3. 现场指挥人员职责

现场总指挥可以直接指挥调动校卫队、110服务台及其联动单位，各单位、各部门治保小组，义务消防队人员和物防、技防力量，使之处于良好的常态戒备之中。

其他现场控制人员要负责控制现场，维护秩序，防止发生混乱局面；组织力量迅速将受伤人员送往医院；组织班主任清点并管好各自学生的安全；接待家长，做好解释说明及思想工作；尽早向知情者、见证人调查事故起因，掌握好事故的第一手资料。

4. 医疗人员职责

医疗人员主要负责尽量在第一时间护送受伤或发病者去医院救治，并积极配合医院的救治工作，追踪了解伤情或病情动态，随时与组长保持联系。此外，还要接待去医院看望学生的家长，做好家长的安抚工作，防止出现情绪过激情况。

5. 后勤人员职责

后勤人员主要负责做好联络工作和后勤支援工作，如医疗救治、现场控制、车辆调度等；要配合医疗、防疫等机构进行消毒、取样分析；做好上级来人和家长的接待，并为上级工作组现场办公做好后勤服务工作等。

6. 信息收集人员职责

信息收集人员主要负责采集突发事件全过程的各种信息资料，撰写有关突发事故的书面报告，并做好相关数据的分类统计工作，在第一时间向上级报告情况。此外，还要做好学校内部的通信联络工作。

二、建立校园安全应急管理体系的原则

建立校园安全应急管理体系应当遵循一定的原则，校园安全应急管理体系的建立大致有下列几条原则。

（一）预防为主原则

中小学安全应重在预防。学校全体师生应树立"安全第一"的意识，精心组织学校的各项教育教学活动及后勤服务工作，及时检查和消除学校的各种隐患，尽一切可能将各类突发事件消灭在萌芽之中。

（二）制度化原则

学校要对可能发生的各种突发事件，制定出相关的措施，形成紧急事件处置制度。对于一些主要的灾难事件，如地震、火灾、小面积食物中毒、爆炸、活动中的意外伤害等，应做出具体的应对预案。预案中要对预防、应对、恢复三个主要环节设计出具体举措。

（三）统一领导、负责到人原则

各学校要成立突发事件应急指挥领导小组，由分管学生工作的校领导任组长。具体成员由校办、保卫处、学生处、教务处、总务处、团委、学生生活科、校医院和校车队等部门的有关负责人组成。各部门要落实责任，严格执行学校的各项检查制度，发现问题要及时采取相应措施。一旦有突发事件发生，各部门要按照各自职责分工，密切配合，全力以赴，做好应急处置工作。

（四）生命安全首位原则

世界各国处理学校突发事件的基本理念都强调保护学生生命安全。我国也不例外，而且这也是"以人为本"的教育观念在防灾事务中的体现。为确保学生在重大突发事件中的安全，学校不应让学生参加抢险工作。

（五）快速高效原则

中小学、幼儿园发生突发事件后，必须在第一时间向上级有关部门汇报，必要时向公安和医疗、防疫等部门求助。各单位要以最快的速度、最高的效率，组织人员、物资进行处置，尽量避免和减少人员伤亡、财产损失，尽快恢复教育教学秩序。

（六）日常训练原则

学校在平时就应该做好事件处置的人力、物力、财力等各项准备工作，并组织进行紧急事件处置演练，在演练中提高师生自护自救的基本技能，提高学校处置突发事件的能力和水平。

（七）依法处理原则

在预防、处置、恢复中小学、幼儿园重大突发事件时，有关部门应依照相关法律法规进行处理。

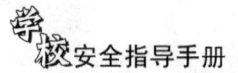

第二节　积极开展学校应急管理体制建设

一、建立校园安全预警机制

为减少和防止学校突发事件的发生，各学校应建立一整套相对完备、运转协调的校园突发事件的预警机制。预警机制的建立应从以下几方面着手。

（一）建立职责分明的组织机构

处理学生突发事件，必须建立职责分明的组织机构，集中人力，团结协作。一旦发生突发事件，这一机构就要及时行动，稳定人心，调动每个部门和教职工正确处理突发事件的主动性，尽快化解危机。

中小学可以成立处置突发事件领导小组，这个小组的成员不仅由底层、中层干部组成，而且学校的最高决策者也应该成为这个小组的重要成员，并积极参与到小组活动中，以便发生突发性事件时，迅速做出决策。

（二）建立畅通的沟通渠道

校园突发事件应急管理的核心之一是沟通管理，所以学校应建立畅通的沟通渠道，平时可以通过这一渠道收集有关师生的学习、生活动态，以便在处理突发事件时可以有效引导舆论的导向。

1. 树立以人为本的理念，做好服务工作

突发事件的发生是有一定原因的，是矛盾和困惑积累的结果。其中与管理工作不到位和一些人为因素有一定的关系。因此，学校为了防止突发事件的发生，必须尽力消除这些因素，以人为本，做好服务工作。首先，要尊重学生的人格，理解和信任他们，真诚地与学生进行沟通。其次，要做好学生的服务工作，如开设意见箱，设立校长每周接待群众来访日，干部轮流到学生食堂就餐等制度。幼儿园主要是注意多与家长联系，听取家长的意见。

2. 注重信息沟通，准确做出预测

信息沟通在学校的安全管理中具有重要作用，无论是在事故预警还是在事故处理过程中，都是一个非常重要的环节。学校、幼儿园与学生和家长之间应该经常保持交流和沟通，建立良性的信息沟通机制。学校要及时收集学生反映学校饮食、教学、宿舍管理和服务等方面的信息，并及时做出反馈。有关人员应从这些信息中准确识别各种征兆信息，对学校可能产生突发事件的性质、范围及结果进行分析、判断，并将信息及时集中汇总，报告上级安全管理层，为领导层做出决策提供依据。

3. 坚持信息透明，把握舆论导向

发生突发事件时，社会和家长迫切希望知道事件发生的原因、产生的影响、处理的过程以及进一步的演化。由于这时人们还不了解真相，容易出现谣言，引起人们心理上的恐慌。对学校管理者来说，应理解人们的心理，及时、公开、透明地传达准确真实的信息，把握舆论导向，稳定师生和家长的情绪。此外，在传达信息时必须统一口径，保持信息的一致性和准确性，最好指定专门人员统一向外界发布消息。坚持信息透明，不仅要澄清事实真相，还要为师生采取理智的行动提供重要参考，起到制止谣言的作用。

有学者将突发事件处置中沟通的有效原则做了详细的归纳，主要内容如下：

（1）亲临现场。大部分被采访者将单位领导人亲自出面当成最重要的心理沟通讯号。

（2）选择媒介。当危机发生时，常规通信媒介，如电子邮件和有线电话可能都无法工作。有关负责人必须创造性地选择媒介，将重要信息传播到每个相关者那里。

（3）沟通"真诚"，不讲套话，简短扼要。危机往往造成内部人员心理与生理的创伤，领导人必须以真诚的态度与亲切的语言表达自己的心意，而不是将"安慰"当作管理工作的一部分。

（4）多余的高声叫嚷要不得。不必要的大呼小叫只会使本来已经紧张的气氛更加令人恐慌。在处理紧急事故时，军事化的口令重复往往很有效，能确保在混乱之中沟通准确。领导人可以采用军事化命令与重复的方法，在简短地发出指令后，让接收人简短重复命令内容以确定理解是否准确。

（5）选择最先响应者做沟通热点，用响应者去带动犹豫和迟疑的跟随者。危机情境下，领导人没有说服动员的时间，他们需要依赖最先响应者的信心和榜样作用来带动其他追随者。

（6）与媒体保持良好关系。媒体是现场管理者与公众之间的纽带，现场管理者与社会的沟通是通过媒体实现的，应该以此来把握舆论导向，稳定相关人员的情绪。另外，现场管理者不应排斥媒体，掩盖事实，这极易引起谣言。

（7）沟通之前做好充分的准备，尽最大努力使所说信息保持准确。

4. 事件处置中应处理好五种关系

在重大突发事件处理过程中，除了坚持有效沟通原则，还要在沟通中妥善处理好几种关系。有专家归结出以下五种关系。

（1）妥善处理好学校与上级机关的关系。突发事件处理过程中，学校要及时向上级主管部门汇报工作进展情况，以取得上级部门的法律和政策方面的援助，使棘手的问题迎刃而解。汇报的内容主要是事件处理过程中的关键点，如责任归属、案情反复、人道抚慰、律文起草、预案制定等。

（2）处理好学校与学生管理干部的关系。学校安全领导小组成员的工作分工一定要明确，尤其是在处理事件过程中，要明确学生工作管理干部的职责，哪位领导直接参与事件处理，哪位领导专门负责稳定学生的思想工作，都要有明确规定。另外，学校要多关心一线的学生管理干部，在事件处理过程中，要善于减缓他们的精神压力。

（3）妥善处理好学校与新闻媒体的关系。在重大事件处理过程中，学校与新闻媒体关系的处理要讲究艺术，因为这事关学校的声誉。学校应安排专门部门负责配合媒体的工作，学校要指定专人主动通过新闻媒体向大众发布有关事件的处理程序和准确的信息，尽量让媒体的正面报道促进事件处理。

（4）妥善处理好与当事者家长的关系。在重大突发事件处理过程中，学校要妥善处理好与学生家长的关系。在工作中一定要有耐心、细致入微、考虑周全，多为家长着想，说服学生家长理性地对待重大突发事件，积极配合学校的工作。

（5）妥善处理好学校与司法机关的关系。在事件处理过程中，很多情况会涉及法律方面的问题，所以学校应安排专人负责和司法机关保持联系，密切配合司法机关的工作，以确保各项事件处理顺利进行。

（三）建立各种学校突发事件应急预案

突发事件应急预案在学校安全处理过程中起着决定性作用，因此，各学校的校园安全小组应多注意观察、分析学校可能存在的安全隐患，根据学校自身情况制定出各种突发事件应急预案。有关应急预案的理论和事例分析将在下文专门介绍。

（四）建立简洁、明晰的工作流程图

对学校应急事件的处理，除了要掌握及时有效的信息，制定科学正确的决策外，还要建立一套简洁、明晰的工作流程图。突发事件的工作流程有简单、明了的特点，可以保障相关人员迅速理解并记住处理事件的基本步骤和过程。不同的学校，不同的事件类型，有不同的工作流程图。所以，各学校要针对其自身的特点，对可能产生的各种突发事件做出不同的流程图。

（五）做好日常防范和教育工作

要避免学校突发事件，学校必须做到防患于未然，防微杜渐，做足平时功夫。

所以各学校一定要注重对日常工作队伍的培养，建立良好的工作运行机制，健全规范制度体系，明确工作职责，做好工作预案，开展安全教育，树立安全意识。

二、完善校园突发事件应急处置程序

应急体系的应急处置程序按过程可分为接警、响应级别确定、报警、应急启动、救援行动、扩大应急、应急恢复和应急结束等过程。下面对突发事件应急处置的程序作简短叙述：

第一，突发事件发生后，区域管辖人员应立即将事件、地点、时间、所涉及人员和主要情况向主管、分管领导如实报告，并及时拨打校园110。此外，还要求助公安、交通、消防、通信和医疗急救等部门，如拨打110、119、120等。

第二，校园110服务台接警后应立即报告保卫处领导，并在5分钟内赶赴现场，视情况采取必要措施，开展前期救援行动，力求将损失降到最低。

第三，分管领导及保卫处接警后，应马上通知有关部门领导，并及时组织校卫队、义务消防队、治保队、教职员工等人员救助抢险，并根据突发事件处置原则做出处理决定。

第四，学生工作干部接警后，要迅速到位，摸清情况，稳定情绪，并及时向处置突发事件领导小组反馈情况和信息。

第五，学校党政领导、保卫处、党政办、教务处、宣传处以及后勤要迅速行动起来，根据预案，各自做好所分管的工作，并与学生工作干部形成联动。

第六，现场指挥领导小组要维护好治安秩序，做好交通保障、人员疏散、学生安置等各项工作，尽全力防止紧急事态的进一步扩大。及时掌握事件进展情况，随时向上级机关报告。

第七，公安、交通、消防、通信和医疗急救等部门人员和处置队伍赶赴现场后，学校的有关人员应迅速撤离现场。现场应急指挥领导小组应积极与处置队伍配合，按照专项预案分工和事件处置规程要求，密切协作，共同开展应急处置和救援工作。

第八，应急结束。突发事件现场处置工作结束后，应由事件处置主要责任部门向上级机关报告，拟请结束应急处置工作，以便上级机关宣布停止突发事件应急处置工作。

第九，突发事件应急处置过程中的要求。突发事件的应急处理是一个复杂的过程，在处理过程中需要注意一些要求，有学者对突发事件应急处理过程中的要求作了总结概括，具体内容如下。

1. 要做到"情、理、法"相结合

在处理校园突发事件过程中，要做到"情、理、法"相结合。"情"指在开始处理事件时，要多为学生家长着想，以情入手，稳定学生家长的情绪；"理"指在稳定情绪后，要和学生家长理性地分析事件原因，明确相关责任，以理服人；"法"指要依法办事，在当事人和学校出现争执时要用法律手段来解决问题，做到让各方信服。

2. 要做到"快、准、净"

在处理突发事件的过程中，还必须做到"快、准、净"。"快"指在突发事件的处理中，如果遇到学生伤害情况，学校必须快速、高效地进行抢救；"准"指对突发事件处理工作的进展、指挥、分析和预测要准，对新闻媒体公布的消息要准，对学生家长的谈话要准，要谈到位；"净"指突发事件的处理工作一定要干净、彻底、不留隐患。学校要与家长签订"事件善后处理备忘录"，以消除双方日后不必要的争端。

3. 要做到"三不放过"和"三个满意"

在处理校园突发事件过程中，要做到"三不放过"和"三个满意"。"三不放过"，即坚持做到问题不搞清楚不放过，有关责任者不受到深刻教育不放过，不教育一批人不放过。"三个满意"，即重大突发事件的处理，要最终达到当事人及家长满意、学校满意以及上级主管部门满意。

三、做好校园突发事件恢复与重建工作

当学校突发事件逐步缓解时，学校的工作重心应及时转移到突发事件的恢复管理之中，突发事件恢复是学校突发事件管理的重要组成部分，也是学校工作走向常规的必要条件。突发事件总是会给学校带来一定的有形和无形的损害，所以，突发事件管理的首要任务就是将事故恢复到事发前的状态，为学校和个人获得新的发展提供准备。只要突发事件恢复工作做得好，不仅可以把突发事件造成的损害降到最低，还可以为学校的新一轮发展提供契机。

在突发事件恢复时期，学校要及时将有关文件进行整理归档，建立完备的处理案例，以便从案例中吸取教训、进行反思。学校要评估突发事件处理过程及成效，总结改进学校的管理工作，尤其是学校突发事件管理方面的工作，防止类似事件的再次发生。同时还要消除分歧，安抚相关人员；思考事件发生的缘由等。有时学校在进行恢复工作时，还要与媒体沟通，与司法部门联系，以及承担某方面的责任等。

第十八章

构建学校应急综合保障体系

- 第一节　加强学校安全基础设施建设
- 第二节　提高乡村学校自身抗灾救灾能力
- 第三节　认真做好日常管理和巡查工作
- 第四节　完善校园安全监控系统
- 第五节　加强学校实验室装备及设施建设

应急保障系统,主要是指在处理应急事件中所用到的各方面资源,如人力资源、财力、物资装备、医疗卫生、治安以及信息通信等。

学校应急管理工作要确保应急有预案、救援有队伍、联动有机制、处置有措施。要充分发挥组织在应急管理中的作用,进一步明确单位负责人在应急管理中的职责,全面推进应急管理工作。学校要积极开展公共安全知识和应急防护知识的教育和普及,增强师生公共安全意识。宣传部门要经常性地开展应急知识宣传,做到人人知晓,并针对校园生活中可能遇到的突发公共事件,制定操作性强的应急预案;加强应急基础设施建设,努力提高学生自救、互救能力;学校领导要加强对应急管理工作的指导和检查,及时协调解决人力、物力、财力等方面的问题,促进应急管理能力的全面提高。

第一节 加强学校安全基础设施建设

一、应急保障

各有关学校要按照职责分工和相关预案做好突发公共事件的应对工作,同时根据总体预案切实做好应对突发公共事件的人力、物力、财力、交通运输、医疗卫生及通信保障等工作,保证应急救援工作的需要和灾区师生的基本生活以及恢复重建工作的顺利进行,尽可能保证学校正常的教育教学秩序。

二、应急队伍保障

各学校、幼儿园要加强校内应急救援队伍的业务培训和应急演练,建立联动协调机制,提高应急装备水平。动员社会团体、各有关单位以及志愿者等各种社会力量参与应急救援工作。要加强以乡镇和学校为单位的公众应急能力建设,发挥其在应对突发公共事件中的重要作用。

广大教职员工是处置教育系统突发公共事件的骨干和突击力量,是教育系统突发公共事件的先期处置队伍,按照有关规定有义务有责任积极参加应急处置工作。教育局机关干部、直属单位职工、学校的广大教职员工,凡接到突发公共事件的警报及处置通知,必须无条件地快速到达指定地点,在"领导小组"的统一指挥下参加突发事件的应急处置工作。

社会团体、各有关单位以及志愿者等各种社会力量是学校突发公共事件的第二处置队伍，事发地政府和"领导小组"以及现场应急指挥机构切实协调、组织好，并按照部门的业务、职责特点，迅速分工，分头开展应急处置工作。

各学校根据突发公共事件的性质，组织学生开展自救工作；但各校不能让已经处在安全地带的学生进入危险的地方参加抢险救灾活动，不能组织学生参加异地突发公共事件的应急处置工作。

三、经费保障

保证突发公共事件应急准备和救援工作所需资金。对遭受突发公共事件影响较大的学校和个人要及时研究提出相应的补偿或救助政策。要对突发公共事件应急保障资金的使用和效果进行监管和评估。

四、物资保障

建立健全应急物资监测网络、预警体系和应急物资的储备、调拨及紧急配送体系，完善应急工作程序，确保应急所需物资和生活用品的及时供应，并加强对物资储备的监督管理，及时予以补充和更新。

必要时，可以在全区教育系统内发动学校及全体师生开展应急物资的义务捐献活动。

五、基本生活保障

做好受灾师生的基本生活保障工作，确保灾区师生尤其是在校食宿的师生有饭吃，有水喝，有衣穿，有住处，有病能得到及时医治。

六、医疗卫生保障

各学校根据需要积极配合、协助卫生部门开展医疗救治、疾病预防控制等卫生应急工作。必要时，请求政府组织动员红十字会等社会卫生力量参与医疗卫生救助工作。遇到在突发公共事件中出现的重伤、病师生，要进行现场紧急处置，并以最快的速度送医院进行救治，要不惜一切减少师生的伤亡。

七、交通运输保障

保证紧急情况下应急交通工具的优先安排、优先调度，确保运输安全畅通；加强与协作单位的联系和沟通，建立紧急情况下社会交通运输工具的借用机制，

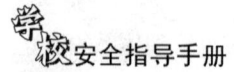

确保抢险救灾物资和人员及时、安全送达。

八、社会治安保障

加强对重点地区和学校内重点场所、重点人群、重要物资和教学设备的安全保护，依法严厉打击违法犯罪活动。必要时，借助公安、司法部门依法采取有效管制措施，控制事态，维护社会稳定和学校正常的教学秩序。

九、紧急避难场所保障

指定或建立与实际相适应的应急避险场所，完善紧急疏散管理办法和程序，明确责任人，确保在紧急情况下师生员工安全、有序地转移或疏散。

十、通信保障

建立健全应急通信、应急广播保障工作体系，完善通信网，建立有线和无线相结合的应急通信系统。一旦突发公共事件，"领导小组"全体成员、各工作组成员、事发学校校长及学校领导班子成员的手机、电话必须保证畅通，办公室也要专人值班，确保通信畅通。

十一、应急结束

特别重大突发公共事件应急处置工作结束或者相关危险因素消除后，现场应急指挥机构应予以撤销。原发布突发公共事件发生信息的部门，以同样的方式宣布应急结束。

十二、恢复与重建

积极稳妥、深入细致地做好善后处置工作。对突发公共事件中的伤亡人员、应急处置工作人员，以及紧急调集、征用有关单位及个人的物资，按照规定给予抚恤、补助或补偿，并尽可能提供心理及司法援助。学校配合和协助有关部门做好疫病防治和环境污染消除工作。区教育局、学校协助有关保险机构及时做好有关单位和个人损失的理赔工作。

十三、调查与评估

对突发公共事件，尤其特别重大的突发公共事件的起因、性质、影响、责任、经验教训、恢复重建和防范改进措施等问题进行及时的调查评估。"领导小组"责成相应部门参与事件的调查处理，及时、准确地查清事件性质、原因，总结教训，提出防范和改进措施，形成书面报告报相关部门，重大事项向区委、区政府专题报告，并依法报请相应部门追究相关责任人的责任。

第二节　提高乡村学校自身抗灾救灾能力

乡村学校突发事件主要有四个方面：一是自然灾害，如山洪暴发、泥石流、地震、虫灾等；二是公共卫生突发事件，如中毒和各种传染性疾病暴发；三是各类事故的发生，如交通事故、瓦斯爆炸、山林起火等事件；四是重大违法犯罪恶性事件，如投毒、假酒、械斗、黑社会团伙犯罪等。由于人们对自然环境的破坏、社会人口流动的加速、市场机制的深入和全国社会转型，乡村学校突发事件频繁出现，应对的难度也在增加。

一、建立和健全乡村学校突发事件应急机制的必要性

改革开放前，我国的社会体制在一定程度上是由战争体制延续下来的，再加上当时坚持高度集权的经济、政治体制，在突发性事件发生后，能够迅速集中人力、物力和财力处置。当时的农村在处理突发性事件方面也具有这一特点。改革开放以来，城市的情况发生了一些变化，但仍是经济、政治中心，也是处理突发事件的中心，加上我国对处置突发事件采取了一系列科学的措施，可以说城市处理突发事件应急机制基本健全，并且在有效地运作。但农村与城市的情况不同，要加强农村处理突发事件应急机制的建设。

在处理突发事件方面农村处于不利的地位。当突发事件爆发时，有的农村信息渠道不畅通。农村交通不便，特别是偏远山区的农村，发生了突发事件信息报告不出来，救援人员一时半刻赶不去，耽误应急处理。我国农村星罗棋布地分布在全国各地，有的农村和外界联系的道路崎岖遥远。农民应急的意识淡薄、能力差，遇到突发事件，有的被动观望，有的惊慌失措。由于集体经济的弱化，农村处理突发事件的财力、物力不足，有时会错过应急处理的最好时机。农村的突发事件多，洪灾、泥石流、山林火灾、瓦斯爆炸、假酒案、投毒案、烟花爆竹事故等频繁发生。

加强对农村处理突发事件的研究，强化农村处理突发事件的能力意义重大。第一，有利于农村的安全和稳定，农村的安全和稳定是全国安全和稳定的基础。第二，有利于农村全面小康社会的建设，农村全面小康社会建设是全国全面建设小康社会的前提。第三，有利于农村处理突发事件应急机制的建设，农村处理突发事件应急机制是全国处理突发事件应急机制的重要组成部分。第四，有利于发现农村在处理突发事件中存在的问题，并针对问题提出相应的建议和措施。同时有利于总结农村传统的处理突发事件的经验，并将这些经验作为新时期处理突发性事件的组成部分加以推广。

二、农村突发事件应急机制的构建

（一）统一思想，提高认识

随着市场机制的深入和政府职能的转变，处理突发事件是政府职能的重要组成部分和常规事务，要尽快与国际相关机构接轨，实现城乡突发事件应急处理一体化、规范化和法制化；加强农村突发事件应急机制的建设，农村是突发事件多发区和重灾区，农民应对突发事件的能力低，受的损失和遭受的危害大；对突发事件坚持预防为主，预防、处置和救助相结合，最大限度地减少损失和消除危害。必要时为了全局的利益牺牲局部利益，但事后要给予必要的补偿。

（二）在政府的统一领导下，建立强有力的组织指挥系统和科学的应急救援网络

在农村突发事件应急机制中，县是突发事件应急处理的指挥中心，乡镇是前沿阵地，要建立县、乡、村三级应对突发事件的网络体系。县委书记和县长挂帅，设立对突发事件处理的常设机构。由公安、民政、农业、水利、卫生及地矿部门组成综合性的突发事件应急指挥中心。对本地区可能出现的突发事件要有一定的物质储备，要对专业人员经常培训，畅通有关信息渠道。乡镇是处理农村突发事件的前沿，利用乡镇干部对农村情况熟悉，距离可能出事的地点近的优势，争取第一时间到位，并亲临现场指挥应对。村党支部和村委会等干部要号召和动员村民自觉地配合应对。

（三）对农民进行应对突发事件的宣传教育活动，使农民有主动应对可能的突发事件的心理准备

农民应对突发事件的知识比较贫乏、心理比较保守，遇事往往容易慌张，通过宣传教育提高他们应对突发事件的能力和自觉性。一是进行心理教育，使农民

有应对突发事件的心理准备，遇到突发事件沉着应对，科学预防。二是进行顾全大局、团结战斗的献身精神教育。要使农民懂得权衡利弊，要有为了全局的整体利益，暂时牺牲个人或局部的利益的思想准备。三是普及当地经常发生的突发事件的民间应急措施的知识。对当地经常发生的突发事件，我国民间总结了一系列应对措施，这是一笔可贵的财富，要开发和利用。四是宣传应对突发事件的科学知识。如传染病防治知识、违法犯罪的预防措施等，要向农民普及。五是普及突发事件应急的法律知识。要普及传染病防治、地震救助、山林火灾的防范和这方面违法犯罪的处罚等法律知识，使农民明白自己在突发事件处理中的权利和义务，使农民自觉投身到应对突发事件的实践中去。

（四）强化对农村突发事件的预警和预防

对历史上本地曾发生过的突发事件，农民有一定的预感和思想准备，也有一些这方面的应对措施，而且对可能爆发的突发事件的预兆和应对措施做到耳熟能详、家喻户晓。春天雨水多，夏天就有可能发生洪灾。动物出现频繁，不久可能发生地震。精明的农村老人根据经验对当地历史上出现过的突发事件能判断得八九不离十。我们应该挖掘、整理和利用这些民间的经验，同时进行科学的预测和监控，如为了防洪抢险整理分析有关气象资料，为侦查破案要分析当地公安机关的摸底记录。把民间的经验和科学的统计资料结合起来分析，基本可以预测近期本地可能出现的突发事件的苗头。再经过进一步的分析研究，可以大致地把握本地区突发事件可能爆发的时间、地点和程度。在此基础上培训相关技术人员，储备必要的有关物资，开展应对知识宣传，一旦突发事件爆发，可以做到心中有数，并在突发事件爆发前做一些必要的预防工作。

（五）农村突发事件的应急处理

根据预测，且主管部门就可能爆发的突发事件提出预案建议，并对预案的实施进行组织、指导和监督。村是农村突发事件的现场，村干部要在第一时间向乡镇报告，并组织村民防范和应对，做些力所能及的工作。乡镇在接到报告后，要在向县主管部门报告的同时，组织力量赶赴现场，亲临指挥，根据需要对相关人员进行疏散隔离或封锁，最大限度地降低损失和减少危害。县主管部门在接到报告后，一方面要向上级报告，另一方面要组织相关部门和相关技术人员赶赴现场。同时启动储备物资运往现场，并筹措后备资金，组织应对和处理突发事件。在整个应对过程中，要坚持民间方法和专业方法相结合，坚持专业队伍和群治相结合。在充分调查和论证的基础上果断决策，依法行事，必要时可以采取强制措施。

（六）在处理农村学校突发事件时要注意农村社会的特点

从积极的方面看：一是对于在本地区历史上曾出现过的突发事件，如洪灾、虫灾、地震、鼠疫等，农民特别是农村中年纪大的人，有一定的预见性，要听取他们的意见。二是在处理农村突发事件时，要注意发挥农村精英的作用，他们在村民中有号召力，要合理利用他们身上的号召力。三是农村自古以来有相互救助、群防群治的传统，邻里之间、同宗族之间、同学和战友之间关系密切，在处理农村突发事件时要发挥这一传统的作用。

从消极方面看：一是如前所述，农村信息联系不畅通、交通不便、资源不足、科学的处置方法少。因此，在处理农村突发事件时要充分发挥现代手段的作用。二是一些村民觉悟不高，比较自私，容易斤斤计较，在处理突发事件时不支持舍小保大的原则，要对农民做耐心细致的思想工作，对做出牺牲的村民事后一定要给予必要的补偿。三是近年来一些农村地方主义、宗族势力抬头，在涉及本村、本族、本家的利益时有抵触情绪，有的地方还出现过暴力抗法事件。在处理农村突发事件时也要有这方面的思想准备和措施。

（七）做好乡村学校突发事件处理的善后工作

一是要认真总结经验和教训，并对农民进行突发事件知识教育，使农民掌握更多的应急知识，为处理应急事件奠定基础。二是公布承担各种法律责任的事件和人员，使农民接受处理突发事件的法律教育，同时体现法律在社会生活中的威严。三是对在处理突发事件中受到损失的村和个人进行补偿，使农民体会到处理突发事件的合理性和公正性，消除疑虑，以便今后积极配合处理突发事件的工作。四是对在处理突发事件中的先进个人和集体进行表彰，尤其是对村民中的那些表现突出的人给予表彰和奖励，鼓励农民积极地投身于今后处理突发事件的行动中。

第三节　认真做好日常管理和巡查工作

全校教职工一定要统一思想、提高认识、强化意识，坚持谁主管、谁负责、层层签订责任书的原则，按照校长亲自抓、分管领导具体抓、安全监督员带头抓、一级抓一级、一级管一级的安全管理体制，认真做到领导、措施、责任、资金、人员"五落实"，坚持日常和集中力量相结合，查漏洞、找隐患、促落实、保安全。

一、学校日常活动安全要求

学校教职工实行一岗双责,一是做好自己的本职工作,二是加强对学生的安全教育和安全管理。

（一）体育课及体育活动的安全

体育老师和体育教研组长要分别对学生体育课及体育活动进行安全教育,重视体育卫生监督,认真检查一切体育设施的运行情况,如有安全隐患,要坚决停止使用,并立即向学校报告;要反复讲明动作要领,强调安全要素,加强活动过程中的保护和预防措施,为学生合理安排运动区域,严禁放敞式的体育自由活动。

（二）运动会的安全

组织学生运动会要周密安排,成立组委会,设立专门安全小组负责对运动会的安全管理,统一指挥,维护比赛场地秩序;比赛期间对比赛场地、设施、设备要认真检查,排除事故隐患,对投掷、跳高、跳远、短跑、接力赛场地要重点设防,专人负责,加大人力投入,预防意外事故发生;准备一些常用药品及医用物资,要有抢救人员和必要的交通工具,以应对突发事件;对啦啦队要落实专人进行规范管理。

（三）课堂教学（含实验课）的安全

任课老师是安全管理责任人,要维护课堂纪律和秩序,及时制止学生的危险行为,防止学生发生安全事故和伤害事故。

（四）集队集会安全

要加强对学生集队集会的安全管理,要有目的、有针对性地进行安全教育,集队集会要按年级、班级、按方位有顺序进出场地并形成惯例;严禁快速集合,防止混乱和拥挤;楼道、过道要指定安全责任人,坚持到岗值班履行职责,确保集队集会过程中师生的安全。

（五）大型活动、外出活动安全

举行师生大型活动和外出活动要制定安全预案并事先报当地教育行政部门批准;预案内容根据实际情况包括安全责任人、执行时的各环节、房屋建筑安全检查、照明灯光电路的检查与维修、参加人员的进场与退场组织、交通工具安全及行进路线、应急措施等进行安排，必要时要和当地派出所、消防部门取得联系，争取支持，防患于未然。

（六）学生行为规范教育

德育处负责落实相关责任人对学生的日常行为规范、安全教育，经常性地教育学生，严格要求，严格管理。

二、学校建筑及附属设施安全要求

（1）建立健全学校房屋的档案，建立房屋档案管理制度，加强对校舍建筑图纸资料、供水、电、气设计图纸资料的管理。

（2）基本建设项目从设计立项到竣工验收，都要严格依法管理，做到"五个必须"：必须依照学校自身的特点进行规范设计；必须依法管理，严格按照国家规定的报批程序进行审批；必须严格按照国家有关建筑质量规定进行施工监督；必须严格要求施工单位按照国家有关建筑施工规程进行施工安全管理；必须按照有关国家质量标准进行竣工验收。

（3）重点加强对危房的日常管理和监控，发现危房应立即停止使用，并在周围设置明显标志，明确禁区，严防师生误入，确保安全。

（4）加强对围墙、花台、窗台、墙体附属物及其他绿化设施的日常安全维护与管理。

（5）加强对停车棚的日常安全管理，建立学校师生停车安全管理制度。

（6）各年级安排的楼层值班员，重点负责对楼层过道、楼梯的日常安全管理，确保师生在楼层、楼梯的安全。

（7）学校聘用的电工，负责对学校一切供用电设施设备的日常安全维护和管理。

（8）各组、处、室负责人，负责对办公室的日常安全管理。

（9）各班班主任，负责对学生和教室的日常安全管理。

（10）实验室的实验员，负责对实验室和学生实验时的日常安全管理。

（11）体育保管员，负责对一切体育场地、设施、设备的日常安全维护和管理。

（12）医务人员负责对医用药品及设施的日常安全管理。

（13）电教员、网管人员负责对电教设备及校园网络设施设备的日常安全管理。

三、学校校园信息网络安全要求

校园信息网络安全管理责任人，重点负责对校园信息网络日常安全维护与管理，切实搞好网络安全监控，防止腐朽思想侵蚀，防止计算机病毒入侵，防止网络泄密，防止敌对势力破坏。

四、校园周边环境治理要求

聘请属地派出所所长为法制副校长、管段民警为校外法制辅导员，定期开展各类法制讲座，开展"民警共建安全文明校园"活动，建立警民共建"平安学校"。同时要与当地公安机关建立警民协作联系制度，邀请民警协助学校做好法制教育与帮教工作。

五、门卫管理制度

（一）门卫职责及要求

严格执行有关法律法规及学校门卫制度，确保师生进出校门通道的安全、畅通，协助管段民警、社区工作人员做好校门通道及附近区域的治安工作。

（二）门卫管理制度

学校门卫制度是对一切进出学校的人员和物品进行有效监控和严格管理的制度。包括进出人员证件查验制度、外来人员入校登记制度、会客制度、车辆准入放行制度、物品出入查验制度。

1. 进出人员证件查验制度

（1）非学校教职员工进入学校，应主动向学校保卫人员出示表明身份的相关证件。

（2）学校保卫人员应认真查验进入学校的外来人员的相关证件，严禁不明身份人员进入学校。

（3）在上课期间，学生确因特殊情况需要出校门时，必须持有班主任老师签字同意的请假条，学校保卫人员查验后方可放行，并将请假条存档备查。

2. 外来人员入校登记制度

（1）外来人员进入学校，必须在学校值班人员处进行登记，经允许后方可进入。

（2）对拒不进行登记的外来人员或登记内容与事实不符的，学校保卫人员有权拒绝其进入学校并做好解释工作。

3. 会客制度

（1）教师在开展教育教学工作期间原则上不会客，确因工作需要会客的，需由教师本人到门卫室确认和登记后准予进入。

（2）学生家长到学校找教师交流或了解学生情况时，需由教师本人到门卫室确认和登记后准予进入。

（3）学生家长要进入学校找自己的孩子或其他学生，只能在课间由班主任陪同登记后进入。

4. 车辆准入放行制度

（1）在正常教育教学工作期间，应关闭好校门，严禁机动车辆进入学校。

（2）上级视察工作或确因工作需要进入学校的车辆，需经学校领导同意后，在值班人员的引导下停放到指定地点，禁止鸣笛，限速行驶，确保师生安全。

5. 物品出入查验制度

（1）学校值班人员对进出学校的外来人员携带的物品进行登记，对可疑物品要进行查验，严禁易燃易爆、剧毒、管制刀具等危害物品进入校园。学校因教学需要购买的化学实验药品，必须由实验保管员带入并登记。

（2）学校值班人员对带出学校的大宗物品要请示学校领导同意并查验登记后方可放行。

（3）学校值班人员要加强对带入或带出学校的可疑物品进行盘查，确保学校和师生的人身财产安全。

（三）保障措施

（1）脱岗处理。脱岗5分钟内一次扣发当月岗位津贴50%，两次及以上扣发当月岗位津贴，脱岗5分钟以上一次扣发当月岗位津贴。

（2）违反文明上岗制度的处理。若有家长或外来人员以及本校师生向学校投诉工作人员服务质量及态度，经查属实按相关规定处理。

（3）做好清洁卫生，维护学校形象。保持值班室及校门周边20米内的清洁卫生。如值班室内地面有烟头或纸屑、清洁卫生不佳等情况，一次扣除当月津贴20%（以学校清洁卫生检查及抽查为准）。

六、值班制度

(一) 值班制度

值班制度是对校园内任何时间、任何地点、任何情况的有效监控，起到及时联络各方面人员并在第一时间做出快速反应的安全管理制度。

值班包括节假日值班、防汛值班、学校行课期间的值班（值周）、教学楼各楼层值班（中午、下午放学下楼）、中午学生午休值班、年级值班、保安值班、夜班巡视、门卫值班、课外休息值班以及按上级要求进行的其他值班。

全校教职工有值班的义务，值班时必须安排有行政领导带班，值班人员必须在岗值班。值班人员和带班行政必须保证全天候通信畅通。

正常上课期间，当天值班干部是学校当日安全管理第一责任人，是学校管理的总负责人。

(二) 学校值班干部、教师职责

每天值班干部负责一天内的值班工作，负责检查落实校内外的各项具体工作，并做好检查记录，发现问题及时向行政办公室汇报相关情况，并责成相关处室落实整改工作。

值班教师负责各班级一天内学生的日常生活和学习的管理。对所管辖的教学楼、实验楼周边的秩序进行管理，检查并制止学生违纪。

值班干部负责巡视，早上注意早读秩序，课间检查各楼层楼梯值班教师到岗情况，中午帮助组织午饭发放及学生就餐。中午巡视各教学班级教师在岗及学生午休情况。

值班干部及教师组织好学生进餐及上辅导课的正常秩序，每日做好值班记录。值班老师负责学生离开后的清场。检查并记录各班级中午值班、晚自习值班到岗情况，晚自习结束后学生洗漱情况的观察，做好相关检查记录，周末汇总后报德育处。迟到学生由值班教师负责核实登记，并由值班教师做好值班记录。

七、夜间巡查制度

为了加强学校的安全保卫工作，做到校园24小时有人值班，应制定学校夜间巡查制度。

(一) 巡查时间

学校值班员从教职工下班开始到次日早上7时。

（二）巡查内容

（1）清理放学后在校内玩耍、运动的学生。
（2）将整个学校范围内的闲杂人员清理出校园。
（3）检查全校范围内的门窗、水、电是否完好。
（4）检查安全隐患。
（5）对校园内的安全事故进行及时的处理。
（6）做好学校夜间的防火防盗工作。
（7）防止校内教职工发生人身财产安全事故。

（三）巡查要求

（1）每日巡查要有登记，有汇报。
（2）每晚巡查不得少于两次。
（3）发现问题及时处理，不能处理的通知校内夜间安全负责人进行处理，或者通知学校有关人员或领导。

八、安全检查防范

安全检查防范制度是加强对校园内所有部位、设施有可能存在的安全隐患排查和安全防范的安全管理制度。

安全检查坚持有章可循，违章必纠，有患必改，坚持"谁检查、谁签字、谁负责"的原则。

建立安全日常检查和整改制度，每日由德育处主任督促班主任检查本班教室及学生情况，由处室主任督促组员检查，各责任点（区域）责任人必须每日开展认真、仔细的安全检查，做到无盲点、无漏洞、无空白、无死角，如发现问题要及时处理、及时报告，并在学校安全工作检查记录本上做好记录。

每月由学校办公室组织相关负责人进行一次全校性的安全大检查，对可能存在安全隐患的区域不遗漏、及时排查，对发现的安全隐患必须在第一时间内立即整改，形成安全检查记录，以确保不留下任何安全隐患。

日常安全检查要集中力量、突出重点，把教室、图书室、阅览室、会议室、消防设施、供电设施、运动设施、教职工宿舍以及其他人群集中场所作为检查重点。

九、报告制度

报告制度是学校教职员工向学校或教育行政主管部门报告学校安全工作中相关事项的安全管理制度。

教职员工对所负责的安全责任区域内的安全隐患，要及时向学校有关部门负责人或分管安全工作的行政领导报告或直接向校长报告。事故发生后有关人员、班主任、分管主任、校长必须在第一时间赶到现场，处理、安抚好受伤学生，调查事件起因、经过，稳定学生和家长情绪，保证学校正常的教育教学秩序，事件未处理结束，相关责任人一律留在现场协助校长做好工作。对知情不报、遇事不及时赶到现场的责任人都将追究相应责任。

学校安全领导小组在每季度 30 日前，要书面向市教育局安全工作领导小组汇报学校季度安全工作情况。

对安全隐患的整改结果在规定时间内要向行政主管部门报告，对不能及时进行整改的安全隐患，要在报告中说明原因并提出防护措施。

值班人员要向学校带班领导报告每天的值班情况，对值班过程中的偶发事件或异常情况，值班人员能够处理的就及时处理，如不能处理解决的要在第一时间向当天带班领导或学校分管领导报告，并妥善处理。

发生安全责任事故或其他具有重大影响的事件，各处室负责人及班主任或相关责任人第一时间向学校报告，学校也要在第一时间向教育行政部门电话报告，并在两小时以内做出书面报告。

报告安全隐患应包括隐患的影响范围、影响程度、已采取的应急措施或整改措施、整改资金来源及其保障措施、整改目标等，报告安全事故应包括发生时间、地点、经过、人员伤亡情况、采取的急救措施、事故现场的保护措施等。

十、安全隐患整改

整改制度是学校教职员工根据学校要求或学校根据行政主管部门要求对存在的安全隐患或安全工作中存在的问题进行整改的安全管理制度。

重大安全隐患应设立警戒线，制定整改措施，落实整改责任人，确定整改时间。

教职员工要根据各自职责范围的要求，对存在的安全隐患或安全工作中存在的问题及时进行整改，整改完成后就要求学校办公室验收，并由验收人签字认可。

各组、处室要根据学校下达的安全工作整改通知书的要求，对存在的安全隐患或安全工作中存在的问题进行及时整改，并上报整改结果。

十一、用电安全

用电制度是学校所有涉及用电标准、安全及电器的使用、保管等环节的安全管理制度。

用电线路的安装和电器使用应符合国家有关标准和规定。严禁在学校范围内使用容易引发安全事故的大功率电器，如电炉、电热取暖器等。学校任何用电设备在安装、使用和撤除过程中都要指定专业人员负责，持有电力入网证和特种作业人员操作证的"两证"人员才能从事强电操作并建立电工管理档案。全校教职工一定要坚持"人走电断"的原则，合理、正确地使用一切电器设施设备。

十二、消防安全

（一）学校消防安全要求

设立消防安全管理责任人，签订消防责任书，落实消防责任，加强对校内公众聚集场所和大型活动举办前的消防检查；加强对违规使用电器设备的监督检查；加强对重大节日、重大活动、火灾多发季节、开学前和放寒暑假前的消防监督检查；对存在的问题及时向学校报告和整改。

（二）消防安全制度

学校贯彻"预防为主，防消结合"的方针，坚持专门机关与群众相结合为原则的消防安全管理制度。全体师生都应有保护消防设施、维护消防安全、预防水灾、报告火警的义务。建立校内公众聚集场所和大型活动举办前的消防安全检查制度，重点开展重大节日、重大活动、火灾多发季节、开学前后的消防安全检查，并指定专人负责校内消防安全。定期开展消防知识宣传，组织学生进行消防演练。

十三、食品卫生安全防疫

（一）食品、卫生和防疫安全要求

（1）加强对食品卫生的管理，医务人员负责学校饮食、小卖部的卫生和食品安全管理，对存在的问题要及时向学校提出整改意见。

(2) 学校用餐一定要求食堂保证食品的安全卫生，符合《食品卫生法》，并与学校签订安全责任书。

(3) 积极开展流行性传染病的防控工作，要定期组织师生参加体检；发现疫情果断处置、控制疫情发展，防止疫情蔓延并立即上报疫情，并对有关环境作全面、彻底消毒处理，建立长效的预防控制流行性传染病机制。

(4) 加强对学生卫生习惯的养成教育和宣传教育，包括个人卫生、饮食卫生、环境卫生、生理卫生、运动卫生等，教育学生从小养成良好的卫生习惯，严防病从口入。

（二）食品卫生防疫制度

食品卫生防疫制度是加强校园环境卫生整治、卫生防疫知识教育、严把食品卫生关、预防师生食物中毒事件、加强疫情控制的安全管理制度。

学校的小卖部必须按照《食品卫生法》、市卫生局、市教育局的要求，"两证"齐全，从业人员身体健康，并定期进行身体检查等，确保食品卫生的安全。

食品、小卖部要建立卫生"责任制度、试尝制度和菜品留样制度"。

大力加强卫生防疫知识教育，将卫生防疫知识教育纳入学校教育计划，切实开展对师生的卫生防疫知识教育。

学校在当地卫生防疫部门指导下开展流行性传染病的防控工作。

学校食堂必须办理有效的卫生许可证，工作人员必须配证（健康证）上岗。

杜绝采购"三无"产品和过期腐烂变质的食品，原材料采购必须索要相关证件，特别是卫生许可证。

必须坚持食品留样试尝制度，样品量保留够100克，留存24小时，并做好相关记录。

厨房专人专管，物卡相应，非管理人员禁止入内。

食堂不卖凉菜、四季豆、皮蛋、发芽土豆等危险食品。

按规定进行操作，生熟必须分开（包括储藏）。

依法办事（食品卫生），奖罚分明，层层落实责任，各负其责。

十四、安全宣传教育和培训制度

安全宣传教育的最终目的是增强师生安全防范意识，提高安全防范技能和自救自护能力，最大限度的预防和避免各类安全事故发生。

安全教育和培训制度是学校充分利用宣传阵地和教育优势，对师生进行各种安全常识和安全法规的经常性安全宣传教育和培训管理制度。

全校教职工要大力宣传党的安全方针和国家的各类安全法律法规，强化安全意识，坚持集中宣传和日常宣讲相结合，做到时时讲安全、处处讲安全、人人讲安全，努力把学校安全工作纳入法制化轨道。

大力加强安全教育和健康教育，对师生的安全宣传教育重点应包括交通、消防、用电、校内外活动、食品卫生、健康、防疫等各方面的内容，并在学校教学计划中占有一定比例。

十五、防汛制度

防汛制度是确保防汛期汛情、险情、灾情及时、准确、畅通传递，做好救灾工作，最大限度减少人员伤亡和财产损失的安全管理制度。

每年的6月1日至10月20日是潮汛多发期。学校应该成立防汛领导小组，并坚持防汛昼夜值班制度。

全校教职工都有防汛值班的义务，履行防汛职责。

防汛检查是预防和消除隐患的重要工作，防汛工作应坚持做到汛前整改，汛期重点监控，救灾及时。

十六、危险物品管理

（一）学校危险物品的安全要求

（1）危险物品安全管理责任人重点负责对学校危险物品的日常管理。

（2）根据各种危险物品的性质、特性制作分类标签，分类摆放，严禁各类危险物品混装混用，要配备相应的防火、防毒、防腐蚀及通风设施。

（3）危险物品必须存放于专用保管室，不能将专用保管室兼作他用。危险物品的使用和销毁必须符合操作规程。

（二）危险物品管理制度

危险物品管理制度是对易燃、易爆、有毒或腐蚀性的试剂、药品、气体、液体等易对师生产生危害和造成安全事故的物品的安全管理制度。

危险物品主要包括物理实验室、化学实验室等所需要的易燃、易爆、有毒或腐蚀性的试剂、药品以及其他危险物品。

负责危险物品的采购、存放、保管的人员，应建立严格的保管、检查、检测、领取、使用、库存、销毁登记制度。

十七、集会和大型活动制度

集会和大型活动制度是学校在教育教学活动中举行全校性的集会以及组织师生参加校内外大型活动时的安全管理制度。

举行全校性的集会应遵循"安全第一"的原则，做到有序和有组织地集会，不能一味地强调集会速度，避免学生在集会过程中发生挤压和冲撞。

大型活动备案、报告制度。学校举行的大型活动，举办的各组、处室要实行备案制度，活动报告连同安全预案报当地教育行政部门，批准后方可组织实施。学校举行的各种校内常规性教育教学活动，以班级、年级、组、处室为单位组织各种活动实行报告制度，学校批准后方可实施。

经批准举行的各种校外活动需乘坐的交通工具必须具有法定营运资质，必须同法定营运单位签订运输合同和安全责任书，组织者必须与学校签定安全责任书。

大型集会活动要事先对行车路线、交通工具、场地、设施、设备、消防、疏散通道等进行详细勘察，认真排查各种安全隐患，制订应急预案，确保人身安全。

校外大型集体活动在外就餐需同供餐单位签订食品卫生安全责任书。

严禁组织或个人组织学生参加各种商业性活动。

十八、经费保障制度

经费保障制度是学校为安全工作提供必要的经费和物质保障，确保安全工作各项措施贯彻落实的安全管理制度。

每学年安排一定比例的安全工作专项经费，用于安全隐患整治、安全知识宣传、事故应急救援、先进个人的奖励等。

尽力保证安全工作专项经费逐年增加和投入。

十九、学校安全工作建档制度

学校安全工作建档制度是学校安全工作的一个重要的组成部分，是确保安全工作规范化建设的必要措施。

学校安全工作的制度、日常安全工作的检查记录、安全责任书、整改方案、紧急情况预防处置方案均应归档备查。

学校安全工作档案应有专人负责，按类归档。

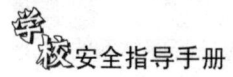

积极配合当地治安机关进行学校校园周边环境整治。

第四节 完善校园安全监控系统

学校是人口相对密集的地方，但由于学校场地分散、面积大、管理人员少，学生人数众多、生性好动、防范意识差，时常有各种安全事故发生，给学校和学生带来了不小的损失，影响了正常的教学和生活，校园的安全已成为不容忽视的大事。如何才能有效地维护校园秩序和安全，保障学校教学、科研工作的顺利进行，以及为同学们的生活和学习营造更好的安全环境呢？除了加大安全教育的力度外，完善学校安全监控系统正变得日益重要。

一、学校存在安全隐患的地点

学校的实验室、学生活动中心、运动场、图书馆、学生宿舍、餐厅、教学楼等公共场合都存在安全隐患。

（1）学生由于用电常识差，或是半夜点蜡烛等原因引发火灾。

（2）学生宿舍被盗事件（CD、相机、电脑）时常发生。

（3）高校自行车丢失事件时常发生，一般是车棚无人管理。

（4）图书馆存包架上偷窃钱包事件时常发生。

（5）实验室财物被盗事件时常发生。

（6）餐厅、运动场发生骚乱事件时常发生。

二、安全监控系统的安装

（1）在学生公寓楼楼道内设立监控点，公寓管理员可通过监控副控对公寓楼内人员的进出进行监看，特别是在夜间和学生上课期间，免去了管理人员扫楼查看的麻烦，也大大节省了人力。另外，安装报警器在有意外发生时可及时地报警（如火灾）。

（2）在图书馆存包处设立监控点，并做录像记录。用于在遇到突发事件时立即防范或作为事后分析处理的客观依据。

（3）在车棚出入口设立监控点，并做录像记录，用于防盗以及日后的查看。

（4）在实验室设立监控点，并做录像记录。实验室管理老师通过监控副控可坐在机房内对每个实验室进行监看,方便了管理。

(5) 在餐厅、运动场设立监控点、监听头和报警器,这些地方的人流量都比较大,管理人员通过监控副控可随时掌握现场情况。

(6) 根据学校的具体情况在一些特殊的位置设立监控点、监听头、报警器和副控点,完善学院的技防设施。

(7) 设立监控管理中心,所有监控信号都汇总在这里,通过电视墙监看所有监控点的现场动态,对需要记录的监控点进行硬盘录像,作为事后分析处理的客观依据。

三、视频监控系统

视频监控系统通过组建网络化的多节点的电子传输渠道,将分散、独立的远程图像采集点进行联网,实现跨地域、全范围内的统一监控、统一存储、统一管理、资源共享。

视频监控系统中设置用户角色和分配权限。视频监控系统中设置管理员和普通用户两种用户角色。普通用户具有对授权摄像机的监视和录像播放权限,管理员具有对授权摄像机的监视、录像播放和对管理器的控制权限。

视频监控系统中按单位或部门设置初始用户名,各单位或部门的用户通过初始用户名登录视频监控系统后,只能管理权限范围内的监控点的前端设备,查看权限范围内的监控点的视频监控图像。

四、安全监控系统的管理

(一) 成立校园安全视频监控系统领导小组

成立校园安全视频监控系统领导小组,明确分工,责任落实到人,定时对校园安全监控系统运行情况进行检查,以保证系统正常运行。

(二) 日常维护

每天对设备运行情况做好检查,包括摄像头的牢固情况、有无漏雨情况、编码器的运行情况、网络宽带的运行情况等,杜绝设备停止工作现象的出现。

(三) 必须保证设备持续供电

规定开机时间为每天早6点至晚6点,有个别学校需延长工作时间的,自己按照技术文档调好即可,延长工作时间段要有人对供电设备负责,以免出现意外情况。供电设备有摄像头、编码器，出现意外情况时需要记录，以备检查。

（四）视频录像存储要求

施检人员应及时从编码器里导出有价值的录像文件保存到本地计算机。对一些重要的、可以作为执法依据的录像信息，要用刻录机进行刻录保存，刻录的光盘应编号存档，并按规定保存一定时间。

（五）保密要求

所有视频监控录像信息均为学校内部资料，责任人必须严格依法遵守保密条款，采取有效措施履行保密义务，严禁资料外传。

（六）故障处理

学校在使用视频监控系统过程中，遇到故障，应及时与网通公司及装备办联系。

第五节　加强学校实验室装备及设施建设

实验室是学校教学的重要组成部分。随着教学改革的不断深入，实验室工作受到越来越多的重视，实验室工作水平成为反映学校教学水平、科研水平、管理水平的重要标志。实验室管理的基本任务是制定实验教学及科研规划，实验室的日常事务管理、仪器管理、设备管理等。

一、实验室装备

（一）教学仪器、器材的配备

仪器的配备，首先要做好配备计划。要注意以下三点。

1. 掌握配备标准

按照教育部颁发的教学仪器配备目录的要求，对照自己学校的类别并充分考虑到今后发展的趋势制订切实可行的配备计划，这是用好教仪经费的关键一步。值得注意的是，许多配备目录中所要求的配备数量仅仅是最低的要求，因此，我们不反对在经济条件许可的情况下适当增加教仪配备数量。

2. 摸清家底

由于经费的限制，也由于教材配备目录的变动，一般地，学校配备教仪都难以一次性配齐。就是已经基本配齐的学校，也有个补充更新的问题。所以，制订教仪配备计划，特别是补充更新的计划，一定要摸清家底，即学校实验室目前已经配了哪些仪器，还缺哪些仪器，有多少经费能用于购买仪器。这样才能做到心中有数，计划才能切实可行，做到不滥配、重配。

3. 上报仪器配备计划

根据学校可提供的经费情况，确定要配的仪器品目及数量，认真填写好订货单，经学校领导审批后上报县教仪站进行政府采购。

总之，制订教学仪器购置计划首先要根据配备标准满足教学需要，其次要考虑实际情况（如目前的经济实力）和长远发展规划。要注意用好经费，让有限的经费发挥出最大的效益。

（二）教学仪器的保管

这一项工作包括仪器到货后的验收、登账造册、排列存放、维修保养。

1. 验收

所订的教学仪器到货以后，应立即开箱验收。开箱验收时应核对到货仪器品种（名称）、型号规格、件数以及所应附的零配件是否齐全。核对无误后还得逐台开机试用，看是否达到原定要求。对新增加的或改型的品种，应仔细阅读说明书后，按说明书的指导程序进行各项功能的试机工作。若发现问题应及时与供货单位或教仪站联系，做善后处理，如保修、退换、索赔等，并将新仪器说明书收集、整理、装订、收藏，以备后用。

2. 登账造册

教学仪器是学校的资产，我们有责任保管好。为便于财务上的管理，教仪站有教学仪器的调拨账；学校会计应有仪器、器材的经费账；学校保管有固定的资产账；实验教师从学校保管处将仪器、材料领回各自负责的实验室后，应及时登入"学校实验室仪器设备登记卡"或库存材料（一般指低值易耗品）明细账，并做到账账相符（账卡相符）、账物相符。

"学校实验室仪器设备登记卡"是各科实验室仪器、设备管理的基本依据，实验教师应认真填好各个项目。为便于长期管理，登记卡应坚持一种仪器设备一张卡；一项变动、一张单据（指相对一个品种）记一行。在每一本登记卡的扉页应有该本仪器登记卡的查找索引。

在一般财务管理中，把单价低于200元的设备，都作为低值处理。但中小学的仪器设备多作为低值不易耗，如一根直尺才几元钱，若正常保管使用，可以十几年乃至二三十年不坏。某些普教仪器，总价值达几万、十几万元。因此，我们强调，除部分实验材料（如电池、小灯珠、导线等）及药品、一些玻璃器皿等外，都应登记入卡，相对固定，加强管理。

3. 排列存放

到货仪器验收合格、登记入册后应马上贴上小标签（太小的仪器和试管等易耗品可以不贴），写上编号、名称、序号等，然后入橱定位存放。一般地，仪器在橱内的排列存放要遵循配备目录中的序号顺序。但考虑到仪器的特殊情况（如轻、重、长宽高等因素），也可以在小范围内（如同一架或相邻两架的仪器橱）进行调整，以合理利用仪器橱的空间容积。为便于查找、核对，务必要做到定室、定橱、定位存放。在所有仪器橱的同一位置贴上大标签，以表明仪器序号、编号、名称（规格、型号）、数量等内容。

仪器的排列存放，至少要做到防尘、防潮、防锈蚀、防腐、防碰（挤、压）等。这就要求：①仪器室要有足够的使用总面积；②要有足够总容积的仪器橱，所有的仪器都能入橱存放；③仪器橱内层板的位置应能调整，以适应不同尺寸的教学仪器；④放置个别较重的仪器（如学生电源、低压电源、可拆变压器等）的层板应事先予以加强，个别特别重的仪器如抽气机、真空泵、液压机模型等宜放在底层位置；⑤个别仪器如头颈躯干模型、活动挂图的规格尺寸比较特殊，一般标准尺寸的仪器橱难以放入，需特制部分特殊尺寸的仪器橱框；⑥为保证仪器摆放合理、美观，一些仪器橱内应添置一些辅助设施，如阶梯式层架、集装化的盘子等。仪器室、标本室视情况可设置排风扇、去湿机等设施。

必须再次强调的是，务必坚持仪器（除玻璃器皿外）与药品不能同室存放，更不允许同橱存放。仪器与药品同室存放会造成锈蚀。国家标准说得很明确，"化学实验室附属用房除药品贮藏室可以与准备室合并设置外，其他房间均宜分开设置"，"分开设置"即要完全隔开。有的学校的药品室或准备室是用旧房间改造的，分隔的墙壁应"顶天立地、左右碰壁"，被分开作为药品室或化学准备室的房间与其他房间不能自然通气。化学药品中的易燃、易爆、有毒的危险药品，应单设危险品室存放。同一般药品室一样，危险品室应设有照明、通风（含强制通风）、防潮、干燥、防爆、防震、防压、遮光、防火、防盗等设施，还应有冲洗用的水槽、水龙头、水管和地漏等设施。危险品室内应设双人双锁的剧毒品专柜。照明、排气等电气开关应设在靠门处。

4. 有关领用等制度

关于教学仪器、药品和实验用的其他材料的领用、归还，学校必须建立并严格执行各种有关的制度。

（1）教学仪器、设备的领用制度。课堂实验用的教学仪器、设备的领用、归还，可与实验通知单、实验记录单的填写、签收相结合，既可严格借用、归还手续，又简单方便。采用这种办法，实验教师在实验记录单上的签字就意味着授课教师领借出去的仪器、设备都已如数并且完好地归还实验室。所以，实验教师在记录单上签字之前，除了要核实实验教学是否如实开展外，还要仔细检查领借仪器的完好程度。若发现有丢失、损坏等现象，应在办理完有关手续（如报损、赔偿等手续）后方予签字。双方签字后授课教师与实验教师各存一联备查。

（2）化学药品、低值易耗材料，可实行填写领用登记卡的制度。当领用人清点领出的品名及数量后应签名以示负责；实验教师在清点完归还的品名及数量后签名，表示已按归还的数量收回归还物。化学药品及低值易耗材料的消耗，实验室在每学期末进行一次结算。

（3）报废、报损制度。学校在正常使用中损坏的仪器、消耗的药品、材料，应填写报损报告单，根据报损报废金额的审批权限，经有关领导批准后在学校财务和学校实验室仪器设备登记卡或低值易耗品库存账中做好账务处理。

（4）赔偿制度。如发现经教师或学生使用的非正常损坏的教学仪器、设备等，应立即填写赔偿报告单报告有关领导审批。此单与总务处开出的交款收据及报损、报废手续一起留档，作为有关财产账务处理的依据。

（5）外借手续。学校仪器外借给兄弟学校开展实验教学，应由借方填写借单，经有关领导批准后方可借出。借单上要注明出借仪器的归还期限。到期未归还的，实验教师应及时追回。借单中出借单位留存的那一联应妥善保存待查。

（6）危险药品、剧毒药品管理制度。毒品与易燃、易爆药品和强酸、强碱都属化学危险品。危险品应贮放在专用的危险品库内（内设一个剧毒品专柜）。尚未单设危险品库的学校，至少应在化学药品室内分别设危险药品专柜和剧毒专柜。危险品室应严格执行双人双锁管理，剧毒药品的管理应严格执行"双人验收、双人双锁、双人领用、双本账册、双人发货"的"五双"制度。领用时须经有关领导批准，确保安全。

5. 保养、维修

实验完毕，领出（或借出）使用的仪器、器材都应认真清点、妥善保养后上橱（柜、架）归原位存放。如显微镜镜头应从镜架上卸下并擦拭干净后放入镜头盒中，若发现镜头盒中硅胶变色应及时烤干；又如学生电源开关应处于

"关"的位置，输出旋钮回归至最低挡，电阻箱应处于阻值最高状态，天平的两端要上好橡胶垫，等等。

发现仪器故障或有损坏的，只要能修复的，都应及时维修，不应随便作报损报废处理。仪器的保养、维修是实验管理人员和实验教师应尽的职责。

二、实验室建设

（一）充分认识加强学校实验室建设的重要性

实验室是学校基本的办学条件，是实施新课程标准的物质基础，是学生进行探究性学习的重要场所；实验教学是实施素质教育、提高学生创新精神和实践能力的重要途径。加强中小学实验室建设，大力开展实验教学工作，是促进教育均衡发展，全面推进素质教育和深入实施新课程的必然要求。

（二）基础设备和配套设施的达标建设

实验室仪器设备及配套设施的标准化配备是保障实验教学正规化的物质基础，是实验室建设之重心，其标准化建设需要做好以下方面的工作。

1. 实验器材标准化配备

实验室要遵照中华人民共和国教育部关于印发《基础教育工作分类推进与评估指导意见》的通知（教基〔2002〕16号）、《中小学理科实验室装备规范》（教基〔2006〕16号），以及关于印发《中小学实验室规程》的通知（教基二〔2009〕11号），结合学校教学实际情况配备，使实验室仪器装备基本达到标准，以保证教学实验并能满足活动课实验的正常开设。

2. 实验器材库规范化建设

实验器材库的规范标准是各类实验器材按技术规范上架入柜，定位贮存；保障贮藏安全、布局合理、防护科学、取存方便。具体需做好以下工作：器材库管理制度（包括《仪器室管理制度》《化学药品室管理制度》《化学危险品管理制度》《实验器材使用制度》《实验器材损坏赔偿制度》等）精装上墙；消防、防护、保险设施齐备；补足器材专用柜并使仪器设备、标本模型、实验材料按技术性能分室分区、分柜分层合理布局、定位贮存；做好防护保养、技术监测工作，争取必要的器材防护保养投资，确保所有实验器材完好可用。

3. 实验室室内环境及配套设施的标准化建设

实验专用教室和准备室的规范标准是实验操作台符合部颁标准，辅助设施齐备，设置布局得体，环境气氛优雅，具有实验室文化气息，注重实用而兼顾美观。具体需做以下工作：据各学科分组实验的实用性建造多功能标准实验台；消防器材、排风设备、水电供给系统等辅助设施的配制要符合技术规范；规范室内电教系统的设置布局，使常规电教设备尽快进入实验室，力争配备视频仪和实物投影仪等先进电教设备；根据学科特点配备符合规范标准的实验辅助设备（如分析天平、沉淀分离器、冰箱、烘箱、恒温箱、试管瓶子清洗器等）；做好室内实验设备及辅助设施的规范定位；相关管理制度及实验操作指导挂图等具有实验室文化气息的图表要精装上墙。

第十九章

提升学校应急管理信息系统科技含量

□ 第一节 以科技为支撑,构建应急信息平台
□ 第二节 学校应急管理信息系统的建设

应急平台建设是应急管理的一项重要基础性工作。为提高应对突发事件的能力，各校应积极推进应急指挥平台建设，加快学校应急平台体系建设，规范技术标准和要求，完善有关专业应急平台功能，推进各综合应急平台建设，逐步形成连接市、区、街道和各专业应急指挥机构、纵横联系、统一高效的应急平台体系。应急平台建设要结合实际，统一技术标准，充分整合利用现有专业系统资源，实现互联互通和信息共享，避免重复建设。

第一节　以科技为支撑，构建应急信息平台

一、建设应急信息平台的重要性

2005年印度洋地震海啸之所以损失惨重，关键在于缺乏完善的监测监控和预测预警系统；如果能及早发现，及早进行分析预测，及早进行预警发布，则可极大地减少伤亡和损失。之后发生的伦敦邦斯菲尔德油库大爆炸事件，其应急处置就比较成功，原因在于事件发生后，应急系统立即对可能引起的各种潜在危害因素进行了风险评估，给出了系统、详细的预防应对方案，包括爆炸现场戒严范围，居民有序疏散，消防力量分配调度，对地表水与地下水水质进行分析和监测，以及分析对大气质量的影响并进行监测，分析经济损失并开展调查等。从以上案例，我们不难看出，这些突发公共事件应急处置的成败，很大程度上在于是否具备了健全的"眼""脑""手"。头脑是应急平台的核心，监测监控和信息接报是应急平台的眼睛，应急指挥和应急处置措施是应急平台的手脚。要使"眼"看得见和"手"摸得着的作用能充分发挥出来，一个强大的"头脑"是尤为关键的。我们通常提到的"应急联动系统""应急指挥平台"和"应急信息系统"等，都从不同侧面对"应急平台"进行了描述。四个不同的概念反映了我们对应急管理范围和深度等认识的变化，需要建设一个完备而健全的应急平台。

（1）不仅仅是信息平台：信息平台只能提供"过去"和"现时"的状态数据，应急平台却能提供"未来"灾害的发展趋势、预期后果、干预措施、应急决策、预期救援结果评估，以及全方位监测监控，具有发现潜在威胁的预警功能。

（2）不仅仅是指挥平台：应急平台是为应急管理服务的，包括"平时"以及"战时"，应急平台能对突发公共事件进行科学预测和危险性评估，能动态生

成优化的事故处置方案和资源调配方案,形成实施应急预案的交互式实战指南,为应急管理提供便捷的工具,为指挥决策提供辅助支持手段。

所以,应急平台是以公共安全科技为核心,以信息技术为支撑,软硬件相结合的突发公共事件应急保障技术系统,是实施应急预案的工具;具备日常管理、风险分析、监测监控、预测预警、动态决策、综合协调、应急联动与总结评估等功能。应急平台建设是应急管理的一项基础性工作,对于建立和健全统一指挥、功能齐全、反应灵敏、运转高效的应急机制,预防和应对自然灾害、事故灾难、公共卫生事件和社会安全事件,减少突发公共事件造成的损失,具有重要意义。

二、电信、信息技术在应急信息平台中的应用

利用移动通信、卫星通信、宽带光缆、数字微波、公用电话网、因特网等现代化混合组网方式构建的数据传输系统,可以完成应急联动指挥系统信息的传输及指挥。

(一)应急联动指挥系统

当出现突发事件时,可以通过遥测卫星、市民电话报警、110、119、122、120等接警计算机和电话向市指挥中心报警,经计算机辅助指挥中心汇总警情,并确认事故种类和调用应急预案后,将案发现场电视监控录像录音信息在电视墙36个14寸显示屏上显示,并选择最重要内容显示在会议室大型显示屏上,屏上电子地图可以显示案发现场地点、周边交通道路、派出所、消防队、医院、交警等分布,可以分层详细显示,以利领导指挥调度各种警力和医疗救护等,并通知有关单位准备救助物资、车辆、设备等。为了便于在案发后进一步侦查,由硬盘数字录像录音机录下来,可以回放,也可以保存在数据库服务器中,可以由打印机、彩色绘图仪打印出来。市区道路、重点单位平面图、消防水源分布图、派出所、消防队、交警、医院等单位情况和分布图,可以用扫描仪输入到数据库服务器,以便案发时显示在电子地图上。应急联动指挥通信系统由以下几部分组成。

1. 计算机信息接收与接警处指挥调度系统

当报警电话接入后,接警席振铃,信号灯闪烁,每台接警席可以同时接收多个报警电话,报警可以通过电话机上的按键拨号接入、传真接入、计算机及调制器拨号接入以及因特网网址访问等接入。指挥中心接到报警后,报警信息就能接入计算机数据库,并且进行存储、转发、查询、交换等,可以实现GIS、GPS数据一体化,图、文、表、查、管一体化。指挥中心可以将警情转接到110、119、120、122等分指挥中心,使其根据现场案情和专家预处警方案、周边警力及医

院分布做出处警方案,组织抢险、救护。

2. 视频会议系统

充分体现出办公自动化和电子化对提高管理效率的重大影响,大大提升管理部门应对突发事件紧急指挥的效率。

3. 通信系统

利用专线、因特网、卫星网络、电话设备、移动通信设备、指挥中心与其他相关单位的数据通信网络,实现硬件共享和信息资源共享。

(二)无线移动通信、有线通信、计算机网络集群通信调度指挥系统

无线移动通信、有线通信、计算机网络三者合一的集群调度系统可支持跨区漫游、群呼、紧急呼叫、优先处警与调度,以保证快速处警,使指挥中心与各方面保持密切联系。如短消息广播、灵活组网跟踪监视、双向呼叫、可发声光报警等,可使抢险、救护人员能优先支援紧急警区。利用电子地图,可使指挥调度更符合现场案情,做到既有集中统一指挥,又有机动灵活的应变措施。因为处警对象和罪犯具有很大漫游性、随机性、突发性,而重大自然灾害、突发事件又具有严重性,因此在全市东、南、西、北、中各建立一个无线通信基站,这样的无线通信可覆盖13000平方公里,可配套5万台对讲机作快速反应联络。该系统可支撑60方通话,通话人无论在何处,只需一部电话就可以通过这套系统参加电话会议。在范围较大的现场进行抢险和救护时,为了及时抢险和救护,必须随时调动抢险和救护车辆和人员,因此现场警车、指挥员和骨干人员必须配备GPS、GSM卫星定位手机和对讲机等。

市政府应急联动指挥系统覆盖面广、机动性大(如110公安警车、119消防车、122交警车、120急救车、市领导指挥车、海关巡逻艇及用户报警电话等)。报警电话(有线和无线)来自四面八方,随机性很大,一天24小时随时都有大量报警电话,因此须有相当数量接警席和处警指挥席(通过有线或无线发出),便于实时指挥、双方通话、商讨最佳现场案情行动计划等。通过有线、无线调度合一,可与各分指挥中心、派出所、消防队、医院、交警等部门协调警力与设备调度计划,使现场抢险和救护计划做到既有统一集中指挥,又有机动灵活的应变措施。系统组网灵活,支持跨区漫游、组呼、紧急呼叫、优先处警与调度功能,可以保证快速处警能力,召开多个电话会议,具有结构简单、组网灵活、调度功能强、可靠性高等优点。

(三)GPS、GSM卫星无线通信移动定位系统

车船载GPS接收机接收卫星发来的定位数据,并按三个以上卫星发来的位

置、速度、时间数据计算出车船位坐标（经纬度和时间），车船位坐标经无线调制解调器以GSM短信发送到GSM公司，公司经数字数据网（DDN）传到市政府指挥中心，经计算后显示在电子地图上。该系统可对110警车、119消防车、122交警车、120救护车、市政府指挥车、海关巡逻艇等移动目标精确定位和监控。市指挥中心能及时准确地掌握它们的活动情况，便于对突发事件进行救助和支援，堵截和跟踪犯罪分子的车船，并对警车进行导航指挥，提高动态指挥能力、整体调度水平和快速反应能力。

（1）手持GPS设备，具有手机功能、GPS功能、PDA功能和特殊功能。

（2）车载GPS设备，根据地方政府自己需要选择性能较稳定的国内生产厂商的产品。

（四）无线集群通信调度系统

在美国"9·11事件"中，联邦紧急事务管理局（FEAM）在紧急抢险救护中，发现各种无线集群系统并不兼容：如消防、警察、医疗急救均用800MHz无线通信，但其他各系统参加紧急救护时，通信频率不一致，不能形成统一指挥体系，延误紧急抢险与救护，不能及时控制事态发展，造成人、财、物巨大损失。为此，马里兰州警察通信中心用G邢通信公司生产的ACU-1000互联设备，将高频无线电、不同频率陆地移动无线电、蜂窝通信和卫星通信异构互联，使各系统可互联通信，极大地提高了统一指挥能力。为了保证可靠、准确地传输信息和利用数字化信息，自动选择频道，每次呼叫可自动利用空闲通道，对紧急呼叫可显示机主身份证号码、用户姓名和电话等信息，并发出声光报警，以提高快速响应能力。CDMA无线定位系统源于美国"9·11"紧急呼叫，用户用手机报警时，可用无线网络定位报警手机位置。

（五）视频会议指挥系统

视频会议指挥系统可提高管理者应对突发事件紧急指挥的效率，体现办公自动化和电子化，省去办事人员的路途劳顿，节省差旅费用。应急指挥系统必须同时看到多个会场或所有会场画面才能有效掌控全盘动态，进行科学高效的决策指挥。大部分MCU产品都能提供多画面分屏功能（如四画面分屏）或通过MCU进行画面切换。

（六）指挥通信话务调度子系统

1. 系统特点与要求

（1）高度集成的软件界面，可实现电话会议、来电显示、图像处理、自动拨号、三方通话、群组呼、指挥调度录音和直播及监听等功能。

（2）与电子地图完美结合，可通过来电显示、GPS、GIS 将案发点显示在电子地图上，可将警点置于图中位置，显示周边道路、交通、建筑、警力和医院分布等，有利于处警指挥调度人员根据现场情况和处警预案做出指挥调度指令。

（3）强大的辅助决策和开放式接口，110、119、122、120 等基础信息和历史上各种案情处警预案将成为突发事件处警时的重要辅助决策资料。

（4）适应动态移动指挥需要，对美国"9·11 事件"、我国 1998 年长江洪水决堤等突发事件，可在现场组成一个移动指挥中心，因为辅助决策指挥数据库和处警预案可随时通过通信网络调用，可迅速汇集现场警情，并调动所有抢险和救护队伍。

（5）话路多、可扩展性强，可做到 30 方参加会议，大型突发事件可扩充到 200 方（分 10 个组同时进行 10 个会议），可用进口多方会议卡扩充硬件。

（6）可修改性和可变更性，指挥通信调度软件可根据需要进行二次开发应用，扩大使用性能；运行在 windows XP 和 windows NT 等多种操作系统上。

（7）系统稳定，代码成熟可靠。

（8）开发周期短，成本低。

2. 系统软件性能和部分硬件

应急联动指挥调度系统软件是连接电话信号与计算机系统的软件，它使电话线数据进入计算机，而计算机又能全面监控电话线路的运行，从而实现计算机与电话的一体化，形成数字电话排队调度系统。应急联动指挥调度话务系统软件是通过电话语音卡（进口 TC-Link8 路拨号电话交换卡）及配件实现的，将电话功能与计算机的强大数据处理和存储能力集成为完整系统，它又提供计算机高层通信协议和开放式应用程序接口平台，供指挥中心自己开发独特的应用程序。录放音功能通过进口 TC-Link8 路录音电话卡和 TC-Link8 路放音电话卡实现，计算机配置为 P4-2.8G/256M/80G，并配备电话内线和外线接口。软件产品种类有通信服务器软件、接处警控制台软件、网际呼叫软件、自动话务分配和坐席管理软件等。

系统功能：①交互式语音应答功能，自动提供报警提示和服务内容，并应答案件详细情况；②电话排队功能，比如遇忙时，电话排队可提示与应答；③电话分配功能，支持多席位分配，通过内部交换功能把报警送至空闲坐席电话；④外线直通指定坐席功能；⑤三方通话功能；⑥电话会议功能；⑦坐席电话呼出功能，可与各联动单位（110、119、120、122 等）通话；⑧坐席离开不参加分配功能；⑨强拆、强插功能；⑩自动缩位拨号功能；⑪主叫号码接受功能，自动获取主叫号码户主姓名、地址等相关资料（从114数据库中取得）；⑫拨出号码记录；⑬通话监听功能，可对报警电话进行无声监听；⑭语音信箱功能，呼叫转移至外线或内线功能；⑮电话数字录音功能，最长连续录音时间4000小时；⑯远程电话查询、回放、遥控功能；⑰话务统计与分析功能，可将报警、处警通话数量和内容进行统计和分析；⑱数据库管理功能；⑲数据库备份功能；⑳传真信箱功能；㉑短消息收发功能；㉒e-mail管理功能；㉓IP电话功能，可节省大量费用；㉔集成Web应用功能，允许互联网用户通过IP电话向接警台报警。

三、我国应急信息平台建设策略

关于应急平台建设中需要注意的问题，相应的解决方案可能需要关注以下几点。

（一）立足于既有资源的整合

根据我国目前的实际情况，依托电子政务系统，尤其是电子政务系统的网络，进行国家应急平台体系建设是理性的必然选择。一方面，经过多年的发展，各领域都开发了很多业务系统，有很多与应急直接相关，可以整合应用，节约资源；另一方面，电子政务的网络已比较健全，应急管理更注重信息共享和协同应对，应急平台需要互联互通。

（二）稳步推进标准规范的制定

目前，各地区和各有关部门在应急平台建设过程中，都希望国家能尽快出台相关各类技术标准规范和业务标准规范，以保证实现国家应急平台体系的互联互通。但技术标准规范的制定不是一蹴而就的，其形成需要在实践中不断总结，出台需一定过程。应当通过试点示范工程的建设实践，逐步形成规范标准后再加以推广应用，这样的标准规范更科学更合理，也才会更具有指导意义。综合考虑到权威性和其他各方面的因素，我们应在国务院应急平台和其他典型地区和典型部门应急平台的实施过程中，以及在科技部和标准委相关标准研究项目的支持下，稳步推进相关标准化工作的开展。

总体而言，应急平台的标准化不在于硬件设备的强求一致，而是要保证在应急管理流程方面规范一致：①遵循已有标准规范。要遵循通信、网络、数据交换等国家标准，规范网络互联、视频会议和图像接入等建设工作，采用国家发布的人口基础信息、社会经济信息、自然资源信息、基础空间地理信息等数据标准规范。②新建标准规范。逐步建立和完善消息报送、业务流程、实时数据接入、数据库内容与同步更新、预测预警模型规范、术语标识和数据共享等标准化体系，保证国家应急平台技术体系一致。

（三）要注重内容建设和技术支撑两手抓

应急平台建设的重点不在大屏幕显示系统等形象工程上，要加强数据库建设和应用系统建设，让应急平台具有实实在在的、有用的功能和内容。建立信息更新机制，加强信息源建设，由信息的产生者和提供者负责信息的更新和维护。信息的提供者保证信息的实时性、完备性，必要时采取交叉验证的方式，把不同部门的相关数据与权威部门的数据进行校核。应急平台本质上是一个技术系统，其先进程度和实用程度需要科技的支撑与保障，同时科技必须为应急平台建设的实际需求和应用服务，应急平台的科技研发要应用到应急平台实践中去。

第二节 学校应急管理信息系统的建设

我国正处在经济高速发展时期，急需一个安定的经济建设环境，但各种突发事件往往会干扰经济的发展速度。各种突发事件事先无法预料，而灾害往往牵涉面很广，严重危害城市发展和人民财产安全，直接关系到政府在人民群众心目中的威信和形象，关系到整个社会的稳定和持续发展的问题，因此，建立一个完备的、以有线通信和无线调度系统等电信技术为基础的基层地方应急联动指挥中心，对重特大灾害救助的指挥极有必要。

一、学校应急管理信息系统存在的问题

（一）建设应急管理信息系统的误区

首先，存在建设上的认识误区，很多应急管理信息系统的规划者认为，应急管理信息系统建设就是建设呼叫中心，其实应急管理信息系统的建设内容远比呼叫中心复杂。其次，应急管理信息系统在处理上对时效性存在误区，呼叫中心是以客户为中心，而应急管理信息系统是以突发事件为主线。再次，它们各自的处理时效是不相同的，应急管理信息系统处理突发事件是按照"秒"来计算。最后，应急管理信息系统的工作流程与常规电子政务的工作流程存在根本区别，应

急管理信息系统的工作流程应包括应急通信、应急分析、应急决策、应急指挥、应急处置、紧急救助以及整个事件的调查评估分析，而常规的电子政务处理的工作流程视其处理对象的需要而工作，其内容简单得多。

（二）建设应急管理信息系统时未体现联动性

一些地方在建设城市联动系统的时候没有体现出联动性，应急管理信息系统包括五大平台：网络通信平台、地理信息平台、应急联动平台、专题应急平台和决策支持平台。应急联动平台是应急管理信息系统的特征之一，如果没有应急管理信息系统的应急联动平台，那么应急管理信息系统的诸多功能都会受到制约，从而形成应急管理信息系统的"信息孤岛"现象，使应急管理信息系统建设脱离了其他的协作群体。一些地方的应急管理信息系统虽然能够对某一性质的突发事件进行处理，但处理过程不存在协同性。

（三）建设应急管理信息系统时缺乏前瞻性

我国进行应急管理系统建设的时候，没有对当前所建设的系统进行评估，系统建设缺乏前瞻性，但随着我国社会的进步、经济的不断发展，突发事件也将不断变异。在一些地方政府进行应急管理系统建设时只注重眼前，建设具有盲目性。我国由于受到技术等诸多因素的制约，应急管理信息系统的建设没有体现出发展的眼光，很多学校的应急管理信息系统还停留在常规电子政务的层面上。

（四）建设应急管理信息系统时没有统一的技术标准

由于我国信息化建设时间不长，各项技术和相关设施还不是很配套，导致一些地方政府在进行应急管理信息系统建设的时候没有统一的技术标准作为支持。但是应急管理信息系统的建设从政务管理的角度看应该是对我国电子政务的深度应用，对技术的依存关系非常强。如果没有统一的技术标准，就很难实现应急管理信息系统的联动，假如发生大范围的突发事件，学校就很难在第一时间内对应急体系的分管部门进行统一的指挥调度。因此，统一的技术标准对应急管理信息系统建设具有重要性。

（五）应急管理信息系统缺乏相应的法律体系

由于我国进行应急管理信息系统建设的时间不长，导致我国在应对突发事件时没有相应的法律体系作为支持。国务院发布了《突发公共事件总体应急预案》，标志着我国应急预案框架体系初步形成。但从世界上看，许多发达国家以及一些发展中国家都建立了紧急状态法制，以此来应对各种突发公共事件，而我国目前还缺乏统一的紧急状态法律制度。如果没有应对突发事件的法律体系，就不能为应急管理信息系统的未来发展提供重要的法律保障。

二、学校应急管理信息系统建设的对策

虽然我国在应急管理信息系统方面存在诸多的问题,但应该发挥我国的优势,充分利用当前的基础设施,借鉴国外先进的建设经验,完善我国的应急管理体系,运用信息技术,结合我国当前的国情,建设具有中国特色的应急管理信息系统。

(一)从管理层面上完善应急体系

首先,对应急管理信息系统的网络通信平台必须进行集成。这就有必要对当前应急体系内存在的多个公众特服号码,如公安(110)、警情(119)、急救(120)等进行整合。从国外建设紧急呼救的特服号码时的先进经验来看,很多国家都采用统一的公众特服号码,如美国采用911、英国采用999、比利时采用900等。通过一个特服号码报警后,指挥中心依据突发事件的性质调动相关部门进行紧急处置或联动处置,这可以为指挥、协调方面节约大量的时间,提高效率。其次,在管理上,不同警种和部门在应急体系内要配合协调管理。面对突发事件,需要多警种、多部门参与,这就需要不同警种和部门之间进行很好的配合与协调,联合行动。对于应急体系内的相关部门必须能够从管理的角度随时待命,一旦出现突发事件能够在统一指挥下,相互协调地进行联动。

(二)借鉴国外经验打造中国特色的应急体系

积累和借鉴经验对处理突发事件具有非常重要的作用。对于突发事件我国必须借鉴国外的先进经验,国外对于应急管理系统的建设已经有几十年的历史,如美国在1967年就建立了应急联动系统,而我国建设该系统才几年的时间,对于当今性质多样的突发事件,如恐怖事件、自然灾害等,我国应该向国外借鉴它们的先进经验。对于一些国际性的突发事件,不仅要借鉴国外的先进经验,还要参与其中,如2006年的禽流感等事件,我国政府积极地进行了处理,这为我国今后建设高效的应急管理信息系统积累了大量的经验。

(三)必须体现时效性

应急管理信息系统必须体现出协同应对,快速反应。面对突发事件时,应急体系内的相关部门要树立大局意识和责任意识,不仅要加强本地区、本部门的应急管理,落实好自己负责的专项预案,还要按照总体应急预案的要求,做好纵向和横向的协同配合工作,健全应对突发公共事件的组织体系,明确各方面职责,

以便做到有效组织，快速反应，高效运转。对一些应急体系内的部门、警种需要硬性时间要求，有助于其在第一时间处置突发事件，保护人民的利益不受侵害，体现应急系统的时效性。

（四）充分发挥联动性

在建设应急管理信息系统的时候，必须充分考虑应急管理系统的联动性。应急管理信息系统包括五大平台：网络通信平台、地理信息平台、应急联动平台、专题应急平台和决策支持平台，这五大平台应该是联动的，而不是孤立的。应急联动平台是应急管理信息系统的特征之一，如果应急管理信息系统没有应急联动平台，其功能将受到制约，也就会形成应急管理信息系统的"信息孤岛"现象，使城市应急管理信息系统建设脱离其他的协作群体。从技术的角度，不仅要把一个系统平台进行集成，更要把五大平台进行集成中的集成，使之能够在统一指挥下从各自部门的性质对事件进行单独处理。在现实中不仅要建设一个应急指挥中心，而且要在整合的基础上建设各级中心的协作群体，在建设的时候把公安、消防、急救、交警、防洪、防火、防震、防空、公共事业、市长公开电话等领域的各个应急分系统进行有效集成，形成社会应急联动系统，这样在应对突发事件时才能够统一指挥、调度、协同处理。

（五）以电子政务的基础设施平台为依托

我国在进行应急管理信息系统建设的时候必须要以当前的电子政务设施平台为基础。应急管理系统是综合的大型系统，无论从建设的资金还是时间的角度看，都是一项持久的大型工程。如果脱离现有的电子政务设施平台，单独建设应急管理系统将会浪费大量的资金。此外，应急管理系统本身就是电子政务的深度应用，离开电子政务平台，应急管理系统的作用将会受到限制。常规电子政务重视应用系统开发，以需求为中心，应急管理信息系统的建设以网络设备、无线通信设备为中心，而不是以业务需求为中心，重点放在设备上。所以应急管理系统必须以当前电子政务的基础设施平台为依托来打造应急管理系统，系统建设的重点也应是围绕如何使用设备，而不是从需求出发。

（六）结合我国当前的国情

应急管理信息系统的建设必须结合我国当前的国情，不能够脱离我国当前的国家安全、自然灾害、各种人为事件等。首先，在建设应急管理系统的时候，应当对我国当前或者今后一段时间所面对的国情进行充分的调查、分析、评估，找出我国当前和今后一段时间所面对的种种形势，不能盲目建设。其次，应急管理系统的建设存在着过分强调技术先进，而不着重实用性的趋势，所以，我们要结合我国国情统筹规划并组织制定应急联动与社会综合服务系统发展规划、政策措施，根据地区发展的不平衡进行合理布局，要统一标准、规范，实现各业务系统间的互联互通和资源共享。最后，系统要保持一定的先进性，选取设备或软件系统时，采取"最适合的才是最好的"这一指导思想。

总之，应急管理信息系统建设是一项庞大的复杂工程，不可能一次性建成，需要"总体规划、分步实施"，有针对性地建设。在面对公共突发事件时，应充分运用应急管理信息系统来保护国家和人民的根本利益。

第二十章

推进学校应急管理法制体系建设

☐ 第一节 确保学校应急管理有法可依
☐ 第二节 加强学校应急管理法律法规的宣传教育工作

一个完备的危机管理体制应当由五大系统构成：指挥决策机构、职能组织体系、信息参谋咨询组织体系、综合协调部门和辅助部门。如要使这五个系统有条不紊地正常协作运行，就必须是建立在有效的法制体系基础之上，每一个部门的职能、权限等必须有相关法律的明确规定，以使机制的运行有法律保障，真正做到预防和处置危机。

第一节 确保学校应急管理有法可依

一、我国灾害应急法律制度的现状

灾害应急法律制度，是指国家针对各种自然灾害及其引起的紧急情况，制定的有关防灾、减灾、救灾和灾后重建等法律规范和原则的总称。灾害应急法律制度是国家危机管理制度的重要组成部分，是政府及时有效处置自然灾害，保障人民群众生命、财产安全，保障经济发展，维护社会安定的重要依据和手段。

（一）我国灾害应急法律制度特点

从现行的自然灾害应急法律、行政法规来看，我国灾害应急法律制度主要有以下几个特点。

1. 以人为本

坚持以人为本，把保障人民群众的生命和财产安全作为立法的根本宗旨。例如，《防震减灾法》规定，破坏性地震发生后，地震灾区的各级地方人民政府应当组织各方面力量，抢救人员，并组织基层单位和人员开展自救和互救。地震灾区的县级以上地方人民政府应当组织有关部门和单位，做好伤员医疗救护和卫生检疫等工作，迅速设置避难场所和救济物资供应点，提供救济物品，妥善安排灾民生活，做好灾民的转移和安置工作。《防汛条例》规定，当洪水威胁群众安全时，当地人民政府应当及时组织群众撤离至安全地带，并做好生活安排。《地质灾害防治条例》规定，对出现地质灾害前兆、可能造成人员伤亡或者重大财产损失的区域和地段，县级以上人民政府应当组织有关部门及时采取工程治理或者搬迁避让措施，保证地质灾害危险区内居民的生命和财产安全。

2. 防灾、减灾、救灾、灾后重建与经济社会发展紧密结合

我国的灾害应急法律制度将防灾、减灾、救灾和灾后重建纳入了国民经济和

社会发展规划,并贯彻了预防为主,预防、应对和恢复相结合的方针。例如,我国有关灾害应急的法律、行政法规都要求把灾害防治工作纳入国民经济和社会发展规划以及各级政府的财政预算。在实践中,各级政府高度重视自然灾害的预防工作,已经建立了七大类自然灾害的监测网络,气象、水文等预报已经相当普及,准确率较高,并且不断进行大规模的水利建设,战胜了许多重大水旱灾害。

3. 针对灾害单项立法

对灾害防治采取单项立法的模式是为了适应我国自然灾害多发的特点,总结实践经验,在灾害应急立法中,采取了针对水灾、地震灾害、气象灾害、森林草原火灾等不同情况,分门别类立法的模式。单项立法的优点是针对性强、措施具体、便于适用。

4. 确立了统一领导、部门归口的管理模式

在灾害应急处置的管理体制方面,采取了统一领导、部门归口管理的方式。我国现有灾害应急法律、行政法规等确立的管理灾害应急体制,在横向关系上实行部门归口管理,即针对各种自然灾害,分别规定了归口管理部门,如地震主要由国家地震局管理,水旱灾害主要由水利部负责管理等;在纵向关系上实行集中管理,即由国务院集中统一指挥全国灾害应急工作,地方各级政府在国务院的统一领导下,负责本行政区域内的灾害应急工作。这种灾害管理体制符合国际上危机管理的发展趋势,有利于集中和协调各方面的力量,及时有效地应对各种自然灾害。

5. 高度重视科学技术在预防和应对自然灾害中的重要作用

各种自然灾害的预防和成功应对,都离不开科学技术的推广和应用。我国有关灾害应急的法律、行政法规,都重视有关科学技术的研究和科技成果的运用,要求各级政府鼓励和支持相关科学研究,积极推广研究成果,加大这方面的资金投入。

(二) 当前我国灾害应急法律制度的不足

我们必须清醒地认识到,与经济社会快速发展的客观要求相比,我国灾害应急法律制度建设还存在不小差距。

1. 原因分析

(1) 目前我国还没有统一的处置包括自然灾害在内的各种突发事件的紧急状态立法,缺乏适用于各类突发事件引起的紧急状态的法律规范。

(2) 现行的灾害应急法律制度还不够完善,一些急需建立的应急制度尚未

通过法律、行政法规建立起来。在已经建立的灾害应急法律制度中，有的是由部门规章或者规范性文件确立的，其规范性不够强，效力不够高。有的法律、行政法规中，对政府可以采取的应急措施规定得不够具体。

（3）突发事件应急体制还不够健全，需要进一步建立起反应灵敏、指挥统一、责任明确的具体应对机制。

2. 课题研究

我们要建立健全具有中国特色的灾害应急法律制度，一方面要进一步完善有关灾害应急的单行法律、行政法规，另一方面还要抓紧制定处置包括自然灾害在内的各种突发事件的紧急状态法。初步考虑制定紧急状态法，应当重点研究和解决以下几个问题。

（1）起草紧急状态法的基本思路与处理重大突发事件的基本原则，把紧急状态下的政府行为纳入法治轨道，既保障政府有效行使权力、应对危机，又保护公民、法人和其他组织的合法权益。

（2）强化应急机构与应急预警机制。应急机构是负责集中行使紧急权力的政府机关，是政府在紧急状态期间统一指挥应急工作的领导机关。在平常时期，应急机构主要负责突发事件的预防和应对准备、应急知识普及、应急救援队伍的管理、组织应急演练等工作，重点是做好突发事件的预警工作。在发生突发事件后，应急机构负责集中统一领导、指挥有关部门和民间机构的应急活动，承担恢复社会秩序的工作。

（3）明确紧急状态的确认与宣布制度。重大突发事件往往是突如其来的，要在第一时间启动应急机制，就必须对已经或者即将出现的紧急局势及时加以确认。从广义上说，紧急状态的确认制度还包括对实施紧急状态期限的限制、紧急状态决定的变更与期限的延长。由于实施紧急状态，政府可以行使紧急权力、采取紧急措施，公民的某些权利与自由就要相应地受到某种程度的限制。在现代法治社会，只有在迫不得已的情况下才能启动紧急状态机制。因此，必须对紧急状态的确认和宣布做出明确具体的规定。

（4）具体化行政紧急权力和紧急措施。进入紧急状态后，政府享有紧急权力，可以采取各种紧急措施处理突发事件。为了依法及时有效应对重大突发事件，对政府在紧急状态下处理突发事件、应对危机需要享有的紧急权力，应当作出尽可能明确、详细的规定，如制定和发布具有限制人身自由的强制措施与处罚的决定、命令的权力，征用房屋和交通工具的权力，强制疏散、强制隔离的权力，等等。同时，也要对政府紧急权力的范围、行使这些权力的条件和程序、国家权力机关和司法机关的监督等问题，做出具体规定，防止行政机关滥用紧急权力。

（5）紧急状态下公民、法人和其他组织的权利与义务的保障。在紧急状态期间，一方面政府应当保障公民、法人和其他组织依法享有的宪法权利；另一方面，公民、法人和其他组织也要依法履行一些基本义务。紧急状态法应当对公民、法人和其他组织在紧急状态时期享有的基本权利和权利受到不法侵害时的救济途径做出明确规定。同时，与平常时期相比，公民、法人和其他组织在紧急状态期间应当履行更多义务，主要是自觉接受政府行使紧急权力对自身权利进行的必要限制，服从政府采取的措施。

目前，我国在应对自然灾害方面已基本做到了有法可依，为了使法律法规规定的制度真正落到实处，关键是要做到有法必依。为此，要加强灾害执法监督体系建设，提高全社会应对自然灾害的意识，保证我国应急法律法规的有效实施。

二、我国教育机构灾害应急法律制度的现状

长期以来，与我国县、乡、镇、村等基层学校相关的应急管理体系，因为缺乏系统性的建设，再加上规范化、法制化程度不高，变化的随意性很大，人治色彩浓厚，以及基层民众普遍缺少应急意识和应对各种突发事件的常识等，已经越来越成为整个社会协调和谐发展的隐患和制约因素。尤其是这次汶川地震为我们应急管理工作提出了新的课题。为此，我们有必要采取一系列的措施，针对应急管理体系存在的积弊，去浊扬清，建立起一套科学合理、反应迅速有效、符合中国独特国情的学校应急管理体系。从宏观层面考虑，可先从以下几个方面着手进行改革。

（1）观念上的改变。把应急管理和社会可持续发展结合起来，建立一个观念，即一切危机本质上都是人为的，进而反思人类不适当的发展方式与自然界的矛盾。自然现象不等于危机，它不会带来直接损失，只有当人们防备不足的时候，才会造成损失。所以，要想从根本上应对危机，我们应该从检视人类自己的发展模式开始，用更长远的观点和规划指导我们的活动，使之达到与自然界和谐共存与发展。

（2）要把应急管理和学校的日常管理结合起来，在日常工作中要时刻把风险管理和应急管理加入考虑范围，这样可以将大部分的危机化解在其发生之前。另外建立一个整合的应急管理体系，它需要教育各个部门、学校各个部门、各种组织，各尽其责、相互配合、共同努力。

（3）发展一个以社区和学校为基础的应急管理体系。应急管理要从最基础的层面上做起。我国有过这方面的成功经验，"群防群治"就是很好的例子，只要基层（包括学校）的问题处理好了，基础的工作做扎实了，全局的事情自然也就没问题了。

（4）把学校、政府社会保障和保险以及公民的自助相结合，全面扩大应急管理的资源保障。首先，学校要借助政府的政策资源，比如税收政策、财政政策等，积极做好应急管理工作，从长远来看要把它们制度化。其次要通过社会保障和保险加大危机资源保障强度，保障每个学生的安全健康。

（5）建立全国性的应急管理教育、训练系统。一方面要对教师进行应急模拟训练；另一方面，要把各级学生的应急模拟训练列入教学计划。同时，教育部门还要对学校其他人员进行应急宣传和训练。

应急管理虽然只是简单的一句话，但是学校要真正做起来，还是一个很庞大的系统工程。个人或是社会要有充分的心理和物质准备，要积极主动、相互配合，早日建立起一个成熟完善的应急管理机制，利学生利老师利家长，造福后人。

三、学校应急管理中的法律保障

学校应急管理更重要的是要制定相关的法律，统一规定政府在处理紧急事务中的职能和职责，确定依法应对紧急状态的法制原则。应急管理机制中的预警机制和快速反应机制的运作是依托于一定的组织结构的。一个完备的危机管理体制应当由五大系统构成：指挥决策机构、职能组织体系、信息参谋咨询组织体系、综合协调部门和辅助部门。预警机制和快速反应机制的建立必须是建立在有效的管理体制上，而每一个部门的职能、权限等必须有相关法律的明确规定，以使机制的运行有法律保障，真正做到预防和处置危机。

通过制定法律，可以对危机管理中应急机制各个部门的职责进行规定，维护政府在处置危机中的合法性和权威性。通过制定危机管理方面的法律，统一规定政府在危机管理中的职权和职责，确定依法应对危机的原则，有利于增强政府处理危机的能力，也有利于维护政府的公信力、权威性和合法性。危机一旦发生，由于其自身的紧迫性、不确定性，如果指挥决策机构不具有绝对的权威，后果很难设想。系统的法律支持是实施危机管理的有效保障。我国已经制定和颁布了一些应对危机状态的法律法规，但是，从整体上看，体系尚不完整。因此，必须进一步完善危机管理的相关法律法规，明确规定应急机制中各个机构的设置、职能地位、权力、责任等,确保其运转实施。

为进一步完善学校应急管理机制应当加强预警机制、快速反应机制的建设,并进一步完善法律保障,以提高应对危机的能力和效率。要进一步完善我国危机管理应急反应机制仅仅从以上几个方面入手还是不够的,应当注意加强危机管理各个方面的建设,同时还需要全社会方方面面的共同努力和大力支持。

第二节 加强学校应急管理法律法规的宣传教育工作

一、加强学校应急避难教育与法律法规的宣传教育工作

不断完善学校应急管理机制,提高学校有效防范和应对突发事件的能力,在危机面前最大限度地保障师生的生命财产安全,是贯彻落实"以人为本"科学发展观、建设和谐校园和平安教育的必然要求,是促进社会和谐稳定的基础工程。

学校行政部门和各级各类学校学生主管机构要把应急避难知识教育作为素质教育、生命教育和公共安全教育的重要内容,通过开展形式活泼、内容丰富的专题教育活动,广泛宣传和普及相关法律法规的知识、公共安全知识、应急管理知识、灾害知识、防灾救灾和自救知识,不断增强师生的公共安全意识和遇险自救互救与逃生能力。要充分发挥课堂教学的主渠道作用,把应急避难知识纳入中小学公共安全课程体系,做到师资、教材、课时"三落实"。要结合社会实践活动和主题教育活动,利用班、团、校会、升国旗仪式、专题讲座等方式,每学期至少组织一次集中性的应急避难主题教育活动,不断强化学生的安全自救意识。要广泛利用校园广播、电视、校园网、宣传栏、黑板报等多种载体,配合地震、消防、水利等部门开展形式多样的应急管理法律法规和预防、避险、自救、互救等应急避难知识的宣传教育,共同营造重视学校安全稳定工作的良好氛围。

各学校要结合学校所在区域环境、灾害发生规律和学校学生特点,进一步完善各类应急预案,根据可能发生的学校突发公共事件,有针对性地从适用范围、工作原则、职责分工、紧急疏散、善后处置、信息报送等方面,制定详细的应对措施,做到分工明确、责任到人,使预案更具有操作性和实效性。要加强对应急预案的动态管理,制订切实可行的演练计划和保障措施,在相关职能部门的具体

指导下，学校每学期至少组织一次针对防震、防火等灾害事故的应急避难实际演练，重点突出应急指挥、综合协调、紧急疏散、自救互救等内容，熟悉应急预案的指挥机制、协调和处置程序。演练活动结束后，要及时进行总结，针对演练活动暴露出的问题和不足，制定整改措施，对预案进行调整、补充和完善，使预案更具针对性、实用性和可操作性。

学校应始终把法制教育、心理健康教育摆在学校教育的重要位置，切实增强青少年学生的自我保护和风险防范意识，使青少年学生树立正确的人生观、价值观，始终保持积极向上的精神状态，防止有害信息对学生的影响。把安全教育纳入学校正常的教育教学内容之中，提高学生的安全意识，培养学生在紧急情况下的自救能力和处理问题能力。定期对师生进行消防安全知识教育、培训，增强师生责任主体意识和社会责任感，并掌握必要的消防常识，使教工、学生做到"三知"（知防火知识、知灭火知识、知防火制度）；定期组织师生进行逃生自救式的灭火、应急演练，提高师生逃生自救的能力，使教工做到"四会"（会报火警、会使用灭火器材、会扑救初起火灾、会疏散自救）。我们清醒地意识到安全教育工作是学校安全教育工作的重要组成部分，学校将扎实有效开展安全教育，把学校打造成师生的安全港湾，由此向全体师生提出"安全教育，警钟长鸣"的要求，真正实现"安全伴我在校园，我把安全带回家"。

二、根据上级要求，结合实际，深度宣传

（1）开辟公共安全和应急知识法律法规宣传专栏。在有关新闻媒体，包括广播、电视、报刊、杂志、网络等媒体上开辟形式多样的专栏、专版、专题、专刊等，介绍、普及公共安全应急法律法规知识、灾害知识和公众自救互救知识。

（2）举办报告会、论坛、讲座、应急法律法规知识竞赛等活动。由相关部门、单位和专家，就当前公共安全形势、政府社会管理和公共服务职能、应急体系建设和应急管理等问题，举办形势报告会；依托各学校（院）有利群体，举办多种形式的论坛、讲座、科普展览、法律法规知识竞赛和专题文艺晚会等，从不同层面加大应急管理工作研讨、交流和宣传的力度。

（3）开展公共安全主题宣传活动。通过公共安全宣传周和每年"国际减灾日""世界环境日""世界气象日""全国消防日""全国科普日""安全生产月""科技活动周""全民国防教育日""法制宣传日"等，开展形式多样、内容丰富、声势浩大的公共安全主题宣传活动，把应急法律法规传达到每一个师生的心里，使师生们了解基础的应急法律法规知识，掌握避险和自救、互救等基本知

识，增强公共安全意识。

（4）组织编写大、中、小学及幼儿园公共安全法律法规课程教材，尽快进入课堂。同时，利用新闻媒体等远程教育平台，将应急法律法规深入每一个师生的心灵深处。

三、人人参与实践，做出明细的宣传部署

（1）如开学前、学期结束时全校进行的拉网式安全大检查的自检自查工作。高度重视《中小学幼儿园安全管理办法》，将文件手册印发给各年级、科组等各部门展开学习讨论，同时要求各班通过班会、墙报、宣传栏等对学生进行宣传教育。

（2）在学校日常工作运行过程中，及时组织人员进行检查，切实排除安全隐患，并围绕法制、防火、交通、饮食卫生、用电、课外活动等，开展形式多样的安全教育活动，如开展有关校园交通安全宣传及征文等活动。例如，以"珍爱生命健全人格"为主题，在学校的统一部署下，开展系列活动，如生命格言、交通安全征文，小报及黑板报的征集比赛，关于"生命安全"的调查问卷等，向全体师生列举了因交通、建筑物倒塌、溺水、治安等非正常死亡的事故，触目惊心的数据敲响了校园的安全警钟。看似简单的教室打闹、楼道的奔跑、操场的嬉戏……课间的不文明休息都容易引起不必要的安全事故。这些不和谐的安全现象时刻威胁着大家的人身安全。为此学校可通过排摸检查，采取张贴宣传画、进行广播教育，班主任和任课教师通过举办专题讲座、开展知识竞赛、组织观看录像、发放安全手册、制作宣传板等多种形式，生动形象地对学生进行预防火灾、拥挤踩踏、交通、溺水等事故的教育。

（3）学校精心组织，周密部署，为防止突发事件和校园拥挤踩踏事故的发生，组织全校师生进行应急演练活动，提高全体师生应对突发事件的能力。校班会讨论及人人进行慢性病登记表等一切措施，努力去消除这些校园中常见的安全隐患问题，切实有效保护好学生的安全。在这些宣传活动中，学校可以由政教处、大队部联合采用计算机、广播、板报等形式进行全校性的消防安全知识宣传。学校对照消防检查中存在的问题，自查自改。

（4）注重平时在学校内部进行的每月两次的常规安全大检查及发放各类致家长书，强化学校安全管理，宣传应急法律法规等知识。

第二十一章

学校应急管理体系建设的几点建议

- 第一节 明确责任，强化管理
- 第二节 构建稳定的投入机制
- 第三节 加强应急队伍救援建设
- 第四节 建立完善的运行机制

本章首先指出我国部分中小学校园应急管理体系还不健全，学校安全应急管理问题表现之所在，接着阐明了要建立健全应急管理体系，要从成立应急管理组织机构、加强组织领导、建立严格的责任制度、强化管理上入手，要求建立稳定的投入机制，对学校的应急设施、应急队伍、避难场所等学校应急能力建设安排必要的投入，使人力、物力、财力等要素适应学校应急管理工作的要求，着力组建具有一定救援知识和技能的应急队伍，协调配合，建立健全同级应对突发公共事件部门协调机制，以形成合力。最后对如何建立健全应对突发公共事件的运行机制进行了全面的阐述。

第一节 明确责任，强化管理

教育系统线长面广，牵涉到千家万户，关系到社会稳定，是基层应急工作的重要组成部分。建立学校应急管理体系，落实好学校应急管理工作，维护好校园安全，抓好学校稳定，意义十分重大。

建立健全应急管理体系，首先要成立应急管理组织机构，明确责任，强化管理。学校要把应急管理工作和学校安全保卫、消防抗灾、卫生防疫和宣传教育等日常工作结合起来，加强校园安全保卫值班管理制度。根据总体应急预案要求，进一步建立健全分类管理、分级负责、条块结合、属地化管理为主的应急管理体制。加快应急管理机构和部门应急工作机构建设，充分履行应急值守、信息汇总、综合协调职能，发挥运转枢纽作用。抓紧各类应急预案的编制和修订工作，做好预案衔接，不留空当，尽快形成多层次、全方位的应急预案框架体系。建立并强化行政领导负责制和责任追究制度，明确责任主体，保障应急体系建设和应急管理工作落实。根据国家和省应急管理法律法规，健全相配套的地方法规，依法开展应急管理工作，逐步建立加强应急管理的长效机制，使应对突发公共事件的工作规范化、制度化、法制化。

一、加强组织领导

学校等基层组织和单位是社会管理的基本单元，是应急管理工作的基层基础。要把应急管理工作摆在重要位置，主要领导亲自抓，分管领导具体抓，切实解决基层应急管理工作的各种问题，打牢应急管理工作的基层基础。要把加强应急管理工作作为一项重要任务,把应急管理工作纳入学校日常管理,建立健全应急管理工作领导机制,加强对应急管理工作的领导,不断创新工作思路,总结典型经验,积极探索有利于推动应急管理工作的有效途径。要明确分工,加强制度建设,积极创造条件,提供必要的人力、物力和财力,确保应急管理工作顺利开展。

二、建立严格的责任制度

各县(市)区教育局、直属各学校要高度重视应急管理工作,切实把应急管理摆到重要位置,建立和完善突发事件应急处置工作责任制度和应急管理绩效评估制度,把应急管理工作情况纳入工作目标管理考核内容。各级领导干部要深入一线,临场指挥,注意总结应急管理工作规律和经验,研究制定有针对性的措施,不断增强处置突发事件的能力。各单位要切实抓好应急管理领导责任制的落实工作,建立校长全面负责的应急管理责任制,并逐级落实责任。要制定客观、科学的评价指标和评估体系,将应急管理工作开展情况作为对各单位领导班子综合考核评价的内容。学校是基层应急管理工作的责任主体,要建立健全应急管理各项制度,进一步完善基层应急管理工作的长效机制,建立完善突发公共事件预防和处置奖惩制度,对不履行职责引起事态扩大、造成后果严重的责任人依法追究责任,对预防和处置工作开展好的单位和个人予以奖励。

三、协调配合,形成合力

建立健全同级应对突发公共事件部门协调机制。县(市)区教育局、直属各学校要加强与其他部门的沟通协调,理顺关系,明确责任,搞好条块之间的衔接和配合,定期研究解决有关问题。积极开展学校公共安全创建活动,形成全系统共同参与、齐心协力做好应急管理工作的局面。

第二节 构建稳定的投入机制

各级政府要把学校应急管理工作的经费纳入公共财政预算支出范围,对学校的应急设施、应急队伍、避难场所等学校应急能力建设安排必要的投入,使人力、物力、财力等要素适应学校应急管理工作的要求。社区、乡村、企业、学校要切实加大对应急物资的投入,制订应急物资保障方案,重点加强防护用品、救援装备、救援器材的物资储备，做到数量充足、品种齐全、质量可靠。教育行政部门要把应急管理纳入各级学校公共财政预算优先安排领域，按照现行事权、财权划分原则，分级负担应急体系建设、应急管理和处置突发公共事件需由学校负担的经费。

一、健全应对突发公共事件社会资源依法征用与补偿机制

逐步建立学校、企业、社会各方面相结合的应急保障资金投入机制。建立健全应急物资的生产、储备、调拨和紧急配送体系，完善应急工作程序，确保应急所需物资和生活必需品的及时供应。加强对物资储备的监督管理；并建档建册，建立数据库，及时予以更新和补充，以备应急状态下的征集调用。各类公共设施的规划建设应考虑应急处置工作的需要，合理规划建设必要的应急处置设施和备用系统。组织经济、电力、市政、水务、燃气等部门和单位按照分工做好煤、电、油、水、气等应急保障工作，交通、通信等部门合理配置和调度运输、通信资源，保障应急处置工作的顺利开展。

二、保障学校应急建设的必要投入

各学校每年应安排一定的专项经费用于应急管理工作，适当配备可视监控、无线通信、强光照明、报警电话及各类常规应急器材。各中小学要争取各地政府安排应急专项资金，结合和谐校园创建工作，制定创建规划、实施方案和创建标准，加大对应急管理工作的投入力度。要使人力、物力、财力等生产要素适应应急管理的要求，做到应急管理与教育发展同步规划、同步实施、同步推进，确保应急队伍的建设，应急预案的演练，应急知识培训、宣传教育和校园隐患排查整改工作落到实处。

第三节 加强应急队伍救援建设

一、政府部门应抓好专业应急队伍建设

学校应急管理体系的建立，离不开社会应急管理体系的支持和保障，在应急队伍建设上，政府部门要在充分利用现有应急队伍的基础上，抓好专业应急队伍

建设，加快建立以公安、消防、医疗救护队伍、武警部队和民兵预备役为基本力量，以学校自救互救组织、企事业青年职工、青壮年农民和志愿者队伍为补充力量的突发公共事件应急队伍体系，加强演练，抓好培训，提升救援作战能力。本着"立足现实、充实加强、细化职责、重在建设"的方针，逐步整合现有各类专业救援力量，形成一队多用、一专多能的专业队伍，提高应急管理的指挥和处理水平。加快建立专家人才库，充分发挥专家在突发公共事件的信息研判、决策咨询、专业救援、事件评估等方面的作用。多渠道争取资金，逐步提高应急队伍装备、技术水平。

二、教育部门与学校应健全应急联动机制

各级教育部门和学校要切实加强应急管理工作培训，充分发挥广大教职员工的作用，开展对师生的应急知识、技能的培训，熟练掌握突发公共事件的处置方法，增强自救互救和第一时间处置突发事件的能力。将应急管理知识纳入行政管理培训、教师培训中，各高校可通过建立"学生护校队""义务交通疏导队"，合理组织学生参与安全管理工作。逐步形成以教育与管理、专职与兼职、学生与教师相结合的教育系统应急管理队伍。各地教育部门和学校健全应急处置联动机制，加强与地方党委政府和有关部门的沟通。形成以属地为主、分级负责、分类管理、条块结合的应急管理体制，进一步提高教育系统的应急处置效能。各级各类学校要不断加强应急救援队伍建设，将现有的义务消防队、抢险救灾队整合建立为一体，形成以青年教职工为主体的抢险救灾队伍。

三、充分发挥广大师生的作用，积极组建一批精干的志愿者队伍

要加强教育、严明纪律，建设一支思想过硬、作风过硬、技术过硬，特别能战斗的应急队伍，在关键时刻能拉得出、用得上、打得赢的应急救援队伍。要及时补充和调整人员组成，配备必需的装备设施，组织开展必要的训练和演练，完善以应急救援队为主体、全体教职工共同参与的应急救援体系。有条件的地区，建立学校安全专家队伍，聘请有关专业人员作为学校应急救援顾问，指导学校开展应急救援培训和训练。通过加强基层应急队伍建设，全面提高学校预防和处置突发公共事件的能力。

第四节 建立完善的运行机制

应对突发公共事件是一项复杂的系统工程，要对事前、事发、事中、事后等各个环节统筹安排。

一、运行机制的作用

（一）完善预测预警体系

充分利用现代化的技术监测手段，做好突发公共事件的预警工作。提高突发公共事件信息的收集、分析和处理水平，为快速决策和及时启动应急机制提供科学准确的依据。

（二）强化风险隐患普查和监控

各县（市）区教育局、直属各学校要建立经常性的学校安全隐患和风险隐患普查机制，全面掌握学校安全及风险隐患情况，切实落实综合防范和处置措施。学校要全面落实安全管理主体的责任，对可能引发突发事件的风险隐患，做到早发现、早报告、早处置，并落实责任，及时整改。

（三）建立严格的信息报告制度

突发公共事件发生后，要及时、准确地将信息报告给决策机构，做到早发现、早报告、早处置。加强信息平台建设，保障信息灵敏、通畅。各县（市）区教育局、直属各学校要继续完善突发事件信息报告工作制度，明确信息报告的责任主体，及时准确地报告突发事件信息。学校发生突发事件要及时向上级有关单位和救援机构报告，县（市）区教育局、直属学校要及时报告市教育局。对迟报、漏报甚至瞒报、谎报的要依法追究责任。要完善学校24小时值班制度，保证值班工作条件，明确值班人员责任，确保通信联络畅通。

（四）建立健全应急协调联动机制

建立应急管理工作联席会议制度，定期分析研究、安排部署相关工作，完善部门之间的沟通和协作机制，实现相互之间的资源共享，协调有序地应对各类突发公共事件。

（五）完善评价体系

加强调查评估，制定客观、科学的评价指标，定期对各级各部门的应急能力做出评估，包括年度评估、单个事件评估等，并把应急能力评估纳入学校和部门工作绩效考核体系。

（六）积极开展宣传教育培训工作

各县（市）区教育局、学校要制定应急管理教育培训规划，明确培训内容、标准和方式，建立培训考核制度。要特别加强对师生的应急预案的宣传、解读和预防、避险、自救、互救等应急知识的宣传教育普及工作，通过开辟宣传专栏、举办讲座、开设安全课程等形式，落实《中小学公共安全教育指导纲要》的有关教育内容和要求，使广大师生掌握必备的应急知识和避险自救技能。

（七）全力做好处置和善后工作

突发事件发生后，事发学校（单位）及直接受其影响的学校（单位）要及时掌握、准确判断突发事件发展态势，根据预案迅速开展先期处置工作，并按规定及时报告。县（市）区教育局、直属学校应依照应急预案规定及时采取相关应急响应措施。应急处置结束后，学校要及时恢复正常的教育教学工作和相应秩序。恢复重建要与防灾减灾相结合，坚持统一领导、科学规划、加快实施，并通过有关部门动员社会力量积极参与重建。县（市）区教育局和市直学校要积极配合相关部门或单位依法开展事故调查处理工作，查明原因，总结事故教训，制定整改措施并督促落实，依法依纪处理责任人员。要认真做好有关统计工作，依照有关要求，及时、准确地向有关部门上报突发事件起数、伤亡人数以及造成的经济损失等相关信息。

二、建立健全应对突发公共事件的运行机制

加强应急管理工作是构建和谐社会和校园的重要保障，是以人为本、执政为民的重要体现，是促进经济社会快速发展的内在需要。完善应急管理体系，增强应急管理能力，有效应对公共突发事件，是当下我们面临的重要而艰巨的任务。

（一）建立学校突发公共事件的逐级报告制度

（1）一旦获悉可能发生学校突发公共事件的信息或发生突发事件后，学校应当及时向当地教育应急办报告。报告的主要内容包括：事件发生的时间、地点、单位，事件的简要过程、伤亡人数、波及范围、经济损失初步估计和事件发

生原因的初步判断，已采取的措施及其效果等。同时，随着事态的发展做好续报工作。特殊时期实行24小时值班和信息报告制度。

（2）当地教育应急办接到报告后，立即组织力量到现场进行复核确定，及时采取必要应急措施；情况严重时，要立即向县教育应急办报告；情况特别紧急或属重、特大突发事件的，可以越级上报。

（3）当发生重、特大学校突发公共事件时，县教育应急办要立即向县应急指挥部报告，同时启动应急预案。

（4）因瞒报、少报、漏报、迟报而导致处置工作被动或造成严重后果的，要按照有关规定追究相关责任人的责任。

（二）先期预防和处置措施

1. 自然灾害突发事件

各级教育应急办和学校要根据政府发布的自然灾害预警级别落实预防和处置措施，重点做好防汛、抗台工作，消除安全隐患，一旦接到预报，立即进入抗灾状态。

（1）一般灾情。值班人员向当地教育应急办汇报灾情；应急办成员进岗到位，通知下属各单位负责人做好抗灾准备。

（2）较大灾情。当地教育应急办向县教育应急办汇报灾情；县教育应急办成员进岗到位；落实防御措施，通知地处危险位置的或有危房的学校做好抗灾准备。

（3）重大灾情。县教育应急办成员进岗到位，向县应急指挥部汇报灾情；成立抢险救灾领导小组，立即组织有关人员赶赴现场，指挥和协调各学校和单位做好抢险救灾、善后处理等工作；全力做好师生员工和财产转移安置，抢险救灾，最大限度地减少事件所造成的损失和影响。

2. 事故灾难类突发事件

（1）学校在日常管理工作中，要加强安全管理、安全检查和安全教育，落实安全措施，及时消除事故隐患。

（2）突发事故发生后，学校有关责任人要迅速赶赴现场救助受伤害师生员工，在第一时间内报告当地教育应急办，并向有关单位提出救助。

（3）接到报警，县教育应急办即刻组织相关负责人员赶赴现场，并指导学校（单位）进行自救，及时切断危险源，预防和制止事故灾害的进一步扩大，保护好现场；发生重、特大事故时，应向应急指挥部及时汇报情况，听从指挥。

（4）组织学生疏散，做好学生家长的安抚工作；阻止学生参加突发事故救援。

（5）对事故的处置，要按《学生伤害事故处理办法》和《××中小学校学生人身安全事故预防与处理办法》中的有关规定和程序处理；学校确负有责任的，应及时筹措、兑现赔偿资金，防止矛盾扩大。

3. 公共卫生突发性事件

根据突发事件的不同级次分类，结合学校的特点，在必要时启动相应的突发事件应急预案，做出应急反应。

（1）一般突发事件。所在地区发生属于一般突发事件的疫情，启动第三级应急响应。具体措施：启动日报告和零报告制度，教育系统内各单位实行24小时值班制度，加强系统内的疫情通报；县教育应急办组织专门人员指导与督促疫情发生地落实各项防治措施，各级教育行政部门和学校做好进入应急状态的准备；学校内尚无疫情发生，可保持正常的学习、工作和生活秩序，但对集体活动要进行控制；传染病流行时要加强对病人的追踪管理；呼吸道传染病流行期间，必须加强公共场所的通风换气，并采取必要的消毒措施；肠道传染病流行期间，要加强对厕所、食堂及饮用水等消毒，并加强除"四害"工作；严格执行出入校门管理制度。

（2）重大突发事件。所在地区发生属于重大突发事件的疫情，启动第二级应急响应。除对接触者实施控制外，全校保持正常的学习、工作和生活秩序。在第三级疫情防控措施的基础上，进一步采取以下措施：开展针对性的健康教育；掌握全体师生情况并及时上报；对重大传染病的密切接触者，学校要配合卫生部门做好隔离、医学观察和消毒等工作；加大进出校门的管理力度，控制校外人员进入校园；学校根据情况，及时向师生员工通报疫情防控工作情况。

（3）特大突发事件。所在地区发生属于特大突发事件的疫情，启动第一级应急响应。在二、三级疫情防控措施的基础上，进一步采取以下措施：实行封闭式校园管理，住校学生不得离开学校，严格控制外来人员进入校园；全面掌握和控制人员的流动情况，教职工外出必须向所在部门请假；避免人群的聚集；对教室、实验室、食堂、图书馆、体育馆、厕所等场所，使用期间每日进行消毒，通风换气；学校每日公布校园疫情防控工作情况。

（4）校内疫情。校内若出现重大传染病疫情，应在卫生部门的指导下，启动相应的应急措施，适时开展以下工作：根据传染病的种类和病人的活动范围，相应调整教学方式，可视情况扩大停课范围，若需全校停课，中小学校须报县级以上人民政府批准；采取停课措施的班级或学校，应合理调整教学计划、课程安排和教学形式，采用网上授课、电话咨询与指导、学生自学等方式进行学习；主动、及时、准确地公布疫情及防治信息；对教职工和学生进行正确的引导，消除不必要的恐惧心理和紧张情绪,维护校园稳定。

4. 社会安全类突发事件

(1) 群体性事件。一旦出现有发生此类事件的倾向,事发学校或单位要立即向当地教育应急办和公安部门报告,同时组织有关单位及人员,针对不同情况,采取说服教育、思想引导的方法,教育聚集人员通过合法途径、正当渠道解决问题;当地教育应急办和公安部门接报后要立即赶赴现场,指导现场工作。要严密掌握、控制现场动态,注意调查取证;了解发生群体性事件的原因及组织人员情况,耐心细致说服他们配合做好劝散工作;在教育疏导、反复劝散无效或发生聚集闹事等情况时,县教育应急办要及时报告应急指挥部,并配合公安部门迅速采取必要措施,坚决果断处置,防止事态扩大、蔓延;事态平息后,各有关部门、学校要认真总结教训,检查工作中存在的问题和薄弱环节,改进工作,防止类似事件再次发生。

(2) 各类统一考试安全突发事件。统考过程中发生突发事件时,考点应立即向县教育应急办报告,并做好有关记录。县教育应急办接到报告后要立即向应急指挥部报告,启动应急预案,控制事态发展;因自然灾害、交通事故或故障、考试组织和管理或其他原因,导致试卷不能按时运抵考点,考试管理部门应及时向考生说明情况、安抚考生情绪,并按规定做出相应决定;发生考前试题试卷泄密事件时,考试管理部门应迅速报告公安、教育等部门采取必要措施,及时控制现场事态,开展调查处理,尽可能地将波及范围和损失控制在最低程度内,并按规定做出相关决定;发生集体作弊、考试秩序失控、集体罢考等失控事件时,考试管理部门应迅速报告公安、教育等部门及时控制现场事态发展,防止事态蔓延,并按规定做出相关决定。

(三) 应急保障机制

各学校或单位要根据要求配备消防、救灾所需物资,加强处置学校突发公共事件的应急队伍实战能力训练。发生突发公共事件后,相关部门要按照各自职责及时做好各项保障工作,确保物资能源供应充足,医疗卫生服务、现场治安、交通运输等工作措施到位。

(四) 后期处理措施

1. 善后处置

教育行政部门要查清学校受损情况(人员伤亡和财产损失),督促学校组织开展修复工作,尽快恢复正常教育教学秩序;积极采取相应的补救措施,做好善后工作，尽量把损失降到最低限度。

2. 建立档案

教育行政部门和事发单位应按照逐级报告制度，做好后期处置情况报送工作，并且将突发公共事件的相关资料整理归档，建立学校突发公共事件档案。

3. 实施奖惩

对在突发公共事件的预防、报告、调查、控制和处置过程中有玩忽职守、失职、渎职等行为，或迟报、瞒报、漏报重要情况的有关责任人，依照有关法律、法规进行处理，直至依法追究刑事责任。对在突发公共事件应急处置工作中做出突出贡献的集体和个人，给予表彰和奖励。

4. 完善制度

教育行政部门和学校要认真总结经验教训，针对存在的问题和薄弱环节，建立健全相关制度，不断提高对突发事件的处置能力。

5. 其他

学校应急领导小组督促各科室要根据本校实际和本方案要求，制订演练计划并付诸实施，要通过演练，发现应急工作体系和工作机制存在的问题，不断完善应急方案，提高对突发公共事件的应急处置能力。要建立稳定的预防和处置学校突发公共事件的队伍，确保预防和处置学校突发事件工作顺利进行。

全体教师应长期开通手机等通信设备，确保信息畅通，随时获知突发事件信息，保障应急方案迅速启动。

第二十二章

国外应急管理体系简介

- 第一节　国外政府应急管理的政策措施
- 第二节　国外灾后应急管理救助经验
- 第三节　国际公共危机管理中的法制化建设
- 第四节　国外发达国家应急队伍建设
- 第五节　发达国家的应急教育体系及方法
- 第六节　国外中小学应急安全教育概览
- 第七节　国外中小学应急安全管理现状分析

世界各国的政府及其公民正处在一个越来越开放的社会中，在获得更多、更快捷和更高质量的服务的同时，又别无选择地面临各种危机的强烈冲击，尤其是突发性公共危机事件，近年来已经日益成为困扰社会的棘手问题。那么，如何能够防患于未然，针对突发性公共危机事件建立一套有效的应急管理体制就成为一个亟待解决的问题。西方发达国家在学校应急管理体制方面，有比较成熟的经验。

第一节 国外政府应急管理的政策措施

一、建立专门的自然灾害应急管理机构

政府的应急能力和管理水平作为一个国家综合国力的重要组成部分，已成为评价其政府工作与进步程度的一个重要标志。国外政府在实施自然灾害应急管理方面采取了一套行之有效的政策措施，极大地提高了政府应急管理的能力与水平。我国是世界上自然灾害最多的国家之一，积极借鉴国外政府应急管理的有益经验，对于提高我国各级政府自然灾害应急管理的能力与水平具有重要的意义。

自然灾害的群发性、突发性、频发性和危害性，决定了政府必须将应急管理纳入日常的管理和运作之中，使之成为政府日常管理的重要组成部分，而不能仅仅是临时性的应急任务。其中最为关键的是建立一个专门的自然灾害应急管理机构，以专门应对各种各样的自然灾害。

从世界范围来看，建立专门的自然灾害应急管理决策和协调机构已成为各国的共同做法。美国现有应急体系于20世纪70年代开始形成，其主要标志是"总统灾难宣布机制"的确立和联邦紧急事务管理局的成立。该机构集成了原先分散于各部门的灾难和紧急事件应对功能，可直接向总统报告，大大强化了美国政府机构间的应急协调能力。联邦紧急事务管理局的工作范围相当广泛，主要是负责联邦政府对大型灾害的预防、监测、相应救援和恢复工作，涵盖了灾害发生的各阶段。经过二十多年的蜕变与成长，联邦紧急事务署已成为联邦政府处置紧急事务的最高管理机构，集成了从中央到地方的救灾体系，建立了一个统合军、警、消防、医疗、民间救难组织等单位的一体化指挥、调度体系，一遇到重大灾害即可迅速动员一切资源，可以最大限度地降低灾害损失。

日本政府从社会治安、自然灾害等不同的方面，建立了以内阁首相为危机管

理最高指挥官的危机管理体系，负责全国的危机管理。日本政府在首相官邸地下一层建立了全国"危机管理中心"，指挥应对所有危机。在日本许多政府部门都设有负责危机管理的处室。一旦发生紧急事态，一般都要根据内阁会议决议成立对策本部；如果是比较重大的问题或事态，还要由首相亲任本部长，坐镇指挥。在这一危机管理体系中，日本政府还根据不同的危机类别，启动不同的危机管理部门。以首相为会长的中央防灾会议负责应对全国的自然灾害，其成员除首相和负责防灾的国土交通大臣之外，还有其他内阁成员以及公共机构的负责人等。2001年，日本内阁办公室之下还成立了国民紧急情况秘书处，进行危机政策的制定、风险评估、部门协调和人员培训等日常工作，对政府各部门特别是国民紧急事务委员会提供支持。

在英国，灾难发生后，根据性质和情况需要，政府会指定一个中央部门作为"领导政府部门"。该部门一般并不取代地方政府在危机处理中的主要角色，而是负责在中央层面上协调各个部门的行动，保证各部门与地方政府联系渠道通畅，负责收集信息以通知政府高层官员、国会、媒体和公众等。中央政府设有国民紧急事务委员会，由各部大臣和其他官员组成。委员会秘书负责指派"领导政府部门"，委员会本身则在必要时在内政大臣的主持下召开会议，监督"领导政府部门"在危急情况下的工作。

澳大利亚于1974年在原先的民防局基础上，成立了国家救灾组织，履行应对自然灾害和突发事故职能。国家救灾组织隶属于澳大利亚国防部。国家救灾组织堪培拉指挥部设有一个协调室，称为国家应急协调中心，用于保证联邦资源根据需要使用。国家应急协调中心通过国家应急行动支援系统建立综合计算机数据库，并进行联网，其日常工作是监督气象局和州应急管理局的态势报告。国家救灾组织通过对澳大利亚7个州（准州）应急管理局机构实施指导和支援，负责澳大利亚全国的抢险救灾工作。而每个州（准州）在自己的立法和计划框架内工作。澳大利亚国家救灾组织在抗险救灾上发挥了积极的作用。该组织每年召开一次由联邦出资、各州和准州应急勤务主任参加的会议。会议内容包括训练、支援、公共意识、通信、民防等问题。

加拿大于1988年成立应急准备局，使之成为一个独立的公共服务部门，执行和实施应急管理法。加拿大应急管理局的职责是为制订各省应急计划和建立适当的应急机构，与省进行协商；为满足公众要求和减少应急事件的影响，提前向公众提供信息，实施顾问和施行计划；主持有关应急准备的研究；协调各联邦机构应急准备计划并就其进度进行报告；管理国家应急准备学院。

在荷兰，国家一级的应急管理机构设在内务部中，即民事应急计划局，主要负责协调民事应急计划和救灾措施。荷兰 700 多个市政府是荷兰应急救灾的基本责任单位，由市政府制订一系列的救灾和专项行动计划。人口在 2.5 万以上的城镇，由市政府聘用民事勤务员，负责制订救灾计划。承担救灾管理主要行动职责的是消防旅。

为了应对自然灾害，印度也在 2003 年前后设立了由内阁有关部长组成的、被称为"灾害处置部长小组"的专门机构，这个机构以内政部长为首，其成员包括国防、财政、农业、铁路、食品、电力、通信、新闻广播和卫生等部的部长以及国家计划委员会副主席。该机构的职责是制定应付重大自然灾害的长期政策，并负责处理灾后的救援、减灾和重建等事宜。

二、重视灾害管理法制建设和减灾计划的制订

从世界其他国家来看，无不把灾害立法作为实施灾害管理顺利发展的基础。对于经常发生的、对人民生命财产造成严重破坏的重大灾害，更是要制定专门的法律文件来指导各团体及个人的减灾防灾措施。并且，从体系的要求看，减灾法规不仅有一套完备的单项法规，也有一个能驾驭减灾系统工程全局的基本法律。世界上很多国家都有《灾害管理基本法》，并以此作为建立其他减灾法规的基础和指导减灾活动的纲领。

美国和日本都是自然灾害高发性的国家，由于经济的发达导致物质财富的高度集中，每一次严重的自然灾害都要造成巨大的经济损失。为此，两国都十分重视灾害管理的法制建设和减灾计划的制订。

美国一贯重视通过立法来界定政府机构在灾害管理中的职责和权限，理顺各方关系。据统计，美国先后制定了上百部专门针对自然灾害和其他紧急事件的法律法规，且经常根据情况变化进行修订。1950 年制定，1966 年、1969 年和 1970 年多次修改的《灾害救助和紧急援助法》，是美国第一个与应对突发事件有关的法律，该法规定了重大自然灾害突发时的救济和救助原则，还规定了联邦政府在灾害发生时对州政府和地方政府的支持，它适用于除地震以外的其他突发性自然灾害。1977 年国会通过了《地震灾害减轻法》，目的在于"通过制定和实施一项有效的地震灾害减轻计划，减少地震造成的生命和财产危险"，该法规定建立国家地震灾害减轻计划。

德国应急管理法律体系较为完备，《德国基本法》《民事保护法》主要体现了德国应急管理的基本理念，根据基本法规定了一系列的单项法律，如《交通保障法》《铁路保障法》《灾难救助法》等，各州也都有完备的关于民事保护和灾

难救助的法律。

为提高应对自然灾害的效果，日本中央防灾会议制定了一系列法律法规，在发生非常灾害时，制定紧急措施，并推进实施。如1961年日本政府制定《自然灾害根本对策法》，该法被称为未来的预防和灾害减轻法规的总"宪章"。日本是个地震多发国家，对地震防灾尤其关注。针对可能出现的大规模地震问题，政府制定了《大规模地震对策特别措施法》，对地震灾难预防、应对措施、信息传递、灾后重建以及财政金融措施等作了规定，通过加强危机管理，尽量减少地震造成的损失。

国外政府不但有比较完善的法律法规体系，还有非常具体的自然灾害应急计划，以作为灾害应急管理的具体指导纲领。如美国有《联邦应急计划》，日本有《防灾基本计划》，土耳其有《紧急灾害救援组织有其计划方针》，泰国有《1991年内务部民事灾害预防计划》，新西兰有《国家民防计划》，在这些计划中详细规定了灾前应采取的各种预防措施、减灾工程，灾后、灾时应采取的措施，使得整个国家的防灾工作有计划、按步骤、有条不紊地进行。

三、建立统一的灾害信息系统

政府应急管理必须是一项系统工程，它必须依托统一的信息系统，在获得对灾害总体认识的基础上，制定应急管理的对策。发达国家和一些国际性组织利用其先进的通信技术、完善的社会共享体系已经在建立统一的自然灾害信息系统方面做了大量的工作，并取得了一些进展。

20世纪80年代以来，全球逐步建立了若干个以灾害信息服务、灾害应急事务处理为目标的灾害信息系统，主要有以下几个。

（1）全球危机和应急管理网络，由加拿大应急管理署主持，主要内容包括建立全球应急准备、响应，提供减灾和恢复方面的信息。

（2）全球应急管理系统，由美国联邦紧急事务管理局主持，主要业务包括同国际系统连接，进行灾害管理、减灾风险管理、救助搜索、灾害科研等。

（3）国际灾害信息资源网络，由联合国国际减灾十年办公室主持，主要开发了一个国际自然和技术灾害的信息网络原型。

（4）拉丁美洲区域灾害准备网络，由泛美洲健康组织管理，主要负责同六个拉丁美洲和加勒比国家的灾害管理机构进行联络。

（5）紧急响应联系，由美国联邦紧急事务管理局主持。

（6）模块化紧急管理系统，由挪威、法国、芬兰、丹麦四国共同开发，主要开发了一个包括环境信息、公众保护、在线培训和遇灾反应的集成平台。

（7）日本灾害应变系统。

上述的信息系统大都已开始工作，在灾害信息共享、协助各国政府制定减灾决策、对国民进行防灾教育、处理紧急灾情等方面，发挥了十分重要的作用。

第二节　国外灾后应急管理救助经验

如何有效地开展灾后救助工作，是应急救灾工作最紧迫的问题。他山之石，可以攻玉。日本、美国、英国都是世界上自然灾害多发国，它们在救灾减灾方面有很多值得我们吸取的经验和教训，国际上有关专家对这些经验和教训的总结或许可以供我们借鉴。

一、各国灾害管理的一些具体政策措施

（一）日本

在与自然灾害的长期抗争中，日本形成了一套可以说是世界上最完善的防灾减灾抗灾救灾的综合性灾害对策体制。其主要措施包括灾害对策立法、灾害应对机制、国民防灾教育机制三个方面。

1. 灾害对策立法

作为世界上较早制定灾害对策法律的国家，日本已经形成了庞大的灾害对策法律体系。每一次重大灾害发生后，日本往往就会制定出一部重要法律。总体而言，日本灾害对策法律按照其内容和性质，可以分为灾害对策基本法、灾害预防和防灾规划相关法、灾害紧急对应相关法、灾后重建和复兴法以及灾害管理组织法五大类，共由53部法律构成。其中有基本法5部、关于灾害预防的16部、关于灾害应急的3部、关于灾后重建的24部、关于防灾救灾组织的5部。具体来看，与地震灾害有关的基本法有3部，与地震灾后恢复重建及财政金融措施有直接关系的有《建筑物抗震改修促进法》等24部。

1947年日本颁布了战后第一部关于应对灾害的法律《灾害救助法》。以1959年伊势湾台风为契机，日本于1961年颁布了减灾防灾的基本大法——《灾害对策基本法》，迄今已经修改23次。这是日本灾害预防、灾害紧急对应和灾后重建的根本大法，可以说是日本防灾减灾抗灾法规的"总宪章""防灾宪法"。《灾害

对策基本法》成为驾驭减灾系统工程全局的纲领性法律,其他减灾法规均在这部"抗灾宪法"的基础上展开,如洪水、火山爆发、雪灾、森林火灾、风水灾、航空灾害等多个灾种的灾害应对法律。根据灾害预防、紧急对应、灾后重建等防灾不同阶段,制定了内容丰富的各类法律法规,形成了一个庞大的防灾减灾救灾法律体系。

日本关于地震的法律涉及地震观测、紧急应对、抗震支援、地震研究等各个方面。1978年12月,日本政府国土厅制定了《大规模地震对策特别措施法》。1995年1月日本发生举世震惊的阪神大地震后,制定了《地震防灾对策特别措施法》。1950年就制定的《建筑基准法》,自阪神大地震后,1996年、2000年、2006年连续修订了3次,大大提高各类建筑的抗震基准。1995年日本还制定了《建筑物抗震改修促进法》,要求学校、体育馆、医院、剧院、商场等公用建筑要增加超过普通楼房的抗震强度。与地震灾后恢复重建及财政金融措施有直接关系的有《建筑物抗震改修促进法》(1995年)、《地震对策财政特别措施法》(1980年)、《地震保险法》(1965年)、《受灾者生活再建支援法》(1998年)等24部法律。

1998年颁布的《国家全面发展法》将"日本更加安全和宜居"列为国家发展的五大目标之一。"安全"主要就是指国家必须有抵御大规模地震和其他自然灾害的能力。此外,1998年4月28日,日本政府还颁布了世界上第一部气候变化专门法律《气候变暖对策法》。为了预防、减轻气象灾害等自然灾害,日本政府也制定了《防洪法》《森林法》《气象业务法》《灾害资助法》《海岸法》等与预防、减轻气象灾害有关的法律。

2. 灾害应对机制

依据上述法律,日本建立起了完善的防灾减灾救灾机制和灾害应对处理机制。

首先,建立全国性防灾组织体制、首长负责制的中枢指挥系统是危机管理和灾害应对机制的核心。日本建立了相对完整的防灾组织体系。根据《灾害对策基本法》,日本在内阁府设立由首相任主席的"中央防灾会议",作为国家防灾对策方面最高的权力机构。另外,政府还设置防灾大臣,负责审议防灾重大事项,组织制定与防灾有关的基本政策和大规模灾害应急对策,综合协调政府各相关部门的抗灾救险工作。

其次,建立防灾预警预报机制。日本建立了比较健全的灾害预警机制,针对重大气象灾害及时发布预报和警报。气象单位根据气象情报在可能发生灾害时发布"注意报",可能发生重大灾害时及时发布"警报"。通过预警机制,能及时形成政府、社会团体、企业和志愿者等多种主体共同行动的防灾救灾应急机制,最大限度减轻灾害损失。日本不断地探索地震预报和速报,终于取得了巨大成功。2008年6月14日日本东北部发生里氏7.2级地震,世界上第一个地震速报系统发挥了作用,使用这个系统的日本气象厅在最强地震波到来前10秒钟就通过电视等途径向公众发布了地震预警信息。

再次,建立灾害应急救援机制。灾害发生后,中央和各级地方政府迅速收集受灾范围和程度等信息,全面掌握灾情,并将有关信息及时传递给各有关部门和受灾民众。根据《灾害对策基本法》,一旦灾害发生,受灾地区的各级政府迅速成立"灾害对策本部"。重大灾害发生时,国家成立由内阁防灾大臣任本部长的"灾害对策本部",或成立由首相任本部长的"重大灾害对策本部",启动全国性应急指挥系统。

总之,日本有一套由消防、警察、自卫队和医疗机构组成的较为完善的灾害救援体系。消防机构是灾害救援的主要机构,同时负责收集、整理、发布灾害信息;警察的应对体制由情报应对体系和灾区现场活动两部分组成,主要包括灾区情报收集、传递、各种救灾抢险、灾区治安维持等;日本的自卫队属于国家行政机关,根据《灾害对策基本法》和《自卫队法》的规定,灾害发生时,自卫队长官可以根据实际情况向灾区派遣灾害救援部队,参与抗险救灾。

3. 国民防灾教育机制

为提高民众对气候灾害的防御意识,日本政府非常重视强化防灾救灾知识的普及教育,支持民间自发的防灾活动,为民间开展防灾事业创造良好环境。日本还建立了相关的培训制度和协作体制。总体而言,日本全社会及民众防灾意识较强,具备基本的防灾自救知识和能力。日本儿童从小就要接受防灾教育,并将防灾教育内容列入了国民小学生教育课程。早在20年前,日本就开始出版针对中小学校园内安全的教材,并按照每一年级不断变化其中的内容。教育的方式则根据不同的年龄段而实施,充分考虑学生的教育心理、生理特点,体现趣味性、知识性。1982年5月由内阁做出决定,将每年的9月1日定为"防灾日",除了"防灾日",日本政府还将8月30日至9月5日定为"防灾周",进一步加强国民抗震防灾的意识。日本吸取阪神地震的经验教训,将每年的1月17日定为"防灾和志愿者日",将1月15日至21日定为"防灾和志愿者周"。1993年日本北海道西南海底发生7.8级地震,海啸诱发特大火灾,死亡二百多人。为了吸取教训,日本还规定每年7月10日为"防海啸活动日"。

（二）美国

在美国现行联邦体制下，处理各种自然灾害问题的主要职权在州一级，并通过专门的授权向州属各城市分权，有些州还将重要的权力授予县、镇与特区。州政府运用税收和增加公益金的手段从事广泛的自然灾害管理活动，包括兴修水库、堤防、海塘以及投资于划分灾害风险区、绘制风险图、灾害预报和社会教育计划。此外，州政府还可通过行使治安权从事一系列灾害管理活动，如编制国土利用规划，建立和实施土地管理细则及不动产交易条例，制定住宅及其他各类建筑的规范标准等。

州政府管理自然灾害的能力往往会受到地球物理、生态环境与社会政治等因素的制约，因此州和地方政府部门历来主要依靠美国陆军工程兵团这样的联邦机构从事有关的工作。该兵团主要从事防御江河和海岸洪水的大型工程的建设；美国地质调查局一直担负测绘各种地图的职责。而有关自然灾害的基础研究及其他有关活动则主要是联邦政府机构的责任。在此基础之上形成了一种各级政府间相互依赖的灾害管理模式。此外，私人保险公司、信贷机构以及由政府或民间人士组成的各类团体也在减灾方面发挥着重要作用。在公共与私营机构之间同样也存在着相互依赖的关系。

由于美国各级政府与私营机构中的职能重复不可避免地产生了灾害管理的责权分配关系复杂化，人们逐步认识到由单一机构管理涉及多个部门的计划会明显提高效率。因此，美国政府于1979年成立了联邦紧急事务管理局（FEMA）并将原有的国家消防管理局、联邦保险管理局、民防预备局、联邦灾害救济管理局与联邦防备局五个部门合而为一。同时，美国总统授权FEMA为所有的防灾与减灾的主要负责机构。该机构遵循四项原则：①负责应付国内重大紧急事件的联邦权力由一名直接向总统负责的官员行使；②一个高效的民防系统需要最有效地利用所有应急资源；③只要可能，应急的责任由联邦的正式机构承担；④联邦减灾活动应同紧急防备与应急职能融为一体。

联邦紧急事务管理局还负责联邦突发事件警报系统、联邦大坝安全计划与其他一些联邦灾害援助计划，这些计划旨在帮助地方制订气象灾害包括洪水、台风和龙卷风的防备计划。它还负责管理自然灾害与核灾害警报系统，实施减轻重大恶性事件后果的防备计划。

美国联邦政府的自然灾害管理政策主要是通过一系列具体的联邦机构，按一定的具体计划来实施的。协助有关机构制订自然灾害管理计划和开展减灾活动的联邦政策有很多。大体可分为两大类，即灾前减灾计划类与灾后救灾计划类。在第一类计划中,包括由农舍管理局负责的"流域保护与防洪贷款计划",由土壤保持局负责的"资源保护与发展""流域保护与防洪"等计划,由联邦保险管理局负责的"全国洪水保险计划",以及由联邦紧急事务管理局负责的"州防灾拨款""地震与台风应急计划""紧急管理服务计划"等。各种自然灾害的预测、警报计划则分别由美国地质调查局、国家气象局、国家气象中心、国家暴雨预报中心、雷达信息与警报网、国家台风中心等机构负责实施。

第二类计划则主要包括由农舍管理局负责的紧急贷款计划,由农业稳产与保持局负责的紧急保护措施,由陆军部办公室负责的防洪工程、防洪与救灾活动、堤防紧急保护等计划。此外还有由公共卫生局负责的紧急医疗计划,由住房保护与抵押信贷部负责的灾民抵押保险,由联邦紧急事务管理局负责的灾害援助与紧急管理服务计划,由国防电力管理局负责的电力应急计划以及由联邦农作物保险公司负责的农作物保险计划等。

(三) 英国

英国对应急管理一直较为重视,这主要基于两个方面的原因:一是英国的经济发展高度依赖国际贸易,大量的人口流动和国际交往增加了发生公共卫生和恐怖袭击事件的风险;二是英国是一个多民族社会,大量居民来自原殖民地及英联邦国家,具有不同的宗教信仰和文化背景,易发生影响公共安全的社会问题。针对这些危机和风险,英国立足于在事发前发现、制止和控制危机,依靠训练有素的警察、消防、卫生救护及军队等力量建立了应急管理制度体系,处置各类突发公共事件。英国应急处置的显著特点是单一部门应对,基本上没有跨部门的协调。

在英国发生突发公共事件后,一般由所在的地方政府负责处置,直接参与处置的是警察、消防、医护等管理部门,其他地方政府部门及非政府组织予以协助和支持。中央政府负责应对恐怖袭击和全国性的重大突发公共事件。在中央层面,首相是应急管理的最高行政首长;相关机构包括内阁紧急应变小组(Cabinet Office Briefing Rooms,简称 COBR,又称"眼镜蛇")、国民紧急事务委员会(Civil Contingencies Commitment,简称 CCC)、国民紧急事务秘书处(Civil Contingencies Secretariat,简称 CCS)和各政府部门。其中,COBR 是政府危机处理最高机构,但只有在面临非常重大的危机或紧急事态时才启动;CCC 由各部大臣和其他官员组成,向 COBR 提供咨询意见,并负责监督中央政府部门在紧急情况下的应对工作;CCS 负责应急管理日常工作和在紧急情况下协调跨部门、跨机构的应急行动,为 CCC、COBR 提供支持;政府各部门负责所属范围内的应急管理,卫生部等相关部门设立了专门的应急管理机构。根据突发公共事件的严重程度和性质，英国采取分级应急处置模式。

地方政府负责处置的主要是一般性（如交通事故）和影响当地但未波及全国（如区域性停电）的两类突发公共事件，后一类事件的处置情况要向中央政府报告。中央政府应对的紧急情况分为三级：一是超出地方处置范围和能力但不需要跨部门协调的重大突发公共事件，由相关中央部门作为"领导政府部门"（Lead Government Department，简称LGD）负责处理；二是产生大范围影响并需要中央协调处置的突发公共事件，启动COBR，协调军队、情报机构、CCS和相关部门进行处置；三是产生大范围蔓延性、灾难性的突发公共事件，启动COBR，由中央政府主导危机决策，决定全国范围内的应对措施。其中，在前两种情况下，中央政府部门和COBR一般不取代地方政府的职责，而是负责在中央层面协调相关部门的行动，保证中央与地方联系畅通，掌握地方政府处置工作情况并提供指导意见。

为有效应对各类危机，英国从本国历史和现实情况出发，有针对性地采取措施完善应急管理体系，使应急能力得到新的提升。从我们了解的情况看，以下几个方面是有特点、有成效的。

1. 完善应急管理法律和应急计划，为应对突发公共事件提供有效的法制保障

英国比较早地建立了紧急状态法律体系，但之前相关法律之间缺乏衔接和配合，没有发挥出应有的作用，也不能适应新型危机带来的诸多挑战。为此，英国在2004年1月通过了《国内紧急状态法案》，强调预防灾难是应急管理的关键，要求政府把应急管理与常态管理结合起来，尽可能减少灾难发生的危险，同时开展必要的培训和演习，做好应急准备；明确规定了地方和中央政府对紧急状态进行评估、制订应急计划、组织应急处置和恢复重建的职责。随后，英国又陆续出台了《2005年国内紧急状态法案执行规章草案》《2006年反恐法案》等。根据法律规定，英国各级政府及部门还组织制订了各种紧急应变计划，具体规定了不同紧急情况下的应对措施、程序和职责分工。

2. 适时启动内阁紧急应变小组（COBR），强化中央层面对重大突发公共事件应对工作的协调和指挥

COBR不是一个常设机构，实际上是中央政府应急管理协调和决策机制，通常在面临重大危机并且需要跨部门协同应对时启动，以召开紧急会议的方式运作。COBR的组成人员不是固定的，而是根据事态的性质和严重程度由相关政府部门相应层级的官员参加。部长级会议一般由首相主持召开，首相不在时由副首

相或内政大臣主持；政府官员级别的会议，一般由内阁办公室负责安全、情报事务的常务次官主持，或由与处置工作关系最密切的政府部门负责人主持。COBR 的主要任务是：确保应急处置指挥人员与 COBR 的有效沟通；及时、准确掌握危机的现实情况；制定应急管理的战略性目标；在应急处置与保护公众权利之间保持平衡；向社会公众提供相关信息；加快决策的形成。到目前为止，COBR 召开紧急会议处理了多起危机，如 2000 年 9 月燃油供应短缺危机、2001 年爆发的口蹄疫、2005 年 7 月的伦敦地铁爆炸以及 2006 年 4 月发生的高致病性禽流感和 8 月发生的伦敦机场未遂爆炸事件。相关决策都是由 COBR 做出或提请首相决定的，如在燃油短缺危机中禁止油价上涨、在未遂炸机事件后严格机场安检和减少随身携带物等。COBR 这一协调和决策机制，既体现了属地管理、分级处置的基本原则，又强化了应对重大突发公共事件的协调和指挥，在一定程度上克服了因沟通不够、协调不力导致的反应迟缓、效率低下等问题。

3. 设立内阁办公室国民紧急事务秘书处（CCS），充分发挥应急管理办事机构的职能作用

2001 年 7 月，英内阁办公室设立 CCS，具体协调跨部门、跨机构的应急管理工作和紧急救援行动，通过内阁办公室负责安全和情报事务的常务次官向首相汇报情况，由此英国的国民防护职责从内政部转移到 CCS。该机构主要有以下职能：一是负责应急管理体系规划和物资、装备、演练等应急准备工作。二是对风险和危机进行评估，分析危机发生概率和发展趋势，确保现有的应急计划和措施足以应对。三是在危机发生后，确定"领导政府部门"（LGD）名单、职责（CCS 还负责平时适时更新 LGD 名单和职责）和是否启动 COBR，制订应对方案，协调各相关部门、机构的应急处置；在区域性突发公共事件处置中，负责督促地方政府报告处置情况；在 LGD 处置不当或不力时，及时介入并进行干预。四是对应急工作进行评估，从战略层面提出改进意见，协调推动应急管理立法工作。五是负责组织应急管理人才培训。

目前，CCS 有 85 名编制，下设"三部一院"，即评估部、行动部、政策部和紧急事务规划学院。其中，评估部负责全面评估可能和已经发生的危机的严重程度、规模和影响范围，发布信息；行动部负责制订和审议应急计划，确保中央政府做好充分准备以有效应对各类突发公共事件；政策部参与制定应急管理政策，并与政府各部门协商起草应急规划、计划和全国性标准。CCS 的设立，是英国加强应急管理的一项重要举措，既促进了应急管理与常态管理的有机结合，又提高了中央政府应对重大危机的效率。

4. 建立"金、银、铜"应急处置机制，实现各大突发公共事件应急处置的统一高效

由于历史的原因，英国的警察、消防、医护等主要应急部门内部和相互之间的独立性很强，在很长的时期内存在命令程序、处置方式不同和通信联络不畅、缺乏协作配合等突出问题。建立"金、银、铜"机制就是为了解决上述问题。该机制既是一种应急处置运行模式，又是一个应急处置工作系统。一方面，根据事件性质和大小，规定形成不同的"金、银、铜"组织结构；另一方面，确定应急处置"金、银、铜"三个层级，各层级组成人员和职责分工各不相同，通过逐级下达命令的方式共同构成一个应急处置工作系统。为保证通信畅通，政府统一购买通信装备、提供无线通信频道。从近六年来的运行情况看，该机制取得了一定成效。

金层级主要解决"做什么"的问题，由应急处置相关政府部门（必要时包括军方）的代表组成，无常设机构，但明确专人、定期更换，以召开会议的形式运作。该层级负责从战略层面对突发公共事件进行总体控制，制定目标和行动计划下达给银层级。要重点考虑以下因素：事件发生的原因；事件可能对政治、经济、社会等方面产生的影响；需要采取的措施和手段，以及这些措施和手段是否符合法律规定、是否会造成新的人员伤亡、是否会对环境和饮用水等产生影响；与媒体的关系等。金层级可直接调动包括军队在内的应急资源（决定资源在全国范围内调动的是COBR），通常远离事件现场实施远程指挥。由于成员很难短时间集中到一起，一般采用视频会议、电话等通信手段进行沟通和决策。在2008年处置一起因漏油造成的火灾中，因气体含有害物质，当时的金层级就下达了疏散下风向10英里范围内人群的命令，军方也参与了疏散行动。

银层级主要解决"如何做"的问题，由事发地相关部门的负责人组成，同样是指定专人、定期更换，可直接管控所属应急资源和人员。该层级负责战术层面的应急管理，根据金层级下达的目标和计划，对任务进行分配，很简洁地向铜层级下达执行命令（What、Where、When、Who、How等），并可根据不同阶段处置任务和特点的不同，任命相关部门人员分阶段牵头负责。

铜层级负责具体实施应急处置任务，由在现场指挥处置的人员组成，直接管理应急资源的运用。该层级执行银层级下达的命令，决定正确的处置和救援方式，"在合适的时间、以合适的方式做合适的事情"。

5. 依托紧急事务规划学院（EPC），强化综合性应急管理培训

英国应急管理培训体系由三部分组成：一是CCS所属的紧急事务规划学院

(EPC），主要培训如何协同应对突发公共事件；二是政府部门设立的专业培训学院，主要培训本系统内如何应对突发公共事件；三是私立培训机构。其中，EPC作为英国最权威、最有影响的应急管理培训机构，具有为全国制定应急管理培训标准的地位和作用。该院始建于1937年，长期归内政部管辖，2001年后划归CCS管辖，是英国最大的公共安全资料库。目前，该院与利兹大学商学院合作办学，为其提供了强大的研究和教学支持；拥有上百人的师资队伍，主要从各大学和研究机构聘请。

6. 重心下移，广泛动员社会力量参与应急管理

英国在强化政府部门间协调和协作的同时，还重视基层的公共安全管理，善于动员和储备社会应急力量。 是改善社会公共服务和管理，化解公共安全隐患。伦敦温布利区是一个种族多样性、文化多元化十分突出的城区，易发各种社会问题。该区通过加大旧城改造力度、增加就业和住房、严禁种族歧视、加强治安管理等措施，有效地促进了社区和谐稳定。英国中央和地方政府支持改善社区公共服务和安全管理，建立了评级制度，起到良好的导向作用。二是广泛普及应急知识。英国注重在日常生活中通过教育、培训和情景训练，增强公众的危机意识和自救互救能力。英国内政部向全国每户居民寄送"紧急事故指南"，帮助公众为紧急事故做好必要准备。全国各地每年都要举行多种紧急应变演习。三是鼓励非政府组织和民间团体建立应急志愿者队伍。英国非政府组织和团体众多且由来已久，一部分机构还承担公共服务职能。政府把这些民间力量纳入应急管理体系，支持建立各类专业性、技能性的应急志愿者队伍，在很大程度上弥补了政府应急资源的不足，同时增强了民间组织的社会责任感。四是利用媒体发布信息和安抚公众。英国政府非常重视第一时间准确发布突发公共事件信息，即使是三言两语，也会立即发表声明，从一开始就掌握信息传播的主动权；注重提高政府部门和公共服务机构在紧急情况下应对新闻媒体的能力，并作为应急计划的一个组成部分，同时，还注意通过广播、电视及时向公众提供应急防护信息和安全指导，培养公众通过主流媒体获取帮助的习惯。

英国的应急措施不少，且注重长效。其突出特点是多渠道建立应急机制。除了政府、地方建立常备应急机制外，一些大型公司，甚至社区都有相应的应急手段。如英国石油公司旗下的威奇法姆油田就号召公司职员充当志愿者，在工作之余进行适当培训，一旦有事随时能组建应急小组，在第一时间处理突发事件。

（四）俄罗斯

俄罗斯的情况比较特别。20世纪90年代以来，因苏联解体，国内社会制度

发生剧变，俄罗斯经历了长期而急剧的政治动荡、经济金融危机、民族冲突和内战，遭受了切尔诺贝利电站核事故所造成的灾难以及北约东扩所带来的巨大外部压力。在处置上述变故所导致的种类危机过程中，俄罗斯逐步建立了总统直接领导，以联邦安全会议为决策机关，包括联邦安全局、国防部、紧急情况部、外交部、联邦通信与情报署等权力执行部门在内的执行机关，既分工又相互协调的应急管理体制。

在俄罗斯的应急管理机制中，各级国家权力机构在不同的危机中发挥不同的作用，它们之间的相互协调与运作也根据危机类型的不同而发生相应的变化。

俄罗斯联邦民防、紧急情况与消除自然灾害部（简称"紧急情况部"）是在对自然和技术灾害型危机进行管理时，最主要的责任部门。紧急情况部是全权负责在预防和消除紧急状态领域进行国家管理的权力执行机关，其基本任务包括：在民防、保护居民和领土免受紧急威胁等领域执行统一的国家命令；根据俄联邦总统和政府的决议，组织和实施民防、保护居民和领土免受紧急状态威胁的措施；在民防领域进行规范调节，并进行专业监督检查；在民防、保护居民和领土免受紧急威胁等领域进行国家管理并协调各联邦权力执行机关的工作；按规定收集整理民防、保护居民和领土免受紧急威胁等领域的信息，并进行信息交流。

作为俄罗斯应急管理体制支持保障系统的重要组成部分，紧急情况部不仅是一个行政管理机构，更是一个拥有专业应急管理队伍的行动机构。紧急情况部的设置主要由以下机构组成。

1. 危机事态管理中心

对预防消除紧急状态国家力量进行日常管理的机构。其任务是：对消除危机状态的力量的人员准备进行稳定、不间断的管理；为应急管理系统提供信息保障；协调应急管理系统所有环节的工作；负责紧急情况部的办公自动化、计算机技术工作以及信息保障。危机事态管理中心的基干力量处于昼夜值勤状态。在这种状态下，危机事态管理中心负责迅速组织对危机事态做出反应，它可以同时进行2到3个联邦各地区水平的危机事态的信息处理。在特殊专用软件的帮助下，由一系列电子化手段组成的统一信息网可以对不同类型危机事态的发展趋势进行预测，保存危机事态的相关资料并协助准备相应文件。紧急情况部的统一信息网可以自动接收来自联邦各地区和各联邦部委的相应信息，并与总统办公厅、联邦政府和其他高层国家权力机构相互合作。

2. 搜寻救援部

在自然技术灾害中进行搜寻救援工作的主要部门，设有指挥部、搜寻救援大队以及后勤保障部，在各区还设有搜寻救援分部。大部分搜救队员同时具有潜水、登山、跳伞、推土作业、煤气作业、矿山救护等多种专业技能，他们可以在任何地质环境和最复杂气候条件下进行海陆空全方位作业。

3. 民防部队

紧急情况部处理危机事态中功勋卓著的王牌劲旅，它拥有专业救援旅、机械化团、直升机大队、伞兵团以及其他专业分支机构，拥有现代化的搜寻救援装备和生存保障手段。在和平时期，民防部队的主要职能是参与空难救援、限制消除自然技术灾害后果、疏散受灾居民、提供粮食救助。在战时，民防部队主要承担防核、防生化等工作。

4. 空中机动救援中队

成立于1992年3月。设有搜寻救援大队、工程技术大队、通信情报大队、运输大队和物质技术保障大队，共四百多人。1993年，该中心就配备了两架伊尔—76运输机，从事空中救援任务。该中心曾多次参加国际救援行动，并得到了广泛好评。

5. 特殊危险救援中心

成立于1994年2月，可以对爆炸、空难等事故进行专业性救援。作为专业的危机处理机构，俄罗斯紧急情况部在危机事态处理中发挥着引人注目的作用。在2000年莫斯科连环爆炸案的处理现场、在列别德飞机失事的救援活动中、在远东森林大火的抢险过程中、在对阿富汗进行战后重建的援助中，紧急情况部都发挥着自身的作用。

在俄罗斯，由于车臣问题的久拖不决以及其他极端主义势力的发展，各种恐怖主义活动频发，俄罗斯深受其害。因此，俄罗斯着力加强了反恐怖主义活动的应急管理机制构建。俄罗斯联邦反恐应急管理机制由总统统一领导，俄联邦政府是领导反恐、保障反恐所需的必要力量、资金、资源主要主体，联邦权力执行机关依据俄联邦法律及其他法规在自己的职权范围内参与反恐。自己的职权范围内直接参与反恐的联邦执行权力机关主要有：俄联邦安全局、俄联邦内务部、俄联邦对外情报局、俄联邦保卫局、俄联邦国防部和俄联邦边防局。为协调反恐各机构行动，根据俄联邦总统或俄联邦政府的决定可成立联邦或地方级的反恐小组。

2004年9月1日下午，发生了震惊世界的俄北奥塞梯人质危机。在和平解救人质无望的情况下，俄特种部队采取暴力解救人质的行动。人质危机被激化，在解救行动中，造成三百多人死亡，并且其中大部分是孩子，这一事件显示俄罗斯安全机构已经出现严重缺陷，引起了俄罗斯政府对政府应急或者管理系统的反思。

9月4日18时，身着黑色西服、系黑色领带的普京总统出现在俄罗斯千家万户的电视屏幕上。以硬汉著称的这位领导人此刻满脸哀容，他语调悲愤地说，俄罗斯多次遭遇过恐怖袭击，但是屠杀弱小儿童的这种灭绝人性的惨案却史无前例。北奥塞梯别斯兰市人质事件是对全体俄罗斯人民的挑衅，是对整个国家发动的进攻。俄罗斯别无选择，一旦向恐怖分子屈服，将出现更为惨烈的冲突。

普京在强调了与恐怖分子的斗争将是一场大规模的残酷战争后，提出了对俄罗斯针对恐怖主义活动的应急管理机制建设的意见。他将采取众多措施维护俄罗斯国家的统一，"必须建立一个有效的反恐怖体系，包括在法律执行方面的新手段"。普京提出了加大反恐力度的三项措施：第一，近期内制定出一系列巩固国家统一的措施；第二，建立负责控制高加索地区局势的新的协作体系；第三，建立有效的反恐指挥体系。普京强调，面对共同的恐怖威胁，全社会必须动员起来，只有团结的公民社会才能有力地反击恐怖主义分子。

恐怖主义活动在当今世界已经愈演愈烈，借鉴他国的反恐经验和预防机制，未雨绸缪，维护社会稳定，将是我国各级地方政府今后的一项长期工作内容。

第三节 国际公共危机管理中的法制化建设

按照国际惯例，公共应急法制的核心是宪法中的紧急条款和统一的危机状态法、突发公共事件应急法。为了严格地规范在危机状态下政府行使紧急权力，大多数国家一是在宪法中规定了危机状态制度，给政府行使紧急权力划定明确的法律界限，如印度宪法、德国联邦基本法；二是制定统一的危机状态法来详细规范在危机状态时期政府与公民之间的关系，以保障政府在危机状态下充分、有效地行使行政紧急权力，同时也很好地限制政府的行政紧急权力，保护公民的一些基本的宪法权利不因危机状态的发生而遭到侵害。

一、国际法对危机的法律规定

关于政府危机管理，在有关的国际人权公约中也有规定。这些规定主要是从保护基本人权的角度出发的。如1966年12月16日联合国大会通过的《公民权利和政治权利国际公约》第4条规定："在社会紧急状态威胁到国家的生命并经正式宣布时，本公约缔约国得采取措施克减其在本公约下所承担的义务，但克减的程度以紧急情势所严格需要者为限，此等措施并不得与它根据国际法所负有的其他义务相矛盾，且不得包含纯粹基于种族、肤色、性别、语言、宗教或社会出身的理由的歧视。"很显然，上述规定通过规定"不得克减的权利"来限制缔约国政府行使应急管理权力的行为。

1976年，国际协会组织小组委员会专门研究在危机状态下如何处理维护国家生存和保护公民权利的关系。经过六年研究，起草了《国际法协会紧急状态下人权准则巴黎最低标准》。经该协会人权执行委员会两年的研究和修改后，国际法协会于1984年通过并公布了这一文件。《国际法协会紧急状态下人权准则巴黎最低标准》为各国制定调整紧急状态和行使紧急权力的基本条件和应遵循的基本原则以及各种监督措施，防止政府滥用紧急权力，最低程度地保障公民的权利等提供了依据。

二、公共危机管理的法制化建设类型

纵观国外有关政府危机管理法律制度的基本特征，其突出的特点就是政府危机管理机制首先通过一系列相互配套的法律、法规加以规定，其中，在宪法中明确规定政府管理制度，尤其是规定政府行使危机管理权力的法律依据，得到了大多数国家立法者的重视。具体包括以下几个方面。

1. 通过宪法确立政府危机管理制度

许多国家在宪法中设立了专章来规定政府危机管理制度，而绝大多数国家宪法中都对政府应急管理制度作了专条规定。在宪法中对政府危机管理制度作专章规定的有1979年《孟加拉人民共和国宪法》第九章（甲）"紧急状态条款"，1949年《印度宪法》第十八篇"紧急状态"，1949年《德意志联邦共和国基本法》第十章（甲）"防御状态"，1973年《巴基斯坦伊斯兰共和国宪法》第十编"紧急状态条款"等。也有在宪法中对危机状态作专条规定的，如1962年《尼泊尔王国宪法》第81条"紧急权力"，1982年《土耳其共和国宪法》第119条至第122条规定了"危机状态下的管理程序"。

2. 规定专门的危机状态法，系统规定政府危机管理制度

一些国家依据宪法的规定，通过了由议会制定的危机状态法。如1990年4月3日通过的《苏维埃社会主义共和国联盟关于紧急状态法律制度的法律》，1955年4月3日通过的法国的《紧急状态法》等。与政府危机管理相关的专门法律，如在日本，虽然没有专门的危机状态法，但是，却分别制定了对付各种危

机的一般性法律，如《警察法》《自卫队法》《灾害对策基本法》等。在英国，也制定了一系列政府危机管理的专门法律，如1920年的《紧急状态权力法》、1964年的《国内防御法》等。

3. 具体实施宪法和法律有关政府危机管理制度的政府法令或者实施条例等

如1990年8月2日布什发布12722号行政命令，宣布全国危机状态令，以对付伊拉克政府采取的行动和政策对美国的国家安全和外交政策构成的不同寻常的威胁。根据1990年8月2日的12722号行政命令和1990年8月9日的12724号行政命令，总统已对伊拉克实施贸易制裁并冻结伊拉克政府的资产。鉴于伊拉克政府仍继续从事敌视美国在中东的利益的活动，1990年8月2日宣布的全国状态令及1990年8月2日和8月9日采取的对付这一危机状态的措施必须在2001年8月2日以后继续有效。因此，根据《全国紧急状态法》，2001年7月31日，布什总统继续实施对伊拉克的全国紧急状态令。

4. 有关政府危机管理的地方性法规

如在20世纪七八十年代，美国经历了许多重大的地方政府违约事件，其中包括1975年纽约市债券违约、1978年克利兰夫违约，以及1983年华盛顿电力公司违约等。美国政府间关系顾问委员会对地方财政危机问题进行了一系列的研究，并建议各州加强对地方财政的监控，以防止地方财政危机。俄亥俄州采纳了委员会的意见并建立了名为"地方财政监控计划"的体系。1979年通过、1985年修正的俄亥俄州《地方财政紧急状态法》详尽规定了这个监控体系的操作程序。这个监控体系类似于全国天气服务中心发布的监控报告，是一种预警系统，可以防止地方政府包括郡、市、学区和州立大学等进一步陷入财政困境。

三、国际公共危机管理法律制度的内容

政府何时可以启动危机管理机制、怎样启动危机管理机制、在危机管理时期行使什么样的紧急权力、如何中止危机管理机制等都涉及法治行政原则能否在政府危机管理工作得到全面的贯彻和落实，所以，世界各国的宪法和法律中，对政府管理法律制度的内容都作了比较系统的规定。一般来说，主要包括以下几种制度。

1. 危机状态的确认制度

危机状态的确认是政府危机管理的前提，不经过法定程序确认的紧急状态，政府不能随意行使宪法和法律赋予的紧急权力，否则，就会破坏法治行政的基本

原则。因此，世界各国宪法和法律都规定了详细的危机状态确认制度。危机状态的确认制度包括对危机状态的法律认定、宣布危机状态、危机状态的期限、危机状态的延长、危机状态的终止等。这些制度是相互联系在一起的，共同构成了政府应急管理机制的事实和法律条件。

2. 紧急权制度

紧急权制度是政府危机管理的核心。在现代法治社会中，政府正是依靠宪法和法律所赋予的紧急权来从事危机管理的，可以说紧急权是政府从事危机管理的合法性所在。

紧急权的种类很多，对于政府来说，最重要的是采取应急措施的权力，如戒严权、军事管制权、特别管制权、宵禁权和动员权等。此外，在危机状态时期，不同国家机关之间的权力关系也是政府应急管理机制的重要内容。一般来说，在危机状态时期，在平常时期所确立的国家权力关系会发生适当的变更，这种权力变更倾向于三种方式：地方国家机关的权力向中央国家机关转移；中央国家机关的权力向议会或国家元首转移；普通国家机关的权力向军事机关转移。如《巴基斯坦宪法》第232条规定：在宣布危机状态公告生效期间，由联邦政府直接行使省政府全部或一部分职权。1981年《韩国戒严法》也规定：从宣布"非常戒严"时起，戒严司令官掌管戒严区内的一切行政和司法事务。

3. 危机状态下的人权最低标准

政府在危机管理时期，由于行使危机权力很容易限制公民的权利，所以，为了防止政府滥用应急权力，许多国家宪法和法律都规定了即使是在紧急状态时期，某些公民的权利也不得因为采取应急措施而受到限制，更不得予以剥夺，通过确立危机状态时期的人权最低标准来监督政府行使应急权力的合法性。如《委内瑞拉宪法》第241条规定：遇到紧急事件，或扰乱共和国和平的混乱，或者影响经济或社会生活的严重情况的时候，共和国总统可以限制或停止宪法的保证或某些保证，但是公布在第58条和第60条第三项和第七项下的那些保证例外。

总之，从世界各国政府危机管理法律制度的整体结构来看，所有的制度都是围绕着法治行政原则来设计的。其核心精神是为了保证政府能够依据宪法和法律的规定来行使应急管理权力，最大限度地避免由于行使应急权力而给公民权利和宪法秩序造成不必要的损害和破坏。下面我们结合具体国家的立法案例来看一下国外发达国家是如何制定危机管理立法的。

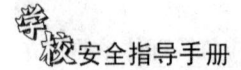

第四节 国外发达国家应急队伍建设

突发公共危机是对世界各国政府管理的重大挑战，应对的关键是以完善的危机管理体系实现整个社会资源的协同运作。其中很重要的就是要进行相应的人才储备。各个国家都在危机管理体系中强调了对于公务员进行危机管理的重要性和措施。下面将介绍几个发达国家的应急队伍建设经验，其中德国的志愿者应急队伍建设是未来应急队伍建设的主流发展趋势，将重点介绍。

一、俄罗斯的应急队伍组建

为了管理人为灾害、自然灾害以及各种事故，俄罗斯成立了俄罗斯联邦民防应急和救灾部，也称特别情况部，以更好地处理由灾难引发的事故。在俄罗斯的特别情况部承担的使命中，就包括组织人员指导俄罗斯灾害管理机构和部队应急救灾工作。在其组织机构中，则相应地设立负责训练的机构：包括一所民防学院，若干培训中心，一所全俄罗斯民防科学研究院和一所全俄监控与实验控制中心。在人才储备方面，俄罗斯特别情况部训练和添置了许多救灾力量和设备，成立许多中央空中机动营救小组，在全国各地驻扎了民防部队，成立了30个搜救和营救服务分队。

二、日本的专业危机管理人员的培训

日本采取公务员分类制度。譬如，东京都厅的公务员分为三类：第一类是普通大学毕业生参加考试录取的；第二类是短期大学毕业参加考试的；第三类是高中学历考取的。三类公务员的工资和晋升机会也不一样，第一类比较优越。而日本国家公务员（中央机关公务员）分为两类，做第一类公务员参加的考试非常难，第二类即使低学历的也可参加。同样，第一类公务员在工资、晋升机会方面占有优势。

日本公务员培训制度很有特点。第一类公务员晋升所经历的培训有人事管理、业务管理、危机管理。其中危机管理培训是很有特色的，譬如，担任课长的候选人要经历实施计划失败的考验，才能担任职务，这是一种风险意识和危机处理能力的培养。

在日本的防灾体系中,每年都以政府危机管理部门协调为主举行防灾训练。同时地方也针对当地的具体情况(多发性的灾害种类)加强防灾训练,特别是跨行政区的协同防灾训练。比如,日本京都圈的七个地方政府共同签署了"七都县灾害相互援助协定",每年要针对如何开展相互支援进行演练;阪神地区的九个地方政府自1995年阪神大地震以来,每年都进行协同防灾训练。从2003年开始,危机管理和防止恐怖活动成为防灾训练的新内容。

三、德国的应急救援体系

志愿者队伍是德国应急救援体系中的重要力量。德国的救灾体系是由德国联邦政府统一领导,各职能部门分工负责的管理体制,这一体系由消防、医疗、通信、海事、救援、辅助及管理等部门组成,而承担具体救援和工作任务的主要是170万志愿者。德国有8200万人口,其中有170万志愿者,占全国人口总数的1/40,也就是说,在德国40个人中就有一名志愿者,而在这一体系的管理者中国家公务员只占1%。可以说,志愿者队伍是应急救援体系中的重要力量。

政府组织、群众自觉参与是志愿者队伍健康发展的重要保证。德国联邦政府应急救援管理职能设在内政部,内政部下设联邦救援局(BBK)和技术救援部门(THW),主要负责全国的应急救援管理和队伍的培训工作。THW是负责救援技术的专业机构,主要承担国内救灾、国际人道主义救援和能力建设、一般事故(如交通事故)等方面的救援任务。该机构的总部设在波恩,下设8个邦级分部、66个区级分部、2个培训基地、2个后勤基地和665个社区志愿者组织站(点)分布全国,并拥有7.6万多名志愿者。其中雇员(公务员)人数:总部116人,8个邦级分部184人,2个培训基地81人,66个区级分部474人,2个后勤基地14人。665个社区志愿者组织站(点)的办公用房、仓储设施、装备仪器、应急救援车辆均由政府配置,队员均是当地的志愿者。社区志愿者组织站(点)负责志愿者的管理、培训和装备物资的管理及维护,每个站(点)的管理者(国家公务员)只有1~2人,负责组织和管理工作,其他工作都是由志愿者来完成的。

德国群众参与志愿者行动的自觉性比较高,其原因有以下几个方面:一是德国经济发达,社会保障体系健全,国民收入水平比较高,国民参与社会公益活动的积极性比较大;二是德国社会的文明程度和国民素质比较高,利用业余时间投身公益活动,参加各种业务和技能培训已成为许多德国人生活的一部分;三是德国法律规定，青年人参加6年志愿者培训和服务可以免除服兵役，一些青年学生也投入到了志愿者队伍的行列。

制度化、规范化的全方位培训是提高志愿者救援能力的重要手段。THW的救援队伍覆盖了各灾种，其中，6支联邦政府救援队（SEEBA）和33支水处理快速反应分队是德国政府救援行动中的重要力量。THW队伍还包括16支建桥、处理油污队，66支电力供应、指挥、通信、后勤队，132支水灾救援队，264支基础建设队和810支技术分队。这些救援队的队员都是经过专业培训的志愿者。

在志愿者培训方面，德国联邦政府有一整套健全的培训基础设施和由浅入深、专业配套、科目齐全的培训课程及教官队伍。基础培训，一般由社区志愿者组织站（点）负责组织，每周末用两天时间进行培训，培训方式主要是由有经验的队员进行传帮带。

指挥培训和技术含量较高的业务培训是在政府开设的救援培训基地进行的。主要培训内容：高层指挥员协调能力培训（HL），运行机制方面的培训（OPM），欧共体内部的合作联动知识培训（CMI），联合国应急工作研讨会，联合国国际救援后勤保障知识，英语，厨师培训，跨国沟通的技巧，安全保障，为新闻工作者提供免费救灾知识方面的培训，专业技术培训（通信、水处理、交通、电力、定向爆破、装备仪器的操作与维护）。

课时安排：基础训练为120小时，最长不超过6个月；专业技术培训1周左右；学生假期培训1~3周。志愿者通过培训可成为当地的THW成员，再通过国际救援培训就可以参加国际救援行动。经过专业培训的志愿者队伍在国内外救援行动中发挥着重要作用。以2003年为例，全年救援队共参与各种国内救援行动1.6万多次，出动志愿者队员6.2万多人次，志愿者队员累计参加救援行动的时间达上百万小时。

在国际应急救援行动中，他们的理念是"国际救援不是一时的事，国际人道主义援助是一个延续过程"。因此，他们不仅为受灾国或受灾地区提供快速搜索与救援方面的支持，还为其提供与民生密切相关的水处理援助设备等方面的支持，尽快解决因巨灾、战争或其他灾害造成的水污染和饮水困难问题。平均每年参与国际救援行动的队员都有一千多人次，足迹遍布世界各地。

THW援助范围包括：欧洲的南斯拉夫（科索沃），非洲的苏丹、利比亚、塞拉利昂，亚洲的阿富汗、巴基斯坦、印度、斯里兰卡、印度尼西亚。

我们相信，随着我国经济的发展和社会的进步，随着人们收入水平的提高和生活条件的改善，社会的文明程度会逐步提高，人们热心社会公益事业的积极性和参与性也会越来越高。因此，我们现在就应着手开展社区地震救援志愿者队伍组织和运行方式的研究，对已经取得一定成效的城市和地区的志愿者队伍建设经验加以总结和推广，并将其作为构建社会主义和谐社会和新农村建设的重要内容，认真抓好、抓实、抓出成效，使社区志愿者队伍逐步成为各级政府应对各类突发公共事件的一支重要救援力量。

第五节　发达国家的应急教育体系及方法

从20世纪中叶开始，为预防及应对各种自然、社会危机，根据本国学校的实际情况，建立适合本国学校的应急管理体系就已经是国际社会的一个普遍现象了。随着我国经济的快速腾飞，无论是应对自然灾害所形成的巨大危机，还是某些局部地区激化的社会矛盾所造成的社会危机，我国最初的应急管理模式都越来越难以应对和解决问题。尤其是我国的乡村学校，由于教师甚至地方官员都普遍缺乏应急管理意识和危机观念，在应对各类突发事件时往往错过了最佳的应急方案，而仅凭传统的经验和技术，靠感觉来应急。给学生的生命和健康都造成了巨大损失，这方面的例子可以说是数不胜数。在这种情况下，借鉴西方发达国家学校应急管理体系建立的有益经验，立足我国学校的应急管理日益法制化、系统化的宏观背景与现实环境，响应中央政府关于全面加强应急管理工作的意见，从技术、法律等层面建立一个有效的基层应急管理体系，就提到了各级教育部门的工作日程上来。

我们通过探讨比较发达国家的相关应急管理机制和实际应用，来研究其内在运作规律，同时进一步了解其基层学校的应急管理机制，以达到借鉴和学习的作用。

美国"9·11"事件发生时，在纽约世界贸易中心大楼里工作的有近万人。由于电梯停运，人们只能从几十层高的楼上走下来。然而人们在下楼时都非常自觉地沿着楼梯右侧往下走，消防人员则沿着楼梯的另一侧上楼灭火救人，秩序井然。数以千计的人能在这次重大危机中得以生还，一个很重要的因素是美国民众良好的应对危机能力和素质，也反映了美国政府对全民危机教育的重视。反观我国近年一些重大公共危机事件如北京密云踩踏事故等，之所以造成重大人员伤亡，重要原因之一是普通民众应对危机知识和能力的严重不足和危机教育的严重缺失。因此，借鉴美国危机教育的经验，开展全面系统的危机教育，对我国公共危机应急机制的建立和完善，具有重大的现实意义。

一、美国危机教育的特点

美国作为发达国家，拥有一整套完善、系统、成熟的公共危机预防、预警、预控的应急机制，特别是美国在危机教育方面开展深入有力，保证了公共危机应对机制的高效和成功运转。归纳起来，美国在应对公共危机方面的教育主要有以下几个特点。

（一）建立公众安全文化教育体系

通过安全月载体，进行民众普及教育。美国安全委员会把6月定为美国的全国安全月，每年的安全月都有主题，如2005年的主题是"我们的生活、工作和游乐场所的安全"。通过开展此项活动，唤起和促进人们搞好安全的意识，使人们清楚安全就在每个人的身边。美国也十分重视直接危害广大民众健康的食品安全等问题，如美国将每年9月确定为全国食品安全教育月，以加强对食品服务人员的食品安全训练和公众正确处理食品的教育。

进行系统全面的学校危机教育，注重从娃娃抓起。美国在幼儿园里就会教孩子摔倒或扭伤的时候该怎么办，从幼儿园就开始对学生进行食品安全教育，从小培养学生的食品安全意识；进了小学，就要开始接受正规的急救训练；美国的中学生每周至少要上一节急救的课程，如果不能通过急救课的考试，就拿不到毕业文凭；高中也常增设安全教育等一些应急课程，通过这些专门的课程教给孩子遇到地震、洪水等的应急措施。"9·11"事件以后，美国大学很快就引入了国土安全、反恐和灾难处理等新专业，以适应国土安全部的设立对安全方面大量人才的需求。

通过公共安全科技的大量投入，构建公众安全文化教育体系。美国建立了安全科技体系，在公共安全科技上投入了大量的人力、物力和财力，公共安全科技达到较高水平。如针对各类公共危机，美国建立了先进的研究基地，以及相关科技计划的审查、立项、拨款和实施的完整体系。美国国会还通过立法，最近几年每年投资三十多亿美元用于建立食品安全网络、反生物恐怖及动植物防疫等预警和快速反应体系和公众教育体系。"9·11"事件后，美国政府积极推动建立以"防灾型社区"为中心的公众安全文化教育体系。

（二）重视宣传教育工作和信息库建设

美国联邦和各级政府对预防和处置公共危机的宣传教育工作是相当重视的，

宣传工作主要有三个特点。

1. 宣传教育的内容具体实在，针对性、操作性强

比如美国联邦紧急事务管理局将全美109座商业核电站的地址、两万座易塌垮"高危"水坝的坝址等资料广泛印发给政府各部门、企业和公众。美国联邦紧急事务管理局还专门推荐一本叫《如何做好公众灾害预防活动和宣教活动》的"好主意、好建议"书。书中就如何做好特殊群体的灾害预防和宣传教育等方面给出了许多好主意、好建议。

2. 充分利用电视、网络等媒介开展宣传教育

如美国的电视节目专设儿童教育系列片教儿童在发生火灾时如何自救，在互联网上设立网站，将紧急事件处置的有关知识登录上网，等等。美国联邦紧急事务管理局于2002年9月在其网站上公布了一篇长达一百多页的文章，题目叫《你准备好了吗？——市民灾害准备指南》，该指南在一定程度上已经成为美国政府对社区居民进行灾害教育的范本。

3. 重视国家应急管理的信息港和专家知识库的建设

如《美国联邦紧急事务管理局2003—2008年战略计划》提出它的一个主要目标是成为国家应急管理的信息港和专家知识库，到2008年，90%的应急管理信息的访问者能找到有用信息。

（三）重视有针对性的培训，美国十分重视对民众的危机教育培训

1. 重视对警察的培训

警察是危机事件重要的应对者和处置者，美国的每个警察局都设有培训基地，培训的内容实在管用，要求十分严格，一般新招警员都要接受30周左右的训练，合格后才能上岗，在岗警察每年要接受13周的继续培训。

2. 专门开展针对危机事件处置的培训

首先，美国政府分层次建立了设施完善的培训基地和院校。其次，培训设施先进完善，覆盖面广。如康纳西州紧急事件管理办公室设有远程教育实验室，通过卫星通信传输，可同全国225个同类实验室联网，通过录像电视请世界各国专家授课。再者，培训内容实用、针对性强。如康纳西州消防学院对参训人员的培训主要是各种火灾的消防理论和实战技能，学院设有飞机、车辆及住宅火灾灭火的仿真设施，学员可以在仿真训练中检验学到的理论知识。纽约州法律要求酒吧、旅店、影院等一些公共场所的经营者，至少应该有10%的员工接受过专门的急救训练，并且拥有专业紧急救助证书。各个社区还提供不同级别的急救课程

培训，使普通市民熟知各种紧急救助的方法。

3. 注重对志愿者的招募和培训

美国政府不仅注重招募涉及各方面危机的义务救援人员，而且由政府负责对其进行归档管理和业务培训。美国新出台的《国家应急反应计划》也是重视公民组织和团体在危机预防、准备、应对、善后中的作用，规定由美国国民卫队负责集合这些团体和开展公民培训项目。

二、美国学校的应急管理机制

美国教育部认为，学校应急管理的核心是学校的全面安全，即全体师生的健康、安全和幸福。教育部在2003年5月向全国下发的《应急计划的实用资料：学校与社区指南》（下简称《指南》）中指出：应急是指自然灾害（地震、洪水、龙卷风和飓风），恶劣气候，火灾，化学与危险品溢出，交通事故，学校枪击事件，炸弹危险，医学紧急事件，学生或教职员死亡（自杀、他杀、过失和自然死亡），恐怖事件或战争等。应急的发展可以划分为三个时期：潜伏期、暴发期、恢复重建期。在应急潜伏期中，主要是事前的预防。很多应急的发生，事前都是有征兆的，应急是一个非常态的过程。在应急管理的早期，对环境的分析和判断能力很重要，要尽可能地寻找应急出现的各种迹象。事前的预防胜于事后的救济，最成功的应急解决办法应该是在潜伏期解决应急。美国教育部在此基础上制定了学校应急管理的模式。即学校应急管理是一个连续的四阶段模式，具体为：应急的缓解与预防→针对应急作准备→对应急的反应→应急后恢复。

这个四阶段模式可以在实践过程中不断完善和修正，这种完善和修正是建立在经验、研究和实际情况的基础上的。根据这个模式，美国教育部为各类各级学校制定了应急管理的政策指南，具体的政策要点如下。

（1）提供一个有组织的、系统的应急管理程序来帮助学校师生和家长。

（2）让教职员工知道如何在应急情况下帮助学生。

（3）在应急管理方针指导下，应急管理组成员制订合作计划，分配职责。

（4）学生的双亲和社会其他成员是学校应急管理的重要组成部分。

（5）通过法律来保护学校的利益，当没有对应政策能防止诉讼发生时，建立一个基于"最好实践"的政策和程序。

（6）各部门协同建立一个强有力的合作关系，以提高学校与社区公众安全的信息和交流。

"9·11"事件后，美国国土安全部建立了一套五级国家威胁预警系统，用绿、蓝、黄、橙、红五色旗代表从低到高的五种警戒级别,以实现从常态向紧急状态的转换。美国教育部根据上述"警戒级别"的要求,制定了学校采取相应行动的指南,各个学校可以根据这个行动指南来制订具体的行动方案。加州中小学在每个学期开始时都要求学生准备一个地震应急包交给学校统一保管,并频繁进行学校防震演习。

三、美国危机教育对我国的启示

(一)突出"常态教育",建立系统的危机教育体系

尽快改变目前我国中小学生只局限于纪念日或一两次的活动日的"点缀式"危机教育。要集中优秀专家编写内容丰富、适合学生学习的具有较高水准的中小学危机教育专用系列教材。加强学科建设,选择条件适当的院校开设危机教育和管理专业,培养危机教育和管理方面专门人才。建立危机教育的"常态教育"模式,建成覆盖全社会、全方位、多层次、全过程的危机教育体系。有专家建议,要在国民教育体系的不同阶段,设计级别不同的内容,开展带有阶段特点的危机管理教育。小学阶段是儿童养成教育的过程,在他们使用的教材中增加生存或逃生的内容;中学或大学阶段,结合经济、社会运行机制的特点,开展危机管理教育和技能训练。

(二)加强危机宣传教育,普及危机应对知识

可针对不同的危机类型制作电视专题片,生动地对公众进行危机普及宣传教育。在中央电视台科教频道设立固定的危机应对宣传栏目,邀请有关专家进行访谈、讲座,还可通过专业人士进行演示。开办一些与观众互动的电视综艺节目,寓教于乐,在轻松活泼的气氛中学到有关危机应对知识。建立危机专门宣传教育网站,宣传国家有关危机管理、应急管理、灾害管理的法律法规,免费向社会公众和企业提供危机管理信息、科普知识、典型案例。

(三)加强培训演练,提高危机应对和决策能力

政府应投入一定人力、物力、财力,有计划、分层次、有针对性地对各类人员进行培训演练。如对民众要开展以危机预防、危机发生后的自救互救基本知识与技能为主要内容的普及培训,提高民众自救互救能力,预防危机发生,减少危机的损失;对危机应对和处置的专业人员,要进行强化培训,除了一般民众应有的危机培训知识外,还要根据其工作性质和专业特点,进行专门强化训练,提高危机应对和处置能力;对应对危机事件的决策人员,要进行危机决策理论和知识

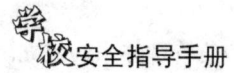

的培训，提高危机决策的科学化水平和决策效能。

第六节 国外中小学应急安全教育概览

一、影响国外中小学安全教育的因素

（一）活动场地和游戏设施

据国外相关部门统计，中小学学生事故最频繁的发生地点就是户外活动场所及设施，如活动场地与游戏设施。在事故中，对中小学学生造成伤害的种类主要有擦伤、扭伤、挫折伤、骨折等。面对这种情况，应对这些环境及设施采取适当的对策，如保证运动场地有足够空间，游戏设施相对中小学学生应足够安全。当然，也应适当地模拟充满"危险"的环境，让他们亲身体验这些随时可能发生的危险，在恰当的时候给予适当的安全提醒，以在活动中培养学生的安全意识。

（二）教育者

学生在户外活动时，教师不会轻易制止学生尝试各种自创的具有"冒险性"的活动及一些游戏设施的"非常规"玩法，相反，他们会参与到学生们新奇刺激的活动中去，成为游戏活动中的引导者。因为这样有利于培养中小学学生预测、判断、回避危险的能力和探索创新的精神。在户外活动中给学生充分的自由是有前提的。首先要让学生掌握一些基本的、必需的安全行为规则；其次，当学生第一次玩某一器械时，或尝试某些具有危险性的活动时，教师应作为一个指导者，与学生一起讨论如何安全使用器械，告诉学生这一器械可能存在的危险以及如何避免危险等。教师不必对每种器械规定某一特定的玩法，但要让学生理解每种器械的基本安全规则，例如荡秋千，教师只需让学生明白，当你在荡秋千时要注意前后有没有其他同学，以免相撞。

二、国外中小学安全教育的形式

国外中小学的安全教育是与学生们的游戏融合在一起的。因为国外的中小学中的游戏活动时间所占比例非常大，而且这些游戏更多地与生活相结合，以便让学生在玩耍的过程中自己去体会什么是安全，逐渐形成一种安全意识，并且培养他们应对危险的能力。

以消防安全教育来说，在进行消防安全教育中，首先教师和学生们一起讨论学生们感兴趣的关于消防安全的任何内容，如消防演习有哪些步骤、怎样逃离火灾现场、有哪些消防用品等。接下来在各种游戏活动中，学生们就可以去亲身体验刚才所讨论过的内容。在活动中，学生们根据影像或画册等来自制一些消防用品，如灭火器、消防队员制服、灭火用的长水管等。制作完后，大家一起讨论这些东西各自的用途。他们自制的消防用品将作为角色游戏的道具，教师也会为他们准备大量的道具，如用一个大纸箱和四把小椅子组成的消防车、消防队员的徽章等。在角色游戏中，一些学生扮演救火队员，练习怎样使用一些灭火器材；而另一些学生则装扮为逃离火灾现场的人，练习一些逃生的动作或自救技能，如假装滚灭身上的火苗、趴在地上匍匐前进等。在写作课上，学生们可以自己画或从其他资料上找一些关于消防安全的有趣图片，然后根据这些图片写出相关的小故事，或者看图说话，给大家讲一个关于消防安全的故事。美国的一些中小学每学期还有一个"防火周"，这期间，学生要参观附近的消防站，消防队员会给他们做真正的消防演习，并介绍一些自救技能等。

国外中小学非常重视学生的自我保护教育。让学生学会在生活中保护自我不受伤害，这在他们看来是非常必要的，因为真实的生活充满了各种危险因素，因此自我保护教育被国外中小学作为安全教育的重要部分。由于发现学生独自在家中是危险的，于是美国一些州的教育部门特别制作过主题为"不要开门"的专题节目，警方也专门为学生制作了独自在家的安全手册，让学生在看图画中记住应对陌生人的一些安全知识，如接听电话时，不告诉陌生人自己和父母的名字与地址等相关信息，发现有可疑的问题要打报警电话等。在自我保护的教育中，中小学更多的是要求家长参与，将这些安全守则和知识转换成亲子游戏的一部分，让孩子在与家长的游戏过程中掌握自我保护的技能。

三、国外中小学的交通安全教育策略

在国外中小学的安全教育中，交通安全是一个最重要的内容，国外各国政府都对交通安全非常重视，多数国家要求中小学开设有关交通安全的课程。

（一）美国中小学的交通安全教育

根据中小学学生的特点，美国政府要求中小学开设安全教育课，进行系统的交通安全教育。交通安全的教材、宣传画和小册子是由"美国汽车协会"负责制作的。交通安全教育的内容主要是让中小学学生了解交通安全规则和如何应付紧急事故等。另外，为了保障中小学学生在上学、放学路上的安全，在儿童过马路比较集中的路口，都有手持小旗的引导员带领。

（二）英国中小学的交通安全教育

英国每个公民从幼年起就开始接受交通安全教育。20世纪70年代的地方行政法规规定"地方自治机关要做出一切努力，在学校教育中，向学生灌输交通安全的思想和技术"。英国儿童在上学、放学过街时，要手拿黄色小旗，头戴黄色或红色的小帽。

（三）法国中小学的交通安全教育

法国的交通安全教育早在20世纪50年代就纳入了法律制度之中，规定"学校有义务对学生进行交通安全教育，每月有半小时的交通安全技术训练"。交通安全教育知识由地理和历史教师担任，交通安全技术训练由体育教师任教。另外，法国交通安全协会分发教材，并在全国建立了390所交通公园，指导中小学学生如何骑自行车和摩托车等，从小培养少年儿童的交通安全意识。

（四）日本中小学的交通安全教育

在中小学暑假期间，日本交警部门为一些学校开设交通安全课程，在教室设"十字路口"，让儿童学会按照交警的指令正确通过人行横道线。在几年以前，日本的各大城市就建立了一千多个儿童俱乐部，一般设在离儿童家不远的公园内、公共场所里，使几百万儿童受到了形象化的安全教育。儿童俱乐部开设的内容有"走、停、过、看、听、玩"六大科。"走"即到马路边时，观察是否可以安全通过，不要埋头乱冲。"停"即遇到过往车辆时立即停下来，车辆通过后，按顺序抓紧通过。"过"即注意并遵照交通信号灯的指挥，从人行横道线过马路。"看"即下车后，先看看来往车辆，不要从车辆之间过马路。"听"即在雨天、雾天，注意辨别机动车的声音，安全地通过马路。"玩"即通过玩木偶游戏，寓教于乐。这种办法采用以后，日本的少年儿童交通事故发生率明显下降。

另外，德国、原捷克斯洛伐克也很重视对儿童进行安全教育。原捷克斯洛伐克交通管理部门经常对中小学学生进行安全教育，并在路口进行实践课，帮助他们在实践中了解交通规则。

第七节　国外中小学应急安全管理现状分析

一、日本中小学安全法律保护体系

日本对学校安全状况格外关注，20 世纪中期就已建立了学校饮食供给、学校保健、学校体育和学校所应承担的责任等一系列有关中小学校园安全的法律保护体系。

（一）日本的《学校供给饮食法》

1954 年日本颁布了《学校供给饮食法》。颁布该法的目的是"鉴于学校供给饮食有助于儿童及学生身心的健全发展，并且有助于国民饮食生活的改善，通过规定学校供给饮食的必要事项，以谋求学校供给饮食的普及充实"，并通过供给饮食使学生"谋求饮食生活的合理化，改善营养及增进健康，培养对日常生活中饮食的正确理解和良好习惯"。

1. 学校饮食供给的对象是在校的所有学生和儿童

学校供给饮食原则上每周 5 次以上，在中小学学生在校期间的午饭时间进行。

2. 学校饮食供给主要包括以下三类内容

第一类是完全饮食供给，包括面包或者米饭、牛奶及副食品；第二类是补充饮食供给，即在完全饮食供给之外的牛奶及副食品等；第三类为供给牛奶。另外还规定，为确保儿童或者学生营养的均衡，学校供给饮食的食物营养内容必须严格按照儿童或者学生一人一次的平均所需的营养量基准进行调配。

3. 学校饮食供给的实施必须要有必要的设施

日本政令规定，学校要有诸如烹饪室、面包存放室、餐厅等场所，这些设施必须在保健卫生及管理方面达到合格标准。在义务教育的各类学校或共同烹饪场所掌管学校供给饮食营养的职员，必须持有《营养士法》规定的营养士许可证，而且必须拥有学校供给饮食实施方面的专业知识和经验。

4. 学校供给饮食设施和饮食运营所需经费由学校的设置者承担

学校供给饮食实施的必要设施所需经费，以及学校供给饮食的运营所需的经费，由义务教育诸学校的设置者负担，但依政令并在预算范围内，国家可对实施供给饮食的学校设置人提供补助。

(二) 日本的《学校保健法》

1958年，日本颁布了《学校保健法》。这一法规规定了学校的保健管理及安全管理的必要事项。这有利于保持中小学学生的健康成长，并且有助于学校教育的顺利实施。该法规规定，在学校中必须制订一系列关于学生及职员的健康诊断、环境卫生检查、安全检查的保健安全计划，其具体规定如下。

1. 学生和有关职员的健康诊断

在学校里，每学期必须定期对学生和有关职员进行健康诊断。学校必须根据学生的健康诊断结果采取相应疾病的治疗和预防工作。对患有传染病及有患传染病嫌疑的学生，校长可以依相关条例停止其上学。另外，学校里应设校医，在大学以外的学校，校医主要包括学校牙医及药剂师。

2. 校园环境卫生的检查

学校必须适当进行换气、采光、照明及保温，努力保持环境的清洁卫生，并根据需要进行改善。其检查内容主要包括学校用水（包括饮用水和游泳池中的水）的水质及排水情况；上下水道、游泳池、学校供给饮食使用的设施设备以及其他附属设施设备的卫生消毒状况；教室及其他校园场所的采光、照明情况，以及学校的空气、室内取暖、换气方法及噪声等方面的状况。

3. 校园环境安全的检查

学校必须定期进行适当的设施设备检查，采取必要的措施防止危害的发生，例如及时修缮、换新等，以确保学校环境的安全。另外，日本在1970年颁布的《交通安全对策基本法》中也对交通安全教育有所规定，促进了交通安全的宣传，这就使学生的安全由校内扩展到了校外。

(三) 日本的《体育振兴法》

1961年日本颁布了《体育振兴法》，其目的是为了"有助于国民身心的健全发展和形成愉快丰富的国民生活"。在这一法规中，明确规定了关于体育振兴的基本准则。

(1) 在实施这一政策时，国家及地方公共团体必须努力协助民间开展体育自发活动，使国民随时随地都能得到个人需要的体育运动。

(2) 国家及地方公共团体必须注意培养体育指导者，并提高其素质。为此，有关单位应举办各种讲习所、研究集会等必要的活动，同时加强医学、生理学、心理学、力学等各种科学的综合研究，以进一步促进体育应用和理论基础。

（3）为了防止学生发生登山事故、游泳事故及其他体育事故，国家及地方公共团体必须努力整备设施、培养指导人员、普及关于防止事故的知识及采取其他必要的措施。为防止校园安全事故的发生，学校每学期必须对儿童或者学生经常使用的设施及设备的安全状况进行一次以上的系统检查，并根据检查的结果，在危险地方做出明显标志，并对这些设施进行及时修缮和换新。

（4）国家对学校法人整备学校体育设施的所需经费，在预算范围内可补充一部分。另外，该法规对补助的方案也有具体规定，如"根据都道府县教育委员会推荐，由文部大臣指定举办的振兴中小学学生体育事业所需经费国家补助二分之一"，"地方公共团体设置的学校体育设施，如游泳池及其他依政令规定的体育设施所需的经费，国家补助三分之一"。

（四）日本学校对学生安全事故所承担的责任

日本不但对学校安全工作提出了严格的防范措施，同时也对一旦发生学校安全事故，学校所应承担责任的范围以及责任的实现形式等问题做了详尽的规定。

1. 学校在安全事故中的责任范围

学校对安全事故承担责任主要包括三种情况。

第一，在学校的管理之下，儿童或学生发生负伤事件；第二，在学校的管理之下，由于学校供给饮食而导致儿童或学生中毒及其他的疾病；第三，在学校的管理之下，造成儿童或学生死亡事件。在这三种情况中，都强调"在学校的管理之下"，这其中包括以下四个方面的内容：第一，儿童或学生在法律规定范围内，根据学校制订的教育教学计划上课时；第二，儿童或学生根据学校的教育教学计划，在进行课外指导时，例如第二课堂、课外活动和社会实践等；第三，儿童或学生在校时的整个休息时间，包括在寄宿制学校中学生的午休、夜晚睡觉的时间，学校拖堂或者学校差使学生做某些事情等情况；第四，儿童或学生按照通常的路线和方法上学时。

2. 学校在安全事故中责任的实现形式

日本在1985年颁布了《日本体育及学校健康中心法》，有关学校根据这一法规建立了具有法人资格的日本体育及学校健康中心，其中很重要的一项规定是"对于义务教育学校（指小学、中学、障碍学校或者养护学校）管理下的学生的伤害（指负伤、疾病、障碍、死亡等），对该儿童或者学生的保护人提供伤害共济给付（主要包括支付医疗费、障碍慰问金和死亡慰问金）"。儿童或者学生的共济缴纳金是此中心经费的主要来源，因此，当儿童或学生在学校的管理下发生事故时，该中心应代替学校承担因学校安全事故而应承担的责任，这对于保障学校教育教学的正常运转具有重要的作用。

二、美国校园的安全计划和措施

以美国某区学校所采取的安全计划和措施为例，介绍美国中小学在安全措施和计划方面的具体做法。

为了保障学生的安全，该区成立了一个由校外人员（包括法律部门和其他部门的人）组成的委员会，这个委员会有监督地方教育部门的责任，并有权向委员会提出建设性的意见。

为了确保学生的安全，该区还组织了一部分学生充当警察的角色，学校通过物质报酬来奖励他们的工作。他们的主要工作不是巡逻，而是平时经常保持与其他学生接触，通过自己的言行来潜移默化地影响其他学生，并帮助教师和同学解决困难。他们有时也给学生作报告，担当着教师的一种课程资源的任务。

学校还安装了闭路电视，主要用来监控学校的所有入口，以防止外来闲杂人员的擅自出入。这个地区新建学校在设计上都非常科学，不经过门卫的许可，很难从别的入口进入学校。同时，学校对学生也进行这方面的教育，让学生主动报告没有证件的来访者。这种方法极大地减少了学校的安全隐患。

三、加拿大的安全意识和自护、自救能力培养

加拿大的学校很重视对孩子进行安全意识以及自护、自救能力的培养和教育。大致情况如下。

（一）识别危险公害标志图的教育

加拿大的托幼所和学校对学生从小进行识别危险公害标志图的教育，还经常发放宣传品等。反复地教育孩子们远离危险物品，如易爆气体、易燃物、氧化物、有毒的易传染物、有毒药品、腐蚀性物品以及碳化钙等。教育他们遇到危险物品时要及时报警。

（二）防火安全教育

加拿大的森林、木材资源非常丰富，因此，特别重视对全民特别是中小学学生进行防火安全教育。加拿大的学校和教育部门通过社会学课程、印发小册子、参观救火会，以及日常的演习、知识竞赛等活动，来普及防火安全教育知识和培养中小学学生实际操作能力。

(三) 自护、自救和救助他人的教育

加拿大的中小学和家庭注重从小对孩子进行自护、自救教育。如不给陌生人开门，不把家庭的地址、电话和父母亲的姓名等家庭资料告诉陌生人；尽早记熟并学会拨打有关电话，如父母或监护人、儿童救助中心和家庭医生的电话号码以及最要好朋友的电话号码等，以便使孩子能在发生意外时，最快地同有关人员联络。此外，还要教育儿童遇到危险情况时，要立即报警；在危险情况下要保持冷静，不要盲目行动。

另外，加拿大的中小学还重视对学生进行安全用电方面的知识和法规教育、食品卫生法规和知识方面的教育，让学生学会识别食品保质期，拒绝变质、有异味的食物，不擅自拿取和服用药物等。

这些安全教育都是教育少年儿童学会并应用各方面的安全知识和技能，在实际生活中避开危险、保护自己的生命安全。

四、智利学校成立安委会

地处南美的智利制订了"学校安全计划"，要求各类学校都要成立安全委员会，安全委员会一般由校长、安全监察员、教师代表、高年级学生代表、附近的警察、消防人员、医院代表、家长代表等组成。该委员会平时培训教师和学生的安全防范意识和应对能力，突发事件发生后则负责指挥协调。

学校安全指导手册

XUEXIAO ANQUAN ZHIDAO SHOUCE

下

马雷军◎主编

东北师范大学出版社
NORTHEAST NORMAL UNIVERSITY PRESS

编委会

主　编：马雷军
副主编：柳翔浩　史利平　赵　菲　张永梅　邹　荣
编　委：朱晟利　陈会众　王春明　王　忠　龙　阳
　　　　刘　旭　康彦涛　梁　艳　王立杰　郑伟强
　　　　安国玲　张嗣娇

总目录

卷一 学校安全事故处理的理论与技术

第一章 学校安全的基本理论
　　第一节　安全与学校安全　　　　　　　　　　　｜ 4
　　第二节　学校安全的基本原则　　　　　　　　　｜ 11
　　第三节　我国的学校安全　　　　　　　　　　　｜ 14
　　第四节　学校安全管理的范围　　　　　　　　　｜ 18
　　第五节　学校安全管理的时机　　　　　　　　　｜ 22
　　第六节　学校安全管理的法律渊源　　　　　　　｜ 23

第二章 学校安全事故的预防体系
　　第一节　学校安全事故的预防体系概述　　　　　｜ 44
　　第二节　学校的安全责任　　　　　　　　　　　｜ 46
　　第三节　学校的安全制度　　　　　　　　　　　｜ 48
　　第四节　学校的安全检查　　　　　　　　　　　｜ 71
　　第五节　学校的安全技术　　　　　　　　　　　｜ 73
　　第六节　学校的安全教育　　　　　　　　　　　｜ 76
　　第七节　学校的安全预警　　　　　　　　　　　｜ 83

第三章 学校安全事故的应急体系
　　第一节　学校安全应急体系的概述　　　　　　　｜ 88
　　第二节　学校安全应急预案　　　　　　　　　　｜ 90
　　第三节　学校安全应急演练　　　　　　　　　　｜ 107

第四章 学校安全事故的处理体系
- 第一节 学校安全事故的处理程序 | 120
- 第二节 学校安全事故的媒体应对 | 125
- 第三节 学生伤害事故的法律责任 | 128

第五章 学校安全事故中的法律救济
- 第一节 教育申诉制度 | 144
- 第二节 教育行政复议制度 | 147
- 第三节 诉讼法律制度 | 152
- 第四节 学校安全事故中的证据 | 159

第六章 国外学校安全的经验
- 第一节 美国的学校安全 | 175
- 第二节 日本的学校安全 | 181
- 第三节 新西兰的学校安全 | 191
- 第四节 其他国家的学校安全 | 195

卷二 学校安全事故的预防与应对

第七章 社会安全类事故的预防与应对
- 第一节 社会安全类事故概述 | 206
- 第二节 恐怖袭击事故的预防与应对 | 211
- 第三节 财产盗窃事故的预防与应对 | 218
- 第四节 学生暴力事件的预防与应对 | 225
- 第五节 学校绑架事故的预防与应对 | 233
- 第六节 学校抢劫事故的预防与应对 | 240
- 第七节 性侵害事故的预防与应对 | 248
- 第八节 学生自杀事故的预防与应对 | 257

第八章 公共卫生类事故的预防与应对
- 第一节 公共卫生类事故概述 | 265

第二节	常见肠道疾病的预防与应对		270
第三节	常见呼吸道疾病的预防与应对		274
第四节	常见青春期疾病的预防与应对		279
第五节	常见传染病的预防与应对		286
第六节	吸烟酗酒吸毒的预防与应对		295
第七节	常见心理疾病的预防与应对		302

第九章 意外伤害类事故的预防与应对

第一节	意外伤害类事故的概述		311
第二节	道路交通安全事故的预防与应对		315
第三节	学校用火用电事故的预防与应对		323
第四节	学校公用设施事故的预防与应对		329
第五节	学校运动伤害事故的预防与应对		334
第六节	学校溺水事故的预防与应对		341
第七节	学校踩踏事故的预防与应对		346

第十章 自然灾害类事故的预防与应对

第一节	自然灾害类事故的概述		354
第二节	地震事故的预防与应对		360
第三节	火灾事故的预防与应对		373
第四节	洪灾事故的预防与应对		380
第五节	泥石流事故的预防与应对		385

第十一章 信息网络类事故的预防与应对

第一节	信息网络类事故概述		390
第二节	学生沉溺网络的预防与应对		395
第三节	网络色情信息的预防与应对		402
第四节	网络诈骗信息的预防与应对		410
第五节	网络信息泄密的预防与应对		416
第六节	网络系统入侵的预防与应对		421

卷三　学校应急管理体系的建立

第十二章　为什么要建立学校应急管理体系
- 第一节　我国安全管理体系的不完善　432
- 第二节　建立应急管理体系的重大意义　434

第十三章　如何建立完善的应急管理体系
- 第一节　应急管理体系的主要内容　438
- 第二节　应急管理体系的基本构成　440

第十四章　学校应急预案的建立
- 第一节　应急预案基本概述　443
- 第二节　制订应急预案的意义与原则　447
- 第三节　应急预案编制步骤　449
- 第四节　基本预案的建立与应急功能　453
- 第五节　应急预案的格式与内容示例　458

第十五章　几项重要的学校应急预案措施
- 第一节　建立学校治安事件应急预案　465
- 第二节　建立学校邪教、黄赌毒等事件应急预案　467
- 第三节　建立学校交通事件应急预案　468
- 第四节　建立学校消防事件应急预案　469
- 第五节　建立学校公共卫生与食品安全事件应急预案　471
- 第六节　突发安全事故应急预案范本　475

第十六章　学校应急管理演练
- 第一节　应急预案　496
- 第二节　应急演练的准备　500
- 第三节　应急演练的实施　504
- 第四节　演练总结与评价　506

第十七章　完善学校应急管理组织体系
- 第一节　建立健全学校应急管理组织体系　| 509
- 第二节　积极开展学校应急管理体制建设　| 512

第十八章　构建学校应急综合保障体系
- 第一节　加强学校安全基础设施建设　| 518
- 第二节　提高乡村学校自身抗灾救灾能力　| 521
- 第三节　认真做好日常管理和巡查工作　| 524
- 第四节　完善校园安全监控系统　| 536
- 第五节　加强学校实验室装备及设施建设　| 538

第十九章　提升学校应急管理信息系统科技含量
- 第一节　以科技为支撑，构建应急信息平台　| 545
- 第二节　学校应急管理信息系统的建设　| 551

第二十章　推进学校应急管理法制体系建设
- 第一节　确保学校应急管理有法可依　| 557
- 第二节　加强学校应急管理法律法规的宣传教育工作　| 562

第二十一章　学校应急管理体系建设的几点建议
- 第一节　明确责任，强化管理　| 566
- 第二节　构建稳定的投入机制　| 567
- 第三节　加强应急队伍救援建设　| 568
- 第四节　建立完善的运行机制　| 570

第二十二章　国外应急管理体系简介
- 第一节　国外政府应急管理的政策措施　| 577
- 第二节　国外灾后应急管理救助经验　| 581
- 第三节　国际公共危机管理中的法制化建设　| 592
- 第四节　国外发达国家应急队伍建设　| 596
- 第五节　发达国家的应急教育体系及方法　| 599
- 第六节　国外中小学应急安全教育概览　| 604

第七节　国外中小学应急安全管理现状分析　　　｜ 607

卷四　校园安全应急管理日常工作

第二十三章　学校安全管理的日常工作
　　第一节　学校安全管理日常工作概述　　　｜ 616
　　第二节　学校安全管理日常工作的重要内容　　　｜ 622

第二十四章　日常管理制度的建设
　　第一节　消防安全的日常管理制度　　　｜ 645
　　第二节　自然灾害日常管理制度　　　｜ 651
　　第三节　运动及体育器材日常管理制度　　　｜ 658
　　第四节　实验教室、信息教室安全管理制度　　　｜ 663
　　第五节　教学及校园生活安全管理制度　　　｜ 667
　　第六节　学生游戏及运动伤害防治　　　｜ 677
　　第七节　交通安全管理制度　　　｜ 679
　　第八节　饮食卫生管理制度　　　｜ 681
　　第九节　校园公共卫生安全管理制度　　　｜ 686
　　第十节　校园暴力　　　｜ 691
　　第十一节　校园安全及周边社会治安综合治理制度　　　｜ 702

第二十五章　做好学校隐患日常排查整改工作
　　第一节　学校结合实际进行全面排查　　　｜ 710
　　第二节　短期内可以完成整改的隐患排查　　　｜ 716
　　第三节　学校情况复杂、短期内难以完成整改的隐患排查　　　｜ 717

第二十六章　加强学校应急管理体系建设
　　第一节　建立学校应急管理体系的主要内容　　　｜ 723
　　第二节　建立学校应急管理的预警机制　　　｜ 729

第二十七章　加强学校先期处理和协助处置工作
　　第一节　如何开展学校先期处置工作　　　｜ 734

第二节　如何防止学校发生次生、衍生事故　｜ 740
第三节　及时组织受威胁师生疏散和转移　｜ 748

第二十八章　加强学校综合应急队伍建设
第一节　建立学校应急队伍　｜ 755
第二节　做好学校应急队伍组建工作　｜ 757
第三节　加强学校应急队伍的建设和管理　｜ 760

第二十九章　加强学校应急工作宣传教育和培训
第一节　广泛开展学校应急知识普及教育　｜ 765
第二节　学校依法开展教职员工应急培训　｜ 769
第三节　把公共安全教育纳入学校教育　｜ 778

第三十章　进一步完善学校应急管理机制
第一节　建立职责分明的应急管理组织机构　｜ 785
第二节　建立健全学校应急联动机制　｜ 793
第三节　建立严格的学校应急责任制　｜ 797
第四节　加强学校应急方面的新闻舆论宣传工作　｜ 801

卷五　学校安全事故案例解析

第三十一章　校园门卫安全管理
【经典案例1】福建南平实验小学凶杀案　｜ 810
【经典案例2】雷州市校园凶杀案　｜ 810
【经典案例3】泰州市幼儿园凶杀案　｜ 810
【经典案例4】潍坊市小学凶杀案　｜ 811
【经典案例5】南郑幼儿园凶杀案　｜ 811
【经典案例6】苏州幼儿园凶杀案　｜ 811
【经典案例7】辛集市幼儿园凶杀案　｜ 812
【经典案例8】北京市幼儿园凶杀案　｜ 812
【经典案例9】莒县小学凶杀案　｜ 812
【经典案例10】石家庄市培训机构劫持案　｜ 813

【经典案例11】宕昌县小学凶杀案　　　　　　　　　　| 813
【经典案例12】汝州市高中凶杀案　　　　　　　　　　| 813
【经典案例13】磐石市学校凶杀案　　　　　　　　　　| 813
【经典案例14】邓州市学校凶杀案　　　　　　　　　　| 814
【经典案例15】上海市校园劫持案　　　　　　　　　　| 814
【经典案例16】光山县学校凶杀案　　　　　　　　　　| 814
【经典案例17】日本池田小学特大凶杀案　　　　　　　| 814
【经典案例18】美国校园枪击案　　　　　　　　　　　| 815
【经典案例19】校外人员在学校滋事以致发生的学生受侵害案 | 818
【经典案例20】学生自行车丢失案　　　　　　　　　　| 819
【经典案例21】小学生逃学溺水死亡案　　　　　　　　| 820

第三十二章　学校教学安全

【经典案例1】体育教师殴打学生致伤　　　　　　　　| 824
【经典案例2】学生与教师相撞致伤案　　　　　　　　| 825
【经典案例3】学校提前放学后学生被撞案　　　　　　| 826
【经典案例4】教师误将学生锁在教室致学生伤害案　　| 827
【经典案例5】河南濮阳高考舞弊案　　　　　　　　　| 829
【经典案例6】全国英语四级考试泄题案　　　　　　　| 830
【经典案例7】中考试题泄密案　　　　　　　　　　　| 831
【经典案例8】因考试试卷丢失导致的中学生跳楼自杀案 | 832
【经典案例9】帮老师提水致左腿烫伤　　　　　　　　| 835
【经典案例10】班主任公开情书引发学生自杀　　　　　| 837
【经典案例11】中学生受批评后自杀案　　　　　　　　| 837
【经典案例12】在校学生被陌生人接走而受伤害　　　　| 839
【经典案例13】班主任对低分同学罚款导致自杀案　　　| 840
【经典案例14】学生挂窗帘摔伤案　　　　　　　　　　| 841
【经典案例15】女生离校失踪案　　　　　　　　　　　| 842
【经典案例16】非法拘禁导致学生摔伤案　　　　　　　| 843
【经典案例17】小学生上厕所时不慎摔伤　　　　　　　| 845
【经典案例18】高中生上课时被社会青年叫出教室扎伤　| 846
【经典案例19】初中生上课时溜出教室并致人伤害　　　| 847
【经典案例20】教师侮辱学生致学生跳楼死亡案　　　　| 849

【经典案例21】教师侮辱学生致学生精神失常案 | 849
【经典案例22】教师殴打学生致伤 | 850
【经典案例23】教师摇晃学生致死案 | 851
【经典案例24】学生以罚站为由状告老师 | 852
【经典案例25】教师责令8名学生捉对厮杀 | 853
【经典案例26】责令学生做500个蹲起引发的伤害 | 853
【经典案例27】罚学生超量做题致学生自杀案 | 854
【经典案例28】罚学生喝尿 | 854
【经典案例29】教师演示实验造成的学生伤害 | 856
【经典案例30】学生违规操作被烧伤 | 859
【经典案例31】化学课器皿爆炸致学生受伤 | 861

第三十三章 学校设施安全

【经典案例1】晚自习后的踩踏事故 | 865
【经典案例2】学校楼梯栏杆过低导致的学生伤害 | 866
【经典案例3】教室挂衣钩伤人案 | 867
【经典案例4】冰锥坠落伤人案 | 869
【经典案例5】学生课间嬉戏受伤 | 870
【经典案例6】学生在厕所被砸致死 | 871
【经典案例7】克拉玛依火灾 | 873
【经典案例8】俄罗斯大学火灾 | 878
【经典案例9】山西学生触电事故 | 879
【经典案例10】摄像头引起的争议 | 880

第三十四章 学校运动安全及游戏器材管理

【经典案例1】小学生课间相撞引起的伤害 | 884
【经典案例2】学生课间打闹引发的伤害 | 885
【经典案例3】小学生体育课跳远受伤 | 886
【经典案例4】学校体育器材存在危险隐患导致学生受伤 | 888
【经典案例5】教学内容超过学生的正常承受能力导致的学生伤害 | 889
【经典案例6】教师在组织教学中存在过失导致学生伤害 | 890
【经典案例7】学生自身健康原因导致的体育课伤害 | 890
【经典案例8】第三人的过错导致的体育课学生伤害 | 891

【经典案例9】学生自身过错导致的体育课伤害事故 | 891
【经典案例10】由于意外事件导致的体育课学生伤害事故 | 892
【经典案例11】足球比赛中学生眼部受伤索赔案 | 894
【经典案例12】足球比赛中学生被撞脾脏破裂 | 895
【经典案例13】学生在课外活动中被铅球砸伤 | 897
【经典案例14】拔河引发的踩压致死案 | 898
【经典案例15】拔河绳断导致的学生伤害 | 899

第三十五章　健康饮食安全

【经典案例1】学生脑炎死亡索赔案 | 902
【经典案例2】学校未将学生体检结果告之家长被诉侵权 | 904
【经典案例3】学生上课发病被延误治疗死亡 | 905
【经典案例4】学生食物中毒案 | 907
【经典案例5】学生豆奶中毒案 | 908

第三十六章　学校宿舍安全

【经典案例1】学生宿舍煤气中毒案 | 911
【经典案例2】校长违规安排学生住宿发生火灾案 | 912
【经典案例3】12岁女生在宿舍饮酒死亡案 | 914
【经典案例4】住宿生违规点蜡烛烧伤同学案 | 915
【经典案例5】未成年学生校外同居被杀 | 916
【经典案例6】学生宿舍被窃案 | 918
【经典案例7】住宿生在学校走失家长索赔案 | 918

第三十七章　校园暴力防治

【经典案例1】校外人员敲诈学生被判刑 | 921
【经典案例2】学生提前下课后发生的斗殴事件 | 922
【经典案例3】初三学生上课期间被同学带到厕所殴打 | 923
【经典案例4】教师脱离课堂导致学生受伤 | 924
【经典案例5】教师未及时制止学生冲突致学生受伤案 | 925
【经典案例6】对未成年人夜不归宿有责任的父母和房东被处罚 | 925
【经典案例7】网吧容留未成年人浏览色情网站被处罚 | 926

【经典案例8】学生课间斗殴致伤案 | 929
【经典案例9】高中生被同学打伤 | 931
【经典案例10】小学教师奸淫多名女生被处决 | 934
【经典案例11】小学教师猥亵学生案 | 935

第三十八章　校外活动安全

【经典案例1】某小学春游前与家长签订安全协议 | 939
【经典案例2】无证行医者在学校检查造成学生损害 | 940
【经典案例3】学生在动物园春游时被熊猫咬伤 | 941
【经典案例4】学生看电影时因拥挤被踩伤 | 943
【经典案例5】学生假日在学校排练节目斗殴案 | 945
【经典案例6】学生在勤工俭学的路上受伤索赔案 | 946
【经典案例7】学生参加危险劳动导致受伤案 | 947
【经典案例8】因学生在野炊活动中溺水死亡教师被判刑 | 949
【经典案例9】学生在鼓乐队训练中受伤 | 949
【经典案例10】小学生在汽车站擦玻璃摔伤 | 950
【经典案例11】学生救火导致重大伤亡案件 | 951
【经典案例12】中学生游泳溺水案 | 954
【经典案例13】中学生离校游泳溺亡案 | 956
【经典案例14】学生回家路上推搡导致跌伤 | 957
【经典案例15】山西沁源重大交通事故 | 960
【经典案例16】渡船倾斜致学生落水 | 961
【经典案例17】汽渡违规致车辆落水 | 961
【经典案例18】与火车抢道导致事故 | 961
【经典案例19】中巴落水致师生死亡 | 961
【经典案例20】过马路时戴耳塞导致车祸 | 962
【经典案例21】带"随身听"太危险，哼歌骑车出事故 | 962
【经典案例22】学生追贼被撞 | 962
【经典案例23】马路溜冰丧身车轮 | 962
【经典案例24】酒后开车造成悲剧 | 963

第三十九章　自然灾害应对

【经典案例1】桑枣中学在地震中的奇迹 | 966

【经典案例2】沙兰镇中心小学水灾　　　| 970
　　　【经典案例3】郁南县山体滑坡　　　　　| 972

第四十章　学校事故应对
　　　【经典案例1】司法助理员私了刑事案件受刑罚　| 975
　　　【经典案例2】学生恐吓学校被判拘役　　| 976
　　　【经典案例3】小学生机智擒罪犯　　　　| 977
　　　【经典案例4】流星雨案件　　　　　　　| 977
　　　【经典案例5】事故后家长封堵校门事件　| 980
　　　【经典案例6】学生猝死的应急处置　　　| 984
　　　【经典案例7】学校提交证据不当导致败诉　| 987
　　　【经典案例8】教师在地震中率先逃离引发的争议　| 988

卷六　学校安全工作法规读本

中华人民共和国教师法　　　　　　　　　　　| 995
中华人民共和国教育法　　　　　　　　　　　| 1001
中华人民共和国预防未成年人犯罪法　　　　　| 1010
中华人民共和国传染病防治法（修订）　　　　| 1018
中华人民共和国义务教育法　　　　　　　　　| 1034
中华人民共和国未成年人保护法　　　　　　　| 1042
中华人民共和国突发事件应对法　　　　　　　| 1051
中华人民共和国消防法（修订）　　　　　　　| 1063
中华人民共和国食品安全法　　　　　　　　　| 1076
中华人民共和国侵权责任法　　　　　　　　　| 1095
中华人民共和国道路交通安全法实施条例　　　| 1104
中华人民共和国道路交通安全法　　　　　　　| 1123
幼儿园管理条例　　　　　　　　　　　　　　| 1142
学校卫生工作条例　　　　　　　　　　　　　| 1146
中小学校园环境管理的暂行规定　　　　　　　| 1151
学校体育工作条例　　　　　　　　　　　　　| 1154
教育行政处罚暂行实施办法　　　　　　　　　| 1159
关于进一步加强学校安全保卫工作意见　　　　| 1166

国务院关于特大安全事故行政责任追究的规定	1169
关于加强青少年学生法制教育工作的若干意见	1173
学生伤害事故处理办法	1178
学校食堂与学生集体用餐卫生管理规定	1184
疫苗流通和预防接种管理条例	1190
教育部关于进一步加强中小学安全工作，预防学生拥挤踩踏事故的通知	1202
教育部关于加强学校体育活动安全防范工作的紧急通知	1205
中小学幼儿园安全管理办法	1207
教育部关于进一步加强中小学校校舍建设与管理工作的通知	1216
中小学公共安全教育指导纲要	1220
学生军事训练工作规定	1227
中小学法制教育指导纲要	1233
中小学生健康体检管理办法	1240
中小学健康教育指导纲要	1245
全国中小学校舍安全工程实施方案	1252
教育系统事故灾难类突发公共事件应急预案	1256
学校甲型 H1N1 流感防控工作方案（试行）	1275
中小学实验室规程	1282
农村寄宿制学校生活卫生设施建设与管理规范	1285
教育部关于修改《国家教育考试违规处理办法》的决定	1294
国家教育考试违规处理办法	1297
校车安全管理条例	1305
教育部等十五部门关于印发《农村义务教育学生营养改善计划实施细则》等五个配套文件的通知	1314
中小学校岗位安全工作指南	1348
中华人民共和国特种设备安全法	1366
教育部 公安部 共青团中央 全国妇联关于做好预防少年儿童遭受性侵工作的意见	1383

下册目录

卷四　校园安全应急管理日常工作

第二十三章　学校安全管埋的日常工作
- 第一节　学校安全管理日常工作概述　616
- 第二节　学校安全管理日常工作的重要内容　622

第二十四章　日常管理制度的建设
- 第一节　消防安全的日常管理制度　645
- 第二节　自然灾害日常管理制度　651
- 第三节　运动及体育器材日常管理制度　658
- 第四节　实验教室、信息教室安全管理制度　663
- 第五节　教学及校园生活安全管理制度　667
- 第六节　学生游戏及运动伤害防治　677
- 第七节　交通安全管理制度　679
- 第八节　饮食卫生管理制度　681
- 第九节　校园公共卫生安全管理制度　686
- 第十节　校园暴力　691
- 第十一节　校园安全及周边社会治安综合治理制度　702

第二十五章　做好学校隐患日常排查整改工作
- 第一节　学校结合实际进行全面排查　710
- 第二节　短期内可以完成整改的隐患排查　716
- 第三节　学校情况复杂、短期内难以完成整改的隐患排查　717

第二十六章　加强学校应急管理体系建设
- 第一节　建立学校应急管理体系的主要内容 ……… 723
- 第二节　建立学校应急管理的预警机制 ……… 729

第二十七章　加强学校先期处理和协助处置工作
- 第一节　如何开展学校先期处置工作 ……… 734
- 第二节　如何防止学校发生次生、衍生事故 ……… 740
- 第三节　及时组织受威胁师生疏散和转移 ……… 748

第二十八章　加强学校综合应急队伍建设
- 第一节　建立学校应急队伍 ……… 755
- 第二节　做好学校应急队伍组建工作 ……… 757
- 第三节　加强学校应急队伍的建设和管理 ……… 760

第二十九章　加强学校应急工作宣传教育和培训
- 第一节　广泛开展学校应急知识普及教育 ……… 765
- 第二节　学校依法开展教职员工应急培训 ……… 769
- 第三节　把公共安全教育纳入学校教育 ……… 778

第三十章　进一步完善学校应急管理机制
- 第一节　建立职责分明的应急管理组织机构 ……… 785
- 第二节　建立健全学校应急联动机制 ……… 793
- 第三节　建立严格的学校应急责任制 ……… 797
- 第四节　加强学校应急方面的新闻舆论宣传工作 ……… 801

卷五　学校安全事故案例解析

第三十一章　校园门卫安全管理
- 【经典案例1】福建南平实验小学凶杀案 ……… 810
- 【经典案例2】雷州市校园凶杀案 ……… 810
- 【经典案例3】泰州市幼儿园凶杀案 ……… 810
- 【经典案例4】潍坊市小学凶杀案 ……… 811

【经典案例5】南郑幼儿园凶杀案　　　811
【经典案例6】苏州幼儿园凶杀案　　　811
【经典案例7】辛集市幼儿园凶杀案　　　812
【经典案例8】北京市幼儿园凶杀案　　　812
【经典案例9】莒县小学凶杀案　　　812
【经典案例10】石家庄市培训机构劫持案　　　813
【经典案例11】宕昌县小学凶杀案　　　813
【经典案例12】汝州市高中凶杀案　　　813
【经典案例13】磐石市学校凶杀案　　　813
【经典案例14】邓州市学校凶杀案　　　814
【经典案例15】上海市校园劫持案　　　814
【经典案例16】光山县学校凶杀案　　　814
【经典案例17】日本池田小学特大凶杀案　　　814
【经典案例18】美国校园枪击案　　　815
【经典案例19】校外人员在学校滋事以致发生的学生受侵害案　　　818
【经典案例20】学生自行车丢失案　　　819
【经典案例21】小学生逃学溺水死亡案　　　820

第三十二章　学校教学安全

【经典案例1】体育教师殴打学生致伤　　　824
【经典案例2】学生与教师相撞致伤案　　　825
【经典案例3】学校提前放学后学生被撞案　　　826
【经典案例4】教师误将学生锁在教室致学生伤害案　　　827
【经典案例5】河南濮阳高考舞弊案　　　829
【经典案例6】全国英语四级考试泄题案　　　830
【经典案例7】中考试题泄密案　　　831
【经典案例8】因考试试卷丢失导致的中学生跳楼自杀案　　　832
【经典案例9】帮老师提水致左腿烫伤　　　835
【经典案例10】班主任公开情书引发学生自杀　　　837
【经典案例11】中学生受批评后自杀案　　　837
【经典案例12】在校学生被陌生人接走而受伤害　　　839
【经典案例13】班主任对低分同学罚款导致自杀案　　　840
【经典案例14】学生挂窗帘摔伤案　　　841

【经典案例15】女生离校失踪案　　│842
【经典案例16】非法拘禁导致学生摔伤案　　│843
【经典案例17】小学生上厕所时不慎摔伤　　│845
【经典案例18】高中生上课时被社会青年叫出教室扎伤　　│846
【经典案例19】初中生上课时溜出教室并致人伤害　　│847
【经典案例20】教师侮辱学生致学生跳楼死亡案　　│849
【经典案例21】教师侮辱学生致学生精神失常案　　│849
【经典案例22】教师殴打学生致伤　　│850
【经典案例23】教师摇晃学生致死案　　│851
【经典案例24】学生以罚站为由状告老师　　│852
【经典案例25】教师责令8名学生捉对厮杀　　│853
【经典案例26】责令学生做500个蹲起引发的伤害　　│853
【经典案例27】罚学生超量做题致学生自杀案　　│854
【经典案例28】罚学生喝尿　　│854
【经典案例29】教师演示实验造成的学生伤害　　│856
【经典案例30】学生违规操作被烧伤　　│859
【经典案例31】化学课器皿爆炸致学生受伤　　│861

第三十三章　学校设施安全

【经典案例1】晚自习后的踩踏事故　　│865
【经典案例2】学校楼梯栏杆过低导致的学生伤害　　│866
【经典案例3】教室挂衣钩伤人案　　│867
【经典案例4】冰锥坠落伤人案　　│869
【经典案例5】学生课间嬉戏受伤　　│870
【经典案例6】学生在厕所被砸致死　　│871
【经典案例7】克拉玛依火灾　　│873
【经典案例8】俄罗斯大学火灾　　│878
【经典案例9】山西学生触电事故　　│879
【经典案例10】摄像头引起的争议　　│880

第三十四章　学校运动安全及游戏器材管理

【经典案例1】小学生课间相撞引起的伤害　　│884
【经典案例2】学生课间打闹引发的伤害　　│885

【经典案例 3】小学生体育课跳远受伤 | 886
【经典案例 4】学校体育器材存在危险隐患导致学生受伤 | 888
【经典案例 5】教学内容超过学生的正常承受能力导致的学生伤害 | 889
【经典案例 6】教师在组织教学中存在过失导致学生伤害 | 890
【经典案例 7】学生自身健康原因导致的体育课伤害 | 890
【经典案例 8】第三人的过错导致的体育课学生伤害 | 891
【经典案例 9】学生自身过错导致的体育课伤害事故 | 891
【经典案例 10】由于意外事件导致的体育课学生伤害事故 | 892
【经典案例 11】足球比赛中学生眼部受伤索赔案 | 894
【经典案例 12】足球比赛中学生被撞脾脏破裂 | 895
【经典案例 13】学生在课外活动中被铅球砸伤 | 897
【经典案例 14】拔河引发的踩压致死案 | 898
【经典案例 15】拔河绳断导致的学生伤害 | 899

第三十五章　健康饮食安全

【经典案例 1】学生脑炎死亡索赔案 | 902
【经典案例 2】学校未将学生体检结果告之家长被诉侵权 | 904
【经典案例 3】学生上课发病被延误治疗死亡 | 905
【经典案例 4】学生食物中毒案 | 907
【经典案例 5】学生豆奶中毒案 | 908

第三十六章　学校宿舍安全

【经典案例 1】学生宿舍煤气中毒案 | 911
【经典案例 2】校长违规安排学生住宿发生火灾案 | 912
【经典案例 3】12 岁女生在宿舍饮酒死亡案 | 914
【经典案例 4】住宿生违规点蜡烛烧伤同学案 | 915
【经典案例 5】未成年学生校外同居被杀 | 916
【经典案例 6】学生宿舍被窃案 | 918
【经典案例 7】住宿生在学校走失家长索赔案 | 918

第三十七章　校园暴力防治

【经典案例 1】校外人员敲诈学生被判刑 | 921

【经典案例2】学生提前下课后发生的斗殴事件 | 922
【经典案例3】初三学生上课期间被同学带到厕所殴打 | 923
【经典案例4】教师脱离课堂导致学生受伤 | 924
【经典案例5】教师未及时制止学生冲突致学生受伤案 | 925
【经典案例6】对未成年人夜不归宿有责任的父母和房东被处罚 | 925
【经典案例7】网吧容留未成年人浏览色情网站被处罚 | 926
【经典案例8】学生课间斗殴致伤案 | 929
【经典案例9】高中生被同学打伤 | 931
【经典案例10】小学教师奸淫多名女生被处决 | 934
【经典案例11】小学教师猥亵学生案 | 935

第三十八章 校外活动安全

【经典案例1】某小学春游前与家长签订安全协议 | 939
【经典案例2】无证行医者在学校检查造成学生损害 | 940
【经典案例3】学生在动物园春游时被熊猫咬伤 | 941
【经典案例4】学生看电影时因拥挤被踩伤 | 943
【经典案例5】学生假日在学校排练节目斗殴案 | 945
【经典案例6】学生在勤工俭学的路上受伤索赔案 | 946
【经典案例7】学生参加危险劳动导致受伤案 | 947
【经典案例8】因学生在野炊活动中溺水死亡教师被判刑 | 949
【经典案例9】学生在鼓乐队训练中受伤 | 949
【经典案例10】小学生在汽车站擦玻璃摔伤 | 950
【经典案例11】学生救火导致重大伤亡案件 | 951
【经典案例12】中学生游泳溺水案 | 954
【经典案例13】中学生离校游泳溺亡案 | 956
【经典案例14】学生回家路上推搡导致跌伤 | 957
【经典案例15】山西沁源重大交通事故 | 960
【经典案例16】渡船倾斜致学生落水 | 961
【经典案例17】汽渡违规致车辆落水 | 961
【经典案例18】与火车抢道导致事故 | 961
【经典案例19】中巴落水致师生死亡 | 961
【经典案例20】过马路时戴耳塞导致车祸 | 962
【经典案例21】带"随身听"太危险，哼歌骑车出事故 | 962

【经典案例22】学生追贼被撞　962
【经典案例23】马路溜冰丧身车轮　962
【经典案例24】酒后开车造成悲剧　963

第三十九章　自然灾害应对

【经典案例1】桑枣中学在地震中的奇迹　966
【经典案例2】沙兰镇中心小学水灾　970
【经典案例3】郁南县山体滑坡　972

第四十章　学校事故应对

【经典案例1】司法助理员私了刑事案件受刑罚　975
【经典案例2】学生恐吓学校被判拘役　976
【经典案例3】小学生机智擒罪犯　977
【经典案例4】流星雨案件　977
【经典案例5】事故后家长封堵校门事件　980
【经典案例6】学生猝死的应急处置　984
【经典案例7】学校提交证据不当导致败诉　987
【经典案例8】教师在地震中率先逃离引发的争议　988

卷六　学校安全工作法规读本

中华人民共和国教师法　995
中华人民共和国教育法　1001
中华人民共和国预防未成年人犯罪法　1010
中华人民共和国传染病防治法（修订）　1018
中华人民共和国义务教育法　1034
中华人民共和国未成年人保护法　1042
中华人民共和国突发事件应对法　1051
中华人民共和国消防法（修订）　1063
中华人民共和国食品安全法　1076
中华人民共和国侵权责任法　1095
中华人民共和国道路交通安全法实施条例　1104
中华人民共和国道路交通安全法　1123

幼儿园管理条例	1142
学校卫生工作条例	1146
中小学校园环境管理的暂行规定	1151
学校体育工作条例	1154
教育行政处罚暂行实施办法	1159
关于进一步加强学校安全保卫工作意见	1166
国务院关于特大安全事故行政责任追究的规定	1169
关于加强青少年学生法制教育工作的若干意见	1173
学生伤害事故处理办法	1178
学校食堂与学生集体用餐卫生管理规定	1184
疫苗流通和预防接种管理条例	1190
教育部关于进一步加强中小学安全工作，预防学生拥挤踩踏事故的通知	1202
教育部关于加强学校体育活动安全防范工作的紧急通知	1205
中小学幼儿园安全管理办法	1207
教育部关于进一步加强中小学校校舍建设与管理工作的通知	1216
中小学公共安全教育指导纲要	1220
学生军事训练工作规定	1227
中小学法制教育指导纲要	1233
中小学生健康体检管理办法	1240
中小学健康教育指导纲要	1245
全国中小学校舍安全工程实施方案	1252
教育系统事故灾难类突发公共事件应急预案	1256
学校甲型H1N1流感防控工作方案（试行）	1275
中小学实验室规程	1282
农村寄宿制学校生活卫生设施建设与管理规范	1285
教育部关于修改《国家教育考试违规处理办法》的决定	1294
国家教育考试违规处理办法	1297
校车安全管理条例	1305
教育部等十五部门关于印发《农村义务教育学生营养改善计划实施细则》等五个配套文件的通知	1314
中小学校岗位安全工作指南	1348
中华人民共和国特种设备安全法	1366
教育部 公安部 共青团中央 全国妇联关于做好预防少年儿童遭受性侵工作的意见	1383

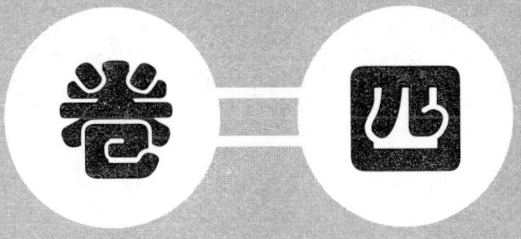

校园安全应急管理日常工作

第二十三章

学校安全管理的日常工作

□ 第一节　学校安全管理日常工作概述
□ 第二节　学校安全管理日常工作的重要内容

当前，各级党委和政府非常重视学校的安全工作，学生家长越来越关注学校的安全程度，各个学校越来越注重校园的安全系数，安全工作在学校工作中的分量越来越重。我们只有充分认识学校安全工作的重要性，才能更好地开展学校的安全工作，为学校其他工作保驾护航，营造一个和谐、稳定的校园环境。

第一节　学校安全管理日常工作概述

一、学校日常安全管理的重要意义

1. 从政治的高度看，学校安全工作是和谐社会建设工作的具体内容

近年来，党中央向全国人民提出了建设"和谐社会"的伟大号召，我们整个国家都在进行和谐社会的建设工作。和谐社会，简要地说，就是一个以人为本的社会，是一个可持续发展的社会，是一个大多数人能够分享改革发展成果的社会。和谐社会组成要素的角度不尽相同，但必须以人为基本要素。不管是个体的人，还是一个国家的人民，还是整体的人类，首先要有健康的生命与心态、行为，要有可持续发展的生命状态，要有安全的环境，才能很好地进行其他的工作，才能创造与发展，换言之为"有安全，才有其他"。中央提出"和谐社会"这个理念，既是对人类生存观与发展观的精确表述，更是适应了时代的需要、人民的需要。

教育部门是政府的一个职能部门，学校工作是政府工作的一个组成部分，要全面建设和谐社会，离不开"和谐校园"的建设。"和谐校园"应包括两层含义：一是指和谐的人际关系、和谐的人际环境、和谐的文化，其中包括教师与教师、教师与学生、学生与学生之间的合作关系，努力形成师生和同学间互帮互助、同心协力、共创发展的融洽氛围；二是指和谐的"人物关系"，即学校的教育教学设施、设备能够处于一种有序而安全的状态，师生能够安全地运用这些有序而安全的设施、设备进行教育教学活动，顺利地完成教育教学任务。

学校的教育教学对象是学生，不同的学生来自不同的家庭。学生的安全，是一项牵一发而动全身的敏感事情：学生安全了，家长放心，学校顺心，政府安心；学生不安全，家长伤心，学校闹心，政府烦心。另外，稳定的教师队伍，安全的教育教学设施设备，融洽的师生关系、同学关系，都对和谐校园建设起着重

要的作用。学校的安全工作稍有风吹草动，就会引起校园的波动、学校所在地区的社会局面的颤动。

校园不是独立于社会之外的世外桃源，建设了一个和谐的校园，就为千家万户的和谐、社会的和谐作出了巨大的贡献。如果校园都变成危险地带，社会也就难以和谐了。

2. 从法律的角度看，学校安全工作是依法治校的重要表现

这几年来，我国《教育法》《义务教育法》《未成年人保护法》《预防未成年人犯罪法》《教师法》《学生伤害事故处理办法》《中小学幼儿园安全管理办法》《中小学校园环境管理的暂行规定》等法律的实施，进一步充实了依法治国的内容。在依法治国的良好环境下，学校的依法治校工作也得到了进一步的提升。

从法律上讲，依法治校体现一种法律关系，即依法治校必须由主体、内容和客体三大要素组成，依法治校的主体是指以各种方式参加这一法律关系，并在其中享受权利和义务的当事人，它包括教育行政部门、学校、教师、学生等。这些当事人的权利与义务是什么？有哪些？必须由法律来确认和规范，并以法律条文形式加以保障。这就是依法治校的内容，也是教育法律关系的核心。依法治校的客体主要指治理学校的物，即一切保障设施，以及当事人的行为，包括作为或不作为等。

学校进行日常管理的过程与目的，就是要使依法治校法律关系中的三大要素有机运转、统一协调，杜绝工作的随意性、危险性，确保教育教学工作在安全、稳定的状态下有序开展。学校日常工作的内容很多，但都必须以"安全"为依归。学校日常工作如果没有了安全，依法治校就会变成一句空话。

3. 从人性的角度看，学校安全工作是学校人文关怀的核心内涵

学校的教育教学工作，实际就是育人工作。育人工作做得如何，除了刚性的国家法律、法规落实得怎样，还要看这个学校柔性的人文关怀氛围怎样。俗话说"医者父母心"，"教者"也有"父母心"，这个"父母心"就是学校与教师对学生的人文关怀。教师的人文关怀，简单地说就是教师的职业道德。

《中小学教师职业道德规范》第二条"爱岗敬业"中有这样的内容："教书育人，不敷衍塞责，不传播有害学生身心健康的思想"；第三条"热爱学生"中有这样的内容："关心爱护全体学生，尊重学生的人格，平等、公正对待学生，对学生严格要求，耐心教导，不讽刺、挖苦、歧视学生，不体罚或变相体罚学生，保护学生的合法权益，使学生全面、主动、健康发展。"这些具体内容概括起来，其核心内涵就是"确保学生的身心健康与安全"。现在很多学校都提出

"以人为本","学生的身心健康与安全"就是真正的"本"。

学生是学校的教育教学对象,安全关爱是关爱学生的基石与核心。学校没有关爱学生的身心健康与安全,其他方面的关爱也难以落到实处。"生命不保,谈何教育!"

4. 从前进的远度看,学校安全工作是学校可持续发展的根本保证

一个学校要持续发展,需要政府的大量投资,需要社会各界的大力支持,需要学生的认真努力,需要教工的辛勤劳动,需要安全。一个学校要持续发展,需要有两条生命线支撑着:一是长期的校园安全(包括师生安全、校产安全);二是良好的教育教学质量。

以前,我们在学校日常工作中单提"教育教学质量是学校的生命线",这是有欠缺的说法。一个学校,如果学生有经常受损伤的情况,教学设施设备经常出现对师生人身安全有损害的事故,教工之间、同学之间、师生之间经常有人身的相互攻击行为等,那教工有心工作、学生有心学习吗?家长能把自己的子女送到这样的学校吗?答案肯定是显而易见的,没有一个家长会用子女宝贵的生命换取没有生命寄托的分数。长期下去,没有学生的学校,能叫真正的学校吗?

单提"教育教学质量是学校的生命线",是片面的应试教学思维在学校管理思想中的突出表现。把"长期的校园安全""良好的教育教学质量"同时当作学校的生命线,才有可能真正回到"以人为本"的正确管理轨道上,才有可能确保学校持续发展。否则,只重视教育教学质量,忽视学校的安全工作,这样的学校生命必定是昙花一现。

总而言之,学校安全工作是关系到学校师生生命、师生家庭幸福、学校生存与发展、社会稳定与和谐的一项重要工作,我们必须高度重视。

二、学校安全制度的重要性

学校安全制度建立工作影响广泛,事关祖国下一代的健康成长,学校安全以实现学生的生命安全和健康成长为基本目标,事关千家万户的幸福与安宁,关系教育事业的稳定和发展,事关整个社会的安全稳定。维护学校的安全,不仅仅是教育部门的事情,各地政府和有关职能部门同样责无旁贷。确保学校安全,是营造良好的育人环境的需要,是树立和落实科学发展观、构建和谐社会的重要内容,也是社会文明与进步的重要标志。正所谓"学生利益无小事""安全第一""健康第一",班主任教师更应该积极履行职责,努力为保障学生的安全作出应有的贡献。

(1) 学校安全以实现学生的生命安全和健康成长为基本目标，是实现国家"科学发展"和构建"和谐社会"的需要，是全社会"以人为本"的根本体现，也是社会文明与进步的重要标志。青少年是祖国的未来，他们正在成长之中，相当一部分还不具备足够的安全意识和自我保护能力，需要学校、政府和全社会的关心和爱护。各级部门特别是教育部门和学校的主要领导要充分认识肩负的重任，牢固树立安全第一的观念，决不能有任何侥幸心理和丝毫松懈麻痹思想，务必做到警钟长鸣。

(2) 学校对学生生命安全的保障关系到社会稳定、家庭幸福和国家未来。在当前加快改革开放，全面建设小康社会的形势下，学校安全工作显得尤为重要。青少年的生命安全是一个家庭、地区生活质量好坏的一个标准，青少年的生命安全得以保障，不仅给家庭带来幸福，同时也使家庭得以稳定，生活质量提高，进而提高地区的稳定和生活质量水平。生命第一。有了生命，国家也就有了未来。

(3) 重视和加强学校安全制度工作，无论从政治、经济、文化的角度，还是针对国家、社会和家庭，都是事关重大的问题。具体表现在以下几个方面：

第一，是贯彻落实国家有关法律规定，健全我国突发公共事件应急管理系统的需要。中小学生是祖国的未来，通过加强中小学生公共安全教育，培养中小学生的安全意识、知识和技能，提高中小学生面临突发安全事件自救自护的应变能力，对于提高我国整体国民的安全意识和自救、救护能力必将产生深远的积极影响。

第二，是规范和加强中小学安全教育的需要。分析近年来我国中小学生安全事故发生的原因，如果对学生的安全教育到位，学生具有基本的安全意识和防范能力，许多事故是可以避免的。我们有必要切实提高中小学公共安全教育的实效性，确保中小学生的人身安全。

第三，是构建中小学安全管理体系和安全教育工作长效机制的需要。根据"科学预防，积极预防"的方针，中小学安全工作重心放在预防为主上，对中小学生公共安全教育的内容、实施途径、保障机制等方面做出了系统、全面的规范和要求，为我国中小学安全教育工作提供了全面、系统的政策保障，进一步健全了中小学安全教育内容，并为建立中小学安全教育工作的长效机制奠定了基础。

"生命不保，何谈教育？"我们要牢固树立"珍爱生命，安全第一，责任重于泰山"的意识，把强化学校公共安全责任摆到最重要的位置。

三、安全教育的指导思想、目标和原则

随着经济的发展和社会的进步，中小学生活动领域越来越宽，接触的事物越

来越多。在日常生活中各种活动,如:出行、集会、体育课、活动课等,都有可能遇到各种不安全因素。突发公共安全事件(如非典、禽流感)、人为灾害(如重大交通安全事故、学生打架)的发生,同样对中小学生的安全健康成长构成威胁。所以,安全工作,是学校常抓不懈的重要工作。

学校安全工作,如蒙面走钢丝,让人提心吊胆;似负重履薄冰,使人寝食难安。这似乎夸大其词,但作为教师如何做好学生安全教育管理工作、预防安全事故呢?我们认为做好学校的安全工作,首先应当坚持如下几个基本原则和目标:

(1)做好安全工作,首先要坚持以人为本的原则,把中小学公共安全教育贯穿于学校教育的各个环节,使广大中小学生牢固树立"珍爱生命、安全第一、遵纪守法、和谐共处"的意识,具备自救自护的素养和能力。

(2)做好安全工作,最重要的目标是培养学生的安全责任感,使学生逐步形成安全意识,掌握必要的安全行为的知识和技能,了解相关的法律法规常识,养成在日常生活和突发安全事件中正确应对的习惯,最大限度地预防安全事故的发生和减少安全事件对中小学生造成的伤害,保障中小学生健康成长。

(3)做好安全工作,还要注重工作的方式、方法,要遵循学生身心发展规律,把握学生认知特点,注重实践性、实用性和实效性。坚持专门课程与在其他学科教学中的渗透相结合;课堂教育与实践活动相结合;知识教育与强化管理、培养习惯相结合;学校教育与家庭、社会教育相结合;国家统一要求与地方结合实际积极探索相结合;自救自护与力所能及地帮助他人相结合。做到由浅入深,循序渐进,不断强化,养成习惯。

四、教师与应急安全教育工作

安全工作是办好让人民群众满意教育的基础和前提。因此,教师在开展安全教育管理具体工作时,要以"预防为主、教育为先"为根本原则。在安全问题上,仅靠社会、学校、家庭对中小学生进行保护是不够的,更重要的是要引导他们面对纷繁复杂的现代社会,树立"珍爱生命、安全第一"的思想意识,形成自护自救观念和意识,掌握自护自救知识和技能,锻炼自护自救能力,使他们能够果断地正当地进行自护自救,机智、勇敢地处置遇到的各种异常情况或危险。对于教师来说,"木桶"教育理论强调,予人一杯水,自身应有一桶水,因而做好安全教育管理,教师自身安全学习要先行。

首先,在复杂严峻的安全新形势下,安全教育管理,教师要树立科学的、全面的安全教育新观念。传统的狭义的安全观,仅认为教育学生不要打架,这种教育的内涵和外延的狭窄性已不合时宜。安全，严格来说应包括人身安全和财产安全。就生命安全而言，人的饮食、卫生、人际交往、心理是否健康、上网以及交通、环境等诸多方面都有可能会直接或间接构成安全问题。因此，我们新的安全教育管理观，应是一切可能会直接或间接对学生身体、心理、学习、财物构成威胁的因素，都是我们安全教育管理关注的对象和内容。

其次，在新安全观的指导下，教师要不断丰富自身安全教育管理知识、积累警示素材、更新教育手段和技能。比如，要教育学生注意饮食安全，那么就要了解一些预防饮食安全的卫生常识，学习一些识别假冒伪劣商品的知识，还要懂得教育学生在不慎食物中毒之时，应怎样进行自护和自救，教师应该怎样及时妥善地处理。我们教师大多数也经常做安全教育，可往往感觉说得口干舌燥，学生听得乏味，那是我们平时教育素材积累更新不够，教育手段和技能落后而致。比如，我们平时积累一些贴近学生生活、鲜活的典型警示性安全教育素材比我们空讲大道理要有效得多。我们在讲台上搞安全教育的独角戏，不如设计主题，以手抄报或设计Flash动画等形式，让受教育的对象共同参与这项教育活动之中的教育实效要好得多。因此，我们不仅要多读书、看报、上网查资料，还要学习掌握先进的现代教育技术手段和安全技能，才能在我们的工作中掌握教育主动权。

再次，教师在安全教育问题上，除了把握易发安全问题的时段、地点、学生自身行为的特点和规律之外，安全教育管理还要注意不同区域、不同季节易发安全问题的差异性。比如，冬季易发生一氧化碳中毒，夏季易发生学生私自下河游泳。因此，安全教育要因地制宜、因时制宜。

最后，安全教育管理工作仅靠教师以及任课教师的力量还是单薄的，这还需要学校大力支持和重视，比如可以建议学校举行一定的灾害预防演习活动、制定学校安全工作紧急预案等以防灾害较大的自然（科学）事故和人为事故的发生和应急；这还需要社会各界大力支持和关心，比如我们的法制安全教育或交通安全教育，请民警同志作报告，比我们的说教更具说服力。

总之，学校的安全工作对教师的要求是不仅要开展内容丰富、形式多样、实用性强的安全教育，以强化学生安全意识，培养学生自护自救的知识和技能，预防安全问题的发生，还要深刻研究和把握学生易发安全问题的特点和规律，提高安全教育、安全预防的科学性。同时，在教育方式上以课堂教育为主渠道、利用班会、团会、板报、壁报、各种有益的集体活动等开展对学生的思想政治教育、法制教育、安全教育和心理健康教育。

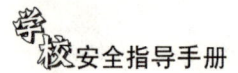安全指导手册

第二节 学校安全管理日常工作的重要内容

学校是师生教学的场所,拥有一个可爱、温馨及安全的校园环境是每位师生共同的期盼。而确保校园安全,乃是每位教育人员不可逃避的责任。校园内有着复杂的人、事、时、地、物的交互运作,经过有机的动态操作过程,意外事故将可能潜伏于校园周遭之中。如无敏锐的观察力及适当的安全管理来因应解决,将无法消弭微小事故所带来严重威胁的意外事件。因此,安全管理应变的处理能力、适当的安全管理意识与良好的安全教育是教育者必须学习的艺术。学校行政人员应本着"发展重于预防,预防重于治疗"的理念,领导师生共同建构安全校园环境,让校园中的意外事故降到最低程度。

一、学校行政方面的安全工作

1. 学校安全工作管理制度

为保证学校正常教学秩序,保护学生健康成长,确保国家财产(校产)不受损失,杜绝或尽量减少安全事故的发生,遵循"注意防范、自救互救、确保平安、减少损失"的原则,根据本地实际情况,制定本管理制度。

(1)校长是学校安全工作的第一责任人,学校安全工作由校长领导下的安全工作领导小组(综合治理领导小组)负责。各处、室向领导小组负责,实行责任追究制。

(2)学校每月要对学生进行有关安全方面的知识教育,教育形式应多样化;每班每周应有针对性地对学生进行安全教育。要对学生进行紧急突发问题处理方法、自救互救常识的教育,紧急电话(如110、119、122、120等)使用常识的教育。

(3)建立重大事故报告制度。校内外学生出现的重大伤亡事故一小时以内报告教育局;学生出走、失踪要及时报告;对事故的报告要形成书面报告一式三份,一份报教育局,一份报公安派出所,一份报乡镇人民政府,不得隐瞒责任事故。

(4)建立健全领导值班、教师值日、中青年教师护校队制度;加强学校教育、教学活动的管理,保证学校的教学秩序正常;负责学校安全保卫的人员要经

常和辖区的公安派出所保持密切联系，争取公安派出所对学校安全工作的支持和帮助。

（5）加强对教师的师德教育，树立敬业爱生思想，提高教学水平和质量，随时注意观察学生心理变化，防患于未然，不得体罚和变相体罚学生，不得将学生赶出教室、学校。

（6）外单位或部门借用学生上街宣传或参加庆典活动以及参加其他社会工作，未经市教育局分管安全副局长批准、校长办公会同意，不得擅自组织参加。未经上级有关部门批准，不得组织学生参加救火、救灾等。

（7）学校还要教育学生遵守学校规章制度，按时到校、按时回家，防止意外事故发生。

（8）学校要定期对校舍进行安全检查，发现隐患及时消除，情况严重的，一时难以消除要立即封闭，并上报人民政府和教育局。

（9）学校要经常检查校内围墙、栏杆、扶手、门窗以及各种体育、课外活动、消防、基建等设施的安全情况，对有不安全因素的设施要立即予以维修或拆除，确保师生工作、学习、生活场所和相应设施既安全又可靠。

2. 学校消防安全管理制度

为加强消防安全工作，保护公共财产、师生的生命及财产安全，把消防安全工作纳入学校的日常管理工作之中，现特制定以下消防安全制度。

（1）加强全校师生的防火安全教育。按《消防法》的要求，做到人人都有维护消防安全、保护消防设施、预防火灾、报告火警的义务。要做到人人都知道火警报警电话119，人人熟知消防自防自救常识和安全逃生技能。

（2）保障校内的各种灭火设施的良好。做到定期检查、维护，保证设备完好率达到100%，并做好检查记录。

（3）教室、办公室、学生宿舍安全出口、疏散通道保持畅通，安全疏散指示标志明显、应急照明完好。

（4）学生聚集场所不得用耐火等级低的材料装修。

（5）易燃、易爆的危险实验用品做到专门存放，由化学实验员两个人同时加锁开、关负责保管，在室内必须有沙池、灭火器等。在利用易燃、易爆化学药品做实验时，教师必须在做实验前向学生讲清楚注意事项，并指导学生正确使用，防止火灾事故发生。

（6）图书馆、化学实验室、物理实验室、机房等场所严禁吸烟及使用明火，下班后工作人员要及时关好门窗，确保安全。

(7) 消防栓、防火器材等消防设施，要人人爱护。任何人不得随意移动和损坏，违者要严肃处理。

(8) 加强用电安全检查，电工必须经常对校内的用电线路、器材等进行检查，如发现安全隐患，要及时进行整改、维护，确保安全。

(9) 学生宿舍内严禁使用明火，禁止烧电炉、热得快，严禁点蜡烛、蚊香，严禁吸烟，严禁私拉乱接电线。不准私自接用任何家用电器。

(10) 食堂必须使用合格的压力容器、锅炉，每年要检测，要定时检查，锅炉工要持证上岗，严格按操作规程操作，液化气罐与灶头应有 1.5 米的安全距离，严防事故发生。

(11) 对因无视防火安全规定而造成不良后果者，要从重处罚，直至追究法律责任。

3. 学校周边环境安全治理制度

(1) 学校周边环境治理涵盖师生人身、食品卫生、文化活动等方面，系综合性治理，应取得社会各界的广泛支持与通力配合。管理人员对周边环境应密切关注与监控。

(2) 学校在做好内保工作的同时，要重视学校周边环境的安全治理工作，主动联系辖区的派出所、街道、工商管理、文化监管等部门共同抓好治理工作。

(3) 值日人员除做好校内的巡视工作，还应注意对校园外附近环境的巡查，发现社会盲流、恶少对学生骚扰及各种事故，要针对不同情况及时报告 110、120、122 或附近派出所，保护学生的安全。

(4) 每天放学前，教师要提醒学生，注意交通等各项安全。

(5) 要教育学生自觉遵守社会公德以及各类法规，维护社会公共秩序，敢于与坏人作斗争，并掌握正确的维护方式和方法，提高学生的自护能力。

(6) 建立学校突发事件教师救护队，高度警觉，随时出动。

4. 集会、会操、军训安全管理制度

(1) 学校集会、做操应由学校专人负责统一指挥，保证集会、做操的纪律。

(2) 学校集会、做操应以班为单位，不要拥挤，不催促学生快跑，要有教师负责疏散管理，进出会场要有序，严防挤压事故的发生。

(3) 学校集会、做操应以班为单位，指定安排座位或站队，由班主任负责，防止学生乱窜，避免意外事故的发生。

(4) 各校组织学生开展军训活动，应制订周密的实施方案，并与协办部门负责人共同商定。

（5）对军训的场地应事先考察，确保学生军训安全进行。

（6）军训的强度应根据学生的年龄、身体状况而定，对患有不适合军训活动疾病的学生应进行劝阻，避免不必要的事情发生。

（7）学校领导及安全领导小组必须对集会、会操、军训活动实行全过程监控，以防意外事故发生。

5. 组织师生外出活动安全管理制度

（1）组织师生外出活动（社会实践、社会调查、春游、秋游、参加公益活动、义务劳动、参观访问等）要制订周密的计划和安全措施，活动方案必须经校领导审阅签字同意后方可实施。组织到外地或较远地方活动的需经教育局分管安全副局长审批。

（2）每次活动应有具体的责任人，注意人员年龄、身体状况搭配。

（3）活动的路线、地点，事前应进行实地勘查。

（4）活动来往的交通工具应向专业运输部门租用，遵守乘车安全要求，行前要求营运部门对车进行检修。

（5）每次活动都要有安全、保卫、意外事故的应急预案。

（6）野炊、爬山、野餐要注意防火、防食物中毒、防摔伤事故发生。

（7）活动地附近有河流、水库的，没有组织措施或不具备安全条件的，不能让学生下水。

（8）凡外出参加各种活动，学校领导及安全小组成员必须对活动全过程进行监控。

（9）在活动中实行责任追究制，如遇安全事故，追究相关责任人的责任。

6. 门卫安全防范工作规范

（1）学校大门设专职门卫，门卫工作有专人管理，门卫工作制度健全，责任明确。门卫值班室，位置适当，视线开阔，墙体、门窗牢固。

（2）大门坚固安全，开启灵活，锁定方便。门区有照明设备，便于夜间观察。门卫值班室配备必要的值班用品、防卫器械和消防、应急照明器材。

（3）门卫值班室应安装报警电话，门卫人员要坚持 24 小时值班。

（4）门卫人员要具有初中以上文化程度，身体健康，工作责任心强。

（5）门卫人员值班时佩戴相关证件，文明执勤，行为规范。

（6）门卫人员按学校规章制度认真检查出入本学校的人员、车辆、物资等。对非本学校人员进入本学校的，要逐个查验身份证件，严格登记手续。

（7）年度内门卫人员无违纪、失职行为。

7. 门卫安全管理制度

（1）门卫人员必须时刻提高警惕，严防不法分子混入学校进行犯罪活动。

（2）来人、来客均须办理登记、会客手续，门卫人员应认真查验来人的合法身份证件，无身份证件、未经校保卫部门同意不得进入学校。

（3）任何人从学校内携带物资出门，应主动出示出门证件，否则门卫人员有权查问、查看。对可疑物资可以暂时扣留，及时报告有关部门处理。

（4）自行车进出校门，应主动下车推行，机动车减速慢行，外来车辆进校门，门卫人员应先问明来意再开门，随车人员必须办理来客登记手续。

（5）外来人员会见学生必须在课余时间进行，如果正在上课，必须先在门房等候。

（6）严禁小摊小贩进入校园卖东西。

（7）门卫人员昼夜做好校内巡逻工作，及时检查办公室、实验室、电教室防盗门是否关锁、用电设备是否关闭、火炉是否熄火等。

8. 校卫队安全管理制度

（1）校卫队在学校安全领导小组领导下负责校内的治安、防范、巡查、守护等工作和案件、事故发生时的现场保护工作。

（2）平时负责对校内的日、夜巡逻，节假日搞好护校工作。

（3）不定期地对校内开展安全检查，发现隐患及时报告。

（4）注意发现隐患部位，提出整改建议，协助校长室督促落实整改措施。

（5）控制外来人员进出校门，严格来客登记制度，校内学生进出校门注意查验有关证件。对超过学校有关规定时间进出校门的学生应逐个登记，并将情况报告有关部门。

（6）注意掌握学校内及周边治安动态，对发现打架、斗殴、破坏安全、扰乱教学秩序的人和事，主动前往阻止，并报告有关部门或110，确保校园稳定。

9. 会计室安全管理制度

（1）会计室是学校的安全要害部位，财会人员应认真执行《会计法》和财会管理制度，各类账目都必须做到账册齐全、手续完备，安全保卫责任落实。

（2）现金管理必须专人负责，财会室存放现金必须执行银行方面的统一规定，超规定存放现金要报经校领导批准，同时落实防护措施。否则发生事故，由当事人承担责任。

（3）会计室门窗、墙壁要坚固、防盗，报警设施经常检查，确保有效，使用经公安、技监部门检测合格的保险柜（箱），保险柜（箱）过夜现金不得超出公安机关或银行核定库存现金限额，保险柜（箱）应及时关锁，钥匙会计随身携带，不准放在办公桌内或转交他人。

（4）财会人员应按现金管理制度使用现金，一般超出现金支付数额的，要使用银行支票支付方式进行结算，特殊情况去银行取现金数额较大时，必须通知总务处派员护送。不得单身去银行取款。

（5）会计室内注意来往人员，陌生人不准进入财会室，非财会人员不准接触保险柜（箱）。

（6）会计室内不准吸烟或带入其他火种，注意做好防火安全。

10. 档案室安全管理制度

（1）档案室是学校党政文书资料、人事档案保存使用的场所，列为学校安全管理要害部位，工作人员应特别做好安全工作。

（2）档案室是机密部位，非工作人员未经批准，不得随便进入室内。

（3）各类资料进入档案室，必须严格登记制度、借还制度，机密资料、人事档案严防丢失，严防泄密事件的发生。

（4）档案室应通风、透气、干燥，做好防湿、防虫蛀的工作。

（5）室内消防器材、报警设备常年完好，性能良好有效。

（6）严禁将任何火种带入室内，任何人不准在档案室内吸烟。

（7）门窗坚固防盗，工作人员随手关窗锁门，假期、节日要特别加强看护，确保安全。

11. 卫生室安全管理制度

（1）学校有关卫生工作人员必须加强学习，努力提高业务水平和工作能力。

（2）卫生室购买药品必须在卫生局指定的医药公司购买，不得直接跟厂方和药商购买，买药时要逐个进行药品检查，发现有伪劣药品及不合格药品一律退货，并调查追究经办人。

（3）每学期初进行药品清理，对过期药品、变质药品进行登记，并注明药品名称、规格、数量、价格，然后经有关部门验证后再销毁。

（4）医生不开过期药品，如领药者发现过期药品，立即退回处理。

（5）发药时要告诉学生怎样安全使用药品，并在药袋上写明每日服几次、服药时间、药量、分几次服完等。告诫病人不许超常服药，警惕用药过量引起的药物中毒。

（6）经常检查卫生室电器设备，用电开关及线路若有漏电、断电，应立即报告总务处进行检修，防止火灾的发生。

（7）卫生室使用高压锅消毒时，谁消毒、谁负责，避免超压发生爆炸事故。

（8）医务人员要坚持使用一次性注射器和输液管，严防医源性交叉感染。各种常用卫生器械要定期消毒、浸泡，每学期检查1~2次。发现生锈、破裂、功能不全即淘汰。

（9）条件不具备时，不要给病人注射青霉素或其他易引起过敏性休克的药品，对危重病人要立即送医院处理。

（10）医务室人员每周一次到体育课场地进行体育卫生监督，检查体育场地及体育器械有无不安全因素。

（11）医务人员每周一次下食堂和小卖部进行卫生检查和食堂卫生知识宣传，督促采购员不买无卫生许可证、无检疫证的肉类及食品。不使用、销售腐化变质食品。小卖部不许出售"三无"食品及过期食品，监督非食堂工作人员不得进入食堂操作间，买回的蔬菜必须进行四步处理（选、洗、泡、切）再煮，杜绝各种传染病、投毒案、食物中毒事件发生。

12. 办公室安全管理制度

（1）办公室门窗牢固，重要的办公室要安装防盗门及技防设施。

（2）办公室安全管理制度要健全，相关人员安全保卫责任要落实。

（3）工作人员都必须提高警惕，防止不法分子闯入室内。重要的文件、资料要及时送学校档案室保存，个人存放文件、资料要妥善保管，不要乱放乱丢，严防泄密。

（4）办公室的钥匙不得转交本室以外的人员使用，严禁将外人或学生单独留在办公室内看书、学习或玩耍。

（5）个人办公桌上的钥匙要随身携带，人离开时注意关锁门窗。有报警器装置的要接通电源，并落实专人负责此项工作。

（6）个人的现金、贵重物品不得放在办公桌抽屉和橱柜里，以防被盗。

（7）进办公室随带的小包、脱卸的衣服内应取掉个人手机、BP机、现金等，防止被外来人员顺手牵羊造成损失。

（8）不准在办公室内焚烧杂物、纸张，不准乱接电源、烧电炉，人离开时注意关闭电源，认真做好防火工作。

13. 印章和保密资料安全管理制度

（1）学校党政公章、各部门的公章、财务专用章、合同专用章都应有专人保管、启用，严格执行领导批准使用制度。

（2）任何部门的公章，未经单位、部门领导批准不得带离办公室或借给他人使用。

（3）保管人员要妥善保管好印章，掌握使用原则，不得随便为他人加盖公章。

（4）所有保密文件、资料都必须经学校办公室保密员登记后方可使用，并按指定对象阅办，不得私下横传。

（5）使用保密文件、资料应及时退还保密档案室，不得长期存放，机密以上文件不准随便摘抄、复印，防止泄密。

（6）保密文件、资料严格借阅登记制度，保密员应定期清查收回。

（7）保密文件、资料遗失，应及时查明原因，并报告上级保密部门。

（8）保密文件、资料，应按密级规定的机关负责登记销毁，严格审批手续。

14. 突发灾害安全防护工作制度

（1）学校应在各类灾害发生前做好信息收集和预测工作，化被动为主动，实行全员监控。

（2）在遭遇不可预见的火灾、地震等灾害时，应有序组织学生紧急疏散和撤离现场，保证学生的生命安全。

（3）加强对学生进行防灾、抗灾的教育，传授遇灾后的自救、互救办法，培养学生的生存能力。

（4）要及时向有关部门报告，请求有关部门和社会的援助，全力保护学生的安全。

（5）未经上级有关部门批准，不得组织学生参加救火、救灾等。

（6）组建稳定的教师护校、护生救护队，学校拨付专项资金，加强救护队的建设。

15. 校内公共活动场所安全管理制度

（1）学校大礼堂、餐厅、体育活动场地、大教室等均为公共活动场所，实行谁组织活动谁负责安全工作的原则。

（2）开展活动时应认真检查电路安全，没有电工在场不要私拉乱接电源。新增大功率电器，应征得总务部门同意。总务处应组织电工定期检查电源开关、插座是否完好，有损坏的应及时修复。

（3）开展活动要保持所有通道畅通无阻，开关灵活，便于随时打开。

（4）开展活动要适当控制人员，不要过分拥挤，要保证在任何情况下都能出得去。

（5）大型活动要指定专人负责安全工作，突发事件有专人负责指挥疏散撤离。

16. 临时用工安全管理制度

（1）实行"谁用工谁管理"的原则，部门使用临时工必须执行学校的临时用工管理制度，严格审批手续。

（2）用人部门要严格审查被用人员的身份，并将有关证件报学校保卫部门或总务处审核存档备查，建立临时用工人员安全管理台账，做到人来登记、人走注销，数据变动及时、准确。

（3）临时人员应有合法有效的身份证，用人单位应与其签订使用合同、协议，使用期内应遵守校纪校规，服从学校统一管理。

（4）临时人员凭学校印发的临时出入证进出校门，不准将非本校人员带入校园，不准将校内物资带出校外。

（5）临时人员必须根据公安部门的要求主动办理暂住手续，并按学校规定交纳一定数额的治安保证金。

17. 校园临时施工人员安全管理制度

（1）在校园内临时施工的单位、人员必须执行学校的有关规章制度，服从学校的安全管理。

（2）施工单位使用人员，必须严格审查身份证件，并由施工单位负责逐个造册（附身份证复印件）报学校保卫部门或总务处备案。

（3）施工场地要有护栏物隔离，并有明显的"非施工人员不得入内"的标志，预防发生意外事故。

（4）施工单位内部必须建立严格的安全生产管理制度，加强对建设物资的看管，有专门的值班巡逻人员，防止发生失窃事件。

（5）施工单位人员要统一到学校保卫部门或总务处办理《临时出入证》，服从门卫管理，携带物资出门，施工单位应签发出门证，否则，门卫有权暂扣查询。

（6）施工车辆进入校区不准鸣号，应减速慢行，注意行人，沙、石、土不得散落校园，影响校园环境卫生。

18. 食品卫生安全管理制度

（1）建立完善的食品卫生工作领导小组，加强本校食品卫生管理，责任到人，杜绝校内发生食物中毒或其他食源性疾患。

（2）学校食品生产经营场所要依照《食品卫生法》的要求到市卫生防疫站申领《食品卫生许可证》，并每年年审一次。要保持内外环境整洁，有相应的防蝇、防鼠、防尘、清毒、更衣、盥洗、污水排放、存放垃圾和废弃物的设施。

（3）食堂、小卖部从业人员应每年一次到当地卫生防疫部门进行健康体检，领取合格的《健康证》后方可上岗工作，平时应保持个人卫生，穿戴清洁的工作衣帽，销售直接入口食品时，必须使用售货工具。

（4）所提供食品应无毒、无害，符合应当有的营养要求，具有相应的色、味、美等感官性状。严禁购入腐败生虫、过期变质、假冒伪劣或其他感官性状异常，可能对师生健康有害的食品原料。

（5）用水必须符合国家规定的城乡生活饮用水的卫生标准。

（6）学校食品设备布局和工艺流程应当合理，防止待加工食品与直接入口食品、原料与成品交叉污染，餐具和盛放直接入口食品的容器使用必须清洗、消毒。

（7）存放食品的仓库应当干燥、通风，采取消除苍蝇、老鼠、蟑螂和其他有害昆虫及其孳生条件的措施，贮存食品的容器必须安全、无害，防止食品污染。

19. 疾病防治安全管理制度

（1）各校要按照《学校卫生工作条例》和有关法规性文件的规定，依法管理学校卫生及学生常见病、传染病群体性防治工作。

（2）对学生实施群体性防治措施（国家规定的计划免疫接种除外）必须经市卫生局、教育局批准，并由市卫生防疫站统一组织实施。

（3）为杜绝意外发生，各市学生疾病防治用药统一由市卫生防疫站学校卫生科提供，各校不得擅自接受其他途径药物。

（4）传染病防治实施预防接种时，预防接种专业人员必须严格执行"一人一针一筒"，加强无菌观念，并确保医疗器械的卫生及操作的规范，学校卫生分管领导及校医有责任对接种全过程进行监督。

（5）开展学生常见病、传染病群体防治工作，应遵循学校管理的有关规定，妥善安排好预防接种及其他群体防治措施的时间，以维护学校正常的教育教学秩序。

（6）未经市教育局、卫生局、卫生防疫站批准，任何单位和个人不得擅自组织学生实施群体性防治措施。违者要对当事人予以严肃处理，并追究其单位领导人的责任；造成严重后果的要依法追究有关人员的法律责任。

二、学校教务方面的安全工作

1. 教室安全管理制度

（1）教室的门窗必须常年保持完好，任何人不得故意损坏。

（2）门窗发现损坏，班主任有责任及时报修，同时采取相应的防范措施。

（3）教室门的钥匙班级应指定专人保管，门窗每天落实值日生随时关锁好。

（4）学生课桌内除放书籍课本、学习用品外，不准存放其他任何贵重物品（如现金、钱包、首饰、手表、随身听、计算器等）。

（5）学生不准在教室内追逐打闹，随便搬动课桌、椅。

（6）学生不准在课桌上乱写乱画，更不得用刀具刻画痕迹。

（7）教室内不准乱拉私接电源、乱设插座、乱充电。

（8）不准学生在无保护措施情况下擅自登高擦洗户外窗玻璃，防止发生意外事故。

2. 实验室安全管理制度

（1）化学危险品应设专用安全柜存放，柜外应有明显的危险品标志，并加双锁保险，由两人负责，领用危险品必须按规定执行，以免酿成事故。

（2）实验室供电线路的安装必须符合实验教学的需要和安全用电的有关规定，定期检查，及时维修。

（3）实验室要做好防火、防暴、防触电、防中毒、防创伤等工作，要配备灭火器、沙箱等消防器材及化学实验急救器材等防护用品。

（4）实验室要采取防盗措施，加强安全保卫工作，非实验室工作人员不得进入仪器保管室内。

（5）实验室工作人员作为实验室安全防护的当然责任人，应随时随地按照本制度进行检查，做好安全防护工作，学校领导要经常督促检查。

（6）任何人不得私自将有毒物品带出实验室，违者造成后果应负一切经济法律责任。

3. 微机房安全管理制度

（1）微机房是学校重点要害部位，管理人员应高度重视安全工作，相关人员安全保卫责任落实。

（2）微机房必须安装防盗门窗和报警装置，报警装置须与当地派出所或学校值班室联网，重要软件存放在保险箱。机房应根据实际情况配备适用的灭火器具，微机工作人员熟知使用方法。

（3）严格控制进出人员，不准任何人将陌生人带入微机房操作微机。

（4）门窗要定期检查，严禁登录黄色网站，未经管理人员同意不准私带存储设备上机。

（5）严禁火种进入微机房，不准在机房内吸烟。

（6）学生使用微机，必须服从老师的指挥，按程序操作。注意爱护公物，防止人为损坏。

（7）现有的报警设施应经常检查，下班、节假日要及时接通报警设施电源，发现失灵，及时报修。

（8）发现微机使用电源损坏，要及时报修，以防造成更大的损失。

4. 办公微机安全管理制度

（1）各办公室教学公用微机为本科室人员使用，未经管理人员许可，其他人员不得擅自动用。

（2）任何人不准在教学、办公用微机上玩游戏、聊天和登录黄色网站。

（3）禁止在计算机网络上发表违法或有害国家的议论。

（4）做好各微机室防范工作，门窗要有防盗设施并及时关锁。

（5）微机室不准吸烟，更不得使用明火。操作人员离开微机注意及时切断电源。

5. 危险品安全管理制度

（1）严格采购审批制度，未经单位主管批准，任何部门、个人不得擅自购买剧毒、易燃、易爆物品。

（2）严格进出库登记制度，并有专人、专箱（橱）保存，实行两人同时加锁开、关的制度。

（3）领用危险品须经部门负责人批准，实验多余的应及时退还给保管人员入库。

（4）使用危险品时要按规范操作使用，学生必须在指导老师指导下进行实验实习。

（5）任何个人不准私自收藏、保存危险品，违者由此发生的事故则负全部经济、法律责任。

6. 图书馆安全管理制度

（1）图书、资料严格编目、登记制度，借出收回账册齐全，不定期检查防盗、防湿、防霉、防鼠害、防虫害、防火等设施是否完好。

（2）图书、资料分等级存放，特别贵重书刊的借阅实行校长特批制度，贵重书刊要有专人、专橱收藏，保管人应定期核查。

（3）门窗要有防盗设施，离开工作岗位，应随手关好门窗，防止书刊被窃。

（4）严禁将火种带入图书馆、资料室，内部消防器材应摆放在明显位置，便于救急使用，平时注意检查，保持性能良好。

（5）节日、寒暑假期间应切断内部电源，实行封闭式管理。

（6）对现有报警器材定期检查，发现报警失灵应及时报修。

（7）电子阅览室是电子设备重地，为维护网络安全，上机者不准私自装卸、删除随机软件。不准自带设备入内联机操作，严禁烟火，不准吸烟，不得存放易燃、易爆及放射性物品；严禁在可燃物上使用电热器具，电器易发热部位必须做好隔热处理。室内电器设备及线路安装必须符合安全要求。工作人员应都会使用消防器材。下班前认真清查、关闭各终端机，关好门窗，确认安全后方可离开。

7. 多媒体教室安全管理制度

（1）多媒体教室列入学校安全要害部位，必须安装防盗门窗和报警装置，报警装置须与当地派出所或学校值班室联网。

（2）专人管理，计划安排使用，未经领导批准，闲人不得入内。

（3）使用微机应实行登记制度，购入硬、软件严格审批，专人负责审查、登记、保存、账册齐全；不得将黄色、有害、国家查禁等不健康的信息输入教学多媒体内。

（4）多媒体教室微机价值贵重，使用人员必须严格按操作规程操作，学生应服从老师或辅导人员的指挥。

（5）人离教室要随手关窗锁门，并注意切断电源，做好安全防范工作。

（6）禁止火种带入室内，做好消防安全工作。

8. 文印、打字室安全管理制度

（1）注意文件保密，打印的文件、试卷不得让无关人员随便翻阅，防止泄密。

（2）非本室工作人员不准逗留室内。

（3）禁止将任何火种带入室内，严禁吸烟。

（4）打字、文印人员必须保守秘密，不得将未公开的文件、试卷内容传播给他人。

9. 网络中心安全管理制度

（1）学校网络管理中心必须认真执行《中华人民共和国信息系统安全保护条例》。

（2）任何部门或个人，不得利用联网计算机从事危害学校网及本地局域网服务器、工作站的活动，不得危害或侵入未授权的服务器、工作站。

（3）机房设施应符合国家有关规定，认真做好电源防护、防盗、防火、防水、防尘、防震、防静电等工作，必须安装防盗门窗和报警装置，报警装置须与当地派出所或学校值班室联网，防范措施应有效得力。

（4）严禁任何人在学校网上使用来历不明或有毒软件。

（5）禁止利用校园网制作、复制、查阅和传播违反国家法律法规、不利于国家安全稳定的信息以及黄色等有害师生身心健康的信息。

（6）网管中心的服务器、工作站未经主管部门领导同意，不得借用到校外。

（7）主干服务系统发生案件，必须及时报告学校政教处或公安机关查处。

（8）严禁火种进入室内，人离关窗锁门。

10. 电视总控室安全管理制度

（1）电视总控室是学校的重要宣传基地，为学校教学、宣传教育工作服务。转播、直播自制节目必须事先订立计划，经学校有关部门批准。

（2）宣传、教育内容要讲政治、讲文明，要和党中央的方针、政策保持高度一致。

（3）非工作人员不得随便进入工作室，不准在工作室内吸烟或使用任何明火。

（4）工作人员必须按照技术要求的工作程序启用各种机器设备，严防人为损坏设备。

（5）工作人员应随手关窗锁门，认真做好安全防范工作。

11. 体育活动、体育教学安全制度

（1）体育活动。

①体育活动，实行谁组织谁负责的原则。体育组长要具体负责体育场地器材、设施的管护，定期或不定期进行检查。老师组织学生体育活动，要认真检查体育设备，对已损坏、不符合要求的设备，严禁学生使用，及时报修并出示警示标志。

②开展活动前必须对学生进行安全教育，讲明活动要领，做好示范、指导以及防护工作，运动前做好各项准备活动。

③老师不得指导学生开展有危险性的活动，学生不准离开老师自行开展有危险的活动，学生要听从老师指导，学会正确的运动技术和自我保护。

④在体育活动中老师有组织、指导的责任，因组织指导过错造成学生身体伤害的事故老师要负责任。

⑤不要强行让学生做一些力所不及的运动。

⑥学生在参加田径、军训和赛跑及召开校运会时，要事先了解学生病史，身体不适者、特异体质者严禁参加。

（2）体育教学。

①任课教师必须在上课时讲清楚运动注意事项，准备好必要的安全防范措施，严格进行体育用具使用前的安全检查。

②学生必须遵守课堂常规，按时上课，听从指挥，不迟到早退。

③上体育课，任课教师必须穿运动服、球鞋。

④认真做好准备活动。

⑤学生要听从教师指导，学会正确的运动技术和自我保护。

⑥体操练习要在教师的指导下相互保护、帮助。

⑦体育课或课外锻炼中，凡出现受伤情况，应及时送往校医务室或医院，并及时向校长室汇报。

三、学校学生日常安全工作

1. 新生报到安全管理制度

（1）新生报到往返途中必须注意交通安全，妥善保管好自己的生活用品和现金，防止途中丢失、被窃。

（2）进校后所带箱包，要随手携带，加强看管，不要到处乱放，防止遗失、错拿。

（3）进入宿舍，箱包要加锁存放，有壁橱的房间，个人壁橱应同时加锁。

（4）带来的现金、支票，应当日交清各项费用，余款当即存入银行，学生个人身上存放现金不得超过50元。

（5）个人洗晒鞋、衣、被等生活用品，要自我加强看管，注意及时收回宿舍，不得放在外边过夜。

（6）学生不提倡佩戴首饰、手机、平板电脑，已带来的最好让家长带回去，不要放在身边，防止丢失。

（7）新生进校不要从地摊或在学校内向陌生人购买生活用品、学习用品等，防止受骗上当。

（8）新生不要随便交朋友，特别是校外人员要谨慎相处，防止被骗被诈，外出活动不准进入任何公共娱乐场所。

（9）注意妥善保存购饭菜专用卡，一旦丢失应及时到食堂微机房挂失，防止卡上钱被他人偷用。

（10）在校内外都必须遵守交通法规，注意交通安全，不要违章横穿公路，预防发生交通事故。

2. 学生日常安全管理制度

（1）进出校门要自觉下车，进入校门后要按规定停放自行车。

（2）进出教室，不急行、不拥挤。

（3）严禁在教室内追逐打闹和奔跑，以免滑倒和摔伤。

（4）严禁攀爬学校任何一处的围墙、门窗、围栏、树木、球架，不准上房。

（5）不准携带易燃、易爆、有毒物品及凶器进校。

（6）若照明灯和电风扇等电器发生故障，不得私自动手排除，应报告教师或总务处，由学校电工进行故障排除，不得打开配电箱，触摸电器开关。消防器材未经许可，不得随意搬动。

（7）大扫除时注意安全，对高处的玻璃窗，不要勉强擦拭。

（8）不准私自外出游泳。

（9）住宿生不准私自到校外公共场所进行文娱、体育和任何形式的玩乐活动。任何私人聚会，必须征得家长同意。

（10）做文明学生，不要有任何故意伤害他人、窃取他人财物的行为，不允许在任何场所参与打架斗殴。

（11）察觉到有不安全因素应及时报告师长。遇事冷静，以保全自身安全为重，不冲动蛮干。

（12）上实验课要严格遵守实验室的有关安全要求完成实验。

（13）课外活动和体育锻炼，要按有关安全规则进行。

（14）在往返家校的路上，要注意交通安全，行路要严格遵守交通规则。

（15）参加学校组织的校外集体活动，要严格遵守活动纪律，不得擅自离队个别行动。

（16）住宿生必须严格遵守住宿生安全管理规定。

3. 学生人身安全管理制度

（1）学生人身安全受法律保护，任何人不得侵害学生人身安全。

（2）学生在校园内，任何人不准体罚或变相体罚，严禁老师、员工打骂学生。

（3）学生之间应团结友爱，严防发生斗殴打架事件，伤害他人要负一切经济、法律责任。

（4）学校任何部门不准组织学生开展有害学生身体健康的活动。如擅自组织造成后果的由组织者负全部责任。

（5）学校任何人无权对学生进行人身搜查、限制人身自由、扣压身份证或正常书信，更不准私拆他人信件、包裹。

（6）不准歧视个别生理有缺陷和"后进"的学生，所有学生在政治上一律平等。

（7）学校应适当组织学生参加力所能及的劳动，对于有危险的劳动项目不得安排学生参加。

4. 学生个人物资安全管理制度

（1）充分发挥学生的自管能力，学生个人物资由学生本人负责保存，应该认真做好安全防范工作。

（2）学生身边不准超规定存放现金，多余的钱一定要加密码存入银行，存折要妥善保管。

（3）学生用的衣、鞋、被等重要生活用品，晾晒时，个人注意看管，干后及时收回宿舍，严禁放在室外过夜。

（4）学生不提倡佩戴金银首饰、手机、寻呼机等，违者造成损失自负。

（5）宿舍里有存放物资的橱、箱、包，一律加锁存放到个人位置上，任何人不准随便翻动他人物资。

（6）使用密码箱的同学，个人密码应严加保密，不得轻易告诉他人。

5. 学生宿舍安全管理制度

（1）学生宿舍是学生集体居住的场所，全体同学必须自觉做好集体安全工作，发现不安全的情况应及时报告，积极主动采取防范措施，杜绝一切案件和事故的发生。

（2）在宿舍区内发现可疑的人和事，学生都有义务报告公寓管理人员或学校有关部门，并要机智地控制可疑人员。

（3）男、女生不准串访宿舍，任何学生不准将外人留住本宿舍内。

（4）学生除父母外，一律不准在宿舍内接待外来客人。

（5）上课时间学生宿舍实行封闭式管理，未办理请假手续的一律不准私自留在宿舍里。

（6）学生宿舍实行房间安全值日生制，值日生必须按时关锁门窗，保管好钥匙、不得乱借乱丢，负责安全检查。

（7）学生宿舍严禁使用明火，禁止烧电炉、热得快，点蜡烛、蚊香，严禁吸烟，严禁私拉乱接电源。及时收好晾晒衣物，夜间不得将衣物晾挂室外。

（8）宿舍区内的消防设施、器材，任何人不准乱动，无故损坏严加处理。

6. 学生课外、假日活动安全管理制度

（1）学生课外、假日活动实行"谁组织谁负责"的安全工作原则。

（2）学生的活动一般提倡在校内进行，组织者应落实好安全管理责任制，并采取有效的安全防范措施。

（3）如组织学生外出活动，途中要注意车辆交通安全，严禁超载带人带物。

（4）不提倡学生到公共娱乐场所开展活动，禁止组织学生参加有危险的活动，如集体到野外、河塘游泳等活动。

（5）组织集体外出游玩、野炊等活动，不要搞有危险性的攀登、爬山等活动，在野炊中要注意饮食卫生、用火安全，防止发生食物中毒或火灾事故。

7. 学生公寓门卫安全管理制度

（1）宿舍门卫人员必须严格执行学生会客登记制度。宿舍区实行封闭式管理，未经批准，非本校学生和其他人员一律不准入内。

（2）白天学生上课期间，生活教师应对宿舍区进行定期巡查，发现可疑的人和事要及时报告公寓管理人员，也可直接报告保卫部门或总务处。

（3）上课、上晚自修期间各房门应加锁关闭，对学生晒晾的衣服掉落地面，要及时拾回，并组织学生认领。

（4）学生进入宿舍区，要严加看护，防止陌生人趁机混入；学生带物出门，要注意观察，发现可疑之物要严加盘问。

（5）严格交接班制度，上班时间不得离开岗位，严禁请学生代班。

四、学校后勤方面的安全工作

1. 物资保管安全管理制度

（1）学校购买物品严格领导审批手续，固定资产及时进入物资账，保管人员的账册必须和会计室的账吻合。

（2）保管人员按学校规定健全物资保管账册，进出库手续齐全、账物相符、不出差错。

（3）贵重物资、易燃、易爆、剧毒物品，要更加严格管理，不得随便散失，严格领用审批制。

（4）各组室的物资均有专人负责保管，门、箱、橱上的钥匙由专人保存，领用、借用手续齐全，防盗、防护设施配齐，不使物资受损失。

（5）保管人员要随手关好门窗，发现不安全因素，必须及时采取整改措施。

2. 配电、水房安全管理制度

（1）配电、水房是学校师生教学、生活用电、用水的控制中心，工作人员必须具有高度的责任心，认真管理好两房。

（2）严格实行值班、定期检查制度，常年保证机械运行性能良好，确保学校供水、供电正常，预防停电、停水事故的发生。

（3）非工作人员不准带入该两房内，不准他人随便摆弄供电、供水设备，注意保养、爱护公物。

（4）房内保持整洁有序，门窗防护设施完好，专人负责关锁门窗。

（5）配电房按规定配有消防器材，工作人员定期检查性能，学会使用，妥善保管。

3. 食堂安全管理制度

（1）学校食堂要依照《食品卫生法》的要求到市卫生防疫站申领《食品卫生许可证》，并每年年审一次。

（2）食堂要制定卫生、管理制度，有相应的防蝇、防鼠、防尘、消毒、更衣、盥洗、污水排放、存放垃圾和废弃物的设施。保证学生的膳食安全和食品安全。

（3）食堂从业人员应每年一次到当地卫生防疫部门进行健康体检，领取合格的《健康证》后方可上岗工作，发现患传染病的人员应立即换岗。平时应保持个人卫生，穿戴清洁的工作衣帽，销售直接入口食品时，必须使用售货工具。

（4）食堂工作间要与餐厅隔开，非工作人员不得入内，以防万一。

（5）严格进货渠道，建立进货登记制度，并设置档案。采购人员不得采购来路不明的食品，制售各类食品要保证卫生质量。

（6）食堂供应学生的膳食应注重营养搭配，保持新鲜，严禁向学生供应有毒、有害、腐烂、变质、过期食品；新鲜的瓜果蔬菜要认真清洗；严防食物中毒或农药中毒。如发生食物中毒，承包经营者负一切经济、法律责任。

（7）保持食堂内外的环境卫生，要经常对餐饮用具进行清洗消毒，生、熟案板刀具要分开存放。

（8）存放食品的仓库应当干燥、通风，采取消除苍蝇、老鼠、蟑螂和其他有害昆虫及其滋生条件的措施，贮存食品的容器必须安全、无害，防止食品污染。

（9）食堂承包人员要协助学校做好食堂流动人口暂住证的办理工作。认真做好防盗、防火、防毒、用电用气安全，不准私拉乱接电源；严禁将煤气罐倒置外加热使用；开油锅时人员不得随便离开，防止发生事故。电器、制冷设备应由专人管理。

（10）食堂必须使用合格的压力容器、锅炉，每年要检测，要定时检查，锅炉工要持证上岗，严格按操作规程操作，液化气罐与灶头应有1.5米的安全距离，严防事故发生。

（11）认真接受卫生、防疫、质监、市局工作人员对食堂的检查，凡有不合要求之处立即整改，并实行责任追究。

4. 小卖部安全管理制度

（1）小卖部必须持工商营业执照、《食品卫生许可证》和从业人员健康证，从业人员应每年一次到当地卫生防疫部门进行健康体检，发现患传染病人员应立即换岗。

（2）经营的食品必须索证。

（3）食品陈列与销售符合卫生要求，要离墙、离地面。

（4）不得经营过期、变质及三无食品（无厂名厂址、无生产日期、无保质期限的食品）。

（5）存放食品的仓库应当干燥、通风，采取消除苍蝇、老鼠、蟑螂和其他有害昆虫及其滋生条件的措施，贮存食品的容器必须安全、无害，防止食品污染。

（6）定型包装食品不得拆散销售。

（7）认真做好防盗、防火、防毒、用电安全，不准私拉乱接电源。禁止将小卖部、烧饭处、住宿混用。

5. 电工安全管理制度

（1）电工必须负责合理、规范布设校园电源供应系统，任何部门调整、改用电源必须征得管电人员的同意。

（2）电工必须持有上岗证，无证者不得从事接电工作。拉接电源、安装电器设备，必须严格执行操作规程。

（3）电工对学校的电器设备，必须经常检查，发现损坏、老化应时修理，自身不能解决的要及时书面报告学校领导，请求尽快解决，严防发生触电事故。

（4）电工对师生发现的报修电器，应及时前往修理，如不能修复，该暂停供电的则暂停供电，不得拖延耽误，以防发生意外事故。

（5）学校放假期间，电工对全校电路状况应进行一次全面性的检查，不需用电的部位统一切断电源，确保假期安全。

6. 医务人员安全管理制度

（1）医务人员要有高度的责任心、事业心，对每一个病人的身体健康负责，不得发生错诊、误诊事故。

（2）病员如实向医务人员反映病情，医务人员应对症下药，对一些急病员、病情难断定的应及时转院治疗，不得延误治疗时间。

（3）医务室进药渠道要规范，不得将过期、变质的药物用于师生，以防发生药物事故。

· 641 ·

（4）医务人员对全校师生进行卫生、防疫健康知识教育，做好常见传染疾病的预防工作，防止发生全校性传染病事故，影响师生的工作和学习。

（5）医务人员督促有关部门搞好环境卫生、食堂卫生，严防集体中毒事故的发生。

7. 出租房、承包经营部安全管理制度

（1）实行主管部门负责制，出租房、经营部由哪个部门负责对外发租、发包，则由该部门负责安全管理工作。严格控制承租者的经营范围，不得将有损校园安全、师生身心健康的项目引进校园内。严禁将学校房屋、经营部、场地出租给从事易燃、易爆、有毒、有害、网吧和娱乐等经营活动的业主。

（2）发租、发包部门对承租、承包方当事人和其所使用的临时人员都应严格审查身份，并及时将审查情况报学校保卫部门或总务处备案。

（3）必须居住在租房、经营部内的人员，必须到当地公安部门、学校保卫部门办理临时居住登记手续。

（4）部门与其签订的合同、协议书上必须有安全责任条款和违章处罚办法，必要时应收取一定数额的治安保证金。

（5）主管部门应定期派人组织用火、用电等安全检查，严禁私拉乱接电源和超标准使用大功率的电器设备，防止发生事故。

（6）承租经营者不准经营有害学生身心健康的物品或劣质、过期、三无食品，严防发生集体中毒事故。

（7）承租、承包人应加强自身的安全管理，落实安全防范措施，确保承租、承包期内不发生安全事故。

8. 校园自行车安全管理制度

（1）进入校园内的自行车，实行分散定位停放管理。自行车持有者必须按学校规定，分别停放到指定的车棚、场地去，严禁乱停乱放。

（2）车辆进棚必须自行加锁，整齐停放。车篓内不要存放任何个人用品。

（3）在校园内一般提倡推车行走，骑车者应放慢速度，防止撞人。

（4）不准任何人偷骑他人车辆，未经本人同意开他人车锁的视为偷窃行为。

（5）发现自行车被盗，失主应及时报告校保卫处（总务处）协同查处。

9. 校园机动车安全管理制度

（1）机动车进入校园一律不准鸣笛，并减速慢行，载重车辆一律不准进入校园小路、草地，防止损坏环境、绿化。

（2）机动车进校园应服从校门卫人员的指挥，按指定位置停放，严禁乱停乱放。

（3）机动车的车门，驾驶员应及时将其关锁好，钱包、贵重物品不要放在车内。除重大活动外，平时车辆均由车辆持有者自行看管。

（4）校园内人员较多，行车时驾驶员应特别注意安全，防止撞人、撞物。

10. 各类锅炉安全管理制度

（1）锅炉的使用必须经质量监督部门检测，校内部门不得擅自同意使用。

（2）锅炉工应持上岗证，有明确的操作规范，不准随便请他人代班操作。

（3）锅炉应实行定期检测和定时检修制度，检验不合格的锅炉禁止使用。

（4）锅炉工要落实责任制，任何情况下不准擅自离岗，要时刻注意气压情况、进水情况，严防发生爆炸事故。

11. 校内教工宿舍安全管理制度

（1）凡进出教工宿舍的人员一律要接受管理人员及门卫的管理。

（2）外来人员来访，须在门卫处登记，所携带的各类物资能自觉接受盘查。进入车辆按指定地点存放。

（3）各住户应文明生活，提高公德水平，邻里文明礼貌，严禁黄、赌、毒等违法犯罪事件发生，加强计生工作和卫生防疫工作，严防被盗、火灾等人为灾害出现，如遇突发情况，应及时向公安或学校及管理人员汇报，加强安全保护意识、自我防范意识及能力。

（4）管理人员应有高度的责任心，要有严守有关规章和处理突发事件的能力，管理人员负有第一责任人职责。管理工作实行责任制和责任事故追究制。

第二十四章

日常管理制度的建设

- 第一节　消防安全的日常管理制度
- 第二节　自然灾害日常管理制度
- 第三节　运动及体育器材日常管理制度
- 第四节　实验教室、信息教室安全管理制度
- 第五节　教学及校园生活安全管理制度
- 第六节　学生游戏及运动伤害防治
- 第七节　交通安全管理制度
- 第八节　饮食卫生管理制度
- 第九节　校园公共卫生安全管理制度
- 第十节　校园暴力
- 第十一节　校园安全及周边社会治安综合治理制度

第一节　消防安全的日常管理制度

学校消防安全工作历来是消防监督管理的重点工作。随着国民经济和社会建设的不断发展，近年来，中小学和幼儿园不断扩大招生规模，校园及周边消防安全问题已成为消防安全工作的重点和难点。绝大部分的火灾都与人为因素有关，人们消防知识的缺乏、消防意识的淡薄、全社会公众平安文化及消防意识普遍低下的现实，迫使我们不得不认真思考"消防教育问题"。邓小平说过：教育要从娃娃抓起。消防教育同样需要从娃娃抓起，而不仅仅是一天的"119"消防日宣传教育。青少年大部分时间是在学校度过的，学校有条件、有能力进行有组织的系统教育。对青少年的消防安全教育，学校起着主渠道的作用。然而在应试教育的今天，一些学校虽成立组织，但很少开展具体活动；一些学校热衷于搞形式，轰轰烈烈走过场，领导讲话一完，活动到此结束；一些学校未把这项工作列入计划，缺乏系统性、经常性；一些学校不是为教育而教育，而是为完成任务，应付了事；一些学校不是从关心爱护青少年的大局出发，而是为树典型、争先进。对青少年进行消防安全教育的重要性，虽然大部分人都已形成共识，但真正能够认认真真抓落实的又有几家，更不用说每年组织一两次灭火和逃生演习了。

一、学校消防安全教育存在的问题

青少年是国家和社会的未来，我们常常将他们比喻为"祖国的花朵"，对他们寄予无限的希望。然而，在他们成长的道路上，也常常会遭遇各种挫折和灾难——火灾便是其中的一种。因此，大力加强青少年消防安全教育，提高他们的综合素质，增强他们的自我保护能力，既是消防工作的一项重要组成部分，更是我们每个成年人义不容辞的责任。关于青少年消防安全教育，近几年吆喝了不少，不少地方也都成立了相应的组织，开展了一系列活动，确实在一定范围内营造了教育的氛围，提高了一部分青少年的消防安全意识和自防自救能力，但从整体上看，这项工作的广度和深度都还远远不够，还存在着很多不足。主要表现在以下几个方面：

1. 青少年消防安全教育往往有名无实

对青少年进行消防安全教育的重要性，大部分人都已形成共识，但真正能够认认真真抓落实的却比较少。一些地方成立了青少年消防安全教育指导委员会等组织，但却很少开展具体的活动；一些地方在开展教育时，热衷于搞形式、走过场，文件下发了不少，大型集会活动也搞了很多，场面也颇为轰轰烈烈，但领导的讲话稿一念完，活动也基本上到此结束，缺少实质性内容；一些地方在实施过程中以"冷热病"的形式出现，宣传教育给人的印象是一阵风，不能将其列入计划，缺乏系统性、经常性，不能深入持久地开展；一些地方将其仅仅看成上级交办的任务，不是为教育而工作，而是为任务而工作，为了显示出响应号召，往往指定某几个学校，这几个学校再指定某几个班来搞，应付检查了事，造成受教育的覆盖面十分狭窄；一些地方为了树典型、争先进，于是在开展教育时仅仅对个别学校或部分学生进行"重点扶持"，旗帜虽然树起来了，但其全面工作却泛泛一般，达不到普及教育的目的。凡此种种，造成青少年消防安全教育有名无实。

2. 城市、农村消防安全教育发展不平衡

由于受主、客观因素的制约，青少年消防安全教育的局限性很大，往往是城市相对开展得多，农村开展得很少，即使在城市中，也仅仅是地（市）级以上城市相对开展得多一些，而县级城市就比较少，有的地方甚至完全空白。这种情况的出现，与消防工作的社会化程度不高有很大的关系。对农村的消防监督和消防教育本身就是一个"盲点"，加上农村相对落后的思想文化的影响，以及消防教育的辐射面和辐射力度相对薄弱，给农村学校的消防安全教育工作带来相当大的困难。同时，农村学校在这方面缺乏有力的指导和直观的体验，许多教师自身对消防工作了解得尚且不多，在对学生开展教育时，自然感到无所适从，力不从心。所以有些地方虽然搞了，大多是敷衍了事，效果甚微。事实上，对于文化程度相对较低的农村而言，系统地对青少年进行消防安全教育显得尤为重要。

3. 青少年消防安全教育缺乏统筹协调

《消防法》规定，消防宣传工作应由各级人民政府负责，公安、消防、教育、劳动等行政主管部门实施，新闻、出版、广播、电视、电影等有关部门密切配合，但真正落实起来却往往是消防机构和学校在唱"独角戏""二人转"：一些地方把教育任务完全推给学校，可学校由于教师自身消防知识的不足和教学场地、器材的匮乏，造成消防宣传只是纸上谈兵，缺少实际意义，同时，对校外青少年的教育则更为空白；一些地方则认为消防安全教育主要是消防机构的事，对消防机构有依赖思想，但消防机构由于人力有限和组织实施的困难，往往造成顾此失彼，挂一漏万；一些地方则由于对社会整体的消防宣传教育不够，致使部分青少年在家庭生活和日常社会环境中形成许多不良习惯，给教育带来困难。由于各相关部门缺少统筹协调，不能很好地配合，因此，不管从人力、财力、物力还是其他方面投入到消防安全教育上的力量都是薄弱的，致使教育主体单一、力量薄弱、形式呆板，教育效果差，久而久之，问题会越来越多。

4. 青少年消防安全教育内容不全面

随着社会文明的进步，经济建设的加快，对消防安全教育的要求也发生了巨大的变化，但由于受传统观念和思想的影响，在青少年消防安全教育中，一些地方思路狭窄，形式简单，教育内容片面，往往着重对青少年进行自防自救知识教育，而忽视了对他们进行消防法制教育，致使一些青少年学会了报火警，却乱打119谎报火警，甚至恶意纵火，寻求刺激。另外，一些地方课堂教学多、理论讲授多，而自救逃生演习等实践活动少，致使一些青少年在实际生活中缺乏"实战"经验，一旦遇到火险，仍手足无措；一些地方只知道照本宣科式的宣传教育，不注重提高方式方法的亲和力和趣味性，以至于好奇心和贪玩心都普遍较重的青少年难以接受，甚至感到厌烦，自然难以达到教育的目的。

二、健全消防管理制度

为切实做好各类学校消防安全工作，保障师生生命、财产安全，为广大师生创造稳定、健康、和谐的教学环境，学校应当全面提升学校消防安全管理水平，健全消防管理制度。

1. 健全消防监督管理长效机制

消防安全主管部门做好与重点学校的消防安全责任状的签订工作，督促各学校认真落实消防工作联席会议制度，将学校消防安全工作纳入日常工作范畴；同时消防主管主动与教育部门和学校相关领导交流和协商，把消防安全"两个能力"建设纳入到教学和考评等细则中，以提高广大师生消防安全意识。对不履行自查职责、弄虚作假导致出现火灾事故的学校，相关部门依法依纪对消防安全责任人或其他人员进行严肃处理。

2. 健全火灾隐患排查整治机制

消防主管部门根据政府的安排部署，采取专项检查和经常性检查的方式，积极会同教育主管部门，对辖区学校及其周边场所进行全面的消防安全检查，重点检查寄宿制学校的安全疏散通道及火源电源管理情况，学生宿舍、实验室、食堂等重点部位消防设施的配备和完好情况以及学校周边场所是否有威胁到学校安全的火灾隐患存在等。

3. 健全安全隐患帮扶整改机制

学校防火安全委员会和消防部门以消防法律法规及行业标准为尺度，坚持严格执法，热情服务，不放过一个"死角"，不同情一个"隐患"。对于学校查排出来的火灾隐患及安全问题，消防主管部门必须要求学校和主管部门及时整改，并明确隐患整改的责任人和督办人，严格落实消防检查责任制、火灾隐患整改责任制；针对难以整改的隐患，积极与学校进行沟通协调并指导整改。

4. 健全主题鲜明的消防宣传教育长效机制

以消防宣传进校园活动为契机，在新学期开学、开展专题教育活动等时段，加强消防宣传"进学校"工作，每一次都明确一个宣传主题，通过采取编写消防童谣、漫画、"防火三字经"和编制消防音乐剧、小品节目、开设消防安全知识讲座、观看消防知识影视音像资料等多种形式，把宣传工作延伸到学校正课时间及师生的课余时间，形成消防、学校、家庭、社会一体化的宣传模式，把学校建立成为消防知识宣传阵地，开辟学生了解社会消防安全的窗口，不断提高师生消防安全意识和自防自救能力。

5. 提高防灾能力、增强消防意识

隐患险于明火，而造成火灾隐患最根本、最直接、最为根深蒂固的原因就是人的消防知识缺乏、消防意识淡薄。这种缺乏与淡薄体现在领导身上，就会导致消防工作得不到应有的重视，从而使消防经费得不到保障，消防设施得不到完善；这种缺乏与淡薄体现在群众身上，就会导致消防工作得不到真正落实，从而使"消防安全人人有责"成为一句空话，使消防工作成为无源之水、无本之木。

只有具备了良好的消防意识，才会对火灾有高度警惕性，才能时刻把安全放在首位，从而自觉约束自身行为，创造良好的消防安全环境。意识的形成，不是一天两天就能完成的，它必须通过经常性的宣传教育，才能在潜移默化中形成良好的消防安全意识。

6. 学校应承担消防安全教育的职责

《消防法》第六条明文规定：各级人民政府应当经常进行消防宣传教育，提高公民的消防意识；教育、劳动等行政部门应当将消防知识纳入教学、培训内容。要真正普及消防安全知识，仅靠消防部门一家的力量是不够的，教育部门也应承担起一定的责任。德国小学把防火教育作为当地历史课的一部分，一年级至三年级每周有45分钟的时间用于学习消防知识及参观消防队。加拿大1999年就开始实施一项名为"学生与消防教育"的计划，从幼儿园到八年级开设消防教育课程，将消防常识同其他教学科目结合起来，以帮助学生加深对火灾及其后果的认识。目前，我国部分大学校园把交通安全作为学生必须接受的教育内容。消防安全也应步入学校，作为学生必修课，以加强公共消防安全，降低火灾的发生。而且消防安全教育宜早不宜迟。

7. 消防教育培训教材

一般来说，所有消防安全教育都需要合适的教材支持，如大量的图片和文献。不同对象、不同年龄接受不同程度的消防教育。目前，上海消防学校已编写了13本针对社会企业事业单位不同层次的培训系列教材，但针对学生（尤其是中小学生）的教材编写力度不够。有关部门应从实际出发，编写一套适合中小学生的消防教育读本。

三、学校消防安全工作完善的方式

对青少年进行消防安全教育，关系到他们的成长进步，关系到我们国家的未来，是一项社会性、长期性的基础工作。同时，由于青少年人数众多，分布面广，而我国社会大消防格局还没有完全形成，各种教育条件还不十分完备，所以给这项工作带来了相当大的难度，这就要求我们多发挥主观能动性，切实增强责任感和使命感，克服客观上的困难，将青少年消防安全教育工作扎实、深入、持久地开展好。应做到以下几点：

1. 把青少年消防安全教育摆到重要位置

青少年正处在学知识和成长的关键时期，大力加强消防安全教育，不仅能使他们从小树立强烈的消防安全意识和消防法制观念，增强他们防火灭火的常识和技能，提高他们自我保护的能力，使他们终身受益，而且还能通过他们带动家庭和全社会消防安全意识的提高，扩大消防宣传教育的广度。因此，大力加强学生消防安全教育，提高他们的综合素质，不仅是青少年健康成长的需要，也是时代发展和社会文明的必然要求。各有关职能部门和宣传教育机构，一定要统一思想，提高认识，加强联系，相互配合，切实加强对这项工作的组织领导，将其作为一项重要工作内容，纳入年度工作计划，列入重要议事日程，明确职责，强化措施，完善制度，认真落实，把这项工作做到每个学校、每个班级，把消防安全意识渗透到每个青少年学生心中，切实将其当作社会整体消防宣传的一个重要组成部分抓实抓好，抓出成效。切忌图形式、走过场，开空头支票，做表面文章。

2. 构建青少年消防安全教育的长效机制

对青少年学生进行消防安全教育，关系到他们的成长进步，关系到国家的未来，是全社会共同的责任。各级政府要加强消防安全教育工作的组织、领导，进一步明确和落实各有关职能部门的消防安全教育工作职责。公安消防机构要发挥好组织、指导、协调、服务作用，积极协调各部门、各单位形成合力。新闻、出版、广播、电影等有关部门要认真履行消防安全宣传教育的法定责任和义务，充分发挥舆论导向作用。司法、科技部门要将消防法律法规和消防知识列入普法和科普工作的重要内容，加大推广力度。教育、劳动部门要把消防安全教育纳入义务、学历教育和职业教育体系，使消防法律法规和消防科学知识成为学生及广大青少年知识结构、从业技能的组成部分，从而形成政府统一领导，相关部门齐抓共管、各负其责的消防安全教育机制。尤其是要充分发挥教育、劳动等部门的教育、培训职能和各类大众传媒的宣传教育职能。在青少年集中的学校，各级教育行政人员、校长和班主任要对本地、本校、本班级的消防安全教育工作负责，要将其纳入学校教学计划和安全工作序列，同其他教学、安全工作同部署、同考评。要坚决杜绝"雷声大、雨点小""一阵风"、"冷热病"等现象。要加大投入，在人力、物力上予以保证，各级公安消防机构和教育、劳动等部门要密切配合，认真编制相关教材和宣传资料，配备相应的配套器材、设施、场地，为扎实、深入、持久地开展消防安全教育创造条件。

3. 因地制宜开展丰富多彩的消防安全教育活动

从2012年以来，在公安部消防局的统一部署下，全国深入开展了消防宣传"四进"工作，为进一步加强青少年消防安全教育提供了良好契机。各地要紧紧抓住这一有利时机，紧密结合当地实际，根据城乡生活环境、当地火灾特点和青少年的年龄、生理、心理特点，以及知识结构、认知能力的差异，针对性地开展消防安全教育。要通过闭路电视、黑板报、宣传栏、消防课、活动课、学科教学渗透、灭火疏散逃生演习、"青少年消防夏令营"、"全国中小学安全教育日"、"'119'消防日"宣传活动等多种形式，有计划地对青少年进行消防安全教育，做到因地制宜，多策并举。在宣传教育的覆盖面上，既要注重对城市青少年的宣传教育，也要加强对农村青少年的宣传教育；既要注重对中小学生的宣传教育，也要加强对大学生、中专生的宣传教育；既要注重对学生的宣传教育，更要首先加强对校长、教师、教育行政人员、职工的消防知识技能培训，使他们做到先学一步，提高自身消防安全教育的能力。在宣传教育的内容上，既要强调知识性，又要做到通俗易懂，便于理解和掌握，使其贴近学生、贴近生活、贴近实际；既要着重青少年自防自救能力的提高，又要加强他们的消防法制教育，使他们自觉遵守消防法律法规。在宣传教育的形式上，既要注重课堂教学，做到每个班级每学期至少专门安排2个课时的消防课，又要突出生动性、趣味性、可操作性和参与性，注重让他们进行必要的消防技能操作和火灾现场逃生训练，掌握在学习、生活中的防火、灭火、疏散自救逃生常识，感受"实战"体验。同时，要充分发挥消防站这一消防教育基地的作用，有计划地组织广大青少年，特别是在校学生参观消防站，每一名学生在校期间至少要参观一次消防站，要利用消防站的各种防火、灭火、疏散逃生模拟设施和消防安全教育影视资料，增强他们对消防工作的感性认识和自防自救能力。

青少年消防安全教育是一个系统工程，从小培养他们预防火灾的意识和能力，是摆在全社会面前的一个重要任务，需要各级领导、专家和教育工作者不断地探索与实践。

第二节 自然灾害日常管理制度

有人认为，自然灾害是自然原因所导致的，怎么要人承担责任？有句成语——天灾人祸，意思是指自然灾害和人为祸患，本意是指灾难的产生有两种原因，一种是指自然造成的，不以人的意志为转移；另一种是人类本身造成的，可能是故意的，也可能是过失的。但是，天灾与人祸之间往往具有因果联系，例如，九江发生五级地震，如果当初学校教室是按照预防七级地震标准设计的，那么在五级地震中倒塌导致学生死亡，设计人、建筑人就要承担责任；如果在建校时，设计人、建筑人与学校或者领导人之间有不正当交易关系，也要追究学校领导人的责任。

一、自然灾害与学校责任

对于人祸所导致的天灾损失或者天灾损失的扩大，致祸人就要承担责任，这是客观公正的。一些地方发生了自然灾害，造成中小学生人身伤亡，如果学校领导或者其他相关责任人没有履行自己的责任，导致自然灾害或者自然灾害损失的扩大，学校领导或者其他相关责任人应当承担相应的责任，主要包括行政责任和刑事责任。

刑事责任是最为严厉的法律责任。我国1997年《刑法》专门规定了教育设施重大安全事故罪。《刑法》第一百二十三条规定："明知校舍或者教育教学设施有危险，而不采取措施或者不及时报告，致使发生重大伤亡事故的，对直接责任人员，处三年以下有期徒刑或者拘役；后果特别严重的，处三年以上七年以下有期徒刑。""校舍或者教育教学设施有危险"是指存在自然灾害可能，明知危险"而不采取措施或者不及时报告"是人祸，重大伤亡事故能避免而没有避免，或者能减少而没有减少，重大伤亡事故的发生与人祸有因果关系，因此，教育设施重大安全事故罪就应当追究直接责任人员刑事责任。我们不能惩罚自然，但是，可以采取保险或者其他措施，弥补或者减少受害者的损失。追究刑事责任，尽管很严厉，但这只是马后炮，许多损失是无法挽回的，尤其生命的丧失。强化预防工作，避免或者减少自然灾害对人或者财产的潜在危胁，才是最重要的工作。各级教育行政部门要主动加强与有关部门的联系，配合做好自然灾害安全教育、地质勘察等工作，及时掌握灾情预测预报，落实防范措施。凡有安全隐患的，要立即转移到安全地点上课，必要时要采取停课等紧急措施，确保师生安全。这些要求，就是为了避免自然灾害造成师生的生命和财产损失，或者最大限度地减少师生的生命和财产损失，各级教育行政部门和学校必须警惕，采取预防措施，提高师生抵抗灾害的能力，剔除导致自然灾害的人祸因素。

二、自然灾害与学校领导的安全意识

人们常说："天灾难料，人祸可防"，但不幸的是，大凡天灾，往往有"人祸"的"影子"，要防天灾，则一定要清除"人祸"。在学校安全工作中，领导都要以高度的政治责任感，树立防灾即大局的意识，各司其职，落实领导责任制和救灾措施，加强巡查值班，切实做到守土有责。

对于天灾，对付它其实只有简单的四个字：防、抗、救、报。天灾光靠"抗"是抗不住的，"防灾"才是第一位的，因此在平时的工作中，我们一定要树立"防灾第一"的思想，切不可抱着不出事就没事的侥幸心理，而应认认真真、踏踏实实地搞好防灾设施建设，做到从规划建设的源头抓起，从一开始就避免"人祸"的"渗入"。要彻底杜绝猛于虎的"人祸"，严厉追究"人祸"同样重要。只有这样，才能起到震慑作用，时刻提醒我们的官员如履薄冰、兢兢业业，真正问责于广大市民百姓，问责于他们的生命财产安全。

我国是世界上自然灾害最为严重的国家之一，70%以上的城市和50%以上的人口分布在气象、地震、地质和海洋灾害多发、易发地区。但与灾害频发的国情相比，学校师生的安全避险意识、防灾自救本领还相当不够。教育部表示，要健全并落实安全工作领导责任制，对因自然灾害发生重大安全事故并造成学生伤亡的，要追究相关领导责任。各级教育行政部门要主动加强与有关部门的联系，配合做好自然灾害安全教育、地质勘察等工作，及时掌握灾情预测预报，落实防范措施。对于每一个学生而言，积极参与培训演练，掌握避险自救技能，是对自己生命的高度负责。对于学校领导而言，出台有效的制度措施，引导和动员学生定期组织应急避险实战演练，向学生进行避险自救知识的传授和技能培训，更是一项义不容辞的责任。

经验显示，自然灾害发生后，绝大多数脱险者靠的是第一时间的自救和互救。2012年甘肃省岷县"5·10"特大冰雹暴洪灾害中，许多群众都是见到"雨下得太大"自发转移到安全地带。而汶川特大地震中，四川安县桑枣中学因为加强安全教育创造了无一师生伤亡的奇迹，更是令人记忆犹新。这说明，只要有足够的安全避险意识，就能最大程度降低灾难的损害。凡有安全隐患的，要立即转移到安全地点上课，必要时要采取停课等紧急措施，确保师生安全。暑假前各地要统一组织广大中小学生收看安全教育专题片，有针对性地开展专题安全培训和教育，切实提高师生应对自然灾害等突发事件的能力。

三、自然灾害与学生安全教育

我国有史以来就是地震频发的国家。21世纪以来，全球共发生7级以上大地震1200余次，其中十分之一发生在中国。21世纪我国大陆地震占全球大陆地震的29.5%，全球三次8.5级特大地震，两次在我国。我国城市的46%及许多重大工程设施分布在地震带。登陆台风平均每年6~7次，居同纬度大陆东部首位。每年大小崩塌、滑坡数以百万计，有泥石流沟一万多条，现在全国受泥石流威胁的城市有70多个。2013年，我国南方一些地区更是暴雨成灾，其主要降雨区为江南地区南部、华南地区，降雨量将比往年同期偏多将近1倍；华北、东北、黄淮等地局部地区时有短时雷雨大风等强对流天气；地震灾区也有降雨天气过程。这些自然灾害在造成人员伤亡的同时也威胁着中小学生的安全，因而对中小学生展开自然灾害教育的工作刻不容缓。

从自然灾害教育的内容来说应当包括以下两个方面。

其一，使学生了解学校所在地区和生活环境中可能发生的自然灾害及其危险性，因自然灾害引起的突发重大事件包括破坏性地震、突发的大风、暴雨、冰雹、高温、寒潮、沙尘暴、暴雪、洪水、泥石流、山体滑坡等灾害，这些灾害都可能造成房屋倒塌或人员伤亡，引起交通阻断，严重影响正常生产生活。教师应当结合自己学校所在地区的地理特征，向学生讲述当地比较常见的自然灾害的种类，帮助学生认识该种自然灾害，同时又要教授一些应对自然灾害的技能与方法，帮助学生维护自己的安全。

其二，学习躲避自然灾害引发危险的简单方法，初步学会在自然灾害发生时的自我保护和求助及逃生的简单技能。自然灾害是人类依赖的自然界中所发生的异常现象，自然灾害对人类社会所造成的危害往往是触目惊心的。它们之中既有地震、火山爆发、泥石流、海啸、台风、洪水等突发性灾害，也有地面沉降、土地沙漠化、干旱、海岸线变化等在较长时间中才能逐渐显现的渐变性灾害，还有臭氧层变化、水体污染、水土流失、酸雨等人类活动导致的环境灾害。学会应对自然灾害不仅能够对学生的安全起到保护作用，而且能够对家长等其他社会成员起到一定的救助作用。

从自然灾害教育的形式来看，各地教育行政部门和中小学校、幼儿园要结合当地实际，针对暴雨、洪水、雷击、泥石流、山体滑坡、校舍倒塌等灾害事故发生情况，在当地政府统一领导下，密切配合有关部门，积极采取有效防范措施或启动相应等级应急预案，确保师生安全。地震灾区复课和转移安置的中小学校要做好应对余震及洪水、泥石流、山体垮塌、传染病流行等次生灾害的防范工作。各地中小学校还要在放暑假、寒假前对全体师生集中开展安全教育。要在广大师生中普及预防各类气象和地质灾害的基本知识，并针对暴雨、洪水、泥石流、山体滑坡、校舍倒塌等灾害事故，组织师生开展专门的紧急疏散和自救、互救与逃生演练活动。要教育学生不到无安全设施、无救护人员、无安全保障的水域游泳和玩耍，教育学生不要盲目下水救助落水同伴，要尽可能向成年人求救，避免发生因盲目施救而导致更大伤亡。

四、自然灾害预防常识

（一）地震灾害

地震是一种经常发生的灾害性自然现象，一旦发生强烈地震，就会引起房屋倒塌、堤坝决口、火车脱轨、道路陷裂以及水火、电气灾害和人员伤亡。虽然现在世界上还没有一个国家可以准确预报地震发生的地点、时间、震级，可是地震发生前自然界会发生一些异常现象，它能提醒我们做好防震、抗震的准备。

一般来说，地震前会出现以下几个特征：①动物异常：成百上千条蛇爬出洞来长距离地迁移；成群的老鼠爬到四五米高的电话线上一动不动；动物园里的老虎、狮子萎靡不振、卧地不起；家犬坐立不安、不吃不喝、狂叫不止；骡、马、驴、牛闹圈乱踢，不吃草、嘶鸣不断；鸡、鸭、鹅傍晚不回笼，乱飞乱叫等。②地下水异常：地震发生前，井水水面上涨，水量增大，甚至溢出地面；或是井水水面下降,有时水井干枯;地下水连续翻花冒泡,同时发出"咕噜、咕噜"的打雷声。③地光和地声:地震爆发之前很短的时间里,会出现地光现象,地光在地面上有时呈现出"五彩的霞光",如同早晨日出的景色;有时呈现出"多彩的光柱",直插夜空;也有时从地面冒出"粉红色的光球",短时间在黑夜中消失了。如同雷雨天的闪电,地光和地声的同时发出,人们先看到地光,而后再听到地声。地声有时像一列很长的货运火车驶过一样,"嗡嗡"声持续一段时间,有时像"雷鸣声"或激烈的"枪炮声"等。④人的异常感觉:在地震爆发之前,人们也会在精神上、生理上有所感觉,尤其是儿童、老人、心血管病患者,震前感觉会更加明显,如食欲缺乏,不能入睡,坐立不安,脾气暴躁,呼吸困难,头晕眼花等。

地震发生时,如果你在平房里,要迅速钻到床下或桌下,同时用被褥、枕头、脸盆等物护住头部,待地震间隙再及时离开住房,到安全地点避难。地震时房屋如果倒塌,你在床下或桌下千万不能移动,要等到地震停止后再逃出室外。如果你在楼房中断定是发生了地震,不要试图跑出楼外,因为时间不允许。另外,在地震波传播时,楼体摆动,很容易摔伤。最有效的办法是:及时躲到两个承重墙之间跨度最小的房间,如厕所、厨房等,也可躲避在桌、柜等家具正面以及房间内侧的墙角,注意保护头部。记住:不要到窗下和阳台上躲避。如果上课时发生了地震,不要慌乱,更不能在室内乱跑。靠近门的同学可以跑到门外;中间的同学可及时躲到课桌下,用书包护住头部,靠墙根的同学用双手护头。等地震间隙,由老师统一指挥,有秩序地疏散到室外。如果已经离开房间,千万不要地震一停就立即回屋取衣物。因为第一次地震后,接着会发生余震,余震对人的威胁会更大。第一次地震后,各种建筑物也许被震损或局部震塌,而余震之后通常是大规模的倒塌。

如果在公共场所发生地震,不能惊慌乱跑,可以随机应变躲到就近安全的地方,如洗手间、舞台下、乐池和桌柜下。如果在街上发生地震,绝对不能跑进建筑物中避险,也不要在狭窄的胡同、高楼下、悬壁、桥头等危险地段停留。

地震后被埋在建筑物中时,要鼓起求生的勇气,消除恐惧心理。能自我离开险境的,应尽快设法脱离险境,不能自我脱险时先设法将手脚挣脱出来,清除压在身上的物体,特别是腹部以上的物体,等待救援。同时用毛巾、衣服捂住口鼻,防止烟尘窒息,保持呼吸通畅。注意保存体力,不要大声呼救,除非听到外面有人营救。可用石块敲击物体,以引起人们的注意,尽量减少体力消耗,在可以活动的空间里,设法寻找食品和水,创造生存条件,等待救援。

（二）热带风暴灾害

我国的台湾省和中南沿海各省都会受到热带风暴的侵害。热带风暴经过的地区和海域，往往带来狂风、暴雨、巨浪，它对海上作业船只、石油钻井平台、近海养殖和陆地上的建筑、交通线、农田、果林等，具有很大的破坏力，是一种常见的灾害性天气现象。

热带风暴到来时，尽可能待在家里，不轻易外出，室外的行人，要尽快回到屋里，因室外有飞落物容易砸伤人。雷雨交加时，要拔下电器插头和电视机天线。如果有电线断垂掉落、电源中断等情况，应该通知有关部门检修，绝对不能用手去触摸。如果出现屋顶被吹走、室内电线短路着火、门窗被刮掉等紧急情况，首先是及时断电灭火，再去处理其他问题；如果一时不易解决的话，要尽可能快速转移到其他房屋里，当出现洪水漫溢、山体崩塌、海水浪大等现象，危及住房安全时，应果断地搬迁到安全地方。

（三）龙卷风灾害

龙卷风多发生在春季，目前还不能进行预报。龙卷风的内部气压很低，因此龙卷风经过时，会使紧闭门窗的房屋产生极大的气压差（内大外小），从而使房屋的屋顶和四壁受到一个由内向外的巨大作用力。这种突然施加的内力会把屋顶掀掉，四壁倒塌，所以，当龙卷风袭来时，应打开门窗，使得房子内外的气压很快得到平衡，并面向墙壁抱头蹲下。

龙卷风在移行时，接地的漏斗状云柱上部往往向龙卷风前进方向倾斜，因此在野外遇到这种情况，应迅速向龙卷风前进的相反方向或垂直方向回避。若龙卷风已经到了眼前，要找到低洼处趴在地上，合上眼睛，闭紧嘴，两手上合两臂抱头，防止被飞来物砸伤。汽车遇龙卷风，几乎没有抵御能力。如果乘车时遇龙卷风，应该立即下车躲避。

（四）洪水灾害

洪水发生时，要按照预定路线转移、避难，注意扶老携幼，相互帮助。如果洪水来得太快，已经无法步行转移，要使用事先备好的船只或门板、木床等漂浮物，做水上转移工具。

当洪水来得太快，大水已经进屋时，要迅速爬上屋顶、墙头就近的大树上，暂时避难，等待救护人员转移。不能单身游水转移。土墙、打垒住房或泥缝砖墙住房，只能做暂时避难场所。假如没有大树、院墙，屋顶又一时爬不上去，此刻应抓住固定物不放，并呼救他人搭救脱险。

洪水过后为预防疾病流行，首先要清除积水、秽物；通风晾晒，喷洒消毒药剂，预防传染病及蚊蝇滋生。服用预防药物，避免发生传染疾病。如果发生传染病例，必须进行隔离治疗。家用生活器具要清洗、消毒，湿、霉的物件要通风、晾晒。

如果山区普降大雨，在半小时之内就会暴发山洪。山洪来势猛、流速快、冲刷能力强，具有很大的破坏力，会给山区造成严重灾害。暴发山洪时，中小学生过河要有老师护送。当水深超过膝盖时，单身不能过河，当水流已达齐腰深度时，众人也绝不能过河。如果发生被河水冲倒的意外现象，头脑要清醒，想办法抓住河中漂浮物或岸边树根、树杈才有可能脱险。当山洪涨水很快，老师又不能护送过河时，同学们应全部回学校留宿。

暑假在山上割草、锄地，遇倾盆大雨时，进山河等处避雨，要预防滑坡、滚石和坍塌现象的发生。在雷雨天气里，河谷涨水很快，同学们应向高处转移，但不能停留在大树下，也不能跑到山岗的顶部，以避免雷击伤害。

如果发生电线低垂，不能用手、身体接触；低垂电线已被河水冲打时，不能在河边停留，更不能在此过河；当水深小于一米，水势涨落不太明显，几个小学生必须过河时，可由老师组织并采取如下措施：用长绳或书包带、水壶带系住每个人的腰部，呈一字排开，手与手之间要拉紧，同水流方向斜叉过河，减少水流阻力。遇到高压线杆倾倒、电线横垂路面时，一是要远离，防止触电；二是要报告有关部门，及时抢修。此刻，绝不能侥幸通过。

由于洪水原因造成的道路塌陷、桥梁冲毁或者道路被拦腰切断并有急流通过时，只能在安全的地方"暂时避难"，绝对不能强行通过。当山区道路由于山体滑坡堆积阻塞时，应绕道上山，由滑坡面的上部通过。当洪水冲断桥梁，河流水急、桥面还在坍塌时，千万不能冒险强行通过。

山区发生暴雨洪水时，有时会同时产生泥石流，如果暴发了泥石流，山谷中所有石、砂、土、果树及建筑物、居民点等，会全部被推出山谷之外，在沟口堆积起来，整个山谷成了"光板青石"，破坏力极大。如果发生了泥石流，我们应清楚暴发泥石流是由沟顶开始的，发出的响声好像"轰轰……"的打炮声。白天或黑夜，在屋里避雨时，只要听到这种声音，要迅速跑到室外向山顶转移。暴发泥石流时间很短，只能扶老携幼轻装转移，不要寻找和携带食品、饮料。转移路线应事前选定，清除沿途的障碍物，避免急速上山时，浮石、滑坡伤人。同时要防雷击、电线伤人。

（五）冰雹灾害

盛夏季节，上学或放学的路上突然降下冰雹时，要用雨具保护好头部；如果忘带雨具，要用双臂抱头保护。此刻，应迅速跑到安全的"临时避难点"。下冰雹时，不要争先恐后地到室外捡冰块，此时最容易砸伤头。

当冰雹在地面上积累了一定厚度，又一时融化不完时，不要因好奇，赤脚去蹚水，因为水温很低，容易产生冻伤。暴雨天气电线有可能结冰压断，或有电线垂落，绝不能触摸电线，避免发生触电事故。

（六）雷击灾害的应急

雷雨天气时，要远离建筑物的避雷针及其接地线；远离各种天线、电线杆、高塔、烟囱、旗杆，如有条件，应进入有防雷设施的建筑物或金属壳的汽车、船只，但帆布的篷车、拖拉机、摩托车等在雷雨发生时是比较危险的，应尽快远离。

尽量离开山丘、海滨、河边、池塘边，尽量离开孤立的树木和没有防雷装置的孤立建筑物，铁围栏、铁丝网、金属晒衣绳也很危险。外出时应穿塑料材质等不浸水的雨衣，不要骑在牲畜上或自行车上；不要用金属杆的雨伞，不要把铁锹、锄头扛在肩上。

人在遭受雷击前，会突然有头发竖起或皮肤颤动的感觉。这时应立刻躺倒在地，或选择低洼处蹲下，双脚并拢，双臂抱膝，头部下俯，尽量降低自身位势、缩小暴露面。

如果是在室内要关好门窗，防止球形雷窜入室内造成危害；把电视机室外天线在雷雨天与电视机脱离，而与接地线连接；尽量停止使用电器，拔掉电源插头；不要打电话和手机；不要靠近室内金属设备，不要靠近潮湿的墙壁。

第三节 运动及体育器材日常管理制度

游戏和体育教学是整个学校教育的重要组成部分，也是培养全面发展人才的重要组成部分。体育课则是学生增强身体素质，学习体育技能、技术，锻炼意志品质根本的途径，是全面推进素质教育的必要条件。体育活动不仅能使学生增强体质，提高运动技巧和技能，而且还能发展智力、陶冶情操、锻炼意志，培养集体主义精神，增强组织性、纪律性。但它的后几种功能往往被人们所忽视，这就更需要我们体育教师积极主动地来解决这个问题。

如何在体育课堂中对学生进行安全教育、社会公德教育，使学生明确学习目的，端正学习态度，培养自觉锻炼、积极参与教学活动的意识呢？这是我们体育工作者应该思考的问题，因为在体育课中进行安全教育，能培养学生坚强的意志、良好的学习意识、正确的学习态度。所以说安全教育也是提高体育课堂教学效果的重要手段。通过体育课堂这个大熔炉，锻炼出学生的坚强意志、严谨的组织纪律性、良好的集体主义观念和竞争意识，是德育工作在体育教学中的具体落实，可见体育教学与学校德育工作是具有双向联系的。体育课要有良好的教学效果，德育工作的渗透起很大促进作用。

一、在体育教学中加强学生的安全教育的作用

1. 有利于体育课堂教学的顺利进行

体育课是一个复杂的组织过程，要有良好的规范性。学生在听讲解、看示范时，必须有正确的队形和良好的秩序，才能了解教材，明确重难点，正确掌握技术、技能。只有在教学中采用强而有力的安全教育措施，使学生明确学习目的，端正学习态度，启发他们自觉积极地进行练习，才能使学生学得紧张而有序，练得生动而活泼；才能使教学过程顺利进行，安全而有实效。如果学生不明确学习目的，不认真听讲解，看示范纪律差，不听从指挥，那么体育教学就难以进行，更谈不上教学效果。

2. 有利于提高体育课的教学质量和教学效果

加强安全教育就能更好地完成对学生进行爱国主义、集体主义教育的任务，只有德、智、体全面发展的任务具体落实到每次课中，才能有效地提高体育课的教学质量和效率。通过安全教育，学生学习目的明确了、自觉性强了、积极性高了，就能更好地学习，掌握和提高"三基"，更有效地增强体质；通过安全教育，学生的学习风气浓厚了，互学互帮、勤学苦练，教学效果也必然提高。

3. 有利于学生集体主义的形成和提高竞争意识

教学中，特别是在一些球类和游戏教学中，由于规则对集体的行动有着明确的、具体的规定，并且具有明显的竞争意识导向，所以通过教学，教师利用教材、规则的精神对学生进行潜移默化的教育，使学生增强集体观念，力争上游，团结互助。

4. 有利于学生健康地成长

使学生在教学过程中，既学知识、技术与技能，又练身体、强体质，更锻炼坚强、勇敢、刚毅的意志品质，使学生德、智、体全面发展。

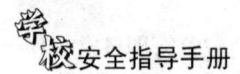

二、体育课堂教学中安全教育的具体内容

体育教学中,安全教育的内容极其丰富和多姿多彩,根据课堂安全教育的任务,体育教学中的安全内容,主要可以从以下几个方面取材。

1. 充分利用和发挥教材的安全性对学生进行安全教育

由于体育教学是以身体活动为主,教学内容有别于其他学科的教材。其中有许多内容具有鲜明的安全性,如队列练习、活动性游戏、球类、接力等。教学要充分利用和发挥这类教材的安全教育因素,就如通过队列练习,教育学生向解放军学习,培养学生严密的组织纪律性和自我约束力;活动性游戏和球类教材等,都有各自严格的规则和集体配合方法,教师要善于利用这些教育因素,对学生进行团结协作、爱护集体、遵守纪律以及胜不骄、败不馁、勇敢坚毅的安全教育。而对一些安全性不明显的教材,只要善于发掘纵向联系,启发学生学习的自觉性和目的性,使学生明确学习目的,端正学习态度,以掌握有效的学习方法,提高学习效果。

2. 利用课的组织教法对学生进行教育

体育课的教学过程,是一个实际的教育过程。有目的地加强组织教法,能更好地提高课中安全教育的效果。组织越严密,教法越得当,学生在课中所受的教育就越深刻。如通过检查上课服装、器械及进行练习时的保护与帮助,可加强对学生的安全教育;通过队列练习、队伍调动以及对体育器材的发放要求培养学生良好的调理性和爱护公物的习惯;通过轮值领取器材,课后协助收回器材,可以培养学生的责任感。

3. 利用课中出现的典型事例对学生进行生动活泼的安全教育

教师在教学过程中,要善于观察学生在身体活动中的表现,随时注意课堂的变化,既要及时发现表扬好人好事,又要对不良倾向及时抓住苗头不失时机地进行教育。如实心球教学时,有的同学捡远的,并常帮别人多捡一个,而有的同学恰恰相反专捡近的,甚至多捡一个自己留用,这是两种截然不同的安全意识,教师应及时讲评,使好的安全行为可以发扬光大,不良的现象及时受到指责、纠正,防止其影响的蔓延。特别是对于课中出现的偶发事件,更应及时地处理,对学生进行具体生动、深入细致的安全教育,提高安全教育的针对性。

三、体育课堂中进行安全教育的具体方法

在体育教学中,要达到良好的安全教育效果,切实提高课堂教学质量,教育

力量绝不可单一。采用形式多样的安全教育方法,是做好安全教育的关键所在。

1. 采用表扬与批评的方法

对课堂中出现的好人好事要大力表扬,即使是同样的事也要出现一次就表扬一次,逐步形成人人想做好事、争做好事、多做好事的风气。在多表扬、多鼓励的同时,必不可少地还要适当运用批评的方法,使不良的苗头、错误行为在冒尖时得到抑制、禁止。表扬要恰如其分,批评要注意分寸,安全教育方能收到预期的效果。

2. 运用评比竞赛的方法

在教学中,教师根据课的任务对学生提出明确、具体的要求,在实践中适当地运用评比、竞赛方法,能更好地激发学生发愤图强,力争上游,提高竞争意识,如在完成教材要求达到的一定时与量时,采用个人与个人、小组与小组之间的竞赛;又如完成一定的队列、队形练习时,评比队伍的整齐、动作的准确等;通过讲评把信息反馈给学生,指导学生进行自我评定,互相学习,逐步形成比、学、赶、帮、超的良好学习风气和竞争观念。

3. 运用体育教学常规进行经常性的教育

体育课的教学常规是保证体育课正常进行所采用的一系列要求与措施。通过每堂课对教学常规的实施,使学生既学技术,练身体,又培养好作风、好品质,长此以往,学生将能培养出良好的行为习惯、道德品质,达到安全教育的最终目的。

(1) 课前动员。让学生明确本课教学任务与要求,端正学生的认识态度。

(2) 课中安全激励。根据教学过程中学生练习的情况运用形象、精练的语言和生动的表情、身体语言及时给学生以激发和鼓励,使学习气氛更浓厚、更热烈。

(3) 及时进行练习讲评。在单项练习或某次强度较大的练习时,特别是游戏后根据学生练习中表现出来的各种现象,对其中的积极因素加以鼓励和肯定,对不好的苗头加以制止以示提醒。

(4) 认真做好课后小结。根据学生课中的各种表现,进行恰当的小结。针对存在的问题,提出下次改进的意见和希望。只有不断地对学生提出新的要求,方能有效地培养勤学勤练、坚毅顽强的意志品质,提高学习效果。

四、进行安全教育应注意的几个问题

要搞好体育教育中的安全工作,除了要掌握好方法外还要注意以下几个问题：

（1）要根据体育课的特点来进行安全教育工作，寓教育于学生活动中。教师在课中进行安全教育时，应注意把握时机，语言精练，措辞得当，讲求实效，切忌信口开河，胡乱联系或整堂罚站、静坐等。

（2）安全教育工作上要做得细、不急不躁、和风细雨，把话说到心里，启发说服学生，并决心改正自己的缺点。切忌以势压人，以力服人，坚决反对打骂学生，使用粗暴简单的方法。

（3）安全教育工作要摸清、抓准，备课、上课和小结时，对学生的情况要充分了解、准确把握。以爱为基础，了解学生的个性特点，才能教育好学生。特别在运用表扬与批评时更应抓准确。只有表扬得准确，榜样的号召力才是无穷的；只有批评得当，才具有强效的说服力，化消极因素为积极动力。

（4）在课堂安全教育工作过程中，教师立场要鲜明，要明辨是非，支持什么、反对什么都要明确。只有这样教师在课堂中才能发现好行为、好风气，以人格的力量号召学生学习好的、抵制坏的，从而提高学习效果，切实掌握技术、技能。

体育教学中的安全教育工作是一项十分细致复杂的工作，难度大，对教师的安全水平和业务水平要求高，但只要我们努力寻求自我发展，提高业务水平和安全素质，认真重视体育教学中的安全教育工作，立足于改革创新，注意横向抓边、纵向抓到底的原则，就一定能开创学校安全教育的新局面，全面提高体育课堂教学效果，使学生掌握较好的学习方法，把素质教育落到实处，促使学生健康成长。

五、体育器材室管理制度

1. 保管制度

（1）建立器材管理明细账，做好账物相符。

（2）根据器材的性能、形状分类存放，摆放整齐。

（3）注意器材室的通风及防火。

（4）定期检查物品，对易耗品及时办理注销、报废手续。对丢失的物品及时登记，并报告总务主任。

2. 借用制度

（1）体育课上借用器材需由任课教师填写"器材使用单"，并注明日期、节次、器材名称、数量等。

（2）课外活动，学生借用器材要有记载，归还时要检查数量和有无损坏。

（3）学校运动队借用器材要有记载，如有损坏或丢失，根据情况进行批评教育或赔偿，并留记录。

（4）对学校教工借用器材，要履行登记手续，归还时要予以注销。

3. 赔偿制度

（1）教育学生爱护体育器材、设备。对体育器材使用不合理，造成损坏者，要进行批评教育。对有意破坏者，要根据损坏程度进行赔偿。

（2）借用体育器材丢失或损坏者，要根据损坏程度予以一次性赔偿。

（3）外借的体育器材丢失或损坏，应照价赔偿，并进行登记加以说明。

第四节　实验教室、信息教室安全管理制度

学校的实验室是办学的基本条件之一，是保证实施教学大纲，培养学生具有初步的科学实验能力、生产实验技能和开展科技活动的场所。实验室工作是教学工作的重要组成部分，是检验学校工作的一项重要指标。在实验中，要做到既有利于教学，又有利于师生的健康，实验室应该建立健全实验教学管理制度、安全防卫制度等。但是从目前来看，有些学校只注重实验教学，而忽略了安全防卫工作，致使师生中毒等恶性实验事故时有发生。因此，必须加强实验室安全工作。

一、实验室使用规则

（1）实验室是教师和学生进行教学实验和科研实验的场所，一般不做他用。

（2）进入实验室的一切人员，必须遵守实验室的各项规章制度，爱护公物，保持室内安静，严禁吸烟、吃东西、乱抛纸屑杂物、随地吐痰、做饭、住宿，严禁大声喧哗、打闹。

（3）实验室仪器设备器材，应由专人保管，登记建册、卡，实行管理责任制，做到册、卡、物相符。严禁随意搬动、拆卸改装。对违反规定，造成事故者要追究责任，仪器设备需要报废时，按有关规定办理。

（4）实验室仪器设备的存放，必须合乎放置要求，整洁有序，便于检查使用。必须注意防尘、防潮、防震、防冻等，不准存放任何与实验无关的物资，更不能存放个人物品。

（5）实验室的工作人员，要落实岗位责任制，仪器设备做到定期检查、维护保养，出现故障时及时修复，确保仪器设备处于正常状态。

（6）实验仪器设备（包括主机、附件、说明书），工具一般不外借，如实验室之间相互调剂借用，要经实验室负责人批准，管理人员办好手续，方可外借。用完后要及时归还，携出校外或外单位借用时，须经实验室管理处批准。

（7）非实验工作人员到实验室做实验，校内（包括本院、系）须经实验室主任批准，校外人员须经实验室管理处批准，并办理有关手续，按规定收取费用。

（8）实验仪器设备应该按照操作规程正确使用，学生实验未经教师批准，不得连接电源以免接错线路，损坏仪器，如出现事故，要立即查明原因，同时上报实验室管理处实验管理科，填写报告单（包括丢失或其他事故），视情节轻重按有关规定赔偿。

（9）有毒、易燃、易爆药品，使用时要严格审批手续，限制使用数量。

（10）学生实验结束后，由辅导老师检查仪器设备有无损坏等有关情况，教师签字后，方可清理桌面，整理好仪器。应该认真如实填写使用记录。

（11）任何人不准随便配置实验室的钥匙，如因工作需要必须配备钥匙，要经本室负责人批准。

（12）实验室要有定期安全检查制度，明确责任人，做好防盗工作，必备防火器材。最后离开实验室者，要认真检查门、窗、水、电以及室内存放的高压容器等，杜绝安全隐患，确保实验室安全。

二、实验室仪器设备的使用规定

（1）实验室要加强安全防护措施，按照仪器设备的不同性能与要求，分别做好防水、防潮、防尘、防光、防热、防冻、防震、防爆、防锈、防腐蚀的"十防"和安全保卫工作。

（2）对于初次操作使用仪器设备的人员，指导人员必须讲解使用方法和注意事项，并示范操作。未经指导人员允许，不得接通电源或开机启动。

（3）加强仪器设备的维修保养工作，使用仪器设备之前应该仔细检查，用后及时清洗、维护保养。发现失灵、损坏情况时应该及时修复。

（4）校内各单位借用仪器设备，由借用单位出具借条，加盖单位公章，并注明经办人，直接向借出单位洽借，所借仪器设备应该爱护使用，及时归还，若有损坏应该负责修复，并按有关规定办理。

(5) 仪器设备发生损坏、丢窃事故，使用单位（或使用人）应该立即上报实验室管理处。按照学院的相关规定承担责任，同时办理有关销账手续。

(6) 仪器设备由于耐用期满，并确已丧失效能，或自然灾害等原因造成毁坏等情况申请报废的，按学院的相关规定执行。

(7) 对仪器设备、器材以及易耗品（以下简称设备器材）损坏、丢失实行赔偿制度。

(8) 全系各类人员应该自觉地爱护仪器设备，节约器材。

(9) 赔偿界限与处理原则。

①在搬运、保管、使用过程中，因下列原因致使设备器材损坏、丢失的应该负责赔偿责任：

A. 不按技术操作规程而违章操作造成仪器损坏的。未经领导批准，擅自对仪器设备进行拆、卸或改装而使国家财产遗失、损坏的。

B. 不熟悉仪器设备的工作原理、技术性能、操作规程而盲目操作使用造成设备器材损坏的。

C. 实验过程中，不服从指导致使仪器损坏的。

D. 未经领导批准擅自将仪器设备、器材挪作私用、外借等。

E. 管理人员不负责任，在提运保管、领发、调拨、外借工作中，不执行有关规章制度，玩忽职守而造成的设备器材丢失、损坏、锈蚀、变形等。

F. 由于失职被盗、失火、水灾等造成损失，以及其他不遵守规章制度等主观原因造成损失的。

②由于下列情况造成的损失应该加重赔偿，并给予批评或处分：

A. 因欲截留公物，占为己有，谎报损失或借用期满，而无故拖延不归还者。

B. 公物私用，遭受严重损失的。

C. 一贯不爱护设备，不负责任，严重违反操作规程的。

D. 发生事故，未尽最大努力设法挽救损失，事后又隐瞒不报，推诿责任，态度恶劣的。

E. 乱用乱动仪器设备导致损坏，不听劝阻态度蛮横者。

(10) 赔偿计算标准。

①因责任事故造成仪器设备、器材损坏、丢失，按新旧程度合理折旧后的残值计算，使用期在2年以内的，按直接损失部分的原价赔偿，2~5年折旧20%，5~10年折旧40%，10年以上折旧50%。因局部损坏或丢失使仪器设备完全报废者，应按整体原价的50%~100%赔偿。

②对于某些稀缺物品的损坏、丢失则按原价的2~3倍赔偿。

③对于常用工具、低值仪器、照相机、录音机等民用性较强的设备器材，不论公用或配备给私人保管使用的，如丢失、损坏或挪作他人使用的，原则上照价赔偿全部损失。属于藏匿不交者，除原价赔偿外，还要视情节轻重予以处分。

④对损坏的仪器设备，应该尽快修复，对经修复后能达到原仪器性能和精度的可以赔偿修理费，经修理后其性能、精度仍达不到原仪器性能标准的，除负担修理费外，按照原仪器价值的 10%～30% 赔偿。

⑤事故责任者，若不只一人时，需要分清责任大小分别承担赔偿费。

⑥赔偿不仅根据仪器设备、器材的损坏情况以及物品丢失、损坏时的新旧程度和造成的后果等不同情况决定，同时结合赔偿人的态度、事故性质，具体分析，区别对待，对一贯遵守制度爱护设备器材，偶尔疏忽造成损失的，可以减免赔偿；对态度恶劣、情节严重的应该加重处理。

（11）赔偿处理权限：根据物资性质以及损失价值大小，实施管理部门分级负责审批，处理结果报校财产主管部门备查。

①损失价值在 200 元以下的，由实验室提出意见，系审批。

②损失价值在 200～1000 元的，由系提出意见，实验室管理处审批。

③损失价值在 1000 元以上的，由系会同实验室管理处和财务处提出处理意见，报主管领导审批按照上述处理权限审批后，由赔偿人持审批报告，到校财务处交款，凭交款单到实验室管理处办理销账手续。

④确定赔偿金额和偿还日期后，赔偿期限一般不超过半年。如果无故拖延不担责任者，按照学院的有关管理规定处理。

三、录音室、专业实验室、实训室管理制度

录音室、专业实验室、实训室是我系进行现代化教学的主要场所，所装备的仪器设备精度高、价格昂贵、操作复杂、环境要求高。为了保证正常的教学秩序，提高录音室、专业实验室、实训室的利用率，特制定其使用管理制度如下：

（1）录音室、专业实验室、实训室是教学的专用设施，未经批准不得用于其他学科教学、召开会议、聚会、娱乐等活动。

（2）需要使用录音室、专业实验室、实训室的班级，学期初要有计划安排，个别情况或个人使用必须先提出申请，经领导同意后，由主管人员统一安排使用。

（3）录音室、专业实验室、实训室使用者须具备相关的业务知识，并在使用前应认真阅读各仪器设备的说明书和控制台操作说明；认真检查仪器设备的完

好程度，如有问题，及时通知主管人员处理。

（4）使用时，应严格按照指导老师的要求操作，严格遵守仪器设备的操作规范；时刻注意仪器设备运转情况，一旦有故障，应立即报告主管人员处理，并详细说明出现故障的原因；若当时不报告，事后发现时一切责任由当事人负责。

（5）未经同意，不准擅自改动仪器设备的连接线，不准擅自移动或拆卸任何仪器设备，不准擅自把仪器设备拿出室外使用。

（6）使用结束，应按操作程序关闭电源，整理好仪器设备，填写《录音室、专业实验室、实训室使用情况登记表》。

（7）保持教室环境卫生，人人有责，不得随地抛弃废物，不得吸烟或吃零食；在专业实验课上，做实验时必须穿鞋套。

（8）注意上课纪律，不得大声喧哗，学生必须按教师指定的位置就座。

（9）教室卫生坚持日常小扫和定期大扫的制度，小扫由管理员负责，大扫由学校统一安排指定班级打扫。

第五节　教学及校园生活安全管理制度

一、一般教学安全管理

学校安全工作十分重要，它直接影响学校的工作秩序和工作质量，影响平安教育、和谐教育的打造及和谐校园的构建，还将影响社会的安宁与稳定。近年来，教育主管部门十分重视学校的安全工作，检查督导，落实责任，催促整改，大大地强化了师生的安全危机意识。各级各类学校把安全工作实实在在地列入了学校工作的议事日程，将其摆在了与教学工作同等重要的位置上。采取了定制度、作规定、签合同、制预案、多教导、常排查等多种措施，取得了一定的成效。但学校安全工作涉及方方面面，隐患存在于时时刻刻，防不胜防。除有其客观原因外，也还存在着人为的主观原因。如学生踩踏事故，就是由于学生的组织纪律差，缺乏通行常识，在拥挤处不按规则行进，散乱无序，互不礼让而造成。教育对象的特殊性（小学生）决定了学校安全教育工作的特殊性。要搞好学校的安全工作，就要掌握小学生的特点和认知规律，做有针对性的工作，因人制宜，因事制宜。因为不同的家庭，有着不同的教育方式，所以也就有不同的被教育对象。学校在严格按要求搞好常规安全工作的基础上，还应针对学生的特点开展一些有针对性的安全管理和教育活动,以切实抓好学校的安全工作。

二、教师教学安全管理规定

1. 体育教学安全管理规定

（1）体育教师要经常检查体育活动场所的体育器材、运动器械、活动用品，发现不牢固或生锈、风化、腐朽的，要立即上报，及时更换或加固，防止学生在运动中出现伤害事故。

（2）体育运动开始前，教师要先点名，组织学生做好预备动作，避免肌肉、韧带损伤。比较激烈的运动前，要提醒学生事先检查自己兜里有无小刀、钢笔、铅笔等尖利物品，预防学生在运动中出现意外伤害。

（3）严禁组织学生到校外跑步锻炼、开展非学校组织的其他体育活动。

（4）体育课期间，体育教师应时刻在位，不能随意离开学生群体或在另一旁休闲，杜绝让学生自由行动。

（5）在组织学生进行特殊训练的时候，一定要严谨慎重，做好防护措施，确保学生的安全。

（6）体育教师必须加强运动技术指导和安全保护工作，要使学生知道每一项运动动作的技术要领，懂得锻炼和保护的方法以及应注意的事项和可能发生的意外事故。

（7）体育教师要与班主任及学校医务人员密切配合，了解学生的身体状况，对于有病与体弱的学生，必须在医生指导下才能进行适当的体育活动。

（8）体育教师课前要检查器材的安全性，要和其他体育教师合理划分运动场地或设置警示标志，并根据具体情况规定运动秩序和规则。教学中需分组练习的，必须任务明确，组织严密，时间分配合理，交替有序。

2. 课堂教学安全管理规定

（1）上课期间，教师必须严格点名手续，发现学生缺席要及时过问，了解原因和去向。严格按照作息时间上课，不提前放学，不中途离岗，不随意离开教室、会客、抽烟、接打手机或与学生聊天，不能采取放羊式教学。

（2）进行物理、化学、生物实验时，必须严格遵守安全操作规程，按照实验步骤进行教学。

（3）教师看到发生学生、师生纠纷事件时，应积极主动帮助疏导，不能熟视无睹，无所作为。

（4）学校在正常教育教学、组织活动或晚自修时，突发意外的情况，教师应根据现场情况，立即采取灵活有效措施正确处理。

（5）课堂上，如发现学生出现紧急病情，教师应立即把得病的学生送到医务室或附近卫生院（所）并及时报告校长室，第一时间告知家长或监护人。

（6）不能体罚或变相体罚学生，不能把需要进行个别教育的学生叫出教室外罚站，不能把需要补做作业的学生独自留在办公室或教室，不能让身体不适的学生长时间站立回答问题。

三、教学安全管理制度

学校的教学安全工作应由专人负责管理，做好教师请假、教师代课、学生竞赛、考试等教学活动的组织安排工作；班主任、任课老师应加强对学生的安全教育，严格课堂教学管理，确保课堂教学安全。

1. 室内课堂教学

（1）教师要努力提高职业道德水平，关心爱护学生，学习贯彻《未成年人保护法》，依法维护学生的健康成长。

（2）落实"减负"的有关规定，严格控制学生在校时间，学生的作业量、作业时间符合上级有关规定。

（3）各学科在教学中要渗透安全教育，对学生进行交通安全、防火安全、紧急情况下的疏散安全和受到不法侵害时的安全保护等方面的教育。

（4）加强对学生进行心理健康教育，针对小学生的心理特点，帮助学生解除心理障碍，培养良好的意志品质。

（5）要关心爱护学生，严禁体罚、变相体罚学生。

（6）按时上下课，做到不迟到，不早退，不中途离开，不拖堂。如不按时到岗、提前下课以及上课时教师无故离开教室而造成学生伤害事故的教师要负全部责任。

（7）严格执行教学计划，坚持按课表上课，未经教导处同意，不准私自调课。

（8）教师教育学生要讲究方法，不得采用简单粗暴的方法，严禁体罚和变相体罚学生。

（9）在课堂教学中，安全工作实行任课教师负责制和责任追究制。

（10）教师要关心学生出勤情况，做好点名工作，及时了解学生缺课原因，课后与班主任联系。如原因不明，班主任要及时与学生家长取得联系，避免学生出现意外事故，要求教师时刻了解学生的身体情况，对特异性体质、先天性疾病等学生要建立档案，避免在课堂教学中出现意外事故。如遇学生身体不适，及时与班主任或家长联系，妥善处理。

（11）严格检查学生学习用具，不允许带包括削笔刀在内等利器。

（12）上课期间，学生离开课堂必须征得上课老师同意，外出校门需班主任出具手续，门卫方可放行。

（13）学生因事、因病请假，需具备有家长签名的请假条。

（14）上实验课，教师及实验员要切实上好实验课，保证实验课的安全。

①上课教师要严格按教材要求做好实验准备，对所用药品、器材要在课前检查并进行预做，确保药品器材安全有效。不得让过期变质及存在安全隐患的器材药品进入课堂。

②上课教师要认真组织实验课的教学工作，必须做到：课前教师对要做的实验的整个过程能熟练操作；对存在一定安全问题的实验，教师上课时一定要先讲实验要点和安全注意事项以及处理安全事故的必要知识；并对重要操作进行必要的示范和演示；同时对实验的整个过程进行认真指导和全面监控，确保学生安全。

③所有学生必须严格遵守实验室管理制度及操作规程，严格按照操作规程及实验步骤进行。

（15）到专用教室上课，教师必须做好学生组织工作。

2. 室外课（体育课）堂教学

（1）上课铃响前，体育教师必须站在上课场地上等待学生的到来，切实加强责任心，对学生进行必要的安全教育。

（2）合理安排运动量和运动强度，关注体质较弱学生和特异体质学生。

（3）严禁学生上体育课衣服上别胸针、校牌等证章，不佩戴金属或玻璃装饰品及穿皮鞋。

（4）对于因身体原因不能上体育课的学生，对于在教学场地休息、旁观的学生，体育老师要给予关注，不可放任不管；如遇有特殊病因不能到上课场地的，班主任必须做好管理工作，坚决杜绝出现学生脱管的现象。

（5）如果体育课上发生学生呕吐、晕倒、受伤等突发情况，应立即采取处置措施。

（6）教学过程中必须自始至终做好学生的组织工作，保证学生在准备、学习、练习等环节均队列整齐、安全有序，不得出现学生散乱、教师离场等严重违纪行为及安全问题。

(7) 体育组教师要适时对学校的体育设施、器材进行安全检查，若发现不安全因素，要及时以书面形式报告总务处，总务处要及时对体育设备、器材进行维修或更新。

(8) 对上课不及时到岗以及提早下课、提早结束教学任务然后放纵管理而造成学生伤害事故的，任课教师负全部责任。

3. 教学活动

开展学生竞赛、考试等教学活动时要有组织者和具体责任人，要加强教师的防范意识；加强学生的安全教育；要健全意外事故应急处理预案，切实做好安全防范工作。

4. 师生集会、出操、课间活动、外出活动安全管理制度

(1) 学校集会、出操、课间活动、外出活动应由学校专人负责统一指挥，保证集会、出操、课间活动、外出活动的纪律和安全。

(2) 学校集会、做操、课间活动、外出活动应以班为单位，上下楼时不要拥挤，不催促学生快跑，要有教师负责疏散管理，进出会场要有序，严防拥挤踩踏等相关安全责任事故等的发生。

(3) 学校集会、做操、课间活动、外出活动应以班为单位，指定安排座位或站队，由班主任负责，防止学生乱窜，避免意外事故的发生。

(4) 学校师生集会、出操、课间活动、外出活动的组织者必须对集会、出操、外出活动实行全程监控，以防意外事故发生。

(5) 组织师生集会、出操、课间活动、外出活动要制订周密的计划和安全措施；大型集会、外出活动（社会实践、公益活动、义务劳动、运动会等）方案必须经校领导审阅签字同意后方可实施。

(6) 每次集会、出操、课间活动、外出活动的组织者和具体责任人要加强学生的安全教育；要健全意外事故应急处理预案，切实做好安全防范工作。

(7) 集会、出操、课间活动、外出活动的路线、地点，事前应进行实地勘察，确保安全；活动来往的交通工具应符合安全要求；没有组织措施或不具备安全条件的，待符合安全条件后，方可组织实施活动。

(8) 本着"谁主管谁负责""谁组织谁负责"的原则，在活动中实行责任追究制。

四、信息教室管理制度

高效而广泛地使用多媒体教室让更多的人受惠，离不开对多媒体教室各种设

备的高效管理和操作人员的有效培训。管理人员对计算机系统的维护管理，必须做到以下几点。

1. 选择好的防病毒安全软件

在多媒体教室这样特定的电脑上，好的防病毒安全软件的标准是：①病毒库更新快，识别病毒或木马的范围大；②对病毒或木马的灵敏度高；③能设置对病毒或木马的自动化隔离和删除处理。对现在计算机病毒满网飞的今天，一台不安装防病毒安全软件或安装不安全的防病毒安全软件的电脑将很快受病毒或木马攻击而不能很好地使用，从而使多媒体教室的使用效率低下。防病毒安全软件很多，如金山毒霸、江民、瑞星、诺顿、Symantec、卡巴斯基等。

2. 对多媒体教室的计算机系统进行多用户操作

对多媒体教室的计算机系统划分多用户使用，有关教师务必在每学期结束前将下学期所需要安装的应用软件向主管部门提出申请并提供软件，由主管人员统一安装。对各用户的设置都做好了后，就只建立一个管理用户并设置密码保护，其他用户为受限用户，不能安装软件和对计算机设置，从而防止多人使用可能对计算机进行更改，保障了计算机的正常运行。

3. 对有关使用人员，如需要用多媒体教室上课的教师进行上岗前的培训

教师要进行三次以上的培训，生动形象地对使用过程中的操作进行展示，对仍不掌握操作要领的教师到多媒体控制台上现场操作，直到真正弄懂为止，要把操作要领用简洁形象的图形打印出来贴在控制台边上。任何老师上课前要到主管人员那领取钥匙并进行登记，课后及时交回原处，方便其他教师使用。

4. 给学生安排固定的座位

学生来到多媒体教室时多数都很兴奋，也爱找谈得来的同学相邻而坐，这样在上课过程中很容易讲话而影响注意力，降低学习效果，同时还增加授课教师的管理难度。为此，在建成多媒体教室后，要给各个座位用油漆喷上编号，每个学期开学时就根据各个班的学生编上座位表，张贴到各个班上，让学生记住自己在多媒体教室中的座位，减少违纪机会，增强学习效果。

五、校车安全管理制度

2012年4月5日，我国《校车安全管理条例》（以下简称《条例》）公布并实施。从立法过程来看，此次条例的出台体现了三大特点：第一，立法过程迅速。从2011年9月的一系列校车安全事故发生，到《校车安全条例（草案）》《专用校车安全技术条件》和《专用校车学生座椅系统及其车辆固定件的强度》

两项国家强制性标准通过审查，再到《条例》的最终出台只用了 7 个月的时间，可以说是我国立法过程耗时最短的一次。第二，充分考虑和听取了社会各界人士的意见和建议。针对各方面提出的意见，包括公众提出的 7000 余条意见，条例起草部门认真研究，逐条梳理，最终在草案的基础上还作了多处较大的修改，如针对实际中有的地方不顾学生家长的合理诉求，不适当地撤点并校问题增加了规定等。第三，条例的出台充分考虑政策的连续性和各地区之间的差异性，如坚持保障学生就近入学的原则，对确实难以保障就近入学且公共交通不能满足学生上下学需要的农村地区，由县级以上地方政府保障接受义务教育的学生获得校车服务等。《条例》的出台，实际上意味着我国已经开始建立起具有法律约束力的校车安全管理制度，学生上下学集体乘车安全也已经有了法律制度的保障。

（一）校车的管理

此次颁布实施的《条例》的名称比征求意见稿增加了"管理"两字，凸显出该法规的立法目的是通过规定县级以上政府、教育行政部门、公安交管、道路运输等多个部门的法定职责，加强对校车安全的监管。

1. 县级以上政府负全责

《条例》第五条明确规定了县级以上政府负全责，提出"县级以上地方人民政府对本行政区域的校车安全管理工作负总责，统一领导、组织、协调有关部门履行校车安全管理职责"。明确规定这一条是充分考虑到虽然校车属于非营运车辆，但我国的现实情况是教育行政部门仅是学校的业务主管部门，仅能够管理学校、学生，而无管理校车的执法权。综合考虑到校车管理分属不同的政府职能部门，同时由于我国地区差异较大，由县一级的政府统筹管理比较合适。为了加强政府监管，条例第五十六条还同时明确规定："县级以上地方人民政府不依法履行校车安全管理职责，致使本行政区域发生校车安全重大事故的，对负有责任的领导人员和直接责任人员依法给予处分。"

2. 各职能部门责任分担

《条例》第五条规定："县级以上地方人民政府教育、公安、交通运输、安全生产监督管理等有关部门依照本条例以及本级人民政府的规定，履行校车安全管理的相关职责。有关部门应当建立健全校车安全管理信息共享机制。"这一规定除明确教育部门相关指导和监督职责之外，还把具体的资质审核等责任给了交通等相关部门，如交通部门依照条例规定审核校车使用申请和校车驾驶人资格，"公安机关交通管理部门应当加强对校车行驶线路的道路交通秩序管理。遇交通拥堵的，交通警察应当指挥疏导运载学生的校车优先通行"等。对于各职能部门的失责行为，条例第五十七条还明确规定："教育、公安、交通运输、工业和信息化、质量监督检验检疫、安全生产监督管理等有关部门及其工作人员不依法履行校车安全管理职责的，对负有责任的领导人员和直接责任人员依法给予处分。"

3. 省、自治区、直辖市人民政府统筹安排

《条例》规定，"省、自治区、直辖市人民政府应当结合本地区实际情况，制定本条例的实施办法"，同时在条例公布实施后，从各自的实际情况出发，对条例实施的过渡期限作出规定。之所以安排校车管理制度的过渡期限，主要基于三点考虑：其一，校车使用许可、校车驾驶人资格许可制度的建立需要一定的时间；其二，专用小学生校车国家标准实施不久，准用校车的生产难以完全满足需求；其三，各地区筹集购买专用校车的资金，以及对一些不适合专用校车通行的农村道路进行改造等，也需要一个过程。因此，条例第六十二条规定："本条例施行后，用于接送小学生、幼儿的专用校车不能满足需求的，在省级政府规定的过渡期限内，可以使用取得校车标牌的其他载客汽车。"

（二）校车的使用

《条例》对校车的使用有详细、明确的规定。

1. 校车使用的基本原则

此次《条例》明确规定了校车使用的基本原则是在保障就近入学的前提下使用校车。《条例》第三条对此有明确规定："县级以上地方人民政府应当根据本行政区域的学生数量和分布状况等因素，依法制定、调整学校设置规划，保障学生就近入学或者在寄宿制学校入学，减少学生上下学的交通风险。"同时，针对实际中有的地方不顾学生家长的合理诉求，不适当地撤点并校问题，第三条还规定："实施义务教育的学校及其教学点的设置、调整，应当充分听取学生家长等有关方面的意见。"

就近入学原则是义务教育法早就规定的，也是农村义务教育布局一个根本性的指导原则。就近入学原则可以尽量使中小学学生上学不乘车或少乘车，进而从源头上减少学生上下学的交通风险。针对部分农村地区孩子上学普遍比较远，国家曾尝试通过建立寄宿制学校解决问题，但实际情况是小学阶段还是应强调就近入学，不适宜搞寄宿制，这是学生生长发育以及教育规律的要求，因而在寄宿制学校和校车两者的关系上，还是应倡导校车优先。

2. 校车使用的基本范围

公布实施的《条例》与征求意见稿相比缩小了校车使用的覆盖范围。《条例》第三条规定："县级以上地方人民政府应当采取措施，保障接受义务教育的

学生获得校车服务。"依照我国《义务教育法》的相关规定，义务教育不包括学前教育与高中阶段的学习。

对于是否将幼儿校车纳入校车安全管理制度，曾经一度引起争议。面对争议，公布实施的《条例》在制度安排上体现了保障幼儿就近入园和由家长接送为原则的导向，将幼儿校车作为特殊情况在附则中作了规定："县级以上地方人民政府应当合理规划幼儿园布局，方便幼儿就近入园。入园幼儿应当由监护人或者其委托的成年人接送。对确因特殊情况不能由监护人或者其委托的成年人接送，需要使用车辆集中接送的，应当使用按照专用校车国家标准设计和制造的幼儿专用校车，遵守本条例校车安全管理的规定。"之所以这样规定，主要是考虑让没有安全防范和自我保护能力的幼儿每天集体乘坐校车，安全风险太大。

高中生的身体条件和自我保护能力已经与成年人大体相当，上下学需要乘车的，则可以乘坐普通客车，没有必要再纳入校车服务对象范围，这样可以避免校车使用范围过大，脱离实际。

3. 校车使用的基本要求

《条例》明确规定，施行校车使用许可制度学校或者校车服务提供者必须向县级或者设区的市级人民政府教育行政部门提交书面申请和证明其符合校车使用许可的相关要求，未取得校车标牌的车辆不得作为校车使用。同时，条例对校车服务提供者的范围、校车随车照管人员的指派、校车应配备的安全技术装备等也都作了详细的规定。

驾驶人的安全驾驶是保障校车安全的关键。对此，《条例》第二十五条明确规定："机动车驾驶人未取得校车驾驶资格，不得驾驶校车。禁止聘用未取得校车驾驶资格的机动车驾驶人驾驶校车。"鉴于校车乘坐对象的特殊性，《条例》对校车驾驶人规定了比一般车辆驾驶人更为严格的资格条件。在保证校车安全技术状况和校车驾驶人持续符合相关要求的基础上，《条例》还专门规定，"校车应当每半年进行一次机动车安全技术检验"，而"校车驾驶人应当每年接受公安机关交通管理部门的审验"。

为了确保学生乘坐校车安全，《条例》对校车的行驶也有专门规定，第三十五条规定："载有学生的校车在高速公路上行驶的最高时速不得超过80公里，在其他道路上行驶的最高时速不得超过60公里"，"在急弯、陡坡、窄路、窄桥以及冰雪、泥泞的道路上行驶，或者遇有雾、雨、雪、沙尘、冰雹等低能见度气象条件时，最高时速不得超过20公里"。

（三）校车的保障制度

1. 优先发展公共交通

因为未成年的学生集体乘坐校车，交通风险过于集中，一旦发生交通事故，造成大量未成年人伤亡，损失太大。解决这一问题的根本不在于校车是否达到国家安全标准，更重要的是保障校车行驶的道路安全，因此最好的办法是优先发展公共交通，包括发展农村客运班线等，使学生尽可能乘坐公交车上下学。对此《条例》第三条明确规定："县级以上地方政府应当采取措施，发展城市和农村的公共交通，合理规划设置公共交通线路和站点，为需要乘车上下学的学生提供方便。"

2. 校车拥有特殊路权

根据《条例》规定，载有学生的校车享有路上"优先权"，可在公共交通专用车道以及其他禁止社会车辆通行但允许公共交通车辆通行的路段行驶，其他机动车见校车要主动避让，同时，"道路或者交通设施的管理、养护单位，应当按照标准设置校车停靠站点预告标志和校车停靠站点标牌，施画校车停靠站点标线"，保障校车上下学生，在校车停靠站点停靠，"未设校车停靠站点的路段可以在公共交通站台停靠"。《条例》还特别规定，"校车停靠时，校车停靠车道后方和相邻机动车道上的机动车应当停车等待，不得鸣喇叭或者使用灯光催促校车"。

3. 多渠道筹措校车经费

《条例》明确规定："国家建立多渠道筹措校车经费的机制，并通过财政资助、税收优惠、鼓励社会捐赠等方式，按规定支持校车服务。支持校车服务所需的财政资金由中央财政和地方财政分担，具体办法由国务院财政部门制定；支持校车服务的税收优惠办法，依照法律、行政法规规定的税收管理权限制定。"

同时为了保障校车服务的提供，《条例》规定："依法设立的道路旅客运输经营企业、城市公共交通企业，以及根据县级以上地方人民政府规定设立的校车运营单位，可以提供校车服务。"但必须接受县级以上地方人民政府的监管，并由县级以上地方人民政府制定相应的管理办法。《条例》第九条规定，个体经营者在当地政府的组织下也可以提供校车服务。这是考虑到农村校车服务企业较少，采取的符合当地实际情况的措施。个体经营者虽然可以提供校车服务，但也应当严格遵守条例相关规定，不允许擅自提供校车服务，招揽学生。

第六节　学生游戏及运动伤害防治

一、学校安全事故及其隐患现状调查与分析

中国青少年研究中心"中小学生人身伤害的处理与防范"课题,对学校的安全事故及其隐患现状进行调查。在校园伤害中,游戏和运动时受伤的比例最高,"经常"和"偶尔"的有效选择率为53.6%。"由于学校楼梯或其他通道拥挤所导致的事故","经常"和"偶尔"的有效选择率为13.1%。"上实验课时受伤"的有效人数比例是6.0%,其中"因受伤而住过医院"的有效人数比例为5.5%。调查还发现,有41.3%的人选择"上学、放学的时候,学校门口从来没有专门维持交通秩序的人员"(见表2-1)。这说明一些学校的安全管理的措施存在严重漏洞,增加了少年儿童发生安全事故的可能性。

学校安全事故及其隐患的现状调查结果（n=5846）（%）

表2-1　学校事故类型分布比较

调查题目	学生在各选项上选择人数有效百分比				漏答人数百分比
	经常	偶尔	前两项合计	从没有	
玩游戏或运动时受伤	3.9	49.7	53.6	46.4	1.5
上实验课时受伤	0.6	5.4	6.0	94.0	1.8
学校楼梯或其他通道拥挤导致同学受伤	1.0	12.1	13.1	86.9	1.7
上学、放学的时候,学校门口有没有专门维持交通秩序的人员	35.1	23.5	58.6	41.3	1.7
你是否因为在学校受伤而住过医院			(是)5.5	(否)94.5	1.6

注:抽取总人数为5841人。

对370名教师进行调查发现,58.2%反映其所在学校在学生下课或放学时存在通道或楼道狭窄拥挤现象。在回答"你们学校最近两年发生过几起学生在校受伤害事故"时,选择1起到7起的有效人数占47.7%。对245名学生的父母进行调查也表明,58.7%认为孩子的学校经常和偶尔存在通道或楼道狭窄拥挤现象。

对"您孩子所在学校最近两年发生过几起学生在校受伤害事故"这一问题，选择1起到7起的有效人数占46.2%。

这表明，目前在我国存在安全事故及其隐患的学校比率很高，而且，游戏和运动中的少年儿童最容易受到伤害，男生比女生更容易受伤害，需要父母和教育工作者给予特别的关注。

另外，课题组还发现，男生比女生更容易受伤害，城市学生更容易受到伤害。从学校事故的伤害程度看，我们以是否因受伤而住院作为判断的标准。在5678份有效问卷中，有311名（占5.5%）学生曾因在学校受伤而住过医院。这一比率虽然不是太高，但造成的影响确实很大。调查还发现：因在学校受伤而住院的学生人数在年龄上没有明显的差别，但在性别上则有显著的差异，男生因受伤而住院的比例远远高于女生，受伤住院的男生有216人，比例为7.8%，女生有95人，比例为3.3%，达到了非常显著的水平。这一方面说明男生在游戏或运动时受伤的可能性较大，另一方面也说明男生比女生更多参加游戏或运动，因而更易受伤。

而在地区分布上，学校事故发生的频率也有显著的差异。在城市、县镇、乡村三个地域，学校事故发生的比率逐渐降低。在城市，有6%的学生因在校受到伤害而住院，这个比率在县镇是4.3%，在乡村则为3.8%。

这类事故与父母的学历高度相关。学生父母的学历水平越高，学生经常受伤的比例也越高，而从没受过伤的比例就越低。数据显示，当父亲学历从初中及以下、高中或中专，到大专及以上递增时，学生从没受过伤的比例则从51.9%、46.9%、40.0%明显递减。母亲学历与孩子受伤的比例亦是如此，随母亲学历的上升，学生从没受过伤的比例也呈50.5%、46.6%至38.5%的降序排列。可能的解释是，学历较高的父母比较注重孩子参与体育及各种运动，但却在给予孩子足够的安全及健康指导方面还有所欠缺，因而导致孩子更多地受到伤害。

二、游戏伤害预防常识

（1）选择安全的运动场地，不要因为已经有其他人在那里运动，就盲目地跟从。

（2）防患于未然，要穿戴好对于运动项目应有的装备，像是护具、球鞋等。

（3）应根据不同运动场合，准备合适的鞋子，如气垫鞋、慢跑鞋、钉鞋、平底鞋、舞蹈鞋等。

（4）运动前，足够的热身拉筋。

（5）运动时，量力而为，切忌运动过度或好高骛远，在体能状态不佳时，也不要勉强运动。

（6）掌握正确的运动姿势，如网球的挥拍和握拍，跳跃投篮后的着地姿势等。

（7）遵守运动规则，保持体育竞技精神。

（8）保持良好的精神，随时注意周遭环境的变化。

第七节　交通安全管理制度

按不完全统计，进入21世纪以来，我国每年因道路交通事故造成死亡的人数都在10万人左右，在这些惨死车轮的亡魂中，中小学生的比例占20%以上。这些每日数次往返于家庭、学校之间，以步行、自行车为基本交通方式的中小学生，由于涉世浅，判断能力、行为支配能力低和心理生理素质未成熟等特点，极易诱发交通事故。交通事故的后果，不仅直接造成中小学生的人身伤亡，而且使无数个幸福家庭片刻间支离破碎。因此，中小学生发生交通事故的问题已成为一个备受关注的社会问题。

学校是为社会输送合格人才的摇篮和"炼钢厂"，教师是培育祖国"花朵"的"园丁"，学校和老师分别是学生安全的监护机关和监护人，肩负着既要对家长负责又要对社会负责的双重责任。因此，要想提高学生交通安全的自我保护能力，不妨从以下5个方面开展工作。

（1）对学生实行规范性的教育，做到学习与安全教育两不误。学校和老师千万不能在事故发生后才大张旗鼓地查隐患、抓教育、搞整顿、定措施，要时刻绷紧交通安全之弦不放松，做到警钟长鸣。那些好了伤疤忘了痛"一阵风"式的教育不可取，一点也来不得。

（2）聘请交警部门的干警常年担任学校的法制校长，定期对学生进行交通安全知识教育，开阔学生的视野，丰富学生的课外知识，增加学生的学习情趣。

（3）老师本身也要加强交通安全知识的学习，积极做到与时俱进。搞好对学生的教育，首先要提高自己的素质。

（4）建立和完善辖区内的道路交通安全保障机制，形成严密的管理网络，签订好交通安全责任状。

（5）开辟宣传阵地，办好黑板报、墙报及宣传窗，形成良好的教育氛围。

维护校园交通安全，除了要进一步强化学生交通安全知识教育外，更重要的是要严格落实各种交通安全管理制度。

其一，要严格落实学校路口安全值勤工制度。学校要结合本校实际制定并严格执行学校门口及主要交通路口值班制度，要明确职责，安排好人员，实行无缝隙管理，在学生上学和放学的集中时间，必须有师生佩戴袖章值勤，疏导交通，监督学生按交通规则行走，并做好值班记录。

其二，学校要建立并落实学生上学、放学主要路段巡查制度。成立学校道路巡查小组，由分管领导带队，定岗、定人、定责任段，在距学校门口50米路段内实行学校责任管理，安排专人在学生上学、放学高峰期，对学生在路上的交通规则遵守情况进行巡查，对违纪学生及时制止，尽心批评教育，做好相应记录。学校要把路口值勤、路段巡查情况纳入学校全员管理，列入对学生、班级及教师的目标考核，实行一日一统计，一周一通报。在学校门口和学生比较集中的交通路口设置醒目的警示牌，提醒机动车辆注意减速慢行，严禁机动车辆随意出入校园。

其三，学校要加强对学校车辆的监督管理力度。教职工、学生骑自行车要做到"八不准"：不准"飙车""飞车"；不准多车并行；不准勾肩搭背；不准撒把骑车；不准倒骑车；不准在公路上赛车；不准骑车带人；不准在公路上停车玩耍。督促车对学生专用车定期保养，按时季检，不准使用无照司机及车证不符司机。监督学生不乘坐不合格车辆和无合格手续车辆。校园内严禁打闹、追跑，严禁攀爬、围追车辆。

校外单位在学校举行的所有集体活动，主办单位要有专人维持秩序，学校负责监督检查。在活动无安全保障的情况下，学校有权责令活动中止；校内工程施工人员，要求到学校办理登记手续，并定期接受政教处的安全教育。在校内举办较大规模的会议、活动等，涉及外来车辆较多的，由主办单位提前与保卫处联系，以便共同商讨车辆行驶路线和停车地点，必要时保卫处可组织人员协助指挥交通、管理车辆。

其四，严格实行交通安全目标责任制和责任追究制，中、小学校长是第一责任人，学校要根据实际，建立健全具有可操作性的安全工作责任制，任务分解到人，实现学生交通安全工作规范化、制度化，达到预防为主的管理目标。

其五，严格制定和实施交通安全应急预案制度，学生发生交通安全事故的，应立即送医院及时抢救，并责任落实到人。

第八节 饮食卫生管理制度

病从口入,学校食堂就餐人数多,中小学生判断能力差,有些学校食堂存在无卫生许可证、从业人员无健康体检证明、食堂后厨工艺流程不合理、环境卫生差等问题,学校食物中毒事件的发生严重影响学生的身心健康,因此要采取有效措施,加强学校食品卫生工作。教育行政部门和学校领导要以对学生健康高度负责的精神,牢固树立"健康第一"的指导思想,切实加强对学校食品卫生安全工作的领导,完善并落实学校食品卫生安全工作责任制,确保食品卫生安全工作警钟长鸣,常抓不懈。要把学校食品卫生(包括饮水)肠道传染病防控工作作为开学初的重点工作,要按照食品卫生有关法规文件要求,层层落实责任目标,强化管理,特别要落实学校食品卫生安全校长责任制、食物中毒责任追究等各项制度。

学校要以多种形式对广大师生开展食品卫生、预防食物中毒和肠道传染病知识的宣传教育,农村中小学要注意教育学生不喝生水、不摘食野果(菜)、不买街头无证小贩的饮(食)品等,增强学生的自我保护意识和能力。

教育行政部门和学校要强化报告意识。发生学校食物中毒等突发公共卫生事件后,必须按要求立即向当地疾病控制部门报告,并逐级报告上级教育行政部门。对隐瞒实情不上报者,要按照有关规定进行责任追究。

学校应当严格执行《学校食堂与学生集体用餐卫生管理规定》《餐饮业和学生集体用餐配送单位卫生规范》,严格遵守卫生操作规范。建立食堂物资定点采购和索证、登记制度与饭菜留验和记录制度,检查饮用水的卫生安全状况,保障师生饮食卫生安全。学校应当按照国家有关规定配备具有从业资格的专职医务(保健)人员或者兼职卫生保健教师,购置必需的急救器材和药品,保障对学生常见病的治疗,并负责学校传染病疫情及其他突发公共卫生事件的报告。有条件的学校,应当设立卫生(保健)室。

一、学校食堂管理制度

(1)严格执行《食品卫生法》,学校食堂必须取得卫生许可证后方可经营,食品从业人员每年体检一次身体,持有效的健康证和培训合格证后方可上岗,凡有传染病者,坚决予以辞退。

(2) 进入食堂的各种原料，全部实行定点采购，确保食品质量。

(3) 学校领导要经常检查饭菜质量，抓好卫生制度落实，保证学生就餐。严禁闲杂、生人进入食堂。

(4) 餐后要全面清洁打扫，经常保持室内外地板、墙壁、天花板、灶台、案板、饭台、橱柜、餐具、容器清洁，用具摆放有序，防尘、防蝇、防鼠设施齐全，食堂内无鼠、无蝇，食堂周围无垃圾、无污染、无杂物。

(5) 定时做好餐具消毒工作，防止交叉污染；餐具做到一洗二清三消毒四保洁，食品实行"五隔离"，即主食与副食，生与熟，成品与半成品，食品与杂食，食品与鼠药、农药隔离，不得混放；生、熟食刀案及冷荤配餐用具必须分开专用，并设明显标志。

(6) 学校每月都要对食堂管理、环境卫生、个人卫生、后勤服务等工作进行一次全面督导检查，总结经验，查找不足，改进工作。

(7) 按学校作息时间准时开饭，没有特殊原因，不准提前或推迟开饭。

(8) 加强对食品从业人员的教育，经常进行营养、卫生、职业道德和法治纪律教育，努力提高从业人员的政治、业务水平，树立爱岗敬业精神。

二、食堂卫生管理制度

食堂的各种食品、原材料、半成品和成品都很容易腐烂变质，并且每天还要产生大量垃圾和残菜剩饭，管理不善，将会成为细菌大量滋生的场所，作为食堂经营承包者，应从食品卫生、餐具卫生、环境卫生、个人卫生等方面依据国家食品卫生的有关规定制定具体要求，并把各项要求纳入严格的卫生管理制度，尤其要落实到岗位责任制中去，把各项要求纳入严格的卫生管理制度，并把卫生工作作为对食堂各工作岗位考核的重要内容。

（一）食品卫生

(1) 不收、不用、不做不新鲜或已腐烂变质的原料，不吃任何腐烂变质的食品。

(2) 洗涤、整理原料时，污物杂质和废料必须清除干净。

(3) 各种干、鲜原料应按其性质不同有秩序地在贮藏室或冰箱内存放，不随地乱放，以免弄脏污染。

(4) 原料的取用、发放，应本着先进、先出、先用的原则，以防止日久变质。

(5) 存放在冰箱内的食物或半成品，要生熟分开，有腥味的与没有腥味的也应分开存放。

（6）冰箱应经常冲洗，保持清洁干净，随开随关，防止热气侵入。

（7）熟食品、卤菜等应妥善保管，经常检查，以免变质。冬天放在外面，应用洁净白布盖住，夏天放在冰箱里。

（8）剩饭菜应保管在通风冰凉的地方，隔餐隔夜的饭菜要回锅烧透后才能食用。

（9）直接入口食品不得用手直接拿取，包装纸的食品应使用各种工具拿取。

（10）调料器具应加盖，防沾染灰尘。酱油、醋过滤后，再倒入瓶内或调料器具内使用，并要保持洁净。

（11）发现饭菜不新鲜时，应妥善处理，不准分发腐烂变质的菜点，以防食物中毒。

（二）餐具卫生

餐具必须保持清洁卫生，否则会直接影响全校师生员工的身体健康，餐桌上撤下的餐具应分别刷洗消毒。

（1）菜盆、汤盆、盆具、汤碗等用餐后，先将里面的残存物清理干净，加洗洁精洗涤，然后再用清水冲洗，再放入消毒柜内进行消毒，消毒后取出放在餐车上并保持干净，用白布盖好，以防灰尘。

（2）餐具柜和点心柜应经常用洗洁精洗涤干净，餐具摆放整齐，关紧柜门。

（三）环境卫生

（1）周围环境应打扫干净，阴沟要常疏通，泔水桶加盖，废物袋扎口。

（2）积极贯彻除"四害"要求，消灭苍蝇、蚊子、老鼠、蟑螂等害虫，在食堂周围早晚打灭蝇药水，晚上要将食品盖好以防虫咬。

（3）餐厅和各操作间地面保持干净，四壁无尘，窗明地净。

（4）不乱倒垃圾，不乱倒污水。

（5）门窗应有防蝇设施，室内经常保持通风。

（四）个人卫生

（1）常洗澡、理发、刮胡须、剪指甲。

（2）上班前应注重仪表，穿工作服、戴工作帽，做到仪容整洁，不得佩戴首饰上班。

（3）上厕所应脱下工作服，出厕应洗手。

（4）定期检查身体状况，如患有传染性疾病，不应接触食品。

（五）饮食卫生"五四制"

1. 由原料到成品实行"四不制度"
（1）采购员不买腐烂变质的原料。
（2）保管员不收腐烂变质的原料。
（3）厨师不用腐烂变质的原料。
（4）服务员不用腐烂变质的食品。

2. 成品（食品）存放实行"四隔离"
（1）生与熟隔离。
（2）成品与半成品隔离。
（3）食品与杂物、药物隔离。
（4）食品与天然冰隔离。

3. 用餐具实行"四过关"
（1）洗。
（2）刷。
（3）冲。
（4）消毒（蒸汽或开水）。

4. 环境卫生采用"四定"办法
（1）定人。
（2）定物。
（3）定时间。
（4）定质量，划片分工，包干负责。

5. 个人卫生做到"四勤"
（1）勤洗手、剪指甲。
（2）勤洗澡、理发。
（3）勤洗衣服、被褥。
（4）勤换工作服。

三、营养餐管理制度

近年，云南、广西、贵州等地相继曝出与学生营养餐有关的食品安全事件，云南镇雄县木卓乡六井村苍坪小学203名学生食用营养餐后出现身体不适症状、云南宣威市双龙一小的学生在糕点里吃出了鸡毛等，引发社会各界高度关注。学校属于人员密集场所，学生的饮食健康问题很容易演变成为群体性安全问题，尤其是近年来本应该促进学生身体健康发展的营养餐却成为学校安全的突出问题，不能不说是一件极具讽刺意味的事情。虽然营养餐问题，尤其是在西部和农村地区，形成的原因多是资金、人员配置、监管等方面出现问题，但是制度建设和保障缺失是其中更深层次的原因。为了规范营养餐的管理和监督，应当从如下几个方面展开工作。

1. 建立健全营养餐管理各项规章制度

把相关制度与责任人紧密联系，要求其牢牢记住制度，并把制度张贴上墙。学校从营养餐储藏、分发等环节都安排专人负责进行安全监管，营养餐小组每天进行指导和督查，安排对学生营养餐食品进行留样；由专人负责验收入库、出库，由各班班主任进入仓库清点数量签字后，引导本班几位学生领取营养餐，做到依次有序，避免在分发过程中的污染或人为破损；然后由班主任翔实记录学生营养餐实名登记表，及每天开展情况，对发现的问题和存在的问题及时上报给管理人员。学校严格按照供餐餐谱供餐，不存在随意调整工作餐食品个类、供餐食品数量等行为，确保了给学生提供等质、等量、等价的营养食品。营养专干同时要负责有关方案、制度的起草及相关表格的设定，及时搜集上报上级要求的相关信息，对各种资料及时整理，归档保存。

2. 营养餐的从业人员卫生管理制度

从业人员要身体健康，养成良好的个人卫生习惯，做到勤洗手、勤消毒、勤剪指甲。认真、细致、规范地填写《购货凭证》《进货台账》《出库清单》《发入登记表》，各个流程运行顺畅，记载细致，有据可查。

3. 食品配送及卫生监督制度

供应商、营养专干按时签收配送食品，学校注重与配送企业的沟通协调，认真做好食品的接收工作，确保配送食品按时、按质、按量送到学校，配送的营养餐食品新鲜、卫生、清洁，符合国家相关卫生标准，各校储存环境也符合卫生标准。学校安排了专门人员负责食品验收，建立详细的食品入库台账，有验收记录，并注明了名称、数量、配送套餐数据等事项，验收人签名及日期。营养专干对食品卫生、储藏室卫生、营养餐质量等工作进行监督检查，发现问题及时解决。食品贮存干净卫生，做到分类、分架、隔墙、离地存放，并定期检查，及时处理变质或有问题食品。严格按照卫生规范及食品留样制度按时取样，并详细记录留样量、留校时间、留样人员、审核人员等信息。各班主任负责班级营养餐的日常管理，负责食品的发放工作，实名登记就餐学生及数量，营养专干核实人数后由班主任签字按时领取营养餐,并监督学生于第四节课下课前在教室内食用,防止学生弃餐、换餐、留餐,吃不完的食品坚决逐一回收,由专人倒入指定地点,及时处理食品外包装。

4. 在管理流程上,学校要认真组织,规范管理,做到按时分配,及时发放

(1) 验收入库。安排专人负责验收牛奶、鸡蛋、火腿肠、面包、蛋黄派、饼干,对于不合格的食物拒绝签收。并用小黑板设立专门的档目,定期记录营养餐配餐标准和食品数量、价格。

(2) 留样。每天的食品做好留样,确保安全。

(3) 发放。由各班班主任引导,安排本班当天值日生,在班主任进入仓库清点好数量后,引导学生领取营养餐,做到依次有序,避免了在分发过程中的污染或人为破损。仓管员及时收集信息,做好营养餐学生人数统计、营养餐发放登记、学生食用情况、仓库环境记录等工作。

(4) 回收。要求各班对营养餐饮用后进行统一管理,学生饮食完后,将外包装存放于指定的地点,由专人统一回收处理。

(5) 后期管理。要求学校定期、不定期对学生营养改善计划的制度落实情况和营养餐食品发放情况、食品卫生监管情况进行自查,对可能发生的问题要预防,对存在的问题要及时整改并汇报,以确保本项工作安全有序进行。

总之,把好卫生安全关,防止食物中毒是工作的最基本要求和持续正常开展的关键。要因地制宜,针对各个季节的不同特点和容易出现的卫生问题,及时提出有针对性的工作要求,进一步提高学生在校就餐的安全性,提升学校食品安全的管理水平,从而确保营养餐工作的顺利实施。

第九节　校园公共卫生安全管理制度

学校突发公共卫生事件是指在学校内突然发生,造成或可能造成师生员工身体健康严重伤害的传染病疫情、群体性不明原因疾病、群体性异常反应、食物和职业中毒以及其他严重影响师生员工身体健康的公共卫生事件。

一、突发校园公共卫生事件分类

一般来说,突发公共卫生事件可以分为以下四个等级。

（一）特别重大突发公共卫生事件（Ⅰ级）

学校发生的鼠疫、肺炭疽、传染性非典型肺炎、人感染高致病性禽流感病例、群体性不明原因疾病、新传染病以及我国已消灭传染病等达到卫生部确定的特别重大突发公共卫生事件标准的。

（二）重大突发公共卫生事件（Ⅱ级）

（1）学校发生集体食物中毒，一次中毒人数超过100人并出现死亡病例，或出现10例及以上死亡病例。

（2）学校发生鼠疫、肺炭疽、霍乱等传染病病例，发病人数以及疫情波及范围达到省级以上卫生行政部门确定的重大突发公共卫生事件标准。

（3）学校发生传染性非典型肺炎、人感染高致病性禽流感疑似病例。

（4）乙类、丙类传染病在短期内暴发流行，发病人数以及疫情波及范围达到省级以上卫生行政部门确定的重大突发公共卫生事件标准。

（5）发生群体性不明原因疾病，扩散到市以外的学校。

（6）因预防接种或群体性预防服药造成人员死亡。

（7）因学校实验室有毒物（药）品泄露，造成人员急性中毒在50人以上，或者死亡5人以上。

（8）因学校周边环境污染造成的各类急性中毒事件，一次中毒师生人数在50人以上，或死亡5人及以上。

（9）发生在学校的，经省级以上卫生行政部门认定的其他重大突发公共卫生事件。

（三）较大突发公共卫生事件（Ⅲ级）

（1）学校发生集体性食物中毒，一次中毒人数超过100人，或出现死亡病例。

（2）学校发生肺鼠疫、肺炭疽、霍乱等传染病病例，发病人数以及疫情波及范围达到地市级以上卫生行政部门确定的较大突发公共卫生事件标准。

（3）乙类、丙类传染病在短期内暴发流行，疫情局限在市域内的学校，发病人数达到地市级以上卫生行政部门确定的较大突发公共卫生事件标准。

（4）在一个市域内的学校发现群体性不明原因疾病。

（5）发生在学校的因预防接种或预防性服药造成的群体性心因性反应或不良反应。

（6）因学校实验室有毒物（药）品泄漏，造成人员急性中毒，一次中毒人数在 10~49 人，或死亡 4 人以下。

（7）因学校周边环境污染造成的急性中毒事件，一次中毒师生人数在 10~49 人，或死亡 4 人以下。

（8）发生在学校的，经地市级以上卫生行政部门认定的其他较大突发公共卫生事件。

（四）一般突发公共卫生事件（Ⅳ级）

（1）学校集体性食物中毒，一次中毒人数 30~99 人，无死亡病例。

（2）学校发生鼠疫、霍乱病例，发病人数以及疫情波及范围达到县级以上卫生行政部门确定的一般突发公共卫生事件标准。

（3）因学校实验室有毒物（药）品泄露，造成人员急性中毒，一次中毒人数在 9 人以下，无死亡病例。

（4）因学校周边环境污染造成的急性中毒事件，一次中毒师生人数在 9 人以下，无死亡病例。

（5）发生在学校的，经市级以上卫生行政部门认定的其他一般突发公共卫生事件。

（6）鉴于学校公共卫生事件涉及青少年身体健康和安全，社会关注度较高，未达到一般突发公共卫生事件标准的公共卫生事件，均按照一般突发公共卫生事件进行应急反应。

二、学校职责

根据《中华人民共和国传染病防治法》《中华人民共和国食品卫生法》《突发公共卫生事件应急条例》等法律法规，学校日常应当做到：①宣传普及突发公共卫生事件防治知识，提高全体师生员工的防范意识和校园公共卫生水平，加强日常检测，发现病例及时采取有效的预防与控制措施，迅速切断传播途径，控制疫情的传播和蔓延；②严格执行国家有关法律法规，对突发公共卫生事件的预防、疫情报告、控制和救治工作实行依法管理。在市教育局、卫生局的统一领导下，成立学校突发公共卫生事件防治领导小组，落实校内突发公共卫生事件的防治工作；③建立预警和医疗救治快速反应机制，强化人力、物力、财力的储备，增强应急处理能力，做到早发现、早报告、早隔离、早治疗。

学校成立由校长负责的学校突发公共卫生事件工作领导小组，具体负责落实学校的突发事件防治工作。主要职责如下：

（1）根据当地政府和教育行政主管部门的突发公共卫生事件防治应急预案

制定本校的突发事件应急预案。

（2）建立健全突发事件防治责任制，检查、督促学校各部门各项突发事件防治措施落实情况。

（3）广泛深入地开展突发公共卫生事件的宣传教育活动，普及突发事件防治知识，提高师生员工的科学防病能力。

（4）建立学生缺课登记制度和传染病流行期间的晨检制度，及时掌握师生的身体状况，发现突发公共卫生事件早期表现的师生，应及时督促其到医院就诊，做到早发现、早报告、早隔离、早治疗。

（5）开展校园环境整治和爱国卫生运动，加强后勤基础设施建设，努力改善卫生条件，保证学校教室、宿舍、食堂、厕所及其他公共场所的清洁卫生。

（6）确保学生喝上安全饮用水，吃上放心饭菜。

（7）及时向当地疾病预防控制部门和上级教育行政主管部门汇报学校的突发公共卫生事件的发生情况，并积极配合卫生部门做好对病人和密切接触者的隔离消毒、食物留存等工作。

三、学校突发公共卫生事件信息报告

（1）严格执行学校重大公共卫生报告程序，学校一旦发生集体性食物中毒、甲类传染病病例、乙类传染病暴发以及其他突发卫生事件时，相关知情教师或部门应立即向学校医务室报告，学校医务室在第一时间向学校突发公共卫生事件领导小组报告，学校突发公共卫生事件领导小组应在2小时内用书面传真形式（或电话）向市教育局报告，并同时向市疾病预防控制中心报告（集体食物中毒事件向区卫生监督所报告）。

（2）任何部门和个人不得隐瞒、缓报、谎报突发事件。

（3）在学校传染病暴发、流行期间，对疫情实行日报告制度和零报告制度，并确保信息畅通。

四、应急处置措施

（一）一般突发公共卫生事件（Ⅳ级）的应急反应

（1）一般突发公共卫生事件发生后，现场的教职员工应立即将有关情况通知学校突发公共卫生事件责任报告人及学校领导。学校领导接到报告后，必须立即赶赴现场组织实施以下应急措施：将有关情况报告当地教育、卫生行政部门；

通知本校司机或拨打120急救电话，对中毒或患病人员进行救治；追回已出售的可疑食品或物品，或通知有关人员停止食用可疑中毒食品、停止使用可疑的中毒物品。

（2）停止出售和封存剩余可疑的中毒食品和物品；控制或切断可疑水源。

（3）与中毒或患病人员家长、家属进行联系，通报情况，做好思想工作，稳定其情绪。

（4）积极配合卫生部门封锁和保护事发现场，对中毒食品、物品等取样留验，对相关场所、人员进行致病因素的排查，对中毒现场、可疑污染区进行消毒和处理，对与鼠疫、肺炭疽、霍乱、传染性非典型肺炎病人有密切接触者实施相应的隔离措施；或配合公安部门进行现场取样，开展侦察工作。

（5）对学校不能解决的问题及时报告主管部门和教育、卫生行政部门以及当地政府，并请求支持和帮助；在学校适当的范围通报突发公共卫生事件的基本情况以及采取的措施，稳定师生员工情绪，并开展相应的卫生宣传教育工作，提高师生员工的预防与自我保护意识。

（6）严格执行进出入校门的管理制度。

（二）较大突发公共卫生事件（Ⅲ级）的应急反应

除按照一般突发公共卫生事件的应急反应要求，组织实施应急措施以外，还应按照当地政府和上级教育、卫生行政部门的统一部署，落实其他相应的应急措施。

（三）重大突发公共卫生事件（Ⅱ级）的应急反应

除按照较重突发公共卫生事件的应急反应要求，组织实施相应的应急措施以外，应在当地政府的统一指挥下，按照要求认真履行职责，落实有关控制措施；信息报告人每天应按照要求向上级教育行政部门进行突发公共卫生事件的信息进程报告。

（四）特别重大突发公共卫生事件（Ⅰ级）的应急反应

除按照严重突发公共卫生事件的应急反应要求，组织实施相应的应急措施以外，信息报告人每天应按照要求向上级教育行政部门进行突发公共卫生事件的信息进程报告。

五、应急保障

学校要安排必要的经费，用于增添相关设备，配备所需药品，改善学校卫生基础设施和条件，尤其是改善学生食堂、厕所、宿舍卫生条件，为学生提供安全卫生的饮用水和洗漱设施，在人力、物力、财力方面给予充分的保障，确保学校公共卫生防控措施的落实。

六、善后与恢复工作

突发公共卫生事件应急处置完成后，工作重点应马上转向善后与恢复行动，争取在最短时间内恢复学校正常教学和生活秩序。

（1）会同有关部门对所发生的突发公共卫生事件进行调查，并根据调查结果，对导致事件发生的有关责任人和责任单位，依法追究责任。

（2）根据突发公共卫生事件的性质及相关单位和人员的责任，学校和教育行政部门应认真做好或积极协调有关部门做好受害人员的善后工作。

（3）对突发事件反映出的相关问题、存在的卫生隐患问题及有关部门提出的意见进行整改。加强经常性的宣传教育，防止突发事件的发生。

（4）尽快恢复学校正常教学秩序。对因传染病流行而致暂时集体停课的，必须对教室、阅览室、食堂、厕所等场所进行彻底清扫消毒后，方能复课；因传染病暂时停学的学生，必须在恢复健康，并经有关卫生部门确定没有传染性后方可复学；因水源污染造成传染病流行的学校，其水源必须经卫生部门检测合格后，方可重新启用。

七、责任追究

学校有关部门对所发生的突发公共卫生事件进行调查，并根据调查结果，对导致事件发生的有关责任人和责任单位，依法追究责任。对在学校突发公共卫生事件的预防、报告、调查、控制和处理过程中，有玩忽职守、失职、渎职等行为的，依据有关法律法规追究有关责任人的责任。

第十节　校园暴力

近年来，校园暴力事件层出不穷，日益猖獗，使许多学校正常的教学秩序受到严重影响，引起家长的担忧和社会各界的广泛关注。鉴于校园暴力事件层出不穷，因而如何对其有效加以防治，已成为摆在我们面前的一道难题。

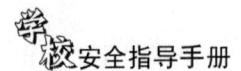

一、校园暴力的概念

校园暴力是发生在校园内外,施加于学校成员的能导致身体和心理伤害的行为,它包括学生与学生之间、教师与学生之间、教师与教师之间以及学生与校外人员之间的暴力行为。近年来,无论是国外还是国内,校园暴力都呈上升蔓延之势,它严重地干扰了学校正常的教学秩序,给学生的生理和心理带来严重伤害,也影响了学生家长正常的工作和生活,危害性较大。如何深层次地分析校园暴力成因,在此基础上采取相应措施加以防治已成为了各级政府、教育行政部门、公安机关和学校关注的焦点。

校园暴力作为一种严峻的社会现象,它的产生有多方面、多层次的原因。唯物辩证法认为,事物内部都必然存在着矛盾,事物的发展是由内因和外因相互作用的结果,外因通过内因而起作用。因此,笔者认为,校园暴力也同样是校园暴力的主体原因和外部原因所造成的。

二、校园暴力的类型

校园暴力指发生在校园内,由老师、同学和校外人员针对学生身体和精神实施的达到某种严重程度的侵害行为。如学生之间打架造成对方身体损害,某一个同学叫另一个同学的绰号,或者是以某个同学有身体缺陷而讥笑和讽刺该同学,造成该同学精神损害等。校园暴力的类型,主要有以下六类。

(1) 本校或其他学校高年级的学生殴打低年级学生。
(2) 校外青年殴打在校的学生(如找亲戚、找朋友教训在校学生)。
(3) 某些学生的家长因为学生之间的纠纷而到学校殴打其他学生。
(4) 老师体罚或者变相体罚学生。
(5) 校内外高年级的学生以及社会青年抢劫、勒索学生钱财,使学生不只是损失钱财而且心理受到极大伤害。
(6) 同年级甚至同班同学之间的斗殴。

三、校园暴力的特点

(1) 据调查的资料表明,我国绝大多数的学校都存在校园暴力的现象,现在,校园暴力的范围涉及大学、中学及小学校园。近几年,学生之间的暴力事件有向凶暴的倾向发展,同学之间的互相打架斗殴发展到集体打架斗殴、凶器伤人,甚至致人死亡。

(2) 校园暴力的施暴地点多在空教室、体育馆、楼梯间、厕所内、运动场或其他视角上的偏僻处，而且多在上学和放学时发生。

(3) 施暴学生的特点，好出风头，以自己为中心，缺乏忍耐性，性格暴躁，动不动以打人相威胁，承受挫折能力较低，如马加爵15岁想杀死父亲，有暴力倾向；他来自广西农村，家境比较贫困，常常一天只吃一顿饭，被同学讥笑，自卑感严重从而产生报复同学的念头。

四、校园暴力的主体原因

校园暴力的主体主要是学生和教职工。而人的潜在本能——攻击性是校园暴力的渊源，正如弗洛伊德所说：人是受一种天生的力量驱使而做出破坏性举动的。作为青少年学生来说，他们的心理极不成熟、不稳定，有较大的可塑性。因此一些心理不健康、法制观念淡薄的学生，在社会上受到各种腐朽思想的影响后，一旦得不到良好教育和及时引导，极易诱发其内心私欲的膨胀，对他人施暴。同样对于部分校园暴力的受害者来说，为了自身的安全，不得不采取"以暴制暴"的方法，走上违法犯罪道路。这也如韩国青少年问题专家所分析的那样："青少年暴力犯罪的一个重要特点是一个人在多次受害之后往往具有行凶的倾向，许多行凶者都是从受害经历中学会对他人施暴的，因此，行凶者与受害者是在同一环境产生的，又是在同一环境中成长的。"鉴于此，校园暴力如不正确地引导和防治，往往会造成一种恶性循环。作为人类灵魂的工程师——教师来说，随着社会转型的逐步深化，各种不同思想和文化观念的冲击也会造成某些教职工道德防线的崩溃、法律观念的退化和心理疾病。据北京师范大学心理健康与教育研究所对辽宁省14个地区168个城乡中学的2292名教员调查结果表明：51.123%的教师有心理问题，31.128%的教师有轻度心理障碍，16.156%的教师有中度心理障碍，21.49%的教师有心理疾病。正因如此，少数教师对学生不是以人为本，而是以传统的师道尊严为准，要求学生绝对服从自己的管教，甚至个别素质低下的教师对学生不是循循教导，而是以打骂讽刺、挖苦或形形色色的体罚替代教育，致使某些学生身心受到严重伤害。在这种情况下，由于教师的打骂，极易引起学生的反击，这也是诱发校园暴力的原因之一。当然，也同样存在道德品质恶劣的学生对教师的真诚批评教育怀恨在心，对教师实施暴力，动手殴打甚至杀害教师的情况。

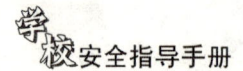

五、引发校园暴力的外部原因

校园暴力的产生除主体原因以外，还存在政府、学校、家庭和社会环境等外部原因，并且这些外部原因都不同程度地通过主体在起作用，诱发校园暴力的发生。

1. 政府教育资源配置不合理，校园安全立法不完善

目前，政府教育资源配置不合理是我国暴力产生的原因之一。在现实生活中，中小学生择校现象比较普遍和突出，一些优秀的生源和教师资源相对集中于"名牌"学校，而部分素质较差的学生也相对集中到较差的学校。习惯上所称的"差生"作为一个弱势群体，在学校内得不到恰当的引导，从而产生自卑感和厌学情绪，当矛盾激化而得不到正确处理时就可能导致校园暴力的发生。虽然我国目前针对教育已经制定和颁布了《中华人民共和国教育法》《中华人民共和国教师法》《未成年人保护法》等法律法规，但是，这些法律法规内容过于原则，操作性不强。对防治校园暴力的责任不明确，使施暴者得不到及时惩处，受害者得不到及时救济。特别是对尚未构成刑事犯罪的校园暴力预防乏力，对校园暴力的管理似乎教育、公安、共青团、社区等社会各方面力量都在管，但由于主管者不明确，实际上的防治工作尚未形成合力。

2. 学校教育重智育轻德育，造成学生流失

学校是学生活动的主要场所，学生的道德养成、人格净化、知识积累与学校教育密切相关。由于我国教育经费投入不足，中小学生教育仍是以应试教育为主，这难免使不少学校重智育轻德育，片面追求升学率，而忽视了对学生德、智、体、美、劳的全面素质教育。部分学校对学生违纪事件简单地求助于行政处分，滥用"劝退""勒令退学"等手段，随便开除学生，将矛盾推向社会，促使本应接受学校教育的青少年成为社会上违法犯罪的"后备军"。同时，目前我国的学校一贯"以教师为中心，以书本为中心，以课堂为中心，以成绩为中心"的教学方式，往往引起受教育者的反感。"填鸭式"的灌输教育，尤其是政治、道德类的教育，不能说没有奏效，但实践证明效果欠佳。教学以课本为中心，内容单一枯燥，使学生容易产生厌学情绪，结果导致逃学、退学、流失等现象。有些学校则单纯以学习成绩划分快班和慢班、"优学生"和"劣学生"，结果会在劣学生中出现较高的犯罪率。

3. 家庭教育不良造成学生人格异化

家庭是人生的第一课堂，是未成年人社会化的首要场所。一个人性格与行为

的养成，大多受家庭的影响，家庭结构不完善、家庭关系不和谐、家庭教育不科学、家庭氛围不正常、家长行为不端正、家庭周边环境不健康对未成年人的影响是逐渐渗透和根深蒂固的。如果青少年的家庭遭受到破坏，如父母离异或死亡，就会使孩子过早地失去家庭的温暖，造成孩子的心灵创伤，甚至容易造成变态心理。研究表明，家庭破裂和缺乏父母的监督和关爱是导致青少年反社会行为，包括暴力的一个重要因素。

家庭教育是一种特殊的社会教育，对人的发展有着深刻的影响。根据中国科学院心理研究所对北京市1800名家长历时3年的调查，发现三分之二的家庭教育方式是不当的。对孩子缺乏关爱和温暖极易造成孩子将来的反叛性和攻击性；家庭对孩子无限度的宽容、溺爱或纵容会使孩子的不良习气愈演愈烈；家庭采取压制的方法，如体罚或其他激烈的行为会加重孩子的攻击性，正所谓"暴力引发暴力"，这些不良家庭因素都是诱发校园暴力的重要原因。

4. 社会不良风气和环境的影响

校园不是孤立的，学生不是静止的，外界环境的客观存在对学校和学生无时无刻不在产生影响，这是无法规避的。当今社会的功利主义和享乐主义风气、伦理道德被轻视、社会生活经常出现以暴力解决问题的行为方式，青少年学生在不知不觉中受到熏陶，造成负面影响。越来越多的娱乐场所，如歌厅、舞厅和游戏机室影响着青少年的学习和生活。不良媒体的影响也不容忽视，凶杀、暴力的书刊、影视片充斥校园内外，起着潜移默化的作用。从对校园施暴者的调查中发现：他们所实施的暴力行为来自影视中的模仿。许多犯罪学家也认为，暴力行为是社会学习的结果。据美国精神健康研究所资助的一项对电视与社会关系的文献研究表明："电视暴力确实导致了观看此类电视的少年儿童的攻击性行为。"从相关程度的大小来说，电视暴力与攻击性行为之间的关系，与其他所测量的行为变量之间关系一样，相关性很强。由于大众传媒尤其是电视中的暴力模糊了真实世界的界限，青少年学生也同样以暴力的方式来思考校园中的人际关系及所遇事情，由此助长了校园暴力行为。

六、学校防治校园暴力的对策

当前学校教育体制和教师管理体制存在的诸多弊端是校园暴力得以产生的重要原因。具体而言：一是教育模式的明显功利性倾向，使得无论学生还是教师都面临巨大压力。当这种压力达到个体无法承受的程度，其极端的宣泄方式就是暴力。二是教育内容上的偏失，即只重智育，而轻德育、法制教育和性教育的做法，给了诸多校园施暴者以可乘之机。三是教师权威的传统在相当程度上阻碍了师生间良好的人际互动，为师生间的暴力冲突埋下了隐患；而矫枉过正又助长了学生的嚣张气焰，致使校园暴力不断升级。四是教师队伍建设中存在的漏洞也是禽兽教师案频发的原因。由此出发，笔者认为，学校在防治校园暴力方面是大有作为的。

1. 要不断深化教育体制改革，全面推进素质教育

事实表明，有暴力倾向的同学大多学业欠佳，自我放弃，无法在升学为先的校园中得到满足与重视，而老师迫于升学的压力也缺少时间与之沟通，培养良性的师生关系，因此要从根本上改变这种状况，首要的就是要改变当前片面追求升学率的教育模式。各级学校应当严格执行新时期党的教育方针，实行素质教育，根据各年龄阶段学生的特点，将德育、智育、体育、美育、劳育有机地结合起来，综合评定学生的素质，改变过去优待好生、歧视差生的做法，从而减少同学之间以及同学与老师之间的敌视情绪。

2. 要加强对在校学生的法制教育和思想道德教育，增强其遵纪守法的观念

校园暴力严重触犯刑法的，有可能构成犯罪，但如果学生法制观念淡薄、愚昧无知、一味屈从，就会助长校园暴力，使施暴者屡屡得手。因此学校应当将法制教育，特别是预防犯罪的教育纳入学校的教育内容，使学生明白校园暴力的巨大危害和实施者应承担的相应责任。为了防止空洞的说教，学校还可以通过以案说法、法庭旁听、参观少管所等多种形式有效教育学生。此外，对学生的思想道德教育也不可忽视。因为并不是懂法就不会犯罪，法制观念不过是道德观念的最低底线，而校园暴力的发生，往往具有突发性，因此，学校还应对学生进行中华民族传统美德的教育，培养其恻隐之心、仁爱之心、宽容之心，教育学生热爱生命并尊重他人的生命价值，从而使学生对暴力的危害有全新的认识，自觉约束自己的暴力冲动。

3. 要加强对学生心理素质的教育，及时对学生进行青春期教育

由于在校学生的生理、心理处于迅速发展和变化的时期，其生理和心理上的特点具有一定特殊性，因此在防范校园暴力的策略中必须特别加以注意。具体而言，一是要通过教育克服学生中存在的逞能、好胜、霸道、急躁心理，在民主平等的基础上加强与之开展交流，使其紧张、不满等情绪及时得到疏解；二是对已有暴力倾向的学生要及时进行心理辅导和治疗，促进其人格正常化，防止因小事而引发暴力案件；三是对学生加强性知识的基本教育，一方面减少学生因好奇而实施性犯罪的可能，另一方面也增强学生的自我防护能力。

4. 要适当弱化教师权威的观念，尊重学生的教育主体地位

日本学者山崎森肯将被害教师分为三种类型：第一种为严苛型的教师，特征为刻板无通融性，唠叨、琐碎、喜欢挑毛病，对犯小过错之学生亦不放过，惩戒方式过于严苛。第二种为歧视型的教师，特征为对条件不佳的学生易冷嘲热讽。第三种为过度放纵学生，或是过度体罚学生等其他型教师。这三类被害教师的共同之处即在于没有树立正确的学生主体思想，死守教师权威观念，以至于教育方式不当，激发学生的暴力抵触情绪。因此，为了从外部减少诱发校园暴力的因素，教师必须转变教育观念，加强师生间的人际互动。

5. 要加强教师队伍建设和管理，注重提高教师自身素质

具体而言，在师资培训过程中，应增加人际关系的处理、师生冲突的解决等有关课程，使老师在管教学生问题上能够灵活运用有关技巧，避免矛盾的白热化；在教师考核过程中，应将各项工作落到实处，不符合教师任职资格的人绝不能让其滥竽充数；在日常教学过程中，如果个别老师利用"师道尊严"而对善良的学生施暴，对于这类暗藏在校园内的定时炸弹，应及时予以批评教育，情节严重的，应坚决剥夺其教师资格。

6. 为了维护广大在校师生的合法权益，增强其安全感，对于实施了校园暴行的少数师生，还应适当运用惩罚措施

该处分的要处分，该送工读学校的应送工读学校，让施暴者知晓实施校园暴行是要付出高昂代价的，以此也警戒可能实施校园暴行的人，使其抑制暴行的意念。

7. 更新学校教育理念，加大学校防治力度

学校作为教育系统工程的重要阵地，自然是预防违法犯罪的重要防线。

首先，学校必须更新"智者至上"的传统教育观念，加强德育。江泽民曾指出："教育是一个系统工程，要不断提高教育质量和教育水平，不仅要切实加强对学生的文化知识教育，而且要切实加强学生的思想政治教育、品德教育、纪律教育、法律教育。"因此学校应注重德、智、体、美、劳等全面发展，通过多种形式有计划地加强对学生的思想教育、理想教育、道德教育、集体主义教育以及青春期教育，尤其是学校应当将这些教学内容归入教学计划当中。

其次，学校应加大法制教育的力度，实行法制教育的制度化、经常化。学校的法制教育是增强未成年人的法制观念的重要手段，通过法制教育使未成年人懂得违法犯罪对个人、家庭、社会造成的危害，违法犯罪行为应当承担的法律责任，从而树立遵纪守法和防范违法犯罪的意识。要注重法制教育形式的灵活多样，丰富多彩，理论联系实际，提高学生明辨是非的能力和自我保护意识；要通

过学校加强各部门的协调配合，以期形成社会、学校、家庭对学生法制教育齐抓共管的局面。

再次，学校应组织丰富的课外活动，加强学校与家庭的联系。学校应当充分意识到课外活动的重要性，要积极发挥共青团、少先队的作用，组织开展丰富的课外活动，如参观各类教育基地、历史博物馆、举办知识竞赛、演讲比赛等，把精力充沛的学生的情趣引导到健康向上的轨道上来，防止学生结交不良伙伴或外出寻求刺激而迈向违法犯罪之路。学校应建立与家长联系沟通的机制，规定"家长联系日"家访等制度，定期与家长联系，及时了解每个学生在家庭的情况，及早发现学生的偏差行为和采取相应的教育措施，使学校教育和家庭教育形成合力。

最后，整顿校园内外秩序，优化教书育人环境。净化校园环境、整顿校园内外秩序，政府应予大力支持，据新华社报道，2001年4月15日，美国时任总统克林顿宣布：联邦政府将拨出112亿美元专款，用于防止校园暴力犯罪案件的发生。中国政府财政上拨专款用于防治校园犯罪确实不易，但可以采取一系列行政手段来达到相同的目的。如公安机关可组织和协助学校建立完善安全保卫组织和管理制度体系、宣传教育体系，校园安全的基础设施建设，着重抓好校内的暂住人口和流动人口管理，整顿校园周边的书摊、歌舞厅、网吧、电游室等娱乐场所，扫除黄、赌、毒等丑恶现象，力争将校园暴力违法犯罪的诱因降低到最低限度。

总之，校园暴力问题是一个社会的违法犯罪现象。它的出现，有多层次、多方面的原因，反映了一个国家社会机制运转过程多方面存在的问题。因此，要防范和控制校园暴力，要从各方面来进行综合治理，特别要改善社会环境、学校环境和家庭环境对青少年不利的影响。

七、学校防治校园暴力管理制度

预防校园暴力的发生，学校要充分利用教育和信息宣传等优势，通过张贴、电视、广播、学生会、青年志愿者协会及其他手段和途径实施宣传攻势，并教育学生如何利用线索、奖赏制度、监视系统、匿名电话等举报方式，通过激发学生举报，可以有效预防校园暴力事件的发生；同时，学校应积极开设法制教育等课程，聘请法制教导员、法官、家长、警察、心理专家等对学生进行经常的演讲、授课，努力培养学生的法律意识，使学生明白通过法律维护自己合法权益和利用法律解决矛盾冲突的道理，并自觉遵守法律、法规，做一个守法的公民。

（一）校园暴力事件的处置原则

校园暴力事件发生后，学校要及时处理，在第一时间向上级有关部门汇报的同时，要做好以下五方面的工作。

（1）要保证师生的生命权，保护师生的身体健康。有伤的要马上送医院，并迅速通知有关学生的家长，共同协商解决。

（2）要及时调查，公平处理。校园暴力事件发生后，要马上组织人手，一边平息事态，稳定当事双方的情绪，一边调查事件的起因和经过。

（3）要进一步抓好受伤害师生的安抚工作，帮助施暴学生认识错误、改正错误，认真做好其他学生的教育和警示工作，达到处置一例、教育一片的目的。

（4）要举一反三，进一步强化学校的安全防范措施和应急处置措施，将校园暴力事件消灭在萌芽状态。

（5）若发生触犯治安处罚条例和刑律的校园暴力事件，要坚决依法处理。

（二）分工明确，各部门相互配合

1. 工会

（1）及时了解教师队伍情况、动态，做好教师队伍维稳工作。

（2）指导建立家长"护校队"，实行家校联动，共护校园安全。

2. 教导处

（1）负责教学安全工作。

（2）负责学校大型集会安全。

3. 后勤处

（1）负责学校防盗巡逻守卫、门卫值班安排与督查。

（2）负责学校设施安全隐患的排查和整改。

（3）负责学生食品、饮水饮奶卫生安全工作。

（4）负责学校安全监管设施设备的建管工作。

（5）负责学生意外伤害事故的善后处理工作。

（6）负责与交警、公安、办事处等相关部门的联系，解决学校安全工作遇到的困难和问题。

4. 办公室

（1）配合做好学校安全宣传、安全教育工作。

（2）负责组织、安排各年级组教师值日。

5. 政教处、少先队部、学生会、团支部

（1）负责学生的安全教育和安全行为习惯养成，有针对性地开展学生安全教育、应急演练活动，提高师生的自救自护能力。

（2）负责督促各年级、各班级排好放学路队。

（3）采取措施杜绝学生提前到校现象。

（4）组织少先队干部上学放学期间协助值日行政、值日教师和门卫劝阻学生家长进入校园。

6. 值日行政

（1）当日学生安全直接责任人。

（2）巡查校园安全情况，发现问题及时处理或协助学校有关部门进行处理。

（3）督查教师值日到岗情况。

（4）上学放学期间组织、带领值日教师在校门口帮助门卫维持秩序、劝阻学生家长进入校园、劝阻机动车辆进出校园。

7. 督导员

（1）督查值日行政、值日老师到岗情况。

（2）督查《防校园暴力实施方案》执行情况，对因工作敷衍、应付、失职、渎职和违规违纪等行为造成的责任事故进行调查处理。

（3）牵头组织教导处、后勤处、政教处进行静校工作，防止因超过静校时间滞留学生在校而引发学生意外伤害事故。

（三）具体措施

1. 加强学校门卫值班管理

学校增加一位保安人员加强校园值班巡逻。进一步完善门卫岗位职责和考核制度，严格执行各项规章制度，严格落实外来人员准入登记制度，严防来历不明人员进入校园，严禁外来车辆进入校园（由后勤处负责）。

2. 加强学生接送管理

学生放学要排好路队有序离校，低年级班主任应护送学生过马路；要教育学生严格遵守作息时间，并联系家长，避免学生提前到校、在校门口大量聚集；大队部学生干部加强对学生课间活动的督促管理，规定中午学生到校时间（由政教处负责）。禁止家长进入校园接送学生；幼儿园幼儿家长接送幼儿必须一人一卡、规定时间、凭卡按时接送，不得提前进入校园接送幼儿；特殊情况需要提前进入校园接送学生、幼儿的，应与教师或幼儿园联系，将学生或幼儿护送到学校门口交给家长（教导处、政教处、幼儿园负责）。

3. 强化静校制度

学校下午4：10放学，5：00前各班主任必须组织本班全体学生离开学校，任何人不得以任何理由滞留学生在校，防止因学生超过静校时间滞留在校而引发的意外伤害事故（由督导员牵头组织，教导处、后勤处、政教处负责）。

4. 建立值日教师校园值日巡逻制度

值日行政要坚守岗位，认真履行职责，认真填写值日安全情况；组织、带领值日教师进行校园巡逻，巡逻时要佩戴袖章，遇到异常情况或可疑人员要迅速报告、果断处置；上学放学时段值日行政要组织、带领值日教师在校门口维持家长接送学生秩序，劝阻接送学生家长进入校园，劝阻机动车辆进出校园（由值日行政负责）。

5. 建立家校联动机制

成立家长"护校队"，通过家长委员会在每个班级征集一名志愿家长，组成家长"护校队"；每日安排5名"护校队"家长，佩戴袖章，和值日教师一起在校园内巡逻；上学放学时段和值日教师一起在校门口值班（由工会负责）。

6. 加强学生安全防范教育

学校领导利用教师会、家长会、告家长书等形式教育教职工、学生家长提高责任心和安全防范意识，积极防范各种可能危及学生安全的因素。各班主任每周至少两次利用班会、课外活动等时间对学生进行安全防范教育；各年级组、各班级要加强学生安全应急知识的学习和演练，掌握简单的紧急救护方法，防患于未然（由政教处负责）。学校要制定校园防范暴力伤害应急预案，提高应对突发暴力伤害的处置能力、应变能力和控制能力（由后勤处负责）。

7. 加强校园安全监控和应急防暴器械配备

学校安装监控摄像探头，加强对校园的监控力度，做到不留死角，让不法分子没有藏身之地；学校安排专项经费，实行安保人员统一着装，配置警棍、防暴钢叉等应急防暴器械（由政教处负责）。

8. 建立警校联防机制

和派出所联系，请派出所在学校设立警务值班室；在传达室设立报警电话，确保一旦发生紧急事件能第一时间与公安部门、学校领导取得联系（由后勤处负责）。

9. 聘任法制副校长

学校聘请派出所副所长担任学校法制副校长，协助学校开展法制教育和学校及周边社会治安综合治理工作；充分发挥法制副校长作用，每学期开展1次法制教育活动（由政教处负责）。

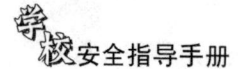

10. 切实加强日常安全管理

有效落实安全检查制度，建立安全隐患排查和处理台账，及时排除安全隐患。加强对学校食堂、商店食品卫生和饮水饮奶卫生的安全管理；请交通部门对校车进行安全检查；严防交通、火灾、食物中毒等安全事故的发生（由后勤处负责）。加强教学安全管理；加强对实验室有毒、易燃易爆物品的管理；加强对各功能教室的安全管理（由教导处负责）。

11. 协调、配合有关部门加强综合治理力度

学校加强与派出所、交警大队等有关部门的联系；请公安民警加强打击侵害学校校园、伤害学校师生、影响学校正常教学秩序的违规、违法活动；配合交警部门做好学校门前交通警示标志的完善工作；配合文化、城管部门，整顿学校周边网吧、电子游戏室、流动商贩、饮食摊点（由后勤处负责）。

12. 严格实行信息报告制度

建立严格的事故报告制度，年级、班级发生学生意外伤害事故要及时报告学校后勤处；一旦发生校园突发事件，在做好应急处置的同时，学校应立即向上级主管部门报告；对因瞒报、迟报、漏报而造成严重后果的，学校将严肃追究有关人员责任。

第十一节　校园安全及周边社会治安综合治理制度

学校及周边治安环境是指校园及周边辐射200米以内存在的治安问题或可能引起治安问题的场所、设施、秩序、人员等综合环境。一般来说，学校及周边治安综合治理工作坚持"属地管理"和"谁主管谁负责"的原则。地方党委、政府对辖区内各级各类学校及周边治安综合治理工作负总责。

一、校园安全及周边社会治安综合治理的工作方式及主要任务

学校及周边治安综合治理工作实行日常管理、专项整治和集中行动相结合的方式方法。日常管理是指各部门和单位及有关责任人按照校地共建机制，对学校及周边治安环境责任区进行管理。专项整治是指某一个或几个部门和单位针对一定区域内某一所或几所学校周边存在的突出治安问题或隐患进行专项清理整治行动。集中行动是指各级领导小组在一定时期内组织各成员单位，对辖区内学校及

周边存在的治安问题或隐患进行全面清理整治的集中统一行动。

校园安全及周边社会治安综合治理的主要内容和重点应当包括以下几个方面。

（一）全面建立校园安全责任制

校园安全按照"属地管辖、分级负责""谁主管谁负责"的原则。中小学、幼儿园所在县（市）区党政负责人为校园安全第一责任人，学校校长（园长）为校园内安全直接责任人，要建立学校安全责任制，将校园安全职责细化到每一个教职工、每一个工作岗位、每一个教学活动环节。学校（幼儿园）当地派出所所长为校园周边安全直接责任人，建立学校及其周边治安事件防控处置责任制，将校园及其周边治安事件防控处置职责细化到具体的社区民警、特警、交巡警、治安巡防队员和校园专职保安。各地综治委校园及周边治安综合治理工作领导小组成员单位在各自职责范围内，负责组织实施和督促检查校园周边环境治理工作，应根据各自行政职责范围建立校园周边安全责任制。

（二）健全校园安全管理制度

学校要建立健全各项安全制度，制度要张贴于传达室、值班室等重要部位，要不断增强制度的执行力度，加大制度执行情况检查的力度。

1. 健全门卫制度

学校门卫必须由专职保安担任。校外人员入校必须查验身份证件、登记备查，禁止无关人员和校外机动车入内；禁止将非教学用易燃易爆物品、有毒品、动物和管制器具等危险物品带入校园。寄宿生在校期间、走读生上学时间出校门，须由班主任或其他教师联系家长确认，开具出校凭证门卫方可放行。教学活动期间，学校要锁闭大门。

2. 建立会客制度

有条件的学校要在学校传达室附近设置会客室，来访人员远离教学、办公区域；不能单独设置会客室的，要由被访者到传达室迎接来访者，访谈结束后负责将其送至传达室。

3. 建立校园巡查制度

学校要根据办学规模每天安排1名学校值班领导和2名以上的值日教师佩戴显著标志进行课间校园安全巡查，及时发现和控制校内安全。在学生上、下学时段，学校门口必须有1名校级领导、1名以上值日教师、2名及以上专职保安执勤，维护学生上、下学秩序。

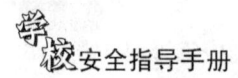

4. 建立家校联系制度

学校要将规定的放假时间、学生每天到校和放学时间、学生非正常缺席或者擅自离校等关系学生安全的信息，及时告知其监护人。

5. 建立校园安全隐患排查与整治制度

定期对校舍、厕所、围墙以及消防、避雷、用水、用电等设施的安全隐患进行排查，发现问题及时整改。整改隐患要定时、定人、定责。

6. 建立应急演练制度

学校应建立安全避险应急预案和校内治安事件防范应急预案，每学期至少进行一次针对地震、消防等紧急避险和防范校园极端暴力犯罪行为的演练，不断提高应急预案的针对性、可操作性。

7. 建立校园安全检查制度

要建立校园安全检查制度，学校领导要亲自组织开展日常安全管理检查、节假日安全检查以及重要时段和敏感时期的安全检查，切实把学校各项安全措施落实到位。

8. 建立其他制度

建立健全用水、用电、用气等相关设施设备安全管理制度，食堂卫生安全制度，宿舍安全管理制度，学生健康档案制度，车辆管理等其他校园安全管理制度。

（三）建立学校周边安全隐患排查制度

（1）清理关闭学校的出租房屋。要进一步清理和规范学校所属房屋的出租经营行为，中小学、幼儿园的所有建筑物都不能对外租赁从事经营性活动，已经出租经营的，合同到期不得续租，逐步清理关闭学校经营性门面房。

（2）严禁在校园周边200米范围内设立歌舞厅、电子游戏厅、网吧等限制未成年人进入的经营性文化娱乐场所。依法取缔学校周边兜售非法出版物的游商和无证照摊点，查处学校周边制作、贩卖含有淫秽色情、凶杀暴力和针对学生的非法博彩、不健康游戏等内容的单位和个人。查缴"少儿人民币"、"少儿八卦玩具"、卡通类非法出版物以及格调低下的"流氓许可证"等"恶搞证件"。

（3）禁止依傍学校围墙或建筑物搭建（构）建筑物。

（4）禁止在校园周边设立易燃易爆、剧毒、放射性、腐蚀性等危险品的生产、经营、储存、使用场所或者设施以及其他可能影响学校安全的场所或者设施。

（5）依法取缔学校周边的非法市场，取缔门前及其两侧50米范围内的摆摊设点、清理学校周边堆放的杂物、垃圾。

（6）依法取缔校园周边的黑出租屋。

（7）增设学校门前及其周边交通标志、标线及各类安全设施，完善学校附近交通信号等的调控。严禁在校门及两侧50米内停放机动车辆，依法查处没有牌照、没有营运许可、没有安全保障的接送学生的车辆。

（8）依法取缔学校及周边无证经营的"小饭桌"、餐饮店、医疗点、食品店、流动摊点，防止食物中毒及传染病的发生。治理和规范"小饭桌"现象。

（9）加强学校周边社区的矛盾纠纷排查化解，尤其是涉校矛盾纠纷的排查化解。

二、努力形成校园及周边治安综合治理的工作合力

学校及周边治安综合治理及预防青少年违法犯罪工作是一项长期而艰巨的任务，要做好此项工作，各地各有关部门和学校要积极协作配合，建立健全定期会商制度和校园综治安全隐患举报制度，及时分析研判影响校园及周边安全稳定的各类矛盾因素，形成源头预防治理有效、内部安全管理有力、外围治安防控严密的工作格局，不断提高维护校园安全的能力和水平，力争不发案、少发案，坚决杜绝重大涉校恶性案件的发生。

各部门和单位的主要职责任务：

1. 学校

学校负责校园内的安全保卫及政治稳定工作。

学校安全实行校长负责制，校长是第一责任人。学校要安排专人负责校园安全工作，定期、不定期排查校园内的（包括学校出租的经营房屋和场所）矛盾纠纷和治安隐患，防患于未然，把问题解决在萌芽状态，重大问题及时上报有关部门。建立健全和落实综合治理工作各项责任制度；建立健全校园安全保卫制度，落实各部门和基层单位安全防范措施。切实加强学生宿舍和校外学生公寓管理，严禁学生私自在外租房居住。依照有关规定加强校内出租房屋和外来人员管理，清理校园内违规经营的文化娱乐场所、摊点，检查和整治校内治安隐患。中小学要配齐兼职法制副校长。大力开展创建安全文明校园活动，努力优化学校育人环境。

2. 公安部门

公安部门负责查处打击校园及周边的各类违法犯罪活动。

对发生的侵害师生人身财产安全的案件要组织专门力量，快侦快破；对侵扰

学校及师生的流氓恶势力要依法严惩；加强校园及周边娱乐服务场所的治安管理，坚决铲除"黄、赌、毒"等社会丑恶现象；加强对学校周边流动人口、暂住人口和出租房屋的管理；大力整治学校周边的治安、交通秩序；加强对学校内部安全防范工作的检查、指导，督促学校及时整改安全隐患，积极参与创建安全文明校园活动；与有关部门配合，为综合治理工作提供执法保障，努力维护学校及周边治安稳定。

3. 文化部门

文化部门负责校园及周边文化市场的管理工作。

严禁在中小学校周围200米范围内设立电子游戏厅、网吧；对高校周边的网吧、歌舞娱乐场所等实行总量控制，不再审批新的经营点；对网吧、歌舞厅、音像制品零售出租摊点等的非法经营活动进行坚决打击；查处各种涉及反动、淫秽、色情、暴力内容的文化娱乐场所；加强对学校及周边地区文化经营场所的日常监管，加大执法力度，规范经营秩序。

4. 新闻出版部门

新闻出版部门负责校园及周边出版物市场的管理工作。

科学规划、合理设置、认真审批和管理校园及周边的出版物经营网点；清理整顿出版物经营单位，查处违规经营行为，规范校园及周边的出版物市场秩序；组织开展"扫黄"、"打非"行动，查缴政治性非法出版物、黄色淫秽出版物、"法轮功"类非法宣传品和载有违禁内容的电脑软件等非法出版物，清除危害青少年身心健康的精神垃圾，加强对中小学教材征订发行工作的管理，开展专项行动打击盗版盗印教材教辅的行为，防止非法教材教辅读物流入校园。

5. 工商行政管理部门

负责学校及周边经营单位营业执照的核准工作，查处违法违规经营行为，坚决依法取缔无照经营。配合公安部门维护好市场的治安秩序。配合文化、新闻出版等部门开展"扫黄""打非"斗争。严格审批制度，把好市场准入关，对中小学校周边200米以内开设网吧及其他法律、法规禁止在学校周边设立的经营单位的申请一律不予核准，加强对学校周边地区文化娱乐和服务业市场及其他商业网点的巡查，督促经营户规范经营。

6. 建设部门

负责将治安、消防、交通等安全基础设施建设列入学校及城市建设总体规划和详细规划，合理规划校园周边建设项目。

不得审批有碍师生正常教学、科研和生活的建设项目。严禁校外单位和个人依学校围墙搭建任何建筑和设施。科学规划和建设校园周边服务业市场。

城市管理执法部门负责校园周边市容市貌的清理整治工作，严禁在校园门口及周边200米范围内摆摊设点、开设夜市。依法拆除校园周边的各类违章建筑。

7. 卫生、食品监督部门

负责校园及周边地区食品生产经营单位、公共场所、诊所的卫生监督检查工作，防止危害师生健康事故的发生。不得向校园周边200米内设置的文化娱乐场所、诊所等经营单位发放卫生许可证。

8. 司法部门

负责指导学校开展校园法制宣传教育工作。

加强对法制副校长的培训。为广大师生提供法律咨询服务，保护师生的合法权益，推动依法治校工作，参与妥善调解学校及周边地区的矛盾纠纷，维护校园及周边地区的正常秩序。

9. 信息和通信管理部门

配合有关部门做好学校及周边治安综合治理工作，加强对电信业务经营者和校园网站的管理，依法查处电信业务经营者非法接入和其他违规经营行为。

10. 共青团组织

负责学校和社区团、队组织建设，广泛开展有益于青少年学生身心健康的活动。

围绕学校及周边治安综合治理工作，继续深入开展"青春自护"、"少年儿童平安回家"等活动，配合学校加强青少年学生的思想品德、法制教育和安全防护教育。积极组织和引导青少年学生参加青年志愿者活动和社会实践活动。积极参与安全文明校园和安全文明社区创建活动。落实预防和减少青少年违法犯罪的各项措施，增强学生对社会不良现象的免疫力，维护未成年人的合法权益。

11. 教育部门

负责指导、检查、督促学校做好校园内社会治安综合治理工作。

督促学校认真做好校园内部环境整治工作，清理整顿校园内违规经营的网吧、歌舞厅、商业摊点，拆除违章建筑，大力整顿校园内的交通秩序，加强外来人员管理，完善各项规章制度，落实安全保卫的各项措施，防范校园内发生违法犯罪案件和安全责任事故。指导学校加强师生员工的思想政治工作和法制纪律教育，加强学生管理，积极组织学校开展安全文明校园创建活动。领导小组办公室负责学校及周边治安综合治理的检查、督办和协调工作。把学校周边地区和有关部门履行综合治理职责任务的情况列入重要考核内容。定期交流情况，总结推广经验，表彰先进，通报批评落后地区和单位。

12. 各级综治办

负责本级综治委与领导小组成员单位、学校综合治理组织机构之间的沟通和协调工作。

将学校治安综合治理和学校周边治安环境整治工作统一纳入地区、部门社会治安综合治理责任目标管理体系，加强指导、协调、检查、督办，及时总结经验，促进各项措施的落实。基层综治办要加强对辖区内中小学法制副校长（法制辅导员）管理培训工作的指导，定期召开会议，交流情况，研究布置工作，并形成制度，推动学校治安综合治理工作的开展。

有关部门和学校违反本办法规定或执行不力，造成学校及周边地区治安秩序混乱，严重影响学校正常教学、科研和生活秩序，严重危害师生人身及财产安全并产生严重后果的，要追究主要领导、分管领导和直接责任人的责任。各地各有关部门要按照"谁主管谁负责"的原则，层层落实维护校园及周边安全稳定责任制。对因工作不重视、措施不得力、保障不到位而导致校园重大恶性安全事故发生的，要严肃追究当地相关领导的责任；对于学校、幼儿园内部安全管理责任不落实、措施不到位的，要严肃追究校长、园长和当地教育主管部门的责任；对于校园周边治安秩序长期混乱、涉校暴力性事件频发的，要严肃追究当地有关部门领导和相关责任人的责任。

第二十五章

做好学校隐患日常排查整改工作

- 第一节 学校结合实际进行全面排查
- 第二节 短期内可以完成整改的隐患排查
- 第三节 学校情况复杂、短期内难以完成整改的隐患排查在大多数情况下,安全隐患是产生安全事故的直接原因。隐患监管和事故处理是学校安全的两大核心内容。目前,很多学校管理层对隐患排查整改工作没有足够的重视,这是重特大安全事故遏制不住的一个重要原因。因此,我们在认真处理安全事故的同时,必须加大安全隐患的监管力度,消除事故于隐患状态。事后责任追究只是标,事前隐患监管才是本。事前管理胜于事后处理。安全监管工作的重心应前移至安全隐患的监管上来。

第一节　学校结合实际进行全面排查

为响应国务院号召,结合教育系统实际,进一步强化学校安全管理工作,及时消除各类安全隐患,确保师生安全,有效遏制安全事故发生,确保教育系统稳定安全,各校应积极开展隐患排查治理工作。学校隐患排查工作包括对消防安全、财产安全、实验室安全、房屋安全、食品安全、学校管理六个方面的工作进行详细的部署和安排。

隐患排查采取学校自查、各地(市)教育(体育)局抽查的方式进行。主要排查内容及整改措施如下。

一、学校安全管理责任落实情况

查看学校安全责任划分表、实地调查,切实担负起管理及第一责任人的责任。强化监督检查,确保取得实效。各地(市)教育(体育)局、各学校采取巡查、抽检、互检等方式,加强督促指导。对于责任人的工作要做详细调查,确保报表的时效性和真实性,对于检查中排查出的隐患要落实责任人,限期整改。对因隐患排查治理工作不力而引发事故的,要严肃追究责任。

二、重点环节安全管理情况

1. 门卫及校内安全管理

门卫要坚守岗位,严格实行出入登记制。各学校要采取有效措施,严防校园暴力事件的发生。全面落实学校治安民警"两公示、一监督"制度,加强校内治安管理,严查管制刀具,维护校园及周边治安秩序;全面排查师生员工中存在的各类矛盾纠纷,落实责任,限期调处,把矛盾纠纷化解在班级,化解在初始阶段；主动协调辖区派出所民警（法制副校长）对在校学生进行遵纪守法教育，增强他们的遵纪守法意识。

2. 学生管理

严格实行上课考勤、课间巡查、上、下学有人监护。广泛发挥师生作用，加强安全教育。学校有关卫生管理制度是否健全，包括学校环境卫生保护制度、突发公共卫生事件应急预案及上报制度、教师定期体检制度、食堂及营养配餐食品卫生检测及管理制度、学生集体用餐管理制度、学生健康档案管理制度、学生体质监测管理制度、学生定期体检制度、健康教育及卫生宣传制度、传染病疫情的发现、收集、汇总与逐级报告制度。预防和控制传染病（包括性病、艾滋病）政策及措施、学校与定点医院的联系制度等。

3. 刀具排查和学生间矛盾调处

实行管制刀具周排查制度，对同学间小矛盾进行调处。在排查过程中，学校要求所有排查人员做到全方位、地毯式，内容包括教室、床铺、个体间的矛盾、盗窃等各个方面，并要求做到校园内重点部位重点查、特殊部位特殊查、常规部位时刻查、隐患部位整改之后跟踪查。对在排查过程中发现的可能存在的一切隐患做到一经发现，翔实记录，及时报告，督促整改，跟踪检查。

4. 住宿管理

查看宿舍是否有专兼职管理人员，是否进行卫生评比，是否对校外住宿生及家长进行教育。学生宿舍值班室是否做到24小时专人值班，并建立学生住宿档案；学生宿舍内是否做到无蜡烛照明，无私拉乱接电线和使用违章电器现象。教育部强调，各级教育部门要对本行政区域内学校的供暖设施，特别是乡镇寄宿制中小学使用燃煤取暖的情况进行一次全面检查，及时消除事故隐患。采用燃煤取暖的学校，在教室、宿舍、办公室等室内安装的燃煤取暖设施必须安装有排烟管道，并保证排烟管道顺畅、不漏气，同时房间内应装有风斗，以防止一氧化碳积聚造成中毒。学校的锅炉房应远离教室、宿舍等人群集中的场所，如果靠近上述场所，要认真检查房屋设施，防止锅炉燃烧产生的废气通过墙壁、管道进入上述场所，危及师生安全。同时，教室、图书馆、宿舍等学生学习和生活场所要经常开窗通气，确保室内空气流通。学校应每天对所有教室、宿舍等学生学习、生活场所开窗通风换气情况进行督促检查，纳入学校安全管理的内容。

5. 饮食安全

各寄宿制学校要对食堂卫生安全进行一次安全检查和整改，及时消除食品安全隐患。同时，加强食堂卫生管理，做到"一公示、四严把"，即全面落实食品安全责任制、食品安全管理制度和炊管人员岗位责任制要上墙公示。严把食品采购关，落实食品采购索证制；严把食品储存关，规范食品留样制度（每种食品每餐留样 250 克，存保鲜柜中 48 小时）；严把消毒关，按照卫生部门要求，每天对炊具和餐具进行消毒，对食堂卫生环境进行打扫和清理，确保师生饮食安全。检查燃气使用安全，使用液化气罐的，是否做到分室安装，炊事机械用电是否符合规定，排烟道是否做到定期清洗。

6. 师德教育

是否存在有教师体罚或变相体罚学生的情况，学校是否对教师进行培训。各校要切实关注因心理隐患问题而引起的学生暴力行为倾向，要建立健全预防行为不良学生违法犯罪预警机制，重点关注学生的心理问题、教师的不良教学行为及外来不安全因素的侵入等，有效防止绑架、投毒等极端不安全行为的发生。

7. 危房、校建

学校是否存在危房、危墙，学校房屋建筑安全管理是否完善。

8. 强化学校消防管理

某些学校还存在消防器材配备不齐、摆放不规范、学生上课时教室后门上锁等问题，有关学校要采取有效措施进行认真整改。各类建筑物是否经过消防验收；灭火器配备数量、类型及放置部位是否做到符合消防要求，灭火器是否按照规定进行年检并及时更换；室内外疏散通道是否做到畅通无阻拦；制定消防应急救援预案；开展对学生的消防安全教育，并组织学生参加消防应急疏散演练，以增强学生的消防安全意识和自救自护能力。对宿舍等进行重点检查，发现隐患，责令有关部门及人员立即解决，以确保师生用电安全。

9. 校车安全

学校或者校车服务提供者是否向县级或者设区的市级人民政府教育行政部门提交书面申请和证明其符合校车使用许可的相关要求。校车是否每半年进行一次机动车安全技术检验。车辆是否符合校车安全国家标准，取得机动车检验合格证明，并已经在公安机关交通管理部门办理注册登记。随车照管人员是否履行下列职责。

（1）学生上下车时，在车下引导、指挥，维护上下车秩序。

（2）发现驾驶人无校车驾驶资格，饮酒、醉酒后驾驶，或者身体严重不适以及校车超员等明显妨碍行车安全情形的，制止校车开行。

（3）清点乘车学生人数，帮助、指导学生安全落座、系好安全带，确认车门关闭后示意驾驶人启动校车。

（4）制止学生在校车行驶过程中离开座位等危险行为。

（5）核实学生下车人数，确认乘车学生已经全部离车后本人方可离车。

校车驾驶人驾驶校车上道路行驶前，是否对校车的制动、转向、外部照明、轮胎、安全门、座椅、安全带等车况进行检查，对是否符合安全技术要求进行检查。

10. 医务室管理

医务室管理制度是否健全，包括卫生技术人员行为规范、医务室岗位责任制度、24小时值班制度、消毒制度、医疗设备使用和维护管理制度、药品库管理制度及出库登记交接制度、学校用药管理制度、教师医疗用药管理制度、服务项目物价公开制度、水电气安全使用制度、垃圾分类处理制度等。

11. 危险化学品

危险化学品管理必须做到"四无一保"，即无被盗、无事故、无丢失、无违章、保安全。对于危险化学品中的毒害品，要参照对剧毒化学品的管理要求，落实"五双"即"双人保管、双人领取、双人使用、双把锁、双本账"的管理制度。将实验室危险化学品安全管理纳入工作业绩考核，确保实验室安全责任层层落实到位。重点检查是否制定并完善实验室危险化学品保管、使用、处置等各个环节的规章制度，做到严格分库、分类存放，严禁混放、混装，做到规范操作、相互监督。是否建立了购置管理的规范，对使用情况和存量情况进行检查监督，使各类危险化学品在整个使用周期中处于受控状态，建立从请购、领用、使用、回收、销毁的全过程的记录和控制制度，确保物品台账与使用登记账、库存物资之间的账账相符、账实相符。

12. 集体活动安全

组织学生参加校外集体活动必须注意安全。组织学生参加集体校外活动，学校一定要事先研究，作出周密计划，并有学校负责人或教师带队，要事先派人了解活动场地及周边的环境；活动中要求学生不要随便单独行动，应结伴而行，防止发生意外；如果活动中需要使用交通工具时，必须符合安全要求，不得超员运载；到浏览区和游乐场所活动，一定要考虑该场所的接待能力，不要组织学生到接待能力弱的地方或场所活动；组织学生参加有关单位举办的集体活动，必须有安全保障措施。学生参加劳动，会接触和使用一些劳动工具、机械电器设备，在这个过程中，教师要指导学生仔细了解它们的特点、性能、操作要领，严格按照有关人员的示范，并在他们的指导下进行操作，规定学生不要随意触摸、拨弄活动现场电闸、开关、按钮等，以免发生危险。

13. 自然灾害安全

学校应经常性地对校舍、场地、围墙、山坡、水沟、烟囱、电线、树木等建筑开展自查，尽早发现问题，及时消除安全隐患，同时增加学校投入，切实加固好自然灾害事件易发生的基础设施。学校应在自然灾害事件发生前做好师生员工的疏散安排工作。学校在台风、暴雨、地震等自然灾害期间，应建立24小时值班制度，并设立和开通值班电话，严格执行学校重大自然灾害事件报告制度。对发生的事件做到按程序逐级报告，并以最快的通信方式报告有关部门，确保信息畅通。根据自然灾害事件的发生情况，结合学校的特点，学校应启动相应的自然灾害事件的应急预案，做出应急反应和处置。

三、安全教育日活动开展情况

1996年，国家教委、劳动部、公安部、交通部、铁道部、国家体委、卫生部联合发布关于全国中小学生安全教育的通知，确定每年3月最后一周的星期一为全国中小学生的安全教育日。设立这一制度是为了全面深入地推动中小学生安全教育工作，大力降低伤亡事故的发生率，切实做好中小学生的安全保护工作，促进他们健康成长。

全国中小学生"安全教育日"每年确定一个主题，自1996年起，"安全教育日"主题如下所示。

1996年：全社会动员起来，人人关心中小学校安全工作；

1997年：交通安全教育；

1998年：注重防范，自救互救，确保平安；

1999年：消防安全教育；

2000年：保证中小学生集体饮食安全，预防药物不良反应；

2001年：校园安全；

2002年：关注学生饮食卫生，保障青少年健康；

2003年：大力提高中小学生及幼儿的自我保护意识和能力；

2004年：预防校园侵害，提高青少年儿童自我保护能力；

2005年：增加交通安全知识，提高自我保护能力；

2006年：珍爱生命，安全第一；

2007年：强化安全管理，共建和谐校园；

2008年：迎人文奥运，建和谐校园；

2009年：加强防灾减灾，创建和谐校园；

2010年：加强疏散演练，确保学生平安；
2011年：强化安全意识，提高避险能力；
2012年：普及安全知识，提高避险能力；
2013年：普及安全知识，确保生命安全。

针对每年的相关主题，学校要妥善安排学校安全教育的工作和计划，按照相关要求查找安全隐患，做好排查工作。如2012年3月26日是第17个全国中小学生安全教育日，主题是"普及安全知识，提高避险能力"。依照教育部办公厅的通知，各中小学校要根据本校建筑分布、学生人数、楼梯宽度等实际情况，针对火灾、地震、自然灾害和其他突发事件等不同情况，绘制详细的安全疏散路线图，制订周密的演练方案，组织一次全校范围的应急疏散演练。要做好演练的总结分析，及时发现并解决演练中存在的问题，通过演练使每一名学生都熟记疏散路线，在遇到紧急情况时能够安全、快速撤离。同时，通知还要求各中小学校要立足本地区、本学校发生事故的规律、特点，通过知识竞赛、观看专题片、主题班会、知识讲座等形式，有针对性地开展一次专门安全教育。要重点加强上下学交通安全、预防溺水、饮食卫生安全、消防安全、应对自然灾害、防范校园伤害等知识的教育，真正做到安全知识入脑入心，进一步提高中小学生的安全意识和避险能力。

2013年，教育部要求各地教育部门和中小学校要进一步密切与政府有关部门和家庭、社区的合作，开拓进取，形成多部门配合联动、齐抓共管、全社会积极参与的工作格局，努力为广大中小学生的健康生活、幸福学习、平安成长营造良好的社会环境。为此，学校的相关工作就必须围绕这一主题开展。

四、安全事故报告、处理及对有关责任人的责任追究

学校领导、师生是否熟知事故报告程序，是否有安全工作奖惩方案全面排查学校安全隐患，狠抓隐患治理工作，推动学校安全责任制和责任追究制的落实，完善学校安全管理制度，提高安全管理水平，实现校内无重大安全事故和较大安全责任事故的发生。在隐患排查整改工作中，各学校要树立"预防为主，安全第一"的观念，本着对师生安全负责的态度，克服麻痹思想，加强对安全隐患排查整改工作的领导，做到认识到位、人员到位、经费到位。要把安全隐患排查整改工作和学校的建设发展结合起来，建立并完善以岗位责任制为核心的安全工作长效机制。

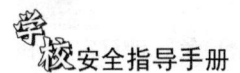

第二节　短期内可以完成整改的隐患排查

经过调查，相当多的乡镇中小学校办学条件不符合国家的有关标准和要求，缺乏切实保障学生安全的基本条件，学生安全事故频频发生；还有相当多的乡镇中小学校食堂、饮水设施、厕所、宿舍十分简陋，致使学校公共卫生突发事件屡屡出现；一些地方校园及周边治安秩序较为混乱，违规经营的商贩、网吧、游戏室、录像厅、歌舞厅等娱乐场所还没有得到有效清理整顿；部分学校保卫制度不落实，一些不法分子趁机进入校园作案，严重影响了学生人身安全等。以上种种情况严重影响了学校正常的教学生活秩序，影响了校园的和谐环境。虽然中小学校安全形势整体好转，但是由于社会正处于转型期，学生面对的环境越来越复杂，发生在校外的交通事故和溺水事故仍然居高不下，一些事故甚至还呈现上升的势头。这些都说明了我国的中小学校安全工作还有很多需要加强和完善，学校是我国突发公共安全事件管理较薄弱的环节之一。

学校安全隐患排查是有效预防和妥善处置各类突发公共安全事件的一项基础性工作，是公共安全应急管理工作的重要环节。

有的学校疏于管理，原有的安全隐患没有消除，新的安全隐患又不断出现，严重危及师生安全和学校稳定。我们要对师生的生命财产高度负责，必须迅速采取强有力的措施，彻底消除各类安全隐患，确保教育事业的健康发展。对于学校短期内可以完成整改的隐患，要在短时间内落实到位、责任到人，并保证整改质量，杜绝隐患的再次出现。

建立健全隐患排查治理的长效机制，提高学校安全管理水平。对于学校短期内可以完成整改的隐患排查要具有即时性。努力做到：

（1）每天一小查，每月一大查，定期或不定期进行安全巡查，发现问题应记录在案，并将书面检查情况向上一级主管部门负责人汇报，及时消除安全隐患。

（2）对重点部位制定切实可行的安全保护措施，并认真执行。

（3）定期检查和维修保养好各种消防器材，保持正常投入使用。

（4）对于建筑物内存在的安全隐患要及时消除，确保安全。

（5）对于不符合标准的设施，要下达整改通知书及时进行整改或者拆除，保持良好的安全环境。

（6）不断提高教职工的安全生产意识，共同搞好本单位的安全隐患排查工作。

（7）上级安全生产监督部门在组织安全检查时，本单位必须积极配合并应当主动提供情况。监督部门在检查中发现存在安全隐患，应口头通知，也可以下发《整改指令书》，被检查单位必须保质保量按期完成整改，并将整改结果告知监督职能部门。

对一般的安全隐患和本校（园）有能力进行整改的重大隐患，务必及时进行整改，对一时无法整改的重大隐患，要及时上报当地学校及有关部门。

第三节 学校情况复杂、短期内难以完成整改的隐患排查

学校是教书育人的场所，是学生集中学习和活动的地方，因此也备受社会各界及千家万户的关注，为了进一步做好学校安全工作，全面落实上级关于安全工作的具体要求，要对校园内及校园周边的安全隐患进行全面排查，对排查中发现的问题及时采取有效措施，给予解决，尽最大努力把不安全事故消灭在萌芽状态。但对于一些隐患在短时期内或本校无法自行解决的，要及时上报当地学校及有关部门协助进行整改，并提出隐患整改方案，确定整改措施，落实专人督促检查，追踪落实整改情况，彻底将隐患排除。如果因安全隐患排查整改不到位，造成安全事故的要根据制度规定追究责任。

学校排查不到或已排查到而短期内难以整改的隐患有：

①学校教学用房年久失修，房梁腐朽；教室内玻璃黑板破损。

②学生年龄小，教师年龄大，校园内杂草丛生；路灯损坏，夜间行走无照明。

③教师住房多处损坏；学校食堂为危房。

④学生宿舍的铺位螺丝松动或丢失。

⑤电线不规范。

⑥学校靠近公路。

【案例】

关于某市全县学校安全工作检查情况的通报

各乡镇中心学校、县直学校、民办学校：

2007年10月9日至10月27日，县教育局联合县卫生局、县质监局，对全

县200多所中小学和幼儿园进行了安全工作大检查，共排查出各类安全隐患70起，下发安全隐患整改通知书63份。现将检查情况通报如下：

一、主要成绩

(一) 学校安全意识明显增强

从检查情况看，各校均能把安全工作放在首位，常抓不懈。具体体现在：一是学校领导、广大师生都能牢固树立"防范胜于救灾，安全重于泰山"的安全工作意识，增强了安全工作的责任感和紧迫感。二是各学校都成立了安全工作领导小组，明确了各自的分工，落实了领导责任，学校安全工作机构进一步健全。三是各学校都制定完善了各种安全工作管理制度，各种安全管理资料齐全。部分大型学校还安排了专门的安全工作经费。

(二) 安全工作常规管理不断规范

一是层层签订了安全责任状。学校与教师、学校与学生及家长层层签订了学校安全工作责任状，各单位明确了校长是学校安全第一责任人，分管领导是直接责任人，班主任是本班安全工作的责任人。各学校都将安全工作纳入了年终岗位目标管理考核内容，学校安全工作建立了安全隐患排查与整改的长效机制，走上了制度化轨道。二是认真开展了安全隐患排查整改。各学校定期、不定期进行全面的安全隐患排查，安全值班人员负责日常检查，发现隐患立即采取措施整改，有效地防止了安全事故的发生。如皂市镇完小、新铺乡完小等学校安全工作日志一天一记，且记录翔实，安全隐患整改及时到位；易家渡镇双溪完小山体滑坡发现及时，报告迅速，隐患得到迅速解决；维新镇渡水学校为防范横穿校园的农用车道出现安全事故，学校每天安排教师值班加强防范；三圣乡新开寺完小教学楼栏杆过低，学校在资金困难的情况下，挤出资金，用竹木对栏杆进行了加固防护。另外如新铺乡洛浦寺完小、白云乡完小、太平镇中心幼儿园等学校也不等不靠，自筹资金主动消除了学校安全隐患。三是加强了对突发安全事故的防范。各学校把确保师生人身安全放在第一位，对现存D级危房采取"先撤人，再封停，后拆除"处理；对人流拥挤的楼道制定了分流措施，安排专人负责疏散，各学校还加强了食堂、商店食品安全卫生的检查，如楚江镇一完小、二完小采购的所有食品均与有资质的供货商签订了责任状；新铺中学、白云中学等学校食堂、商店管理规范。四是加强了交通安全管理。各单位均把交通安全工作作为安全工作的重点和难点来抓，对学生上、下学路途、险道、要道都安排了教师巡查、值班，有效地防范了安全事故的发生。

(三) 安全教育得到落实

各学校均能按要求将安全教育列入课表，并组织开展"安全教育日"和

"安全教育周"活动,对学生进行了家庭生活、户外活动、社会生活等安全知识教育。各学校安全教育的形式丰富多样,绝大部分学校邀请交警进行了交通安全知识专题讲座。并在师生中开展了"拒乘农用车"的签守宣誓活动。新关镇完小对学生进行了"拒乘农用车"宣传教育活动,并对学生乘车线路及学生分布情况做了详细调查,并制定相应的安全护送措施;官渡完小创新安全教育方式,编安全儿歌便于学生牢记;石门五中以校本教材"安全教育十大篇"为教本,对学生进行系列的安全教育;新科电子学校自主为师生编印了《新科学生自救安全常识》;石门六中为学生编印了《石门县第六中学学生常识读本》《健康与安全教育读本》,并组织全校师生观看警示片《溅血的车轮》。通过一系列安全教育活动,学生的安全意识和自护自救能力普遍得到提高。

二、存在的问题

(一)安全意识有待进一步增强

安全意识强弱决定着安全工作落实的好坏。检查中发现,部分学校负责人安全意识有待进一步加强。有些学校对学生活动场所旁边的高坎及教学楼过低的栏杆存在的安全隐患不以为然,没有进行必要的防护,如河口中学学生寝室前和已撤除房屋空地前的高坎没有设置防护设施。有些学校认为学校资金困难,学校无能力解决,如新铺乡岩门小学草坪前围墙过低,三圣乡新开寺完小、白云乡雄磺矿小学教学楼栏杆过低。有些临近公路的学校没有设置交通警示标志,存在等、靠的思想。部分小学食堂设施不达标,无排烟、消毒等设施,有的学校连"三纱"也没有,卫生环境脏、乱、差,达不到基本卫生要求。有的学校食堂、商店进货台账登记不规范,有销售过期和无QS标志食品的现象。如瑜远中学熟食没有纱罩,苍蝇、蚊子成群,室内排水沟不通、污垢多,所购蔬菜没上架,部分已腐烂变质;皂市中心学校食堂的冬瓜、白菜散放在地上,腐烂变质严重,没及时清理,商店部分食品没有QS标志;新关镇中茅坪完小商店部分食品没有QS标志,没有生产日期;遭澜完中商店麻辣肉没有QS标志。另有宝峰中学、太平镇中学、子良乡大河小学、三圣乡山羊完小、易家渡镇丁家山小学不同程度地存在上述问题。这些问题的存在,说明部分学校安全工作管理不到位,安全意识需进一步加强。

(二)安全隐患排查有待进一步深入

检查中发现,部分学校安全排查中还存在漏洞。一是房屋设施设备隐患排查欠过细。如石门三中综合楼一楼门面的后窗大部分已改装成可进出的门洞,外来闲杂人员可随意进入校园,存在安全隐患;新关镇闰家溶完小,教学楼电线裸露、严重老化;皂市镇新苗幼儿园厕所的化粪池没盖,活动场上有一处下水道口未盖；新关盼盼幼儿园学生寝室旁边设有开水房，有煤气中毒、火灾隐患；石门五中高三男生宿舍平房北边垛子墙从墙顶到门顶有严重开裂。检查中还发现夹山镇中学、三板中学、二都乡花龙完小、卫星完小、蒙泉镇盘石完小、易家渡镇中学、留家铺完小、所街乡中学、平东完小、南北镇清官渡完小、新铺乡中学、楚江镇曹市完小都存在建筑物墙体开裂隐患。二是城区部分学校医务室管理有漏洞。城区部分学校医务室地处繁华地段，除了为校内师生进行医疗服务外，主要是对外进行营利性经营，学校很难把住校医务室药品采购质量关，诊疗过程也存在着安全隐患。三是幼儿园管理有待加强。幼儿园非法办园现象严重，几乎每个乡镇都有用未办证校车接送幼儿的现象。部分幼儿园食堂条件差，有的食堂厨房与猪栏、厕所相邻，饮食卫生安全难以保障，如皂市金色摇篮幼儿园厨房、厕所共用一扇门，严重不符合卫生要求。检查中还发现，部分中心学校对加强民办幼儿园管理认识上有差距，平常极少去检查，管理不到位，使幼儿园成为了学校安全管理的盲区。

（三）安全隐患整改力度有待加强

一是一些重大安全隐患整改久拖不决。如新关镇中心学校、罗坪乡完小操场上空有高压线穿过，学校多次向有关部门和当地政府反映，但历经多年未整改到位，一旦出现事故，后果不堪设想。维新镇渡水学校、三圣乡完小有农用道从校园中穿过，学校多次向乡镇政府反映，问题一直没得到解决，存在着严重的安全隐患。二是部分学校对于发现的安全隐患整改工作不主动，存在等、靠的思想。部分学校因资金困难，对发现的安全隐患没有及时处理，安全工作中存在侥幸心理。

三、今后工作要求

（一）要进一步提高安全防范意识

此次检查表明，凡是安全工作做得好的单位，学校领导都对安全工作十分重视。各学校要坚持"安全第一，预防为主，综合治理"的方针，进一步健全安全工作领导机构，完善各项安全工作制度，强化师生安全教育，不断增强安全工作防范意识和责任观念，切实把各项安全措施落到实处。

（二）要进一步落实安全工作责任

各中心学校要进一步加强对所辖学校安全工作的检查和指导，切实将上级有关学校安全工作的各项要求及时传达到位、指导到位、落实到位。要加大对学校安全工作的检查考核力度，将安全工作纳入对学校日常工作评价考核的重要内容，作为考核学校主要领导的重要依据之一。各学校校长要担负起安全工作的第一责任人的责任，认真履行安全工作职责，将安全隐患排查与整改工作落到实处。

（三）继续认真开展安全隐患排查、整改

各学校要从学生学习、生活所涉及的各个环节入手，加大安全隐患排查力度，切实加强整改，彻底消除安全隐患。各学校要认真总结此次检查情况，对检查出的安全隐患认真进行整改，并将整改情况上报教育局法制部；对一时不能整改到位的，要制定整改方案或实施防护措施，并及时向当地政府汇报。

第二十六章

加强学校应急管理体系建设

□ 第一节　建立学校应急管理体系的主要内容
□ 第二节　建立学校应急管理的预警机制

2006年1月8日，国务院发布《国家突发公共事件总体应急预案》。1月10日起，国务院又陆续发布了5件自然灾害类突发公共事件专项应急预案。国务院各有关部门已编制了国家专项预案和部门预案；全国各省、自治区、直辖市的省级突发公共事件总体应急预案均已编制完成；各地还结合实际编制了专项应急预案和保障预案；许多市（地）、县（市）以及企事业单位也制定了应急预案。至此，全国应急预案框架体系初步形成。但是，通过目前调查来看，有的学校应急预案内容不全面或过于笼统，缺乏可操作性，极个别的教育行政部门和学校甚至还没有建立应急预案，没有组织开展过紧急疏散演练活动。

第一节 建立学校应急管理体系的主要内容

应急管理是指运用经济、法律、技术、行政和教育手段为应对即将发生或已经发生的灾害而采取的救援措施。应急管理不仅包括应急期间的行动（如消防扑救、疏散等），更重要的是，应急管理还包括灾害发生前的备灾措施和灾害发生后的救灾工作。因此，应急管理是一个动态过程，包括事故预防、应急准备、应急响应和应急恢复四个阶段。建立科学、完善的应急体系和实施规范有序的标准化运作程序，是实现应急救援目标的根本保证。应急体系的应急响应程序按过程可分为接警、响应级别确定、报警、应急启动、救援行动、扩大应急、应急恢复和应急结束等过程。

一、学校应急管理的核心

由于事故的危险类型以及学校应急组织方式和运行机制的不同，应急预案包含的基本应急行动和任务的数量和类型会有所不同，但核心功能设置主要有：

（一）接警与通知

（1）应明确24小时报警电话，建立接警和事故通报程序。

（2）列出所有的通知对象及电话，将事故信息及时按通知对象及电话清单通知。

（3）接警人员必须掌握的情况有：事故发生的时间与地点、种类、强度、危害。

（4）接警人员在基本掌握事故情况后，应立即向领导报告事故情况，以及可能的应急响应级别。

（5）在进行应急救援行动时，首先是让校内人员知道发生紧急情况，此时就要启动警报系统，最常使用的是声音警报。

（6）将事故有关情况上报政府主管部门，通报应该包括以下信息：将要发生或已发生事故的学校名称和地址；通报人的姓名和电话号码；事故发生的时间与地点、种类、强度、危害；已采取和准备采取的应急行动；应急行动级别。

（二）指挥与控制

应明确：现场指挥部的设立程序；指挥的职责和权利；指挥系统（谁指挥谁、谁配合谁、谁向谁报告）；启用现场外应急队伍的方法；事态评估与应急决策的程序；现场指挥与应急指挥部的协调；学校应急指挥与外部应急指挥之间的协调。

应急指挥可设应急总指挥和现场应急指挥，应急总指挥一般由校长担任。同时要指定，原定总指挥或现场指挥无法到达事故现场时，由谁来担任指挥的角色。

1. 应急总指挥的职责

负责组织应急救援预案的实施工作；负责发布启动或解除应急救援行动的信息；开设现场指挥机构；向当地政府或驻军通报应急救援行动方案，并提出要求支援的具体事宜。

2. 现场指挥的职责

全权负责应急救援现场的组织指挥工作；负责及时向总指挥部报告现场抢险救援工作情况，保证现场抢险救援行动与总指挥部的指挥和各保障系统的工作协调；进行事故的现场评估，并提出抢险救援的相关方案报应急救援总指挥部备案，必要时，与总指挥部的专业技术人员或有关专家进行直接沟通，确立抢险救援方案；必要时，提出现场抢险增援、人员疏散、向政府求援等建议并报总指挥部；参与事故调查处理工作，负责事故现场抢险救援工作的总结。

3. 联合指挥

当学校在救援时用到当地消防、医疗救护等其他应急救援机构时，这些应急机构的指挥系统就会与学校的指挥系统构成联合指挥。学校应急指挥应该成为联合指挥中的一员。学校的应急指挥主要任务是提供救援所需的学校信息（如校区分布图、重要保护目标、消防设施位置等），配合其他部门开展应急救援（如协助指挥人员疏散等）。

当联合指挥成员在某个问题上不能达成一致意见时，则负责该问题的联合指挥成员代表通常做出最后决策。

但如果动用其他部门较少，仅需要某一机构支援（如消防部门）时，可以考虑由支援部门指挥，学校为其提供信息、物资等支持。

(三) 警报和紧急公告

当事故可能影响到其他人员甚至是周边企业或居民区时，应及时向公众发出警报或公告，告知事故性质、自我保护措施、疏散时间和路线、随身携带物品、交通工具及目的地、注意事项等，并进行检查，以确保公众了解有关信息。

该应急功能要求事先告知公众存在的事故危险、应采取的措施及疏散路线；明确在发生紧急事故时，如何向公众发出警报，发出警报的责任人、时间及使用的设备；各种警报信号的不同含义；公众疏散或安全避难的路线和标志。

(四) 通信

该应急功能要求：明确应急指挥部、现场指挥、各应急部门、外部应急机构之间的通信方法，说明主要使用的通信方式、电话号码等；定期维护通信设备、核对电话号码；准备在必要时启动备用通信系统。

(五) 人员疏散与安全避难

对人群疏散所作的规定和准备应包括：谁有权发布疏散命令；需要进行人群疏散的紧急情况和通知疏散的方法；有可能需要疏散的位置；对疏散人群数量及疏散时间的估测；对疏散路线的规定；对需要特殊援助的群体的考虑，例如幼儿、低年级学生、老人、残疾人等。

所有人员应该熟悉关于疏散的有关信息，应事先确定出通知人员疏散的方法、主要或替换集合点、疏散路线和查点所有人员的程序。应该制定规定以警示和查找学校来访者。保卫人员应该持有这些人的名单。学校陪同人员负责来访者的安全。

逃生路线、集合点应该清楚地标出来。夜间应保证照明充足，便于安全逃生。学校内应该设置风标和南北指示标志，让人员辨识逃生方向。

在发生紧急情况，需要向校外疏散和安全避难时，应急指挥者的首要任务是向外报警并建议主管部门采取校外疏散和安全避难行动。接到学校通报，地方政府主管部门应决定是否启动学校外应急行动，协调并接管应急总指挥的职责。

校外疏散与避难虽然由政府进行组织，但学校必须事先做出准备，包括向政府提出疏散的建议。学校管理者应该积极与地方政府主管部门合作，制订应急预案，保护人员免受紧急事故危害。

（六）事态监测与评估

为控制事故现场，制定抢险措施，保障人员安全，必须对事故的发展势态及影响进行动态监测。在该应急功能中应明确：由谁负责监测与评估活动；监测方法；监测点的设置及报告程序。

事故监测的主要内容有：事故范围和扩展的潜在可能性；建筑物坍塌的可能性；现场危险物质的类型、特性；密闭系统，如压力容器的受损情况。

（七）警戒与治安

该项功能的具体职责包括：对危害区外围实施交通管制，严格控制进出事故现场的人员，避免出现意外的人员伤亡或引起现场的混乱；指挥危害区域内人员撤离，保障车辆的顺利通行，指引不熟悉地形和道路情况的应急车辆进入现场，及时疏通交通堵塞；维护撤离区和人员安置区场所的社会治安工作，保卫撤离区内和各封锁路口附近的重要目标和财产安全，打击各种犯罪分子；除上述职责以外，警戒人员还应该协助发出警报、现场紧急疏散、人员清点、传达紧急信息以及事故调查等。

（八）医疗与卫生

及时、有效地现场急救和转送医院治疗，是减少事故现场人员伤亡的关键。在该功能中应明确：

（1）可用的急救资源列表，如急救医院、救护车和急救人员。

（2）抢救药品、医疗器械、消毒、解毒药品等的来源和供给。

（3）建立与医疗机构的联系与协调机制。

（4）针对学校主要的危险，为急救人员和医疗人员提供培训的安排和要求，保证其掌握正确的消毒和治疗方法，以及个人安全措施。

（5）指定医疗指挥官，建立现场急救和医疗服务的统一指挥、协调系统。

（6）建立对受伤人员进行分类急救、运送和转送医院的标准操作程序。

（7）记录汇总伤亡情况，通过公共信息机构向新闻媒体发布受伤、死亡人数等信息。

（8）保障现场急救和医疗人员个人安全的措施。医疗救护包括现场抢救及医院救治。现场救治要及时将伤员转送出危险区，并按照先救命后治伤、先治重伤后治轻伤的原则对伤员进行紧急抢救。现场抢救主要是保持呼吸道通畅、心肺复苏、抗休克、止痛和其他对症处理。

（九）公共关系

重大事故发生后，应将有关事故的信息、影响、救援工作的进展、人员伤亡等情况及时向家长、媒体和公众公布，以消除恐慌心理。该应急功能应明确信息发布审核和批准程序，保证发布信息的统一性，避免出现矛盾信息；指定新闻发言人，适时举行新闻发布会，准确发布事故信息，澄清事故传言。

二、制定学校应急预案

（一）制定学校应急预案的原则和步骤

制定学校应急预案的原则应包括：以人为本，最大限度地保护师生的生命和财产安全；尊重法律，依照法律，以法律为准绳；尊重科学，依靠科学，以科学为指导，科学管理；依靠群众，鼓励师生民主参与；引进第三者协商制度和决策评估制度，坚持标准化、程序化等。

制定学校应急预案的原则步骤如下。

（1）成立应急预案编制小组，组织尽可能多的部门和人力参与，投入一定的经费，充分利用专家资源，编制过程中注意交流和沟通，注意鼓励师生参与。

（2）明确预案编制的授权、任务和进度。

（3）进行危险分析和应急能力分析，识别学校现有的风险，确定哪些是重大风险。

（4）编写应急预案。

（5）应急预案管理，包括预案的发放、登记、修改和重新修订。

（二）学校应急预案的分级分类

应急预案的编制过程，也是风险识别和控制的过程。根据《国家突发公共事件总体应急预案》，重大突发性公共事件包括发生在校内，需要学校作为主体来处置的，有事故灾难（如学生意外伤害事件、火灾）、社会安全事件（如学生行为触犯刑法的刑事案件、绑架、治安事件、游行、集会）、自然灾害（如地震、洪水、地质灾害、台风等）、公共卫生（如学生食物中毒事故、学生患突发疾病事件、传染病）等突发事件。除此以外，还应考虑校外活动中的安全隐患，如外出春游、参观、校外体育活动中可能发生的突发事件等。

学校应急预案的分级：应根据学校的规模、事故情况具体考虑。参考《国家突发公共事件总体应急预案》中关于特别重大、重大突发公共事件分级标准。

学校应急预案的分类：通常一个学校存在多种潜在事故类型，在编制应急预案时必须进行合理策划，做到重点突出，反映出学校的主要重大事故风险，并合理地组织各类预案，避免预案之间相互孤立、交叉和矛盾。

预案的分类有多种方法，如按行政区域，可划分为国家级、省级、市级、区（县）和企业预案；按时间特征，可划分为常备预案和临时预案（如偶尔组织的大型集会等）；按事故灾害或紧急情况的类型，可划分为自然灾害、事故灾难、突发公共卫生事件和突发社会安全事件等预案。

比较适合学校组织预案文件体系的分类方法，是按预案的适用对象范围进行分类，可将学校的应急预案划分为综合预案、专项预案、现场预案和应急救援方案，以保证预案文件体系的层次清晰和开放性。综合预案是总体、全面的预案，以场外指挥与集中指挥为主，侧重与应急救援活动的组织协调。专项预案主要针对某种特有和具体的事故灾难风险（灾害种类），如地震、重大工业事故等，采取综合性与专业性的减灾、防灾、救灾和灾后恢复行动。现场预案则以现场设施或活动为具体目标所制定和实施的应急预案，如针对学校组织的某项大规模的全校活动制定的应急预案。现场应急预案要具体、细致、严密。应急救援方案是针对一些单项、突发的紧急情况所设计的具体行动计划。

（三）学校应急预案基本结构和内容

综合预案、专项预案和现场预案由于各自所处的层次和适用的范围不同，其内容在详略程度和侧重点上会有所不同，但都可以采用相似的基本结构。

应急预案的总体描述。主要阐述应急预案所要解决的紧急情况，应急的组织体系、方针，应急资源，应急的总体思路，并明确各应急组织在应急准备和应急行动中的职责，以及应急预案的演练和管理等规定。

基本预案一般包括以下12项内容。

（1）预案发布令。

（2）内部应急部门和外部机构及其负责人。

（3）术语和定义的解释和说明。

（4）相关法律和法规。

（5）应急管理和应急救援的方针和原则。

（6）危险分析和环境综述。

（7）应急资源准备的情况，包括应急力量的组成、应急能力、重要应急设备设施和物资的准备情况。

（8）应急部门机构组成和职责。

（9）教育、培训和演练。

（10）本预案与其他应急预案的关系。

（11）与相邻单位或专业救援机构签署的互助协议，明确可提供的互助力量、物资、设备、技术等。

（12）预案管理。

基本应急行动和任务。包括接警与通知、指挥与控制、警报和紧急公告、通信、事态监测与评估、警戒与治安、人员疏散与安置、医疗与卫生、公共关系、应急人员安全、消防和抢险、泄漏物控制、应急恢复等。它们构成了应急救援工作的有机整体。这些基本应急行动和任务常被称作应急功能。

特殊风险预案。特殊风险预案是在对潜在重大事故风险进行的辨识、评价和分析的基础上，针对每一种类型的可能重大事故风险，编制的专门预案。明确其相应的主要负责部门、有关支持部门及其相应的职责，并为该类专项预案的制定提出特殊要求和指导。学校中可能存在的特殊风险，如火灾、群集情况、集体中毒、传染病等。

应急标准操作程序。由于在应急预案中没有给出每个任务的实施细节，各个应急部门必须制定相应的标准操作程序，为组织或个人提供履行应急预案中规定的职责和任务时所需的详细指导。

第二节　建立学校应急管理的预警机制

预警机制，就是通过对某一组织系统或过程模式的信息和现象的反馈、分析，检测其偏离目标的程度，并对其可能发生的后果发出预先警示，以达到预防、调整或补救效果的系统机制。所以，建立学校信息报告网络对于健全应急预警系统有着极其重要的作用。

一、预警机制建立的原则

1. 智能化原则

智能化是预警机制的首要原则，它基于制度科学化和信息网络化的建设和完备。预测，并非主观臆断、拍脑袋决策，而是建立在科学的制度保障和充分准确的信息之上的。智能化，包括现象监测、信息呈现、结构调整、结果跟踪的智能行为；它保证人不在场时智能监控、反馈或进行保险处置，在人的参与和决策过程中，人的意志通过机制自觉反应。

2. 常规化原则

常规化是预警机制的基础性原则，指预警程序始终设置在运作状态，而不是临时性、偶然性的。一是机构常设，从预警领导中心到行动小组，不能因时而异；二是时间有定，根据不同的预警对象，定期呈现或反馈，可以是24小时常备（如疾病应急中心），也可以是以周、月、学期为单位；三是程序正常，每一环节都依次运作、临事不乱、有备无患，常规化即意味着平时预案先于有事法案。

3. 快速化原则

快速化是预警的关键性原则。在突变发生之际，快速报告、快速响应、快速处理，可以避免危机的发生，或后果的进一步扩大。快则预后良好，缓则后患无穷。以快制快，这是风险管理的最为重要的一条要求。比如，2004年中考，某校考场因为送考车临时出现故障而导致监考缺人，学校紧急启动了快速反应机制，所有后备人员在5~10分钟全部到位，避免了一次考场事故。快速化原则是体现预警机制现代化性能和程度的重要标志。

4. 高效化原则

高效化是预警机制的目标性原则，指预防确保无意外，因应确保不耽误，补救确保无后患。预警应该以平时预防为主，防微杜渐，万无一失，是高效化的最佳状态；一旦出现紧急状态，应该迅速有序地启动程序响应，消除祸患于无形，是高效化的显著标志；如果不能及时阻止危机发生，应该紧急商讨对策，采用有效措施，进行调整和补救，使损失降低到最小的程度，不留后患；没有高效能的预警，只能带来误导战略、贻误战机、遗祸无穷的严重后果。

二、建立预警机制的程序

此预警机制分为三大系统：警示系统、响应系统和保障系统。

1. 警示系统包括呈现、报告和警示三个过程

呈现，即警示对象的各种现象和指标的显示。用信息学的说法，是信息的获取、转换、传输和存储过程。信息呈现的方式有问题呈现和数据呈现，信息获取途径主要有调查问卷、民主测评、深度访谈、校园网、校长信箱、绩效反馈等。报告，指系统向职能部门报告，再由职能部门向指挥中心报告。警示，分为Ⅰ级、Ⅱ级和Ⅲ级。每一级呈现内容为信息指标和数据指标，三级警示的指标为相关职能部门的分析提供来源，为决策部门提供参照依据。

2. 响应系统同样分为相应的Ⅰ级、Ⅱ级和Ⅲ级，包括分析、决策、处理三个过程

分析，将由信息处理部门完成分析报告，紧急情况直接交由决策部门召集相关职能人员分析和判断；分析的内容，包括问题产生的根源、类型、特征、危害及其参考意见。决策，根据预警的级别，分别交由不同的职能部门作出决策。三级预警及常规事务性的情况预警的决策权，基本交给年级和科组，体现权利下移的扁平式管理思想；二级预警，多由职能部门决策并执行；一级预警，以及关于学校方针政策、经济、安全等重大情况的预警，交由校长办公会议讨论决策，或者提交教代会表决。处理，包括问题处理和危机排除，前者是常规性的调整，如计划方案、实施步骤、结构方法等，后者是突发性的事故处理。

3. 保障系统包括跟进和反馈两个过程

跟进，即后续跟踪和改进。问题得到解决，危机得以排除，但整个系统仍然处在不稳定的"余震"阶段，极易出现反复，因此需要后续跟进，主要做法是策略方向和制度规划的调整或修订、工作程序漏洞的查堵、常规宣传和培训的加强等，使系统回到既定的目标，或新秩序下更高的起点。反馈，是控制论中一条重要的基本原则，将改进后的信息传输到警示中心，对新的预替机制发生影响，增加抗干扰信息的能力，使之更加完善。

三、建立畅通的信息报送渠道

畅通的信息报送渠道对学校应急的预防和求救起到了非常重要的作用。对于学校应急管理的基础工作来说，在学校自身及上级部门的隐患排查工作中，有些短时间内可以完成整改的隐患，要做到发现一个排除一个。而对于那些情况复杂、短期内学校自身难以完成整改的隐患，首先要通过信息报送渠道，将预案及时报送到上级相关部门。

从技术层面上来看，学校应急管理体系建设的首要任务就是建立畅通的信息报送渠道，而畅通的信息报送渠道需要以下几个方面的支持：

1. 技术支持

电力、通信、公安、消防、人防、地震、水灾、防疫、安监、环保等专业部门要根据职责，按照学校突发事件的种类和应急处置工作需要，开发更新设施设备，提高指挥平台的等级。依据专业特点建立各类咨询专家和现场操作专家队伍，为紧急指挥决策咨询和现场技术处理提供专业技术支持。

2. 数据支持

建立学校突发事件基本情况数据库和动态的信息综合、分析、评估、管理系统。数据库包括当地学校突发事件种类、明细，各类应急预案，应急储备物资数量、种类及分布，专业应急救援专家、队伍的数量和分布，为应急指挥部决策提供数据支持。

3. 方案和建议

学校发生重特大突发事件，有关人员和专家要运用各种紧急指挥决策支持系统，迅速对有关信息进行分析、评估，适时提出紧急处置方案和建议，供指挥者决策参考。

4. 解除应急

学校发生重大、特大、特殊突发事件，广电系统要在应急处置指挥部就位和待命。按照指挥部要求对现场媒体活动实施管理、协调和指导。应急处置工作结束后，当地学校应该根据有关协调管理机构的报告和建议解除应急状态。

四、完善学校突发事件预警与救护组织指挥系统

各级学校都应成立学校突发事件应急处置指挥机构，负责本辖区学校突发事件的应急处置。指挥机构由学校一把手任总指挥，分管教育的行政领导任副总指挥。其职责是研究确定学校突发事件应急处置的重大决策，搞好学校预防突发事件重要项目建设；在学校发生突发性重大、特大事件时启动应急预案，并实施组织指挥。

突发公共事件应急处置指挥机构要下设办公室。其职责是传达和执行上级决定，负责学校突发性事件综合协调及其相关组织管理；指导、督促、检查本区域学校突发事件应急处置及科研宣教工作；研究会商学校突发事件发生、发展趋势，对突发事件损失及影响进行评估。授权发布预警预报，整合全辖区应急资源和力量，根据预警级别、事件规模、特点提出应急措施。

学校突发事件的预警和安全救护实行属地负责的原则。各级地方学校是本地学校突发事件的责任主体。境内的上管单位、军队、武警等单位的人力和物力资源，在遇到学校突发事件预警、应急处置和善后处理时，应依照法律法规服从当地学校的统一组织和调配。

第二十七章

加强学校先期处理和协助处置工作

□ 第一节 如何开展学校先期处置工作
□ 第二节 如何防止学校发生次生、衍生事故
□ 第三节 及时组织受威胁师生疏散和转移

为了有效预防、及时控制和妥善处理各类突发事件，建立统一指挥、职责明确、反应迅速、处置有力的应急处置体系，最大限度地降低突发事件的危害，确保师生、教职工的生命与财产安全，保证正常的教学生活秩序，维护学校和社会稳定，学校应加强先期处理和协助处置的能力。发生突发危机事件后，现场教职工和值班人员除了及时向领导报告外，还应采取相应的先期处置，如迅速组织人员火速赶到现场并组织有关人员负责先期处理，阻止事态的进一步扩大。

第一节　如何开展学校先期处置工作

突发公共事件发生后，事发地的学校要及时报告特别重大、重大突发公共事件信息。根据实际，学校应组织处在事件中的师生开展先期的处置工作，尤其是自救工作，以争取时间，减少损失或伤亡。同时，要根据职责和规定的权限启动相关应急预案，并在地方党委、政府的领导下采取控制措施，组织开展应急救援工作，及时、有效地进行处置，控制事态扩大。

发生灾难事故，学校应及时向师生、员工通报有关情况，稳定师生、员工情绪，稳定校园秩序，避免不必要的恐慌和动荡。下面我们将分别讲述针对不同类别的突发事件，学校该如何开展先期处置工作。

一、社会安全类突发事件的先期处置

社会安全类突发事件的等级标准原则按照《中华人民共和国突发事件应对法》执行，同时，根据群体性事件的突发紧迫程度、形成的规模、行为方式和激烈程度、可能造成的危害、可能发展蔓延的趋势等，由高到低分为四个等级：Ⅰ级（特别重大）、Ⅱ级（重大）、Ⅲ级（较大）和Ⅳ级（一般）。

1. 特别重大事件（Ⅰ级）的先期处置

特别重大事件（Ⅰ级）：人员聚集事件失控，并未经批准走出校门进行大规模游行、集会、绝食、静坐、请愿以及实施打、砸、抢等，引发地区、行业性的连锁反应，已形成严重影响社会稳定的大规模群体性事件；针对师生的各类恐怖袭击事件；以及视情况需要作为Ⅰ级对待的事件。

（1）学校应立即向当地政府及其公安部门和区教育局报告，请求派遣警力进校，根据情况采取相应措施，避免冲突加剧和学生受伤。

（2）一旦学生走出校门上街集会、游行，学校要派人劝阻，如劝阻无效，应及时请公安部门到现场协助做好工作，防止学生出现过激的违法行为。学校要切实做好学生的劝导工作，做到教师不停课，学生不停学。

（3）如公安部门必须采取坚决措施时，学校和区教育局应进一步劝说学生离开现场，保证学生安全。

2. 重大事件（Ⅱ级）的先期处置

重大事件（Ⅱ级）：人员聚集事件失控，校园网上出现大面积的串联、煽动和蛊惑信息，校内聚集规模膨胀并出现多校串联聚集趋势；校内出现未经批准的大规模游行、集会、静坐、请愿等行为，学校正常教育教学秩序受到严重影响甚至瘫痪；以及视情况需要作为Ⅱ级对待的事件。

若事件已严重影响学校正常教学、生活秩序，区教育局负责人应及时深入事发学校，指导、协助学校化解矛盾，控制事态蔓延。对在群体性事件中别有用心、蓄意破坏、危及公共安全的极个别人，要报请当地公安部门，严格控制和监视。学校要严格门卫管理，防止串联和外出集会、游行，防止社会闲杂人员进入学校。

3. 较大事件（Ⅲ级）的先期处置

较大事件（Ⅲ级）：单个突发事件引发连锁反应，校园内出现各种横幅、标语、大小字报，有关事件的讨论已攀升为校园网热点问题之一，引发在校内局部聚集，一次或累计聚集人数不足100人，但已形成影响和干扰学校正常教育教学生活秩序的群体性事端；以及视情况需要作为Ⅲ级对待的事件。

事件爆发后，处于局部聚集状态时，学校应立即报告上级教育主管部门。学校负责人及有关责任人赶赴现场，对原因清楚、能够立即处理的问题，及时、妥善地予以处理。对原因不详，需要一定时间调查处理的，向学生做好解释工作，讲清道理，化解矛盾，对聚集学生进行分隔、疏导和疏散，恢复正常的教育教学秩序。

4. 一般事件（Ⅳ级）的先期处置

一般事件（Ⅳ级）：事件处于单个事件状态，可能出现连锁反应并引起聚集，群体性事端呈萌芽状态。单个性突发事件已引起师生广泛关注，师生中出现少数过激的言论和行为，校园内或校园网上出现大小字报，呈现可能会影响校园稳定的苗头性信息；以及视情况需要作为Ⅳ级对待的事件。

发现突发事件的苗头时，教育行政部门和学校负责人应立即赶到现场，负责组织对事件原因进行调查和取证，并通知相关部门及时解决，消除引发突发事件的苗头和问题。发现具有社会危害性的大字报、小字报及传单时，对张贴者立即予以监控，确定其身份，分情况予以处置。对大字报、小字报及传单迅速消除，防止扩散。

另外，学校应根据事件的发展趋势、动态调整事件级别，以不断调整应急措施和方案，加大应急处置力度，提高应急处置工作的针对性、时效性。

二、公共卫生类突发事件的先期处置

突发公共卫生事件按严重程度从高至低分为特别重大（Ⅰ级）、重大（Ⅱ级）、较大（Ⅲ级）和一般（Ⅳ级）四级。发生突发公共卫生事件时，学校应组织实施以下应急措施。

（1）现场的教职员工立即将相关情况通知学校突发公共卫生事件责任报告人及学校领导；学校校长接报后，必须立即赶赴现场，在当地政府的统一部署下，按照分级响应的原则，根据相应级别做出应急反应。

（2）学校应及时联系当地卫生部门（医院），对中毒或患病人员进行救治；要采取边抢救、边调查、边处理、边核实的方式，以有效措施控制事态发展。

（3）与中毒或患病人员（特别是中小学生或病情严重者）家长、家属进行联系，通报情况，做好思想工作；有死亡人员的，应做好死亡人员的家属接待与安抚工作，稳定其情绪。

（4）积极配合卫生疾控部门封锁和保护事发现场，对中毒食品、物品等取样查验，对相关场所、人员进行致病因素的排查，对中毒现场、可疑污染区进行消毒和处理，对与肺鼠疫、肺炭疽、霍乱、传染性非典型肺炎病人有密切接触者实施相应的隔离措施；或配合公安部门进行现场取样，开展侦破工作。

（5）追回已出售（发出）的可疑中毒食品或物品，或通知有关人员停止食用可疑中毒食品、停止使用可疑的中毒物品；停止出售和封存剩余可疑的中毒食品和物品；控制或切断可疑水源。

（6）未发生突发公共卫生事件的学校接到突发公共卫生事件情况通报后，要及时部署和落实预防控制措施，防止突发公共卫生事件在本区域内（学校）发生。

三、事故灾难类突发事件的先期处置

事故灾难按严重程度，从高到低分为Ⅰ～Ⅳ级。

特别重大事件（Ⅰ级）：学校所在区域内的人员和财产遭受特别重大损害，

对本地区的教学秩序产生特别重大影响的事故灾害。

重大事件（Ⅱ级）：学校所在区域内的人员和财产遭受重大损害，对本地区的教学秩序产生重大影响的事故灾害。

较大事件（Ⅲ级）：对学校的人员和财产造成损害，对学校的教学秩序产生较大影响的事故灾害。

一般事件（Ⅳ级）：对个体造成的损害，对学校教学秩序产生一定影响的事故灾害。

1. 火灾事故的先期处理

（1）学校突发火灾事故，要立即启动应急预案，全力组织人员开展疏散和自救工作。同时，要在第一时间向当地公安消防119指挥中心报警。学校负责人必须在第一时间亲临现场组织开展救人和灭火工作，在消防人员到达现场后，主动提供有关信息，配合做好救人和灭火抢险工作。

（2）立即采取切断电源、煤气等紧急安全措施，避免继发性危害。

（3）积极配合医疗卫生部门抢救受伤人员。

（4）及时疏散人员，封锁现场，转移重要财物，确保人员、财产的安全。

（5）妥善解决受灾师生的安居问题。

2. 校舍安全事故的先期处理

（1）学校在建或改建的建筑物要设立警示牌和隔离栏，以免师生接近造成伤害。

（2）校内危房一律停止使用，并立即予以拆除。程度较轻的危房要及时采取有效措施进行维修、加固。

（3）学校发生房屋、围墙、厕所等建筑物倒塌安全事故，学校领导和有关部门负责人必须在第一时间赶赴现场，迅速开展现场处置和救援工作，并立即向上级主管部门和当地政府报告。

（4）在有关方面的帮助下，对受伤师生及时组织抢救，对受困人员积极组织解救。同时，对事故现场予以封锁。

3. 楼梯间拥挤踩踏事故的先期处理

（1）学校要重视加强对学生的行为规范教育，及时排查拥挤踩踏事故隐患，坚决避免拥挤踩踏事故发生。

（2）学校发生楼梯间拥挤踩踏事故，要迅速开展现场疏导和救护工作，并立即向医疗急救部门报告求援，向上级教育主管部门报告。

（3）学校领导和有关部门负责同志，必须在第一时间亲临现场指挥，控制局势，做好人员疏导疏散工作；组织人员对受伤者进行人工呼吸、止血等应急抢救处置，并尽快将受伤师生送往医院抢救，同时请求当地政府予以援助。

4. 突发危险品污染事故的先期处理

（1）学校因意外因素引起危险物品泄漏，或因违反有关规定排放污染物造成环境污染事故灾难的，应及时向当地教育和有关行政管理部门报告，同时划定污染区。

（2）对有明确污染源的应立即控制污染物排放，对于化学危险品污染事故，要立即向当地政府和上级主管部门报告，进行紧急处置。

（3）对发生有毒物质污染可能危及师生生命财产安全的，学校与当地教育行政部门应立即采取相应的有效措施，控制污染事故蔓延，必要时应疏散或组织师生撤离。

（4）危险或危害排除后，学校与当地教育行政部门应召集有关部门做好善后工作，妥善处理环境污染事故。

5. 恶性交通事故的先期处理

（1）发生恶性交通事故，遇有学生、教工死亡、受伤等情况，学校领导和有关部门负责同志必须在第一时间赶到现场，组织抢救，立即向医疗急救部门求助，向公安交警部门报告，并向上级主管部门报告。

（2）保护好事故现场，有效控制肇事人，积极寻找证人。

（3）学校积极协助公安交警部门及时查明事故原因。

6. 大型群体活动公共安全事故的先期处理

（1）学校举行文化、体育、集会以及外出参观考察等大型群体活动，必须周密制定安全预案，落实安全保卫措施。

（2）完善通信体系，做好定时通信联络工作，定时清点人数，保持信息联络畅通。

（3）发生重大安全事故，应立即启动相关应急预案，遇有学生、教工死亡、受伤等情况，立即向卫生医疗部门求助，及时抢救受伤师生。

（4）活动组织者和有关负责人要稳定现场秩序，根据室内外不同情况组织师生有序疏散逃生，保护学生生命安全，尽力避免继发性灾害。

（5）学校领导和有关部门负责人必须在第一时间赶赴现场，亲临一线，靠前指挥，组织疏导，全力抢救受伤师生。同时，在第一时间向当地公安机关、地方政府和上级教育主管部门报告，争取各方面的援助。

四、自然灾害类突发事件的先期处置

1. 分类

根据国家有关自然灾害应急预案和教育系统实际,及对学校教学产生的影响,自然灾害突发事件按严重程度,从高到低分为Ⅰ~Ⅲ级:

Ⅰ级事件:是指学校所在区域内的人员和财产遭受重大损害,对本地区教学秩序产生重大影响的自然灾害。

Ⅱ级事件:是指学校的人员和财产遭受较大损害,对学校的教学秩序产生严重影响的自然灾害。

Ⅲ级事件:是指对个体造成损害,对学校的教学秩序产生一定影响的自然灾害。

2. 处理措施

(1) 突发自然灾害类事件时,学校应根据当地政府统一部署,启动相应级别的应急预案并检查、落实预案的执行情况。

(2) 按照当地政府的统一部署,发布躲避通知,必要时组织避灾疏散。

(3) 配合有关部门开展灾情监测工作。

(4) 配合有关部门开展生命组等工程的应急保护工作。

(5) 督促检查抢险救灾的准备工作。

(6) 防止自然灾害谣传或误传,不信谣、不传谣,避免发生衍生灾害,保持社会安定。

五、网络、信息安全类突发事件的先期处置

1. 网络运行事件处理

网络运行相关事件由各学校网络负责人负责,重大事件应立即向上一级有关部门报告。事件包括:线路中断、故障、流量异常、域名系统故障等。

2. 网络攻击事件处置

对于大规模、影响较大的恶意移动代码、拒绝服务攻击、系统入侵和端口扫描处置:

(1) 通知网络与信息安全类突发事件应急处置工作组,决定上报或通报;

(2) 按预案通知相关管理员采取措施,或直接实施控制;

(3) 处置人员记录事件处理步骤和结果,总结报告。

3. 信息安全事件处置

发生信息安全事件应紧急通知信息主管负责人，及时消除非法信息，恢复系统。无法迅速消除或恢复系统、影响较大时实施紧急关闭，并及时上报。

六、考试安全类突发事件的先期处置

国家教育统一考试期间，一旦出现试卷、试题被盗、被抢；试卷、试题运送途中发生重大交通事故；舞弊、火灾、中毒、爆炸、洪涝等灾害事件；国家教育统一考试工作场所发生食品、饮水、空气、物品等污染、中毒或疑似污染、中毒等突发事件后，按照"早、快、严"的原则果断处置。

1. 及时报告

事发学校按报告制度要求，第一时间报告"应急办"。"应急办"视情节报告"领导小组"后，并报告区委、区政府和相关部门。报告内容包括事件的规模、内容、目的等。

2. 先期处理

立即采取有效措施，封锁现场，禁止无关人员进入，防止事态进一步扩大。展开事故原因调查，对存在隐患，迅速落实整改措施。积极平息事态，确保考试准备工作的顺利进行。

七、其他影响学校安全与稳定的突发事件的先期处置

发生其他不可预料突发事件影响到学校的安全与稳定时，学校应根据事件类型、级别及影响等因素迅速启动相应预案，做到快速反应，正确对待，果断处置，把问题解决在萌芽状态，减少各种损失。

第二节 如何防止学校发生次生、衍生事故

学校发生突发性安全事故后，学校应遵循"以人为本"的原则，牢固树立"珍爱生命，安全第一，责任重于泰山"的意识，把保障广大师生的生命和财产安全、最大限度地预防和减少安全事故灾难造成的人员伤亡作为首要任务。因此，如何防止突发安全事故进一步导致次生、衍生事故显得更为重要。

一、什么是次生灾害

次生灾害是指由原生灾害诱导出来的灾害,具有隐蔽性、突发性的特点,如疫病等。衍生灾害是指由于人们缺乏对原生灾害的了解,或受某些社会因素和心理影响等,造成的盲目避灾损失,以及人心浮动等一系列社会问题引起的灾害。

鉴于此,重大气象灾害更多的是"天灾",有很多不可抗拒的因素存在,而无数次经验教训则表明,城市,特别是大城市,次生、衍生灾害等所造成的损失,常常更甚于直接的原生灾害。

比如,冰雪融化及降雨,可能引发崩塌、滑坡、泥石流等地质灾害,由此进而可能引发矿难、井难等事故灾难;灾民倒房会进一步增加,而且倒房的民众多是困难户,因此又可能引发民生灾难;大量使用融雪剂,产生大面积的水污染、土壤污染等环境污染,还可能会产生食品安全污染,甚至引发疫病;重大基础设施受损、交通运输被破坏,会对百姓的生活、经济发展造成不利影响等。

通常而言,如果防范不及时、有效,由原生灾害引起的次生、衍生灾害,会形成灾害链。在一定的条件下,多种灾害还会同时发生,由灾害链放大成灾害群。一旦形成灾害群,抗灾、救灾的难度会成倍增加,灾害损失也会成倍放大,因此我们一定要注意防范次生灾害。

二、地震灾害和冰雪灾害的次生、衍生灾害及应对措施

(一)地震灾害

1. 地震可能衍生的灾害

强烈的破坏性地震瞬间将房屋、桥梁、水坝等建筑物摧毁,直接给人类造成巨大的灾难,还会间接引起火灾、水灾、毒气泄漏、疫病蔓延等,这些称为地震的次生灾害。例如,地震时电器短路引燃煤气、汽油等会引发火灾;水库大坝、江河堤岸倒塌或震裂会引起水灾;公路、铁路、机场被地震摧毁会造成交通中断;通信设施、互联网络被地震破坏会造成信息灾难;化工厂管道、贮存设备遭到破坏会形成有毒物质泄漏、蔓延,危及人们的生命和健康;城市中与人们生活密切相关的电厂、水厂、煤气厂和各种管线被破坏会造成大面积停水、停电、停气;卫生状况的恶化还能造成疫病流行。地震还可能会引起社会动乱,如大规模逃亡、抢劫等。

2. 如何防止地震后发生次生、衍生事故

地震时最需要的是学校领导和教师的冷静与果断,要安排学生躲避在课桌

下、讲台旁，绝不可乱跑或跳楼；震后沉着指挥学生有秩序地撤离。

（1）学校一定要有秩序地疏散，尽快离开房屋。人员疏散时，要避开高楼房、烟囱、高门脸、女儿墙、高围墙等，更不要在狭窄的胡同中停留。要避开高压电线、变压器，以防电杆或电线震断触电伤人。

（2）对学校内的易燃、易爆、剧毒物品，要严密监视，地震时，一旦发现剧毒或易燃气体溢出，应立即组织抢救。

（3）对于大型水库、堤坝等，要预先做好防震检查，发现问题及时加固。水库下游的居民，在地震发生时，要严密注视堤坝的安全，遇有险情，除组织力量抢救外，要迅速向安全地带转移。

（4）大地震发生在山区，由于山崩、塌方等，可能堵塞河道，遇到此种情况，要立即组织人员疏通，以免造成水灾。

（5）在山区，还要远离悬崖陡壁，以免山崩、塌方时伤人。还应离开大水渠、河堤两岸，这些地方容易发生较大的地滑或塌陷。

3. 学校应定期进行防震演习

防震演习是一种大众化的、大覆盖面的、高效能的地震和防震对策知识宣传，以及模拟防震救灾的实践活动。通过防震演习，一方面，使广大学生了解并掌握防灾、避震、脱险及相互救治的知识和本领，了解并掌握减少或避免次生灾害以及有效地减少次生灾害伤亡和损失的常识和措施。提高全校师生的防灾意识，增强师生对灾害的承受能力和抗御能力。另一方面，通过防震演习，提高各级领导部门的防灾、减灾的组织指挥功能，这样，地震一旦发生，不管事前有无准备，各岗位人员都能熟练地采取相应的紧急对策措施，实施自救和互救，迅速紧急部署，组织指挥实施紧急救援，迅速组织抢救和修复交通、通信、供水、供电工程，确保救灾对策实施，达到最大限度地减轻地震的灾难。

（二）冰雪灾害

2008年年初，我国南方多个省市遭遇了史上罕见的冰冻灾害，各级各类学校也遭受了严重的损失。如何在冰冻灾害后预防并控制次生灾害带来的危害，保证学校正常教学秩序已成为一个重要问题。

次生灾害是指由原生灾害诱导出来的灾害，如山体滑坡、泥石流等灾害。一般来说，次生灾害多发生在气象灾害与地质灾害领域，由于人们刚经历灾害考验，对随之而来的次生灾害往往缺乏准备，因此，次生灾害隐蔽性和突发性强，危害性更大。对学校来说，气温的回升给刚经历低温严寒的建筑材料带来新的考验，温度变化必然导致校舍墙体和屋顶发生相应变化，可能发生渗水、开裂等问题。少数建筑年代久远的房屋还有可能因为温差骤变导致结构发生变化，甚至垮塌，这些都会给学校造成严重的安全隐患。此外，山区的孩子上学必经的一些山道、小桥等，也会因气温变化造成结构改变，有安全隐患。次生灾害不可忽视。那么学校应该如何应对，以防止次生灾害的发生呢？

对于次生灾害，只要提高警惕，做好准备，是完全可以避免的。如学校的校舍安全问题，经过低温凝冻和气温回暖的温差变化，部分使用时间过长的房屋墙体和屋顶容易开裂，此时一定要认真检查房屋结构是否已被破坏，如果确认已是严重危房，就一定要拆除重建。此外，春季雨水对破损房屋的冲刷也可能导致次生灾害发生。总之，一定要警惕麻痹大意的心态，防止次生或衍生灾害、事故的发生与蔓延。

三、预防校园突发公共事件的次生、衍生事故

（一）突发事件的特点及分类

1. 特点

所谓突发事件，是人们对于偶然发生事件的总称。其基本特点有以下几点。

（1）突然性：突发事件是事物内在矛盾由量变到质变的飞跃过程，是通过一定的契机诱发的，而这个契机是偶然的。因此，突发事件发生的具体时间、实际规模、具体态势和影响深度都难以完全预测。

（2）不确定性：突发事件的发展随机性强，变化快，不确定因素多，发展方向不明确。处理得好，可以快速控制事态，避免损失扩大，甚至成为革新提高的契机。应对不当，可能导致事态扩散，引起连锁反应，带来重大损失。

（3）聚众性：社会性突发事件，多是由少数人操纵，通过宣传鼓动而把一些群众卷到事件中来，自然性突发事件往往危及多数群众的生命财产，关系到一个地区社会稳定。

（4）破坏性：不论什么性质和规模的突发事件，都必然不同程度地给国家和人民造成政治、经济上的破坏与损失以及精神上的创伤。

2. 分类

根据突发事件的发生过程、性质和机理，我国目前将其大致分为自然灾害、事故灾难、突发公共卫生事件和社会安全事件四大类。

（1）自然灾害类主要包括地震灾害、水旱灾害、气象灾害、地质灾害、海洋灾害、生物灾害和森林草原火灾等。

（2）事故灾难类主要包括工矿商贸企业的各类重大安全事故、重大交通运输事故、公共设施、设备事故、核辐射事故、重大环境污染和生态破坏事故等。

（3）公共卫生类主要包括重大传染病疫情、群体性不明原因疾病、食品安全和职业危害、动物疫情以及其他严重影响公众健康的事件。

（4）社会安全类主要包括涉外突发公共事件、恐怖袭击事件、民族宗教事件、经济事件、重大刑事案件、规模较大的群体性事件等。各类突发公共事件往往相互联系和影响，有时还可能引发次生、衍生事件，或者几种突发事件同时发生。

（二）校园突发公共事件种类

校园突发公共事件包括人为或自然因素引起的各类紧急情况，主要有：

（1）突发性事故灾难：主要包括集体活动中或课间因学生的相互挤压造成师生伤亡事故，校舍倒塌、火灾、触电等造成师生伤亡事故等。

（2）突发性治安事件：主要包括涉及师生的严重暴力犯罪案件，校外人员严重骚扰、冲击校园，学生群殴以及学生被害、自杀或其他不明原因死亡，发生交通事故或教学活动中致伤、致死事故等。

（3）突发性自然灾害事件：主要包括可能造成师生群死群伤，影响学生正常学习和生活的台风、暴雨、冰雹、寒流、雷击等气象灾害；地震灾害；山体崩塌、滑坡、泥石流、地面塌陷、地面沉降等地质灾害；海啸等海洋灾害；森林火灾等。

（4）突发性公共卫生事件：主要包括群体性食物中毒事故，传染性疾病、群发性疾病等。

上述各类突发公共事件往往是相互交叉和关联的，某类突发公共事件可能和其他类别的事件同时发生，或引发次生、衍生的其他类型事件，应当具体分析，统筹应对。

（三）突发公共事件的处理步骤

一旦发生较大、重大、特别重大突发公共事件，一般按照以下步骤进行应急处置。

1. 迅速报告事故

将发生事故的时间、地点、人员伤亡情况（包括姓名、年龄、性别、身份等）、事故简要经过、事故发生原因的初步判断、事故发生后采取的措施和事故现场控制情况以及报告人、报告人的联系电话报告上级。当事故现场情况发生变化，伤亡人员数量发生变化时，事故发生学校应及时进行补报。

2. 立即组织施救

事故发生后，事故发生单位除拨打110、119、120电话外必须立即报告文教局和当地镇政府（街道办事处），并立即组织教职工施救及学生自救，努力将人员伤亡减少到最低程度。文教局及时向上级有关部门报告，并根据事故性质向公安、交警、消防、卫生防疫、交通管理等部门紧急求援，使灾情较快得以控制，受伤人员及时得到救治。

3. 保护事故现场

事故发生后，在迅速组织抢险救护工作的同时，应对事故现场实行严格的保护。防止与事故有关的残骸、物品、文件等被随意挪动或丢失。因抢救人员、防止事故扩大以及疏通交通等原因需要移动现场物件的，应当做出标志或绘制现场简图并写出书面记录，妥善保存现场重要痕迹、物证。

4. 稳定现场秩序

（1）局、校领导及有关干部应立即赶赴事故现场，听取事故情况汇报，召开文教局校园突发公共事件应急处置工作领导小组应急处理会议，成立现场抢救指挥部，设现场协调组，抢险、救护、保卫、后勤组，事故调查、善后组。

（2）各工作小组采取应急措施全力组织抢救，维持秩序，疏散师生，保护现场，监控险情，关注事态发展。

（3）统一事故上报口径，关注新闻报道，组织有序宣传，统一新闻发布。保障正常的教育工作秩序。

（4）受伤害学生的监护人、亲属或其他有关人员，在事故处理过程中无理取闹，扰乱学校正常教育教学秩序，或者侵犯学校教师或者其他工作人员的合法权益的，应立即报告公安机关依法处理。

5. 事故调查处理

（1）事故调查处理实行"四不放过"原则，即在调查处理事故时，必须坚持事故原因分析不清不放过；事故责任者和教职员工没有受到教育不放过；事故责任者没有受到严肃处理不放过；没有采取切实可行的防范措施不放过。

（2）事故调查的工作程序。局有关部门按各级事故调查组的要求，协助进行各项调查取证工作。局本级调查组人员要在做好事故救援现场保护的基础上，尽早开展事故现场勘查工作，做好事故目击证人和有关当事人的询问笔录，确保掌握事故的真实性，主动配合上级调查组做好查处工作，在最短的时间内形成事故调查报告报区文教局。调查报告应包括事故经过、原因分析、救援措施、结

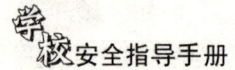

果、教训及今后防范措施等。

6. 处理善后工作

（1）做好受伤学生和受惊吓学生的慰问工作，并及时与受害者家长取得联系，做好伤亡学生家长的安抚解释工作。做好相关人员思想工作。

（2）协同有关部门做好事故的善后抚恤及处理工作，并与保险公司等单位取得联系，依法处理、协调赔偿，努力维护学校和社会的稳定。

7. 追究事故责任

（1）对因学校责任事故造成重大伤害的，分清责任，按有关法律和政策规定对责任人追究行政责任。有关责任人的行为触犯刑律的，移送司法机关依法追究刑事责任。

（2）对隐瞒不报、谎报、故意延迟不报、故意破坏事故现场的，由有关部门按照国家有关规定，对学校负责人和直接责任人员给予行政处分，构成犯罪的，由司法机关依法追究刑事责任。

（3）区文教局及时将整个事故的基本情况、原因、责任追究、处理结果等上报市教育局和区委办、区府办、区突发公共事件应急管理办公室、区安监局等，并通报各学校。

四、防止各类事故（事件）发生次生、衍生事故

（一）食物中毒

（1）发现师生有类似食物中毒症状（进食过某种同样食物后，短时间内多数人出现恶心、呕吐、腹痛、腹泻、头晕、头痛、乏力、发热、抽搐等相似症状）时，学校应立即拨打120急救中心或直接送医院诊治。

（2）及时向市卫生部门、防疫中心和市教育局报告发生食物中毒事件的学校名称、地址、时间、中毒人数、可疑食物、联系人、联系电话等有关内容。

（3）保护好中毒现场，做好所食用食物取样工作，原料、工具、设备、食品样品封存，以备卫生部门检验，如因食用校外食物所致，学校积极配合有关部门取样；同时保留病人的呕吐物、腹泻物。

（4）应急小组要迅速排查食用致毒食物的师生名单，并检查身体状况。

（5）及时告知学生家长或第一监护人，并做好家长和家属的工作。

（6）积极配合卫生、公安等有关部门做好诊治、调查、事故处理等工作。

（二）传染病

（1）凡全校师生在家中出现流脑、风疹等传染性疾病，应迅速就医并向学校

请假，不得带病上学、上班。经医院诊断排除传染病后，才能回校上学、上班。

（2）学校教师若在校内出现疑似传染病，必须立即戴防护口罩和手套并到校医室休息，学生出现疑似传染病的，班主任应立即通知家长，由家长陪同去医院；家长不能陪同的，由老师送去医院就医。

（3）学校对传染病人所在班级或办公室及所涉及的公共场所进行消毒，对与传染病人密切接触的师生进行隔离观察，防止疫情扩散。

（三）火灾及爆炸事故

当发现学校发生火灾或爆炸时，值班室、行政值日领导、行政值周教师或其他教师要立即拨打119报警。报警要将学校的位置等信息提供给消防部门。

（1）发生火灾及爆炸事故时，第一时间内向119消防指挥中心报警，如有人员伤亡，同时呼叫120急救，并在2小时内向上级主管部门报告。报告的主要内容包括：事件发生的时间、地点、单位、事件的简要经过、伤亡人数、直接经济损失的初步估计、事发原因的初步判断、事件发生后采取的措施及事件控制情况、事件报告单位。

（2）抢险应急小组或其他教师迅速切断有关电源，以防发生触电等灾害。

（3）学校应急抢险小组全部成员到位，组织疏散师生，有序撤离到安全区域。

（4）应急抢险小组在消防员到达之前，在确保安全的前提下，先行组织第一轮灭火，消防人员到达后，在统一指挥下积极配合消防人员灭火。

（5）在进行灭火的同时，学校采取有效的隔离措施，防止火势蔓延。

（6）现场积极协助120急救中心做好受伤人员救护和医疗器械用具的搬运、输送工作。

（7）火灾事故处理过后，学校应立即进行灾后重建等恢复性的工作，争取在最短的时间内恢复教学。

（四）其他突如其来的伤害事故（件）

（1）发现学生在校内受伤或身体不适，应当立即向值日老师和学校领导报告，并送去校医室救治。如校医、学校领导认为有必要送医院救治的，应迅速通知家长，并由家长陪同就医，若家长不能陪同的，必须由校医或有关老师陪同到医院。

（2）外来人员未经允许强行闯入校园，门卫不得放行。追赶不及，应立即通知值日领导或其他行政领导，及早将闯入者逐出学校。

（3）校内发现不良分子袭击、行凶、行窃、斗殴，现场老师或第一位发现突发事件的老师为现场应急处理第一责任人，应迅速采取措施进行制止、制服并

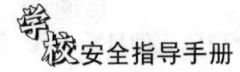

报告学校领导。事态严重的，为防不测，应拨打110报警求助。

第三节 及时组织受威胁师生疏散和转移

一、制定预防校园拥挤、踩踏事故的紧急疏散预案

为了有效预防和消除校园拥挤、踩踏事故的发生，保证广大师生身体健康与生命安全，维护正常的教学和生活秩序，学校应根据自身实际情况制订应急预案。

（一）确定实施对象和范围

如当发生建筑物倒塌或特大火灾等安全事故或晚自习突发停电等需要紧急疏散教学楼内的学生、老师时，启动本预案。

确定机构设置与职责，成立应急疏散领导小组，确定组长、副组长、成员名单。设立现场指挥组、紧急疏散组等，并明确职责范围。

1. 应急疏散领导小组

组长：××

副组长：××

成员：××× ××× ××× ×××

职责：全面负责指挥协调突发事件处置工作。根据实际情况，及时发布命令，启动预案。在紧急疏散领导小组统一指挥下，下设五个小组：现场指挥组、紧急疏散组、伤员救护组、外围控制组、通信联络组。

2. 现场指挥组

负责指挥协调；掌握情况，及时报告；贯彻传达应急命令，组织有关人员按预案程序对现场进行配置，并配备必要通信器材和安全防护设备。

3. 紧急疏散组

在现场指挥组指挥下，依据预案措施及疏散路线、顺序，有秩序地疏散师生，疏散完毕后有秩序地撤离。

4. 伤员救护组

负责将伤员运送到指定安全区域，并进行简单救治后，送往就近医院救治。

5. 外围控制组

突发事件发生后,迅速赶到现场,设置警戒线,划定警戒区,设置隔离带,维护现场秩序,疏散现场人员及重要物资等,在公安机关等专业部门到来之前,对事件进行先期处置。

负责维护学校大门、出入口秩序,疏导师生有序撤离,引导专业部门人员进入现场进行处置。

6. 通信联络组

根据事态发展,及时上报上级部门,并争取相关部门的支援;提供各种处置突发事件物资装备,通信设备,编制广播词备用,负责平时的通信装备保养。

(二) 明确处置原则

1. 快速反应原则

处置突发事件要坚持一个"快"字,信息上报快,部署控制快,预案落实快。

2. 现场指挥原则

突发事件发生后,指挥人员要亲临现场,全面掌握情况,准确分析局势,果断做出正确指挥判断。

3. 设置警戒原则

突发事件一旦发生,要迅速疏散现场周边人员,设置警戒,保护现场,禁止无关人员进入。

4. 降低损失原则

处置方法要妥当,要以维护政治稳定、社会安全,确保师生员工人身、财产安全为工作重点,力求做到尽量减少社会影响,减少人员伤亡,降低危害。

5. 基本装备原则

学校为处置突发事件提供电视监控、应急广播、安全头盔、警戒带、袖章标志、对讲机、强光手电、电喇叭、消防器材及值班车辆等必要基本装备保障。

6. 协调配合原则

学校各部门及教职工要明确职责任务,按照预案分工,互相协调、通力配合,对突发事件进行妥善处置。

7. 追究责任原则

依据处置突发事件预案中职能任务分工,划清权限职责;在突发事件发生后,对因未能落实预案有关要求造成学校经济损失或人员伤亡的,依据相关规定

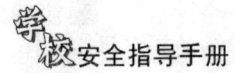安全指导手册

追究相关人员的责任。

(三) 注意日常教育和防范

(1) 为防止学生在课间、集会、做操等活动中出现拥挤等其他现象，搞好学生课间活动日常管理。从学生实际出发，分年级、分班级上下楼，不强调快速、整齐；当天值日领导和值日教师分工负责各楼层，在楼梯间负责维持秩序，监督、疏导、管理学生。

(2) 班主任要对学生进行遵守秩序、礼貌礼让的教育，开展预防拥挤踩踏事故的专题演练，让学生充分认识发生拥挤踩踏事故的主要原因、严重后果及其防范措施，了解在走廊、楼梯间打闹、搞恶作剧的危险性，告诫学生上、下楼梯靠右行走，加强学生的自救自护的教育和训练。

(3) 学校总务处要不定期地对学校楼道、楼梯设施、楼梯照明等进行检查，发现问题，及时补救、整改。

(4) 在醒目的位置设立紧急情况疏散平面示意图。

(四) 明确紧急疏散程序

1. 当发生建筑物倒塌或特大火灾等安全事故时

(1) 事故现场的教师一边指挥学生进行紧急集结疏散，一边以最快速度将发生事故信息传递到应急领导小组。

(2) 指挥机构人员马上按工作职责到现场指挥全校师生进行紧急疏散，具体如下：

①全校通过广播或以三次一长二短哨音发出紧急集合信号。

②用高音喇叭进行现场指挥疏散。

③紧急疏散小组结合年级组长、班主任教师立即按班级指挥学生按顺序疏散。

④脱离现场后，各班主任、年级主任迅速组织好本班、本年级学生，整理好队伍、清点好人数，不允许学生擅自离开队伍；对没有到场的，要做好登记，并及时上报现场负责领导。

⑤对于受伤的学生，进行简单救治后，送往就近医院救治，并及时通知家长，有关人员做好学生和家长的安抚工作。

⑥其他工作参照消防预案或建筑物倒塌预案。

2. 停电期间的安全预案

(1) 电管部门事先通知的停电。

①一般停电，电工必须事先提前半天通知相关部门。

②值班领导和教师在第一时间赶到所在的楼层,对学生进行秩序维持或疏散工作。

③如遇较长时间停电,可安排进行班会活动,但务必严格遵守"四不准"纪律:不准走出教室;不准随意串门;不准高声怪叫;不准拿着照明用具四处走动。可根据学校统一安排提前就寝。

④在与家长取得联系说明情况的前提下,允许学生在家自修。

(2) 事先未接通知的临时停电。

①在场人员马上把情况报告给紧急事故领导小组,由领导小组分头布置有关工作。

②领导小组成员马上电话通知各重要职能部门,如通知总务处安排好膳食备用电源、准备照明用具;通知政教处安排好值周教师到每楼每层维持秩序,各班主任到点到位,加强管理;通知教务处安排好教学信号;同时查明停电原因,责成有关人员立即维修或与当地政府、电力部门联系协调,取得他们支持,保证学校的教学和生活用电。

③如是晚自习期间停电,立即分发照明用具,根据情况组织班会活动或继续安排自修。如果事先没有安排好照明用具,可一边安排班主任按班维持秩序,一边迅速通知总务部门购买有关物品。

二、制定灭火和应急疏散预案

为了保障学校的公、私财产和师生员工的人身安全,预防、扑救火灾和应急疏散,学校应根据《中华人民共和国消防法》(以下简称《消防法》),以预防和遏制重、特大火灾,尤其是群死、群伤恶性火灾事故为目标,结合本校实际情况,制订应急预案。

(一) 明确指导思想

遵照"消防工作贯彻预防为主、防消结合的方针",把预防火灾放在首位,树立"天天都是消防日、人人都是消防员"的消防意识,自觉遵守消防法规,积极贯彻落实各项防火措施,切实做好扑救火灾的各项准备工作,把防火和灭火有机结合起来,避免和减少因火灾造成师生员工生命财产和国家财产的损失。

(二) 成立组织机构,并明确职责范围

1. 领导小组

学校成立防火、灭火和应急疏散领导小组,学校校长任组长,主管校长为副组长，成员由各职能部门负责人组成。

办公室设在保卫科，由保卫科科长任办公室主任。下设疏散组、灭火组、后勤保障组和警戒组。

2. 主要职责

（1）疏散组平时负责全校消防工作的日常管理及安全检查、培训演练的具体工作，发生火灾时指挥起火部位（门）做好人员和物资的疏散自救工作；灭火组平时负责全校义务消防队（员）的学习、演练等具体工作，负责灭火器材、工具的保管使用和检查登记，发生火灾时开展灭火救护工作；后勤保障组负责车辆调配、道路畅通、电气控制、水源保障、医疗救护等；警戒组在发生火灾时设立警戒线，禁止无关人员进入火场。

（2）协调配合到达火场的公安消防人员开展各项灭火行动。

（3）配合协助做好火灾事故调查等善后工作。

（三）明确预防措施和要求

（1）学校应组织师生学习《消防法》和防火、灭火基本知识，懂得人人都有维护消防安全、保护消防设施、预防火灾、报告火警的义务。遇到火灾人人都有参加组织灭火工作的义务，要做到人人都知道火灾报警电话119，基本学会使用灭火器材扑救初期火灾。

（2）学生宿舍、教学区、办公楼、实验室、家属宿舍区等处，防火工作领导小组成员每学期至少两次检查各处的防火情况，发现火灾隐患及时处理。

（3）学生宿舍、教学楼、办公楼、实验室的每层楼都备有灭火器或消防栓，防火工作领导小组成员要负责定期检查防火设施，保证设施的完好率达到100%，并做好检查记录。

（4）设有安全通道标志，师生共同配合，不在楼道堆放物品，保证楼道的畅通。

（5）易燃易爆的危险实验用品，有专门存放室，由实验员负责保管，保卫人员要作为重点巡查部位，做好安全保卫工作。利用易燃易爆物品做实验的教师，必须在实验或实验前向学生讲清楚注意事项，指导学生正确使用，防止火灾事故发生。

【案例】

四川安县桑枣中学，是一所初级中学，在绵阳周边非常有名。从2005年开始，该学校每学期要在全校组织一次紧急疏散的演习。事先会告知学生本周有演习，但学生们不知道具体是哪一天。等到特定的一天，课间操或者学生休息时，学校会突然用高音喇叭喊"全校紧急疏散"!

每个班的疏散路线都是固定的,学校早已规划好。两个班疏散时合用一个楼梯,每班必须排成单行。每个班级疏散到操场上的位置也是固定的,每次各班级都站在自己的地方。教室里面一般是9列8行,前4行从前门撤离,后4行从后门撤离,每列走哪条通道,学生们早已被事先教育好。孩子们事先还被告知的有,在2楼、3楼教室里的学生要跑得快些,以免堵塞逃生通道;在4楼、5楼的学生要跑得慢些,否则会在楼道中造成人流积压。

学校紧急疏散时,校长要求老师计时,不比速度,只讲评各班级存在的问题。刚搞紧急疏散时,学生当是娱乐,半大孩子除了觉得好玩外,还认为多此一举,有反对意见,但该校校长坚持。后来,学生、老师都习惯了,每次疏散都井然有序。

校长对老师的站位都有要求。老师不是上完课甩手就走,而是在适当的时候要站在适当的位置,他认为适当的时候是下课后、课间操、午饭晚饭,放晚自习和紧急疏散时都是教学楼中人流量最大的时候。校长认为适当的位置是各层的楼梯拐弯处。

老师之所以被要求站在那里的原因是,拐弯处最容易摔,孩子如果在这里摔了,老师毕竟是成人,力气大些,可以一把把孩子从人流中抓住提起来,不至于让别人踩到孩子。

每周二都是学校规定的安全教育时间,让老师专门讲交通安全和饮食卫生等。校长要求得严,集体开会时,他不允许学生拖着自己的椅子走,要求大家必须平端椅子——因为拖着的椅子会绊倒人,后面的学生看不到前面倒的人,还会往前涌,所有的踩踏事件都是这样出现的。

就是这位名叫叶志平的校长,在2008年5月12日14:30分左右汶川发生8.0级的大地震时,挽救了2000多条生命。地震发生后,2200多名学生,上百名老师全部冲到操场,用时1分36秒,全校无一人伤亡。

第二十八章

加强学校综合应急队伍建设

- 第一节　建立学校应急队伍
- 第二节　做好学校应急队伍组建工作
- 第三节　加强学校应急队伍的建设和管理

为加强学校突发公共事件的处理，各级教育行政部门和学校应结合岗位责任制，建立应急队伍。学校应组织义务消防队和志愿者队伍，通过培训和演练，使其掌握一定的救援知识和技能。学校应急队伍的组成应由学校一把手挂帅，学校中后勤、教务、校医室、政教、共青团等部门的人员共同组成，在有条件的地方，还可以吸收法制校长、社区卫生人员等参与，这样就有利于学校的工作能够协调一致。另外，学校预防控制重大事件的应急队伍的重要保障之一，是学校领导如何看待和使用这些技术人员，是否信任和放手让他们发挥专业特长，这是专业技术人员能否发挥出专业特长的重要条件。学校之所以需要这样的岗位，需要这样的专业人员，说明这是办学过程中必不可少的环节。因此，合理使用专业技术人员，提供必不可少的技术条件，使得专业技术人员真正做到在日常工作中能开展好所负责的工作，在重大事件来临时，能为学校领导献计献策，提供有针对性的应急技术保障，也能及时调整应急过程中出现的偏差。

第一节　建立学校应急队伍

"居安思危，思则有备，有备无患。"加强学校应急管理工作，提高预防和处置突发公共事件的能力，是创造广大青年学生安全健康成长环境和办好让人民满意教育的重要保证。学校应该不断增强政治意识和责任意识，高度重视学校的应急管理工作，努力健全组织体系和工作机构，不断完善相关规章制度和工作预案，积极开展应急管理科普宣教与人员培训，切实提高学校在应对突发公共事件的快速反应和应急处理能力，维护安全稳定的校园环境，推进和谐校园建设。而要加强学校应急管理工作，建设平安和谐的校园，首先应该建立学校的应急队伍。

各级各类学校要加强应急救援队伍建设，可将现有的义务消防队、抢险救灾队整合建立多功能一体、以青年教职工为主体的抢险救灾队伍。建立学校安全专家队伍，聘请有关专业人员作为学校应急救援顾问，指导学校开展应急救援培训和训练。

一、应急队伍是突发公共事件的先遣队

各学校、幼儿园要加强校内应急救援队伍的业务培训和应急演练，建立联动

协调机制，提高应急装备水平；动员社会团体、各有关单位以及志愿者等各种社会力量参与应急救援工作。要加强以乡镇和学校为单位的公众应急能力建设，发挥其在应对突发公共事件中的重要作用。

广大教职员工是处置教育系统突发公共事件的骨干和突击力量，是教育系统突发公共事件先期处置队伍，按照有关规定有义务、有责任积极参加应急处置工作。教育局机关干部、直属单位职工、学校的广大教职员工，凡接到突发公共事件的警报及处置通知，必须无条件地快速到达指定地点，在"领导小组"的统一指挥下参加突发事件的应急处置工作。

社会团体、各有关单位以及志愿者等各种社会力量是学校突发公共事件的第二处置队伍，事发地政府和"领导小组"以及现场应急指挥机构切实协调、组织好，并按照部门的业务、职责特点，迅速分工，分头开展应急处置工作。

各学校根据突发公共事件的性质及级、类实际，可以组织处在事件中的本校学生在保证安全的前提下参加应急处置工作，特别是开展自救工作；但各校不能让已经处在安全地带的学生进入危险的地方参加抢险救灾活动，不能组织学生参加异地突发公共事件的应急处置工作。

二、学校应急队伍应把握的原则

（一）以人为本，减少危害

应急队伍应切实履行县级教育主管部门、学校的管理和公共服务职能，把保障师生健康和生命财产安全作为首要任务，最大限度地减少本系统突发公共事件及其造成的人员伤亡和危害。

（二）居安思危，预防为主

高度重视教育系统公共安全工作，立足于防范，抓早、抓小，常抓不懈，防患于未然。增强忧患意识，坚持预防与应急相结合，常态与非常态相结合，认真开展矛盾纠纷排查调处工作，强化信息的广泛收集和深层次研判，争取早发现、早报告、早控制、早解决；做好应对突发公共事件的各项准备工作；把突发公共事件控制在基层，控制在一定范围内，避免造成社会秩序失控和混乱。

（三）统一领导，分级负责

建立健全分类管理、分级负责，条块结合、属地管理为主的应急管理体制，形成处置突发公共事件的快速反应机制。在地方党委领导下，实行行政领导责任制，充分发挥应急指挥机构的作用。发生突发事件后，应遵循属地化管理原则，教育行政部门和学校"一把手"是维护教育系统稳定的"第一责任人"。

（四）依法规范，加强管理

在处置突发公共事件的过程中，要坚持从保护师生生命和财产安全的角度出发，依据有关法律和行政法规，加强应急机制管理，维护师生的合法权益，使应对突发公共事件的工作规范化、制度化、法制化。按照"可散不可聚、可顺不可激、可分不可结、可疏不可堵"的工作原则，及时化解矛盾，防止事态扩大。严格区分和正确处理不同性质的矛盾，做到合情合理、依法办事，维护师生的合法权益。

（五）快速反应，协同应对

加强以属地管理为主的应急处置队伍建设，建立联动协调制度，充分动员和发挥广大教职员工和学生的作用，争取社会各界支持，依靠公众力量，形成统一指挥、反应灵敏、功能齐全、协调有序、运转高效的应急管理机制。一旦发生重大事件，确保发现、报告、指挥、处置等环节的紧密衔接，做到快速反应、果断处置，力争把问题解决在萌芽状态。

（六）依靠科技，提高素质

强化教育系统突发事件的信息畅通渠道，加强突发公共事件的监测、预测、预警、预防和应急处置技术及设施，提高应对突发公共事件的指挥能力，避免发生次生、衍生事件；加强宣传、教育、培训和预防演练等工作，提高全体教职员工、学生自救、互救和应对各类突发公共事件的综合素质。

第二节　做好学校应急队伍组建工作

为着力推进教育系统应急管理和应急救援体系建设，学校应进一步完善应急救援预案，抓好应急值守，搞好信息报送，强化事故预防和处理，狠抓日常安全管理工作，做好学校应急队伍组建工作，建立健全学校安全应急管理工作机制。

一、设立学校应急工作组织机构

1. 成立学校应急管理领导小组

组长：由学校校长兼任

副组长：由学校分管安全副校长兼任

成员单位：社区警务室、治保会、调委会、保（治）安队、民兵应急分队及城管、卫生等相关部门的社区派驻单位

2. 领导小组下设办公室，即学校应急管理办公室

主任：由学校分管安全副校长兼任

副主任：由学校德育处主任兼任

应急专干不少于 2 人

各年级应急安全教师不少于 1 名

应急安全课外辅导员若干名

3. 机构体制

学校应急管理办公室是学校应对、处置突发公共事件的日常办事机构，在学校和教育局应急办的领导下，在街道应急办的指导下开展工作，可与学校德育处合署办公。

二、完善应急管理办公场所及设施

（1）学校应急管理办公室的办公场所，应不低于 30 平方米（可与相关科室合署）。

（2）根据实际情况，积极建设应急管理、教学平台。学校应建设宣传栏、电教室、阅览室等应急教学必要的设施；学校应急管理办公室应配备计算机、专用电话、传真机、文件柜等相应的应急物资。

（3）学校应急管理办公室工作职责和有关工作制度按照统一规格公示和上报。

三、明确学校应急队伍工作职能

（1）贯彻执行国家和上级政府有关法律法规、政策规章及有关应急预案，组织建立学校应急管理平台。

（2）负责学校政务值守工作，对本学校应急事件隐患进行基础性的监测、防控，对重要信息及时综合、分析、报告。

（3）负责编制学校应急资源分布表，及时掌控各应急资源储存与使用。

（4）负责组织、协调学校有关应急队伍对已发生的应急事件按预案或规定做好前期处置工作。

（5）组织、协调学校应急课程的教学、宣传和演练应急活动。

（6）协助上级应急部门开展工作，建立岗位责任、应急联动、队伍管理、专业培训机制。

（7）承担学校交办的其他有关事项。

四、完善应急工作机制

（1）应急管理工作领导责任制：学校校长是学校应急工作的第一责任人，学校应急管理办公室主任是第二责任人和直接责任人。

（2）应急管理日常工作机制：设立应急专干，定岗、定责、定人，推进学校应急工作日常化。

（3）应急管理工作例会制：由学校应急管理办公室主任牵头，定期召开有关成员单位参加的工作例会和工作联系会议；定期或不定期分析学校应急管理工作形势，组织开展应急工作，形成工作合力。

（4）应急管理工作目标考核制：由区教育局应急办联合街道应急办组织对学校应急工作进行目标责任制考核和评议，并给予相应奖罚。

五、工作事项

（1）按照区教育局指定的统一教材和教学要求，安排教学课程，中学每学期不少于6课时，小学每学期不少于4课时。

（2）充分发挥学校宣传栏、阅览室、电教室等宣传教育阵地作用，开展形式多样的应急教育和宣传活动，学校每年不少于一次应急演练活动。

（3）制定本学校的应急预案，包括：自然灾害预案、事故灾难预案、社会公共卫生预案、社会公共安全预案、群体性突发事件预案等，要结合本学校的地理位置及社情，特别是有重点危险源的学校，要做好专项的预案及预防措施，注重预案的实用性和可操作性。

（4）编制应急信息采集表和突发公共事件主要危险源分布源图谱、应急资源分布图谱，对本学校的应急力量（包括：医院、警务室、治安员、应急车辆、通信工具等）及主要危险源分布进行逐一排查，登记成册，便于及时掌控本学校的基本情况。

（5）制定应急（政务）值班制度、工作职责、岗位目标责任制度（包括职责分工、人员守则）、工作流程图。

（6）装订上墙图表：值班制度、工作职责、工作领导小组、工作流程图、危险源图谱。

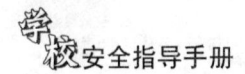安全指导手册

第三节 加强学校应急队伍的建设和管理

加强学校应急队伍的建设和管理，我们首先要明确以下几点。

一、指导思想和目标要求

以邓小平理论和"三个代表"重要思想为指导，全面落实科学发展观，坚持"关爱生命、无险防险、升级防范、常备不懈"的工作思路，以保障学校师生生命财产安全为根本，以落实和完善各级各类应急预案为基础，以提高预防和处置突发事件能力为重点，全面加强应急管理能力，最大限度地减少突发事件及其造成的人员伤亡和危害，维护学校和社会安全稳定。

学校应完善应急预案体系，加强应急管理机构和应急救援队伍建设；形成统一指挥、反应灵敏、协调有序、运转有效的应急管理机制；完善应急管理制度，依法开展应急管理工作；建设统一、高效的应急指挥调度系统，确保全校师生的生命财产安全。

二、加强应急管理基础建设

1. 建立健全应急管理机构

学校要建立健全应急管理的指挥机构和工作机构，全面负责校内教育突发事件的预防和应对工作。

2. 完善应急预案体系

学校要完成应急预案编制、修订工作。编制预案要符合实际，职责清晰，简洁实用，并根据实际情况和应急需要不断完善。加强应急预案的管理，学校各类预案要报教育主管部门备案。要抓好应急预案演练工作，针对教育常发、易发的突发事件，组织开展师生参与度高、应急联动性强、形式多样、实用有效的应急预案演练，不断增强预案的针对性、实效性和可操作性。

3. 加强应急管理机制建设

各县（市）区教育局应急指挥机构要加强与其他部门应急指挥机构的协调联动，积极推进资源整合和信息共享，建立应急管理机构联系机制，实现预案、

信息、队伍、物资"四联动"。要加强突发事件的预测预警、信息报告、应急处置、恢复重建等机制建设,切实做好信息报送工作。建立健全科学决策和快速反应的应急处置工作机制,对于可能发生和已经发生的突发事件,当地教育行政部门和市直学校要立即开展先期处置,采取有效措施控制事态,最大限度地减少危害和影响,防止出现次生、衍生事件。建立健全突发事件的调查制度,应急处置工作结束后,要及时、客观、公正地对突发的事件进行全面的调查。

4. 加强法制和政策体系建设

各县(市)区教育局、直属各学校要认真贯彻落实《中华人民共和国突发事件应对法》,研究制定配套规章、措施,将应急管理纳入法制化轨道。

三、加强应对突发公共事件的能力建设

1. 完善应急平台体系建设

充分发挥市教育局办公平台在全市教育系统应急处置管理工作中的作用,各县(市)区教育局、直属各学校(事业单位)要努力完善维护好办公平台的运行,确定专人管理和值守,确保办公平台24小时联络畅通,确保应急处置信息及时传达、上报。

2. 建立健全应急救援队伍

各级各类学校要不断加强应急救援队伍建设,将现有的义务消防队、抢险救灾队整合建立多功能一体、以青年教职工为主体的抢险救灾队伍。要及时补充和调整人员组成,配备必需的装备设施,组织开展必要的训练和演练,完善以应急救援队为主体、全体教职工共同参与的应急救援体系。建立学校安全专家队伍,聘请有关专业人员作为学校应急救援顾问,指导学校开展应急救援培训和训练。

3. 健全应急管理保障体系

各县(市)区教育局、直属各学校要建立应急物资储备制度和应急避难场所,对储备物资实施动态管理,做到及时补充和更新。科学确定学校应急避难地点、场所,服从上级应急管理部门统一调度。不断完善信息网络系统建设,确保突发事件现场与各级应急指挥机构之间的通信畅通。

4. 加大应急管理资金投入

各县(市)区教育局、直属各学校要加大安全和应急管理资金的投入,并列入每年财政预算,以保障学校安全管理和应急管理的正常开展。

5. 强化风险隐患普查和监控

各县(市)区教育局、直属各学校要建立经常性的学校安全隐患和风险隐

患普查机制，全面掌握学校安全及风险隐患情况，切实落实综合防范和处置措施。学校要全面落实安全管理主体的责任，对可能引发突发事件的风险隐患，做到早发现、早报告、早处置，并落实责任，及时整改。

6. 积极开展宣传教育培训工作

各县（市）区教育局、学校要制定应急管理教育培训规划，明确培训内容、标准和方式，建立培训考核制度。要特别加强对师生的应急预案的宣传、解读和预防、避险、自救、互救等应急知识的宣传教育普及工作，通过开辟宣传专栏、举办讲座、开设安全课程等形式，落实《中小学公共安全教育指导纲要》的有关教育内容和要求，使广大师生掌握必备的应急知识和避险自救技能。

7. 严格信息报告制度

各县（市）区教育局、直属各学校要继续完善突发事件信息报告工作制度，明确信息报告的责任主体，及时、准确地报告突发事件信息。学校发生突发事件要及时向上级有关单位和救援机构报告，县（市）区教育局、直属学校要及时报告市教育局。对迟报、漏报甚至瞒报、谎报的要依法追究责任。要完善学校24小时值班制度，保证值班工作条件，明确值班人员责任，确保通信联络畅通。

8. 全力做好处置和警后工作

突发事件发生后，事发学校（单位）及直接受其影响的学校（单位）要及时掌握、准确判断突发事件发展态势，根据预案迅速开展先期处置工作，并按规定及时报告。县（市）区教育局、学校应依照应急预案规定及时采取相关应急响应措施。应急处置结束后，学校要及时恢复正常的教育教学工作和相应秩序。恢复重建要与防灾、减灾相结合，坚持统一领导、科学规划、加快实施，并通过有关部门动员社会力量积极参与重建。县（市）区教育局和市直学校要积极配合相关部门或单位依法开展事故调查处理工作，查明原因，总结事故教训，制定整改措施并督促落实，依法依纪处理责任人员。要认真做好有关统计工作，依照有关要求，及时、准确地向有关部门上报突发事件起数、伤亡人数、造成的经济损失等相关信息。

四、加强领导，积极构建良好的应急管理工作格局

1. 强化领导，落实责任

各县（市）区教育局、直属各学校要高度重视应急管理工作，切实把应急管理摆到重要位置，建立和完善突发事件应急处置工作责任制度和应急管理绩效评估制度，把应急管理工作情况纳入工作目标管理考核内容。各级领导干部要深

入一线，临场指挥，注意总结应急管理工作规律和经验，研究制定有针对性的措施，不断增强处置突发事件的能力。

建立和完善突发事件预防和处置奖惩制度，对预防和处置工作开展好的单位和个人予以奖励，对不履行职责引发事故、引起事态扩大、造成严重后果的责任人依法追究责任。

2. 协调配合，形成合力

建立健全同级应对突发公共事件部门协调机制。县（市）区教育局、直属各学校要加强与其他部门的沟通协调，理顺关系，明确责任，搞好条块之间的衔接和配合，定期研究解决有关问题。积极开展学校公共安全创建活动，形成全系统共同参与、齐心协力做好应急管理工作的局面。

此外，要切实加强学校应急管理工作，加强学校应急队伍的建设和管理工作，积极预防和妥善处置突发事件，还应注意以下几点：

（1）成立学校安全应急管理工作领导小组，实行"一把手"负责制，分管领导主要抓，领导小组下设安全应急救援工作办公室，与安全办合署办公，负责安全应急管理日常工作。对应急管理工作做到了"有专门机构管事，有专人办事"，并不断充实应急管理力量，提供了必要工作条件，建立完善管理制度，确保应急管理工作的落实。

（2）扎实开展预警工作，增强应急队伍对突发事件的应急处置能力。各级各类学校要加强应急预案管理、加强应急处置专业队伍建设、开展应急管理业务培训、搞好应急预案实施演练、抓好应急管理宣传教育等措施，强化学校交通、食品卫生、消防、防盗、防溺水、防雷电、防洪水、防泥石流、防地震等安全工作。

（3）完善应急队伍工作目标考核机制，加强督促检查，确保取得工作实效。对在学校管理和安全工作中认真履职、成绩突出的地方、部门、单位和个人，给予表彰；对工作措施不到位，安全隐患较多的地方、部门和单位责令整改，拒绝整改并因此造成责任事故的，将依照法律法规和有关规定追究责任。

第二十九章

加强学校应急工作宣传教育和培训

- 第一节　广泛开展学校应急知识普及教育
- 第二节　学校依法开展教职员工应急培训
- 第三节　把公共安全教育纳入学校教育

为了给学生们的健康成长创造良好的环境，学校必须狠抓学生的应急教育宣传工作，从源头上防范安全事故的发生。要做好应急宣传教育工作，必须充分明确应急宣传教育的内容，使学生能够更好地理解和遵守相关应急法规，提高应急教育的有效性。应急宣传教育的内容一般包括交通安全应急、公共设施安全应急、防范违法犯罪行为、食品卫生安全应急、自然灾害中的应急防范、突发性疾病的处理等。在应急宣传教育工作中，要结合本地区具体实际，对应急事故防范进行切实有效的宣传教育，绝不能一概而论、生搬硬套，一定要对应急宣传教育的内容进行优化选取，选取的内容有针对性，有利于本校应急防范工作的开展。

第一节　广泛开展学校应急知识普及教育

为提升学校安全管理水平，促进教育事业全面、协调、可持续发展。学校应通过多种形式广泛、积极地开展应急知识普及教育和心理健康教育，抓好学校公共安全课的开设，抓实应急预案的演练，切实提高师生自护自救能力，坚决杜绝重大事故，减少一般事故，努力实现"以人为本、确保安全、健康卫生、文明向上、和谐平安"的目标。

一、加强安全宣传教育工作

（1）制订安全教育计划，把公共安全教育特别是心理健康教育纳入学校正常的教育教学内容之中，开设好公共安全教育课。认真落实两周一节安全课制度，深入开展"安全教育月""安全教育活动周""安全教育日"等活动，要制订好教学计划，保障教学时间，落实教育内容，注重教育效果。

（2）加强学生心理健康教育，培养学生良好的心理品质，通过心理健康教育进课堂，开展心理咨询和辅导，关心留守儿童、单亲子女、残疾和性格孤僻学生，加强学生心理健康教育，促进学生身心健康发展。

（3）加强对学生的法制教育，重点搞好交通安全、消防安全、饮食卫生安全教育，艾滋病、肺结核、乙肝等传染病预防教育，受到不法侵害时的自我保护等方面的教育；通过办安全壁报栏、编安全小报、演讲比赛、讲述身边的安全小事、聘请人员作法制安全报告等多种形式，不断加强法制宣传教育，提高学生安全意识和防范能力。

(4) 积极开展自救自护演练活动。要结合对学生的安全教育,每学期至少组织一次防火逃生、紧急疏散、食品卫生、自救自护等演练活动,提高学生识灾、防灾、化险和受到不法侵害时自我防护的能力。

二、对各个阶段的学生进行差别化宣传教育

（一）对小学生的安全宣传教育

小学生阶段是孩子健康成长的重要阶段,在这个阶段中,小孩的文化水平逐渐提高,接受能力也逐渐增强,基本的安全防范意识也逐步建立起来了。

对这个阶段的学生进行安全宣传教育,要注意以下几点：

1. 注意小学低年级和小学高年级的差别

刚进入小学阶段的低年级学生,年龄仍然比较小,还具备一些幼儿的特征,如文化水平低、接受能力比较差、独立生活能力比较差等特征；而高年级的学生,身心得到较大的发展,学习能力比较强,文化水平大大提高,对文字形式的教学内容接受能力比较强。因此在教学过程中,对低年级、高年级学生进行区别对待,按照其年龄阶段、接受能力选取适当的教学内容,绝不能一概而论,混合教学。

2. 教学内容要逐层递进

教育管理部门要根据儿童的成长规律,按照年级层次的变化,制订逐层递进的教学计划。在内容的选取上,要由易到难,体现差别,逐层递进。对低年级的学生,教学内容要相对简单,尽量采用易于被学生接受的图片教学、多媒体教学等方式。

对高年级学生,要加大教学难度,教学内容要尽量宽泛,查漏补缺,使他们能够形成相对完善的安全知识体系。同时,对高年级学生要逐步开展法律法规教育,使他们能够初步形成一定的法律意识。

（二）对中学生的安全宣传教育

中学阶段是一个人成长的关键时期,在这个阶段,学生将会初步建立自己的人生观、价值观,开始具备一定的社会责任感。对中学生的安全教育,需要充分考虑这个年龄阶段的学生的各方面特征,采取有效的宣传教育措施,使他们能够形成比较完善的安全知识体系,同时具备比较强的安全防范意识和自我保护能力。

对这个阶段学生的宣传教育,要注意以下几个方面。

1. 加强对安全知识体系的进一步完善

广大中学生在小学阶段已经初步接受了安全知识的教育,具备了一定的安全防范意识,但是还存在一定的缺陷,所以要采取有效的措施,弥补中学生安全知识体系的缺陷。可以采取的措施有闭卷考试、口头表达、写小文章等。通过这些措施,可以看出中学生缺少的安全知识,并进行及时的弥补,从而使他们具备完善的安全知识体系。

2. 突出法制教育

由于部分中学生已经具备了承担民事责任、法律责任的能力,而且也存在中学生参与校园暴力、违法犯罪的情形。因此,必须加强对中学生的法制教育,使他们形成知法守法的意识和能力,坚决不参与违法犯罪活动。具体来说,可以采用学习法律条义、学习中小学生违法犯罪案例、参观劳教所等方式。对参与违法犯罪事件的学生要按照相关法律、校纪校规进行严肃处理,绝不姑息,做到防微杜渐。

3. 加强社会责任感的教育

中学生具备了较强的独立自主能力,已经可以承担一定的社会责任。因此,在对中学生进行安全教育时,要加强社会责任感的教育,使他们能够认识到,不仅有责任做好自身的安全防范,还要帮助其他人做好安全防范;不注意安全防范,不仅影响到自身安全,还会影响到他人的安全。要加强对中学生进行安全事故的应对教育,要使他们在遭遇危害自身或他人人身安全的事故时,能够根据自身的能力,主动采取应对措施,对违法犯罪分子实施反击,对溺水、电击、交通事故中的伤员实施急救等。

(三)对学生家长的安全宣传教育

除了学校师生以外,家长是最了解学生、最关心学生,与学生接触最多的人,因此加强对家长的安全宣传教育,对维护中小学生的人身安全有很大的辅助作用。

在对家长进行安全宣传教育时,也要根据孩子所处的年龄阶段等实际情况,采取具体有效的措施。通过家庭和学校双方的共同努力,为中小学生的健康成长营造良好的学习、生活环境。

在对家长进行安全宣传教育时,除了要加强安全常识的宣传教育之外,还需要考虑以下几个方面。

1. 体现不同年龄阶段学生家长的差别

对小学低年级学生的家长进行宣传教育时,重点是要求家长对孩子的人身安全进行保护。由于这个年龄阶段的学生自我保护能力比较差,安全保护意识也比较薄弱,极易发生安全事故,因此,家长要采取有效措施,和校方一起加强对孩子的安全保护。同时,家长也要和校方相配合,逐步开展对学生的安全知识教育。

小学高年级和中学生已经具备了较强的独立自主能力和较完善的安全知识体系,这些学生的家长除了要配合校方对学生进行安全知识和法律知识的教育之外,还要加强对学生的监督。这个年龄阶段的学生,如果法律意识不充足,或者受到一些社会不良风气的影响,可能参与到危害他人人身安全的违法犯罪活动中去,因此家长要和校方密切配合,加强对学生的监督,防止此类事件的发生。

2. 明确校方为主、家庭为辅的原则

对中小学生的安全教育,主要应由学校负责实施,但是家长也需要承担一定的责任。在对学生进行安全教育时,双方首先要明确责任。对学生的安全教育是学校和家庭双方共同的责任,但是双方之间也要明确责任,避免相互推诿责任、相互指责的事情发生。其次,要明确双方的主从地位。对学生的安全教育主要应由校方负责,家长要紧密配合校方的工作,可以对校方的工作进行监督。

3. 家长要积极配合学校的宣传教育工作

不论是哪个阶段学生的家长,都应该按照校方的要求,积极配合学校的安全宣传教育工作。如参加家长会、参加校方组织的家庭互动活动、及时向校方反馈学生的有关信息等。只有在双方相互合作的前提下,才能真正做好学生的安全教育工作。

(四) 对社会大众的安全宣传教育

因为社会成员对中小学生的人身安全并没有直接的责任,因此参与中小学生的安全保障工作的积极性一般不是很高。为了加强对社会大众的安全宣传教育,以及发动社会各界成员配合学校的安全宣传教育工作,积极参与到保障中小学生人身安全的工作中来,需要做好以下工作:

1. 采取适当的宣传教育方式

广大社会成员一般不会到学校接受有关安全知识的教育,因此责任部门必须采取适当的宣传教育方式。

首先要充分利用社会舆论的宣传作用,通过社会舆论营造良好的社会氛围,使社会成员深刻感受到学校安全防护知识、增强安全防护意识、保障中小学生人身安全的重要性,从而积极参与到安全宣传教育的活动中。

要注意采用适当的宣传教育方式,采用多种宣传途径。可以通过电视、广播、报纸等媒体进行安全知识的宣传，还可以采取在居民小区宣传栏中张贴相关宣传资料、在街头开展安全知识图片展等方式，对社会大众进行安全教育。

2. 要加强各个部门的合作

对社会成员进行安全宣传教育工作是一项比较复杂的工作，因为涉及的人员、部门比较多，也比较杂，困难比较大。要使安全宣传教育工作得以顺利进行，必须加强各个部门的合作，发挥各个部门的共同力量。对社会成员进行安全宣传教育工作是一项艰巨的任务，不是靠哪个部门自身的力量就可以完成的，各个部门要充分认识到安全宣传教育工作的重要性，加强彼此的合作，共同做好安全教育工作，为营造一个安全、和谐的社会和保障广大中小学生的健康成长而共同奋斗。

第二节　学校依法开展教职员工应急培训

为进一步加强学校应急管理工作，防范突发公共事件的发生，增强全校教职员工的公共安全和防范灾难的意识，各级各类学校应依法开展员工应急培训。通过学习突发公共事件的概念、特征和类型、应急管理的任务、公共事件等级与处置的权限、应急预案、应急法制、应急体制和运行机制等课件与影片，使每个教职员工明白在突发应急事件中自己的职责和义务。通过培训，教职员工对突发公共事件应急管理的理论和实际应对有了初步认识，进一步提高了教职员工的安全防范意识、应急快速反应能力和有效处置能力。

为提高应急救援人员的技术水平与应急救援队伍的整体能力，以便在事故的应急救援行动中，达到快速、有序、有效的效果，经常性地开展应急救援培训训练或演习应成为应急救援队伍的一项重要的日常性工作。应急救援培训与演习的指导思想应以加强基础、突出重点、边练边战、逐步提高为原则。应急培训与演习的基本任务是锻炼和提高队伍在突发事故情况下的快速抢险堵源、及时营救伤员、正确指导和帮助群众防护或撤离、有效消除危害后果、开展现场急救和伤员转送等应急救援技能和应急反应综合素质，有效降低事故危害，减少事故损失。

一、应急培训的基本内容

基本应急培训是指对参与应急行动所有相关人员进行的最低程度的应急培

训，要求应急人员了解和掌握如何识别危险、如何采取必要的应急措施、如何启动紧急情况警报系统、如何安全疏散人群等基本操作，尤其要加强火灾应急培训以及危险物质事故应急的培训。因为火灾和危险物质事故是常见的事故类型。因此，培训中要加强与灭火操作有关的训练，强调危险物质事故的不同应急水平和注意事项等内容，主要包括报警、疏散、火灾应急培训、不同水平应急者培训等方面。

在具体培训中，通常将应急者分为5种水平，即初级意识水平应急者；初级操作水平应急者；危险物质专业水平应急者；危险物质专家水平应急者；事故指挥者水平应急者。每一种水平都有相应的培训要求。

二、指导思想及基本任务

为提高救援人员的技术水平与救援队伍的整体能力，以便在事故的救援行动中，达到快速、有序、有效的效果。经常性地开展应急救援培训、训练或演习应成为救援队伍的一项重要的日常性工作。

应急救援培训、训练与演习的指导思想应以加强基础、突出重点、边练边战、逐步提高为原则。

三、应急培训课程设计

1. 应急培训需求分析

制订培训计划之前，首先要对应急救援系统各层次和岗位人员进行工作和任务分析，根据培训者在应急工作中的职责和任务确定该应急岗位所要达到的能力要求，制定一个"工作任务摘要"，这样能够明确学习目标和培训后受训者希望的效果。工作任务摘要简表的基本格式应该包括以下内容。

（1）使命：岗位的总体目标。
（2）重要职责：按职责对工作全面说明。
（3）任务：每项职责下要履行的各种任务。
（4）任务说明：明确说明责任人该怎么做。
（5）小组与个人：个人执行任务和小组执行任务之间的区别。

由于我国对应急救援的研究较晚，对公民的宣传教育不够，导致在突发事件时，因为不知如何应对，产生恐惧心理，造成不必要的生命损失，这方面的教训是惨痛的。发达国家对应急救援知识的教育是从幼儿园开始的，而我国的成人对这些知识都知之甚少。关键在于人的素质，而人的素质的提高，离不开教育和培训工作的大力开展。通过各种途径，采用各种方式，大力在公民中普及应急救援知识，提升公民的危机意识，增强公民的应急救援能力，并通过一定的专业指导，训练出一定数量级的具有救援能力的公民，在灾害发生时，担当义务救护队员的任务。

2. 培训课程设计和培训计划

应急培训课程应根据专项培训目标而制定。所有授课内容应以培训目标作为主要决策基础。培训者应该确定授课方法，例如讲座、模拟、自学、小组受训和考试等授课方法。

根据效能标准和评估准则培训者应该制定合适的测试方法，应该规定出使考试与实际应急工作一致性和相关性的必要的原则和要求。所有培训内容都应该进行考试。培训者应该系统分析测试结果，给受训者有效的反馈。这种分析不仅帮助改进受训者的缺陷，它也帮助培训者辨识出培训计划缺点以便改善培训计划。

培训计划应该详细说明教学设施（例如大楼、实验室、设备）和教学媒介。一些应急培训可以在特定机构进行，像火灾科学国家重点实验室、武警培训学院和消防队等。应注意依照培训管理计划来实施培训。光有一个良好的应急培训计划，却不能遵照执行是巨大的资源浪费。还应该建立教师任职资格制度，以保证培训效果。

四、应急训练与演习

（一）应急救援训练与演习的目的

应急救援训练是指通过一定的方式来获得或提高应急救援技能。演习是指按一定程式所开展的救援模拟演练。目的是为提高应急救援技术水平与救援队伍的整体作战能力，以便在事故的救援行动中，达到快速、有序、有效的效果。它们的主要目的在于测试应急系统的充分性和保证所有反应要素都能全面应对任何应急情况。经常性地开展应急救援训练或演习应成为救援队伍的一项重要的日常性工作，具有重要的意义。

演习的目的是：验证应急预案的整体或关键性局部是否可能有效地付诸实施；验证预案在应对可能出现的各种意外情况方面所具备的适应性；找出预案可能需要进一步完善和修正的地方；确保建立和保持可靠的通信联络渠道；检查所有有关组织是否已经熟悉并履行了它们的职责；检查并提高应急救援的启动能力。

（二）应急救援训练和演习类型

应急训练的基本内容主要包括基础训练、专业训练、战术训练和自选科目训练四类。

1. 基础训练

基础训练是应急队伍的基本训练内容之一，是确保完成各种应急救援任务的前提基础。基础训练主要是指队列训练、体能训练、防护装备和通信设备的使用训练等内容。训练的目的是使应急人员具备良好的战斗意志和作风，熟练掌握个人防护装备的穿戴，通信设备的使用等。

2. 专业训练

专业技术关系到应急队伍的实战水平，是顺利执行应急救援任务的关键，也是训练的重要内容。主要包括专业常识、堵源技术、抢运和清消，以及现场急救等技术。通过训练，救援队伍应具备一定的救援专业技术，有效地发挥救援作用。

3. 战术训练

战术训练是救援队伍综合训练的重要内容和各项专业技术的综合运用，提高救援队伍实践能力的必要措施。通过训练，使各级指挥员和救援人员具备良好的组织指挥能力和实际应变能力。

4. 自选科目训练

自选科目训练可根据各自的实际情况，选择开展如防化、气象、侦险技术、综合演练等项目的训练，进一步提高救援队伍的救援水平。在开展训练科目时，专职性救援队伍应以社会性救援需要为目标确定训练科目；而单位的兼职救援队应以本单位救援需要，兼顾社会救援的需要确定训练科目。救援队伍的训练可采取自训与互训相结合、岗位训练与脱产训练相结合、分散训练与集中训练相结合的方法。在时间安排上应有明确的要求和规定。为保证训练效果，在训练前应制订训练计划，训练中应组织考核、验收和评比。

应急演习是一种综合性的训练，也是训练的最高形式，演习应该在培训和训练后进行。演习是在模拟事故的条件下实施的，是更加逼近实际的训练和检验训练效果的手段。事故应急演习也是检查应急准备周密程度的重要方法，是评价应急预案准确性的关键措施，演习的过程，也是参演和参观人员的学习和提高的过程。

不论什么性质的演习，都可以分为全面演习、组合演习和单项演习。演习既可在室外也可在室内进行。演习既可由机关单独进行，以指挥、通信联络为主要内容，也可由机关带部分应急救援专业队伍进行演练。要注意复杂的训练应在较简单的训练之后进行。

（三）应急救援训练与学习的方式

例如，在进行全范围训练之前，应该完成一项或多项功能训练。这种渐进式方法保证训练的复杂性不超过参加者执行任务的能力。

1. 单项演习

这是为了熟练掌握应急操作或完成某种特定任务所需的技能而进行的演习。这种单项演习或演练是在完成对基本知识的学习以后才进行的。根据不同事故应急的特点，单项演习的大体内容如下。

（1）通信联络、通知、报告程序演练。

（2）人员集中清点、装备及物资器材到位（装车）演练。

（3）化学监测动作演练：固定监测网络中各点之间的配合，快速出动实施机动监测，食物、饮用水的样品收集与分析，危害趋势分析等。

（4）化学侦察动作演练：对事故发生区边界确认行动，对危害区边界变化情况判定行动，对滞留区地点及危害程度侦察等。

（5）防护行动演练：指导公众隐蔽与撤离，通道封锁与交通管制，发放药物与自救互救练习，食物与饮用水控制，疏散人员接待中心的建立，特殊人群的行动安排，保卫重要目标与街道巡逻的演练等。

（6）医疗救护行动演练。

（7）消毒去污行动演练。

（8）消防行动演练。

（9）公众信息传播演练。

（10）其他有关行动演练。

2. 组合演习

这是一种为了发展或检查应急组织之间及其与外部组织之间的相互协调性而进行的演习。由于部分演习主要是为了协调应急行动中各有关组织之间的相互协调性，所以演习可涉及各种组织，如化学监测、侦察与消毒去污之间的衔接；发放药物与公众撤离的联系；各机动侦察组之间的任务分工及协调方法的实际检验；扑灭火灾、消除堵塞、堵漏、关闭阀门等动作的相互配合练习等。通过带有组合性的部分联系，可以达到交流信息，加强各应急救援组织之间的配合协调。

3. 全面演习或称综合演习

这是应急预案内规定的所有任务单位或其中绝大多数单位参加的为全面检查执行预案可能性而进行的演习。主要目的是验证各应急救援组织的执行任务能力，检查它们之间相互协调能力，检验各类组织能否充分利用现有人力、物力来减小事故后果的严重度及确保公众的安全与健康。这种演习可展示应急准备及行动的各方面情况。因此，演习设计要求能全面检查各个组织及各个关键岗位上的个人表现。通过演习，应该能发现应急预案的可靠与可行度，能发现预案中存在的主要问题，能提供改善预案的决策性措施。全面演习要考虑公众的有关问题，尤其要顾及危险源区附近公众的情绪，使公众能够正确评价危害的性质，从而使推荐的防护措施能得到公众的认可。公众信息传播部门应借助全面演习的机会，向有关公众宣传演习的目的，以及当真实事故发生时，应该采取的一些措施。必要时可组织公众中骨干力量参观，甚至参加演习。全面演习应在单项和组合演习进行后实施，并应有周密的演习计划，严密的演习组织领导，充分的准备时间。

全面演习是最高水平的演习，并且是演习方案的高潮。全面演习是评价应急系统在一个持续时期里的行动能力。它通过一个高压力环境下的实际情况，检验应急救援预案的各个部分。美国联邦紧急事务管理局要求每一个接受联邦紧急事务管理局资助的管辖区每4年进行一次全面演习。

一个全面演习需要很长的准备时间，一般超过3个月。这是因为必须保证演习应应急预案所规定的行动：响应机构必须做的事、资源转移、开放避难所、派遣车辆等。应急救援指挥中心作为全面演习的一部分，要全面投入该项活动。

必须指出，演习特别是全面演习，主要是在宏观上检验应急预案的可靠性与可行性，为修正预案提供依据。同时，也为各个应急救援专业组织之间、应急救援指挥人员之间的协作提供实际配合的机会，以提高他们的协同能力和水平。

五、应急救援的实施培训内容

（一）事故报警

事故报警的及时与准确是能否及时实施应急救援的关键。发生事故的单位，除了积极组织自救外，必须及时将事故向有关部门报告。对于重大或灾害性的事故，以及不能及时控制的事故，应尽早争取社会救援，以便尽快控制事态的发展。报警的内容应包括：事故单位，事故发生的时间、地点、事故原因，事故性质（外溢、爆炸、燃烧等）、危害程度和对救援的要求，以及报警人的联系电话等。

（二）救援行动的过程

救援行动一般按以下的基本步骤进行。

1. 接报

指接到执行救援的指示或要求救援的请求报告。接报是救援工作的第一步，对成功实施救援起到重要的作用。

接报人一般应由总值班担任，接报人应做好以下几项工作。

（1）问清报告人姓名、单位部门和联系电话。

（2）问明事故发生的时间、地点、事故单位、事故原因、主要毒物、事故性质（毒物外溢、爆炸、燃烧）、危害波及范围和程度、对救援的要求，同时做好电话记录。

（3）按救援程序，派出救援队伍。

（4）向上级有关部门报告。

（5）保持与急救队伍的联系，并视事故发展状况，必要时派出后继梯队予以增援。

2. 设点

指各救援队伍进入事故现场，选择有利地形（地点）设置现场救援指挥部或救援、急救医疗点。

各救援点的位置选择关系到能否有序地开展救援和保护自身的安全。救援指挥部、救援和医疗急救点的设置应考虑以下几项因素。

（1）地点：应选在上风向的非污染区域，需注意不要远离事故现场，便于指挥和救援工作的实施。

（2）位置：各救援队伍应尽可能在靠近现场救援指挥部的地方设点并随时保持与指挥部的联系。

（3）路段：应选择交通路口，利于救援人员或转送伤员的车辆通行。

（4）条件：指挥部、救援或急救医疗点，可设在室内或室外，以便于人员行动或群众伤员的抢救，同时要尽可能利用原有通信、水和电等资源，有利救援工作的实施。

（5）标志：指挥部、救援或医疗急救点，均应设置醒目的标志，方便救援人员和伤员识别。悬挂的旗帜应用轻质面料制作，以便救援人员随时掌握现场风向。

3. 报到

指挥各救援队伍进入救援现场后，向现场指挥部报到。其目的是接受任务，了解现场情况，便于统一实施救援工作。

4. 救援

进入现场的救援队伍要尽快按照各自的职责和任务开展工作。

（1）现场救援指挥部：应尽快地开通通信网络；迅速查明事故原因和危害程度；制订救援方案；组织指挥救援行动；

（2）侦检队：应快速确定危险源的性质及危害程度，测定出事故的危害区域，提供有关数据；

（3）工程救援队：应尽快控制危险；将伤员救离危险区域；协助做好群众的组织撤离和疏散；做好毒物的清消工作；

（4）现场急救医疗队：应尽快将伤员就地简易分类，按类急救和做好安全转送。同时应对救援人员进行医学监护，并为现场救援指挥部提供医学咨询。

5. 撤点

指应急救援工作结束后，离开现场或救援后的临时性转移。在救援行动中应随时注意气象和事故发展的变化，一旦发现所处的区域有危险时，应立即向安全区转移。在转移过程中应注意安全，保持与救援指挥部和各救援队的联系。救援工作结束后，各救援队撤离现场以前应取得现场救援指挥部的同意。撤离前要做好现场的清理工作，并注意安全。

6. 总结

每一次执行救援任务后都应做好救援小结，总结经验与教训，积累资料，以利再战。

（三）应急救援工作中需注意的有关事项

1. 救援人员的安全防护

救援人员在救援行动中，应佩戴好防护装置，并随时注意事故的发展变化，做好自身防护。在救援过程中要注意安全，做好防范，避免发生伤亡。

2. 救援人员进入污染区注意事项

进入污染区前，必须戴好防毒面罩和穿好防护服；执行救援任务时，应以2～3人为一组，集体行动，互相照应；带好通信联系工具，随时保持通信联系。

3. 工程救援中注意事项

（1）工程救援队在抢险过程中，尽可能地和单位的自救队或技术人员协同作战，以便熟悉现场情况和生产工艺，有利工作的实施；

（2）在营救伤员、转移危险物品和化学泄漏物的清消处理中，与公安、消

防和医疗急救等专业队伍协调行动,互相配合,提高救援的效果;

(3) 救援所用的工具具备防爆功能。

4. 现场医疗急救中需注意的问题

(1) 重大事故造成的人员伤害具有突发性、群体性、特殊性和紧迫性,现场医务力量和急救的药品、器材相对不足,应合理使用有限的卫生资源,在保证重点伤员得到有效救治的基础上,兼顾到一般伤员的处理。在急救方法上可对群体性伤员实行简易分类后的急救处理,即由经验丰富的医生负责对伤员的伤情进行综合评判,按轻、中、重简易分类,对分类后的伤员除了标上醒目的分类识别标志外,在急救措施上按照先重后轻的治疗原则,实行共性处理和个性处理相结合的救治方法;在急救顺序上,应优先处理能够获得最大医疗效果的伤病员。

(2) 注意保护伤员的眼睛。

(3) 对救治后的伤员实行一人一卡,将处理意见记录在卡上,并别在伤员胸前,以便做好交接,有利于伤员的进一步转诊救治。

(4) 合理调用救护车辆。在现场医疗急救过程中,常因伤员多而车辆不够用,因此,合理调用车辆迅速转送伤员也是一项重要的工作。在救护车辆不足的情况下,对危重伤员可以在医务人员的监护下,由监护型救护车护送,而中度伤员实行几人合用一辆车。轻伤员可商调公交车或卡车集体护送。

(5) 合理选送医院。伤员转送过程中,实行就近转送医院的原则。但在医院的选配上,应根据伤员的人数和伤情,以及医院的医疗特点和救治能力,有针对性地合理调配,特别要注意避免危重伤员的多次转院。

(6) 妥善处理好伤员的污染衣物。及时清除伤员身上的污染衣物,还需对清除下来的污染衣物集中妥善处理,防止发生继发性损害。

(7) 统计工作。统计工作是现场医疗急救的一项重要内容,特别是在忙乱的急救现场,更应注意统计数据的准确性和可靠性,也为日后总结和分析积累可靠的数据。

5. 组织和指挥群众撤离现场

在组织和指挥群众撤离现场的过程中要注意以下几点。

(1) 在组织和指导群众做好个人防护后,再撤离危险区域。发生事故后,应立即组织和指导污染区的群众就地取材,采用简易有效的防护措施保护自己。如用透明的塑料薄膜袋套在头部,用毛巾或布条扎住颈部,在口、鼻处挖出孔口,用湿毛巾或布料捂住口、鼻,同时用雨衣、塑料布、毯子或大衣等物,把暴露的皮肤保护起来免受伤害,并向上风方向快速转移至安全区域。也可就近进入民防地下工事，关闭防护门，防止事故的伤害。

（2）防止继发伤害。组织群众撤离危险区域时，应选择安全的撤离中线，避免横穿危险区域。进入安全区后，尽快去除污染衣物，防止继发性伤害。

（3）发扬互助互救的精神。发扬群众性的互帮互助和自救互救精神，帮助同伴一起撤离，做好救援工作，对于减少人员伤亡起到重要的作用。对危重伤员应立即搬离污染区，需就地实施急救。

第三节　把公共安全教育纳入学校教育

2007年2月，国家教育部为进一步加强中小学公共安全教育，培养中小学生的公共安全意识，提高中小学生面临突发安全事件自救自护的应变能力，根据《义务教育法》《未成年人保护法》《国家突发公共事件总体应急预案》及《中小学幼儿园安全管理办法》《教育系统突发公共事件应急预案》，特制定了中小学公共安全教育指导纲要，纲要中明确指出了公共安全教育的指导思想、目标和基本原则、不同年龄段的安全教育重点模块以及实施途径和保障机制。

一、公共安全教育的基本原则和内容

1. 公共安全教育的指导思想、目标和基本原则

（1）必须坚持以邓小平理论和"三个代表"重要思想为指导，树立和落实科学发展观，坚持以人为本，把中小学公共安全教育贯穿于学校教育的各个环节，使广大中小学生牢固树立"珍爱生命，安全第一，遵纪守法，和谐共处"的意识，具备自救自护的素养和能力。

（2）通过开展公共安全教育，培养学生的社会安全责任感，使学生逐步形成安全意识，掌握必要的安全行为的知识和技能，了解相关的法律法规常识，养成在日常生活和突发安全事件中正确应对的习惯，最大限度地预防安全事故发生和减少安全事件对中小学生造成的伤害，保障中小学生健康成长。

（3）中小学公共安全教育要遵循学生身心发展规律，把握学生认知特点，注重实践性、实用性和实效性。坚持专门课程与在其他学科教学中的渗透相结合；课堂教育与实践活动相结合；知识教育与强化管理、培养习惯相结合；学校教育与家庭、社会教育相结合；国家统一要求与地方结合实际积极探索相结合；

自救自护与力所能及地帮助他人相结合。做到由浅入深，循序渐进，不断强化，养成习惯。

2. 公共安全教育的主要内容和实施途径

（1）公共安全教育的主要内容包括预防和应对社会安全、公共卫生、意外伤害、网络、信息安全、自然灾害以及影响学生安全的其他事故或事件。重点是帮助和引导学生了解基本的保护个体生命安全和维护社会公共安全的知识和法律法规，树立和强化安全意识，正确处理个体生命与自我、他人、社会和自然之间的关系，了解保障安全的方法并掌握一定的技能。中小学心理健康教育继续遵照教育部已经规定的相关要求实施。

（2）开展公共安全教育必须因地制宜，科学规划，做到分阶段、分模块循序渐进地设置具体教育内容。要把不同学段的公共安全教育内容有机地整合起来，统筹安排。对不同学段各个模块的具体教学内容设置，各地可以根据地区和学生的实际情况加以选择。

（3）学校要在学科教学和综合实践活动课程中渗透公共安全教育内容。各科教师在学科教学中要挖掘隐性的公共安全教育内容，与显性的公共安全教育内容一起，与学科教学有机整合，按照要求，予以贯彻落实。小学阶段主要在品德与生活、品德与社会课程中进行。

（4）对无法在其他学科中渗透的公共安全教育内容，可以利用地方课程的时间，采用多种形式，帮助学生系统掌握公共安全知识和技能。要充分利用班会、团会、校会、升旗仪式、专题讲座、墙报、板报、参观和演练等方式，采取多种途径和方法全方位、多角度地开展公共安全教育。

（5）公共安全教育可以针对单一主题或多个主题来设计教学活动；通过游戏、实际体验、影片欣赏、角色扮演等活动，也可以运用广播、电视、计算机、网络等现代教育手段进行教学，探索寓教于乐、寓教于丰富多彩活动的教学组织形式，增强公共安全教育的效果。公共安全教育的形式在小学以游戏和模拟为主；初中以活动和体验为主；高中以体验和辨析为主。

学校要建设符合公共安全教育要求的物质环境和人文环境，使学生在潜移默化中提高安全意识，促进学生学习并掌握必要的安全知识和生存技能，认识、感悟安全的意义和价值。

（6）学校要与公安消防、交通、治安以及卫生、地震等部门建立密切联系，聘请有关人员担任校外辅导员，根据学生特点系统协调承担公共安全教育的内容，并且协助学校制定应急疏散预案和组织疏散演习活动。

公共安全教育是学校、家庭和社会的共同责任。学校要采取积极措施帮助家长强化对孩子的公共安全教育意识，指导家长了解和掌握公共安全教育的科学方法，主动寻求家长和社会对公共安全教育的支持和帮助。

3. 学校安全教育的保障机制

（1）学校要保证公共安全教育的时间，可根据实际情况，结合不同学段的课程方案和本指导纲要的要求，采用课程渗透和利用地方课程时间相结合的方式，确保完成本纲要中规定的教学内容，并要安排必要的时间，开展自救自护和逃生实践演练活动。

（2）各地要加强教学资源建设，积极开发公共安全教育的软件、图文资料、教学课件、音像制品等教学资源。凡进入中小学校的自助读本或相关教育材料必须按有关规定，经审定后方可使用；公共安全教育自助读本或者相关教育材料的购买由各地根据本地实际情况采用多种方式解决，不得向学生收费增加学生负担。大力提倡学校使用公用图书经费统一购买，供学生循环借阅；重视和加强公共安全教育信息网络资源的建设和共享。

（3）各级教育行政部门和学校要重视教师队伍建设，把公共安全教育列入全体在职教师继续教育的培训系列和教师校本培训计划，分层次开展培训工作，不断提高教师开展公共安全教育的水平。

（4）各地要加强教研活动和课题研究，把公共安全教育研究列入当地课题研究规划，保证经费，及时总结、交流和推广研究成果。学校要充分调动教师的积极性，有针对性地开展公共安全教育的校本研究。

（5）要重视对公共安全教育活动的评价和督导。各地教育行政部门要制定科学的公共安全教育评价标准，并将其列入学校督导和校长考核的重要指标之一。评价的重点应注重学生安全意识的建立、基本知识技能的掌握和安全行为的形成，以及学校对公共安全教育活动的安排、必要的资源配置、实施情况以及实际效果。学校要把教师开展公共安全教育的情况作为教师考核的重要依据。

二、全方位实施学校安全教育

1. 加强安全宣传教育工作

安全、稳定是教育教学工作的基础，安全、稳定是学校工作的重中之重。学校应长期坚持利用多种渠道和有效载体，认真做好有关学校安全的法律、法规的宣传教育工作，积极开展"安全教育月"活动及上级部门统一组织的重大安全宣传教育活动，使广大师生员工的安全意识不断增强。学校可通过校园网、校广播、校报、橱窗等平台，通过定期开展大型宣传活动、举办科普知识讲座、开设公共选修课程、发放宣传知识手册等途径，开展关于国家安全、保密工作、校园安全、消防工作、食品安全、医疗卫生、防汛工作等方面的科普知识教育。通过教育宣传工作的开展，使广大师生的安全、稳定意识不断增强，对应急管理工作的重要性有了充分的认识，为学校应急管理工作的有效开展奠定思想认识基础。

2. 加快学校安全管理制度建设，规范学校安全管理，完善学校安全工作责任制

（1）完善学校安全管理体制。强化校（园）长作为学校安全管理工作第一责任人的责任。建立主要领导亲自抓、分管领导靠上抓、安全管理员具体抓的管理体制。要层层落实责任，签订安全责任书，做到分工明、责任清，实现无缝隙管理；学校要与级部主任、班主任、学生家长、学生签订安全协议书，加强对学生的安全教育和跟踪管理。

（2）加强学校安全制度建设。要把学校安全制度建设作为学校安全管理的重要组成部分。建立和落实安全工作领导机制和会议制度、食品卫生安全管理制度、事故责任追究制度、严格的儿童接送制度、定期的安全检查制度、事故及时报告制度和突发事件应急预案等37项安全管理制度，并在工作实践中不断进行修订和完善，使各项管理制度更加贴近实际和具有可操作性。

（3）健全学校安全检查管理体系。要成立安全检查小组，对接送学生专用车、学生食堂、钢筋混凝土校舍等重点安全隐患部位，要落实人员、落实责任，坚持日检查制度，如实填写安全日志，对照《学校安全年评比考核标准》逐项检查落实，按照"安全月"和"安全季"检查评比方法进行汇总，学校要组成专门人员进行分析、会诊，发现安全隐患，能够识别解决的，制定限时整改方案。学校无力解决的，要逐级报告，并采取必要的安全避险措施。

（4）建立健全学校、家长、社会共同联防学生安全的制度和机制，形成全社会共同关心、齐抓共管学生安全的工作格局。

3. 加大学校内部安全管理力度，确保师生生命财产安全

（1）校舍安全。要建立健全校舍安全定期检查制度，建立校舍维护、维修长效机制，认真组织好校舍安全隐患的排查工作，发现隐患或危房要采取措施及时整改或立即停止使用，并及时上报镇教育办公室。积极推进宿舍安全标准化建设，加强在校生安全管理。

（2）用电安全。加强用电管理，线路铺设要符合规范要求，无老化、外露现象；所用电器安全标准，不超负荷；要安装总保险器和分栋安装保险器；加

对线路、电器的检查维修，对学生易踩、易摸的重点部位，要有明显的提示标志。

（3）防火安全。要按照《消防法》的要求，配足、配齐消防器材，定期检查消防设施，发现问题，及时维修改造。必须确保学生集中场所疏散标志明显，疏散通道畅通。加强对教职工的消防专业知识培训，学会正确使用灭火器，初中要组建义务消防队，并定期组织演练，不断提高应急处置能力。

（4）重点部位安全。加强对学校微机室、仪器室、图书室等重点部位的监管，实行专人管理。做好防盗、防火工作，安装红外线报警系统，配足消防设施，加固门窗。

（5）学生饮食卫生安全。严格落实《学校食堂卫生安全管理办法》，大力实施食堂标准化建设，加强对学校食堂的管理，严格执行学校食堂安全卫生管理制度、进货索证制度、食堂从业人员上岗证制度，确保学生饮食安全。认真做好传染病防控工作。

（6）学生宿舍安全。认真落实《中小学生宿舍管理办法》，加强对学生宿舍的管理，建立健全宿舍管理规章制度；积极实施宿舍标准化建设工程，改善宿舍条件，定期开展紧急疏散、灭火自救等演练活动，制定宿舍达标评比细则，积极开展星级宿舍、标兵宿舍等达标创优活动，提高宿舍管理水平。

（7）交通安全。强化校长作为接送学生专用车第一监管人的责任，严格实行乘车"签单制"和驾驶人挂牌制，加强对接送学生专用车的监管；加强对学生进行交通法规和交通安全教育，提高学生的交通安全意识和自我保护能力；制止学生乘坐农用车、报废车、改装和不合格的车辆；学校要与学生家长、车主、学生签订安全乘车协议；指定学生乘车管理组长，负责超速、超员、随意更换驾驶员等现象的举报，遇大雪、大雾、大雨等恶劣天气时，采取应急措施，防止交通事故发生。

（8）特种设备和危险实验药品安全。学校使用特种设备必须按照《特种设备安全监察条例》规定，切实做到落实管理机构、落实管理责任人员、落实各项管理制度，设备要有使用证，操作人员要有上岗证，设备必须依法检验。危险试验药品必须实行双人双锁专人管理，严格出入库登记和销毁处理制度。

（9）学生集体活动安全。加强体育课、实验课、劳动课的组织和管理，严格审批组织学生校外集体活动，严禁组织学生在公路上进行集体跑操，严防学生交通事故和学生溺水事故等方面事故的发生。

（10）校园及其周边环境安全。充分发挥学校及其周边治安综合治理办公室职能作用，协调有关部门对校园及其周边环境进行安全检查，积极督促清理学校周边的网吧、歌舞厅、游戏厅以及其他不利于青少年身心健康的娱乐场所和流动摊点，保证学校周边环境良好；学校要坚持值班和领导带班制度，加大夜间巡逻力度，建立学校及周边特殊人员管理档案，积极与公安、特殊家长联系，做好防范教育工作，确保师生安全。

4. 加强学校安全档案信息工作

高度重视学校安全信息报道工作，要通过报刊、广播、信息网等形式，广泛宣传安全管理的好经验、好做法。要选择责任心强的教师担任学校安全管理员，以便及时掌握学校安全信息；严格执行学校突发公共安全事件报告制度，及时、准确地向上级教育主管部门报告学校安全事故情况；要做好开展安全教育、隐患排查和预案演练等安全工作的归档保存工作；教育办将把安全信息报道情况作为考核各学校的重要依据之一。

5. 积极开展和谐校园创建活动

各学校一定要站在全面落实科学发展观，维护学校安全、促进教育事业和谐发展的高度，把和谐校园创建活动放在突出位置，加强领导，强化日常管理，抓好落实。完善校园安全联防制度、督促检查制度，提高学校安全工作管理水平。

6. 严格落实责任追究制度

要切实加强对学校安全工作的领导，将学校安全管理工作做细、做实，最大限度地降低安全责任事故。对因安全意识淡薄、分工不清、管理不善、整改不落实，造成恶劣社会影响或安全责任事故的，要坚决追究相关人员的责任，并对学校年度工作实行一票否决，绝不姑息迁就。

第三十章

进一步完善学校应急管理机制

- 第一节　建立职责分明的应急管理组织机构
- 第二节　建立健全学校应急联动机制
- 第三节　建立严格的学校应急责任制
- 第四节　加强学校应急方面的新闻舆论宣传工作

良好的应急管理机制,首先立足于领导管理者的身前,好的应急管理者要未雨绸缪,在应急发生之前就应该作出响应和恢复计划:对人员进行对应的、各种应急技能的培训;建立完善的应急管理制度;建立良好的应急管理组织。只有这样,学校的应急管理体系才能得到最好的建设。

第一节 建立职责分明的应急管理组织机构

一、明确基层应急管理组织机构的成员职责

应急管理者是对应急活动进行管理的主要人员,因此,应急管理者的职责始终贯穿在危机管理活动之中。从应急管理全过程来分析,应急管理者在危机管理中的职责主要包括应急分析,应急应对的计划、组织、领导、控制,应急恢复以及应急管理的评价等。具体从以下几个方面来分析。

1. 树立全员应急管理意识

应该在全体公众中培育危机意识,这是最高阶层的应急管理者应承担的首要责任。

2. 建立应急管理体制和机制

应急管理者要未雨绸缪,在应急发生之前就应该作出响应和恢复计划:对人员进行对应的、各种应急技能的培训;建立完善的应急管理制度;建立良好的应急管理组织;做好必要的人、财、物资源准备;建立良好的应急预警和信息反馈机制。

3. 第一时间到场

当应急情境出现时,应急管理者需要及时出击,在尽可能短的时限内遏制不安全因素苗头。

4. 要应对得当

当危机发生时,应急管理者要冲在前面,要面面俱到,不能忽视任何细节。

5. 危机过后,管理者需要对恢复和重建进行管理

这也意味此时运用的资源、人力和管理方法可能与危机初期、中期有所不同。

6. 要承担主要责任

应急管理者要承担危机各个阶段的决策、领导和控制职责，要对危机事态的扩大承担主要责任，甚至绝大部分责任。

二、提高基层应急管理者的素质

人是公共危机管理中特别是在危机处理中的决定性因素，关系到国家的安危和生命财产的保护。因此，公共危机管理人员必须是经过专业教育和特殊训练、强调公众服务与社会责任、强调个人素质的社会精英。从事危机管理的人员应具备以下素质：

1. 具有良好的创新能力

应急管理人员经常要在形势刚发生变化时就立刻采取相应的行动。他们一般不能消极地等待指示，要靠个人的创造能力去解决这些问题，能预测变化并调整行动适应变化，争取时间上的主动。

2. 具有较强的学习能力和求知欲

应急管理人员应该有搜索能力很强的头脑，他希望了解所有相关的信息。由于危机事件具有明显的突然性和无序性，每次解决问题时要采取不同的方法，对每一个应急管理人员来说都是一次学习机会。解决问题要依靠智力和毅力，应急管理人员永远不能放松学习。

3. 具有过人的精力、追求精神和雄心大志

应急管理人员一般都具有过人的精力、追求精神和雄心大志。他们能够迅速地进入工作状态，勇于承担风险。这一点对于应急管理人员来说是非常重要的内在素质。许多有雄心大志的人往往由于问题得到解决而受到激励，他们最愿意从事达到目标的工作。

4. 具有较强的客观判断力

应急管理人员必须客观地、实事求是地思考问题。除此之外，他们还要有出色的判断能力；他们必须清楚要做什么、怎么做，而且要掌握好时机。他们必须要有时间观念。他们必须能够集中精力与注意力，以产生敏锐、准确的观察能力。这一点在应急处理过程中尤为重要。

5. 具有弹性的工作态度

在应急事件中，将不可避免地出现伤亡和破坏。应急管理人员具有从其他人的角度观察问题的能力是很重要的。例如，从亲人的角度去安抚、慰问伤员和伤

亡者家属,从公众的角度观察问题并积极化解矛盾等。

6. 有为他人服务的奉献精神

应急管理工作是关系国家安危、民族利益的大事,具体地说,就是为人民服务。因此,应急管理人员必须有乐于助人的精神。

7. 具有良好的沟通能力

应急管理人员,特别是公共关系人员通常被要求具有和蔼的性格,对他人友好与真诚,在应急处理过程中,很好地保持与人们的广泛接触。

8. 具有较强的适应能力

应急管理人员特别是应急处理人员通常在所有地区都能有效地从事工作,这需要他们具有一定的冒险精神并对许多事物具有浓厚的兴趣。求知的欲望与集中精力于不同问题的能力,有助于他们迅速适应新的任务和新的问题所提出的要求。

9. 具有很强的团队精神

应急管理是一个典型的"兵团作战"模式,讲究团结和整体。这一本质也是从事应急管理的一项根本性要求。

10. 有良好的心理控制能力

能够很好地控制自己的情绪,通过直接行动比对问题匆忙地进行分析更容易得出较为合理的结论。

三、如何加强基层应急管理者的领导能力

政治学家弗林认为,危机事件领导者的个人能力包括:领导能力、沟通技巧(总结和倾听)、委派能力、管理团队的能力、决策水平(在时间紧迫和压力下)、对情境进行评价的能力、计划和执行计划的能力、沉着镇静的风范。

下面我们结合美国"9·11"恐怖袭击事件中纽约市市长朱利安尼在那次危机中的领导能力进行评价。

1. 身临其境,感同身受

朱利安尼遵守了危机管理的第一原则:尽早及时赶到现场,亲身体验现场的复杂性和繁杂的细节。领导人身临其境,能够在真实环境中体验到许多珍贵的、书面报告无法描述的危机情境,进而从心灵和精神上感知危机。这会帮助他们更人性化地、更心领神会地处理复杂的危机。如果只在办公室通过数据计算来"科学"地选择危机处理方案,往往忽略了关键利益相关者的精神感受。

2. 立即沟通，坦诚沟通

朱利安尼在"9·11"事件中最引人关注的是他立即出现在公众面前。"9·11"事件发生当日，他正在与自己的顾问开会。当听到撞楼消息后，他立即带领助手奔赴世贸中心现场。恐怖袭击后仅一个小时，他已经站在世贸中心的废墟上，在惊慌失措、四处逃生的民众中，开始他的第一时间记者招待会。他明确而有力地告诉全世界电视机前的观众，这是一场恐怖袭击，许多情况还不明朗，纽约紧急应对机制已启动。事后他说，他清楚了解民众对谣言的恐惧远远超过对坏消息的害怕心理。

3. 沉着部署，各司其职

在世贸中心大楼倒塌的第一时间，朱利安尼立即调动两个指挥中心：纽约警察紧急指挥中心和纽约消防紧急指挥中心。这两个指挥中心的目的是对应危机发生时两个最重要的任务：控制危险区的危机扩散，维持非危险区的范围扩大。这两项任务的重点不同，必须分工，各司其职。危机发生时，切忌眉毛胡子一把抓，蜂拥而上，打乱应有责任与任务分工。

4. 使用得心应手、配合默契的危机管理团队

朱利安尼知道该团队每个人的角色、性格和沟通习惯。事发当天，团队的主要骨干被朱利安尼分派到各个重要指挥与协调中心，并与他保持及时联络。这些团队成员不仅要忠诚，还要沟通起来无障碍。危机情境下要求准确指令，令行禁止。朱利安尼能迅速控制局面，与团队骨干的积极配合有直接关系。

5. 一心三用，时刻思考下一步

朱利安尼对自己在危机第一时间的工作总结为：你必须同时抛三只球在空中，而且大脑要分别关注这三只球的起落。这三只球分别是：①及时、坦诚地与公众沟通；②立即照顾受害、受难者，他们的遭遇与处境可能"传染"给每一个健康的人士；③时刻思考下一步将会怎样。

大多数危机管理者都会在情绪、心理和生理上完全被眼前的任务所压倒，忘记思考下面将要发生的事情。而领导者必须比惊慌失措的员工思考更远的步骤，否则只会被危机发生的冲击波推着走。

在世贸中心倒下的几个小时后，朱利安尼迅速与美国副总统切尼通话，了解全国的情况。为准备应对下一步可能出现的连锁反应，他立即着手部署全市警力提防更多的袭击，要求人们尽量待在家中。还布置设立"家庭中心"安排家属，让医院待命。这几项都是从控制危机扩散和维持秩序这两大目标出发而设想的"下一步"策略。当危机领导人被大众情绪与心理所驱动，全力以赴回答最大的

呼喊声时，他们往往忽略了下一个冲击波正悄悄来临，呼救的声音会越变越大。

6. 不要让别人牵着鼻子走

朱利安尼在后来强调，危机中领导人一定要清楚地理顺各项工作的首要性、紧迫性和重要性。这三者有时一致，有时不一致。领导人容易被最有紧迫感的部门和人所影响，以至于将重要的事务放在一边。

世贸中心倒塌后，附近几条选区的住房公寓都被迫关闭，大量居民要求市政府立即解决他们的住房问题。朱利安尼知道与活着的人的求救声音相比，埋在废墟中的3500多人无声的呼救更为重要。

危机发生时，时间和精力的分配永远是利益各方争论的焦点。朱利安尼的做法是在听取和了解各方信息后，给自己一个独处的时间和环境，根据已有的信息，作出独立的判断，然后坚定不移地执行自己决定的行事顺序和首要事务。对下级来说，每个人都认为自己的工作最重要、最紧急。对危机领导人来说，领导的责任与水平正体现在对各种紧急事务首要性的判断中。在危机情境中，清醒的头脑与清楚的责任分工比"事后"发现的"最佳方案"更重要。

7. 保持创造性的活力

朱利安尼认为，部属之间、部门之间情绪紧张而又不发生实际冲突的工作关系最有利于创造力的发挥。一个有效的危机领导人不应该排斥在形式与内容上相对立的理解与解决方案，而至少应当用以下的标准去发挥蕴含在矛盾活力之中的能量，为自己的目标服务：看法的证据何在，解决方案是否有说服力，对危机处理的导向如何，有怎样的连锁反应的效果。

危机情境中非正常的情绪与心理容易让人产生固执己见的看法，鼓励使出证据有利于平衡固执所带来的危害。一个危机解决方案的成功往往取决于参与各方的理解和承受程度。

把握和引导创造性活力的另外一个原则是，评估该方案对危机态势的影响和连锁反应效果，略去各种危机的细节，成功扭转危机取决于对以下两种态势的理解和所施加的作用：负反馈效应将加速危机的发展趋势，正反馈效应将阻挡危机的发展趋势。

由于危机往往具有复杂性而且无前例可循，危机领导人能够控制和管理的不是危机结果。结果无法预测，否则就称不上危机。危机领导人能够判断和控制的是危机的态势，并利用各种方法去引导态势。因此，理解每个方案的正负反馈效果和连锁反应效果才是关键。

8. 事先做好危机反应计划

朱利安尼多次强调危机时刻领导人完善危机防范机制和体制的重要性。纽约市能够在较短的时间内对恐怖袭击作出有效的反应，来源于长期以来的防范体制建设。

对危机领导人来说，虽然无法预测危机的种类和性质，但是基本危机防范机制准备越充分，危机发生时整个组织的"镇定程度"就越高，"狂热勇敢型"的大无畏精神只能促进危机的负反馈效应，使危机态势越发不可收拾。

9. 细节

朱利安尼的另外一个不同于寻常领导人之处在于对细节的强调。他认为，危机情境下，每个细节都能产生结构性的影响效果，因为每个细节都可能成为危机态势的正反馈效应的转折点，从而扭转整个事件的发展方向。

四、避免错误的基层应急管理认识态度

对待危机的态度应该是：危机不再是可能的、偶发的，而是必然的、经常的，这就要求管理者必须对危机有一种挑战的态度，建立正式的危机管理体制。对待危机的意识，正如世界首富比尔·盖茨所说的"微软距离破产永远只有18天"。这种居安思危的意识令人钦佩。

现实中，很多管理者将危机当作非常规现象、紧急情况，遇到危机会尽一切努力来消除这种非常规现象，危机只是被当作一次突发事件来处理。这种态度往往决定危机管理者只是把危机的管理目标定位在消除危机和恢复到"正常状态"。殊不知，这种"头痛医头，脚痛医脚"的危机管理态度，往往导致一旦危机发生，就采取紧急动员的方式，以大规模的人力、财力解决危机。这种做法，从危机表面看似乎消除了危机现象，但是不解决深层问题，难免下次还会遇到类似的危机。

所以，建立长效的危机管理机制、经常演习和评估危机管理水平应是危机领导者的基本态度和理念素养。而日常管理工作中领导容易犯的错误态度有以下几类。

1. 无能为力

这种态度认为，危机发生的概率很小，要预测危机的发生时间和地点非常困难，即使危机发生，对待危机也是无能为力，所采取的措施要么是根本没有用，要么是效果甚微。在这种态度指导下一旦发生危机就会出现手足无措的局面。

2. 心存侥幸

这种领导者的态度是：危机是会发生的，而且危机会产生很大影响。这些管理者或许怕麻烦，或许不在乎，心存侥幸，只要危机不出现，就得过且过。他们

就像鸵鸟一样,一头扎进沙堆里,什么都看不见,以为危机不会找上门来。

3. 自以为是

这种领导者的态度是:不会发生危机;即便发生危机,也不会动摇根本;更有甚者,认为危机发生在某一单位,不会影响到整个运行。

4. 自认无错

这种态度认为,自身没有问题,危机的发生一定是坏人从中破坏所致。如果没有坏人的捣乱,危机就不会发生,因此,危机管理的首要任务就是如何防范坏人的破坏。持这种态度的领导者,可能忽略这样的事实:许多危机的发生并不是人为的,有时候是因为好人出于无知甚至善意的想法而产生的。这样的领导者往往会忽略最基本的危机管理。

早在1800年前,古罗马皇帝奥勒利乌斯曾经有一句名言:"你有什么样的意念,就有什么样的生活。"心理学家弗洛伊德也有类似结论:"改变行为最好的办法是改变你的观念。"

当观念、态度改变以后,行为就会改变,行为改变了,就会有不同的结果。因此,树立正确的危机观念和态度,认识到危机管理的重要性,并愿意付出一定的精力和财力,应急管理才可能有效,危机发生的概率才会降低。

五、学校应急事件管理的实践化

处理学校突发事件,必须建立职责分明的组织机构,集中人力,团结协作。一旦发生突发事件,这一机构就要及时行动,稳定人心,调动每个部门和教职工正确处理突发事件的主动性,尽快化解危机。

学校可以成立处置突发事件领导小组,这个小组的成员不仅由底层、中层干部组成,而且学校的最高决策者也应该成为这个小组的重要成员,并积极参与到小组活动中,以便发生突发性事件时,迅速作出决策。

处置突发事件领导小组的组长一般由中小学校长担任。校长、园长是校园安全第一责任人,负责校园全面安全工作;副组长由主管学生工作的副校长担任,是校园安全第二责任人,协助校长全面负责校园安全工作;小组成员可由校学生处、团委和医务室的负责人组成,负责师生安全工作、校车接送安全工作、食堂安全、水电安全工作、校园内及外出活动安全、住宿安全及保安工作,其中学生处处长兼任现场总指挥或者由校长、园长担任总指挥。另外,还可以任命一安全顾问,协助校长对学校安全工作进行检查督促,发现问题,提出整改建议。

在这一小组中,实行安全责任制,让每个成员都清楚地了解自己的职责和其

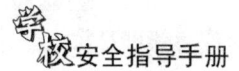

他有关人员的职责,以便相互配合。

1. 安全小组的总职责

校园安全小组主要负责统筹突发事件管理的各项日常工作,起到有效的预警作用。平时要对学校可能潜在的灾害源进行估计,并一一列举出来,且要加以分类,考虑其可能造成的后果,并根据这些可能的突发事件的性质来制订相应的行动计划,做好工作预案。当学校突发事件发生时,应该立即启动预案,采取任务编组的方式,加速突发事件的处理和恢复。重要的是要在校内形成强有力的安全管理核心,并形成能够迅速调动各种资源的快速反应机制。

2. 组长的职责

校园安全小组组长的职责是充分发挥自己对于突发事件的感知能力,沉着应对;要尽量迅速到达现场,了解和掌握事故情况,正确判断事件性质,控制局面,阻止事态发展,并研究事故处理的具体策略;要在第一时间向上级报告情况;立即果断地启动应急机制的程序;组织力量并全程指挥其他各职能人员投入工作;密切配合公安、医疗、防疫等机构对事故进行处理;负责事故的调查、分析和处理,查找原因和责任。

3. 现场指挥人员职责

现场总指挥可以直接指挥调动校卫队、110 服务台及其联动单位,各单位、各部门治保小组,义务消防队人员和物防技防力量,使之处于良好的常态戒备之中。其他现场控制人员要负责控制现场,维护秩序,防止发生混乱局面;组织力量迅速将受伤人员送往医院;组织班主任清点并管好各自学生的安全;接待家长,做好解释说明及思想工作;尽早向知情者、见证人调查事故起因,掌握好事故的第一手资料。

4. 医疗人员职责

医疗人员主要负责尽量在第一时间护送受伤或发病者去医院救治,并积极配合医院的救治工作,追踪了解伤情或病情动态,随时与组长保持联系。此外,还要接应去医院看望学生的家长,做好家长的安抚工作,防止出现情绪过激情况。

5. 后勤人员职责

后勤人员主要负责做好联络工作和后勤支援工作,如医疗救治、现场控制、车辆调度等;要配合医疗、防疫等机构进行消毒、取样分析;做好上级来人和家长的接待,并为上级工作组现场办公做好后勤服务工作等。

6. 信息收集人员职责

信息收集人员主要负责采集突发事件全过程的各种信息资料,撰写有关突发事故的书面报告，并做好相关数据的分类统计工作，在第一时间向上级报告情况。此外，还要做好学校内部的通信联络工作。

此外，建立安全工作领导班子，一般由校长全面负责学校的安全管理工作。制定安全工作管理制度，强化安全管理措施，落实安全管理责任，督促学生遵守《学生安全管理规定》，这就要求学校从细节出发，具体明确每一个应急项目的组织机构和个人职责。

第二节 建立健全学校应急联动机制

一、学校应急联动机制指挥体系建设模式的合理选择

1. 构建以政府为主导、以公安警务为依托的学校应急联动机制

纵观我国目前应急联动系统建设和应急指挥体系模式，绝大部分都是采用以公安警务为依托的应急联动机制。这不仅是因为110报警服务台建设起步早、社会覆盖面广，具有由基层指挥系统、分中心指挥系统、中心指挥系统和核心决策系统所组成的多层次指挥体系，而且公安警务应急服务在各种公共安全服务中出警频率最高、影响最大，直接关系到人民群众和广大师生的日常生活和社会安定。

以政府为主导，以公安警务为依托构建学校应急联动体系，在组织、装备、经验、行动等方面均具有良好的基础和发展前景。把政府的应急联动建设与公安机关和学校三者的应急联动统一起来，统一投入、统一规划、统一建设，政府授权公安机关实施应急联动组织指挥，以学校为核心，协同其他联动部门共同处置，是低成本、高效率、科学合理的办法。在110、119、122"三台合一"的基础上，通过重点解决指挥机制、指挥流程、合成指挥等问题，110指挥中心完全能够建设成为优质高效的报警服务中心、运转协调的指挥调度中心和反应灵敏的应急处置中心。同时，在110应急指挥中心设置总指挥室，出现紧急状况需要跨部门联合行动时，学校领导可直接在总指挥室进行指挥。以政府为主导、以公安警务为依托的学校应急联动体系，充分体现了《国家突发公共事件总体应急预案》确定的"在各级党委领导下，实行行政领导责任制，充分发挥专业应急指挥机构的作用"的突发事件应急救援工作原则。

2. 统一紧急报警特服号码，分离并整合非紧急求助特服号码

在整合、联动不同应急指挥和通信系统的同时，采用统一的报警求助号码是大势所趋。世界上已有许多国家采用统一的报警求助特服号码，如美国规定911为国家报警求助特服号码，英国是999，瑞典是900，欧盟推行112紧急报警系统。美国于1967年使用911作为国家报警和求助特服电话，911中心是地方紧急事件的接警单位和指挥部门。目前，美国有22000个911中心，多数设在警察局，少数设在政府其他部门。911中心负责接受刑事案件、火灾、交通事故、医疗急救等各种报警、求助电话，并根据事件的性质分别由警方直接受理或转到消防、交通事故、医疗急救、公用事业等部门处理。

目前，我国所有地级以上城市公安局已全部建立了110报警服务台和指挥中心，9.59%以上的县市级公安机关建立了110报警服务台或开通了110报警电话，部分县级公安机关建立了指挥中心。全国范围内公安机关"三台合一"的快速推进，为统一国家报警求助特服号码创造了有利条件。鉴于110报警服务台在国内具有较高的知名度和社会影响力，以"110"作为国家报警求助特服号码有助于被社会公众广泛接受，也便于宣传推广。统计数据表明，自110报警服务台设立以来，全国各地不涉及公安机关执法活动的非警务出警行为占全部接处警总量的40%~60%。尤其是"三台合一"和联动系统建成后，非紧急求助类电话所占的比例急剧增加。为了避免大量非紧急事件报警占用110线路，浪费接警、处警资源，有必要考虑非紧急求助电话号码的分离与整合。1997年，美国采用311作为非紧急求助电话号码，目前已有几十个大中城市开通了311热线电话，多数由当地警察局管理。纽约、芝加哥、休斯敦、达拉斯等城市则将311热线从警察局的911报警系统中分离出来，交由市政府的其他部门管理。英国鉴于非紧急事件对999紧急报警电话所造成的压力，于2006年启动了非紧急求助电话分离计划，该计划已于2008年完成。我国在统一紧急报警求助电话的同时，也应分离并整合非紧急求助电话，设定一个简单易记的号码作为非紧急求助特服号码，整合涉及信访、司法、市政、卫生、环保、工商管理等部门以及水、电、气等公共服务机构的公众诉求。这样不仅能够大大减轻110报警电话的压力，而且有助于节约公共资源，提高政府部门的工作效率。

3. 针对突发公共事件的不同特点，确定合理的应急指挥模式

根据事件发生过程、性质和机理的不同，我国将突发公共事件分为自然灾害、事故灾难、公共卫生事件和社会安全事件四大类型，涉及水旱灾害、工矿商贸企业安全事故、传染病疫情、恐怖袭击事件等20多种不同类型的突发公共事

件。受自然条件、城市规模、经济发展水平的影响，不同种类的突发公共事件在不同城市和学校的发生概率以及可能造成的损失有很大差异。

从接警、处警和联动的方式看，目前我国"统一接警、统一处警"、"分布接警、分布处警"、"统一接警、分布处警"、"统一接警、分布处警、大警协同"、"分布接警、分布处警、大警协同"和"统一接警、分布处警、大警协同、资源共享"等多种应急指挥模式并存。虽然"统一接警、分布处警、大警协同、资源共享"是最为理想的应急指挥模式，但短期内不可能在全国范围内普及、推广、应用，更不可能被广大教育系统和学校所推广普及。因此，必须在充分考虑经济发展、学校规模、突发公共事件类型及发生概率等实际情况的基础上，构建合理的学校联动指挥模式，以确保形成统一接报、分类分级处置的工作机制。

在党中央、国务院的重视和领导下，在加快转变政府职能、努力建设服务型政府的进程中，我国教育系统公共危机管理职能逐步得到强化，公共安全建设取得了长足的进步。目前，我国已初步建立了应急联动系统与突发公共事件应急机制，突发公共事件应急预案框架体系基本形成。我国公共安全建设正站在新的历史起点上。要在以人为本、平安发展的科学理念指导下，进一步加强学校突发公共事件应急救援体系的建设，建立健全学校应急救援联动系统、应急救援指挥体系、应急救援预案和信息管理系统，建立完善应急救援法律和资源保障机制，尽快提高我国学校公共安全管理水平，全面增强抵御危机和风险的能力。

二、建立健全学校应急联动机制的具体做法

（一）建立畅通的信息渠道

校园突发事件应急管理的核心之一是信息沟通管理，所以学校应建立畅通的信息渠道，平时可以通过这一渠道收集有关师生学习、生活的动态，在处理突发事件时可以有效引导舆论的导向。

1. 以人为本，做好服务工作

突发事件的发生与管理工作不到位和一些人为因素有一定关系。因此，防止突发事件的发生，必须尽量消除这些因素。这就要求我们要以人为本，做好服务工作。首先，要尊重学生的人格，真诚地与学生交流和沟通。其次，要做好学生的服务工作，如开设意见箱，设立校长每周接待日、干部轮流到学生食堂就餐等制度。

2. 注重信息沟通，做出准确判断

无论是事故预测还是事故处理，信息沟通都是一个重要的环节，在学校的应

急管理中具有重要作用。学校与学生及家长的沟通应保持经常性,良性的沟通机制能够为学校及时收集学校管理和服务等各方面信息并做出反馈提供保证。突发事件发生的范围、性质及后果的分析和判断,也一定程度上依赖于此。

3. 坚持信息透明,把握舆论导向

突发事件发生时,社会和家长迫切希望知道事件发生的原因、产生的影响、处理的过程以及进一步的演化。由于这时人们还不了解真相,容易出现谣言,引起人们心理上的恐慌。对学校管理者来说,应理解人们的心理,要及时、公开、透明地传达准确真实的信息,把握舆论导向,稳定师生和家长的情绪,此外,在传达信息时必须统一口径,保持信息的一致性和准确性,最好指定一位专门的成员统一向外界发布消息。坚持信息透明,不仅会澄清事实真相,还会为师生采取理智的行动提供重要参考,起到制止谣言的作用。

4. 事件处置中应处理好五种关系

在重大突发事件处理过程中,除了坚持有效沟通原则,还要在沟通中妥善处理好几种关系。有专家归结出以下五种关系。

(1) 妥善处理好学校与上级机关的关系。突发事件处理过程中,学校要及时向上级主管部门汇报工作进展情况,以取得上级部门的法律和政策方面的援助,使棘手的问题迎刃而解。汇报的内容主要是事件处理过程中的关键点,如责任归属、案情反映、人道抚慰、公文起草、预案制定等。

(2) 处理好学校与学生管理干部的关系。学校安全领导小组成员的工作分工一定要明确,尤其是在处理事件过程中,要明确学生工作管理干部的职责,哪位领导直接参与事件处理,哪位领导专门负责稳定学生的思想工作,都要有明确规定。另外,学校要多关心一线的学生管理干部,在事件处理过程中,要善于减轻他们的精神压力。

(3) 妥善处理好学校与新闻媒体的关系。在重大事件处理过程中,学校与新闻媒体关系的处理要讲究艺术,因为这事关学校的声誉。学校应安排专门部门负责配合媒体的工作,学校要指定专人主动通过新闻媒体向大众发布有关事件的处理程序和准确的信息,尽量让媒体正面报道,促进事件处理。

(4) 妥善处理好与当事者家长的关系。在重大突发事件处理过程中,学校要妥善处理好与学生家长的关系。在工作中一定要有耐心、细致入微、考虑周全,多为家长着想,说服学生家长理性地对待重大突发事件,积极配合学校的工作。

(5) 妥善处理好学校与司法机关的关系。在事件处理过程中,很多情况下会涉及法律方面的问题，所以学校应安排专人负责和司法机关保持联系，密切配合司法机关的工作，以确保各项事件处理顺利进行。

（二）建立简洁、明晰的工作流程图

对学校应急事件的处理，除了要掌握及时有效的信息，制定科学正确的决策外，还要建立一套简洁、明晰的工作流程图。突发事件的工作流程有简单、明了的特点，可以保障相关人员迅速理解并记住处理事件的基本步骤和过程。不同的学校、不同的事件类型，有不同的工作流程图。所以，各学校要针对其自身的特点，对可能产生的各种突发事件做出不同的流程图。

（三）做好日常防范和教育工作

要避免学校突发事件，学校必须做到防患于未然，防微杜渐，做足平时工作。所以各学校一定要注重对日常工作队伍的培养，建立良好的工作运行机制，健全规范制度体系，明确工作职责，做好工作预案，开展安全教育，树立安全意识。

（四）注重与社会各方面的合作

在对广大中小学生进行安全宣传教育工作时，必须加强各部门之间的配合、合作，通过建立有效的工作机制，充分发挥社会各界的力量。

学校要与各责任部门相互配合，加强对中小学生的安全教育。对中小学生的安全教育要以学校为中心开展，各个部门要加强与学校的合作，在多方的共同努力下，更好地开展安全宣传教育工作。如学校可以邀请公安、消防、卫生等部门的执法人员到学校为学生举办安全知识讲座，或者开办电视讲座，也可以组织学生到消防、公安、卫生执法部门参观学习，加强安全知识的感性认识。

第三节 建立严格的学校应急责任制

一、公共危机应急机制及学校责任

公共危机预警机制是指在危机演变的不同阶段中，对可能引起危机的各种要素及其所呈现出来的危机信号和危机征兆进行严密监测，对其发展趋势、可能发生的危机类型及其危害程度作出合理、科学的估计，并向上级有关部门发出危机警报的一套运行体系。建立一个有效的、完善的危机预警机制，需要学校做的工作有：

（1）建立灵敏、准确的信息监控系统，及时收集相关信息并加以分析处理。

（2）制定各种科学意义上的应对控制措施，努力探究危机形成、爆发的一般规律及其解决的一般规律和控制策略。

（3）开展全校师生危机管理培训和危机管理意识教育，增强全校园特别是中小学生危机管理的意识和技能。

（4）在危机的潜伏期和初显期，学校应对可能导致其爆发的因素做好控制工作，努力把一切苗头消灭在萌芽之中，化解于爆发之前。

二、我国公共危机应急机制中学校责任缺失的具体表现

（一）危机监测不力

危机预警的一项重要工作就是要对各种潜在风险进行随时评估，我国现行的教育系统危机管理体系中就缺少风险评估机制，缺少对危机发生或可能发生的外部环境和内部环境因素的调查、评价和预测。再加上没有灵敏、准确的信息监控系统，未能及时收集相关信息并加以分析处理，缺乏敏锐的危机判断能力，很难做到对危机的详细预警分析。

（二）预案粗陋，缺少演练

要做到预案求实，不仅要有危机一旦发生应对各种可能情况的多套行动（遏制危机、处理、消除危机，重建或恢复正常状态）方案，而且要通过教育、培训、演练或计算机模拟、培养，提高学校领导者的指挥能力和师生的应变能力，检验预案的可行性和科学性，促使危机一旦发生，预案能够切实地发挥作用。我国教育部门存在的现实问题，不仅是预案粗陋，更重要的是缺乏培训和演练，停留于应付上级检查，做表面文章，甚至多发的自然灾害和安全事故的预案也是如此。

（三）没有及时准确地发布信息

长期以来，一些地方学校和有关教育部门在信息传递方面喜欢欺上瞒下，报喜不报忧，致使内部信息渠道严重阻塞或扭曲；与此同时，政府部门缺乏规范、及时的信息披露制度，宣传主管部门又习惯用计划经济的办法管理大众传媒，大众传媒缺少必要的法律保护，这诸多原因使大众传媒的信息传递作用和社会监督作用受到极大限制。再加上各级教育部门和学校为了"保稳定"，各级学校领导

为了"保乌纱帽",以及在日常工作生活中过分看重吸引投资、增强硬件投入等方面的局部利益和效益,使得各级教育系统和学校在预防和救治危机的透明度极差。

三、强化应急管理机制中的学校责任

应急机制中学校责任缺失的后果是十分严重的,一方面导致危机的扩大,增加危机处理成本;另一方面破坏了教书育人的学校形象,降低了学校的公信力。因此,强化公共危机预警机制中的学校责任势在必行。

(一)建立敏感的信息系统

1. 加强危机管理软件系统建设

应当利用IT和网络技术,建立和完善全校性的教育信息网络,在此基础上建立一个有效的教育信息管理系统,形成本校专用的、畅通的、可靠的信息采集、加工系统。学校应急管理信息系统从静态上讲,包括三个方面的信息库:涉及各种社会现状与发展情况的信息库;危机防治与救治的资源信息库;应急管理中的技术数据信息库。从动态上讲,学校应急管理信息系统除以上几个方面的信息库所涉及的信息收集能力外,还包括高效的信息处理能力。

2. 整合外部力量

公共危机预警机制的功能发挥必须有广大师生和民众的积极配合,因此必须加强学校师生的应急意识和科学精神。从科学决策的角度看,学校应该对应急涉及的各个方面集思广益,充分发挥智囊机构的作用。他们带来的是新的视角、新的逻辑、新的对策,他们常常能够使决策出现柳暗花明的气象。在应急管理上,我们要积极争取政府组织和地区性的组织在资金、人员、技术、教育和培训以及道义上的支持,通过信息沟通,一方面可以获得更多的谅解,维护学校的形象,另一方面可以提高危机管理的效率。

(二)强化危机预警的组织保证

面对越来越多的决策,分权式组织结构可以让"下面"或"外面"做出更多的决定,减轻学校做决定的负担,有利于信息的收集与传递,提高危机预警的效率。一方面,可以充分利用学校自身自上而下的行政组织系统,在各办公室、处室、班级都设置专职专业人员负责面对危机来临时,各种与危机有关的信息的收集、加工、分析和传播;另一方面,要充分利用社会的力量,吸收各类社会组织尤其是政府基层组织的参与。通过这两方面的结合,形成一个上下联动、内外协调的危机应对组织网络。

（三）建立学校行政问责制度

所谓行政问责，是指司法机关、行政机关、社会公众等对公共行政行为进行质疑。权责对等是"行政问责"制的一个基本原则。它认为领导者在接受权力的同时，也就接过了责任。不肯或未能承担起应有责任，则其便没有资格或不必再持有权力。它更加强调的是工作效果。

四、学校应急责任制度的具体执行

（一）加强领导，进一步落实安全工作责任制

各校领导要牢固树立"安全第一，预防为主"的思想，要把安全工作摆上重要议事日程，纳入学校发展的总体规划和年度工作计划；要切实加强领导，特别是校长作为学校安全工作的第一责任人，要结合学校实际落实安全管理职责，分解目标责任，层层签订安全目标管理责任书；要把安全工作管理责任落实到人，形成校长亲自抓，分管校长具体抓，相关部门协同抓的齐抓共管格局，并真正做到安全管理工作的机构、人员、经费"三落实"。

（二）建章立制，不断规范学校安全管理

首先，各校要结合学校安全工作实际，建立健全包括防火、防盗、防疫、防踩踏、防暴力、防溺水以及防台抗汛、食品卫生、精密仪器和化学危险药品安全管理等安全工作机制；其次，各校都必须修订完善切实可行的处置突发事件应急预案，并采取有力措施有计划地抓学习培训和应急演练，加强师生安全常识和自救能力的培养；最后，要进一步健全师生外出活动审批报告制度和学校安全零报告制度。要形成以制度管人，用制度管事的工作机制，不断规范化学校安全管理。

（三）建立常规，做好安全管理的阶段性工作重点

各校要充分利用"全国中小学生安全教育日"、"11·9"消防宣传日、"12·2"交通宣传日、"12·4"法制宣传日等有利教育时机和各种安全教育的敏感时段，有针对性地开展各种形式的安全教育与安全管理活动，切实提高师生的安全意识，提高自护自救能力。要按县教育局的统一要求，明确学校阶段性安全工作的重点，并有目的、有计划、有重点地分步实施。

（四）加强督察，确保各项安全措施落到实处

各校要每月组织一次安全检查，发现隐患及时整改，确保各项安全管理制度落到实处；要加强校舍安全管理，确保学校各种设施符合国家或行业安全标准。凡有危险隐患的校舍一律封闭或拆除，不得使用；凡消防通道、设施配备不足的一律要进行整改；凡校内食堂、体育设施不符合规范要求的一律要进行整改或更换。同时，学校实验室、机房等重点部位要不断加强技防建设，实验室存放的易燃易爆和剧毒物品要按规范要求严格管理。还要针对不同时期的安全管理特点，组织开展各类安全专项整治活动，预防和减少各种安全事故的发生。

（五）加大力度，经常开展校园周边环境综合整治

各校要积极争取公安、交通、文化、工商、卫生等职能部门的支持和配合，经常对校园周边的各种安全隐患进行清理和整治，严厉打击各类危害校园治安的违法犯罪活动，进一步规范影响青少年学生健康成长的场所的管理，努力营造良好的育人环境。

（六）以人为本，建立健全学校安全应急救援体系

各校要建立应急救援体系，从容有序地应对各种突发事件。对突发、偶发性安全责任事故，除按规定及时上报外，学校负责人应即时到现场指挥，组织抢险救助，务必将事故损失降低到最低程度，并配合有关部门认真做好善后工作。

第四节　加强学校应急方面的新闻舆论宣传工作

应急事件由于突发性、破坏性、不确定性等特点，一旦不能对其做出及时反应或处理不当时，就可能由地区危机扩散为全国乃至全球危机，引发社会动荡，因此，应急管理备受各界关注。应急事件本身就是新闻，也就必然地会成为报道的焦点。可见，大众传媒是危机管理中不可或缺的角色。学校作为一个社会特殊群体，有其不可比拟的舆论宣传价值，至此，学校应急管理中的舆论宣传作用也就获得了突出的地位。在应急管理中如何充分运用传媒的正面效应、抑制负面效应就显得尤为重要。

作为一种公众舆论的载体，新闻媒介所要表达的不仅仅是它所代表的某个阶层或阶级的观念，还必须表达一定的公众利益，具有一定的公众立场，它的作用

主要体现在信息的流动和沟通对社会和公众的影响上。我们应当看到危机事件本身就是新闻，无可厚非，新闻媒介的目的或者说生存意义就是报道新闻，尤其是要报道大众所关心的、迎合大众兴趣的新闻，毫无疑问，危机事件由于它的特殊性，特别是与一般大众的利益相关性，何况是学校，必然会成为报道的焦点。因而，在危机管理中，学校运用好大众传媒对于成功解决危机具有至关重要的作用。

一、运用传媒进行舆论宣传的必要性

大众传媒是一把双刃剑。一方面，大众传媒在沟通与传递信息、影响人们的认同感、推动与监督政策落实等方面有积极的意义。在应急管理中，表现为传媒及时地发布最新信息，保证公众的知情权，同时避免小道消息的流传带来社会恐慌，保证社会的稳定；传媒通过发布权威信息，可以给学校在应急管理中提供舆论支持，统一公众的认识，使上下一心，为危机的解决提供思想基础，同时通过媒体还可以向公众征求意见，集思广益，有利于危机的解决；此外，还能通过媒体展现一个临危不乱、果敢冷静的责任学校形象。

另一方面，媒体也有负面影响。由于大众传媒要追求商业利益或者为吸引读者的眼球，常常会夸大新闻事件，或者由于自身的素质等原因对新闻进行不真实的报道，而这些往往容易造成公众的错觉，对形势判断失误，误导公众。严重的舆论导向失误还可能导致民众产生对社会制度和社会现实的不满，激化社会矛盾，造成社会动荡现象。而在危机事件发生时，这种舆论导向失误带来的负面影响将更加突出。由于人们对危机事件的不可预知和难以控制，容易造成心理恐慌，特别是在某段时间内无法找出解决方法或加以控制，人们的恐慌心理会加剧，而这就成为了社会不稳定的潜在因素。一旦传媒做出夸大或刺激危机局势的报道，这种不稳定的潜在因素可能会被激化，造成社会动荡。因此，政府在应急管理中既要注重运用大众传媒的正面影响引导公众正确认识危机、形成利于危机解决的氛围，又要注意抑制其负面效应。

二、学校在应急管理中的宣传运用阶段

根据危机管理的定义，我们可以将危机管理分成三个部分：危机发生前，主要是学校对危机的减缓能力和预见能力；危机发生时，学校的反应能力与治理能力；危机发生后，学校的恢复能力。下面，将从这三个方面分别探讨大众传媒在其中的运用。

（一）危机发生前

俗话说"防患于未然"，可见预防强于治理，应急管理的关键不在于危机发生后的治理，而在于减缓与预防危机的发生。学校设立监督与预警机制，预见危机发生的可能性，然后采取措施降低风险发生率，摊薄不善的资源管理，能够较好地缩减危机的发生及其冲击力。而提高学校预见能力的前提条件是获取充分的信息。学校虽然有可能设立收集信息的专门应急处理部门，然而由于一些主观或客观的原因，导致信息的不充分或误导，而大众传媒正好弥补了这一缺陷。

美国著名报人约瑟夫·普利策曾经说过："倘若一个国家是一条航行在海上的船，新闻记者就是船头的守望者。我要在一望无际的海面上观察一切，审视海上的不测风云和浅滩暗礁，及时发出警告。"大众传媒在守望环境中，可以及时反映可能危害社会的征兆，为决策层提供预警。同时，根据实际情况，提出对某种危险倾向存在的合理推测，向社会和决策层发出警告。国家如此，学校亦应如此。

我国社会的主流是稳定、和平的，但社会在任何时候都可能伴随着危机的发生，学校作为知识策源地，在伴随危机来临时，接收到的信息总是比较缓慢，而且多半是一些不确切的信息，这就造成了学校在做出应急判断时的失误，所以，加强学校应急舆论宣传工作也就成为保证学校安全稳定的重要举措。

（二）危机发生时

当危机不可避免地发生时，学校就要利用媒体传播与合作，进行及时、有效的信息传导，使危机信息比例合理化，避免诱发潜在危机，同时避免过度强调危机管理中的不确定性和不可回避性，加强作为危机管理主体的政府和学校的沟通。

1. 争取舆论宣传的主动权，及时地通过媒体向师生发布最新消息

危机一旦发生，学校就必须及时冷静地应对各种突发性与不确定性状况，快速地采取措施控制或抑制各种不利因素的发展和扩散，掌握主动权，力求短时间内，以最小的代价扭转不利局势，促使事件向好的方向发展。为了控制危机事态、稳定学校正常教学秩序，学校需要取得政府的支持，掌握舆论主动权，对危机事件有目的地选择信息源和信息渠道，第一时间向师生发布最新信息；同时要有效地控制新闻传播的导向性，防止某些媒体为了商业利益，发表夸大或刺激危机局势的新闻，误导学校师生群体，或加剧师生的恐惧心理。

2. 通过媒体发布权威性信息，提高信息的可信度，稳定师生心理

我国宪法第一条就规定要保证公民的权利，即使是在危机事件发生时，仍要保证公民的知情权和话语权。因而，学校要本着诚信、透明的原则，发布真实的

信息，以避免师生公众由于信息的封锁而获取小道消息，从而对事件进行臆断与主观猜测，而夸大事件的危机度，降低对学校的信任感，使学校的应急管理处于被动的不利地位。在危机发生时，师生的心理承受能力会降低，这时他们倾向于向权威信息或专家寻求心理安定与肯定。因而学校一方面可以通过媒体发表专家意见，对事件的发生进行专业的分析与解释，使人们了解事件发生的原因与发展，从而安定人们的心理，减少对未知的恐惧。另一方面，学校也可以在取得当地政府的同意下，邀请政府权威代言人，介绍面对危机时所采取的行动，为此做出的努力，营造一个临危不乱、冷静果敢的学校形象，赢得师生的理解与支持。此外，本着真实公开的原则，为了统一信息，避免不同信息引发的混乱，学校应统一信息输出，对输出信息的性质、数量、真伪、流向进行主动管理。

3. 通过媒体听取公众的意见，征求与调整治理措施

政府在危机发生后，通过媒体向公众发布信息，不仅可以得到师生的理解和支持，而且通过公众的讨论，集思广益，可以寻求较好的解决方法，也容易为师生和公众所接受。特别是一些这方面的专家由于对该问题的深刻理解，更是可以提供直接的、快速的帮助。此外，学校通过媒介获得措施实行的反馈意见，可以及时地对其中的不足与偏离进行改进与纠正。我们知道事物总是处于不断的变化中的，只有通过不断的修正，才能最终寻得正确的解决方法。

（三）危机发生后

这里讲危机发生后，是指单件的应急事件得到治理以后，并非指实际意义上的结束，因为还有一个恢复力的问题。在危机治理后，学校需要重新恢复学校教学稳定，重新获得师生的信任。这就需要媒介对危机处理的后续工作进行持续不间断的报道。学校一方面可以通过传媒对教师进行危机管理的教育与培训，提高他们下次应对危机的能力。另一方面，也可以向师生传达危机发生时的一些自救与规避方法，提高他们的心理承受能力。在这样一些交流中，师生对学校的信任自然会恢复。

三、构建学校与大众传媒的良性互动

学校要在危机管理中运用好大众传媒这一信息沟通载体，就需要实现学校与大众传媒的良性互动。既要保障一定程度的新闻自由，又要强调新闻责任，为此，学校要努力做到以下几点：

1. 转变观念，树立对大众传媒的正确认识

受传统观念的影响，或者由于某些学校领导干部认识水平的局限性，他们一

直忽视大众传媒的能动性，把大众传媒视为单纯的政治附庸，把它当成"大造舆论"、维护专制统治的驯服工具，常常利用本该来保护与鼓励传媒发展的权力来压制、打击传媒的发展。特别是对于舆论监督，更是认为这是揭社会主义的短，是给社会主义抹黑，或者由于害怕监督、害怕批评，就用各种理由来压制正常的舆论监督。为此，对于这些学校领导，首先要认清大众传媒的功能与作用，大众传媒既不是政府的附庸，也不应当强调绝对的自由，而是在应当坚持党的领导、政府的管理之下，保障一定的新闻自由。

2. 建立学校信息公开制度，提高透明度

充分的信息流通不仅是新闻改革的要求，也是政治民主和政治现代化发展的要求。传统的政府习惯上对危机事件进行"堵"的信息管理方法，一般是利用政府的绝对权威，采取强制手段，控制传媒的信息发布，对危机事件禁止报道或者作片面报道。然而，信息是无孔不入的，如果权威的、真实的信息被封锁，那就可能导致小道消息、流言的盛行，这对于不了解真相的民众和广大师生来说，这些消息会误导大家，造成更大的恐慌。因而，信息的管理就如同治理洪水一样，宜采用"疏导"的方式，而不是"堵截"的方式。为此，学校在充分发挥自我认知和取舍作用的前提下，需要建立健全信息公开制度，建立一种让传媒公正介入危机事件的秩序，为传媒提供充分的信息资源，利用传媒正确的舆论导向作用，反映民众和广大师生的意见与呼声，才能真正体现传媒的群众观念，才有利于推进学校民主进程，有利于建立一整套良好的学校公共危机防治体系。

总之，学校要在应急管理中充分发挥大众传媒的正面效应，就要实现学校与传媒的良性互动。在其中，起主导作用的是政府。学校可以通过利用政府的导向宣传，转变学校师生的观念，创造良好的舆论环境，健全法律体系，建立学校信息公开制度等方法，既保障新闻自由，又规范新闻责任。当然，学校与大众传媒的良性互动不但要靠政府的主导，也要靠传媒的努力，大众传媒应当在坚持党的领导的原则下，提高自身的素质，利用自身的优势，完善其监督职责。

卷五

学校安全事故案例解析

第三十一章

校园门卫安全管理

校园是学生学习活动的主要场所，所以上课期间，维持其安宁是绝对必要的。我国在近些年接连发生了多起因学校门卫管制的疏漏，使犯罪分子、精神异常的人乘虚而入，滋生事端，甚至进行恐吓、勒索、猥亵、伤害、性侵害等恶性犯罪。因中小学学生本身防范歹徒侵扰的能力不足，更需要学校加强门禁管制、建立校园巡逻制度、设置隔离措施、实行人车分道，以透视死角、消灭死角，确保学生在校时的安全，使学习活动能顺利地进行，创造高质量的教育效果。

经典案例1

福建南平实验小学凶杀案

2010年3月23日早上7点24分，福建省南平实验小学的大门还没打开，学生们在门口排着队，等待上学。突然，一名40岁左右穿着灰色上衣的男子从人群中冲出，手持一把刀，发疯似的砍向身边的学生。在场的学生顿时乱成一团，一分钟的时间里，被砍伤的学生达13名之多。在老师、路人和门卫等人合力之下，疯狂男子终于被按倒在地，才使得惨案没有进一步扩大。在这起事件当中，有8名学生死亡，5名学生重伤。2010年4月28日，最高人民法院经复核确认：被告人郑民生因恋爱多次受挫，图谋报复泄愤，竟迁怒无辜，选择在学校门口行凶，其行为已构成故意杀人罪。其犯罪后果特别严重，情节特别恶劣，社会危害性极大，所犯罪行极其严重。依法裁定核准被告人郑民生死刑，剥夺政治权利终身。

经典案例2

雷州市校园凶杀案

2010年4月28日15时左右，一名男子事先将刀藏在衣服内，随外校前来参加公开课的教师混入雷城一小教学楼。进入学校后，该男子提刀进入位于教学楼3楼的五年级教室，当时学生正在上课。凶手先砍伤五（3）班的几个学生后，又到五（4）班、四（1）班继续行凶，持刀连续砍伤15名学生。事发后，学校工作人员马上报警，并拿着木棍冲向五年级教室，在教学楼走廊里与凶犯对峙。公安人员赶赴现场后，凶手依然持刀反抗，并与警方僵持近一个小时。2010年4月28日16时许，消防官兵用高压水枪将凶手制伏。

经典案例3

泰州市幼儿园凶杀案

2010年某日上午近9时30分，47岁的泰兴市男子徐玉元手持一柄长约20

厘米的匕首闯入泰兴市中心幼儿园小二班教室,捅伤幼儿老师后,便向正在吃早餐的 32 名孩子挥刀砍刺,后被附近民众打倒制伏。共有 32 人在此次血案中受伤,其中 29 人为儿童,另有 3 人为成人。

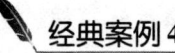

潍坊市小学凶杀案

2010 年 4 月 30 日上午,山东省潍坊市坊子区九龙街道尚庄村村民王永来(男,45 岁)骑摩托车携带铁锤、汽油,不顾尚庄小学值班老师的阻拦,从学校侧门强行闯入学校院内用铁锤打伤 5 名学前班学生。然后,将汽油浇在自己身上并抱住 2 名学生点燃,学校老师奋力将学生抢出。王永来被当场烧死。5 名受伤学生被迅速送往医院救治。

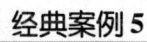

南郑幼儿园凶杀案

2010 年 5 月 12 日 8 时 20 分许,陕西省南郑县圣水镇林场村村民吴焕明(男,汉族,初中肄业)因自己患病多次医治未见好转,认为是因为租住自己房子办幼儿园的吴红英将出现在房内的蛇打死,并从中"施法捣鬼"的缘故。为此,吴焕明持刀进入吴红英所办的幼儿园内,将吴红英当场砍死,继而又将吴红英的母亲苏润花和 18 名幼童砍伤,后返回家中畏罪自杀。苏润花和 7 名幼童经抢救无效死亡。

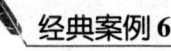

苏州幼儿园凶杀案

2004 年 9 月 11 日上午 10 点 45 分左右,一名陌生男子手提砍刀,身背汽油,闯入苏州市吴中区白云街 13 号小剑桥幼儿园挥刀乱砍,砍伤了园中的 28 个孩子。41 岁的犯罪嫌疑人杨国柱是江苏省宿迁市沭阳县潼阳镇窑庄村人,他两年前曾在小剑桥幼儿园附近的吴中商城修过手表,租住在白云街附近的一处私房。据受害儿童家长说,曾有公安人员告诉他们,歹徒原本的目标是 100 米外的碧波实验小学,因为小学周末没人才转而选择小剑桥幼儿园行凶。

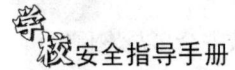

经典案例7

辛集市幼儿园凶杀案

2004年2月27日上午，刚下夜班的幼儿园孩子的家长郭钗像往常一样送儿子到蒙太梭幼儿园。在一楼接待厅，由于上课时间已过，儿子不想上，郭钗给儿子讲道理。这时，一名陌生男子闯入，与园长攀谈不久，便拿出身藏的凶器砍向园长，并企图上楼再去伤害正在楼上上课的63名幼儿。郭钗见状，撇开孩子，扑向歹徒，死死抱住其臂膀，呼喊："赶快报警，看好楼上的孩子。"歹徒向楼梯口挣脱不开，恼羞成怒，挥舞利斧，发疯般劈向郭钗。郭钗没有松手，不断呼喊，直至死去，她4岁的儿子也惨死斧下。事后，经查看郭钗身中30余斧。郭钗之举，为保护孩子赢得了时间，迅速赶来的民警当场将歹徒擒获。歹徒事后交代动机是想用杀人偿命的方式了结自己。

经典案例8

北京市幼儿园凶杀案

2004年8月4日上午，北京市公安局110报警台接报，一男子在北大第一医院幼儿园内持刀行凶，接到报警后民警迅速赶到现场，将歹徒制伏，同时将受伤的15名儿童和3名老师迅速送往北大医院急诊。歹徒系北京大学第一医院幼儿园一名看门的临时工，其手持菜刀将园内15名儿童和3名老师砍伤，接到报警后警察将正在行凶的凶手当场抓获。事后，受伤的儿童和老师均在医院紧急救治，其中1名儿童因伤势过重抢救无效死亡。据北京市公安局调查，凶手曾患有严重的精神分裂症。

经典案例9

莒县小学凶杀案

2004年9月20日上午7时许，山东莒县一男子手持事先携带的菜刀，窜至该县第一实验小学教学楼四楼内，追砍上课的小学生，并劫持一名女学生躲到教学楼三楼四（3）班教室内，后被警方制伏，被劫持的9岁女生也被警方成功解救。有25名学生不同程度受伤，但均无生命危险。犯罪嫌疑人贾庆友系莒县农机公司下岗职工，男，37岁，现为公交车司机。2004年9月20日早晨，他送女儿到第一实验小学上学后便开始行凶。据其供述，因与县联通公司沈某发生殴斗被打伤，昨日早上携带菜刀、匕首欲找沈报复未得手，在送其女到学校后，为发泄心里不满，便产生伤害学生的动机。

经典案例 10

石家庄市培训机构劫持案

张开林系贵州省人。2004年8月17日晚6时左右，张开林到石家庄市妇女儿童教育活动中心，持刀劫持了2名儿童，以孩子的人身安全相威胁索要钱物，警方多次劝说无效将其当场击毙，两名人质获救。张开林绑架儿童案在河北石家庄新华区法院开庭审理，张开林犯绑架罪被一审判处有期徒刑13年，并处罚金3000元。

经典案例 11

宕昌县小学凶杀案

2004年4月29日，陇南地区宕昌县秦峪乡羊古堆村小学发生一起严重校园暴力惨案，该村村民袁张选（又名袁张各）持菜刀闯入小学教室和校园，将2名村民和15名小学生砍成重伤，袁张选在与闻讯赶来的村民对峙将近1小时后，被迅速赶来的宕昌县公安局民警当场抓获。

经典案例 12

汝州市高中凶杀案

2004年11月25日23时45分，1名男子持刀闯入汝州市第二高级中学男生宿舍，对熟睡中的中学生行凶，共造成8人死亡，4人受伤。犯罪嫌疑人名叫阎彦明，男，21岁，住二高隔壁。据其初步交代，其行凶的原因很简单，二高的学生在宿舍内把他家看得清清楚楚，"侵犯了"他的隐私权。于是便怀恨行凶。凶器为长达50厘米的锋利尖刀。

经典案例 13

磐石市学校凶杀案

2004年12月3日上午9时20分，一名男子手持菜刀闯入正在上课的吉林省磐石市明城镇中心小学一（1）班，将该班12名学生砍伤。该名男子行凶后自残，用菜刀将自己的脖子砍伤，被闻讯赶来的学校工作人员和公安人员当场抓住。

经典案例 14

邓州市学校凶杀案

2006年5月24日,河南邓州市发生一起恶性杀人并劫持19名小学生人质案。歹徒杨新龙与警方展开了长达3个多小时的对峙,经劝说无效,警方开枪将杨新龙击伤后抓获。1名小学生被杀,其余18名小学生被安全解救;另有1名村民被杀,1名村民受伤。

经典案例 15

上海市校园劫持案

2005年2月24日上午10点左右,一名歹徒闯进位于上海市普陀区宜昌路的江宁学校,进入A栋二楼一(4)班教室,持刀劫持了一名一年级男生。警方与歹徒经过两个小时的周旋,于中午12点35分将歹徒制伏,人质及同班学生安全脱险,一名干警受轻伤。这名歹徒系河南郑州籍务工人员,因在江宁学校附近的半岛花园小区行窃被发现,翻墙窜入学校,持刀劫持学生。

经典案例 16

光山县学校凶杀案

2012年12月14日早上,河南光山县文殊乡一名男子持刀在该乡陈棚村完全小学门口砍伤学生,警方在村干部的协助下,迅速将犯罪嫌疑人闵应军(男36岁,文殊乡邹棚村桃元组人)控制。现已查明,受伤的学生22人,民众1人。警方初步认定闵应军因受"世界末日"谣言影响持刀伤人,检方16日以以危险方法危害公共安全罪将其批捕。

经典案例 17

日本池田小学特大凶杀案

2001年6月8日,日本西部大阪郊区的池田小学发生一起特大凶杀案,一名持刀男子见人就刺,不到20分钟用刀刺伤了至少23名学生和3名教师,已有8名学生死亡。事后,持刀男子被警方制伏并拘捕。据池田警察署介绍,凶手名叫宅间护,今年37岁,住在大阪府箕面市,是精神病院的病人。他服食了比正常用药高出10倍的镇静剂,被警方盘问时语无伦次。

经典案例 18

美国校园枪击案

2007年4月16日，一名23岁的韩籍学生血洗了弗吉尼亚理工大学，打死32名师生，打伤15人，此后凶手自杀身亡，酿成美国历史上最血腥的校园枪击事件。

在此次事件之前的两年，美国也发生过多起学校枪击案件。

2005年3月21日，美国明尼苏达州一个印第安人保留地内一名学生打死自己的祖父母后又闯进当地一所高中校园，开枪打死6人、打伤15人，然后自杀。

2005年11月8日，美国田纳西州坎贝尔县中学发生一起校园血案，一名14岁中学生开枪将一名校长助理打死，校长和另一名校长助理身受重伤。

2006年8月24日，美国佛蒙特州奇滕登县一所小学发生枪击案，一名枪手在学校内外打死2人、打伤3人后开枪自伤，最后被警察逮捕。

2006年9月17日，美国杜肯大学5名篮球队员在参加完校园舞会后，遭到一名男子枪击，其中一人身受重伤。

2006年9月27日，美国科罗拉多州贝利镇一所中学发生劫持人质事件，劫持者在打伤一名女人质后开枪自杀，伤者被送到医院后不治身亡。

2006年10月2日，美国宾夕法尼亚州兰开斯特县一所社区学校内发生枪击事件，造成5名女生死亡，凶手最后饮弹自尽。

2007年1月3日，美国西北部华盛顿州一所高中发生一起枪击事件，一名学生在学校的走廊上用枪朝另一名学生射击，致使对方当场死亡。

美国境内最严重的校园枪击事件发生在1966年，共有16人在得克萨斯大学校园内被打死。当时，一名男性枪手爬到了学校28层钟楼顶端，然后开始向四下射击。最后，这名枪手被警察击毙。

 事故分析

我们用了整整十八个案例来说明目前学校并非人们习惯思维中的象牙塔，是一个非常安全的地方。正是因为学校中学习和生活的主要是未成年人，所以针对学校的恐怖事件非常容易得手。无论在我们国家，还是世界各国都是这个样子。因此，加强学校、教师和家长的危机意识，引起社会的高度关注是目前我国学校安全工作亟待解决的问题。

对于学校安全的维护，尤其是预防针对学校的恶性犯罪，一方面是社会各界、政府相关职责部门的校园环境周边治理。例如公安部就曾出台八项措施专门维护学校和幼儿园周边治安秩序。

这八项措施包括：

（1）对发生在校园及周边，侵害师生人身、财产权利的刑事和治安案件，实行专案专人责任制；

（2）在学校周边治安复杂地区设立治安岗位，有针对性地开展治安巡逻，强化治安管理；

（3）根据需要向学校、幼儿园派驻保安员，负责维护校园安全；

（4）每月选派民警至少2次到中小学、幼儿园担任法制副校长或法制辅导员，负责治安防范、交通和消防安全宣传教育；

（5）在地处交通复杂路段的小学、幼儿园派民警或协管员维护校园门口道路的交通秩序；

（6）在学校、幼儿园设置人行横道等警示标志；

（7）在有条件的学校或幼儿园设置放学时段临时停车泊位，方便接送学生车辆停放；

（8）对寄宿制学校每年至少组织1次消防监督，并督促其依法履行消防安全职责。

预防针对学校的恶性犯罪，另一方面也要靠学校自身的防护。其中，门卫制度就是学校的第一道防线。阻止校外无关人员进入学校是学校门卫的工作重点。目前，一些学校还没有合格的门卫或保安，甚至没有门卫和保安，这就给学校的安全造成了很大的隐患。

学校的门卫和保安要做好以下几项工作：

学校门卫制度是对一切进出学校的人员和物质进行有效监控和严格管理的制度。包括进出人员证件查验制度、外来人员入校登记制度、会客制度、车辆准入放行制度、物品出入查验制度。

（一）进出人员证件查验制度

（1）非学校教职员工进入学校，应主动向学校保卫人员出示表明身份的相关证件。

（2）学校保卫人员应认真查验进入学校的外来人员的相关证件，严禁不明身份人员进入学校。

（3）对拒不出示证件或不能证明其身份的外来人员，学校保卫人员有权拒绝其进入学校并做好解释工作。

（4）在行课期间，学生确因特殊情况需出校门时，必须持有班主任老师签字同意的请假条，学校保卫人员查验后方可放行并将请假条存档备查。

（5）学校对居住在校内的外单位人员和家属发放通行证，门卫凭通行证放行。

（二）外来人员入校登记制度

（1）外来人员进入学校，必须在学校保卫部门进行登记，经允许后方可进入。

（2）对拒不进行登记的外来人员或登记内容与事实不符的，学校保卫人员有权拒绝其进入学校并做好解释工作。

（三）会客制度

（1）学校教师在开展教育教学工作期间原则上不会客，确因工作需要会客的，需由教师本人到门卫室确认和登记后准予进入。

（2）学生家长到学校找教师交流或了解学生情况时，需由教师本人到门卫室确认和登记后准予进入。

（3）学生家长要进学校找自己的孩子或其他学生，只能在课间由班主任老师陪同并登记后进入。

（四）车辆准入放行制度

（1）学校在正常教育教学工作期间，应关闭好校门，严禁机动车辆进入学校。

（2）上级视察工作或确因工作需要进入学校的车辆，需经学校领导同意后，在保卫人员的引导下停放到指定地点，禁止鸣笛，须限速行驶，确保师生安全。

（五）物品出入查验制度

（1）学校保卫人员对进出学校的外来人员携带的物品进行登记，对可疑物品要进行查验，严禁易燃易爆、剧毒、管制刀具等危害物品进入校园。学校因教学需要购买的化学实验药品，必须由实验保管员带入并登记。

（2）学校保卫人员对带出学校的大宗物品要请示学校领导同意并查验登记后方可放行。

（3）学校保卫人员要加强对带入或带出学校的可疑物品进行盘查，确保学校和师生的人身财产安全。

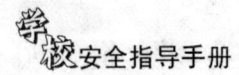

经典案例 19

校外人员在学校滋事以致发生的学生受侵害案

社会无业青年杨某在2003年上半年开始,长期自由出入某中心小学,甚至经常窜进教室,在黑板上乱写乱画,恶作剧地给学生批改作业,还无故殴打学生,抢学生钱物,窃取学校教学仪器,严重扰乱了该校教学秩序,对学生的安全构成极大的威胁。而该校从校长到教师对于杨某的行为竟然熟视无睹、听之任之,既未对杨某采取制止、驱逐措施,也未向上级主管部门及社会治安职能部门反映。2003年10月28日至11月3日,杨某又窜入学校,于课间在学校空闲校舍中将该校两名年仅9岁的女生先后强奸多次。在受害人家长报案后,杨某被抓捕归案,并被法院依法判处有期徒刑5年。由于该校对学生监护职责的失职,致使两名学生身心受到严重侵害。2004年3月10日,该小学校长吴某、主任郭某及教师张某因涉嫌玩忽职守罪被当地检察机关依法立案侦查。之后,受害人又向法院提起民事诉讼,要求学校赔偿其精神损失费48000元。法院在审理后判决该小学赔偿原告精神损害抚慰金1万元。

事故分析

学校对学生承担着教育、管理和保护的责任。其中,保护学生的人身安全是学校的一项重要职责,学校不但要保证自己的设施、工作人员不对学生产生危害后果,还要在自己的职责范围内防止第三人对在校学生的伤害。本案中,某中心小学显然在多个环节上没有尽到对学生的保护责任。

◎门卫管理松懈,导致杨某多次窜入校内滋事。另外,校内没有任何安全保障机制,使杨某可以在校内为所欲为。

◎学校的领导和教师也严重失职,对于校外人员干扰教学、侵害学生的行为没有及时制止,以致杨某的行为愈加不可收拾,最终导致小学生惨遭蹂躏的事件发生。

学校的领导和直接责任人在这起事故中没有履行自己的应尽职责,以致产生了严重的后果,当地检察机关以玩忽职守罪对该校校长等三人立案侦查,但笔者认为,以上三人定国有公司、企业、事业单位人员失职罪将会更加确切。因为玩忽职守罪的主体应当是国家机关的工作人员,而学校的工作人员属于事业单位的工作人员,因此应当以国有公司、企业、事业单位人员失职罪追究他们的刑事责任。

本案中，受害人所受损害是基于杨某的强奸行为和学校疏于管理、未尽保护义务的不作为侵权行为两个不同的原因造成的，根据最高人民法院的司法解释，学校此时应当承担补充赔偿责任，即在不能确定直接侵权的第三人或者直接侵权的第三人没有能力承担赔偿责任的，学校有义务承担赔偿责任。

 律师建议

这起事故，给我们教育工作者敲响了一次警钟，即除了教育教学之外，学校还肩负着保证学生安全的责任。为此，学校应当采取相应的措施。例如建立健全各项安全措施；对教师进行安全教育；对于有可能危害到学生人身安全的危险，一定要早排查、早发现、早解决，力争将事故消灭在潜伏期，坚决将事故遏止在萌芽阶段。如果因为自己的玩忽职守、疏忽大意，不确实地履行自己的工作职责，以致使学生的人身安全遭受严重损害，相应的领导和责任人就会承担相应的行政责任、民事责任，甚至刑事责任。

 法律一点通

对于因为学校的工作人员严重不负责任，以致发生了学生人身安全严重受损的事故时，有关人员有可能会承担相关的刑事责任。

 法律链接

最高人民法院《关于审理人身损害赔偿案件适用法律若干问题的解释》第7条第2款："第三人侵权致未成年人遭受人身损害的，应当承担赔偿责任。学校、幼儿园等教育机构有过错的，应当承担相应的补充赔偿责任。"

 经典案例20

学生自行车丢失案

某中学规定，学校为骑自行车上下学的学生无偿提供存车地点，并在学生存车处的醒目位置标示："免费存车，自行看管，如有丢失，概不负责。"由于该校管理混乱，既没有看管车辆的人员，门卫管理也不严格，所以学生自行车被窃的现象非常严重。丢车的学生和家长在与学校交涉时，学校坚持自己没有收取学生的存车费用，所以学生丢失车辆后不能要求学校赔偿。

 事故分析

学校为学生提供存车处，实际上是与学生形成了一种保管合同，这种保管合同尽管没有形成书面的形式，但学校允许学生将自行车存入学生存车处的行为已经表明该合同的实际存在。根据我国《合同法》的规定，保管合同可以分为有偿保管合同和无偿保管合同两种。其中有偿保管合同实行的是严格责任，即只要被保管的物品丢失，保管人就要承担责任。而无偿保管合同实行的是过错责任，即只要保管人证明自己的行为不存在重大过失，就不会承担责任。所以，假如学校向学生收取一定存车费用时，只要学生的车辆丢失，学校就要承担赔偿责任。而学校无偿存车时，只有学校存在重大过失时，学校才承担赔偿责任。

本案中，学校既没有派人看管学生的车辆，又放松了门卫的检查，所以可以认定其工作存在重大过失，应当承担赔偿责任。只有学校能够证明自己在学生车辆看管上措施到位，没有重大过失时，才能免责。另外，学校在存车处的免责告示是否可以免除其责任呢？应当说，该免责告示属于一种格式合同，而《合同法》规定，免除自己主要责任和义务的格式合同是无效的，所以，该告示并不能免除学校的责任。

最后需要说明的是，对于收取高额学杂费的私立学校来说，即使其没有收取学生的存车费，但因为其与学生之间形成了有偿的教育合同，保管学生的车辆作为教育合同的附随义务也应当被认为是有偿的。

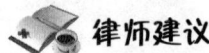 **律师建议**

学生车辆丢失的确是困扰许多学校的一个棘手问题。笔者认为解决这个问题需要从以下两方面入手：

◎当地政府、教育行政部门和学校应当努力创造条件，为学生存车提供方便。目前还有很多的学校因为场地问题，而不得不让学生将自行车存放在校外的马路上，这无形中就增加了车辆丢失的风险。

◎学校应当加强学生车辆的看管工作，可以委派或雇用专职人员看管学生车辆。有条件的可以给骑车上下学的同学发放车牌或存车证，存取车辆时凭证出入。

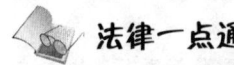 **法律一点通**

收取学生存车费的学校应当对学生在校丢失自行车承担责任。未收取费用的学校只有在对学生自行车的管理上有重大过失时才承担责任。

经典案例21

小学生逃学溺水死亡案

2000年9月18日，某小学三年级学生牛某因为在上课时没有完成作业，被任课老师赶出教室,并被要求在教室外罚站。其间,牛某偷偷溜出校外,与同村智障孩子孙某一起,进入某学院玩耍。两人在学院内一湖边嬉戏时,孙某不慎失足掉进湖里。因四周无人抢救,牛某奋不顾身下湖救人。几分钟后,学院的学生闻讯赶到湖边,救起孙某,但牛某却溺水身亡。事发后,学院一次性给予牛某的父母5000元经济补偿,牛某所在的小学和获救的男孩孙某的家长则未作任何表示。无奈之下,牛某的父母将学院、小学、获救男童孙某推上被告席,以小学对牛某监护不利、学院对校内湖泊疏于管理、孙某是牛某救助行为的受益人为由,提出索赔要求。法院经审理认为,牛某所在的小学应承担过错责任;某学院对牛某的死亡并无过错,事发后自愿补偿5000元,符合法律所推崇的善良社会风俗;牛某为救孙某而溺水身亡,孙某作为受益人应承担补偿责任,但根据法律规定,在牛某所在小学具有赔偿能力的情况下,孙某不需要补偿。遂判决牛某所在小学赔偿牛某的父母经济损失13000余元,驳回原告的其他诉讼请求。

 事故分析

◎教师因为牛某没有完成作业就将其赶出教室,这种简单粗暴的做法明显不当。在教师将牛某赶出教室后,应当预见到作为小学生的牛某在无人看管的情况下容易发生意外。然而,任课教师将牛某逐出教室后,对其放任不管,未采取合理的看护措施,教师的行为明显失职。

◎学校的门卫在正常上课期间没有严格履行职责,使牛某擅自跑出校门,因此也具有一定的过错。

◎某学院在本案中没有过错,因为该学院的人工湖周围设有围栏和警示牌,足以使一般人注意并保护安全。在事故发生后,该学院积极组织抢救,对事故的处理是及时、恰当的,所以没有过错。该学院给予牛某家长的5000元是基于人道主义的,所以法院给予了肯定。

◎被牛某救起的孙某在事故中属于受益人,根据最高人民法院《关于贯彻执行〈中华人民共和国民法通则〉若干问题的意见(试行)》第157条规定:"当事人对造成损害均无过错,但一方是在为对方利益或者共同的利益进行活动的过程中受到损害的,可以责令对方或者受益人给予一定的经济补偿。"所以,孙某应当对牛某的死亡给予一定的补偿,但这种补偿属于一种补充责任,只有牛某的家长在得不到其他赔偿时才能获得。因为在本案中,牛某所在的小学能够对牛某的家长进行补偿,所以孙某也就自然免除了赔偿的责任。

律师建议

最近几年，我国连续发生多起犯罪分子进入校园实施恶性犯罪的案例，他们有的手持凶器，对学生进行砍杀；有的绑架学生进行勒索；有的针对女生实施性侵害……而这些犯罪分子能够得逞的一个关键的原因就是学校的门卫制度存在一定的漏洞。例如2004年8月，某市的一所培训学校正在上课期间，一名来自外地的犯罪分子在没有受到任何检查和盘问的情况下进入学校，向正在上课的师生索要钱财，在遭到拒绝之后，其又闯入另一间教室绑架了两名儿童作为人质勒索钱财。警方在与其对峙几小时后果断出击，将犯罪分子击伤，才使得作为人质的儿童得以获救。这些不能不说是一个个沉痛的教训。假如我们的门卫认真一点儿，耐心地进行一下盘问，也许这场悲剧就可以避免。但目前许多学校并没有对门卫制度引起重视，门卫管理还都存在着或多或少的问题，甚至根本没有设立门卫，这就为以后发生的一系列事故埋下了伏笔。

也有许多学校在门卫制度方面做得非常好，其具体有以下的做法：

◎建立健全了门卫制度，设立专人负责门卫的管理。

◎许多小学规定，家长接送孩子上下学不得进入校园。

◎有的学校为了避免上下学期间校门口拥堵，规定家长在校门口50米处接送孩子。

◎有的学校严格遵守出入登记制度，外来人员在学校门卫处要进行登记，然后凭门卫处开具的凭证进入学校，出门时应当要求学校的会客人在进门凭证上签字。

◎校内的学生在没有正当理由时不能随意进出校门，严格控制上课时间学生（尤其是低年段学生）擅自离校的行为。学生外出应当持有班主任或学校教育处等学生管理部门开具的出门条。

◎作为学校的管理部门或班主任，一定严格控制学生的私自外出，从而减少学生事故的发生，避免学校因为门卫制度的过错而承担责任。

◎有条件的学校应当从保安公司聘请专业的保安负责学校的门卫管理和安全保卫。

这样，学校就绝对不会因为在门卫制度上存在漏洞而承担过错责任了。

 法律一点通

如果因为学校门卫制度存在问题而导致校外人员在学校伤害学生或者学生私自外出发生意外，学校都要承担法律责任。

第三十二章

学校教学安全

提及安全管理职责，一般多会归责于学校的行政管理人员，但事实上校园突发事件应奠基与落实在一般教学工作上，所以所有的教师都应当兼具安全管理的危机意识与素养。一般教学情境中必须兼顾学生生理及心理的安顿，使之能安心于学习活动，所以提供教师在面临学生常规问题、突发性情绪失控、学生生理的疾病、紧急性的天然灾害等危机处理先备知识，以提升面对突发状况的应变能力，是教学安全管理上不可疏忽的课题，也是教学成功的基础。

经典案例1

体育教师殴打学生致伤

2001年3月30日，某小学六年级学生林某及同学邓某等人因上体育课迟到，被体育教师唐某责令罚站在一旁。在其他同学上课期间，林某与邓某趁老师不注意，相互追逐打闹。唐某见状，遂揪住两人衣服将其拖往该班班主任的办公室。因林某用脚抵地不肯走，气愤不过的唐老师对林某大腿顺腿一扫，林某当场跌倒在地，大叫不止，后被送往当地医院治疗，经诊断为股骨骨折。其伤情经当地公安部门鉴定为轻伤，后经当地中级人民法院司法技术鉴定认为构成十级伤残。治疗期间，林某共花费医药费等近3万元。由于未能就赔偿问题达成协议，林某将学校及教师唐某推上了被告席。

法院经审理认为，原告林某上课时纪律散漫，可按学校有关纪律处罚。但作为教师的唐某教育方法不当，体罚学生，致原告受伤，其行为违反了法律的有关规定，应承担赔偿责任。因唐某是某小学教师，侵权行为发生在其履行教师职务期间，故致伤学生的赔偿责任应由学校向原告承担。因此判决被告某中心小学赔偿原告林某经济损失26885元。

事故分析

在民法的理论中，法人应当对其法定代表人以及工作人员的职务行为承担相应的替代责任。即当学校的法定代表人或其他教职工在执行职务时致人损害，应当由作为法人的学校作为赔偿义务的主体，为其工作人员的致害行为承担侵权责任。学校在承担了赔偿责任之后，对于有过错责任的直接责任人，可以依法追偿。

一般情况下，判断教师的行为是否属于职务行为，要从以下几个方面综合考虑：

◎时间因素，看教职工的行为是否发生在上班时间；

◎岗位因素，看教职工的行为是否发生在自己的岗位上；

◎职责因素，看教职工发生在非上班时间和岗位上的行为是否与自己的岗位职责有关；

◎命令因素，看教职工的行为是不是执行学校命令的行为。

以上四个因素应当综合判断，而不能单独考虑。在本案中，唐某的侵权行为发生在上课期间，是其履行体育教师的职务时发生的，因此属于职务行为。所以，学校应当承担相应的替代责任，即承担唐某因职务行为侵权造成损害的赔偿责任。

在学校履行了赔偿责任之后，对于有严重过错的教职工，可以依法进行追偿。目前绝大多数学校考虑到教师的实际情况，基本上多采用行政处分或扣发奖金、部分工资的方式对直接责任人进行处罚，而很少向直接责任人进行全额追偿。另外，学校在扣发当事人工资时应注意，按照我国《劳动法》的相关规定，单位每月扣发职工的工资不应超过职工月工资的20%，且被扣发后的工资不能低于当地的最低工资标准。另外，这里所指的教职工范围是以是否与学校存在实际上聘任关系为限的。这种聘任关系既包括长期的聘任关系，又包括临时的聘任关系（如有的学校临时聘任的代课教师）。

经典案例2

学生与教师相撞致伤案

某学校教师李某在课间去卫生间的途中，正好遇见另外一位教师于某，便一边与于某打招呼一边侧身前行，却不小心撞到了小学生周某，周某眼镜被撞碎，导致玻璃碴儿进入眼眶。周某住院治疗5天，共产生各种费用456元，周某家长要求学校报销遭到拒绝后，将学校和教师李某告上法庭。法庭判决李某独自赔偿周某的各项损失。

 事故分析

教师李某在去卫生间的途中，因与同事打招呼，没有注意到前方的小学生周某，致使周某被撞伤，因而李某对于事故的发生是有过错的，根据过错责任原则，李某应当承担赔偿责任。李某撞伤周某的行为虽然发生在学校，但与其职务无关，不能被认定为职务行为。因此一切后果应当由李某个人独自承担，学校在这里不承担责任。

律师建议

学校的工作是依靠学校的领导和全体教职员工共同完成的,每一位教师在学校的一言一行都代表着学校的形象。"校兴我荣、校衰我耻",因此每一位教职工都应当在自己的岗位上认真履行自己的职责。

同时,因为学校要对教师的职务行为承担责任,所以学校应当加强对所属教职工的教育和管理。使全体教师树立依法执教的意识,增强相关的法律法规知识,强化严谨的治学思想,这样才能有效地预防教师职务侵权行为的发生,避免学校承担相应的替代责任。

另外,学校对于来校实习的师范院校大学生也应当加强监督和管理,因为学校如果安排实习的大学生担任一定的教学工作或见习班主任的工作时,就与这些实习的大学生形成了一种事实上的聘任关系,学校对其职务行为也应当负责。

法律一点通

学校应当对教职工的职务侵权行为承担替代责任。

经典案例3

学校提前放学后学生被撞案

某小学为了方便学生上下学,购置了三辆班车,负责在固定地点接送学生上下学,家长只需在每天的固定时间到指定地点接送孩子。9月30日是某小学放国庆假前的最后一天上课,学校决定提前放学,并将该通知写在了各班教室的黑板上,但没有直接通知家长。当天下午2点30分,班车就将孩子们提前送到了接送地点,由于提前放学,又要放假了,学生们都很兴奋。7岁的小学生陈某下车后准备冲过马路,但在马路中央被一辆卡车撞倒,并将其拖出十几米,陈某当场死亡。公安交通部门在对事故进行了勘察后认定,车辆驾驶员承担70%的主要责任,陈某承担30%的次要责任。陈某的家长认为学校没有将学生提前放学的情况告之家长,以致家长没有及时去接孩子是导致孩子死亡的原因,要求学校承担其中30%的责任。而学校认为,学校已经将孩子安全护送到了接送地点,关于提前放学的通知也写在了各班的黑板上,所以学校已经尽到了告之义务,学生应当告诉家长提前来接。在双方的纠纷诉至法院后,经法院的调解,学校最终以一次性给付16600元的形式对陈某的家长进行了赔偿。

事故分析

本案中，学校是具有一定过错的，其过错具体表现为没有将提前放学的情况告之家长，以致学生在放学下班车之后，处于无人监管的状态。对于一个7岁的无民事行为能力人，平时都是由家长接送的，突然让他失去家长的照顾而独自回家，很容易发生意外。本案也正是由于陈某横穿马路时注意力不够集中，再加上司机的违章行驶，才酿成了悲剧。假如学校及时地将提前放学的情况告之家长，家长按时来接，这场悲剧也许就会避免。学校主张已经将通知写在教室黑板上的行为应当视为学校已经尽到了告之义务的理由是不充分的。家长不会到教室，所以他们看不到通知，学校也没有明确要求学生将此通知告之家长，而且要求一个一年级的学生在没有学校和老师的督促下将学校的一切情况都能反映给家长也是不现实的。所以，学校的工作还有不够严谨、值得改进的地方。

 律师建议

未成年学生，尤其是小学生，因为自身的行为能力受限，所以是需要家长和学校监督、保护的。在学校和家长之间，经常会存在一些交接学生的过程，在小学低年级尤为明显。所以，学校一定要做好这项交接工作，避免出现低年级学生的监护真空。另外对于高年级的学生来说，家长也有权利知道学校的时间安排，以便对孩子的行为进行管理和安排。

 法律一点通

一般情况下，学校应当保证教学时间，不能随意地提前下课，提前放学。即使因为特殊情况需要提前，也应当将具体情况告之家长。否则，没有意外还好，一旦出现意外，家长就有可能以学校没有及时通知自己为由追究学校的责任。

 经典案例4

教师误将学生锁在教室致学生伤害案

3月8日，某村小学前班代课女教师陈某因忙于妇女节休假，上午第三节课后，就与学校另一位代课教师到村娱乐室看跳舞，直到下午4点才返回学校。在向班上同学宣布学校下午放假的通知后，陈某未注意到班中6岁半的学生王某还在教室不明显处坐着，就误以为学生已经全部走完，用明锁锁好教室门，离校回家。天黑后，王某在教室吓得大哭，最后决定跳窗回家，但被窗户上的栏杆卡住了脖子，王某的身体被夹在中间无法移动，在经过漫长的零下23度寒夜后，直到第二天才被人发现救下，但王某的双手双脚被严重冻伤，最终导致在腕关节、踝关节以上截肢，造成了终身残疾。

当地检察院以玩忽职守罪对陈某提起公诉，被害人王某及其监护人也向法院提起附带民事诉讼，要求陈某赔偿经济损失。当地法院在经过公开审理后认为，陈某的行为已经构成玩忽职守罪，判处有期徒刑三年，缓刑四年；赔偿受害人王某经济损失5200元。王某的监护人不服一审判决，提起上诉。当地中级人民法院在审理后作出了驳回上诉，维持原判的裁定。

 **事故分析**

本案的审理分为刑事和民事两个部分，被告在被追究了刑事责任之后，并不能因此就免除了自己的民事责任，对于受害人的损失，被告还应当予以承担。

◎陈某的行为已经构成了犯罪。我国《刑法》规定了玩忽职守罪，其是指国家机关工作人员严重不负责任，不履行或不正确地履行自己的工作职责，致使公共财产、国家和人民利益遭受重大损失的行为。被告陈某作为学校的代课教师，应当承担着教书育人的责任，但由于粗心大意而误将学生王某锁在教室，造成王某冻伤致残，其行为已经构成了犯罪，所以其被依法追究了刑事责任。该案的审理时间较早，所以陈某被以玩忽职守罪追究了刑事责任。如果审理时间发生在1999年12月的《刑法》修正案之后，陈某就应当以国有公司、企业、事业单位人员失职罪被追究刑事责任。失职罪是依1999年12月《刑法修正案》而修改的新罪名。《刑法》第168条的罪名为"徇私舞弊造成破产、亏损罪"，现第168条作了修改，罪名依其含义亦作了修正。失职罪的定义为：国有公司、企业工作人员，由于严重不负责任或者滥用职权，造成国有公司、企业破产或者严重损失的行为。注意公司、企业的损失形式为"破产或者严重损失"，国有事业单位的损失形式为"致使国家利益遭受重大损失"。两者客观表现是不同的。

◎陈某应当对自己的行为给王某造成的经济损失承担一定的责任。因为陈某疏忽大意将王某锁在教室，是导致王某受伤的主要原因。所以根据过错责任原则，陈某应当对自己的行为负责。但王某的监护人在本案中也负有一定的责任，因为其在幼小的儿子迟迟未回家时未出去寻找，所以这也是造成孩子冻伤的一个原因。因此，法院在判决时只让陈某承担了一部分的责任，而非全部责任。

◎对于陈某的行为给王某造成的经济损失，学校应当替代陈某承担。因为陈某误将学生锁在教室是在其履行学校的职责时发生的。所以根据民法中职务行为的理论，其行为属于职务行为。学校应当对陈某造成的经济损失承担责任。法院让陈某直接承担责任的判决值得商榷。

法律一点通

学校在放学后，一定要认真检查，防止有学生被锁在教室、教学楼或校园。另外，工作人员还应当认真检查教室、办公室的门窗是否已经关好，以防止出现丢失财物的现象发生。

经典案例5

河南濮阳高考舞弊案

据新华社报道，在濮阳高考舞弊案中，田某等11名被告人以招收学生徇私舞弊罪一审分别被判处有期徒刑二年、一年，拘役六个月等刑罚。

6月5日晚，河南省濮阳县第三中学田某、肖某、李某、郭某、贾某5人预谋，在高考中帮助一些关系考生及其他考生作弊，并收取一定数量的钱财。后因缺人手，崔某和张某加入。6月7日凌晨，上述7人分别通过被告人杜某、王某、李某、董某4人，将打印好的考生名单分发给监考老师，让监考老师对名单上的考生予以照顾。6月7日、8日两天高考中，田某等7人一面让监考老师为付费的考生传送答案，一面将传出考场外的试题交给10余名教师组成的做题小组，向部分考生提供了作弊环境或传送了试题答案。

高考期间，田某等人还与他人预谋，利用数码相机偷拍试题等手段窃取部分考题，组织其他教师参与答题，将答案用手机短信或直接打电话的方式传送给有作弊要求的考生，致使部分考生达到了作弊的目的。事后，田某等7人每人分得赃款8000余元，杜某、王某、李某、董某4人分别得到1600元、9300元、3400元和1000元。

事故分析

招收学生徇私舞弊罪是指国家机关工作人员在招收学生工作中徇私舞弊，情节严重的行为。根据我国《刑法》第418条的规定："国家机关工作人员在招收公务员、学生工作中徇私舞弊，情节严重的，处三年以下有期徒刑或者拘役。"本罪的主观方面是故意。本罪的客观方面，表现为在招收学生工作中徇私舞弊，情节严重的行为。其中所指的学生，包括大、中、小各级各类学校的学生，如研究生、大学生、中学生、小学生等。既包括普通高等、中等院校的学生，又包括成人高等、中等院校的学生。后者既包括脱产进修的成人学生，又包括不脱产而在职自修为主的学生如函授生。无论是哪类学生，都必须是需经过考试和按规定条件录取的学生。所谓招收，是指通过考试按照国家规定的条件予以录用、录取。既包括向社会公开招考，亦包括在某一范围内进行招收，但不包括某一单位内部录用人员的考试。所谓徇私舞弊，是指出于个人目的，将不符合招收条件的人员予以录用或录取。其方式可多种多样，有的是篡改年龄如加大年龄或者降低年龄；有的篡改考试成绩；有的是隐瞒不良表现如违法犯罪行为；有的是伪造体检表、个人履历表及立功受奖记录；有的是篡改档案材料；有的是故意排挤符合条件的候选人以便让不符合条件的人补缺，等等。但无论其方式如何，其目的都是为将不符合条件的情况隐瞒或者伪装为符合条件，以违反规定予以录用、录取。徇私舞弊情节是否严重，是划分本罪与非罪的显著特征。本案中，教师田某等利用监考的机会帮助考生作弊，严重妨碍了国家考试的正常进行，已经构成了招收学生徇私舞弊罪，因此应当受到刑法的惩罚。

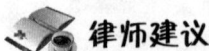**律师建议**

近年来，先后发生了一些监考教师、学校工作人员考试舞弊案，有众多的责任人受到了法律的惩处，其中相当一部分因为性质恶劣，触犯了刑律，而被绳之以法。教训不可谓不深刻，但还是有个别教师因为利益的驱动，不惜铤而走险。这样做既损害了国家考试制度的严肃性，也违反了考试制度的公正性，侵害了其他考生平等竞争的权利，所以这种行为是国家法律法规严格禁止并严厉打击的。作为组织各级各类考试的学校来说，一定要引起足够的重视。

◎学校要注意考试环节的严密性，例如试卷保管、分发、装订等。

◎学校应当严肃考试纪律，净化考场风气，尽量使有作弊企图的考生在严格的监考之下放弃作弊的念头。

◎学校还应当对考场工作人员进行教育，加强管理，既要防止监考人员舞弊，又要防止监考人员脱岗、不负责任等现象的发生。

法律一点通

监考教师协助考生作弊是一种违法行为，情节严重构成犯罪的，将被追究刑事责任。

经典案例6

全国英语四级考试泄题案

据中新网报道，某大学教务处教务科副科长史某与某培训学校教师曹某经预谋，于2003年9月19日，利用史某保管国家英语四级考试试卷的便利条件，私自拆开一套密封的英语四级考试试题，将试卷内容提供给曹某。后曹某同培训学校法定代表人刘某，于当日下午将试卷内容分别在培训学校举办的两个考前辅导班上泄露，并在培训学校的网页上公布。

法院审理后认为史某、曹某、刘某的行为均构成故意泄露国家秘密罪，依法判处史某、曹某二人有期徒刑三年，刘某有期徒刑两年。

 事故分析

故意泄露国家秘密罪是指国家机关工作人员或者非国家机关工作人员违反保守国家秘密法，故意使国家秘密被不应知悉者知悉，或者故意使国家秘密超出了限定的接触范围，情节严重的行为。构成故意泄露国家秘密罪的行为人在主观方面必须是出于故意。在客观方面表现为违反保守国家秘密法的规定，泄露国家秘密，情节严重的行为。

在本案中，国家英语四级考试的试题属于国家秘密，以上三名教师利用自己的特殊身份窃取试卷，并加以传播，覆盖面广、情节严重、手段恶劣，已触犯了《保密法》和《刑法》，按照故意泄露国家秘密罪应该严惩。

 经典案例7

中考试题泄密案

据《长沙晚报》报道，5月25日，某中学数学教师王某按照市教育局的安排，参加2004年度的中考数学科目的命题。6月15日，王某在自己的办公室里将2004年度中考数学命题最后3道题的基本内容，写在两张纸上交给副校长江某，由江某安排该校教导处副主任曾某负责统一安排学校的数学老师，向全校参加中考的8个班437名学生进行讲解。该市另外一所中学的数学老师陈某、谢某得到消息后，第二天通过关系从前一中学初三学生蒋某手中得到其在课堂上的笔记，并连夜编出一套数学测验题，其中的内容包括中考试题的最后3道题，然后发给全校10个班595名毕业学生进行练习，并进行了讲解，从而导致中考数学试题在6月18日的中考之前大面积泄露。此事一出，社会哗然，市教育局不得不作出重考决定。

事后，中考泄密案"主角"，数学教师王某因犯故意泄露国家秘密罪被当地人民法院一审判处拘役六个月，缓刑一年。

律师建议

学校作为教育机构，是经常要和各类的考试打交道的：有时学校的学生是被测试对象；有时学校会作为出题者；有时学校会组织评阅；有时学校会组织监考……因为目前教育资源、评价标准的制约，中国还无法摆脱应试教育的影响，考试就成为评价一所学校、一位教师的重要标准，造成有不少学校和教师铤而走险。但如果是比较重大的考试，考试就有可能是国家的机密，学校和教师泄露试题的做法就有可能触犯国家的法律，甚至会受到刑法的处罚。

◎对于故意泄露重大考试试题的，就会涉嫌故意泄露国家机密罪；
◎如果重大考试的监考过程中协助考生作弊，就涉嫌招收学生徇私舞弊罪；
◎有关学校领导和教师如果知情不报，就涉嫌包庇罪；
◎如果教师利用各种手段非法获取重大考试的试题、答案，就涉嫌非法获取国家秘密罪。

因此，提高学生的考试成绩关键还是在平时的教学，企图利用歪门邪道的手段谋取不正当的利益，最终受害者会是国家、学校、其他的考生，甚至是投机取巧的学生本人。

法律一点通

出题教师泄露考题的行为轻则违反校纪，要受到学校的处罚；重则会触犯刑律，要受到刑法的处罚。

法律链接

《中华人民共和国刑法》第398条："国家机关工作人员违反保守国家秘密法的规定，故意或者过失泄露国家秘密，情节严重的，处三年以下有期徒刑或者拘役；情节特别严重的，处三年以上七年以下有期徒刑。非国家机关工作人员犯前款罪的，依照前款的规定酌情处罚。"

经典案例8

因考试试卷丢失导致的中学生跳楼自杀案

1月9日下午，某中学初二年级学生韩某答完数学试卷后，将试卷交给监考老师丁某后出了考场，之后韩某便与同时交卷的同学在考场外对题。考试结束后，另一监考老师赵某叫学生起立出考场，随后两名监考老师便叫学生刘某同自已一起收试卷。收完后，经核查，缺少韩某的试卷，赵老师便叫学生将韩某找来。韩某对监考老师说自己已经交了试卷，但查找后还是没有。于是韩某便回到座位上哭，在下一场政治考试时，韩某仍然在座位上哭，其间监考老师进行了劝慰。考完政治后，监考老师又将韩某留下，询问了试卷的问题。询问后韩某又哭着回到本班的教室，班主任孙老师在安排完第二天的考试后便宣布放学，韩某哭着与同学一起回家。第二天早晨7时25分，班主任发现韩某没在教室。在7时40分，张某等三名学生发现韩某在教学楼四楼楼顶坐着，便叫她回去，韩某说过一会儿回去。张某等三人见劝不动，便下去找班长，班长又去找老师。当老师赶到，韩某已经跳楼。学校立即叫来救护车将韩某送往医院抢救。但经医治无效，韩某于1999年1月11日下午死亡。韩某的祖母听到噩耗后，心脏病突发，于第二天死亡，年仅64岁。其母也因为遭受打击而患病，被鉴定为"延迟性心因反应，其患病与女儿坠楼死亡所受的精神创伤相关，需系统治疗"。

1月20日，当地区政府的联合调查组作出三条处理意见：韩某在医院抢救的一切费用，由该中学负担；韩某的丧葬费由该中学负担；如家庭确有困难，可向当地政府提出申请，给予适当补助。但未能与韩某的家长达成协议。于是韩某的家长起诉到当地人民法院，请求该中学赔偿各种损失337521.25元。

法院经审理认为，学校对韩某的死亡应当负主要责任，承担所造成损失的70%。原告韩某的家长，对韩某的死亡负次要责任，应自负经济损失的30%。根据有关法律，法院依法判决该中学赔偿韩母医疗费7620元；赔偿韩某家长医疗费、存尸费、误工费等27871元；赔偿韩母精神损失费50000元。双方均对判决不服，提起上诉。当地中级人民法院审理后裁定：驳回上诉，维持原判。

 事故分析

本案中，韩某自杀事件的主要过错在于学校。

◎监考教师的工作存在漏洞，致使韩某的试卷丢失。作为监考教师，应当清楚被监考学生试卷的去向，如果造成考生试卷丢失，就要承担一定的责任。即使有的学生故意带走试卷，监考教师也应当及时发现并制止。

◎监考教师在发现试卷丢失后处置不当。当监考教师在向韩某了解情况，发现韩某情绪不稳定时，既没有对韩某进行恰当的思想工作，也没有及时地与韩某的班主任联系。这是导致韩某自杀的一个重要因素。

◎在韩某回班后，班主任没有针对正在哭泣的韩某了解情况，也没有做思想工作，使韩某的情绪没有得到及时的调整，最终导致韩某哭着离开学校，这也是班主任工作中的不负责任。

鉴于以上原因，学校因为自己工作的过失，应当对韩某的自杀承担主要的责任。另外，韩某的家长对孩子的抗挫折教育不够，使其心理素质没有得到健全的发展。同时，韩某的家长对孩子明显的情绪变化没有及时发现，并采取相应的措施，也是导致韩某自杀成功的原因之一。因此，韩某的家长也应当承担部分责任。

律师建议

从以上这个案例中，我们留有很多的遗憾。一个学生的自杀，对学校是一个教训，但对于一个家庭来说，却是留下了永远抹不去的伤痛，对于一个生命来说，却是永远也不能挽回了！假如学校某一环节的工作到位了，也许就会阻止这场悲剧的发生。例如，假如监考老师在考试中认真负责，没有发生考卷丢失的问题；假如监考老师恰当地处理了考生的问题，不至于给韩某施加过大的压力；假如监考老师能够把自己无法解决或没有完全解决的问题及时与班主任进行交代；假如班主任在考完后的班会上发现正在哭泣的韩某；假如班主任能够及时地给韩某进行思想工作；假如学校在学生的情绪发生严重波动时能够及时与家长取得联系；假如家长在晚上能够发现孩子的表现很不正常……太多的假如最终只是一个遗憾！

上述案例也提醒广大的教师，考试作为学校工作中的一个重要环节，应当认真负责地对待。同时，由于社会上大量的考试也要利用学校的场地和人员进行，对老师更是提出了严格的要求。在现实中还有因为考试的试卷丢失，考生愤而状告学校的案例，也需要引起监考教师的注意。具体来说，学校和教师在考务工作中应注意以下问题：

◎考前学校应当召开考务会，调动监考教师的责任意识，强调监考过程中的监考纪律，落实人员、场地、设施等问题，并提前按要求布置好考场。

◎考试时监考教师应提前到达岗位，在规定时间领取试卷后，直接去考场，不宜在其他地方逗留。

◎监考教师在认真核实考生身份后让其进入考场，如果发现不符合要求的考生，应禁止其进入考场或及时与考点负责人取得联系。

◎考试前，监考教师应当向考生宣布考试纪律和考场规则，公布监督电话，并当众打开试卷袋。

◎试卷分发前，提醒考生试卷的页数、答题时间，试卷分发后，提醒考生将姓名、考号填写到指定位置。

◎监考过程中，监考教师应做到有固定，有流动。考生有疑问时，当众解答：发现有作弊的考生，按照考场规则的要求进行处理。

◎中途有考生交卷时，可以让其交到监考老师处，也可以让其将试卷倒扣在课桌上，马上离开教室，并禁止离开考场的考生大声喧哗。

◎考试时间终了时，命令所有考生放下手中的笔坐好，由监考教师统一收取试卷。待监考教师查阅无误后，再让考生离开考场。

◎监考教师应在考点指定位置按照要求统一装订试卷。

◎考点应做好试卷的保存、运送工作，避免失密。

法律一点通

监考教师应当认真做好监考工作，避免因为自己的过失造成考生的损失。

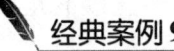

经典案例9

帮老师提水致左腿烫伤

某小学在晨读时，三年级的某班主任安排来办公室拿作业的本班学生赵某去帮助打两壶开水。不料赵某在打水回来上楼梯时不慎摔倒，开水将其左腿烫伤。学校支出了全部医疗费用及500元护理费。医院认为赵某的烫伤需二次手术治疗。赵某的父母因与学校在今后的治疗问题上未能达成协议，所以诉至法院，要求学校赔偿赵某的交通费、护理费、营养费、伤残补助费计16357元及今后治疗费30000元，精神损失费10000元。学校则认为：赵某烫伤后校方及时将其送往医院治疗并支付了全部医疗费用。在为赵某报销最后一笔医疗费用后，赵某的法定代理人向学校提出去上海为赵某继续治疗的要求，已历时两年多，超过了一年的诉讼时效，已丧失了胜诉权。

法院经审理认为：原告赵某在受伤时为未成年人，且在上课时间，被告学校应对原告受伤负全部责任。原告出院后对其腿伤继续治疗，一直未曾终结，且原告的法定代理人一直就原告治疗问题与被告进行交涉，被告认为原告的诉讼请求已过诉讼时效的观点不能成立。后经调解，双方自愿达成协议：由学校一次性支付赵某上述费用共计4万元。

事故分析

在本案中，学校的过失是非常明显的：

◎上课时间安排学生从事与教育教学无关的事情是不妥当的；

◎班主任安排一名三年级的小学生去打开水，已经明显超出了该年龄的行为能力，危险性是显而易见的。

所以，学校应当对学生的损失承担全部赔偿责任。

另外，学校主张赵某的家长自从学校报销最后一笔费用后，两年多未向学校再主张权利，所以已经超过了诉讼时效，丧失了胜诉权。但实际上赵某的家长从未间断就赵某的治疗问题与学校交涉，这在法律上就形成了诉讼时效的中断。即每当赵某的家长与学校交涉后，诉讼时效就要重新起算。因此，赵某因身体受伤害而产生的一年诉讼时效并未届满。

 **律师建议**

在学校教育教学中，安排学生从事一些与他们行为能力相适应的劳动，本来是有益于学生身心健康发展的，也是无可厚非的。但其中应当注意以下几种情况：

◎不宜安排学生从事与其身体不相适宜的活动，比如上面案例中安排三年级的小学生打开水。

◎禁止安排学生为教师干私活，例如有的学校每年冬天为教师发大白菜时，都是安排学生为老师送回家。一旦在过程中出现意外，学校很可能会担责。目前有许多教师布置学生为自己打扫卫生、打水等，认为这样可以培养学生尊师的习惯。但笔者认为这样也许会给学生带来一些负面的影响，一些经常指使学生为自己干活的教师，学生往往会对其有一些看法。

◎要注意劳动中的组织和管理，消除劳动中的不安全因素。

 法律一点通

教师利用学生干私活的行为不仅不符合教师的职业道德，更容易引起法律纠纷。

 法律小知识

诉讼时效是指权利不行使达一定期间而失去诉讼保护的制度。通俗地讲，就是当事人在法律规定的诉讼时效期间内有权请求人民法院保护其权利，而当诉讼时效期间届满以后，权利人则不再享有请求法院保护其权利的权利。根据《民法通则》的规定，普通诉讼时效期间为2年。但以下四种情况的诉讼时效为1年：身体受伤害要求赔偿的；出售质量不合格的商品未声明的；延付或拒付租金的；寄存财物被丢失或毁损的。

经典案例 10

班主任公开情书引发学生自杀

周某系某中学初三（1）班的一名女生。3月12日上午第四节课，班主任刘某发现周某未上课。下课后，刘某准备将周某的书包拿到办公室以防丢失，在整理书包时，发现周某的一封情书，遂将情书拿走。第二天，刘某找到周某谈话，周某称这是自己的隐私，并要求刘某立即归还信件。刘某一时火起，将周某拉进教室，拿出情书便要宣读，周某见状不顾一切地去抢情书，争夺中情书被扯成碎片，周某见状大哭起来。刘某遂将情书的内容向全班公布，并大声指责周某。周某当晚从自家三楼阳台跳下，致使左肋骨、骨盆、左腿骨折。共花去医药费、住院费、护理费等6000元。周某出院后要求其所在学校负担其治疗期间一切开支，并赔偿其丧失部分劳动能力带来的经济损失。而校方认为周某跳楼系其自身行为，与学校无因果关系，其后果应当自负。周某遂向人民法院提起诉讼。

事故分析

受害人作为中学生应遵守学校的规章制度，不应过早谈情说爱。班主任刘某对其进行教育的动机是正确的，周某应当配合班主任的工作。周某作为初三学生，年龄已是16岁，根据其年龄和智力状况应当能够认识到跳楼的后果，也应当能够采取一些理智的方法来处理这件事。因此受害人周某对损害事实的发生具有一定的过错，应负一定的责任。

班主任刘某，未经他人同意偷看他人的信件并且将信件的内容公之于众，侵犯了他人的隐私权，而且教育学生的方法也存在很大的问题。因此对周某损害结果的发生存在过错，应负主要责任。另外，刘某的行为系职务行为，所以其责任应由其所在单位承担。

经典案例 11

中学生受批评后自杀案

小强系某中学复读班学生，李某系其班主任老师。3月1日，小强与同班同学小民因琐事发生争吵。第二天，小强因丢失磁带再次与小民发生打斗。班主任李某获悉该事后，分别对二人进行了批评教育。3月3日，小强到校正常上课。4日上午8时许，小强的母亲在家中发现孩子私藏的双节棍、录音机及录音磁带，便到学校找班主任李某反映情况。自己在家中的小强服下了毒药，然后自行到其父亲的工作单位，告诉其父自己已经服毒。经抢救无效，小强于3月4日死亡。儿子死亡后，其父母诉至法院，称班主任李某对其子进行威胁恐吓，并勒令其回家闭门思过三天，小强因经受不住恐吓，精神崩溃，服毒自尽，因此请求法院判令学校及班主任李某赔偿死亡补偿费等各项损失145248元。

人民法院审理后认为，该中学作为教学机构，李某作为人民教师，对在本校犯错误的在校学生，有进行批评教育的权利和义务。原告之子违反学校纪律，李某有权代表学校对其进行批评教育，原告不能提供充足证据证明李某在对小强进行批评教育中有体罚、威胁恐吓等不当言行，也不能证明小强之死与李某和学校的管理教育有因果关系。死者小强虽系限制民事行为能力人，但根据其自杀时的年龄、智力和受教育程度等情况，应当能够清楚地知道自杀行为所造成的后果，且其在自己家中服毒身亡，教师和学校无法进行监护，而身负监护之责的两原告未能尽到责任。因此班主任李某、学校对小强的死亡没有过错。

事故分析

在民法当中，一般采取的是"谁主张，谁举证"的举证原则，即当事人要对自己主张的事实提供证据加以证实，如果自己不能提供相应的证据，或者自己提供的证据被对方证明有瑕疵，举证人就要承担举证不能的后果。本案中，小强的父母既然主张班主任李某对小强的批评教育中存在体罚、威胁、恐吓等不当的言行，就要提供相应的证据加以证实，而其父母并没有充足的证据证明班主任确实有不当的言行，所以其主张的事实就不能够被法官采信。另外，作为班主任，李某是有权利，也有责任对出现不良行为的学生进行批评教育的。因此不能认定学校有过错。综上所述，小强的父母最终败诉也是必然的结果了。

律师建议

从上述两个案例中我们不难得出这样的结论，学校对于学生自杀是否承担责任的关键应从以下几点分析：

◎如果学生自杀的原因与学校无关，学校当然不会承担责任。比如有的学生因为不能忍受父母离异而跳楼自杀，和学校就没有因果关系。

◎如果学生的自杀原因与学校有关系，就应当看学校、班主任、教师的行为有无过错。这里的过错既包括批评教育的方式不当，比如体罚、辱骂等，也包括对学生的保护不力，比如有的学生长时间受到同学的欺辱，而班主任对该学生反映的情况却不加理睬，导致学生不堪忍受而自杀。对于学校无过错的学生自杀，如有学生因考试作弊被抓住后，感觉无颜见人而导致的自杀，学校是不应当承担责任的。

◎学校还应当注意的是，即使学生的自杀原因与学校无关，或者虽然与学校有关，但学校并无过错时，学校并非就能完全地免除自己的责任。因为这里还应当考虑到学校对学生自杀的预防和救治是否及时。例如有的学生在作弊被抓后感觉没法向家长交代，从而有情绪低落、精神恍惚、轻生厌世的迹象时，班主任和学校没有及时地对其进行开导教育、心理辅导或必要看护而导致的学生自杀，学校也难以免除责任。在救护上，学校应当及时、合理地对自杀学生进行抢救。

只有完全做到以上几点，学校才能不被对方抓住自己的过错把柄，从而避免承担民事责任。

法律一点通

教师在学生自杀的事件中如果存在过错，就要承担相应的责任。

经典案例12

在校学生被陌生人接走而受伤害

12月3日，某小学一年级的学生小玲在教室内准备上课时，被一男青年叫出教室领走。当天中午，小玲没回家吃午饭，其父汤某到学校来找孩子。学校得知情况后当即与汤某一起去派出所报案。直到晚上，才在一车站附近找到了小玲。此时，小玲精神恍惚，身上有受过伤害的明显痕迹。后来，小玲经住院治疗共花去医药费等4000多元。为此，小玲的父母要求学校赔偿损失。

事故分析

学校应当对小玲受到的伤害承担责任。学校对在校的未成年学生承担着教育、管理和保护的职责。作为一年级学生的小玲属于无民事行为能力人，学校有义务对其进行管理和保护。小玲在校学习期间，学校疏于管理，未核实陌生男青年的身份，也未征求小玲监护人的意见，任凭陌生人将小玲领走，致使小玲受到伤害，所以教师和有关人员的行为严重失职。由此给小玲及其监护人造成的经济损失和精神伤害，学校应承担赔偿责任。

律师建议

学生被犯罪分子接出学校后遭受犯罪侵害或被绑架勒索的案件，近年来时有发生。这也提醒我们，对于学校的学生接送制度一定要加以重视，以防止犯罪分子利用学校工作的漏洞实施犯罪。一般情况下，接送制度只涉及寄宿制学校中年纪较小，需要父母接送的学生。另外，一般学校对于正常上课期间，学生家长以外的人员接年纪较小的学生出校也应当有所规定。

◎有的寄宿制学校对此采取了接送登记制度，学校门卫也对被接出学校的学生认真检查有关接送手续是否符合规定。

◎对于学生家长以外的人接学生出校，一般情况下应当要求学生家长提前与学校联系。还有的寄宿制学校在开学伊始即与学生家长约定接送孩子的人员，对接送孩子的人员一般实行持证接送，除了家长与学校约定的特定接孩子人员以外，其他人员来校要求接走孩子时，学校原则上不予同意。

◎对于其他学校在正常上课时间要求接走学生的，也可以参照以上寄宿制学校的做法制定有关规定。

此外，在目前发生的一些案例来看，有些犯罪分子谎称学生的家人受伤、生病住院，或者声称自己是学生家长的同事、朋友，因有紧急情况，所以代替学生家长来接孩子。对此，老师一定要留心，认真核实对方的身份，以及理由是否真实。如果不能辨别真伪时，为了慎重起见，拒绝其将孩子接走也不为过。

法律一点通

学校应当建立健全学生接送制度，尤其对于非学生家长的人接学生出校，更要慎重处理。

经典案例13

班主任对低分同学罚款导致自杀案

据《今日说法》节目报道，某小学对考试中成绩差的同学进行罚款，一名三年级的学生因为成绩不理想，被班主任责令交罚款后便留下遗书，喝农药自杀。该学生的家长将学校告上法庭，以学校将罚款作为一种教育方式明显不当，导致孩子自杀为由，要求学校承担相应的民事责任。法院经过审理后判令学校赔偿该学生家长3万元。

事故分析

以上案例中，学校对学生采用了罚款的手段。罚款本身属于行政处罚，它是由特定的国家机关按照有关法律的授权对违法者所实施的财产处罚，除此之外，一切未经国家法律法规授权的国家机关、社会组织和个人都没有罚款的权力。学校作为一种事业法人，本身不属于具有罚款权的国家机关，又没有经有权的机关授权，所以，学校没有罚款的权力。

在案例中，学生自杀的原因主要是因为班主任对其实施了罚款的手段。学校没有罚款权，所以班主任对学生进行罚款是不合法的，具有明显的过错。法院据此判令学校承担责任。

律师建议

迟到要罚款、卫生不好要罚款、违反课堂纪律要罚款、考试不及格要罚款……在一些学校，罚款成为一种教育的手段，被经常地运用到学校的教育教学当中。的确，罚款在大多数时候的确能够起到一定的作用，但毋庸置疑的是，学校没有罚款权，学校对学生进行罚款是一种违法的行为，一旦有学生举报或者因此而造成学生伤害事故时，学校就会因此而承担一定的责任。所以，对待违纪或学习成绩差的同学，只能采取合法的、恰当的教育手段进行教育，否则，付出不但不会得到回报，反而会付出更大的代价。

另外，在有些学校的图书馆、阅览室还有"偷一罚十"的警示牌。根据上面的分析，这种做法也是不当的。

法律一点通

学校和教师没有罚款的行政处罚权，因此不能对学生进行罚款。

经典案例14

学生挂窗帘摔伤案

11月的一天早操后，某小学五年级某班的班主任王老师发现班中的一个窗帘掉了，便随口提示学生课后将窗帘挂好。下课后，劳动委员史某从课桌上攀上窗台，试图挂上窗帘。因史某个子低，窗帘不好挂，其便一脚跨出窗外以方便操作。但一不小心，竟从五楼坠下。后史某虽经医院抢救，但终因伤势过重，不幸死亡。后经司法部门的调查与协调，学校一次性赔偿家长8.5万元，加上处理事故的其他费用，学校实际支付了10多万元。

事故分析

学校在这起事故中的主要责任在于没有考虑到未成年人的实际情况，布置未成年学生从事与其年龄、能力不相适应的劳动，最终导致了悲剧的发生。只要班主任老师在事先仔细考虑一下，就应该想到让一个五年级的学生去登高挂窗帘是具有很大危险性的。而且即使是布置学生从事一些与其年龄、智力、能力相适应的劳动，也应当做好保护。假如班主任老师没有布置让学生去挂窗帘、假如班主任老师能够在现场进行一下保护，这个悲剧就不会发生。所以教育归根结底是一种人性的教育，班主任做每一项工作时不仅要考虑到教育的效果，而且也应当考虑到学生的安全性以及自己行为的合法性。

法律一点通

班主任在安排学生进行劳动时，可以让学生从事一些力所能及的劳动，避免让学生从事与其年龄、体力不相适应的劳动。

经典案例 15

女生离校失踪案

4月28日下午，某中学初二学生孙某的外公像往常一样到学校去接孙某回家，但一直未等到孙某。孙某的父母闻讯后急忙赶到学校问询，班主任说下午没有见孙某前来上课，也没有交过请假条，不知她去哪里了。当晚，孙某的父母到当地公安部门报案，但经过几年的查找，孙某依然不见踪影。孙某的家长向法院申请宣告孙某死亡。随后，便将学校告上法庭，指控校方在孙某无故没有到校的情况下，没有及时与家长联系，教育管理严重失职，理应对孙某的意外失踪承担责任，要求学校赔偿19.5万元。法院经过审理后认为，学校对于孙某的失踪和被宣告死亡负有一定的管理责任。但孙某失踪时已经年满15周岁，应当认识到脱离学校管理及监护人的监护可能产生的危险，所以孙某的家长作为孙某的监护人，应承担主要责任。遂判决学校赔偿孙某家长3.6万元。

事故分析

在本案中，学校是有一定过错的，具体表现在当班主任发现孙某没有上课，也没有请假时，没有及时与家长取得联系，询问原因，通报情况，以致在下午放学之后才由家长发觉孙某失踪，失去了寻找孙某的最佳时机。所以，学校虽然没有直接导致孙某失踪，但在孙某失踪案中具有一定的过错，影响了对孙某的及时寻找，所以法院判决学校承担了一部分责任。

律师建议

学生在正常上课期间没来上课，怎么办？这也许是因为孩子生病或者其他正常原因，家长忘了向班主任请假，但此时也存在着孩子有可能逃学或者有其他意外情况（如被坏人劫持等），此时，如果班主任不及时向家长了解情况，也许就会造成严重的后果。因此，班主任在发现班中的学生无故缺勤时，应及时向家长了解情况，即使是由于正常原因学生没有来上学，家长也会为班主任的认真负责而感到满意。但假如因为没有和家长取得联系而发生一些意外，则班主任就具有过失了。

另外，目前存在有些学生出于不正当的目的写假假条的情况，此时，班主任一方面要认真辨别假条的真伪；另一方面，如果对学生的假条有疑问的话，也要及时地进行核实，以防止学生用假假条欺骗班主任。

此外，以上案例还给我们一些启示：当学生入学时，班主任一定要记录好学生及家长的一些情况，其中包括家长的联系方式，以备出现意外情况时及时与家长取得联系。

 法律一点通

学生无故没有到校上学时，班主任一定要及时和家长联系，查明原因。

 法律小知识

宣告失踪：是指经利害关系人申请，由人民法院对下落不明满一定期间的人宣告为失踪人的制度。按照《民法通则》第20条的规定，被申请人下落不明满2年的，利害关系人就可以申请人民法院宣告失踪。类似的制度还有宣告死亡，宣告死亡一般要求下落不明满4年。

 经典案例16

非法拘禁导致学生摔伤案

12月6日，某小学五年级的学生伍某无故旷课两天，第三天下午到学校时，班主任刘老师将其叫到自己的宿舍（兼办公室）谈话。面对老师的训斥，小伍一言不发，拒不回答老师的问话，刘老师恼羞成怒，责令他下午不要上课了，就在这里面壁思过，然后将门反锁上打麻将去了。晚上，刘老师将把伍某关在宿舍的事忘了，当夜11时左右，又饿又困的伍某打不开门，就打开老师宿舍的翻斗窗想爬出去，但不小心一脚踏空，从二楼摔到地上，造成大腿骨折。其他老师闻讯把伍某送到医院。小伍的家长向有关部门进行了举报，经当地检察机关侦查后，法院以非法拘禁罪判处刘老师有期徒刑三年，缓刑五年；同时判令学校赔偿伍某医疗费等费用3万元。

事故分析

班主任刘老师的行为已经构成了非法拘禁罪。

◎根据《刑法》第238条的规定，非法拘禁罪是指以拘押、禁闭或者其他强制方法非法剥夺他人人身自由的行为。

◎在本案中，刘老师将学生伍某关在自己的宿舍中直至深夜，非法限制了其人身自由，并且造成了学生重伤的严重后果，构成了非法拘禁罪，依法应当承担刑事责任。

◎刘老师对学生进行管理的行为属于职务行为，所以法院判决由学校来承担赔偿的民事责任。

律师建议

在学校的工作实践中，对违纪的学生进行拘禁的行为还是相当普遍的。但作为一名教育工作者，应当认识到，教育是对"人"的教育，所以在教育的过程中，应当尊重学生的人格权，保护学生的合法权益，对其进行人性化的教育。在现代社会中，伴随着人们观念的改变，对人身权利的保护已经逐渐受到了人们的重视，一些以往教学中习以为常的行为，却因为其违法性，已经逐渐在教学实践中消失了。对学生进行拘禁的行为同样是严重侵犯公民人身权的行为，因此，在教学中应当杜绝使用这种违法的方式对学生进行教育。

当然，禁止对学生进行非法的拘禁并不意味着学校对学生的人身自由不能进行任何限制。出于对学生进行管理的职责和目的，学校可以对违纪的学生采取一些例如隔离、阻止的措施，以防止学生继续违纪，对学生进行教育，但这种教育方式的使用不但应当慎重，更要注意对学生的教育和保护。如对企图自杀的学生学校就可以暂时限制他的人身自由，并及时通知家长，同时对其进行教育和劝导。在这种情况下，对学生的人身自由进行暂时的、适度的限制是合法的，也是恰当的。

法律一点通

班主任不能采用非法拘禁的方法对学生进行处罚。

经典案例 17

小学生上厕所时不慎摔伤

某小学一年级的学生谷某在上课时突然内急,便举手向老师报告说自己要上厕所,经过老师同意后,谷某便去上厕所。因为着急,谷某在回来的路上不慎摔倒,头部撞到楼梯的台阶上,当时血流不止,听到谷某哭声的老师急忙将谷某送到医院,被诊断为轻度脑震荡,并因此花去医药费共 2000 元。谷某的家长认为谷某的受伤是发生在上课时间,以学校没有尽到监护职责为由要求学校赔偿,但学校认为这是谷某自己不慎造成的,以学校没有任何过错为由拒绝赔偿。案件被谷某家长起诉到法院后,在法院的调解下,谷某的家长与学校达成协议,由学校支付 1000 元对谷某进行资助。

事故分析

本案中,谷某的伤害虽然发生在上课期间,但任课教师却并不存在过错。

◎突然内急是人的一种生理现象,教师如果不让学生去厕所就不近人情了。

◎教师不可能陪护谷某上厕所,因为教师不但要上课,还要负责管理其他学生。

◎自己上厕所对于一个小学生来说,应当在他的能力范围之内,完全可以自己完成。

所以,教师让谷某自己上厕所的行为是没有过错的,学校对谷某的伤害不应当承担责任。本案中,学校对谷某进行资助是基于学校与谷某家长达成的和解协议,自愿对谷某进行的经济帮助,所以,法院对这种自愿的行为也是认可的。

律师建议

学生在上课期间提出要上厕所,这是几乎每一位教师都曾经遇到的问题。但许多老师的心里都存在着这样的疑问——如果学生在这期间出了问题怎么办?而且从目前的情况来看,个别的学生是以上厕所为借口去从事与上厕所无关的事情,甚至是进行一些违纪的事情,教师对此经常不知对策。假如因此就不让学生上厕所,也不合适,这样不仅会使学生忍受肉体上的痛苦,甚至有可能因为控制不住而引起同学的嘲笑和自己的难堪。显然,不允许学生上厕所也是不合适的。那教师应当怎么办呢?

◎教师应当对学生提出上厕所的理由进行一个初步的判断,分辨出明显属于学生撒谎的情况。

◎在一般情况下，要求教师准确判断学生是否真的是内急也不现实，所以，教师对于学生在上课期间提出的上厕所的要求，一般应当允许。但教师应当提醒学生，尤其是小学生，课间一定要及时上厕所，从而减少上课时上厕所的情况出现。

◎在中小学校，学生一般都具有自己上厕所的能力，因此，可以让学生自行去上厕所。

◎如果因为学生撒谎以致后来发生了学生伤害等事故，要求教师承担责任的理由实际上也过于牵强，因为如果学生采取欺骗手段，教师是无法准确判断的。而且上厕所是人的正常生理现象，不可能不让学生去，关键是学校不要有过错。

◎教师发现上厕所的学生在正常时间内没有返回，应当及时汇报和查找，避免意外发生。

◎学校应当加强上课时间的教学巡查制度。一方面可以对教师的上课情况进行监督和检查；另一方面也要对校园的不安全因素进行检查，如发现没有正常上课的学生应当进行询问和检查，避免发生意外事故。

法律一点通

学生在上课时要求上厕所教师可以允许，但在发现异常时要及时采取措施。

经典案例18

高中生上课时被社会青年叫出教室扎伤

4月20日，某中学高二的同学正在上数学课时，突然有两个自称是学生黄某（17岁）哥哥的年轻人要求找黄某，说家中有急事要告诉黄某。当时正在上课的数学教师便将黄某叫出了教室，自己随后便关上了门继续上课。但时间不长，教室外便传来黄某的呼救声，数学教师急忙出去查看，发现黄某已经倒在地上，身上正在流血，两名找黄某的年轻人已经跑远。数学老师一面组织学生迅速对黄某进行抢救，一面利用电话向学校领导报告。因抢救及时，黄某最终脱离了危险。后经警方调查，黄某前不久与这两名社会青年因为小事引起纠纷，两名社会青年便借机趁黄某上课期间不防备，将其叫出教室扎伤。另外，警方还了解到，当时两名犯罪嫌疑人都是采用翻越学校围墙的方式进出校园的。事发后，两名犯罪嫌疑人畏罪潜逃，至今未归案。黄某以学校教师的工作存在过失为由向当地人民法院提起诉讼，要求学校赔偿黄某的经济损失医药费、误工费、护理费、营养费等共计2万元。法院在审理后认为，学校在教学工作中，没有尽到自己对学生进行保护的义务，导致学生受伤，应当承担主要责任。同时，黄某自己对于事情的发生也有一定的过错，也应当承担一部分责任。因此依法判决由学校对黄某赔偿15000元。

事故分析

法院认定学校在教学管理中存在一定的过错，这实际上在本案中是有明显体现的。如果说两名犯罪分子是凭借偷越墙头的方式潜入学校作案，学校门卫或保卫人员无法及时发现情有可原的话，那正在上课的数学教师对此事的处理则明显不当。该老师在两名陌生人要求见黄某时，没有进行任何的盘问，便将黄某叫出教室，以致黄某发生了意外。这实际上也反映了学校管理制度的不完善。另外，黄某在出教室后见到找自己的是与自己有过节的人时，没有马上返回教室，也是导致事故发生的原因之一。因此法院判决由学校承担主要责任，由黄某自行承担次要责任。

律师建议

上课时有人找学生，这其中有学生的家长、同学，还有学校的老师，正在上课的教师让不让见？不同的老师经常有不同的做法。但出于管理的规范性和安全性考虑，建议采取以下解决方式：

◎为了保证上课期间的正常秩序，学校在正常上课期间，原则上不允许任何人会见学生。对于会见学生的人，教师应当婉言拒绝。

◎如果遇有特殊的紧急情况，确实需要在上课期间找学生的话，应当经过学校主管部门（如教导处）或主管领导的同意，持该部门或领导的统一格式书面证明，请求任课教师将有关学生叫出。

法律一点通

教师在上课时，原则上不允许他人找班中的学生。确有必要时，要经过有关部门或领导的同意。

经典案例19

初中生上课时溜出教室并致人伤害

6月，某中学初二学生李某在上语文课时，趁语文老师在黑板上写字之机，偷偷从教室后门溜出，来到学校操场，与正在自由活动的同年级另外一个班的同学一起踢球。其中，李某因为碰撞和该班孙某发生冲突，一脚将孙某踹倒在地，造成孙某肋骨骨折。事后，孙某的家长将学校和李某告上法庭，要求赔偿损失。法院审理后判决由学校和李某的家长各承担50%的赔偿责任。

 **事故分析**

◎学校的过失主要表现在以下两个方面：一是上课教师没有及时发现班中的学生溜出教室，以致李某失去监管；二是另一个班的体育教师没有发现不是本班的学生混进班里，另外在学生发生冲突的时候没有能够及时地制止，以致伤害的发生。

◎学生李某作为限制民事行为能力人，应当能够了解自己行为的后果，但其依然违反校规，在上课期间溜出教室，并殴打他人致伤，过错也是明显的。

◎因为李某属于限制民事行为能力人，其民事责任应当由其监护人承担。

所以，法院判决学校和学生李某的家长共同承担孙某的损失。

律师建议

在教育教学当中，尤其是中学的教学当中，时而会有一些学生给老师找麻烦，上课时偷偷溜出教室就是比较常见的一种。这些违纪的学生往往借老师正在黑板上板书、给同学做个别辅导或其他时机，偷偷从教室溜出。其中有的从教室的大门（往往是后门）溜出，还有教室在平房或一楼的学生，便从窗户跃出。教师对此也经常难以发现。而一旦逃课的学生发生意外，教师就很容易惹上麻烦。那么作为任课教师，对此应当如何预防和应对呢？

◎学校和教师应当加强对学生的管理和教育，从根源上杜绝学生的严重违纪。

◎一般情况下，教师在教学时应当关好教室的大门，尤其是后门。在特殊时期，如盛夏上课时，如果确要打开教室的门上课，教师也应对此严加注意。

◎教师应当注意学生的情况。上课前就要核对学生的出勤情况，做到心中有数，如果在上课时发现学生溜走，应当及时向学校的有关部门汇报，组织查找，并对违纪的学生做出适当的处理，以警诫该同学和其他有苗头的学生。

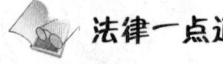 **法律一点通**

教师在上课时，要防止学生溜出教室。如果发现学生已经无故离开，要及时汇报并组织查找。

经典案例 20

教师侮辱学生致学生跳楼死亡案

据新华社报道,4月12日,某中学初三学生丁某因上学迟到,被其班主任汪某叫到办公室批评教育。其间,汪某不仅对丁某进行了体罚,还当着丁某同学的面侮辱丁某:"你学习不好,长得也不漂亮,连'坐台'都没有资格。"当天中午,丁某留下遗书后,从学校教学楼8楼跳下,经抢救无效死亡。在遗书中,丁某表达了对老师汪某及家庭的怨恨。事后,丁某父母以老师汪某犯侮辱罪,向法院提起刑事自诉。人民法院对此案经过审理后作出一审宣判,以侮辱罪判处汪某有期徒刑一年、缓刑一年。这起事件在当地引起了强烈反响,引发了一场师德问题大讨论,当地教委还出台了规范教育行为的专门规定,进一步约束教师的教育行为。

事故分析

根据我国《刑法》的规定,侮辱罪是指使用暴力或者其他方法,公然贬低、损害他人人格、破坏他人名誉,情节严重的行为。在本案中,教师汪某的体罚和侮辱行为侵害了学生的人格尊严,具有明显的主观故意,而且该行为是当着"第三人"的面实施的,具有刑法要求的"公然"性,也是学生丁某跳楼自杀的直接原因,其行为已构成侮辱罪。

经典案例 21

教师侮辱学生致学生精神失常案

10月24日早上,某校16岁女孩小林因早饭较咸,上学时便带了一个苹果。在第一节课同学们唱歌时,她咬了一口。这时,赵老师走进教室,发现小林正在吃苹果,就对她喝道:"滚出去!"小林不从,赵老师便抓她的胳膊把她拉了出去,同学们见状哄堂大笑。小林精神因此受到刺激。第二节课上课铃响,小林进教室拿起自己的墨水瓶便喝,又拿钢笔放在嘴里咬,被任课老师及时制止。当天中午,小林的父亲得信赶到学校。见小林躺在台阶上,打着赤脚,四肢抽搐,瞪着双眼,什么话也不会说。林某的父亲立即带小林到镇卫生院抢救,打了3天吊针。回家后,小林便痴痴呆呆,开始不说话,后来见人就打,见人就骂,夜晚则不停地哭,扰得家里和四邻不安。后经当地司法鉴定中心鉴定:小林自幼发育正常,适龄上学,成绩一般,是个正常儿童。在学校发生喝墨水事件后,出现明显精神异常，结论为"延迟性心因性反应"。小林的父亲随后将学校告上法庭，索赔医疗费、精神抚慰金等共计 85000 元。

法院在经过二审审理后认为，该校教师对学生采用体罚的不正当方式羞辱学生，导致原告精神失常，应承担赔偿责任。判决学校赔偿小林医疗费 2787 元，及精神抚慰金 1 万元。

 **律师建议**

在学校的教育教学过程中，教师经常会遇到一些"恨铁不成钢"的学生，对于这样的学生，有些教师为了使其意识到自己的缺点和问题，经常会对学生使用一些过激的言辞。应当说，正常的批评教育是恰当的，有助于使学生认识到自己的错误。但如果教师对学生使用了一些侮辱性的言辞，就是不恰当的了。当然，在一般情况下，这也不会造成严重的后果，至多法院会判决让教师赔礼道歉。但有的学生心理脆弱，遇到这种情况时出现心理崩溃，以致产生严重的心理疾病或者会做出一些过激的行为。此时教师将会承担严重的后果。

有的教师也许不解，认为学生难道就不能批评了？这种理解是片面的，学生如果有错误当然可以批评，甚至可以严厉的批评或者由学校给予处分，但教师在批评教育的过程中绝对不能使用侮辱性的言辞。批评作为一种教育的方法，实际上也是一种教学上的艺术，值得教师认真地思考。

 法律一点通

在教育学生的过程中侮辱学生的人格，是一种违法的行为，情节严重的，会构成刑法上的侮辱罪。

 经典案例22

教师殴打学生致伤

据新华网报道，12 月 25 日，某小学五年级学生小鹏，在上课时与同学交换球星卡片，被任课老师李某发现并将球星卡片撕碎扔掉。小鹏对此不满，骂了一句脏话，李老师随手打了小鹏一个嘴巴。事发第三天小鹏住进市第四医院，诊断为"左眼钝挫伤"。后来小鹏开始厌恶上学，精神抑郁，被诊断为"重度心理障碍"，随后入市精神卫生中心住院，被诊断为"分裂性精神病"。于是小鹏的父母向人民法院提起民事诉讼，要求学校及李老师赔偿医疗费等各项损失共计 46376 元。

人民法院审理认为，根据鉴定专家的分析意见，小鹏被打后出现的症状是一种短暂的神经症状反应，而不是精神病。在无其他事件影响的情况下，应认定小鹏的这种反应是因被打引起的，因此应由教师李某承担责任。但根据专家的分析意见，"迟发性运动障碍"是不必要的抗精神病药物副作用引起的，而不是被打引起的，所以小鹏医治"迟发性运动障碍"所发生的医疗费及其他损失不应由教师李某负担。法院作出终审判决，打人老师李某需赔偿挨打学生小鹏各类损失27000元，学校承担连带责任。

事故分析

在本案中，老师对违纪的学生采取的方法是打耳光，其行为已经构成了对学生人格权的侵犯，根据《民法通则》及有关司法解释的规定，学校和教师应当承担相应的责任。但由教师直接承担赔偿责任的判决值得商榷，因为教师李某的行为是在履行学校教育教学的职责，属于职务行为，因此其侵权后果应当由学校来承担替代的赔偿责任。法院的判决显然是认为李某的行为不属于职务行为。

经典案例 23

教师摇晃学生致死案

据《今日说法》节目报道，12月14日，某校一年级的小学生赵某在上数学课时，因为把答案填错了地方。他的老师李某拉起了赵某戴着的连衣帽，前后摇动了两下。赵某此时手里反拿着一支长长的铅笔的笔尖深深地扎进了自己的右眼睑。事后，赵某连续出现呕吐、昏迷的症状，经救治无效，于第二天清晨死亡。公安局法医组对赵某进行了尸检，发现当时那支铅笔致伤的时候它的角度是完全垂直的，进入脑组织以后非常偶然地戳到了脑组织上的血管，造成了颅内出血而最终导致赵某死亡。

事发后，当地司法局出面进行了民事调解并最终达成了协议，由学校负责处理赵某的安葬等善后工作，一次性补偿赵家医疗费、交通费、死亡补偿费等共计12万元。在民事调解之后，当地法院开庭审理了李某涉嫌过失致人死亡的刑事案件。最终法院以过失致人死亡罪判处李某有期徒刑2年，缓期3年执行。与此同时，当地镇教办主任和该小学的校长也被撤职处理。

事故分析

本案实际上是由体罚引起的。《未成年人保护法》《中华人民共和国义务教育法》《教师法》等法律法规都明确规定，学校的老师严禁对学生进行体罚。另外根据《学生伤害事故处理办法》的规定，对由于教师体罚引起的学生伤害事故，要由学校承担赔偿责任。从此案的性质来看，因为李某体罚学生的行为所造成的后果已经触犯了《中华人民共和国刑法》，构成了过失致人死亡罪。

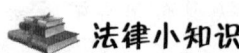
法律小知识

过失致人死亡罪：即行为人在当时的情况下应当预见到自己的行为可能会导致他人的死亡，但因为疏忽大意或过于自信的过失，导致他人死亡的行为。通俗地讲，即行为人主观上并不希望发生致人死亡的后果，但客观上该结果却因为行为人的过失的确发生了。

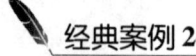
经典案例 24

学生以罚站为由状告老师

据燕赵法制网报道，9月16日下午，某小学五年级学生李某因未完成数学作业，上课前被数学老师叫到办公室。随后，数学老师将李某叫到校长办公室，交由校长处理。校长对其进行一番教育后，出去找学生叫李某的家长，但其家长不在家。校长回来后，让李某去找数学老师承认错误后上课即可。李某找到老师后承认了错误，老师便让李某去上课，但李某没动。这时，另一位老师回办公室倒水，见状也让李某去上课，李某仍未动。一直到下午放学回家。

当晚，李某说腿疼，其父母通知了学校。在某医院住院治疗4天，被诊断为儿童癔症，共造成医疗费2122.32元。后来，李某以自己被老师罚站半天，造成腿疼不能走路，两手抽筋，精神恍惚，耽误学业为由，将老师及学校诉至法院，要求被告赔偿经济损失12304.2元。

法院经审理认为，学生不按时完成作业，学校和老师对其进行教育管理是应当的，这是学校和老师在履行自己的教育管理义务。但在本案中，学校和老师在对李某进行教育管理时，使其站立了半天之久，显然工作有疏忽不当之处。数学老师的教育管理行为应视为学校教育管理行为的实施，故学校应承担一定责任，老师不应承担民事赔偿责任。李某作为学生，不按时完成老师布置的作业，违反了学校的规章制度，从而导致事件的发生，也应承担一定责任。最后，判决由被告某小学赔偿原告医疗费、护理费、住院伙食补助费、就医交通费共计1419.96元。一审判决后，原告不服，以一审判决认定事实有误为由向当地中级人民法院提起上诉。二审法院经审理作出终审判决：驳回上诉，维持原判。

 **事故分析**

在本案中，学生的伤害是由教师的罚站行为导致的，而教师的罚站行为是一种不恰当的教育方式，有关的教育部门曾经多次明令禁止。在此案中，数学教师虽然后来让学生去上课，但在学生继续站立的情况下，就没有再对学生采取相关的措施，这也属于教育不当的表现，因此可以认定本案中教师的教育方法存在一定的过错。其符合侵权行为违法性、违法行为人要有过错、要有损害事实的存在和违法行为与损害事实之间要有因果关系的四个构成要件。因此可以认定其侵权行为成立，应当承担相应的侵权责任。但因为该教师的教育教学行为属于执行学校职务的行为，所以学校应当承担该教师侵权的替代责任。

目前有的学者认为短时的罚站（5~10分钟）应属于正常的惩戒，但这种观点尚未形成通说。

 经典案例 25

教师责令 8 名学生捉对厮杀

据新华网报道，4月28日下午，某小学几名学生在教室外读书时，不断有小虫子飞到他们跟前，学生们就拿起书本拍打，恰巧被语文老师发现。老师把他们中的 8 个人叫出来站在一边，让他们两两相对，互相用拳头击打对方的脸部和背部，最后老师还动手打了其中 3 个学生。

接到有关情况汇报以后，教育行政部门即要求这名教师带学生到县医院给受伤的同学做检查，并负担所有医药费。教育组表示，这名教师的做法实际上是在体罚学生。教育组随后开会并作出处理决定：打人教师被立即停止工作，并责令其写出深刻的书面检查；负责赔偿受伤学生医疗费用，向受伤学生及家长赔礼道歉；在全镇教育系统通报批评。

 经典案例 26

责令学生做 500 个蹲起引发的伤害

据《京华时报》报道，某中学初二年级 8 名同学在早晨值日打扫卫生时，因为不认真，被班主任朱老师罚做 500 个蹲下起来的动作。尽管动作到后来已经很不"规范"，但在朱老师的监督下，小雨和小云还是如数地完成了 500 个蹲起。而另外 6 名同学则不像他们这么听话，他们的 500 个蹲起"做得不是很标准"，所以尽管后来也疼得走路一拧一拧的，但还是忍了过来。第二天，小雨与小云忍

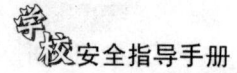

着腿疼去上课,当天晚上开始尿血。在当地的一家医院做过初步诊断后,两名男孩当晚被送到北京儿童医院。医院初步检查结果为肾损伤。

经典案例27

罚学生超量做题致学生自杀案

某小学五年级的数学教师在放假前规定,期末考试中每错一道题,在假期中每天要重做100遍,学生张某在考试中错了五道题,因此每天应做500道题,21天的假期,总共要做10500遍,再加上其他寒假作业,数量惊人。张某开学时因为没有完成作业而跳山自杀。

 事故分析

张某自杀的原因是因为作业量太大,未完成作业,而作业量过大又是教师对学生考试中错误进行的惩罚。这种惩罚是否属于变相体罚?应当讲,如果学生在考试中没有考好,让学生适当地增加作业量是正常的,是因材施教的做法。但每天500遍的重复作业显然不是教师想让学生掌握知识而布置的,实际上也是对学生身体和心理的惩罚,这种过重的作业量显然就属于一种变相的体罚。因此学校应当对学生张某的死亡承担一定的责任。

经典案例28

罚学生喝尿

据《中国教育报》报道,某小学三年级的班主任李某给自己所教的班立下班规,凡迟到20分钟以上或违反课堂纪律者,罚喝半墨水瓶盖尿水。1月3日到5日,有13人次的学生被李某罚喝了自己的尿水。李某同时不许任何人走漏风声,威胁学生说,谁要说出去还要重罚。

 事故分析

以上是典型的体罚或变相体罚学生的案例。体罚行为直接侵犯了学生的人格权,对学生的身体和心理造成伤害,是包括《民法通则》《教育法》《教师法》《未成年人保护法》等法律所禁止的行为。

教师实施体罚行为,根据其不同的情节,分别构成了以下几种不同的法律责任:

◎对于情节轻微者,由学校对相关的教师进行批评教育或进行行政处分。

◎对体罚学生的行为构成犯罪的，要依法追究责任人的刑事责任。在体罚现象中，教师容易触犯的罪名是过失致人重伤罪、过失致人死亡罪和侮辱罪。

◎体罚学生，造成学生人身损害的，承担赔偿责任。

在以上三种责任中，行政责任和刑事责任都由教师本人承担，但民事责任则由学校承担，因为体罚是典型的学校工作人员职务侵权行为。

律师建议

学校的教育是否可以离开惩戒？答案是否定的。在学校的教育教学当中，不可避免地会出现学生违纪的情况，对于这种情况，学校的管理者和教师自然不会无动于衷。就如同给树木修剪枝条一样，经过修剪的树木茁壮成长，而不经修剪的会长歪、长斜、果实不茂，甚至倾倒。没有惩戒，学校就难以保障正常的课堂秩序，没有惩戒，就难以矫正部分学生的恶习。孙云晓就曾指出："没有惩罚的教育是不完整的教育，没有惩罚的教育是一种虚弱的教育、脆弱的教育、不负责的教育。"未成年的学生正处在身心的发展过程中，此时，他们对是与非、对与错常常没有正确的理解，而且自制能力也较差，所以此时教师有责任对学生的不良行为进行批评和惩戒。这也会使学生明白，遵守规则是一个人在社会生存的必备品质。

但经常令教师困惑的是体罚与合理惩戒的区别。我国传统的教育以严格著称，可谓严师出高徒。所以许多不合法的体罚方式也常常出现在我们的日常教学当中。教师惩戒权是教师依法对学生的不合范行为施予否定性的制裁，避免其再次发生，以促进其合范行为的产生和巩固的一种教育权力。而体罚属于一种造成学生肉体和精神痛苦的侵权行为。其区别的关键在于对学生处罚的内容、方式、数量的不同，即惩戒一定以合法的手段进行。但在我国，目前还没有专门的立法和规章对教师惩戒权的行使加以必要的规范，这使得教师在实践中往往瞻前顾后，如履薄冰。在理论界，普遍认为以下一些惩戒方式是合法和可行的：

◎语言责备：其主要针对有轻微违纪行为的学生行使。

◎书面检查：责令违纪的学生写下书面的检查，对自己的错误进行反省。另外还可以根据具体情况责令其在一定范围内当众检查。

◎点名批评：可以在班中或全校对违纪的学生点名进行批评。

◎剥夺特权：可以对违纪的学生采取剥夺一些与受教育权无关的特权，如参加课外小组、公益活动等。

◎增加作业：对贪玩并不认真写作业或者成绩差的学生可以增加其作业量，但增加量不宜过大，应给其留出必要的休息、娱乐时间。

◎隔离措施：责令学生坐到教室的特定位置，以防止其扰乱其他学生，或者由教育处或班主任将严重扰乱课堂秩序的学生带离教室，单独教育。这并没有侵害学生的受教育权，因为单独教育也是一种教育方式，而且还可以保证其他学生受教育权不被侵害，但实施过程中注意时间一般不宜过长，也千万不要简单地将学生赶出教室了事。

◎留置学校：对有严重违纪情节，不及时进行教育会产生负面作用的学生，班主任或学校可以将学生在放学后留置在学校进行教育，但时间不宜过长，以不影响学生的正常生活为限，教师应当保证被留置学生的安全，必要时要通知家长，告之其子女被留置的事实。

◎没收：对于学生违反规定带到学校的物品，如刀具、游戏机、非法读物等，教师应当没收，对于没收的物品，教师可以采取放学时归还学生、转交家长或必要时上交公安机关。

◎赔偿损失：对于损坏学校或其他学生物品的学生，要责令其根据实际价值进行赔偿。

◎处分：对于违纪的学生可以处以警告、严重警告、记过、留校察看或开除等处分，但对于尚处在义务教育阶段的学生不宜采用留校察看或开除等处分。

◎移送工读学校：对于符合移送条件的学生，学校可以申请将其移送工读学校。

◎其他惩戒方式：除此之外，教师还可以采取其他适当的方式对违纪学生进行教育，但一定要保证学生的身体健康不受侵害、生命安全不受侵害、名誉权和隐私权等合法权益不受侵害。否则，就会转化为体罚或其他不当的教育行为。

另外，教师的惩戒在合法的基础上应尽量做到合情、合理，以达到对学生的教育效果，例如惩戒应当适时、适度、适量；尊重学生的权利；注意学生间的个体差异；惩戒应合理公正；惩戒时要保证学生的申诉权利等。

法律一点通

教师对学生只有惩戒权，没有体罚权。体罚和变相体罚是一种侵犯学生合法权益的违法行为。

经典案例29

教师演示实验造成的学生伤害

5月，某中学学生周某在上化学课时坐在讲台前的第一排，当化学教师做演示实验时，不慎将硫酸洒在周某的桌上，造成周某手臂严重烧伤。共花去医药费5000余元，因周某曾经参加过由学校统一组织参保的学生团体平安保险，所以在学校的协助下，周某得到了保险公司给付的保险金。事后，周某又向学校提出赔偿要求，学校认为保险公司已经对周某进行了赔付，周某的损失已经得到了弥补，所以拒绝了周某的要求。双方诉至法院后，法官认为，在人身保险合同中，保险人给付保险金，不影响被保险人对有损害赔偿责任的第三人的求偿权。所以判决学校给付周某医药费5000余元。

事故分析

周某的伤害是由教师在演示实验时的不慎造成的，由于教师的行为是职务行为，所以应当由学校直接承担责任。但问题是学生周某在获得了保险公司给付的保险赔偿金之后，是否还有权继续要求学校赔偿，也就是说，学校的赔偿责任是否因保险公司的给付保险金行为而免除。答案是否定的，原告所投的学生平安保险，是一种人身保险，与财产保险不同。《中华人民共和国财产保险合同条例》第19条规定："保险标的发生保险责任范围内的损失，应当由第三者负责赔偿的，投保方应当向第三者要求赔偿。如果投保方向保险方提出赔偿要求时，保险方可以按照保险合同的规定，先予赔偿。但投保方必须将向第三者追偿的权利转让给保险方，并协助保险方向第三者追偿。"但人身保险不适用此规定，不发生赔偿请求权转移的问题，投保方既然投保人身保险，就有权请求保险人按照保险金额的范围及合同规定支付保险金。同时有权要求致害人承担赔偿责任。2002年新修订的《保险法》第68条规定："人身保险的被保险人因第三人的行为而发生死亡、伤残或者疾病等保险事故的，保险人向被保险人或者受益人给付保险金后，不得享有向第三者追偿的权利。但被保险人或者受益人仍有权向第三者请求赔偿。"因此，周某在得到保险金后依然有权继续向学校索赔。

律师建议

《学生伤害事故处理条例》第31条规定："学校有条件的，应当依据保险法的有关规定，参加学校责任保险。教育行政部门可以根据实际情况，鼓励中小学参加学校责任保险。提倡学生自愿参加意外伤害保险。在尊重学生意愿的前提下，学校可以为学生参加意外伤害保险创造便利条件，但不得从中收取任何费用。"

学校责任保险是指以学校依法应当对第三人承担的赔偿责任为保险标的，向保险公司支付保险费，保险公司承诺在学校向第三人负赔偿责任时，按照保险合同的约定向学校给付保险赔偿金的保险。这种保险对于学校化解学生伤害事故的赔偿风险具有明显的益处。但在目前，虽然《学生伤害事故处理办法》已经规定了这种保险，但全国各地的保险公司还没有广泛地推广学校责任保险。另外，学校参加责任保险的资金如何筹集等，都还没有明确的规定。因此，学校责任保险目前基本上还处于有名无实的地位。

除此之外，保险公司还针对学校的学生开办了一些险种。例如学生团体平安保险，它是由学校为学生向保险公司集体投保，保险费由学校代替保险公司向学生收取，保险期限一般为一年。在一年的时间内，如果参加保险的学生发生因爆炸、碰撞、触电、烫伤、烧伤、中毒、淹溺、窒息、交通事故、人兽袭击等一切意外事故而造成伤亡的，保险公司将根据伤残程度等有关情况，给付相应的保险金。另外，学生家长也可以自己到当地保险公司为自己的孩子选购"学生幼儿平安保险"，简称"学平险"。但对于学校来说，无论学生入的是学生团体平安保险，还是学生幼儿平安保险，在保险公司向发生了保险事故的学生支付了保险金后，学校并不能因此免除自己的赔偿责任。也就是说，即使学校的学生参加了学生团体平安保险或者学生幼儿平安保险，也在事故之后得到了保险公司的赔付，该伤亡的学生和家长依然可以追究学校的赔偿责任，要求学校承担相应的经济赔偿责任。但学生的这种保险应当说还是对学校有益的，因为大部分伤亡学生的家长在得到保险公司的足额赔付之后，就放弃了追究学校的责任的权利。

鉴于以上情况，目前很多专家学者都在呼吁，尽快地为学校开办学校责任保险，并由政府或学校举办人在保险费用上予以支持。但我们同时也应当注意到，学校责任险只能化解学校的风险，如果学生自己不加入学生平安保险，只是学校加入了学校责任险，学生依然有可能发生伤亡后得不到保险赔偿。所以，学校还是应当鼓励学生参加学生平安保险。

 法律一点通

因学校过错导致伤害的学生依照学生平安保险得到保险公司的赔偿后，依然可以继续向学校进行索赔。学校化解责任风险的最佳方式是加入学校责任险。

新闻链接

根据《中国教育报》报道，从2005年春季开学开始，海南省各市县中小学及各大中专院校将陆续推行"校方责任险"。学生在校发生意外事故，学校应尽的赔偿责任将全部由保险公司负责。

经典案例 30

学生违规操作被烧伤

6月,某中学初三的学生正在做化学实验。教师首先进行讲解和示范,并交代了注意事项。然后学生分别在两个实验室操作,教师做巡回指导。学生张某用火柴在邻座扈某的酒精灯上借火,火柴点燃后又熄灭。张某为了省事,直接用自己的酒精灯去扈某的酒精灯上借火(这是被教师事先禁止的危险行为)。由于酒精灯中的酒精外溢,引起着火,火焰迅速在扈某身上燃烧,闻讯赶来的教师立即用湿手巾盖住扈某的脸,然后迅速将扈某送往医院。经医生诊断,扈某脸部二度烧伤面积达7%,右手臂严重烧伤,需要植皮。在经过两个多星期的治疗后,扈某的伤势才得到了控制。事后,扈某家长要求学校赔偿医疗费、整容费、精神损失费和家长的误工费共计20万元;另外,家长还提出,因为孩子受伤不能参加高中升学考试,要求学校保证孩子能够在重点中学就读。在当地有关部门的调解下,扈某的家长、张某的家长和学校达成了赔偿协议:由张某的家长一次性赔偿6000元;由校方保证扈某直升本校,并帮助落实进市重点中学就读,由校方一次性支付14000元予以补偿。

事故分析

在这起事故中,学生张某和学校都负有一定的责任。

◎张某不按照老师的布置进行实验,而违规进行操作,导致酒精外溢烧伤同学,所以过错是明显的。

◎学校在实验过程中也存在一定的问题,一名教师在两间实验室巡回指导,不可能对学生进行必要的监督和检查,而此时学生正在进行的是具有一定危险性的实验操作。如果学生的操作发生一定的问题,教师就很有可能不会马上发现和制止。

因此,学校应当和张某的家长一起按照各自过错的大小来承担相应的责任。

另外在本案的处理中,当事人三方并没有诉至法院,而是在当地有关组织的调解下以协议的形式进行解决的,这样的解决方法应当说比诉讼程序更简单、经济、便捷,而且协议的条款也容易落实。在达成协议后,如果承担义务一方不按照协议的要求及时履行自己义务的话,对方还可以到法院请求强制执行。所以,这种协议也是具有法律效力的,任何一方没有正当的理由,是不能变更协议的。《学生伤害事故处理办法》对此作了如下的规定:

"第十八条　发生学生伤害事故，学校与受伤害学生或者学生家长可以通过协商方式解决；双方自愿，可以书面请求主管教育行政部门进行调解。成年学生或者未成年学生的监护人也可以依法直接提起诉讼。

"第十九条　教育行政部门收到调解申请，认为必要的，可以指定专门人员进行调解，并应当在受理申请之日起60日内完成调解。

"第二十条　经教育行政部门调解，双方就事故处理达成一致意见的，应当在调解人员的见证下签订调解协议，结束调解；在调解期限内，双方不能达成一致意见，或者调解过程中一方提起诉讼，人民法院已经受理的，应当终止调解。调解结束或者终止，教育行政部门应当书面通知当事人。

"第二十一条　对经调解达成的协议，一方当事人不履行或者反悔的，双方可以依法提起诉讼。"

其中，申请教育行政部门的调解是自愿的，当事人也可以自行协商或者聘请其他的个人或组织进行调解。

 **律师建议**

学生在校就读期间，实验课是其一项重要的学习内容。但不可否认的是，同其他教学形式相比较，实验课也是具有一定危险性的。例如物理实验中经常会接触电源、化学和生物课上经常会接触一些具有危险性的化学药品等。因此，实验课教师和实验室的实验员一定要做好两方面的工作：一是保证实验室的安全，避免发生火灾等事故；另一方面要保证上课学生的人身安全。

在实验课学生伤害的预防上，应注意以下几点：

◎保证教师的素质和数量。因为实验是具有一定专业性的操作，所以学校的实验教师和实验员一定要经过专门的教育或培训，使其能够熟练地进行操作和妥善处理各种突发事件，而且由于实验课的危险性，一般情况下，学校应当保证实验课上有足够的指导教师。

◎实验室应当配备一些常用的急救药品和灭火器材（如灭火器、沙箱等），以保证能够及时处理突发事件。

◎实验教师和实验员一定要具有足够的责任心，提前检查好实验器材和药品，并在每次实验前自己首先要动手做一下，以保证实验的效果和实验的安全。

◎学校要在实验室建立相应的安全制度，对学生进行必要的安全教育，教师也应在每个实验前向学生交代好注意事项。

学校的实验室一旦发生意外事故，应当及时果断地采取适当的措施进行处理，以使损失降低到最小。例如发生触电事故后，应当及时切断电源，对受伤者进行抢救；发生化学性烧伤时，应迅速脱去受伤同学烧伤部位的衣服，清除皮肤上的化学药品，并用水冲，再根据情况用相应的溶剂进行稀释、中和，并在前期处理后立即送医疗部门救治等。

法律一点通

实验课是学生伤害事故多发的课程，所以教师一定要保证实验设备安全、实验操作安全，避免学生伤害事故的发生。

经典案例 31

化学课器皿爆炸致学生受伤

5月11日下午，黄石某高校学生在上化学课时，实验器皿发生爆炸，6名学生的眼睛不同程度受伤，所幸伤情不重。

据了解，11日下午2时20分许，在一堂化学实验课上，老师正在指导学生分小组进行教学实验，就在大家全神贯注地做实验时，化学试验器皿突然发生爆炸，化学试剂和器皿的玻璃碎片四处飞溅，围在一旁的6名同学眼睛受伤。

据市二医院眼科医生介绍，当日下午3时左右，6名表情痛苦的学生捂着眼睛，在同学和老师的搀扶下来到医院求诊，值班的眼科医生立即对学生们的伤势进行检查和药物清洗。医生表示，6名同学的眼睛分别被药剂灼伤和玻璃碎片划伤，所幸伤情不重，休息数日后即可恢复正常。

事故分析

在学校伤害事故当中，实验课事故是非常常见的一种类型。对于实验课，需要做好以下一些事故的预防工作。

（一）火灾处理

实验室里存放着各种化学药品和实验用仪器和设备，如果存放、操作或使用不当，都可能造成火灾事故。

1. 预防措施

（1）易燃物和强氧化剂分开放置。

（2）进行加热和燃烧实验时，要求严格遵守操作规程。

（3）使用易挥发的可燃物质，实验装置要严密不漏气，严禁在燃烧的火焰附近转移或添加易燃溶剂。

（4）使用酒精喷灯前应先检查盛酒精的筒有无外漏，蒸汽出口处有无局部阻塞。

（5）易挥发的可燃性废液只能倒入水槽中，并立即用水冲去；可燃废物如浸过可燃性液体的滤纸、棉花等，不得倒入废物箱内，并及时在露天烧去。不得把燃着的或带有火种性质的东西投入废物箱内。

（6）实验室内严禁吸烟。

（7）实验室内经常备有沙桶、灭火器等防火器材。

（8）实验结束离开实验室前应仔细检查酒精灯是否熄灭，电源是否关闭。

2. 一旦发生火灾，应采取以下措施

（1）迅速移走一切可燃物，切断电源，关闭通风器，防止火势蔓延。

（2）迅速组织疏散转移学生，学生人身安全第一。

（3）视火情大小积极组织灭火，并报告学校或打火警电话119。

（4）如果是酒精等有机溶剂泼洒在桌面上起火，用湿抹布、沙子盖灭，或用灭火器扑灭。如果衣服着火，立即用湿布蒙盖，使之与空气隔绝而熄火。衣服的燃烧面积较大时，可躺在地上打滚，使火焰不致向上烧着头部，同时也可使火熄灭。

（二）中毒处理

在实验室内造成中毒一般多是由于吸入有毒气体、误吞毒物等造成的。发生中毒现象应从以下方面采取措施。

（1）吸入氯气、溴蒸气、硫化氢等有毒气体时，会引起头晕、乏力、呼吸迟缓等，应立即离开实验室，转移到空气新鲜的地方。同时，可以闻由等体积酒精和10%氨水的混合液的蒸汽来解毒。

（2）误吞毒物，常用的方法是给中毒者先服用催吐剂，如肥皂水、芥末和水，或给以面粉和水、鸡蛋白、牛奶和食用油等缓和刺激，用手指伸入喉部引起呕吐。

（3）有毒物质落在皮肤上，要立即用棉花或纱布擦掉，除白磷烧伤外，其余的均可以用大量水冲洗。如果皮肤已有破伤或毒物落入眼睛内，经水冲洗后，要立即送医院治疗。

（三）触电处理

（1）迅速切断电源，如果不能切断电源，要用木棍挑开电线或戴上绝缘手套，使触电者脱离电源。

（2）把触电者迅速转移到适当的地方，解开衣服，使其全身舒展。必要时，采用人工呼吸等急救措施。如果情况严重，可选择送医院或拨打 120 呼救。

（四）烧伤处理

烧伤是由灼热的液体、固体或气体、化学物质或电热等引起的损伤。

一旦发生烧伤，应根据烧伤的深度采取相应的措施，如果烧伤比较轻微，应用冷水或盐水清洗表面，并用 1∶1000 "新洁而灭"消毒，保护创面不受感染，如有水泡不要挑破，用纱布包好，请医生治疗。如果烧伤比较严重，烧伤涉及肌肉骨骼，创面呈灰白色或焦黄色，无水泡，不痛，感觉消失，在送医院前要注意防止感染和休克，可用消毒纱布轻轻包扎好，给伤者保暖，并及时送医院治疗。

（五）其他事故处理

（1）被强酸腐蚀：立即用大量水冲洗，再用碳酸钠或碳酸氢钠溶液冲洗。

（2）强碱腐蚀：立即用大量水冲洗，再用醋酸溶液或硼酸溶液冲洗。

（3）磷灼伤：用硝酸银溶液或硫酸铜溶液或高锰酸钾溶液洗伤处，再行包扎。切勿用水冲洗。

（4）碳酸腐蚀：用大量水冲洗，再用 4 体积酒精（10%）和 1 体积三氯化铁的混合液冲洗。

第三十三章

学校设施安全

卷五 学校安全事故案例解析

学校是众多学生聚集、活动与学习的重要场所，而学生的安全维护更是一项重要的公共责任，所以学校设施的安全与否，直接关系学生生命的安危，间接影响学校秩序的维持。学校内的一些硬件设施，若没有做好安全防护及检查，很容易造成伤害事件。因此，学校各种设施的规划设计、施工质量、保养维护，就成为安全管理相当重要的课题。

经典案例1

晚自习后的踩踏事故

9月，内蒙古某中学校长樊某主持召开学校的行政办公会议，会议决定从9月23日开始，每天下午放学后，从18时15分至18时55分再补一节课。补课前，该校一名教师向樊某提出，教学楼楼道照明灯已损坏，但没有引起樊某的重视。9月23日补课结束后，学生着急回家，由于没有照明灯，在底楼楼梯处，近百名学生发生拥挤，有的被挤倒并形成堆积，楼梯护栏被挤倒翻向外侧，部分学生从护栏处摔下，致使21名学生死亡，47名学生受伤。

法院经审理认定：被告人樊某身为校长，负责学校的全面工作，在得知教学楼楼道照明灯损坏的情况下，没有及时安排检查、维修，在学生放学时没有进行必要的疏导，对学生伤亡负有直接责任。法院以教育设施重大安全事故罪判决校长樊某有期徒刑三年，总务处主任戈某被判有期徒刑三年、缓刑三年。

事故分析

根据我国《刑法》第138条规定，教育设施重大事故罪是指明知校舍或者教育教学设施有危险，而不采取措施或不及时报告，致使发生重大伤亡事故，危害公共安全的行为。构成该罪，需具备以下的条件：

◎该罪的主体是对校舍或教育教学的设施安全负有直接责任的人员。包括学校的校长、主管副校长、分管后勤的领导和职工、有关的教师及政府主管部门的有关人员。

◎要求客观上因为不采取措施或者不及时报告致使发生重大伤亡事故。

◎要求行为人主观上具有过失，即明知校舍或教育教学设施有危险，但因为自己疏忽大意或者过于自信的心理而导致重大伤亡事故。

在本案中，校长樊某在有教师向其提醒教学楼的照明灯已经损坏的情况下，没有及时地进行检查维修，也没有安排值班人员在学生放学时进行疏导，以致发生了重大的伤亡事故，构成了《刑法》所规定的教育设施重大安全事故罪。按照《刑法》第 138 条规定，因发生重大事故犯本罪的，处 3 年以下有期徒刑或者拘役；后果特别严重的，处 3 年以上 7 年以下有期徒刑。其中"重大事故"是指 1 人死亡或 3 人以上重伤，但法律和司法解释都没有具体规定"后果特别严重"的具体指标，一般认为是群死、群伤的事故。

律师建议

学校存在安全方面的隐患而引发的学生伤害事件可以说是层出不穷，本案只是其中一个具有代表性的案例。其实这些事故并非不能避免，只要相关的领导和责任人加以留心，确实认真负责地履行自己的职责，有很多的安全隐患可以消灭在萌芽阶段。

◎学校可以建立设施检查维修的责任制度，总务处及有关处室的人员应当定期或不定期地对学校的各项设施进行常规的检查，发现隐患后应当在最短的时间内加以维修、解决；

◎建立教师、班级、各处室的安全隐患报告制度，每隔一段时间，就要由教师、班级和各处室将自己班级、办公室、公用设施等处的安全隐患报到学校，由学校安排专人及时加以落实解决；

◎学校的校舍、通道等设施在设计施工时就应当考虑到学生的规模和容纳能力；

◎学校应当注意通道或楼道的路面是否平整、电灯是否正常，并尽可能不要在这些地点设置障碍物，以免因此发生拥挤；

◎学校应当保障教学楼、宿舍楼出口、楼道的畅通，保证在人员拥挤或发生紧急情况时的顺利通行；

◎在一些特殊的时间段，学校可以安排教师值班，以维持纪律，避免学生因为缺乏管理而造成混乱。

法律一点通

明知校舍或者教育教学设施有危险，而不采取措施或不及时报告，致使发生重大伤亡事故，危害公共安全的行为会构成教育设施重大事故罪。

经典案例 2

学校楼梯栏杆过低导致的学生伤害

据《中国教育报》报道，在元月 3 日上午课间，某中学 14 周岁的李某自学校教学楼楼梯栏杆的上半部分摔至楼下,当即被送往医院入院治疗,花去医疗费5602.20元。住院期间,学校主动支付2220元医疗费。经勘验,该教学楼楼梯栏杆高度上半部顶端为96厘米,中间为86厘米,底端为94厘米。没有达到《中华人民共和国国家标准住宅设计规范》低层不应低于1.05米的高度。在与学校协商未果的情况下,李某将学校告上法庭,要求学校赔偿44822元。法院经审理认为,原告和被告对事故的发生都有一定的责任,双方责任以各50%划分较为适当。故被告该中学应赔偿原告李某医疗费5602.20元的一半为2801.10元,护理费70元,住院期间伙食补助费35元,营养费(住院期间每天按10元计算)70元。由于原告摔伤构成轻伤,且已致残,耽误原告上学,给原告造成较重的精神痛苦,故原告李某要求被告学校赔偿3000元精神损失费的请求,予以支持。由于原告致残,被告亦应赔偿原告残疾生活补助费14925元。以上合计,被告学校应赔偿原告20901.10元,扣除已支付给原告的2220元,应再赔偿原告李某18681.10元。

事故分析

在本案中法院判决认为双方均存在一定的过错。

◎由于原告未提供出具体摔倒的原因证明,且原告本人已满14岁,系限制民事行为能力人,不能排除由于自身的原因而被摔伤,故原告本人及其监护人应自己承担一定的责任。

◎由于被告教学楼的楼梯栏杆高度未能达到国家标准,原告小李的身高超出栏杆高度70厘米以上,故该中学应当承担相应的教学设施不完善的责任。

◎根据《学生伤害事故处理办法》第9条第1款规定,在因为学校的校舍、场地、其他公共设施,以及学校提供给学生使用的学具、教育教学和生活设施、设备不符合国家规定的标准,或者有明显不安全因素的情况下造成的学生伤害,学校应当依法承担相应的责任。

基于上述原因,法院认为原、被告双方均有一定责任,应当共同承担损失。

经典案例3

教室挂衣钩伤人案

某小学为了方便学生悬挂衣物,在教室后墙上安装了许多铁钩。5月8日,该校8岁的一年级学生吴某与同学在教室玩耍追逐时,不慎撞到教室的后墙上,一个铁钩扎入他的左眼,造成左眼球破裂,老师立即将其送往医院,但因伤势过重，最终摘除左眼球，后经有关部门鉴定为五级伤残。

吴某及其父母遂将学校告上法庭，他们认为学校作为专业的教育机构，其相关的设施应当符合安全的标准，而吴某就读的学校在教室后墙103厘米的高度安装的50个铁钩，位置正好与小学生眼睛部位等高，明显属于安全隐患，所以学校应当承担全部责任。而学校则认为学校在学生进校时进行过安全教育，且吴某是与同学嬉闹时才产生的事故，其本身有过错，学校不应承担全部的法律责任。法院经过审理判决学校应当承担过错责任，由学校赔偿吴某医疗费8000元、残疾生活补助费144000元、律师代理费3000元和精神损失费10万元等各类损失共计274427.74元。

 事故分析

法院在判决中认为，8岁的吴某系无民事行为能力人，好动是小学生的特点，其无法也不可能预见自己与他人嬉闹行为所带来的后果。学校作为专业教育机构，应当确保教育教学和生活设施符合安全标准。由于学校疏忽了小学生的生理特点，未能谨慎注意到其安装的铁钩与小学生的身高体征相近，具有不合理的安全隐患，所以学校对于吴某的伤残，应当承担过错责任。

 律师建议

在学生伤害事故中，因为学校的建筑、场地、设施等存在不安全因素占相当大的比例。学校公用设施导致的学生伤害事故频发，主要有以下几方面的原因：

◎学校缺乏资金对校舍等进行维修；

◎学校的设施在设计当中就没有达到国家规定的有关标准；

◎学校对于安全工作疏忽大意，没有及时发现学校设施中存在的隐患；

◎玩忽职守，明知学校的设施有可能会发生学生伤害的事故，但因为轻信不会发生而没有加以预防。

因此，学校要对安全工作有足够的重视，建立起"安全无小事"的观念。针对自己学校中存在的具体问题，拿出相应的解决方案。

另外根据有关资料介绍，台湾的中小学校经常会邀请一些学生家长或校外人员到学校来帮助学校排查安全隐患，其原因主要是因为学校自身的工作人员有可能会产生一种"习惯性错觉"，即对于自己经常见到的一切事物习以为常，容易导致一些潜在的安全隐患不容易被发现，而校外的人员则不容易发生这种情况。

法律一点通

学校应当对因为自己设施存在不安全因素导致的学生伤害事故承担责任,所以学校对自己的安全隐患一定要及时排查、及时解决。

冰锥坠落伤人案

在一场大雪之后,某小学教学楼上落了厚厚的积雪,并在楼顶的边缘形成了一个个的"冰锥"。该学校五年级的学生李某在下课后走出教学楼时,被因融化而坠落的一个"冰锥"击中头部,当场昏迷不醒。学校立即将其送往医院救治,经过两天的治疗之后,李某脱离了生命危险。在与学校协商未果的情况下,李某及其家长一纸诉状将学校推上法庭,要求学校赔偿各种损失共计12万元。而学校则辩称学校教学楼的楼顶形成冰锥并落下是一种自然形成的现象,属于不可抗力,所以学校应当免责。法院经过审理,认为学校没有尽到相应的注意义务,根据《民法通则》第126条规定,判决学校承担李某受伤的各种损失共计10万元。

 事故分析

根据《民法通则》第126条规定,建筑物及其他设施以及建筑物上的搁置物、悬挂物发生倒塌、脱落、坠落造成他人损害的,它的所有人或管理人应当承担民事责任,但能够证明自己没有过错的除外。这就是说,只要发生了建筑物上的物品坠落致人伤害,建筑物的所有人或管理人就要承担责任,除非其能够证明物品脱落是由于第三人的过错或者不可抗力等因素造成的,才能免责。这叫作"举证责任倒置",即在一般的侵权案件中,受害人需要证明对方具有过错才能要求对方承担责任,而在举证责任倒置的情况下,不需要受害人提供对方有过错的证据,提供证据的责任转移到了对方。

具体到本案中,学校只有在证明冰锥的落下是第三人的原因造成的,或受害人自己故意造成的,或是不可抗力引起的,才能免责。否则,学校就要承担举证不利的后果。但冰锥落下并不属于不可抗力,因为不可抗力在法律上是指不能预见、不能避免并不能克服的客观情况,而冰锥落下会伤人是一般人可以预见的,学校也是可以在发现楼顶形成冰锥后及时处理的,所以,冰锥的落下是可以预见、可以避免并克服的,因此不属于不可抗力。根据上述原因,学校应当承担责任。

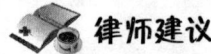

 律师建议

建筑物上的物品脱落伤人的事件在学校并不少见。笔者收集的案例中,有楼房上的墙砖脱落伤人的,有电扇脱落伤人的,有日光灯管脱落伤人的,还有窗户上的玻璃脱落伤人的,所以,学校对这些部位应当重点排查,树立安全第一的思想,切不能存在麻痹、大意和侥幸的思想,发现问题以后及时解决,尽最大努力保证不出现安全隐患或者将安全隐患控制在萌芽阶段。

 **法律一点通**

学校校内建筑物上的悬挂物坠落伤人时,不用受害人证明,法律便会推定学校具有过错。

经典案例5

学生课间嬉戏受伤

2月22日下午第一节课课间,就读于常熟市某学校的六年级学生冯某在教室门前的通道内玩耍时,被同学杨某猛推了一把,跌倒在通道旁的花坛上。班主任得悉后问冯某摔疼没有,冯某说没事,班主任就未将此事告知冯某家长。冯某放学回家后说身上痛,冯母了解情况后与学校老师一起将其送到医院。2月25日,冯某被诊断为外伤性巨腹、脾破裂,行脾切除术,前后共花去了医疗费1万余元。事故发生后,杨某的家长给付了冯某200元、学校给付了冯某3000元。4月6日,冯某及其父母将学校及杨某一同告上法庭,要求赔偿医疗费等各项损失。

对此,学校辩称自己没有过错,本起事故是杨某的侵权行为所致,校方已尽到相应义务,不应承担赔偿责任。被告杨某则辩称,原告受伤是学校未尽到监护责任所致,学校应承担主要责任,原告自己也应承担相应的责任。

审理中,根据原告申请,法院委托苏州大学司法鉴定所对原告的伤残进行了鉴定,结论是,冯某腹部损伤属人体八级伤残。

法院查明,该学校六年级、七年级共两个班,被安置在学校前面教师办公室的平房内,该教室前距离学校围墙有4.8米左右,系学生的活动场所和通道,沿围墙边原有一个80厘米左右宽的花坛。事故发生后,校方已将该花坛拆除,用水泥浇平。

法院认为,学校应考虑到学生易嬉闹的特性,为学生提供安全无隐患的休息活动场所。本案中，校方为六、七年级学生安排的活动场所并不宽敞，又铺设花坛缩小了空间，是造成原告跌倒受伤的原因之一，被告学校未能对学生尽到善良管理人的注意义务，应承担50%的赔偿责任。被告杨某与原告嬉闹致原告受伤，双方各有责任，被告应承担30%的赔偿责任，其余责任由原告自负。据此，按照最高人民法院《关于审理人身损害赔偿案件适用法律若干问题的解释》所规定的赔偿范围、项目和标准，原告的损失共计58775.31元，法院依法判决由被告学校赔偿29387.65元，被告父母赔偿原告17632.6元。

事故分析

最高人民法院《关于审理人身损害赔偿案件适用法律若干问题的解释》第7条规定："对未成年人依法负有教育、管理、保护义务的学校、幼儿园或者其他教育机构，未尽职责范围内的相关义务致使未成年人遭受人身损害，或未成年人致他人人身损害的，应当承担与其过错相应的赔偿责任。"

2002年6月25日教育部颁布的《学生伤害事故处理办法》第9条第1款规定：学校的校舍、场地、其他公共设施，以及学校提供给学生使用的学具、教育教学和生活设施、设备不符合国家规定的标准，或者有明显不安全因素的，学校应当依法承担相应的责任。

在本案中，学校担责的原因就是因为在学生活动场地设置了花坛，增加了安全方面的隐患，很容易使学生跌倒致伤。所以在学校的安全工作当中，很多案件都归因于细微之处的隐患。因此学校应当加大学校安全隐患排查的力度，确实将事故的隐患消灭在萌芽之中。

 经典案例6

学生在厕所被砸致死

11月25日13时55分左右，宾阳县某小学敲响上课预备铃后，8岁的一年级学生潘某跑去上厕所。当大部分学生进教室后，一个学生告诉老师，说是自己从厕所跑回教室途中听到厕所里有砖块掉下的响声，当时还有潘某在厕所里面。

当老师赶到事发现场时发现，男厕前面挡墙入口处上部砖块已掉落，而头部流血的潘某倒在男厕内，身体旁边还有几块砖头。后来，潘某经抢救无效死亡。事故发生后，校方和死者亲属都认为潘某是在厕所里被墙砖砸中死亡，属于意外。学校给予死者亲属600元丧葬费、1500元死亡补偿费，并到保险公司办理理赔金5000元交给原告。然而，死者亲属认为，学校还应承担相应的赔偿责任，遂诉至法院。

法院经审理认为，潘某出事的厕所是师生唯一使用的厕所，应认定为该校附属设施，因此学校对该厕所负有管理维护义务。依照《中华人民共和国民法通则》相关规定，因学校没有证据证明其没有过错，故学校对潘某的死亡负有不可推卸的全部民事责任，判决学校承担全部民事责任，赔偿死者家属死亡赔偿金、丧葬费、误工费共计42774.4元。

事故分析

在本案中，学生潘某死亡的原因是被厕所坠落的砖块砸中，而厕所作为学校的建筑设施之一，学校有保障其安全使用的义务。学生在厕所被砸致死，说明学校在建筑物维护上存在明显过失，所以学校要承担事故的全部责任。

在学校建筑物安全维护中，学校应当注意以下几点。

（一）加强对校内建筑设施安全隐患治理

各级各类学校对存在安全隐患的校舍等建筑，要立即停止使用，并由有相应资质的单位进行质量安全鉴定，根据鉴定结果制订加固方案，限期完成改造。对学校重点部位和设施，要采取多种形式进行安全改造，确保安全达标。对易发生危险的校内水井、水池、楼梯等，要设置警示标志或者采取加盖、加装防护栏等措施。重点加固学校围墙尤其是毗邻公路的学校围墙，改建学校厕所，更新校舍老化电路，完善消防设施设备，增设逃生通道，防患于未然。不得将学校场地出租用于从事易燃、易爆、有毒、有害等危险品的生产、经营活动，不得将校园内场地开放用于停放社会机动车辆。

（二）加强对学校及周边企业安全隐患治理的督促检查

对排查出的学校周边安全隐患，安全监管部门要会同相关部门立即督促企业整改治理，通过下达整改指令、现场监督整改、严格整改验收等措施，确保整改效果。住房城乡建设等部门要加强对建筑工程施工工地安全隐患治理的监督检查，对整改治理中不能保证安全的，要采取暂时停工停产措施；安全隐患严重的，一律责令停产停工，整改不合格，不得复产复工；对非法违规建设项目，要坚决予以取缔。安全监管等部门要加强对生产经营有毒有害物品和危险化学品企业的监督，指导监督企业采取有效措施，防止危及师生安全；不能保证安全的，要限期搬迁。各类隐患的排查治理、整改验收等工作，要充分听取当地教育部门和附近学校的意见，当地教育部门要积极参与相关工作。

（三）有关生产经营单位要加大隐患治理力度

学校及周边各类生产经营单位，要切实履行安全生产主体责任，按照保障在校师生安全的要求，提高隐患治理标准，强化作业现场安全管理，落实有效安全防范措施。开展工程建设等活动，应事先向附近学校通报，并告知有关安全防范知识。要主动根据学校师生活动范围等实际，合理设置警示标志、绕行指示标志等，引导师生避让危险。有关企业在附近学校师生上下班（课）、举办活动等时段，以及建筑施工活动不能保证学生（幼儿）在校期间安全的，要停止有关生产活动。学校也要根据建筑工程的安全情况，采取暂时调整课时等必要的防范措施。

经典案例7

克拉玛依火灾①

1994年12月9日，清晨，茫茫白雪飘洒向新疆克拉玛依大地。

片片雪花中，一名叫吴磊的男孩像往常一样背着书包走进市第八小学。他推了推自己教室三（2）班的门，教室的门此时却紧紧地锁着……教他这个班的女体育老师以惊异万分的目光走过来扶着他。当小吴磊低着头说他前一天因为没有按老师的要求穿演出服装，结果不能参加汇报演出时，女老师禁不住猛然紧紧抱着他放声大哭……小吴磊就在这揪心的哭声中，渐渐明白了身边发生了巨大的悲剧。他幼小的心灵从此再也无法忘记——除他之外，全班42名同学，39名已经被烈焰吞噬，另外3名重伤的同学正在医院抢救。在这场震惊海内外的特大火灾中，和吴磊的同学们一起遇难的共有288名中小学生，还有37名教师和干部。

克拉玛依，你怎么能一下子上演这么沉重的悲剧，如何忍受得住这么深痛的哀伤！在这来自四面八方的恸哭声中，这入冬以来的第一场雪，将它那洁白的雪花默默地从苍天飘落，把大地覆盖……

如果时光能够倒流，但愿没有12月8日这一天。可是无情的时光却偏偏流逝到这一天的下午6时10分，克拉玛依友谊馆的舞台上几块被烤燃的纱幕布条，忽然落在796名师生和干部面前！这里云集的可是全市7所中学、8所小学精心挑选的15个规范班的优秀师生啊。

刹那间，大幕起火，火势蔓延，灯光熄灭，烈焰毒烟突然绝情地扑向那些天

---

① 此文原题目为《克拉玛依将铭记》，本书在案例编选的过程中，为了保持原文所具有的震撼力，对该文未作删改，特此说明，并向作者致谢。

真可爱的中小学生，扑向那些清贫辛勤的园丁！

　　第八中学的音乐老师张艳，先从烟雾中冲出来给姐姐张荣打了电话："姐，友谊馆着火了，快来帮我救学生！"她丢下电话又端起一盆水冲进火场。从此，她再也没有出来。就在这一天，29岁的张艳还请姐姐给她梳了辫子，姐姐看着她离开了家门。

　　黄文华是测井公司第二小学的校长，她的18名学生正准备登台演第二个节目时，烟火骤起。她急忙和音乐老师带着学生跑向侧厅，可是火也蹿到了头顶。黄校长看见出口处的木门开始着火，门口跌倒堆积的学生太多，她拼命把学生往外拖，往外抱。

　　阿米娜是第二中学初三班的班主任，她已冲出剧场，回头看见还有许多学生在里面叫喊，又转身冲进火场……她没有能够出来。

　　第六小学校长王愫岩眼看大火突起，马上抱起两名学生就冲出来。她一看馆内烟火翻腾，急得哭出声来："我的孩子们还在里面呀，我的学生们呀……"王校长哭喊着迎着浓烟冲了进去，又抱出两名学生。当她含泪吸了口气又冲进去后，人们再也看不见她的身影了。

　　第八小学三（2）班的孟翠芬老师已经当了23年的班主任了，她连获市优秀班主任和十佳教师称号。两个月前，孟老师已办理了退休手续，由于学校和家长的一再请求才重登讲台。人们在扑灭大火后发现她时，孟老师的头和背已被烧焦——但是，她的两只臂肘下一边护着一名学生，其中一名学生的心脏还在微弱跳动，他还活着！

　　第八小学校长张莉和市一中副校长倪振性，都是几次把学生推出火海，自己最后被大火烧得面目全非。然而他们的遗体都是张开双臂，还像母鸡护着小鸡一样，在墙边围护着几位死去的学生。真是桃李同悲，师生生死与共！人们后来发现许多老师和大人的遗体，不是张开双手拉学生，就是扑在学生身上……

　　老师们在危难时刻，分明是在全力奉献出自己的身心，吐丝求尽啊！市第七中学的政教主任周健老师，在大火袭来时，正用力撑着往下落的卷帘门。活着的学生曾看见他一只手三次用力往外推出学生，最后倒了下去……不久前他刚领了结婚证，新婚妻子和他商定元旦举行婚礼。亲属最后找到他时，是从领带夹上认出来的。

　　人们还看见身材高大的女老师李月霞当时正用有力的肩膀使劲撑着铁门，拼命喊着，让学生们一个一个逃出去。后来，她因窒息倒在大门旁边……

　　友谊馆外照相点工作人员袁金芳目睹了这样一位永远也忘怀不了的中年女老师：她戴着眼镜，瘦弱的身影好几次冲进火场救出十几名学生，直到再也无法靠近猛烈的火焰时,这位老师才一下子身体一软靠到墙上,她大喊了一声:"我的孩子还没出来!"接着就昏倒在地。她就是第一小学的大队辅导员李平老师,起火时她的孩子离她只有几步远,她一下子抱起两名学生冲出大门。当她又一次抱起学生冲出大门的时候,铝帘门突然滑落下来将她卡在门下。她当即用手死死顶住大门,接着门外的人用力拉,她的孩子在里面使劲推,才把她救出。李老师当时亲耳听见自己的孩子被隔在门里的烟火中喊叫着:"妈妈!妈……"可是她怎么也无法冲进去了,硬是无奈地听着自己心爱的孩子的哭喊声渐渐消失。尽管她当时双手和脸部已被严重烧伤,她还是发疯一样地踢门、砸门……最后在极度的悲痛和伤痛中大喊一声,昏了过去。

第六小学副校长毛明新救出了6名学生,他的孩子最后也被火舌吞没。恩师难忘啊,死里逃生的学生们怀念着心爱的老师。第三小学的媛媛向记者述说:"有一扇窗户开着,就在我旁边,我想爬上去,可窗子太高怎么也够不着。这时一双手把我抱起,我爬上窗户回头一看,是一位上了年纪的老师。"小媛媛一想起那张和自己奶奶一样慈祥的脸,和那双难忘的大手,她就止不住流出晶莹的泪水,"没有那位老师我肯定活不了,也不知她是死还是活……"

9岁的男孩马玉和被从剧场抢救出来送进医院后,醒来睁开眼睛时,伤口剧痛,嗓子干裂得难以说话。他在纸条上歪歪扭扭地写了一句话,请护士送给正在病房门外焦急等候的爸爸妈妈。父母一看儿子小纸条上写的字,忍不住眼泪夺眶而出:"王老师出来没有?也不知她怎么样。"

这次火灾中有40多位老师在场,就有36位遇难殉职,其中有5位是校长。

克拉玛依大火的灾难,却烧不尽许许多多催人泪下的人间真情。

石油管理局生活服务总公司的女工朱华,那天特意请假并借了一台摄像机,为9岁的女儿王悦拍摄舞蹈镜头,准备以后给出差在外地的王悦爸爸看。当她正在会场外排除摄像机卡带故障时,突然看见友谊馆里大火蹿起。她把摄像机交给同事,迎着往外拥的人群发疯一样地往剧场里冲,拼命喊着:"王悦,我的悦悦呀!你在哪儿啊,妈来救你来了……"朱华在烟火滚滚的馆内先拖出两名奄奄一息的学生,又冒着毒烟硬往火海里冲。人们想拦住她:"不能进去,已经晚了!"可是,好一位做母亲的朱华,硬是挣脱开大家的阻拦,一头又冲进烧得发红的馆内……后来,在医院太平间里,母女俩的遗体紧紧挨靠在一起。当出差的丈夫从千里之外回来看见母女俩一大一小两口棺材时,顿时哭得死去活来,一头撞上前去,鲜血染红了脑门和棺材……

还有一名品学兼优的女孩子,几年前父母离婚后,一直与靠卖冰棍为生的母亲相依为命。母亲咬牙不再嫁,下决心要把女儿培养成优秀的人。哪想到爱女没能逃离火海，噩耗传来，母亲字字声声哭喊着女儿，几度昏倒在冰棍箱前。

邮电局职工刘震新正骑着摩托准备到友谊馆对面的商场买东西，得知友谊馆起火，他才猛然想起自己11岁的女儿刘洁也在里面参加演出。他扑上前去，两名浑身烧伤的学生迎面跑过来喊他："叔叔，救救我。"刘震新骑上车一边把两名学生送往医院，一边流泪哭喊着女儿的名字。当他再赶回来时，友谊馆里面已是一片火海，他急得跺着脚哭号："洁洁！爸爸救你来了……"

职工总医院烧伤科主任张树林的女儿13岁，在火场里救出自己的老师后，才坐上三轮车到医院向爸爸报告火情。张主任一看见多处烧伤的女儿，知道好几百名学生在那里演出，顾不上先救女儿，马上向医院方面报告灾情组织抢救。

儿科副主任阿丽娅当时看见一下子抬进来这么多烧伤的学生，心里顿时缩成一团。她清楚地记得孩子早晨上学离家时还问："妈，你能来看我们演出吗？"如今面对身边一大群哭叫的孩子，她抱起来就开始抢救。当亲属跑来告诉她，孩子还没回家时，阿丽娅热泪涌出，说了一句："你们去找找吧，我还要抢救这些孩子……"当亲属再一次低着头慢慢走进来时，她心里不幸的预感终于证实了，泪还没有流出来，就身子一软瘫倒在抢救台前。

普外科护士长马晓晋正准备下班时，友谊馆第一批烧伤学生被送了进来，她一看见顿时愣住了，因为孩子今天说要去友谊馆开什么会。马晓晋来不及多想，马上开始抢救伤员，她对同事们说了一声："你们抢救时，帮我看看有没有我的孩子，有告诉我一声。"然而不幸的事还是出现了，同事真的发现了她的孩子，可是马晓晋的孩子已经永远闭上了眼睛，大家忍着悲伤都不敢告诉她。最终，马晓晋还是在白布下面看见了自己的孩子，当即就倒在地上。当同事们含着泪扶起她时，她眼睛直呆呆地，无力地摇摇头说："别管我，去救别的孩子……"

突如其来的巨大灾难，令克拉玛依人一时难以相信灾难就发生在大家身边，人们哀伤的心相互搀扶着，面对无情的现实。当时在友谊馆附近拉乘客的三轮车夫把受伤的学生抱到车上，拼命地一趟一趟往医院送；周围许多汽车也开过来运送伤员；对面的木红商场立即送来救援用的毛巾、口罩、手电筒。接着，全市娱乐场所关闭；护士们把病房的镜子都用纸糊住，生怕孩子们看见自己烧伤的面容；开照相馆的残疾青年，免费加紧扩放死难师生的遗像；被服厂的工人们呜咽着赶缝了三百套棉被和棉衣、棉裤，她们说："不能让可怜的孩子再冻了……"短短的几天里，通往郊外路上的冰雪被送葬的车队和伤心的脚步融化了。成群结队的爸爸、妈妈们搀扶着白发苍苍的爷爷、奶奶们，到成吉思汗山脚下为他们的心肝宝贝送葬。大片的墓地上，白发人送黑发人，父母亲送继承人，老师埋学生，学生葬老师。正如墓上挽联文：

苍天无眼丧我学子，看油城万民同伤悲

人间多情哀思齐天，望泉下魂灵早安息

克拉玛依的大地上，几日里堆起三百多座新坟，苍茫黄土里，一下子掩埋这么多天使一样纯洁的魂灵。

死难学生的家长为第八小学优秀老师孟翠芬送葬时，对着她的遗像说："老师，是您没有让孩子的面容和身子被火烧，我们感谢您，老师。孩子在学校交给你，我们放心；在地下，孩子跟你走，我还是放心。"家长们送到坟上来的挽联字字饱含激情：

想教育　为教育　赤胆忠心

教学生　爱学生　生死与共

14岁的小于航墓前放着一个生日蛋糕，这是他妈妈特意为12月8日爱子的生日定做的全市最大的一种蛋糕。于航那天说功课太忙，想到周末时请同学们到家里一起享用，没想到他在生日遇难。父母周末在家中把儿子的生日蛋糕和他爱吃的饭菜摆在遗像前，就这样陪着过了一夜。第二天又随儿子的棺材送到坟前，令在场的人们不禁低头垂泪。高子寅同学的母亲在女儿的坟前久久不忍离开，她从女儿的衣服口袋里找到了6元钱，这是女儿准备捐给"希望工程"的。这位53岁的母亲含泪对着爱女的坟发誓：一定要满足女儿的愿望！第三中学初二（3）班的8名学生，生前是非常要好的伙伴。他们的父母们相互请求，将8位曾经相处如兄妹的同学合葬在一处，家长们用红砖紧紧围着8座相依的新坟莹。一名叫刘莹的9岁小姑娘，今年暑假跟爸爸去了北京，在最喜欢的长城边让爸爸拍照留念，下葬时，父母在小刘莹的身边放上了这张女儿心爱的照片。几乎所有孩子的棺材中，都放进去了他们心爱的书包、图书、乐谱、玩具、巧克力……几乎所有孩子的坟前，都摆着香蕉、苹果、香梨、八宝粥、"康师傅"、椰汁、矿泉水……连日里，新坟旁处处青烟，满地纸灰。独生子女的父母们伤心地焚烧孩子们爱看的图书、连环画：《三国演义》《西游记》《十万个为什么》……空气中弥漫着塑料布料焦糊的气味，那是家长们把孩子生前留下的玩具陪葬于火中：冲锋枪、汽车、变形金刚、米老鼠、绒布动物……一块又一块新赶制的木头墓碑上记载着孩子们生前的光荣和骄傲：舞蹈集体奖、钢琴比赛二等奖、电子琴第一名、英语优胜、作文大赛优秀、三好学生……大人们永远感到愧对地上那一个一个相框里的孩子们天真可爱的形象，他们晶莹的眼睛仿佛在问：爸爸妈妈，这是为什么？为什么？！

克拉玛依人强烈地要求，在友谊馆竖立起一座纪念碑，让世世代代诅咒这场万恶的大火，让子子孙孙铭记那永恒的人间真情！

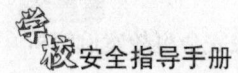

经典案例 8

俄罗斯大学火灾

2003年11月24日，俄罗斯卢蒙巴各族人民友谊大学发生火灾，死亡37人，受伤171人，其中57人伤势严重。在死伤者中，大多是来自中国、越南、孟加拉和一些非洲国家的留学生。据中国驻俄罗斯大使馆发布的信息称，中国留学生死亡9人，失踪4人，伤36人。

俄罗斯人民友谊大学坐落在莫斯科西南部。大学内建有10栋宿舍楼。着火的这栋留学生宿舍楼，称6号楼，为五层，建筑面积约3000平方米。登记住宿学生272人，其中中国留学生88人。最先着火的部位是第二层的203号房间。居住在这个房间的3名女留学生，分别来自中国、越南和尼日利亚。事发时这三名女留学生都不在屋。大火从203号房间蹿出，并沿着楼道楼梯很快扩大蔓延到3～5层，烧毁面积约2000平方米。因为该宿舍只有一个楼梯，耐火等级标准偏低，起火之后，楼板和楼梯走道上铺设的可燃塑胶地毯和楼道内堆放的可燃性杂物迅速燃烧，浓烟和毒气封锁了楼梯走道。初起火时是凌晨2时30分。200多名正在酣睡的留学生，被烟雾呛醒，此时大火已经封门。被困在楼上的学生从各层楼上跳下来，或被摔死或被摔伤，惨不忍睹。

莫斯科消防局据报先后动用了23辆消防车和250名消防队员参加救援活动，在大火燃烧了三个小时之后将火扑灭。数十辆急救车往返向就近医院送被火烧伤的留学生。

按照苏联的防火标准，五层以下的民用居住性建筑是可以不设置火灾自动报警装置和自动灭火装置的。有迹象表明，着火的这栋宿舍楼消防设备是十分简陋的，不仅没有安装现代化的火灾自动报警系统和自动喷水灭火系统，就是连个安全疏散标志灯也没有。该校建设时间较早，电气老化，年久失修，已经数次发生火灾。校方对留学生宿舍的管理极为松弛，夜间连个守夜的值更人也没有。俄罗斯国家消防局发言人称：火灾事故伤忙惨重是因为报警不及时，是因为起火初期没有被及时发现。大火至少发生在消防人员到达前30分钟。校方没有紧急疏散。住在这里的留学生以女学生为多，且都是预科学生，彼此语言互不沟通。一时逃生不及，便葬身于火海之中。

外籍留学生宿舍，国际惯例称外籍留学生公寓。这场火灾表明，此类建筑的防火设计是十分重要的。人家从异国他乡来深造，为的是学成之后，回国效力，成为国家建设的栋梁之才。不料，一场火灾，死于异国，实在使人心痛不已。

 **事故分析**

照理说,超过18岁即为有独立行为能力的成年人,出国留学的男女学生应当具有起码的防火常识。然而,也不尽然。莫斯科这所大学留学生宿舍发生火灾死亡的7人中,其中3名是中国留学生,他们是死于电梯之中的。着火时怎能搭乘普通电梯逃生!据中国驻俄罗斯大使馆称,在此次火灾中伤亡的中国籍留学生中,不少人是在情急之下跳楼伤亡的。在楼宇发生火灾时,除1~2层楼外,破窗跳楼逃生,绝非最佳方案。如果住在3~5层楼的留学生能利用救生绳或用床单结成绳索,自救逃生,也许就不会有那么多人伤亡。日本人从少年时就接受防灾训练,练习滑绳自救。日本人在近年的火灾中,死伤人数有明显下降。

据报载:2001年中国出国留学人数为93973人。2002年和2003年出国留学生数已突破10万人。这场大火显示,88名中国留学生中,除39人安然无恙外,死伤49人。这告诫人们:在今后的出国留学生中,普及防灾教育,补上这堂防灾逃生课,应是当务之急。应当让他们高高兴兴地出国深造,学成之后,安安全全地凯旋。

 经典案例 9

山西学生触电事故

3月14日晚上8时27分,山西某校承包学校住宿部的聂某之妻赵某安顿完学生,回到宿舍,刚进门,一号宿舍的男生代某跑过来告诉她:"老师,床上好像有电了。"赵某跑过去一看,有3名学生躺在地上。经过聂某夫妇人工抢救,学生董某苏醒过来,年仅12岁的雷某和8岁的师某被120急救车拉到县人民医院,最终还是抢救无效死亡。

经事故分析调查组专业人士认定,事故原因是学校后排路西从东数第三间和第四间宿舍的电线与金属隔断处有磨破搭接现象,导致金属隔断整体带电,而第四间学生宿舍铁床与金属隔断用金属螺栓固定,导致学生铁床带电。

目前,对触电事故负有安全管理职责的聂某,因涉嫌重大责任事故罪,已被应县公安局刑事拘留,相关责任人正在进一步追究中。

 事故分析

本起事故最主要的原因就是学生宿舍的安全隐患没有得到有效的排查,致使学生的铁窗带电,引发了学生触电死亡的重大事故。

学校在用电安全方面，应当做好以下几方面的工作。

（1）对学生进行安全用电教育，不能接近、触摸电源和电器。

（2）不要用湿手、湿布触摸、擦拭电器外壳，更不能在电线上晾衣服或悬挂物体，或将电线直接挂在铁钉上。

（3）发现绝缘层损坏的电线、灯头、开头、插座要及时报告，请电工检修，切勿乱动。电工消除以上安全隐患要及时，不得推脱。

（4）学生不得在配电房、变压器周围逗留，更不能攀爬变压器，不得把其他物体抛向变压器及配电房内，不得乱动电气设备。

（5）万一遇有电气设施引起的火灾，要迅速切断电源，然后再灭火。

（6）发现有人触电时，要先使触电者尽快脱离电源，再采取其他抢救措施。

（7）学校每学期要对所有电气设备，进行一次全面检修。

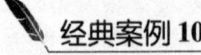

经典案例 10

摄像头引起的争议

魏某和小云是某中学毕业生。读高三期间，学校电视台于 4 月 7 日播出了晚自习时他们两人搂抱、亲吻的镜头。尽管镜头上两人的脸都被打了马赛克，但熟悉的人还是一眼就可看出是谁。当时，两人的感受是"非常之难受、尴尬、难堪、震惊"，"导致情绪很消沉，高考成绩也受到很大影响"。8 月 4 日，魏某以"学校擅自录像、公开播放的行为构成侵犯自己的隐私权、人格权、名誉权"等理由提起诉讼，要求学校公开道歉，并赔偿精神损失费 5000 元。次年 8 月 23 日，一审法院作出判决，对原告提出的公开道歉、赔偿精神损失费等要求不予支持。接到判决后，魏某表示不服，提起上诉。二审法院经过审理后裁决：维持原判。

 事故分析

对于学校安装使用监控录像设备，本案的一审法院认为："学校对每位在校学生的行为举止负有教育管理职责，作为实施教育管理的一种方式，安装并合理使用监控设备并不被法律所禁止。况且两原告在入学时就已被告知学校里安装有录像监控设备。"这是有道理的。

但同时一审法院还认为："学校针对未成年人学生'早恋''举止出格'影响教学秩序的不正常现象，通过编播校园录像片的方式进行直观的批评教育，其目的是对学生实施德、智、体、美、劳和青春期心理健康等全面教育。学校虽确有改进完善其教育方式之必要,但尚不构成对原告学生隐私的侵害。"这个观点是值得商榷的。学生在教室亲吻的行为的确是违反学校纪律的,也是为我们当前的社会道德所否定的,对学生做出相应的处罚也是无可厚非的。但处罚的方式要以牺牲学生的隐私权为代价吗?学校对其他学生进行相关教育,也是应该的,但也要以泄露学生的隐私权为代价吗?

有人认为,在教室亲吻就意味着自己会被别人看见,就意味着自己放弃了自己的隐私。这种观点也是错误的,因为并不是只有当事人自己知道的事才是隐私,隐私是一种与社会公益和他人无关的,当事人不愿意让他人知道的,或者不愿意让知情人泄露的自己的私事。专属于个人的私事,即使个别人知道了,也依然是隐私,知情人传播或泄露,就会侵犯当事人的隐私权。

所以,学校通过监视设备拍摄到学生亲吻的镜头是正常的,处罚学生也是正常的,但对学生的隐私加以泄露的行为却恰恰侵犯了学生的隐私权。特别是对于未成年人更不能公开,即使是未成年人犯罪,法律都要求不能公开未成年人的姓名和肖像,这种全校性的播放无疑就是一种侵犯隐私权的行为。

律师建议

学校利用摄像头等监视设备对学生的学习情况进行监控是合法的,但其中也有一些需要学校引起注意的地方,因为假如这些因素处理不好的话,仍然会侵犯学生的权利。具体建议如下:

◎安装监视设备的合法性前提。学校安装监视设备的目的必须是出于为了保障教育教学的需要。学校安装的监视设备必须是经过国家有关部门批准使用的监视设备或者是不为法律、法规所禁止使用的监视设备。如果非法使用未经国家批准的窃听、窃照设备(如针孔摄像机)或专用间谍器材进行监视,就会触犯《刑法》《国家安全法》的有关规定,情节严重的甚至要承担相应的刑事责任。

◎安装监视设备的地点应当慎重选择。例如在教室、操场、食堂这些学校的公共场所安装摄像头是合适的,它可以满足学校教育教学管理的需要,又不会侵犯学生的隐私权。但类似于厕所、宿舍等学生个人生活的私密场所却是绝对不能安装、使用监视器械的。

◎学生对自己被监视的知晓权。学校应当通过合理的方式告之学生安装监视设备的情况,以保证学生不会在不知情的情况下泄露自己的隐私,例如学生因为不知教室安装了监视设备的情况,而在教室无人时换衣服,就会泄露自己的隐私,此时学校就具有一定的过错。

◎通过监视设备收集材料的合理使用。学校对于通过合理的监视方式收集到的学生个人素材应当承担合理使用的义务,即对于收集的材料只能用于正常的教育教学管理,而不能擅自用在其他的地方。学校对涉及学生个人的材料不得向其他无关的人员公开或泄露,尤其是对于涉及学生无意中泄露的隐私,学校更要采取相应的措施加以保护,防止泄露,因为泄露他人隐私也是一种侵犯隐私权的行为。

◎学生对个人监视记录的查看权和更正权。学校对于通过监视设备发现的违纪学生,可以以监视记录(如录像带)作为处理的依据对其进行处罚。但应当允许学生在查看有关记录的前提下提出申诉,以保证学生提供有利于自己的、监视记录所不能显示的事实。

法律一点通

学校可以在教室安装摄像头,但在使用中一定要注意保护学生的隐私权。

第三十四章

学校运动安全及游戏器材管理

运动是教育的重要内容，游戏则是常被采用的教育策略之一，特别是在各种非正式的课程中。各项运动和游戏设施与器材就是满足与支持各类教育活动与需求的工具。因此，其设计、安装、使用、维护、保养等，均与学生安全息息相关，亦为校园安全管理的重要范围之一。

 经典案例1

小学生课间相撞引起的伤害

某小学下第二节课后，小学生王某冲出教室，准备到操场去上体育课，但因其下楼速度过快而失足跌倒，并将前面同时下楼的学生张某撞倒，造成张某前臂骨折。张某的父亲遂将学校和王某的父母告上法庭，要求赔偿张某因伤造成的损失。

 事故分析

在这起简单的案件当中，谁来承担张某的损失呢？可以肯定的是，张某的受伤是因为王某的跌倒引起的，学校并不存在过错。如果学生在校期间的监护人依然是其父母的话，就要由王某的父母承担张某的损失。但假如学校是学生的监护人，学校就要承担因王某撞伤张某所造成的损失。从中我们就会明白为什么学校会对监护人这个称谓敬而远之了。

但学校究竟是不是未成年学生在校期间的监护人呢？

我国的现有法律并没有明确地对此加以规定，但目前法律界比较统一的看法认为，学校不是学生的监护人。因为学校不属于《民法通则》当中规定的监护人范围之列，学校承担责任的归责原则与监护人不同，学校不具备监护人的某些职责和权利，而且学校作为学生的监护人也不利于对未成年学生的保护。学校不是学生的监护人也不会造成未成年学生的监护真空，因为学校依然承担着对学生教育、管理和保护的职责，如果学校有过错，依然会承担相应的法律责任。这样也会使家长意识到，教育孩子的责任不仅仅是学校的责任，家长不能对孩子撒手不管。因此这样不仅不会削弱对孩子的监护，还会形成学校与家长的合力，加强对孩子的监护。

在本案中，小学生王某的父母依然是王某的监护人，其监护权并没有转移到学校身上，因此王某的父母应当承担全部损失。

 律师建议

学校虽然不是学生的监护人，但学校依然担负着对未成年学生教育、管理和保护的责任。如果学校在自己的教育教学中，因为过错侵犯了学生的权利或者没有对学生尽到自己的职责，也会承担相应的责任。学校不是学生的监护人并非意味着学校对学生不负责任，而是依然要承担相应的责任，只是这种责任并非监护人的监护责任。所以学校和教师不能因为自己不是学生的监护人就放松对学生的教育、管理和保护。

法律一点通

学校不是未成年学生的监护人，不对其承担监护责任。学校对学生承担的是教育、管理和保护的责任。

法律链接

《学生伤害事故处理办法》第7条："未成年学生的父母或者其他监护人应当依法履行监护职责，配合学校对学生进行安全教育、管理和保护工作。学校对未成年学生不承担监护职责，但法律有规定的或者学校依法接受委托承担相应监护职责的情形除外。"

经典案例2

学生课间打闹引发的伤害

李某和吴某都是某小学四年级学生。一天在课间休息时，李某跑到吴某身边与吴某玩耍。在嬉戏的过程中，李某搂住吴某的脖子，并使劲往下压，吴某在挣扎时突然觉得脖子不能动了，便疼得大哭起来。中午放学后，吴某回到家告之家长自己的脖子不能动了，吴某的母亲急忙带他去医院。经检查，吴某被确诊为寰枢椎半脱位，法医鉴定为十级伤残。吴某的家长为给孩子治病共花去医疗费等2万多元。在与学校和李某协商未果之后，吴某将学校和李某起诉到当地人民法院。法院经审理判决：由李某承担吴某的部分治疗费；学校没有过错，不承担责任。

事故分析

一般来讲，学校的过错可以分成故意和过失。

◎故意是指学校或者学校的教职工在履行教育教学职责时，明知自己的行为会发生侵害学生权益的后果，却仍然希望或者放任这种结果发生的主观心理状态，例如教师用教鞭抽打违纪的学生就属于故意侵权。

◎过失又可以分成疏忽大意的过失和过于自信的过失两种。

前者是指学校或教职工应当预见到自己的行为有可能发生侵害学生权益的后果，却因为疏忽大意而没有预见到，以致发生侵害学生合法权益的行为，例如学校的篮球架固定不牢而学校和有关人员没有及时发现，以至砸伤学生的情形。

后者是指学校或教职工已经预见到自己的行为有可能发生侵害学生权益的后果，却因为过于自信而轻信能够避免以至发生的侵害学生合法权益的行为，例如教师在上课期间离开教室，而教室中的学生因为打闹以至发生学生伤害的情形。

从这起案子中我们看到，吴某的伤害是因为李某的行为造成的，而学校在事故的发生当中并不存在过错。法院的判决认为学校因为不存在过错而不承担责任，这就是过错责任的适用，即有过错担责任，无过错无责任。在一般情况下，与学校有关的案件都要适用过错责任原则。

无过错责任也是我国侵权行为的一种归责原则。但它一般并不适用于学校发生的学生伤害等事故。只有学校的行为符合法律规定的特殊情况时，才有可能承担无过错责任。

 法律一点通

学校和教职工如果因为在教育教学中存在过错而侵犯学生的合法权益，就应当承担相应的责任。

 法律链接

最高人民法院《关于审理人身损害赔偿案件适用法律若干问题解释》第7条："对未成年人负有教育、管理、保护义务的学校、幼儿园或者其他教育机构，未尽职责范围内的相关义务致使未成年人遭受人身损害，或者未成年人致他人人身损害的，应当承担与其过错相应的赔偿责任。第三人侵权致未成年人遭受人身损害的，应当承担赔偿责任。学校、幼儿园等教育机构有过错的，应当承担相应的补充责任。"

 经典案例3

小学生体育课跳远受伤

某小学五年级学生吴某在上体育课跳远的过程中，不慎造成右腿髌骨骨折。吴某受伤后，学校老师及时将其送往医院住院治疗，后经法医鉴定为轻伤。吴某家长在与学校就医疗等费用负担不能达成协议的情况下，以学校的沙坑不标准为理由诉至法院，要求被告赔偿医疗费、后期治疗费、法医鉴定费、护理费、住院伙食补助费等共计 4000 余元。

法院经审理后认为，吴某在上体育课时，按照体育老师的安排进行跳远训练，作为接受义务教育的吴某本身并无过错。而吴某所在学校按照正常的教学活动，对学生进行体育训练，也无过错。吴某提出学校的沙坑不标准，但没有提供证据，另外法院经过咨询本地业余体校的教师，得知目前对中小学的沙坑标准没有明文规定，所以学校的沙坑可以因地制宜，只要实用即可，因此吴某的该理由不能成立。法院认为本案应适用公平原则来分配责任，即可以根据实际情况，由被告分担民事责任。遂判令被告学校赔偿吴某 1520 元。

事故分析

在本案中，吴某是以学校的沙坑不符合要求为由提起诉讼的，法院经过调查认为，原告的主张是不成立的，即学校在吴某受伤的事件中并不存在过错，事故的发生完全属于意外。在这种情况下，目前法院的判例主要有两种：一是学校没有过错，所以由学生自己承担事故造成的损失；二是虽然学校没有过错，但基于公平责任原则，由学校给予学生适当的经济援助。在本案中，学校和吴某对于伤害事故的发生都不存在过错，因此法院按照民法有关公平责任原则的规定作出了上述判决。

公平责任原则，是指加害人和受害人都没有过错，在损害事实已经发生的情况下，以公平考虑作为价值判断的标准，根据实际情况和可能，由双方当事人公平地分担损失的归责原则。也许有人会说，如果学校没有过错而判令学校承担责任，这哪里是什么"公平责任原则"，简直是"不公平责任原则"，这样肯定会造成只要学生在学校出事，学校不管有没有过错，都要承担责任！这对学校来说太不公平了！这种看法实际上错误地领会了立法者的原意，是对"公平责任原则"的一种曲解。在现实中存在这样一种情况，即有的侵权损害因为当事人双方都无过错，所以无法适用过错责任，同时该侵权损害又不属于法律所规定的无过错责任范畴。此时，如果没有一种归责原则对其加以调整，就会使受害人不但无端地遭受损害，还因为得不到赔偿而需要独自承担全部损失。这种情况实际上有失公平，而且不利于社会安定。如果有负担能力的无过错一方此时分担适当的损失，就会协助受害人渡过难关，有利于社会的稳定。如果事故的发生有过错一方时，当然就不能适用公平责任原则了，所以不能说只要学生出了事，学校就肯定会承担责任。

但值得注意的是，也有相当数量的学者和法官认为，公平责任原则不能适用于学校事故，因此在司法实践中，是否能够对学校适用公平责任原则还存在着一定的争议。

律师建议

公平责任原则在学校事故的适用当中应当注意以下几个问题。

◎事故的发生应的确与学校直接有关，例如在学生自行上学、放学、返校、离校途中发生的与学校无直接关系的事故等情况应排除在外。

◎要求学校和学生双方对事故的发生都不存在过错，如果损害的发生归因于加害人或第三人的过错时应由加害人或第三人承担民事责任。

◎要求事故的确造成了实际的经济损失，而且这种损失应是受害学生家庭在经济上无力承担或者难以承担的。

◎学校依公平责任承担的责任仅限于因学生受伤而引起的财产损失，而不应包括精神损害赔偿。

◎在经济分担上，公平责任原则绝不是指绝对的平均分担，而是根据实际情况来确定。这里的实际情况是指双方的经济状况、承受能力和社会舆论等。例如对于一个教育经费严重不足、教师工资也难以保障及时发放的学校，一般就不应根据公平责任原则承担经济分担的责任。

法律一点通

在学校和学生对学生人身伤害的发生都没有过错时，学校有可能会依据公平责任原则承担部分责任。

法律链接

《中华人民共和国民法通则》第132条："当事人对造成损害都没有过错的，可以根据实际情况，由当事人分担民事责任。"

经典案例4

学校体育器材存在危险隐患导致学生受伤

据《中国法院报》报道，某校高中学生张某在体育课上按照教师的布置在篮球场打篮球，运动中，张某跃起抓住篮球筐，致使篮球架与篮球架底座出现锈蚀的部位断裂，篮球架倒塌，将张某砸伤。经法医学鉴定，伤残程度为七级。

法院审理后认为，建筑物或者其他设施发生倒塌造成他人损害的，它的所有人或者管理人应当承担赔偿责任。受害人对于损害的发生也有过错的，可以减轻侵害人的民事责任。根据本案查明的事实，学校作为篮球架的所有人和管理人，未及时对锈蚀的篮球架进行更换，对原告的损伤应当承担赔偿责任；但原告对篮球设施使用不当，致使篮球架倒塌，将原告砸伤，对此原告亦有一定责任。故双方对原告的损失应当均摊。依法判决被告学校赔偿原告张某医药费、误工费、陪护费、鉴定费、残疾人生活补助费、精神损害抚慰金，共计 173515 元。

 事故分析

这起案件属于因设施存在安全隐患而导致的体育课伤害。即因学校的场地、设施、器械等不符合国家或有关部门的安全标准，存在安全隐患而导致在体育课上发生的学生伤害事故。

◎学生张某在事故中有一定的过错，主要表现为对学校的体育设施没有正确使用。

◎学校对于事故的发生也有不可推卸的责任。因为在正常情况下，篮球架应当能够保证在一些特殊情况下的安全性。学校作为篮球架的管理者，没有尽到对篮球架的安全性予以保障的义务，在篮球架发生锈蚀，存在危险时，没有及时发现并进行修理，以至发生砸伤学生的事件，因此是具有明显过错的。法院据此判决学校承担了学生的部分损失。

 经典案例 5

教学内容超过学生的正常承受能力导致的学生伤害

某小学四年级体育课上，教师在 32 米的距离内用板凳设置四道障碍，要求学生越障碍往返跑。练习中，学生高某在越障碍时被板凳绊倒摔伤，被送往医院治疗。该学生家长与学校协商未成，向法院提起诉讼。经法院审理查明，该体育课教学内容设置违反了国家教委《全日制小学体育教学大纲》的规定，其强度和难度均超过了四年级学生的承受能力。所以法院判决学校支付医药费、护理费、交通费等费用。

 事故分析

这起事故属于教学内容超过学生的正常承受能力而导致的体育课伤害事故。即因为体育课的教学内容、难度、强度等明显超过了学生的正常身体承受能力，而导致的学生伤害事故。本案中，学校的过错主要表现为体育课的教学内容违反

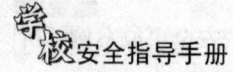

了教学大纲的有关规定，其强度和难度明显超过了四年级小学生的身体承受能力，而这样的教学很容易导致学生伤害的后果。因此，在这起事故中，法院据此判决学校承担相应的过错责任。

 经典案例6

教师在组织教学中存在过失导致学生伤害

某中学的体育课上，体育教师安排男生练习铅球，自己就去辅导女生练习体操。学生吴某在投掷铅球时，误中正在走进场地捡铅球的董某，造成董某重伤。案件经法院审理后认定，学校的教学组织管理存在重大问题，是导致事故发生的主要原因，故承担二分之一的责任，学生吴某和董某也分别存在一定的过错，故各承担四分之一的责任。

 事故分析

这起事故属于教师在组织教学中的过失而导致的体育课伤害事故。即体育教师在教学过程中因为存在某种过失，如未及时要求和提醒学生上体育课的注意事项、未充分进行运动前的热身、未采取必要的保护措施、上课过程中"放羊式"教学、擅离职守等而导致的学生伤害事故。本案中，体育教师的课堂安排的确存在很大的问题。一般在体育课上，对于存在较大危险性的运动项目，教师一定要亲自加以管理和指导，以防止运动损伤和意外事故的发生。铅球项目，本身危险性比较大，如果没有统一的管理，在训练中很容易发生误伤事件。所以，如果体育教师要安排铅球训练的话，一定要亲自指导和管理。这样才能保证教学的安全进行。

 经典案例7

学生自身健康原因导致的体育课伤害

某中学高一学生张某在400米跑测试中突然倒地，昏迷不醒。教师及时将张某送往医院，但张某经抢救无效死亡。后经查明，张某患有先天性心脏病，但其为了顺利被该中学录取，故意隐瞒了病情，而且为了不使学校发觉，坚持参加了体育测验。

 事故分析

这起事故属于学生自身健康原因导致的体育课伤害事故。即因为学生身体本身存在着某种不适于体育锻炼的疾病，而导致的体育课学生伤害事故。

◎本案中，学生张某的死亡是由于自身的健康原因所致，学校没有过错，所以学校不应当承担责任。

◎张某为了被学校录取，隐瞒了自己的病情，以致发生意外死亡的结果，所以应当承担全部的责任。

但值得注意的是，如果家长已经告之学校学生的身体存在不适于体育锻炼的疾病时，学校应当对以下几种情况承担责任：

◎学校仍旧安排其参加不适于其进行的体育锻炼；

◎学校发现其参加不适于自己身体状况的体育锻炼时没有及时制止；

◎如果体育教师在课上发现学生有一些异常表现，而依然强迫其训练以致发生意外时，学校也应当承担相应的过错责任。

经典案例 8

第三人的过错导致的体育课学生伤害

在某初一的体育课上，一只狗突然闯进人群，将 12 岁的学生吴某咬伤。因当地医疗条件差，狂犬疫苗三天后才买到，吴某在一周后因狂犬病发作而死亡。

事故分析

在本案中，吴某和学校都不存在过错，因此全部的责任应当由狗的主人，即导致意外伤害事件发生的第三人来承担。但如果案件的发生除了第三人的原因，学校也存在一定过错的话，学校也应共同承担责任，例如体育教师发现两学生在自由活动时用树枝打闹，没有及时制止，以至发生一学生眼被戳伤时，学校会因为过错和学生一起承担责任。

经典案例 9

学生自身过错导致的体育课伤害事故

某中学一名高一女生在体育课进行前滚翻练习时，装在裤兜中的钩针扎入小腹，造成重伤。经查，该体育教师学期初就对学生强调过体育课服装和物品的注意事项，要求学生不能携带钥匙、小刀等危险物品上体育课，而且教师在上课前又曾对学生进行过提醒，但未引起该女生的注意。

事故分析

这起案件属于学生自身过错导致的体育课学生伤害事故。在本案中，学生的伤害事故完全是由于自己不听从教师的要求，擅自携带危险物品上体育课，所以其应当自己承担伤害事故的损失。

经典案例 10

由于意外事件导致的体育课学生伤害事故

某校高二学生上体育课时，体育教师带领学生做完准备活动之后，组织学生练习跳绳，体育教师在一旁看护。学生徐某在跳绳时被绳绊倒，腹部着地，造成脾脏外伤性破裂。

事故分析

在本案中，学生徐某和体育教师都没有过错，事故的发生完全属于意外。在这种情况下，目前法院的判例主要有两种：一是学校没有过错，所以由学生自己承担事故造成的损失；二是虽然学校没有过错，但基于公平责任原则，由学校给予学生适当的经济援助。因为现行法律并没有明确规定这种情况的责任承担，所以此时学校是否基于公平责任给予学生经济补偿关键在于法官的判断。

律师建议

在学校伤害事故中，体育课上发生的伤害事故占有相当大的比例。这与体育课自身所具有的运动性、激烈性、对抗性和开放性等特点是分不开的。体育课容易发生学生伤害事故，这是一个不争的事实。其原因主要有：

◎体育课的教学内容具有危险性；

◎教学对象——学生的心理不完善性和不稳定性；

◎教学中组织管理的难度大；

◎体育器械的安全性并非万无一失。

所以对于体育课学生伤害事故的预防应当注意以下几点：

◎领导要重视，制度要健全。安全无小事，对于学校，尤其是体育课来讲，更是这样。学校应当建立相应的责任制度，层层把关，将每一个细节落到实处，确保万无一失。但也不应因噎废食，因为体育课发生事故的可能性比较大，就减少学生的体育活动。这样做既不利于学生身心健康发展的要求，也不利于素质教育的贯彻和开展。根据《学校体育工作条例》第 27 条的规定，对不按规定开设体育课或者随意停止体育课的单位和个人，由当地教育行政部门令其限期改正，并视情节轻重对直接责任人给予批评教育或者行政处分。

◎学校应当注意校内的体育设施是否完善，有无安全隐患，并定期检查，发现隐患应当及时排除。检查的内容包括运动场地是否平整、运动设施是否固定牢固、运动器材有无不合理的结构等。

◎学校应当严格依照教学大纲的要求开展教学。如果有其他的教学内容，其强度和难度也一定应在学生身体的承受范围之内。

◎体育教师应当加强责任心，提高业务水平，尽力避免因为自己的教学失误而导致学生伤害事故的发生。

●体育教师应对学生强调上体育课的纪律，对学生穿着的服装、运动鞋以及禁止携带危险物品上体育课等作出严格的要求，并在课前及时提醒。

●上课后，教师应当带领学生进行充分的准备活动，将关节、韧带活动开。

●在上课过程中，教师不应脱岗，让学生在失去教师监管的情况下进行"放羊式"教学。

●在分组训练时，教师不宜给自己未亲自辅导的小组安排一些具有危险性的活动，如投掷铅球。学生的活动范围一般应在教师的视线所及范围之内，教师在辅导某一小组的同时，应留心其他小组的情况，发现学生有危险举动时，应及时制止。

◎学校应当提醒学生家长，在学生存在不适于剧烈运动的特异体质时，应当及时向学校反映。例如有的学校向家长发放学生身体健康情况调查表，及时了解学生的健康情况就是一个很好的方法。另外，当体育教师发现学生在运动中出现一些反常的表现时，应当及时采取必要的措施，以防止事故的发生。

◎在体育课发生伤害事故后，体育教师及学校的有关人员应当及时救治，以免因救治不及时而承担责任。

◎学校在伤害事故发生后，应及时调查取证，掌握第一手证据材料，从而可以使自己在日后的争议解决中处于有利地位，避免某些证据因时间过长而难于收集，造成举证不能的不利局面。

◎学校无论是否对事故负有责任，都应当本着人道主义和教育工作者的职业道德，从各个方面关心、照顾、安慰受伤害的学生和家长，在力所能及的范围内对他们给予必要的帮助，这样也有利于问题的解决。

 法律一点通

体育课是学生意外事故的"高发区"，所以体育教师一定要尽最大的努力保证学生的安全，这样也是防止学校承担责任的最佳方式。

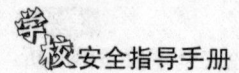

体育课学生着装要求

（1）体育课尽量着运动装，避免穿着紧身衣服，以免不便于运动或裤子开线。

（2）体育课应当穿运动鞋，不能穿皮鞋，更不能穿高跟鞋。

（3）衣服上不要别胸针、别针、校徽、证章等物。

（4）戴眼镜的同学上体育课时尽量摘下眼镜，如果确实不便，也要在做剧烈运动时摘下。

（5）衣兜内不要装小刀、钥匙等物。

经典案例 11

足球比赛中学生眼部受伤索赔案

原告王某和被告张某系同学，某日在校，两人利用午休时间与其他数名同学在学校操场上进行足球比赛。原告做守门员，被告射门踢出的足球经过原告手挡之后，打在原告左眼，造成伤害。经北京同仁医院诊断，鉴定为十级伤残。王某以张某和所在学校为共同被告提起诉讼，请求人身赔偿损害。法院认定，足球运动具有群体性、对抗性及人身危险性，出现人身伤害事件属于正常现象，应在意料之中，参与者无一例外地处于潜在的危险之中，既是危险的潜在制造者，又是危险的潜在承担者。足球运动中出现的正当危险后果是被允许的，参与者有可能成为危险后果的实际承担者，而正当危险的制造者不应为此付出代价。张某的行为不违反运动规则，不存在过失，不属侵权行为。此外，学校对原告的伤害发生没有过错。故驳回原告的诉讼请求。

 **事故分析**

参加体育运动本身就是一种自愿承担危险的行为，对于参加体育运动以及观看体育运动的人，都对体育运动的风险有明确的认识，受到损害应当自行承担。对此，国外有的立法明文予以确认。例如进行拳击运动，其基本运动特征，就是施加暴力于对方身体并以评定技能的高低。但是并没有人为此而承担侵权责任或者任何其他的损害赔偿责任。所以法院依据上述法理驳回了原告的起诉。

上述案例针对的是学生在课余时间自发的比赛，如果伤害发生在体育课或运动会等学校组织的活动中，则学校有可能会根据公平责任原则和实际情况被判令承担部分的损失。但是如果学生是在代表学校进行比赛或者训练时受伤，学校要承担责任吗？答案是肯定的。因为学生代表学校进行比赛和训练，受益人是学校，所以此时学生与学校之间就产生了一种类似于职务行为的关系。根据"利益所在，风险所在"的原则，学校自然要承担相应的责任。

经典案例 12

足球比赛中学生被撞脾脏破裂

6月的一天，某中学组织初二的学生进行足球比赛，守门员王某与进攻队员黄某争球时相撞，黄某倒在王某身上，导致王某受伤。经医院诊断为脾脏破裂，手术摘除，共花费医药费近1万元。王某的父母就医药费等问题与黄某的父母及所在学校协商未果，便以黄某的行为造成王某受伤，学校未尽监护义务为由，向当地人民法院提起民事诉讼，请求人民法院判决二被告共同给王某赔偿金26万元。被告黄某的父母同意赔偿，但提出因为学校未尽监护职责，黄某系参加该学校组织的足球赛，故学校应承担主要责任。被告某中学辩称，自己组织的是正常足球比赛，发生损害后果学校无法预见，学校不应承担赔偿责任，应由黄某的监护人承担全部责任。法院经审理后认为，王某、黄某均系在校的初二年级学生，其所在的学校组织足球比赛符合教学大纲的规定，该项活动与王某、黄某的年龄相符，无过错。王某与黄某在体育比赛中的动作属于正常拼抢，均无对对方伤害的故意和过失，故学校在本案中无过错，不承担民事责任，王某和黄某的法定监护人对王某造成的各项损失依据《民法通则》第132、133条规定的精神合理承担。

事故分析

根据案例分析，我们可以判断出，案例中的判决实际上是有问题的。首先我们看法院的判决依据：《民法通则》第132条规定："当事人对造成损害都没有过错的，可以根据实际情况，由当事人分担民事责任。"第133条规定："无民事行为能力人、限制民事行为能力人造成他人损害的，由监护人承担民事责任。监护人尽了监护责任的，可以适当减轻他的民事责任。有财产的无民事行为能力人、限制民事行为能力人造成他人损害的，从本人财产中支付赔偿费用。不足部分，由监护人适当赔偿，但单位担任监护人的除外。"其中第132条规定的是公平责任原则，体育比赛中可以适用公平责任原则吗？法学界的通说认为，公平责任不适于应用到体育比赛中。试想，两名拳击运动员都为了避免对方受伤而使自己承担赔偿责任，还会主动进攻吗？比赛还会精彩吗？所以，通说认为，体育比赛属于"自甘风险"运动，除非是对方故意伤害，否则受伤者的损失不能以公平责任原则为依据要求对方赔偿。这种损失一般靠保险、队员所属法人或者比赛组织者来承担。所以在本案中，黄某的父母在法庭审理中就答应承担一部分责任的辩护策略是明显失误的。根据法律规定和相关的法理，黄某并不应当承担责任。而学校作为比赛的组织者虽然没有过错，但也是有可能根据公平责任原则承担一部分责任的。

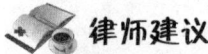
律师建议

体育运动对增强学生的体魄，促进其身心发展是非常有好处的，但应当看到其中也蕴含着一定的风险。但学校万万不能因噎废食，禁止学生的体育活动，那样虽然避免了学生伤害事故的发生，防止学校承担责任，但却影响了教育教学的质量，这就如同工厂生产假冒伪劣产品一般。更何况，产品有问题可以更换，人的教育出了问题，却是很难挽救的。

在学校开展体育活动时应注意以下几点。

◎要对学生进行必要的纪律教育，注意比赛规则，遵守比赛纪律。

◎要维护好场地的平整，防止体育器械的隐患。

◎学校在开展学生体育运动时，要有专门的教师负责管理。

◎可以由体育教师在体育课上有针对性地对学生进行比赛中自我保护和自救教育。

法律一点通

学生在自发组织的比赛中受伤，学校无过错的，不承担责任；学生在学校组织的比赛中受伤，学校有可能会承担部分的损失；学生在代表学校进行的比赛和训练中受伤，学校应当承担因此引起的经济损失。

学校在运动会上如何避免学生受伤

学校的运动会是学校的一项常规性活动，但由于运动会项目多、人员杂、时间长、强度大，所以很容易发生意外。学校应当在运动会前做好安全准备，提前对学生进行安全和纪律教育，在运动会进行当中要维护好秩序，从而避免事故的发生。具体主要有以下几点。

（1）运动员在进行比赛前要做好充分的准备活动，避免在运动中受伤。

（2）运动员一定要听从裁判指挥，在铅球、铁饼等场地一定要注意安全，避免砸到工作人员，同时也禁止任何人在此场地比赛时穿行。

（3）运动员在比赛后不宜马上躺下或坐下，应慢走一会儿，让心脏逐渐恢复平静。

（4）观众席上的同学一定要保持纪律，不能随意离开班级。在观看比赛时，应站在规定场地内，避免在跑道旁给同学加油时被跑鞋踩中受伤。在终点接运动员的服务人员不要挡住跑道，避免被冲刺的运动员撞伤。

（5）体育教师在运动会前一定要制定出严密、规范、科学的赛程安排，要求运动员提前到比赛场地报到，避免比赛中发生混乱。

（6）校医应随时做好为受伤的同学进行救治的准备。

经典案例 13

学生在课外活动中被铅球砸伤

中考前，某校为了保证参加中考升学的学生都能通过体育加试，给每个初三毕业班发了 6 个实心的铅球，让学生在课外活动时练习。4 月 5 日下午，初三某班的学生来到操场练习投掷铅球。学生陈某在捡到铅球后，立即掷出，不料铅球正好砸中正在前方捡铅球的杨某头部，杨某当时抱着头部蹲在地上一动不动，陈某和同学立即将杨某送往附近的诊所。4 月 6 日，杨某病情加重，出现呕吐，被县医院诊断为脑出血，当即做了开颅手术，病情才得到了控制。杨某出事后，学校领导曾 4 次到医院看望，并分 3 次垫付了 3000 元的医疗费，陈某的父亲也多次到医院看望，并支付了 1000 元的医疗费。但这些费用远远不够杨某的实际医疗费用。为此，杨某的父亲将学校和陈某推上了被告席，要求二被告赔偿有关经济损失共计 168765 元。法院在审理后认为陈某应当承担事故的主要责任，并由陈某的监护人代替其承担民事责任，学校承担次要责任，杨某对于事故的发生也有一定的责任，因此根据《民法通则》第 16 条、18 条、19 条、131 条和第 133 条的规定，判决陈某赔偿 50%，共计 7286.28 元；学校承担 40%，共计 5829.02 元；其余 10% 费用由原告自理。

 事故分析

◎陈某作为中学生，应当具有一定的民事行为能力，对自己行为的危险性应当有所预见，而陈某不正当地使用体育器材，违规操作，导致杨某受伤，因此陈某是杨某受伤的直接原因，应当承担主要的责任。

◎陈某属于限制民事行为能力人，所以应当由其监护人代替他承担赔偿责任。

◎学校在将铅球发给学生后，未能严密组织，疏于管理，对事故的发生应当承担次要责任。

◎原告杨某在练习时疏忽大意，忽视对方正在投掷，因此也应承担相应的责任。

所以法院认定以上三方对于事故的发生都存在不同程度的过错，因此应分别根据自己的过错大小承担责任。

**律师建议**

在上面的案例中，学校将铅球直接发给学生，因此给学生违规练习创造了可能性。

◎在练习投掷铅球、跳跃跳马等具有较大危险性的活动时，相关的教师一定应当在现场加以指导、管理和保护。

◎在练习完毕后，教师应及时将这些具有危险性的器械收回，以避免学生违规练习时受伤。

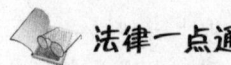**法律一点通**

教师应当及时收回具有危险性的体育器械，以避免学生在违规练习时受伤。

法律链接

最高人民法院《关于审理人身损害赔偿案件适用法律若干问题的解释》第3条第2款规定："两人以上没有共同故意或共同过失，但其分别实施的数个行为间接结合发生同一损害后果的，应当根据过失大小或者原因力比例各自承担相应的赔偿责任。"

经典案例14

拔河引发的踩压致死案

10月4日，某初中组织拔河比赛。当比赛的一方获胜后，突然同时松开手中的绳子，致使对方的队员陆续倒地，其中多名队员踩压在学生杨某身上，杨某当场死亡。杨某的父母认为自己的孩子平时身体健康，此次意外死亡完全是由于学校的组织不利，没有明确比赛的规则，造成多名学生踩压在杨某身上，致使杨某死亡。学校则认为，杨某的死亡是猝死，纯属意外死亡，学校不应承担责任。

法院经审理认为，学校负有对危险性的体育运动妥善组织安排的职责，学校作为竞赛活动的组织者和管理者，没有排除危险，致使杨某被踩压而死，学校应当承担民事责任。一审判决杨某所在的学校赔偿杨某家属丧葬费3000元，精神损害抚慰金3万元。

事故分析

本案中，学生杨某死亡的直接原因是由于对方学生在拔河比赛获胜后，松开绳子，导致自己这方的学生跌倒，使杨某被踩压致死。假如学校能够在比赛之前向学生强调拔河中的纪律和注意事项，悲剧就不会发生，所以学校在这里的过错主要是没有尽到适当的警示义务。

律师建议

在学校组织拔河等活动之前，一定要制订周密的活动预案，将活动时间、场地、人员等事项进行组织安排，对注意事项、应急处理等问题提前进行策划、考虑、部署，并对参加的学生进行必要的纪律教育，对注意事项要认真向学生讲清。只有做好充足的准备工作，才能使学生伤害事故不发生、少发生，即使有意外，学校也会因为工作无疏漏而免责。

法律一点通

学校在组织学生活动时，一定要精心组织，周密策划，避免意外情况的发生。

经典案例15

拔河绳断导致的学生伤害

10月19日，某职业高中组织学生进行年级拔河友谊赛。因为系在拔河绳中间用来判断胜负标志的红布条随风飘动，影响比赛裁决，学校组织者便在红布条下端系上了一个直径24毫米的铁螺母，以便使红布条垂直向下。在高一和高二两个年级的比赛激烈进行时，拔河绳突然从中间绷断，红布条上所系的螺母因惯性甩起，直接飞向高二年级站在第一位的学生刘某并击中他的头部。老师们随即将刘某送往医院,其被诊断为重度开放性颅脑损伤,额顶、右脑挫伤伴出血,硬膜外出血和凹性骨折,右顶头皮裂伤。2000年7月,该市公安局法医鉴定中心鉴定刘某受伤程度为伤残八级。

事件发生后,该职业高中采取了积极的救护措施,并支付了刘某的医疗费、鉴定费共计15000余元,但在赔偿刘某的伤残补助和精神损失等问题上,学校未能与刘某达成一致,刘某及其家人于2001年3月向法院提起人身损害赔偿诉讼,要求该职业高中赔偿刘某伤残补助费、护理费、精神损失费、复诊费、教育补偿费,共计21万元。法院经审理后判决,该职业高中赔偿刘某经济损失共计14万元。

事故分析

学校作为学生拔河比赛的组织者,负有保证器材符合安全规范、防止发生人身安全事故的责任。对于绑在红布条上的铁螺母有可能伤人的情况,学校应当能够提前预见到。但学校因为疏忽,没有尽到相应的注意义务,从而导致铁螺母伤人事件的发生。因此,学校是具有过错的,这种过错属于过错类型中的过失,与故意相区别。

律师建议

学校作为学生活动的组织者,应当对活动中使用的器械提前进行检查,在活动进行当中,也要随时留心器械的使用情况,以防止器械发生问题,导致学生受到伤害。

法律一点通

在学生活动中,因学校器械存在安全隐患而导致的学生伤害,学校应当承担责任。

第三十五章

健康饮食安全

校园环境是学生主要活动的场所，同时也是开放的公众场所，随着互动的频繁，许多新的传染病、虫害等疫情，无意中相对增加，因此校园环境管理日益重要。随时检测校园环境的卫生整洁，以减少传染的发生，是不可或缺的环境议题。学校饮食也是学校安全的一个重要环节，影响学校学生饮食卫生与安全的重要因素，不外乎餐饮调理过程、厨房与餐厅的卫生管理、厨房工作人员的卫生习惯与训练管理等。所以不论是学校自制午餐、学生自备午餐，或是委外代办午餐、贩卖餐盒等，都需要加以适当的安全管理，才能确保饮食安全与卫生。因此，对于厨房设施的规划、购置、安装、使用、管理、维护与保养，餐食的食谱设计、采购、供应、检验、验收、洗涤、烹煮、饮食水源、水管配装、贮水设备与供应，餐盒放置场所的管理，餐盒之订购、运送、供应与检验等，都是校园安全管理不可或缺的工作。

经典案例1

学生脑炎死亡索赔案

8岁学生袁某的家长将其送到某全封闭管理的私立小学一年级读书。入学时，袁某的家长向学校交纳了15000元的学费，并与学校签署了《就学协议》，其中第92条规定："校方出资为学生办理人身保险，如发生意外事故，由保险公司、校方和家长协商确定民事责任。"当年9月23日早晨，袁某的班主任发现袁某有些异常，就将其送到学校的医务室检查。在检查过程中，袁某出现抽搐，校医立即对其进行抢救。班主任在向校领导汇报了情况后立即通知袁某的家长，在袁某家长到校后，校医立即催促家长马上将孩子送到大医院就诊。袁某的家长将袁某送到当地医院检查后，袁某被诊断为脑干型乙型脑炎。同时，学校一方面派人到医院探望；另一方面通过关系为袁某聘请名医治疗。但袁某因病情严重，于9月26日死亡。

袁某的家长以袁某在校学习期间得病，学校延误了袁某的治疗造成其死亡为由，向当地法院起诉，请求法院判决学校赔偿医疗费、丧葬费、误工费、陪护费等共计8万元，并退回袁某入学时交的学费15000元。而该私立学校则辩称：当发现袁某身体不适后，班主任立即将其送到学校医务室治疗，并与其家长联系。因校医务室设备不足，在袁某的家长到后，校医即催促家长送孩子到大医院检查。袁某是患脑干型乙型脑炎死亡，此病在医学上属于暴发性疾病，救治希望较小，故请求法院驳回原告的诉讼请求。法院在审理中查明，因为学校给学生投的是团体人身意外伤害险、平安保险，保险责任为人身意外事故伤害致残、死亡。

而袁某属于患病死亡，不在保险公司的保险责任范围内。

次年 8 月 30 日，当地人民法院作出判决。法院在判决中认定，学校对袁某已经尽到应尽责任，不应负赔偿责任。但袁某入学时的 15000 元学费（已支出 1543 元）应予退还。另外考虑到原告损失过大，被告应给予原告一定的经济补偿。依据《民法通则》第 5 条规定，判决学校退给原告入学时所交的各项费用 13457 元，同时，一次性给原告经济补偿 5000 元。

事故分析

本案中，法院认定学校已经尽到了职责，对于学生袁某的死亡没有过错。但假如真的较真儿的话，学校为什么不在学生突发严重疾病后马上将学生送往医院抢救，而要等到家长到后才让家长自己带孩子前去就诊呢？法院显然没有采纳家长的意见，最终认定学校没有过错。

但案件最后的判决有些蹊跷，学校没有过错，为何要担责任呢？

本案中，家长可以从两个理由中选择一种起诉，一种是违约之诉，另一种是侵权之诉。假如家长选择的是违约之诉，由于合同法采取的是严格责任，学校没有违约，何来责任？假如家长选择的是侵权之诉，则学校有可能会根据公平责任原则承担部分责任。但公平责任原则的适用是要求学生的死亡要与学校有一定关系的，例如学生在体育课跑步中突发死亡，学生在学校大扫除中意外伤亡，假如学校没有过错，也有可能承担一部分损失。但本案中，学生的死亡与学校的教学管理没有一点儿联系，不能说只要学生出了事，学校没有过错也肯定要承担责任，这是对过错责任的曲解，也是对公平责任的曲解。"公平责任是个筐，什么都往里面装"的观念是错误的，是受到全面否定的看法，公平责任原则的适用也需要具备一定的先决条件。另外，法院引用的法条也令人百思不得其解，《民法通则》第 5 条规定："公民、法人的合法的民事权益受法律保护，任何组织和个人不得侵犯。"这和本案的处理有什么关系呢？

所以，笔者认为，学生在学校的意外死亡，学校如果没有过错，在一般情况下是不应承担责任的。另外，学校收取学生的 15000 元学费，除去已支出的 1543 元，剩余部分因为合同已经无法继续履行，所以学校应当将其退还给袁某的家长。

律师建议

学生在学校由于自身原因突发疾病而伤亡，学校是否肯定没有责任呢？也不尽然。学校在以下一些情况下也有可能承担责任。

◎学生发病后班主任或其他教师没有及时发现并进行解决;
◎学生在发病后医务室人员脱岗延误救治;
◎医务室大夫出现误诊等医疗事故;
◎没有及时将学生送往医院治疗以至延误了抢救的最佳时机等。

所以,学校要未雨绸缪,提前做好学生发生意外的救治预案,使班主任、医务室大夫等人员明确自己的职责,以便一旦发生意外后可以有条不紊地进行救治。

另外,如果学生的意外死亡发生在学生正在参加学校安排的体育活动或卫生劳动等活动中时,学校也有可能会根据公平责任原则承担部分责任。

 法律一点通

学生在校期间因为突发疾病而死亡,如果学校没有过错,学生的死亡也与学校的教学组织没有直接联系的话,学校将不承担责任。

 经典案例2

学校未将学生体检结果告之家长被诉侵权

居某是某小学五年级的学生,其所在的学校每年都要组织学生进行体检。在连续三年的体检中,居某左眼的视力从1.2突然降到0.25。学校对居某视力下降的情况既没有分析原因,也没有通知家长,甚至在印有体检表的成绩单上也没将学生的视力检查结果记录在案,告之家长。后来,居某的父亲在得知儿子体检时感觉左眼看不见而哭泣时,才知道儿子左眼视力异常,立即带儿子去医院就诊,而此时左眼已无光影,诊断为左眼视网膜剥离导致失明。居某的父亲认为,学校在三年前体检时就已经发现儿子的视力异常,本应按照有关的规定立即与家长取得联系,而因为学校的疏忽大意,未能有效地沟通,以致居某因未能得到及时治疗,左眼视网膜剥离而失明。所以,居某及其父亲对学校提起诉讼,要求判令学校赔偿损失共计50余万元。

法院经审理认为,居某的家长没有对孩子尽到监护的责任,是导致居某失明的主要原因,所以应当承担主要的责任;学校的不作为行为是导致居某失明的次要原因,所以学校应当承担次要责任。最终,法院判令学校赔偿居某12560.65元。

 事故分析

◎居某在学校学习期间接受学校安排的体检,其家长享有对体检结果的知情权。所以学校在组织学生进行体检后，应当将体检的结果反馈给家长，这是国家教委《中小学学生近视眼防治工作方案（试行）》中的要求，也是学校因组织学生进行体检而产生的义务。

◎视力下降是一个渐进的、缓慢的过程，作为学生的家长应当关心自己孩子的身体状况，而居某的家长没能及时发现自己孩子视力下降的情况，没有尽到监护人应尽的职责，所以也有过错。

◎学校的不作为行为与家长没有尽到监护责任相结合，导致居某左眼视力急剧下降的情况没有及时发现，没有及时治疗，最终失明。其中，法院认定监护人的过失是导致损害发生的主要原因，而学校的不作为是导致损害发生的次要原因，所以只判令学校承担了其中20%的责任。

律师建议

学校有组织地定期对学生进行体检，可以及时地发现学生的生理疾病，防患于未然。但学校在开展此项工作时，应当注意以下几点问题。

◎组织学生体检应当选择正规的医疗机构，绝不能贪图便宜而去一些没有相关资质的单位检查。

◎学校在组织学生进行检查后，应当为学生建立学生健康卡，记录学生的体检情况，学生的健康卡，应当认真填写、妥善保管，并在学生升学、转学时移交到相关学校。

◎学校在组织学生进行体检后，应当及时地将检查结果以书面的形式通知家长，以保证家长的知情权，使学生的疾病及时发现，并得到及时的治疗，对于一些在体检中发现的重大疾病隐患或特殊情况，学校更要及时与家长联系，以便及时采取措施。

◎对在体检中发现身体有疾病的学生，学校在安排教育教学活动时应当对其加以考虑，不宜安排他们从事不适于其特殊体质的运动，否则，一旦出现问题，学校就会难逃干系。

法律一点通

班主任应当将体检结果等学生的个人信息及时地反馈给家长。

经典案例3

学生上课发病被延误治疗死亡

7月11日，某小学四年级学生小虎突然发病，额头出汗。任课教师发现后，即派两名学生小刚、小强送小虎回家。小刚、小强将小虎送到其家门口时发现大门锁着，就将小虎放在大门口地上，返回学校。后来，同村的陶老太太发现小虎闭着眼，嘴鼻发青，就喊同村的郭某抱着小虎去村里的诊所看病，但未找到医生，途中遇见小虎的爸爸，小虎才被送到乡医院，3天后又转到市医院，但为时已晚，小虎死亡。诊断结论是：小虎患急性食物中毒并多脏器衰竭而死。小虎的父母遂以学校延误孩子治疗为由要求学校赔偿各种费用1.3万元。法院审理后认为学校因为延误学生的治疗，应承担一定的责任。但鉴于小虎的死因特殊，其死亡与学校没有直接的因果关系，故判决学校赔偿小虎的父母精神抚慰金4000元。

 事故分析

在本案中，小虎死亡的主要原因是由于食物中毒，而学校延误了对小虎的治疗，也是小虎死亡的一个间接原因。学生进入学校后，学校就应当承担起对其教育、管理和保护的责任。在学生遇到疾病等突发事件时，应当对学生进行及时救治。如果因为学校的过失，延误了对学生的治疗，学校就会承担相应的责任。本案中任课教师虽然对突发疾病的小虎采取了一定的措施，派学生护送小虎回家，但这种措施是明显不当的。也正是因为这个不当的措施，最终导致学校承担了一定的责任。

 律师建议

学生在课堂上突发疾病怎么办？这是一个在课堂教学中经常遇见的问题。

◎有的学生因为性格内向，自觉不适时也硬挺着，而不报告老师。所以任课教师应当认真观察学生，以便及时发现有异常表现的学生。

◎当发现学生身体不适时应当及时采取必要的措施，对于轻微不适的学生可以让其暂停一些剧烈的活动，注意观察。对于严重的学生，应当及时将其送到校医或医院处，进行检查治疗，并尽快通知家长。

总之，应当及时发现，及时治疗，措施得当。

法律一点通

教师在发现学生突发疾病时，应及时组织救治，情况严重的，要及时通知学校的相关领导和家长。

经典案例 4

学生食物中毒案

陈某和叶某是某中学食堂的承包人。5月24日,该中学食堂在准备中餐时,未经检查就将23日中午剩下的米饭加热出售给师生。教师应某和章某等人在食用时发现饭有异味,及时向被告人陈某及食堂服务员林某等人做了反映,林某又及时告知了其母被告人叶某。两被告在得知此事后只自我议论了几句,而未采取措施处理已变质的剩饭。为了多赚钱,次日,又将昨天已经变质的剩饭加工成蛋炒饭作早餐,出售给在校的学生食用,致使48名学生不同程度地出现腹痛、恶心呕吐,幸亏及时送往当地医院抢救,中毒学生才陆续康复出院。经当地卫生防疫部门检查,中毒学生系蜡样芽孢杆菌致病的细菌性食物中毒。5月26日,陈某与叶某因生产、销售不符合卫生标准的食品被当地公安部门刑事拘留,6月28日,当地检察院向当地法院提起公诉。7月27日,当地人民法院依法作出判决:陈某和叶某的行为已经构成生产、销售不符合卫生标准的食品罪,分别被判处有期徒刑一年,并处罚金300元。

事故分析

生产、销售不符合卫生标准的食品罪是指违反国家食品卫生管理法规,生产、销售不符合卫生标准的食品,足以造成严重食物中毒事故或者其他严重食源性疾病,危害人体健康的行为。《食品卫生法》第9条专门规定了不符合卫生标准食品的12种情况。

按照《刑法》的规定,生产、销售不符合卫生标准的食品足以造成严重食物中毒事故的,即使事故没有实际发生,只要当事人已经造成了这种危险,就要承担责任。根据《刑法》第143条的规定,犯本罪的处三年以下有期徒刑或者拘役,并处或者单处销售金额50%以上2倍以下罚金。《刑法》第150条还规定,单位犯本罪的,实行双罚制,即对单位判处罚金,并对其直接负责的主管人员和其他直接责任人员,按照上述规定处罚。

律师建议

教育部和卫生部曾在《学校食堂与学生集体用餐卫生管理规定》中明确规定,学校在学生饮食卫生问题上要建立校长负责制。教育部还在《关于加强学校食品卫生安全管理工作的紧急通知》中要求各地教育行政部门和学校要加大经费投入，进一步改善学校食堂的卫生设施与条件。

　　学校的食堂管理是学校工作中的一项重要内容。民以食为天，一个学校的食堂工作不仅直接影响着学校师生的生活，而且也影响到学校的招生等问题，可以说是一个单位的"形象工程"。另外，由于学校食堂一般都是采用"大灶"，一旦发生食物问题，影响面就比较大。所以学校的食堂工作一定要成为学校工作的一个重点，在保证经济效益的基础上还要保障食堂的食品安全工作，制定规章，明确责任，严格把关，建立食物中毒的应急处理机制和报告制度，确实保障师生的饮食健康。具体要把好人员关、采购关、储藏关、卫生关、加工关、销售关、制度关，在防止内部人员疏忽引发的食物中毒事故的同时，也要严防外部人员出于各种目的的投毒。

　　目前有许多学校将校内的食堂进行了承包，此时学校对于食堂工作也决不能放手不管，应当加强对其的监督和管理。对于食堂承包人来说，获取经济利益是无可厚非的，但这决不能以牺牲学校师生的生命健康为代价，例如在最近卫生防疫部门的检查中，学校食堂的问题很多，甚至假香油、假木耳等有害身体健康的食品也出现在了学校的餐厅中。这种短期暴利的经营方式一方面影响自己的长远发展；另一方面，只会搬起石头砸自己的脚，最终必然会受到法律和有关部门的严惩。发生重大事故的，还要承担刑事责任。

　　另外，根据2000年教育部、国家民委的联合发文，各级各类学校应当设立清真食堂、清真灶，以满足回、维吾尔、哈萨克、乌孜别克、柯尔克孜、塔塔尔、塔吉克、东乡、保安、撒拉10个民族群众的清真饮食习惯。各级各类学校在招生时，不准以不具备清真餐饮条件为由拒绝接收符合条件的少数民族入学，或因为有清真饮食习惯的师生人数少而不执行有关规定。

 法律一点通

　　学校的主管人员和食堂负责人要对发生在学校食堂的食物中毒事件承担责任，情节严重的，还会受到刑法的惩罚。

 经典案例5

学生豆奶中毒案

　　3月19日上午，海城兴海管理区所属站前、前教、后教、钢铁、铁西、兴海、银海、苏家8所小学3936名学生、260名教师分批集体饮用了由鞍山市宝润乳业有限公司生产的"高乳营养学生豆奶"。当日上午10时20分，部分学生陆续出现了腹痛、头晕、恶心等症状。发现情况后，学校立即将学生送到当地医院检查治疗。海城市委、市政府高度重视，积极采取措施，对出现不良反应的学生进行治疗。截至4月11日中午，共有2556名学生出现不同程度的不良反应，有44名学生在当地医院接受治疗，85名学生在外地接受治疗。

市政府于4月11日下午通报了有关专家对海城兴海管理区所属铁西小学等8所学校学生饮用豆奶发生群体性不良反应事件阶段性调查结果，确认海城2556名小学生出现的不良反应是由饮用豆奶引起的。

 事故分析

在本起事故当中，学校是否有责任呢？

学校归责的原则是过错责任，即必须在自己的工作中存在一定的过错才会承担责任。对这起案件来说，学校是否通过合法正当的途径，和有资质的生产企业合作是判断学校是否存在过错的关键。

第三十六章

学校宿舍安全

卷五 学校安全事故案例解析

学校的宿舍是学生生活的地方，由于学生宿舍一般人员密集，一旦发生火灾等意外事故，就会造成比较严重的损失，所以学校的宿舍安全也是学校安全工作中的一个重点。学校应当制定学生宿舍的规章制度，严格学生宿舍的出入管理，确保学生人身和财产的安全。

经典案例1

学生宿舍煤气中毒案

据新华社报道，北京某校租用4间学生公寓作为学生宿舍，并为宿舍安装了蜂窝煤炉以取暖，但未安装风斗。1月的一天凌晨，一间宿舍发生了煤气中毒事件，住在房屋内的4名学生煤气中毒，其中贾某经抢救无效死亡。

7月，北京市海淀区人民法院公开开庭对本案进行了审理，海淀法院经审理后认为，李某作为学校校长，明知学校宿舍存在安全隐患而不采取措施，发生重大伤亡事故，致1人死亡，其行为已构成教育设施重大安全事故罪。但鉴于李某案发后认罪态度较好，且积极赔偿被害人的全部经济损失，故对其酌予从轻处罚。法庭当庭作出判决，以教育设施重大安全事故罪判处该校校长李某有期徒刑六个月，缓刑一年。

事故分析

在涉及学校的案件中，学校和相关的责任人有可能承担以下责任。

◎刑事责任：在本案中，学校的校长李某因为明知学校存在安全隐患而不采取相应的措施，以致发生了一死三伤的重大事故，已经构成了教育设施重大安全事故罪。人民法院依照刑法的有关规定依法追究了李某的刑事责任。

◎民事责任：学校应当承担因为学生伤亡引起的经济损失，因为本案中李某的行为属于履行学校管理职责中的职务行为，所以因此引起的经济赔偿责任应当由学校这个法人单位来承担，其中的经济损失包括医疗费、营养费、误工费、护理费、交通费、丧葬费等。学校应当承担的民事责任，不会因为责任人已经被追究刑事责任而予以免除。

◎行政责任：如果对于事故的发生还有其他的责任人，而这些人的过错又尚不够刑事处罚的程度，可以由教育行政部门或其他机关对该责任人予以相应的行政处罚。这就是涉及学校案件中的行政责任。

综上所述，学校及其相关责任人如果违反对学生教育、管理和保护的义务而侵害学生合法权益的话，有可能根据实际情况承担刑事责任、民事责任或行政责

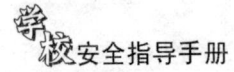

任，而且这三种责任彼此间不能相互代替，例如在追究了刑事责任后依然可以追究民事责任和行政责任。

 法律一点通

学校及其相关责任人在涉及学校的各类案件当中，有可能根据自己的过错和危害程度不同而分别承担刑事责任、民事责任或行政责任。

 经典案例2

校长违规安排学生住宿发生火灾案

余某为某小学校长。4月至6月，余某违反当地不准小学生上晚自习的规定，组织小学生上晚自习，并在明知该校一座楼房系危房的情况下，仍然组织该校部分小学生在该楼内住宿。学生住宿后，没有安排专人对住宿学生进行管理，也没有制定具体的管理制度，致使该校6月9日夜晚发生火灾，胡某等8名小学生被火烧死。

人民法院审理后认为：被告人余某身为完小的校长，违反规定组织小学生上晚自习，在无寄宿条件的情况下，让部分小学生住校，虽有一定的管理措施，但对住校生无专人管理，无明文管理规定，致8名学生在火灾中丧生，被告人余某的行为是一种严重的失职行为，其行为构成国有公司、企业、事业单位人员失职罪。遂一审判决：被告人余某犯国有公司、企业、事业单位人员失职罪，判处有期徒刑两年，缓刑两年。

 事故分析

法院判决被告人余某承担刑事责任的原因是其违反规定，未正确履行职责而导致危害后果。余某作为学校的负责人，因为对工作的严重不负责任，导致了国家和学生个人利益的重大损失，其行为符合国有公司、企业、事业单位人员失职罪的构成要件，因此作出以上判决。另外，法院考虑到余某组织安排小学生上晚自习、住宿，主观愿望是善意的，违规没有主观上的恶意，且从事教育工作三十余年，为当地教育事业作出过贡献，并对该案所产生的严重后果感到悲痛，具有悔罪的表现，对其从轻进行了处罚。

 **律师建议**

本案的教训是沉痛的，8名孩子葬身火海。这也再次为我们敲响警钟，安全

工作一定要引起学校领导和全体教职员工的重视。本案中引发事故的一个关键问题是校长余某违规安排学生住宿,应当说,余某的出发点是好的,当时他考虑到部分学生的家距学校过远,因此无偿提供了住房。但他的行为一是违反了有关规定;二是为学生安排的房屋存在一定隐患;三是学校对住宿学生的管理松懈,无专人管理,无相应制度,以致发生了严重的后果。所以,作为学校一定要遵守有关的法律、法规、规章、规定等,如果的确存在特殊情况,也应当及时向上级有关部门反映。另外,对于学生的住宿条件和住宿管理,也一定要加以重视,不仅在制度上落实,还应当在实际工作中确实执行。

 法律小知识

国有公司、企业、事业单位人员失职罪是指国有公司、企业的工作人员,由于严重不负责任,造成公司、企业破产,或者事业单位的工作人员由于严重不负责任致国家利益遭受重大损失的行为。在1999年12月的刑法修正案中,对《刑法》第168条作了修改,规定了上述罪名。

 法律一点通

学校工作人员因为对待工作严重不负责任而导致国家利益遭受重大损失时,会构成国有公司、企业、事业单位人员失职罪。

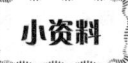

如何组织学生在火灾中逃生

学校平时应当加强对学生的安全和自救教育,可以适当地组织消防演习,在学生宿舍、教室、实验室、图书馆、教材室等处配备灭火器材,使之有备无患。除此之外,教师应当向学生传授以下火灾应对措施。

(1)如果发生火灾,首先一定不要慌张,冷静在此时是最重要的。

(2)发现火灾后,应迅速拨打119火警电话,告之地点、火势等情况,并派人到路口迎接。

(3)在着火的建筑物中逃生,一定要用湿毛巾捂住口鼻,弯腰匍匐前进;如果火势较大,可用水浸湿毯子或被褥,裹在身上或头上,用湿毛巾捂住口鼻,这样受伤的可能性就要小一些。

(4)逃生前如果摸到门锁很烫或者有浓烟从门缝进入,说明屋外火势很大,此时不宜再往外冲,应用被子、毛巾堵塞门缝,并往上浇水降温,同时向屋外求救。

（5）逃生过程中千万不能乘坐电梯，因为此时电梯很容易发生意外。

（6）如果身上着火，千万不要奔跑，应尽快脱下衣服或躺在地上打滚，压灭火焰。

（7）如果睡觉时发生火灾，切不可穿好衣服再逃生，尤其是女生，决不能因为顾及形象而失去了逃生的时机。

（8）发生火灾后，切不可贪财，为抢出一些贵重物品而搭上生命。

（9）教室或宿舍可以准备救生用的绳索，当从楼道逃生无望时，可以利用绳索逃生，没有绳索时，也可以利用床单、窗帘临时制作绳索逃生，但如果楼层较高时不宜使用。

（10）决不可盲目跳楼，当楼道逃生无望时应尽量等待救援。如果情况紧迫，可以先往楼下扔一些床垫、沙发垫，再对准跳下，如果宿舍中有结实的大雨伞，也可同时使用，但楼层较高时决不能跳楼。

经典案例3

12岁女生在宿舍饮酒死亡案

某中学因学校住宿条件有限，安排初二女学生郭某和另外13名女生住宿在学校附近的村民赵某家，为加强对在校外住宿学生的安全管理，学校、学生家长、住宿户三方签订了《校外住宿学生安全协议书》，对有关事项都作了明确约定。住宿户作为委托监护人对在其家住宿的学生要加强管理，让学生按时作息，学生不准吸烟、喝酒、结伙闹事，若发现学生有不轨行为应及时与学校和家长联系，否则住户应承担责任。12月18日上完晚自习，郭某从商店买了60度"烧刀子"白酒两瓶，带回宿舍与几个同学在一起喝。喝酒期间曾发生吵闹，晚上10点钟左右才入睡。第二天早上起床时，同学叫郭某不醒，急忙喊人，医生来后，发现郭某已经死亡，后经法医鉴定系酒精中毒。事故发生后，学校支付了3000元丧葬费，因其他赔偿问题不能达成协议，遂引起诉讼。

法院经审理认为，郭某作为在校初中生系限制民事行为能力人，可以进行与自己年龄、智力相适应的民事活动，其知道喝酒具有一定的危险性而喝酒，致酒精中毒身亡，其父母作为监护人未尽到监护职责，应承担相应的民事责任。而其所在的学校对学生进行教育和管理是最基本的职责，虽然把校外住宿学生的管理职责委托给了他人，但不能因此而放松对学生的日常安全教育工作，对此次事故的发生也应承担部分责任。住宿户赵某与学校、家长签订了安全协议书，虽写为委托监护人有不妥之处，但根据协议，其应对住宿学生加强教育和管理，但其对于学生熄灯后仍在吵闹不加以制止，系未尽到管理职责，对此次事故的发生亦应承担部分民事责任。故依照法律有关规定作出一审判决，郭某死亡丧葬费3000元，其监护人负担1500元，学校负责500元，住宿户赵某负责1000元；郭某死亡慰抚金6000元，学校负担2500元，住宿户赵某负担3500元。

事故分析

本案中，学校因没有尽到对学生的日常安全教育工作而承担了一定的责任。而主要的责任还应当由住宿户赵某承担，因为赵某在学生喧哗、吵闹时，没有及时查看，对学生的不当行为没有及时发现并制止，因此对于事故的发生是负有主要责任的。

经典案例4

住宿生违规点蜡烛烧伤同学案

某中学住宿生陈某（18岁）在晚自习后回宿舍看书，在学校统一熄灯后，陈某又点燃蜡烛继续看书，结果不小心将蜡烛碰倒，蚊帐被点燃后火势迅速蔓延到上铺，致使睡在上铺的学生王某被严重烧伤。后经法医鉴定，王某属于一级伤残，丧失了劳动能力。不久，王某将学校和陈某诉至法院，要求赔偿其医疗费、营养费、精神损失费、伤残补助金等共计62万余元。学校在法庭上辩称，学校在学生入学时就宣布了学校纪律，明确规定学生在熄灯后不允许在床上点蜡烛看书。因此，引起火灾的原因不在学校，学校不应承担责任。但学校表示，除不再追偿由学校垫付的8万多元之外，学校愿意再一次性地给予王某生活补助2万元。学生陈某则坚持赔偿应在自己经济能力允许的范围内予以承担，不愿再作赔偿。

法院经审理后判决陈某是直接侵权责任人，对王某的经济损失和精神损害应承担全部责任。判决陈某赔偿王某各项费用38万余元。学校除已垫付的费用不再退还外，再付给王某经济帮助2万元。

事故分析

在本案中，被告陈某作为完全民事行为能力人，在学校明文规定不允许熄灯后在床上点蜡烛看书的情况下，违反学校的作息规定，引发了火灾，并造成王某人身伤害的严重后果，是事故的直接责任人。另外，法院还认为学校在事故的发生中没有责任，学校对学生垫付的医疗费和生活帮助费是属于自愿性质的，法院对此予以认可。但严格来说，学校虽然对学生规定了熄灯后不能在床上点蜡烛看书的纪律，但学校没有及时地发现违纪学生并加以制止，因此学校的管理也不能说一点儿漏洞也没有。

经典案例5

未成年学生校外同居被杀

9月，某职业中学17岁的学生周某通过朋友认识了另一所职业学校17岁的女学生王某，两人迅速建立起恋爱关系，并在校外租房同居。同年12月，王某的前任男友黄某闯入两人租住的房屋，将周某和王某杀死。当晚，黄某被警方抓获，并被当地法院判处死刑。当周某的父亲赶赴学校所在地处理后事时发现，儿子不仅在事发前一直没回学校住，而且平时经常不到学校上课。周遂以校方对尚未成年的儿子没尽到监管职责为由要求校方赔偿20多万元。经法院调解，学校与周某的家长签订了调解协议，赔偿周某的家长5万元。

事故分析

《预防未成年人犯罪法》第16条规定："未成年人擅自外出夜不归宿的，其父母或者其他监护人、其所在的寄宿制学校应当及时查找，或者向公安机关请求帮助。收留夜不归宿未成年人的，应当征得其父母或者其他监护人的同意，或者在二十四小时内及时通知其父母或者其他监护人、所在学校或者及时向公安机关报告。"本案中，学校对于未成年的住宿生没有在学校居住的情况未加以制止，是有明显的过错的。另外，学校对于学生的长期旷课行为既没有及时制止，也没有通知家长，也是严重违反职责的不作为。

本案中，为未成年学生提供租住房的房东因为收留未成年学生居住，也应负有一定的责任。

律师建议

对于住宿的学生，学校应当怎样进行管理呢？

◎制度建设。学校应当完善住宿生的管理制度。从各个方面对住宿的学生加以保护，实施必要的管理，以维护正常的宿舍秩序，保证宿舍的学生安全。

◎加强针对住宿生的教育管理。学校应当加强对住宿生的日常管理，组织学生学习有关规定。学生宿舍应当安排宿舍管理员负责宿舍的管理。宿舍管理员应当对学生宿舍的卫生、纪律等情况进行巡查,处理突发事件,进行进出宿舍的登记和检查。各个宿舍应当任命一名宿舍长,负责本宿舍的管理和情况汇报,每晚由宿舍长对学生住宿情况向宿舍管理员进行汇报,如果发现有夜不归宿的情况应当及时向领导汇报和组织查找。

◎加强宿舍设施的安全检查。宿舍是学生日常生活的地方,而且相对于教室,学生自由度更大,因此,宿舍的设施安全更要引起学校的注意。尤其是宿舍电源的使用,应当禁止使用电炉子之类的危险设备,限制使用充电器之类的设备。实践中,不少学校干脆不在宿舍安装插座,以防事故的发生。

◎如果住校生提出不在学校住宿时,学校一定要与学生的监护人取得联系,在征得监护人的同意后才可以允许住校生在校外住宿。

法律一点通

学校应当加强学生宿舍的设施安全保障工作,加强住宿学生的规范管理,从而避免意外事故的发生。

小资料

女生集体宿舍的安全防范

近年来,连续发生了一些针对女生集体宿舍的犯罪案件,影响极其恶劣。所以女生集体宿舍除了应当加强对防盗、防抢等案件的预防外,还要防范犯罪分子进入,避免人身受到侵害。

(1) 宿舍的门窗一定要牢固,如果发现门锁或门闩失灵的情况时,要及时进行修理。

(2) 每日就寝前,要求学生都要检查门窗是否已经关好,防止犯罪分子侵入。

(3) 晚上应拉好窗帘,防止犯罪分子窥见屋内的情况,尤其是夏天,不能因为天热而忽视安全。相反,正因为夏季是性侵害案件的高发期,所以更应当加强防范。

(4) 学校应当对女生宿舍进行单独管理,一般情况下应当禁止异性进入女生集体宿舍。女生宿舍应设有门卫,防止可疑人员进入。

(5) 学校领导应当重视女生宿舍的安全,学校的保卫人员在接到女生宿舍的求助时,应当能保证及时赶到现场,予以救助。

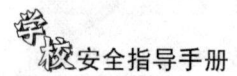
经典案例6

学生宿舍被窃案

曹某等四名学生是某私立学校的高三学生，住在同一宿舍。一天晚上，四人晚自习后一起回到宿舍，发现宿舍的门被撬开，经检查，发现共丢失了600元的财物，四名学生在向班主任报告后，要求学校赔偿。

事故分析

学校对于住宿生是收取了一定的住宿费用的，因此与学生之间形成了一种合同关系，尽管大多数学校向学生提供宿舍并不以营利为目的，但不营利并不能成为学校免责的理由。如果合同一方当事人的重大过失，导致对方当事人财产损失，其法律责任是不能免除的。在本案中，假如学校对学生宿舍疏于管理，宿舍秩序混乱，因而给盗窃分子造成可乘之机的话，学校就会承担责任。但如果学校的宿舍管理并没有问题，学校就不会承担赔偿责任。

律师建议

学校的保卫部门应当加强对学生宿舍的安全防护，建立严密的宿舍管理制度。一旦发生宿舍失窃案后，应做好以下几方面的工作。

◎学生如果发现宿舍的房门、抽屉、衣柜被撬或有明显翻动的迹象，则很有可能是犯罪分子已经光顾，应当立即向学校的有关部门报告。

◎应当保护好现场。犯罪现场是判断犯罪分子进行犯罪活动和真实反映犯罪人员客观情况的基础，只有把现场保护好，侦查人员才有可能把犯罪分子遗留下来的手印、脚印、犯罪工具等所有痕迹、物品发现和收集起来，而这正是揭露和证实犯罪的有利证据。如果案件发生在宿舍内，学校保卫人员应当安排人员设岗看守，阻止无关的人员围观、进入，更不能翻动房内的任何物品。对犯罪分子可能留下痕迹的门柄、窗框等也不能随意触摸，以免把无关人员的指纹留在上面，给现场勘察带来麻烦。

◎如果发现存折、银行卡等被盗，应尽快到银行办理挂失手续。

◎有关人员要积极向公安和保卫人员提供线索，协助破案。

经典案例7

住宿生在学校走失家长索赔案

17岁的齐某是某中学的学生，在学校住宿，一天晚上，齐某在学校失踪。

齐某离校的当晚，班主任老师没有按照有关的规定清点住宿学生的人数。第二天，班主任也没有清查缺勤的学生人数。学校是在齐某走失两天后才发现的。另外，该校也有学生未经批准不得擅自外出的规定。齐某的父母将学校告上法庭后，法院依法判决学校赔偿5万元。

 事故分析

◎《预防未成年人犯罪法》第16条规定："中小学生旷课的，学校应当及时与其父母或者其他监护人取得联系。未成年人擅自外出夜不归宿的，其父母或者其他监护人、其所在的寄宿制学校应当及时查找，或者向公安机关请求帮助。"

◎《学生伤害事故处理办法》第9条也规定，对未成年学生擅自离校等与学生人身安全直接相关的信息，学校发现或者知道，但未及时告知未成年学生的监护人，导致未成年学生因脱离监护人的保护而发生伤害的，学校应当依法承担相应的责任。

◎根据以上的规定，该校因为班主任工作不负责任，学校管理松散混乱，以至学生离校出走两天后学校才掌握情况，使监护人和学校错过了寻找该学生的最佳时机。因此学校应当根据自己在事件中的过错承担相应的责任。

◎在本案中，17岁的齐某应当意识到自己行为的后果，其私自出走是其失踪的主要原因，因此学校可以因此而减轻民事赔偿责任。

 律师建议

学校和班主任应当如何加强对住宿生的考勤管理，预防住宿生出走？笔者认为学校和班主任应当从以下几点着手。

◎严格门卫制度，在全封闭管理的学校，住宿生在非离校时间没有相应的手续不得离校。

◎学校的围墙应达到一定的高度，防止学生越墙而出。

◎要求每个宿舍设立宿舍长，每晚统计本宿舍回宿舍就寝的情况，如有问题及时向班主任或学校有关人员反映。

◎设立上课的考勤制度，班主任或者班长如果发现有无故缺勤的学生时应及时了解情况。

◎发现住宿生的确无故出走时，学校应当及时向家长反馈情况。

◎学校应当在力所能及的范围内组织查找。

第三十七章

校园暴力防治

学校安全事故案例解析

在当今社会，由于种种原因，各种违法犯罪的事件层出不穷，而校园安全事件，如暴力、霸凌、打架、恐吓、勒索、帮派、药物滥用等问题日趋严重，学生身处这样一个充满威胁不安的学习环境中，确实令人忧心忡忡。为了保障学生的权利，排除威胁、利诱、恐吓的情境，学校应建立安全管理体系，采取各种有效的措施，妥善保护、尽力防范、积极辅导，以营造温馨、和谐、安宁的校园气氛。

经典案例1

校外人员敲诈学生被判刑

今年刚满20岁的陈某，是某学校周边地带的一霸，经常在公共场所打架斗殴、寻衅滋事。虽经警方多次教育处理，但仍恶性不改。2003年3月15日下午4时许，一直在学校周围转悠的陈某，见该校学生吴某独自一人走出校门，便上前用手臂一把拽住吴某的头颈，说要和他谈谈。随后，陈某将吴某带到附近，用威胁的口吻向吴某"借"钱，因吴某身边无钱，陈某便强行将他的一块价值30元的手表拿走。两天后的一早，吴某正准备进学校上课时，陈某再次逼吴某拿钱，吴某不从，便遭到陈某的殴打，最终吴某书包内的40元钱被抢去。11月6日中午，陈某又伙同他人，拦住该校学生王某，以"不给钱以后没有好日子过"等语言相威胁，强行索取了一部价值1700余元的手机及钱物。2003年10月到12月，陈某先后以威胁、恐吓、殴打等手段强行索要该校多名学生的钱物。由于陈某屡屡作案，一时间，给该校学生造成恐惧心理，严重干扰了学校正常的教学秩序。2003年12月4日，正当陈某再次作案时，被公安执勤人员当场抓获。

该案经人民法院审理，认定陈某的行为已经构成犯罪，以寻衅滋事罪判处其有期徒刑四年零六个月。

 事故分析

陈某的行为已经构成了寻衅滋事罪。寻衅滋事罪是指寻衅滋事，破坏公共秩序的行为。我国《刑法》第293条规定了寻衅滋事的四种主要类型：随意殴打他人，情节恶劣的；追逐、拦截、辱骂、恐吓他人，情节恶劣的；强拿强要或者任意损毁、占用公私财物，情节严重的；在公共场所起哄闹事，造成公共场所秩序严重混乱的。

在本案中，陈某多次拦截在校生，索要财物，其行为已经构成了寻衅滋事罪，应当依法受到刑法的惩罚。

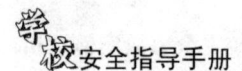

律师建议

中小学生被校内、校外人员敲诈勒索是经常遇到的案件，如果有学生向班主任报告或者班主任发现有关迹象时，应当如何应对？

◎教育学生一定要向教师和家长求助。

目前较为普遍的一种现象是，遭到敲诈的学生往往受到对方的威胁，比如实施敲诈的人对其进行恐吓："你如果要告诉老师或家长，就打断你的腿！"因此为数不少的受害学生因为怕遭到报复，往往忍气吞声，这也不断地助长了敲诈者的气焰，使其更加频繁地索要更大数额的钱财，而有的受害学生因为怕挨打，甚至从家里偷出钱来交给敲诈者。针对这种情况，班主任一定要经常对学生进行有关的教育，告诫学生在受到侵害后一定要向老师、家长请求帮助。否则，自己会遭受更大的损失。

◎由学校或有关部门及时处理。

对学生进行敲诈勒索的行为是一种违法行为，严重的甚至要受到刑法的惩处，较轻的也会由公安机关给予治安管理处罚。因此，班主任接到有关线索后，一定要及时向学校反映，由学校出面对进行敲诈的学生进行惩处，或者由学校报告公安机关，由公安部门对案件进行侦查和处理。而且，班主任在接到有关线索后一定要及时解决，一是要防止事件扩大；二是不要让学生失去对自己的信任。

◎对被敲诈的学生进行特殊保护。

在对事情进行处理后，为了防止极个别的敲诈者受到处理后进行报复，教师应当与家长合作，采取一些相关的措施，比如由家长接送一段时间，或者由同路的学生结伴而行等，以对学生进行保护。

总之，对此类事件一定要给予高度的重视，做到早发现、早报告、早解决。

法律一点通

当班中的学生被勒索时，班主任应当提醒学生向自己或有关部门报告，并配合学校、家长和公安部门对勒索钱财者予以打击。

经典案例2

学生提前下课后发生的斗殴事件

10月17日，某中学高二（1）班上午第四节课是政治课。在部分学生的要求下，政治老师提前15分钟就下了课，同学们蜂拥奔向学校食堂。因为时间太早，学校的值勤老师和学生还没有到食堂，所以同学的秩序混乱，其中学生贾某和杜某因为排队发生争执，引起斗殴。其间被同学拉开一次后，贾某又在食堂外捡起一块砖头，重新冲向杜某，并将其头部砸破。闻讯赶来的老师立即将杜某送往医院，但事后杜某因伤经常恶心、呕吐，有近半年的时间没能正常上学。杜某的家长因此将学校和贾某告上法庭，要求赔偿杜某的损失。法院经审理后判决由该中学赔偿杜某各种损失的50％，合计2万元，由贾某赔偿杜某的经济损失的30％，合计1.2万元，杜某自行承担20％的损失。

 事故分析

本案中，贾某和杜某的过错是明显的，两人因为在食堂打饭排队时发生冲突，就大打出手，因此应当承担相应的责任，其中贾某在被同学拉开后，又手持砖头，继续冲向杜某，并将杜某砸伤，所以过错更大。但学校为什么会承担责任呢？学校承担责任是因为在学校的教育教学中存在过错，具体到本案中，其过错主要体现在政治教师没有按照学校规定的时间按时下课，而是自行决定提前下课。因为提前下课，所以学校食堂的值勤老师和学生还没有到位，致使学生提前处在无人监管的状态，这是造成杜某受伤的一个主要原因。法院在判决中也认定教师提前下课的行为明显不当，因此判决学校承担50％的责任。

 律师建议

学校都有自己的作息时间，如果没有特殊情况，任课教师都应当严格地按照学校的作息时间上下课，如果因为教师迟到或者提前下课，在这个过程中发生的学生事故学校就很有可能会承担责任。另外，除了教师自觉遵守上下课时间之外，学校也应当加强巡查，发现有迟到的教师，或者提前下课的教师应当进行批评教育。

 法律一点通

教师在上课时一定要认真遵守时间，既不能迟到，也不能提前下课。

 经典案例3

初三学生上课期间被同学带到厕所殴打

据《京华时报》报道，5月9日，某中学初三的学生杜某在下午第二节课后，下楼准备去操场上体育课时被同学陈某等5人带到操场西南角的厕所里面，同学张某先给了杜某50个耳光。打完之后,其他两个学生强行脱下杜某的裤子和衣服,其中一人点燃一张手纸,让杜某拿着一直到烧完。杜某不答应,结果被他们用烟头在背后烫了两下。后来,一个拿着烟头的学生提议要将烟头塞进杜某的肛门里,后被别人劝阻。随后,一名学生拿起一个盛满土的铁簸箕朝杜某砸去。经法医鉴定,杜某的伤情为轻伤。经事后了解,这样恶性的事件,起因竟只是杜某在5月8日没有借给陈某自行车。杜某随后将5名打人者和学校一同告上法庭,要求他们赔偿损失。

法院审理后认定,实施殴打行为的5名被告,按照其责任大小应承担不同比例的赔偿责任,并赔付总额为3万元的精神抚慰金。所在中学对学生疏于管理,未能对学生考勤予以必要的注意,致使杜某在校内被长时间殴打,需承担杜某医药费、交通费的10%。

事故分析

法院判决学校与殴打杜某的学生共同承担责任,是有事实和法律依据的。
◎5名殴打杜某的学生使用恶劣的手段将杜某打伤,理应承担相应的责任。
◎学校在其中也是具有一定过错的,法院最后认定学校对学生疏于管理。这种疏于管理具体表现为任课教师没有对出勤的学生人数进行清点,以至杜某在学校长时间地被同学殴打。

经典案例4

教师脱离课堂导致学生受伤

吴某、邢某、陈某系某小学一年级学生(均为8岁)。下午上课时,任课老师安排学生活动后离开教室。此时,陈某与邢某在座位上嬉戏。陈某用铅笔指着邢某的脸说:"你脸上有颗痣。"邢某随即反过来用铅笔指点陈某时,笔尖正好戳到从过道上走过的吴某的左眼球,致其左眼穿通伤伴外伤性白内障。吴某住院治疗44天,支付医疗费6750.95元。经鉴定吴某左眼损伤为十级伤残。

事故分析

◎吴某的受伤是因为邢某挥动铅笔造成的,因此,邢某对事故的发生负有一定的责任。
◎陈某的嬉戏行为同吴某的受伤并没有直接的关系,所以陈某不应承担责任。

◎对于学校来说，其教师在上课期间脱离课堂，使未成年学生失控则是导致事故发生的一个主要原因，因此学校应当承担其中的主要责任。

经典案例 5

教师未及时制止学生冲突致学生受伤案

某中学初三在上数学课时，学生王某和李某因为借钢笔的事情起了冲突，王某骂了李某几句。李某一怒之下，将手中的钢笔向王某掷去。王某躲闪不及，被击中右眼，致使眼球破裂，花去医药费26528元。法院经审理认为，因教师疏于管理，未尽到监护职责，致使王某在上课时受伤致残，故学校应当承担50%的民事责任；李某致使他人受伤致残，应承担35%的责任；王某对伤害后果也有责任，应承担15%的责任。据此，法院一审判决李某赔偿王某9285元，王某自己承担3979元，两名学生所在学校赔偿13264元。

事故分析

◎在本案中，学生李某是伤害的主要行为人，其以主动作为的形式对同学进行伤害，所以应当承担相应的责任。

◎王某因为辱骂同学，所以对于事件的发生也负有不可推卸的责任，所以也应当自行承担一部分责任。

◎作为学校，教师在上课时对于学生的违纪行为，尤其是已经发展为激烈冲突的行为没有及时制止，所以也因为自己的不作为而要承担相应的责任。

经典案例 6

对未成年人夜不归宿有责任的父母和房东被处罚

15岁的李某经常和一些游手好闲的人混在一起赌博，观看淫秽录像，并在外留宿。其姑姑要求其父母对李某严加管教，但其父母却置若罔闻。其姑姑又找到经常留宿李某的房东王某，王某也不加理睬。其姑姑在律师的指引下去公安机关报案。公安机关对李某的父母予以警告，并责令他们严加管教孩子；对房东王某则处以治安罚款200元。

事故分析

《预防未成年人犯罪法》第16条第2款规定："未成年人擅自外出夜不归宿的，其父母或者其他监护人、其所在的寄宿制学校应当及时查找，或者向公安机关请求帮助。收留夜不归宿未成年人的，应当征得其父母或者其他监护人的同意，或者在二十四小时内及时通知其父母或者其他监护人、所在学校或者及时向公安机关报告。"本案中，李某的家长和留宿的房东显然违反了有关规定，应当由公安机关给予相应的警告和处罚。

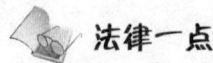

律师建议

在教育教学当中，学校经常会发现一些家长对孩子缺乏必要的监护，有的是因为家长过于繁忙，有的则是因为家长对自己的孩子失去了信心，便任由其发展。这些现象对未成年人的成长是相当不利的。尤其是未成年人夜不归宿的现象，这是在中学生中很容易发生的一种不良现象，因为这种行为一方面使未成年人脱离了家长的监管和保护，容易受到外界的伤害；另一方面容易受不良人员的影响，沾染不良习惯，甚至诱发犯罪。

◎学校和教师一旦发现学生存在夜不归宿的现象，应当通知家长严加管教，如果家长放任不管，学校可以请求公安机关对家长进行训诫和处罚。同时，也正是由于上述原因，《预防未成年人犯罪法》第19条规定："未成年人的父母或者其他监护人，不得让不满十六周岁的未成年人脱离监护单独居住。"

◎对于寄宿制的学校，更要防范学生夜不归宿现象的发生，对于学生请假回家的情况，一定要同家长进行核实，看学生请假理由是否属实。如果发生学生夜不归宿的情况时，应当及时报告家长并组织查找。否则，由此引发的学生犯罪或受伤害情况，学校应当承担相应的过错责任。

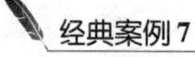

法律一点通

家长不得听任未成年人夜不归宿或让未满16周岁的未成年人脱离监护单独居住，留宿未成年人的人，应当征得其家长的同意或及时通知其家长。

经典案例7

网吧容留未成年人浏览色情网站被处罚

7月29日晚，某市公安局巡警大队接到某中学教师和学生家长举报称：位于市区的某网吧，近日夜间秘密营业，吸引学生到此玩耍，致使学生彻夜不归。得此信息，公安机关立即组织干警在午夜进行检查。经查，此网吧营业手续尚未办妥，属非法经营。当时网吧内容留了12名中学生，且有5台游戏机正在运行色情游戏。民警遂将5台游戏机及相关设备暂扣，并传唤业主接受审查，对12

名学生进行了批评教育。

事故分析

该游戏厅的行为触犯了多项法律规定：容留未成年人夜不归宿；允许未成年人进入营业性网吧；向未成年学生提供色情游戏。

根据《预防未成年人犯罪法》第33条有关规定："营业性歌舞厅以及其他未成年人不适宜进入的场所，应当设置明显的未成年人禁止进入标志，不得允许未成年人进入。营业性电子游戏场所在国家法定节假日外，不得允许未成年人进入，并应当设置明显的未成年人禁止进入标志。对于难以判明是否已成年的，上述场所的工作人员可以要求其出示身份证件。"该网吧不但让未成年人上网，还容留其在网吧彻夜游戏，使其夜不归宿，并且提供色情游戏，触犯了上述法律，因此应当受到法律的制裁。

根据《未成年人保护法》的规定，游戏厅属于限制未成年人进入的场所，只有在国家的法定节假日才能允许其进入，值得注意的是寒暑假不属于法定节假日。而歌舞厅、酒吧等场所是绝对禁止未成年人进入的。另外，法律还规定禁止在中小学附近开办营业性歌舞厅、营业性电子游戏场所以及其他未成年人不适于进入的场所。

鉴于近几年未成年学生上网引发的诸多问题，国务院《互联网上网服务营业场所管理条例》第21条规定："互联网上网服务营业场所经营单位不得接纳未成年人进入营业场所。互联网上网服务营业场所经营单位应当在营业场所入口处的显著位置悬挂未成年人禁入标志。"所以，未成年人是应当被禁止进入网吧的。

中共中央和国务院在《关于加强青少年学生活动场所建设和管理工作的通知》中要求校园周围200米以内不得开办电子游艺厅。国务院《互联网上网服务营业场所管理条例》第9条规定："中学、小学校园周围200米范围内和居民住宅楼（院）内不得设立互联网上网服务营业场所。"

国务院《互联网上网服务营业场所管理条例》第30条还同时规定："互联网上网服务营业场所经营单位违反本条例的规定，接纳未成年人进入营业场所的，由文化行政部门给予警告，可以并处15000元以下的罚款；情节严重的，责令停业整顿，直至吊销《网络文化经营许可证》。"

律师建议

目前中小学生迷恋电子游戏、网络游戏而放弃学业的例子很多。未成年人本身的自制能力比较差，很容易受到电子游戏的诱惑，其后果基本就是旷课、逃学、不完成作业,甚至夜不归宿、离家出走。在有的地方还出现过因为长时间地玩游戏,中学生暴死在游戏厅的事件。而一些利欲熏心的游戏厅业主则不顾有关的法律规定和青少年的成长,利用不正当的手段引诱未成年学生,例如有的将学生的钱存在游戏厅,不玩也不退给学生;有的对暂时没钱的学生赊账,到期不还就以告诉家长、老师或者殴打相威胁;还有的为玩游戏的学生提供食宿,帮助学生冒充家长写假的假条等。这样的后果对青少年的成长是极为不利的。

◎一旦教师发现学生有迷恋游戏的嫌疑时,一定要同家长及时联系,共同对学生进行思想教育,并且要对学生的校外活动加以要求,督促家长监护好孩子。

◎对于那些用不正当手段引诱未成年学生的游戏厅,学校一定要及时向公安、工商、文化等部门举报,铲除毒害青少年的窝点。

◎如果学校的附近有歌舞厅、游戏厅等场所时,学校应当同有关部门联系,使其限期迁移或停业。

法律一点通

学校周围不得开办电子游戏厅或歌舞厅。歌舞厅、酒吧、网吧等营业性场所应当禁止未成年人进入。

小资料

青少年学生如何保证上网安全

随着电脑和互联网的普及,一种新的犯罪类型——网络犯罪渐渐露出头来。而青少年学生由于缺乏一些必要的自我保护知识,很容易受到网络犯罪的侵害,如果因此就禁止青少年上网,显然是一种因噎废食的做法,所以学校应当在有计划地对学生进行信息网络教育的同时,加强上网的安全教育。以下是未成年学生上网时的一些注意事项,教师可以在教学中对学生加以渗透。

(1)在网络中一般不要公开自己的姓名、住址、学校、身份证号等与自己身份有关的个人信息,因为这些信息有可能被犯罪分子利用,实施犯罪。如果真的需要在网络注册自己的真实信息,一定要提前征得父母的同意。

(2)对于网上的晦涩信息、威胁性信息、挑衅信息等,不要加以理睬,对于陌生人发给自己的电子邮件,一定要加以注意,防止网络病毒的侵害。

(3)当有网友请求与你约会或者提出要无偿赠予钱物时,一定要小心,对于陌生人的约会,应当不加理睬或婉言拒绝,不要为贪便宜接受网友的财物。

(4)未成年学生应当对网络的"虚拟性"有所了解,在网络上使用QQ等联络工具等,一定要意识到,正在与自己聊天的"同学"有可能是成年人假扮的,所以不要轻易在网络中相信别人。

(5) 不要登录含有反动或淫秽信息的网站,因为这类网站对青少年危害极大,许多青少年就是因为受这些不良信息的影响而走上犯罪道路的。目前在网络中有一些链接表面上看是正当网站,但假如一旦点击登录,就会发现链接的是不良网站,此时应当马上关闭窗口,退出网站,不要因为好奇加以浏览。另外,还有一些国外色情网站一旦网民登录,该网站就自动转为国际长途联结,骗取高额电话费。

(6) 上网地点如果在家中,家长应当对子女的上网情况加以监督,安装一些管理软件或防黄软件,以避免孩子在上网的过程中受到侵扰。如果学校组织学生上网,也应当对学生的上网情况加以监督,防止出现意外情况。

经典案例 8

学生课间斗殴致伤案

许某与曾某系某中学初三学生。9月21日上午课间时,许某离开其座位外出,曾某则坐在许某的座位上与同学聊天,许某回来后即叫曾某让开,由于曾某与他人聊得起劲而未从许某的座位上让开,许某即推了曾某一下,双方互相推了数下,曾某拿起课桌上的物理课本向许某打去,碰巧打在许某的左眼上,致许某左眼巨大裂孔性视网膜脱离,经法医鉴定,许某的眼伤为八级伤残。

法院审理后认为:许某左眼致残,系在与曾某课间休息期间相互玩耍中,被曾某的行为所致,两人在明知学校对学生在课间休息期间的行为有禁止性规定的情况下,仍不遵守学校的规定,致使损害结果的发生。对此,双方均有过错,曾某应承担主要责任,许某应承担次要责任,因俩人均未成年,其民事责任由双方监护人承担。某中学虽对学生在课间休息期间的纪律规定了制度,并对学生进行了一定的安全教育,但在对安全制度的落实和监督方面措施不利而存有疏忽,未能有效地防止事故的发生,具有过错,亦应承担相应的责任。据此,依照《民法通则》有关规定,判决原告许某因致残的医药费、护理费、残疾赔偿金等计54327.35元,由被告曾某承担55%的赔偿责任,计29880.03元,被告某中学承担10%的赔偿责任,计5432.74元,原告许某自负35%的责任,计19014.58元。

事故分析

在本案中,判决学校承担10%的理由是牵强的,因为在目前的条件下,要求教师随时随地地陪护学生是不现实的。如果在正常上课期间，教师当然要保证在教室管理学生，但课间学生休息期间，要求教师也要全程监督每一位学生的活动是不可能的，所以法院认为学校因为在对安全制度的落实和监督方面措施不利而存有疏忽，未能有效地防止事故的发生，具有过错的理由是值得商榷的。但这也给我们提了醒，学校不仅应制定出课间的纪律要求和管理规范，还应具体落实。

律师建议

一般来讲，课间的学生活动不同于正常的上课。在课间，教师对学生的监管和保护自然不会像课堂上一样。所以，如果学生因为打闹、开玩笑导致的伤害，学校一般不会具有过错，因此也就不会承担责任。

不过，出于对学生的安全考虑，为了保险起见，许多学校还是采取了一些切实可行的方法。有的学校在课间安排了值周的教师和学生干部，有的学校对学生再三强调课间的安全纪律。但有的学校的做法未免有些过度，例如这些学校规定学生在课间除了上厕所，只能坐在自己的座位上。这样虽然避免了学生发生事故，但却极度地不符合教育的规律、不符合生理的需要，也不能使学生利用课间在室外放松紧张的头脑。

但并不是说，发生在课间的伤害事故学校就绝对地不负责任，如果学校在其中的确存在过错，还是要承担相应的责任的。在案例中，法院就以学校课间的管理措施没有落实为由认定学校有过错，判令学校承担部分责任，这样的判决虽有些牵强，但也提醒了我们，不能放松对学生课间活动的教育和管理。例如以下现象都有可能被认定为学校在课间管理时有过失。

◎学校和教师对学生具有危险性的游戏不加阻止。

◎接到学生违纪的报告后不及时解决。

◎没有对学生开展必要的课间安全教育和制定相关的课间管理制度等。

有关资料显示，某小学为了预防学生在课间打闹受伤，曾经制定了以下的措施。

◎该校几年前就明确禁止学生间开类似的危险玩笑，同时三令五申要求学生在坐凳子前，先要查看一下。

◎一年前，学校在各个班里还建立了安全记录本，上面记录了各班老师对学生进行安全教育内容和传达有关学校对学生安全的具体要求。

◎该校还规定："出于对学生课间活动时的安全考虑，要求相邻两节课的任课老师，在课间活动时必须进行交接。"也就是说，下课的教师必须等下节课的任课老师提前到班后才可离开；否则必须留在教室内。

法律一点通

学校应当对学生进行课间活动的安全教育，禁止学生在课间追逐打闹，进行危险游戏，同时学校也应当采取一定的措施对课间活动的学生进行管理，以防止学生在课间发生伤害事故。

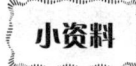

小资料

如何防止学生在自由活动时间受伤

（1）教育学生不要进行暴力或危险游戏。例如双方互持棍棒打闹；投掷石子；用铅笔刀或其他利器在同学面前挥动；攀爬树木、房顶等危险物，玩火等。

（2）坚决禁止"死亡游戏"在学生中的传播、蔓延。

2004年年底，教育部发言人表示，教育部要求各地坚决制止"死亡游戏"在学生中传播、蔓延，教育部已商请有关部门严厉打击、取缔"死亡游戏"这类不法游戏，严厉查处蓄意制造、传播这类游戏的不法分子，要求国内所有网站删除这类游戏的介绍。"死亡游戏"又被称作"闭气窒息游戏"或"心跳游戏"，这种游戏的原理就是通过各种人为的方法，使一些人体器官的功能发生紊乱，主要是使心脏的血液不能流到大脑，导致大脑短暂性缺血，出现窒息，这种窒息后的晕厥就类似于人在死亡的边缘。在这个窒息过程中，人就会有一些奇特的感受。这种感受因人而异，有些人会有轻飘飘的感觉，有的人则会产生幻觉。如果多次玩这种游戏，会造成脑细胞损坏、脑功能下降、记忆力衰退，并有生命危险。

（3）教育学生不要进入危险性的地方玩耍。例如学校内的施工工地、学校的防空洞、学校的废弃建筑物等。

（4）教育学生在学校内一定要注意车辆安全。近年来发生了一些校园内的车祸案件，这需要引起学校有关人员的重视。同时，学校还应教育学生，不要爬入车下玩耍，以免司机发动汽车时来不及爬出导致受伤。

（5）课外活动时，不要在教室、楼道玩耍，避免地方狭窄引发事故，下楼时，不要拥挤，人多时等会儿再走。

经典案例9

高中生被同学打伤

某高中高二学生张某丢了一笔钱，便怀疑是隔壁班的学生孙某偷的。于是，张某把孙某叫到自己的宿舍,让他交出偷走的钱。孙某不承认自己偷了钱。结果,张某就和同宿舍的其他6名学生先是对他进行辱骂,然后就打他的耳光、踢他的身体、撞他的头,接着又逼他喝下满满一瓶白酒,目的是让他酒后吐"真言"。孙某被折磨了整整一夜后,只好承认自己偷了钱,并答应双倍偿还。事后,张某警告孙某,不准将这件事告诉老师和家长。然而,事情还是因孙某的伤势过重而很快败露。孙某的家长冲进校长办公室,要求对打人的7名学生进行严惩,并向他们和学校索赔医疗费、精神损失费等。学校随即对张某等7名学生进行了严肃处理,满足了家长的部分要求。

事故分析

张某及其同学的行为侵犯了孙某的人身权,造成了孙某受伤,所以张某和参与殴打的同学应当承担相应的责任,情节轻微的,应当由学校给予处分或由公安机关给予治安管理处罚。情节严重,触犯刑律的,应当按照故意伤害罪对其定罪量刑。同时,张某等人还要承担孙某的医药费和其他费用。学校在事件中如果存在管理混乱等过错,也应当承担适当的赔偿责任。从案件的事实来看,孙某被其他宿舍的同学殴打了一夜,显然说明学校在学生管理、宿舍管理以及就寝制度上存在严重的问题,所以适当对孙某进行赔偿是不过分的。

律师建议

从上面的案例来看,这是一起典型的校园暴力。所谓"校园暴力"主要指学生之间以及社会与学校之间所造成的学生生理和心理伤害,包括肢体暴行、语言伤害、被强迫做自己不喜欢的事、被故意陷害等。"校园暴力"案件在全国都十分普遍。青少年犯罪研究会近期的一份统计资料表明:近年来,青少年犯罪总数已经占到了全国刑事犯罪总数的70%以上,其中十五六岁少年犯罪案件又占到了青少年犯罪案件总数的70%以上。校园暴力案件不断发生,在校学生的犯罪率呈上升趋势。所以,校园暴力问题已经成为一个严重的教育问题,也是一个严重的社会问题。

有的在校生恃强凌弱,索取财物,稍有不从,即拳打脚踢,甚至持械伤人。而有的学生为了不被其他人欺负,也相互结成帮伙,携带凶器,一旦团伙中有人受到欺负,全体成员立即集体反击,不计后果,从而形成了一种恶性循环。而这种不良团体也很容易在今后被黑社会势力拉拢或独自发展为黑社会团伙。

校园暴力产生的原因是多方面的。

◎社会不良环境的影响,例如近年来的很多影视作品宣扬的总是"打打杀杀"，电影中的主角都是能打架的"英雄"，情节也多是"以暴制暴"。在这种环境下，无形中使孩子产生了能打架才是有本事，谁要欺负我就揍扁他等不健康的观念。

◎学校环境的影响。在学校学习的重压下，一些成绩不佳的孩子一方面对自己自暴自弃；另一方面也是想为自己寻找一个发泄或者是展示自我的途径。心理学家指出，青少年学生正处于心理断乳期，随着第二性征的出现，他们的自我意识逐渐增强，言行举止趋于成人，喜欢表现自己，渴望得到别人认同。当他们内心郁积的困惑或愤怒无法释放时，在感情的冲动下，就可能会通过暴力达到目的。另外，班主任或其他教师对学生缺乏关心或者放弃了对一些问题学生的挽救也是一个重要的原因。

◎家庭环境的影响。问题学生往往难以从自己的家庭中获得温暖，父母也缺乏与孩子必要的沟通。家庭的冷漠迫使孩子从其他方面来寻找抚慰。

◎法制教育的不健全。目前很多学校的法制教育是单调的或者是形式性的。表面看来热热闹闹，实际并没有对学生产生多大的影响。教师素质也是一个关键的问题，一般学校的法律教师都没有接受过正规的法律教育，而其他教师的法律知识更是贫瘠。一个自身就缺乏法制知识与意识的群体要为别人进行法制教育，结果是可想而知的。如此恶性循环的结果便导致学生法律意识极其低下。以致发生过有的少年犯因杀人被捕，在公安局交代完事情的经过后对警察说："我都说完了，可以回家了吧？"令办案的警察惊愕不已。目前学校的法律教材也存在着教条、不符合学生心理和社会实际等种种问题。所以学校的法制教育总在谈，好像大家也都搞得很热闹，很有成绩，但实际情况却是恰恰相反的。我们应该看到，学校法治教育决不是一时的，而是一项长期的工作；不应只在表面上做文章，搞一些花架子，而是要真抓实干；教育的形式不应只停留在一些老路子上，而应丰富多样，符合青少年身心发展的特点；教育的内容不应被应试教育所束缚，而应重在培养学生分析和解决法律问题的实践能力。

在实践中，学校和教师可以采取以下一些措施。

◎加大对校园暴力的打击力度，决不允许存在校园恶势力，情节严重的一定要移交公安等司法部门，从而对有苗头的学生产生震慑。

◎加强对学生的法制教育，增强学生的自我保护意识，教育他们决不能"以暴制暴"，受到威胁一定要及时报告家长和老师。

◎班主任老师一定要认真了解学生的情况，关心学生，使学生能将重要的情况反馈给老师。同时也要加强对问题学生的教育，对其放弃教育只能招致日后更大的麻烦。

◎开展有益的学生活动，使学生建立正确的人生观和价值观。

◎加强学校管理。如加强门卫管理，实行保安巡逻，定期进行刀具清查，加强宿舍管理等。

 法律一点通

加强教育、耐心辅导、严格管理、坚决打击是应对校园暴力的有效措施。

 经典案例10

小学教师奸淫多名女生被处决

11月25日，某中心小学接到村小学教导主任的电话，称有学生家长举报这个学校四年级教师程某有强奸猥亵学生行为。中心校与区教育局随后向镇派出所报案，当天正在上课的程某被抓捕。

警方查明，程某经常在上课时对女生进行猥亵，有时他还在放学后以补课为名留下几名女生，对她们实施强奸猥亵。到案发前，村小学四年级的6名女生共有3人被强奸，3人被猥亵。

次年5月9日，程某涉嫌强奸猥亵幼女案在市中级人民法院正式立案。根据《刑法》的有关规定，法院一审判决程某死刑。同时，省教育厅责成市有关部门对相关责任人做了严肃处理，免去了区教育局党委书记、局长、镇党委书记的职务，撤销了区教育局人事科科长、中心小学校长、分校主任的职务。

 事故分析

依据《最高人民法院、最高人民检察院关于执行〈中华人民共和国刑法〉确定罪名的补充规定》（2002年3月26日起施行），"奸淫幼女罪"罪名已经取消。2003年1月8日最高人民法院《关于行为人明知是不满14周岁的幼女，双方自愿发生性关系是否构成强奸罪问题的批复》中规定："行为人明知是不满14周岁的幼女而与其发生性关系，不论幼女是否自愿，均应依照《中华人民共和国刑法》第236条第2款的规定，以强奸罪论罪处罚；行为人确实不知对方是不满14周岁的幼女，双方自愿发生性关系，未造成严重后果，情节显著轻微的，不认为是犯罪。"

强奸罪从重处罚的情形包括：强奸妇女、奸淫幼女情节恶劣的；强奸妇女、奸淫幼女多人的；在公共场所当众强奸妇女的；二人以上轮奸的；致使被害人重伤、死亡或者造成其他严重后果的。

注意：这里的"致使"包括故意和过失，但必须强奸行为和加重结果具有直接性的因果关系，因此强奸致人自杀的属于酌定情节，而不是这里的法定加重结果。

程某利用教师的身份在长达两年的时间里多次对数名幼女进行强奸、猥亵，严重地侵犯了幼女的身心健康，属于应当加重量刑的情节，因此程某被依法判处死刑。在本案中，多名学校、教育行政部门的管理人员因为在长时间内没有发现程某如此猖狂、公开、严重的犯罪，也是具有一定过失的，因此受到了相应的行政处罚。

经典案例11

小学教师猥亵学生案

某乡村小学59岁的教师沈某在担任班主任期间，利用给学生批改作业、打水及家访过程中学生独自在家的机会，在课堂讲台处、办公室、食堂和学生家中等地，先后多次对其所任教的小学三年级、四年级男生小东（13岁）等14人，以多种方式进行猥亵，以满足性刺激。后经学生家长举报，沈某被依法逮捕。9月，人民法院以猥亵儿童罪，判处沈某有期徒刑四年。10月9日，14名受害学生家长将该小学和市教委告上该市人民法院，家长们请求法庭判决两被告赔偿14名原告精神损害费各5万元，合计70万元。原告小东在民事起诉状中提出：自己多次受到被告沈某猥亵，身心健康受到了严重的侵害，精神受到了极大的刺激；特别是受到来自社会的歧视，将给他带来不可估量的损害。被告某小学对沈某长达四年的犯罪行为失去监控；被告市教育委员会在几年前就已发现沈某有猥亵学生的行为，却仅对沈某处以行政记过处分，并仍保留其教师资格，是造成这次损害事件的根本原因，故两被告也应承担赔偿责任。

 事故分析

按照我国《刑法》第237条规定："以暴力、胁迫或者其他方法强制猥亵妇女或者侮辱妇女的，处五年以下有期徒刑或者拘役。聚众或者在公共场所当众犯前款罪的，处五年以上有期徒刑。猥亵儿童的，依照前两款的规定从重处罚。"因此，我国对于猥亵儿童的行为是比照"强制猥亵妇女或者侮辱妇女罪"定罪的，而且在量刑上要从重处罚。在本案中，沈某的行为已经符合猥亵儿童罪的各项犯罪构成，构成猥亵儿童罪。

沈某的犯罪行为已经超越了学校职务行为的界限。教育部颁布的《学生伤害事故处理办法》第14条规定:"因学校教师或者其他工作人员与其职务无关的个人行为,或者因学生、教师及其他个人故意实施的违法犯罪行为,造成学生人身损害的,由致害人依法承担相应的责任。"因此,学校如果在事件的发生过程中没有过错,就不会承担责任。但应引起注意的是,假如学校已经发现了沈某的犯罪行为或者有人已经向学校反映了有关的事实,可是学校不采取任何措施,放任沈某的行为,就应认定学校存在明显的过失,而与沈某共同承担民事方面的责任。

律师建议

教师的性侵害犯罪是目前比较常见的一种犯罪类型,也是教师犯罪中最主要的一种类型。教师性侵害犯罪是指教师或其他教育工作者在教育教学过程中,利用自己的特定身份对女性学生进行强奸、猥亵或者对男性未成年学生进行猥亵的犯罪行为。学校应当针对以下因素采取措施对其加以预防。

◎学校应当从思想上重视。教育部、公安部、司法部在2003年的三部委联合通报中指出:"校长是学校的第一责任人,负领导责任,学校管理松懈,发生教师性犯罪事件的,要坚决依法追究校长、教育行政部门领导和相关管理人员的责任,严重的要撤销行政职务和开除公职。"因此,学校的领导一定要对此问题给予高度的重视,采取各种可行的措施加以预防。

◎弥补法制教育的缺位。近年来,师范教育中有关法律的课程设置薄弱。这种师范教育体制导致目前师范教育中法律教育缺位,那些走上教师岗位的师范毕业生法律知识欠缺,因此不要说传授给学生多少法律知识,就是自己也比法盲强不了多少。在这种法律意识极其淡薄的学校环境中,教师因为法律知识的缺位容易导致自己的违法犯罪行为,学生因为自己的法律知识缺位容易导致自己对发生在自己身上的犯罪行为不知所措,如此恶性循环导致教师对学生的侵权和犯罪的案件频频发生。

◎加强对学校教学制度的管理。学校在教学制度上如果存在漏洞,也可能会给实施性侵害犯罪的教师一些可乘之机。所以学校应当建立有效的防范制度。例如规定教师不得单独给异性学生辅导、补课;如遇到特殊情况需要单独与异性学生在办公室谈话时,一定不能锁上房门;不得约异性学生到自己的宿舍补课、谈话;教师不得为异性学生检查身体,尤其是隐私部位的检查;在有学生住宿的学校,要使用与住宿学生相同性别的教工管理学生宿舍等。

◎学校应当建立有效的处理机制,健全检举举报制度、调查核实制度、处罚制度等各项制度。使学校中对于教师性侵害案件有专门的部门或人员负责,保证有了问题能够及时解决,并且注意对受伤害学生的保护,尤其应当注意对其隐私的保护。

◎学校和教育等行政部门在接到有关报案后,对于有可能触及刑律的案件一定要及时移交公安部门侦办,决不能以行政处罚代替刑事处罚,也不能为了维护本部门、本单位的利益而隐瞒不报。

 法律一点通

教师对学生进行性侵害是触犯《刑法》的行为,应当承担相应的刑事责任。

 法律链接

《刑法》中涉及教师性侵害犯罪的有关规定

(1) 强奸罪:《刑法》第236条第1款规定了强奸罪:"以暴力、胁迫或者其他手段强奸妇女的,处三年以上十年以下有期徒刑。"

(2) 嫖宿幼女罪:现行《刑法》第360条第2款规定:"嫖宿不满十四周岁幼女的,处五年以上有期徒刑,并处罚金。"

本罪的犯罪对象是特殊对象,不仅特殊在其是不满十四周岁的幼女,而且特殊在其为卖淫的幼女,如果行为人以欺骗手段对非卖淫的幼女实施奸淫行为的,则构成强奸罪。从"嫖宿幼女罪"出台的14年来看,其实施效果并不理想。

司法实践已经表明,实施了14年的嫖宿幼女罪不仅没有遏制犯罪行为,反而在客观上助长了卖淫团伙引诱和强制未成年女童卖淫,也让更多的不法分子将罪恶之手伸向未成年女童。2012年,全国人大常委会法工委已经立项,对"嫖宿幼女罪"的争议问题进行调研。而最高人民法院办公厅也曾表示会成立调研小组,选取嫖宿幼女案件多发地区进行调研。2013年,全国妇联开展了受暴力侵害和拐卖被解救儿童临时监护制度的专题研究,已通过提案、报告等不同渠道提出了关于废除嫖宿幼女罪、修改《刑法》以及综合治理拐卖犯罪买方市场的对策建议。

(3) 强制猥亵、侮辱妇女罪:《刑法》第237条第1款规定了强制猥亵、侮辱妇女罪:"以暴力、胁迫或者其他方法强制猥亵妇女或者侮辱妇女的,处五年以下有期徒刑或者拘役。"

《刑法》第237条第2款规定了强制猥亵、侮辱妇女罪的加重情节:"聚众或者在公共场所当众犯前款罪的,处五年以上有期徒刑。"

(4) 猥亵儿童罪:《刑法》第237条第3款规定了猥亵儿童罪:"猥亵儿童的,依照前两款的规定(强制猥亵、侮辱妇女罪)从重处罚。"

第三十八章

校外活动安全

卷五 学校安全事故案例解析

"校外教学"是正常教学活动重要的一环,为了拓展学生的学习领域,充实学生的学习经验,学校应该经常举办。因此从拟订计划、选定日期和地点、勘察路线、租用车辆、行前安全教育、旅途中的安全维护与结束后的总结等,都是相当重要的学校安全管理事项。

 经典案例1

某小学春游前与家长签订安全协议

某小学在组织春游活动之前,发给每个学生一张合同,让家长签字。合同的内容是:"在学校组织的春游活动中,如发生学生伤亡事故,一切责任由学生家长自负,学校不承担任何责任。"如果家长不签字,孩子就不能参加学校组织的春游活动。家长们虽然都不情愿,但一方面怕得罪学校和老师;另一方面不愿扫孩子的兴,所以绝大多数家长在这份"生死合同"上签了字。

 事故分析

在学校组织的春游活动中,发生学生伤害事故的概率是比平时要大的。因此许多学校在组织春游等活动时总是对学生的安全问题很重视,纷纷采取不同的保护措施,以减小事故的发生概率。但在上述案例,学校为了避免发生学生伤害事故后承担责任而与家长签订了"免责协议"。这样的"生死合同"有效吗?答案是否定的,学校这样做不仅会使家长对学校的工作产生意见,而且即使在发生学生伤害事故后,学校也不能以"安全协议"为由推卸自己的责任。

◎按照《合同法》的规定,订立合同的双方当事人应当根据平等、自愿的原则签订合同,一方当事人不得将自己的单方意愿强加给对方。学校将自己的单方意愿强加于对方的行为显然违反了平等自愿的原则。

◎在合同法中,要求订立合同的双方当事人意思表示应当真实,而本案中,家长不签字,孩子就不能春游,所以家长只好不情愿地在协议上签字,违背了家长的真实意思。

◎"安全协议"属于学校单方面提供的格式条款,根据《合同法》第40条的规定,提供格式条款的一方免除其责任、加重对方责任、排除对方主要权利的,该条款无效。而学校提供的"安全协议"条款恰恰免除了自己对学生教育、管理和保护的主要责任。是符合《合同法》第40条规定的关于格式条款无效的情形的。

因此,学校与家长签订的"安全协议"是无效的,学校不能根据该条款对因自己的过错造成的学生伤害事故免责。

　　同时，学校对在校的未成年学生承担的教育、管理和保护义务，是一种强制性的法律义务，而强制性的义务是不能以协议的方式免除的。对于在校学生，学校具有保护他们的身体不受伤害的义务，并不能因为学生年龄小就免除自己的义务，而且春游也是学校的一项正常活动，学校没有理由因为风险大就将保护学生的义务转嫁给家长。

法律一点通

　　学校违反法律的规定与家长签订的免除自己主要责任的协议是无效的。

法律小知识

　　格式条款是当事人为了重复使用而预先拟订，并在订立合同时未与对方协商的条款。

经典案例2

无证行医者在学校检查造成学生损害

　　据《中国教育报》报道，犯罪嫌疑人周某经人介绍，来到湖南省某镇的一所小学，自称是进行少年儿童包茎患病情况调查的，在获取相关数据的同时进行咨询与治疗服务，且检查时不向学生收取任何费用。周某还说，小儿包茎发病率高，许多家长都蒙在鼓里，可见及时检查的重要性。校方一听，感觉有道理，再加上此事的中介人又是专管防疫工作的，虽然所查部位为传统意识中的敏感区，但因为不收费，便同意了。随后，周某对全校350名男生进行了检查，并发放了治疗包茎的广告。事后，部分男生因为检查造成尿路感染，100多名家长到学校讨说法，并向当地有关部门反映了情况。

　　经查，周某今年62岁，为某疗养院退休医师，有医师资格，但在学校所在的区没有办理行医证，所以属非法行医。当地派出所依法对周某进行了罚款处理。之后，有关部门迅速派出了调查组与治疗组，深入学生家中，疏通家长思想，并对被感染的学生进行治疗。在此基础上，有关部门对造成此事件的相关责任人员给予了免职与撤职处分。

事故分析

　　根据有关法律法规的规定，学校对未成年学生有教育、管理和保护的义务。

在本案中，学生的伤害结果主要是由非法行医者周某造成的，其假借检查包茎为名，实质是吸引学生找自己治疗，但由于检查的设备和手段简陋，以致发生多名学生尿路感染的恶性事件，引起家长的极度不满。但学校在其中也难逃干系，家长将孩子送到学校，学校就应当对学生的身心进行保护，使其避免外界的侵害。本案中，学校没有谨慎地履行对医学检查者的审查义务，也没有将敏感部位检查的事项提前通知家长。所以，虽然学校在活动中并没有收取相关的费用，但因为学校的过失，使非法行医者进入学校，并造成了伤害结果，学校也应当承担一定的责任。

 律师建议

学校与校外的单位、人员合作，以学生为对象进行各种活动时，一定要注意以下几点。

◎活动的开展是否确有必要，是否有益于学生的利益，是否带有商业性营利行为的性质。

◎对方是否具备相关的资质，学校应当严格、审慎地查阅对方的相关证明。

◎必要时，要将相关的情况提前通知家长，在征得家长同意的情况下进行。

◎在活动的进行当中，学校也应当履行相关的管理、协助义务，防止学生出现意外。

 法律一点通

如果有校外的机构或人员要在学校举办活动时，学校一定要慎重考虑，精心安排，否则是有可能承担法律责任的。

 经典案例3

学生在动物园春游时被熊猫咬伤

4月15日，某小学组织六年级学生到动物园游玩。进入动物园后，带队老师让学生自由参观，中午12点准时到动物园门口集合。程某（12岁）等几个学生来到熊猫馆，其间，刘某和同学们打赌，谁敢摸一下大熊猫，他就请谁吃冰激凌。争强好胜的程某不顾同学的劝阻，跨过铁丝网向大熊猫靠近。结果被一只大熊猫拖进两米深的沟里撕咬致伤。程某住院治疗，共花去医疗费、护理费等9000多元，并休学半年。程某一纸诉状将动物园、学校和刘某告上法庭，要求三被告赔偿原告医疗费、护理费、（父母的）误工费、因休学而请家教上门辅导所支付的家教费及精神损害赔偿等损失共计4万多元。被告动物园辩称，其已设立"动物伤人，请勿入内"的警示标志，并采取了合理的防护措施，原告被咬伤过错在于原告自身及学校，动物园在此事故中并无过错，但基于人道主义原则可给予原告一定的补偿。被告学校表示，其是否承担责任应按照法律的规定来办理。被告刘某辩称，他和同学打赌是一种开玩笑的行为，原告作为十几岁的学生应当具有辨别危险因素的能力，其受伤与被告无关。经过几次开庭审理之后，法院终审判决认定，被告学校因疏于监管，应承担此次事故的主要责任；原告程某虽为限制民事行为能力人，但应知道基本安全常识，因此也要承担次要责任；被告动物园和刘某不承担民事责任。

 **事故分析**

《学生伤害事故处理办法》第9条规定："学校组织学生参加教育教学活动或者校外活动，未对学生进行相应的安全教育，并未在可预见的范围内采取必要的安全措施的，如发生伤害事故，学校应承担相应的责任。"所以学校在组织校外活动时，一定要履行对学生的照管、保护义务。

在本案中，学校是学生活动的组织者，但在活动过程中，放任学生自由活动，失去了对学生加以照管的可能性。程某作为六年级的小学生，其明显缺乏一些自控和自我保护的能力，任其在动物园中自由活动，是很可能发生意外事故的。本案中，当程某做出危险动作时，教师没有在现场，所以无法及时加以制止，以致损害结果的发生。学校对此或者是估计不足，或者过于自信，总之是存在明显过错的，所以应当根据过错责任原则承担责任。

对于动物园来说，其承担的是一种安全保障义务，即应在可能的范围内保障游客的人身和财产安全。具体来讲，动物园的安全设施一定要合格，如关动物的笼子要有绝对的牢固性，保证动物不会从其中逃出伤人。在本案中，动物园在熊猫场地周围设置了铁丝网，防止熊猫越出伤人，并且在场地上设置了"动物伤人，请勿入内"的警示标志，应当说已经恰当履行了其安全保障的义务，而不能苛求动物园在公园的每一个角落都设置工作人员来维持秩序，这也是不可能的。如果程某不越过铁丝网，熊猫是不会对其造成伤害的。所以，动物园在本案中是没有过错的。

刘某与同学打赌，并不会直接导致程某越过铁丝网。所以刘某的打赌行为与程某受伤并没有直接的因果关系。程某越过铁丝网，完全是因为其争强好胜的心理所驱使。所以，在本案中，法官认定刘某不对事故的结果承担责任，而程某则要自己负担一部分的损失。

卷五 学校安全事故案例解析

律师建议

必要、适当的校外活动应当说是教育教学的内容之一,它对青少年的身心成长起着极其重要的作用。但相对于校内活动来说,校外活动发生学生伤害事故的概率要大一些。所以,不少的学校因此削减,甚至取消了各种校外活动,这种因噎废食的做法是不可取的。而要组织校外活动,学校应当注意以下几点。

◎要对学生进行相关的安全和纪律教育。

◎必须要有周密的计划,落实时间、地点、人员、责任以及突发事件紧急应对预案等,计划要同学生的年龄与行为能力相适应。

◎建议小学生不宜脱离教师的监管自由活动。中学生的自由活动也一定要有组织,结组进行,每组应由有责任心和组织能力强的同学带队,并且应对活动的区域、范围,禁止进行的活动类型,有突发事件时的应对方式和教师的联系方式等做出周密的安排。

◎对于一些危险的场所和活动要避免学生参与,一些学生的违规行为要及时加以制止。

正所谓有备无患,学校应尽力将事故的发生概率降到最低。这样即使有意外发生,学校也有可能主张自己因为无过错而免责。

法律一点通

学校组织学生参加教育教学活动或者校外活动,未对学生进行相应的安全教育,并未在可预见的范围内采取必要的安全措施的,如发生伤害事故,学校应承担相应的责任。

法律链接

《中华人民共和国未成年人保护法》第22条规定:"学校、幼儿园安排未成年人参加集会、文化娱乐、社会实践等集体活动,应当有利于未成年人的健康成长,防止发生人身安全事故。"

经典案例4

学生看电影时因拥挤被踩伤

某小学在组织学生前往当地一家电影院看电影时,因为学生人数较多,难于管理,进场缓慢,当最后两个班正在进入观众席双号通道时,电影已经正式开始

· 943 ·

放映，同时电灯熄灭。学生因急于入座，一时间秩序大乱，你推我搡，并不时有学生发出尖叫。尽管教师马上前去维持秩序，但因电影院未将灯光打开，现场极为混乱。拥挤中导致一年级学生许某死亡，另有一人轻伤。学生家长以电影院和学校为被告，向当地人民法院提起诉讼，要求索赔。学校则认为自己没有过错，拒绝赔偿。

 **事故分析**

《学生伤害事故处理办法》第9条规定："学校组织学生参加教育教学活动或者校外活动，未对学生进行相应的安全教育，并未在可预见的范围内采取必要的安全措施的，学校应当承担相应的责任。"在本起事故中，学校对活动的安全工作认识不足，对学生的组织显然不利，缺乏对学生的安全教育和组织管理，没有和电影院进行必要的沟通联系，致使学生发生混乱，导致拥挤致伤事件的发生。因此，学校没有做好对学生的监管和保护义务，对事故的发生在主观上存在明显的过错，所以应当承担部分责任。

同时，本案中的电影院在学生尚未完全入座的情况下便关闭了大厅的电灯，从而使学生因急于入座而发生拥挤，同时也使学校和老师难于在黑暗中对学生进行管理和疏导，所以电影院应当和学校一起承担相应的赔偿责任。

 **律师建议**

组织学生外出看电影是学校经常开展的一项教育活动，经常观看健康、有益的影视作品也有利于学生的身心发展。但学校和教师在此项工作中应当重视对学生的安全保护，这需要从以下几方面注意。

◎应当加强对学生的安全教育，避免学生因违纪或恐慌而发生意外；

◎应注意往返途中的安全，如需步行，应当列队行进，分别安排教师在队前、队后和队中进行组织管理；

◎应当提醒学生在入场时严格遵守纪律，按顺序在教师的引导下进场，出场时也应当在门口集合并清点人数；

◎学校应当提前与电影院做好沟通，对电影院的准备工作提出一些建议和要求。

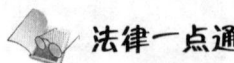 **法律一点通**

教师应对学生在电影院有可能发生混乱情况加以预防，防止出现拥挤踩伤事件。

卷五 学校安全事故案例解析

 **法律链接**

《学生伤害事故处理办法》第11条规定:"学校安排学生参加活动,因提供场地、设备、交通工具、食品及其他消费与服务的经营者,或者学校以外的活动组织者的过错造成的学生伤害事故,有过错的当事人应当依法承担相应的责任。"

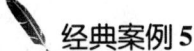 **经典案例5**

学生假日在学校排练节目斗殴案

某乡镇中学在寒假期间,老师安排初三(1)班的数名学生到学校进行腰鼓排练。上午排练刚一结束,李某与同学王某因琐事在教室内发生争斗。王某的好友张某拎起落在脚边的铁簸箕,砸在李某头上,致李某颅脑损伤,鉴定为十级伤残。李某的父母向学校索赔不成,便诉至法院。庭审中,学校提出:虽然腰鼓排练为学校安排,但系假期,斗殴又发生在排练结束之后,与学校的管理活动无关,而且教师事先已经将注意事项交代给学生,不应当承担赔偿责任。

法院认为,被害人李某和致害人张某寒假期间到校参与排练,并在排练结束后发生斗殴,对于损害结果的发生均有过错,应承担主要责任。因伤害事件发生在学校,且腰鼓排练为学校安排,张、李二人又系限制行为能力人,学校仍应适当承担对限制行为能力学生教育、监管不力的民事责任。为此,判决张某的法定代理人(其父)赔偿医疗费、残疾者生活补助费、鉴定费、护理费等费用的40%,计7599.36元,学校赔偿费用的20%,计3799.68元,其余部分由李某的法定代理人(其父)自负。

 事故分析

本案的争论焦点问题在于,学校对于学生在假期或者节假日的活动是否还有监管的义务。一般情况下,由于在假期学生脱离了学校的监管,所以学校不对学生的行为后果负责。但在本案中,却存在着一些特殊的情况。首先,事件是在学生进行学校布置的活动之中发生的,此时学校应当对因为活动的组织和安排中存在的疏漏造成的学生伤害承担责任。其次,案件虽然发生在假期,但地点却是学校,学校应当对在校的学生承担监管的义务,审理该案的法院即认为学校在事故中监管不力,所以判决学校承担一定的责任。

◎《学生伤害事故处理条例》第9条第4款规定:"学校组织学生参加教育教学活动或者校外活动,未对学生进行相应的安全教育,并未在可预见的范围内采取必要的安全措施的，学校应当依法承担相应的责任。"

◎《学生伤害事故处理条例》第13条第3款规定："在放学后、节假日或者假期等学校工作时间以外，学生自行滞留学校或者自行到校发生的学生伤害，学校行为并无不当时，不承担事故责任。"其中有两点需要注意。

● 一是该款强调学生是自行滞留学校或者自行到校的，如果是学校组织、安排的校内活动，则不符合该学校免责的条件。

● 二是要求学校行为并无不当时，才能免责。即使学生"自行"停留在学校，如果学校违反了必要的监管、保护、注意等义务，依然要对相应的学生伤害事故承担责任。

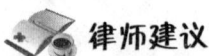律师建议

学校在学生的假期中，为了提高学生的各方面能力，丰富学生的假期生活，经常会安排一些学生活动，如社会实践、参观、劳动等。在学校安排这些活动时，一定要有周密的计划和安排，尽可能地排除一些不安全因素。假期如果安排学生到校，就需要安排专门的教师或工作人员负责管理。因为一旦学生进入校门，学校就要对其承担相应的监管义务。如果因为学校没有履行该监管义务而发生事故，学校就会承担相应的责任。

法律一点通

学校对节假日到校活动的学生依然要承担监管责任。

经典案例6

学生在勤工俭学的路上受伤索赔案

位于偏远山区的某小学因为教学经费紧张，每年都组织学生和老师开展勤工俭学活动。10月，学校与当地一家橘园联系了采摘橘子的任务，由橘园给付一定的报酬。23日，学校组织学生到10公里外的橘园摘橘子，要求高年级的学生每人至少摘150千克橘子，谁先摘够就可以先行回校。由于路远，学校没有统一安排交通工具，而是要求学生有自行车的骑车去，能带人的带一名同学，没有自行车的，由各自的家长想办法将孩子送到山上。学生许某没有自行车，便与同学骑一辆车到了山上。在提前完成任务，并同带队老师打了招呼后，许某准备坐公共汽车回校，但在其步行至公路时，被一公共汽车撞伤，导致身上多处骨折，脾脏破裂，共花去医药费12000余元。当地交警部门认定许某在事故中承担70%的

主要责任，司机承担30%的次要责任。在交警队的主持下，司机将应负的赔偿款全部支付给了许某。但许某的家长认为孩子是在学校组织的勤工俭学活动中受的伤，所以许某的医药费应当由学校来承担。而学校认为这次事故完全是由于许某与司机的过错造成的，学校没有任何责任。在协商未果的情况下，许某的家长诉至法庭，要求学校承担自己70%的医药费8400元。法院认定学校缺乏对学生的统一管理，没有尽到自己的职责，应当承担相应的责任，而许某自己没有尽到注意义务，也应承担部分责任。最终法院判决该小学赔偿8400元医药费的80%，即6720元，原告许某自行承担20%，即1680元。

事故分析

◎该小学在组织未成年的学生勤工俭学，到10公里外的橘园摘橘子时，应当采取相应的措施以确保学生的安全，但学校在整个活动中缺乏统一的管理，没有尽到教育、管理和保护的职责，所以应当承担相应的责任。

◎学生许某本人在公路上不注意来往车辆，对安全缺乏重视，所以也应当承担一定的责任，因此法院作出了以上的判决。

◎如果学生在勤工俭学的劳动中受伤，即使学校和学生都没有过错，学校也应当承担责任。这是因为学生是在为学校的利益而劳动的过程中受伤的，根据"利益所在，风险所在"的原则，应当由学校承担责任。

经典案例7

学生参加危险劳动导致受伤案

某学校组织学生轮流参加该校所属液化气站的劳动。一日，当某班学生在室内用液化气残液擦拭液化气瓶时，因为严重违反安全操作规程，导致液化气瓶遇液化气爆炸，造成4名学生死亡、6人重伤。

事故分析

组织学生参加适宜的勤工俭学是有益学生身心发展的。但因为未成年学生的劳动能力有限，认识能力有限，所以在生产劳动中很容易受伤。如何保证未成年学生在勤工俭学活动中的安全就成为一件组织者必须考虑的事情。为此，我国的许多法律、法规、通知及文件都对学校的勤工俭学安全工作提出了具体的要求。

◎《中华人民共和国未成年人保护法》第22条规定："学校、幼儿园安排未成年人参加集会、文化娱乐、社会实践等集体活动，应当有利于未成年人的健

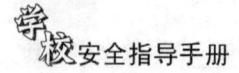

康成长，防止发生人身安全事故。"

◎《学校卫生管理条例》第11条规定："学校应当根据学生的年龄，组织学生参加适当的劳动，并对参加劳动的学生，进行安全教育，提供必要的安全和卫生防护措施。普通中小学校组织学生参加劳动，不得让学生接触有毒有害物质或者从事不安全工种的作业，不得让学生参加夜班劳动。普通高等学校、中等专业学校、技工学校、农业中学、职业中学组织学生参加生产劳动，接触有毒有害物质的，按照国家有关规定，提供保健待遇。学校应当定期对他们进行体格检查，加强卫生防护。"

◎《全国中、小学勤工俭学暂行工作条例》第7条规定："组织学生参加劳动，必须注意学生的年龄、性别、健康状况和知识水平。要加强领导和管理，做好防护工作，保证学生安全。要教育学生严格遵守劳动纪律，服从指导，按操作规章进行操作，严禁组织学生参加有毒、有害和危险工种的作业以及过重的劳动。"

◎在教育部《关于注意安全，避免中小学生发生事故的通知》《关于严禁以勤工俭学名义乱收费的通知》以及国务院《关于特大安全事故行政责任的追究》等文件中也都对学校组织勤工俭学的工作作了类似的要求。

在本案中，学校组织学生参加具有较强危险性的作业，最终导致重大事故，有关的责任人将会受到相应的刑事制裁。

 **律师建议**

在学校组织学生参加勤工俭学活动时，具体要做好以下几方面的工作。

◎不能组织学生参加有毒、有害或具有危险性的活动，应当根据学生的年龄、性别和身体健康状况等因素安排具体的劳动；

◎劳动的强度应当适宜，不能安排学生参加超过其身体承受能力的劳动，也不能组织学生参加夜班劳动；

◎在劳动中注意对学生的安全保护，相关的教师或工作人员一定要尽到监管责任；

◎在活动之前和活动的过程中，要加强对学生的安全和纪律教育。

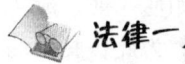 **法律一点通**

学生在学校组织的勤工俭学中受伤的，学校应当承担相应的责任。

经典案例 8

因学生在野炊活动中溺水死亡教师被判刑

11月22日上午,经学校领导批准,女班主任吴某与该校的吴老师、叶老师一同组织该校五年级和初一年级约60名学生到该市海边进行野炊活动,但学校要求不准学生下海游泳。野炊过程中,五年级部分男生向班主任吴某提出下海游泳要求,刚开始吴某不同意,后经学生的再三要求,吴某便同意了学生下海游泳。游泳时,五年级学生周某不慎被海浪卷走,3位老师积极抢救,并拨打"110""120"报警急救电话求救,也未能阻止学生周某溺水身亡悲剧的发生。2004年3月5日,当地人民检察院向市人民法院提起公诉,指控吴某犯有过失致人死亡罪。人民法院公开审理了此案,经过审理,法院以过失致人死亡罪,判处吴某有期徒刑一年,缓刑一年。

事故分析

◎本案中,学校有明确规定不准学生下海游泳,吴某也意识到让11岁的学生下海游泳会有危险,只是经不住学生的要求,认为在浅海处游泳能够避免危险,属于过于自信的过失,其过失行为与被害人的死亡有直接因果关系。

◎吴某作为学生活动的带队教师,不仅没有尽到教师对学生的管理、保护义务,反而因为自己的决定过失导致学生溺水死亡,其对事故的发生负有不可推卸的责任。

◎事故发生后,吴某能积极抢救,并主动报警求救。且归案后,能如实供认自己的罪行,依法应当减轻处罚。

但笔者认为给吴某定失职罪更为恰当。

法律一点通

因教师的过失导致的学生重大伤害事故,教师或其他责任人有可能承担刑事责任。

经典案例 9

学生在鼓乐队训练中受伤

10月11日,某小学10岁的小学生于某参加了学校组织的鼓号队训练。中途休息时,其未按要求将队鼓卸下,在再次集合途中不慎跌倒,其腹部受到队鼓挤压,当时于某的伤情被前去观看训练的父母发现,随即将于某送到医院检查治疗,经检查未发现异常情况。但医生要求于某住院观察,于某的父母以怕影响于某的学习为由,要求暂不住院,回家观察,并将情况告知了于某的班主任,要求留意观察。5天后,于某自感阵痛加剧,被送到医院住院,诊断为腹部闭合性损伤脾脏破裂,进行了脾脏切除手术。经法医鉴定于某伤残程度为五级。于某诉至法院,请求学校赔偿损失38577.90元。法院经审理认为,学校在组织训练时,虽有安全措施,但在管理中仍有疏忽,使原告摔伤并导致脾脏切除,学校应当承担民事责任。遂判决学校赔偿于某各项损失37838.90元。

事故分析

在本案中,学校承担责任的理由主要是法院认定学校管理的过错是导致学生摔伤的主要原因。具体到这个案件中,原告的委托代理人在审理中强调,该小学在进行鼓乐队训练时,没有做好防范措施,在管理上也存在疏忽,具体表现在以下几方面:

◎一百多名小学生集体训练时,只有一名年轻的老师在场组织。

◎10岁左右的小学生发育尚未成熟,身材都不高,在胸前背上一个大鼓,必然挡住视线,而学校应当预料到学生在剧烈活动或奔跑时有可能发生事故并应采取防范措施。

◎学校在组织训练前就应当对运动场地进行检查,排除隐患,避免人身伤害事故的发生。

从判决结果看,法官也采纳了原告的观点。

经典案例10

小学生在汽车站擦玻璃摔伤

3月的一个星期天,某小学开展学雷锋活动,组织学生到汽车站打扫卫生,擦洗玻璃。出发前,班主任向学生交代了任务,强调了要求,要求大家在活动中遵守纪律,注意安全。上午学生到达车站后,分头打扫卫生,擦洗玻璃。其中部分女生到二楼擦玻璃。学生张某站在窗台擦玻璃时,不小心从窗台摔下。班主任和车站的领导及时赶来,将张某送往医院,诊断为小腿粉碎性骨折,住院治疗了40天,花去医药费2100元。事后,在区教育局和有关部门的调解下,达成协议:学校赔偿张某医药费2100元;由车站给予张某一次性补助1000元。

事故分析

这起事故中,应当说学校和车站都是具有一定过错的。

◎学校安排学生参加的劳动项目不合适。三年级的小学生基本上还属于无民事行为能力人,此时安排他们去擦二楼的玻璃是明显不当的。

◎对于学校来说,在学生活动时没有足够的教师跟随,不能及时地发现和制止学生的危险动作,这也是不当的。对于不满10岁的孩子,在外出活动时学校不能采用"放羊式"的组织形式,那样极容易发生意外。

◎学校和车站都没有对学生采取必要的防护措施,这也是不妥的。

 律师建议

这起事故中,学校的出发点本身是好的,组织学生参加一些社会公益性的活动是有益于培养学生良好道德水准的。但在组织这类活动中,学校应当注意以下几点。

◎活动的时间、地点、负责人都提前落实,需要提前与有关单位联系的要及早打好招呼。

◎活动的项目一定要经过精心选择,适合学生的能力范围,不能带有商业色彩,尽量避免带学生到不适于未成年人进入的场所活动。

◎一定保证有足够的教师跟随,既要避免学生违纪,发生意外,也要防范外界对学生的不良影响和侵害。

 法律一点通

学校在组织学生参加公益活动时,应当根据学生的智力、体力等情况安排学生力所能及的活动,在活动中也要注意保护学生的安全。

 经典案例11

学生救火导致重大伤亡案件

4月的一天,某小学的校长冯某、教师马某带领部分学生在学校的操场劳动。突然,有学生发现附近山坡上的林场着火了,经冯校长同意,先后共有十几名学生赶赴火场扑救,而冯校长和马老师没有一同前往组织和指挥。在救火过程中,因为火势凶猛,8名学生被烧死,1名学生被烧成重伤,而这些学生的平均年龄还不到13岁。事后,冯某和马某被当地检察机关依法提起了公诉,当地人民法院受理案件后，经审理认为，被告冯某、马某的行为已经构成了犯罪。最终法院以严重失职罪判处冯某有期徒刑两年，缓刑两年；判处马某拘役六个月，缓刑一年。

事故分析

本案中的被告冯某和马某身为教育工作者，对学生在校期间的人身安全应负保护和管理的责任。他们应当预见到未成年人在无组织的情况下进行扑火是具有危险性的，但两人却没有加以制止，甚至未去现场指挥，从而造成了严重的伤亡事故，给学生及其家庭造成了巨大的损失和痛苦。按照我国《刑法》的有关规定，其行为已经构成了严重失职罪，应当依法承担相应的刑事责任。同时，学校也应当根据自己教职工的过错，对受害的学生进行相应的赔偿。

律师建议

见义勇为是中华民族的传统美德，在社会、他人遇到危难之际，自己奋不顾身、挺身而出、视死如归是得到社会认可和赞同的行为。但近年来，一场对于未成年学生是否应当见义勇为的讨论一直在激烈地进行着。不可否认的是，为了社会和他人的利益而以牺牲自己利益的方式相助是我们的社会始终所提倡的。但对于未成年学生来说，是否应当对他们提出见义勇为的要求呢？国家教育委员会于1991年8月发布的《小学生日常行为规范》第20条规定："遇到坏人坏事主动报告，敢于斗争。"1994年8月发布的《中学生日常行为规范》第40条规定："见义勇为，对违反社会公德的行为要尽心劝阻，发现违法犯罪行为及时报告。"一些学者对这两条规定提出质疑，他们认为要求未成年人对违法行为"敢于斗争""见义勇为"的规定，超出了未成年人实际具备的能力。最近，北京和其他一些城市重新修订了中小学生行为规范，删除了要求学生"敢于斗争""见义勇为"的规定。笔者认为，对于未成年学生来说，当然要培养他们见义勇为的品质，使其乐于助人，勇于奉献。但在对少年儿童进行这方面的宣传教育时，也应当注意正确的引导，使其树立以下一些正确的观念：

◎在人的生命与物质财产的价值比较中，生命是第一位的。以往我们教育学生为了国家和集体的利益可以奉献自己的一切，甚至是生命，这种价值取向将国家和集体的利益放在高于一切的位置上，却忽略了在我们的社会中，人恰恰是最宝贵的财产。在法律制度上也有相关的紧急避险制度，即人们可以为了避免较大的损失而牺牲一些价值较小的损失。例如前几年曾发生过银行职员在歹徒抢劫时将钱交给歹徒的事件，事后，银行将这几名职员开除。职员不服，提起诉讼，最终法院认定，在危急情势下，银行职员将钱交给歹徒以保全自己生命的做法是无可指责的。因为人的生命是无法用金钱衡量的，面对持枪歹徒，银行职员如果拒不交出现金，只能做无谓的牺牲，所以法院最终作出了撤销银行开除决定的判决。但对于一些负有特定义务的人来说，不能以紧急避险为由逃脱责任。例如军人、警察、消防队员等。

◎未成年学生是社会上的弱者，在发生不可抗力或敌强我弱的情况下，过分地强调见义勇为只能做无谓的牺牲。但这并不意味着"见义不为"，而是说对于未成年学生要强调"见义巧为"。例如遇见歹徒正在实施犯罪，不要贸然与之搏斗，而要设法取得警察或成人的帮助。例如曾经有一位小女孩独自在家时，发觉邻居家有异常响动，从门镜发现，有两个陌生人正在撬邻居家的门。但这个小女孩家当时也没有电话，无法通过电话报警，而歹徒就在门口，出门也不行，大声呼救又会惊动歹徒。情急之下，她急中生智，马上写好报警纸条，当楼下有行人时扔下，行人发现楼上扔下的纸条是报警字样后，马上报警。最终警察赶到，擒获了两名犯罪分子。而当时假如"为"的方式不当，这名小女孩不仅不能保全邻居的财产，并使歹徒落网，也许最终还会搭上自己的性命。所以，对于体力有限的未成年人，一定要强调"见义巧为"！见义勇为也应当以人为本，应当体现对人生命的重视。

在上面学生救火的案例中，学生的出发点当然是好的，学校应当给予充分的肯定。但作为校长和教师，一定应当考虑自己的学生是未成年人，不具有救火的能力，而且会有生命的危险，另外校长和教师让学生自行前往的行为更是错上加错。

 法律一点通

学校组织学生见义勇为一定要慎重，当学生的人身安全受到威胁时，学校应当采取其他的措施，以防止学生在见义勇为中发生伤亡。

 法律小知识

缓刑是指对犯罪分子判处刑罚，但在一定时间内暂缓执行刑罚的制度。通俗地讲，就是被判处拘役、三年以下有期徒刑的犯罪分子，如果具有悔改表现，不致再危害社会的，法院可以同时判处缓刑，不予关押；如果犯罪分子在缓刑期内没有犯新罪，也没有发现有旧案，并且遵守缓刑纪律，缓刑期满后原判刑罚不再执行的制度。

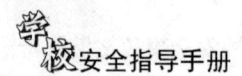

经典案例 12

中学生游泳溺水案

杨某等四人是南京某中学的学生。4月18日,杨某等四人吃过午饭相约一起去学校,在经过金牛湖时,见湖水清澈透明非常诱人,几个人便脱了衣服相约下湖游泳。大约10分钟后,四人游到湖中一8平方米的小岛上小憩,他们在小岛上面闲聊了一会儿,便继续下湖游泳。5分钟后,李某和另两名同学又游回岛上休息,好半天他们才发现杨某没有上来,当时他们以为杨某在扎猛子,也就没有放在心上。几分钟过去了,他们左等右等还不见杨某浮出水面,几名同学开始有点紧张,一边大喊着一边准备下水寻找。就在这时,他们突然发现在小岛下面冒出一股浑水,并有一只手在水中划了一下,紧挨湖边已经下水的同学赶紧伸手去拉,可等他俩的手伸向水下时,一个巨浪将杨某卷走。他们一边继续在水里寻找,一边吩咐一名同学上岸,骑车到附近凡集派出所求救。正在值班的民警接报后,迅速赶到事发现场,组织搜寻,下午4时,杨某的尸体被打捞上岸。

据了解,2004年夏天,南京共发生溺水事件数十起,30多人因此失去生命。在这些死亡的"亲水者"中有一半是学生。

2004年6月27日下午,一名年仅10岁的男孩小明(化名)在花神湖玩水时,突然沉了下去。直到下午6时20分左右,小孩的尸体才被捞了上来。

2004年7月3日,南京八卦洲七里5队一名11岁男童,在自家门前一条小河里游泳时,不慎掉进了深水区。

2004年7月5日,一名9岁男童在夫子庙桃叶渡秦淮河畔玩耍时,不慎掉入水中,经各方人员尽力打捞终于找到该男孩,但已身亡。

 事故分析

这些溺水事故的发生,教训十分惨痛。针对预防溺水事故,教育部曾三令五申,发出预警并提出相关要求,但个别地方安全意识依然淡薄,没有足够地重视,没有采取有效的措施。各地要结合实际,充分利用教育部提供的各类教育资源,结合以上事故开展专门的预防溺水安全教育。尤其要教育学生不准擅自与同学结伴游泳,在上下学途中不要下江(河)、池塘、建设工地残留水坑玩耍、洗澡、摸鱼。对已经放暑假的地方,要采取电视滚动播放字幕、教师家访、告家长通知书等多种形式提醒广大中小学生注意游泳安全。

从最近几年学生溺水死亡情况的表面看,发生溺水死亡的具体情况不尽相同，但仍然能找出一些共同的特点。

（1）多数事件发生在农村，尤其是地处边远和环境较为艰苦的农村。

（2）发生溺水死亡事故的时间段主要集中在5月至10月，并且这些事故大都发生在节假日和休息日（共6起），只有一起是上课期间的放学后发生。

（3）发生溺水死亡事故的年龄段都是低龄段，以小学生为主。"留守儿童"发生的溺水事故比较突出。

（4）发生溺水死亡事故的地域有江河、池塘、水库、水坑等。

喜欢玩水，喜欢游泳是人的天性，更是未成年中小学生的天性，这本身并不应该成为发生溺水事故的主要问题。我们应该从事故中吸取教训，从事故中总结规律，从而找到解决问题的途径和方法。从上述溺水事故的特点和规律可以看出，主要原因有客观和主观两方面。

客观方面，分布在农村大量的江河、池塘、水库、水坑、湖泊，没有安全防范措施，无人看管，学生上学放学经过这些场所，或者到这些场所玩水，就容易发生溺水事故。

主观方面，首先，中小学生尤其是小学生，安全意识差，没有意识到擅自到这些危险场所玩水、游泳潜在的危险。中学生的自控能力比小学生强，私自下水游泳的情况有所减少，自然溺水事故也就有所减少。其次，小学生几乎没有学会游泳，有的会游泳也只是会一点点，没有达到自我救护的水平。最后，学生家长或其他监护人放松保护和监管。他们把主要精力都放在生计上，很多人无暇顾及对孩子进行家庭安全教育和安全保护。还有的外出务工，干脆将孩子委托给老人照管。这些孩子离开学校后所接受的教育管理和有效保护是非常有限的，出事的往往就是这些孩子。

导致中小学生溺水的原因是多方面的，解决问题的主要目标应该集中在防止中小学生离校后擅自下河游泳，或到危险地域玩水等方面。坚持教育为主，疏堵结合。

一是加强教育，提高学生的安全意识。学校要不断地对学生进行包括防溺水等方面的安全教育，特别在夏天，要反复强调擅自玩水的危害性，使学生懂得在不具备安全保障的水域玩水的危险性。同时提醒家长认真履行职责，切实做好孩子离校后的监督保护和教育。对年纪比较小的学生，尽量接送孩子上学和回家。"防溺"教育要抓好两个重点教育：第一，抓重点对象教育。对平时喜欢擅自游水的学生进行造册备案，重点对他们多做思想工作，多讲擅自游水可能出现的严重后果，特别关注走读生，关注嬉水学生。小学的安全教育要把防溺水安全教育作为重点。第二，抓重点时段教育，如双休日、节假日、暑假等。这些时段之前,学校要反复强调防溺水问题,用实例予以警示。

二是在容易发生溺水的路段、危险地域和溺水高发水边设立"下水危险""严禁下水"等警示标志。必要时聘请群众作为义务巡查员,加强学生上学和放学道路及水边巡查,劝导、制止学生擅自下河游水。

三是通过体育课或举办讲座,教会学生游泳,提高学生的游泳技能。中小学生体育课要适当增加游泳知识的教育,以及游泳技能、救生技能的训练。有条件的学校要多上游泳课,学生还可以在家长的陪护下,在有安全保障的场所适当进行游泳技能训练,从而使学生在水中遇到突发情况时,能够运用所学会的游泳知识和技能,妥善地进行应急处置,最大限度地避免溺水事故的发生。

四是加强纪律教育。学校要加强学生的纪律教育,明确要求学生做到"六不准":不准私自下水游泳,不准擅自与他人结伴游泳,不准在无家长或老师带队的情况下游泳,不准到不熟悉的水域游泳,不准到无安全设施、无救护人员的水域游泳,不准不会水性的学生擅自下水施救。对擅自去游泳的学生,一经发现要立即制止并通知家长配合教育,进行严肃批评,甚至处分,坚决杜绝溺水事故的发生。

五是建立家校联系工作制度。学校加强与家庭的联系,共同做好"防溺水"工作。通过召开家长会、印发《致家长一封信》、签订《防溺水安全公约》等形式,把"游泳安全教育"宣传到每个学生、每个家庭,促进家校联手,共筑安全防线。

六是健全学校安全保卫制度。学校要认真落实门卫值班制度,严把出校门审批关,学生在上课时间、住宿生住校期间未经请假不得离开学校,更不允许学生在这段时间去游水。否则要严肃追查当班门卫和相关人员责任,并给予处罚。

七是建立举报奖励制度。发动学生举报擅自游水者,学校可以给举报者适当的奖励,利用学生管理学生。

经典案例13

中学生离校游泳溺亡案

李某是被告学校初二(二)班的学生。3月24日下午,该校初二年级举行历史考试。2点30分开考,李某在2点50分左右交卷离开考场,与同班的其他三位同学相约到离学校1公里处的池塘游泳,在游至池塘中100米处,因体力不支溺水死亡。事故发生时,学校曾多方组织人员进行抢救,事后又派人送去慰问金共计3200元。而后,两原告以学校对学生管理不善,导致学生在考试期间私自离校从事危险活动,致使其子死亡负有不可推卸的责任为由,诉至法院,要求被告赔偿两原告丧葬费 4000 元和死亡补偿费 1.9 万余元。

法院经审理认为:被告举行初二年级历史考试,两原告之子李某参加考试,考完交卷回家,属正常情形,被告没有违反学校的规章制度。死者李某年满 15 周岁,属限制民事行为能力人,其应当知道在无监护的情况下游泳的危险性,但其违反学校规章制度,私自与其他学生相约到离学校 1 公里处的池塘游泳,导致溺水死亡。被告与学生及家长签订的安全责任状中明确规定,学生不得在无监护的情况下游泳。故李某之死,不是被告学校教育管理上的原因造成,被告没有过错,不应承担民事赔偿责任。两原告提出李某之死,被告负有不可推卸责任的理由不能成立。但被告本着人道主义精神,给付原告抚慰金 3200 元,予以支持。为此,依照《中华人民共和国民法通则》第 106 条之规定,判决驳回两原告的诉讼请求。宣判后,原、被告均未上诉。

事故分析

学校对在校学生有教育、管理和保护的职责,但这种职责的履行,应以属学校管理的时间及管理的场所为限。离校 1 公里远的池塘,在正常情况下是不属学校管理的场所(如果学校组织学生在此上游泳课或游泳,则活动进行时属学校管理的场所)。但学生在下午近 3 点钟时去该处,有可能此时仍属学校管理的时间范围内,原告起诉所主张的理由实际上就隐含此意(学生在考试期间私自离校)。因此,本案首先要确定的是学生考试完毕离校回家,是否属教学规范所允许。因为,不到正常放学时,学校在未准许学生提前回家时,对学生负有监督管理的职责,应有值班人员阻止学生离校。而在特殊情况下,如下午考试,为不影响他人考试,考完的学生可以离校回家,则考完的学生一旦离开校门,就不再属学校管理的时间范围内,应由学生自负其责。

此案例同时也提示我们,一旦学校由于特殊情况没有按照正常作息时间上下学时,应当及时通知家长,通知的形式可以采取短信、家长通知单等,家长接到通知单后应当签字后返回学校,以免事后出现纠纷时产生争议。

经典案例 14

学生回家路上推搡导致跌伤

6 月 27 日下午,某小学学前班学生排着路队放学回家时,老师虞某随行护送。学生郭某走在队伍的最后,学生张某则走在倒数第二位。当走到某条街时,虞老师听见身后有人喊："有人跌倒了!"她回头一看,张某已倒在地上,左胳膊不能动弹。虞老师当即将张某送往医院救治,诊断结果为左肱骨髁上骨折。经询问张某与郭某,得知事发时郭某推了张某一下。学校将情况告知郭某的家长,郭父便买了慰问品并送来600元现金,请学校转交给张某的家长。出院时,医生告知张某的家长,张某的骨折愈合部位畸形,应在12周岁后做矫形手术。后张某将学校和郭某告上法庭,要求两被告赔偿原告矫形治疗费等相关损失。

当地中级人民法院二审后判决:该小学学校和老师并无过错,因此不承担赔偿责任,张某所需治疗费用万余元由郭某家长承担。

 事故分析

在本案中,法官主要需要查明学校和教师是否具有过错。一般来讲,学校并没有护送学生回家的义务,但该校既然有教师负责带领学生回家,学校就会因为自己的行为承担起保证学生安全的义务,这种行为在法律上被称为"无因管理"。但这种义务的归责原则依然是过错责任原则,即只有在学校和带队教师因为自己的过错导致学生受伤时才会承担起赔偿责任。从这起事故的发生来看,是因为郭某推了张某一下,导致张某跌倒摔伤。郭某的这个突发性的动作可以说是带队教师无法预见的,也是无法及时阻止的。而且教师虞某在事故发生后及时将张某送到医院,已经尽到了自己的责任,因此不能认为学校有过错。

有的学校和个别的法官认为,即使学校在事故中没有过错,但发生了事故就说明学校的教育有问题。这种看法是片面的,学校有没有过错是要在具体的环境中考察的,并不是所有学生伤害事故的发生都是因为学校教育的失误。如果那样认为,学校承担责任的范围就未免过大,对学校来说未免太不公平。所以,学校是否有过错还是应当在案件发生的环境中具体认定。

 律师建议

按照《学生伤害事故处理办法》第13条第1款的规定,在学生自行上学、放学、返校、离校途中发生的事故,学校行为并无不当的,不承担事故责任。所以在一般情况下,由学生自行上学、放学、返校、离校的时候发生的事故,学校不会承担责任,只有在特殊情况下,学校才会承担责任。例如某小学在租用距学校较远的某运动场开运动会时,通知家长下午5点到体育场接孩子,但运动会下午4点就结束了,该校一年级的几名学生因见不到家长来接,便自做主张自行回家,路上在横穿马路时,因没有注意车辆,一名学生被撞伤。在这起发生在学生回家路上的事故中,学校是具有一定过错的,因为学校的运动会没有按照通知家长的时间结束,致使学校的管理和家长的监护脱节,造成学生自行回家并发生事故。

但有的学校为了学生的安全和家长的方便,由教师负责带领学生组成路队回家,这种做法的出发点是好的,是值得肯定的。但学校应当注意的是,如果学校组织学生统一回家,并由带队教师负责管理,该带队教师就应当承担起保护学生安全的义务。如果因为带队教师的过错导致学生伤害,带队教师和学校就要承担相应的责任。因此,如果学校确实要组织教师负责带领学生组成路队统一回家,就应当对路队的负责教师、路队的纪律作出严格的规定和要求,以防止发生意外。

为了保证学生的安全,学校在学生的上下学管理上可以采取以下措施。

◎应当加强对学生交通安全等方面的教育,通过举办讲座、演习、竞赛等形式,向同学们宣传交通法规和交通规则,树立自觉遵守交通规则的好意识和好习惯。

◎学校有条件的话,可以组织学生组成路队回家,并可以安排教师护送,这样做虽然学校的责任加重了,但却保证了学生的安全。另外,只要护送教师尽到了相应的注意义务,即使发生了意外事故,学校也会免责的。例如2004年11月,河北省某学校由教师护送学生回家时,一辆满载钢材的卡车突然侧翻,将多名学生压在车下,造成数名学生死亡,护送的教师也因保护学生而牺牲了。在这起事故中,学校不负任何责任,而且这名教师的壮举也为人们称颂!

◎学校可以争取有关部门的支持,请求当地交警协助维护上下学时学校门前的交通秩序。目前在有的城市已经实行了上下学时"一校一警"制度,这极大地保证了学生的安全,值得推广。

 法律一点通

学生自行上学、放学、返校、离校途中发生的事故,学校行为并无不当的,不承担事故责任。

小资料

放学路上发生交通事故的应对措施

近年来,随着汽车数量的迅速增加,交通事故的数量也有所增加,所以,教师一定要加强对学生的交通安全教育。假如学生在放学路上发生交通事故,学生应当掌握一些应对的基本常识。

（1）在发生交通事故后，除非有发生翻车、爆炸等危险，否则不要轻易移动伤者。应迅速拨打120电话，请求医务人员的救助。如果发现伤者呼吸停止，应当及时对其实施人工呼吸。

（2）当自己受伤后，不要随便乱动，有人救助时，要首先将自己的姓名、学校、家长的联系方式告诉对方，尽快与老师和家长取得联系。

（3）如果有同学发生车祸，其他同学要记住肇事车辆的车牌号，以防止对方逃逸，并及时呼喊大人请求帮助。

（4）在拨打120电话，请求医务人员救助后，要再及时拨打122或110报警，并详细说明事故地点、时间、事故大致情况、伤亡情况，以便交警及时处理。

（5）在交警到达之前，要注意保护现场，禁止有人在现场吸烟，以防汽油泄漏引发火灾。

经典案例15

山西沁源重大交通事故

2005年11月14日5时40分左右，位于山西省沁源县郭道镇的沁源县二中900多名学生，像往常一样在教师的组织下出早操。由于校门口的操场容纳不下1189名学生跑操，除初一的学生在操场外，大部分学生照例跑上了离校门口不远的汾屯公路上跑步出操。

学生们跑出约1公里远时开始掉头返回，排在学生队伍最后的是初三121班。到6时左右，跑操学生大部分已经掉头从东向西返回。当时，118班的班主任姜某跑在了队伍的最后招呼学生。这时司机李孝波驾驶一辆东风牌带挂空货车由东向西驶来逐渐驶近了学生队伍。姜某发现了一辆货车向队伍冲来，他马上挥起手中的手电筒向货车示意。带队的教师出操时每人都带一支手电筒，一是为了照明；二是为了向过路车辆示意有学生通行。然而，这辆货车仍然像疯了一样向队伍冲来，姜某一边挥着手电筒，一手顺势把身边的两名学生宋某、张某推向路边，就在这一瞬间，货车冲上了学生队伍，姜某被飞驰的货车碾过。惨剧发生了，18名师生当场失去了生命。

事故分析

山西沁源重大交通事故后，教育部专门发布文件，要求城镇学校的早操、跑步等体育活动要尽量安排在校园内进行，严禁学校组织学生在主要街道和交通要道上进行集体跑步等体育活动。农村学校如确因体育场地欠缺，也要避开交通要道开展体育活动。

所以，学校在进行校外活动时，一定要根据实际情况，避免在人流车流密集的地方开展活动，以免存在事故隐患。

经典案例16

渡船倾斜致学生落水

4月5日上午，浙江省某学校5个班的学生到水库春游，用两条连在一起的水泥船将师生摆渡于水库对岸。不料，有3个班的学生在无人指挥的情况下竞相登船，船尚未启动，即倾斜进水沉没，已登上船的139名学生有128名落水。其中，43名学生溺水身亡。经调查，该水泥船无船名牌、无证书，船舶技术设备状况较差，而且未经核验，根本不能作为渡船使用，乘船地点也不是渡口。

经典案例17

汽渡违规致车辆落水

7月，湖北某高校学生放暑假后，7个老乡约好一起乘一辆车回家。途中要经过一个汽渡码头，按安全管理规定，汽车过汽渡乘客必须下车。但乘客认为上车下车麻烦，就没有下来，司机见他们都不想下来也没有再坚持。汽渡船离岸后，由于江面上风大浪急，加上汽车手制动不灵、车轮下又没有塞三角枕木，停在尾部的汽车从汽渡船上滑入江中。车上45名乘客，25人死亡，3人下落不明，只有17人获救，7名学生无一生还。

经典案例18

与火车抢道导致事故

9月19日中午，山东省某市职业学校放学，当5名学生走到铁路道口时，道口栏杆已经关闭，音响器正在发出报警信号，道口信号灯也正显示红灯，可是这5名学生硬是钻过道口栏杆而抢穿铁路。这时，轰隆隆的火车呼啸而至，结果造成1名学生当场死亡、3名学生严重受伤。

经典案例19

中巴落水致师生死亡

5月5日上午，浙江省某学校2名教师护送43名学生乘个体户的中巴车前往某地参观学习。由于严重超载，当中巴车行至金源乡井河村长厅岭龙田口路段时，翻入落差为50多米的长厅水库中，导致32人死亡。其中有29名学生和1名教师。

经典案例20

过马路时戴耳塞导致车祸

广东某高校学生李某，虽然是个近视眼，可他却最喜欢戴着耳塞边听音乐边走路边看书，有时候车到了他跟前才发觉。同学提醒他要注意，他却当作耳边风。1月的一天下午，他跟往常一样一边听着音乐，一边看着书回宿舍，经过一个十字路口时，一辆桑塔纳轿车从他左侧开过来，汽车鸣笛，他丝毫没有避让的意思，结果汽车司机刹车不及将他撞倒，幸好车速不是太快，否则其性命难保。

经典案例21

带"随身听"太危险，哼歌骑车出事故

6月27日，天津市某大学公共关系专业的女生孙某骑自行车外出购物游玩，由于带着"随身听"并哼着歌曲而注意力分散，结果在一交叉路口处与一辆出租车相撞，致使该女上右臂骨折、左腿扭伤、面部流血。

经典案例22

学生追贼被撞

10月13日晚6时许，21岁的北京某大学四年级女生任某在上完考研辅导班后独自一人骑自行车返回学校。当她骑车路过白石新桥时，放在车筐中的书包被人抢走，于是她急忙下车追赶盗贼。由于任某飞跑横穿马路追贼，不幸被一辆正常行驶的红色本田轿车撞死在距对面人行道仅两步的地方。警方在任某被撞不远处发现了她的书包，包内手机已被盗贼拿走，她的自行车停在桥上。警方已将犯罪嫌疑人捉拿归案，并鉴定汽车驾驶员没有责任。

经典案例23

马路溜冰丧生车轮

6月2日晚8时30分许，三亚市一学生赵某和几名同学在某酒店附近马路上

溜冰，赵某不慎滑入一辆正在行驶的小轿车车底，小轿车从他身上驶过。事后，赵某被送往三亚市人民医院抢救无效死亡。据执勤民警介绍，自2005年"溜冰风"在三亚流行以来，"溜冰族"成为三亚街头一道不和谐的交通安全隐患风景线。据统计，该市已有几名学生在马路上溜冰丧生车轮底。

经典案例24

酒后开车造成悲剧

10月17日，郑州某职业技术学院一男生趁学校开运动会之际，未得到班主任批准便擅自离校参加其表姐的婚礼去了。酒后，他与其他五人同乘一辆面包车在中牟境内一条公路上向郑（州）开（封）大道行驶途中，因驾驶员是酒后开车，不慎撞上一辆大货车，致使包括该男生在内的三人身亡，另三人受到重伤。明明知道车上的人都喝了不少酒，却没有制止驾驶员开车，造成如此悲剧，实在令人惋惜！

 事故分析

从近年来学生交通事故的情况看，主要原因有以下几种：

一是偷开父母及亲朋好友的机动车或电动车。由于青少年生性活泼好动，对驾驶机动车充满了好奇，有的中小学生趁大人不注意时偷开机动车或电动车，结果酿成交通事故的教训。《道路交通安全法》规定，驾驶机动车必须年满18周岁，驾驶电动自行车必须满16周岁，骑自行车也必须满12周岁。

二是骑自行车与机动车抢道，或在道路上相互追逐。一些学生在道路上双手离把、攀扶车辆、曲线竞驶或追打玩闹，忽视对周围车辆路况的观察，而机动车驾驶员又难以判断其行驶线路，容易引发交通事故。

三是许多中学生会选择十分自由的自行车或者电动车，相约一起出行。当学生们三三两两并排骑行在道路上的时候，一方面只注重互相聊天戏耍，往往不会察觉身边或者身后面会有危险，恰恰是在这个时候，意想不到的事故便会突然发生；另一方面，学生们并排骑行的时候，车速往往比较缓慢，而且占据比较多的道路路面，这个时候，其他骑行较快的自行车或者电动车，便会想方设法地进行超越，因而就极易发生意外事故。

四是乱穿道路。有的学生不按交通规则走路或骑车，乱闯红灯、不走人行道、翻越护栏或突然穿过道路，是遭遇交通事故的重要因素。

五是在道路上学车、溜旱冰、听MP3等。在道路上学习骑车或溜旱冰等行为是十分危险的举动,是违法行为,这方面的教训也不少。青少年朋友要学习骑车或溜旱冰等,应当选择相对封闭的内部庭院、球场、操场等场所,千万不要在道路上冒险学车或溜旱冰。如果达到了法定年龄,想学习驾驶机动车,应当到正规的驾校参加培训,父母不得私自带孩子学驾车,否则后果难料。

  六是乘车安全问题。暑假期间,很多中小学生要走亲访友或旅游观光,在乘坐各种交通工具时,应当注意:乘坐正规的公交车辆,不乘无牌无证车或不正规的"黑车";自觉遵守上下车秩序;不乘超载车;坚决劝阻或制止酒后驾车或疲劳驾驶;不将肢体伸到车体外面;不向车外乱掷物品;不在机动车道内拦车。

第三十九章

自然灾害应对

自然界本就充满着不可预知的破坏力量，如风灾、水灾、地震等，常会带给人类无法预测的灾难。学校既然是学生成长的摇篮，那么对天然灾害采取有效的防范措施，将可减少生命与财产的损失。因此，建立天然灾害安全防护组织，进行硬设备的检视、保养与修护，执行教育训练与灾害查报等措施，亦是校园安全管理的重要课题。

经典案例1

桑枣中学在地震中的奇迹[①]

他矮，胖胖的。

他所在的中学，是四川安县桑枣中学，是一所初级中学，在绵阳周边非常有名。学校因教学质量高，连续13年都是全县中考第一名，周围家长都拼命把孩子往里送。学生最多的班，有80多名学生，最前排的学生几乎坐在老师下巴前。

地震来临时，他正在绵阳办事。大地震动，他站不稳，只好与学校的总务长互相抱着。

手机打不通，电话断了，第一波震荡过去后，他立即驱车往地处重灾区的学校赶。

车开得飞快，路上他一句话也不说。

他惦记着学校那栋没有通过验收的实验教学楼，心里最怕的是那栋楼出事。

20世纪80年代中，那栋楼建设时，学校没有找正规的建筑公司，断断续续地盖了两年多。到后来，没有人敢为这栋楼验收。

新的实验教学楼盖好了，老师和学生谁也不愿意搬进去，哪个都知道没有人敢验收的楼，建筑质量是什么样的成色。

当时，他还是普通教师，是学校为数不多的党员之一，别人不敢搬，他只好带头搬。

搬进新楼时，新楼的楼梯栏杆都是摇摇晃晃的。灯泡各式各样，参差不齐，教室本应雪白的墙上，只有底灰，什么都没有。

后来，他当领导了，下决心一定要修这栋楼。

1997年，他把与这栋新楼相连的一栋厕所楼拆除了。因为他发现，厕所楼的建筑质量很差，污水锈蚀了钢筋。他怕建筑质量不高的厕所楼牵连同样质量可疑的新楼，要求施工队重新在一楼的安全处搭建了厕所，这样，虽然高层教室上

---

① 来源：新华网。

课的同学上厕所不太方便，但是，孩子们安全。

　　1998年，他发现新楼的楼板缝中填的不是水泥，而是水泥纸袋。他生气，找正规建筑公司，重新在板缝中老老实实地灌注了混凝土。

　　1999年，他又花钱，将已经不太新的楼原来华而不实，却又很沉重的砖栏杆拆掉，换上轻巧美观结实的钢管栏杆。接着，他又对这栋楼动了大手术，将整栋楼的22根承重柱子，按正规的要求，从37厘米直径的三七柱，重新灌水泥，加粗为50厘米以上的五零柱，他动手测量，每根柱子直径加粗了15厘米。

　　这栋实验教学楼，建筑时才花了17万元，光加固就花了40多万元。

　　学校没有钱，他一点点向教育局要，领导支持，他修楼的钱就这样左一个5万元、右一个5万元的化缘而来。

　　教学楼时刻要用，他就与施工单位协调，利用寒暑假和周末，蚂蚁啃骨头般，一点点将这栋有16个教室的楼修好。

　　对新建的楼，他的要求更是严。楼外立面贴的大理石面，只贴一下不行，他不放心，怕掉下来砸到学生，他让施工者每块大理石板都打四个孔，然后用四个金属钉挂在外墙上，再粘好。建筑外檐装修的术语讲，这叫"干挂"。

　　因此，即使是如前些天的大地震，教学楼的大理石面，也没有一块掉下来。

　　他知道，教学楼不建结实，早晚会出事，出了事，没法向娃娃家长交代。

　　不是没见过出事的学校，有的学校墙没弄结实倒塌砸到学生，有的学校组织不好，造成学生踩踏事故。

　　他不能让这样的危险降临在自己学生身上。于是，他从2005年开始，每学期要在全校组织一次紧急疏散的演习。

　　会事先告知学生，本周有演习，但娃娃们具体不知道是哪一天。等到特定的一天，课间操或者学生休息时，学校会突然用高音喇叭喊：全校紧急疏散！

　　每个班的疏散路线都是固定的，学校早已规划好。两个班疏散时合用一个楼梯，每班必须排成单行。每个班级疏散到操场上的位置也是固定的，每次各班级都站在自己的地方，不会错。

　　教室里面一般是9列8行，前4行从前门撤离，后4行从后门撤离，每列走哪条通道，娃娃们早已被事先教育好。孩子们事先还被告知的有，在2楼、3楼教室里的学生要跑得快些，以免堵塞逃生通道；在4楼、5楼的学生要跑得慢些，否则会在楼道中造成人流积压。

　　学校紧急疏散时，他让人计时，不比速度，只讲评各班级存在的问题。

　　刚搞紧急疏散时，学生当是娱乐，半大孩子除了觉得好玩外，还认为多此一举，有反对意见，但他坚持。

后来，学生老师都习惯了，每次疏散都井然有序。

他对老师的站位都有要求。老师不是上完课甩手就走，而是在适当的时候要站在适当的位置，他认为适当的时候是：下课后、课间操、午饭晚饭、放晚自习和紧急疏散时——都是教学楼中人流量最大的时候；他认为适当的位置是：各层的楼梯拐弯处。

老师之所以被要求站在那里的原因是，拐弯处最容易摔，孩子如果在这里摔了，老师毕竟是成人，力气大些，可以一把把孩子从人流中抓住提起来，不至于让别人踩到娃娃。

每周二都是学校规定的安全教育时间，让老师专门讲交通安全和饮食卫生等。他管得严，集体开会时，他不允许学生拖着自己的椅子走，要求大家必须平端椅子——因为拖着的椅子会绊倒人，后面的学生看不到前面倒的人，还会往前拥，所有的踩踏都是这样出现的。

那天地震，他不在。学生们正是按着平时学校要求、他们也练熟了的方式疏散。地震波一来，老师喊：所有人趴在桌子下！学生们立即趴下去。

老师们把教室的前后门都打开了，怕地震扭曲了房门。

震波一过，学生们立即冲出了教室，老师站在楼梯上，喊："快一点儿，慢一点儿！"

老师们说，喊出的话自己事后想想，都觉得矛盾和可笑。但当时的心情，既怕学生跑得太慢，再遇到地震，又怕学生跑得太快，摔倒了——关键时候摔倒，可不是闹着玩的。

那天，连怀孕的老师都按照平时学校的要求行事。地震强烈得使挺着大肚子的女老师站不住，抓紧黑板跪在讲台上，但也没有先于学生逃走。唯一不合学校要求的是，几个男生护送着怀孕的老师同时下了楼。

由于平时的多次演习，地震发生后，全校师生，2200多名学生，上百名老师，从不同的教学楼和不同的教室中，全部冲到操场，以班级为组织站好，用时1分36秒。

学校所在的安县紧临着地震最为惨烈的北川，学校外的房子百分之百受损，90多位教师的房子都垮塌了，其中70多位老师，家里砸得什么都没有了。

他从绵阳疯了似的冲回来，冲进学校，看到的是这样的情景：8栋教学楼部分坍塌，全部成为危楼。他的学生，11岁到15岁的娃娃们，都挨得紧紧地站在操场上，老师们站在最外圈，四周是教学楼。

他最为担心的那栋他主持修缮了多年的实验教学楼，没有塌，那座楼上的教室里，地震时坐着700多名学生和他们的老师。

老师们迎着他报告：学生没事，老师们都没事。

他后来说，那时，他浑身都软了。55岁的他，哭了。

通信恢复后，老师们接到家长的电话，会扯着大声骄傲地告诉家长：我们学校，学生无一伤亡，老师无一伤亡——说话时眼中噙着泪。

他的老师们收入都不高，教师平均月收入1126.78元。学校的墙上写着："责任高于一切，成就源于付出。"

那时，在大震时分布四处的学生家长们的伤亡数尚在统计中，学校墙外的镇子上，也是房倒屋塌，求救声一片。但是一个镇里的农村初中，却在大震之后，把孩子们带到了家长面前，告诉家长，娃娃连汗毛也没有伤一根。

他叫叶志平，是安县桑枣中学校长，四川省优秀校长。

 事故分析

发生在2008年的四川大地震给我们带来了沉痛的回忆。在这场地震当中，很多正在上课的学生不幸丧生、受伤。而桑枣中学却创造了一个奇迹！这个奇迹不是偶然的，而是靠该校常年扎扎实实安全管理与安全教育的结果。

我们总结，桑枣中学的经验有以下几条：

第一，强烈的避险意识。应该说，当今多数校长是有风险意识的，尤其是那些不定期组织学生进行紧急疏散演习的校长，但说不上强烈，他们更多是秉承教育部门的旨意行事，尚未把学生的安全工作放在应试教育之上。叶志平则是自觉把学生的生命安全看得高于一切，其强烈的避险意识从下面这一细节中可见一斑：对新建的楼，他不放心楼外立面贴的大理石面，认为只贴一下不行，他让施工者每块大理石板都打四个孔，然后用四个金属钉挂在外墙上，再粘好。

其二，严谨的治校作风。叶校长认真负责的工作精神和办事严谨的工作作风令人叹为观止。这种作风不仅体现在对危房实验楼的加固修缮中，更体现在组织紧急疏散演习中。这类演习往往会被弄成做戏，老师不认真，学生敷衍了事，故一般收效甚微。但叶校长则严格要求，每次演习都按照预先制订的方案一步不漏地进行。

其三，执着的求实精神。很多学校的校长大多一时想到了就组织一次紧急疏散演习，不像叶校长将此当作一项重大的常规工作坚持不懈地每学期做一次，而且一做就是四年。

经典案例 2

沙兰镇中心小学水灾

2005年6月10日这天,沙兰镇淅淅沥沥地下了会儿小雨,这个位于沙兰河流域下游的镇子,平日里雨水并不多,这几天雨水倒是没有断过。流域上游和胜村、西沟村从中午12点50分开始突降的强暴雨,沙兰镇居民并无强烈感受。虽然有人形容"雨大得没有见过",但是在当地人的记忆中,过去所谓山洪,最深的积水也只是进屋泡泡桌椅,水一旦退去,一切依旧。

下午14点多,34岁的农村妇女刘子霞眼看着积水涨高,坐立不安。一个月前她的丈夫因癌症刚刚去世,敏感的她开始惦记在沙兰镇中心小学上学的11岁女儿王莉。刘子霞一路从村里赶到学校,已经是在40分钟之后。

镇上居民感觉到异样是因穿镇而过的无名小河突然水位猛涨,平日十几米宽的河面,水迅速接近两米多高的跨桥,向岸边漫去。离河岸仅20多米的中心小学里,六(2)班的学生正准备放学,班主任张丽杰在给学生布置家庭作业。突然张老师的手机响了,上游沙兰中学熟识的老师给她打电话:"眼看着水涨高冲下去了,上游王家村的河水没了岸,赶快组织一下孩子们。"

在学校四周的居民楼里,张立新(化名)大爷住在一家饭店的二层楼上,地势相对高些。他正对着学校背后的一座土山,突然看到水像一幕墙一样,带着黄泥从山上推下来。水越涨越高,不到一刻钟,镇上居民变得一片混乱。有人给派出所打电话,有的向政府机关求救。

张丽杰老师刚刚接完电话,好奇的学生们扒着窗子往外看,刚听到学校前院围墙倒塌的声音,就看见黄汤一样的水冲了进来。紧接着后院围墙也倒了,水从四面八方冲向教室。男生们赶紧堵住前门,锁着的后门被水冲散了下边的木板,女生们堵了过去。结果水还是在教室里越来越高,大家往桌子上爬,可是水浮起了桌子,人倒在水里,根本站不住。学生们又争先恐后向一米半的窗台爬去,全班30个人全部挤在了三个窗台上。即使爬到了窗台上,水还是从孩子们的脚踝淹到膝盖,再涨到腰部,一些学生砸开了窗子,跳了出去。屋外也是一片汪洋,跳出去的15个学生,有的被冲到了平房的屋顶,有的被冲到了柴垛子上,有的抓住了操场的篮球架。结果,在教室里坚持抓住窗台的15个学生全部平安,跳出去的15个学生中,有7人被水冲走,下落不明。

高年级的学生求生还算容易,水最后淹到了窗台上孩子们的脖子那儿。十几个孩子泡在冰冷的水里两个小时等待救援,冷得发抖时,大家互相鼓励,高唱着

《冬天里的一把火》。等到水退了，大人们冲进教室救孩子时，姿势僵硬的孩子们半天动弹不得。

　　灾难对低年级的小学生显得更加残酷。30岁的家长王松云（化名）看到洪水涨了，从镇上家里很快跑到学校，7岁儿子所在的一（1）班正准备放学。水已经淹到了腿肚子，两个年轻的女老师看着满教室孩子，十分慌张，连声问王松云："大哥，怎么办，怎么办啊？"王松云指挥老师搭桌子，让孩子们爬上去，可是桌子很快在水里漂了起来。王松云想让孩子们扒窗台，但窗台对于身高仅一米出头的孩子来说，太高了。眼看洪水逼近，最后王松云不得不抱起自己的儿子往外跑去，等再回头准备救人时，水已经漫过教室，进不去了。

　　正在学校旁边地里种田的老霍看到情形不对，冲到女儿霍玉蕾的教室，瘦弱的女儿已经漂在了水面上，他一把打碎窗子，硬是拽着女儿的衣服，把她拉了出去。

　　跑了40分钟路的刘子霞，看到汹涌的水势将小学淹得一片汪洋，黄汤翻滚。远处有几个人在水里挣扎，学校2003年翻修过的白铁皮屋顶闪着光。镇里的王支书也赶过来想施救，但是毫无准备的人们施展不开拳脚。想找小筏子游过去，根本找不到；想找游泳圈、救生衣，也寻不见踪影。一个民警和七八个老教师，还有几个村民，微弱的力量，在艰难地救人。

　　最幸运的是五（2）班，两个大人及时赶来，一个在教室外托住孩子，一个在平房屋顶拉孩子，把光滑的白铁皮掀开，让孩子们站在屋顶上。最后全班三十多个孩子全部获救。除去两个提前放学的学前班，整个学校正在上课的352名学生和31名老师中，30多名屋顶的学生以及高个子的六年级学生获救，低年级学生伤亡严重。

　　位于镇子口的沙兰中心小学，建在一大片低洼的平地之上。这所小学共有12个班级、2个学前班，在校学生360多名，学生们都是来自沙兰镇和周边的几个村庄。校园并不大，教室是两排垂直排列的平房。

　　曾经在宁安担任过5年县委书记的牡丹江市常务副市长靖殿元说，沙兰镇过去叫"沙兰坑"，镇子本身就地处低洼，学校又建在镇里的偏低处。沙兰河上游强降雨造成沙兰河水出槽，短时间形成高水头，冲入校园，酿成灾害。灾难过后第一时间赶到现场的《新闻晚报》记者徐哲描述道："从宁安市中心往沙兰镇赶，距离大约是40公里，一路上地形从高到低，越接近镇中心，越觉得沙兰像个蓄水的盆子。"而就沙兰镇的范围而言，镇子口的学校地势最低，越往镇子中心走，地势慢慢变高，因此沙兰小学成了整个盆子的"盆底"。附近的司机师傅们平时不太爱来沙兰镇，到这里"路就到头了"，再往前就剩难走的土路了。

　　6月11日20时，黑龙江省水文局局长董淑华在接受媒体采访时介绍说，此次洪灾的原因为短时间、局部、突发性强降雨造成的典型的泥石流山洪。在洪灾发生前，沙兰河上游在40分钟内，降雨量达到150～200毫米，属两百年一遇的强降雨，"在目前的条件下，这种情况造成的山洪尚无法预知"。气象站发布的预报是阵雨或者雷阵雨天气，但是6月10日实际出现的是一个较小范围、局部的强降雨天气过程，这种过程"应该是属于超常规的，也属于一种不可预见的过程"。

黑龙江省宁安市副市长周亚东解释当时的水流是，"下来的时候是两股水，一股是顺着河床，漫过河床之后进入校园，另一股水是从另外的河床漫过去之后，从学校的后身过来的，所以四面的水把整个学校正好包围了"。在这次洪灾中，沙兰镇18个行政村有7个镇内村不同程度受灾，其中灾情较重的有3个村。进水民房200户，其中重灾150户，共造成1800人受灾。

事故分析

在沙兰镇中心小学事故过后，据洪灾救援指挥部新闻发言人、牡丹江市委秘书长王同堂介绍，降雨强度大，历时短，降雨集中，雨洪成灾快是造成重大伤亡的一个重要原因。在灾后，救援指挥部专门请黑龙江省水文局对引起洪灾的沙兰河流域进行了实地洪水查勘。结果表明，降雨从6月10日12时50分开始到15时结束，三处雨量调查站调查结果分别是：约两个小时时间，和盛村降雨150毫米，王家村200毫米，鸡蛋石沟村推测为150～200毫米。黑龙江省水文局报告中指出，这是一场两百年一遇的洪水。

第二个原因是沙兰镇小学建在全镇最低洼的地方，并且紧邻沙兰河。洪水到来，这里首当其冲被淹。据事后现场勘察，大部分教室过水上线都在两米左右，已接近屋顶。

还有一个不可忽视的原因就是，洪水袭来时，352名学生正在教室上课，面对这样的洪水，孩子的自救显得极其无力，而学校当时只有31位老师，教室里一位老师同时要救三四十名学生，在几分钟内水就涨过头顶的情况下，结果自然可以想象。事后据获救学生讲，在大水涌进教室时，正是老师组织学生攀上窗台，或砸开教室棚顶，将学生举进去，他们才得以生还。

经典案例3

郁南县山体滑坡

2006年9月8日下午4时15分左右，郁南县某小学的学生排队回家途中，突然路边山坡出现山体滑坡，当场冲走队列里的4名学生。学生们自发救起其中两名遇险学生,当地政府和警方接报后立即展开搜救。至记者发稿时止,已证实有一名学生死亡,另一名学生仍然失踪。

记者立即连线正在事发现场参与搜救的梁校长。他在电话里向记者介绍,事发时,泥石流将4名学生冲进了公路另一旁的水沟里。幸亏学校平时经常培养学生遇到险情时的自救和救助别人能力,没遇险的其他学生并没慌张跑掉。而是一边报警,一边积极地进行现场搜救。小学生们当场救起4名遇险学生中的两人。当地政府和警方在水沟里找到一名遇险学生,但经证实已经死亡。另一名学生至今仍下落不明。经证实,死者为该校五年级学生,失踪者为该校四年级学生。

据梁校长介绍,事发原因主要是这几天接连下暴雨,使学校公路边山坡上的水槽积了很多水,但闸门一直关着,水不能泄出去。这就给水槽边上的山坡造成很大压力,最终导致了山体滑坡,酿成了这起悲剧。目前郁南县已成立调查组、搜救组、救治组三个工作小组开展搜救和善后工作;云浮市教育部门已通知各地加强对中小学生的安全教育。

 事故分析

泥石流虽然流域面积小,但是暴发突然、运行速度快、危害严重,人一旦裹进泥石流后,逃生机会非常渺茫。所以学校应对泥石流的危害性有充分的认识,并且采取相应的对策。

(1) 校舍选址:学校校舍要建在没有泥石流威胁的安全地带。

(2) 安全警示:学生上下学的路上如果经过可能有泥石流发生的区域,当地政府和学校要设置警示牌,同时加强对学生的安全教育,让学生在雨季提高警惕。在连续暴雨的时候,气象部门要及时发布泥石流预警。学校也要根据情况采取相应的防范措施,随时提防可能发生的泥石流灾害。

(3) 普及预防知识:在山区,如果连降大雨,容易暴发山洪和泥石流。如果听到异常响声,看到有石头、泥块频频飞落,向某一方向冲来,表示附近可能有泥石流袭来。如果响声越来越大,已经可以看见泥块、石头等,说明泥石流就要发生,要尽快逃生。

(4) 技能训练:要学会根据各种现象判断泥石流的发生,并立即逃开,选择最短、最安全的路径向沟谷两侧山坡或高地跑,切忌顺着泥石流前进方向奔跑。

泥石流灾害发生后,各级各类学校首先要组织好学校内部的自救、互救,并协助安排救灾人员在校内的抢险救灾和受伤师生的救治、转移、运送工作,做好受灾师生安置及心理疏导,稳定师生情绪,防止衍生灾害的发生。同时,了解灾害情况,及时向当地教育行政部门和救灾指挥部报告灾情和工作情况。

第四十章

学校事故应对

学校突发事故发生以后,虽然危害已经形成,但妥善地应对处置,可以减少事故损失,降低损害的危害程度,减少学校的负面评价。所以学校在发生突发事故之后必须要实施妥善的应急机制。

 **经典案例1**

司法助理员私了刑事案件受刑罚

据《河北法制报》报道,某小学校长陈某收到学生王某的一封举报信,信中反映数学老师董某"乱摸女学生身体",陈某立即找到学校所在镇的司法助理员程某,要求程某进行处理。几天后,学生王某的家长找到程某,询问处理结果,程某答复说,要董某出钱解决此事,并劝王某的家长说:"你们都是邻村的,不要把事情闹大,拿些钱解决对双方都有好处。"在王某的家长与程某谈话的第二天董某外逃。王某家长无奈之下向公安机关报案。公安机关经缜密侦查后,在外地将董某抓获。后经审理,查出教师董某在短短3个月内,竟先后13次对班上5名三年级女生实施猥亵、强奸,其中年龄最小的仅9岁。人民法院以强奸罪、猥亵儿童罪一审判处董某有期徒刑十二年零六个月。同时,因为司法助理员程某积极促使董某与学生家长"私了",延误了案件的查办,人民法院以滥用职权罪一审判处程某拘役六个月。

 **事故分析**

董某猥亵、强奸学生的行为应当说已经触犯了我国的《刑法》,属于刑事犯罪。在这种情况下,是否可以私了呢?许多人认为"民不告,官不究",这种认识是错误的。因为如果是民事案件,我国法律尊重当事人的选择,如果当事人不主动追究对方的责任,司法机关是不会主动行使审判职能的。但是在刑事案件中,情况就不一样了,因为犯罪分子侵犯的不仅仅是被害人的合法权益,同时也危害到了社会的公共秩序和公共利益。在这种情况下,即使被害人不追究对方的责任,公安、检察等部门也会主动行使职权,代表国家的利益进行侦查,并向人民法院起诉,来对犯罪分子进行制裁。掌握案件情况的单位和个人,应当主动向公安、检察机关提供线索,协助将犯罪分子绳之以法。如果不仅不主动反映案件的真实情况,反而替犯罪分子进行隐瞒或者帮助犯罪分子进行"私了",相关的责任人,尤其是相关机关、单位的责任人将会承担相应的法律责任,甚至是刑事责任。

安全指导手册

律师建议

在学校发生了有可能触犯刑事法律的案件时,学校的领导和相关负责人一定要及时向有关部门报告。其中,国家工作人员职务犯罪应当向当地检察机关举报,其他犯罪行为向当地公安机关反映。同时,因为刑事案件的性质恶劣,影响较大,所以学校还应当向当地的教育行政部门及时反映,以使教育行政部门及时了解情况,协助学校和有关司法部门进行处理。

法律一点通

对发生在学校的刑事案件,绝对不能"私了"。

经典案例2

学生恐吓学校被判拘役

李某系某职业学校学生,因与同学打架被勒令退学,遂萌生把学校"搞乱搞臭"的报复念头。经过一番精心谋划,他于10月某日中午先打匿名电话给学校所在地的派出所,让其转告学校,校内要发生爆炸。下午,他又在某网吧的电子信箱内放置了1、2、3号恐吓信件。当天晚上,李某又给学校附近的酒楼打电话,让接电话的人将信箱号码及密码转告学校校长王某,让王某在指定时间内打开信箱,否则学校将发生爆炸。事发后,被告人李某被查获归案。

李某编造以爆炸威胁为内容的恐怖信息,严重扰乱了社会秩序,其行为构成编造虚假恐怖信息罪。鉴于李某犯罪时不满18周岁及认罪悔罪态度较好,法院依法判处李某拘役四个月。

事故分析

学生李某因不服学校处分,竟以电子邮件等方式扬言"30小时内将在学生最密集的地方引爆炸弹",恐吓报复学校,严重扰乱了学校正常教学秩序。依照全国人大常委会2001年12月29日通过的《中华人民共和国刑法修正案(三)》第8条规定的"编造爆炸威胁、生化威胁、放射威胁等恐怖信息或者明知是编造的恐怖信息而故意传播,严重扰乱社会秩序的,处五年以下有期徒刑、拘役或者管制;造成严重后果的,处五年以上有期徒刑"。据此,被告人李某构成编造虚假恐怖信息罪被拘役。

律师建议

当前恐怖组织犯罪已经成为世界性的问题，在我国，也存在着一些恐怖组织。而学校作为一个以未成年人为主体的组织，更容易成为恐怖组织的袭击目标。所以，学校的管理者一定不能麻痹大意，要确实做好防范工作。

◎当学校受到恐怖警告和威胁时，应当首先组织学生和教师转移到安全地点，同时应当及时向公安部门报警。

◎当对方提出一些无理的要求时，校方应尽量采取拖延战术，不要一口否决，以防止歹徒穷凶极恶，狗急跳墙。

◎对于校内的危险警告尚不知真假时，应当宁信其有，不信其无，始终坚持师生的生命是第一位的原则。

◎当学校的师生已经被恐怖分子控制时，如果发现恐怖分子人数众多，敌强我弱，学校的教师一定要保持冷静，在与对方周旋的同时，做好学生的安慰工作，除非不得已或确有把握，否则千万不要贸然与对方搏斗。

◎在保证学生安全的基础上，设法与外界取得联系，将内部的情况反馈给有关部门，配合外界的公安和武警人员组织营救。

法律一点通

当学校受到恐怖威胁时，应首先保障师生的安全，在与歹徒进行周旋的同时配合公安机关进行解决。

经典案例3

小学生机智擒罪犯

某天，小学生许某放学后见自己家的门虚掩着，以为父母已经回家了，便走进房门。但屋里却站着一个陌生的男子，房间里有明显翻找的痕迹。许某意识到此人是小偷，但他马上机智地问："叔叔，你是张明的爸爸吧？张明在家吗？"那人慌忙答道："没在家！"许某马上说："那我回头再找他玩吧！叔叔再见！"说完，许某走出房门，马上叫来小区的保安，将犯罪分子抓住。

经典案例4

流星雨案件

某市14岁的女中学生马某在一个盛夏的深夜与表弟一起外出观看流星雨，

途中遇到自称是警察的犯罪分子。此人先以让马某的表弟回去拿证件为由将其表弟骗走，然后以去派出所为名携带马某乘坐出租车到僻静的地方，对马某先奸后杀。这就是在全国引起一定影响的"流星雨案件"。

事后据罪犯交代，他将马某带走的路上，曾不止一次地遇到行人，当时他心里很紧张，但马某并没有呼喊求救。另外，罪犯遇到马某姐弟的地方，离马某的家不过300米！距离凶案现场却有很长一段路程，罪犯还打了一辆出租车。据那位出租司机回忆，当时马某是自己打开车门上的车，一路上，她也一直没有向司机示警或求救。那位司机说："这个小姑娘死得太可惜了，其实当时只要她有一点儿暗示，我肯定会帮助她。"

 事故分析

在小学生许某智擒歹徒的案例中，许某的应对方式是非常值得称道的，他既没有与小偷搏斗，也没有惊慌失措，而是沉着冷静地给小偷制造了自己是来找小朋友玩的假象，迷惑了犯罪分子。中小学生是犯罪分子很容易选择的犯罪对象，因为他们反抗能力弱，身体还没有发育完全，社会知识、思维能力也尚未成熟，犯罪分子对中小学生实施的犯罪很容易得手。因此，中小学生作为潜在的被害人面临着比成人更大的危险。但现实中，像小学生许某这样能够机智应对犯罪行为的并不多。

而在流星雨案例当中，马某和其表弟假如能具备一些预防犯罪的常识，也就不会受到犯罪分子的侵害了。

 律师建议

流星雨案件发生之后，曾经引起全国教育界的重视，假如我们能够有针对性地对未成年学生进行一些预防犯罪的常识性教育，有很多的犯罪其实是可以避免的。所以，学校应当有目的地培养学生应对犯罪的常识和技巧，使他们在面临危险时，能够运用自己在学校学到的知识和技能沉着应对。

曾经有一篇描述中日青少年海上夏令营的文章写道：到了船上，中国孩子做的第一件事是找餐厅，而日本孩子第一件事是看安全门在哪儿。事情虽小，却反映出两国孩子对自己生命重视的差异和对人生的态度，也反映出日本在未成年人预防侵害方面的教育很到位。中国孩子首先想到的是餐厅，吃是第一位的；而日本孩子却去找安全门，生命是第一位的。这就是教育的结果。

再如西方国家一般教给青少年这样的预防犯罪观念：
◎不要与陌生人讲话，教育孩子要提高警惕，敢于对陌生人说"不"。

◎生命第一、财产第二。在被抢劫时可以放弃财产保全生命,因为生命是最可贵的。

◎不要将人分成好人和坏人。因为许多的犯罪反而是所谓的好人、熟人实施的,所以即使是最亲近的人,也要注意防范。

◎敢于打破常规。在与犯罪分子周旋时,可以欺骗、说谎,甚至可以毁坏财物,见机行事。

◎个人的身体神圣不可侵犯。教育孩子"背心和裤衩覆盖的地方是神圣不可侵犯的",用以防范性侵害和性虐待。

◎斗智与斗勇相结合。过分强调舍生忘死地同犯罪分子搏斗是不必要的,在敌强我弱时,这样只会造成无谓的牺牲,所以不要单纯地强调见义勇为,而要见义智为、见义巧为。

这些经验都值得我们借鉴。另外,学校还可以有针对性地对学生进行预防绑架、预防偷窃、预防勒索的教育,必要时可以邀请当地公安部门的干警给学生进行讲座、辅导、演习。

 法律一点通

学校和教师应当加强青少年学生预防犯罪侵害的教育,使其避免遭受犯罪分子的侵害。

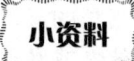 **小资料**

犯罪分子为实施犯罪接近中小学生的常见手法

(1)犯罪分子有可能伪装成遇到困难的人,向未成年学生求助。例如假装问路、假装请求帮自己搬东西等,一旦未成年学生随犯罪分子前往,就有可能遭到侵害。所以应当教育学生有陌生人请求帮助时一定要谨慎,在不明对方身份时拒绝提供帮助是合理的,可以让对方向成年人请求帮助。

(2)犯罪分子有可能伪装成警察、教师等身份,声称要对学生进行询问、调查等,实施绑架、抢劫、强奸。

(3)伪装是查水电表的、推销员、物业管理人员、送货员等,骗取未成年学生开门,实施犯罪。所以,老师和家长一定要教育孩子,自己独自在家时,要注意关好门窗,千万不要忘记锁门,无论任何人敲门,都不要开门,也不要回答,即使有事,也要家长回来解决。

(4)对未成年学生施以小恩小惠,或以带其出去玩为由,诱骗学生,并实施绑架、拐卖等犯罪。所以教师应当教育孩子不要贪图小便宜。

事故后家长封堵校门事件

A学校是一所全日制完全中学。近年来由于学校在教改方面搞得有声有色，国内一些教育媒体先后对其先进经验做了广泛报道。学校因此小有名气，全国各地慕名前来参观"取经"的教育工作者络绎不绝。初二学生B是一名寄宿生。2006年某日中午，B因感觉身体有些不舒服，便跟班主任说想回家休息一会儿。考虑到B家离学校并不远（步行约15分钟），班主任准许了。在回家途中，B突然一头栽倒在地不省人事，路人发现后打电话报120。经医院紧急抢救，B最终还是未能活过来。事发后，B的家长找到学校，要求校方赔偿40万元。因学校未答应，B的家长便将B的尸体放置于学校门口，并唤来近百名乡亲堵住校门。学校随即报警，但警察在做了多番劝说工作后仍无法让众人退去，封堵校门的行为严重干扰了学校的正常教学活动。为避免事态进一步扩大，学校领导在多方研究后做出妥协，赔偿B的家属20万元。随后B的家属带众人离开学校，风波得以平息。

 事故分析

A学校对伤害事故的处理是否妥当？从过程来看，面对死亡学生家长的步步紧逼，学校仓促应对。随着双方对立情绪的逐步升级，事件的发展态势越发严重，学校几乎陷入绝境而无计可施，万般无奈之下，才选择妥协。在整个事件处理过程中，学校疲于应付，显得极为被动。从结果来看，显性上，学校赔偿了20万元，经济上蒙受较大损失，由此可能导致办学经费趋于紧张，从而或多或少地影响到教学活动的正常开展；隐性上，学校的声誉受到了一定程度的毁损。更为重要的是，这一事件开了一个不好的先例，今后若再发生学生伤害事故，学生家长可能会效仿B家长的做法。总的来看，A学校在处理这起纠纷中所采取的应对方式存在不少问题，其中的一些教训应当引起我们的反思。笔者结合近年来了解、掌握及亲自代理的一些学生伤害事故案件，认为学校在处理学生伤害事故中应当注意以下几个方面的问题：

（一）学生受到伤害后，学校应及时予以救助并立即通知学生家长

学生伤害事故属于紧急突发事件，学校应对的时间应从事故发生之时开始。在第一时间内介入事故的处理，既是学校的法定义务，也是学校为今后赢得纠纷

处理的主动权并将损失控制在最小范围内的一次机会。教育部颁布的《学生伤害事故处理办法》第15条规定："发生学生伤害事故，学校应当及时救助受伤害学生，并应当及时告知未成年学生的监护人；有条件的，应当采取紧急救援等方式救助。"在救助上，一是要及时，不能拖延。教师一经发现学生受到伤害，要马上采取相应措施。实践中，对于外部的伤害，教师易于辨认，对于一些不是外露于身体表面的伤害（如心脏疾病等）则不然。如果学生反映身体不舒服或者教师发现学生身体出现异常，此时教师应当让学生找医务人员进行检查，决不能掉以轻心。疏忽大意、不以为然有可能导致学生错过最佳的救治时机。如果因学校的延误而导致损害后果扩大的，则校方应当对扩大的后果承担法律责任。二是救助方式要合理。救助的措施要符合医学常规，不能起反作用，加重学生的伤势。由于教师并不一定掌握救助常识，因此救助时要格外谨慎。一般情况下，应让学校医务人员进行简单、必要的紧急处理后马上送往正规医院救治。如果因学校所采取的救助方式不合理、不恰当而导致损害后果加重的，则校方应当对加重的后果承担法律责任。除了救助之外，学校还须履行的另一项义务是及时通知受害学生的家长。学校应当在救助的同时，立即与学生家长取得联系，让学生家长在第一时间赶到现场，以保证治疗活动的顺利进行。

需要指出的是，学校对学生的救助及对学生家长的通知义务是不附带任何先决条件的。无论伤害事故本身是否因学校的过错而引起，校方都应履行救助和通知义务。从危机公关的角度来讲，学校的积极救助态度可以在一定程度上缓解受害学生家属对校方的埋怨、对立情绪，为下一步妥善处理善后事宜奠定基础。

（二）分清责任，妥善应对学生家长的不理智、过激行为

一般而言，在救助阶段，学生家长的注意力主要集中在孩子身上。一旦救助结束（包括伤愈出院和死亡两种情形），既成的损失趋于明朗，学生家长在悲痛之余开始考虑损失的弥补、责任的追究问题。尤其是在学生死亡的情况下，家长的悲痛急转为怨恨，在此情形下，学生家长极易向学校提出过分的要求，做出不理智，甚至过激的行为。此时此刻，学校该如何应对？

学校首先应当做的事情是明辨伤害事故的责任承担主体，然后区分自身责任的有或无、轻或重而采取不同的应对策略。分清责任是学校正确处理伤害事故的前提和基础，只有分清了责任，才能做到在思想认识上确保自己的应对方式合法、合理、合情，才能准确地驾驭协商的进程、把握妥协的合理余地。由于认识上的模糊而推卸责任或者大包大揽，都不利于问题的妥善解决。

在什么情况下学校须对伤害事故承担民事责任呢？《最高人民法院关于审理

人身损害赔偿案件适用法律若干问题的解释》第 7 条第 1 款规定："对未成年人依法负有教育、管理、保护义务的学校、幼儿园或者其他教育机构，未尽职责范围内的相关义务致使未成年人遭受人身损害，或者未成年人致他人人身损害的，应当承担与其过错相应的赔偿责任。"《学生伤害事故处理办法》第 8 条规定："学生伤害事故的责任，应当根据相关当事人的行为与损害后果之间的因果关系依法确定。因学校、学生或者其他相关当事人的过错造成的学生伤害事故，相关当事人应当根据其行为过错程度的比例及其与损害后果之间的因果关系承担相应的责任。"可见，学校承担责任的前提是自身对事故的发生存有过错。有过错须担责，无过错即无责任。而且，学校的过错如为损害后果发生的主要原因，校方应承担主要责任；是次要原因，则校方应承担次要责任。按照我国现行的教育方面的法律、法规、规章的规定，学校对在校未成年学生承担着教育、管理和保护的责任。具体来讲，在安全问题上，学校负有的义务为：保证校园设施、设备、场地、器材符合安全标准，建立完善的校园安全制度，经常性地对学生进行安全教育，对学生加强管理，及时消除校园环境中存在的安全隐患，在学生发生意外的情况下及时采取合理措施予以救助。另外，教师在履行职务过程中所造成的损害后果，由学校承担法律责任。教师的教育、教学活动应当以合法、适当（符合学生身心特征、教育规律）的方式进行。违反上述要求而导致发生学生伤害事故的，学校应当对事故承担民事责任。

对于学校有较大过错、应承担主要责任的学生伤害事故，学校应对策略的指导思想是"坦诚认错，合理担责"。此类事故，学校的过错比较明显，校方若是推脱责任，不但显得不近人情，也容易加重学生家长的对立情绪，导致矛盾激化，从而加大纠纷解决的成本。相反，对自己工作上的失误和不足以及由此引发的损害后果，学校应诚恳地向受害学生家长表达歉意。对于学生家长提出的合理索赔要求，学校应尽量予以满足。在赔偿之前，学校应当与学生家长签订赔偿协议书。该协议书是双方处理伤害事故的方案、结果的直接证明。若为一次性赔偿，协议书应含有内容大意为学校支付本协议约定的赔偿金额后，学生及其监护人放弃其他一切索赔权利，不得再行向校方进行索赔的条文。必要时，该协议书可提请公证处予以公证。通过协商的方式来处理事故的善后事宜，可以节约解决纠纷的成本，避免矛盾激化，并使双方免受诉讼之累。

如果在某些赔偿项目上学校与学生家长难以达成一致，为了避免学生家长的对立情绪升级进而做出不理智的行为，学校应尽量巩固已有的协商成果。校方可与学生家长在协议书中约定：已达成一致的赔偿项目，学校先行赔偿；未达成一致的其他赔偿项目，学生及其监护人可另行通过诉讼的方式来解决。总之，在无法协商解决的情况下,学校应设法稳定学生家长的情绪,并引导学生家长通过诉讼的方式来解决纠纷。

对于学校无过错从而不需担责的事故,或者是学校仅有轻微过错从而仅需承担轻微责任的事故,学校应对策略的指导思想是"道义为重,积极援助"。不少学生家长存在着一种错误的认识,认为只要把孩子送到学校,出了事故校方就应当承担责任。在这一错误认识的支配下,学生家长不大可能接受在事故发生后学校未做任何表示的做法。从情理上讲,学校认为自己没有责任而一推了之的做法,也显得过于生硬和冷漠,不符合人道主义精神,也不利于纠纷的平和化解。妥当的做法是,学校在对学生家长进行耐心解释的同时,在力所能及的范围内给予其一定的经济补助,还可以倡议全校师生进行募捐,尽可能地帮助学生家长减少经济上的损失,帮助其渡过难关。如果学生家长仍无法接受,其提出的要求远远超出学校可以接受的范围,则校方应设法引导学生家长通过诉讼的方式来解决问题。必要时,学校可考虑为其先行垫付诉讼费用。切忌因学生家长提出过分要求就对其置之不理。此时,宽慰、同情和理解比什么都重要。

(三)购买校园责任险,减轻学校因伤害事故而产生的赔付压力

根据教育部发布的2006年中小学安全事故总体形势分析报告显示,有25%的学生安全事故发生在学校内部,其中校园伤害又占了56%。鉴于未成年学生身心发展的规律和特征及学校教育活动的特殊性,对于学校而言,要完全避免学生伤害事故的发生是不大可能的。有时,一些细微的因素也可能引发意外事故。为了减轻自身可能面临的赔付压力,学校可考虑通过购买商业保险的方式来转移风险。近年来,国内的保险公司推出了校园责任险。所谓校园责任险,是指学生在校园活动中或学校统一组织的活动过程中发生意外事故,如学生在体育课、实验课、课外活动或学校组织的校外活动中发生安全事故、学校食堂食物中毒等事件,如果意外事故是由于校方责任造成的,其赔偿责任将由保险公司承担。在发达国家,通过购买保险的方式来转移风险的做法已是非常普遍。然而在国内,由于认识、观念上的一些原因,也由于一些地区财力受限所致,购买校园责任险的学校还不是很多。其实,与发生学生伤害事故后学校可能面临的赔偿相比,购买校园责任险的保费支出是微不足道的。

(四)防患于未然,从源头上预防和尽力避免学生伤害事故的发生

对于学校而言,应对学生伤害事故的最理想策略当然是从根本上预防和避免此类事故的发生。从实践来看,现实中发生的大多数事故,学校或多或少都存在着一定程度的过错,发生事故的大多数学校都存在着未能履行或部分履行法律规

定义务的现象。这就是说,大多数事故原本是可以避免的。如何避免呢?结合《最高人民法院关于审理人身损害赔偿案件适用法律若干问题的解释》及《学生伤害事故处理办法》的相关规定,预防和避免学生伤害事故发生的举措可概括为以下五个方面:设施要安全,制度要健全,管理要到位,教育要经常,救助要及时。通过制度、常规建设将责任落实到人头,从根本上预防事故的发生。学校应当经常性地对师生进行安全教育,对学生的安全教育要符合其认知水平、心理特性及法律行为能力特征,做到有针对性、有的放矢,让学生在内心自觉地树立起安全意识,学会保护自己,尽力避免安全事故的发生。以上五个方面的内容,如果学校能够充分重视并采取相应措施予以安排和落实,那么校园安全环境必将大为改观,学生安全问题或许将不再是令校长、教师们疲于应付的一个棘手问题。

经典案例6

学生猝死的应急处置[①]

案例当事人Z某,女,原浙江某高校学生,该生学习刻苦,工作认真,为人处世乐观积极,在校期间学习和生活都很正常,没有发现身体特异情况。3月某日晚上22时左右,该生与一名同学J返回寝室,在上楼梯时突然向后晕倒,当时J还以为她走路不小心,便急忙上前搀扶,却看到该生呼吸急促,脸色发青,连忙喊"救命",很多五楼同学闻讯赶来。J同学急问"怎么办?"众人说打120。J立即拨打了120急救电话,并下楼等待救护车,此时为晚上22时6分。与此同时,其他同学向班主任S老师及学院学工办老师电话报告了情况。在等待救护车的时候,大家用书包给Z某枕着头;有同学以为她中暑,采取了打扇、往脸上洒水、掐人中和抚摸额头等临时救治措施。当时该生已经脸色发青、发紫,翻白眼,小便失禁,完全没有意识。S老师正在实验室准备回家,接到学生电话四五分钟后就第一时间赶到事发现场,也是最先到现场的教师,当时他抚摸了一下当事人的脉搏和心脏,发现已经没有跳动。随后22时12分左右,金华市某医院救护车赶到所在学生公寓,医务人员先采取急救措施(三四分钟)后在师生陪同下将该生紧急送往医院抢救,医院急诊部记录病人到院时间是22时24分。学院分管学生工作领导在接到学工办情况报告后以最快速度于22时28分赶到医院急诊室,在简单了解情况后,立即向学院主要领导、学校职能部门领导和学校领导报告,同时也立即与学生家长取得联系。医院经过两个小时的全力抢救,于

[①] 张开骏.高校学生死亡突发事件应急处理案例评析.成都大学学报(教育科学版),2008(9).

次日凌晨0时24分宣告该生因心源性猝死抢救无效死亡，医疗急救措施待亲属到来同意后撤除。

事发后，校党委副书记、学生处领导、学院党政领导班子在接到报告后，相继迅速赶到医院，对事件进行初步了解和应急部署。一是学院成立了突发事件应急处理小组，由学院分管领导负责具体处理；二是继续与当事人家长保持联系，提前预订宾馆房间准备好相关接待等善后处理准备；三是展开对事件始末的详细调查工作，向学校做出书面汇报；四是做好现场同学、公寓同学和班级同学的情绪稳定工作，必要时安排他们接受心理辅导。

当事人家属接到学院通知后，其姐夫连夜乘出租车从杭州出发经老家嵊州和该生父亲、姐姐三人于凌晨3时左右赶到金华，学院派老师到高速公路山口迎接至医院，同时积极主动地配合家长通过医生、学生、教师等不同途径仔细了解事件前后经过，细心做好家长安抚工作。等家长情绪稳定以后，积极主动与家长进行沟通协商善后处理事宜，尊重家长的处理意见。家属同意在金华火化后，学院和医院当即联系了殡仪馆，委派班主任和在医院留守的室友回寝室取当事人遗物。凌晨5时左右，殡仪馆将学生遗体从医院接走后，学院安排辅导员与班主任全程陪同家长到宾馆休息，征求家长的意见与要求，主动安排善后处理并承担起相关的费用，提供力所能及的帮助。在学院和家属的有效协商下，学院接受家长提议，学院突发事件应急处理小组利用第二日上午短短的几个小时就迅速做好了遗体告别仪式系列前期准备工作，于当日下午13时30分左右在金华殡仪馆举行了当事人遗体告别仪式，校学生处领导、学院部分教师、学生会代表、当事人班级同学及好友参加了遗体告别仪式，遗体告别仪式结束后于15时左右派车送当事人家长返回老家。学校积极主动和负责任的行动给家长留下良好的形象，得到了家长的认可和理解，这次学生死亡突发事件从事发到完成善后工作在17个小时内就顺利妥善处理完毕。

两周后，学生处领导、学院领导、班主任和部分班级学生代表学校对家属进行回访，将学校慰问金和同学的爱心捐助带给家长，送上学校广大师生的温暖与慰藉，深深感动了学生家属，受到家属的感谢和肯定。

事故分析

从这起案件当中，我们看到学校在处置的过程中，准备充分，应对合理，妥善地处理了面临的危机事件，并得到了家长的认可。其工作给广大学校以下借鉴。

（一）完善的预警机制是突发事件应急处理的前提保障

在案例中，现场同学临危不乱拨打急救电话，逐级电话汇报，医院救护车及时赶到，及时与家长取得联系并保持紧密沟通，做好学生寝室和班级的情绪稳定工作，妥善处理善后事宜，这些都体现了"统一领导，分级负责""反应快速，措施果断"和"控制事态，防止激化"等突发事件应急处理的基本原则和要求。

（二）快速联动反应是突发事件应急处理的有效保证

快速联动反应保证了突发事件处理的妥善部署与有效解决，在案例中，一系列时间数据充分体现了处置事件的快速性：事发之后同学及时呼救和汇报，10分钟左右医院救护车赶到现场，8分钟后送到医院，及时通知家长，尊重家长意愿利用一个上午时间组织好遗体告别仪式，及时火化并送回家长，整个事件的妥善处理只用了17个小时。

联动也在案例中得到了充分体现，在事发现场教师、学生联动急救当事人，在医院里学院现场办公成立突发事件应急处理小组，研究工作部署，由学院院长、书记任组长，分管学生工作的副书记任副组长，学院办公室成员、学工办辅导员和班主任为成员，负责具体工作落实；家长到来后，学院积极主动协同配合，一组做好接待安抚工作，另一组负责家长意愿的解决落实，还有院学生会和班干部的通力合作，这些都保证了善后工作的快速、顺畅进行。

（三）做好家长的及时有效沟通是突发事件应急处理的关键环节

协助家长及时和详细地了解事件原因和经过，是妥善处理类似突发事件的关键，与家长的及时有效沟通可以消除家长心中的疑惑，争取家长的理解和配合。在案例中，学院在将当事人送到医院抢救后，及时电话通知了家长，并且与家长保持不间断联系，家长也以最快速度赶到了医院。整个事件的处理，学校都充分照顾到了家长的感受，并给予全程关心，赢得了家长的谅解与配合，为妥善解决创造了先决条件。

（四）在理解和尊重家长意愿的前提下全力做好善后工作是突发事件应急处理的重中之重

意外发生无可挽回，生命已逝不能复生，对于亲属来说，最需要的就是抚慰失亲之痛和尽可能解决生活困难，因此做好善后工作是稳妥处理突发事件的最后环节。

经典案例 7

学校提交证据不当导致败诉

5月,某学校初三年级学生在体育课上不慎受伤。当年8月,该学生家长以学校教师在体育课教学中存在不当为由将学校诉上法庭,该校在接到法院转交的起诉状副本后,即向几名与该学生同班的学生收集人证,但几名学生都因为已经离开学校,不愿意得罪受伤的学生,拒绝为学校做证。在法院的审理过程中,学校因此而败诉。

事故分析

在学校工作中,学校与学生和家长发生一些法律纠纷是难免的,有些人认为,如果学校发生了一些法律纠纷或者学校"打官司"了,对于学校是一件不光彩的事情,这种理解是错误的。在市场经济当中,随着人们法律意识的不断提高,人们经常会运用法律武器维护自己的权益。但人们对问题的看法、利益点、判断标准是有区别的,所以在一些问题上发生分歧是非常正常的事情。这些分歧假如不能得到及时和公正的解决,就有可能影响社会的团结和稳定。因此,诉讼是解决争端、保护社会稳定的有效途径,打官司并不是一件不光彩的事情。

那么一旦学校遇到了法律纠纷,应如何应对呢?

◎学校要积极地获取证据。因为在司法实践中有一句名言:"打官司就是打证据。"打官司的过程主要包括事实认定和法律适用两个环节,法律是固定不变的,但事实认定却往往存在着变数。此时,谁掌握着有利的证据,谁就具有更大的胜诉把握。因此,在发生了一些纠纷后,甚至在有纠纷的苗头或没有纠纷时,学校就应当有证据意识。例如有些需要对方签字的合同、通知等,一定要妥善保管;在发生了学生伤害事故后,要及时搜集人证、物证等证据,以免时间过长难以搜集。

◎学校应当意识到,法律是一门专业性较强的学科,就如同人们通常都具有一些预防疾病的知识,但得了病之后还是要及时到医院找医生就诊一样。作为学校和学校的工作人员,具备一些基本的法律常识是应该的,但一旦发生了法律纠纷,还是应当找法律专业人士来咨询,商讨对策。在找法律专业人员时,学校应当注意以下问题。

● 我国目前提供法律服务的有律师事务所和法律事务所。其中,律师事务所的执业人员都是律师,是经过严格的国家司法考试后才取得律师资格的,因此具有值得信赖的法学知识和执业技能。

●因为客观原因的限制,目前我国律师的专业分工还不明确,很多律师接到什么案件就打什么案件,例如,一个擅长民事案件的律师也会打刑事官司。所以,学校应当聘请有专业擅长的律师来打官司。尤其在与学校有关的案件中,往往涉及大量的教育法律、法规、规章、规定,学校的教育教学实际也往往错综复杂,一个普通的律师是很难掌握这许多的教育法律法规和教育教学规律的。在司法实践中,有很多的案件也是因为律师对学校实际或教育法律法规不熟悉而失去了胜诉的机会,这样的案例经常令人扼腕叹息,所以学校一定要聘请对学校工作熟悉,对教育法律法规熟悉的律师。

●学校还应当意识到,法律只是社会公平的最后一道屏障,如果能利用和平、友好的方式来解决纠纷,那是最为理想的。但目前有些缺乏职业道德的律师为了获取高额的代理费,往往怂恿学校或家长打官司,这是不道德的,也是学校应当留意的。所以学校在与律师商讨时,一定要让律师用最大的努力来争取和解。

◎当学校遇到学生家长聘请的律师前来调查取证时,在不失礼节的基础上,一定要谨慎对待。

●学校的教师在学校领导同意前,一般不要轻易接受对方律师的调查,否则容易因为口误招惹麻烦。

●学校工作人员在接受对方律师调查前,应提前统一应对方式,避免前后矛盾的说法。

●对于对方律师要求在调查笔录上签字时,学校的工作人员一定要慎重,对于自己没有把握的话,不要签字。

●学校工作人员在接受对方律师调查时,不要以为不在调查笔录上签字就没有风险了。应提防对方律师采用偷录的方式取证,笔者接触的一个案例中,某学校就因为在与对方当事人谈话时出言不慎,而被对方偷录,最终在案件审理的过程中十分被动。

经典案例8

教师在地震中率先逃离引发的争议

2008年"5·12"地震发生的时候,四川省都江堰市光亚中学教师范某丢下了学生一个人跑出了教室,5月22日并在天涯上发帖《那一刻地动山摇——"5·12"汶川地震亲历记》一文,文中细致地描述了自己在地震时所做的一切以及过后的心路历程。

据描述，范某当时正在四川都江堰光亚学校上语文课，课桌晃动了一下，但范某根据对地震的一些经验，认为是轻微地震，因此叫学生不要慌。但话还没完，教学楼猛烈地震动起来。

他瞬间反应过来——大地震！然后猛然向楼梯冲过去。后来，范某发现自己是第一个到达足球场的人，等了好一会儿才见学生陆续来到操场，随后他立刻参与组织了被疏散的学生，并没有离开学校。

其后与学生有一段对话：

范某："你们怎么不出来？"

学生："我们一开始没反应过来，只看你一溜烟儿就跑得没影了，等反应过来我们都吓得躲到桌子下面去了！等剧烈地震平息的时候我们才出来！老师，你怎么不把我们带出来才走啊？"

范某："我从来不是一个勇于献身的人，只关心自己的生命，你们不知道吗？上次半夜火灾的时候我也逃得很快！"

接着，范某对一个对他感到有些失望的学生说道："我是一个追求自由和公正的人，却不是先人后己勇于牺牲自我的人！在这种生死抉择的瞬间，只有为了我的女儿我才可能考虑牺牲自我，其他的人，哪怕是我的母亲，在这种情况下我也不会管的。因为成年人我抱不动，间不容发之际逃出一个是一个，如果过于危险，我跟你们一起死亡没有意义；如果没有危险，我不管你们有没有危险，何况你们是十七八岁的人了！"

范某写道："这或许是我的自我开脱，但我没有丝毫的道德负疚感，我还告诉学生：'我也决不会是勇斗持刀歹徒的人！'"这些话如一石激起千层浪，在论坛上炸开了锅。

 事故分析

在四川汶川大地震中，有少数教师放弃保护学生而独自逃生。事后，有人以紧急避险权为由为这些教师辩护，认为教师在面临生命危险时可以放弃保护学生。由此，教师有没有紧急避险权的问题引起了社会各界的争论。下面我们就教师紧急避险的若干法律问题作一分析和探讨。

（一）紧急避险的含义

紧急避险，有的国家也称紧急避难，是基于"紧急时无法律"的理念产生的，其基本含义是：在紧急状态下可以实施法律通常情况下禁止的某种行为，以避免紧急状态带来的危险。例如：轮船突遇台风时，为了防止船只沉没而抛弃船上的部分货物；为了保护生命垂危的孕妇的生命，医生不得已使胎儿流产；在火灾中，为了防止火势的蔓延，不得已拆除附近建筑物等。紧急避险和正当防卫类似，都是公民在紧急状态下实施的行为，只不过正当防卫的实施对象是不法侵害者本人，而紧急避险的实施对象是无辜的第三者。

在《中华人民共和国刑法》（以下简称《刑法》）和《中华人民共和国民法通则》（以下简称《民法通则》）当中，都有关于紧急避险的规定。《刑法》第21条第1款规定："为了使国家、公共利益、本人或者他人的人身、财产和其他权利免受正在发生的危险，不得已采取的紧急避险行为，造成损害的，不负刑事责任。"《民法通则》第129条规定："因紧急避险造成损害的，由引起险情发生的人承担民事责任。如果危险是由自然原因引起的，紧急避险人不承担民事责任或者承担适当的民事责任。因紧急避险采取措施不当或者超过必要的限度，造成不应有的损害的，紧急避险人应当承担适当的民事责任。"

根据以上法律规定，当我们在法律所保护的权益遇到危险而不可能采取其他措施时，不得已而采取的损害另一个较小权益的行为，即属于紧急避险。对于合法的紧急避险行为，行为人不用承担刑事责任，法律也会免除或减轻其民事责任。

（二）教师紧急避险权的限制

许多国家在对紧急避险做出规定的同时，还规定某些负有特殊义务的人，不能适用紧急避险的一般规定，我国也不例外。《刑法》第21条第3款规定："第一款中关于避免本人危险的规定，不适用于职务上、业务上负有特定责任的人。"这主要是考虑到在发生紧急危险的情况下，这些负有特定责任的人应积极参与抢险救灾，履行其特定义务，而不允许他们以紧急避险为由临阵脱逃、玩忽职守。例如：轮船失事，船长和船员不能不顾乘客而独自逃命；飞机在空中发生故障，飞行员不能不顾乘客安全而私自跳伞；医生和护士不能因为避免传染而弃病人于不顾；消防队员不能因为避免烧伤而不去救火等。因此，那些在职务和业务上负有特定责任的人，在其责任范围内，不允许与一般人一样进行紧急避险。而这种特定责任的根据，可以是法令、契约或者习惯。

根据我国有关法律法规的规定，教师属于职务和业务上负有特定责任的人。在2006年修订的《中华人民共和国义务教育法》和《中华人民共和国未成年人保护法》当中，都规定学校应当建立、健全安全制度和应急机制，对学生进行安全教育，采取措施保障未成年人的人身安全。教育部颁布的《中小学幼儿园安全管理办法》第56条规定："校园内发生火灾、食物中毒、重大治安等突发安全事故以及自然灾害时，学校应当启动应急预案，及时组织教职工参与抢险、救助和防护，保障学生身体健康和人身、财产安全。"《最高人民法院关于人身损害赔偿若干问题的司法解释》中也明确指出，学校要对学生承担教育、管理和保护的职责。值得注意的是，2008年9月1日，教育部公布了最新修订的《中小学教师职业道德规范》，将保护学生安全的内容列入了教师的职业道德规范中，进一步明确了教师对学生的保护义务。

法律之所以规定学校和教师要对未成年学生承担保护的义务，主要是因为在中小学校和幼儿园就读的学生基本上都是未成年人，其思维判断能力、身体运动能力、情感自控能力等都与成年人有较大的差距。这种差距使得他们在日常的学习和生活中需要成年人对其加以监管和保护，这种保护责任在学校中要由教师来直接承担。这种特定的责任，要求教师在危险来临之际要首先保护学生，而不能像普通人那样进行紧急避险。

（三）教师紧急避险权的适用

虽然法律对教师等职业的紧急避险权进行了必要的限制，但在具体适用这一规定时，需要根据具体情况处理，不宜将其绝对化。换言之，这样的规定并不意味着教师绝对不能进行紧急避险。在对学生进行必要保护的基础上，教师可以进行恰当的紧急避险，以维护自己的生命和财产安全。

这里需要指出的是，因为教师并没有接受过类似军人或警察式的救援训练，不具备像军人和警察一样的专业救生素质，所以面临危险时，虽然教师不能不顾学生的安危而进行紧急避险，但我们也不能用军人、警察或者消防队员的专业标准来要求教师。例如：教学中突发火灾，教师必须按照学校事先编制的火灾应急预案，指挥学生进行疏散，对受伤的学生进行必要的救护。但如果要求教师像消防队员一样冲入熊熊火海抢救学生，则超出了一般教师的能力范围。所以，教师对学生的保护义务是基于教师本身的职业素质，而不能用军人、警察或者消防队员的专业标准来衡量教师的行为。

（四）教师紧急避险的法律后果

教师如果没有尽到保护学生安全的义务，而为了自身安全进行不合法的紧急避险，就要承担刑事、民事或行政责任。例如：1994年12月8日，新疆克拉玛依市友谊宾馆发生特大火灾，克拉玛依市教委及新疆石油管理局教育培训中心的数名工作人员在发生火灾时未能组织疏散学生，只顾自己逃生，对严重伤亡后果负有直接责任，其行为构成了玩忽职守罪，事后被当地人民法院判处了有期徒刑等刑罚。

　　同时，因为有关法律对合法紧急避险行为是允许的，所以实施合法紧急避险的教师不必承担相应的刑事责任和行政责任。对于民事责任部分，《最高人民法院关于贯彻执行〈中华人民共和国民法通则〉若干问题的意见》第156条规定："因紧急避险造成他人损失的，如果险情是由自然原因引起的，行为人采取的措施又无不当，则行为人不承担民事责任。受害人要求补偿的，可以责令受益人适当补偿。"可见，如果教师的紧急避险行为恰当的话，那么是会受到法律保护和鼓励的。

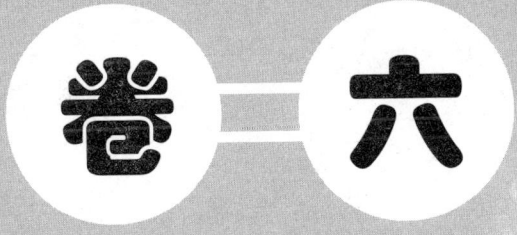

学校安全工作法规读本

中华人民共和国教师法

(1993年10月31日第八届全国人民代表大会常务委员会第四次会议通过
1993年10月31日中华人民共和国主席令第15号公布
自1994年1月1日起施行)

第一章 总 则

第一条 为了保障教师的合法权益,建设具有良好思想品德修养和业务素质的教师队伍,促进社会主义教育事业的发展,制定本法。

第二条 本法适用于在各级各类学校和其他教育机构中专门从事教育教学工作的教师。

第三条 教师是履行教育教学职责的专业人员,承担教书育人,培养社会主义事业建设者和接班人、提高民族素质的使命。教师应当忠诚于人民的教育事业。

第四条 各级人民政府应当采取措施,加强教师的思想政治教育和业务培训,改善教师的工作条件和生活条件,保障教师的合法权益,提高教师的社会地位。全社会都应当尊重教师。

第五条 国务院教育行政部门主管全国的教师工作。
国务院有关部门在各自职权范围内负责有关的教师工作。
学校和其他教育机构根据国家规定,自主进行教师管理工作。

第六条 每年九月十日为教师节。

第二章 权利和义务

第七条 教师享有下列权利:
(一)进行教育教学活动,开展教育教学改革和实验;
(二)从事科学研究、学术交流,参加专业的学术团体,在学术活动中充分发表意见;
(三)指导学生的学习和发展,评定学生的品行和学业成绩;
(四)按时获取工资报酬,享受国家规定的福利待遇以及寒暑假期的带薪休假；

（五）对学校教育教学、管理工作和教育行政部门的工作提出意见和建议，通过教职工代表大会或者其他形式，参与学校的民主管理；

（六）参加进修或者其他方式的培训。

第八条 教师应当履行下列义务：

（一）遵守宪法、法律和职业道德，为人师表；

（二）贯彻国家的教育方针，遵守规章制度，执行学校的教学计划，履行教师聘约，完成教育教学工作任务；

（三）对学生进行宪法所确定的基本原则的教育和爱国主义、民族团结的教育，法制教育以及思想品德、文化、科学技术教育，组织、带领学生开展有益的社会活动；

（四）关心、爱护全体学生，尊重学生人格，促进学生在品德、智力、体质等方面全面发展；

（五）制止有害于学生的行为或者其他侵犯学生合法权益的行为，批评和抵制有害于学生健康成长的现象；

（六）不断提高思想政治觉悟和教育教学业务水平。

第九条 为保障教师完成教育教学任务，各级人民政府、教育行政部门、有关部门、学校和其他教育机构应当履行下列职责：

（一）提供符合国家安全标准的教育教学设施和设备；

（二）提供必需的图书、资料及其他教育教学用品；

（三）对教师在教育教学、科学研究中的创造性工作给以鼓励和帮助；

（四）支持教师制止有害于学生的行为或者其他侵犯学生合法权益的行为。

第三章　资格和任用

第十条 国家实行教师资格制度。

中国公民凡遵守宪法和法律，热爱教育事业，具有良好的思想品德，具备本法规定的学历或者经国家教师资格考试合格，有教育教学能力，经认定合格的，可以取得教师资格。

第十一条 取得教师资格应当具备的相应学历是：

（一）取得幼儿园教师资格，应当具备幼儿师范学校毕业及其以上学历；

（二）取得小学教师资格，应当具备中等师范学校毕业及其以上学历；

（三）取得初级中学教师、初级职业学校文化、专业课教师资格，应当具备高等师范专科学校或者其他大学专科毕业及其以上学历；

（四）取得高级中学教师资格和中等专业学校、技工学校、职业高中文化课、专业课教师资格，应当具备高等师范院校本科或者其他大学本科毕业及其以上学历；取得中等专业学校、技工学校和职业高中学生实习指导教师资格应当具备的学历，由国务院教育行政部门规定；

（五）取得高等学校教师资格，应当具备研究生或者大学本科毕业学历；

（六）取得成人教育教师资格，应当按照成人教育的层次、类别，分别具备高等、中等学校毕业及其以上学历。不具备本法规定的教师资格学历的公民，申请获取教师资格，必须通过国家教师资格考试。国家教师资格考试制度由国务院规定。

第十二条　本法实施前已经在学校或者其他教育机构中任教的教师，未具备本法规定学历的，由国务院教育行政部门规定教师资格过渡办法。

第十三条　中小学教师资格由县级以上地方人民政府教育行政部门认定。中等专业学校、技工学校的教师资格由县级以上地方人民政府教育行政部门组织有关主管部门认定。普通高等学校的教师资格由国务院或者省、自治区、直辖市教育行政部门或者由其委托的学校认定。具备本法规定的学历或者经国家教师资格考试合格的公民，要求有关部门认定其教师资格的，有关部门应当依照本法规定的条件予以认定。取得教师资格的人员首次任教时，应当有试用期。

第十四条　受到剥夺政治权利或者故意犯罪受到有期徒刑以上刑事处罚的，不能取得教师资格；已经取得教师资格的，丧失教师资格。

第十五条　各级师范学校毕业生，应当按照国家有关规定从事教育教学工作。国家鼓励非师范高等学校毕业生到中小学或者职业学校任教。

第十六条　国家实行教师职务制度，具体办法由国务院规定。

第十七条　学校和其他教育机构应当逐步实行教师聘任制。教师的聘任应当遵循双方地位平等的原则，由学校和教师签订聘任合同，明确规定双方的权利、义务和责任。实施教师聘任制的步骤、办法由国务院教育行政部门规定。

第四章　培养和培训

第十八条　各级人民政府和有关部门应当办好师范教育，并采取措施，鼓励优秀青年进入各级师范学校学习。各级教师进修学校承担培训中小学教师的任务。非师范学校应当承担培养和培训中小学教师的任务。各级师范学校学生享受专业奖学金。

第十九条　各级人民政府教育行政部门、学校主管部门和学校应当制定教师培训规划，对教师进行多种形式的思想政治、业务培训。

第二十条　国家机关、企业事业单位和其他社会组织应当为教师的社会调查和社会实践提供方便，给予协助。

第二十一条　各级人民政府应当采取措施，为少数民族地区和边远贫困地区培养、培训教师。

第五章　考　核

第二十二条　学校或者其他教育机构应当对教师的政治思想、业务水平、工作态度和工作成绩进行考核。教育行政部门对教师的考核工作进行指导、监督。

第二十三条　考核应当客观、公正、准确，充分听取教师本人、其他教师以及学生的意见。

第二十四条　教师考核结果是受聘任教、晋升工资、实施奖惩的依据。

第六章　待　遇

第二十五条　教师的平均工资水平应当不低于或者高于国家公务员的平均工资水平，并逐步提高。建立正常晋级增薪制度，具体办法由国务院规定。

第二十六条　中小学教师和职业学校教师享受教龄津贴和其他津贴，具体办法由国务院教育行政部门会同有关部门制定。

第二十七条　地方各级人民政府对教师以及具有中专以上学历的毕业生到少数民族地区和边远贫困地区从事教育教学工作的，应当予以补贴。

第二十八条　地方各级人民政府和国务院有关部门，对城市教师住房的建设、租赁、出售实行优先、优惠。县、乡两级人民政府应当为农村中小学教师解决住房提供方便。

第二十九条　教师的医疗同当地国家公务员享受同等的待遇；定期对教师进行身体健康检查，并因地制宜安排教师进行休养。医疗机构应当对当地教师的医疗提供方针。

第三十条　师退休或者退职后，享受国家规定的退休或者退职待遇。县级以上地方人民政府可以适当提高长期从事教育教学工作的中小学退休教师教的退休金比例。

第三十一条　各级人民政府应当采取措施，改善国家补助、集体支付工资的中小学教师的待遇，逐步做到在工资收入上与国家支付工资的教师同工同酬，具体办法由地方各级人民政府根据本地区的实际情况规定。

第三十二条　社会力量所办学校的教师的待遇，由举办者自行确定并予以保障。

第七章 奖 励

第三十三条 教师在教育教学、培养人才、科学研究、教学改革、学校建设、社会服务、勤工俭学等方面成绩优异的,由所在学校予以表彰、奖励。国务院和地方各级人民政府及其有关部门对有突出贡献的教师,应当予以表彰、奖励。对有重大贡献的教师,依照国家有关规定授予荣誉称号。

第三十四条 国家支持和鼓励社会组织或者个人向依法成立的奖励教师的基金组织捐助资金,对教师进行奖励。

第八章 法律责任

第三十五条 侮辱、殴打教师的,根据不同情况,分别给予行政处分或者行政处罚;造成损害的,责令赔偿损失;情节严重,构成犯罪的,依法追究刑事责任。

第三十六条 对依法提出申诉、控告、检举的教师进行打击报复的,由其所在单位或者上级机关责令改正;情节严重的,可以根据具体情况给予行政处分。国家工作人员对教师打击报复构成犯罪的,依照刑法第一百四十六条的规定追究刑事责任。

第三十七条 教师有下列情形之一的,由所在学校、其他教育机构或者教育行政部门给予行政处分或者解聘。

(一)故意不完成教育教学任务给教育教学工作造成损失的;

(二)体罚学生,经教育不改的;

(三)品行不良、侮辱学生,影响恶劣的。

教师有前款第(二)项、第(三)项所列情形之一,情节严重,构成犯罪的,依法追究刑事责任。

第三十八条 地方人民政府对违反本法规定,拖欠教师工资或者侵犯教师其他合法权益的,应当责令其限期改正。违反国家财政制度、财务制度,挪用国家财政用于教育的经费,严重妨碍教育教学工作,拖欠教师工资,损害教师合法权益的,由上级机关责令限期归还被挪用的经费,并对直接责任人员给予行政处分;情节严重,构成犯罪的,依法追究刑事责任。

第三十九条 教师对学校或者其他教育机构侵犯其合法权益的,或者对学校或者其他教育机构作出的处理不服的,可以向教育行政部门提出申诉,教育行政部门应当在接到申诉的三十日内,作出处理。教师认为当地人民政府有关行政部门侵犯其根据本法规定享有的权利的,可以向同级人民政府或者上一级人民政府有关部门提出申诉，同级人民政府或者上一级人民政府有关部门应当作出处理。

第九章　附　则

第四十条　本法下列用语的含义是：

（一）各级各类学校，是指实施学前教育、普通初等教育、普通中等教育、职业教育、普通高等教育以及特殊教育、成人教育的学校。

（二）其他教育机构，是指少年宫以及地方教研室、电化教育机构等。

（三）中小学教师，是指幼儿园、特殊教育机构、普通中小学、成人初等中等教育机构、职业中学以及其他教育机构的教师。

第四十一条　学校和其他教育机构中的教育教学辅助人员，其他类型的学校的教师和教育教学辅助人员，可以根据实际情况参照本法的有关规定执行。军队所属院校的教师和教育教学辅助人员，由中央军事委员会依照本法制定有关规定。

第四十二条　外籍教师的聘任办法由国务院教育行政部门规定。

第四十三条　本法自一九九四年一月一日起施行。

中华人民共和国教育法

(1995年3月18日第八届全国人民代表大会第三次会议通过
1995年3月18日中华人民共和国主席令第45号公布
自1995年9月1日起施行)

第一章 总 则

第一条 为了发展教育事业，提高全民族的素质，促进社会主义物质文明和精神文明建设，根据宪法，制定本法。

第二条 在中华人民共和国境内的各级各类教育，适用本法。

第三条 国家坚持以马克思列宁主义、毛泽东思想和建设有中国特色社会主义理论为指导，遵循宪法确定的基本原则，发展社会主义的教育事业。

第四条 教育是社会主义现代化建设的基础，国家保障教育事业优先发展。全社会应当关心和支持教育事业的发展。全社会应当尊重教师。

第五条 教育必须为社会主义现代化建设服务，必须与生产劳动相结合，培养德、智、体等方面全面发展的社会主义事业的建设者和接班人。

第六条 国家在受教育者中进行爱国主义、集体主义、社会主义的教育，进行理想、道德、纪律、法制、国防和民族团结的教育。

第七条 教育应当继承和弘扬中华民族优秀的历史文化传统，吸收人类文明发展的一切优秀成果。

第八条 教育活动必须符合国家和社会公共利益。国家实行教育与宗教相分离。任何组织和个人不得利用宗教进行妨碍国家教育制度的活动。

第九条 中华人民共和国公民有受教育的权利和义务。公民不分民族、种族、性别、职业、财产状况、宗教信仰等，依法享有平等的受教育机会。

第十条 国家根据各少数民族的特点和需要，帮助各少数民族地区发展教育事业。国家扶持边远贫困地区发展教育事业。国家扶持和发展残疾人教育事业。

第十一条 国家适应社会主义市场经济发展和社会进步的需要，推进教育改革，促进各级各类教育协调发展，建立和完善终身教育体系。

国家支持、鼓励和组织教育科学研究，推广教育科学研究成果，促进教育质量提高。

第十二条 汉语言文字为学校及其他教育机构的基本教学语言文字。少数民族学生为主的学校及其他教育机构，可以使用本民族或者当地民族通用的语言文字进行教学。学校及其他教育机构进行教学，应当推广使用全国通用的普通话和规范字。

第十三条 国家对发展教育事业做出突出贡献的组织和个人，给予奖励。

第十四条 国务院和地方各级人民政府根据分级管理、分工负责的原则，领导和管理教育工作。中等及中等以下教育在国务院领导下，由地方人民政府管理。高等教育由国务院和省、自治区、直辖市人民政府管理。

第十五条 国务院教育行政部门主管全国教育工作，统筹规划、协调管理全国的教育事业。县级以上地方各级人民政府教育行政部门主管本行政区域内的教育工作。县级以上各级人民政府其他有关部门在各自的职责范围内，负责有关的教育工作。

第十六条 国务院和县级以上地方各级人民政府应当向本级人民代表大会或者其常务委员会报告教育工作和教育经费预算、决算情况，接受监督。

第二章 教育基本制度

第十七条 国家实行学前教育、初等教育、中等教育、高等教育的学校教育制度。国家建立科学的学制系统。学制系统内的学校和其他教育机构的设置、教育形式、修业年限、招生对象、培养目标等，由国务院或者由国务院授权教育行政部门规定。

第十八条 国家实行九年制义务教育制度。各级人民政府采取各种措施保障适龄儿童、少年就学。适龄儿童、少年的父母或者其他监护人以及有关社会组织和个人有义务使适龄儿童、少年接受并完成规定年限的义务教育。

第十九条 国家实行职业教育制度和成人教育制度。各级人民政府、有关行政部门以及企业事业组织应当采取措施，发展并保障公民接受职业学校教育或者各种形式的职业培训。国家鼓励发展多种形式的成人教育，使公民接受适当形式的政治、经济、文化、科学、技术、业务教育和终身教育。

第二十条 国家实行国家教育考试制度。国家教育考试由国务院教育行政部门确定种类，并由国家批准的实施教育考试的机构承办。

第二十一条 国家实行学业证书制度。经国家批准设立或者认可的学校及其他教育机构按照国家有关规定，颁发学历证书或者其他学业证书。

第二十二条 国家实行学位制度。学位授予单位依法对达到一定学术水平或者专业技术水平的人员授予相应的学位，颁发学位证书。

第二十三条　各级人民政府、基层群众性自治组织和企业事业组织应当采取各种措施，开展扫除文盲的教育工作。按照国家规定具有接受扫除文盲教育能力的公民，应当接受扫除文盲的教育。

第二十四条　国家实行教育督导制度和学校及其他教育机构教育评估制度。

第三章　学校及其他教育机构

第二十五条　国家制定教育发展规划，并举办学校及其他教育机构。国家鼓励企业事业组织、社会团体、其他社会组织及公民个人依法举办学校及其他教育机构。任何组织和个人不得以营利为目的举办学校及其他教育机构。

第二十六条　设立学校及其他教育机构，必须具备下列基本条件：

（一）有组织机构和章程；

（二）有合格的教师；

（三）有符合规定标准的教学场所及设施、设备等；

（四）有必备的办学资金和稳定的经费来源。

第二十七条　学校及其他教育机构的设立、变更和终止，应当按照国家有关规定办理审核、批准、注册或者备案手续。

第二十八条　学校及其他教育机构行使下列权利：

（一）按照章程自主管理；

（二）组织实施教育教学活动；

（三）招收学生或者其他受教育者；

（四）对受教育者进行学籍管理，实施奖励或者处分；

（五）对受教育者颁发相应的学业证书；

（六）聘任教师及其他职工，实施奖励或者处分；

（七）管理、使用本单位的设施和经费；

（八）拒绝任何组织和个人对教育教学活动的非法干涉；

（九）法律、法规规定的其他权利。

国家保护学校及其他教育机构的合法权益不受侵犯。

第二十九条　学校及其他教育机构应当履行下列义务：

（一）遵守法律、法规；

（二）贯彻国家的教育方针，执行国家教育教学标准，保证教育教学质量；

（三）维护受教育者、教师及其他职工的合法权益；

（四）以适当方式为受教育者及其监护人了解受教育者的学业成绩及其他有

关情况提供便利；

（五）遵照国家有关规定收取费用并公开收费项目；

（六）依法接受监督。

第三十条 学校及其他教育机构的举办者按照国家有关规定，确定其所举办的学校或者其他教育机构的管理体制。学校及其他教育机构的校长或者主要行政负责人必须由具有中华人民共和国国籍、在中国境内定居、并具备国家规定任职条件的公民担任，其任免按照国家有关规定办理。学校的教学及其他行政管理，由校长负责。学校及其他教育机构应当按照国家有关规定，通过以教师为主体的教职工代表大会等组织形式，保障教职工参与民主管理和监督。

第三十一条 学校及其他教育机构具备法人条件的，自批准设立或者登记注册之日起取得法人资格。学校及其他教育机构在民事活动中依法享有民事权利，承担民事责任学校及其他教育机构中的国有资产属于国家所有。学校及其他教育机构兴办的校办产业独立承担民事责任。

第四章　教师和其他教育工作者

第三十二条 教师享有法律规定的权利，履行法律规定的义务，忠诚于人民的教育事业。

第三十三条 国家保护教师的合法权益，改善教师的工作条件和生活条件，提高教师的社会地位。教师的工资报酬、福利待遇，依照法律、法规的规定办理。

第三十四条 国家实行教师资格、职务、聘任制度，通过考核、奖励、培养和培训，提高教师素质，加强教师队伍建设。

第三十五条 学校及其他教育机构中的管理人员，实行教育职员制度。学校及其他教育机构中的教学辅助人员和其他专业技术人员，实行专业技术职务聘任制度。

第五章　受教育者

第三十六条 受教育者在入学、升学、就业等方面依法享有平等权利。学校和有关行政部门应当按照国家有关规定，保障女子在入学、升学、就业、授予学位、派出留学等方面享有同男子平等的权利。

第三十七条 国家、社会对符合入学条件、家庭经济困难的儿童、少年、青年，提供各种形式的资助。

第三十八条 国家、社会、学校及其他教育机构应当根据残疾人身心特性和需要实施教育，并为其提供帮助和便利。

第三十九条 国家、社会、家庭、学校及其他教育机构应当为有违法犯罪行为的未成年人接受教育创造条件。

第四十条 从业人员有依法接受职业培训和继续教育的权利和义务。国家机关、企业事业组织和其他社会组织，应当为本单位职工的学习和培训提供条件和便利。

第四十一条 国家鼓励学校及其他教育机构、社会组织采取措施，为公民接受终身教育创造条件。

第四十二条 受教育者享有下列权利：

（一）参加教育教学计划安排的各种活动，使用教育教学设施、设备、图书资料；

（二）按照国家有关规定获得奖学金、贷学金、助学金；

（三）在学业成绩和品行上获得公正评价，完成规定的学业后获得相应的学业证书、学位证书；

（四）对学校给予的处分不服向有关部门提出申诉，对学校、教师侵犯其人身权、财产权等合法权益，提出申诉或者依法提起诉讼；

（五）法律、法规规定的其他权利。

第四十三条 受教育者应当履行下列义务：

（一）遵守法律、法规；

（二）遵守学生行为规范，尊敬师长，养成良好的思想品德和行为习惯；

（三）努力学习，完成规定的学习任务；

（四）遵守所在学校或者其他教育机构的管理制度。

第四十四条 教育、体育、卫生行政部门和学校及其他教育机构应当完善体育、卫生保健设施，保护学生的身心健康。

第六章 教育与社会

第四十五条 国家机关、军队、企业事业组织、社会团体及其他社会组织和个人，应当依法为儿童、少年、青年学生的身心健康成长创造良好的社会环境。

第四十六条 国家鼓励企业事业组织、社会团体及其他社会组织同高等学校、中等职业学校在教学、科研、技术开发和推广等方面进行多种形式的合作。企业事业组织、社会团体及其他社会组织和个人，可以通过适当形式，支持学校的建设，参与学校管理。

第四十七条 国家机关、军队、企业事业组织及其他社会组织应当为学校组织的学生实习、社会实践活动提供帮助和便利。

第四十八条 学校及其他教育机构在不影响正常教育教学活动的前提下,应当积极参加当地的社会公益活动。

第四十九条 未成年人的父母或者其他监护人应当为其未成年子女或者其他被监护人受教育提供必要条件。未成年人的父母或者其他监护人应当配合学校及其他教育机构,对其未成年子女或者其他被监护人进行教育。学校、教师可以对学生家长提供家庭教育指导。

第五十条 图书馆、博物馆、科技馆、文化馆、美术馆、体育馆(场)等社会公共文化体育设施,以及历史文化古迹和革命纪念馆(地),应当对教师、学生实行优待,为受教育者接受教育提供便利。广播、电视台(站)应当开设教育节目,促进受教育者思想品德、文化和科学技术素质的提高。

第五十一条 国家、社会建立和发展对未成年人进行校外教育的设施。学校及其他教育机构应当同基层群众性自治组织、企业事业组织、社会团体相互配合,加强对未成年人的校外教育工作。

第五十二条 国家鼓励社会团体、社会文化机构及其他社会组织和个人开展有益于受教育者身心健康的社会文化教育活动。

第七章 教育投入与条件保障

第五十三条 国家建立以财政拨款为主、其他多种渠道筹措教育经费为辅的体制,逐步增加对教育的投入,保证国家举办的学校教育经费的稳定来源。企业事业组织、社会团体及其他社会组织和个人依法举办的学校及其他教育机构,办学经费由举办者负责筹措,各级人民政府可以给予适当支持。

第五十四条 国家财政性教育经费支出占国民生产总值的比例应当随着国民经济的发展和财政收入的增长逐步提高。具体比例和实施步骤由国务院规定。全国各级财政支出总额中教育经费所占比例应当随着国民经济的发展逐步提高。

第五十五条 各级人民政府的教育经费支出,按照事权和财权相统一的原则,在财政预算中单独列项。各级人民政府教育财政拨款的增长应当高于财政经常性收入的增长,并使按在校学生人数平均的教育费用逐步增长,保证教师工资和学生人均公用经费逐步增长。

第五十六条 国务院及县级以上地方各级人民政府应当设立教育专项资金,重点扶持边远贫困地区、少数民族地区实施义务教育。

第五十七条 税务机关依法足额征收教育费附加,由教育行政部门统筹管理,主要用于实施义务教育。省、自治区、直辖市人民政府根据国务院的有关规定,可以决定开征用于教育的地方附加费,专款专用。农村乡统筹中的教育费附加,由乡人民政府组织收取,由县级人民政府教育行政部门代为管理或者由乡人民政府管理,用于本乡范围内乡、村两级教育事业。农村教育费附加在乡统筹中所占具体比例和具体管理办法,由省、自治区、直辖市人民政府规定。

第五十八条 国家采取优惠措施,鼓励和扶持学校在不影响正常教育教学的前提下开展勤工俭学和社会服务,兴办校办产业。

第五十九条 经县级人民政府批准,乡、民族乡、镇的人民政府根据自愿、量力的原则,可以在本行政区域内集资办学,用于实施义务教育学校的危房改造和修缮、新建校舍,不得挪作他用。

第六十条 国家鼓励境内、境外社会组织和个人捐资助学。

第六十一条 国家财政性教育经费、社会组织和个人对教育的捐赠,必须用于教育,不得挪用、克扣。

第六十二条 国家鼓励运用金融、信贷手段,支持教育事业的发展。

第六十三条 各级人民政府及其教育行政部门应当加强对学校及其他教育机构教育经费的监督管理,提高教育投资效益。

第六十四条 地方各级人民政府及其有关行政部门必须把学校的基本建设纳入城乡建设规划,统筹安排学校的基本建设用地及所需物资,按照国家有关规定实行优先、优惠政策。

第六十五条 各级人民政府对教科书及教学用图书资料的出版发行,对教学仪器、设备的生产和供应,对用于学校教育教学和科学研究的图书资料、教学仪器、设备的进口,按照国家有关规定实行优先、优惠政策。

第六十六条 县级以上人民政府应当发展卫星电视教育和其他现代化教学手段,有关行政部门应当优先安排,给予扶持。国家鼓励学校及其他教育机构推广运用现代化教学手段。

第八章 教育对外交流与合作

第六十七条 国家鼓励开展教育对外交流与合作。教育对外交流与合作坚持独立自主、平等互利、相互尊重的原则,不得违反中国法律,不得损害国家主权、安全和社会公共利益。

第六十八条 中国境内公民出国留学、研究、进行学术交流或者任教,依照国家有关规定办理。

第六十九条 中国境外个人符合国家规定的条件并办理有关手续后,可以进入中国境内学校及其他教育机构学习、研究、进行学术交流或者任教,其合法权益受国家保护。

第七十条 中国对境外教育机构颁发的学位证书、学历证书及其他学业证书的承认，依照中华人民共和国缔结或者加入的国际条约办理，或者按照国家有关规定办理。

第九章　法律责任

第七十一条 违反国家有关规定，不按照预算核拨教育经费的，由同级人民政府限期核拨；情节严重的，对直接负责的主管人员和其他直接责任人员，依法给予行政处分。违反国家财政制度、财务制度，挪用、克扣教育经费的，由上级机关责令限期归还被挪用、克扣的经费，并对直接负责的主管人员和其他直接责任人员，依法给予行政处分；构成犯罪的，依法追究刑事责任。

第七十二条 结伙斗殴、寻衅滋事，扰乱学校及其他教育机构教育教学秩序或者破坏校舍、场地及其他财产的，由公安机关给予治安管理处罚；构成犯罪的，依法追究刑事责任。侵占学校及其他教育机构的校舍、场地及其他财产的，依法承担民事责任。

第七十三条 明知校舍或者教育教学设施有危险，而不采取措施，造成人员伤亡或者重大财产损失的，对直接负责的主管人员和其他直接责任人员，依法追究刑事责任。

第七十四条 违反国家有关规定，向学校或者其他教育机构收取费用的，由政府责令退还所收费用；对直接负责的主管人员和其他直接责任人员，依法给予行政处分。

第七十五条 违反国家有关规定，举办学校或者其他教育机构的，由教育行政部门予以撤销；有违法所得的，没收违法所得；对直接负责的主管人员和其他直接责任人员，依法给予行政处分。

第七十六条 违反国家有关规定招收学员的，由教育行政部门责令退回招收的学员，退还所收费用；对直接负责的主管人员和其他直接责任人员，依法给予行政处分。

第七十七条 在招收学生工作中徇私舞弊的，由教育行政部门责令退回招收的人员；对直接负责的主管人员和其他直接责任人员，依法给予行政处分；构成犯罪的，依法追究刑事责任。

第七十八条 学校及其他教育机构违反国家有关规定向受教育者收取费用的，由教育行政部门责令退还所收费用；对直接负责的主管人员和其他直接责任人员，依法给予行政处分。

第七十九条 在国家教育考试中作弊的，由教育行政部门宣布考试无效，对直接负责的主管人员和其他直接责任人员，依法给予行政处分。

非法举办国家教育考试的，由教育行政部门宣布考试无效；有违法所得的，没收违法所得；对直接负责的主管人员和其他直接责任人员，依法给予行政处分。

第八十条 违反本法规定，颁发学位证书、学历证书或者其他学业证书的，由教育行政部门宣布证书无效，责令收回或者予以没收；有违法所得的，没收违法所得；情节严重的，取消其颁发证书的资格。

第八十一条 违反本法规定，侵犯教师、受教育者、学校或者其他教育机构的合法权益，造成损失、损害的，应当依法承担民事责任。

第十章 附 则

第八十二条 军事学校教育由中央军事委员会根据本法的原则规定。宗教学校教育由国务院另行规定。

第八十三条 境外的组织和个人在中国境内办学和合作办学的办法，由国务院规定。

第八十四条 本法自1995年9月1日起施行。

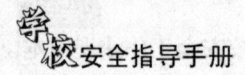

中华人民共和国预防未成年人犯罪法

(1999年6月28日第九届全国人民代表大会常务委员会第十次会议通过
1999年6月28日中华人民共和国主席令第17号公布
自1999年11月1日起施行)

第一章 总 则

第一条 为了保障未成年人身心健康，培养未成年人良好品行，有效地预防未成年人犯罪，制定本法。

第二条 预防未成年人犯罪，立足于教育和保护，从小抓起，对未成年人的不良行为及时进行预防和矫治。

第三条 预防未成年人犯罪，在各级人民政府组织领导下，实行综合治理。

政府有关部门、司法机关、人民团体、有关社会团体、学校、家庭、城市居民委员会、农村村民委员会等各方面共同参与，各负其责，做好预防未成年人犯罪工作，为未成年人身心健康发展创造良好的社会环境。

第四条 各级人民政府在预防未成年人犯罪方面的职责是：

（一）制定预防未成年人犯罪工作的规划；

（二）组织、协调公安、教育、文化、新闻出版、广播电影电视、工商、民政、司法行政等政府有关部门和其他社会组织进行预防未成年人犯罪工作；

（三）对本法实施的情况和工作规划的执行情况进行检查；

（四）总结、推广预防未成年人犯罪工作的经验，树立、表彰先进典型。

第五条 预防未成年人犯罪，应当结合未成年人不同年龄的生理、心理特点，加强青春期教育、心理矫治和预防犯罪对策的研究。

第二章 预防未成年人犯罪的教育

第六条 对未成年人应当加强理想、道德、法制和爱国主义、集体主义、社会主义教育。对于达到义务教育年龄的未成年人，在进行上述教育的同时，应当进行预防犯罪的教育。

预防未成年人犯罪的教育的目的，是增强未成年人的法制观念，使未成年人懂得违法和犯罪行为对个人、家庭、社会造成的危害，违法和犯罪行为应当承担的法律责任，树立遵纪守法和防范违法犯罪的意识。

第七条　教育行政部门、学校应当将预防犯罪的教育作为法制教育的内容纳入学校教育教学计划，结合常见多发的未成年人犯罪，对不同年龄的未成年人进行有针对性的预防犯罪教育。

第八条　司法行政部门、教育行政部门、共产主义青年团、少年先锋队应当结合实际，组织、举办展览会、报告会、演讲会等多种形式的预防未成年人犯罪的法制宣传活动。

学校应当结合实际举办以预防未成年人犯罪的教育为主要内容的活动。教育行政部门应当将预防未成年人犯罪教育的工作效果作为考核学校工作的一项重要内容。

第九条　学校应当聘任从事法制教育的专职或者兼职教师。学校根据条件可以聘请校外法律辅导员。

第十条　未成年人的父母或者其他监护人对未成年人的法制教育负有直接责任。学校在对学生进行预防犯罪教育时，应当将教育计划告知未成年人的父母或者其他监护人，未成年人的父母或者其他监护人应当结合学校的计划，针对具体情况进行教育。

第十一条　少年宫、青少年活动中心等校外活动场所应当把预防未成年人犯罪的教育作为一项重要的工作内容，开展多种形式的宣传教育活动。

第十二条　对于已满十六周岁不满十八周岁准备就业的未成年人，职业教育培训机构、用人单位应当将法律知识和预防犯罪教育纳入职业培训的内容。

第十三条　城市居民委员会、农村村民委员会应当积极开展有针对性的预防未成年人犯罪的法制宣传活动。

第三章　对未成年人不良行为的预防

第十四条　未成年人的父母或者其他监护人和学校应当教育未成年人不得有下列不良行为：

（一）旷课、夜不归宿；

（二）携带管制刀具；

（三）打架斗殴、辱骂他人；

（四）强行向他人索要财物；

（五）偷窃、故意毁坏财物；

（六）参与赌博或者变相赌博；

（七）观看、收听色情、淫秽的音像制品、读物等；
（八）进入法律、法规规定未成年人不适宜进入的营业性歌舞厅等场所；
（九）其他严重违背社会公德的不良行为。

第十五条　未成年人的父母或者其他监护人和学校应当教育未成年人不得吸烟、酗酒。任何经营场所不得向未成年人出售烟酒。

第十六条　中小学生旷课的，学校应当及时与其父母或者其他监护人取得联系。

未成年人擅自外出夜不归宿的，其父母或者其他监护人、其所在的寄宿制学校应当及时查找，或者向公安机关请求帮助。收留夜不归宿的未成年人的，应当征得其父母或者其他监护人的同意，或者在二十四小时内及时通知其父母或者其他监护人、所在学校或者及时向公安机关报告。

第十七条　未成年人的父母或者其他监护人和学校发现未成年人组织或者参加实施不良行为的团伙的，应当及时予以制止。发现该团伙有违法犯罪行为的，应当向公安机关报告。

第十八条　未成年人的父母或者其他监护人和学校发现有人教唆、胁迫、引诱未成年人违法犯罪的，应当向公安机关报告。公安机关接到报告后，应当及时依法查处，对未成年人人身安全受到威胁的，应当及时采取有效措施，保护其人身安全。

第十九条　未成年人的父母或者其他监护人，不得让不满十六周岁的未成年人脱离监护单独居住。

第二十条　未成年人的父母或者其他监护人对未成年人不得放任不管，不得迫使其离家出走，放弃监护职责。

未成年人离家出走的，其父母或者其他监护人应当及时查找，或者向公安机关请求帮助。

第二十一条　未成年人的父母离异的，离异双方对子女都有教育的义务，任何一方都不得因离异而不履行教育子女的义务。

第二十二条　继父母、养父母对受其抚养教育的未成年继子女、养子女，应当履行本法规定的父母对未成年子女在预防犯罪方面的职责。

第二十三条　学校对有不良行为的未成年人应当加强教育、管理，不得歧视。

第二十四条　教育行政部门、学校应当举办各种形式的讲座、座谈、培训等活动，针对未成年人不同时期的生理、心理特点，介绍良好有效的教育方法，指导教师、未成年人的父母和其他监护人有效地防止、矫治未成年人的不良行为。

第二十五条 对于教唆、胁迫、引诱未成年人实施不良行为或者品行不良，影响恶劣，不适宜在学校工作的教职员工，教育行政部门、学校应当予以解聘或者辞退；构成犯罪的，依法追究刑事责任。

第二十六条 禁止在中小学校附近开办营业性歌舞厅、营业性电子游戏场所以及其他未成年人不适宜进入的场所。禁止开办上述场所的具体范围由省、自治区、直辖市人民政府规定。

对本法施行前已在中小学校附近开办上述场所的，应当限期迁移或者停业。

第二十七条 公安机关应当加强中小学校周围环境的治安管理，及时制止、处理中小学校周围发生的违法犯罪行为。城市居民委员会、农村村民委员会应当协助公安机关做好维护中小学校周围治安的工作。

第二十八条 公安派出所、城市居民委员会、农村村民委员会应当掌握本辖区内暂住人口中未成年人的就学、就业情况。对于暂住人口中未成年人实施不良行为的，应当督促其父母或者其他监护人进行有效的教育、制止。

第二十九条 任何人不得教唆、胁迫、引诱未成年人实施本法规定的不良行为，或者为未成年人实施不良行为提供条件。

第三十条 以未成年人为对象的出版物，不得含有诱发未成年人违法犯罪的内容，不得含有渲染暴力、色情、赌博、恐怖活动等危害未成年人身心健康的内容。

第三十一条 任何单位和个人不得向未成年人出售、出租含有诱发未成年人违法犯罪以及渲染暴力、色情、赌博、恐怖活动等危害未成年人身心健康内容的读物、音像制品或者电子出版物。

任何单位和个人不得利用通讯、计算机网络等方式提供前款规定的危害未成年人身心健康的内容及其信息。

第三十二条 广播、电影、电视、戏剧节目，不得有渲染暴力、色情、赌博、恐怖活动等危害未成年人身心健康的内容。

广播电影电视行政部门、文化行政部门必须加强对广播、电影、电视、戏剧节目以及各类演播场所的管理。

第三十三条 营业性歌舞厅以及其他未成年人不适宜进入的场所，应当设置明显的未成年人禁止进入标志，不得允许未成年人进入。

营业性电子游戏场所在国家法定节假日外，不得允许未成年人进入，并应当设置明显的未成年人禁止进入标志。

对于难以判明是否已成年的，上述场所的工作人员可以要求其出示身份证件。

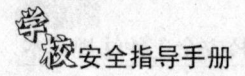

第四章 对未成年人严重不良行为的矫治

第三十四条 本法所称"严重不良行为",是指下列严重危害社会,尚不够刑事处罚的违法行为:

(一)纠集他人结伙滋事,扰乱治安;

(二)携带管制刀具,屡教不改;

(三)多次拦截殴打他人或者强行索要他人财物;

(四)传播淫秽的读物或者音像制品等;

(五)进行淫乱或者色情、卖淫活动;

(六)多次偷窃;

(七)参与赌博,屡教不改;

(八)吸食、注射毒品;

(九)其他严重危害社会的行为。

第三十五条 对未成年人实施本法规定的严重不良行为的,应当及时予以制止。

对有本法规定严重不良行为的未成年人,其父母或者其他监护人和学校应当相互配合,采取措施严加管教,也可以送工读学校进行矫治和接受教育。

对未成年人送工读学校进行矫治和接受教育,应当由其父母或者其他监护人,或者原所在学校提出申请,经教育行政部门批准。

第三十六条 工读学校对就读的未成年人应当严格管理和教育。工读学校除按照义务教育法的要求,在课程设置上与普通学校相同外,应当加强法制教育的内容,针对未成年人严重不良行为产生的原因以及有严重不良行为的未成年人的心理特点,开展矫治工作。

家庭、学校应当关心、爱护在工读学校就读的未成年人,尊重他们的人格尊严,不得体罚、虐待和歧视。工读学校毕业的未成年人在升学、就业等方面,同普通学校毕业的学生享有同等的权利,任何单位和个人不得歧视。

第三十七条 未成年人有本法规定严重不良行为,构成违反治安管理行为的,由公安机关依法予以治安处罚。因不满十四周岁或者情节特别轻微免予处罚的,可以予以训诫。

第三十八条 未成年人因不满十六周岁不予刑事处罚的,责令他的父母或者其他监护人严加管教;在必要的时候,也可以由政府依法收容教养。

第三十九条 未成年人在被收容教养期间,执行机关应当保证其继续接受文化知识、法律知识或者职业技术教育;对没有完成义务教育的未成年人,执行机关应当保证其继续接受义务教育。

解除收容教养、劳动教养的未成年人，在复学、升学、就业等方面与其他未成年人享有同等权利，任何单位和个人不得歧视。

第五章 未成年人对犯罪的自我防范

第四十条 未成年人应当遵守法律、法规及社会公共道德规范，树立自尊、自律、自强意识，增强辨别是非和自我保护的能力，自觉抵制各种不良行为及违法犯罪行为的引诱和侵害。

第四十一条 被父母或者其他监护人遗弃、虐待的未成年人，有权向公安机关、民政部门、共产主义青年团、妇女联合会、未成年人保护组织或者学校、城市居民委员会、农村村民委员会请求保护。被请求的上述部门和组织都应当接受，根据情况需要采取救助措施的，应当先采取救助措施。

第四十二条 未成年人发现任何人对自己或者对其他未成年人实施本法第三章规定不得实施的行为或者犯罪行为，可以通过所在学校、其父母或者其他监护人向公安机关或者政府有关主管部门报告，也可以自己向上述机关报告。受理报告的机关应当及时依法查处。

第四十三条 对同犯罪行为作斗争以及举报犯罪行为的未成年人，司法机关、学校、社会应当加强保护，保障其不受打击报复。

第六章 对未成年人重新犯罪的预防

第四十四条 对犯罪的未成年人追究刑事责任，实行教育、感化、挽救方针，坚持教育为主、惩罚为辅的原则。

司法机关办理未成年人犯罪案件，应当保障未成年人行使其诉讼权利，保障未成年人得到法律帮助，并根据未成年人的生理、心理特点和犯罪的情况，有针对性地进行法制教育。

对于被采取刑事强制措施的未成年学生，在人民法院的判决生效以前，不得取消其学籍。

第四十五条 人民法院审判未成年人犯罪的刑事案件，应当由熟悉未成年人身心特点的审判员或者审判员和人民陪审员依法组成少年法庭进行。

对于已满十四周岁不满十六周岁未成年人犯罪的案件，一律不公开审理。已满十六周岁不满十八周岁未成年人犯罪的案件，一般也不公开审理。

对未成年人犯罪案件，新闻报道、影视节目、公开出版物不得披露该未成年人的姓名、住所、照片及可能推断出该未成年人的资料。

第四十六条　对被拘留、逮捕和执行刑罚的未成年人与成年人应当分别关押、分别管理、分别教育。未成年犯在被执行刑罚期间，执行机关应当加强对未成年犯的法制教育，对未成年犯进行职业技术教育。对没有完成义务教育的未成年犯，执行机关应当保证其继续接受义务教育。

第四十七条　未成年人的父母或者其他监护人和学校、城市居民委员会、农村村民委员会，对因不满十六周岁而不予刑事处罚、免予刑事处罚的未成年人，或者被判处非监禁刑罚、被判处刑罚宣告缓刑、被假释的未成年人，应当采取有效的帮教措施，协助司法机关做好对未成年人的教育、挽救工作。

城市居民委员会、农村村民委员会可以聘请思想品德优秀，作风正派，热心未成年人教育工作的离退休人员或者其他人员协助做好对前款规定的未成年人的教育、挽救工作。

第四十八条　依法免予刑事处罚、判处非监禁刑罚、判处刑罚宣告缓刑、假释或者刑罚执行完毕的未成年人，在复学、升学、就业等方面与其他未成年人享有同等权利，任何单位和个人不得歧视。

第七章　法律责任

第四十九条　未成年人的父母或者其他监护人不履行监护职责，放任未成年人有本法规定的不良行为或者严重不良行为的，由公安机关对未成年人的父母或者其他监护人予以训诫，责令其严加管教。

第五十条　未成年人的父母或者其他监护人违反本法第十九条的规定，让不满十六周岁的未成年人脱离监护单独居住的，由公安机关对未成年人的父母或者其他监护人予以训诫，责令其立即改正。

第五十一条　公安机关的工作人员违反本法第十八条的规定，接到报告后，不及时查处或者采取有效措施，严重不负责任的，予以行政处分；造成严重后果，构成犯罪的，依法追究刑事责任。

第五十二条　违反本法第三十条的规定，出版含有诱发未成年人违法犯罪以及渲染暴力、色情、赌博、恐怖活动等危害未成年人身心健康内容的出版物的，由出版行政部门没收出版物和违法所得，并处违法所得三倍以上十倍以下罚款；情节严重的，没收出版物和违法所得，并责令停业整顿或者吊销许可证。对直接负责的主管人员和其他直接责任人员处以罚款。

制作、复制宣扬淫秽内容的未成年人出版物，或者向未成年人出售、出租、传播宣扬淫秽内容的出版物的，依法予以治安处罚；构成犯罪的，依法追究刑事责任。

第五十三条 违反本法第三十一条的规定,向未成年人出售、出租含有诱发未成年人违法犯罪以及渲染暴力、色情、赌博、恐怖活动等危害未成年人身心健康内容的读物、音像制品、电子出版物的,或者利用通讯、计算机网络等方式提供上述危害未成年人身心健康内容及其信息的,没收读物、音像制品、电子出版物和违法所得,由政府有关主管部门处以罚款。

单位有前款行为的,没收读物、音像制品、电子出版物和违法所得,处以罚款,并对直接负责的主管人员和其他直接责任人员处以罚款。

第五十四条 影剧院、录像厅等各类演播场所,放映或者演出渲染暴力、色情、赌博、恐怖活动等危害未成年人身心健康的节目的,由政府有关主管部门没收违法播放的音像制品和违法所得,处以罚款,并对直接负责的主管人员和其他直接责任人员处以罚款;情节严重的,责令停业整顿或者由工商行政部门吊销营业执照。

第五十五条 营业性歌舞厅以及其他未成年人不适宜进入的场所、营业性电子游戏场所,违反本法第三十三条的规定,不设置明显的未成年人禁止进入标志,或者允许未成年人进入的,由文化行政部门责令改正、给予警告、责令停业整顿、没收违法所得,处以罚款,并对直接负责的主管人员和其他直接责任人员处以罚款;情节严重的,由工商行政部门吊销营业执照。

第五十六条 教唆、胁迫、引诱未成年人实施本法规定的不良行为、严重不良行为,或者为未成年人实施不良行为、严重不良行为提供条件,构成违反治安管理行为的,由公安机关依法予以治安处罚;构成犯罪的,依法追究刑事责任。

第八章 附　则

第五十七条 本法自1999年11月1日起施行。

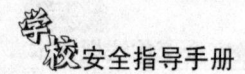

中华人民共和国传染病防治法（修订）

（1989年2月21日第七届全国人民代表大会常务委员会第六次会议通过 2004年8月28日第十届全国人民代表大会常务委员会第十一次会议修订 2004年8月28日中华人民共和国主席令第17号公布 自2004年12月1日起施行）

第一章　总　则

第一条　为了预防、控制和消除传染病的发生与流行，保障人体健康和公共卫生，制定本法。

第二条　国家对传染病防治实行预防为主的方针，防治结合、分类管理、依靠科学、依靠群众。

第三条　本法规定的传染病分为甲类、乙类和丙类。

甲类传染病是指：鼠疫、霍乱。

乙类传染病是指：传染性非典型肺炎、艾滋病、病毒性肝炎、脊髓灰质炎、人感染高致病性禽流感、麻疹、流行性出血热、狂犬病、流行性乙型脑炎、登革热、炭疽、细菌性和阿米巴性痢疾、肺结核、伤寒和副伤寒、流行性脑脊髓膜炎、百日咳、白喉、新生儿破伤风、猩红热、布鲁氏菌病、淋病、梅毒、钩端螺旋体病、血吸虫病、疟疾。

丙类传染病是指：流行性感冒、流行性腮腺炎、风疹、急性出血性结膜炎、麻风病、流行性和地方性斑疹伤寒、黑热病、包虫病、丝虫病，除霍乱、细菌性和阿米巴性痢疾、伤寒和副伤寒以外的感染性腹泻病。

上述规定以外的其他传染病，根据其暴发、流行情况和危害程度，需要列入乙类、丙类传染病的，由国务院卫生行政部门决定并予以公布。

第四条　对乙类传染病中传染性非典型肺炎、炭疽中的肺炭疽和人感染高致病性禽流感，采取本法所称甲类传染病的预防、控制措施。其他乙类传染病和突发原因不明的传染病需要采取本法所称甲类传染病的预防、控制措施的，由国务院卫生行政部门及时报经国务院批准后予以公布、实施。

省、自治区、直辖市人民政府对本行政区域内常见、多发的其他地方性传染病，可以根据情况决定按照乙类或者丙类传染病管理并予以公布，报国务院卫生行政部门备案。

第五条 各级人民政府领导传染病防治工作。

县级以上人民政府制定传染病防治规划并组织实施，建立健全传染病防治的疾病预防控制、医疗救治和监督管理体系。

第六条 国务院卫生行政部门主管全国传染病防治及其监督管理工作。县级以上地方人民政府卫生行政部门负责本行政区域内的传染病防治及其监督管理工作。

县级以上人民政府其他部门在各自的职责范围内负责传染病防治工作。

军队的传染病防治工作，依照本法和国家有关规定办理，由中国人民解放军卫生主管部门实施监督管理。

第七条 各级疾病预防控制机构承担传染病监测、预测、流行病学调查、疫情报告以及其他预防、控制工作。

医疗机构承担与医疗救治有关的传染病防治工作和责任区域内的传染病预防工作。城市社区和农村基层医疗机构在疾病预防控制机构的指导下，承担城市社区、农村基层相应的传染病防治工作。

第八条 国家发展现代医学和中医药等传统医学，支持和鼓励开展传染病防治的科学研究，提高传染病防治的科学技术水平。

国家支持和鼓励开展传染病防治的国际合作。

第九条 国家支持和鼓励单位和个人参与传染病防治工作。各级人民政府应当完善有关制度，方便单位和个人参与防治传染病的宣传教育、疫情报告、志愿服务和捐赠活动。

居民委员会、村民委员会应当组织居民、村民参与社区、农村的传染病预防与控制活动。

第十条 国家开展预防传染病的健康教育。新闻媒体应当无偿开展传染病防治和公共卫生教育的公益宣传。

各级各类学校应当对学生进行健康知识和传染病预防知识的教育。

医学院校应当加强预防医学教育和科学研究，对在校学生以及其他与传染病防治相关人员进行预防医学教育和培训，为传染病防治工作提供技术支持。

疾病预防控制机构、医疗机构应当定期对其工作人员进行传染病防治知识、技能的培训。

第十一条 对在传染病防治工作中做出显著成绩和贡献的单位和个人，给予表彰和奖励。

对因参与传染病防治工作致病、致残、死亡的人员，按照有关规定给予补助、抚恤。

第十二条 在中华人民共和国领域内的一切单位和个人，必须接受疾病预防控制机构、医疗机构有关传染病的调查、检验、采集样本、隔离治疗等预防、控制措施，如实提供有关情况。疾病预防控制机构、医疗机构不得泄露涉及个人隐私的有关信息、资料。

卫生行政部门以及其他有关部门、疾病预防控制机构和医疗机构因违法实施行政管理或者预防、控制措施，侵犯单位和个人合法权益的，有关单位和个人可以依法申请行政复议或者提起诉讼。

第二章 传染病预防

第十三条 各级人民政府组织开展群众性卫生活动，进行预防传染病的健康教育，倡导文明健康的生活方式，提高公众对传染病的防治意识和应对能力，加强环境卫生建设，消除鼠害和蚊、蝇等病媒生物的危害。

各级人民政府农业、水利、林业行政部门按照职责分工负责指导和组织消除农田、湖区、河流、牧场、林区的鼠害与血吸虫危害，以及其他传播传染病的动物和病媒生物的危害。

铁路、交通、民用航空行政部门负责组织消除交通工具以及相关场所的鼠害和蚊、蝇等病媒生物的危害。

第十四条 地方各级人民政府应当有计划地建设和改造公共卫生设施，改善饮用水卫生条件，对污水、污物、粪便进行无害化处置。

第十五条 国家实行有计划的预防接种制度。国务院卫生行政部门和省、自治区、直辖市人民政府卫生行政部门，根据传染病预防、控制的需要，制定传染病预防接种规划并组织实施。用于预防接种的疫苗必须符合国家质量标准。

国家对儿童实行预防接种证制度。国家免疫规划项目的预防接种实行免费。医疗机构、疾病预防控制机构与儿童的监护人应当相互配合，保证儿童及时接受预防接种。具体办法由国务院制定。

第十六条 国家和社会应当关心、帮助传染病病人、病原携带者和疑似传染病病人，使其得到及时救治。任何单位和个人不得歧视传染病病人、病原携带者和疑似传染病病人。

传染病病人、病原携带者和疑似传染病病人，在治愈前或者在排除传染病嫌疑前，不得从事法律、行政法规和国务院卫生行政部门规定禁止从事的易使该传染病扩散的工作。

第十七条 国家建立传染病监测制度。

国务院卫生行政部门制定国家传染病监测规划和方案。省、自治区、直辖市人民政府卫生行政部门根据国家传染病监测规划和方案，制定本行政区域的传染病监测计划和工作方案。

各级疾病预防控制机构对传染病的发生、流行以及影响其发生、流行的因素，进行监测；对国外发生、国内尚未发生的传染病或者国内新发生的传染病，进行监测。

第十八条 各级疾病预防控制机构在传染病预防控制中履行下列职责：

（一）实施传染病预防控制规划、计划和方案；

（二）收集、分析和报告传染病监测信息，预测传染病的发生、流行趋势；

（三）开展对传染病疫情和突发公共卫生事件的流行病学调查、现场处理及其效果评价；

（四）开展传染病实验室检测、诊断、病原学鉴定；

（五）实施免疫规划，负责预防性生物制品的使用管理；

（六）开展健康教育、咨询，普及传染病防治知识；

（七）指导、培训下级疾病预防控制机构及其工作人员开展传染病监测工作；

（八）开展传染病防治应用性研究和卫生评价，提供技术咨询。

国家、省级疾病预防控制机构负责对传染病发生、流行以及分布进行监测，对重大传染病流行趋势进行预测，提出预防控制对策，参与并指导对暴发的疫情进行调查处理，开展传染病病原学鉴定，建立检测质量控制体系，开展应用性研究和卫生评价。

设区的市和县级疾病预防控制机构负责传染病预防控制规划、方案的落实，组织实施免疫、消毒、控制病媒生物的危害，普及传染病防治知识，负责本地区疫情和突发公共卫生事件监测、报告，开展流行病学调查和常见病原微生物检测。

第十九条 国家建立传染病预警制度。

国务院卫生行政部门和省、自治区、直辖市人民政府根据传染病发生、流行趋势的预测，及时发出传染病预警，根据情况予以公布。

第二十条 县级以上地方人民政府应当制定传染病预防、控制预案，报上一级人民政府备案。

传染病预防、控制预案应当包括以下主要内容：

（一）传染病预防控制指挥部的组成和相关部门的职责；

（二）传染病的监测、信息收集、分析、报告、通报制度；

（三）疾病预防控制机构、医疗机构在发生传染病疫情时的任务与职责；

（四）传染病暴发、流行情况的分级以及相应的应急工作方案；

（五）传染病预防、疫点疫区现场控制，应急设施、设备、救治药品和医疗器械以及其他物资和技术的储备与调用。

地方人民政府和疾病预防控制机构接到国务院卫生行政部门或者省、自治区、直辖市人民政府发出的传染病预警后，应当按照传染病预防、控制预案，采取相应的预防、控制措施。

第二十一条　医疗机构必须严格执行国务院卫生行政部门规定的管理制度、操作规范，防止传染病的医源性感染和医院感染。

医疗机构应当确定专门的部门或者人员，承担传染病疫情报告、本单位的传染病预防、控制以及责任区域内的传染病预防工作；承担医疗活动中与医院感染有关的危险因素监测、安全防护、消毒、隔离和医疗废物处置工作。

疾病预防控制机构应当指定专门人员负责对医疗机构内传染病预防工作进行指导、考核，开展流行病学调查。

第二十二条　疾病预防控制机构、医疗机构的实验室和从事病原微生物实验的单位，应当符合国家规定的条件和技术标准，建立严格的监督管理制度，对传染病病原体样本按照规定的措施实行严格监督管理，严防传染病病原体的实验室感染和病原微生物的扩散。

第二十三条　采供血机构、生物制品生产单位必须严格执行国家有关规定，保证血液、血液制品的质量。禁止非法采集血液或者组织他人出卖血液。

疾病预防控制机构、医疗机构使用血液和血液制品，必须遵守国家有关规定，防止因输入血液、使用血液制品引起经血液传播疾病的发生。

第二十四条　各级人民政府应当加强艾滋病的防治工作，采取预防、控制措施，防止艾滋病的传播。具体办法由国务院制定。

第二十五条　县级以上人民政府农业、林业行政部门以及其他有关部门，依据各自的职责负责与人畜共患传染病有关的动物传染病的防治管理工作。

与人畜共患传染病有关的野生动物、家畜家禽，经检疫合格后，方可出售、运输。

第二十六条　国家建立传染病菌种、毒种库。

对传染病菌种、毒种和传染病检测样本的采集、保藏、携带、运输和使用实行分类管理，建立健全严格的管理制度。

对可能导致甲类传染病传播的以及国务院卫生行政部门规定的菌种、毒种和传染病检测样本，确需采集、保藏、携带、运输和使用的，须经省级以上人民政府卫生行政部门批准。具体办法由国务院制定。

第二十七条 对被传染病病原体污染的污水、污物、场所和物品，有关单位和个人必须在疾病预防控制机构的指导下或者按照其提出的卫生要求，进行严格消毒处理；拒绝消毒处理的，由当地卫生行政部门或者疾病预防控制机构进行强制消毒处理。

第二十八条 在国家确认的自然疫源地计划兴建水利、交通、旅游、能源等大型建设项目的，应当事先由省级以上疾病预防控制机构对施工环境进行卫生调查。建设单位应当根据疾病预防控制机构的意见，采取必要的传染病预防、控制措施。施工期间，建设单位应当设专人负责工地上的卫生防疫工作。工程竣工后，疾病预防控制机构应当对可能发生的传染病进行监测。

第二十九条 用于传染病防治的消毒产品、饮用水供水单位供应的饮用水和涉及饮用水卫生安全的产品，应当符合国家卫生标准和卫生规范。

饮用水供水单位从事生产或者供应活动，应当依法取得卫生许可证。

生产用于传染病防治的消毒产品的单位和生产用于传染病防治的消毒产品，应当经省级以上人民政府卫生行政部门审批。具体办法由国务院制定。

第三章 疫情报告、通报和公布

第三十条 疾病预防控制机构、医疗机构和采供血机构及其执行职务的人员发现本法规定的传染病疫情或者发现其他传染病暴发、流行以及突发原因不明的传染病时，应当遵循疫情报告属地管理原则，按照国务院规定的或者国务院卫生行政部门规定的内容、程序、方式和时限报告。

军队医疗机构向社会公众提供医疗服务，发现前款规定的传染病疫情时，应当按照国务院卫生行政部门的规定报告。

第三十一条 任何单位和个人发现传染病病人或者疑似传染病病人时，应当及时向附近的疾病预防控制机构或者医疗机构报告。

第三十二条 港口、机场、铁路疾病预防控制机构以及国境卫生检疫机关发现甲类传染病病人、病原携带者、疑似传染病病人时，应当按照国家有关规定立即向国境口岸所在地的疾病预防控制机构或者所在地县级以上地方人民政府卫生行政部门报告并互相通报。

第三十三条 疾病预防控制机构应当主动收集、分析、调查、核实传染病疫情信息。接到甲类、乙类传染病疫情报告或者发现传染病暴发、流行时，应当立即报告当地卫生行政部门，由当地卫生行政部门立即报告当地人民政府，同时报告上级卫生行政部门和国务院卫生行政部门。

疾病预防控制机构应当设立或者指定专门的部门、人员负责传染病疫情信息管理工作，及时对疫情报告进行核实、分析。

第三十四条 县级以上地方人民政府卫生行政部门应当及时向本行政区域内的疾病预防控制机构和医疗机构通报传染病疫情以及监测、预警的相关信息。接到通报的疾病预防控制机构和医疗机构应当及时告知本单位的有关人员。

第三十五条 国务院卫生行政部门应当及时向国务院其他有关部门和各省、自治区、直辖市人民政府卫生行政部门通报全国传染病疫情以及监测、预警的相关信息。

毗邻的以及相关的地方人民政府卫生行政部门，应当及时互相通报本行政区域的传染病疫情以及监测、预警的相关信息。

县级以上人民政府有关部门发现传染病疫情时，应当及时向同级人民政府卫生行政部门通报。

中国人民解放军卫生主管部门发现传染病疫情时，应当向国务院卫生行政部门通报。

第三十六条 动物防疫机构和疾病预防控制机构，应当及时互相通报动物间和人间发生的人畜共患传染病疫情以及相关信息。

第三十七条 依照本法的规定负有传染病疫情报告职责的人民政府有关部门、疾病预防控制机构、医疗机构、采供血机构及其工作人员，不得隐瞒、谎报、缓报传染病疫情。

第三十八条 国家建立传染病疫情信息公布制度。

国务院卫生行政部门定期公布全国传染病疫情信息。省、自治区、直辖市人民政府卫生行政部门定期公布本行政区域的传染病疫情信息。

传染病暴发、流行时，国务院卫生行政部门负责向社会公布传染病疫情信息，并可以授权省、自治区、直辖市人民政府卫生行政部门向社会公布本行政区域的传染病疫情信息。

公布传染病疫情信息应当及时、准确。

第四章　疫情控制

第三十九条 医疗机构发现甲类传染病时，应当及时采取下列措施：

（一）对病人、病原携带者，予以隔离治疗，隔离期限根据医学检查结果确定；

（二）对疑似病人，确诊前在指定场所单独隔离治疗；

（三）对医疗机构内的病人、病原携带者、疑似病人的密切接触者，在指定场所进行医学观察和采取其他必要的预防措施。

拒绝隔离治疗或者隔离期未满擅自脱离隔离治疗的，可以由公安机关协助医疗机构采取强制隔离治疗措施。

医疗机构发现乙类或者丙类传染病病人，应当根据病情采取必要的治疗和控制传播措施。

医疗机构对本单位内被传染病病原体污染的场所、物品以及医疗废物，必须依照法律、法规的规定实施消毒和无害化处置。

第四十条　疾病预防控制机构发现传染病疫情或者接到传染病疫情报告时，应当及时采取下列措施：

（一）对传染病疫情进行流行病学调查，根据调查情况提出划定疫点、疫区的建议，对被污染的场所进行卫生处理，对密切接触者，在指定场所进行医学观察和采取其他必要的预防措施，并向卫生行政部门提出疫情控制方案；

（二）传染病暴发、流行时，对疫点、疫区进行卫生处理，向卫生行政部门提出疫情控制方案，并按照卫生行政部门的要求采取措施；（三）指导下级疾病预防控制机构实施传染病预防、控制措施，组织、指导有关单位对传染病疫情的处理。

第四十一条　对已经发生甲类传染病病例的场所或者该场所内的特定区域的人员，所在地的县级以上地方人民政府可以实施隔离措施，并同时向上一级人民政府报告；接到报告的上级人民政府应当即时作出是否批准的决定。上级人民政府作出不予批准决定的，实施隔离措施的人民政府应当立即解除隔离措施。

在隔离期间，实施隔离措施的人民政府应当对被隔离人员提供生活保障；被隔离人员有工作单位的，所在单位不得停止支付其隔离期间的工作报酬。

隔离措施的解除，由原决定机关决定并宣布。

第四十二条　传染病暴发、流行时，县级以上地方人民政府应当立即组织力量，按照预防、控制预案进行防治，切断传染病的传播途径，必要时，报经上一级人民政府决定，可以采取下列紧急措施并予以公告：

（一）限制或者停止集市、影剧院演出或者其他人群聚集的活动；

（二）停工、停业、停课；

（三）封闭或者封存被传染病病原体污染的公共饮用水源、食品以及相关物品；

（四）控制或者扑杀染疫野生动物、家畜家禽；

（五）封闭可能造成传染病扩散的场所。

上级人民政府接到下级人民政府关于采取前款所列紧急措施的报告时，应当即时作出决定。

紧急措施的解除,由原决定机关决定并宣布。

第四十三条 甲类、乙类传染病暴发、流行时,县级以上地方人民政府报经上一级人民政府决定,可以宣布本行政区域部分或者全部为疫区;国务院可以决定并宣布跨省、自治区、直辖市的疫区。县级以上地方人民政府可以在疫区内采取本法第四十二条规定的紧急措施,并可以对出入疫区的人员、物资和交通工具实施卫生检疫。

省、自治区、直辖市人民政府可以决定对本行政区域内的甲类传染病疫区实施封锁;但是,封锁大、中城市的疫区或者封锁跨省、自治区、直辖市的疫区,以及封锁疫区导致中断干线交通或者封锁国境的,由国务院决定。

疫区封锁的解除,由原决定机关决定并宣布。

第四十四条 发生甲类传染病时,为了防止该传染病通过交通工具及其乘运的人员、物资传播,可以实施交通卫生检疫。具体办法由国务院制定。

第四十五条 传染病暴发、流行时,根据传染病疫情控制的需要,国务院有权在全国范围或者跨省、自治区、直辖市范围内,县级以上地方人民政府有权在本行政区域内紧急调集人员或者调用储备物资,临时征用房屋、交通工具以及相关设施、设备。

紧急调集人员的,应当按照规定给予合理报酬。临时征用房屋、交通工具以及相关设施、设备的,应当依法给予补偿;能返还的,应当及时返还。

第四十六条 患甲类传染病、炭疽死亡的,应当将尸体立即进行卫生处理,就近火化。患其他传染病死亡的,必要时,应当将尸体进行卫生处理后火化或者按照规定深埋。

为了查找传染病病因,医疗机构在必要时可以按照国务院卫生行政部门的规定,对传染病病人尸体或者疑似传染病病人尸体进行解剖查验,并应当告知死者家属。

第四十七条 疫区中被传染病病原体污染或者可能被传染病病原体污染的物品,经消毒可以使用的,应当在当地疾病预防控制机构的指导下,进行消毒处理后,方可使用、出售和运输。

第四十八条 发生传染病疫情时,疾病预防控制机构和省级以上人民政府卫生行政部门指派的其他与传染病有关的专业技术机构,可以进入传染病疫点、疫区进行调查、采集样本、技术分析和检验。

第四十九条 传染病暴发、流行时,药品和医疗器械生产、供应单位应当及时生产、供应防治传染病的药品和医疗器械。铁路、交通、民用航空经营单位必须优先运送处理传染病疫情的人员以及防治传染病的药品和医疗器械。县级以上人民政府有关部门应当做好组织协调工作。

第五章 医疗救治

第五十条 县级以上人民政府应当加强和完善传染病医疗救治服务网络的建设，指定具备传染病救治条件和能力的医疗机构承担传染病救治任务，或者根据传染病救治需要设置传染病医院。

第五十一条 医疗机构的基本标准、建筑设计和服务流程，应当符合预防传染病医院感染的要求。

医疗机构应当按照规定对使用的医疗器械进行消毒；对按照规定一次使用的医疗器具，应当在使用后予以销毁。

医疗机构应当按照国务院卫生行政部门规定的传染病诊断标准和治疗要求，采取相应措施，提高传染病医疗救治能力。

第五十二条 医疗机构应当对传染病病人或者疑似传染病病人提供医疗救护、现场救援和接诊治疗，书写病历记录以及其他有关资料，并妥善保管。

医疗机构应当实行传染病预检、分诊制度；对传染病病人、疑似传染病病人，应当引导至相对隔离的分诊点进行初诊。医疗机构不具备相应救治能力的，应当将患者及其病历记录复印件一并转至具备相应救治能力的医疗机构。具体办法由国务院卫生行政部门规定。

第六章 监督管理

第五十三条 县级以上人民政府卫生行政部门对传染病防治工作履行下列监督检查职责：

（一）对下级人民政府卫生行政部门履行本法规定的传染病防治职责进行监督检查；

（二）对疾病预防控制机构、医疗机构的传染病防治工作进行监督检查；

（三）对采供血机构的采供血活动进行监督检查；

（四）对用于传染病防治的消毒产品及其生产单位进行监督检查，并对饮用水供水单位从事生产或者供应活动以及涉及饮用水卫生安全的产品进行监督检查；

（五）对传染病菌种、毒种和传染病检测样本的采集、保藏、携带、运输、使用进行监督检查；

（六）对公共场所和有关单位的卫生条件和传染病预防、控制措施进行监督检查。

省级以上人民政府卫生行政部门负责组织对传染病防治重大事项的处理。

第五十四条 县级以上人民政府卫生行政部门在履行监督检查职责时，有权进入被检查单位和传染病疫情发生现场调查取证，查阅或者复制有关的资料和采集样本。被检查单位应当予以配合，不得拒绝、阻挠。

第五十五条 县级以上地方人民政府卫生行政部门在履行监督检查职责时，发现被传染病病原体污染的公共饮用水源、食品以及相关物品，如不及时采取控制措施可能导致传染病传播、流行的，可以采取封闭公共饮用水源、封存食品以及相关物品或者暂停销售的临时控制措施，并予以检验或者进行消毒。经检验，属于被污染的食品，应当予以销毁；对未被污染的食品或者经消毒后可以使用的物品，应当解除控制措施。

第五十六条 卫生行政部门工作人员依法执行职务时，应当不少于两人，并出示执法证件，填写卫生执法文书。

卫生执法文书经核对无误后，应当由卫生执法人员和当事人签名。当事人拒绝签名的，卫生执法人员应当注明情况。

第五十七条 卫生行政部门应当依法建立健全内部监督制度，对其工作人员依据法定职权和程序履行职责的情况进行监督。

上级卫生行政部门发现下级卫生行政部门不及时处理职责范围内的事项或者不履行职责的，应当责令纠正或者直接予以处理。

第五十八条 卫生行政部门及其工作人员履行职责，应当自觉接受社会和公民的监督。单位和个人有权向上级人民政府及其卫生行政部门举报违反本法的行为。接到举报的有关人民政府或者其卫生行政部门，应当及时调查处理。

第七章　保障措施

第五十九条 国家将传染病防治工作纳入国民经济和社会发展计划，县级以上地方人民政府将传染病防治工作纳入本行政区域的国民经济和社会发展计划。

第六十条 县级以上地方人民政府按照本级政府职责负责本行政区域内传染病预防、控制、监督工作的日常经费。

国务院卫生行政部门会同国务院有关部门，根据传染病流行趋势，确定全国传染病预防、控制、救治、监测、预测、预警、监督检查等项目。中央财政对困难地区实施重大传染病防治项目给予补助。

省、自治区、直辖市人民政府根据本行政区域内传染病流行趋势，在国务院卫生行政部门确定的项目范围内，确定传染病预防、控制、监督等项目，并保障项目的实施经费。

第六十一条 国家加强基层传染病防治体系建设，扶持贫困地区和少数民族地区的传染病防治工作。

地方各级人民政府应当保障城市社区、农村基层传染病预防工作的经费。

第六十二条 国家对患有特定传染病的困难人群实行医疗救助，减免医疗费用。具体办法由国务院卫生行政部门会同国务院财政部门等部门制定。

第六十三条 县级以上人民政府负责储备防治传染病的药品、医疗器械和其他物资，以备调用。

第六十四条 对从事传染病预防、医疗、科研、教学、现场处理疫情的人员，以及在生产、工作中接触传染病病原体的其他人员，有关单位应当按照国家规定，采取有效的卫生防护措施和医疗保健措施，并给予适当的津贴。

第八章　法律责任

第六十五条 地方各级人民政府未依照本法的规定履行报告职责，或者隐瞒、谎报、缓报传染病疫情，或者在传染病暴发、流行时，未及时组织救治、采取控制措施的，由上级人民政府责令改正，通报批评；造成传染病传播、流行或者其他严重后果的，对负有责任的主管人员，依法给予行政处分；构成犯罪的，依法追究刑事责任。

第六十六条 县级以上人民政府卫生行政部门违反本法规定，有下列情形之一的，由本级人民政府、上级人民政府卫生行政部门责令改正，通报批评；造成传染病传播、流行或者其他严重后果的，对负有责任的主管人员和其他直接责任人员，依法给予行政处分；构成犯罪的，依法追究刑事责任：

（一）未依法履行传染病疫情通报、报告或者公布职责，或者隐瞒、谎报、缓报传染病疫情的；

（二）发生或者可能发生传染病传播时未及时采取预防、控制措施的；

（三）未依法履行监督检查职责，或者发现违法行为不及时查处的；

（四）未及时调查、处理单位和个人对下级卫生行政部门不履行传染病防治职责的举报的；

（五）违反本法的其他失职、渎职行为。

第六十七条 县级以上人民政府有关部门未依照本法的规定履行传染病防治和保障职责的，由本级人民政府或者上级人民政府有关部门责令改正，通报批评；造成传染病传播、流行或者其他严重后果的，对负有责任的主管人员和其他直接责任人员，依法给予行政处分；构成犯罪的，依法追究刑事责任。

第六十八条 疾病预防控制机构违反本法规定，有下列情形之一的，由县级以上人民政府卫生行政部门责令限期改正，通报批评，给予警告；对负有责任的主管人员和其他直接责任人员，依法给予降级、撤职、开除的处分，并可以依法吊销有关责任人员的执业证书；构成犯罪的，依法追究刑事责任：

（一）未依法履行传染病监测职责的；

（二）未依法履行传染病疫情报告、通报职责，或者隐瞒、谎报、缓报传染病疫情的；

（三）未主动收集传染病疫情信息，或者对传染病疫情信息和疫情报告未及时进行分析、调查、核实的；

（四）发现传染病疫情时，未依据职责及时采取本法规定的措施的；

（五）故意泄露传染病病人、病原携带者、疑似传染病病人、密切接触者涉及个人隐私的有关信息、资料的。

第六十九条 医疗机构违反本法规定，有下列情形之一的，由县级以上人民政府卫生行政部门责令改正，通报批评，给予警告；造成传染病传播、流行或者其他严重后果的，对负有责任的主管人员和其他直接责任人员，依法给予降级、撤职、开除的处分，并可以依法吊销有关责任人员的执业证书；构成犯罪的，依法追究刑事责任：

（一）未按照规定承担本单位的传染病预防、控制工作、医院感染控制任务和责任区域内的传染病预防工作的；

（二）未按照规定报告传染病疫情，或者隐瞒、谎报、缓报传染病疫情的；

（三）发现传染病疫情时，未按照规定对传染病病人、疑似传染病病人提供医疗救护、现场救援、接诊、转诊的，或者拒绝接受转诊的；

（四）未按照规定对本单位内被传染病病原体污染的场所、物品以及医疗废物实施消毒或者无害化处置的；

（五）未按照规定对医疗器械进行消毒，或者对按照规定一次使用的医疗器具未予销毁，再次使用的；

（六）在医疗救治过程中未按照规定保管医学记录资料的；

（七）故意泄露传染病病人、病原携带者、疑似传染病病人、密切接触者涉及个人隐私的有关信息、资料的。

第七十条 采供血机构未按照规定报告传染病疫情，或者隐瞒、谎报、缓报传染病疫情，或者未执行国家有关规定，导致因输入血液引起经血液传播疾病发生的，由县级以上人民政府卫生行政部门责令改正，通报批评，给予警告；造成传染病传播、流行或者其他严重后果的，对负有责任的主管人员和其他直接责任人员，依法给予降级、撤职、开除的处分，并可以依法吊销采供血机构的执业许可证；构成犯罪的，依法追究刑事责任。

非法采集血液或者组织他人出卖血液的，由县级以上人民政府卫生行政部门予以取缔，没收违法所得，可以并处十万元以下的罚款；构成犯罪的，依法追究刑事责任。

第七十一条　国境卫生检疫机关、动物防疫机构未依法履行传染病疫情通报职责的，由有关部门在各自职责范围内责令改正，通报批评；造成传染病传播、流行或者其他严重后果的，对负有责任的主管人员和其他直接责任人员，依法给予降级、撤职、开除的处分；构成犯罪的，依法追究刑事责任。

第七十二条　铁路、交通、民用航空经营单位未依照本法的规定优先运送处理传染病疫情的人员以及防治传染病的药品和医疗器械的，由有关部门责令限期改正，给予警告；造成严重后果的，对负有责任的主管人员和其他直接责任人员，依法给予降级、撤职、开除的处分。

第七十三条　违反本法规定，有下列情形之一，导致或者可能导致传染病传播、流行的，由县级以上人民政府卫生行政部门责令限期改正，没收违法所得，可以并处五万元以下的罚款；已取得许可证的，原发证部门可以依法暂扣或者吊销许可证；构成犯罪的，依法追究刑事责任：

（一）饮用水供水单位供应的饮用水不符合国家卫生标准和卫生规范的；

（二）涉及饮用水卫生安全的产品不符合国家卫生标准和卫生规范的；

（三）用于传染病防治的消毒产品不符合国家卫生标准和卫生规范的；

（四）出售、运输疫区中被传染病病原体污染或者可能被传染病病原体污染的物品，未进行消毒处理的；

（五）生物制品生产单位生产的血液制品不符合国家质量标准的。

第七十四条　违反本法规定，有下列情形之一的，由县级以上地方人民政府卫生行政部门责令改正，通报批评，给予警告，已取得许可证的，可以依法暂扣或者吊销许可证；造成传染病传播、流行以及其他严重后果的，对负有责任的主管人员和其他直接责任人员，依法给予降级、撤职、开除的处分，并可以依法吊销有关责任人员的执业证书；构成犯罪的，依法追究刑事责任：

（一）疾病预防控制机构、医疗机构和从事病原微生物实验的单位，不符合国家规定的条件和技术标准，对传染病病原体样本未按照规定进行严格管理，造成实验室感染和病原微生物扩散的；

（二）违反国家有关规定，采集、保藏、携带、运输和使用传染病菌种、毒种和传染病检测样本的；

（三）疾病预防控制机构、医疗机构未执行国家有关规定，导致因输入血液、使用血液制品引起经血液传播疾病发生的。

第七十五条 未经检疫出售、运输与人畜共患传染病有关的野生动物、家畜家禽的，由县级以上地方人民政府畜牧兽医行政部门责令停止违法行为，并依法给予行政处罚。

第七十六条 在国家确认的自然疫源地兴建水利、交通、旅游、能源等大型建设项目，未经卫生调查进行施工的，或者未按照疾病预防控制机构的意见采取必要的传染病预防、控制措施的，由县级以上人民政府卫生行政部门责令限期改正，给予警告，处五千元以上三万元以下的罚款；逾期不改正的，处三万元以上十万元以下的罚款，并可以提请有关人民政府依据职责权限，责令停建、关闭。

第七十七条 单位和个人违反本法规定，导致传染病传播、流行，给他人人身、财产造成损害的，应当依法承担民事责任。

第九章　附　则

第七十八条 本法中下列用语的含义：

（一）传染病病人、疑似传染病病人：指根据国务院卫生行政部门发布的《中华人民共和国传染病防治法规定管理的传染病诊断标准》，符合传染病病人和疑似传染病病人诊断标准的人。

（二）病原携带者：指感染病原体无临床症状但能排出病原体的人。

（三）流行病学调查：指对人群中疾病或者健康状况的分布及其决定因素进行调查研究，提出疾病预防控制措施及保健对策。

（四）疫点：指病原体从传染源向周围播散的范围较小或者单个疫源地。

（五）疫区：指传染病在人群中暴发、流行，其病原体向周围播散时所能波及的地区。

（六）人畜共患传染病：指人与脊椎动物共同罹患的传染病，如鼠疫、狂犬病、血吸虫病等。

（七）自然疫源地：指某些可引起人类传染病的病原体在自然界的野生动物中长期存在和循环的地区。

（八）病媒生物：指能够将病原体从人或者其他动物传播给人的生物，如蚊、蝇、蚤类等。

（九）医源性感染：指在医学服务中，因病原体传播引起的感染。

（十）医院感染：指住院病人在医院内获得的感染，包括在住院期间发生的感染和在医院内获得出院后发生的感染，但不包括入院前已开始或者入院时已处于潜伏期的感染。医院工作人员在医院内获得的感染也属医院感染。

（十一）实验室感染：指从事实验室工作时，因接触病原体所致的感染。

（十二）菌种、毒种：指可能引起本法规定的传染病发生的细菌菌种、病毒毒种。

（十三）消毒：指用化学、物理、生物的方法杀灭或者消除环境中的病原微生物。

（十四）疾病预防控制机构：指从事疾病预防控制活动的疾病预防控制中心以及与上述机构业务活动相同的单位。

（十五）医疗机构：指按照《医疗机构管理条例》取得医疗机构执业许可证，从事疾病诊断、治疗活动的机构。

第七十九条 传染病防治中有关食品、药品、血液、水、医疗废物和病原微生物的管理以及动物防疫和国境卫生检疫，本法未规定的，分别适用其他有关法律、行政法规的规定。

第八十条 本法自2004年12月1日起施行。

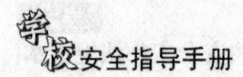

中华人民共和国义务教育法

(1986年4月12日第六届全国人民代表大会第四次会议通过
2006年6月29日第十届全国人民代表大会常务委员会第二十二次会议修订
2006年6月29日中华人民共和国主席令第52号公布
自2006年9月1日起实行)

第一章 总 则

第一条 为了保障适龄儿童、少年接受义务教育的权利,保证义务教育的实施,提高全民族素质,根据宪法和教育法,制定本法。

第二条 国家实行九年义务教育制度。

义务教育是国家统一实施的所有适龄儿童、少年必须接受的教育,是国家必须予以保障的公益性事业。

实施义务教育,不收学费、杂费。

国家建立义务教育经费保障机制,保证义务教育制度实施。

第三条 义务教育必须贯彻国家的教育方针,实施素质教育,提高教育质量,使适龄儿童、少年在品德、智力、体质等方面全面发展,为培养有理想、有道德、有文化、有纪律的社会主义建设者和接班人奠定基础。

第四条 凡具有中华人民共和国国籍的适龄儿童、少年,不分性别、民族、种族、家庭财产状况、宗教信仰等,依法享有平等接受义务教育的权利,并履行接受义务教育的义务。

第五条 各级人民政府及其有关部门应当履行本法规定的各项职责,保障适龄儿童、少年接受义务教育的权利。

适龄儿童、少年的父母或者其他法定监护人应当依法保证其按时入学接受并完成义务教育。

依法实施义务教育的学校应当按照规定标准完成教育教学任务,保证教育教学质量。

社会组织和个人应当为适龄儿童、少年接受义务教育创造良好的环境。

第六条 国务院和县级以上地方人民政府应当合理配置教育资源,促进义务教育均衡发展，改善薄弱学校的办学条件，并采取措施，保障农村地区、民族地区实施义务教育，保障家庭经济困难的和残疾的适龄儿童、少年接受义务教育。

国家组织和鼓励经济发达地区支援经济欠发达地区实施义务教育。

第七条 义务教育实行国务院领导，省、自治区、直辖市人民政府统筹规划实施，县级人民政府为主管理的体制。

县级以上人民政府教育行政部门具体负责义务教育实施工作；县级以上人民政府其他有关部门在各自的职责范围内负责义务教育实施工作。

第八条 人民政府教育督导机构对义务教育工作执行法律法规情况、教育教学质量以及义务教育均衡发展状况等进行督导，督导报告向社会公布。

第九条 任何社会组织或者个人有权对违反本法的行为向有关国家机关提出检举或者控告。

发生违反本法的重大事件，妨碍义务教育实施，造成重大社会影响的，负有领导责任的人民政府或者人民政府教育行政部门负责人应当引咎辞职。

第十条 对在义务教育实施工作中做出突出贡献的社会组织和个人，各级人民政府及其有关部门按照有关规定给予表彰、奖励。

第二章 学 生

第十一条 凡年满六周岁的儿童，其父母或者其他法定监护人应当送其入学接受并完成义务教育；条件不具备的地区的儿童，可以推迟到七周岁。

适龄儿童、少年因身体状况需要延缓入学或者休学的，其父母或者其他法定监护人应当提出申请，由当地乡镇人民政府或者县级人民政府教育行政部门批准。

第十二条 适龄儿童、少年免试入学。地方各级人民政府应当保障适龄儿童、少年在户籍所在地学校就近入学。

父母或者其他法定监护人在非户籍所在地工作或者居住的适龄儿童、少年，在其父母或者其他法定监护人工作或者居住地接受义务教育的，当地人民政府应当为其提供平等接受义务教育的条件。具体办法由省、自治区、直辖市规定。

县级人民政府教育行政部门对本行政区域内的军人子女接受义务教育予以保障。

第十三条 县级人民政府教育行政部门和乡镇人民政府组织和督促适龄儿童、少年入学，帮助解决适龄儿童、少年接受义务教育的困难，采取措施防止适龄儿童、少年辍学。

居民委员会和村民委员会协助政府做好工作，督促适龄儿童、少年入学。

第十四条 禁止用人单位招用应当接受义务教育的适龄儿童、少年。

根据国家有关规定经批准招收适龄儿童、少年进行文艺、体育等专业训练的社会组织，应当保证所招收的适龄儿童、少年接受义务教育；自行实施义务教育的，应当经县级人民政府教育行政部门批准。

第三章 学　校

第十五条　县级以上地方人民政府根据本行政区域内居住的适龄儿童、少年的数量和分布状况等因素，按照国家有关规定，制定、调整学校设置规划。新建居民区需要设置学校的，应当与居民区的建设同步进行。

第十六条　学校建设，应当符合国家规定的办学标准，适应教育教学需要；应当符合国家规定的选址要求和建设标准，确保学生和教职工安全。

第十七条　县级人民政府根据需要设置寄宿制学校，保障居住分散的适龄儿童、少年入学接受义务教育。

第十八条　国务院教育行政部门和省、自治区、直辖市人民政府根据需要，在经济发达地区设置接收少数民族适龄儿童、少年的学校（班）。

第十九条　县级以上地方人民政府根据需要设置相应的实施特殊教育的学校（班），对视力残疾、听力语言残疾和智力残疾的适龄儿童、少年实施义务教育。特殊教育学校（班）应当具备适应残疾儿童、少年学习、康复、生活特点的场所和设施。

普通学校应当接收具有接受普通教育能力的残疾适龄儿童、少年随班就读，并为其学习、康复提供帮助。

第二十条　县级以上地方人民政府根据需要，为具有预防未成年人犯罪法规定的严重不良行为的适龄少年设置专门的学校实施义务教育。

第二十一条　对未完成义务教育的未成年犯和被采取强制性教育措施的未成年人应当进行义务教育，所需经费由人民政府予以保障。

第二十二条　县级以上人民政府及其教育行政部门应当促进学校均衡发展，缩小学校之间办学条件的差距，不得将学校分为重点学校和非重点学校。学校不得分设重点班和非重点班。

县级以上人民政府及其教育行政部门不得以任何名义改变或者变相改变公办学校的性质。

第二十三条　各级人民政府及其有关部门依法维护学校周边秩序，保护学生、教师、学校的合法权益，为学校提供安全保障。

第二十四条　学校应当建立、健全安全制度和应急机制，对学生进行安全教育，加强管理，及时消除隐患，预防发生事故。

县级以上地方人民政府定期对学校校舍安全进行检查；对需要维修、改造的，及时予以维修、改造。

学校不得聘用曾经因故意犯罪被依法剥夺政治权利或者其他不适合从事义务教育工作的人担任工作人员。

第二十五条 学校不得违反国家规定收取费用，不得以向学生推销或者变相推销商品、服务等方式谋取利益。

第二十六条 学校实行校长负责制。校长应当符合国家规定的任职条件。校长由县级人民政府教育行政部门依法聘任。

第二十七条 对违反学校管理制度的学生，学校应当予以批评教育，不得开除。

第四章　教　师

第二十八条 教师享有法律规定的权利，履行法律规定的义务，应当为人师表，忠诚于人民的教育事业。

全社会应当尊重教师。

第二十九条 教师在教育教学中应当平等对待学生，关注学生的个体差异，因材施教，促进学生的充分发展。

教师应当尊重学生的人格，不得歧视学生，不得对学生实施体罚、变相体罚或者其他侮辱人格尊严的行为，不得侵犯学生合法权益。

第三十条 教师应当取得国家规定的教师资格。

国家建立统一的义务教育教师职务制度。教师职务分为初级职务、中级职务和高级职务。

第三十一条 各级人民政府保障教师工资福利和社会保险待遇，改善教师工作和生活条件；完善农村教师工资经费保障机制。

教师的平均工资水平应当不低于当地公务员的平均工资水平。

特殊教育教师享有特殊岗位补助津贴。在民族地区和边远贫困地区工作的教师享有艰苦贫困地区补助津贴。

第三十二条 县级以上人民政府应当加强教师培养工作，采取措施发展教师教育。

县级人民政府教育行政部门应当均衡配置本行政区域内学校师资力量，组织校长、教师的培训和流动，加强对薄弱学校的建设。

第三十三条 国务院和地方各级人民政府鼓励和支持城市学校教师和高等学校毕业生到农村地区、民族地区从事义务教育工作。

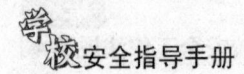

国家鼓励高等学校毕业生以志愿者的方式到农村地区、民族地区缺乏教师的学校任教。县级人民政府教育行政部门依法认定其教师资格，其任教时间计入工龄。

第五章 教育教学

第三十四条 教育教学工作应当符合教育规律和学生身心发展特点，面向全体学生，教书育人，将德育、智育、体育、美育等有机统一在教育教学活动中，注重培养学生独立思考能力、创新能力和实践能力，促进学生全面发展。

第三十五条 国务院教育行政部门根据适龄儿童、少年身心发展的状况和实际情况，确定教学制度、教育教学内容和课程设置，改革考试制度，并改进高级中等学校招生办法，推进实施素质教育。

学校和教师按照确定的教育教学内容和课程设置开展教育教学活动，保证达到国家规定的基本质量要求。

国家鼓励学校和教师采用启发式教育等教育教学方法，提高教育教学质量。

第三十六条 学校应当把德育放在首位，寓德育于教育教学之中，开展与学生年龄相适应的社会实践活动，形成学校、家庭、社会相互配合的思想道德教育体系，促进学生养成良好的思想品德和行为习惯。

第三十七条 学校应当保证学生的课外活动时间，组织开展文化娱乐等课外活动。社会公共文化体育设施应当为学校开展课外活动提供便利。

第三十八条 教科书根据国家教育方针和课程标准编写，内容力求精简，精选必备的基础知识、基本技能，经济实用，保证质量。

国家机关工作人员和教科书审查人员，不得参与或者变相参与教科书的编写工作。

第三十九条 国家实行教科书审定制度。教科书的审定办法由国务院教育行政部门规定。

未经审定的教科书，不得出版、选用。

第四十条 教科书由国务院价格行政部门会同出版行政部门按照微利原则确定基准价。省、自治区、直辖市人民政府价格行政部门会同出版行政部门按照基准价确定零售价。

第四十一条 国家鼓励教科书循环使用。

第六章 经费保障

第四十二条 国家将义务教育全面纳入财政保障范围，义务教育经费由国务院和地方各级人民政府依照本法规定予以保障。

国务院和地方各级人民政府将义务教育经费纳入财政预算，按照教职工编制标准、工资标准和学校建设标准、学生人均公用经费标准等，及时足额拨付义务教育经费，确保学校的正常运转和校舍安全，确保教职工工资按照规定发放。

国务院和地方各级人民政府用于实施义务教育财政拨款的增长比例应当高于财政经常性收入的增长比例，保证按照在校学生人数平均的义务教育费用逐步增长，保证教职工工资和学生人均公用经费逐步增长。

第四十三条 学校的学生人均公用经费基本标准由国务院财政部门会同教育行政部门制定，并根据经济和社会发展状况适时调整。制定、调整学生人均公用经费基本标准，应当满足教育教学基本需要。

省、自治区、直辖市人民政府可以根据本行政区域的实际情况，制定不低于国家标准的学校学生人均公用经费标准。

特殊教育学校（班）学生人均公用经费标准应当高于普通学校学生人均公用经费标准。

第四十四条 义务教育经费投入实行国务院和地方各级人民政府根据职责共同负担，省、自治区、直辖市人民政府负责统筹落实的体制。农村义务教育所需经费，由各级人民政府根据国务院的规定分项目、按比例分担。

各级人民政府对家庭经济困难的适龄儿童、少年免费提供教科书并补助寄宿生生活费。

义务教育经费保障的具体办法由国务院规定。

第四十五条 地方各级人民政府在财政预算中将义务教育经费单列。

县级人民政府编制预算，除向农村地区学校和薄弱学校倾斜外，应当均衡安排义务教育经费。

第四十六条 国务院和省、自治区、直辖市人民政府规范财政转移支付制度，加大一般性转移支付规模和规范义务教育专项转移支付，支持和引导地方各级人民政府增加对义务教育的投入。地方各级人民政府确保将上级人民政府的义务教育转移支付资金按照规定用于义务教育。

第四十七条 国务院和县级以上地方人民政府根据实际需要，设立专项资金，扶持农村地区、民族地区实施义务教育。

第四十八条 国家鼓励社会组织和个人向义务教育捐赠，鼓励按照国家有关基金会管理的规定设立义务教育基金。

第四十九条 义务教育经费严格按照预算规定用于义务教育；任何组织和个人不得侵占、挪用义务教育经费，不得向学校非法收取或者摊派费用。

第五十条　县级以上人民政府建立健全义务教育经费的审计监督和统计公告制度。

第七章　法律责任

第五十一条　国务院有关部门和地方各级人民政府违反本法第六章的规定，未履行对义务教育经费保障职责的，由国务院或者上级地方人民政府责令限期改正；情节严重的，对直接负责的主管人员和其他直接责任人员依法给予行政处分。

第五十二条　县级以上地方人民政府有下列情形之一的，由上级人民政府责令限期改正；情节严重的，对直接负责的主管人员和其他直接责任人员依法给予行政处分：

（一）未按照国家有关规定制定、调整学校的设置规划的；

（二）学校建设不符合国家规定的办学标准、选址要求和建设标准的；

（三）未定期对学校校舍安全进行检查，并及时维修、改造的；

（四）未依照本法规定均衡安排义务教育经费的。

第五十三条　县级以上人民政府或者其教育行政部门有下列情形之一的，由上级人民政府或者其教育行政部门责令限期改正、通报批评；情节严重的，对直接负责的主管人员和其他直接责任人员依法给予行政处分：

（一）将学校分为重点学校和非重点学校的；

（二）改变或者变相改变公办学校性质的。

县级人民政府教育行政部门或者乡镇人民政府未采取措施组织适龄儿童、少年入学或者防止辍学的，依照前款规定追究法律责任。

第五十四条　有下列情形之一的，由上级人民政府或者上级人民政府教育行政部门、财政部门、价格行政部门和审计机关根据职责分工责令限期改正；情节严重的，对直接负责的主管人员和其他直接责任人员依法给予处分：

（一）侵占、挪用义务教育经费的；

（二）向学校非法收取或者摊派费用的。

第五十五条　学校或者教师在义务教育工作中违反教育法、教师法规定的，依照教育法、教师法的有关规定处罚。

第五十六条　学校违反国家规定收取费用的，由县级人民政府教育行政部门责令退还所收费用；对直接负责的主管人员和其他直接责任人员依法给予处分。

学校以向学生推销或者变相推销商品、服务等方式谋取利益的，由县级人民政府教育行政部门给予通报批评；有违法所得的，没收违法所得；对直接负责的主管人员和其他直接责任人员依法给予处分。

国家机关工作人员和教科书审查人员参与或者变相参与教科书编写的，由县级以上人民政府或者其教育行政部门根据职责权限责令限期改正，依法给予行政处分；有违法所得的，没收违法所得。

第五十七条 学校有下列情形之一的，由县级人民政府教育行政部门责令限期改正；情节严重的，对直接负责的主管人员和其他直接责任人员依法给予处分：

（一）拒绝接收具有接受普通教育能力的残疾适龄儿童、少年随班就读的；

（二）分设重点班和非重点班的；

（三）违反本法规定开除学生的；

（四）选用未经审定的教科书的。

第五十八条 适龄儿童、少年的父母或者其他法定监护人无正当理由未依照本法规定送适龄儿童、少年入学接受义务教育的，由当地乡镇人民政府或者县级人民政府教育行政部门给予批评教育，责令限期改正。

第五十九条 有下列情形之一的，依照有关法律、行政法规的规定予以处罚：

（一）胁迫或者诱骗应当接受义务教育的适龄儿童、少年失学、辍学的；

（二）非法招用应当接受义务教育的适龄儿童、少年的；

（三）出版未经依法审定的教科书的。

第六十条 违反本法规定，构成犯罪的，依法追究刑事责任。

第八章 附 则

第六十一条 对接受义务教育的适龄儿童、少年不收杂费的实施步骤，由国务院规定。

第六十二条 社会组织或者个人依法举办的民办学校实施义务教育的，依照民办教育促进法有关规定执行；民办教育促进法未作规定的，适用本法。

第六十三条 本法自2006年9月1日起施行。

中华人民共和国未成年人保护法

(1991年9月4日第七届全国人民代表大会常务委员会第二十一次会议通过 2006年12月29日第十届全国人民代表大会常务委员会第二十五次会议修订 2006年12月29日中华人民共和国主席令第60号公布 自2007年6月1日起施行)

第一章 总 则

第一条 为了保护未成年人的身心健康，保障未成年人的合法权益，促进未成年人在品德、智力、体质等方面全面发展，培养有理想、有道德、有文化、有纪律的社会主义建设者和接班人，根据宪法，制定本法。

第二条 本法所称未成年人是指未满十八周岁的公民。

第三条 未成年人享有生存权、发展权、受保护权、参与权等权利，国家根据未成年人身心发展特点给予特殊、优先保护，保障未成年人的合法权益不受侵犯。

未成年人享有受教育权，国家、社会、学校和家庭尊重和保障未成年人的受教育权。

未成年人不分性别、民族、种族、家庭财产状况、宗教信仰等，依法平等地享有权利。

第四条 国家、社会、学校和家庭对未成年人进行理想教育、道德教育、文化教育、纪律和法制教育，进行爱国主义、集体主义和社会主义的教育，提倡爱祖国、爱人民、爱劳动、爱科学、爱社会主义的公德，反对资本主义的、封建主义的和其他的腐朽思想的侵蚀。

第五条 保护未成年人的工作，应当遵循下列原则：

(一) 尊重未成年人的人格尊严；

(二) 适应未成年人身心发展的规律和特点；

(三) 教育与保护相结合。

第六条 保护未成年人，是国家机关、武装力量、政党、社会团体、企业事业组织、城乡基层群众性自治组织、未成年人的监护人和其他成年公民的共同责任。

对侵犯未成年人合法权益的行为，任何组织和个人都有权予以劝阻、制止或者向有关部门提出检举或者控告。

国家、社会、学校和家庭应当教育和帮助未成年人维护自己的合法权益，增强自我保护的意识和能力，增强社会责任感。

第七条 中央和地方各级国家机关应当在各自的职责范围内做好未成年人保护工作。

国务院和地方各级人民政府领导有关部门做好未成年人保护工作；将未成年人保护工作纳入国民经济和社会发展规划以及年度计划，相关经费纳入本级政府预算。

国务院和省、自治区、直辖市人民政府采取组织措施，协调有关部门做好未成年人保护工作。具体机构由国务院和省、自治区、直辖市人民政府规定。

第八条 共产主义青年团、妇女联合会、工会、青年联合会、学生联合会、少年先锋队以及其他有关社会团体，协助各级人民政府做好未成年人保护工作，维护未成年人的合法权益。

第九条 各级人民政府和有关部门对保护未成年人有显著成绩的组织和个人，给予表彰和奖励。

第二章 家庭保护

第十条 父母或者其他监护人应当创造良好、和睦的家庭环境，依法履行对未成年人的监护职责和抚养义务。

禁止对未成年人实施家庭暴力，禁止虐待、遗弃未成年人，禁止溺婴和其他残害婴儿的行为，不得歧视女性未成年人或者有残疾的未成年人。

第十一条 父母或者其他监护人应当关注未成年人的生理、心理状况和行为习惯，以健康的思想、良好的品行和适当的方法教育和影响未成年人，引导未成年人进行有益身心健康的活动，预防和制止未成年人吸烟、酗酒、流浪、沉迷网络以及赌博、吸毒、卖淫等行为。

第十二条 父母或者其他监护人应当学习家庭教育知识，正确履行监护职责，抚养教育未成年人。

有关国家机关和社会组织应当为未成年人的父母或者其他监护人提供家庭教育指导。

第十三条 父母或者其他监护人应当尊重未成年人受教育的权利，必须使适龄未成年人依法入学接受并完成义务教育，不得使接受义务教育的未成年人辍学。

第十四条　父母或者其他监护人应当根据未成年人的年龄和智力发展状况，在作出与未成年人权益有关的决定时告知其本人，并听取他们的意见。

第十五条　父母或者其他监护人不得允许或者迫使未成年人结婚，不得为未成年人订立婚约。

第十六条　父母因外出务工或者其他原因不能履行对未成年人监护职责的，应当委托有监护能力的其他成年人代为监护。

第三章　学校保护

第十七条　学校应当全面贯彻国家的教育方针，实施素质教育，提高教育质量，注重培养未成年学生独立思考能力、创新能力和实践能力，促进未成年学生全面发展。

第十八条　学校应当尊重未成年学生受教育的权利，关心、爱护学生，对品行有缺点、学习有困难的学生，应当耐心教育、帮助，不得歧视，不得违反法律和国家规定开除未成年学生。

第十九条　学校应当根据未成年学生身心发展的特点，对他们进行社会生活指导、心理健康辅导和青春期教育。

第二十条　学校应当与未成年学生的父母或其他监护人互相配合，保证未成年学生的睡眠、娱乐和体育锻炼时间，不得加重其学习负担。

第二十一条　学校、幼儿园、托儿所的教职员工应当尊重未成年人的人格尊严，不得对未成年人实施体罚、变相体罚或者其他侮辱人格尊严的行为。

第二十二条　学校、幼儿园、托儿所应当建立安全制度，加强对未成年人的安全教育，采取措施保障未成年人的人身安全。

学校、幼儿园、托儿所不得在危及未成年人人身安全、健康的校舍和其他设施、场所中进行教育教学活动。

学校、幼儿园安排未成年人参加集会、文化娱乐、社会实践等集体活动，应当有利于未成年人的健康成长，防止发生人身安全事故。

第二十三条　教育行政等部门和学校、幼儿园、托儿所应当根据需要，制定应对各种灾害、传染性疾病、食物中毒、意外伤害等突发事件的预案，配备相应设施并进行必要的演练，增强未成年人的自我保护意识和能力。

第二十四条　学校对未成年学生在校内或者本校组织的校外活动中发生人身伤害事故的，应当及时救护，妥善处理，并及时向有关主管部门报告。

第二十五条　对于在学校接受教育的有严重不良行为的未成年学生，学校和父母或者其他监护人应当互相配合加以管教；无力管教或者管教无效的，可以按照有关规定将其送专门学校继续接受教育。

依法设置专门学校的地方人民政府应当保障专门学校的办学条件，教育行政部门应当加强对专门学校的管理和指导，有关部门应当给予协助和配合。

专门学校应当对在校就读的未成年学生进行思想教育、文化教育、纪律和法制教育、劳动技术教育和职业教育。

专门学校的教职员工应当关心、爱护、尊重学生，不得歧视、厌弃。

第二十六条 幼儿园应当做好保育、教育工作，促进幼儿在体质、智力、品德等方面和谐发展。

第四章 社会保护

第二十七条 全社会应当树立尊重、保护、教育未成年人的良好风尚，关心、爱护未成年人。

国家鼓励社会团体、企业事业组织以及其他组织和个人，开展多种形式的有利于未成年人健康成长的社会活动。

第二十八条 各级人民政府应当保障未成年人受教育的权利，并采取措施保障家庭经济困难的、残疾的和流动人口中的未成年人等接受义务教育。

第二十九条 各级人民政府应当建立和改善适合未成年人文化生活需要的活动场所和设施，鼓励社会力量兴办适合未成年人的活动场所，并加强管理。

第三十条 爱国主义教育基地、图书馆、青少年宫、儿童活动中心应当对未成年人免费开放；博物馆、纪念馆、科技馆、展览馆、美术馆、文化馆以及影剧院、体育场馆、动物园、公园等场所，应当按照有关规定对未成年人免费或者优惠开放。

第三十一条 县级以上人民政府及其教育行政部门应当采取措施，鼓励和支持中小学校在节假日期间将文化体育设施对未成年人免费或者优惠开放。

社区中的公益性互联网上网服务设施，应当对未成年人免费或者优惠开放，为未成年人提供安全、健康的上网服务。

第三十二条 国家鼓励新闻、出版、信息产业、广播、电影、电视、文艺等单位和作家、艺术家、科学家以及其他公民，创作或者提供有利于未成年人健康成长的作品。出版、制作和传播专门以未成年人为对象的内容健康的图书、报刊、音像制品、电子出版物以及网络信息等，国家给予扶持。

国家鼓励科研机构和科技团体对未成年人开展科学知识普及活动。

第三十三条 国家采取措施，预防未成年人沉迷网络。

国家鼓励研究开发有利于未成年人健康成长的网络产品，推广用于阻止未成年人沉迷网络的新技术。

第三十四条 禁止任何组织、个人制作或者向未成年人出售、出租或者以其他方式传播淫秽、暴力、凶杀、恐怖、赌博等毒害未成年人的图书、报刊、音像制品、电子出版物以及网络信息等。

第三十五条 生产、销售用于未成年人的食品、药品、玩具、用具和游乐设施等，应当符合国家标准或者行业标准，不得有害于未成年人的安全和健康；需要标明注意事项的，应当在显著位置标明。

第三十六条 中小学校园周边不得设置营业性歌舞娱乐场所、互联网上网服务营业场所等不适宜未成年人活动的场所。

营业性歌舞娱乐场所、互联网上网服务营业场所等不适宜未成年人活动的场所，不得允许未成年人进入，经营者应当在显著位置设置未成年人禁入标志；对难以判明是否已成年的，应当要求其出示身份证件。

第三十七条 禁止向未成年人出售烟酒，经营者应当在显著位置设置不向未成年人出售烟酒的标志；对难以判明是否已成年的，应当要求其出示身份证件。

任何人不得在中小学校、幼儿园、托儿所的教室、寝室、活动室和其他未成年人集中活动的场所吸烟、饮酒。

第三十八条 任何组织或者个人不得招用未满十六周岁的未成年人，国家另有规定的除外。

任何组织或者个人按照国家有关规定招用已满十六周岁未满十八周岁的未成年人的，应当执行国家在工种、劳动时间、劳动强度和保护措施等方面的规定，不得安排其从事过重、有毒、有害等危害未成年人身心健康的劳动或者危险作业。

第三十九条 任何组织或者个人不得披露未成年人的个人隐私。

对未成年人的信件、日记、电子邮件，任何组织或者个人不得隐匿、毁弃；除因追查犯罪的需要，由公安机关或者人民检察院依法进行检查，或者对无行为能力的未成年人的信件、日记、电子邮件由其父母或者其他监护人代为开拆、查阅外，任何组织或者个人不得开拆、查阅。

第四十条 学校、幼儿园、托儿所和公共场所发生突发事件时，应当优先救护未成年人。

第四十一条 禁止拐卖、绑架、虐待未成年人，禁止对未成年人实施性侵害。

禁止胁迫、诱骗、利用未成年人乞讨或者组织未成年人进行有害其身心健康的表演等活动。

第四十二条　公安机关应当采取有力措施，依法维护校园周边的治安和交通秩序，预防和制止侵害未成年人合法权益的违法犯罪行为。

任何组织或者个人不得扰乱教学秩序，不得侵占、破坏学校、幼儿园、托儿所的场地、房屋和设施。

第四十三条　县级以上人民政府及其民政部门应当根据需要设立救助场所，对流浪乞讨等生活无着未成年人实施救助，承担临时监护责任；公安部门或者其他有关部门应当护送流浪乞讨或者离家出走的未成年人到救助场所，由救助场所予以救助和妥善照顾，并及时通知其父母或者其他监护人领回。

对孤儿、无法查明其父母或者其他监护人的以及其他生活无着的未成年人，由民政部门设立的儿童福利机构收留抚养。

未成年人救助机构、儿童福利机构及其工作人员应当依法履行职责，不得虐待、歧视未成年人；不得在办理收留抚养工作中牟取利益。

第四十四条　卫生部门和学校应当对未成年人进行卫生保健和营养指导，提供必要的卫生保健条件，做好疾病预防工作。

卫生部门应当做好对儿童的预防接种工作，国家免疫规划项目的预防接种实行免费；积极防治儿童常见病、多发病，加强对传染病防治工作的监督管理，加强对幼儿园、托儿所卫生保健的业务指导和监督检查。

第四十五条　地方各级人民政府应当积极发展托幼事业，办好托儿所、幼儿园，支持社会组织和个人依法兴办哺乳室、托儿所、幼儿园。

各级人民政府和有关部门应当采取多种形式，培养和训练幼儿园、托儿所的保教人员，提高其职业道德素质和业务能力。

第四十六条　国家依法保护未成年人的智力成果和荣誉权不受侵犯。

第四十七条　未成年人已经完成规定年限的义务教育不再升学的，政府有关部门和社会团体、企业事业组织应当根据实际情况，对他们进行职业教育，为他们创造劳动就业条件。

第四十八条　居民委员会、村民委员会应当协助有关部门教育和挽救违法犯罪的未成年人，预防和制止侵害未成年人合法权益的违法犯罪行为。

第四十九条　未成年人的合法权益受到侵害的，被侵害人及其监护人或者其他组织和个人有权向有关部门投诉，有关部门应当依法及时处理。

第五章　司法保护

第五十条　公安机关、人民检察院、人民法院以及司法行政部门，应当依法履行职责，在司法活动中保护未成年人的合法权益。

第五十一条　未成年人的合法权益受到侵害，依法向人民法院提起诉讼的，人民法院应当依法及时审理，并适应未成年人生理、心理特点和健康成长的需要，保障未成年人的合法权益。

在司法活动中对需要法律援助或者司法救助的未成年人，法律援助机构或者人民法院应当给予帮助，依法为其提供法律援助或者司法救助。

第五十二条　人民法院审理继承案件，应当依法保护未成年人的继承权和受遗赠权。

人民法院审理离婚案件，涉及未成年子女抚养问题的，应当听取有表达意愿能力的未成年子女的意见，根据保障子女权益的原则和双方具体情况依法处理。

第五十三条　父母或者其他监护人不履行监护职责或者侵害被监护的未成年人的合法权益，经教育不改的，人民法院可以根据有关人员或者有关单位的申请，撤销其监护人的资格，依法另行指定监护人。被撤销监护资格的父母应当依法继续负担抚养费用。

第五十四条　对违法犯罪的未成年人，实行教育、感化、挽救的方针，坚持教育为主、惩罚为辅的原则。

对违法犯罪的未成年人，应当依法从轻、减轻或者免除处罚。

第五十五条　公安机关、人民检察院、人民法院办理未成年人犯罪案件和涉及未成年人权益保护案件，应当照顾未成年人身心发展特点，尊重他们的人格尊严，保障他们的合法权益，并根据需要设立专门机构或者指定专人办理。

第五十六条　公安机关、人民检察院讯问未成年犯罪嫌疑人，询问未成年证人、被害人，应当通知监护人到场。

公安机关、人民检察院、人民法院办理未成年人遭受性侵害的刑事案件，应当保护被害人的名誉。

第五十七条　对羁押、服刑的未成年人，应当与成年人分别关押。

羁押、服刑的未成年人没有完成义务教育的，应当对其进行义务教育。

解除羁押、服刑期满的未成年人的复学、升学、就业不受歧视。

第五十八条　对未成年人犯罪案件，新闻报道、影视节目、公开出版物、网络等不得披露该未成年人的姓名、住所、照片、图像以及可能推断出该未成年人的资料。

第五十九条　对未成年人严重不良行为的矫治与犯罪行为的预防，依照预防未成年人犯罪法的规定执行。

第六章　法律责任

第六十条　违反本法规定，侵害未成年人的合法权益，其他法律、法规已规定行政处罚的，从其规定；造成人身财产损失或者其他损害的，依法承担民事责任；构成犯罪的，依法追究刑事责任。

第六十一条　国家机关及其工作人员不依法履行保护未成年人合法权益的责任，或者侵害未成年人合法权益，或者对提出申诉、控告、检举的人进行打击报复的，由其所在单位或者上级机关责令改正，对直接负责的主管人员和其他直接责任人员依法给予行政处分。

第六十二条　父母或者其他监护人不依法履行监护职责，或者侵害未成年人合法权益的，由其所在单位或者居民委员会、村民委员会予以劝诫、制止；构成违反治安管理行为的，由公安机关依法给予行政处罚。

第六十三条　学校、幼儿园、托儿所侵害未成年人合法权益的，由教育行政部门或者其他有关部门责令改正；情节严重的，对直接负责的主管人员和其他直接责任人员依法给予处分。

学校、幼儿园、托儿所教职员工对未成年人实施体罚、变相体罚或者其他侮辱人格行为的，由其所在单位或者上级机关责令改正；情节严重的，依法给予处分。

第六十四条　制作或者向未成年人出售、出租或者以其他方式传播淫秽、暴力、凶杀、恐怖、赌博等图书、报刊、音像制品、电子出版物以及网络信息等的，由主管部门责令改正，依法给予行政处罚。

第六十五条　生产、销售用于未成年人的食品、药品、玩具、用具和游乐设施不符合国家标准或者行业标准，或者没有在显著位置标明注意事项的，由主管部门责令改正，依法给予行政处罚。

第六十六条　在中小学校园周边设置营业性歌舞娱乐场所、互联网上网服务营业场所等不适宜未成年人活动的场所的，由主管部门予以关闭，依法给予行政处罚。

营业性歌舞娱乐场所、互联网上网服务营业场所等不适宜未成年人活动的场所允许未成年人进入，或者没有在显著位置设置未成年人禁入标志的，由主管部门责令改正，依法给予行政处罚。

第六十七条　向未成年人出售烟酒，或者没有在显著位置设置不向未成年人出售烟酒标志的，由主管部门责令改正，依法给予行政处罚。

第六十八条　非法招用未满十六周岁的未成年人，或者招用已满十六周岁的未成年人从事过重、有毒、有害等危害未成年人身心健康的劳动或者危险作业的，由劳动保障部门责令改正，处以罚款；情节严重的，由工商行政管理部门吊销营业执照。

第六十九条 侵犯未成年人隐私，构成违反治安管理行为的，由公安机关依法给予行政处罚。

第七十条 未成年人救助机构、儿童福利机构及其工作人员不依法履行对未成年人的救助保护职责，或者虐待、歧视未成年人，或者在办理收留抚养工作中牟取利益的，由主管部门责令改正，依法给予行政处分。

第七十一条 胁迫、诱骗、利用未成年人乞讨或者组织未成年人进行有害其身心健康的表演等活动的，由公安机关依法给予行政处罚。

第七章 附 则

第七十二条 本法自2007年6月1日起施行。

中华人民共和国突发事件应对法

(2007年8月30日第十届全国人民代表大会常务委员会第二十九次会议通过
2007年8月30日中华人民共和国主席令第69号公布
自2007年11月1日起施行)

第一章 总 则

第一条 为了预防和减少突发事件的发生，控制、减轻和消除突发事件引起的严重社会危害，规范突发事件应对活动，保护人民生命财产安全，维护国家安全、公共安全、环境安全和社会秩序，制定本法。

第二条 突发事件的预防与应急准备、监测与预警、应急处置与救援、事后恢复与重建等应对活动，适用本法。

第三条 本法所称突发事件，是指突然发生，造成或者可能造成严重社会危害，需要采取应急处置措施予以应对的自然灾害、事故灾难、公共卫生事件和社会安全事件。

按照社会危害程度、影响范围等因素，自然灾害、事故灾难、公共卫生事件分为特别重大、重大、较大和一般四级。法律、行政法规或者国务院另有规定的，从其规定。

突发事件的分级标准由国务院或者国务院确定的部门制定。

第四条 国家建立统一领导、综合协调、分类管理、分级负责、属地管理为主的应急管理体制。

第五条 突发事件应对工作实行预防为主、预防与应急相结合的原则。国家建立重大突发事件风险评估体系，对可能发生的突发事件进行综合性评估，减少重大突发事件的发生，最大限度地减轻重大突发事件的影响。

第六条 国家建立有效的社会动员机制，增强全民的公共安全和防范风险的意识，提高全社会的避险救助能力。

第七条 县级人民政府对本行政区域内突发事件的应对工作负责；涉及两个以上行政区域的，由有关行政区域共同的上一级人民政府负责，或者由各有关行政区域的上一级人民政府共同负责。

突发事件发生后，发生地县级人民政府应当立即采取措施控制事态发展，组织开展应急救援和处置工作，并立即向上一级人民政府报告，必要时可以越级上报。

突发事件发生地县级人民政府不能消除或者不能有效控制突发事件引起的严重社会危害的，应当及时向上级人民政府报告。上级人民政府应当及时采取措施，统一领导应急处置工作。

法律、行政法规规定由国务院有关部门对突发事件的应对工作负责的，从其规定；地方人民政府应当积极配合并提供必要的支持。

第八条　国务院在总理领导下研究、决定和部署特别重大突发事件的应对工作；根据实际需要，设立国家突发事件应急指挥机构，负责突发事件应对工作；必要时，国务院可以派出工作组指导有关工作。

县级以上地方各级人民政府设立由本级人民政府主要负责人、相关部门负责人、驻当地中国人民解放军和中国人民武装警察部队有关负责人组成的突发事件应急指挥机构，统一领导、协调本级人民政府各有关部门和下级人民政府开展突发事件应对工作；根据实际需要，设立相关类别突发事件应急指挥机构，组织、协调、指挥突发事件应对工作。

上级人民政府主管部门应当在各自职责范围内，指导、协助下级人民政府及其相应部门做好有关突发事件的应对工作。

第九条　国务院和县级以上地方各级人民政府是突发事件应对工作的行政领导机关，其办事机构及具体职责由国务院规定。

第十条　有关人民政府及其部门作出的应对突发事件的决定、命令，应当及时公布。

第十一条　有关人民政府及其部门采取的应对突发事件的措施，应当与突发事件可能造成的社会危害的性质、程度和范围相适应；有多种措施可供选择的，应当选择有利于最大程度地保护公民、法人和其他组织权益的措施。

公民、法人和其他组织有义务参与突发事件应对工作。

第十二条　有关人民政府及其部门为应对突发事件，可以征用单位和个人的财产。被征用的财产在使用完毕或者突发事件应急处置工作结束后，应当及时返还。财产被征用或者征用后毁损、灭失的，应当给予补偿。

第十三条　因采取突发事件应对措施，诉讼、行政复议、仲裁活动不能正常进行的，适用有关时效中止和程序中止的规定，但法律另有规定的除外。

第十四条　中国人民解放军、中国人民武装警察部队和民兵组织依照本法和其他有关法律、行政法规、军事法规的规定以及国务院、中央军事委员会的命令,参加突发事件的应急救援和处置工作。

第十五条 中华人民共和国政府在突发事件的预防、监测与预警、应急处置与救援、事后恢复与重建等方面,同外国政府和有关国际组织开展合作与交流。

第十六条 县级以上人民政府作出应对突发事件的决定、命令,应当报本级人民代表大会常务委员会备案;突发事件应急处置工作结束后,应当向本级人民代表大会常务委员会作出专项工作报告。

第二章 预防与应急准备

第十七条 国家建立健全突发事件应急预案体系。

国务院制定国家突发事件总体应急预案,组织制定国家突发事件专项应急预案;国务院有关部门根据各自的职责和国务院相关应急预案,制定国家突发事件部门应急预案。

地方各级人民政府和县级以上地方各级人民政府有关部门根据有关法律、法规、规章、上级人民政府及其有关部门的应急预案以及本地区的实际情况,制定相应的突发事件应急预案。

应急预案制定机关应当根据实际需要和情势变化,适时修订应急预案。应急预案的制定、修订程序由国务院规定。

第十八条 应急预案应当根据本法和其他有关法律、法规的规定,针对突发事件的性质、特点和可能造成的社会危害,具体规定突发事件应急管理工作的组织指挥体系与职责和突发事件的预防与预警机制、处置程序、应急保障措施以及事后恢复与重建措施等内容。

第十九条 城乡规划应当符合预防、处置突发事件的需要,统筹安排应对突发事件所必需的设备和基础设施建设,合理确定应急避难场所。

第二十条 县级人民政府应当对本行政区域内容易引发自然灾害、事故灾难和公共卫生事件的危险源、危险区域进行调查、登记、风险评估,定期进行检查、监控,并责令有关单位采取安全防范措施。

省级和设区的市级人民政府应当对本行政区域内容易引发特别重大、重大突发事件的危险源、危险区域进行调查、登记、风险评估,组织进行检查、监控,并责令有关单位采取安全防范措施。

县级以上地方各级人民政府按照本法规定登记的危险源、危险区域,应当按照国家规定及时向社会公布。

第二十一条 县级人民政府及其有关部门、乡级人民政府、街道办事处、居民委员会、村民委员会应当及时调解处理可能引发社会安全事件的矛盾纠纷。

第二十二条 所有单位应当建立健全安全管理制度，定期检查本单位各项安全防范措施的落实情况，及时消除事故隐患；掌握并及时处理本单位存在的可能引发社会安全事件的问题，防止矛盾激化和事态扩大；对本单位可能发生的突发事件和采取安全防范措施的情况，应当按照规定及时向所在地人民政府或者人民政府有关部门报告。

第二十三条 矿山、建筑施工单位和易燃易爆物品、危险化学品、放射性物品等危险物品的生产、经营、储运、使用单位，应当制定具体应急预案，并对生产经营场所、有危险物品的建筑物、构筑物及周边环境开展隐患排查，及时采取措施消除隐患，防止发生突发事件。

第二十四条 公共交通工具、公共场所和其他人员密集场所的经营单位或者管理单位应当制定具体应急预案，为交通工具和有关场所配备报警装置和必要的应急救援设备、设施，注明其使用方法，并显著标明安全撤离的通道、路线，保证安全通道、出口的畅通。

有关单位应当定期检测、维护其报警装置和应急救援设备、设施，使其处于良好状态，确保正常使用。

第二十五条 县级以上人民政府应当建立健全突发事件应急管理培训制度，对人民政府及其有关部门负有处置突发事件职责的工作人员定期进行培训。

第二十六条 县级以上人民政府应当整合应急资源，建立或者确定综合性应急救援队伍。人民政府有关部门可以根据实际需要设立专业应急救援队伍。

县级以上人民政府及其有关部门可以建立由成年志愿者组成的应急救援队伍。单位应当建立由本单位职工组成的专职或者兼职应急救援队伍。

县级以上人民政府应当加强专业应急救援队伍与非专业应急救援队伍的合作，联合培训、联合演练，提高合成应急、协同应急的能力。

第二十七条 国务院有关部门、县级以上地方各级人民政府及其有关部门、有关单位应当为专业应急救援人员购买人身意外伤害保险，配备必要的防护装备和器材，减少应急救援人员的人身风险。

第二十八条 中国人民解放军、中国人民武装警察部队和民兵组织应当有计划地组织开展应急救援的专门训练。

第二十九条 县级人民政府及其有关部门、乡级人民政府、街道办事处应当组织开展应急知识的宣传普及活动和必要的应急演练。

居民委员会、村民委员会、企业事业单位应当根据所在地人民政府的要求，结合各自的实际情况，开展有关突发事件应急知识的宣传普及活动和必要的应急演练。

新闻媒体应当无偿开展突发事件预防与应急、自救与互救知识的公益宣传。

第三十条　各级各类学校应当把应急知识教育纳入教学内容，对学生进行应急知识教育，培养学生的安全意识和自救与互救能力。

教育主管部门应当对学校开展应急知识教育进行指导和监督。

第三十一条　国务院和县级以上地方各级人民政府应当采取财政措施，保障突发事件应对工作所需经费。

第三十二条　国家建立健全应急物资储备保障制度，完善重要应急物资的监管、生产、储备、调拨和紧急配送体系。

设区的市级以上人民政府和突发事件易发、多发地区的县级人民政府应当建立应急救援物资、生活必需品和应急处置装备的储备制度。

县级以上地方各级人民政府应当根据本地区的实际情况，与有关企业签订协议，保障应急救援物资、生活必需品和应急处置装备的生产、供给。

第三十三条　国家建立健全应急通信保障体系，完善公用通信网，建立有线与无线相结合、基础电信网络与机动通信系统相配套的应急通信系统，确保突发事件应对工作的通信畅通。

第三十四条　国家鼓励公民、法人和其他组织为人民政府应对突发事件工作提供物资、资金、技术支持和捐赠。

第三十五条　国家发展保险事业，建立国家财政支持的巨灾风险保险体系，并鼓励单位和公民参加保险。

第三十六条　国家鼓励、扶持具备相应条件的教学科研机构培养应急管理专门人才，鼓励、扶持教学科研机构和有关企业研究开发用于突发事件预防、监测、预警、应急处置与救援的新技术、新设备和新工具。

第三章　监测与预警

第三十七条　国务院建立全国统一的突发事件信息系统。

县级以上地方各级人民政府应当建立或者确定本地区统一的突发事件信息系统，汇集、储存、分析、传输有关突发事件的信息，并与上级人民政府及其有关部门、下级人民政府及其有关部门、专业机构和监测网点的突发事件信息系统实现互联互通，加强跨部门、跨地区的信息交流与情报合作。

第三十八条　县级以上人民政府及其有关部门、专业机构应当通过多种途径收集突发事件信息。

县级人民政府应当在居民委员会、村民委员会和有关单位建立专职或者兼职信息报告员制度。

获悉突发事件信息的公民、法人或者其他组织，应当立即向所在地人民政府、有关主管部门或者指定的专业机构报告。

第三十九条 地方各级人民政府应当按照国家有关规定向上级人民政府报送突发事件信息。县级以上人民政府有关主管部门应当向本级人民政府相关部门通报突发事件信息。专业机构、监测网点和信息报告员应当及时向所在地人民政府及其有关主管部门报告突发事件信息。

有关单位和人员报送、报告突发事件信息，应当做到及时、客观、真实，不得迟报、谎报、瞒报、漏报。

第四十条 县级以上地方各级人民政府应当及时汇总分析突发事件隐患和预警信息，必要时组织相关部门、专业技术人员、专家学者进行会商，对发生突发事件的可能性及其可能造成的影响进行评估；认为可能发生重大或者特别重大突发事件的，应当立即向上级人民政府报告，并向上级人民政府有关部门、当地驻军和可能受到危害的毗邻或者相关地区的人民政府通报。

第四十一条 国家建立健全突发事件监测制度。

县级以上人民政府及其有关部门应当根据自然灾害、事故灾难和公共卫生事件的种类和特点，建立健全基础信息数据库，完善监测网络，划分监测区域，确定监测点，明确监测项目，提供必要的设备、设施，配备专职或者兼职人员，对可能发生的突发事件进行监测。

第四十二条 国家建立健全突发事件预警制度。

可以预警的自然灾害、事故灾难和公共卫生事件的预警级别，按照突发事件发生的紧急程度、发展势态和可能造成的危害程度分为一级、二级、三级和四级，分别用红色、橙色、黄色和蓝色标示，一级为最高级别。

预警级别的划分标准由国务院或者国务院确定的部门制定。

第四十三条 可以预警的自然灾害、事故灾难或者公共卫生事件即将发生或者发生的可能性增大时，县级以上地方各级人民政府应当根据有关法律、行政法规和国务院规定的权限和程序，发布相应级别的警报，决定并宣布有关地区进入预警期，同时向上一级人民政府报告，必要时可以越级上报，并向当地驻军和可能受到危害的毗邻或者相关地区的人民政府通报。

第四十四条 发布三级、四级警报，宣布进入预警期后，县级以上地方各级人民政府应当根据即将发生的突发事件的特点和可能造成的危害，采取下列措施：

（一）启动应急预案；

（二）责令有关部门、专业机构、监测网点和负有特定职责的人员及时收

集、报告有关信息,向社会公布反映突发事件信息的渠道,加强对突发事件发生、发展情况的监测、预报和预警工作;

(三)组织有关部门和机构、专业技术人员、有关专家学者,随时对突发事件信息进行分析评估,预测发生突发事件可能性的大小、影响范围和强度以及可能发生的突发事件的级别;

(四)定时向社会发布与公众有关的突发事件预测信息和分析评估结果,并对相关信息的报道工作进行管理;

(五)及时按照有关规定向社会发布可能受到突发事件危害的警告,宣传避免、减轻危害的常识,公布咨询电话。

第四十五条 发布一级、二级警报,宣布进入预警期后,县级以上地方各级人民政府除采取本法第四十四条规定的措施外,还应当针对即将发生的突发事件的特点和可能造成的危害,采取下列一项或者多项措施:

(一)责令应急救援队伍、负有特定职责的人员进入待命状态,并动员后备人员做好参加应急救援和处置工作的准备;

(二)调集应急救援所需物资、设备、工具,准备应急设施和避难场所,并确保其处于良好状态、随时可以投入正常使用;

(三)加强对重点单位、重要部位和重要基础设施的安全保卫,维护社会治安秩序;

(四)采取必要措施,确保交通、通信、供水、排水、供电、供气、供热等公共设施的安全和正常运行;

(五)及时向社会发布有关采取特定措施避免或者减轻危害的建议、劝告;

(六)转移、疏散或者撤离易受突发事件危害的人员并予以妥善安置,转移重要财产;

(七)关闭或者限制使用易受突发事件危害的场所,控制或者限制容易导致危害扩大的公共场所的活动;

(八)法律、法规、规章规定的其他必要的防范性、保护性措施。

第四十六条 对即将发生或者已经发生的社会安全事件,县级以上地方各级人民政府及其有关主管部门应当按照规定向上一级人民政府及其有关主管部门报告,必要时可以越级上报。

第四十七条 发布突发事件警报的人民政府应当根据事态的发展,按照有关规定适时调整预警级别并重新发布。

有事实证明不可能发生突发事件或者危险已经解除的,发布警报的人民政府应当立即宣布解除警报,终止预警期,并解除已经采取的有关措施。

第四章　应急处置与救援

第四十八条　突发事件发生后,履行统一领导职责或者组织处置突发事件的人民政府应当针对其性质、特点和危害程度,立即组织有关部门,调动应急救援队伍和社会力量,依照本章的规定和有关法律、法规、规章的规定采取应急处置措施。

第四十九条　自然灾害、事故灾难或者公共卫生事件发生后,履行统一领导职责的人民政府可以采取下列一项或者多项应急处置措施:

(一)组织营救和救治受害人员,疏散、撤离并妥善安置受到威胁的人员以及采取其他救助措施;

(二)迅速控制危险源,标明危险区域,封锁危险场所,划定警戒区,实行交通管制以及其他控制措施;

(三)立即抢修被损坏的交通、通信、供水、排水、供电、供气、供热等公共设施,向受到危害的人员提供避难场所和生活必需品,实施医疗救护和卫生防疫以及其他保障措施;

(四)禁止或者限制使用有关设备、设施,关闭或者限制使用有关场所,中止人员密集的活动或者可能导致危害扩大的生产经营活动以及采取其他保护措施;

(五)启用本级人民政府设置的财政预备费和储备的应急救援物资,必要时调用其他急需物资、设备、设施、工具;

(六)组织公民参加应急救援和处置工作,要求具有特定专长的人员提供服务;

(七)保障食品、饮用水、燃料等基本生活必需品的供应;

(八)依法从严惩处囤积居奇、哄抬物价、制假售假等扰乱市场秩序的行为,稳定市场价格,维护市场秩序;

(九)依法从严惩处哄抢财物、干扰破坏应急处置工作等扰乱社会秩序的行为,维护社会治安;

(十)采取防止发生次生、衍生事件的必要措施。

第五十条　社会安全事件发生后,组织处置工作的人民政府应当立即组织有关部门并由公安机关针对事件的性质和特点,依照有关法律、行政法规和国家其他有关规定,采取下列一项或者多项应急处置措施:

(一)强制隔离使用器械相互对抗或者以暴力行为参与冲突的当事人,妥善解决现场纠纷和争端,控制事态发展;

（二）对特定区域内的建筑物、交通工具、设备、设施以及燃料、燃气、电力、水的供应进行控制；

（三）封锁有关场所、道路，查验现场人员的身份证件，限制有关公共场所内的活动；

（四）加强对易受冲击的核心机关和单位的警卫，在国家机关、军事机关、国家通讯社、广播电台、电视台、外国驻华使领馆等单位附近设置临时警戒线；

（五）法律、行政法规和国务院规定的其他必要措施。

严重危害社会治安秩序的事件发生时，公安机关应当立即依法出动警力，根据现场情况依法采取相应的强制性措施，尽快使社会秩序恢复正常。

第五十一条　发生突发事件，严重影响国民经济正常运行时，国务院或者国务院授权的有关主管部门可以采取保障、控制等必要的应急措施，保障人民群众的基本生活需要，最大限度地减轻突发事件的影响。

第五十二条　履行统一领导职责或者组织处置突发事件的人民政府，必要时可以向单位和个人征用应急救援所需设备、设施、场地、交通工具和其他物资，请求其他地方人民政府提供人力、物力、财力或者技术支援，要求生产、供应生活必需品和应急救援物资的企业组织生产、保证供给，要求提供医疗、交通等公共服务的组织提供相应的服务。

履行统一领导职责或者组织处置突发事件的人民政府，应当组织协调运输经营单位，优先运送处置突发事件所需物资、设备、工具、应急救援人员和受到突发事件危害的人员。

第五十三条　履行统一领导职责或者组织处置突发事件的人民政府，应当按照有关规定统一、准确、及时发布有关突发事件事态发展和应急处置工作的信息。

第五十四条　任何单位和个人不得编造、传播有关突发事件事态发展或者应急处置工作的虚假信息。

第五十五条　突发事件发生地的居民委员会、村民委员会和其他组织应当按照当地人民政府的决定、命令，进行宣传动员，组织群众开展自救和互救，协助维护社会秩序。

第五十六条　受到自然灾害危害或者发生事故灾难、公共卫生事件的单位，应当立即组织本单位应急救援队伍和工作人员营救受害人员，疏散、撤离、安置受到威胁的人员，控制危险源，标明危险区域，封锁危险场所，并采取其他防止危害扩大的必要措施，同时向所在地县级人民政府报告；对因本单位的问题引发的或者主体是本单位人员的社会安全事件，有关单位应当按照规定上报情况，并迅速派出负责人赶赴现场开展劝解、疏导工作。

突发事件发生地的其他单位应当服从人民政府发布的决定、命令，配合人民政府采取的应急处置措施，做好本单位的应急救援工作，并积极组织人员参加所在地的应急救援和处置工作。

第五十七条　突发事件发生地的公民应当服从人民政府、居民委员会、村民委员会或者所属单位的指挥和安排，配合人民政府采取的应急处置措施，积极参加应急救援工作，协助维护社会秩序。

第五章　事后恢复与重建

第五十八条　突发事件的威胁和危害得到控制或者消除后，履行统一领导职责或者组织处置突发事件的人民政府应当停止执行依照本法规定采取的应急处置措施，同时采取或者继续实施必要措施，防止发生自然灾害、事故灾难、公共卫生事件的次生、衍生事件或者重新引发社会安全事件。

第五十九条　突发事件应急处置工作结束后，履行统一领导职责的人民政府应当立即组织对突发事件造成的损失进行评估，组织受影响地区尽快恢复生产、生活、工作和社会秩序，制定恢复重建计划，并向上一级人民政府报告。

受突发事件影响地区的人民政府应当及时组织和协调公安、交通、铁路、民航、邮电、建设等有关部门恢复社会治安秩序，尽快修复被损坏的交通、通信、供水、排水、供电、供气、供热等公共设施。

第六十条　受突发事件影响地区的人民政府开展恢复重建工作需要上一级人民政府支持的，可以向上一级人民政府提出请求。上一级人民政府应当根据受影响地区遭受的损失和实际情况，提供资金、物资支持和技术指导，组织其他地区提供资金、物资和人力支援。

第六十一条　国务院根据受突发事件影响地区遭受损失的情况，制定扶持该地区有关行业发展的优惠政策。

受突发事件影响地区的人民政府应当根据本地区遭受损失的情况，制定救助、补偿、抚慰、抚恤、安置等善后工作计划并组织实施，妥善解决因处置突发事件引发的矛盾和纠纷。

公民参加应急救援工作或者协助维护社会秩序期间，其在本单位的工资待遇和福利不变；表现突出、成绩显著的，由县级以上人民政府给予表彰或者奖励。

县级以上人民政府对在应急救援工作中伤亡的人员依法给予抚恤。

第六十二条　履行统一领导职责的人民政府应当及时查明突发事件的发生经过和原因，总结突发事件应急处置工作的经验教训，制定改进措施，并向上一级人民政府提出报告。

第六章　法律责任

第六十三条　地方各级人民政府和县级以上各级人民政府有关部门违反本法规定，不履行法定职责的，由其上级行政机关或者监察机关责令改正；有下列情形之一的，根据情节对直接负责的主管人员和其他直接责任人员依法给予处分：

（一）未按规定采取预防措施，导致发生突发事件，或者未采取必要的防范措施，导致发生次生、衍生事件的；

（二）迟报、谎报、瞒报、漏报有关突发事件的信息，或者通报、报送、公布虚假信息，造成后果的；

（三）未按规定及时发布突发事件警报、采取预警期的措施，导致损害发生的；

（四）未按规定及时采取措施处置突发事件或者处置不当，造成后果的；

（五）不服从上级人民政府对突发事件应急处置工作的统一领导、指挥和协调的；

（六）未及时组织开展生产自救、恢复重建等善后工作的；

（七）截留、挪用、私分或者变相私分应急救援资金、物资的；

（八）不及时归还征用的单位和个人的财产，或者对被征用财产的单位和个人不按规定给予补偿的。

第六十四条　有关单位有下列情形之一的，由所在地履行统一领导职责的人民政府责令停产停业，暂扣或者吊销许可证或者营业执照，并处五万元以上二十万元以下的罚款；构成违反治安管理行为的，由公安机关依法给予处罚：

（一）未按规定采取预防措施，导致发生严重突发事件的；

（二）未及时消除已发现的可能引发突发事件的隐患，导致发生严重突发事件的；

（三）未做好应急设备、设施日常维护、检测工作，导致发生严重突发事件或者突发事件危害扩大的；

（四）突发事件发生后，不及时组织开展应急救援工作，造成严重后果的。

前款规定的行为，其他法律、行政法规规定由人民政府有关部门依法决定处罚的，从其规定。

第六十五条　违反本法规定，编造并传播有关突发事件事态发展或者应急处置工作的虚假信息，或者明知是有关突发事件事态发展或者应急处置工作的虚假信息而进行传播的，责令改正，给予警告；造成严重后果的，依法暂停其业务活动或者吊销其执业许可证；负有直接责任的人员是国家工作人员的，还应当对其依法给予处分；构成违反治安管理行为的，由公安机关依法给予处罚。

第六十六条 单位或者个人违反本法规定，不服从所在地人民政府及其有关部门发布的决定、命令或者不配合其依法采取的措施，构成违反治安管理行为的，由公安机关依法给予处罚。

第六十七条 单位或者个人违反本法规定，导致突发事件发生或者危害扩大，给他人人身、财产造成损害的，应当依法承担民事责任。

第六十八条 违反本法规定，构成犯罪的，依法追究刑事责任。

第七章 附 则

第六十九条 发生特别重大突发事件，对人民生命财产安全、国家安全、公共安全、环境安全或者社会秩序构成重大威胁，采取本法和其他有关法律、法规、规章规定的应急处置措施不能消除或者有效控制、减轻其严重社会危害，需要进入紧急状态的，由全国人民代表大会常务委员会或者国务院依照宪法和其他有关法律规定的权限和程序决定。

紧急状态期间采取的非常措施，依照有关法律规定执行或者由全国人民代表大会常务委员会另行规定。

第七十条 本法自2007年11月1日起施行。

中华人民共和国消防法（修订）

(1998年4月29日第九届全国人民代表大会常务委员会第二次会议通过
2008年10月28日第十一届全国人民代表大会常务委员会第五次会议修订
2008年10月28日中华人民共和国主席令第6号公布
自2009年5月1日起施行)

第一章 总 则

第一条 为了预防火灾和减少火灾危害，加强应急救援工作，保护人身、财产安全，维护公共安全，制定本法。

第二条 消防工作贯彻预防为主、防消结合的方针，按照政府统一领导、部门依法监管、单位全面负责、公民积极参与的原则，实行消防安全责任制，建立健全社会化的消防工作网络。

第三条 国务院领导全国的消防工作。地方各级人民政府负责本行政区域内的消防工作。

各级人民政府应当将消防工作纳入国民经济和社会发展计划，保障消防工作与经济社会发展相适应。

第四条 国务院公安部门对全国的消防工作实施监督管理。县级以上地方人民政府公安机关对本行政区域内的消防工作实施监督管理，并由本级人民政府公安机关消防机构负责实施。军事设施的消防工作，由其主管单位监督管理，公安机关消防机构协助；矿井地下部分、核电厂、海上石油天然气设施的消防工作，由其主管单位监督管理。

县级以上人民政府其他有关部门在各自的职责范围内，依照本法和其他相关法律、法规的规定做好消防工作。

法律、行政法规对森林、草原的消防工作另有规定的，从其规定。

第五条 任何单位和个人都有维护消防安全、保护消防设施、预防火灾、报告火警的义务。任何单位和成年人都有参加有组织的灭火工作的义务。

第六条 各级人民政府应当组织开展经常性的消防宣传教育，提高公民的消防安全意识。

机关、团体、企业、事业等单位，应当加强对本单位人员的消防宣传教育。

公安机关及其消防机构应当加强消防法律、法规的宣传，并督促、指导、协助有关单位做好消防宣传教育工作。

教育、人力资源行政主管部门和学校、有关职业培训机构应当将消防知识纳入教育、教学、培训的内容。

新闻、广播、电视等有关单位，应当有针对性地面向社会进行消防宣传教育。

工会、共产主义青年团、妇女联合会等团体应当结合各自工作对象的特点，组织开展消防宣传教育。

村民委员会、居民委员会应当协助人民政府以及公安机关等部门，加强消防宣传教育。

第七条　国家鼓励、支持消防科学研究和技术创新，推广使用先进的消防和应急救援技术、设备；鼓励、支持社会力量开展消防公益活动。

对在消防工作中有突出贡献的单位和个人，应当按照国家有关规定给予表彰和奖励。

第二章　火灾预防

第八条　地方各级人民政府应当将包括消防安全布局、消防站、消防供水、消防通信、消防车通道、消防装备等内容的消防规划纳入城乡规划，并负责组织实施。

城乡消防安全布局不符合消防安全要求的，应当调整、完善；公共消防设施、消防装备不足或者不适应实际需要的，应当增建、改建、配置或者进行技术改造。

第九条　建设工程的消防设计、施工必须符合国家工程建设消防技术标准。建设、设计、施工、工程监理等单位依法对建设工程的消防设计、施工质量负责。

第十条　按照国家工程建设消防技术标准需要进行消防设计的建设工程，除本法第十一条另有规定的外，建设单位应当自依法取得施工许可之日起七个工作日内，将消防设计文件报公安机关消防机构备案，公安机关消防机构应当进行抽查。

第十一条　国务院公安部门规定的大型的人员密集场所和其他特殊建设工程，建设单位应当将消防设计文件报送公安机关消防机构审核。公安机关消防机构依法对审核的结果负责。

第十二条　依法应当经公安机关消防机构进行消防设计审核的建设工程，未经依法审核或者审核不合格的，负责审批该工程施工许可的部门不得给予施工许可，建设单位、施工单位不得施工；其他建设工程取得施工许可后经依法抽查不合格的，应当停止施工。

第十三条　按照国家工程建设消防技术标准需要进行消防设计的建设工程竣工，依照下列规定进行消防验收、备案：

（一）本法第十一条规定的建设工程，建设单位应当向公安机关消防机构申请消防验收；

（二）其他建设工程，建设单位在验收后应当报公安机关消防机构备案，公安机关消防机构应当进行抽查。

依法应当进行消防验收的建设工程，未经消防验收或者消防验收不合格的，禁止投入使用；其他建设工程经依法抽查不合格的，应当停止使用。

第十四条　建设工程消防设计审核、消防验收、备案和抽查的具体办法，由国务院公安部门规定。

第十五条　公众聚集场所在投入使用、营业前，建设单位或者使用单位应当向场所所在地的县级以上地方人民政府公安机关消防机构申请消防安全检查。

公安机关消防机构应当自受理申请之日起十个工作日内，根据消防技术标准和管理规定，对该场所进行消防安全检查。未经消防安全检查或者经检查不符合消防安全要求的，不得投入使用、营业。

第十六条　机关、团体、企业、事业等单位应当履行下列消防安全职责：

（一）落实消防安全责任制，制定本单位的消防安全制度、消防安全操作规程，制定灭火和应急疏散预案；

（二）按照国家标准、行业标准配置消防设施、器材，设置消防安全标志，并定期组织检验、维修，确保完好有效；

（三）对建筑消防设施每年至少进行一次全面检测，确保完好有效，检测记录应当完整准确，存档备查；

（四）保障疏散通道、安全出口、消防车通道畅通，保证防火防烟分区、防火间距符合消防技术标准；

（五）组织防火检查，及时消除火灾隐患；

（六）组织进行有针对性的消防演练；

（七）法律、法规规定的其他消防安全职责。

单位的主要负责人是本单位的消防安全责任人。

第十七条　县级以上地方人民政府公安机关消防机构应当将发生火灾可能性

较大以及发生火灾可能造成重大的人身伤亡或者财产损失的单位，确定为本行政区域内的消防安全重点单位，并由公安机关报本级人民政府备案。

消防安全重点单位除应当履行本法第十六条规定的职责外，还应当履行下列消防安全职责：

（一）确定消防安全管理人，组织实施本单位的消防安全管理工作；

（二）建立消防档案，确定消防安全重点部位，设置防火标志，实行严格管理；

（三）实行每日防火巡查，并建立巡查记录；

（四）对职工进行岗前消防安全培训，定期组织消防安全培训和消防演练。

第十八条 同一建筑物由两个以上单位管理或者使用的，应当明确各方的消防安全责任，并确定责任人对共用的疏散通道、安全出口、建筑消防设施和消防车通道进行统一管理。

住宅区的物业服务企业应当对管理区域内的共用消防设施进行维护管理，提供消防安全防范服务。

第十九条 生产、储存、经营易燃易爆危险品的场所不得与居住场所设置在同一建筑物内，并应当与居住场所保持安全距离。

生产、储存、经营其他物品的场所与居住场所设置在同一建筑物内的，应当符合国家工程建设消防技术标准。

第二十条 举办大型群众性活动，承办人应当依法向公安机关申请安全许可，制定灭火和应急疏散预案并组织演练，明确消防安全责任分工，确定消防安全管理人员，保持消防设施和消防器材配置齐全、完好有效，保证疏散通道、安全出口、疏散指示标志、应急照明和消防车通道符合消防技术标准和管理规定。

第二十一条 禁止在具有火灾、爆炸危险的场所吸烟、使用明火。因施工等特殊情况需要使用明火作业的，应当按照规定事先办理审批手续，采取相应的消防安全措施；作业人员应当遵守消防安全规定。

进行电焊、气焊等具有火灾危险作业的人员和自动消防系统的操作人员，必须持证上岗，并遵守消防安全操作规程。

第二十二条 生产、储存、装卸易燃易爆危险品的工厂、仓库和专用车站、码头的设置，应当符合消防技术标准。易燃易爆气体和液体的充装站、供应站、调压站，应当设置在符合消防安全要求的位置，并符合防火防爆要求。

已经设置的生产、储存、装卸易燃易爆危险品的工厂、仓库和专用车站、码头，易燃易爆气体和液体的充装站、供应站、调压站，不再符合前款规定的，地方人民政府应当组织、协调有关部门、单位限期解决，消除安全隐患。

第二十三条　生产、储存、运输、销售、使用、销毁易燃易爆危险品，必须执行消防技术标准和管理规定。

进入生产、储存易燃易爆危险品的场所，必须执行消防安全规定。禁止非法携带易燃易爆危险品进入公共场所或者乘坐公共交通工具。

储存可燃物资仓库的管理，必须执行消防技术标准和管理规定。

第二十四条　消防产品必须符合国家标准；没有国家标准的，必须符合行业标准。禁止生产、销售或者使用不合格的消防产品以及国家明令淘汰的消防产品。

依法实行强制性产品认证的消防产品，由具有法定资质的认证机构按照国家标准、行业标准的强制性要求认证合格后，方可生产、销售、使用。实行强制性产品认证的消防产品目录，由国务院产品质量监督部门会同国务院公安部门制定并公布。

新研制的尚未制定国家标准、行业标准的消防产品，应当按照国务院产品质量监督部门会同国务院公安部门规定的办法，经技术鉴定符合消防安全要求的，方可生产、销售、使用。

依照本条规定经强制性产品认证合格或者技术鉴定合格的消防产品，国务院公安部门消防机构应当予以公布。

第二十五条　产品质量监督部门、工商行政管理部门、公安机关消防机构应当按照各自职责加强对消防产品质量的监督检查。

第二十六条　建筑构件、建筑材料和室内装修、装饰材料的防火性能必须符合国家标准；没有国家标准的，必须符合行业标准。

人员密集场所室内装修、装饰，应当按照消防技术标准的要求，使用不燃、难燃材料。

第二十七条　电器产品、燃气用具的产品标准，应当符合消防安全的要求。

电器产品、燃气用具的安装、使用及其线路、管路的设计、敷设、维护保养、检测，必须符合消防技术标准和管理规定。

第二十八条　任何单位、个人不得损坏、挪用或者擅自拆除、停用消防设施、器材，不得埋压、圈占、遮挡消火栓或者占用防火间距，不得占用、堵塞、封闭疏散通道、安全出口、消防车通道。人员密集场所的门窗不得设置影响逃生和灭火救援的障碍物。

第二十九条　负责公共消防设施维护管理的单位，应当保持消防供水、消防通信、消防车通道等公共消防设施的完好有效。在修建道路以及停电、停水、截断通信线路时有可能影响消防队灭火救援的，有关单位必须事先通知当地公安机关消防机构。

第三十条 地方各级人民政府应当加强对农村消防工作的领导，采取措施加强公共消防设施建设，组织建立和督促落实消防安全责任制。

第三十一条 在农业收获季节、森林和草原防火期间、重大节假日期间以及火灾多发季节，地方各级人民政府应当组织开展有针对性的消防宣传教育，采取防火措施，进行消防安全检查。

第三十二条 乡镇人民政府、城市街道办事处应当指导、支持和帮助村民委员会、居民委员会开展群众性的消防工作。村民委员会、居民委员会应当确定消防安全管理人，组织制定防火安全公约，进行防火安全检查。

第三十三条 国家鼓励、引导公众聚集场所和生产、储存、运输、销售易燃易爆危险品的企业投保火灾公众责任保险；鼓励保险公司承保火灾公众责任保险。

第三十四条 消防产品质量认证、消防设施检测、消防安全监测等消防技术服务机构和执业人员，应当依法获得相应的资质、资格；依照法律、行政法规、国家标准、行业标准和执业准则，接受委托提供消防技术服务，并对服务质量负责。

第三章 消防组织

第三十五条 各级人民政府应当加强消防组织建设，根据经济社会发展的需要，建立多种形式的消防组织，加强消防技术人才培养，增强火灾预防、扑救和应急救援的能力。

第三十六条 县级以上地方人民政府应当按照国家规定建立公安消防队、专职消防队，并按照国家标准配备消防装备，承担火灾扑救工作。

乡镇人民政府应当根据当地经济发展和消防工作的需要，建立专职消防队、志愿消防队，承担火灾扑救工作。

第三十七条 公安消防队、专职消防队按照国家规定承担重大灾害事故和其他以抢救人员生命为主的应急救援工作。

第三十八条 公安消防队、专职消防队应当充分发挥火灾扑救和应急救援专业力量的骨干作用；按照国家规定，组织实施专业技能训练，配备并维护保养装备器材，提高火灾扑救和应急救援的能力。

第三十九条 下列单位应当建立单位专职消防队，承担本单位的火灾扑救工作：

（一）大型核设施单位、大型发电厂、民用机场、主要港口；

（二）生产、储存易燃易爆危险品的大型企业；

（三）储备可燃的重要物资的大型仓库、基地；

（四）第一项、第二项、第三项规定以外的火灾危险性较大、距离公安消防队较远的其他大型企业；

（五）距离公安消防队较远、被列为全国重点文物保护单位的古建筑群的管理单位。

第四十条　专职消防队的建立，应当符合国家有关规定，并报当地公安机关消防机构验收。

专职消防队的队员依法享受社会保险和福利待遇。

第四十一条　机关、团体、企业、事业等单位以及村民委员会、居民委员会根据需要，建立志愿消防队等多种形式的消防组织，开展群众性自防自救工作。

第四十二条　公安机关消防机构应当对专职消防队、志愿消防队等消防组织进行业务指导；根据扑救火灾的需要，可以调动指挥专职消防队参加火灾扑救工作。

第四章　灭火救援

第四十三条　县级以上地方人民政府应当组织有关部门针对本行政区域内的火灾特点制定应急预案，建立应急反应和处置机制，为火灾扑救和应急救援工作提供人员、装备等保障。

第四十四条　任何人发现火灾都应当立即报警。任何单位、个人都应当无偿为报警提供便利，不得阻拦报警。严禁谎报火警。

人员密集场所发生火灾，该场所的现场工作人员应当立即组织、引导在场人员疏散。

任何单位发生火灾，必须立即组织力量扑救。邻近单位应当给予支援。

消防队接到火警，必须立即赶赴火灾现场，救助遇险人员，排除险情，扑灭火灾。

第四十五条　公安机关消防机构统一组织和指挥火灾现场扑救，应当优先保障遇险人员的生命安全。

火灾现场总指挥根据扑救火灾的需要，有权决定下列事项：

（一）使用各种水源；

（二）截断电力、可燃气体和可燃液体的输送，限制用火用电；

（三）划定警戒区，实行局部交通管制；

（四）利用临近建筑物和有关设施；

（五）为了抢救人员和重要物资，防止火势蔓延，拆除或者破损毗邻火灾现场的建筑物、构筑物或者设施等；

（六）调动供水、供电、供气、通信、医疗救护、交通运输、环境保护等有关单位协助灭火救援。

根据扑救火灾的紧急需要，有关地方人民政府应当组织人员、调集所需物资支援灭火。

第四十六条　公安消防队、专职消防队参加火灾以外的其他重大灾害事故的应急救援工作，由县级以上人民政府统一领导。

第四十七条　消防车、消防艇前往执行火灾扑救或者应急救援任务，在确保安全的前提下，不受行驶速度、行驶路线、行驶方向和指挥信号的限制，其他车辆、船舶以及行人应当让行，不得穿插超越；收费公路、桥梁免收车辆通行费。交通管理指挥人员应当保证消防车、消防艇迅速通行。

赶赴火灾现场或者应急救援现场的消防人员和调集的消防装备、物资，需要铁路、水路或者航空运输的，有关单位应当优先运输。

第四十八条　消防车、消防艇以及消防器材、装备和设施，不得用于与消防和应急救援工作无关的事项。

第四十九条　公安消防队、专职消防队扑救火灾、应急救援，不得收取任何费用。

单位专职消防队、志愿消防队参加扑救外单位火灾所损耗的燃料、灭火剂和器材、装备等，由火灾发生地的人民政府给予补偿。

第五十条　对因参加扑救火灾或者应急救援受伤、致残或者死亡的人员，按照国家有关规定给予医疗、抚恤。

第五十一条　公安机关消防机构有权根据需要封闭火灾现场，负责调查火灾原因，统计火灾损失。

火灾扑灭后，发生火灾的单位和相关人员应当按照公安机关消防机构的要求保护现场，接受事故调查，如实提供与火灾有关的情况。

公安机关消防机构根据火灾现场勘验、调查情况和有关的检验、鉴定意见，及时制作火灾事故认定书，作为处理火灾事故的证据。

第五章　监督检查

第五十二条　地方各级人民政府应当落实消防工作责任制，对本级人民政府有关部门履行消防安全职责的情况进行监督检查。

县级以上地方人民政府有关部门应当根据本系统的特点，有针对性地开展消防安全检查，及时督促整改火灾隐患。

第五十三条 公安机关消防机构应当对机关、团体、企业、事业等单位遵守消防法律、法规的情况依法进行监督检查。公安派出所可以负责日常消防监督检查、开展消防宣传教育，具体办法由国务院公安部门规定。

公安机关消防机构、公安派出所的工作人员进行消防监督检查，应当出示证件。

第五十四条 公安机关消防机构在消防监督检查中发现火灾隐患的，应当通知有关单位或者个人立即采取措施消除隐患；不及时消除隐患可能严重威胁公共安全的，公安机关消防机构应当依照规定对危险部位或者场所采取临时查封措施。

第五十五条 公安机关消防机构在消防监督检查中发现城乡消防安全布局、公共消防设施不符合消防安全要求，或者发现本地区存在影响公共安全的重大火灾隐患的，应当由公安机关书面报告本级人民政府。

接到报告的人民政府应当及时核实情况，组织或者责成有关部门、单位采取措施，予以整改。

第五十六条 公安机关消防机构及其工作人员应当按照法定的职权和程序进行消防设计审核、消防验收和消防安全检查，做到公正、严格、文明、高效。

公安机关消防机构及其工作人员进行消防设计审核、消防验收和消防安全检查等，不得收取费用，不得利用消防设计审核、消防验收和消防安全检查谋取利益。公安机关消防机构及其工作人员不得利用职务为用户、建设单位指定或者变相指定消防产品的品牌、销售单位或者消防技术服务机构、消防设施施工单位。

第五十七条 公安机关消防机构及其工作人员执行职务，应当自觉接受社会和公民的监督。

任何单位和个人都有权对公安机关消防机构及其工作人员在执法中的违法行为进行检举、控告。收到检举、控告的机关，应当按照职责及时查处。

第六章 法律责任

第五十八条 违反本法规定，有下列行为之一的，责令停止施工、停止使用或者停产停业，并处三万元以上三十万元以下罚款：

（一）依法应当经公安机关消防机构进行消防设计审核的建设工程，未经依法审核或者审核不合格，擅自施工的；

（二）消防设计经公安机关消防机构依法抽查不合格，不停止施工的；

（三）依法应当进行消防验收的建设工程，未经消防验收或者消防验收不合格，擅自投入使用的；

（四）建设工程投入使用后经公安机关消防机构依法抽查不合格，不停止使用的；

（五）公众聚集场所未经消防安全检查或者经检查不符合消防安全要求，擅自投入使用、营业的。

建设单位未依照本法规定将消防设计文件报公安机关消防机构备案，或者在竣工后未依照本法规定报公安机关消防机构备案的，责令限期改正，处五千元以下罚款。

第五十九条　违反本法规定，有下列行为之一的，责令改正或者停止施工，并处一万元以上十万元以下罚款：

（一）建设单位要求建筑设计单位或者建筑施工企业降低消防技术标准设计、施工的；

（二）建筑设计单位不按照消防技术标准强制性要求进行消防设计的；

（三）建筑施工企业不按照消防设计文件和消防技术标准施工，降低消防施工质量的；

（四）工程监理单位与建设单位或者建筑施工企业串通，弄虚作假，降低消防施工质量的。

第六十条　单位违反本法规定，有下列行为之一的，责令改正，处五千元以上五万元以下罚款：

（一）消防设施、器材或者消防安全标志的配置、设置不符合国家标准、行业标准，或者未保持完好有效的；

（二）损坏、挪用或者擅自拆除、停用消防设施、器材的；

（三）占用、堵塞、封闭疏散通道、安全出口或者有其他妨碍安全疏散行为的；

（四）埋压、圈占、遮挡消火栓或者占用防火间距的；

（五）占用、堵塞、封闭消防车通道，妨碍消防车通行的；

（六）人员密集场所在门窗上设置影响逃生和灭火救援的障碍物的；

（七）对火灾隐患经公安机关消防机构通知后不及时采取措施消除的。

个人有前款第二项、第三项、第四项、第五项行为之一的，处警告或者五百元以下罚款。

有本条第一款第三项、第四项、第五项、第六项行为，经责令改正拒不改正的，强制执行，所需费用由违法行为人承担。

第六十一条　生产、储存、经营易燃易爆危险品的场所与居住场所设置在同一建筑物内，或者未与居住场所保持安全距离的，责令停产停业，并处五千元以上五万元以下罚款。

生产、储存、经营其他物品的场所与居住场所设置在同一建筑物内，不符合消防技术标准的，依照前款规定处罚。

第六十二条　有下列行为之一的，依照《中华人民共和国治安管理处罚法》的规定处罚：

（一）违反有关消防技术标准和管理规定生产、储存、运输、销售、使用、销毁易燃易爆危险品的；

（二）非法携带易燃易爆危险品进入公共场所或者乘坐公共交通工具的；

（三）谎报火警的；

（四）阻碍消防车、消防艇执行任务的；

（五）阻碍公安机关消防机构的工作人员依法执行职务的。

第六十三条　违反本法规定，有下列行为之一的，处警告或者五百元以下罚款；情节严重的，处五日以下拘留：

（一）违反消防安全规定进入生产、储存易燃易爆危险品场所的；

（二）违反规定使用明火作业或者在具有火灾、爆炸危险的场所吸烟、使用明火的。

第六十四条　违反本法规定，有下列行为之一，尚不构成犯罪的，处十日以上十五日以下拘留，可以并处五百元以下罚款；情节较轻的，处警告或者五百元以下罚款：

（一）指使或者强令他人违反消防安全规定，冒险作业的；

（二）过失引起火灾的；

（三）在火灾发生后阻拦报警，或者负有报告职责的人员不及时报警的；

（四）扰乱火灾现场秩序，或者拒不执行火灾现场指挥员指挥，影响灭火救援的；

（五）故意破坏或者伪造火灾现场的；

（六）擅自拆封或者使用被公安机关消防机构查封的场所、部位的。

第六十五条　违反本法规定，生产、销售不合格的消防产品或者国家明令淘汰的消防产品的，由产品质量监督部门或者工商行政管理部门依照《中华人民共和国产品质量法》的规定从重处罚。

人员密集场所使用不合格的消防产品或者国家明令淘汰的消防产品的，责令限期改正；逾期不改正的，处五千元以上五万元以下罚款，并对其直接负责的主管人员和其他直接责任人员处五百元以上二千元以下罚款；情节严重的，责令停产停业。

公安机关消防机构对于本条第二款规定的情形，除依法对使用者予以处罚外，应当将发现不合格的消防产品和国家明令淘汰的消防产品的情况通报产品质量监督部门、工商行政管理部门。产品质量监督部门、工商行政管理部门应当对生产者、销售者依法及时查处。

第六十六条 电器产品、燃气用具的安装、使用及其线路、管路的设计、敷设、维护保养、检测不符合消防技术标准和管理规定的，责令限期改正；逾期不改正的，责令停止使用，可以并处一千元以上五千元以下罚款。

第六十七条 机关、团体、企业、事业等单位违反本法第十六条、第十七条、第十八条、第二十一条第二款规定的，责令限期改正；逾期不改正的，对其直接负责的主管人员和其他直接责任人员依法给予处分或者给予警告处罚。

第六十八条 人员密集场所发生火灾，该场所的现场工作人员不履行组织、引导在场人员疏散的义务，情节严重，尚不构成犯罪的，处五日以上十日以下拘留。

第六十九条 消防产品质量认证、消防设施检测等消防技术服务机构出具虚假文件的，责令改正，处五万元以上十万元以下罚款，并对直接负责的主管人员和其他直接责任人员处一万元以上五万元以下罚款；有违法所得的，并处没收违法所得；给他人造成损失的，依法承担赔偿责任；情节严重的，由原许可机关依法责令停止执业或者吊销相应资质、资格。

前款规定的机构出具失实文件，给他人造成损失的，依法承担赔偿责任；造成重大损失的，由原许可机关依法责令停止执业或者吊销相应资质、资格。

第七十条 本法规定的行政处罚，除本法另有规定的外，由公安机关消防机构决定；其中拘留处罚由县级以上公安机关依照《中华人民共和国治安管理处罚法》的有关规定决定。

公安机关消防机构需要传唤消防安全违法行为人的，依照《中华人民共和国治安管理处罚法》的有关规定执行。

被责令停止施工、停止使用、停产停业的，应当在整改后向公安机关消防机构报告，经公安机关消防机构检查合格，方可恢复施工、使用、生产、经营。

当事人逾期不执行停产停业、停止使用、停止施工决定的，由作出决定的公安机关消防机构强制执行。

责令停产停业，对经济和社会生活影响较大的，由公安机关消防机构提出意见，并由公安机关报请本级人民政府依法决定。本级人民政府组织公安机关等部门实施。

第七十一条　公安机关消防机构的工作人员滥用职权、玩忽职守、徇私舞弊，有下列行为之一，尚不构成犯罪的，依法给予处分：

（一）对不符合消防安全要求的消防设计文件、建设工程、场所准予审核合格、消防验收合格、消防安全检查合格的；

（二）无故拖延消防设计审核、消防验收、消防安全检查，不在法定期限内履行职责的；

（三）发现火灾隐患不及时通知有关单位或者个人整改的；

（四）利用职务为用户、建设单位指定或者变相指定消防产品的品牌、销售单位或者消防技术服务机构、消防设施施工单位的；

（五）将消防车、消防艇以及消防器材、装备和设施用于与消防和应急救援无关的事项的；

（六）其他滥用职权、玩忽职守、徇私舞弊的行为。

建设、产品质量监督、工商行政管理等其他有关行政主管部门的工作人员在消防工作中滥用职权、玩忽职守、徇私舞弊，尚不构成犯罪的，依法给予处分。

第七十二条　违反本法规定，构成犯罪的，依法追究刑事责任。

第七章　附　则

第七十三条　本法下列用语的含义：

（一）消防设施，是指火灾自动报警系统、自动灭火系统、消火栓系统、防烟排烟系统以及应急广播和应急照明、安全疏散设施等。

（二）消防产品，是指专门用于火灾预防、灭火救援和火灾防护、避难、逃生的产品。

（三）公众聚集场所，是指宾馆、饭店、商场、集贸市场、客运车站候车室、客运码头候船厅、民用机场航站楼、体育场馆、会堂以及公共娱乐场所等。

（四）人员密集场所，是指公众聚集场所，医院的门诊楼、病房楼，学校的教学楼、图书馆、食堂和集体宿舍，养老院，福利院，托儿所，幼儿园，公共图书馆的阅览室，公共展览馆、博物馆的展示厅，劳动密集型企业的生产加工车间和员工集体宿舍，旅游、宗教活动场所等。

第七十四条　本法自2009年5月1日起施行。

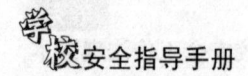安全指导手册

中华人民共和国食品安全法

(2009年2月28日第十一届全国人民代表大会常务委员会第七次会议通过
2009年2月28日中华人民共和国主席令第9号公布
自2009年6月1日起施行)

第一章 总 则

第一条 为保证食品安全，保障公众身体健康和生命安全，制定本法。

第二条 在中华人民共和国境内从事下列活动，应当遵守本法：

（一）食品生产和加工（以下称食品生产），食品流通和餐饮服务（以下称食品经营）；

（二）食品添加剂的生产经营；

（三）用于食品的包装材料、容器、洗涤剂、消毒剂和用于食品生产经营的工具、设备（以下称食品相关产品）的生产经营；

（四）食品生产经营者使用食品添加剂、食品相关产品；

（五）对食品、食品添加剂和食品相关产品的安全管理。

供食用的源于农业的初级产品（以下称食用农产品）的质量安全管理，遵守《中华人民共和国农产品质量安全法》的规定。但是，制定有关食用农产品的质量安全标准、公布食用农产品安全有关信息，应当遵守本法的有关规定。

第三条 食品生产经营者应当依照法律、法规和食品安全标准从事生产经营活动，对社会和公众负责，保证食品安全，接受社会监督，承担社会责任。

第四条 国务院设立食品安全委员会，其工作职责由国务院规定。

国务院卫生行政部门承担食品安全综合协调职责，负责食品安全风险评估、食品安全标准制定、食品安全信息公布、食品检验机构的资质认定条件和检验规范的制定，组织查处食品安全重大事故。

国务院质量监督、工商行政管理和国家食品药品监督管理部门依照本法和国务院规定的职责，分别对食品生产、食品流通、餐饮服务活动实施监督管理。

第五条 县级以上地方人民政府统一负责、领导、组织、协调本行政区域的食品安全监督管理工作，建立健全食品安全全程监督管理的工作机制；统一领

导、指挥食品安全突发事件应对工作；完善、落实食品安全监督管理责任制，对食品安全监督管理部门进行评议、考核。

县级以上地方人民政府依照本法和国务院的规定确定本级卫生行政、农业行政、质量监督、工商行政管理、食品药品监督管理部门的食品安全监督管理职责。有关部门在各自职责范围内负责本行政区域的食品安全监督管理工作。

上级人民政府所属部门在下级行政区域设置的机构应当在所在地人民政府的统一组织、协调下，依法做好食品安全监督管理工作。

第六条 县级以上卫生行政、农业行政、质量监督、工商行政管理、食品药品监督管理部门应当加强沟通、密切配合，按照各自职责分工，依法行使职权，承担责任。

第七条 食品行业协会应当加强行业自律，引导食品生产经营者依法生产经营，推动行业诚信建设，宣传、普及食品安全知识。

第八条 国家鼓励社会团体、基层群众性自治组织开展食品安全法律、法规以及食品安全标准和知识的普及工作，倡导健康的饮食方式，增强消费者食品安全意识和自我保护能力。

新闻媒体应当开展食品安全法律、法规以及食品安全标准和知识的公益宣传，并对违反本法的行为进行舆论监督。

第九条 国家鼓励和支持开展与食品安全有关的基础研究和应用研究，鼓励和支持食品生产经营者为提高食品安全水平采用先进技术和先进管理规范。

第十条 任何组织或者个人有权举报食品生产经营中违反本法的行为，有权向有关部门了解食品安全信息，对食品安全监督管理工作提出意见和建议。

第二章 食品安全风险监测和评估

第十一条 国家建立食品安全风险监测制度，对食源性疾病、食品污染以及食品中的有害因素进行监测。

国务院卫生行政部门会同国务院有关部门制定、实施国家食品安全风险监测计划。省、自治区、直辖市人民政府卫生行政部门根据国家食品安全风险监测计划，结合本行政区域的具体情况，组织制定、实施本行政区域的食品安全风险监测方案。

第十二条 国务院农业行政、质量监督、工商行政管理和国家食品药品监督管理等有关部门获知有关食品安全风险信息后，应当立即向国务院卫生行政部门通报。国务院卫生行政部门会同有关部门对信息核实后，应当及时调整食品安全风险监测计划。

第十三条　国家建立食品安全风险评估制度，对食品、食品添加剂中生物性、化学性和物理性危害进行风险评估。

国务院卫生行政部门负责组织食品安全风险评估工作，成立由医学、农业、食品、营养等方面的专家组成的食品安全风险评估专家委员会进行食品安全风险评估。

对农药、肥料、生长调节剂、兽药、饲料和饲料添加剂等的安全性评估，应当有食品安全风险评估专家委员会的专家参加。

食品安全风险评估应当运用科学方法，根据食品安全风险监测信息、科学数据以及其他有关信息进行。

第十四条　国务院卫生行政部门通过食品安全风险监测或者接到举报发现食品可能存在安全隐患的，应当立即组织进行检验和食品安全风险评估。

第十五条　国务院农业行政、质量监督、工商行政管理和国家食品药品监督管理等有关部门应当向国务院卫生行政部门提出食品安全风险评估的建议，并提供有关信息和资料。

国务院卫生行政部门应当及时向国务院有关部门通报食品安全风险评估的结果。

第十六条　食品安全风险评估结果是制定、修订食品安全标准和对食品安全实施监督管理的科学依据。

食品安全风险评估结果得出食品不安全结论的，国务院质量监督、工商行政管理和国家食品药品监督管理部门应当依据各自职责立即采取相应措施，确保该食品停止生产经营，并告知消费者停止食用；需要制定、修订相关食品安全国家标准的，国务院卫生行政部门应当立即制定、修订。

第十七条　国务院卫生行政部门应当会同国务院有关部门，根据食品安全风险评估结果、食品安全监督管理信息，对食品安全状况进行综合分析。对经综合分析表明可能具有较高程度安全风险的食品，国务院卫生行政部门应当及时提出食品安全风险警示，并予以公布。

第三章　食品安全标准

第十八条　制定食品安全标准，应当以保障公众身体健康为宗旨，做到科学合理、安全可靠。

第十九条　食品安全标准是强制执行的标准。除食品安全标准外，不得制定其他的食品强制性标准。

第二十条　食品安全标准应当包括下列内容：

（一）食品、食品相关产品中的致病性微生物、农药残留、兽药残留、重金属、污染物质以及其他危害人体健康物质的限量规定；

（二）食品添加剂的品种、使用范围、用量；

（三）专供婴幼儿和其他特定人群的主辅食品的营养成分要求；

（四）对与食品安全、营养有关的标签、标识、说明书的要求；

（五）食品生产经营过程的卫生要求；

（六）与食品安全有关的质量要求；

（七）食品检验方法与规程；

（八）其他需要制定为食品安全标准的内容。

第二十一条 食品安全国家标准由国务院卫生行政部门负责制定、公布，国务院标准化行政部门提供国家标准编号。

食品中农药残留、兽药残留的限量规定及其检验方法与规程由国务院卫生行政部门、国务院农业行政部门制定。

屠宰畜、禽的检验规程由国务院有关主管部门会同国务院卫生行政部门制定。

有关产品国家标准涉及食品安全国家标准规定内容的，应当与食品安全国家标准相一致。

第二十二条 国务院卫生行政部门应当对现行的食用农产品质量安全标准、食品卫生标准、食品质量标准和有关食品的行业标准中强制执行的标准予以整合，统一公布为食品安全国家标准。

本法规定的食品安全国家标准公布前，食品生产经营者应当按照现行食用农产品质量安全标准、食品卫生标准、食品质量标准和有关食品的行业标准生产经营食品。

第二十三条 食品安全国家标准应当经食品安全国家标准审评委员会审查通过。食品安全国家标准审评委员会由医学、农业、食品、营养等方面的专家以及国务院有关部门的代表组成。

制定食品安全国家标准，应当依据食品安全风险评估结果并充分考虑食用农产品质量安全风险评估结果，参照相关的国际标准和国际食品安全风险评估结果，并广泛听取食品生产经营者和消费者的意见。

第二十四条 没有食品安全国家标准的，可以制定食品安全地方标准。

省、自治区、直辖市人民政府卫生行政部门组织制定食品安全地方标准，应当参照执行本法有关食品安全国家标准制定的规定，并报国务院卫生行政部门备案。

第二十五条　企业生产的食品没有食品安全国家标准或者地方标准的，应当制定企业标准，作为组织生产的依据。国家鼓励食品生产企业制定严于食品安全国家标准或者地方标准的企业标准。企业标准应当报省级卫生行政部门备案，在本企业内部适用。

第二十六条　食品安全标准应当供公众免费查阅。

第四章　食品生产经营

第二十七条　食品生产经营应当符合食品安全标准，并符合下列要求：

（一）具有与生产经营的食品品种、数量相适应的食品原料处理和食品加工、包装、贮存等场所，保持该场所环境整洁，并与有毒、有害场所以及其他污染源保持规定的距离；

（二）具有与生产经营的食品品种、数量相适应的生产经营设备或者设施，有相应的消毒、更衣、盥洗、采光、照明、通风、防腐、防尘、防蝇、防鼠、防虫、洗涤以及处理废水、存放垃圾和废弃物的设备或者设施；

（三）有食品安全专业技术人员、管理人员和保证食品安全的规章制度；

（四）具有合理的设备布局和工艺流程，防止待加工食品与直接入口食品、原料与成品交叉污染，避免食品接触有毒物、不洁物；

（五）餐具、饮具和盛放直接入口食品的容器，使用前应当洗净、消毒，炊具、用具用后应当洗净，保持清洁；

（六）贮存、运输和装卸食品的容器、工具和设备应当安全、无害，保持清洁，防止食品污染，并符合保证食品安全所需的温度等特殊要求，不得将食品与有毒、有害物品一同运输；

（七）直接入口的食品应当有小包装或者使用无毒、清洁的包装材料、餐具；

（八）食品生产经营人员应当保持个人卫生，生产经营食品时，应当将手洗净，穿戴清洁的工作衣、帽；销售无包装的直接入口食品时，应当使用无毒、清洁的售货工具；

（九）用水应当符合国家规定的生活饮用水卫生标准；

（十）使用的洗涤剂、消毒剂应当对人体安全、无害；

（十一）法律、法规规定的其他要求。

第二十八条　禁止生产经营下列食品：

（一）用非食品原料生产的食品或者添加食品添加剂以外的化学物质和其他可能危害人体健康物质的食品，或者用回收食品作为原料生产的食品；

（二）致病性微生物、农药残留、兽药残留、重金属、污染物质以及其他危害人体健康的物质含量超过食品安全标准限量的食品；

（三）营养成分不符合食品安全标准的专供婴幼儿和其他特定人群的主辅食品；

（四）腐败变质、油脂酸败、霉变生虫、污秽不洁、混有异物、掺假掺杂或者感官性状异常的食品；

（五）病死、毒死或者死因不明的禽、畜、兽、水产动物肉类及其制品；

（六）未经动物卫生监督机构检疫或者检疫不合格的肉类，或者未经检验或者检验不合格的肉类制品；

（七）被包装材料、容器、运输工具等污染的食品；

（八）超过保质期的食品；

（九）无标签的预包装食品；

（十）国家为防病等特殊需要明令禁止生产经营的食品；

（十一）其他不符合食品安全标准或者要求的食品。

第二十九条　国家对食品生产经营实行许可制度。从事食品生产、食品流通、餐饮服务，应当依法取得食品生产许可、食品流通许可、餐饮服务许可。

取得食品生产许可的食品生产者在其生产场所销售其生产的食品，不需要取得食品流通的许可；取得餐饮服务许可的餐饮服务提供者在其餐饮服务场所出售其制作加工的食品，不需要取得食品生产和流通的许可；农民个人销售其自产的食用农产品，不需要取得食品流通的许可。

食品生产加工小作坊和食品摊贩从事食品生产经营活动，应当符合本法规定的与其生产经营规模、条件相适应的食品安全要求，保证所生产经营的食品卫生、无毒、无害，有关部门应当对其加强监督管理，具体管理办法由省、自治区、直辖市人民代表大会常务委员会依照本法制定。

第三十条　县级以上地方人民政府鼓励食品生产加工小作坊改进生产条件；鼓励食品摊贩进入集中交易市场、店铺等固定场所经营。

第三十一条　县级以上质量监督、工商行政管理、食品药品监督管理部门应当依照《中华人民共和国行政许可法》的规定，审核申请人提交的本法第二十七条第一项至第四项规定要求的相关资料，必要时对申请人的生产经营场所进行现场核查；对符合规定条件的，决定准予许可；对不符合规定条件的，决定不予许可并书面说明理由。

第三十二条　食品生产经营企业应当建立健全本单位的食品安全管理制度，加强对职工食品安全知识的培训，配备专职或者兼职食品安全管理人员，做好对所生产经营食品的检验工作，依法从事食品生产经营活动。

第三十三条　国家鼓励食品生产经营企业符合良好生产规范要求，实施危害分析与关键控制点体系，提高食品安全管理水平。

对通过良好生产规范、危害分析与关键控制点体系认证的食品生产经营企业，认证机构应当依法实施跟踪调查；对不再符合认证要求的企业，应当依法撤销认证，及时向有关质量监督、工商行政管理、食品药品监督管理部门通报，并向社会公布。认证机构实施跟踪调查不收取任何费用。

第三十四条　食品生产经营者应当建立并执行从业人员健康管理制度。患有痢疾、伤寒、病毒性肝炎等消化道传染病的人员，以及患有活动性肺结核、化脓性或者渗出性皮肤病等有碍食品安全的疾病的人员，不得从事接触直接入口食品的工作。

食品生产经营人员每年应当进行健康检查，取得健康证明后方可参加工作。

第三十五条　食用农产品生产者应当依照食品安全标准和国家有关规定使用农药、肥料、生长调节剂、兽药、饲料和饲料添加剂等农业投入品。食用农产品的生产企业和农民专业合作经济组织应当建立食用农产品生产记录制度。

县级以上农业行政部门应当加强对农业投入品使用的管理和指导，建立健全农业投入品的安全使用制度。

第三十六条　食品生产者采购食品原料、食品添加剂、食品相关产品，应当查验供货者的许可证和产品合格证明文件；对无法提供合格证明文件的食品原料，应当依照食品安全标准进行检验；不得采购或者使用不符合食品安全标准的食品原料、食品添加剂、食品相关产品。

食品生产企业应当建立食品原料、食品添加剂、食品相关产品进货查验记录制度，如实记录食品原料、食品添加剂、食品相关产品的名称、规格、数量、供货者名称及联系方式、进货日期等内容。

食品原料、食品添加剂、食品相关产品进货查验记录应当真实，保存期限不得少于二年。

第三十七条　食品生产企业应当建立食品出厂检验记录制度，查验出厂食品的检验合格证和安全状况，并如实记录食品的名称、规格、数量、生产日期、生产批号、检验合格证号、购货者名称及联系方式、销售日期等内容。

食品出厂检验记录应当真实，保存期限不得少于二年。

第三十八条　食品、食品添加剂和食品相关产品的生产者，应当依照食品安全标准对所生产的食品、食品添加剂和食品相关产品进行检验，检验合格后方可出厂或者销售。

第三十九条　食品经营者采购食品，应当查验供货者的许可证和食品合格的证明文件。

食品经营企业应当建立食品进货查验记录制度，如实记录食品的名称、规格、数量、生产批号、保质期、供货者名称及联系方式、进货日期等内容。

食品进货查验记录应当真实，保存期限不得少于二年。

实行统一配送经营方式的食品经营企业，可以由企业总部统一查验供货者的许可证和食品合格的证明文件，进行食品进货查验记录。

第四十条 食品经营者应当按照保证食品安全的要求贮存食品，定期检查库存食品，及时清理变质或者超过保质期的食品。

第四十一条 食品经营者贮存散装食品，应当在贮存位置标明食品的名称、生产日期、保质期、生产者名称及联系方式等内容。

食品经营者销售散装食品，应当在散装食品的容器、外包装上标明食品的名称、生产日期、保质期、生产经营者名称及联系方式等内容。

第四十二条 预包装食品的包装上应当有标签。标签应当标明下列事项：

（一）名称、规格、净含量、生产日期；

（二）成分或者配料表；

（三）生产者的名称、地址、联系方式；

（四）保质期；

（五）产品标准代号；

（六）贮存条件；

（七）所使用的食品添加剂在国家标准中的通用名称；

（八）生产许可证编号；

（九）法律、法规或者食品安全标准规定必须标明的其他事项。

专供婴幼儿和其他特定人群的主辅食品，其标签还应当标明主要营养成分及其含量。

第四十三条 国家对食品添加剂的生产实行许可制度。申请食品添加剂生产许可的条件、程序，按照国家有关工业产品生产许可证管理的规定执行。

第四十四条 申请利用新的食品原料从事食品生产或者从事食品添加剂新品种、食品相关产品新品种生产活动的单位或者个人，应当向国务院卫生行政部门提交相关产品的安全性评估材料。国务院卫生行政部门应当自收到申请之日起六十日内组织对相关产品的安全性评估材料进行审查；对符合食品安全要求的，依法决定准予许可并予以公布；对不符合食品安全要求的，决定不予许可并书面说明理由。

第四十五条 食品添加剂应当在技术上确有必要且经过风险评估证明安全可

靠，方可列入允许使用的范围。国务院卫生行政部门应当根据技术必要性和食品安全风险评估结果，及时对食品添加剂的品种、使用范围、用量的标准进行修订。

第四十六条 食品生产者应当依照食品安全标准关于食品添加剂的品种、使用范围、用量的规定使用食品添加剂；不得在食品生产中使用食品添加剂以外的化学物质和其他可能危害人体健康的物质。

第四十七条 食品添加剂应当有标签、说明书和包装。标签、说明书应当载明本法第四十二条第一款第一项至第六项、第八项、第九项规定的事项，以及食品添加剂的使用范围、用量、使用方法，并在标签上载明"食品添加剂"字样。

第四十八条 食品和食品添加剂的标签、说明书，不得含有虚假、夸大的内容，不得涉及疾病预防、治疗功能。生产者对标签、说明书上所载明的内容负责。

食品和食品添加剂的标签、说明书应当清楚、明显，容易辨识。

食品和食品添加剂与其标签、说明书所载明的内容不符的，不得上市销售。

第四十九条 食品经营者应当按照食品标签标示的警示标志、警示说明或者注意事项的要求，销售预包装食品。

第五十条 生产经营的食品中不得添加药品，但是可以添加按照传统既是食品又是中药材的物质。按照传统既是食品又是中药材的物质的目录由国务院卫生行政部门制定、公布。

第五十一条 国家对声称具有特定保健功能的食品实行严格监管。有关监督管理部门应当依法履职，承担责任。具体管理办法由国务院规定。

声称具有特定保健功能的食品不得对人体产生急性、亚急性或者慢性危害，其标签、说明书不得涉及疾病预防、治疗功能，内容必须真实，应当载明适宜人群、不适宜人群、功效成分或者标志性成分及其含量等；产品的功能和成分必须与标签、说明书相一致。

第五十二条 集中交易市场的开办者、柜台出租者和展销会举办者，应当审查入场食品经营者的许可证，明确入场食品经营者的食品安全管理责任，定期对入场食品经营者的经营环境和条件进行检查，发现食品经营者有违反本法规定的行为的，应当及时制止并立即报告所在地县级工商行政管理部门或者食品药品监督管理部门。

集中交易市场的开办者、柜台出租者和展销会举办者未履行前款规定义务，本市场发生食品安全事故的，应当承担连带责任。

第五十三条 国家建立食品召回制度。食品生产者发现其生产的食品不符合食品安全标准，应当立即停止生产，召回已经上市销售的食品，通知相关生产经营者和消费者，并记录召回和通知情况。

食品经营者发现其经营的食品不符合食品安全标准，应当立即停止经营，通知相关生产经营者和消费者，并记录停止经营和通知情况。食品生产者认为应当召回的，应当立即召回。

食品生产者应当对召回的食品采取补救、无害化处理、销毁等措施，并将食品召回和处理情况向县级以上质量监督部门报告。

食品生产经营者未依照本条规定召回或者停止经营不符合食品安全标准的食品的，县级以上质量监督、工商行政管理、食品药品监督管理部门可以责令其召回或者停止经营。

第五十四条 食品广告的内容应当真实合法，不得含有虚假、夸大的内容，不得涉及疾病预防、治疗功能。

食品安全监督管理部门或者承担食品检验职责的机构、食品行业协会、消费者协会不得以广告或者其他形式向消费者推荐食品。

第五十五条 社会团体或者其他组织、个人在虚假广告中向消费者推荐食品，使消费者的合法权益受到损害的，与食品生产经营者承担连带责任。

第五十六条 地方各级人民政府鼓励食品规模化生产和连锁经营、配送。

第五章 食品检验

第五十七条 食品检验机构按照国家有关认证认可的规定取得资质认定后，方可从事食品检验活动。但是，法律另有规定的除外。

食品检验机构的资质认定条件和检验规范，由国务院卫生行政部门规定。

本法施行前经国务院有关主管部门批准设立或者经依法认定的食品检验机构，可以依照本法继续从事食品检验活动。

第五十八条 食品检验由食品检验机构指定的检验人独立进行。

检验人应当依照有关法律、法规的规定，并依照食品安全标准和检验规范对食品进行检验，尊重科学，恪守职业道德，保证出具的检验数据和结论客观、公正，不得出具虚假的检验报告。

第五十九条 食品检验实行食品检验机构与检验人负责制。食品检验报告应当加盖食品检验机构公章，并有检验人的签名或者盖章。食品检验机构和检验人对出具的食品检验报告负责。

第六十条 食品安全监督管理部门对食品不得实施免检。

县级以上质量监督、工商行政管理、食品药品监督管理部门应当对食品进行定期或者不定期的抽样检验。进行抽样检验，应当购买抽取的样品，不收取检验费和其他任何费用。

县级以上质量监督、工商行政管理、食品药品监督管理部门在执法工作中需要对食品进行检验的，应当委托符合本法规定的食品检验机构进行，并支付相关费用。对检验结论有异议的，可以依法进行复检。

第六十一条　食品生产经营企业可以自行对所生产的食品进行检验，也可以委托符合本法规定的食品检验机构进行检验。

食品行业协会等组织、消费者需要委托食品检验机构对食品进行检验的，应当委托符合本法规定的食品检验机构进行。

第六章　食品进出口

第六十二条　进口的食品、食品添加剂以及食品相关产品应当符合我国食品安全国家标准。

进口的食品应当经出入境检验检疫机构检验合格后，海关凭出入境检验检疫机构签发的通关证明放行。

第六十三条　进口尚无食品安全国家标准的食品，或者首次进口食品添加剂新品种、食品相关产品新品种，进口商应当向国务院卫生行政部门提出申请并提交相关的安全性评估材料。国务院卫生行政部门依照本法第四十四条的规定作出是否准予许可的决定，并及时制定相应的食品安全国家标准。

第六十四条　境外发生的食品安全事件可能对我国境内造成影响，或者在进口食品中发现严重食品安全问题的，国家出入境检验检疫部门应当及时采取风险预警或者控制措施，并向国务院卫生行政、农业行政、工商行政管理和国家食品药品监督管理部门通报。接到通报的部门应当及时采取相应措施。

第六十五条　向我国境内出口食品的出口商或者代理商应当向国家出入境检验检疫部门备案。向我国境内出口食品的境外食品生产企业应当经国家出入境检验检疫部门注册。

国家出入境检验检疫部门应当定期公布已经备案的出口商、代理商和已经注册的境外食品生产企业名单。

第六十六条　进口的预包装食品应当有中文标签、中文说明书。标签、说明书应当符合本法以及我国其他有关法律、行政法规的规定和食品安全国家标准的要求，载明食品的原产地以及境内代理商的名称、地址、联系方式。预包装食品没有中文标签、中文说明书或者标签、说明书不符合本条规定的，不得进口。

第六十七条　进口商应当建立食品进口和销售记录制度，如实记录食品的名称、规格、数量、生产日期、生产或者进口批号、保质期、出口商和购货者名称及联系方式、交货日期等内容。

食品进口和销售记录应当真实，保存期限不得少于二年。

第六十八条 出口的食品由出入境检验检疫机构进行监督、抽检，海关凭出入境检验检疫机构签发的通关证明放行。

出口食品生产企业和出口食品原料种植、养殖场应当向国家出入境检验检疫部门备案。

第六十九条 国家出入境检验检疫部门应当收集、汇总进出口食品安全信息，并及时通报相关部门、机构和企业。

国家出入境检验检疫部门应当建立进出口食品的进口商、出口商和出口食品生产企业的信誉记录，并予以公布。对有不良记录的进口商、出口商和出口食品生产企业，应当加强对其进出口食品的检验检疫。

第七章 食品安全事故处置

第七十条 国务院组织制定国家食品安全事故应急预案。

县级以上地方人民政府应当根据有关法律、法规的规定和上级人民政府的食品安全事故应急预案以及本地区的实际情况，制定本行政区域的食品安全事故应急预案，并报上一级人民政府备案。

食品生产经营企业应当制定食品安全事故处置方案，定期检查本企业各项食品安全防范措施的落实情况，及时消除食品安全事故隐患。

第七十一条 发生食品安全事故的单位应当立即予以处置，防止事故扩大。事故发生单位和接收病人进行治疗的单位应当及时向事故发生地县级卫生行政部门报告。

农业行政、质量监督、工商行政管理、食品药品监督管理部门在日常监督管理中发现食品安全事故，或者接到有关食品安全事故的举报，应当立即向卫生行政部门通报。

发生重大食品安全事故的，接到报告的县级卫生行政部门应当按照规定向本级人民政府和上级人民政府卫生行政部门报告。县级人民政府和上级人民政府卫生行政部门应当按照规定上报。

任何单位或者个人不得对食品安全事故隐瞒、谎报、缓报，不得毁灭有关证据。

第七十二条 县级以上卫生行政部门接到食品安全事故的报告后，应当立即会同有关农业行政、质量监督、工商行政管理、食品药品监督管理部门进行调查

处理,并采取下列措施,防止或者减轻社会危害:

(一)开展应急救援工作,对因食品安全事故导致人身伤害的人员,卫生行政部门应当立即组织救治;

(二)封存可能导致食品安全事故的食品及其原料,并立即进行检验;对确认属于被污染的食品及其原料,责令食品生产经营者依照本法第五十三条的规定予以召回、停止经营并销毁;

(三)封存被污染的食品用工具及用具,并责令进行清洗消毒;

(四)做好信息发布工作,依法对食品安全事故及其处理情况进行发布,并对可能产生的危害加以解释、说明。

发生重大食品安全事故的,县级以上人民政府应当立即成立食品安全事故处置指挥机构,启动应急预案,依照前款规定进行处置。

第七十三条 发生重大食品安全事故,设区的市级以上人民政府卫生行政部门应当立即会同有关部门进行事故责任调查,督促有关部门履行职责,向本级人民政府提出事故责任调查处理报告。

重大食品安全事故涉及两个以上省、自治区、直辖市的,由国务院卫生行政部门依照前款规定组织事故责任调查。

第七十四条 发生食品安全事故,县级以上疾病预防控制机构应当协助卫生行政部门和有关部门对事故现场进行卫生处理,并对与食品安全事故有关的因素开展流行病学调查。

第七十五条 调查食品安全事故,除了查明事故单位的责任,还应当查明负有监督管理和认证职责的监督管理部门、认证机构的工作人员失职、渎职情况。

第八章 监督管理

第七十六条 县级以上地方人民政府组织本级卫生行政、农业行政、质量监督、工商行政管理、食品药品监督管理部门制定本行政区域的食品安全年度监督管理计划,并按照年度计划组织开展工作。

第七十七条 县级以上质量监督、工商行政管理、食品药品监督管理部门履行各自食品安全监督管理职责,有权采取下列措施:

(一)进入生产经营场所实施现场检查;

(二)对生产经营的食品进行抽样检验;

(三)查阅、复制有关合同、票据、账簿以及其他有关资料;

(四)查封、扣押有证据证明不符合食品安全标准的食品,违法使用的食品原料、食品添加剂、食品相关产品,以及用于违法生产经营或者被污染的工具、设备；

（五）查封违法从事食品生产经营活动的场所。

县级以上农业行政部门应当依照《中华人民共和国农产品质量安全法》规定的职责，对食用农产品进行监督管理。

第七十八条　县级以上质量监督、工商行政管理、食品药品监督管理部门对食品生产经营者进行监督检查，应当记录监督检查的情况和处理结果。监督检查记录经监督检查人员和食品生产经营者签字后归档。

第七十九条　县级以上质量监督、工商行政管理、食品药品监督管理部门应当建立食品生产经营者食品安全信用档案，记录许可颁发、日常监督检查结果、违法行为查处等情况；根据食品安全信用档案的记录，对有不良信用记录的食品生产经营者增加监督检查频次。

第八十条　县级以上卫生行政、质量监督、工商行政管理、食品药品监督管理部门接到咨询、投诉、举报，对属于本部门职责的，应当受理，并及时进行答复、核实、处理；对不属于本部门职责的，应当书面通知并移交有权处理的部门处理。有权处理的部门应当及时处理，不得推诿；属于食品安全事故的，依照本法第七章有关规定进行处置。

第八十一条　县级以上卫生行政、质量监督、工商行政管理、食品药品监督管理部门应当按照法定权限和程序履行食品安全监督管理职责；对生产经营者的同一违法行为，不得给予二次以上罚款的行政处罚；涉嫌犯罪的，应当依法向公安机关移送。

第八十二条　国家建立食品安全信息统一公布制度。下列信息由国务院卫生行政部门统一公布：

（一）国家食品安全总体情况；

（二）食品安全风险评估信息和食品安全风险警示信息；

（三）重大食品安全事故及其处理信息；

（四）其他重要的食品安全信息和国务院确定的需要统一公布的信息。

前款第二项、第三项规定的信息，其影响限于特定区域的，也可以由有关省、自治区、直辖市人民政府卫生行政部门公布。县级以上农业行政、质量监督、工商行政管理、食品药品监督管理部门依据各自职责公布食品安全日常监督管理信息。

食品安全监督管理部门公布信息，应当做到准确、及时、客观。

第八十三条　县级以上地方卫生行政、农业行政、质量监督、工商行政管理、食品药品监督管理部门获知本法第八十二条第一款规定的需要统一公布的信息，应当向上级主管部门报告，由上级主管部门立即报告国务院卫生行政部门；必要时，可以直接向国务院卫生行政部门报告。

县级以上卫生行政、农业行政、质量监督、工商行政管理、食品药品监督管理部门应当相互通报获知的食品安全信息。

第九章 法律责任

第八十四条 违反本法规定，未经许可从事食品生产经营活动，或者未经许可生产食品添加剂的，由有关主管部门按照各自职责分工，没收违法所得、违法生产经营的食品、食品添加剂和用于违法生产经营的工具、设备、原料等物品；违法生产经营的食品、食品添加剂货值金额不足一万元的，并处二千元以上五万元以下罚款；货值金额一万元以上的，并处货值金额五倍以上十倍以下罚款。

第八十五条 违反本法规定，有下列情形之一的，由有关主管部门按照各自职责分工，没收违法所得、违法生产经营的食品和用于违法生产经营的工具、设备、原料等物品；违法生产经营的食品货值金额不足一万元的，并处二千元以上五万元以下罚款；货值金额一万元以上的，并处货值金额五倍以上十倍以下罚款；情节严重的，吊销许可证：

（一）用非食品原料生产食品或者在食品中添加食品添加剂以外的化学物质和其他可能危害人体健康的物质，或者用回收食品作为原料生产食品；

（二）生产经营致病性微生物、农药残留、兽药残留、重金属、污染物质以及其他危害人体健康的物质含量超过食品安全标准限量的食品；

（三）生产经营营养成分不符合食品安全标准的专供婴幼儿和其他特定人群的主辅食品；

（四）经营腐败变质、油脂酸败、霉变生虫、污秽不洁、混有异物、掺假掺杂或者感官性状异常的食品；

（五）经营病死、毒死或者死因不明的禽、畜、兽、水产动物肉类，或者生产经营病死、毒死或者死因不明的禽、畜、兽、水产动物肉类的制品；

（六）经营未经动物卫生监督机构检疫或者检疫不合格的肉类，或者生产经营未经检验或者检验不合格的肉类制品；

（七）经营超过保质期的食品；

（八）生产经营国家为防病等特殊需要明令禁止生产经营的食品；

（九）利用新的食品原料从事食品生产或者从事食品添加剂新品种、食品相关产品新品种生产，未经过安全性评估；

（十）食品生产经营者在有关主管部门责令其召回或者停止经营不符合食品

安全标准的食品后,仍拒不召回或者停止经营的。

第八十六条 违反本法规定,有下列情形之一的,由有关主管部门按照各自职责分工,没收违法所得、违法生产经营的食品和用于违法生产经营的工具、设备、原料等物品;违法生产经营的食品货值金额不足一万元的,并处二千元以上五万元以下罚款;货值金额一万元以上的,并处货值金额二倍以上五倍以下罚款;情节严重的,责令停产停业,直至吊销许可证:

(一)经营被包装材料、容器、运输工具等污染的食品;

(二)生产经营无标签的预包装食品、食品添加剂或者标签、说明书不符合本法规定的食品、食品添加剂;

(三)食品生产者采购、使用不符合食品安全标准的食品原料、食品添加剂、食品相关产品;

(四)食品生产经营者在食品中添加药品。

第八十七条 违反本法规定,有下列情形之一的,由有关主管部门按照各自职责分工,责令改正,给予警告;拒不改正的,处二千元以上二万元以下罚款;情节严重的,责令停产停业,直至吊销许可证:

(一)未对采购的食品原料和生产的食品、食品添加剂、食品相关产品进行检验;

(二)未建立并遵守查验记录制度、出厂检验记录制度;

(三)制定食品安全企业标准未依照本法规定备案;

(四)未按规定要求贮存、销售食品或者清理库存食品;

(五)进货时未查验许可证和相关证明文件;

(六)生产的食品、食品添加剂的标签、说明书涉及疾病预防、治疗功能;

(七)安排患有本法第三十四条所列疾病的人员从事接触直接入口食品的工作。

第八十八条 违反本法规定,事故单位在发生食品安全事故后未进行处置、报告的,由有关主管部门按照各自职责分工,责令改正,给予警告;毁灭有关证据的,责令停产停业,并处二千元以上十万元以下罚款;造成严重后果的,由原发证部门吊销许可证。

第八十九条 违反本法规定,有下列情形之一的,依照本法第八十五条的规定给予处罚:

(一)进口不符合我国食品安全国家标准的食品;

(二)进口尚无食品安全国家标准的食品,或者首次进口食品添加剂新品种、食品相关产品新品种,未经过安全性评估;

（三）出口商未遵守本法的规定出口食品。

违反本法规定，进口商未建立并遵守食品进口和销售记录制度的，依照本法第八十七条的规定给予处罚。

第九十条 违反本法规定，集中交易市场的开办者、柜台出租者、展销会的举办者允许未取得许可的食品经营者进入市场销售食品，或者未履行检查、报告等义务的，由有关主管部门按照各自职责分工，处二千元以上五万元以下罚款；造成严重后果的，责令停业，由原发证部门吊销许可证。

第九十一条 违反本法规定，未按照要求进行食品运输的，由有关主管部门按照各自职责分工，责令改正，给予警告；拒不改正的，责令停产停业，并处二千元以上五万元以下罚款；情节严重的，由原发证部门吊销许可证。

第九十二条 被吊销食品生产、流通或者餐饮服务许可证的单位，其直接负责的主管人员自处罚决定作出之日起五年内不得从事食品生产经营管理工作。

食品生产经营者聘用不得从事食品生产经营管理工作的人员从事管理工作的，由原发证部门吊销许可证。

第九十三条 违反本法规定，食品检验机构、食品检验人员出具虚假检验报告的，由授予其资质的主管部门或者机构撤销该检验机构的检验资格；依法对检验机构直接负责的主管人员和食品检验人员给予撤职或者开除的处分。

违反本法规定，受到刑事处罚或者开除处分的食品检验机构人员，自刑罚执行完毕或者处分决定作出之日起十年内不得从事食品检验工作。食品检验机构聘用不得从事食品检验工作的人员的，由授予其资质的主管部门或者机构撤销该检验机构的检验资格。

第九十四条 违反本法规定，在广告中对食品质量作虚假宣传，欺骗消费者的，依照《中华人民共和国广告法》的规定给予处罚。

违反本法规定，食品安全监督管理部门或者承担食品检验职责的机构、食品行业协会、消费者协会以广告或者其他形式向消费者推荐食品的，由有关主管部门没收违法所得，依法对直接负责的主管人员和其他直接责任人员给予记大过、降级或者撤职的处分。

第九十五条 违反本法规定，县级以上地方人民政府在食品安全监督管理中未履行职责，本行政区域出现重大食品安全事故、造成严重社会影响的，依法对直接负责的主管人员和其他直接责任人员给予记大过、降级、撤职或者开除的处分。

违反本法规定，县级以上卫生行政、农业行政、质量监督、工商行政管理、食品药品监督管理部门或者其他有关行政部门不履行本法规定的职责或者滥用职权、玩忽职守、徇私舞弊的，依法对直接负责的主管人员和其他直接责任人员给予记大过或者降级的处分；造成严重后果的，给予撤职或者开除的处分；其主要负责人应当引咎辞职。

第九十六条 违反本法规定，造成人身、财产或者其他损害的，依法承担赔偿责任。

生产不符合食品安全标准的食品或者销售明知是不符合食品安全标准的食品，消费者除要求赔偿损失外，还可以向生产者或者销售者要求支付价款十倍的赔偿金。

第九十七条 违反本法规定，应当承担民事赔偿责任和缴纳罚款、罚金，其财产不足以同时支付时，先承担民事赔偿责任。

第九十八条 违反本法规定，构成犯罪的，依法追究刑事责任。

第十章　附　则

第九十九条 本法下列用语的含义：

食品，指各种供人食用或者饮用的成品和原料以及按照传统既是食品又是药品的物品，但是不包括以治疗为目的的物品。

食品安全，指食品无毒、无害，符合应当有的营养要求，对人体健康不造成任何急性、亚急性或者慢性危害。

预包装食品，指预先定量包装或者制作在包装材料和容器中的食品。

食品添加剂，指为改善食品品质和色、香、味以及为防腐、保鲜和加工工艺的需要而加入食品中的人工合成或者天然物质。

用于食品的包装材料和容器，指包装、盛放食品或者食品添加剂用的纸、竹、木、金属、搪瓷、陶瓷、塑料、橡胶、天然纤维、化学纤维、玻璃等制品和直接接触食品或者食品添加剂的涂料。

用于食品生产经营的工具、设备，指在食品或者食品添加剂生产、流通、使用过程中直接接触食品或者食品添加剂的机械、管道、传送带、容器、用具、餐具等。

用于食品的洗涤剂、消毒剂，指直接用于洗涤或者消毒食品、餐饮具以及直接接触食品的工具、设备或者食品包装材料和容器的物质。

保质期，指预包装食品在标签指明的贮存条件下保持品质的期限。

食源性疾病，指食品中致病因素进入人体引起的感染性、中毒性等疾病。

食物中毒，指食用了被有毒有害物质污染的食品或者食用了含有毒有害物质的食品后出现的急性、亚急性疾病。

食品安全事故，指食物中毒、食源性疾病、食品污染等源于食品，对人体健康有危害或者可能有危害的事故。

第一百条 食品生产经营者在本法施行前已经取得相应许可证的，该许可证继续有效。

第一百零一条 乳品、转基因食品、生猪屠宰、酒类和食盐的食品安全管理，适用本法；法律、行政法规另有规定的，依照其规定。

第一百零二条 铁路运营中食品安全的管理办法由国务院卫生行政部门会同国务院有关部门依照本法制定。

军队专用食品和自供食品的食品安全管理办法由中央军事委员会依照本法制定。

第一百零三条 国务院根据实际需要，可以对食品安全监督管理体制作出调整。

第一百零四条 本法自 2009 年 6 月 1 日起施行。《中华人民共和国食品卫生法》同时废止。

中华人民共和国侵权责任法

(2009年12月26日第十一届全国人民代表大会常务委员会第十二次会议通过
2009年12月中华人民共和国主席令第21号公布
自2010年7月1日开始实行)

第一章 一般规定

第一条 为保护民事主体的合法权益,明确侵权责任,预防并制裁侵权行为,促进社会和谐稳定,制定本法。

第二条 侵害民事权益,应当依照本法承担侵权责任。

本法所称民事权益,包括生命权、健康权、姓名权、名誉权、荣誉权、肖像权、隐私权、婚姻自主权、监护权、所有权、用益物权、担保物权、著作权、专利权、商标专用权、发现权、股权、继承权等人身、财产权益。

第三条 被侵权人有权请求侵权人承担侵权责任。

第四条 侵权人因同一行为应当承担行政责任或者刑事责任的,不影响依法承担侵权责任。

因同一行为应当承担侵权责任和行政责任、刑事责任,侵权人的财产不足以支付的,先承担侵权责任。

第五条 其他法律对侵权责任另有特别规定的,依照其规定。

第二章 责任构成和责任方式

第六条 行为人因过错侵害他人民事权益,应当承担侵权责任。

根据法律规定推定行为人有过错,行为人不能证明自己没有过错的,应当承担侵权责任。

第七条 行为人损害他人民事权益,不论行为人有无过错,法律规定应当承担侵权责任的,依照其规定。

第八条 二人以上共同实施侵权行为,造成他人损害的,应当承担连带责任。

第九条 教唆、帮助他人实施侵权行为的,应当与行为人承担连带责任。

教唆、帮助无民事行为能力人、限制民事行为能力人实施侵权行为的，应当承担侵权责任；该无民事行为能力人、限制民事行为能力人的监护人未尽到监护责任的，应当承担相应的责任。

第十条 二人以上实施危及他人人身、财产安全的行为，其中一人或者数人的行为造成他人损害，能够确定具体侵权人的，由侵权人承担责任；不能确定具体侵权人的，行为人承担连带责任。

第十一条 二人以上分别实施侵权行为造成同一损害，每个人的侵权行为都足以造成全部损害的，行为人承担连带责任。

第十二条 二人以上分别实施侵权行为造成同一损害，能够确定责任大小的，各自承担相应的责任；难以确定责任大小的，平均承担赔偿责任。

第十三条 法律规定承担连带责任的，被侵权人有权请求部分或者全部连带责任人承担责任。

第十四条 连带责任人根据各自责任大小确定相应的赔偿数额；难以确定责任大小的，平均承担赔偿责任。

支付超出自己赔偿数额的连带责任人，有权向其他连带责任人追偿。

第十五条 承担侵权责任的方式主要有：

（一）停止侵害；

（二）排除妨碍；

（三）消除危险；

（四）返还财产；

（五）恢复原状；

（六）赔偿损失；

（七）赔礼道歉；

（八）消除影响、恢复名誉。

以上承担侵权责任的方式，可以单独适用，也可以合并适用。

第十六条 侵害他人造成人身损害的，应当赔偿医疗费、护理费、交通费等为治疗和康复支出的合理费用，以及因误工减少的收入。造成残疾的，还应当赔偿残疾生活辅助具费和残疾赔偿金。造成死亡的，还应当赔偿丧葬费和死亡赔偿金。

第十七条 因同一侵权行为造成多人死亡的，可以以相同数额确定死亡赔偿金。

第十八条 被侵权人死亡的，其近亲属有权请求侵权人承担侵权责任。被侵权人为单位，该单位分立、合并的，承继权利的单位有权请求侵权人承担侵权责任。

被侵权人死亡的，支付被侵权人医疗费、丧葬费等合理费用的人有权请求侵权人赔偿费用，但侵权人已支付该费用的除外。

第十九条 侵害他人财产的，财产损失按照损失发生时的市场价格或者其他方式计算。

第二十条 侵害他人人身权益造成财产损失的，按照被侵权人因此受到的损失赔偿；被侵权人的损失难以确定，侵权人因此获得利益的，按照其获得的利益赔偿；侵权人因此获得的利益难以确定，被侵权人和侵权人就赔偿数额协商不一致，向人民法院提起诉讼的，由人民法院根据实际情况确定赔偿数额。

第二十一条 侵权行为危及他人人身、财产安全的，被侵权人可以请求侵权人承担停止侵害、排除妨碍、消除危险等侵权责任。

第二十二条 侵害他人人身权益，造成他人严重精神损害的，被侵权人可以请求精神损害赔偿。

第二十三条 因防止、制止他人民事权益被侵害而使自己受到损害的，由侵权人承担责任。侵权人逃逸或者无力承担责任，被侵权人请求补偿的，受益人应当给予适当补偿。

第二十四条 受害人和行为人对损害的发生都没有过错的，可以根据实际情况，由双方分担损失。

第二十五条 损害发生后，当事人可以协商赔偿费用的支付方式。协商不一致的，赔偿费用应当一次性支付；一次性支付确有困难的，可以分期支付，但应当提供相应的担保。

第三章　不承担责任和减轻责任的情形

第二十六条 被侵权人对损害的发生也有过错的，可以减轻侵权人的责任。

第二十七条 损害是因受害人故意造成的，行为人不承担责任。

第二十八条 损害是因第三人造成的，第三人应当承担侵权责任。

第二十九条 因不可抗力造成他人损害的，不承担责任。法律另有规定的，依照其规定。

第三十条 因正当防卫造成损害的，不承担责任。正当防卫超过必要的限度，造成不应有的损害的，正当防卫人应当承担适当的责任。

第三十一条 因紧急避险造成损害的，由引起险情发生的人承担责任。如果危险是由自然原因引起的，紧急避险人不承担责任或者给予适当补偿。紧急避险采取措施不当或者超过必要的限度，造成不应有的损害的，紧急避险人应当承担

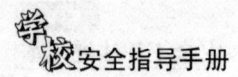

适当的责任。

第四章 关于责任主体的特殊规定

第三十二条 无民事行为能力人、限制民事行为能力人造成他人损害的,由监护人承担侵权责任。监护人尽到监护责任的,可以减轻其侵权责任。

有财产的无民事行为能力人、限制民事行为能力人造成他人损害的,从本人财产中支付赔偿费用。不足部分,由监护人赔偿。

第三十三条 完全民事行为能力人对自己的行为暂时没有意识或者失去控制造成他人损害有过错的,应当承担侵权责任;没有过错的,根据行为人的经济状况对受害人适当补偿。

完全民事行为能力人因醉酒、滥用麻醉药品或者精神药品对自己的行为暂时没有意识或者失去控制造成他人损害的,应当承担侵权责任。

第三十四条 用人单位的工作人员因执行工作任务造成他人损害的,由用人单位承担侵权责任。

劳务派遣期间,被派遣的工作人员因执行工作任务造成他人损害的,由接受劳务派遣的用工单位承担侵权责任;劳务派遣单位有过错的,承担相应的补充责任。

第三十五条 个人之间形成劳务关系,提供劳务一方因劳务造成他人损害的,由接受劳务一方承担侵权责任。提供劳务一方因劳务自己受到损害的,根据双方各自的过错承担相应的责任。

第三十六条 网络用户、网络服务提供者利用网络侵害他人民事权益的,应当承担侵权责任。

网络用户利用网络服务实施侵权行为的,被侵权人有权通知网络服务提供者采取删除、屏蔽、断开链接等必要措施。网络服务提供者接到通知后未及时采取必要措施的,对损害的扩大部分与该网络用户承担连带责任。

网络服务提供者知道网络用户利用其网络服务侵害他人民事权益,未采取必要措施的,与该网络用户承担连带责任。

第三十七条 宾馆、商场、银行、车站、娱乐场所等公共场所的管理人或者群众性活动的组织者,未尽到安全保障义务,造成他人损害的,应当承担侵权责任。

因第三人的行为造成他人损害的,由第三人承担侵权责任;管理人或者组织者未尽到安全保障义务的,承担相应的补充责任。

第三十八条 无民事行为能力人在幼儿园、学校或者其他教育机构学习、生活期间受到人身损害的,幼儿园、学校或者其他教育机构应当承担责任,但能够证明尽到教育、管理职责的,不承担责任。

第三十九条 限制民事行为能力人在学校或者其他教育机构学习、生活期间受到人身损害,学校或者其他教育机构未尽到教育、管理职责的,应当承担责任。

第四十条 无民事行为能力人或者限制民事行为能力人在幼儿园、学校或者其他教育机构学习、生活期间,受到幼儿园、学校或者其他教育机构以外的人员人身损害的,由侵权人承担侵权责任;幼儿园、学校或者其他教育机构未尽到管理职责的,承担相应的补充责任。

第五章 产品责任

第四十一条 因产品存在缺陷造成他人损害的,生产者应当承担侵权责任。

第四十二条 因销售者的过错使产品存在缺陷,造成他人损害的,销售者应当承担侵权责任。

销售者不能指明缺陷产品的生产者也不能指明缺陷产品的供货者的,销售者应当承担侵权责任。

第四十三条 因产品存在缺陷造成损害的,被侵权人可以向产品的生产者请求赔偿,也可以向产品的销售者请求赔偿。

产品缺陷由生产者造成的,销售者赔偿后,有权向生产者追偿。

因销售者的过错使产品存在缺陷的,生产者赔偿后,有权向销售者追偿。

第四十四条 因运输者、仓储者等第三人的过错使产品存在缺陷,造成他人损害的,产品的生产者、销售者赔偿后,有权向第三人追偿。

第四十五条 因产品缺陷危及他人人身、财产安全的,被侵权人有权请求生产者、销售者承担排除妨碍、消除危险等侵权责任。

第四十六条 产品投入流通后发现存在缺陷的,生产者、销售者应当及时采取警示、召回等补救措施。未及时采取补救措施或者补救措施不力造成损害的,应当承担侵权责任。

第四十七条 明知产品存在缺陷仍然生产、销售,造成他人死亡或者健康严重损害的,被侵权人有权请求相应的惩罚性赔偿。

第六章 机动车交通事故责任

第四十八条 机动车发生交通事故造成损害的,依照道路交通安全法的有关规定承担赔偿责任。

第四十九条　因租赁、借用等情形机动车所有人与使用人不是同一人时，发生交通事故后属于该机动车一方责任的，由保险公司在机动车强制保险责任限额范围内予以赔偿。不足部分，由机动车使用人承担赔偿责任；机动车所有人对损害的发生有过错的，承担相应的赔偿责任。

第五十条　当事人之间已经以买卖等方式转让并交付机,动车但未办理所有权转移登记，发生交通事故后属于该机动车一方责任的，由保险公司在机动车强制保险责任限额范围内予以赔偿。不足部分，由受让人承担赔偿责任。

第五十一条　以买卖等方式转让拼装或者已达到报废标准的机动车，发生交通事故造成损害的，由转让人和受让人承担连带责任。

第五十二条　盗窃、抢劫或者抢夺的机动车发生交通事故造成损害的，由盗窃人、抢劫人或者抢夺人承担赔偿责任。保险公司在机动车强制保险责任限额范围内垫付抢救费用的，有权向交通事故责任人追偿。

第五十三条　机动车驾驶人发生交通事,,故后逃逸，该机动车参加强制保险的，由保险公司在机动车强制保险责任限额范围内予以赔偿；机动车不明或者该机动车未参加强制保险，需要支付被侵权人人身伤亡的抢救、丧葬等费用的，由道路交通事故社会救助基金垫付。道路交通事故社会救助基金垫付后，其管理机构有权向交通事故责任人追偿。

第七章　医疗损害责任

第五十四条　患者在诊疗活动中受到损害，医疗机构及其医务人员有过错的，由医疗机构承担赔偿责任。

第五十五条　医务人员在诊疗活动中应当向患者说明病情和医疗措施。需要实施手术、特殊检查、特殊治疗的，医务人员应当及时向患者说明医疗风险、替代医疗方案等情况，并取得其书面同意；不宜向患者说明的，应当向患者的近亲属说明，并取得其书面同意。

医务人员未尽到前款义务，造成患者损害的，医疗机构应当承担赔偿责任。

第五十六条　因抢救生命垂危的患者等紧急情况，不能取得患者或者其近亲属意见的，经医疗机构负责人或者授权的负责人批准，可以立即实施相应的医疗措施。

第五十七条　医务人员在诊疗活动中未尽到与当时的医疗水平相应的诊疗义务，造成患者损害的，医疗机构应当承担赔偿责任。

第五十八条　患者有损害，因下列情形之一的，推定医疗机构有过错：

（一）违反法律、行政法规、规章以及其他有关诊疗规范的规定；

（二）隐匿或者拒绝提供与纠纷有关的病历资料；

（三）伪造、篡改或者销毁病历资料。

第五十九条　因药品、消毒药剂、医疗器械的缺陷，或者输入不合格的血液造成患者损害的，患者可以向生产者或者血液提供机构请求赔偿，也可以向医疗机构请求赔偿。患者向医疗机构请求赔偿的，医疗机构赔偿后，有权向负有责任的生产者或者血液提供机构追偿。

第六十条　患者有损害，因下列情形之一的，医疗机构不承担赔偿责任：

（一）患者或者其近亲属不配合医疗机构进行符合诊疗规范的诊疗；

（二）医务人员在抢救生命垂危的患者等紧急情况下已经尽到合理诊疗义务；

（三）限于当时的医疗水平难以诊疗。

前款第一项情形中，医疗机构及其医务人员也有过错的，应当承担相应的赔偿责任。

第六十一条　医疗机构及其医务人员应当按照规定填写并妥善保管住院志、医嘱单、检验报告、手术及麻醉记录、病理资料、护理记录、医疗费用等病历资料。

患者要求查阅、复制前款规定的病历资料的，医疗机构应当提供。

第六十二条　医疗机构及其医务人员应当对患者的隐私保密。泄露患者隐私或者未经患者同意公开其病历资料，造成患者损害的，应当承担侵权责任。

第六十三条　医疗机构及其医务人员不得违反诊疗规范实施不必要的检查。

第六十四条　医疗机构及其医务人员的合法权益受法律保护。干扰医疗秩序，妨害医务人员工作、生活的，应当依法承担法律责任。

第八章　环境污染责任

第六十五条　因污染环境造成损害的，污染者应当承担侵权责任。

第六十六条　因污染环境发生纠纷，污染者应当就法律规定的不承担责任或者减轻责任的情形及其行为与损害之间不存在因果关系承担举证责任。

第六十七条　两个以上污染者污染环境，污染者承担责任的大小，根据污染物的种类、排放量等因素确定。

第六十八条　因第三人的过错污染环境造成损害的，被侵权人可以向污染者请求赔偿，也可以向第三人请求赔偿。污染者赔偿后，有权向第三人追偿。

第九章　高度危险责任

第六十九条　从事高度危险作业造成他人损害的，应当承担侵权责任。

第七十条　民用核设施发生核事故造成他人损害的，民用核设施的经营者应当承担侵权责任，但能够证明损害是因战争等情形或者受害人故意造成的，不承担责任。

第七十一条　民用航空器造成他人损害的，民用航空器的经营者应当承担侵权责任，但能够证明损害是因受害人故意造成的，不承担责任。

第七十二条　占有或者使用易燃、易爆、剧毒、放射性等高度危险物造成他人损害的，占有人或者使用人应当承担侵权责任，但能够证明损害是因受害人故意或者不可抗力造成的，不承担责任。被侵权人对损害的发生有重大过失的，可以减轻占有人或者使用人的责任。

第七十三条　从事高空、高压、地下挖掘活动或者使用高速轨道运输工具造成他人损害的，经营者应当承担侵权责任，但能够证明损害是因受害人故意或者不可抗力造成的，不承担责任。被侵权人对损害的发生有过失的，可以减轻经营者的责任。

第七十四条　遗失、抛弃高度危险物造成他人损害的，由所有人承担侵权责任。所有人将高度危险物交由他人管理的，由管理人承担侵权责任；所有人有过错的，与管理人承担连带责任。

第七十五条　非法占有高度危险物造成他人损害的，由非法占有人承担侵权责任。所有人、管理人不能证明对防止他人非法占有尽到高度注意义务的，与非法占有人承担连带责任。

第七十六条　未经许可进入高度危险活动区域或者高度危险物存放区域受到损害，管理人已经采取安全措施并尽到警示义务的，可以减轻或者不承担责任。

第七十七条　承担高度危险责任，法律规定赔偿限额的，依照其规定。

第十章　饲养动物损害责任

第七十八条　饲养的动物造成他人损害的，动物饲养人或者管理人应当承担侵权责任，但能够证明损害是因被侵权人故意或者重大过失造成的，可以不承担或者减轻责任。

第七十九条　违反管理规定，未对动物采取安全措施造成他人损害的，动物饲养人或者管理人应当承担侵权责任。

第八十条　禁止饲养的烈性犬等危险动物造成他人损害的，动物饲养人或者管理人应当承担侵权责任。

第八十一条　动物园的动物造成他人损害的，动物园应当承担侵权责任，但能够证明尽到管理职责的，不承担责任。

第八十二条　遗弃、逃逸的动物在遗弃、逃逸期间造成他人损害的，由原动物饲养人或者管理人承担侵权责任。

第八十三条　因第三人的过错致使动物造成他人损害的，被侵权人可以向动物饲养人或者管理人请求赔偿，也可以向第三人请求赔偿。动物饲养人或者管理人赔偿后，有权向第三人追偿。

第八十四条　饲养动物应当遵守法律，尊重社会公德，不得妨害他人生活。

第十一章　物件损害责任

第八十五条　建筑物、构筑物或者其他设施及其搁置物、悬挂物发生脱落、坠落造成他人损害，所有人、管理人或者使用人不能证明自己没有过错的，应当承担侵权责任。所有人、管理人或者使用人赔偿后，有其他责任人的，有权向其他责任人追偿。

第八十六条　建筑物、构筑物或者其他设施倒塌造成他人损害的，由建设单位与施工单位承担连带责任。建设单位、施工单位赔偿后，有其他责任人的，有权向其他责任人追偿。

因其他责任人的原因，建筑物、构筑物或者其他设施倒塌造成他人损害的，由其他责任人承担侵权责任。

第八十七条　从建筑物中抛掷物品或者从建筑物上坠落的物品造成他人损害，难以确定具体侵权人的，除能够证明自己不是侵权人的外，由可能加害的建筑物使用人给予补偿。

第八十八条　堆放物倒塌造成他人损害，堆放人不能证明自己没有过错的，应当承担侵权责任。

第八十九条　在公共道路上堆放、倾倒、遗撒妨碍通行的物品造成他人损害的，有关单位或者个人应当承担侵权责任。

第九十条　因林木折断造成他人损害，林木的所有人或者管理人不能证明自己没有过错的，应当承担侵权责任。

第九十一条　在公共场所或者道路上挖坑、修缮安装地下设施等，没有设置明显标志和采取安全措施造成他人损害的，施工人应当承担侵权责任。

窨井等地下设施造成他人损害，管理人不能证明尽到管理职责的，应当承担侵权责任。

第十二章　附　则

第九十二条　本法自 2010 年 7 月 1 日起施行。

中华人民共和国道路交通安全法实施条例

(2004年4月28日国务院第四十九次常务会议通过
2004年4月30日中华人民共和国国务院令第405号公布
自2004年5月1日起施行)

第一章 总 则

第一条 根据《中华人民共和国道路交通安全法》(以下简称道路交通安全法)的规定,制定本条例。

第二条 中华人民共和国境内的车辆驾驶人、行人、乘车人以及与道路交通活动有关的单位和个人,应当遵守道路交通安全法和本条例。

第三条 县级以上地方各级人民政府应当建立、健全道路交通安全工作协调机制,组织有关部门对城市建设项目进行交通影响评价,制定道路交通安全管理规划,确定管理目标,制定实施方案。

第二章 车辆和驾驶人

第一节 机动车

第四条 机动车的登记,分为注册登记、变更登记、转移登记、抵押登记和注销登记。

第五条 初次申领机动车号牌、行驶证的,应当向机动车所有人住所地的公安机关交通管理部门申请注册登记。申请机动车注册登记,应当交验机动车,并提交以下证明、凭证:

(一)机动车所有人的身份证明;
(二)购车发票等机动车来历证明;
(三)机动车整车出厂合格证明或者进口机动车进口凭证;
(四)车辆购置税完税证明或者免税凭证;
(五)机动车第三者责任强制保险凭证;
(六)法律、行政法规规定应当在机动车注册登记时提交的其他证明、凭证。

不属于国务院机动车产品主管部门规定免予安全技术检验的车型的,还应当提供机动车安全技术检验合格证明。

第六条 已注册登记的机动车有下列情形之一的，机动车所有人应当向登记该机动车的公安机关交通管理部门申请变更登记：

（一）改变机动车车身颜色的；

（二）更换发动机的；

（三）更换车身或者车架的；

（四）因质量有问题，制造厂更换整车的；

（五）营运机动车改为非营运机动车或者非营运机动车改为营运机动车的；

（六）机动车所有人的住所迁出或者迁入公安机关交通管理部门管辖区域的。

申请机动车变更登记，应当提交下列证明、凭证，属于前款第（一）项、第（二）项、第（三）项、第（四）项、第（五）项情形之一的，还应当交验机动车；属于前款第（二）项、第（三）项情形之一的，还应当同时提交机动车安全技术检验合格证明：

（一）机动车所有人的身份证明；

（二）机动车登记证书；

（三）机动车行驶证。

机动车所有人的住所在公安机关交通管理部门管辖区域内迁移、机动车所有人的姓名（单位名称）或者联系方式变更的，应当向登记该机动车的公安机关交通管理部门备案。

第七条 已注册登记的机动车所有权发生转移的，应当及时办理转移登记。

申请机动车转移登记，当事人应当向登记该机动车的公安机关交通管理部门交验机动车，并提交以下证明、凭证：

（一）当事人的身份证明；

（二）机动车所有权转移的证明、凭证；

（三）机动车登记证书；

（四）机动车行驶证。

第八条 机动车所有人将机动车作为抵押物抵押的，机动车所有人应当向登记该机动车的公安机关交通管理部门申请抵押登记。

第九条 已注册登记的机动车达到国家规定的强制报废标准的，公安机关交通管理部门应当在报废期满的2个月前通知机动车所有人办理注销登记。机动车所有人应当在报废期满前将机动车交售给机动车回收企业，由机动车回收企业将报废的机动车登记证书、号牌、行驶证交公安机关交通管理部门注销。机动车所有人逾期不办理注销登记的，公安机关交通管理部门应当公告该机动车登记证书、号牌、行驶证作废。

因机动车灭失申请注销登记的，机动车所有人应当向公安机关交通管理部门提交本人身份证明，交回机动车登记证书。

第十条 办理机动车登记的申请人提交的证明、凭证齐全、有效的，公安机关交通管理部门应当当场办理登记手续。

人民法院、人民检察院以及行政执法部门依法查封、扣押的机动车，公安机关交通管理部门不予办理机动车登记。

第十一条 机动车登记证书、号牌、行驶证丢失或者损毁，机动车所有人申请补发的，应当向公安机关交通管理部门提交本人身份证明和申请材料。公安机关交通管理部门经与机动车登记档案核实后，在收到申请之日起15日内补发。

第十二条 税务部门、保险机构可以在公安机关交通管理部门的办公场所集中办理与机动车有关的税费缴纳、保险合同订立等事项。

第十三条 机动车号牌应当悬挂在车前、车后指定位置，保持清晰、完整。重型、中型载货汽车及其挂车、拖拉机及其挂车的车身或者车厢后部应当喷涂放大的牌号，字样应当端正并保持清晰。

机动车检验合格标志、保险标志应当粘贴在机动车前窗右上角。

机动车喷涂、粘贴标识或者车身广告的，不得影响安全驾驶。

第十四条 用于公路营运的载客汽车、重型载货汽车、半挂牵引车应当安装、使用符合国家标准的行驶记录仪。交通警察可以对机动车行驶速度、连续驾驶时间以及其他行驶状态信息进行检查。安装行驶记录仪可以分步实施，实施步骤由国务院机动车产品主管部门会同有关部门规定。

第十五条 机动车安全技术检验由机动车安全技术检验机构实施。机动车安全技术检验机构应当按照国家机动车安全技术检验标准对机动车进行检验，对检验结果承担法律责任。

质量技术监督部门负责对机动车安全技术检验机构实行资格管理和计量认证管理，对机动车安全技术检验设备进行检定，对执行国家机动车安全技术检验标准的情况进行监督。

机动车安全技术检验项目由国务院公安部门会同国务院质量技术监督部门规定。

第十六条 机动车应当从注册登记之日起，按照下列期限进行安全技术检验：

（一）营运载客汽车5年以内每年检验1次；超过5年的，每6个月检验1次；

（二）载货汽车和大型、中型非营运载客汽车10年以内每年检验1次；超过10年的，每6个月检验1次；

（三）小型、微型非营运载客汽车6年以内每2年检验1次；超过6年的，每年检验1次；超过15年的，每6个月检验1次；

（四）摩托车4年以内每2年检验1次；超过4年的，每年检验1次；

（五）拖拉机和其他机动车每年检验1次。

营运机动车在规定检验期限内经安全技术检验合格的，不再重复进行安全技术检验。

第十七条　已注册登记的机动车进行安全技术检验时，机动车行驶证记载的登记内容与该机动车的有关情况不符，或者未按照规定提供机动车第三者责任强制保险凭证的，不予通过检验。

第十八条　警车、消防车、救护车、工程救险车标志图案的喷涂以及警报器、标志灯具的安装、使用规定，由国务院公安部门制定。

第二节　机动车驾驶人

第十九条　符合国务院公安部门规定的驾驶许可条件的人，可以向公安机关交通管理部门申请机动车驾驶证。

机动车驾驶证由国务院公安部门规定式样并监制。

第二十条　学习机动车驾驶，应当先学习道路交通安全法律、法规和相关知识，考试合格后，再学习机动车驾驶技能。

在道路上学习驾驶，应当按照公安机关交通管理部门指定的路线、时间进行。在道路上学习机动车驾驶技能应当使用教练车，在教练员随车指导下进行，与教学无关的人员不得乘坐教练车。学员在学习驾驶中有道路交通安全违法行为或者造成交通事故的，由教练员承担责任。

第二十一条　公安机关交通管理部门应当对申请机动车驾驶证的人进行考试，对考试合格的，在5日内核发机动车驾驶证；对考试不合格的，书面说明理由。

第二十二条　机动车驾驶证的有效期为6年，本条例另有规定的除外。

机动车驾驶人初次申领机动车驾驶证后的12个月为实习期。在实习期内驾驶机动车的，应当在车身后部粘贴或者悬挂统一式样的实习标志。

机动车驾驶人在实习期内不得驾驶公共汽车、营运客车或者执行任务的警车、消防车、救护车、工程救险车以及载有爆炸物品、易燃易爆化学物品、剧毒或者放射性等危险物品的机动车；驾驶的机动车不得牵引挂车。

第二十三条 公安机关交通管理部门对机动车驾驶人的道路交通安全违法行为除给予行政处罚外，实行道路交通安全违法行为累积记分（以下简称记分）制度，记分周期为12个月。对在一个记分周期内记分达到12分的，由公安机关交通管理部门扣留其机动车驾驶证，该机动车驾驶人应当按照规定参加道路交通安全法律、法规的学习并接受考试。考试合格的，记分予以清除，发还机动车驾驶证；考试不合格的，继续参加学习和考试。

应当给予记分的道路交通安全违法行为及其分值，由国务院公安部门根据道路交通安全违法行为的危害程度规定。

公安机关交通管理部门应当提供记分查询方式供机动车驾驶人查询。

第二十四条 机动车驾驶人在一个记分周期内记分未达到12分，所处罚款已经缴纳的，记分予以清除；记分虽未达到12分，但尚有罚款未缴纳的，记分转入下一记分周期。

机动车驾驶人在一个记分周期内记分2次以上达到12分的，除按照第二十三条的规定扣留机动车驾驶证、参加学习、接受考试外，还应当接受驾驶技能考试。考试合格的，记分予以清除，发还机动车驾驶证；考试不合格的，继续参加学习和考试。

接受驾驶技能考试的，按照本人机动车驾驶证载明的最高准驾车型考试。

第二十五条 机动车驾驶人记分达到12分，拒不参加公安机关交通管理部门通知的学习，也不接受考试的，由公安机关交通管理部门公告其机动车驾驶证停止使用。

第二十六条 机动车驾驶人在机动车驾驶证的6年有效期内，每个记分周期均未达到12分的，换发10年有效期的机动车驾驶证；在机动车驾驶证的10年有效期内，每个记分周期均未达到12分的，换发长期有效的机动车驾驶证。

换发机动车驾驶证时，公安机关交通管理部门应当对机动车驾驶证进行审验。

第二十七条 机动车驾驶证丢失、损毁，机动车驾驶人申请补发的，应当向公安机关交通管理部门提交本人身份证明和申请材料。公安机关交通管理部门经与机动车驾驶证档案核实后，在收到申请之日起3日内补发。

第二十八条 机动车驾驶人在机动车驾驶证丢失、损毁、超过有效期或者被依法扣留、暂扣期间以及记分达到12分的，不得驾驶机动车。

第三章 道路通行条件

第二十九条 交通信号灯分为：机动车信号灯、非机动车信号灯、人行横道信号灯、车道信号灯、方向指示信号灯、闪光警告信号灯、道路与铁路平面交叉道口信号灯。

第三十条　交通标志分为：指示标志、警告标志、禁令标志、指路标志、旅游区标志、道路施工安全标志和辅助标志。

道路交通标线分为：指示标线、警告标线、禁止标线。

第三十一条　交通警察的指挥分为：手势信号和使用器具的交通指挥信号。

第三十二条　道路交叉路口和行人横过道路较为集中的路段应当设置人行横道、过街天桥或者过街地下通道。

在盲人通行较为集中的路段，人行横道信号灯应当设置声响提示装置。

第三十三条　城市人民政府有关部门可以在不影响行人、车辆通行的情况下，在城市道路上施划停车泊位，并规定停车泊位的使用时间。

第三十四条　开辟或者调整公共汽车、长途汽车的行驶路线或者车站，应当符合交通规划和安全、畅通的要求。

第三十五条　道路养护施工单位在道路上进行养护、维修时，应当按照规定设置规范的安全警示标志和安全防护设施。道路养护施工作业车辆、机械应当安装示警灯，喷涂明显的标志图案，作业时应当开启示警灯和危险报警闪光灯。对未中断交通的施工作业道路，公安机关交通管理部门应当加强交通安全监督检查。发生交通阻塞时，及时做好分流、疏导，维护交通秩序。

道路施工需要车辆绕行的，施工单位应当在绕行处设置标志；不能绕行的，应当修建临时通道，保证车辆和行人通行。需要封闭道路中断交通的，除紧急情况外，应当提前5日向社会公告。

第三十六条　道路或者交通设施养护部门、管理部门应当在急弯、陡坡、临崖、临水等危险路段，按照国家标准设置警告标志和安全防护设施。

第三十七条　道路交通标志、标线不规范，机动车驾驶人容易发生辨认错误的，交通标志、标线的主管部门应当及时予以改善。

道路照明设施应当符合道路建设技术规范，保持照明功能完好。

第四章　道路通行规定

第一节　一般规定

第三十八条　机动车信号灯和非机动车信号灯表示：

（一）绿灯亮时，准许车辆通行，但转弯的车辆不得妨碍被放行的直行车辆、行人通行；

（二）黄灯亮时，已越过停止线的车辆可以继续通行；

（三）红灯亮时，禁止车辆通行。

在未设置非机动车信号灯和人行横道信号灯的路口，非机动车和行人应当按照机动车信号灯的表示通行。

红灯亮时，右转弯的车辆在不妨碍被放行的车辆、行人通行的情况下，可以通行。

第三十九条　人行横道信号灯表示：

（一）绿灯亮时，准许行人通过人行横道；

（二）红灯亮时，禁止行人进入人行横道，但是已经进入人行横道的，可以继续通过或者在道路中心线处停留等候。

第四十条　车道信号灯表示：

（一）绿色箭头灯亮时，准许本车道车辆按指示方向通行；

（二）红色叉形灯或者箭头灯亮时，禁止本车道车辆通行。

第四十一条　方向指示信号灯的箭头方向向左、向上、向右分别表示左转、直行、右转。

第四十二条　闪光警告信号灯为持续闪烁的黄灯，提示车辆、行人通行时注意瞭望，确认安全后通过。

第四十三条　道路与铁路平面交叉道口有两个红灯交替闪烁或者一个红灯亮时，表示禁止车辆、行人通行；红灯熄灭时，表示允许车辆、行人通行。

第二节　机动车通行规定

第四十四条　在道路同方向划有2条以上机动车道的，左侧为快速车道，右侧为慢速车道。在快速车道行驶的机动车应当按照快速车道规定的速度行驶，未达到快速车道规定的行驶速度的，应当在慢速车道行驶。摩托车应当在最右侧车道行驶。有交通标志标明行驶速度的，按照标明的行驶速度行驶。慢速车道内的机动车超越前车时，可以借用快速车道行驶。

在道路同方向划有2条以上机动车道的，变更车道的机动车不得影响相关车道内行驶的机动车的正常行驶。

第四十五条　机动车在道路上行驶不得超过限速标志、标线标明的速度。在没有限速标志、标线的道路上，机动车不得超过下列最高行驶速度：

（一）没有道路中心线的道路，城市道路为每小时30公里，公路为每小时40公里；

（二）同方向只有1条机动车道的道路，城市道路为每小时50公里，公路为每小时 70 公里。

第四十六条 机动车行驶中遇有下列情形之一的，最高行驶速度不得超过每小时 30 公里，其中拖拉机、电瓶车、轮式专用机械车不得超过每小时 15 公里：

（一）进出非机动车道，通过铁路道口、急弯路、窄路、窄桥时；
（二）掉头、转弯、下陡坡时；
（三）遇雾、雨、雪、沙尘、冰雹，能见度在 50 米以内时；
（四）在冰雪、泥泞的道路上行驶时；
（五）牵引发生故障的机动车时。

第四十七条 机动车超车时，应当提前开启左转向灯、变换使用远、近光灯或者鸣喇叭。在没有道路中心线或者同方向只有 1 条机动车道的道路上，前车遇后车发出超车信号时，在条件许可的情况下，应当降低速度、靠右让路。后车应当在确认有充足的安全距离后，从前车的左侧超越，在与被超车辆拉开必要的安全距离后，开启右转向灯，驶回原车道。

第四十八条 在没有中心隔离设施或者没有中心线的道路上，机动车遇相对方向来车时应当遵守下列规定：

（一）减速靠右行驶，并与其他车辆、行人保持必要的安全距离；
（二）在有障碍的路段，无障碍的一方先行；但有障碍的一方已驶入障碍路段而无障碍的一方未驶入时，有障碍的一方先行；
（三）在狭窄的坡路，上坡的一方先行；但下坡的一方已行至中途而上坡的一方未上坡时，下坡的一方先行；
（四）在狭窄的山路，不靠山体的一方先行；
（五）夜间会车应当在距相对方向来车 150 米以外改用近光灯，在窄路、窄桥与非机动车会车时应当使用近光灯。

第四十九条 机动车在有禁止掉头或者禁止左转弯标志、标线的地点以及在铁路道口、人行横道、桥梁、急弯、陡坡、隧道或者容易发生危险的路段，不得掉头。

机动车在没有禁止掉头或者没有禁止左转弯标志、标线的地点可以掉头，但不得妨碍正常行驶的其他车辆和行人的通行。

第五十条 机动车倒车时，应当察明车后情况，确认安全后倒车。不得在铁路道口、交叉路口、单行路、桥梁、急弯、陡坡或者隧道中倒车。

第五十一条 机动车通过有交通信号灯控制的交叉路口，应当按照下列规定通行：

（一）在划有导向车道的路口，按所需行进方向驶入导向车道；

（二）准备进入环形路口的让已在路口内的机动车先行；

（三）向左转弯时，靠路口中心点左侧转弯。转弯时开启转向灯，夜间行驶开启近光灯；

（四）遇放行信号时，依次通过；

（五）遇停止信号时，依次停在停止线以外。没有停止线的，停在路口以外；

（六）向右转弯遇有同车道前车正在等候放行信号时，依次停车等候；

（七）在没有方向指示信号灯的交叉路口，转弯的机动车让直行的车辆、行人先行。相对方向行驶的右转弯机动车让左转弯车辆先行。

第五十二条　机动车通过没有交通信号灯控制也没有交通警察指挥的交叉路口，除应当遵守第五十一条第（二）项、第（三）项的规定外，还应当遵守下列规定：

（一）有交通标志、标线控制的，让优先通行的一方先行；

（二）没有交通标志、标线控制的，在进入路口前停车瞭望，让右方道路的来车先行；

（三）转弯的机动车让直行的车辆先行；

（四）相对方向行驶的右转弯的机动车让左转弯的车辆先行。

第五十三条　机动车遇有前方交叉路口交通阻塞时，应当依次停在路口以外等候，不得进入路口。

机动车在遇有前方机动车停车排队等候或者缓慢行驶时，应当依次排队，不得从前方车辆两侧穿插或者超越行驶，不得在人行横道、网状线区域内停车等候。

机动车在车道减少的路口、路段，遇有前方机动车停车排队等候或者缓慢行驶的，应当每车道一辆依次交替驶入车道减少后的路口、路段。

第五十四条　机动车载物不得超过机动车行驶证上核定的载质量，装载长度、宽度不得超出车厢，并应当遵守下列规定：

（一）重型、中型载货汽车，半挂车载物，高度从地面起不得超过4米，载运集装箱的车辆不得超过4.2米；

（二）其他载货的机动车载物，高度从地面起不得超过2.5米；

（三）摩托车载物，高度从地面起不得超过1.5米，长度不得超出车身0.2米。两轮摩托车载物宽度左右各不得超出车把0.15米；三轮摩托车载物宽度不得超过车身。

载客汽车除车身外部的行李架和内置的行李箱外，不得载货。载客汽车行李架载货，从车顶起高度不得超过0.5米，从地面起高度不得超过4米。

第五十五条 机动车载人应当遵守下列规定：

（一）公路载客汽车不得超过核定的载客人数，但按照规定免票的儿童除外，在载客人数已满的情况下，按照规定免票的儿童不得超过核定载客人数的10%；

（二）载货汽车车厢不得载客。在城市道路上，货运机动车在留有安全位置的情况下，车厢内可以附载临时作业人员1人至5人；载物高度超过车厢栏板时，货物上不得载人；

（三）摩托车后座不得乘坐未满12周岁的未成年人，轻便摩托车不得载人。

第五十六条 机动车牵引挂车应当符合下列规定：

（一）载货汽车、半挂牵引车、拖拉机只允许牵引1辆挂车。挂车的灯光信号、制动、连接、安全防护等装置应当符合国家标准；

（二）小型载客汽车只允许牵引旅居挂车或者总质量700千克以下的挂车。挂车不得载人；

（三）载货汽车所牵引挂车的载质量不得超过载货汽车本身的载质量。

大型、中型载客汽车，低速载货汽车，三轮汽车以及其他机动车不得牵引挂车。

第五十七条 机动车应当按照下列规定使用转向灯：

（一）向左转弯、向左变更车道、准备超车、驶离停车地点或者掉头时，应当提前开启左转向灯；

（二）向右转弯、向右变更车道、超车完毕驶回原车道、靠路边停车时，应当提前开启右转向灯。

第五十八条 机动车在夜间没有路灯、照明不良或者遇有雾、雨、雪、沙尘、冰雹等低能见度情况下行驶时，应当开启前照灯、示廓灯和后位灯，但同方向行驶的后车与前车近距离行驶时，不得使用远光灯。机动车雾天行驶应当开启雾灯和危险报警闪光灯。

第五十九条 机动车在夜间通过急弯、坡路、拱桥、人行横道或者没有交通信号灯控制的路口时，应当交替使用远近光灯示意。

机动车驶近急弯、坡道顶端等影响安全视距的路段以及超车或者遇有紧急情况时，应当减速慢行，并鸣喇叭示意。

第六十条 机动车在道路上发生故障或者发生交通事故，妨碍交通又难以移动的，应当按照规定开启危险报警闪光灯并在车后50米至100米处设置警告标志，夜间还应当同时开启示廓灯和后位灯。

第六十一条 牵引故障机动车应当遵守下列规定：

（一）被牵引的机动车除驾驶人外不得载人，不得拖带挂车；

（二）被牵引的机动车宽度不得大于牵引机动车的宽度；

（三）使用软连接牵引装置时，牵引车与被牵引车之间的距离应当大于4米小于10米；

（四）对制动失效的被牵引车，应当使用硬连接牵引装置牵引；

（五）牵引车和被牵引车均应当开启危险报警闪光灯。

汽车吊车和轮式专用机械车不得牵引车辆。摩托车不得牵引车辆或者被其他车辆牵引。

转向或者照明、信号装置失效的故障机动车，应当使用专用清障车拖曳。

第六十二条　驾驶机动车不得有下列行为：

（一）在车门、车厢没有关好时行车；

（二）在机动车驾驶室的前后窗范围内悬挂、放置妨碍驾驶人视线的物品；

（三）拨打接听手持电话、观看电视等妨碍安全驾驶的行为；

（四）下陡坡时熄火或者空挡滑行；

（五）向道路上抛撒物品；

（六）驾驶摩托车手离车把或者在车把上悬挂物品；

（七）连续驾驶机动车超过4小时未停车休息或者停车休息时间少于20分钟；

（八）在禁止鸣喇叭的区域或者路段鸣喇叭。

第六十三条　机动车在道路上临时停车，应当遵守下列规定：

（一）在设有禁停标志、标线的路段，在机动车道与非机动车道、人行道之间设有隔离设施的路段以及人行横道、施工地段，不得停车；

（二）交叉路口、铁路道口、急弯路、宽度不足4米的窄路、桥梁、陡坡、隧道以及距离上述地点50米以内的路段，不得停车；

（三）公共汽车站、急救站、加油站、消防栓或者消防队（站）门前以及距离上述地点30米以内的路段，除使用上述设施的以外，不得停车；

（四）车辆停稳前不得开车门和上下人员，开关车门不得妨碍其他车辆和行人通行；

（五）路边停车应当紧靠道路右侧，机动车驾驶人不得离车，上下人员或者装卸物品后，立即驶离；

（六）城市公共汽车不得在站点以外的路段停车上下乘客。

第六十四条　机动车行经漫水路或者漫水桥时，应当停车察明水情，确认安全后，低速通过。

第六十五条 机动车载运超限物品行经铁路道口的，应当按照当地铁路部门指定的铁路道口、时间通过。

机动车行经渡口，应当服从渡口管理人员指挥，按照指定地点依次待渡。机动车上下渡船时，应当低速慢行。

第六十六条 警车、消防车、救护车、工程救险车在执行紧急任务遇交通受阻时，可以断续使用警报器，并遵守下列规定：

（一）不得在禁止使用警报器的区域或者路段使用警报器；

（二）夜间在市区不得使用警报器；

（三）列队行驶时，前车已经使用警报器的，后车不再使用警报器。

第六十七条 在单位院内、居民居住区内，机动车应当低速行驶，避让行人；有限速标志的，按照限速标志行驶。

第三节 非机动车通行规定

第六十八条 非机动车通过有交通信号灯控制的交叉路口，应当按照下列规定通行：

（一）转弯的非机动车让直行的车辆、行人优先通行；

（二）遇有前方路口交通阻塞时，不得进入路口；

（三）向左转弯时，靠路口中心点的右侧转弯；

（四）遇有停止信号时，应当依次停在路口停止线以外。没有停止线的，停在路口以外；

（五）向右转弯遇有同方向前车正在等候放行信号时，在本车道内能够转弯的，可以通行；不能转弯的，依次等候。

第六十九条 非机动车通过没有交通信号灯控制也没有交通警察指挥的交叉路口，除应当遵守第六十八条第（一）项、第（二）项和第（三）项的规定外，还应当遵守下列规定：

（一）有交通标志、标线控制的，让优先通行的一方先行；

（二）没有交通标志、标线控制的，在路口外慢行或者停车瞭望，让右方道路的来车先行；

（三）相对方向行驶的右转弯的非机动车让左转弯的车辆先行。

第七十条 驾驶自行车、电动自行车、三轮车在路段上横过机动车道，应当下车推行，有人行横道或者行人过街设施的，应当从人行横道或者行人过街设施通过；没有人行横道、没有行人过街设施或者不便使用行人过街设施的，在确认安全后直行通过。

因非机动车道被占用无法在本车道内行驶的非机动车,可以在受阻的路段借用相邻的机动车道行驶,并在驶过被占用路段后迅速驶回非机动车道。机动车遇此情况应当减速让行。

第七十一条 非机动车载物,应当遵守下列规定:

(一)自行车、电动自行车、残疾人机动轮椅车载物,高度从地面起不得超过1.5米,宽度左右各不得超出车把0.15米,长度前端不得超出车轮,后端不得超出车身0.3米;

(二)三轮车、人力车载物,高度从地面起不得超过2米,宽度左右各不得超出车身0.2米,长度不得超出车身1米;

(三)畜力车载物,高度从地面起不得超过2.5米,宽度左右各不得超出车身0.2米,长度前端不得超出车辕,后端不得超出车身1米。

自行车载人的规定,由省、自治区、直辖市人民政府根据当地实际情况制定。

第七十二条 在道路上驾驶自行车、三轮车、电动自行车、残疾人机动轮椅车应当遵守下列规定:

(一)驾驶自行车、三轮车必须年满12周岁;

(二)驾驶电动自行车和残疾人机动轮椅车必须年满16周岁;

(三)不得醉酒驾驶;

(四)转弯前应当减速慢行,伸手示意,不得突然猛拐,超越前车时不得妨碍被超越的车辆行驶;

(五)不得牵引、攀扶车辆或者被其他车辆牵引,不得双手离把或者手中持物;

(六)不得扶身并行、互相追逐或者曲折竞驶;

(七)不得在道路上骑独轮自行车或者2人以上骑行的自行车;

(八)非下肢残疾的人不得驾驶残疾人机动轮椅车;

(九)自行车、三轮车不得加装动力装置;

(十)不得在道路上学习驾驶非机动车。

第七十三条 在道路上驾驭畜力车应当年满16周岁,并遵守下列规定:

(一)不得醉酒驾驭;

(二)不得并行,驾驭人不得离开车辆;

(三)行经繁华路段、交叉路口、铁路道口、人行横道、急弯路、宽度不足4米的窄路或者窄桥、陡坡、隧道或者容易发生危险的路段,不得超车。驾驭两轮畜力车应当下车牵引牲畜;

（四）不得使用未经驯服的牲畜驾车，随车幼畜须拴系；
（五）停放车辆应当拉紧车闸，拴系牲畜。

第四节　行人和乘车人通行规定

第七十四条　行人不得有下列行为：
（一）在道路上使用滑板、旱冰鞋等滑行工具；
（二）在车行道内坐卧、停留、嬉闹；
（三）追车、抛物击车等妨碍道路交通安全的行为。

第七十五条　行人横过机动车道，应当从行人过街设施通过；没有行人过街设施的，应当从人行横道通过；没有人行横道的，应当观察来往车辆的情况，确认安全后直行通过，不得在车辆临近时突然加速横穿或者中途倒退、折返。

第七十六条　行人列队在道路上通行，每横列不得超过2人，但在已经实行交通管制的路段不受限制。

第七十七条　乘坐机动车应当遵守下列规定：
（一）不得在机动车道上拦乘机动车；
（二）在机动车道上不得从机动车左侧上下车；
（三）开关车门不得妨碍其他车辆和行人通行；
（四）机动车行驶中，不得干扰驾驶，不得将身体任何部分伸出车外，不得跳车；
（五）乘坐两轮摩托车应当正向骑坐。

第五节　高速公路的特别规定

第七十八条　高速公路应当标明车道的行驶速度，最高车速不得超过每小时120公里，最低车速不得低于每小时60公里。

在高速公路上行驶的小型载客汽车最高车速不得超过每小时120公里，其他机动车不得超过每小时100公里，摩托车不得超过每小时80公里。

同方向有2条车道的，左侧车道的最低车速为每小时100公里；同方向有3条以上车道的，最左侧车道的最低车速为每小时110公里，中间车道的最低车速为每小时90公里。道路限速标志标明的车速与上述车道行驶车速的规定不一致的，按照道路限速标志标明的车速行驶。

第七十九条　机动车从匝道驶入高速公路，应当开启左转向灯，在不妨碍已在高速公路内的机动车正常行驶的情况下驶入车道。

机动车驶离高速公路时，应当开启右转向灯，驶入减速车道，降低车速后驶离。

第八十条　机动车在高速公路上行驶，车速超过每小时 100 公里时，应当与同车道前车保持 100 米以上的距离，车速低于每小时 100 公里时，与同车道前车距离可以适当缩短，但最小距离不得少于 50 米。

第八十一条　机动车在高速公路上行驶，遇有雾、雨、雪、沙尘、冰雹等低能见度气象条件时，应当遵守下列规定：

（一）能见度小于 200 米时，开启雾灯、近光灯、示廓灯和前后位灯，车速不得超过每小时 60 公里，与同车道前车保持 100 米以上的距离；

（二）能见度小于 100 米时，开启雾灯、近光灯、示廓灯、前后位灯和危险报警闪光灯，车速不得超过每小时 40 公里，与同车道前车保持 50 米以上的距离；

（三）能见度小于 50 米时，开启雾灯、近光灯、示廓灯、前后位灯和危险报警闪光灯，车速不得超过每小时 20 公里，并从最近的出口尽快驶离高速公路。

遇有前款规定情形时，高速公路管理部门应当通过显示屏等方式发布速度限制、保持车距等提示信息。

第八十二条　机动车在高速公路上行驶，不得有下列行为：

（一）倒车、逆行、穿越中央分隔带掉头或者在车道内停车；

（二）在匝道、加速车道或者减速车道上超车；

（三）骑、轧车行道分界线或者在路肩上行驶；

（四）非紧急情况时在应急车道行驶或者停车；

（五）试车或者学习驾驶机动车。

第八十三条　在高速公路上行驶的载货汽车车厢不得载人。两轮摩托车在高速公路行驶时不得载人。

第八十四条　机动车通过施工作业路段时，应当注意警示标志，减速行驶。

第八十五条　城市快速路的道路交通安全管理，参照本节的规定执行。

高速公路、城市快速路的道路交通安全管理工作，省、自治区、直辖市人民政府公安机关交通管理部门可以指定设区的市人民政府公安机关交通管理部门或者相当于同级的公安机关交通管理部门承担。

第五章　交通事故处理

第八十六条　机动车与机动车、机动车与非机动车在道路上发生未造成人身伤亡的交通事故，当事人对事实及成因无争议的，在记录交通事故的时间、地点、对方当事人的姓名和联系方式、机动车牌号、驾驶证号、保险凭证号、碰撞部位，并共同签名后，撤离现场，自行协商损害赔偿事宜。当事人对交通事故事实及成因有争议的,应当迅速报警。

第八十七条 非机动车与非机动车或者行人在道路上发生交通事故,未造成人身伤亡,且基本事实及成因清楚的,当事人应当先撤离现场,再自行协商处理损害赔偿事宜。当事人对交通事故事实及成因有争议的,应当迅速报警。

第八十八条 机动车发生交通事故,造成道路、供电、通讯等设施损毁的,驾驶人应当报警等候处理,不得驶离。机动车可以移动的,应当将机动车移至不妨碍交通的地点。公安机关交通管理部门应当将事故有关情况通知有关部门。

第八十九条 公安机关交通管理部门或者交通警察接到交通事故报警,应当及时赶赴现场,对未造成人身伤亡,事实清楚,并且机动车可以移动的,应当在记录事故情况后责令当事人撤离现场,恢复交通。对拒不撤离现场的,予以强制撤离。

对属于前款规定情况的道路交通事故,交通警察可以适用简易程序处理,并当场出具事故认定书。当事人共同请求调解的,交通警察可以当场对损害赔偿争议进行调解。

对道路交通事故造成人员伤亡和财产损失需要勘验、检查现场的,公安机关交通管理部门应当按照勘查现场工作规范进行。现场勘查完毕,应当组织清理现场,恢复交通。

第九十条 投保机动车第三者责任强制保险的机动车发生交通事故,因抢救受伤人员需要保险公司支付抢救费用的,由公安机关交通管理部门通知保险公司。

抢救受伤人员需要道路交通事故救助基金垫付费用的,由公安机关交通管理部门通知道路交通事故社会救助基金管理机构。

第九十一条 公安机关交通管理部门应当根据交通事故当事人的行为对发生交通事故所起的作用以及过错的严重程度,确定当事人的责任。

第九十二条 发生交通事故后当事人逃逸的,逃逸的当事人承担全部责任。但是,有证据证明对方当事人也有过错的,可以减轻责任。

当事人故意破坏、伪造现场、毁灭证据的,承担全部责任。

第九十三条 公安机关交通管理部门对经过勘验、检查现场的交通事故应当在勘查现场之日起10日内制作交通事故认定书。对需要进行检验、鉴定的,应当在检验、鉴定结果确定之日起5日内制作交通事故认定书。

第九十四条 当事人对交通事故损害赔偿有争议,各方当事人一致请求公安机关交通管理部门调解的,应当在收到交通事故认定书之日起10日内提出书面调解申请。

对交通事故致死的，调解从办理丧葬事宜结束之日起开始；对交通事故致伤的，调解从治疗终结或者定残之日起开始；对交通事故造成财产损失的，调解从确定损失之日起开始。

第九十五条 公安机关交通管理部门调解交通事故损害赔偿争议的期限为10日。调解达成协议的，公安机关交通管理部门应当制作调解书送交各方当事人，调解书经各方当事人共同签字后生效；调解未达成协议的，公安机关交通管理部门应当制作调解终结书送交各方当事人。

交通事故损害赔偿项目和标准依照有关法律的规定执行。

第九十六条 对交通事故损害赔偿的争议，当事人向人民法院提起民事诉讼的，公安机关交通管理部门不再受理调解申请。

公安机关交通管理部门调解期间，当事人向人民法院提起民事诉讼的，调解终止。

第九十七条 车辆在道路以外发生交通事故，公安机关交通管理部门接到报案的，参照道路交通安全法和本条例的规定处理。

车辆、行人与火车发生的交通事故以及在渡口发生的交通事故，依照国家有关规定处理。

第六章　执法监督

第九十八条 公安机关交通管理部门应当公开办事制度、办事程序，建立警风警纪监督员制度，自觉接受社会和群众的监督。

第九十九条 公安机关交通管理部门及其交通警察办理机动车登记，发放号牌，对驾驶人考试、发证，处理道路交通安全违法行为，处理道路交通事故，应当严格遵守有关规定，不得越权执法，不得延迟履行职责，不得擅自改变处罚的种类和幅度。

第一百条 公安机关交通管理部门应当公布举报电话，受理群众举报投诉，并及时调查核实，反馈查处结果。

第一百零一条 公安机关交通管理部门应当建立执法质量考核评议、执法责任制和执法过错追究制度，防止和纠正道路交通安全执法中的错误或者不当行为。

第七章　法律责任

第一百零二条 违反本条例规定的行为，依照道路交通安全法和本条例的规定处罚。

第一百零三条 以欺骗、贿赂等不正当手段取得机动车登记或者驾驶许可的,收缴机动车登记证书、号牌、行驶证或者机动车驾驶证,撤销机动车登记或者机动车驾驶许可;申请人在3年内不得申请机动车登记或者机动车驾驶许可。

第一百零四条 机动车驾驶人有下列行为之一,又无其他机动车驾驶人即时替代驾驶的,公安机关交通管理部门除依法给予处罚外,可以将其驾驶的机动车移至不妨碍交通的地点或者有关部门指定的地点停放:

(一)不能出示本人有效驾驶证的;

(二)驾驶的机动车与驾驶证载明的准驾车型不符的;

(三)饮酒、服用国家管制的精神药品或者麻醉药品、患有妨碍安全驾驶的疾病,或者过度疲劳仍继续驾驶的;

(四)学习驾驶人员没有教练人员随车指导单独驾驶的。

第一百零五条 机动车驾驶人有饮酒、醉酒、服用国家管制的精神药品或者麻醉药品嫌疑的,应当接受测试、检验。

第一百零六条 公路客运载客汽车超过核定乘员、载货汽车超过核定载质量的,公安机关交通管理部门依法扣留机动车后,驾驶人应当将超载的乘车人转运、将超载的货物卸载,费用由超载机动车的驾驶人或者所有人承担。

第一百零七条 依照道路交通安全法第九十二条、第九十五条、第九十六条、第九十八条的规定被扣留的机动车,驾驶人或者所有人、管理人30日内没有提供被扣留机动车的合法证明,没有补办相应手续,或者不前来接受处理,经公安机关交通管理部门通知并且经公告3个月仍不前来接受处理的,由公安机关交通管理部门将该机动车送交有资格的拍卖机构拍卖,所得价款上缴国库;非法拼装的机动车予以拆除;达到报废标准的机动车予以报废;机动车涉及其他违法犯罪行为的,移交有关部门处理。

第一百零八条 交通警察按照简易程序当场作出行政处罚的,应当告知当事人道路交通安全违法行为的事实、处罚的理由和依据,并将行政处罚决定书当场交付被处罚人。

第一百零九条 对道路交通安全违法行为人处以罚款或者暂扣驾驶证处罚的,由违法行为发生地的县级以上人民政府公安机关交通管理部门或者相当于同级的公安机关交通管理部门作出决定;对处以吊销机动车驾驶证处罚的,由设区的市人民政府公安机关交通管理部门或者相当于同级的公安机关交通管理部门作出决定。

公安机关交通管理部门对非本辖区机动车的道路交通安全违法行为没有当场处罚的,可以由机动车登记地的公安机关交通管理部门处罚。

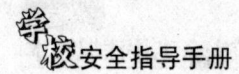

第一百一十条 当事人对公安机关交通管理部门及其交通警察的处罚有权进行陈述和申辩，交通警察应当充分听取当事人的陈述和申辩，不得因当事人陈述、申辩而加重其处罚。

第八章 附 则

第一百一十一条 本条例所称上道路行驶的拖拉机，是指手扶拖拉机等最高设计行驶速度不超过每小时 20 公里的轮式拖拉机和最高设计行驶速度不超过每小时 40 公里、牵引挂车方可从事道路运输的轮式拖拉机。

第一百一十二条 农业（农业机械）主管部门应当定期向公安机关交通管理部门提供拖拉机登记、安全技术检验以及拖拉机驾驶证发放的资料、数据。公安机关交通管理部门对拖拉机驾驶人作出暂扣、吊销驾驶证处罚或者记分处理的，应当定期将处罚决定书和记分情况通报有关的农业（农业机械）主管部门。吊销驾驶证的，还应当将驾驶证送交有关的农业（农业机械）主管部门。

第一百一十三条 境外机动车入境行驶，应当向入境地的公安机关交通管理部门申请临时通行号牌、行驶证。临时通行号牌、行驶证应当根据行驶需要，载明有效日期和允许行驶的区域。

入境的境外机动车申请临时通行号牌、行驶证以及境外人员申请机动车驾驶许可的条件、考试办法由国务院公安部门规定。

第一百一十四条 机动车驾驶许可考试的收费标准，由国务院价格主管部门规定。

第一百一十五条 本条例自 2004 年 5 月 1 日起施行。1960 年 2 月 11 日国务院批准、交通部发布的《机动车管理办法》，1988 年 3 月 9 日国务院发布的《中华人民共和国道路交通管理条例》，1991 年 9 月 22 日国务院发布的《道路交通事故处理办法》，同时废止。

中华人民共和国道路交通安全法

(2003年10月28日第十届全国人民代表大会常务委员会第五次会议通过
根据2007年12月29日第十届全国人民代表大会常务委员会第三十一次会议
《关于修改〈中华人民共和国道路交通安全法〉的决定》第一次修正
根据2011年4月22日第十一届全国人民代表大会常务委员会第二十次会议
《关于修改〈中华人民共和国道路交通安全法〉的决定》第二次修正
2011年4月22日中华人民共和国主席令第47号公布
自2011年5月1日起施行)

第一章 总 则

第一条 为了维护道路交通秩序,预防和减少交通事故,保护人身安全,保护公民、法人和其他组织的财产安全及其他合法权益,提高通行效率,制定本法。

第二条 中华人民共和国境内的车辆驾驶人、行人、乘车人以及与道路交通活动有关的单位和个人,都应当遵守本法。

第三条 道路交通安全工作,应当遵循依法管理、方便群众的原则,保障道路交通有序、安全、畅通。

第四条 各级人民政府应当保障道路交通安全管理工作与经济建设和社会发展相适应。

县级以上地方各级人民政府应当适应道路交通发展的需要,依据道路交通安全法律、法规和国家有关政策,制定道路交通安全管理规划,并组织实施。

第五条 国务院公安部门负责全国道路交通安全管理工作。县级以上地方各级人民政府公安机关交通管理部门负责本行政区域内的道路交通安全管理工作。

县级以上各级人民政府交通、建设管理部门依据各自职责,负责有关的道路交通工作。

第六条 各级人民政府应当经常进行道路交通安全教育,提高公民的道路交通安全意识。

公安机关交通管理部门及其交通警察执行职务时,应当加强道路交通安全法律、法规的宣传，并模范遵守道路交通安全法律、法规。

机关、部队、企业事业单位、社会团体以及其他组织，应当对本单位的人员进行道路交通安全教育。

教育行政部门、学校应当将道路交通安全教育纳入法制教育的内容。

新闻、出版、广播、电视等有关单位，有进行道路交通安全教育的义务。

第七条 对道路交通安全管理工作，应当加强科学研究，推广、使用先进的管理方法、技术、设备。

第二章 车辆和驾驶人

第一节 机动车、非机动车

第八条 国家对机动车实行登记制度。机动车经公安机关交通管理部门登记后，方可上道路行驶。尚未登记的机动车，需要临时上道路行驶的，应当取得临时通行牌证。

第九条 申请机动车登记，应当提交以下证明、凭证：

（一）机动车所有人的身份证明；

（二）机动车来历证明；

（三）机动车整车出厂合格证明或者进口机动车进口凭证；

（四）车辆购置税的完税证明或者免税凭证；

（五）法律、行政法规规定应当在机动车登记时提交的其他证明、凭证。

公安机关交通管理部门应当自受理申请之日起五个工作日内完成机动车登记审查工作，对符合前款规定条件的，应当发放机动车登记证书、号牌和行驶证；对不符合前款规定条件的，应当向申请人说明不予登记的理由。

公安机关交通管理部门以外的任何单位或者个人不得发放机动车号牌或者要求机动车悬挂其他号牌，本法另有规定的除外。

机动车登记证书、号牌、行驶证的式样由国务院公安部门规定并监制。

第十条 准予登记的机动车应当符合机动车国家安全技术标准。申请机动车登记时，应当接受对该机动车的安全技术检验。但是，经国家机动车产品主管部门依据机动车国家安全技术标准认定的企业生产的机动车型，该车型的新车在出厂时经检验符合机动车国家安全技术标准，获得检验合格证的，免予安全技术检验。

第十一条 驾驶机动车上道路行驶，应当悬挂机动车号牌，放置检验合格标志、保险标志，并随车携带机动车行驶证。

机动车号牌应当按照规定悬挂并保持清晰、完整，不得故意遮挡、污损。

任何单位和个人不得收缴、扣留机动车号牌。

第十二条 有下列情形之一的，应当办理相应的登记：

（一）机动车所有权发生转移的；

（二）机动车登记内容变更的；

（三）机动车用作抵押的；

（四）机动车报废的。

第十三条 对登记后上道路行驶的机动车，应当依照法律、行政法规的规定，根据车辆用途、载客载货数量、使用年限等不同情况，定期进行安全技术检验。对提供机动车行驶证和机动车第三者责任强制保险单的，机动车安全技术检验机构应当予以检验，任何单位不得附加其他条件。对符合机动车国家安全技术标准的，公安机关交通管理部门应当发给检验合格标志。

对机动车的安全技术检验实行社会化。具体办法由国务院规定。

机动车安全技术检验实行社会化的地方，任何单位不得要求机动车到指定的场所进行检验。

公安机关交通管理部门、机动车安全技术检验机构不得要求机动车到指定的场所进行维修、保养。

机动车安全技术检验机构对机动车检验收取费用，应当严格执行国务院价格主管部门核定的收费标准。

第十四条 国家实行机动车强制报废制度，根据机动车的安全技术状况和不同用途，规定不同的报废标准。

应当报废的机动车必须及时办理注销登记。

达到报废标准的机动车不得上道路行驶。报废的大型客、货车及其他营运车辆应当在公安机关交通管理部门的监督下解体。

第十五条 警车、消防车、救护车、工程救险车应当按照规定喷涂标志图案，安装警报器、标志灯具。其他机动车不得喷涂、安装、使用上述车辆专用的或者与其相类似的标志图案、警报器或者标志灯具。

警车、消防车、救护车、工程救险车应当严格按照规定的用途和条件使用。

公路监督检查的专用车辆，应当依照公路法的规定，设置统一的标志和示警灯。

第十六条 任何单位或者个人不得有下列行为：

（一）拼装机动车或者擅自改变机动车已登记的结构、构造或者特征；

（二）改变机动车型号、发动机号、车架号或者车辆识别代号；

（三）伪造、变造或者使用伪造、变造的机动车登记证书、号牌、行驶证、检验合格标志、保险标志；

（四）使用其他机动车的登记证书、号牌、行驶证、检验合格标志、保险标志。

第十七条 国家实行机动车第三者责任强制保险制度，设立道路交通事故社会救助基金。具体办法由国务院规定。

第十八条 依法应当登记的非机动车，经公安机关交通管理部门登记后，方可上道路行驶。

依法应当登记的非机动车的种类，由省、自治区、直辖市人民政府根据当地实际情况规定。

非机动车的外形尺寸、质量、制动器、车铃和夜间反光装置，应当符合非机动车安全技术标准。

第二节　机动车驾驶人

第十九条 驾驶机动车，应当依法取得机动车驾驶证。

申请机动车驾驶证，应当符合国务院公安部门规定的驾驶许可条件；经考试合格后，由公安机关交通管理部门发给相应类别的机动车驾驶证。

持有境外机动车驾驶证的人，符合国务院公安部门规定的驾驶许可条件，经公安机关交通管理部门考核合格的，可以发给中国的机动车驾驶证。

驾驶人应当按照驾驶证载明的准驾车型驾驶机动车；驾驶机动车时，应当随身携带机动车驾驶证。

公安机关交通管理部门以外的任何单位或者个人，不得收缴、扣留机动车驾驶证。

第二十条 机动车的驾驶培训实行社会化，由交通主管部门对驾驶培训学校、驾驶培训班实行资格管理，其中专门的拖拉机驾驶培训学校、驾驶培训班由农业（农业机械）主管部门实行资格管理。

驾驶培训学校、驾驶培训班应当严格按照国家有关规定，对学员进行道路交通安全法律、法规、驾驶技能的培训，确保培训质量。

任何国家机关以及驾驶培训和考试主管部门不得举办或者参与举办驾驶培训学校、驾驶培训班。

第二十一条 驾驶人驾驶机动车上道路行驶前，应当对机动车的安全技术性能进行认真检查；不得驾驶安全设施不全或者机件不符合技术标准等具有安全隐患的机动车。

第二十二条 机动车驾驶人应当遵守道路交通安全法律、法规的规定，按照操作规范安全驾驶、文明驾驶。

饮酒、服用国家管制的精神药品或者麻醉药品，或者患有妨碍安全驾驶机动车的疾病，或者过度疲劳影响安全驾驶的，不得驾驶机动车。

任何人不得强迫、指使、纵容驾驶人违反道路交通安全法律、法规和机动车安全驾驶要求驾驶机动车。

第二十三条 公安机关交通管理部门依照法律、行政法规的规定，定期对机动车驾驶证实施审验。

第二十四条 公安机关交通管理部门对机动车驾驶人违反道路交通安全法律、法规的行为，除依法给予行政处罚外，实行累积记分制度。公安机关交通管理部门对累积记分达到规定分值的机动车驾驶人，扣留机动车驾驶证，对其进行道路交通安全法律、法规教育，重新考试；考试合格的，发还其机动车驾驶证。

对遵守道路交通安全法律、法规，在一年内无累积记分的机动车驾驶人，可以延长机动车驾驶证的审验期。具体办法由国务院公安部门规定。

第三章 道路通行条件

第二十五条 全国实行统一的道路交通信号。

交通信号包括交通信号灯、交通标志、交通标线和交通警察的指挥。

交通信号灯、交通标志、交通标线的设置应当符合道路交通安全、畅通的要求和国家标准，并保持清晰、醒目、准确、完好。

根据通行需要，应当及时增设、调换、更新道路交通信号。增设、调换、更新限制性的道路交通信号，应当提前向社会公告，广泛进行宣传。

第二十六条 交通信号灯由红灯、绿灯、黄灯组成。红灯表示禁止通行，绿灯表示准许通行，黄灯表示警示。

第二十七条 铁路与道路平面交叉的道口，应当设置警示灯、警示标志或者安全防护设施。无人看守的铁路道口，应当在距道口一定距离处设置警示标志。

第二十八条 任何单位和个人不得擅自设置、移动、占用、损毁交通信号灯、交通标志、交通标线。

道路两侧及隔离带上种植的树木或者其他植物，设置的广告牌、管线等，应当与交通设施保持必要的距离，不得遮挡路灯、交通信号灯、交通标志，不得妨碍安全视距，不得影响通行。

第二十九条 道路、停车场和道路配套设施的规划、设计、建设，应当符合道路交通安全、畅通的要求，并根据交通需求及时调整。

公安机关交通管理部门发现已经投入使用的道路存在交通事故频发路段，或者停车场、道路配套设施存在交通安全严重隐患的，应当及时向当地人民政府报告，并提出防范交通事故、消除隐患的建议，当地人民政府应当及时作出处理决定。

第三十条 道路出现坍塌、坑槽、水毁、隆起等损毁或者交通信号灯、交通标志、交通标线等交通设施损毁、灭失的，道路、交通设施的养护部门或者管理部门应当设置警示标志并及时修复。

公安机关交通管理部门发现前款情形，危及交通安全，尚未设置警示标志的，应当及时采取安全措施，疏导交通，并通知道路、交通设施的养护部门或者管理部门。

第三十一条 未经许可，任何单位和个人不得占用道路从事非交通活动。

第三十二条 因工程建设需要占用、挖掘道路，或者跨越、穿越道路架设、增设管线设施，应当事先征得道路主管部门的同意；影响交通安全的，还应当征得公安机关交通管理部门的同意。

施工作业单位应当在经批准的路段和时间内施工作业，并在距离施工作业地点来车方向安全距离处设置明显的安全警示标志，采取防护措施；施工作业完毕，应当迅速清除道路上的障碍物，消除安全隐患，经道路主管部门和公安机关交通管理部门验收合格，符合通行要求后，方可恢复通行。

对未中断交通的施工作业道路，公安机关交通管理部门应当加强交通安全监督检查，维护道路交通秩序。

第三十三条 新建、改建、扩建的公共建筑、商业街区、居住区、大（中）型建筑等，应当配建、增建停车场；停车泊位不足的，应当及时改建或者扩建；投入使用的停车场不得擅自停止使用或者改作他用。

在城市道路范围内，在不影响行人、车辆通行的情况下，政府有关部门可以施划停车泊位。

第三十四条 学校、幼儿园、医院、养老院门前的道路没有行人过街设施的，应当施划人行横道线，设置提示标志。

城市主要道路的人行道，应当按照规划设置盲道。盲道的设置应当符合国家标准。

第四章 道路通行规定

第一节 一般规定

第三十五条 机动车、非机动车实行右侧通行。

第三十六条 根据道路条件和通行需要，道路划分为机动车道、非机动车道和人行道的，机动车、非机动车、行人实行分道通行。没有划分机动车道、非机动车道和人行道的，机动车在道路中间通行，非机动车和行人在道路两侧通行。

第三十七条 道路划设专用车道的，在专用车道内，只准许规定的车辆通行，其他车辆不得进入专用车道内行驶。

第三十八条 车辆、行人应当按照交通信号通行；遇有交通警察现场指挥时，应当按照交通警察的指挥通行；在没有交通信号的道路上，应当在确保安全、畅通的原则下通行。

第三十九条 公安机关交通管理部门根据道路和交通流量的具体情况，可以对机动车、非机动车、行人采取疏导、限制通行、禁止通行等措施。遇有大型群众性活动、大范围施工等情况，需要采取限制交通的措施，或者作出与公众的道路交通活动直接有关的决定，应当提前向社会公告。

第四十条 遇有自然灾害、恶劣气象条件或者重大交通事故等严重影响交通安全的情形，采取其他措施难以保证交通安全时，公安机关交通管理部门可以实行交通管制。

第四十一条 有关道路通行的其他具体规定，由国务院规定。

第二节　机动车通行规定

第四十二条 机动车上道路行驶，不得超过限速标志标明的最高时速。在没有限速标志的路段，应当保持安全车速。

夜间行驶或者在容易发生危险的路段行驶，以及遇有沙尘、冰雹、雨、雪、雾、结冰等气象条件时，应当降低行驶速度。

第四十三条 同车道行驶的机动车，后车应当与前车保持足以采取紧急制动措施的安全距离。有下列情形之一的，不得超车：

（一）前车正在左转弯、掉头、超车的；

（二）与对面来车有会车可能的；

（三）前车为执行紧急任务的警车、消防车、救护车、工程救险车的；

（四）行经铁路道口、交叉路口、窄桥、弯道、陡坡、隧道、人行横道、市区交通流量大的路段等没有超车条件的。

第四十四条 机动车通过交叉路口，应当按照交通信号灯、交通标志、交通标线或者交通警察的指挥通过；通过没有交通信号灯、交通标志、交通标线或者交通警察指挥的交叉路口时，应当减速慢行，并让行人和优先通行的车辆先行。

第四十五条 机动车遇有前方车辆停车排队等候或者缓慢行驶时，不得借道超车或者占用对面车道，不得穿插等候的车辆。

在车道减少的路段、路口，或者在没有交通信号灯、交通标志、交通标线或者交通警察指挥的交叉路口遇到停车排队等候或者缓慢行驶时，机动车应当依次交替通行。

第四十六条 机动车通过铁路道口时，应当按照交通信号或者管理人员的指挥通行；没有交通信号或者管理人员的，应当减速或者停车，在确认安全后通过。

第四十七条 机动车行经人行横道时，应当减速行驶；遇行人正在通过人行横道，应当停车让行。

机动车行经没有交通信号的道路时，遇行人横过道路，应当避让。

第四十八条 机动车载物应当符合核定的载质量，严禁超载；载物的长、宽、高不得违反装载要求，不得遗洒、飘散载运物。

机动车运载超限的不可解体的物品，影响交通安全的，应当按照公安机关交通管理部门指定的时间、路线、速度行驶，悬挂明显标志。在公路上运载超限的不可解体的物品，并应当依照公路法的规定执行。

机动车载运爆炸物品、易燃易爆化学物品以及剧毒、放射性等危险物品，应当经公安机关批准后，按指定的时间、路线、速度行驶，悬挂警示标志并采取必要的安全措施。

第四十九条 机动车载人不得超过核定的人数，客运机动车不得违反规定载货。

第五十条 禁止货运机动车载客。

货运机动车需要附载作业人员的，应当设置保护作业人员的安全措施。

第五十一条 机动车行驶时，驾驶人、乘坐人员应当按规定使用安全带，摩托车驾驶人及乘坐人员应当按规定戴安全头盔。

第五十二条 机动车在道路上发生故障，需要停车排除故障时，驾驶人应当立即开启危险报警闪光灯，将机动车移至不妨碍交通的地方停放；难以移动的，应当持续开启危险报警闪光灯，并在来车方向设置警告标志等措施扩大示警距离，必要时迅速报警。

第五十三条 警车、消防车、救护车、工程救险车执行紧急任务时，可以使用警报器、标志灯具；在确保安全的前提下，不受行驶路线、行驶方向、行驶速度和信号灯的限制，其他车辆和行人应当让行。

警车、消防车、救护车、工程救险车非执行紧急任务时，不得使用警报器、标志灯具，不享有前款规定的道路优先通行权。

第五十四条 道路养护车辆、工程作业车进行作业时，在不影响过往车辆通行的前提下，其行驶路线和方向不受交通标志、标线限制，过往车辆和人员应当注意避让。

洒水车、清扫车等机动车应当按照安全作业标准作业；在不影响其他车辆通行的情况下，可以不受车辆分道行驶的限制，但是不得逆向行驶。

第五十五条 高速公路、大中城市中心城区内的道路，禁止拖拉机通行。其他禁止拖拉机通行的道路，由省、自治区、直辖市人民政府根据当地实际情况规定。

在允许拖拉机通行的道路上，拖拉机可以从事货运，但是不得用于载人。

第五十六条 机动车应当在规定地点停放。禁止在人行道上停放机动车；但是，依照本法第三十二条规定施划的停车泊位除外。

在道路上临时停车的，不得妨碍其他车辆和行人通行。

第三节 非机动车通行规定

第五十七条 驾驶非机动车在道路上行驶应当遵守有关交通安全的规定。非机动车应当在非机动车道内行驶；在没有非机动车道的道路上，应当靠车行道的右侧行驶。

第五十八条 残疾人机动轮椅车、电动自行车在非机动车道内行驶时，最高时速不得超过十五公里。

第五十九条 非机动车应当在规定地点停放。未设停放地点的，非机动车停放不得妨碍其他车辆和行人通行。

第六十条 驾驭畜力车，应当使用驯服的牲畜；驾驭畜力车横过道路时，驾驭人应当下车牵引牲畜；驾驭人离开车辆时，应当拴系牲畜。

第四节 行人和乘车人通行规定

第六十一条 行人应当在人行道内行走，没有人行道的靠路边行走。

第六十二条 行人通过路口或者横过道路，应当走人行横道或者过街设施；通过有交通信号灯的人行横道，应当按照交通信号灯指示通行；通过没有交通信号灯、人行横道的路口，或者在没有过街设施的路段横过道路，应当在确认安全后通过。

第六十三条 行人不得跨越、倚坐道路隔离设施，不得扒车、强行拦车或者实施妨碍道路交通安全的其他行为。

第六十四条 学龄前儿童以及不能辨认或者不能控制自己行为的精神疾病患者、智力障碍者在道路上通行，应当由其监护人、监护人委托的人或者对其负有管理、保护职责的人带领。

盲人在道路上通行，应当使用盲杖或者采取其他导盲手段，车辆应当避让盲人。

第六十五条 行人通过铁路道口时，应当按照交通信号或者管理人员的指挥通行；没有交通信号和管理人员的，应当在确认无火车驶临后，迅速通过。

第六十六条 乘车人不得携带易燃易爆等危险物品，不得向车外抛洒物品，不得有影响驾驶人安全驾驶的行为。

第五节 高速公路的特别规定

第六十七条 行人、非机动车、拖拉机、轮式专用机械车、铰接式客车、全挂拖斗车以及其他设计最高时速低于七十公里的机动车，不得进入高速公路。高速公路限速标志标明的最高时速不得超过一百二十公里。

第六十八条 机动车在高速公路上发生故障时，应当依照本法第五十二条的有关规定办理；但是，警告标志应当设置在故障车来车方向一百五十米以外，车上人员应当迅速转移到右侧路肩上或者应急车道内，并且迅速报警。

机动车在高速公路上发生故障或者交通事故，无法正常行驶的，应当由救援车、清障车拖曳、牵引。

第六十九条 任何单位、个人不得在高速公路上拦截检查行驶的车辆，公安机关的人民警察依法执行紧急公务除外。

第五章 交通事故处理

第七十条 在道路上发生交通事故，车辆驾驶人应当立即停车，保护现场；造成人身伤亡的，车辆驾驶人应当立即抢救受伤人员，并迅速报告执勤的交通警察或者公安机关交通管理部门。因抢救受伤人员变动现场的，应当标明位置。乘车人、过往车辆驾驶人、过往行人应当予以协助。

在道路上发生交通事故，未造成人身伤亡，当事人对事实及成因无争议的，可以即行撤离现场，恢复交通，自行协商处理损害赔偿事宜；不即行撤离现场的，应当迅速报告执勤的交通警察或者公安机关交通管理部门。

在道路上发生交通事故，仅造成轻微财产损失，并且基本事实清楚的，当事人应当先撤离现场再进行协商处理。

第七十一条 车辆发生交通事故后逃逸的，事故现场目击人员和其他知情人员应当向公安机关交通管理部门或者交通警察举报。举报属实的，公安机关交通管理部门应当给予奖励。

第七十二条　公安机关交通管理部门接到交通事故报警后,应当立即派交通警察赶赴现场,先组织抢救受伤人员,并采取措施,尽快恢复交通。

交通警察应当对交通事故现场进行勘验、检查,收集证据;因收集证据的需要,可以扣留事故车辆,但是应当妥善保管,以备核查。

对当事人的生理、精神状况等专业性较强的检验,公安机关交通管理部门应当委托专门机构进行鉴定。鉴定结论应当由鉴定人签名。

第七十三条　公安机关交通管理部门应当根据交通事故现场勘验、检查、调查情况和有关的检验、鉴定结论,及时制作交通事故认定书,作为处理交通事故的证据。交通事故认定书应当载明交通事故的基本事实、成因和当事人的责任,并送达当事人。

第七十四条　对交通事故损害赔偿的争议,当事人可以请求公安机关交通管理部门调解,也可以直接向人民法院提起民事诉讼。

经公安机关交通管理部门调解,当事人未达成协议或者调解书生效后不履行的,当事人可以向人民法院提起民事诉讼。

第七十五条　医疗机构对交通事故中的受伤人员应当及时抢救,不得因抢救费用未及时支付而拖延救治。肇事车辆参加机动车第三者责任强制保险的,由保险公司在责任限额范围内支付抢救费用;抢救费用超过责任限额的,未参加机动车第三者责任强制保险或者肇事后逃逸的,由道路交通事故社会救助基金先行垫付部分或者全部抢救费用,道路交通事故社会救助基金管理机构有权向交通事故责任人追偿。

第七十六条　机动车发生交通事故造成人身伤亡、财产损失的,由保险公司在机动车第三者责任强制保险责任限额范围内予以赔偿;不足的部分,按照下列规定承担赔偿责任:

(一)机动车之间发生交通事故的,由有过错的一方承担赔偿责任;双方都有过错的,按照各自过错的比例分担责任。

(二)机动车与非机动车驾驶人、行人之间发生交通事故,非机动车驾驶人、行人没有过错的,由机动车一方承担赔偿责任;有证据证明非机动车驾驶人、行人有过错的,根据过错程度适当减轻机动车一方的赔偿责任;机动车一方没有过错的,承担不超过百分之十的赔偿责任。

交通事故的损失是由非机动车驾驶人、行人故意碰撞机动车造成的,机动车一方不承担赔偿责任。

第七十七条　车辆在道路以外通行时发生的事故,公安机关交通管理部门接到报案的,参照本法有关规定办理。

第六章 执法监督

第七十八条 公安机关交通管理部门应当加强对交通警察的管理，提高交通警察的素质和管理道路交通的水平。

公安机关交通管理部门应当对交通警察进行法制和交通安全管理业务培训、考核。交通警察经考核不合格的，不得上岗执行职务。

第七十九条 公安机关交通管理部门及其交通警察实施道路交通安全管理，应当依据法定的职权和程序，简化办事手续，做到公正、严格、文明、高效。

第八十条 交通警察执行职务时，应当按照规定着装，佩戴人民警察标志，持有人民警察证件，保持警容严整，举止端庄，指挥规范。

第八十一条 依照本法发放牌证等收取工本费，应当严格执行国务院价格主管部门核定的收费标准，并全部上缴国库。

第八十二条 公安机关交通管理部门依法实施罚款的行政处罚，应当依照有关法律、行政法规的规定，实施罚款决定与罚款收缴分离；收缴的罚款以及依法没收的违法所得，应当全部上缴国库。

第八十三条 交通警察调查处理道路交通安全违法行为和交通事故，有下列情形之一的，应当回避：

（一）是本案的当事人或者当事人的近亲属；

（二）本人或者其近亲属与本案有利害关系；

（三）与本案当事人有其他关系，可能影响案件的公正处理。

第八十四条 公安机关交通管理部门及其交通警察的行政执法活动，应当接受行政监察机关依法实施的监督。

公安机关督察部门应当对公安机关交通管理部门及其交通警察执行法律、法规和遵守纪律的情况依法进行监督。

上级公安机关交通管理部门应当对下级公安机关交通管理部门的执法活动进行监督。

第八十五条 公安机关交通管理部门及其交通警察执行职务，应当自觉接受社会和公民的监督。

任何单位和个人都有权对公安机关交通管理部门及其交通警察不严格执法以及违法违纪行为进行检举、控告。收到检举、控告的机关，应当依据职责及时查处。

第八十六条 任何单位不得给公安机关交通管理部门下达或者变相下达罚款指标；公安机关交通管理部门不得以罚款数额作为考核交通警察的标准。

公安机关交通管理部门及其交通警察对超越法律、法规规定的指令,有权拒绝执行,并同时向上级机关报告。

第七章　法律责任

第八十七条　公安机关交通管理部门及其交通警察对道路交通安全违法行为,应当及时纠正。

公安机关交通管理部门及其交通警察应当依据事实和本法的有关规定对道路交通安全违法行为予以处罚。对于情节轻微,未影响道路通行的,指出违法行为,给予口头警告后放行。

第八十八条　对道路交通安全违法行为的处罚种类包括:警告、罚款、暂扣或者吊销机动车驾驶证、拘留。

第八十九条　行人、乘车人、非机动车驾驶人违反道路交通安全法律、法规关于道路通行规定的,处警告或者五元以上五十元以下罚款;非机动车驾驶人拒绝接受罚款处罚的,可以扣留其非机动车。

第九十条　机动车驾驶人违反道路交通安全法律、法规关于道路通行规定的,处警告或者二十元以上二百元以下罚款。本法另有规定的,依照规定处罚。

第九十一条　饮酒后驾驶机动车的,处暂扣六个月机动车驾驶证,并处一千元以上二千元以下罚款。因饮酒后驾驶机动车被处罚,再次饮酒后驾驶机动车的,处十日以下拘留,并处一千元以上二千元以下罚款,吊销机动车驾驶证。

醉酒驾驶机动车的,由公安机关交通管理部门约束至酒醒,吊销机动车驾驶证,依法追究刑事责任;五年内不得重新取得机动车驾驶证。

饮酒后驾驶营运机动车的,处十五日拘留,并处五千元罚款,吊销机动车驾驶证,五年内不得重新取得机动车驾驶证。

醉酒驾驶营运机动车的,由公安机关交通管理部门约束至酒醒,吊销机动车驾驶证,依法追究刑事责任;十年内不得重新取得机动车驾驶证,重新取得机动车驾驶证后,不得驾驶营运机动车。

饮酒后或者醉酒驾驶机动车发生重大交通事故,构成犯罪的,依法追究刑事责任,并由公安机关交通管理部门吊销机动车驾驶证,终生不得重新取得机动车驾驶证。

第九十二条　公路客运车辆载客超过额定乘员的,处二百元以上五百元以下罚款;超过额定乘员百分之二十或者违反规定载货的,处五百元以上二千元以下罚款。

货运机动车超过核定载质量的,处二百元以上五百元以下罚款;超过核定载质量百分之三十或者违反规定载客的，处五百元以上二千元以下罚款。

有前两款行为的，由公安机关交通管理部门扣留机动车至违法状态消除。

运输单位的车辆有本条第一款、第二款规定的情形，经处罚不改的，对直接负责的主管人员处二千元以上五千元以下罚款。

第九十三条 对违反道路交通安全法律、法规关于机动车停放、临时停车规定的，可以指出违法行为，并予以口头警告，令其立即驶离。

机动车驾驶人不在现场或者虽在现场但拒绝立即驶离，妨碍其他车辆、行人通行的，处二十元以上二百元以下罚款，并可以将该机动车拖移至不妨碍交通的地点或者公安机关交通管理部门指定的地点停放。公安机关交通管理部门拖车不得向当事人收取费用，并应当及时告知当事人停放地点。

因采取不正确的方法拖车造成机动车损坏的，应当依法承担补偿责任。

第九十四条 机动车安全技术检验机构实施机动车安全技术检验超过国务院价格主管部门核定的收费标准收取费用的，退还多收取的费用，并由价格主管部门依照《中华人民共和国价格法》的有关规定给予处罚。

机动车安全技术检验机构不按照机动车国家安全技术标准进行检验，出具虚假检验结果的，由公安机关交通管理部门处所收检验费用五倍以上十倍以下罚款，并依法撤销其检验资格；构成犯罪的，依法追究刑事责任。

第九十五条 上道路行驶的机动车未悬挂机动车号牌，未放置检验合格标志、保险标志，或者未随车携带行驶证、驾驶证的，公安机关交通管理部门应当扣留机动车，通知当事人提供相应的牌证、标志或者补办相应手续，并可以依照本法第九十条的规定予以处罚。当事人提供相应的牌证、标志或者补办相应手续的，应当及时退还机动车。

故意遮挡、污损或者不按规定安装机动车号牌的，依照本法第九十条的规定予以处罚。

第九十六条 伪造、变造或者使用伪造、变造的机动车登记证书、号牌、行驶证、驾驶证的，由公安机关交通管理部门予以收缴，扣留该机动车，处十五日以下拘留，并处二千元以上五千元以下罚款；构成犯罪的，依法追究刑事责任。

伪造、变造或者使用伪造、变造的检验合格标志、保险标志的，由公安机关交通管理部门予以收缴，扣留该机动车，处十日以下拘留，并处一千元以上三千元以下罚款；构成犯罪的，依法追究刑事责任。

使用其他车辆的机动车登记证书、号牌、行驶证、检验合格标志、保险标志的，由公安机关交通管理部门予以收缴，扣留该机动车，处二千元以上五千元以下罚款。

当事人提供相应的合法证明或者补办相应手续的,应当及时退还机动车。

第九十七条 非法安装警报器、标志灯具的,由公安机关交通管理部门强制拆除,予以收缴,并处二百元以上二千元以下罚款。

第九十八条 机动车所有人、管理人未按照国家规定投保机动车第三者责任强制保险的,由公安机关交通管理部门扣留车辆至依照规定投保后,并处依照规定投保最低责任限额应缴纳的保险费的二倍罚款。

依照前款缴纳的罚款全部纳入道路交通事故社会救助基金。具体办法由国务院规定。

第九十九条 有下列行为之一的,由公安机关交通管理部门处二百元以上二千元以下罚款:

(一)未取得机动车驾驶证、机动车驾驶证被吊销或者机动车驾驶证被暂扣期间驾驶机动车的;

(二)将机动车交由未取得机动车驾驶证或者机动车驾驶证被吊销、暂扣的人驾驶的;

(三)造成交通事故后逃逸,尚不构成犯罪的;

(四)机动车行驶超过规定时速百分之五十的;

(五)强迫机动车驾驶人违反道路交通安全法律、法规和机动车安全驾驶要求驾驶机动车,造成交通事故,尚不构成犯罪的;

(六)违反交通管制的规定强行通行,不听劝阻的;

(七)故意损毁、移动、涂改交通设施,造成危害后果,尚不构成犯罪的;

(八)非法拦截、扣留机动车辆,不听劝阻,造成交通严重阻塞或者较大财产损失的。

行为人有前款第二项、第四项情形之一的,可以并处吊销机动车驾驶证;有第一项、第三项、第五项至第八项情形之一的,可以并处十五日以下拘留。

第一百条 驾驶拼装的机动车或者已达到报废标准的机动车上道路行驶的,公安机关交通管理部门应当予以收缴,强制报废。

对驾驶前款所列机动车上道路行驶的驾驶人,处二百元以上二千元以下罚款,并吊销机动车驾驶证。

出售已达到报废标准的机动车的,没收违法所得,处销售金额等额的罚款,对该机动车依照本条第一款的规定处理。

第一百零一条 违反道路交通安全法律、法规的规定,发生重大交通事故,构成犯罪的,依法追究刑事责任,并由公安机关交通管理部门吊销机动车驾驶证。

造成交通事故后逃逸的,由公安机关交通管理部门吊销机动车驾驶证,且终生不得重新取得机动车驾驶证。

第一百零二条 对六个月内发生二次以上特大交通事故负有主要责任或者全部责任的专业运输单位,由公安机关交通管理部门责令消除安全隐患,未消除安全隐患的机动车,禁止上道路行驶。

第一百零三条 国家机动车产品主管部门未按照机动车国家安全技术标准严格审查,许可不合格机动车型投入生产的,对负有责任的主管人员和其他直接责任人员给予降级或者撤职的行政处分。

机动车生产企业经国家机动车产品主管部门许可生产的机动车型,不执行机动车国家安全技术标准或者不严格进行机动车成品质量检验,致使质量不合格的机动车出厂销售的,由质量技术监督部门依照《中华人民共和国产品质量法》的有关规定给予处罚。

擅自生产、销售未经国家机动车产品主管部门许可生产的机动车型的,没收非法生产、销售的机动车成品及配件,可以并处非法产品价值三倍以上五倍以下罚款;有营业执照的,由工商行政管理部门吊销营业执照,没有营业执照的,予以查封。

生产、销售拼装的机动车或者生产、销售擅自改装的机动车的,依照本条第三款的规定处罚。

有本条第二款、第三款、第四款所列违法行为,生产或者销售不符合机动车国家安全技术标准的机动车,构成犯罪的,依法追究刑事责任。

第一百零四条 未经批准,擅自挖掘道路、占用道路施工或者从事其他影响道路交通安全活动的,由道路主管部门责令停止违法行为,并恢复原状,可以依法给予罚款;致使通行的人员、车辆及其他财产遭受损失的,依法承担赔偿责任。

有前款行为,影响道路交通安全活动的,公安机关交通管理部门可以责令停止违法行为,迅速恢复交通。

第一百零五条 道路施工作业或者道路出现损毁,未及时设置警示标志、未采取防护措施,或者应当设置交通信号灯、交通标志、交通标线而没有设置或者应当及时变更交通信号灯、交通标志、交通标线而没有及时变更,致使通行的人员、车辆及其他财产遭受损失的,负有相关职责的单位应当依法承担赔偿责任。

第一百零六条 在道路两侧及隔离带上种植树木、其他植物或者设置广告牌、管线等,遮挡路灯、交通信号灯、交通标志,妨碍安全视距的,由公安机关交通管理部门责令行为人排除妨碍;拒不执行的,处二百元以上二千元以下罚款，并强制排除妨碍，所需费用由行为人负担。

第一百零七条 对道路交通违法行为人予以警告、二百元以下罚款，交通警察可以当场作出行政处罚决定，并出具行政处罚决定书。

行政处罚决定书应当载明当事人的违法事实、行政处罚的依据、处罚内容、时间、地点以及处罚机关名称，并由执法人员签名或者盖章。

第一百零八条 当事人应当自收到罚款的行政处罚决定书之日起十五日内，到指定的银行缴纳罚款。

对行人、乘车人和非机动车驾驶人的罚款，当事人无异议的，可以当场予以收缴罚款。

罚款应当开具省、自治区、直辖市财政部门统一制发的罚款收据；不出具财政部门统一制发的罚款收据的，当事人有权拒绝缴纳罚款。

第一百零九条 当事人逾期不履行行政处罚决定的，作出行政处罚决定的行政机关可以采取下列措施：

（一）到期不缴纳罚款的，每日按罚款数额的百分之三加处罚款；

（二）申请人民法院强制执行。

第一百一十条 执行职务的交通警察认为应当对道路交通违法行为人给予暂扣或者吊销机动车驾驶证处罚的，可以先予扣留机动车驾驶证，并在二十四小时内将案件移交公安机关交通管理部门处理。

道路交通违法行为人应当在十五日内到公安机关交通管理部门接受处理。无正当理由逾期未接受处理的，吊销机动车驾驶证。

公安机关交通管理部门暂扣或者吊销机动车驾驶证的，应当出具行政处罚决定书。

第一百一十一条 对违反本法规定予以拘留的行政处罚，由县、市公安局、公安分局或者相当于县一级的公安机关裁决。

第一百一十二条 公安机关交通管理部门扣留机动车、非机动车，应当当场出具凭证，并告知当事人在规定期限内到公安机关交通管理部门接受处理。

公安机关交通管理部门对被扣留的车辆应当妥善保管，不得使用。

逾期不来接受处理，并且经公告三个月仍不来接受处理的，对扣留的车辆依法处理。

第一百一十三条 暂扣机动车驾驶证的期限从处罚决定生效之日起计算；处罚决定生效前先予扣留机动车驾驶证的，扣留一日折抵暂扣期限一日。

吊销机动车驾驶证后重新申请领取机动车驾驶证的期限，按照机动车驾驶证管理规定办理。

第一百一十四条 公安机关交通管理部门根据交通技术监控记录资料，可以对违法的机动车所有人或者管理人依法予以处罚。对能够确定驾驶人的，可以依照本法的规定依法予以处罚。

第一百一十五条 交通警察有下列行为之一的，依法给予行政处分：

（一）为不符合法定条件的机动车发放机动车登记证书、号牌、行驶证、检验合格标志的；

（二）批准不符合法定条件的机动车安装、使用警车、消防车、救护车、工程救险车的警报器、标志灯具，喷涂标志图案的；

（三）为不符合驾驶许可条件、未经考试或者考试不合格人员发放机动车驾驶证的；

（四）不执行罚款决定与罚款收缴分离制度或者不按规定将依法收取的费用、收缴的罚款及没收的违法所得全部上缴国库的；

（五）举办或者参与举办驾驶学校或者驾驶培训班、机动车修理厂或者收费停车场等经营活动的；

（六）利用职务上的便利收受他人财物或者谋取其他利益的；

（七）违法扣留车辆、机动车行驶证、驾驶证、车辆号牌的；

（八）使用依法扣留的车辆的；

（九）当场收取罚款不开具罚款收据或者不如实填写罚款额的；

（十）徇私舞弊，不公正处理交通事故的；

（十一）故意刁难，拖延办理机动车牌证的；

（十二）非执行紧急任务时使用警报器、标志灯具的；

（十三）违反规定拦截、检查正常行驶的车辆的；

（十四）非执行紧急公务时拦截搭乘机动车的；

（十五）不履行法定职责的。

公安机关交通管理部门有前款所列行为之一的，对直接负责的主管人员和其他直接责任人员给予相应的行政处分。

第一百一十六条 依照本法第一百一十五条的规定，给予交通警察行政处分的，在作出行政处分决定前，可以停止其执行职务；必要时，可以予以禁闭。

依照本法第一百一十五条的规定，交通警察受到降级或者撤职行政处分的，可以予以辞退。

交通警察受到开除处分或者被辞退的，应当取消警衔；受到撤职以下行政处分的交通警察，应当降低警衔。

第一百一十七条 交通警察利用职权非法占有公共财物，索取、收受贿赂，或者滥用职权、玩忽职守,构成犯罪的,依法追究刑事责任。

第一百一十八条 公安机关交通管理部门及其交通警察有本法第一百一十五条所列行为之一,给当事人造成损失的,应当依法承担赔偿责任。

第八章 附 则

第一百一十九条 本法中下列用语的含义:

(一)"道路",是指公路、城市道路和虽在单位管辖范围但允许社会机动车通行的地方,包括广场、公共停车场等用于公众通行的场所。

(二)"车辆",是指机动车和非机动车。

(三)"机动车",是指以动力装置驱动或者牵引,上道路行驶的供人员乘用或者用于运送物品以及进行工程专项作业的轮式车辆。

(四)"非机动车",是指以人力或者畜力驱动,上道路行驶的交通工具,以及虽有动力装置驱动但设计最高时速、空车质量、外形尺寸符合有关国家标准的残疾人机动轮椅车、电动自行车等交通工具。

(五)"交通事故",是指车辆在道路上因过错或者意外造成的人身伤亡或者财产损失的事件。

第一百二十条 中国人民解放军和中国人民武装警察部队在编机动车牌证、在编机动车检验以及机动车驾驶人考核工作,由中国人民解放军、中国人民武装警察部队有关部门负责。

第一百二十一条 对上道路行驶的拖拉机,由农业(农业机械)主管部门行使本法第八条、第九条、第十三条、第十九条、第二十三条规定的公安机关交通管理部门的管理职权。

农业(农业机械)主管部门依照前款规定行使职权,应当遵守本法有关规定,并接受公安机关交通管理部门的监督;对违反规定的,依照本法有关规定追究法律责任。

本法施行前由农业(农业机械)主管部门发放的机动车牌证,在本法施行后继续有效。

第一百二十二条 国家对入境的境外机动车的道路交通安全实施统一管理。

第一百二十三条 省、自治区、直辖市人民代表大会常务委员会可以根据本地区的实际情况,在本法规定的罚款幅度内,规定具体的执行标准。

第一百二十四条 本法自2004年5月1日起施行。

幼儿园管理条例

(1989年9月11日中华人民共和国国家教育委员会令第4号发布
自1990年2月1日起施行)

第一章 总 则

第一条 为了加强幼儿园的管理，促进幼儿教育事业的发展，制定本条例。

第二条 本条例适用于招收三周岁以上学龄前幼儿，对其进行保育和教育的幼儿园。

第三条 幼儿园的保育和教育工作应当促进幼儿在体、智、德、美诸方面和谐发展。

第四条 地方各级人民政府应当根据本地区社会经济发展状况，制订幼儿园的发展规划。

幼儿园的设置应当与当地居民人口相适应。

乡、镇、市辖区和不设区的市的幼儿园的发展规划，应当包括幼儿园设置的布局方案。

第五条 地方各级人民政府可以依据本条例举办幼儿园，并鼓励和支持企业事业单位、社会团体、居民委员会、村民委员会和公民举办幼儿园或捐资助园。

第六条 幼儿园的管理实行地方负责、分级管理和各有关部门分工负责的原则。

国家教育委员会主管全国的幼儿园管理工作；地方各级人民政府的教育行政部门，主管本行政辖区内的幼儿园管理工作。

第二章 举办幼儿园的基本条件和审批程序

第七条 举办幼儿园必须将幼儿园设置在安全区域内。严禁在污染区和危险区内设置幼儿园。

第八条 举办幼儿园必须具有与保育、教育的要求相适应的园舍和设施。幼儿园的园舍和设施必须符合国家的卫生标准和安全标准。

第九条 举办幼儿园应当具有符合下列条件的保育、幼儿教育、医务和其他工作人员：

（一）幼儿园园长、教师应当具有幼儿师范学校（包括职业学校幼儿教育专业）毕业程度，或者经教育行政部门考核合格。

（二）医师应当具有医学院校毕业程度，医士和护士应当具有中等卫生学校毕业程度，或者取得卫生行政部门的资格认可。

（三）保健员应当具有高中毕业程度，并受过幼儿保健培训。

（四）保育员应当具有初中毕业程度，并受过幼儿保育职业培训。

慢性传染病、精神病患者，不得在幼儿园工作。

第十条 举办幼儿园的单位或者个人必须具有进行保育、教育以及维修或扩建、改建幼儿园的园舍与设施的经费来源。

第十一条 国家实行幼儿园登记注册制度，未经登记注册，任何单位和个人不得举办幼儿园。

第十二条 城市幼儿园的举办、停办，由所在区、不设区的市的人民政府教育行政部门登记注册。

农村幼儿园的举办、停办，由所在乡、镇人民政府登记注册，并报县人民政府教育行政部门备案。

第三章 幼儿园的保育和教育工作

第十三条 幼儿园应当贯彻保育与教育相结合的原则，创设与幼儿的教育和发展相适应的和谐环境，引导幼儿个性的健康发展。

幼儿园应当保障幼儿的身体健康，培养幼儿的良好生活、卫生习惯；促进幼儿的智力发展；培养幼儿热爱祖国的情感以及良好的品德行为。

第十四条 幼儿园的招生、编班应当符合教育行政部门的规定。

第十五条 幼儿园应当使用全国通用的普通话。招收少数民族为主的幼儿园，可以使用本民族通用的语言。

第十六条 幼儿园应当以游戏为基本活动形式。

幼儿园可以根据本园的实际，安排和选择教育内容与方法，但不得进行违背幼儿教育规律，有损于幼儿身心健康的活动。

第十七条 严禁体罚和变相体罚幼儿。

第十八条 幼儿园应当建立卫生保健制度，防止发生食物中毒和传染病的流行。

第十九条 幼儿园应当建立安全防护制度，严禁在幼儿园内设置威胁幼儿安全的危险建筑物和设施，严禁使用有毒、有害物质制作教具、玩具。

第二十条　幼儿园发生食物中毒、传染病流行时，举办幼儿园的单位或者个人应当立即采取紧急救护措施，并及时报告当地教育行政部门或卫生行政部门。

第二十一条　幼儿园的园舍和设施有可能发生危险时，举办幼儿园的单位或个人应当采取措施，排除险情，防止事故发生。

第四章　幼儿园的行政事务

第二十二条　各级教育行政部门应当负责监督、评估和指导幼儿园的保育、教育工作，组织培训幼儿园的师资，审定、考核幼儿园教师的资格，并协助卫生行政部门检查和指导幼儿园的卫生保健工作，会同建设行政部门制定幼儿园园舍、设施的标准。

第二十三条　幼儿园园长负责幼儿园的工作。

幼儿园园长由举办幼儿园的单位或个人聘任，并向幼儿园的登记注册机关备案。

幼儿园的教师、医师、保健员、保育员和其他工作人员，由幼儿园园长聘任，也可由举办幼儿园的单位或个人聘任。

第二十四条　幼儿园可以依据本省、自治区、直辖市人民政府制定的收费标准，向幼儿家长收取保育费、教育费。

幼儿园应当加强财务管理，合理使用各项经费，任何单位和个人不得克扣、挪用幼儿园经费。

第二十五条　任何单位和个人，不得侵占和破坏幼儿园园舍和设施，不得在幼儿园周围设置有危险、有污染或影响幼儿园采光的建筑和设施，不得干扰幼儿园正常的工作秩序。

第五章　奖励与处罚

第二十六条　凡具备下列条件之一的单位或者个人，由教育行政部门和有关部门予以奖励：

（一）改善幼儿园的办园条件成绩显著的；

（二）保育、教育工作成绩显著的；

（三）幼儿园管理工作成绩显著的。

第二十七条　违反本条例，具有下列情形之一的幼儿园，由教育行政部门视情节轻重，给予限期整顿、停止招生、停止办园的行政处罚：

（一）未经登记注册，擅自招收幼儿的；

（二）园舍、设施不符合国家卫生标准、安全标准，妨害幼儿身体健康或者威胁幼儿生命安全的；

（三）教育内容和方法违背幼儿教育规律，损害幼儿身心健康的。

第二十八条 违反本条例，具有下列情形之一的单位或者个人，由教育行政部门对直接责任人员给予警告、罚款的行政处罚，或者由教育行政部门建议有关部门对责任人员给予行政处分：

（一）体罚或变相体罚幼儿的；

（二）使用有毒、有害物质制作教具、玩具的；

（三）克扣、挪用幼儿园经费的；

（四）侵占、破坏幼儿园园舍、设备的；

（五）干扰幼儿园正常工作秩序的；

（六）在幼儿园周围设置有危险、有污染或者影响幼儿园采光的建设和设施的。

前款所列情形，情节严重，构成犯罪的，由司法机关依法追究刑事责任。

第二十九条 当事人对行政处罚不服的，可以在接到处罚通知之日起十五日内，向作出处罚决定的机关的上一级机关申请复议，对复议决定不服的，可在接到复议决定之日起十五日内，向人民法院提起诉讼。当事人逾期不申请复议或者不向人民法院提起诉讼又不履行处罚决定的，由作出处罚决定的机关申请人民法院强制执行。

第六章 附 则

第三十条 省、自治区、直辖市人民政府可根据本条例制定实施办法。

第三十一条 本条例由国家教育委员会解释。

第三十二条 本条例自1990年2月1日起施行。

学校卫生工作条例

(1990年6月4日中华人民共和国国家教育委员会令第10号发布
自1990年6月4日开始实施)

第一章 总 则

第一条 为加强学校卫生工作,提高学生的健康水平,制定本条例。

第二条 学校卫生工作的主要任务是:监测学生健康状况;对学生进行健康教育,培养学生良好的卫生习惯;改善学校卫生环境和教学卫生条件;加强对传染病、学生常见病的预防和治疗。

第三条 本条例所称的学校,是指普通中小学、农业中学、职业中学、中等专业学校、技工学校、普通高等学校。

第四条 教育行政部门负责学校卫生工作的行政管理。卫生行政部门负责对学校卫生工作的监督指导。

第二章 学校卫生工作要求

第五条 学校应当合理安排学生的学习时间。学生每日学习时间(包括自习),小学不超过六小时,中学不超过八小时,大学不超过十小时。

学校或者教师不得以任何理由和方式,增加授课时间和作业量,加重学生学习负担。

第六条 学校教学建筑、环境噪声、室内微小气候、采光、照明等环境质量以及黑板、课桌椅的设置应当符合国家有关标准。

新建、改建、扩建校舍,其选址、设计应当符合国家的卫生标准,并取得当地卫生行政部门的许可。竣工验收应当有当地卫生行政部门参加。

第七条 学校应当按照有关规定为学生设置厕所和洗手设施。寄宿制学校应当为学生提供相应的洗漱、洗澡等卫生设施。

学校应当为学生提供充足的符合卫生标准的饮用水。

第八条 学校应当建立卫生制度,加强对学生个人卫生、环境卫生以及教室、宿舍卫生的管理。

第九条　学校应当认真贯彻执行食品卫生法律、法规，加强饮食卫生管理，办好学生膳食，加强营养指导。

第十条　学校体育场地和器材应当符合卫生和安全要求。运动项目和运动强度应当适合学生的生理承受能力和体质健康状况，防止发生伤害事故。

第十一条　学校应当根据学生的年龄，组织学生参加适当的劳动，并对参加劳动的学生，进行安全教育，提供必要的安全和卫生防护措施。

普通中小学校组织学生参加劳动，不得让学生接触有毒有害物质或者从事不安全工种的作业，不得让学生参加夜班劳动。

普通高等学校、中等专业学校、技工学校、农业中学、职业中学组织学生参加生产劳动，接触有毒有害物质的，按照国家有关规定，提供保健待遇。学校应当定期对他们进行体格检查，加强卫生防护。

第十二条　学校在安排体育课以及劳动等体力活动时，应当注意女学生的生理特点，给予必要的照顾。

第十三条　学校应当把健康教育纳入教学计划。普通中小学必须开设健康教育课，普通高等学校、中等专业学校、技工学校、农业中学、职业中学应当开设健康教育选修课或者讲座。

学校应当开展学生健康咨询活动。

第十四条　学校应当建立学生健康管理制度。根据条件定期对学生进行体格检查，建立学生体质健康卡片，纳入学生档案。

学校对体格检查中发现学生有器质性疾病的，应当配合学生家长做好转诊治疗。

学校对残疾、体弱学生，应当加强医学照顾和心理卫生工作。

第十五条　学校应当配备可以处理一般伤病事故的医疗用品。

第十六条　学校应当积极做好近视眼、弱视、沙眼、龋齿、寄生虫、营养不良、贫血、脊柱弯曲、神经衰弱等学生常见疾病的群体预防和矫治工作。

第十七条　学校应当认真贯彻执行传染病防治法律、法规，做好急、慢性传染病的预防和控制管理工作，同时做好地方病的预防和控制管理工作。

第三章　学校卫生工作管理

第十八条　各级教育行政部门应当把学校卫生工作纳入学校工作计划，作为考评学校工作的一项内容。

第十九条　普通高等学校、中等专业学校、技工学校和规模较大的农业中学、职业中学、普通中小学，可以设立卫生管理机构，管理学校的卫生工作。

第二十条 普通高等学校设校医院或者卫生科。校医院应当设保健科（室），负责师生的卫生保健工作。

城市普通中小学、农村中心小学和普通中学设卫生室，按学生人数六百比一的比例配备专职卫生技术人员。

中等专业学校、技工学校、农业中学、职业中学，可以根据需要，配备专职卫生技术人员。

学生人数不足六百人的学校，可以配备专职或者兼职保健教师，开展学校卫生工作。

第二十一条 经本地区卫生行政部门批准，可以成立区域性中小学卫生保健机构。

区域性的中小学生卫生保健机构的主要任务是：

（一）调查研究本地区中小学生体质健康状况；

（二）开展中小学生常见疾病的预防与矫治；

（三）开展中小学卫生技术人员的技术培训和业务指导。

第二十二条 学校卫生技术人员的专业技术职称考核、评定，按照卫生、教育行政部门制定的考核标准和办法，由教育行政部门组织实施。

学校卫生技术人员按照国家有关规定，享受卫生保健津贴。

第二十三条 教育行政部门应当将培养学校卫生技术人员的工作列入招生计划，并通过各种教育形式为学校卫生技术人员和保健教师提供进修机会。

第二十四条 各级教育行政部门和学校应当将学校卫生经费纳入核定的年度教育经费预算。

第二十五条 各级卫生行政部门应当组织医疗单位和专业防治机构对学生进行健康检查、传染病防治和常见病矫治，接受转诊治疗。

第二十六条 各级卫生防疫站，对学校卫生工作承担下列任务：

（一）实施学校卫生监测，掌握本地区学生生长发育和健康状况，掌握学生常见病、传染病、地方病动态；

（二）制定学生常见病、传染病、地方病的防治计划；

（三）对本地区学校卫生工作进行技术指导；

（四）开展学校卫生服务。

第二十七条 供学生使用的文具、娱乐器具、保健用品，必须符合国家有关卫生标准。

第四章　学校卫生工作监督

第二十八条　县以上卫生行政部门对学校卫生工作行使监督职权。其职责是：

（一）对新建、改建、扩建校舍的选址、设计实行卫生监督；

（二）对学校内影响学生健康的学习、生活、劳动、环境、食品等方面的卫生和传染病防治工作实行卫生监督；

（三）对学生使用的文具、娱乐器具、保健用品实行卫生监督。

国务院卫生行政部门可以委托国务院其他有关部门的卫生主管机构，在本系统内对前款所列第（一）、（二）项职责行使学校卫生监督职权。

第二十九条　行使学校卫生监督职权的机构设立学校卫生监督员，由省级以上卫生行政部门聘任并发给学校卫生监督员证书。

学校卫生监督员执行卫生行政部门或者其他有关部门卫生主管机构交付的学校卫生监督任务。

第三十条　学校卫生监督员在执行任务时应出示证件。

学校卫生监督员在进行卫生监督时，有权查阅与卫生监督有关的资料，搜集与卫生监督有关的情况，被监督的单位或者个人应当给予配合。学校卫生监督员对所掌握的资料、情况负有保密责任。

第五章　奖励与处罚

第三十一条　对在学校卫生工作中成绩显著的单位或者个人，各级教育、卫生行政部门和学校应当给予表彰、奖励。

第三十二条　违反本条例第六条第二款规定，未经卫生行政部门许可新建、改建、扩建校舍的，由卫生行政部门对直接责任单位或者个人给予警告、责令停止施工或者限期改建。

第三十三条　违反本条例第六条第一款、第七条和第十条规定的，由卫生行政部门对直接责任单位或者个人给予警告并责令限期改进。情节严重的，可以同时建议教育行政部门给予行政处分。

第三十四条　违反本条例第十一条规定，致使学生健康受到损害的，由卫生行政部门对直接责任单位或者个人给予警告，责令限期改进。

第三十五条　违反本条例第二十七条规定的，由卫生行政部门对直接责任单位或者个人给予警告。情节严重的，可以会同工商行政部门没收其不符合国家有关卫生标准的物品，并处以非法所得两倍以下的罚款。

第三十六条 拒绝或者妨碍学校卫生监督员依照本条例实施卫生监督的，由卫生行政部门对直接责任单位或者个人给予警告。情节严重的，可以建议教育行政部门给予行政处分或者处以二百元以下的罚款。

第三十七条 当事人对没收、罚款的行政处罚不服的，可以在接到处罚决定书之日起十五日内，向作出处罚决定机关的上一级机关申请复议，也可以直接向人民法院起诉。对复议决定不服的，可以在接到复议决定之日起十五日内，向人民法院起诉。对罚款决定不履行又逾期不起诉的，由作出处罚决定的机关申请人民法院强制执行。

第六章 附 则

第三十八条 学校卫生监督办法、学校卫生标准由卫生部会同国家教育委员会制定。

第三十九条 贫困县不能全部适用本条例第六条第一款和第七条规定的，可以由所在省、自治区的教育、卫生行政部门制定变通的规定。变通的规定，应当报送国家教育委员会、卫生部备案。

第四十条 本条例由国家教育委员会、卫生部负责解释。

第四十一条 本条例自发布之日起施行。原教育部、卫生部一九七九年十二月六日颁布的《中、小学卫生工作暂行规定（草案）》和一九八零年八月二十六日颁布的《高等学校卫生工作暂行规定（草案）》同时废止。

中小学校园环境管理的暂行规定

(1992年6月10日教基〔1992〕19号发布
自1992年6月10日起开始实施)

第一条 为加强中小学校校园环境的管理,创设良好育人环境,保障学校和教职工、学生的合法权益,保证学校教育教学活动的正常进行,特制定本规定。

第二条 本规定适用于全日制普通中学、小学校内环境及所处周围环境的管理。

第三条 学校是教职工和学生工作、学习、生活的主要场所,应做到环境整洁优美,风气积极向上,设施完好,秩序正常,成为社会主义精神文明建设的阵地。

第四条 在学校创设良好的育人环境,建立正常的教育教学秩序,维护教职工和学生的合法权益,是校长工作的重要职责。校长应该负责将校园环境建设列入工作计划,采取措施,组织实施。

上级教育行政部门应将学校校园环境的管理状况列为对校长工作考核的一项重要内容。

第五条 校园内教学区、体育活动区、生活区和生产劳动区等布局应合理,避免相互干扰。

学校校舍应坚固、适用,并按有关规定加强管理和维修。

学校校园要绿化、美化。

第六条 学校要形成方向正确、健康文明、积极向上的校风。

教师要模范执行《中小学教师职业道德规范》,言行一致,以身作则,为人师表。

学校要严格按照中、小学生日常行为规范要求和训练学生。

第七条 校长要严格按照国家颁布的教学计划,建立正常的教育教学秩序。不经批准,不允许任何单位或个人组织学生停课参加社会活动。

第八条 要严格执行中小学升降国旗制度。

国旗要合乎规定,无破损、无污迹、旗杆直立、位置适宜。

第九条 学校要按规定悬挂领袖像,张贴中华人民共和国地图和世界地图,张贴中、小学生日常行为规范和守则,并积极创造条件设置板报、阅报栏、供展览用橱窗,开辟图书室、阅览室、团队活动室和教育展览室。

第十条 不允许任何单位或个人在学校中进行宗教活动,不允许在学校向学生宣传宗教。

第十一条 严禁宣传暴力、凶杀、色情、恐怖、迷信的图书报刊、音像制品在学校中传播。坚决抵制赌博、酗酒、不健康的歌曲和封建迷信活动对学生的影响。

第十二条 不允许任何单位或个人在校园内从事以师生为消费对象的盈利性活动。

第十三条 学校要建立安全教育制度。在教学设施,饮水饮食,取暖、用电,开展体育、劳动和其他集体活动等方面采取安全防范措施,保证师生安全。

学校要建立安全保卫制度。财务、档案、食堂、宿舍、各类专用教室、传达室等部门和场所要指定人员负责,建立岗位责任制,严格管理。节假日要安排人员值班、护校。

非学校人员未经许可不得进入学校。非学校及学校人员的车辆未经允许不得进入或穿行学校。经许可进入学校的车辆要按规定路线行驶,不得影响学校教育教学活动。

第十四条 学校要按照有关规定,建立公共卫生制度。

校园要整洁、有序。宿舍空气流通,被褥干净,物件安置有序。食堂卫生符合国家有关规定。厕所的设置应符合国家标准,保持清洁。

要严格执行《中华人民共和国传染病防治法》,预防传染病在校园内传播。

第十五条 不允许任何单位或个人依傍学校围墙或房墙构筑建筑物。

不允许校园周围的建筑影响学校教室采光、通风。对已经造成影响的,应要求有关单位或个人按当地政府有关部门规定的限期治理。

不允许任何单位或个人在学校周围从事有毒、有害的污染(包括噪声)环境的生产经营活动,或设立精神病院、传染病医院。对已经造成危害和影响的,应要求其按当地政府有关部门规定的限期治理或搬迁。

第十六条 执行文化部、公安部的规定,不允许任何单位或个人在学校门前200米半径内设置台球、电子游戏机营业点。不允许在学校门前和两侧设置集贸市场、停车场,摆摊设点,堆放杂物。

第十七条 不允许任何单位或个人在学校所属地域内放牧、种植作物、打场、堆物、取土、采石。

严禁在校园内建造、恢复祠堂、庙宇、坟茔等。

第十八条 违反本规定的,应依具体情况,按以下办法对有关责任人员进行处理:

(一)属学校行政管理不当的,当地教育行政部门应令其限期改正;工作中发生错误,造成一定影响的,当地教育行政部门应对校长及其他责任人员进行批评教育;因工作失职、渎职造成后果者,当地教育行政部门或上级主管部门应追究其行政责任,后果严重的,提请政法部门依法追究刑事责任。

(二)属工商管理范畴的,提请当地工商行政管理部门依有关法规处理。

(三)属民事范畴的,提请当地司法部门依法处理。

(四)属违反治安管理处罚条例的,报请当地公安部门依法处理。

(五)对构成犯罪的,交由政法部门追究刑事责仟。

第十九条 认真执行和维护本规定成绩显著的单位或个人,由当地人民政府和教育行政部门予以表彰和奖励。

第二十条 本规定自公布之日起施行。

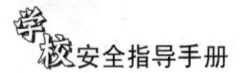

学校体育工作条例

(1990年3月12日中华人民共和国国家教育委员会令第8号发布
自1993年3月12日开始实施)

第一章 总 则

第一条 为保证学校体育工作的正常开展，促进学生身心的健康成长，制定本条例。

第二条 学校体育工作是指普通中小学校、农业中学、职业中学、中等专业学校、普通高等学校的体育课教学、课外体育活动、课余体育训练和体育竞赛。

第三条 学校体育工作的基本任务是：增进学生身心健康、增强学生体质；使学生掌握体育基本知识，培养学生体育运动能力和习惯；提高学生运动技术水平，为国家培养体育后备人才；对学生进行品德教育，增强组织纪律性，培养学生的勇敢、顽强、进取精神。

第四条 学校体育工作应当坚持普及与提高相结合、体育锻炼与安全卫生相结合的原则，积极开展多种形式的强身健体活动，重视继承和发扬民族传统体育，注意吸取国外学校体育的有益经验，积极开展体育科学研究工作。

第五条 学校体育工作应当面向全体学生，积极推行国家体育锻炼标准。

第六条 学校体育工作在教育行政部门领导下，由学校组织实施，并接受体育行政部门的指导。

第二章 体育课教学

第七条 学校应当根据教育行政部门的规定，组织实施体育课教学活动。

普通中小学校、农业中学、职业中学、中等专业学校各年级和普通高等学校的一、二年级必须开设体育课。普通高等学校对三年级以上学生开设体育选修课。

第八条 体育课教学应当遵循学生身心发展的规律，教学内容应当符合教学大纲的要求，符合学生年龄、性别特点和所在地区地理、气候条件。

体育课的教学形式应当灵活多样，不断改进教学方法，改善教学条件，提高教学质量。

第九条 体育课是学生毕业、升学考试科目。学生因病、残免修体育课或者免除体育课考试的，必须持医院证明，经学校体育教研室（组）审核同意，并报学校教务部门备案，记入学生健康档案。

第三章 课外体育活动

第十条 开展课外体育活动应当从实际情况出发，因地制宜，生动活泼。

普通中小学校、农业中学、职业中学每天应当安排课间操，每周安排三次以上课外体育活动，保证学生每天有一小时体育活动的时间（含体育课）。

中等专业学校、普通高等学校除安排有体育课、劳动课的当天外，每天应当组织学生开展各种课外体育活动。

第十一条 学校应当在学生中认真推行国家体育锻炼标准的达标活动和等级运动员制度。

学校可根据条件有计划地组织学生远足、野营和举办夏（冬）令营等多种形式的体育活动。

第四章 课余体育训练与竞赛

第十二条 学校应当在体育课教学和课外体育活动的基础上，开展多种形式的课余体育训练，提高学生的运动技术水平。有条件的普通中小学校、农业中学、职业中学、中等专业学校经省级教育行政部门批准，普通高等学校经国家教育委员会批准，可以开展培养优秀体育后备人才的训练。

第十三条 学校对参加课余体育训练的学生，应当安排好文化课学习，加强思想品德教育，并注意改善他们的营养。普通高等学校对运动水平较高、具有培养前途的学生，报国家教育委员会批准，可适当延长学习年限。

第十四条 学校体育竞赛贯彻小型多样、单项分散、基层为主、勤俭节约的原则。学校每学年至少举行一次以田径项目为主的全校性运动会。

普通小学校际体育竞赛在学校所在地的区、县范围内举行，普通中学校际体育竞赛在学校所在地的自治州、市范围内举行。但经省、自治区、直辖市教育行政部门批准，也可以在本省、自治区、直辖市范围内举行。

第十五条 全国中学生运动会每三年举行一次，全国大学生运动会每四年举行一次。特殊情况下，经国家教育委员会批准可提前或者延期举行。

国家教育委员会根据需要，可以安排学生参加国际学生体育竞赛。

第十六条 学校体育竞赛应当执行国家有关的体育竞赛制度和规定，树立良

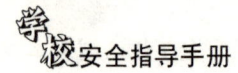

好的赛风。

第五章 体育教师

第十七条 体育教师应当热爱学校体育工作，具有良好的思想品德、文化素养，掌握体育教育的理论和教学方法。

第十八条 学校应当在各级教育行政部门核定的教师总编制数内，按照教学计划中体育课授课时数所占的比例和开展课余体育活动的需要配备体育教师。除普通小学外，学校应当根据学校女生数量配备一定比例的女体育教师。承担培养优秀体育后备人才训练任务的学校，体育教师的配备应当相应增加。

第十九条 各级教育行政部门和学校应当有计划地安排体育教师进修培训。对体育教师的职务聘任、工资待遇应当与其他任课教师同等对待。按照国家有关规定，有关部门应当妥善解决体育教师的工作服装和粮食定量。

体育教师组织课间操（早操）、课外体育活动和课余训练、体育竞赛应当计算工作量。

学校对妊娠、产后的女体育教师，应当按照《女职工劳动保护规定》给予相应的照顾。

第六章 场地、器材、设备和经费

第二十条 学校的上级主管部门和学校应当按照国家或者地方制定的各类学校体育场地、器材、设备标准，有计划地逐步配齐。学校体育器材应当纳入教学仪器供应计划。新建、改建学校必须按照有关场地、器材的规定进行规划、设计和建设。

在学校比较密集的城镇地区，逐步建立中小学体育活动中心，并纳入城市建设规划。社会的体育场（馆）和体育设施应当安排一定时间免费向学生开放。

第二十一条 学校应当制定体育场地、器材、设备的管理维修制度，并由专人负责管理。

任何单位或者个人不得侵占、破坏学校体育场地或者破坏体育器材、设备。

第二十二条 各级教育行政部门和学校应当根据学校体育工作的实际需要，把学校体育经费纳入核定的年度教育经费预算内，予以妥善安排。

地方各级人民政府在安排年度学校教育经费时，应当安排一定数额的体育经费，以保证学校体育工作的开展。

国家和地方各级体育行政部门在经费上应当尽可能对学校体育工作给予支持。

国家鼓励各种社会力量以及个人自愿捐资支援学校体育工作。

第七章 组织机构和管理

第二十三条 各级教育行政部门应当健全学校体育管理机构,加强对学校体育工作的指导和检查。

学校体育工作应当作为考核学校工作的一项基本内容。普通中小学校的体育工作应当列入督导计划。

第二十四条 学校应当由一位副校(院)长主管体育工作,在制订计划、总结工作、评选先进时,应当把体育工作列为重要内容。

第二十五条 普通高等学校、中等专业学校和规模较大的普通中学,可以建立相应的体育管理部门,配备专职干部和管理人员。

班主任、辅导员应当把学校体育工作作为一项工作内容,教育和督促学生积极参加体育活动。学校的卫生部门应当与体育管理部门互相配合,搞好体育卫生工作。总务部门应当搞好学校体育工作的后勤保障。

学校应当充分发挥共青团、少先队、学生会以及大、中学生体育协会等组织在学校体育工作中的作用。

第八章 奖励与处罚

第二十六条 对在学校体育工作中成绩显著的单位和个人,各级教育、体育行政部门或者学校应当给予表彰、奖励。

第二十七条 对违反本条例,有下列行为之一的单位或者个人,由当地教育行政部门令其限期改正,并视情节轻重对直接责任人员给予批评教育或者行政处分:

(一)不按规定开设或者随意停止体育课的;
(二)未保证学生每天一小时体育活动时间(含体育课)的;
(三)在体育竞赛中违反纪律、弄虚作假的;
(四)不按国家规定解决体育教师工作服装、粮食定量的。

第二十八条 对违反本条例,侵占、破坏学校体育场地、器材、设备的单位或者个人,由当地人民政府或者教育行政部门令其限期清退和修复场地、赔偿或者修复器材、设备。

第九章 附 则

第二十九条 高等体育院校和普通高等学校的体育专业的体育工作不适用本

条例。

技工学校、工读学校、特殊教育学校、成人学校的学校体育工作参照本条例执行。

第三十条 国家教育委员会、国家体育运动委员会可根据本条例制定实施办法。

第三十一条 本条例自发布之日起施行。原教育部、国家体育运动委员会1979年10月5日发布的《高等学校体育工作暂行规定（试行草案）》和《中、小学体育工作暂行规定（试行草案)》同时废止。

教育行政处罚暂行实施办法

(1998年3月6日中华人民共和国国家教育委员会令第27号发布
自1998年3月6日起实施)

第一章 总 则

第一条 为了规范教育行政处罚行为，保障和监督教育行政部门有效实施教育行政管理，保护公民、法人和其他组织的合法权益，根据有关法律、行政法规制定本法。

第二条 对违反教育行政管理秩序，按照《中华人民共和国教育法》和其他教育法律、法规、规章的规定，应当给予行政处罚的违法行为，依据《中华人民共和国行政处罚法》和本办法的规定实施处罚。

第三条 实施教育行政处罚必须以事实为依据，以法律为准绳，遵循公正、公开、及时的原则。实施教育行政处罚，应当坚持教育与处罚相结合，纠正违法行为，教育公民、法人和其他组织自觉守法。

第二章 实施机关与管辖

第四条 实施教育行政处罚的机关，除法律、法规另有规定的外，必须是县级以上人民政府的教育行政部门。

教育行政部门可以委托符合《中华人民共和国行政处罚法》第十九条规定的组织实施处罚。

受委托组织应以委托教育行政部门的名义作出处罚决定；委托教育行政部门应对受委托组织实施处罚的行为进行监督，并对其处罚行为的后果承担法律责任。

教育行政部门委托实施处罚，应当与受委托组织签订《教育行政处罚委托书》，在《教育行政处罚委托书》中依法规定双方实施处罚的权利和义务。

第五条 教育行政处罚由违法行为发生地的教育行政部门管辖。

对给予撤销学校或者其他教育机构处罚的案件，由批准该学校或者其他教育机构设立的教育行政部门管辖。国务院教育行政部门管辖以下处罚案件：应当由其撤销高等学校或者其他教育机构的案件；应当由其撤销教师资格的案件；全国重大、复杂的案件以及教育法律、法规规定由其管辖的处罚案件。

除国务院教育行政部门管辖的处罚案件外，对其他各级各类学校或者其他教育机构及其内部人员处罚案件的管辖为：

（一）对高等学校或者其他高等教育机构及其内部人员的处罚，为省级人民政府教育行政部门；

（二）对中等学校或者其他中等教育机构及其内部人员的处罚，为省级或地、设区的市级人民政府教育行政部门；

（三）对实施初级中等以下义务教育的学校或者其他教育机构、幼儿园及其内部人员的处罚，为县、区级人民政府教育行政部门。

第六条　上一级教育行政部门认为必要时，可以将下一级教育行政部门管辖的处罚案件提到本部门处理；下一级教育行政部门认为所管辖的处罚案件重大、复杂或超出本部门职权范围，应当报请上一级教育行政部门处理。

第七条　两个以上教育行政部门对同一个违法行为都具有管辖权的，由最先立案的教育行政部门管辖；主要违法行为发生地的教育行政部门处理更为合适的，可以移送主要违法行为发生地的教育行政部门处理。

第八条　教育行政部门发现正在处理的行政处罚案件，还应由其他行政主管机关处罚的，应向有关行政机关通报情况、移送材料并协商意见；对构成犯罪的，应先移送司法机关依法追究刑事责任。

第三章　处罚种类与主要违法情形

第九条　教育行政处罚的种类包括：

（一）警告；

（二）罚款；

（三）没收违法所得，没收违法颁发、印制的学历证书、学位证书及其他学业证书；

（四）撤销违法举办的学校和其他教育机构；

（五）取消颁发学历、学位和其他学业证书的资格；

（六）撤销教师资格；

（七）停考，停止申请认定资格；

（八）责令停止招生；

（九）吊销办学许可证；

（十）法律、法规规定的其他教育行政处罚。

教育行政部门实施上述处罚时，应当责令当事人改正、限期改正违法行为。

第十条 幼儿园在实施保育教学活动中具有下列情形之一的，由教育行政部门责令限期整顿，并视情节轻重给予停止招生、停止办园的处罚：

（一）未经注册登记，擅自招收幼儿的；

（二）园舍、设施不符国家卫生标准、安全标准，妨害幼儿身体健康或威胁幼儿生命安全的；

（三）教育内容和方法违背幼儿教育规律，损害幼儿身心健康的。

具有下列情形之一的单位或个人，由教育行政部门对直接责任人员给警告、一千元以下的罚款，或者由教育行政部门建议有关部门对责任人员给予行政处分：

（一）体罚或变相体罚幼儿的；

（二）使用有毒、有害物质制作教具、玩具的；

（三）克扣、挪用幼儿园经费的；

（四）侵占、破坏幼儿园舍、设备的；

（五）干扰幼儿园正常工作秩序的；

（六）在幼儿园周围设置有危险、有污染或者影响幼儿园采光的建筑和设施的。

前款所列情形，情节严重，构成犯罪的，由司法机关依法追究刑事责任。

第十一条 适龄儿童、少年的父母或监护人，未按法律规定送子女或被监护人就学接受义务教育的，城市由市、市辖区人民政府或者其指定机构，农村乡级人民政府，对经教育仍拒绝送子女或被监护人就学的，根据情节轻重，给予罚款的处罚。

第十二条 违反法律、法规和国家有关规定举办学校或其他教育机构的，由教育行政部门予以撤销；有违法所得的，没收违法所得。社会力量举办的教育机构，举办者虚假出资或者在教育机构成立后抽逃出资的，由审批的教育行政部门责令改正；拒不改正的，处以应出资金额或者抽逃资金额两倍以下、最高不超过十万元的罚款；情节严重的，由审批的教育行政部门给予责令停止招生、吊销办学许可证的处罚。

第十三条 非法举办国家教育考试的，由主管教育行政部门宣布考试无效；有违法所得，没收违法所得。

第十四条 参加国家教育考试的考生，有下列情形之一的，由主管教育行政部门宣布考试无效；已经被录取或取得学籍的，由教育行政部门责令学校退回招收的学员；参加高等教育自学考试的应试者，有下列情形之一，情节严重的，由各省、自治区、直辖市高等教育自学考试委员会同时给予警告或停考一至三年的处罚：

（一）以虚报或伪造、涂改有关材料及其他欺诈手段取得考试资格的；

（二）在考试中有夹带、传递、抄袭、换卷、代考等考场舞弊行为的；

（三）破坏报名点、考场、评卷地点秩序，使考试工作不能正常进行或以其他方法影响、妨碍考试工作人员使其不能正常履行责任以及其他严重违反考场规则的行为。

第十五条 社会力量举办的学校或者其他教育机构不确定各类人员的工资福利开支占经常办学费用的比例或者不按照确定的比例执行的，或者将积累用于分配或者校外投资的，由审批的教育行政部门责令改正，并可给予警告；情节严重或者拒不改正的，由审批的教育行政部门给予责令停止招生、吊销办学许可证的处罚。

第十六条 社会力量举办的学校或者其他教育机构管理混乱，教学质量低下，造成恶劣影响的，由审批的教育行政部门限期整顿，并可以给予警告；情节严重或经整顿后仍达不到要求的，由审批的教育行政部门给予责令停止招生、吊销办学许可证的处罚。

第十七条 学校或其他教育机构违反法律、行政法规的规定，颁发学位、学历或者其他学业证书的，由教育行政部门宣布该证书无效，责令收回或者予以没收；有违法所得的，没收违法所得；情节严重的，取消其颁发证书的资格。

第十八条 教师有下列情形之一的，由教育行政部门给予撤销教师资格、自撤销之日起五年内不得重新申请认定教师资格的处罚：

（一）弄虚作假或以其他欺骗手段获得教师资格的；

（二）品行不良、侮辱学生，影响恶劣的。

受到剥夺政治权利或因故意犯罪受到有期徒刑以上刑事处罚的教师，永远丧失教师资格。

上述被剥夺教师资格的教师资格证书应由教育行政部门收缴。

第十九条 参加教师资格考试的人员有作弊行为的，其考试成绩作废，并由教育行政部门给予三年内不得参加教师资格考试的处罚。

第四章 处罚程序与执行

第二十条 实施教育行政处罚，应当根据法定的条件和案件的具体情况分别适用《中华人民共和国行政处罚法》和本办法规定的简易程序、一般程序和听证程序。

第二十一条 教育行政处罚执法人员持有能够证明违法事实的确凿证据和法定的依据，对公民处以五十元以下、对法人或者其他组织处以一千元以下罚款或给予警告处罚的，可以适用简单程序，当场作出处罚决定，但应报所属教育行政部门备案。

第二十二条 执法人员当场作出教育行政处罚决定的，应向当事人出示执法身份证件，制作《教育行政处罚当场处罚笔录》，填写《教育行政处罚当场处罚决定书》，按规定格式载明当事人的违法行为、处罚依据、给予的处罚、时间、地点以及教育行政部门的名称，由教育行政执法人员签名或者盖章后，当场付当事人。

第二十三条 除依法适用简易程序和听证程序以外，对其他教育违法行为的处罚应当适用一般程序。教育行政部门发现公民、法人或者其他组织有应当给予教育行政处罚的违法行为的，应当作出立案决定，进行调查。教育行政部门在调查时，执法人员不得少于两人。

执法人员与当事人有直接利害关系的，应当主动回避，当事人有权以口头或者书面方式申请他们回避。执法人员的回避，由其所在教育行政部门的负责人决定。

第二十四条 教育行政部门必须按照法定程序和方法，全面、客观、公正地调查、收集有关证据；必要时，依照法律、行政法规的规定，可以进行检查。教育行政部门在进行检查时，执法人员不得少于两人。教育行政部门在收集证据时，对可能灭失或者以后难以取得的证据，经教育行政部门负责人批准，可以将证据先行登记，就地封存。

第二十五条 在作出处罚决定前，教育行政部门应当发出《教育行政处罚告知书》，告知当事人作出处罚决定的事实、理由和依据，并告知当事人依法享有的陈述权、申辩权和其他权利。

当事人在收到《教育行政处罚告知书》后七日内，有权向教育行政部门以书面方式提出陈述、申辩意见以及相应的事实、理由和证据。

教育行政部门必须充分听取当事人的意见，对当事人提出的事实、理由和证据进行复核，当事人提出的事实、理由或者证据成立的，教育行政部门应当采纳。教育行政部门不得因当事人的申辩而加重处罚。

第二十六条 调查终结，案件承办人员应当向所在教育行政部门负责人提交《教育行政处罚调查处理意见书》，详细陈述所查明的事实、应当作出的处理意见及其理由和依据并应附上全部证据材料。教育行政部门负责人应当认真审查调查结果，按照《中华人民共和国行政处罚法》第三十八条的规定，根据不同情况作出决定。

教育行政部门决定给予行政处罚的，应当按照《中华人民共和国行政处罚法》第三十九条的规定，制作《教育行政处罚决定书》。

《教育行政处罚决定书》的送达，应当按照《中华人民共和国行政处罚法》第四十条和《中华人民共和国民事诉讼法》第七章第二节的规定执行。

第二十七条 教育行政部门在作出本办法第九条第（三）、（四）、（五）、（六）、（七）、（八）、（九）项之一以及较大数额罚款的处罚决定前，除应当告知作出处罚决定的事实、理由和依据外，还应当书面告知当事人有要求举行听证的权利。

前款所指的较大数额的罚款，标准为：由国务院教育行政部门作出罚款决定的，为五千元以上；由地方人民政府教育行政部门作出罚款决定的，具体标准由省一级人民政府决定。

当事人在教育行政部门告知后三日内提出举行听证要求的，教育行政部门应当按照《中华人民共和国行政处罚法》第四十二条规定，组织听证。

第二十八条 听证结束后，听证主持人应当提出《教育行政处罚听证报告》，连同听证笔录和有关证据呈报教育行政部门负责人。

教育行政部门负责人应当对《教育行政处罚听证报告》进行认真审查，并按照《中华人民共和国行政处罚法》第三十八条规定作出处罚决定。

第二十九条 除依照《中华人民共和国行政处罚法》的规定可以当场收缴罚款外，作出罚款决定的教育行政部门应当与收缴罚款的机构分离，有关罚款的收取、缴纳及相关活动，适用国务院《罚款决定与罚款收缴分离实施办法》的规定。

第三十条 教育行政处罚决定作出后，当事人应当在行政处罚决定的期限内，予以履行。当事人逾期不履行的，教育行政部门可以申请人民法院强制执行。

第三十一条 当事人对行政处罚决定不服的，有权依据法律、法规的规定，申请行政复议或者提起行政诉讼。

行政复议、行政诉讼期间，行政处罚不停止执行。

第三十二条 教育行政部门的职能机构查处教育行政违法案件需要给予处罚的，应当以其所属的教育行政部门的名义作出处罚决定。

教育行政部门的法制工作机构，依法对教育行政执法工作监督检查，对教育行政部门的其他职能机构作出的行政处罚调查处理意见进行复核，并在其职责范围内具体负责组织听证及其他行政处罚工作。

第三十三条　教育行政部门及其工作人员在实施教育行政处罚中，有违反《中华人民共和国行政处罚法》和本办法行为的，应当按照《中华人民共和国行政处罚法》第七章的规定追究法律责任。

教育行政部门应当加强对行政处罚的监督检查，认真审查处理有关申诉和检举；发现教育行政处罚有错误的，应主动改正；对当事人造成损害的，应当依法赔偿。

第三十四条　教育行政部门应当建立行政处罚统计制度，每年向上一级教育行政部门和本级人民政府提交一次行政处罚处理报告。

第五章　附　则

第三十五条　本办法规定使用的各类教育行政处罚文本的格式，由国务院教育行政部门和各省、自治区、直辖市人民政府教育行政部门统一制定。

第三十六条　本办法自发布之日起施行。

关于进一步加强学校安全保卫工作意见

党中央、国务院历来十分关心重视学校的安全保卫和维护稳定工作，江泽民总书记等中央领导同志多次作出重要指示。各地区、各有关部门贯彻落实中央领导同志的指示，加强学校安全保卫工作，取得一定的成效。但是仍存在不少影响学校安全和稳定的隐患，有的问题还非常严重，造成人员伤亡、中毒、财物损失等事故和案件时有发生：由火灾、爆炸而造成重大伤亡事故；中小学校危房倒塌和用厕拥挤导致人员伤亡；在学校集体用餐发生食物中毒；组织学生出游发生交通事故；电线老化、燃气泄漏、易燃易爆物品保管失控引发火灾；校园及其周边地区治安秩序较差，案犯入室行窃、拦路抢劫师生财物；学校基础设施年久失修存在火灾等事故隐患。上述问题，有的属于犯罪分子蓄意破坏；有的属于学校领导管理不力，存在麻痹、厌倦、懈怠情绪；有的属于管理责任不落实和安全防范措施不到位。为切实贯彻落实中央领导同志指示精神，贯彻落实《国务院办公厅转发中央社会治安综合治理委员会等部门关于深化学校治安综合治理工作意见的通知》（国办发〔2000〕52号）和最近中共中央办公厅、国务院办公厅关于加强安全工作情况通报的精神，现就进一步加强学校安全保卫工作提出如下意见：

一、统一思想，提高认识，加强领导，坚决落实学校安全保卫工作领导责任制和责任追究制

各地区、各有关部门必须充分认识加强学校安全保卫工作的重要性，要认真贯彻落实江泽民总书记"三个代表"的重要思想，从讲政治的高度，以对人民群众负责的精神，把做好学校安全保卫工作摆到重要位置，要从近一段时期发生的一些重大恶性事故和案件中汲取深刻教训，举一反三，提高警惕，严密防范，努力消除各种影响学校安全和稳定的隐患，保障广大师生员工能在一个良好的环境中工作学习。

学校安全责任重于泰山。各级领导要切实改进工作作风，狠抓责任落实，坚决遏制各种刑事犯罪案件和重大安全事故的发生。学校安全保卫工作要有专门机构负责。高等学校的安全保卫工作由学校党委书记、校长负责；中小学校的安全保卫工作由校长负责。要严格执行责任追究制。对造成重大刑事案件、安全事故

和群体性事件的部门、单位和学校，要按照有关法律、法规，严肃追究有关负责人的责任。

二、贯彻"安全第一、预防为主"的方针，把安全教育、安全管理的各项措施落到实处

要建立健全专群结合、人员防范与技术防范相结合的治安防范体系。学校要在公安机关帮助指导下建立健全基层治保组织，组织人员加强对校园、教职工和学生宿舍等重点部位的治安巡逻。要加大对校园及其周边地区的治理力度，严密社会面的控制，严防敌对势力、犯罪分子伺机破坏。对在学校周边200米以内区域开设的电子游戏经营场所，要按有关文件规定予以处罚或取缔，构成犯罪的，依法追究刑事责任；对在校园居住的外来人口要进行认真清查，凡不符合规定的要责令其限期迁出校园；未经学校批准，校外人员不得随意进入校园开展活动。学校要积极创造条件，为重点部门、关键部位配置技术先进、质量可靠的监控设备。要依托物业管理部门加强对校外学生公寓的安全保卫工作，学校要向校外学生公寓派驻辅导员，负责做好学生思想政治教育等工作；要建立健全群众治安保卫组织，联防联治；要充分发挥学校安全保卫队伍的骨干作用，并进一步加强队伍建设；要充分发挥共青团组织、学生会的积极作用；开展春游及其他集体活动，要精心组织，对交通、食宿等涉及师生安全的问题，要有妥善的安排，做到安全第一；对学生勤工俭学、社会实践活动，要按照国家有关法规进行，有严密的安全保障措施，决不允许学生从事可能危及人身安全的工作。要加大对师生员工安全教育工作的力度，重点加强法制教育和自防自救教育，有条件的中小学校都要聘任法制副校长。要结合实际，采取各种有效措施，将学校安全保卫工作的责任落实到教学、后勤设施，落实到学生宿舍和校外学生公寓，责任到单位，责任到人。

三、建立健全防范安全事故的规章制度

各级各类学校要迅速对现有涉及安全的规章制度进行一次清理和检查。凡没有建章立制的，要迅速制定；凡规章制度不健全的，要尽快补充完善；凡对规章制度执行不力的，要下决心调整有关责任人。要建立健全定期检查和日常防范相结合的安全管理制度，以及安全工作信息报送、大型活动申报、危险品管理、值班、防火防灾等规章制度。各级教育行政部门要建立安全工作督查督导制度。对涉及安全保卫的各项工作，都要有章可循，违章必纠，不留盲点，不出漏洞。

四、集中力量，突出重点，认真开展学校安全大检查

各级教育行政部门、公安机关要对各级各类学校的安全状况再一次进行大检查，严格查找安全方面的漏洞和事故隐患，特别要把学生宿舍和校外学生公寓、教职工宿舍、食堂、实验室、教室、图书馆、会议室等人群集中场所作为检查的重点。对属于一、二类危房的要立即拆除，属于三类危房的要限期尽快维修加固；对违章、年久失修、超载的燃气管网和电网等基础设施，要立即维修、更换；对有毒物品、放射性物品、易燃易爆等危险物品要严格管理，发现问题要及时采取补救措施；对消防设备、消防器材要进行检查，确保消防设施完好和消防通道畅通，并制定火灾应急预案；要对学校食堂卫生安全责任制的落实情况进行检查，确保师生员工饮食安全。

各级各类学校要通过认真排查，梳理存在的突出矛盾和问题，限期整改解决，以高度的责任感和紧迫感，积极采取包括落实保障安全所需资金在内的各种措施，做好学校安全保卫工作。

五、深入做好人民内部矛盾的调处工作

要注意发现和掌握本部门、本单位和本校的不安定因素，有针对性地采取防范和控制措施。要把关心人民群众的生活当作一件大事来抓，坚决克服形式主义和官僚主义，千方百计为人民群众排忧解难。对一时难以解决的问题，要耐心细致地做好思想政治工作，防止因工作不及时、不深入、不扎实和处置不当而激化矛盾。对容易引起纠纷、导致矛盾激化的问题，要做到心中有数，并运用经济、行政和法律等手段妥善化解和处理。对有可能采取过激行为危害社会的人员，要做好教育疏导工作，落实控制措施。

六、加强学校安全保卫的信息报告工作

各级教育行政部门及各级各类学校都要加强值班工作，建立一套完善的信息收集、处理和报送制度。对重要情况和重要信息要及时上报，并做到准确、全面，不得隐瞒不报、漏报。

各地区要将贯彻落实本意见的情况于3月底之前报告教育部、公安部。教育部、公安部将对落实情况适时进行督查。

国务院关于特大安全事故行政责任追究的规定

(2001年4月21日中华人民共和国国务院令第302号公布
自2001年4月21日起施行)

第一条 为了有效地防范特大安全事故的发生，严肃追究特大安全事故的行政责任，保障人民群众生命、财产安全，制定本规定。

第二条 地方人民政府主要领导人和政府有关部门正职负责人对下列特大安全事故的防范、发生，依照法律、行政法规和本规定的规定有失职、渎职情形或者负有领导责任的，依照本规定给予行政处分；构成玩忽职守罪或者其他罪的，依法追究刑事责任：

（一）特大火灾事故；

（二）特大交通安全事故；

（三）特大建筑质量安全事故；

（四）民用爆炸物品和化学危险品特大安全事故；

（五）煤矿和其他矿山特大安全事故；

（六）锅炉、压力容器、压力管道和特种设备特大安全事故；

（七）其他特大安全事故。

地方人民政府和政府有关部门对特大安全事故的防范、发生直接负责的主管人员和其他直接责任人员，比照本规定给予行政处分；构成玩忽职守罪或者其他罪的，依法追究刑事责任。

特大安全事故肇事单位和个人的刑事处罚、行政处罚和民事责任，依照有关法律、法规和规章的规定执行。

第三条 特大安全事故的具体标准，按照国家有关规定执行。

第四条 地方各级人民政府及政府有关部门应当依照有关法律、法规和规章的规定，采取行政措施，对本地区实施安全监督管理，保障本地区人民群众生命、财产安全，对本地区或者职责范围内防范特大安全事故的发生、特大安全事故发生后的迅速和妥善处理负责。

第五条 地方各级人民政府应当每个季度至少召开一次防范特大安全事故工作会议,由政府主要领导人或者政府主要领导人委托政府分管领导人召集有关部门正职负责人参加,分析、布置、督促、检查本地区防范特大安全事故的工作。会议应当作出决定并形成纪要,会议确定的各项防范措施必须严格实施。

第六条 市(地、州)、县(市、区)人民政府应当组织有关部门按照职责分工对本地区容易发生特大安全事故的单位、设施和场所安全事故的防范明确责任、采取措施,并组织有关部门对上述单位、设施和场所进行严格检查。

第七条 市(地、州)、县(市、区)人民政府必须制定本地区特大安全事故应急处理预案。本地区特大安全事故应急处理预案经政府主要领导人签署后,报上一级人民政府备案。

第八条 市(地、州)、县(市、区)人民政府应当组织有关部门对本规定第二条所列各类特大安全事故的隐患进行查处;发现特大安全事故隐患的,责令立即排除;特大安全事故隐患排除前或者排除过程中,无法保证安全的,责令暂时停产、停业或者停止使用。法律、行政法规对查处机关另有规定的,依照其规定。

第九条 市(地、州)、县(市、区)人民政府及其有关部门对本地区存在的特大安全事故隐患,超出其管辖或者职责范围的,应当立即向有管辖权或者负有职责的上级人民政府或者政府有关部门报告;情况紧急的,可以立即采取包括责令暂时停产、停业在内的紧急措施,同时报告;有关上级人民政府或者政府有关部门接到报告后,应当立即组织查处。

第十条 中小学校对学生进行劳动技能教育以及组织学生参加公益劳动等社会实践活动,必须确保学生安全。严禁以任何形式、名义组织学生从事接触易燃、易爆、有毒、有害等危险品的劳动或者其他危险性劳动。严禁将学校场地出租作为从事易燃、易爆、有毒、有害等危险品的生产、经营场所。

中小学校违反前款规定的,按照学校隶属关系,对县(市、区)、乡(镇)人民政府主要领导人和县(市、区)人民政府教育行政部门正职负责人,根据情节轻重,给予记过、降级直至撤职的行政处分;构成玩忽职守罪或者其他罪的,依法追究刑事责任。

中小学校违反本条第一款规定的,对校长给予撤职的行政处分,对直接组织者给予开除公职的行政处分;构成非法制造爆炸物罪或者其他罪的,依法追究刑事责任。

第十一条 依法对涉及安全生产事项负责行政审批(包括批准、核准、许可、注册、认证、颁发证照、竣工验收等,下同)的政府部门或者机构,必须严格依照法律、法规和规章规定的安全条件和程序进行审查;不符合法律、法规和规章规定的安全条件的，不得批准；不符合法律、法规和规章规定的安全条件，弄虚作假，骗取批准或者勾结串通行政审批工作人员取得批准的，负责行政审批的政府部门或者机构除必须立即撤销原批准外，应当对弄虚作假骗取批准或者勾结串通行政审批工作人员的当事人依法给予行政处罚；构成行贿罪或者其他罪的，依法追究刑事责任。

负责行政审批的政府部门或者机构违反前款规定，对不符合法律、法规和规章规定的安全条件予以批准的，对部门或者机构的正职负责人，根据情节轻重，给予降级、撤职直至开除公职的行政处分；与当事人勾结串通的，应当开除公职；构成受贿罪、玩忽职守罪或者其他罪的，依法追究刑事责任。

第十二条 对依照本规定第十一条第一款的规定取得批准的单位和个人，负责行政审批的政府部门或者机构必须对其实施严格监督检查；发现其不再具备安全条件的，必须立即撤销原批准。

负责行政审批的政府部门或者机构违反前款规定，不对取得批准的单位和个人实施严格监督检查，或者发现其不再具备安全条件而不立即撤销原批准的，对部门或者机构的正职负责人，根据情节轻重，给予降级或者撤职的行政处分；构成受贿罪、玩忽职守罪或者其他罪的，依法追究刑事责任。

第十三条 对未依法取得批准，擅自从事有关活动的，负责行政审批的政府部门或者机构发现或者接到举报后，应当立即予以查封、取缔，并依法给予行政处罚；属于经营单位的，由工商行政管理部门依法相应吊销营业执照。

负责行政审批的政府部门或者机构违反前款规定，对发现或者举报的未依法取得批准而擅自从事有关活动的，不予查封、取缔、不依法给予行政处罚，工商行政管理部门不予吊销营业执照的，对部门或者机构的正职负责人，根据情节轻重，给予降级或者撤职的行政处分；构成受贿罪、玩忽职守罪或者其他罪的，依法追究刑事责任。

第十四条 市（地、州）、县（市、区）人民政府依照本规定应当履行职责而未履行，或者未按照规定的职责和程序履行，本地区发生特大安全事故的，对政府主要领导人，根据情节轻重，给予降级或者撤职的行政处分；构成玩忽职守罪的，依法追究刑事责任。

负责行政审批的政府部门或者机构、负责安全监督管理的政府有关部门，未依照本规定履行职责，发生特大安全事故的，对部门或者机构的正职负责人，根据情节轻重，给予撤职或者开除公职的行政处分；构成玩忽职守罪或者其他罪的，依法追究刑事责任。

第十五条 发生特大安全事故，社会影响特别恶劣或者性质特别严重的，由国务院对负有领导责任的省长、自治区主席、直辖市市长和国务院有关部门正职负责人给予行政处分。

第十六条　特大安全事故发生后，有关县（市、区）、市（地、州）和省、自治区、直辖市人民政府及政府有关部门应当按照国家规定的程序和时限立即上报，不得隐瞒不报、谎报或者拖延报告，并应当配合、协助事故调查，不得以任何方式阻碍、干涉事故调查。

特大安全事故发生后，有关地方人民政府及政府有关部门违反前款规定的，对政府主要领导人和政府部门正职负责人给予降级的行政处分。

第十七条　特大安全事故发生后，有关地方人民政府应当迅速组织救助，有关部门应当服从指挥、调度，参加或者配合救助，将事故损失降到最低限度。

第十八条　特大安全事故发生后，省、自治区、直辖市人民政府应当按照国家有关规定迅速、如实发布事故消息。

第十九条　特大安全事故发生后，按照国家有关规定组织调查组对事故进行调查。事故调查工作应当自事故发生之日起60日内完成，并由调查组提出调查报告；遇有特殊情况的，经调查组提出并报国家安全生产监督管理机构批准后，可以适当延长时间。调查报告应当包括依照本规定对有关责任人员追究行政责任或者其他法律责任的意见。

省、自治区、直辖市人民政府应当自调查报告提交之日起30日内，对有关责任人员作出处理决定；必要时，国务院可以对特大安全事故的有关责任人员作出处理决定。

第二十条　地方人民政府或者政府部门阻挠、干涉对特大安全事故有关责任人员追究行政责任的，对该地方人民政府主要领导人或者政府部门正职负责人，根据情节轻重，给予降级或者撤职的行政处分。

第二十一条　任何单位和个人均有权向有关地方人民政府或者政府部门报告特大安全事故隐患，有权向上级人民政府或者政府部门举报地方人民政府或者政府部门不履行安全监督管理职责或者不按照规定履行职责的情况。接到报告或者举报的有关人民政府或者政府部门，应当立即组织对事故隐患进行查处，或者对举报的不履行、不按照规定履行安全监督管理职责的情况进行调查处理。

第二十二条　监察机关依照行政监察法的规定，对地方各级人民政府和政府部门及其工作人员履行安全监督管理职责实施监察。

第二十三条　对特大安全事故以外的其他安全事故的防范、发生追究行政责任的办法，由省、自治区、直辖市人民政府参照本规定制定。

第二十四条　本规定自公布之日起施行。

关于加强青少年学生法制教育工作的若干意见

(教政法〔2002〕3号)

各省、自治区、直辖市教育厅（局）、司法厅（局）、综治办、团委，新疆生产建设兵团教育局、司法局、综治办、团委：

为深入贯彻依法治国基本方略，认真落实×××同志关于教育问题重要谈话的要求，全面实施党中央、国务院批转的"四五"普法规划，进一步加强对青少年学生的法制教育，推进青少年学生法制教育工作的科学化、制度化、规范化建设，特制定本意见。

一、指导思想与目标

1. 青少年学生是21世纪的建设者，法律素质是青少年学生综合素质的重要组成部分。青少年学生法制教育工作，要以邓小平理论和×××同志"三个代表"重要思想为指导，按照科教兴国、依法治国和社会主义现代化建设的要求，坚持法制教育与思想政治教育相结合，坚持课堂教育与课外教育相结合，坚持近期目标与长远目标相结合，不断提高广大青少年学生的法律素质，努力把青少年学生培养成为有理想、有道德、有文化、有纪律的社会主义建设事业的合格人才。

2. 完善在校学生知识结构，使法律知识成为各级各类学校的必修课内容，努力形成从小学到大学的渐进、科学、合理的法制教育体系，确保青少年学生在九年义务教育期间完成基本法律知识的普及任务；构建学校、家庭、社会"三结合"的青少年学生法制教育网络，形成全社会齐抓共管的教育格局，切实维护在校学生的合法权益，预防和减少青少年违法犯罪；努力使青少年学生法制教育在工作理念上与时俱进，在工作方式手段上实现创新，在规范化、制度化方面有新进展。

二、主要内容

3. 要根据不同学龄阶段学生的生理、心理特点和接受能力，有针对性地开展法制教育。

4. 小学法制教育要对学生进行法律启蒙教育，运用生动、形象的教学方式，向学生普及有关法律的基本常识，培养他们的爱国意识、交通安全意识、环境保护意识、自护意识，以及分辨是非的能力，从小养成遵纪守法的好品德。

5. 中学法制教育要着重进行社会主义民主与法治观念教育，增强学生的国家意识、权利义务意识、守法用法意识，进行预防未成年人犯罪教育，使学生明辨是非，提高自我约束、自我保护能力，预防和减少违法犯罪行为。中专、职校和技校要突出与所学专业知识相关和劳动保护等方面的法律知识教育。

6. 大学法制教育要按照中宣部和教育部有关"两课"设置中法律课的规定开展。要突出现代法学基础理论和依法治国理论与实践的学习，民事法律、市场经济法律与WTO规则基本知识的学习，牢固树立宪法意识、权利义务对等意识和依法办事意识。

三、基本要求

7. 逐步将法制教育纳入教学大纲，纳入教学计划，真正做到计划、教材、课时、师资"四落实"；同时，坚持校内教育与校外教育相结合，组织生动活泼、寓教于乐的法制实践活动。

8. 确保课时到位。中小学要充分发挥品德课、初中思想品德课和高中思想政治课在法制教育中的主渠道作用；同时，要在相关学科教学过程中渗透法制教育内容；组织开展丰富多彩的法制教育宣传及相关的主题教育活动。中小学法制教育课时，可由省、自治区、直辖市教育行政部门结合实际情况做出安排，有条件的地方要开设法制教育专门课程。

9. 提高法制课教师的授课水平。要有计划、有针对性地对法制课教师进行法律知识的培训。可采取脱产进修、短期培训、专家辅导、以会代训等方式进行。"四五"普法期间，力争将所有中小学法制课老师轮训一遍。有条件的中学要引进法律专业的毕业生充实师资队伍。同时，也要重视整个教师队伍的普法教育，使广大教师在学法、守法、用法等各个方面都能为人师表。

10. 完善兼职法制副校长和法制辅导员制度。在中小学推行兼职法制副校长制度,从政法机关选派政治觉悟高、有责任感、业务精、宣讲能力强的政法干部到所在辖区中小学校兼任法制副校长,协助学校开展法制教育和校园周边治安综合治理工作。加强对法制副校长的培训和必要的考核,努力提高业务素质。

11. 完善和规范青少年学生法制教育的内容,编写系统性、阶梯式的精品教材,制作和编写一批适合青少年特点和需要的法制影视作品、辅导读物。教材要根据学生的年龄段和知识水平、认知能力编写,避免成人化和公式化,数量和内容要少而精。"四五"普法各级各类在校学生的统编读本,由教育部负责组织编写,全国普法办公室负责审定、推荐。

四、方法与途径

12. 巩固课堂教学主渠道,提高法制课质量;注重法制内容向其他学科的渗透教育,增强学习效果。

13. 积极开辟第二课堂,开展学法用法实践活动。举办法律知识竞赛、开展有奖征文、模拟法庭等活动,对青少年学生进行生动、直观、形式多样的法制教育。

14. 依托社区,结合基层安全创建和"法律进社区"活动,把对青少年学生法制教育作为社区建设的一项重要工作,大力加强社区青少年法律学校建设,努力营造社区开展青少年学生法制教育的良好环境。

15. 开展依法治校。通过制定各种制度、落实责任,保证学校有一个正常的教学、科研秩序,把学校管理工作纳入法治化管理轨道;加强学校治安综合治理工作,落实预防青少年违法犯罪的各项措施,整治学校周边环境,深入开展创建安全文明校园活动,切实保证师生有一个和谐、安全、健康的学习和生活环境。

16. 加强青少年法制教育基地建设。要根据《中共中央办公厅、国务院办公厅关于加强青少年学生活动场所建设和管理工作的通知》精神,依托课外活动基地开展法制教育;继续加强、完善各级各类法制教育基地(中心)建设,利用基层法院少年法庭、少管所、戒毒所、监狱、劳教所、法律援助中心、青少年宫等社会资源,在全国地市以上单位或有条件的县(市区)创建一批综合性、常设性、功能齐全的法制教育基地。要坚持建设和管理并重,加强指导与交流,制定规范性标准,加强法制教育基地的硬件设施和软件建设。

17. 推进青少年学生网络文明行动。要结合"青少年安全放心网吧"创建活动的开展,依托学校电教室以及校外管理规范的网络阵地,广泛开展在校学生网络知识培训普及活动，利用网络开展法制教育，提高自我保护意识，最大限度地消除网络不良内容对青少年学生的负面影响。

五、保障措施

18. 青少年学生的法制教育是一个系统工程，必须齐抓共管，全社会广泛参与。加强对各级各类学校法制宣传教育的组织领导，建立健全协调运行、开展工作的责任机制，营造领导有力、职责明晰、分工协作、规范有序、整体推进的工作格局；建立政府部门与家庭、学校、社会联动机制，形成青少年学生法制教育的工作网络，逐步实现青少年法制教育的制度化、规范化。

19. 各级教育、司法行政、综合治理、团组织和普法主管机关要在各级党委、政府的领导下，充分发挥职能作用，互相支持、密切配合，加强对在校学生法制教育工作的组织协调，将此项工作纳入社会治安综合治理和实施"四五"普法规划目标责任制的考核范围，加强督促检查，推动此项工作真正落到实处。各级教育行政主管机关要采取切实措施，使各级各类学校法制教育做到计划、课时、教材、师资"四落实"，确保普及法律常识的任务在九年义务教育期间完成，各级教育行政部门法制工作机构要做到归口管理，切实抓好青少年学生的法制宣传教育工作；各级司法行政部门要协助教育行政部门组织法制课师资和法制副校长的培训等工作，加强协调、指导、检查和监督；各级综治机构要指导协调法制副校长、法制辅导员的工作，基层综治委、办要定期召集辖区内中小学法制副校长研究工作，推动学校及校园周边治安综合治理工作；各级共青团组织要充分发挥青少年工作的优势，加强青少年校外法制教育阵地建设，切实搞好有关未成年人权益保护的法律宣传教育活动。

20. 要建立健全各级各类学校法制教育的组织领导机构，明确专人负责，采取有力措施，切实落实各项计划、要求与任务。

21. 要建立监督制约和激励机制，增强学校、教师和学生学法用法的主动性和自觉性。法制教育要纳入学校教育质量和学生综合素质评估体系，开展专项评估。要把"四落实"的情况作为评估学校工作的一项重要内容，把学生学法和遵纪守法的情况纳入学生升学、招生、招工、参军等考核内容。要对"四落实"搞得好的地方、学校、法制副校长、法制辅导员、青少年法律学校、青少年法制教育基地建设等单位和个人进行表彰。

22. 要建立中小学法制教育责任制和督导检查机制。各级综合治理、教育行政、司法行政、团组织等有关部门，要把协同开展在校学生法制教育，净化学生生活和学习的社会环境工作列为重要的监督检查内容，实行定期或不定期的监督检查。

23. 积极开展调查与理论研究。有关部门和研究机构要深入开展调查研究，把握青少年法制教育工作中出现的新情况、新问题，探求开展工作的新机制与新途径，不断提高青少年学生法制教育的实际效果。

24. 根据本意见的要求，各省、自治区、直辖市有关部门要结合当地实际，制定具体的实施方案。

学生伤害事故处理办法

(2002年3月26日经部务会议讨论通过
2002年6月25日中华人民共和国教育部令第12号公布
自2002年9月1日起实施)

第一章 总 则

第一条 为积极预防、妥善处理在校学生伤害事故,保护学生、学校的合法权益,根据《中华人民共和国教育法》、《中华人民共和国未成年人保护法》和其他相关法律、行政法规及有关规定,制定本办法。

第二条 在学校实施的教育教学活动或者学校组织的校外活动中,以及在学校负有管理责任的校舍、场地、其他教育教学设施、生活设施内发生的,造成在校学生人身损害后果的事故的处理,适用本办法。

第三条 学生伤害事故应当遵循依法、客观公正、合理适当的原则,及时、妥善地处理。

第四条 学校的举办者应当提供符合安全标准的校舍、场地、其他教育教学设施和生活设施。

教育行政部门应当加强学校安全工作,指导学校落实预防学生伤害事故的措施,指导、协助学校妥善处理学生伤害事故,维护学校正常的教育教学秩序。

第五条 学校应当对在校学生进行必要的安全教育和自护自救教育;应当按照规定,建立健全安全制度,采取相应的管理措施,预防和消除教育教学环境中存在的安全隐患;当发生伤害事故时,应当及时采取措施救助受伤害学生。

学校对学生进行安全教育、管理和保护,应当针对学生年龄、认知能力和法律行为能力的不同,采用相应的内容和预防措施。

第六条 学生应当遵守学校的规章制度和纪律;在不同的受教育阶段,应当根据自身的年龄、认知能力和法律行为能力,避免和消除相应的危险。

第七条 未成年学生的父母或者其他监护人(以下称为监护人)应当依法履行监护职责,配合学校对学生进行安全教育、管理和保护工作。

学校对未成年学生不承担监护职责,但法律有规定的或者学校依法接受委托承担相应监护职责的情形除外。

第二章 事故与责任

第八条 学生伤害事故的责任,应当根据相关当事人的行为与损害后果之间的因果关系依法确定。

因学校、学生或者其他相关当事人的过错造成的学生伤害事故,相关当事人应当根据其行为过错程度的比例及其与损害后果之间的因果关系承担相应的责任。当事人的行为是损害后果发生的主要原因,应当承担主要责任;当事人的行为是损害后果发生的非主要原因,承担相应的责任。

第九条 因下列情形之一造成的学生伤害事故,学校应当依法承担相应的责任:

(一)学校的校舍、场地、其他公共设施,以及学校提供给学生使用的学具、教育教学和生活设施、设备不符合国家规定的标准,或者有明显不安全因素的;

(二)学校的安全保卫、消防、设施设备管理等安全管理制度有明显疏漏,或者管理混乱,存在重大安全隐患,而未及时采取措施的;

(三)学校向学生提供的药品、食品、饮用水等不符合国家或者行业的有关标准、要求的;

(四)学校组织学生参加教育教学活动或者校外活动,未对学生进行相应的安全教育,并未在可预见的范围内采取必要的安全措施的;

(五)学校知道教师或者其他工作人员患有不适宜担任教育教学工作的疾病,但未采取必要措施的;

(六)学校违反有关规定,组织或者安排未成年学生从事不宜未成年人参加的劳动、体育运动或者其他活动的;

(七)学生有特异体质或者特定疾病,不宜参加某种教育教学活动,学校知道或者应当知道,但未予以必要的注意的;

(八)学生在校期间突发疾病或者受到伤害,学校发现,但未根据实际情况及时采取相应措施,导致不良后果加重的;

(九)学校教师或者其他工作人员体罚或者变相体罚学生,或者在履行职责过程中违反工作要求、操作规程、职业道德或者其他有关规定的;

(十)学校教师或者其他工作人员在负有组织、管理未成年学生的职责期间,发现学生行为具有危险性,但未进行必要的管理、告诫或者制止的;

(十一)对未成年学生擅自离校等与学生人身安全直接相关的信息,学校发现或者知道，但未及时告知未成年学生的监护人，导致未成年学生因脱离监护人的保护而发生伤害的；

（十二）学校有未依法履行职责的其他情形的。

第十条 学生或者未成年学生监护人由于过错，有下列情形之一，造成学生伤害事故，应当依法承担相应的责任：

（一）学生违反法律法规的规定，违反社会公共行为准则、学校的规章制度或者纪律，实施按其年龄和认知能力应当知道具有危险或者可能危及他人的行为的；

（二）学生行为具有危险性，学校、教师已经告诫、纠正，但学生不听劝阻、拒不改正的；

（三）学生或者其监护人知道学生有特异体质，或者患有特定疾病，但未告知学校的；

（四）未成年学生的身体状况、行为、情绪等有异常情况，监护人知道或者已被学校告知，但未履行相应监护职责的；

（五）学生或者未成年学生监护人有其他过错的。

第十一条 学校安排学生参加活动，因提供场地、设备、交通工具、食品及其他消费与服务的经营者，或者学校以外的活动组织者的过错造成的学生伤害事故，有过错的当事人应当依法承担相应的责任。

第十二条 因下列情形之一造成的学生伤害事故，学校已履行了相应职责，行为并无不当的，无法律责任：

（一）地震、雷击、台风、洪水等不可抗的自然因素造成的；

（二）来自学校外部的突发性、偶发性侵害造成的；

（三）学生有特异体质、特定疾病或者异常心理状态，学校不知道或者难于知道的；

（四）学生自杀、自伤的；

（五）在对抗性或者具有风险性的体育竞赛活动中发生意外伤害的；

（六）其他意外因素造成的。

第十三条 下列情形下发生的造成学生人身损害后果的事故，学校行为并无不当的，不承担事故责任；事故责任应当按有关法律法规或者其他有关规定认定：

（一）在学生自行上学、放学、返校、离校途中发生的；

（二）在学生自行外出或者擅自离校期间发生的；

（三）在放学后、节假日或者假期等学校工作时间以外，学生自行滞留学校或者自行到校发生的；

（四）其他在学校管理职责范围外发生的。

第十四条 因学校教师或者其他工作人员与其职务无关的个人行为，或者因学生、教师及其他个人故意实施的违法犯罪行为，造成学生人身损害的，由致害人依法承担相应的责任。

第三章 事故处理程序

第十五条 发生学生伤害事故，学校应当及时救助受伤害学生，并应当及时告知未成年学生的监护人；有条件的，应当采取紧急救援等方式救助。

第十六条 发生学生伤害事故，情形严重的，学校应当及时向主管教育行政部门及有关部门报告；属于重大伤亡事故的，教育行政部门应当按照有关规定及时向同级人民政府和上一级教育行政部门报告。

第十七条 学校的主管教育行政部门应学校要求或者认为必要，可以指导、协助学校进行事故的处理工作，尽快恢复学校正常的教育教学秩序。

第十八条 发生学生伤害事故，学校与受伤害学生或者学生家长可以通过协商方式解决；双方自愿，可以书面请求主管教育行政部门进行调解。成年学生或者未成年学生的监护人也可以依法直接提起诉讼。

第十九条 教育行政部门收到调解申请，认为必要的，可以指定专门人员进行调解，并应当在受理申请之日起60日内完成调解。

第二十条 经教育行政部门调解，双方就事故处理达成一致意见的，应当在调解人员的见证下签订调解协议，结束调解；在调解期限内，双方不能达成一致意见，或者调解过程中一方提起诉讼，人民法院已经受理的，应当终止调解。调解结束或者终止，教育行政部门应当书面通知当事人。

第二十一条 对经调解达成的协议，一方当事人不履行或者反悔的，双方可以依法提起诉讼。

第二十二条 事故处理结束，学校应当将事故处理结果书面报告主管的教育行政部门；重大伤亡事故的处理结果，学校主管的教育行政部门应当向同级人民政府和上一级教育行政部门报告。

第四章 事故损害的赔偿

第二十三条 对发生学生伤害事故负有责任的组织或者个人，应当按照法律法规的有关规定，承担相应的损害赔偿责任。

第二十四条 学生伤害事故赔偿的范围与标准，按照有关行政法规、地方性法规或者最高人民法院司法解释中的有关规定确定。

教育行政部门进行调解时，认为学校有责任的，可以依照有关法律法规及国家有关规定，提出相应的调解方案。

第二十五条 对受伤害学生的伤残程度存在争议的，可以委托当地具有相应鉴定资格的医院或者有关机构，依据国家规定的人体伤残标准进行鉴定。

第二十六条 学校对学生伤害事故负有责任的，根据责任大小，适当予以经济赔偿，但不承担解决户口、住房、就业等与救助受伤害学生、赔偿相应经济损失无直接关系的其他事项。

学校无责任的，如果有条件，可以根据实际情况，本着自愿和可能的原则，对受伤害学生给予适当的帮助。

第二十七条 因学校教师或者其他工作人员在履行职务中的故意或者重大过失造成的学生伤害事故，学校予以赔偿后，可以向有关责任人员追偿。

第二十八条 未成年学生对学生伤害事故负有责任的，由其监护人依法承担相应的赔偿责任。

学生的行为侵害学校教师及其他工作人员以及其他组织、个人的合法权益，造成损失的，成年学生或者未成年学生的监护人应当依法予以赔偿。

第二十九条 根据双方达成的协议、经调解形成的协议或者人民法院的生效判决，应当由学校负担的赔偿金，学校应当负责筹措；学校无力完全筹措的，由学校的主管部门或者举办者协助筹措。

第三十条 县级以上人民政府教育行政部门或者学校举办者有条件的，可以通过设立学生伤害赔偿准备金等多种形式，依法筹措伤害赔偿金。

第三十一条 学校有条件的，应当依据保险法的有关规定，参加学校责任保险。

教育行政部门可以根据实际情况，鼓励中小学参加学校责任保险。

提倡学生自愿参加意外伤害保险。在尊重学生意愿的前提下，学校可以为学生参加意外伤害保险创造便利条件，但不得从中收取任何费用。

第五章 事故责任者的处理

第三十二条 发生学生伤害事故，学校负有责任且情节严重的，教育行政部门应当根据有关规定，对学校的直接负责的主管人员和其他直接责任人员，分别给予相应的行政处分；有关责任人的行为触犯刑律的，应当移送司法机关依法追究刑事责任。

第三十三条 学校管理混乱，存在重大安全隐患的，主管的教育行政部门或者其他有关部门应当责令其限期整顿；对情节严重或者拒不改正的，应当依据法律法规的有关规定，给予相应的行政处罚。

第三十四条 教育行政部门未履行相应职责，对学生伤害事故的发生负有责任的，由有关部门对直接负责的主管人员和其他直接责任人员分别给予相应的行政处分；有关责任人的行为触犯刑律的，应当移送司法机关依法追究刑事责任。

第三十五条 违反学校纪律，对造成学生伤害事故负有责任的学生，学校可以给予相应的处分；触犯刑律的，由司法机关依法追究刑事责任。

第三十六条 受伤害学生的监护人、亲属或者其他有关人员，在事故处理过程中无理取闹，扰乱学校正常教育教学秩序，或者侵犯学校、学校教师或者其他工作人员的合法权益的，学校应当报告公安机关依法处理；造成损失的，可以依法要求赔偿。

第六章 附 则

第三十七条 本办法所称学校，是指国家或者社会力量举办的全日制的中小学（含特殊教育学校）、各类中等职业学校、高等学校。本办法所称学生是指在上述学校中全日制就读的受教育者。

第三十八条 幼儿园发生的幼儿伤害事故，应当根据幼儿为完全无行为能力人的特点，参照本办法处理。

第三十九条 其他教育机构发生的学生伤害事故，参照本办法处理。

在学校注册的其他受教育者在学校管理范围内发生的伤害事故，参照本办法处理。

第四十条 本办法自 2002 年 9 月 1 日起实施，原国家教委、教育部颁布的与学生人身安全事故处理有关的规定，与本办法不符的，以本办法为准。

在本办法实施之前已处理完毕的学生伤害事故不再重新处理。

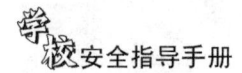

学校食堂与学生集体用餐卫生管理规定

(2002年9月20日中华人民共和国教育部、卫生部令第14号发布
自2002年11月1日开始实施)

第一章 总 则

第一条 为防止学校食物中毒或者其他食源性疾患事故的发生，保障师生员工身体健康，根据《食品卫生法》和《学校卫生工作条例》，制定本规定。

第二条 本规定适用于各级各类全日制学校以及幼儿园。

第三条 学校食堂与学生集体用餐的卫生管理必须坚持预防为主的工作方针，实行卫生行政部门监督指导、教育行政部门管理督查、学校具体实施的工作原则。

第二章 食堂建筑、设备与环境卫生要求

第四条 食堂应当保持内外环境整洁，采取有效措施，消除老鼠、蟑螂、苍蝇和其他有害昆虫及其孳生条件。

第五条 食堂的设施设备布局应当合理，应有相对独立的食品原料存放间、食品加工操作间、食品出售场所及用餐场所。

第六条 食堂加工操作间应当符合下列要求：

（一）最小使用面积不得小于8平方米；

（二）墙壁应有1.5米以上的瓷砖或其他防水、防潮、可清洗的材料制成的墙裙；

（三）地面应由防水、防滑、无毒、易清洗的材料建造，具有一定坡度，易于清洗与排水；

（四）配备有足够的照明、通风、排烟装置和有效的防蝇、防尘、防鼠，污水排放和符合卫生要求的存放废弃物的设施和设备；

（五）制售冷荤凉菜的普通高等学校食堂必须有凉菜间，并配有专用冷藏、洗涤消毒的设施设备。

第七条 食堂应当有用耐磨损、易清洗的无毒材料制造或建成的餐饮具专用

洗刷、消毒池等清洗设施设备。采用化学消毒的，必须具备2个以上的水池，并不得与清洗蔬菜、肉类等的设施设备混用。

第八条 餐饮具使用前必须洗净、消毒，符合国家有关卫生标准。未经消毒的餐饮具不得使用。禁止重复使用一次性使用的餐饮具。

消毒后的餐饮具必须贮存在餐饮具专用保洁柜内备用。已消毒和未消毒的餐饮具应分开存放，并在餐饮具贮存柜上有明显标记。餐饮具保洁柜应当定期清洗、保持洁净。

第九条 餐饮具所使用的洗涤、消毒剂必须符合卫生标准或要求。洗涤、消毒剂必须有固定的存放场所（橱柜），并有明显的标记。

第十条 食堂用餐场所应设置供用餐者洗手、洗餐具的自来水装置。

第三章 食品采购、贮存及加工的卫生要求

第十一条 严格把好食品的采购关。食堂采购员必须到持有卫生许可证的经营单位采购食品，并按照国家有关规定进行索证；应相对固定食品采购的场所，以保证其质量。

禁止采购以下食品：

（一）腐败变质、油脂酸败、霉变、生虫、污秽不洁、混有异物或者其他感官性状异常，含有毒有害物质或者被有毒、有害物质污染，可能对人体健康有害的食品；

（二）未经兽医卫生检验或者检验不合格的肉类及其制品；

（三）超过保质期限或不符合食品标签规定的定型包装食品；

（四）其他不符合食品卫生标准和要求的食品。

第十二条 学校分管学生集体用餐的订购人员在订餐时，应确认生产经营者的卫生许可证上注有"送餐"或"学生营养餐"的许可项目，不得向未经许可的生产经营者订餐。

学生集体用餐必须当餐加工，不得订购隔餐的剩余食品，不得订购冷荤凉菜食品。严把供餐卫生质量关，要按照订餐要求对供餐单位提供的食品进行验收。

第十三条 食品贮存应当分类、分架、隔墙、离地存放，定期检查、及时处理变质或超过保质期限的食品。

食品贮存场所禁止存放有毒、有害物品及个人生活物品。

用于保存食品的冷藏设备，必须贴有标志，生食品、半成品和熟食品应分柜存放。

第十四条 用于原料、半成品、成品的刀、墩、板、桶、盆、筐、抹布以及

其他工具、容器必须标志明显，做到分开使用，定位存放，用后洗净，保持清洁。

第十五条 食堂炊事员必须采用新鲜洁净的原料制作食品，不得加工或使用腐败变质和感官性状异常的食品及其原料。

第十六条 加工食品必须做到熟透，需要熟制加工的大块食品，其中心温度不低于70℃。

加工后的熟制品应当与食品原料或半成品分开存放，半成品应当与食品原料分开存放，防止交叉污染。食品不得接触有毒物、不洁物。

不得向学生出售腐败变质或者感官性状异常，可能影响学生健康的食物。

第十七条 职业学校、普通中等学校、小学、特殊教育学校、幼儿园的食堂不得制售冷荤凉菜。

普通高等学校食堂的凉菜间必须定时进行空气消毒；应有专人加工操作，非凉菜间工作人员不得擅自进入凉菜间；加工凉菜的工用具、容器必须专用，用前必须消毒，用后必须洗净并保持清洁。

每餐的各种凉菜应各取不少于250克的样品留置于冷藏设备中保存24小时以上，以备查验。

第十八条 食品在烹饪后至出售前一般不超过2个小时，若超过2个小时存放的，应当在高于60℃或低于10℃的条件下存放。

第十九条 食堂剩余食品必须冷藏，冷藏时间不得超过24小时，在确认没有变质的情况下，必须经高温彻底加热后，方可继续出售。

第四章　食堂从业人员卫生要求

第二十条 食堂从业人员、管理人员必须掌握有关食品卫生的基本要求。

第二十一条 食堂从业人员每年必须进行健康检查，新参加工作和临时参加工作的食品生产经营人员都必须进行健康检查，取得健康证明后方可参加工作。

凡患有痢疾、伤寒、病毒性肝炎等消化道疾病（包括病原携带者），活动性肺结核，化脓性或者渗出性皮肤病以及其他有碍食品卫生的疾病的，不得从事接触直接入口食品的工作。

食堂从业人员及集体餐分餐人员在出现咳嗽、腹泻、发热、呕吐等有碍于食品卫生的病症时，应立即脱离工作岗位，待查明病因、排除有碍食品卫生的病症或治愈后，方可重新上岗。

第二十二条 食堂从业人员应有良好的个人卫生习惯。必须做到：

（一）工作前、处理食品原料后、便后用肥皂及流动清水洗手；接触直接入口食品之前应洗手消毒；

（二）穿戴清洁的工作衣、帽，并把头发置于帽内；

（三）不得留长指甲、涂指甲油、戴戒指加工食品；

（四）不得在食品加工和销售场所内吸烟。

第五章 管理与监督

第二十三条 学校应建立主管校长负责制，并配备专职或者兼职的食品卫生管理人员。

第二十四条 学校应建立健全食品卫生安全管理制度。

食堂实行承包经营时，学校必须把食品卫生安全作为承包合同的重要指标。

第二十五条 学校食堂必须取得卫生行政部门发放的卫生许可证，未取得卫生许可证的学校食堂不得开办；要积极配合、主动接受当地卫生行政部门的卫生监督。

第二十六条 学校食堂应当建立卫生管理规章制度及岗位责任制度，相关的卫生管理条款应在用餐场所公示，接受用餐者的监督。

食堂应建立严格的安全保卫措施，严禁非食堂工作人员随意进入学校食堂的食品加工操作间及食品原料存放间，防止投毒事件的发生，确保学生用餐的卫生与安全。

第二十七条 学校应当对学生加强饮食卫生教育，进行科学引导，劝阻学生不买街头无照（证）商贩出售的盒饭及食品，不食用来历不明的可疑食物。

第二十八条 各级教育行政部门应根据《食品卫生法》和本规定的要求，加强所辖学校的食品卫生工作的行政管理，并将食品卫生安全管理工作作为对学校督导评估的重要内容，在考核学校工作时，应将食品卫生安全工作作为重要的考核指标。

第二十九条 各级教育行政部门应制定食堂管理人员和从业人员的培训计划，并在卫生行政部门的指导下定期组织对所属学校食堂的管理人员和从业人员进行食品卫生知识、职业道德和法制教育的培训。

第三十条 各级教育行政部门及学校所属的卫生保健机构具有对学校食堂及学生集体用餐的业务指导和检查督促的职责，应定期深入学校食堂进行业务指导和检查督促。

第三十一条 各级卫生行政部门应当根据《食品卫生法》的有关规定，加强对学校食堂与学生集体用餐的卫生监督，对食堂采购、贮存、加工、销售中容易造成食物中毒或其他食源性疾患的重要环节应重点进行监督指导。

加大卫生许可工作的管理和督查力度，严格执行卫生许可证的发放标准，对卫生质量不稳定和不具备卫生条件的学校食堂一律不予发证。对获得卫生许可证的学校食堂要加大监督的力度与频度。

第三十二条　学校应当建立食物中毒或者其他食源性疾患等突发事件的应急处理机制。发生食物中毒或疑似食物中毒事故后，应采取下列措施：

（一）立即停止生产经营活动，并向所在地人民政府、教育行政部门和卫生行政部门报告；

（二）协助卫生机构救治病人；

（三）保留造成食物中毒或者可能导致食物中毒的食品及其原料、工具、设备和现场；

（四）配合卫生行政部门进行调查，按卫生行政部门的要求如实提供有关材料和样品；

（五）落实卫生行政部门要求采取的其他措施，把事态控制在最小范围。

第三十三条　学校必须建立健全食物中毒或者其他食源性疾患的报告制度，发生食物中毒或疑似食物中毒事故应及时报告当地教育行政部门和卫生行政部门。

当地教育行政部门应逐级报告上级教育行政部门。

当地卫生行政部门应当于6小时内上报卫生部，并同时报告同级人民政府和上级卫生行政部门。

第三十四条　要建立学校食品卫生责任追究制度。对违反本规定，玩忽职守、疏于管理，造成学生食物中毒或者其他食源性疾患的学校和责任人，以及造成食物中毒或其他食源性疾患后，隐瞒实情不上报的学校和责任人，由教育行政部门按照有关规定给予通报批评或行政处分。

对不符合卫生许可证发放条件而发放卫生许可证造成食物中毒或其他食源性疾患的责任人，由卫生行政部门按照有关规定给予通报批评或行政处分。

对违反本规定，造成重大食物中毒事件，情节特别严重的，要依法追究相应责任人的法律责任。

第六章　附　则

第三十五条　本规定下列用语含义是：

学生集体用餐：以供学生用餐为目的而配置的膳食和食品，包括学生普通餐、学生营养餐、学生课间餐（牛奶、豆奶、饮料、面点等）、学校举办各类活动时为学生提供的集体饮食等。

食堂：学校自办食堂、承包食堂和高校后勤社会化后专门为学生提供就餐服务的实体。

食堂从业人员：食堂采购员、食堂炊事员、食堂分餐员、仓库保管员等。

第三十六条 以简单加工学生自带粮食、蔬菜或以为学生热饭为主的规模小的农村学校，其食堂建筑、设备等暂不作为实行本规定的单位对待。但是，其他方面应当符合本规定要求。

第三十七条 学生集体用餐生产经营者的监督管理，按《学生集体用餐卫生监督办法》执行。

第三十八条 本规定自2002年11月1日起实施。

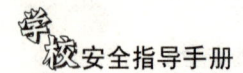

疫苗流通和预防接种管理条例

(2005年3月16日国务院第八十三次常务会议通过
2005年3月24日中华人民共和国国务院令第434号公布
自2005年6月1日起施行)

第一章 总 则

第一条 为了加强对疫苗流通和预防接种的管理，预防、控制传染病的发生、流行，保障人体健康和公共卫生，根据《中华人民共和国药品管理法》(以下简称药品管理法)和《中华人民共和国传染病防治法》(以下简称传染病防治法)，制定本条例。

第二条 本条例所称疫苗，是指为了预防、控制传染病的发生、流行，用于人体预防接种的疫苗类预防性生物制品。

疫苗分为两类。第一类疫苗，是指政府免费向公民提供，公民应当依照政府的规定受种的疫苗，包括国家免疫规划确定的疫苗，省、自治区、直辖市人民政府在执行国家免疫规划时增加的疫苗，以及县级以上人民政府或者其卫生主管部门组织的应急接种或者群体性预防接种所使用的疫苗；第二类疫苗，是指由公民自费并且自愿受种的其他疫苗。

第三条 接种第一类疫苗由政府承担费用。接种第二类疫苗由受种者或者其监护人承担费用。

第四条 疫苗的流通、预防接种及其监督管理适用本条例。

第五条 国务院卫生主管部门根据全国范围内的传染病流行情况、人群免疫状况等因素，制定国家免疫规划；会同国务院财政部门拟订纳入国家免疫规划的疫苗种类，报国务院批准后公布。

省、自治区、直辖市人民政府在执行国家免疫规划时，根据本行政区域的传染病流行情况、人群免疫状况等因素，可以增加免费向公民提供的疫苗种类，并报国务院卫生主管部门备案。

第六条 国家实行有计划的预防接种制度，推行扩大免疫规划。

需要接种第一类疫苗的受种者应当依照本条例规定受种；受种者为未成年人

的，其监护人应当配合有关的疾病预防控制机构和医疗机构等医疗卫生机构，保证受种者及时受种。

第七条 国务院卫生主管部门负责全国预防接种的监督管理工作。县级以上地方人民政府卫生主管部门负责本行政区域内预防接种的监督管理工作。

国务院药品监督管理部门负责全国疫苗的质量和流通的监督管理工作。省、自治区、直辖市人民政府药品监督管理部门负责本行政区域内疫苗的质量和流通的监督管理工作。

第八条 经县级人民政府卫生主管部门依照本条例规定指定的医疗卫生机构（以下称接种单位），承担预防接种工作。县级人民政府卫生主管部门指定接种单位时，应当明确其责任区域。

县级以上人民政府应当对承担预防接种工作并作出显著成绩和贡献的接种单位及其工作人员给予奖励。

第九条 国家支持、鼓励单位和个人参与预防接种工作。各级人民政府应当完善有关制度，方便单位和个人参与预防接种工作的宣传、教育和捐赠等活动。

居民委员会、村民委员会应当配合有关部门开展与预防接种有关的宣传、教育工作，并协助组织居民、村民受种第一类疫苗。

第二章 疫苗流通

第十条 药品批发企业依照本条例的规定经批准后可以经营疫苗。药品零售企业不得从事疫苗经营活动。

药品批发企业申请从事疫苗经营活动的，应当具备下列条件：

（一）具有从事疫苗管理的专业技术人员；

（二）具有保证疫苗质量的冷藏设施、设备和冷藏运输工具；

（三）具有符合疫苗储存、运输管理规范的管理制度。

省、自治区、直辖市人民政府药品监督管理部门对药品批发企业是否符合上述条件进行审查；对符合条件的，在其药品经营许可证上加注经营疫苗的业务。

取得疫苗经营资格的药品批发企业（以下称疫苗批发企业），应当对其冷藏设施、设备和冷藏运输工具进行定期检查、维护和更新，以确保其符合规定要求。

第十一条 省级疾病预防控制机构应当根据国家免疫规划和本地区预防、控制传染病的发生、流行的需要，制定本地区第一类疫苗的使用计划（以下称使用计划），并向依照国家有关规定负责采购第一类疫苗的部门报告，同时报同级人民政府卫生主管部门备案。使用计划应当包括疫苗的品种、数量、供应渠道与供应方式等内容。

第十二条 依照国家有关规定负责采购第一类疫苗的部门应当依法与疫苗生产企业或者疫苗批发企业签订政府采购合同，约定疫苗的品种、数量、价格等内容。

第十三条 疫苗生产企业或者疫苗批发企业应当按照政府采购合同的约定，向省级疾病预防控制机构或者其指定的其他疾病预防控制机构供应第一类疫苗，不得向其他单位或者个人供应。

疫苗生产企业、疫苗批发企业应当在其供应的纳入国家免疫规划疫苗的最小外包装的显著位置，标明"免费"字样以及国务院卫生主管部门规定的"免疫规划"专用标识。具体管理办法由国务院药品监督管理部门会同国务院卫生主管部门制定。

第十四条 省级疾病预防控制机构应当做好分发第一类疫苗的组织工作，并按照使用计划将第一类疫苗组织分发到设区的市级疾病预防控制机构或者县级疾病预防控制机构。县级疾病预防控制机构应当按照使用计划将第一类疫苗分发到接种单位和乡级医疗卫生机构。乡级医疗卫生机构应当将第一类疫苗分发到承担预防接种工作的村医疗卫生机构。医疗卫生机构不得向其他单位或者个人分发第一类疫苗；分发第一类疫苗，不得收取任何费用。

传染病暴发、流行时，县级以上地方人民政府或者其卫生主管部门需要采取应急接种措施的，设区的市级以上疾病预防控制机构可以直接向接种单位分发第一类疫苗。

第十五条 疫苗生产企业可以向疾病预防控制机构、接种单位、疫苗批发企业销售本企业生产的第二类疫苗。疫苗批发企业可以向疾病预防控制机构、接种单位、其他疫苗批发企业销售第二类疫苗。

县级疾病预防控制机构可以向接种单位供应第二类疫苗；设区的市级以上疾病预防控制机构不得直接向接种单位供应第二类疫苗。

第十六条 疾病预防控制机构、接种单位、疫苗生产企业、疫苗批发企业应当遵守疫苗储存、运输管理规范，保证疫苗质量。

疫苗储存、运输管理规范由国务院卫生主管部门会同国务院药品监督管理部门制定。

第十七条 疫苗生产企业、疫苗批发企业在销售疫苗时，应当提供由药品检验机构依法签发的生物制品每批检验合格或者审核批准证明复印件，并加盖企业印章；疫苗批发企业经营进口疫苗的，还应当提供进口药品通关单复印件，并加盖企业印章。

疾病预防控制机构、接种单位在接收或者购进疫苗时，应当向疫苗生产企业、疫苗批发企业索取前款规定的证明文件，并保存至超过疫苗有效期2年备查。

第十八条 疫苗生产企业、疫苗批发企业应当依照药品管理法和国务院药品监督管理部门的规定，建立真实、完整的购销记录，并保存至超过疫苗有效期2年备查。

疾病预防控制机构应当依照国务院卫生主管部门的规定，建立真实、完整的购进、分发、供应记录，并保存至超过疫苗有效期2年备查。

第三章 疫苗接种

第十九条 国务院卫生主管部门应当制定、公布预防接种工作规范，并根据疫苗的国家标准，结合传染病流行病学调查信息，制定、公布纳入国家免疫规划疫苗的免疫程序和其他疫苗的免疫程序或者使用指导原则。

省、自治区、直辖市人民政府卫生主管部门应当根据国务院卫生主管部门制定的免疫程序、疫苗使用指导原则，结合本行政区域的传染病流行情况，制定本行政区域的接种方案，并报国务院卫生主管部门备案。

第二十条 各级疾病预防控制机构依照各自职责，根据国家免疫规划或者接种方案，开展与预防接种相关的宣传、培训、技术指导、监测、评价、流行病学调查、应急处置等工作，并依照国务院卫生主管部门的规定作好记录。

第二十一条 接种单位应当具备下列条件：

（一）具有医疗机构执业许可证件；

（二）具有经过县级人民政府卫生主管部门组织的预防接种专业培训并考核合格的执业医师、执业助理医师、护士或者乡村医生；

（三）具有符合疫苗储存、运输管理规范的冷藏设施、设备和冷藏保管制度。

承担预防接种工作的城镇医疗卫生机构，应当设立预防接种门诊。

第二十二条 接种单位应当承担责任区域内的预防接种工作，并接受所在地的县级疾病预防控制机构的技术指导。

第二十三条 接种单位接收第一类疫苗或者购进第二类疫苗，应当建立并保存真实、完整的接收、购进记录。

接种单位应当根据预防接种工作的需要，制定第一类疫苗的需求计划和第二类疫苗的购买计划，并向县级人民政府卫生主管部门和县级疾病预防控制机构报告。

第二十四条 接种单位接种疫苗，应当遵守预防接种工作规范、免疫程序、疫苗使用指导原则和接种方案，并在其接种场所的显著位置公示第一类疫苗的品种和接种方法。

第二十五条　医疗卫生人员在实施接种前，应当告知受种者或者其监护人所接种疫苗的品种、作用、禁忌、不良反应以及注意事项，询问受种者的健康状况以及是否有接种禁忌等情况，并如实记录告知和询问情况。受种者或者其监护人应当了解预防接种的相关知识，并如实提供受种者的健康状况和接种禁忌等情况。

医疗卫生人员应当对符合接种条件的受种者实施接种，并依照国务院卫生主管部门的规定，填写并保存接种记录。

对于因有接种禁忌而不能接种的受种者，医疗卫生人员应当对受种者或者其监护人提出医学建议。

第二十六条　国家对儿童实行预防接种证制度。在儿童出生后1个月内，其监护人应当到儿童居住地承担预防接种工作的接种单位为其办理预防接种证。接种单位对儿童实施接种时，应当查验预防接种证，并作好记录。

儿童离开原居住地期间，由现居住地承担预防接种工作的接种单位负责对其实施接种。

预防接种证的格式由省、自治区、直辖市人民政府卫生主管部门制定。

第二十七条　儿童入托、入学时，托幼机构、学校应当查验预防接种证，发现未依照国家免疫规划受种的儿童，应当向所在地的县级疾病预防控制机构或者儿童居住地承担预防接种工作的接种单位报告，并配合疾病预防控制机构或者接种单位督促其监护人在儿童入托、入学后及时到接种单位补种。

第二十八条　接种单位应当按照国家免疫规划对居住在其责任区域内需要接种第一类疫苗的受种者接种，并达到国家免疫规划所要求的接种率。

疾病预防控制机构应当及时向接种单位分发第一类疫苗。

受种者或者其监护人要求自费选择接种第一类疫苗的同品种疫苗的，提供服务的接种单位应当告知费用承担、异常反应补偿方式以及本条例第二十五条规定的有关内容。

第二十九条　接种单位应当依照国务院卫生主管部门的规定对接种情况进行登记，并向所在地的县级人民政府卫生主管部门和县级疾病预防控制机构报告。接种单位在完成国家免疫规划后剩余第一类疫苗的，应当向原疫苗分发单位报告，并说明理由。

第三十条　接种单位接种第一类疫苗不得收取任何费用。

接种单位接种第二类疫苗可以收取服务费、接种耗材费，具体收费标准由所在地的省、自治区、直辖市人民政府价格主管部门核定。

第三十一条　县级以上地方人民政府卫生主管部门根据传染病监测和预警信息，为了预防、控制传染病的暴发、流行，需要在本行政区域内部分地区进行群体性预防接种的，应当报经本级人民政府决定，并向省、自治区、直辖市人民政府卫生主管部门备案；需要在省、自治区、直辖市行政区域全部范围内进行群体性预防接种的，应当由省、自治区、直辖市人民政府卫生主管部门报经本级人民政府决定，并向国务院卫生主管部门备案。需要在全国范围或者跨省、自治区、直辖市范围内进行群体性预防接种的，应当由国务院卫生主管部门决定。作出批准决定的人民政府或者国务院卫生主管部门应当组织有关部门做好人员培训、宣传教育、物资调用等工作。

任何单位或者个人不得擅自进行群体性预防接种。

第三十二条　传染病暴发、流行时，县级以上地方人民政府或者其卫生主管部门需要采取应急接种措施的，依照传染病防治法和《突发公共卫生事件应急条例》的规定执行。

第三十三条　国务院卫生主管部门或者省、自治区、直辖市人民政府卫生主管部门可以根据传染病监测和预警信息发布接种第二类疫苗的建议信息，其他任何单位和个人不得发布。

接种第二类疫苗的建议信息应当包含所针对传染病的防治知识、相关的接种方案等内容，但不得涉及具体的疫苗生产企业、疫苗批发企业。

第四章　保障措施

第三十四条　县级以上人民政府应当将与国家免疫规划有关的预防接种工作纳入本行政区域的国民经济和社会发展计划，对预防接种工作所需经费予以保障，保证达到国家免疫规划所要求的接种率，确保国家免疫规划的实施。

第三十五条　省、自治区、直辖市人民政府根据本行政区域传染病流行趋势，在国务院卫生主管部门确定的传染病预防、控制项目范围内，确定本行政区域与预防接种相关的项目，并保证项目的实施。

第三十六条　省、自治区、直辖市人民政府应当对购买、运输第一类疫苗所需经费予以保障，并保证本行政区域内疾病预防控制机构和接种单位冷链系统的建设、运转。

国家根据需要对贫困地区的预防接种工作给予适当支持。

第三十七条　县级人民政府应当保证实施国家免疫规划的预防接种所需经费，并依照国家有关规定对从事预防接种工作的乡村医生和其他基层预防保健人员给予适当补助。

省、自治区、直辖市人民政府和设区的市级人民政府应当对困难地区的县级人民政府开展与预防接种相关的工作给予必要的经费补助。

第三十八条 县级以上人民政府负责疫苗和有关物资的储备，以备调用。

第三十九条 各级财政安排用于预防接种的经费应当专款专用，任何单位和个人不得挪用、挤占。有关单位和个人使用用于预防接种的经费应当依法接受审计机关的审计监督。

第五章 预防接种异常反应的处理

第四十条 预防接种异常反应，是指合格的疫苗在实施规范接种过程中或者实施规范接种后造成受种者机体组织器官、功能损害，相关各方均无过错的药品不良反应。

第四十一条 下列情形不属于预防接种异常反应：

（一）因疫苗本身特性引起的接种后一般反应；

（二）因疫苗质量不合格给受种者造成的损害；

（三）因接种单位违反预防接种工作规范、免疫程序、疫苗使用指导原则、接种方案给受种者造成的损害；

（四）受种者在接种时正处于某种疾病的潜伏期或者前驱期，接种后偶合发病；

（五）受种者有疫苗说明书规定的接种禁忌，在接种前受种者或者其监护人未如实提供受种者的健康状况和接种禁忌等情况，接种后受种者原有疾病急性复发或者病情加重；

（六）因心理因素发生的个体或者群体的心因性反应。

第四十二条 疾病预防控制机构和接种单位及其医疗卫生人员发现预防接种异常反应、疑似预防接种异常反应或者接到相关报告的，应当依照预防接种工作规范及时处理，并立即报告所在地的县级人民政府卫生主管部门、药品监督管理部门。接到报告的卫生主管部门、药品监督管理部门应当立即组织调查处理。

第四十三条 县级以上地方人民政府卫生主管部门、药品监督管理部门应当将在本行政区域内发生的预防接种异常反应及其处理的情况，分别逐级上报至国务院卫生主管部门和药品监督管理部门。

第四十四条 预防接种异常反应争议发生后，接种单位或者受种方可以请求接种单位所在地的县级人民政府卫生主管部门处理。

因预防接种导致受种者死亡、严重残疾或者群体性疑似预防接种异常反应，接种单位或者受种方请求县级人民政府卫生主管部门处理的，接到处理请求的卫生主管部门应当采取必要的应急处置措施，及时向本级人民政府报告，并移送上一级人民政府卫生主管部门处理。

第四十五条　预防接种异常反应的鉴定参照《医疗事故处理条例》执行，具体办法由国务院卫生主管部门会同国务院药品监督管理部门制定。

第四十六条　因预防接种异常反应造成受种者死亡、严重残疾或者器官组织损伤的，应当给予一次性补偿。

因接种第一类疫苗引起预防接种异常反应需要对受种者予以补偿的，补偿费用由省、自治区、直辖市人民政府财政部门在预防接种工作经费中安排。因接种第二类疫苗引起预防接种异常反应需要对受种者予以补偿的，补偿费用由相关的疫苗生产企业承担。

预防接种异常反应具体补偿办法由省、自治区、直辖市人民政府制定。

第四十七条　因疫苗质量不合格给受种者造成损害的，依照药品管理法的有关规定处理；因接种单位违反预防接种工作规范、免疫程序、疫苗使用指导原则、接种方案给受种者造成损害的，依照《医疗事故处理条例》的有关规定处理。

第六章　监督管理

第四十八条　药品监督管理部门依照药品管理法及其实施条例的有关规定，对疫苗在储存、运输、供应、销售、分发和使用等环节中的质量进行监督检查，并将检查结果及时向同级卫生主管部门通报。药品监督管理部门根据监督检查需要对疫苗进行抽查检验的，有关单位和个人应当予以配合，不得拒绝。

第四十九条　药品监督管理部门在监督检查中，对有证据证明可能危害人体健康的疫苗及其有关材料可以采取查封、扣押的措施，并在7日内作出处理决定；疫苗需要检验的，应当自检验报告书发出之日起15日内作出处理决定。

疾病预防控制机构、接种单位、疫苗生产企业、疫苗批发企业发现假劣或者质量可疑的疫苗，应当立即停止接种、分发、供应、销售，并立即向所在地的县级人民政府卫生主管部门和药品监督管理部门报告，不得自行处理。接到报告的卫生主管部门应当立即组织疾病预防控制机构和接种单位采取必要的应急处置措施，同时向上级卫生主管部门报告；接到报告的药品监督管理部门应当对假劣或者质量可疑的疫苗依法采取查封、扣押等措施。

第五十条　县级以上人民政府卫生主管部门在各自职责范围内履行下列监督检查职责：

（一）对医疗卫生机构实施国家免疫规划的情况进行监督检查；

（二）对疾病预防控制机构开展与预防接种相关的宣传、培训、技术指导等工作进行监督检查；

（三）对医疗卫生机构分发和购买疫苗的情况进行监督检查。

卫生主管部门应当主要通过对医疗卫生机构依照本条例规定所作的疫苗分发、储存、运输和接种等记录进行检查，履行监督管理职责；必要时，可以进行现场监督检查。卫生主管部门对监督检查情况应当予以记录，发现违法行为的，应当责令有关单位立即改正。

第五十一条 卫生主管部门、药品监督管理部门的工作人员依法履行监督检查职责时，不得少于2人，并出示证明文件；对被检查人的商业秘密应当保密。

第五十二条 卫生主管部门、药品监督管理部门发现疫苗质量问题和预防接种异常反应以及其他情况时，应当及时互相通报。

第五十三条 任何单位和个人有权向卫生主管部门、药品监督管理部门举报违反本条例规定的行为，有权向本级人民政府、上级人民政府有关部门举报卫生主管部门、药品监督管理部门未依法履行监督管理职责的情况。接到举报的有关人民政府、卫生主管部门、药品监督管理部门对有关举报应当及时核实、处理。

第七章 法律责任

第五十四条 县级以上人民政府卫生主管部门、药品监督管理部门违反本条例规定，有下列情形之一的，由本级人民政府、上级人民政府卫生主管部门、药品监督管理部门责令改正，通报批评；造成受种者人身损害，传染病传播、流行或者其他严重后果的，对直接负责的主管人员和其他直接责任人员依法给予行政处分；构成犯罪的，依法追究刑事责任：

（一）未依照本条例规定履行监督检查职责，或者发现违法行为不及时查处的；

（二）未及时核实、处理对下级卫生主管部门、药品监督管理部门不履行监督管理职责的举报的；

（三）接到发现预防接种异常反应或者疑似预防接种异常反应的相关报告，未立即组织调查处理的；

（四）擅自进行群体性预防接种的；

（五）违反本条例的其他失职、渎职行为。

第五十五条 县级以上人民政府未依照本条例规定履行预防接种保障职责的，由上级人民政府责令改正，通报批评；造成传染病传播、流行或者其他严重后果的，对直接负责的主管人员和其他直接责任人员依法给予行政处分；构成犯罪的，依法追究刑事责任。

第五十六条　疾病预防控制机构有下列情形之一的，由县级以上人民政府卫生主管部门责令改正，通报批评，给予警告；有违法所得的，没收违法所得；拒不改正的，对主要负责人、直接负责的主管人员和其他直接责任人员依法给予警告、降级的处分：

（一）未按照使用计划将第一类疫苗分发到下级疾病预防控制机构、接种单位、乡级医疗卫生机构的；

（二）设区的市级以上疾病预防控制机构违反本条例规定，直接向接种单位供应第二类疫苗的；

（三）未依照规定建立并保存疫苗购进、分发、供应记录的。

乡级医疗卫生机构未依照本条例规定将第一类疫苗分发到承担预防接种工作的村医疗卫生机构的，依照前款的规定给予处罚。

第五十七条　接种单位有下列情形之一的，由所在地的县级人民政府卫生主管部门责令改正，给予警告；拒不改正的，对主要负责人、直接负责的主管人员依法给予警告、降级的处分，对负有责任的医疗卫生人员责令暂停3个月以上6个月以下的执业活动：

（一）未依照规定建立并保存真实、完整的疫苗接收或者购进记录的；

（二）未在其接种场所的显著位置公示第一类疫苗的品种和接种方法的；

（三）医疗卫生人员在接种前，未依照本条例规定告知、询问受种者或者其监护人有关情况的；

（四）实施预防接种的医疗卫生人员未依照规定填写并保存接种记录的；

（五）未依照规定对接种疫苗的情况进行登记并报告的。

第五十八条　疾病预防控制机构、接种单位有下列情形之一的，由县级以上地方人民政府卫生主管部门责令改正，给予警告；有违法所得的，没收违法所得；拒不改正的，对主要负责人、直接负责的主管人员和其他直接责任人员依法给予警告、降级的处分；造成受种者人身损害或者其他严重后果的，对主要负责人、直接负责的主管人员依法给予撤职、开除的处分，并由原发证部门吊销负有责任的医疗卫生人员的执业证书：

（一）从不具有疫苗经营资格的单位或者个人购进第二类疫苗的；

（二）接种疫苗未遵守预防接种工作规范、免疫程序、疫苗使用指导原则、接种方案的；

（三）发现预防接种异常反应或者疑似预防接种异常反应，未依照规定及时处理或者报告的；

（四）擅自进行群体性预防接种的。

第五十九条 疾病预防控制机构、接种单位在疫苗分发、供应和接种过程中违反本条例规定收取费用的，由所在地的县级人民政府卫生主管部门监督其将违法收取的费用退还给原缴费的单位或者个人，并由县级以上人民政府价格主管部门依法给予处罚。

第六十条 药品检验机构出具虚假的疫苗检验报告的，依照药品管理法第八十七条的规定处罚。

第六十一条 疫苗生产企业、疫苗批发企业未依照规定建立并保存疫苗销售或者购销记录的，分别依照药品管理法第七十九条、第八十五条的规定处罚。

第六十二条 疫苗生产企业、疫苗批发企业未依照规定在纳入国家免疫规划疫苗的最小外包装上标明"免费"字样以及"免疫规划"专用标识的，由药品监督管理部门责令改正，给予警告；拒不改正的，处5000元以上2万元以下的罚款，并封存相关的疫苗。

第六十三条 疫苗生产企业、疫苗批发企业向疾病预防控制机构、接种单位、疫苗批发企业以外的单位或者个人销售第二类疫苗，或者疫苗批发企业从不具有疫苗经营资格的单位或者个人购进第二类疫苗的，由药品监督管理部门没收违法销售的疫苗，并处违法销售的疫苗货值金额2倍以上5倍以下的罚款；有违法所得的，没收违法所得；情节严重的，依法吊销疫苗生产资格、疫苗经营资格。

第六十四条 疾病预防控制机构、接种单位、疫苗生产企业、疫苗批发企业未在规定的冷藏条件下储存、运输疫苗的，由药品监督管理部门责令改正，给予警告，对所储存、运输的疫苗予以销毁；疾病预防控制机构、接种单位拒不改正的，由卫生主管部门对主要负责人、直接负责的主管人员和其他直接责任人员依法给予警告、降级的处分；造成严重后果的，由卫生主管部门对主要负责人、直接负责的主管人员和其他直接责任人员依法给予撤职、开除的处分，并吊销接种单位的接种资格；疫苗生产企业、疫苗批发企业拒不改正的，由药品监督管理部门依法责令停产、停业整顿，并处5000元以上2万元以下的罚款；造成严重后果的，依法吊销疫苗生产资格、疫苗经营资格。

第六十五条 违反本条例规定发布接种第二类疫苗的建议信息的，由所在地或者行为发生地的县级人民政府卫生主管部门责令通过大众媒体消除影响，给予警告；有违法所得的，没收违法所得，并处违法所得1倍以上3倍以下的罚款；构成犯罪的，依法追究刑事责任。

第六十六条　未经卫生主管部门依法指定擅自从事接种工作的，由所在地或者行为发生地的县级人民政府卫生主管部门责令改正，给予警告；有违法持有的疫苗的，没收违法持有的疫苗；有违法所得的，没收违法所得；拒不改正的，对主要负责人、直接负责的主管人员和其他直接责任人员依法给予警告、降级的处分。

第六十七条　儿童入托、入学时，托幼机构、学校未依照规定查验预防接种证，或者发现未依照规定受种的儿童后未向疾病预防控制机构或者接种单位报告的，由县级以上地方人民政府教育主管部门责令改正，给予警告；拒不改正的，对主要负责人、直接负责的主管人员和其他直接责任人员依法给予处分。

第六十八条　不具有疫苗经营资格的单位或者个人经营疫苗的，由药品监督管理部门依照药品管理法第七十三条的规定处罚。

第六十九条　卫生主管部门、疾病预防控制机构、接种单位以外的单位或者个人违反本条例规定进行群体性预防接种的，由县级以上人民政府卫生主管部门责令立即改正，没收违法持有的疫苗，并处违法持有的疫苗货值金额2倍以上5倍以下的罚款；有违法所得的，没收违法所得。

第七十条　单位和个人违反本条例规定，给受种者人身、财产造成损害的，依法承担民事责任。

第七十一条　以发生预防接种异常反应为由，寻衅滋事，扰乱接种单位的正常医疗秩序和预防接种异常反应鉴定工作的，依法给予治安管理处罚；构成犯罪的，依法追究刑事责任。

第八章　附　则

第七十二条　本条例中下列用语的含义：

国家免疫规划，是指按照国家或者省、自治区、直辖市确定的疫苗品种、免疫程序或者接种方案，在人群中有计划地进行预防接种，以预防和控制特定传染病的发生和流行。

冷链，是指为保证疫苗从疫苗生产企业到接种单位运转过程中的质量而装备的储存、运输冷藏设施、设备。

一般反应，是指在免疫接种后发生的，由疫苗本身所固有的特性引起的，对机体只会造成一过性生理功能障碍的反应，主要有发热和局部红肿，同时可能伴有全身不适、倦怠、食欲不振、乏力等综合症状。

第七十三条　本条例自2005年6月1日起施行。

教育部关于进一步加强中小学安全工作，预防学生拥挤踩踏事故的通知

（教基〔2005〕14号）

各省、自治区、直辖市教育厅（教委），新疆生产建设兵团教育局：

中小学生的安全涉及亿万家庭的幸福，受到党和政府的高度重视，为全社会所关注。近年来，特别是去年以来，各级教育行政部门和中小学校积极采取各种措施，深入开展安全管理专项整治行动，取得了显著成效。但是，近一段时间以来，发生在校园的学生拥挤踩踏事故急剧增加，对中小学生生命安全构成了严重威胁，中小学安全管理工作面临的形势依然比较严峻，必须引起各级教育行政部门和全体教育工作者的高度重视。为进一步加强学校安全工作，严防校园拥挤踩踏事故的发生，切实保障广大中小学生的人身安全，现将有关要求通知如下：

一、以健全制度、落实责任为核心，切实加强学校内部安全管理工作

地方各级教育行政部门尤其是县级教育行政部门要增强安全工作的责任感，切实负起责任，加强行政区域内中小学的安全管理工作，提出预防拥挤踩踏事故的具体办法。

中小学校要尽快健全校内各项安全管理制度，将安全工作的各项职责层层进行分解，落实到人，每一个班主任、任课教师都要担负起对学生进行安全管理和教育的责任。要专门针对预防学生拥挤踩踏事故建立制度，提出要求，采取措施。要从学生实际出发，在上操、集合等上下楼梯的活动中，不强调快速、整齐，适当错开时间，分年级、分班级逐次下楼，并安排教职工在楼梯间负责维持秩序，管理学生。要定期检查楼道、楼梯的各项设施和照明设备，及时消除安全隐患。校舍楼梯、通道的设置要符合安全要求和国家有关规范。要制定预防校园拥挤踩踏事故的应急预案，做好防范，避免发生此类事故。

要特别加强对县镇中小学、乡中心学校、农村寄宿制学校的安全管理工作。要全面提高这些学校校长和教师的安全责任意识。要针对以上学校普遍存在大班

额的现实和安全隐患较多的现状，提出有效的事故防范要求。以上学校要尽可能将大班额、低年级学生安排在底楼或较低楼层。学生晚间自习，必须有教师值班，出现停电或楼梯间照明设施损坏时，要及时开启应急照明设备，同时学校领导与值班教师要立即到现场疏导。

二、以检查教学楼楼梯、通道等拥挤踩踏事故多发地点为重点，认真开展校园隐患大排查

中小学校要认真对照国家有关部门发布的《农村普通中小学校建设标准》和《城市普通中小学校校舍建设标准》，检查本校教学楼楼梯、通道的设置是否符合规范。要将检查情况登记造册，并报告当地教育行政部门。对于不符合要求的，当地教育行政部门应书面报告当地政府，并在政府的统一领导下，会同建设部门提出整改办法。同时，当地教育行政部门要将目前学校大班额和超大班额的情况报告当地政府，在当地政府领导下，落实好学校管理和安全工作。

今后，新建校舍的建筑质量、选址、建设等要充分考虑安全因素，严格执行国家有关标准，凡因建设标准和使用不符合规定的，一旦发生安全事故，要严肃追究有关部门和领导的责任。

中小学校要对教学楼楼梯、扶手、楼梯间照明设施进行一次全面检查。及时清理楼道、楼梯间堆积物，确保楼道、楼梯通畅。要加固已损坏的楼梯扶手，更换不符合购置安装规范的楼梯间照明设施，并落实专人定期检修，发生损坏及时修复或更换。

三、以提高安全意识和防范能力为目标，深入开展学生安全教育活动

中小学校要通过各种丰富多彩的活动，如团队活动、主题班会、黑板报等多种途径和形式对学生深入开展预防拥挤踩踏事故的专题教育，让学生充分认识发生拥挤踩踏事故的主要原因、严重后果及其防范措施，了解在楼梯间打闹、搞恶作剧的危险性。要在教学楼楼梯间设置指示、警示标志，告诫学生上下楼梯相互礼让，靠右行走，遵守秩序，注意安全。要制定应急疏散预案，每学期组织学生演练一次，提高学生应对突发事件的实际能力。近期要专门组织一次主题班会，教师与学生一起参与讨论如何防止拥挤踩踏事故的发生。

地方各级教育行政部门要根据本意见精神制定工作方案，提出工作要求，明确责任，在年底前组织当地中小学校落实以上工作；要一级抓一级，层层抓落

实，切实把各项要求落实到每一所中小学校。

地方各级教育行政部门要组织督查组检查学校落实情况，重点抽查农村中小学校和寄宿制中小学的落实情况，发现问题及时处理；要对工作认真、成效显著的基层教育行政部门和学校提出表扬，对有令不行，措施不力的要予以通报批评。

各地教育行政部门要将以上精神传达到每一所中小学校，引起全体教育工作者，特别是学校校长和教师的高度重视，切实抓好落实工作，严防拥挤踩踏等安全事故的发生。

我部将采取多种形式检查落实情况，并在全国通报。

二〇〇五年十一月十日

教育部关于加强学校体育活动安全防范工作的紧急通知

(中华人民共和国教育部2005年11月17日教体艺〔2005〕12号发布
自2005年11月17日起执行)

各省、自治区、直辖市教育厅(教委),新疆生产建设兵团教育局:

2005年11月14日晨,山西省长治市沁源县沁源二中初中二、三年级800多名学生,在17名教师的组织带领下,在马路上出早操跑步,返校途中,一辆大货车撞入学生队伍中,酿成21名师生死亡、18名学生受伤的特大交通事故。

这起特大交通安全事故给师生的生命安全和健康造成了重大的伤害。为了汲取这起特大交通事故的沉痛教训,保证在学校体育工作中师生的安全与健康,各级教育行政部门和学校必须采取切实有效的措施,杜绝此类事故隐患。现将有关事项通知如下:

一、学校开展一切体育活动的目的,都是为了促进学生的身心健康发展,在体育活动过程中首先要高度重视学生的生命安全,要切实树立健康第一的指导思想。各级教育行政部门和各级各类学校要立即开展一次学校体育工作中安全隐患的大检查,认真落实近年来关于学校体育工作中涉及校园安全、师生生命健康的一系列法规和通知精神,要对学校体育活动场所、设施、器材进行全面检查,堵塞漏洞,消除隐患,防患于未然。

二、城镇学校的早操、跑步等体育活动要尽量安排在校园内进行,严禁学校组织学生在主要街道和交通要道上进行集体跑步等体育活动。农村学校如确因体育场地欠缺,只能安排在校园外开展体育活动的,可以组织在附近的安全场所内进行,应避开交通要道,要选择适宜的路线和场所,并周密计划,确保学生的生命安全。

三、学校开展大型体育活动以及其他大型学生活动,必须经过主要街道和交通要道的,应事先征得公安交通管理部门的同意和支持,采取必要的安全防护措施。

四、学校对体育活动时间要合理安排,校内活动场地不足的,要采取错开体育活动时间、开展不同形式的活动内容等措施，寄宿制学校要合理安排早操时间。

五、学校要加强学生上学、下学交通安全的教育，切实增强学生的交通安全意识，教育学生严格遵守交通规则，防止交通安全事故的发生。

六、请各地教育行政部门根据本通知要求立即制订出因地制宜、切实可行的实施意见和措施，并将落实情况报我部。

二〇〇五年十一月十七

中小学幼儿园安全管理办法

(2006年6月30日中华人民共和国教育部令第23号公布
自2006年9月1日起施行)

第一章 总 则

第一条 为加强中小学、幼儿园安全管理,保障学校及其学生和教职工的人身、财产安全,维护中小学、幼儿园正常的教育教学秩序,根据《中华人民共和国教育法》等法律法规,制定本办法。

第二条 普通中小学、中等职业学校、幼儿园(班)、特殊教育学校、工读学校(以下统称学校)的安全管理适用本办法。

第三条 学校安全管理遵循积极预防、依法管理、社会参与、各负其责的方针。

第四条 学校安全管理工作主要包括:

(一)构建学校安全工作保障体系,全面落实安全工作责任制和事故责任追究制,保障学校安全工作规范、有序进行;

(二)健全学校安全预警机制,制定突发事件应急预案,完善事故预防措施,及时排除安全隐患,不断提高学校安全工作管理水平;

(三)建立校园周边整治协调工作机制,维护校园及周边环境安全;

(四)加强安全宣传教育培训,提高师生安全意识和防护能力;

(五)事故发生后启动应急预案、对伤亡人员实施救治和责任追究等。

第五条 各级教育、公安、司法行政、建设、交通、文化、卫生、工商、质检、新闻出版等部门在本级人民政府的领导下,依法履行学校周边治理和学校安全的监督与管理职责。

学校应当按照本办法履行安全管理和安全教育职责。

社会团体、企业事业单位、其他社会组织和个人应当积极参与和支持学校安全工作,依法维护学校安全。

第二章 安全管理职责

第六条 地方各级人民政府及其教育、公安、司法行政、建设、交通、文化、卫生、工商、质检、新闻出版等部门应当按照职责分工，依法负责学校安全工作，履行学校安全管理职责。

第七条 教育行政部门对学校安全工作履行下列职责：

（一）全面掌握学校安全工作状况，制定学校安全工作考核目标，加强对学校安全工作的检查指导，督促学校建立健全并落实安全管理制度；

（二）建立安全工作责任制和事故责任追究制，及时消除安全隐患，指导学校妥善处理学生伤害事故；

（三）及时了解学校安全教育情况，组织学校有针对性地开展学生安全教育，不断提高教育实效；

（四）制定校园安全的应急预案，指导、监督下级教育行政部门和学校开展安全工作；

（五）协调政府其他相关职能部门共同做好学校安全管理工作，协助当地人民政府组织对学校安全事故的救援和调查处理。

教育督导机构应当组织学校安全工作的专项督导。

第八条 公安机关对学校安全工作履行下列职责：

（一）了解掌握学校及周边治安状况，指导学校做好校园保卫工作，及时依法查处扰乱校园秩序、侵害师生人身、财产安全的案件；

（二）指导和监督学校做好消防安全工作；

（三）协助学校处理校园突发事件。

第九条 卫生部门对学校安全工作履行下列职责：

（一）检查、指导学校卫生防疫和卫生保健工作，落实疾病预防控制措施；

（二）监督、检查学校食堂、学校饮用水和游泳池的卫生状况。

第十条 建设部门对学校安全工作履行下列职责：

（一）加强对学校建筑、燃气设施设备安全状况的监管，发现安全事故隐患的，应当依法责令立即排除；

（二）指导校舍安全检查鉴定工作；

（三）加强对学校工程建设各环节的监督管理，发现校舍、楼梯护栏及其他教学、生活设施违反工程建设强制性标准的，应责令纠正；

（四）依法督促学校定期检验、维修和更新学校相关设施设备。

第十一条 质量技术监督部门应当定期检查学校特种设备及相关设施的安全

状况。

第十二条 公安、卫生、交通、建设等部门应当定期向教育行政部门和学校通报与学校安全管理相关的社会治安、疾病防治、交通等情况，提出具体预防要求。

第十三条 文化、新闻出版、工商等部门应当对校园周边的有关经营服务场所加强管理和监督，依法查处违法经营者，维护有利于青少年成长的良好环境。

司法行政、公安等部门应当按照有关规定履行学校安全教育职责。

第十四条 举办学校的地方人民政府、企业事业组织、社会团体和公民个人，应当对学校安全工作履行下列职责：

（一）保证学校符合基本办学标准，保证学校围墙、校舍、场地、教学设施、教学用具、生活设施和饮用水源等办学条件符合国家安全质量标准；

（二）配置紧急照明装置和消防设施与器材，保证学校教学楼、图书馆、实验室、师生宿舍等场所的照明、消防条件符合国家安全规定；

（三）定期对校舍安全进行检查，对需要维修的，及时予以维修；对确认的危房，及时予以改造。

举办学校的地方人民政府应当依法维护学校周边秩序，保障师生和学校的合法权益，为学校提供安全保障。

有条件的，学校举办者应当为学校购买责任保险。

第三章 校内安全管理制度

第十五条 学校应当遵守有关安全工作的法律、法规和规章，建立健全校内各项安全管理制度和安全应急机制，及时消除隐患，预防发生事故。

第十六条 学校应当建立校内安全工作领导机构，实行校长负责制；应当设立保卫机构，配备专职或者兼职安全保卫人员，明确其安全保卫职责。

第十七条 学校应当健全门卫制度，建立校外人员入校的登记或者验证制度，禁止无关人员和校外机动车入内，禁止将非教学用易燃易爆物品、有毒物品、动物和管制器具等危险物品带入校园。

学校门卫应当由专职保安或者其他能够切实履行职责的人员担任。

第十八条 学校应当建立校内安全定期检查制度和危房报告制度，按照国家有关规定安排对学校建筑物、构筑物、设备、设施进行安全检查、检验；发现存在安全隐患的，应当停止使用，及时维修或者更换；维修、更换前应当采取必要的防护措施或者设置警示标志。学校无力解决或者无法排除的重大安全隐患，应当及时书面报告主管部门和其他相关部门。

学校应当在校内高地、水池、楼梯等易发生危险的地方设置警示标志或者采取防护设施。

第十九条 学校应当落实消防安全制度和消防工作责任制,对于政府保障配备的消防设施和器材加强日常维护,保证其能够有效使用,并设置消防安全标志,保证疏散通道、安全出口和消防车通道畅通。

第二十条 学校应当建立用水、用电、用气等相关设施设备的安全管理制度,定期进行检查或者按照规定接受有关主管部门的定期检查,发现老化或者损毁的,及时进行维修或者更换。

第二十一条 学校应当严格执行《学校食堂与学生集体用餐卫生管理规定》、《餐饮业和学生集体用餐配送单位卫生规范》,严格遵守卫生操作规范。建立食堂物资定点采购和索证、登记制度与饭菜留验和记录制度,检查饮用水的卫生安全状况,保障师生饮食卫生安全。

第二十二条 学校应当建立实验室安全管理制度,并将安全管理制度和操作规程置于实验室显著位置。

学校应当严格建立危险化学品、放射物质的购买、保管、使用、登记、注销等制度,保证将危险化学品、放射物质存放在安全地点。

第二十三条 学校应当按照国家有关规定配备具有从业资格的专职医务(保健)人员或者兼职卫生保健教师,购置必需的急救器材和药品,保障对学生常见病的治疗,并负责学校传染病疫情及其他突发公共卫生事件的报告。有条件的学校,应当设立卫生(保健)室。

新生入学应当提交体检证明。托幼机构与小学在入托、入学时应当查验预防接种证。学校应当建立学生健康档案,组织学生定期体检。

第二十四条 学校应当建立学生安全信息通报制度,将学校规定的学生到校和放学时间、学生非正常缺席或者擅自离校情况以及学生身体和心理的异常状况等关系学生安全的信息,及时告知其监护人。

对有特异体质、特定疾病或者其他生理、心理状况异常以及有吸毒行为的学生,学校应当做好安全信息记录,妥善保管学生的健康与安全信息资料,依法保护学生的个人隐私。

第二十五条 有寄宿生的学校应当建立住宿学生安全管理制度,配备专人负责住宿学生的生活管理和安全保卫工作。

学校应当对学生宿舍实行夜间巡查、值班制度,并针对女生宿舍安全工作的特点,加强对女生宿舍的安全管理。

学校应当采取有效措施,保证学生宿舍的消防安全。

第二十六条　学校购买或者租用机动车专门用于接送学生的，应当建立车辆管理制度，并及时到公安机关交通管理部门备案。接送学生的车辆必须检验合格，并定期维护和检测。

接送学生专用校车应当粘贴统一标识。标识样式由省级公安机关交通管理部门和教育行政部门制定。

学校不得租用拼装车、报废车和个人机动车接送学生。

接送学生的机动车驾驶员应当身体健康，具备相应准驾车型 3 年以上安全驾驶经历，最近 3 年内任一记分周期没有记满 12 分记录，无致人伤亡的交通责任事故。

第二十七条　学校应当建立安全工作档案，记录日常安全工作、安全责任落实、安全检查、安全隐患消除等情况。

安全档案作为实施安全工作目标考核、责任追究和事故处理的重要依据。

第四章　日常安全管理

第二十八条　学校在日常的教育教学活动中应当遵循教学规范，落实安全管理要求，合理预见、积极防范可能发生的风险。

学校组织学生参加的集体劳动、教学实习或者社会实践活动，应当符合学生的心理、生理特点和身体健康状况。

学校以及接受学生参加教育教学活动的单位必须采取有效措施，为学生活动提供安全保障。

第二十九条　学校组织学生参加大型集体活动，应当采取下列安全措施：

（一）成立临时的安全管理组织机构；

（二）有针对性地对学生进行安全教育；

（三）安排必要的管理人员，明确所负担的安全职责；

（四）制定安全应急预案，配备相应设施。

第三十条　学校应当按照《学校体育工作条例》和教学计划组织体育教学和体育活动，并根据教学要求采取必要的保护和帮助措施。

学校组织学生开展体育活动，应当避开主要街道和交通要道；开展大型体育活动以及其他大型学生活动，必须经过主要街道和交通要道的，应当事先与公安机关交通管理部门共同研究并落实安全措施。

第三十一条　小学、幼儿园应当建立低年级学生、幼儿上下学时接送的交接制度，不得将晚离学校的低年级学生、幼儿交与无关人员。

第三十二条　学生在教学楼进行教学活动和晚自习时，学校应当合理安排学生疏散时间和楼道上下顺序，同时安排人员巡查，防止发生拥挤踩踏伤害事故。

晚自习学生没有离校之前，学校应当有负责人和教师值班、巡查。

第三十三条　学校不得组织学生参加抢险等应当由专业人员或者成人从事的活动，不得组织学生参与制作烟花爆竹、有毒化学品等具有危险性的活动，不得组织学生参加商业性活动。

第三十四条　学校不得将场地出租给他人从事易燃、易爆、有毒、有害等危险品的生产、经营活动。

学校不得出租校园内场地停放校外机动车辆；不得利用学校用地建设对社会开放的停车场。

第三十五条　学校教职工应当符合相应任职资格和条件要求。学校不得聘用因故意犯罪而受到刑事处罚的人，或者有精神病史的人担任教职工。

学校教师应当遵守职业道德规范和工作纪律，不得侮辱、殴打、体罚或者变相体罚学生；发现学生行为具有危险性的，应当及时告诫、制止，并与学生监护人沟通。

第三十六条　学生在校学习和生活期间，应当遵守学校纪律和规章制度，服从学校的安全教育和管理，不得从事危及自身或者他人安全的活动。

第三十七条　监护人发现被监护人有特异体质、特定疾病或者异常心理状况的，应当及时告知学校。

学校对已知的有特异体质、特定疾病或者异常心理状况的学生，应当给予适当关注和照顾。生理、心理状况异常不宜在校学习的学生，应当休学，由监护人安排治疗、休养。

第五章　安全教育

第三十八条　学校应当按照国家课程标准和地方课程设置要求，将安全教育纳入教学内容，对学生开展安全教育，培养学生的安全意识，提高学生的自我防护能力。

第三十九条　学校应当在开学初、放假前，有针对性地对学生集中开展安全教育。新生入校后，学校应当帮助学生及时了解相关的学校安全制度和安全规定。

第四十条　学校应当针对不同课程实验课的特点与要求，对学生进行实验用品的防毒、防爆、防辐射、防污染等的安全防护教育。

学校应当对学生进行用水、用电的安全教育，对寄宿学生进行防火、防盗和人身防护等方面的安全教育。

第四十一条　学校应当对学生开展安全防范教育，使学生掌握基本的自我保护技能，应对不法侵害。

学校应当对学生开展交通安全教育，使学生掌握基本的交通规则和行为规范。

学校应当对学生开展消防安全教育，有条件的可以组织学生到当地消防站参观和体验，使学生掌握基本的消防安全知识，提高防火意识和逃生自救的能力。

学校应当根据当地实际情况，有针对性地对学生开展到江河湖海、水库等地方戏水、游泳的安全卫生教育。

第四十二条　学校可根据当地实际情况，组织师生开展多种形式的事故预防演练。

学校应当每学期至少开展一次针对洪水、地震、火灾等灾害事故的紧急疏散演练，使师生掌握避险、逃生、自救的方法。

第四十三条　教育行政部门按照有关规定，与人民法院、人民检察院和公安、司法行政等部门以及高等学校协商，选聘优秀的法律工作者担任学校的兼职法制副校长或者法制辅导员。

兼职法制副校长或者法制辅导员应当协助学校检查落实安全制度和安全事故处理、定期对师生进行法制教育等，其工作成果纳入派出单位的工作考核内容。

第四十四条　教育行政部门应当组织负责安全管理的主管人员、学校校长、幼儿园园长和学校负责安全保卫工作的人员，定期接受有关安全管理培训。

第四十五条　学校应当制定教职工安全教育培训计划，通过多种途径和方法，使教职工熟悉安全规章制度、掌握安全救护常识，学会指导学生预防事故、自救、逃生、紧急避险的方法和手段。

第四十六条　学生监护人应当与学校互相配合，在日常生活中加强对被监护人的各项安全教育。

学校鼓励和提倡监护人自愿为学生购买意外伤害保险。

第六章　校园周边安全管理

第四十七条　教育、公安、司法行政、建设、交通、文化、卫生、工商、质检、新闻出版等部门应当建立联席会议制度，定期研究部署学校安全管理工作，依法维护学校周边秩序；通过多种途径和方式，听取学校和社会各界关于学校安全管理工作的意见和建议。

第四十八条　建设、公安等部门应当加强对学校周边建设工程的执法检查，禁止任何单位或者个人违反有关法律、法规、规章、标准，在学校围墙或者建筑物边建设工程，在校园周边设立易燃易爆、剧毒、放射性、腐蚀性等危险物品的生产、经营、储存、使用场所或者设施以及其他可能影响学校安全的场所或者设施。

　　第四十九条　公安机关应当把学校周边地区作为重点治安巡逻区域，在治安情况复杂的学校周边地区增设治安岗亭和报警点，及时发现和消除各类安全隐患，处置扰乱学校秩序和侵害学生人身、财产安全的违法犯罪行为。

　　第五十条　公安、建设和交通部门应当依法在学校门前道路设置规范的交通警示标志，施划人行横线，根据需要设置交通信号灯、减速带、过街天桥等设施。

　　在地处交通复杂路段的学校上下学时间，公安机关应当根据需要部署警力或者交通协管人员维护道路交通秩序。

　　第五十一条　公安机关和交通部门应当依法加强对农村地区交通工具的监督管理，禁止没有资质的车船搭载学生。

　　第五十二条　文化部门依法禁止在中学、小学校园周围 200 米范围内设立互联网上网服务营业场所，并依法查处接纳未成年人进入的互联网上网服务营业场所。工商行政管理部门依法查处缔擅自设立的互联网上网服务营业场所。

　　第五十三条　新闻出版、公安、工商行政管理等部门应当依法取缔学校周边兜售非法出版物的游商和无证照摊点，查处学校周边制售含有淫秽色情、凶杀暴力等内容的出版物的单位和个人。

　　第五十四条　卫生、工商行政管理部门应当对校园周边饮食单位的卫生状况进行监督，取缔非法经营的小卖部、饮食摊点。

第七章　安全事故处理

　　第五十五条　在发生地震、洪水、泥石流、台风等自然灾害和重大治安、公共卫生突发事件时，教育等部门应当立即启动应急预案，及时转移、疏散学生，或者采取其他必要防护措施，保障学校安全和师生人身财产安全。

　　第五十六条　校园内发生火灾、食物中毒、重大治安等突发安全事故以及自然灾害时，学校应当启动应急预案，及时组织教职工参与抢险、救助和防护，保障学生身体健康和人身、财产安全。

　　第五十七条　发生学生伤亡事故时，学校应当按照《学生伤害事故处理办法》规定的原则和程序等，及时实施救助，并进行妥善处理。

　　第五十八条　发生教职工和学生伤亡等安全事故的，学校应当及时报告主管教育行政部门和政府有关部门；属于重大事故的，教育行政部门应当按照有关规定及时逐级上报。

第五十九条　省级教育行政部门应当在每年1月31日前向国务院教育行政部门书面报告上一年度学校安全工作和学生伤亡事故情况。

第八章　奖励与责任

第六十条　教育、公安、司法行政、建设、交通、文化、卫生、工商、质检、新闻出版等部门，对在学校安全工作中成绩显著或者做出突出贡献的单位和个人，应当视情况联合或者分别给予表彰、奖励。

第六十一条　教育、公安、司法行政、建设、交通、文化、卫生、工商、质检、新闻出版等部门，不依法履行学校安全监督与管理职责的，由上级部门给予批评；对直接责任人员由上级部门和所在单位视情节轻重，给予批评教育或者行政处分；构成犯罪的，依法追究刑事责任。

第六十二条　学校不履行安全管理和安全教育职责，对重大安全隐患未及时采取措施的，有关主管部门应当责令其限期改正；拒不改正或者有下列情形之一的，教育行政部门应当对学校负责人和其他直接责任人员给予行政处分；构成犯罪的，依法追究刑事责任：

（一）发生重大安全事故、造成学生和教职工伤亡的；

（二）发生事故后未及时采取适当措施、造成严重后果的；

（三）瞒报、谎报或者缓报重大事故的；

（四）妨碍事故调查或者提供虚假情况的；

（五）拒绝或者不配合有关部门依法实施安全监督管理职责的。

《中华人民共和国民办教育促进法》及其实施条例另有规定的，依其规定执行。

第六十三条　校外单位或者人员违反治安管理规定、引发学校安全事故的，或者在学校安全事故处理过程中，扰乱学校正常教育教学秩序、违反治安管理规定的，由公安机关依法处理；构成犯罪的，依法追究其刑事责任；造成学校财产损失的，依法承担赔偿责任。

第六十四条　学生人身伤害事故的赔偿，依据有关法律法规、国家有关规定以及《学生伤害事故处理办法》处理。

第九章　附　则

第六十五条　中等职业学校学生实习劳动的安全管理办法另行制定。

第六十六条　本办法自2006年9月1日起施行。

教育部关于进一步加强中小学校校舍建设与管理工作的通知

（教发〔2006〕21号）

为全面贯彻落实新修订的《中华人民共和国义务教育法》，切实加强中小学校舍建设与管理工作，推动义务教育持续健康发展，特就有关问题通知如下：

一、加强指导，提高对建设标准重要性的认识

各级教育行政部门要进一步提高对中小学校校舍建设标准、建筑设计规范（《城市普通中小学校校舍建设标准》、《农村普通中小学校建设标准》、《特殊教育学校建设标准》和《中小学校建筑设计规范》、《特殊教育学校建筑设计规范》等）实施重要性的认识，加强对普通中小学校舍建设工作的指导。要充分认识到，中小学校建设标准的制定与实施，是适应普及和巩固九年义务教育、实施素质教育、提高教育质量、保障师生安全、推进义务教育均衡发展的需要；是加强学校建设的科学化、规范化管理，合理确定并正确掌握建设标准的需要；是不断提高中小学校的规划设计和建设水平，促进技术进步，提高投资效益的需要；是编制、评估和审批中小学校建设项目的可行性研究报告、校园规划设计和建设用地计划的重要依据，也是有关部门审查项目设计和监督检查工程项目全过程管理的重要规则。

因此，在中小学校新建、扩建、改建项目中，各地要严格执行中小学校建设标准和有关中小学校建筑设计规范，进一步提高标准的覆盖率和权威性。要遵照安全、适用、经济、美观的原则，结合本地经济条件、城乡规划和学校使用功能的要求来制定本地区校舍建设标准实施措施，确保校舍使用的安全，避免高标准、华而不实。

二、强化地方政府领导，完善中小学校舍建设机制

各地要认真学习贯彻落实新修订的《义务教育法》，进一步强化地方政府在基础教育发展中的主要责任。县级以上地方人民政府要根据本行政区域内居住的

学龄人口的数量和分布状况及变化趋势等因素，按照国家有关规定，制定、调整学校设置规划。要根据城乡规划和中小学校布局规划预留教育控制用地，保证中小学校建设到位，满足地方基础教育发展的需要；要积极推进区域内义务教育均衡发展，逐步缩小学校之间办学条件的差距。各级人民政府及其有关部门应加强协作，紧密配合，依法维护学校周边秩序，保护学生、教师、学校的合法权益，为学校提供安全保障。要定期对学校校舍安全进行检查，对需要维修、改造的，及时予以维修、改造。

三、合理规划中小学校布局，科学选定校舍建设校址

各地要严格按照有关规定，合理规划中小学校布局。普通中小学校的设置要在保障适龄儿童少年在户籍所在地就近入学的前提下，按照城乡规划的要求、结合人口密度与人口分布，尤其是学龄人口数量及其变化趋势，以及交通、环境、地形地貌等因素综合考虑，合理布点。在所确定的学校服务半径内，中小学生不应跨越铁路干线、高速公路及车流量大、无立交设施的主干道上学。

在新建（迁建）中小学校选定校舍建设校址时，各级教育行政部门应组织专家对校址周边交通、能源（水源、电源等）、地质、环境等主要条件进行科学评测。中小学校的校址应选在交通方便、位置适中、地形开阔、空气新鲜、阳光充足、环境适宜、地势较高、排水通畅、场地干燥、地质条件较好、公用设施比较完善、远离污染源的平坦地段。应避开高层建筑的阴影区、山区及丘陵区的阴坡面以及地震断裂带、山丘地区滑坡段、悬崖边及崖底、河湾及泥石流地区、水坝泄洪区等不安全地带。中小学校不应与集贸市场、公共娱乐场所、医院传染病房、公安看守所等不利于学生学习和身心健康，以及危及学生安全的场所毗邻。严禁架空高压输电线、高压电缆及通航河道穿越校区，以确保青少年学习、生活、活动的安全。

四、做好校园校舍规划，合理确定建设规模

各地要严格按照中小学校校舍建设标准中的有关规定，做好校园建设的规划工作。无论城市或农村，中小学校校园校舍的新建、扩建和改建都必须坚持先规划设计、经主管部门确认后方可进行建设的基本原则。校园规划设计应以安全、适用、经济、美观为原则，根据学校的特点、城乡规划的要求，合理利用地形、地貌，因地制宜地进行，并根据需要适当预留发展余地。在校园总平面设计上，宜按不同功能进行分区，合理布局。校园、校舍应整体性强，绿化、美化应结合

建筑景观统一规划设计和建设，以形成优美的校园环境和人文景观。同时规划设计应结合需要与可能，正确处理好近期与远期结合的关系，并且有利于分期实施。

各地要严格依据中小学校校舍建设标准，合理确定普通中小学校建设规模，坚决杜绝大班额情况的出现。其中城市普通中小学校的建设规模必须根据批准的学校规模、城市建设规划的要求确定，城市小学、中学每班班额分别不超过45人和50人。农村中小学校的建设规模，应根据学制、学校规模、面积指标，并参照农村经济发展水平、城镇化推进程度和人口发展规划等合理确定，农村非完全小学、完全小学、初中每班班额分别不超过30人、45人和50人。

五、严格执行基本建设程序，确保校舍建设质量

百年大计，质量第一。学校校舍工程质量是一件关系到广大师生员工生命安全的大事，各级教育行政部门应切实加强对校园校舍建设和管理工作的领导，设置专门的基本建设管理机构，负责中小学校园校舍建设和管理工作。在中小学校校舍建设过程中，各地要严格执行基本建设程序，切实加强对建设工程质量的监督管理。各级教育行政部门及学校领导要以对党和人民高度负责的态度，把校舍建设工程质量摆在突出位置，认真落实领导责任制，层层抓落实，对玩忽职守、酿成严重后果的，要追究相应的行政和法律责任。在认真执行国家建设标准的同时，要贯彻落实《中华人民共和国建筑法》和《建设工程质量管理条例》，按照国家规定的基本建设程序履行报批手续，从事勘察、设计、施工和工程监理的单位，必须具有相应的资质。要坚持先勘察、后设计、再施工的原则，严禁搞边勘察、边设计、边施工的"三边"工程。所有中小学校舍建设工程要严格实行招投标制、项目监理制、法人责任制和工程建设合同制，严格执行建设工程强制性标准。

六、加强制度建设，完善校舍建设与安全管理长效机制

中小学生的安全涉及亿万家庭的幸福，受到党和政府的高度重视，为全社会所关注。各地要以健全制度、落实责任为核心，切实加强学校校舍建设与安全管理工作。地方各级教育行政部门尤其是县级教育行政部门要增强校舍建设与安全管理工作的责任感，要特别加强对县镇中小学、乡中心学校、农村寄宿制学校的安全管理工作，切实负起责任。要在当地政府领导下，尽快建立、健全安全制度和应急机制，对学生进行安全教育，加强管理，及时消除隐患。要建立校舍建设

与检查鉴定制度，制定并落实一般情况定期核查，隐患情况重点核查，异常情况随时核查的方式，及时掌握校舍安全动态，有计划、有步骤地逐个落实解决办法，确保校舍安全。

地方各级教育行政部门要根据本通知精神制定落实工作方案，提出具体工作要求，明确工作责任。我部将适时采取多种形式检查落实情况。

二〇〇六年十一月十四日

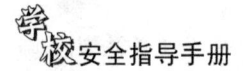安全指导手册

中小学公共安全教育指导纲要

(2007年2月7日国务院办公厅国办发第〔2007〕9号文件公布)

为进一步加强中小学公共安全教育，培养中小学生的公共安全意识，提高中小学生面临突发安全事件自救自护的应变能力，根据义务教育法、未成年人保护法、《国家突发公共事件总体应急预案》及《中小学幼儿园安全管理办法》、《教育系统突发公共事件应急预案》，特制定本纲要。

一、指导思想、目标和基本原则

（一）必须坚持以邓小平理论和"三个代表"重要思想为指导，树立和落实科学发展观，坚持以人为本，把中小学公共安全教育贯穿于学校教育的各个环节，使广大中小学生牢固树立"珍爱生命，安全第一，遵纪守法，和谐共处"的意识，具备自救自护的素养和能力。

（二）通过开展公共安全教育，培养学生的社会安全责任感，使学生逐步形成安全意识，掌握必要的安全行为的知识和技能，了解相关的法律法规常识，养成在日常生活和突发安全事件中正确应对的习惯，最大限度地预防安全事故发生和减少安全事件对中小学生造成的伤害，保障中小学生健康成长。

（三）中小学公共安全教育要遵循学生身心发展规律，把握学生认知特点，注重实践性、实用性和实效性。坚持专门课程与在其他学科教学中的渗透相结合；课堂教育与实践活动相结合；知识教育与强化管理、培养习惯相结合；学校教育与家庭、社会教育相结合；国家统一要求与地方结合实际积极探索相结合；自救自护与力所能及地帮助他人相结合。做到由浅入深，循序渐进，不断强化，养成习惯。

二、主要内容

（一）公共安全教育的主要内容包括预防和应对社会安全、公共卫生、意外伤害、网络、信息安全、自然灾害以及影响学生安全的其他事故或事件六个模块。重点是帮助和引导学生了解基本的保护个体生命安全和维护社会公共安全的知识和法律法规，树立和强化安全意识，正确处理个体生命与自我、他人、社会

和自然之间的关系，了解保障安全的方法并掌握一定的技能。中小学心理健康教育继续遵照教育部已经规定的相关要求实施。

（二）开展公共安全教育必须因地制宜，科学规划，做到分阶段、分模块循序渐进地设置具体教育内容。要把不同学段的公共安全教育内容有机地整合起来，统筹安排。对不同学段各个模块的具体教学内容设置，各地可以根据地区和学生的实际情况加以选择。

1. 小学1-3年级的教育内容重点为：

模块一：预防和应对社会安全类事故。

（1）了解社会安全类突发事故的危险和危害。

（2）了解并遵守各种公共场所活动的安全常识。

（3）认识与陌生人交往中应当注意的安全问题，逐步形成基本的自我保护意识。

模块二：预防和应对公共卫生事故。

（1）了解基本公共卫生和饮食卫生常识。

（2）了解常见的肠道和呼吸道等常见疾病的预防常识，养成良好的个人卫生和健康行为及饮食习惯。

模块三：预防和应对意外伤害事故。

（1）学习道路交通法的相关内容，了解出行时道路交通安全常识。

（2）初步识别各种危险标志；学习家用电器、煤气（柴火）、刀具等日常用品的安全使用方法。

（3）初步具备使用电梯、索道、游乐设施等特种设备的安全意识。

（4）初步学会在事故灾害事件中自我保护和求助、求生的简单技能。学会正确使用和拨打110、119、120电话。

模块四：预防和应对自然灾害。

（1）了解学校所在地区和生活环境中可能发生的自然灾害及其危险性。

（2）学习躲避自然灾害引发危险的简单方法，初步学会在自然灾害发生时的自我保护和求助及逃生的简单技能。

模块五：预防和应对影响学生安全的其他事件。

（1）与同学、老师友好相处，不打架；初步形成避免在活动、游戏中造成误伤的意识。

（2）学习当发生突发事件时听从成人安排或者利用现有条件有效地保护自己的方法。

2. 小学4-6年级的教育内容重点为：

模块一：预防和应对社会安全类事故或事件。

（1）认识社会安全类突发事故或事件的危害和范围，不参与影响和危害社会安全的活动。

（2）自觉遵守社会生活中人际交往的基本规则以及公共场所的安全规范。

（3）学会应对可疑陌生人的方法，提高自我防范意识。

（4）了解应对敲诈、恐吓、性侵害的一般方法，提高自我保护能力。

模块二：预防和应对公共卫生事故。

（1）加强卫生和饮食常识学习，形成良好的个人卫生和健康的饮食习惯。

（2）了解常见病和传染病的危害、传播途径和预防措施。

（3）初步了解吸烟、酗酒等不良习惯的危害，知道吸毒是违法行为，逐步形成远离烟酒及毒品的健康生活意识。

（4）初步了解青春期发育基础知识，形成明确的性别意识和自我保护意识。

模块三：预防和应对意外伤害事故。

（1）培养遵守交通规则的良好习惯，形成主动避让车辆的意识。

（2）提高自我保护意识，了解私自到野外游泳、滑冰等活动的危害；学习预防和处理溺水、烫烧伤、动物咬伤、异物进气管等意外伤害的基本常识和方法。

（3）形成对存在危险隐患的设施与区域的防范意识，了解与学习和生活密切相关的特种设备安全知识。

（4）学会有效躲避事故灾害的常用方法和在事故灾害发生时的自我保护和求助及逃生的基本技能。

（5）使学生初步了解与学生意外伤害有关的基本保险知识，提高学生的保险意识。

模块四：预防和应对网络、信息安全事故。

（1）初步认识网络资源的积极意义和了解网络不良信息的危害。

（2）初步学会合理使用网络资源，努力增强对各种信息的辨别能力。

（3）学会控制自己的行为，防止沉迷网络游戏和其他电子游戏。

模块五：预防和应对自然灾害。

（1）了解影响家乡生态环境的常见问题，形成保护自然环境和躲避自然灾害的意识。

（2）学会躲避自然灾害引发危险的基本方法。

（3）掌握突发自然灾害预警信号级别含义及相应采取的防范措施。

模块六：预防和应对影响学生安全的其他事件。

（1）形成和解同学之间纠纷的意识。

（2）形成在遇到危及自身安全时及时向教师、家长、警察求助的意识。

3. 初中年级的教育内容重点为：

模块一：预防和应对社会安全类事故或事件。

（1）增强自律意识，自觉不进入未成年人不宜进入的场所。逐步养成自觉遵守与维护公共场所秩序的习惯。

（2）不参加影响和危害社会安全的活动，形成社会责任意识。

（3）理解社会安全的重要意义，树立正确的人生观和价值观。

（4）学会应对敲诈、恐吓、性侵害等突发事件的基本技能。

模块二：预防和应对公共卫生事故。

（1）了解重大传染病和食物中毒、生活水污染的知识及基本的预防、急救、处理常识；了解简单的用药安全知识。

（2）了解青春期常见问题的预防与处理；形成维护生殖健康的责任感。

（3）了解艾滋病的基本常识和预防措施，形成自我保护意识。

（4）学习识别毒品的知识和方法，拒绝毒品和烟酒的诱惑。

（5）了解和分析影响生命与健康的可能因素。

模块三：预防和应对意外伤害事故。

（1）增强自觉遵守交通法规的意识；主动分析出行时存在的安全隐患，寻求解决方法；防止因违章而导致交通事故的发生。

（2）正确使用各种设施，具备防火、防盗、防触电及防煤气中毒的知识技能。

（3）了解和积极预防在校园活动中可能发生的公共安全事故，提高自我保护和求助及逃生的基本技能。

模块四：预防和应对网络、信息安全事故。

（1）自觉遵守与信息活动相关的各种法律法规，抵制网络上各种不良信息的诱惑，提高自我保护和预防违法犯罪的意识。

（2）合理利用网络，学会判断和有效拒绝的技能，避免迷恋网络带来的危害。

模块五：预防和应对自然灾害。

（1）学会冷静应对自然灾害事件，提高在自然灾害事件中自我保护和求助及逃生的基本技能。

(2) 了解曾经发生在我国的重大自然灾害，认识人类活动与自然灾害之间的关系，增强环境保护意识和生态意识。

模块六：预防和应对影响学生安全的其他事件。

(1) 了解校园暴力造成的危害，学习应对的方法。

(2) 学会克服青春期的烦恼，逐步学会调节和控制自己的情绪，抑制自己的冲动行为。

(3) 学会在与人交往中有效保护自己的方法，构筑起坚固的自我心理防线。

4. 高中年级的教育内容重点为：

模块一：预防和应对社会安全类事故或事件。

(1) 自觉遵守与生活紧密相关的各种行为规范。

(2) 了解考试泄密、违规的相关法律常识。养成维护考试纪律和规范的良好行为习惯。

(3) 自觉抵制影响和危害社会公共安全的活动，提高社会责任感和国家意识。

(4) 基本理解国际政治、经济、宗教冲突现象，努力维护国家和社会的稳定与团结。

(5) 继承和发扬中华民族传统优秀文化，汲取其他国家文化的精华，抵制不良文化习俗的影响。

模块二：预防和应对公共卫生事故。

(1) 基本掌握和简单运用突发公共卫生事件卫生应急的相关技能，进行自救、自护。有报告事件的意识和了解报告的途径和方法。

(2) 掌握亚健康的基本知识和预防措施，了解应对心理危机的方法和救助渠道，促进个体身心健康发展。

(3) 掌握预防艾滋病的基本知识和措施，正确对待艾滋病毒感染者和患者。

(4) 自觉抵制不良生活习惯和行为，具备洁身自好的意识和良好的卫生公德。

(5) 了解有关禁毒的法律常识，拒绝毒品诱惑。

(6) 学习健康的异性交往方式，学会用恰当的方法保护自己，预防性侵害。当遭到性骚扰时，要用法律保护自己。

模块三：预防和应对网络、信息安全事故。

(1) 树立网络交流中的安全意识，养成良好的利用网络习惯，提高网络道德素养。

（2）树立不利用网络发送有害信息或进行反动、色情、迷信等宣传活动以及窃取国家、教育行政部门和学校保密信息的牢固意识。

模块四：预防和应对自然灾害。

（1）基本掌握在自然灾害中自救的各种技能，学习紧急救护他人的基本技能。

（2）了解有关环境保护的法律法规；能结合当地实际情况，为保护和改善自然环境做贡献。

模块五：预防和应对影响学生安全的其他事件。

（1）自觉抵制校园暴力，维护自己和同学的生命安全。

（2）树立正确的安全道德观念，在关注自身安全的同时，去关注他人的安全，并提供力所能及的援助。

三、实施途径

（一）学校要在学科教学和综合实践活动课程中渗透公共安全教育内容。各科教师在学科教学中要挖掘隐性的公共安全教育内容，与显性的公共安全教育内容一起，与学科教学有机整合，按照要求，予以贯彻落实。小学阶段主要在品德与生活、品德与社会课程中进行。

（二）对无法在其他学科中渗透的公共安全教育内容，可以利用地方课程的时间，采用多种形式，帮助学生系统掌握公共安全知识和技能。要充分利用班、团、校会、升旗仪式、专题讲座、墙报、板报、参观和演练等方式，采取多种途径和方法全方位、多角度地开展公共安全教育。

（三）公共安全教育可以针对单一主题或多个主题来设计教学活动；通过游戏、实际体验、影片欣赏、角色扮演等活动，也可以运用广播、电视、计算机、网络等现代教育手段进行教学，探索寓教于乐、寓教于丰富多彩活动的教学组织形式，增强公共安全教育的效果。公共安全教育的形式在小学以游戏和模拟为主，初中以活动和体验为主；高中以体验和辨析为主。

学校要建设符合公共安全教育要求的物质环境和人文环境，使学生在潜移默化中提高安全意识，促进学生学习并掌握必要的安全知识和生存技能，认识、感悟安全的意义和价值。

（四）学校要与公安消防、交通、治安以及卫生、地震等部门建立密切联系，聘请有关人员担任校外辅导员，根据学生特点系统协调承担公共安全教育的内容，并且协助学校制订应急疏散预案和组织疏散演习活动。

公共安全教育是学校、家庭和社会的共同责任。学校要采取积极措施帮助家长强化对孩子的公共安全教育意识，指导家长了解和掌握公共安全教育的科学方法，主动寻求家长和社会对公共安全教育的支持和帮助。

四、保障机制

（一）学校要保证公共安全教育的时间，可根据实际情况，结合不同学段的课程方案和本指导纲要的要求，采用课程渗透和利用地方课程时间相结合的方式，确保完成本纲要中规定的教学内容，并要安排必要的时间，开展自救自护和逃生实践演练活动。

（二）各地要加强教学资源建设，积极开发公共安全教育的软件、图文资料、教学课件、音像制品等教学资源。凡进入中小学校的自助读本或相关教育材料必须按有关规定，经审定后方可使用；公共安全教育自助读本或者相关教育材料的购买由各地根据本地实际情况采用多种方式解决，不得向学生收费增加学生负担。大力提倡学校使用公用图书经费统一购买，供学生循环借阅；重视和加强公共安全教育信息网络资源的建设和共享。

（三）各级教育行政部门和学校要重视教师队伍建设，把公共安全教育列入全体在职教师继续教育的培训系列和教师校本培训计划，分层次开展培训工作，不断提高教师开展公共安全教育的水平。

（四）各地要加强教研活动和课题研究，把公共安全教育研究列入当地课题研究规划，保证经费，及时总结、交流和推广研究成果。学校要充分调动教师的积极性，有针对性地开展公共安全教育的校本研究。

（五）要重视对公共安全教育活动的评价和督导。各地教育行政部门要制订科学的公共安全教育评价标准，并将其列入学校督导和校长考核的重要指标之一。评价的重点应注重学生安全意识的建立、基本知识技能的掌握和安全行为的形成，以及学校对公共安全教育活动的安排、必要的资源配置、实施情况以及实际效果。学校要把教师开展公共安全教育的情况作为教师考核的重要依据。

学生军事训练工作规定

(教体艺〔2007〕7号)

第一章 总 则

第一条 为加强学生军事训练工作，保障军事技能训练和军事理论课教学任务的完成，依据《中华人民共和国兵役法》、《中华人民共和国国防教育法》制定本规定。

第二条 本规定适用于各级教育行政部门、各级军事机关和普通高等学校、高中阶段学校（含普通高中、中等专业学校、技工学校、职业高中，下同）。

第三条 学生军事训练是指普通高等学校、高中阶段学校组织的学生军事技能训练和军事理论课教学，以及与学生军事训练有关的其他活动。

第四条 学生军事训练工作，必须围绕服务国家人才培养、服务国防后备力量建设开展，坚持着眼时代特征、遵循教育规律、注重实际效果、实施分类指导的方针。通过军事训练，使学生掌握基本军事技能和军事理论，增强国防观念、国家安全意识，加强组织性、纪律性，弘扬爱国主义、集体主义和革命英雄主义精神，磨炼意志品质，激发战胜困难的信心和勇气，培养艰苦奋斗、吃苦耐劳的作风，树立正确的世界观、人生观和价值观，提高综合素质。

第五条 开展学生军事训练工作，是国家人才培养和国防后备力量建设的重要措施，是学校教育和教学的一项重要内容。

第六条 普通高等学校、高中阶段学校具有中国大陆户籍的学生应当依法接受学校统一安排的军事训练；具有香港、澳门、台湾户籍的学生，本人自愿参加军事训练的，经学校批准后可以参加。

有严重生理缺陷、残疾或者疾病的学生，经本人申请和学校批准，可以减免不适宜参加的军事技能训练科目。

第二章 组织领导与实施

第七条 学生军事训练工作在国务院、中央军委领导下，由教育部、总参谋部、总政治部共同负责。

军区负责本区域的学生军事训练工作。省（自治区、直辖市，下同）、市（地区，下同）、县（市、区，下同）教育行政部门、军事机关，负责本区域的学生军事训练工作。

学生军事训练工作实行属地化管理。

第八条 各级教育行政部门和军事机关要加强对学生军事训练工作的组织领导，明确分工，各负其责，密切协作，加强指导和监督。

第九条 教育行政部门负责组织普通高等学校和高中阶段学校具体实施学生军事训练。军事机关负责向普通高等学校派出派遣军官，安排承训部队和帮训官兵，提供学生军事训练所需武器弹药的保障。

第十条 教育行政部门和军事机关应当建立联席会议制度或联合办公制度，定期分析情况，研究问题，提出做好学生军事训练工作的指导性意见。

第十一条 普通高等学校、高中阶段学校应当把学生军事训练工作纳入学校教育、教学计划，统筹安排。

第十二条 普通高等学校军事教学机构与人民武装部共同负责军事技能训练、军事理论课教学的计划安排和具体组织实施。

第十三条 高中阶段学校应当明确一名学校领导分管学生军事训练工作，指定具体部门和人员负责学生军事训练的计划安排和组织实施。

第十四条 根据国防和军队建设的需要，对适合担任预备役军官职务的普通高等学校学生，经军事训练考核和政治审查合格的，按照有关规定，办理预备役军官登记，服军官预备役。

第三章 军事技能训练和军事理论教学

第十五条 教育部、总参谋部、总政治部共同负责制定普通高等学校、高中阶段学校的学生军事训练大纲。

学生军事训练大纲是学校组织实施军事技能训练和军事理论课教学、进行教学质量评估和督导的依据。

第十六条 普通高等学校军事技能训练和军事理论课教学是在校学生的必修课程，学校应当统一规划、实施和管理。

高中阶段学校的学生军事训练纳入社会实践活动中组织实施。

第十七条 普通高等学校、高中阶段学校学生军事技能训练主要在学生军事训练基地或者在学校内组织实施，也可到军队院校和民兵、预备役部队军事训练基地驻训。

第十八条 普通高等学校组织实施学生军事技能训练所需的帮训官兵，由省教育行政部门提出计划,由省军区协调驻军部队、军队院校和武警部队、院校派出,或者报军区统一安排。高中阶段学校组织实施学生军事技能训练所需的帮训人员,由军分区或者县人民武装部协调驻军部队、武警部队和预备役部队帮助解决。

第十九条 普通高等学校应当加强军事理论课程建设,提高军事理论课教师的教学水平和科研能力,实施规范化课程管理。

第二十条 教育行政部门应当将普通高等学校军事技能训练和军事理论课教学作为学校办学水平评估的重要内容。

第二十一条 普通高等学校学生军事技能训练和军事理论课考试成绩、高中阶段学校学生军事技能训练和军事知识讲座考核成绩载入本人学籍档案。

第四章 军事教师和派遣军官

第二十二条 普通高等学校军事理论课教学由学校配备的专职军事教师、聘任的兼职军事教师和军队派遣军官共同承担。

第二十三条 普通高等学校应当根据军事理论课教学任务的需要,配备和聘任相应数量的专职军事教师。

普通高等学校专职军事教师的专业技术职务评聘纳入学校教师正常的管理渠道。

第二十四条 普通高等学校专职军事教师配发基层人民武装干部工作证和制式服装,佩戴基层人民武装干部领章、帽徽和肩章。普通高等学校专职军事教师在组织实施军事理论课教学时应当着制式服装。

第二十五条 普通高等学校专职军事教师和军队派遣军官应当具备普通高等学校教师的基本条件,具有良好的军事素质,掌握军事教育理论,熟悉军事理论课教学方法。

第二十六条 军队派遣军官,按照有关规定由派出单位进行管理,享受在职军官的同等待遇。军队派遣军官在普通高等学校任教期间,其课时补助费参照学校相同专业技术职务教师的补助标准执行,由所在学校发给。所在普通高等学校应当为军队派遣军官提供必要的工作、生活和交通保障。

第二十七条 高中阶段学校军事教师可采取兼职与聘任办法配备,选择热爱学生军事训练工作和具备良好军政素质的人员担任。

第二十八条 具备条件的普通高等学校、军队院校,应当承担普通高等学校、高中阶段学校军事教师的继续教育和培训任务。

第二十九条 各级教育行政部门和军事机关应当有计划地对高中阶段学校的

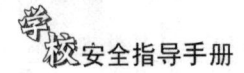

兼职军事教师进行培训,培训时间每三年不得少于一个月。

第五章 学生军事训练保障

第三十条 普通高等学校和高中阶段学校组织实施学生军事训练所需的经费,按照现行财政管理体制,纳入学校主管部门预算管理,合理确定人均经费标准,实行综合定额拨款。

第三十一条 各级教育行政部门和军事机关开展学生军事训练工作所需的业务经费,商请本级财政列入经费预算,予以保障。

承担普通高等学校军事理论课教学任务的军队院校,所需的教学和工作经费,由省军区协调省财政解决。

第三十二条 全国每五年举办一次学生军事训练大型活动,所需的经费由教育部、总参谋部、总政治部向中央财政申请专项经费予以保障。

各省每三至五年举办一次学生军事训练大型活动,所需的经费由省级教育行政部门和军事机关向省财政申请专项经费予以保障。

第三十三条 各省可根据学生军事训练任务,在普通高等学校集中的大、中城市建立学生军事训练基地,为学校实施规范化的军事技能训练提供条件。

民兵、预备役部队军事训练基地应当为普通高等学校、高中阶段学校实施军事技能训练提供保障。

第三十四条 教育行政部门和军事机关应当会同物价、卫生等部门对学生军事训练基地的基础设施、保障条件、日常管理等进行定期监督、检查,加强管理。严禁不具备条件的学生军事训练基地承担学生军事训练任务。

第三十五条 学生军事训练基地和民兵、预备役部队军事训练基地承担学生军事训练任务,不得以赢利为目的。向普通高等学校、高中阶段学校收取经费的项目、标准应由省教育行政部门会同省物价部门制定;收取的经费主要用于学生军事训练及基地的维护和管理。

第三十六条 学生军事训练枪支属民兵武器装备,由军分区或者县人民武装部根据总参谋部的统一规划,予以保障。训练枪支在配发普通高等学校前,必须经过技术处理,使其不能用于实弹射击。

第三十七条 经军事机关批准,学生军事训练枪支可由普通高等学校负责保管。暂不具备保管条件的学校,训练枪支由军分区或者县人民武装部代管。

第三十八条 保管学生军事训练枪支的普通高等学校,应当建设合格的训练枪支存放库室,配备专门的看管人员,实行昼夜值班制度。普通高等学校应当按照国家和军队的有关规定对训练枪支看管人员进行政审。

第三十九条　军分区或者县人民武装部应当按照民兵器装备管理的有关规定,对普通高等学校学生军事训练枪支存放库室的建设质量、安全管理、看管人员编配和设施配备情况进行验收和定期检查。

　　第四十条　普通高等学校学生军事训练所需的实弹射击枪支、弹药,由军分区或者县人民武装部负责保障和管理。

　　第四十一条　普通高等学校、高中阶段学校在学生军事训练期间必须进行安全教育,完善各项安全制度,制定安全计划和突发事件应急处置预案,严防在军事技能训练、实弹射击、交通运输、饮食卫生等方面发生事故。

　　各级教育行政部门和军事机关应当高度重视学生军事训练期间的各类事故预防工作,定期分析安全形势,适时进行督促检查,及时发现和处理安全隐患。

　　第四十二条　普通高等学校、高中阶段学校应当建立健全学生军事训练意外事故报告制度。学校和承训部队在军训中发生各类安全事故后,应当及时向所在地教育行政部门、军事机关及相关部门报告,并按照《学生伤害事故处理办法》及有关法律法规的规定妥善处理。事故处理完毕,要将处理结果及改进措施报告上级教育行政部门、军事机关。

第六章　奖励和惩处

　　第四十三条　对在学生军事训练中成绩显著的单位和个人,各级教育行政部门、军事机关和普通高等学校、高中阶段学校应当给予表彰、奖励。

　　第四十四条　对违反本规定,有下列行为之一的单位或者个人,由教育行政部门和军事机关责令其限期改正,并视情节轻重对直接责任人员给以批评教育或者行政处分:

　　(一)随意取消和压缩学生军事训练时间的;

　　(二)未按《普通高等学校军事课教学大纲》和《高中阶段学校学生军事训练教学大纲》规定完成军事技能训练科目和军事理论课教学内容的;

　　(三)在军事技能训练和军事理论课考试中违反纪律、弄虚作假的;

　　(四)挤占、挪用和不按财务规定使用学生军事训练经费的;

　　(五)违反规定向学校收取承训费或者向学生收取军事训练费用的;

　　(六)发生枪支丢失、人身伤害或者其他重大安全责任事故的;

　　(七)打骂或者体罚学生的。

　　有第(六)、(七)项行为的,情节严重、构成犯罪的,应当移送司法机关依法追究刑事责任。

　　第四十五条　对没有正当理由拒不接受军事训练的学生,按国家发布的学籍管理办法和学校有关规定处理。

第四十六条　对违反本规定，侵占、破坏学校军事训练场所、设施的单位或者个人，由教育行政部门、军事机关责令其限期改正、依法赔偿损失。

第七章　附　则

第四十七条　各省级教育行政部门和军事机关可根据本规定制定实施细则。

第四十八条　本规定自发布之日起施行。

中小学法制教育指导纲要

(中宣部、教育部、司法部、全国普及法律常识办公室
2007年7月24日教基〔2007〕10号公布)

为认真贯彻落实中共中央、国务院转发的《中央宣传部、司法部关于在公民中开展法制宣传教育的第五个五年规划》和教育部印发的《全国教育系统法制宣传教育第五个五年规划》的精神和要求,指导各地中小学校全面、规范地开展青少年法制教育,特制定本指导纲要。

一、中小学法制教育的总体要求、基本原则和主要任务

(一)总体要求

开展中小学法制教育,要以邓小平理论和"三个代表"重要思想为指导,全面贯彻落实科学发展观,紧密结合深入贯彻落实《中共中央 国务院关于进一步加强和改进未成年人思想道德建设的若干意见》,着眼于社会主义和谐社会的总要求;结合中小学生的生活实际和成长特点,致力于帮助他们不断提高法律素养,牢固确立社会主义荣辱观,逐步成为有理想、有道德、有文化、有纪律的社会主义建设者和接班人。

(二)基本原则

实施中小学法制教育,必须贯彻以下原则:

1. 贴近实际、贴近生活、贴近学生的原则。既要遵循思想道德建设的普遍规律,又要体现法制教育的特点,适应中小学生身心成长的特点和接受能力,积极倡导深入浅出、循循善诱的方式,采用通俗鲜活的语言、生动的典型事例,体现教学的互动性和趣味性,增加吸引力和感染力,提高法制教育的针对性和实效性。

2. 法律知识教育与法治实践教育相结合的原则。采取多种方式为学生提供了解和参与法治实践的机会,教育和引导学生在实践当中掌握法律知识,领会法治理念,提高法律素质。

3. 整合性原则。将法制教育与学校学科教学相结合,渗透到相关学科教学

中；与各种教育活动相结合，融入到教育活动中；与必要的专项教育相结合，形成多角度、宽领域、复合式的法制教育格局。

（三）主要任务

开展中小学法制教育的主要任务是：努力培养中小学生的爱国意识、公民意识、守法意识、权利义务意识、自我保护意识，养成尊重宪法、维护法律的习惯，帮助他们树立正确的人生观、价值观和荣辱观，树立依法治国和公平正义的理念，提高分辨是非和守法用法的能力，引导他们做知法守法的合格公民。

二、中小学法制教育的内容

（一）小学生法制教育的内容

在小学阶段，进行初步的法律意识、权利意识和自我保护意识的启蒙教育，使学生具备初步的法律观念和权利观念。

1. 了解社会生活中有规则，法律是社会生活中人人都要遵守的具有强制性的规则。法律规定人们在日常生活和各种特定条件下能够做什么、必须做什么或禁止做什么。

2. 初步了解法律的作用，体会法律代表公平正义，维护秩序，保障自由，保护人身、财产等权力不受侵犯。

3. 了解自己依法享有的权利，任何人的权利不可随意剥夺和侵犯。法律面前，人人平等。

4. 了解宪法是国家的根本大法，是制定其他法律的依据，具有最高的法律效力，初步建立宪法意识。

5. 初步了解未成年人权利的基本内容，了解宪法规定的公民基本权利的内容，知道生命健康权、人身自由权、姓名权、受监护权、休息权、隐私权、财产权、继承权、受教育权等基本权利应当受到保护，增强权利意识。

6. 掌握初步的自我保护方法，知道权利受到侵犯时如何寻求法律保护，了解寻求法律保护的渠道。

（二）初中学生法制教育的内容

依据初中学生的生理心理特征、认知水平、生活经验和成长需求，在小学法制教育的基础上，须着力进行以下几方面的教育：

1. 进一步学习宪法的基本知识，增强宪法意识。

2. 知道法治精神体现了社会公平、正义的要求，反映了人与人之间的平等关系。

3. 理解我国公民权利的广泛性、现实性、平等性，懂得公民在享有权利的同时必须履行相应的法定义务，懂得不承担法定义务或触犯法律要承担法律责任。

4. 懂得法律维护社会秩序，能够协调人与自然、人与社会的协调发展。着重了解与学生生活密切相关的刑事、民事、行政管理等方面的法律知识。

5. 了解预防未成年人犯罪法的有关内容，知道违法和犯罪的含义，认识违法犯罪的危害，知道不良行为容易导致违法犯罪，违法犯罪会受到法律的惩罚。抵制不良诱惑，养成遵纪守法的习惯。懂得未成年人要在保证自身安全的条件下见义勇为，知道揭发检举、及时报警、正当防卫等是同犯罪作斗争的有效手段。

6. 懂得未成年人权益应当受到国家保护，知道未成年人保护法关于家庭保护、学校保护、社会保护、司法保护的主要内容，掌握自我保护和维权的方法，学会采用诉讼或者非诉讼方式维护合法权益。

（三）普通高中学生法制教育的内容

高中阶段的法制教育要适应学生已有知识水平和身心发展特点，考虑即将步入社会的现实需要，须着力进行以下几方面的教育：

1. 了解法律反映了个人自由与社会秩序之间的关系，理解法律规范存在的价值，形成理性的法律意识和法治观念，懂得依法治国是我国社会主义建设的重要方略。

2. 知道法律是国家意志的体现，了解法律具有维护社会秩序、实现社会公正、规范法律主体行为、调整利益关系的功能，促进个人、社会、环境的协调发展。

3. 了解规范我国政治、经济和文化生活方面的主要法律。理解宪法关于我国国体、政体、国家机构的设置和职权的相关规定，了解与公民参与政治生活相关的法律。理解宪法关于我国基本经济制度和基本分配制度的规定，了解发展社会主义市场经济的相关法律法规。了解我国加强教育、科学、文化等社会主义精神文明建设的相关法律。

4. 了解国际法的基本原则和我国批准的重要国际公约，特别是国际人权公约、世界贸易组织公约、保护人类环境的国际公约等有关知识，树立全球意识。

5. 理解公民权利和义务的关系，了解公民权利的主要内容，懂得公民在享有权利的同时必须履行相应的法定义务，树立正确的权利观和义务观。

三、中小学法制教育的实施途径

中小学生法制教育要以有机渗透在学校教育的各门学科、各个环节、各个方面为主，同时，利用课内课外相结合等方式开展形式多样的专题教育和丰富多彩的课外活动。要重视整合学校、家庭和社会的法制教育资源，发挥整体合力，提高法制教育的实效。

（一）学科教学

1. 骨干学科教学

小学的品德与生活、品德与社会等学科，初中的思想品德、历史与社会、地理等学科，高中的思想政治、历史等学科，是法制教育的骨干学科。要在这些学科的教学中挖掘法制教育内容，增强法制教育，分层次、分阶段，适时、适量、适度地对学生进行生动活泼的法制教育。

（1）小学阶段

《品德与生活》：在学生能感受、能观察、能体验的日常生活中渗透法制教育，采取适合小学生接受能力的各种生动有趣的活动方式，使学生初步了解法律，引导学生初步树立正确的价值观和良好的行为习惯。

《品德与社会》：在学生思考和探究的学习过程中渗透基本的法律知识教育，理解法律在社会生活中的意义，认识法律在维护社会秩序中的重要作用，学习运用法律知识思考和分析一些简单的社会生活现象，学习运用法律手段保护自己、规范自身行为，从小做一个知法守法的公民。

（2）初中阶段

《思想品德》：结合学生的品德修养，采取分散与集中相结合的方式，将法制教育作为重要的教学内容。在小学法制教育的基础上，了解法律是具有强制性的行为规范，了解我国法律对未成年人的特殊保护，学会运用法律维护合法权益；了解我国法律对预防未成年人犯罪的规定，增强自我防范意识；了解宪法和法律对公民权利和义务的规定，能够正确行使权利，履行义务；了解依法治国是我国的治国方略，增强依法办事意识，自觉维护法律的权威。

《历史与社会》：结合具体的教学情境和内容，体会现实社会生活中相关法律规则和制度的意义；从历史角度了解我国的民主与法制建设，依法行使公民的权利，自觉履行公民的义务，承担应有的社会责任。

《地理》：结合中国的自然资源的教学，了解保护自然环境和合理开发利用自然资源所应遵循的公约、法律和法规，渗透法治观念，培养科学的人口观、资源观和环境观。

（3）普通高中阶段

《思想政治》：结合经济生活、政治生活和文化生活等必修课程的教学，了解法律知识在现实生活中的具体运用，感受法律的作用和权威，增强法律意识和法律观念，理解依法治国的紧迫性和重要性。通过选修课《生活中的法律常识》的学习，掌握民事权利与义务、信守合同与违约、就业与创业、婚姻与家庭、法律救助等生活中常见的法律知识。

《地理》：通过高中地理必修和选修课程的学习，了解相关国际公约和我国有关的法律法规及政策，认识法律在解决当前人口、资源、环境等问题中的重要作用，增强法治观念。

2. 相关学科渗透

语文、生物、体育等学科蕴涵着丰富的与法制教育相联系的内容。教师要在学科教学中结合教学内容，挖掘法制教育因素，对学生进行法治文明、公平正义、恪守规则等方面的教育。例如，语文课通过文学作品中的典型人物和事件，渗透崇尚公平正义、违法要承担责任、履行义务光荣等教育；生物课对学生进行保护环境、热爱生命、尊重人权的教育；体育课对学生进行遵守规则、崇尚公正的教育等等。各相关学科对学生渗透法制教育，要充分运用与学生密切相关的事例，学科史上的有趣材料作为教学资源，利用多种手段和方法开展法制教育活动。

（二）专题教育

采用必要的专题教育形式，增强学生的法律意识和法治观念，提高法制教育的针对性和实效性。要从学生的认知水平、学习兴趣、思想认识、行为表现和社会实际出发，开展灵活多样、富有成效的专题教育活动，倡导自主探究、合作交流、实践体验的学习方式。法制专题教育要与道德教育、心理教育、青春期教育、生命教育紧密结合，与安全、禁毒、预防艾滋病、环境、国防、交通安全、知识产权等专项教育有机整合，使之融为一体。

（三）课外活动

课外活动是学生学习法律、践行法律的重要途径。要充分利用班团队活动、学生社团活动、节日纪念日活动、仪式教育、社会实践活动等多种载体，开展生动活泼的法制教育活动，增强学生依法律己、依法办事的自觉性。

1. 班团队活动

少先队和共青团组织要积极创造条件，为学生提供有意义的法制教育活动，使学生真正懂得集体要有纪律、要有规则，每个集体成员要懂规则、守规则，要在享有法定权利的同时履行应尽的各项义务。班集体活动要结合学生思想和行为的实际，有针对性地开展法制教育活动。

2. 学生社团活动

学生社团是帮助学生增强法律意识的重要载体。要支持和指导学生社团广泛开展与法制教育相关的校园文化活动，大力发展内容丰富、形式多样的兴趣小组，逐步培养学生参与群体生活的能力、按规则办事的习惯。结合不同社团活动的特点，进行相关法制教育，充分发挥学生思想活跃的特点和开拓创新的能力，引导学生思考生活中的法律问题，参与法制实践与宣传，积极承担社会责任。

3. 节日、纪念日宣传教育活动

要充分利用现有中国传统节日、法定节日和纪念日，如"3·15"消费者权益日、"6·26"国际禁毒日、"12·4"全国法制宣传日等，开展有针对性的法制宣传教育活动。

4. 仪式教育活动

学校要通过学生入学仪式、开学典礼和毕业典礼、18岁成人仪式以及入队、入团、入党等各种仪式，精心组织设计，渗透法制教育，使学生了解自己的健康成长与法律的关系，培养爱法、敬法的情感，增强守法、用法的能力。

5. 社会实践活动

学校要组织学生到人大、法院、监狱等机构旁听和参观，开展模拟人大、模拟法庭等活动，通过了解和分析真实的事例，了解相关法律，增加法制观念。

（四）个别辅导

学校教师特别是班主任老师要针对个别学生中出现的违法违纪行为，进行积极的教育和管理；要关注学生思想、情绪、行为等方面的变化，及时进行法律、道德、心理等多方面的辅导，帮助他们克服缺点、改正错误、健康成长。

四、中小学法制教育的措施

（一）组织措施

各级党委宣传部门、政府教育行政和司法行政部门要高度重视，加强对中小学法制教育工作的领导。教育行政部门要从实际出发，制订法制教育的实施计划，整合当地德育、教研、科研等部门的力量，进行法制教育的研究和实践；学校由校长（或分管校长）负责，把法制教育作为教育教学和课程改革的重要内容。除学科课程所占课时外，每学年要根据法制教育的要求和实际情况，结合学校课程实际，安排合理的课时用于法制专题教育活动，法制专题教育的时间纳入学校总体教学计划，确保课时，保证质量。

（二）资源利用

各地教育行政部门和学校要多方开发和利用校内外丰富的法制教育资源，加强法制教育的软件建设，积极开发图文资料、教学课件、音像制品等教学资源；利用网络、影视、图书馆、爱国主义教育基地等社会资源，丰富法制教育的内容和手段。司法、公安部门应选择适合青少年参观的相关普法教育机构和设施，开辟为中小学法制教育基地，向未成年人开放，为青少年法制教育服务。

各地进行法制教育使用的相关材料必须科学、系统、权威，既要符合青少年认识特点和成才需求，又要充分体现法制教育的科学性、规范性、严密性。原则上以结合相关课程教学为主，不另外编写法制教育教材，也不得强行组织学生集体购买。

（三）队伍培训

各地教育行政部门要有规划地培养专兼职相结合的法制宣传教育队伍，鼓励有条件的中小学聘任法制教育专、兼职教师。要对全体教师进行有关法制教育基本知识和必备能力的培训；对学科教师、法制教育辅导员要加强专业技能的培训，尤其对品德与生活、品德与社会、历史与社会、思想品德、思想政治课程教师加强法律专业知识的培训，培养、壮大和提高法制教育的师资队伍。

（四）社会支持

各地教育行政部门要积极依靠司法、行政执法部门和社会专业机构的力量，为广大中小学师生提供法律咨询等专业支持，开发开放法制教育资源，提高法制教育的质量；要积极协调社区、家庭等社会资源，提供充足的教育设施和条件，为中小学生法制教育营造良好的环境。

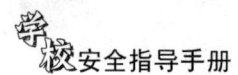

中小学生健康体检管理办法

(教育部、卫生部2008年6月27日卫医发〔2008〕37号公布
自2008年6月27日起实施)

为贯彻落实《中共中央 国务院关于加强青少年体育增强青少年体质的意见》精神,根据《学校卫生工作条例》、《国家学校体育卫生条件试行基本标准》、《预防性健康检查管理办法》的规定要求,特制定本管理办法。

一、健康体检基本要求

(一)新生入学应建立健康档案。学校应组织所有入学新生进行健康体检,建立健康档案。小学新生可在家长或监护人的陪伴下前往指定的健康体检机构或由健康体检机构人员前往学校进行健康体检。

(二)在校学生每年进行一次常规健康体检。

(三)在校学生健康体检的场所可以设置在医疗机构内或学校校内。设置在学校内的体检场地,应能满足健康体检对检查环境的要求。

二、健康体检项目

(一)病史询问。

(二)体检项目。

1. 内科常规检查:心、肺、肝、脾;
2. 眼科检查:视力、沙眼、结膜炎;
3. 口腔科检查:牙齿、牙周;
4. 外科检查:头部、颈部、胸部、脊柱、四肢、皮肤、淋巴结;
5. 形体指标检查:身高、体重;
6. 生理功能指标检查:血压;
7. 实验室检查:

(1)结核菌素试验*;

(2)肝功能**:谷丙转氨酶、胆红素。

注:"*"小学、初中入学新生必检项目;

"**"寄宿制学生必要时到符合规定的医疗机构进行的体检项目。

其他项目应根据国家相关法律、法规、规定所要求开展的检查项目或根据地方具体情况,进行适当增补,涉及实验室和影像学检查必须在医疗机构内完成。

三、健康检查结果反馈与档案管理

(一)学生健康体检机构在体检结束后,应分别向学生(家长)、学校和当地教育行政部门反馈学生个体健康体检结果与学生群体健康评价结果。

(二)健康检查结果的反馈形式。

健康体检机构以个体报告单形式向学生反馈健康体检结果;以学校汇总报告单形式向学校反馈学生体检结果;将所负责的体检学校的学生体检结果统计汇总,以区域学校汇总报告单形式上报当地教育行政部门,当地教育行政部门再逐级上报。

(三)健康体检报告单内容。

1. 个体报告单内容应包括学生个体体检项目的客观结果、对体检结果的综合评价以及健康指导建议;

2. 学校汇总报告单内容应包括学校不同年级男女生的生长发育、营养状况的分布、视力不良、龋齿检出率、传染病或缺陷的检出率,不同年级存在的主要健康问题以及健康指导意见;

3. 区域学校汇总报告单内容应包括所检查学校学生的总体健康状况分析,包括生长发育、营养状况的分布、视力不良、龋齿检出率、传染病或缺陷检出率以及健康指导意见。

(四)健康体检报告单的反馈时限。

个体报告单应于健康检查后 2 周内反馈学生;学校汇总报告单应于检查后 1 个月内反馈给学校;区域学校汇总报告单应于检查后 2 个月内反馈当地教育行政部门。

(五)学生健康档案管理。

学校和教育行政部门应将学生健康档案纳入学校档案管理内容,实行学生健康体检资料台账管理制度;应根据学生健康体检结果和体检单位给出的健康指导意见,研究制订促进学生健康的措施,有针对性地开展促进学生健康的各项工作。

四、健康体检机构资质

(一)机构条件。

1. 具有法人资格、持有有效的《医疗机构执业许可证》、由政府举办的公立性医疗机构（包括教育行政部门所属的区域性中小学卫生保健机构）；

学生健康体检机构必须报经学校主管教育行政部门备案；

2. 能独立开展学生健康检查工作；

3. 能对学生健康检查状况进行个体和群体评价、分析、反馈，并提出健康指导建议；

4. 有独立、固定的办公场所和足够的学生健康检查场所、工作条件和必备的合格的医疗检查设备与检验仪器；

5. 有健全的规章制度、有国家制定或认可的医疗护理技术操作规程。

（二）人员要求。

1. 体检岗位设置合理，管理职责明确；

2. 有足够的与学生健康体检项目相适应的管理、技术、质量控制和统计人员；按体检项目确定从事健康体检的人员，每个体检项目不得少于 1 人（其中：检验人员不少于 2 人）；

3. 具有与学生健康检查工作和学生常见病防治有关的知识和经验；

4. 专业技术负责人应熟悉本专业业务，技术人员的专业与学生健康检查的项目相符合；

5. 内科、外科、口腔科、眼科检查及实验室检验的人员必须具有相应的专业技术职务任职资格；各专业体检医师至少有 1 人具有中级以上专业技术职务任职资格；

6. 具有中级以上专业技术职务任职资格的人员不得少于从事学生健康检查总人数的 30%。

（三）场所设置基本要求。

具有独立于医院诊疗区之外的健康人群体检场所，设有专门的检查室及辅助功能设施：

1. 有学生集合场地，并设有室内候诊区（不小于 20 平方米）；

2. 男女分开的内科、外科检查室（各不少于 1 间）；

3. 眼科、口腔科检查室；

4. 化验室、消毒供应室；

5. 男、女卫生间。

体检场所应按照《医院消毒技术规范》的要求进行消毒处理，符合《医院消毒卫生标准（GB15982—1995）》中三类环境的消毒卫生标准，保证卫生安全。医疗废物处理应符合国务院《医疗废物管理条例》的规定。生物样本的采集和留存应符合国家有关卫生标准的规定和相关检验技术规范的要求；生物样本的运输应按照国家相关规定执行。

（四）仪器设备。

学生健康体检所需的医疗检查设备与检验仪器的种类、数量、性能、量程、精度能满足工作需要，并能良好运行，定期校验；仪器设备有完整的操作规程。

1. 实验室基本设备：

（1）分光光度计；

（2）恒温箱；

（3）离心机；

（4）电冰箱；

（5）高压灭菌设备；

（6）显微镜；

（7）紫外线灯。

2. 体检基本设备：

（1）听诊器；

（2）血压计；

（3）身高坐高计；

（4）体重秤（杠杆式）；

（5）对数灯光视力表箱；

（6）检眼镜片箱；

（7）口腔科器械（平面口镜、五号探针）；

（8）全自动或半自动生化仪；

（9）诊察床；

（10）与开展的诊查科目相应的其他设备。

体检器具的消毒应符合《医院消毒卫生标准（GBl5982—1995）》中的医疗用品卫生标准的规定。

（五）其他。

1. 学生体检表由各省（区、市）卫生行政部门统一制定；

2. 健康体检机构应有良好的内务管理，检查仪器放置合理，便于操作，配有必要的消毒、防污染、防火、控制进入等安全措施；

3. 检测方法应尽可能采用国际、国家、行业或地方规定的方法或标准；

4. 编制有质量管理体系文件，并严格开展质量控制；

5. 为检验样品建立唯一识别系统和状态标识，应当编制有关样品采集、接收、流转、保存和安全处置的书面程序；

6. 体检报告按照规定书写、更改、审核、签章、分发、保存和统计；
7. 开展健康体检的机构应按照有关规定收取体检费用。

五、健康体检经费及管理

（一）义务教育阶段学生健康体检的费用由学校公用经费开支，学生健康体检经费管理（拨付）办法由省级教育、财政部门共同制定。

（二）义务教育阶段的学生健康体检具体费用标准由省级财政、物价、教育、卫生等相关部门根据本管理办法确定的健康体检项目，以及当地教育、卫生状况和经济发展水平确定。

（三）非义务教育阶段的学生健康体检费用标准和解决办法，由省级人民政府统一制定。

六、健康体检培训与考核

各省（区、市）落实本管理办法，参加学生健康体检的机构及人员必须进行统一培训，统一体检标准。县级以上卫生行政部门负责组织健康体检人员的培训、考核。健康体检人员必须经培训考核合格后方可上岗。

中小学健康教育指导纲要

(教体艺〔2008〕12号)

为贯彻落实《中共中央国务院关于加强青少年体育增强青少年体质的意见》(中发〔2007〕7号)对健康教育提出的工作要求,进一步加强学校健康教育工作,培养学生的健康意识与公共卫生意识,掌握健康知识和技能,促进学生养成健康的行为和生活方式,依据《中国公民健康素养——基本知识与技能(试行)》及新时期学校健康教育的需求,特制定本纲要。

一、指导思想、目标和基本原则

1. 以邓小平理论和"三个代表"重要思想为指导,按照科学发展观的要求,全面贯彻党的教育方针,认真落实健康第一的指导思想,把增强学生健康素质作为学校教育的基本目标之一,促进学生健康成长。

2. 健康教育是以促进健康为核心的教育。通过有计划地开展学校健康教育,培养学生的健康意识与公共卫生意识,掌握必要的健康知识和技能,促进学生自觉地采纳和保持有益于健康的行为和生活方式,减少或消除影响健康的危险因素,为一生的健康奠定坚实的基础。

3. 学校健康教育要把培养青少年的健康意识,提高学生的健康素质作为根本的出发点,注重实用性和实效性。坚持健康知识传授与健康技能传授并重原则;健康知识和技能传授呈螺旋式递进原则;健康知识传授、健康意识与健康行为形成相统一原则;总体要求与地方实际相结合原则;健康教育理论知识和学生生活实际相结合原则。做到突出重点、循序渐进,不断强化和促进健康知识的掌握、健康技能的提高、健康意识的形成、健康行为和生活方式的建立。

二、健康教育具体目标和基本内容

中小学健康教育内容包括五个领域:健康行为与生活方式、疾病预防、心理健康、生长发育与青春期保健、安全应急与避险。

根据儿童青少年生长发育的不同阶段,依照小学低年级、小学中年级、小学高年级、初中年级、高中年级五级水平,把五个领域的内容合理分配到五级水平中,分别为水平一(小学1—2年级)、水平二(小学3—4年级)、水平三(小学5—6年级)、水平四(初中7—9年级)、水平五(高中10—12年级)。五个不同水平互相衔接,完成中小学校健康教育的总体目标。

(一)水平一(小学1—2年级)

1. 目标

知道个人卫生习惯对健康的影响,初步掌握正确的个人卫生知识;了解保护眼睛和牙齿的知识;知道偏食、挑食对健康的影响,养成良好的饮水、饮食习惯;了解自己的身体,学会自我保护;学会加入同伴群体的技能,能够与人友好相处;了解道路交通和玩耍中的安全常识,掌握一些简单的紧急求助方法;了解环境卫生对个人健康的影响,初步树立维护环境卫生意识。

2. 基本内容

(1)健康行为与生活方式:不随地吐痰,不乱丢果皮纸屑等垃圾;咳嗽、打喷嚏时遮掩口鼻;勤洗澡、勤换衣、勤洗头、勤剪指甲(包含头虱的预防);不共用毛巾和牙刷等洗漱用品(包含沙眼的预防);不随地大小便,饭前便后要洗手;正确的洗手方法;正确的身体坐、立、行姿势,预防脊柱弯曲异常;正确的读写姿势;正确做眼保健操;每天早晚刷牙,饭后漱口;正确的刷牙方法以及选择适宜的牙刷和牙膏;预防龋齿(认识龋齿的成因、注意口腔卫生、定期检查);适量饮水有益健康,每日适宜饮水量,提倡喝白开水;吃好早餐,一日三餐有规律;偏食、挑食对健康的影响;经常喝牛奶、食用豆类及豆制品有益生长发育和健康;经常开窗通气有利健康;文明如厕、自觉维护厕所卫生;知道蚊子、苍蝇、老鼠、蟑螂等会传播疾病。

(2)疾病预防:接种疫苗可以预防一些传染病。

(3)心理健康:日常生活中的礼貌用语,与同学友好相处技能。

(4)生长发育与青春期保健:生命孕育、成长基本知识,知道"我从哪里来"。

(5)安全应急与避险:常见的交通安全标志;行人应遵守的基本交通规则;乘车安全知识;不玩危险游戏,注意游戏安全;燃放鞭炮要注意安全;不玩火,使用电源要注意安全;使用文具、玩具要注意卫生安全;远离野生动物,不与宠物打闹;家养犬要注射疫苗;发生紧急情况,会拨打求助电话(医疗求助电话:120,火警电话:119,匪警电话:110)。

(二)水平二(小学 3—4 年级)

1. 目标

进一步了解保护眼睛、预防近视眼知识,学会合理用眼;了解食品卫生基本知识,初步树立食品卫生意识;了解体育锻炼对健康的作用,初步学会合理安排课外作息时间;初步了解烟草对健康的危害;了解肠道寄生虫病、常见呼吸道传染病和营养不良等疾病的基本知识及预防方法;了解容易导致意外伤害的危险因素,熟悉常见的意外伤害的预防与简单处理方法;了解日常生活中的安全常识,掌握简单的避险与逃生技能;初步了解生命的意义和价值,树立保护生命的意识。

2. 基本内容

(1) 健康行为与生活方式:读书写字、看电视、用电脑的卫生要求;预防近视(认识近视的成因、学会合理用眼、注意用眼卫生、定期检查);预防眼外伤;不吃不洁、腐败变质、超过保质期的食品;生吃蔬菜水果要洗净;人体所需的主要营养素;体育锻炼有利于促进生长发育和预防疾病;睡眠卫生要求;生活垃圾应该分类放置;烟草中含有多种有害于健康的物质,避免被动吸烟。

(2) 疾病预防:蛔虫、蛲虫等肠道寄生虫病对健康的危害与预防;营养不良、肥胖对健康的危害与预防;认识传染病(重点为传播链);常见呼吸道传染病(流感、水痘、腮腺炎、麻疹、流脑等)的预防;冻疮的预防(可根据地方实际选择);学生应接种的疫苗。

(3) 生长发育与青春期保健:人的生命周期包括诞生、发育、成熟、衰老、死亡;初步了解儿童青少年身体主要器官的功能,学会保护自己。

(4) 安全应急与避险:游泳和滑冰的安全知识;不乱服药物,不乱用化妆品;火灾发生时的逃生与求助;地震发生时的逃生与求助;动物咬伤或抓伤后应立即冲洗伤口,及时就医,及时注射狂犬疫苗;鼻出血的简单处理;简便止血方法(指压法、加压包扎法)。

(三)水平三(小学 5—6 年级)

1. 目标

了解健康的含义与健康的生活方式,初步形成健康意识;了解营养对促进儿童少年生长发育的意义,树立正确的营养观;了解食品卫生知识,养成良好的饮食卫生习惯;了解烟草对健康的危害,树立吸烟有害健康的意识;了解毒品危害的简单知识,远离毒品危害;掌握常见肠道传染病、虫媒传染病基本知识和预防方法，树立卫生防病意识；了解常见地方病如碘缺乏病、血吸虫病对健康的危害，掌握预防方法；了解青春期生理发育基本知识，初步掌握相关的卫生保健知识；了解日常生活中的安全常识，学会体育锻炼中的自我监护，提高自我保护的能力。

2. 基本内容

（1）健康行为与生活方式：健康不仅仅是没有疾病或不虚弱，而是身体、心理、社会适应的完好状态；健康的生活方式（主要包括合理膳食、适量运动、戒烟限酒、心理平衡）有利于健康；膳食应以谷类为主，多吃蔬菜水果和薯类，注意荤素搭配；日常生活饮食应适度，不暴饮暴食，不盲目节食，适当零食；购买包装食品应注意查看生产日期、保质期、包装有无涨包或破损，不购买无证摊贩食品；容易引起食物中毒的常见食品（发芽土豆、不熟扁豆和豆浆、毒蘑菇、新鲜黄花菜、河豚鱼等）；不采摘、不食用野果、野菜；体育锻炼时自我监护的主要内容（主观感觉和客观检查的指标）；发现视力异常，应到正规医院眼科进行视力检查、验光，注意配戴眼镜的卫生要求；吸烟和被动吸烟会导致癌症、心血管疾病、呼吸系统疾病等多种疾病；不吸烟、不饮酒。常见毒品的名称；毒品对个人和家庭的危害，自我保护的常识和简单方法，能够远离毒品。

（2）疾病预防：贫血对健康的危害与预防；常见肠道传染病（细菌性痢疾、伤寒与副伤寒、甲型肝炎等）的预防；疟疾的预防；流行性出血性结膜炎（红眼病）的预防；碘缺乏病对人体健康的危害；食用碘盐可以预防碘缺乏病；血吸虫病的预防（可根据地方实际选择）。

（3）心理健康：保持自信，自己的事情自己做。

（4）生长发育与青春期保健：青春期的生长发育特点；男女少年在青春发育期的差异（男性、女性第二性征的具体表现）；女生月经初潮及意义（月经形成以及周期计算）；男生首次遗精及意义；变声期的保健知识；青春期的个人卫生知识。体温、脉搏测量方法及其测量的意义。

（5）安全应急与避险：骑自行车安全常识；常见的危险标识（如高压、易燃、易爆、剧毒、放射性、生物安全），远离危险物；煤气中毒的发生原因和预防；触电、雷击的预防；中暑的预防和处理；轻微烫烧伤和割、刺、擦、挫伤等的自我处理；提高网络安全防范意识。

（四）水平四（初中阶段）

1. 目标

了解生活方式与健康的关系，建立文明、健康的生活方式；进一步了解平衡膳食、合理营养意义，养成科学、营养的饮食习惯；了解充足睡眠对儿童少年生长发育的重要意义；了解预防食物中毒的基本知识；进一步了解常见传染病预防知识，增强卫生防病能力；了解艾滋病基本知识和预防方法，熟悉毒品预防基本知识，增强抵御毒品和艾滋病的能力；了解青春期心理变化特点，学会保持愉快情绪和增进心理健康；进一步了解青春期发育的基本知识，掌握青春期卫生保健知识和青春期常见生理问题的预防和处理方法；了解什么是性侵害，掌握预防方法和技能；掌握简单的用药安全常识；学会自救互救的基本技能，提高应对突发事件的能力；了解网络使用的利弊，合理利用网络。

2. 基本内容

（1）健康行为与生活方式：不良生活方式有害健康，慢性非传染性疾病（恶性肿瘤、冠心病、糖尿病、脑卒中）的发生与不健康的生活方式有关；膳食平衡有利于促进健康；青春期充足的营养素，保证生长发育的需要。保证充足的睡眠有利于生长发育和健康（小学生每天睡眠时间 10 个小时，初中生每天睡眠时间 9 个小时，高中生每天睡眠时间 8 小时）；食物中毒的常见原因（细菌性、化学性、有毒动植物等）；发现病死禽畜要报告，不吃病死禽畜肉；适宜保存食品，腐败变质食品会引起食物中毒；拒绝吸烟、饮酒的技巧；毒品对个人、家庭和社会的危害；拒绝毒品的方法；吸毒违法，拒绝毒品。

（2）疾病预防：乙型脑炎的预防；疥疮的预防；肺结核病的预防；肝炎的预防（包括甲型肝炎、乙（丙）型肝炎等）；不歧视乙肝病人及感染者；艾滋病的基本知识；艾滋病的危害；艾滋病的预防方法；判断安全行为与不安全行为，拒绝不安全行为的技巧；学会如何寻求帮助的途径和方法；与预防艾滋病相关的青春期生理和心理知识；吸毒与艾滋病；不歧视艾滋病病毒感染者与患者。

（3）心理健康：不良情绪对健康的影响；调控情绪的基本方法；建立自我认同，客观认识和对待自己；根据自己的学习能力和状况确定合理的学习目标；异性交往的原则。

（4）生长发育与青春期保健：热爱生活，珍爱生命；青春期心理发育的特点和变化规律，正确对待青春期心理变化；痤疮发生的原因、预防方法；月经期间的卫生保健常识，痛经的症状及处理；选择和佩戴适宜的胸罩的知识。

（5）安全应急与避险：有病应及时就医；服药要遵从医嘱，不乱服药物；不擅自服用、不滥用镇静催眠等成瘾性药物；不擅自服用止痛药物；保健品不能代替药品；毒物中毒的应急处理；溺水的应急处理；骨折简易应急处理知识（固定、搬运）；识别容易发生性侵害的危险因素，保护自己不受性侵害；预防网络成瘾。

（五）水平五（高中阶段）

1. 目标

了解中国居民膳食指南，了解常见食物的选购知识，进一步了解预防艾滋病基本知识，正确对待艾滋病病毒感染者和患者；学会正确处理人际关系，培养有效的交流能力，掌握缓解压力等基本的心理调适技能；进一步了解青春期保健知识，认识婚前性行为对身心健康的危害，树立健康文明的性观念和性道德。

2. 基本内容

（1）健康行为与生活方式：食品选购基本知识；中国居民膳食指南的内容。

（2）疾病预防：艾滋病的预防知识和方法；艾滋病的流行趋势及对社会经济带来的危害；HIV 感染者与艾滋病病人的区别；艾滋病的窗口期和潜伏期；无偿献血知识；不歧视艾滋病病毒感染者与患者。

（3）心理健康：合理宣泄与倾诉的适宜途径，客观看待事物；人际交往中的原则和方法，做到主动、诚恳、公平、谦虚、宽厚地与人交往；缓解压力的基本方法；认识竞争的积极意义；正确应对失败和挫折；考试等特殊时期常见的心理问题与应对。

（4）生长发育与青春期保健：热爱生活，珍爱生命；青春期常见的发育异常，发现不正常要及时就医；婚前性行为严重影响青少年身心健康；避免婚前性行为。

（5）安全应急与避险：网络交友的危险性。

三、实施途径及保障机制

（一）学校要通过学科教学和班会、团会、校会、升旗仪式、专题讲座、墙报、板报等多种宣传教育形式开展健康教育。学科教学每学期应安排 6—7 课时，主要载体课程为《体育与健康》，健康教育教学课时安排可有一定灵活性，如遇在下雨（雪）或高温（严寒）等不适宜户外体育教学的天气时可安排健康教育课。另外，小学阶段还应与《品德与生活》《品德与社会》等学科的教学内容结合，中学阶段应与《生物》等学科教学有机结合。对无法在《体育与健康》等相关课程中渗透的健康教育内容，可以利用综合实践活动和地方课程的时间，采用多种形式，向学生传授健康知识和技能。

（二）各地教育行政部门和学校要重视健康教育师资建设，把健康教育师资培训列入在职教师继续教育的培训系列和教师校本培训计划，分层次开展培训工作，不断提高教师开展健康教育的水平。中小学健康教育师资以现有健康教育专兼职教师和体育教师为基础。要重视健康教育教学研究工作，各级教研部门要把健康教育教学研究纳入教研工作计划，针对不同学段学生特点，开展以知识传播与技能培养相结合的教学研究工作。

（三）各地应加强教学资源建设，积极开发健康教育的教学课件、教学图文资料、音像制品等教学资源，增强健康教育实施效果。凡进入中小学校的自助读本或相关教育材料必须按有关规定，经审定后方可使用；健康教育自助读本或者相关教育材料的购买由各地根据本地实际情况采取多种方式解决，不得向学生收费增加学生负担。大力提倡学校使用公用图书经费统一购买，供学生循环使用。

（四）要重视对健康教育的评价和督导。各地教育行政部门和学校应将健康教育实施过程与健康教育实施效果作为评价重点。评价的重点包括学生健康意识的建立、基本知识和技能的掌握和卫生习惯、健康行为的形成，以及学校对健康教育课程（活动）的安排、必要的资源配置、实施情况以及实际效果。各地教育行政部门应将学校实施健康教育情况列入学校督导考核的重要指标之一。

（五）充分利用现有资源。健康是一个广泛的概念，涉及到生活的方方面面，学校健康教育体现在教育过程的各个环节，各地在组织实施过程中，要注意健康教育与其他相关教育，如安全教育、心理健康教育有机结合，把课堂内教学与课堂外教学活动结合起来，发挥整体教育效应。

（六）学校健康教育是学校教育的一部分，学校管理者应以大健康观为指导，全面、统筹思考学校的健康教育工作，应将健康教育教学、健康环境创设、健康服务提供有机结合，为学生践行健康行为提供支持，以实现促进学生健康发展的目标。

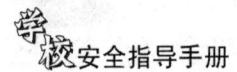安全指导手册

全国中小学校舍安全工程实施方案

(国办发〔2009〕34号)

为保证全国中小学校舍安全工程(以下简称校舍安全工程)顺利实施,保障师生生命安全,借鉴唐山地震后建筑设施抗震加固及近年来一些地区实施抗震安居工程、提高综合防灾能力的经验,特制定本方案。

一、背景和意义

2001年以来,国务院统。部署实施了农村中小学危房改造、西部地区农村寄宿制学校建设和中西部农村初中校舍改造等工程,提高了农村校舍质量,农村中小学校面貌有很大改善。但目前一些地区中小学校舍有相当部分达不到抗震设防和其他防灾要求,C级和D级危房仍较多存在;尤其是上世纪90年代以前和"普九"早期建设的校舍,问题更为突出;已经修缮改造的校舍,仍有一部分不符合抗震设防等防灾标准和设计规范。在全国范围实施中小学校舍安全工程,全面改善中小学校舍安全状况,直接关系广大师生的生命安全,关系社会和谐稳定。

二、目标和任务

在全国中小学校开展抗震加固、提高综合防灾能力建设,使学校校舍达到重点设防类抗震设防标准,并符合对山体滑坡、崩塌、泥石流、地面塌陷和洪水、台风、火灾、雷击等灾害的防灾避险安全要求。

工程的主要任务是:从2009年开始,用三年时间,对地震重点监视防御区、七度以上地震高烈度区、洪涝灾害易发地区、山体滑坡和泥石流等地质灾害易发地区的各级各类城乡中小学存在安全隐患的校舍进行抗震加固、迁移避险,提高综合防灾能力。其他地区,按抗震加固、综合防灾的要求,集中重建整体出现险情的D级危房、改造加固局部出现险情的C级校舍,消除安全隐患。

三、工程实施范围和主要环节

校舍安全工程覆盖全国城市和农村、公立和民办、教育系统和非教育系统的

所有中小学。

（一）对中小学校舍进行全面排查鉴定。各地人民政府组织对本行政区域内各级各类中小学现有校舍（不含在建项目）进行逐栋排查，按照抗震设防和有关防灾要求，形成对每一座建筑的鉴定报告，建立校舍安全档案。2008年5月以后已经排查并形成鉴定报告的校舍，可不再重新鉴定。

（二）科学制定校舍安全工程实施规划和方案。根据排查、鉴定结果，结合中小学布局结构调整和正在实施的、农村寄宿制学校建设、中西部农村初中校舍改造等专项工程，科学制定校舍安全工作总体规划和具体的实施计划与方案。

（三）区别情况，分类、分步实施校舍安全工程。对通过维修加固可以达到抗震设防标准的校舍，按照重点设防类抗震设防标准改造加固；对经鉴定不符合要求、不具备维修加固条件的校舍，按重点设防类抗震设防标准和建设工程强制性标准重建；对严重地质灾害易发地区的校舍进行地质灾害危险性评估并实行避险迁移；对根据学校布局规划确应废弃的危房校舍可不再改造，但必须确保拆除，不再使用；完善校舍防火、防雷等综合防灾标准，并严格执行。

新建校舍必须按照重点设防类抗震设防标准进行建设，校址选择应符合工程建设强制性标准和国家有关部门发布的《汶川地震灾后重建学校规划建筑设计导则》规定，并避开有隐患的淤地坝、蓄水池、尾矿库、储灰库等建筑物下游易致灾区。

四、工作机制

校舍安全工程实行国务院统一领导，省级政府统一组织，市、县级政府负责实施，充分发挥专业部门作用的领导和管理体制。

国务院成立全国中小学校舍安全工程领导小组，统一领导和部署校舍安全工程。发展改革、教育、公安（消防）、监察、财政、国土资源、住房城乡建设、水利、审计、安全监管、地震等部门参加领导小组。

领导小组办公室设在教育部，由领导小组部分成员单位派员组成，集中办公。办公室设若干专业组，由有关部门司局级干部担任组长，具体负责：组织拟订校舍安全工程的工作目标、政策；按照目标管理的要求，整合与中小学校舍安全有关的各项工程及资金渠道，统筹提出中央资金安排方案；结合抗震设防和综合防灾要求，综合衔接选址避险、建筑防火等各种防灾标准，组织制订校舍安全技术标准、建设规范和排查鉴定、加固改造工作指南；明确有关部门在校舍安全工程中的职责，将中小学校舍建设按照基本建设程序和工程建设程序管理；制订和检查校舍安全工程实施进度；设立举报电话，协调查处重点案件；协调各地各部门支持重点地区的校舍安全工程，协调处理跨地区跨部门重要事项；编发简报，推广先进经验，报告工作进展。

各省（区、市）成立中小学校舍安全工程领导小组，统一组织和协调本地区校舍安全工程的实施，并在相关部门设立办公室。办公室负责制订并组织落实工程规划、实施方案和配套政策，统筹安排工程资金，组织编制和审定各市、县校舍加固改造、避险迁移和综合防灾方案；落实对校舍改造建设收费有关减免政策；按照项目管理的要求，监督检查工程质量和进度。

省级人民政府要组织国土资源、住房城乡建设、水利、地震等部门为本行政区域内各市县提供地震重点监视防御区、七度以上地震高烈度区及地震断裂带和地震多发区、洪涝灾害易发区及其他地质灾害分布情况提出安全性评估和建议。市县专业力量不足的，省级政府要组织勘察设计单位、检测鉴定机构和技术专家，帮助市县进行校舍地质勘察和建筑检测鉴定。

市、县级人民政府负责校舍安全工程的具体实施，对本地的校舍安全负总责，主要负责人负直接责任。要在上级政府和有关部门的指导下，统一组织对校舍的逐栋排查和检测鉴定，审核每一栋校舍的加固改造、避险迁移和综合防灾方案，具体组织工程实施，落实施工管理和监管责任，按进度、按标准组织验收，建立健全所有中小学校、所有校舍的安全档案。市级人民政府要统筹协调本地区各县勘察鉴定和设计、施工、监理力量，加强组织调度，规范工程实施，严格工程质量安全管理。

五、资金安排和管理

资金安排实行省级统筹，市县负责，中央财政补助。中央在整合目前与中小学校舍安全有关的资金基础上，2009年新增专项资金80亿元，重点支持中西部地震重点监视防御区及其他地质灾害易发区，具体办法由全国中小学校舍安全工程领导小组研究制订。各省（区、市）工程资金由省级人民政府负责统筹安排。各地要切实加大对校舍安全工程的投入，列入财政预算，确保资金及时到位，防止学校出现新的债务。鼓励社会各界捐资捐物支持校舍安全工程。

民办、外资、企（事）业办中小学的校舍安全改造由投资方和本单位负责，当地政府给予指导、支持并实施监管。

四川、陕西、甘肃省地震灾区的校舍安全工程纳入当地灾后恢复重建规划，统一实施。

健全工程资金管理制度，工程资金实行分账核算，专款专用，不能顶替原有投入，更不得用于偿还过去拖欠的工程款和其他债务。资金拨付按照财政国库管理制度有关规定执行。严格杜绝挤占、挪用、克扣、截留、套取工程专款。保证按工程进度拨款，不得拖欠工程款。校舍安全工程建设执行《国务院办公厅转发教育部等部门关于进一步做好农村寄宿制学校建设工程实施工作若干意见的通知》（国办发〔2005〕44号）有关减免行政事业性和经营服务性收费等优惠政策。

六、监督检查和责任追究

全国中小学校舍安全工程领导小组和地方各级人民政府要加强对工程建设的检查监督，对工程实施情况组织督查与评估。校舍安全工程全过程接受社会监督，技术标准、实施方案、工程进展和实施结果等向社会公布，所有项目公开招投标，建设和验收接受新闻媒体和社会监督。

建立健全校舍安全工程质量与资金管理责任追究制度。对发生因学校危房倒塌和其他因防范不力造成安全事故导致师生伤亡的地区，要依法追究当地政府主要负责人的责任。改造后的校舍如因选址不当或建筑质量问题遇灾垮塌致人伤亡，要依法追究校舍改造期间当地政府主要负责人的责任；建设、评估鉴定、勘察、设计、施工与工程。监理单位及相关负责人员对项目依法承担责任。要对资金使用情况实行跟踪监督。对挤占、挪用、克扣、截留、套取工程专项资金、违规乱收费或减少本地政府投入以及疏于管理影响工程目标实现的，要依法追究相关负责人的责任。

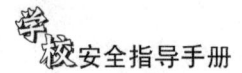

教育系统事故灾难类突发公共事件应急预案

(2009年8月)

1 总 则

1.1 编制目的

为建立和健全防范、指挥、处置事故灾难类突发公共事件的工作机制，做到分工明确、责任到人、常备不懈；进一步提高教育系统应对事故灾难类突发公共事件的能力，保障学校师生员工生命和财产安全，维护学校正常的教育教学秩序，维护社会稳定。

1.2 编制依据

《中华人民共和国突发事件应对法》、《国家突发公共事件总体应急预案》、《国务院生产安全事故报告与调查处理条例》、《教育系统突发公共事件应急预案》、《中小学公共安全教育指导纲要》、《中小学幼儿园安全管理办法》、《学生伤害事故处理办法》等法律法规。

1.3 适用范围

本预案适用于教育部、省级及以下教育行政部门、各级各类学校事故灾难类突发公共事件的应急处置工作。本预案所指的事故灾难类突发公共事件包括校园火灾、交通事故、水面冰面溺水、拥挤踩踏、建筑物倒塌、煤气中毒、爆炸、危险物品泄漏污染、水电煤气等能源供应故障，组织师生外出实习、参观、考察等集体活动，以及校园周边、学校所属企事业单位发生的突发安全事故等。

1.4 工作原则

1.4.1 统一领导，快速反应

教育部、省级及以下教育行政部门和各级各类学校要成立事故灾难类突发公共事件应急处置工作领导小组，全面负责应对事故灾难类突发公共事件的处置工作，形成预防和处置事故灾难类突发公共事件的快速反应机制。一旦发生重大事

件，确保事件的发现、报告、指挥、处置等环节紧密衔接，做到快速反应，正确应对，果断处置，力争把问题解决在萌芽状态。

1.4.2 预防为本，及时控制

立足于防范，强化信息的广泛收集和深层次分析，争取早发现，早报告，早控制，早解决。要把事故灾难类突发公共事件影响控制在一定范围内，避免造成社会秩序失控和混乱。

1.4.3 分级负责，系统联动

突发事件应急处置应遵循属地化管理原则，高等院校以省级教育行政部门管理为主（部属高校隶属于有关部门），中小学、幼儿园以县级教育行政部门管理为主。省级及以下教育行政部门要在当地党委和政府的统一领导下，形成各级各部门系统联动，群防群控的工作格局。教育行政部门和学校党政"一把手"是应急处置的"第一责任人"。事故发生后，各相关部门负责人要立即赶赴现场，掌握情况，开展工作，控制局面。

1.4.4 临危不乱，安全有序

在现场处理中要按照以下程序进行：首先要依照应急预案，在最短时间内疏散事故现场人员；及时拨打110、120、119等报警求救电话；在规定时间内向上级教育行政部门报告事故情况；查找伤亡人员，同时依据一般性医学救助原则实施紧急救护。

1.4.5 以人为本，生命至上

无论发生何种事故灾难类突发公共事件，在处置过程中，教育行政部门和各级各类学校第一要务是确保师生生命安全。在事件处置过程中要特别注意以下几个方面：有人员伤亡的情况下，要立刻开展对伤亡人员的抢救工作，当抢救生命和抢救财产问题发生冲突时，要把抢救生命放在第一位；在布置和指挥救援工作时，要确保救援人员的安全，避免发生二次事故；不得组织未成年学生参与救火、抢险等活动。

1.4.6 加强保障，重在建设

教育行政部门和各级各类学校要依据国家的法律法规和有关部门的规章制度与工作部署，建立健全安全工作制度，科学设置组织机构和岗位职责，及时提供必要的物质保障和经费支持，提高学校管理者和教职工安全工作能力和工作效率。

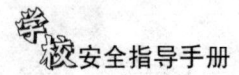

2 应急处置工作组设置及其主要职责

2.1 教育部应急处置工作组设置及其主要职责

2.1.1 应急处置工作组

组长：分管副部长

副组长：发展规划司司长

成员：办公厅、政策研究与法制建设司、发展规划司、人事司、财务司、基础教育一司、基础教育二司、职业教育与成人教育司、高等教育司、民族教育司、思想政治工作司、高校学生司、国际合作与交流司、纪检组（监察局）等司局（单位）主要负责人组成。工作组办公室设置在发展规划司，日常工作由发展规划司承担。

2.1.2 主要职责

（1）指导省级及以下教育行政部门建立事故灾难类突发公共事件的监测预警和防控机制。

（2）对省级及以下教育行政部门和各级各类学校应对事故灾难类突发事件工作进行检查、指导和培训。

（3）收集教育系统事故灾难类突发事件信息，每年对师生伤亡情况进行年度分类统计，适时向各地教育行政部门通报，并提出有关对策和措施。

（4）对一般性事故灾难，密切关注事态发展；对重大、特别重大事故灾难，必要时成立工作组及时前往事发现场指挥并协助开展事故调查和安抚慰问等工作，协助有关部门采取有效措施妥善处置，控制事态发展。

（5）决定对外公布、公开信息的口径及发布时间、方式等，并报送相关部门统一发布。

2.2 省级及以下教育行政部门应急处置工作组设置及其主要职责

省级及以下教育行政部门应急处置工作组参照教育部应急处置工作组并结合本地实际情况设置。省级及以下教育行政部门应急处置工作组应在国务院和当地党委、政府的统一领导下，具体负责本辖区内教育系统事故灾难类突发公共事件应急处置工作。其主要职责包括：

2.2.1 建立健全应对事故灾难类突发公共事件的工作责任制度，将责任分解到部门，落实到人。

2.2.2 在相关部门指导下，制定符合本地区实际应对事故灾难类突发公共事件的对策、措施及应急预案。

2.2.3 落实信息报告人，在事故发生后及时上报有关信息。

2.2.4 严密监测本辖区内教育系统事故灾难突发公共事件的发生情况，并根据相关部门发布的信息适时做出预警。

2.2.5 检查督促并落实本辖区内教育系统事故灾难应对措施。

2.2.6 事故灾难发生后，及时指导下级教育行政部门和学校开展紧急应对处置工作。

2.2.7 总结推广本辖区教育系统成功应对事故灾难类突发公共事件的做法和经验。

2.2.8 根据事故灾难类突发公共事件的性质，督促下级教育行政部门和学校对有关责任人进行查处。

2.2.9 处置本辖区内事故灾难类突发公共事件的其他事项。

2.3 各级各类学校应急处置工作组设置及其主要职责

2.3.1 应急工作组

组长：校长（法定代表人）

副组长：主管副校长

成员：学校各安全工作职能部门的负责人

2.3.2 主要职责

（1）成立应急处置工作小组，明确成员职责。

（2）按照国家有关要求，制定各种事故灾难类突发公共事件校级应急预案，突发事件发生后，应在第一时间启动应急预案。

（3）加强教职工和学生的安全培训，定期组织演练。

（4）事故发生后及时向上级教育行政部门和当地党委、政府报告情况，配合相关部门积极开展应对处置工作。

（5）重大事故发生后，在组织救援时，应注意保护好现场，等待有关部门进行现场勘察和事故处理。

（6）善后阶段要做好有关师生及家长的安抚慰问和心理辅导等相关工作，保持校园稳定。

3 预防、预警和信息报送

3.1 预防

教育部、省级及以下教育行政部门要采取有效措施指导学校有针对性地开展预防工作，促使学校健全防范机构、完善制度，并将责任分解落实到部门和具体责任人。省级及以下教育行政部门建立安全检查预防机制，在进入事故高发期前，以及开学、放假前后定期开展安全检查，重点检查事故多发、易发地区和管理薄弱学校，及时消除隐患，有效预防事故发生。

各级各类学校要按照国家和教育行政部门的要求，健全学校安全管理制度，落实各项安全工作责任；改进学校安全管理，加强学校管理者和全体教职工的安全工作能力建设；做好应对事故灾事件的人力、物力和财力方面的储备工作，确保应急设施、设备和经费落实。

3.2 预警

教育部、省级及以下教育行政部门建立学校事故灾难统计分析工作机制，按季度、半年和年度对事故发生情况进行统计分析，及时、全面把握不同时期安全工作面临的突出问题和主要矛盾，有针对性地提前发布预警信息，指导学校采取有效预防措施。

各级各类学校针对上级教育行政部门的预警信息和工作要求，及时做好人力、物力和财力方面的储备和安排。

3.3 信息报送

3.3.1 信息报送原则

（1）迅速：发生事故灾难类突发公共事件的学校，应在第一时间向当地党委、政府和上级教育行政部门上报事故信息。

（2）准确：信息内容要客观翔实，全面准确，不得漏报、瞒报、谎报、延报。

（3）直报：一般事故灾难突发公共事件信息采取分级报送的原则。发生特别重大事件，必要时学校可越级上报。

（4）续报：事件情况发生变化后，学校和地方教育行政部门应及时续报。

3.3.2 信息报送机制

（1）初次报告

各级各类学校发生事故灾难突发公共事件后，应在第一时间（事发2小时内）将事件初步情况报告上级教育行政部门和当地党委、政府。

省级及以下教育行政部门接到报告后，初步判断事件等级，在2小时内报告上一级教育行政部门和当地党委、政府。

重大、特别重大事故灾难突发公共事件发生后，必要时学校或省级以下教育行政部门可以越级报送。

初次报告内容：事件发生时间、地点、规模、破坏程度、伤亡人数、可控程度、发展趋势、事件的初步性质和事故可能原因等。

（2）过程报告

重大、特别重大突发事件处置过程中，学校应每天将事件发展情况报告上级教育行政部门，省级及以下教育行政部门要逐级每日报告上级教育行政部门直至教育部应急处置工作组。

较大事件（Ⅲ级）和一般事件（Ⅳ级）突发事件处置过程中，学校应及时将事件发展情况报告上级教育行政部门，省级及以下教育行政部门要逐级报告上级教育行政部门直至教育部应急处置工作组。

过程报告内容：事件发展状态、控制情况、伤情变化、事故分析、性质判断、采取措施、下一步处置安排等。

（3）结果报告

事件结束后，应将事件处理结果逐级报告上级教育行政部门直至教育部应急处置工作组。

结果报告内容：处理结果、影响程度、责任追究、整改情况、公众及媒体各方面的反应等。

3.3.3 信息报送系统

（1）电话报送

在发生事故灾难突发公共事件后，学校和省级及以下教育行政部门可以在第一时间通过电话进行信息初步报送，有条件地使用保密电话或加密传真。

（2）紧急文件报送

省级和省级以下教育行政部门在信息报送过程中要以书面材料形式向当地党委、政府和上级教育行政部门报告。由于灾难事故原因导致无条件上报书面材料可先口头报告，事后补报书面材料。

教育部应急处置工作组办公室在接到事故信息报告后，应当立即报应急工作处置组组长、副组长，同时报办公厅，并按领导要求开展工作。重大信息，办公厅根据部领导意见，报告党中央、国务院有关领导同志和中共中央办公厅、国务院办公厅。

3.3.4 信息发布

信息发布要全面、客观、准确、及时。重大信息发布应当按照有关程序履行审批手续。

4 事故灾难等级划分

根据《国务院生产安全事故报告和调查处理条例》和教育系统的实际情况，事故灾难按严重程度，从低至高可分为Ⅳ级—Ⅰ级。

4.1 一般事件（Ⅳ级）

出现下列情况之一的，为一般事件（Ⅳ级）；其他则视情需要作为Ⅳ级事件对待。

（1）造成3人以下师生死亡；
（2）10人以下师生重伤；
（3）学校遭受1000万元以下直接经济损失；
（4）对学校教学秩序产生一定影响。

4.2 较大事件（Ⅲ级）

出现下列情况之一的，为较大事件（Ⅲ级）；其他则视情需要作为Ⅲ级事件对待。

（1）造成3人以上10人以下师生死亡；
（2）10人以上50人以下师生重伤；
（3）学校遭受1000万元以上5000万元以下直接经济损失；
（4）对学校教学秩序产生较大影响。

4.3 重大事件（Ⅱ级）

出现下列情况之一的，为重大事件（Ⅱ级）；其他则视情需要作为Ⅱ级事件对待。

（1）造成10人以上30人以下师生死亡；
（2）造成50人以上100人以下师生重伤；
（3）学校遭受5000万元以上1亿元以下直接经济损失；
（4）对本地区的教学秩序产生重大影响。

4.4 特别重大事件（Ⅰ级）

出现下列情况之一的，为特别重大事件（Ⅰ级）；其他则视情需要作为Ⅰ级事件对待。

（1）造成30人以上师生死亡；
（2）100人以上师生重伤；

（3）学校遭受1亿元以上直接经济损失；
（4）对本地区的教学秩序产生特别重大影响。

5 事故灾难应急响应

5.1 一般事件（Ⅳ级）

一般事件由事发学校按照本学校应急预案进行处置，同时将情况上报上级教育行政部门。学校具体应急措施请参考"6 学校常见事故灾难应急响应措施"。

5.2 较大事件（Ⅲ级）

在一般事件（Ⅳ级）响应的基础上，较大事件由事发地教育行政部门和学校按照本部门（本学校）应急预案进行处置，同时将情况逐级上报直至教育部。

5.3 重大事件（Ⅱ级）

在（Ⅲ级）响应的基础上：

5.3.1 省级教育行政部门的响应

（1）省级教育行政部门负责人进入事发学校或事故现场，指挥事发地教育行政部门和学校按照地方党委、政府和省级教育行政部门的要求开展应急处置工作。

（2）省级教育行政部门负责人到达事故现场后，及时听取，了解情况，配合有关部门进行现场勘察，对事故做出判断，共同制定、部署抢救方案，迅速开展救援工作。

（3）协调有关单位分工负责救援工作，保障人力、设备支援。监督专项资金、物资的使用情况。

（4）在迅速组织抢险救护工作的同时，要严格保护事故现场。

（5）认真、如实地做好人员伤亡、财产损失的统计工作，将事故灾情向省委、省政府及教育部应急处置工作组汇报，提供关于事件信息对外公布的口径、时间方面的建议。

（6）会同省级宣传部门做好新闻报道和新闻管理工作，掌控网络信息，按照主管部门的要求，及时、准确地发布统一口径的消息。

（7）总结事件的教训，推广事故处置的成功经验和做法，做好表彰和惩处工作。

5.3.2 教育部的响应

（1）指导当地教育行政部门在当地党委和政府领导下开展处置工作。

（2）随时关注并掌握事件进展情况，根据事件等级决定是否上报国务院。

(3) 根据事件情况，确定是否派出相应的工作组赴现场指导、敦促和调查。

5.4 特别重大事件（Ⅰ级）

在（Ⅱ级）响应的基础上：

5.4.1 省级教育行政部门的响应

(1) 在省级应急工作组主要负责人的指挥决策下，做好现场处置工作的任务分配。

(2) 控制事态的发展趋势，防止连锁反应事件发生，避免事态升级和复杂化。

(3) 严格控制事件报道的审批，加强网络和手机短信管理，有力引导舆论，把握主动权。

(4) 对于造成校内师生严重伤亡和严重干扰学校正常教学秩序的事件，在处置过程中尤其要组织力量做好师生的心理抚慰工作，稳定师生情绪，尽快恢复学校正常秩序。

5.4.2 教育部的响应

(1) 指导当地教育行政部门在当地党委和政府领导下开展处置工作。

(2) 教育部立即派出工作组赴事故现场靠前指挥，果断处置并做好调查和敦促工作。

(3) 密切跟踪和掌握事态发展，及时将事件进展情况上报国务院，协调有关部门做好处置工作。

6 学校常见事故灾难应急响应措施

学校发生各种突发事故后，在迅速启动应急响应程序，及时做好信息上报工作的同时，还必须根据不同突发事故的特点采取相应的应急响应措施。

6.1 火灾事故

6.1.1 报警、报告

学校一旦发生火险，应在第一时间扑救。如果火势失控，要指派专人向119、110报警，并告知发生火灾的位置、燃烧物种类、被困人员情况。立即启动学校火灾应急预案，并在第一时间内向上级教育行政部门和当地党委、政府报告。

6.1.2 应对措施

(1) 现场教师或工作人员的主要工作

第一个发现起火的人是火灾现场第一目击者，要立即采取措施，扑灭初起火险。

在火险无法扑灭且有失控趋势时，立即撤离并以呼喊的方式向周围的人报告火警。

听到火警后所有人员应该立即进入紧急状态，教室、实验室、图书馆等师生聚集场所的教师或工作人员立即组织师生进行快速有序疏散。

听到火警但未在师生聚集地的教师或工作人员应迅速到达通道、楼梯间、通道口等重要地点进行疏散保护。

在火灾现场的负责人要统一指挥，果断命令距离火场最近的人员首先撤离，其余人员依次疏散。

将全体师生疏散到室外安全地点并立即清点人数。

在确保安全的前提下指派专人断后清场，并确认人员全部撤出。

（2）校领导主要工作

组织人员进行自救：在确保安全的前提下，组织一部分人员（学校教职工）用灭火器、消防栓灭火；另一部分人抢搬较重要的物资和档案、材料等。当火势无法控制且可能威胁在场人员的安全时，要果断决定放弃自救，命令所有人员撤离火场。

指派专人迎候消防员，并告知火灾位置、燃烧物种类、被困人员情况。

指派专人切断电源、气源，关闭供油设备。如果火灾发生在夜间，应坚持到人员全部撤离以后再切断电源为宜。

指派专人（校医、卫生教师）负责现场抢救，如发现有人受伤，马上实施常规救助，并立即通知急救中心救援。

6.1.3 善后工作

保护现场，配合消防、行政部门开展调查。

根据调查结果确定整改方案，追查责任。

对受伤人员进行抚慰。

尽快组织力量修缮过火房间，重新配置教学设备。

恢复教育教学正常状态。

6.2 交通事故

6.2.1 报警、报告

现场人员立即报警（122、110、119），并向急救中心求救（120），以防延误救助时间。

学校领导如在现场要迅速报告上级教育行政部门，如不在现场，在向上级报告的同时，要迅速赶到现场。

6.2.2 应对措施

事故现场的领导或教师要维持现场秩序、保护好事故现场，记录肇事车辆车牌号码，等待交管部门处理。有效控制肇事人，如发现肇事车辆已逃逸，可向事发现场的人员了解车辆号码、颜色、车型等信息，以便于交管部门调查。按要求放置警示标志，防止过往车辆造成二次事故。

如有伤员，应组织人员（校医、卫生教师）对重伤员进行抢救，嘱咐其他受伤人员在原地不动，等待专业人员救援，并以最快速度将全体事故人员送往医院进行全面检查，确保不发生漏诊。

学校接到事故通知后，应立即组织相关人员赶赴事故现场配合公安、急救部门进行救护。

6.2.3 善后工作

通知家长到校（或医院），准备好接待室，接待家长。

组织教职工做好其他学生的心理疏导工作，维护学校正常的教学秩序。

成立相应工作小组，在上级部门领导下组织相关人员协助交管部门做好事故调查处理工作，做好伤亡学生家长抚慰、保险理赔等工作。

6.3 水面冰面溺水事故

6.3.1 报警、报告

当得知学生发生溺水的消息后，立即启动应急预案。学校要立刻拨打110和120，请求警务人员和医务人员迅速赶赴现场救助。在组织营救或拨打求助电话的同时，第一时间将事故情况报告上级教育行政部门。

6.3.2 应对措施

在现场的学校领导或教师要快速了解落水的准确地点与基本情况，迅速组织现场有经验的成年人开展救助工作，抢救落水者。

学校领导和有关部门的负责同志要迅速赶赴现场，与有关部门通力配合，迅速抢救。

当把溺水者打捞上岸后，应先清除口腔鼻孔里的淤泥，再进行抢救。对心跳、呼吸停止者，应及时进行心肺复苏术，尽快恢复其正常的心跳与呼吸。进行初步的现场救助后，应该快速将溺水者送医院进一步救治。

6.3.3 善后工作

联系出事学生家长，做好溺水死亡学生家长抚慰工作，协助做好保险理赔工作。

协助有关部门做好事故调查工作。

进一步加强学生防溺水教育。进一步完善应急预案,临近湖面水面的学校,应事先落实救援部门,配备专用救援设备。

6.4 拥挤踩踏事故

6.4.1 报警、报告

踩踏事故发生后,学校要立即启动拥挤踩踏事故应急预案,迅速拨打120、110,抢救受伤人员。在第一时间向上级教育部门和当地政府报告。

6.4.2 应对措施

学校要采用一切有效手段将学生尽快疏散到安全地点,禁止无关人员滞留现场,防止有人故意制造恐慌气氛,避免再次发生事故。

在专业医务人员到达之前,学校应指派专人(校医、卫生教师)对伤员采取必要的救助措施,为救治伤者赢得时间。

(1) 大量出血不止的处置

受伤者伤及较大的动、静脉血管,流血不止时,必须立刻采取止血措施。常见的止血方法有加压包扎止血法和指压止血法。加压包扎止血法即用干净、消毒的厚纱布覆盖在伤口,用手直接在敷料上施压,然后用绷带、三角巾缠绕住纱布,以便持续止血。按压止血法即用手指压住出血伤口的上方(近心端),阻断血流,达到止血目的。

(2) 发生骨折的处置

发生骨折后,应设法固定骨折部位,防止发生位移。固定时应针对骨折部位采取不同的方式,可用木板、木棍加捆绑的方式固定骨折部位。受伤者发生骨折无大量出血,且事故发生地离医院较近时,可让受伤者原地不动,等待医生救助。

(3) 呼吸与心跳停止的处置

对呼吸与心跳停止的伤者,应采取人工呼吸与胸外心脏按压的办法进行抢救,但实施人工心肺复苏救治者必须是接受过专门训练或掌握基本技能的人员。

6.4.3 善后工作

学校要及时向上级教育行政部门报告事故的最新情况,特别是学生伤亡的情况。

清理校舍,整合学校资源,在最短的时间内恢复学校正常秩序。

组织人员到医院看望受伤学生,协助有关部门处理好治疗、康复和医疗费等敏感问题。

认真接待好家长,稳定家长情绪,做好伤亡者家属的抚慰工作,协助做好保险理赔工作。

对学生进行心理辅导,消除事件对学生心理的负面影响。

配合相关部门做好事故调查和善后处理工作。

进一步完善教师在学生集中上下楼梯时的值班制度。

6.5 建筑物倒塌事故

6.5.1 报警、报告

当学校发生房屋、围墙、厕所等建筑物倒塌事故时,要根据灾情立即启动应急预案,拨打120、119,同时向上级教育行政部门报告,学校有关领导和有关部门的负责同志要在第一时间赶赴现场,全面指挥救援工作。

6.5.2 应对措施

组织教师带领所在班级学生,在第一时间迅速有序地撤离到安全地带。

如来不及撤离,教师应组织学生迅速躲避到安全位置,等待时机迅速转移到安全地带。

迅速采取切断煤气、电源等有效措施,防止其他事故发生,密切关注连带建筑物的安全状况,消除继发性危险。

组织有救援能力的教职工开展有序的自救工作。

协助有关部门及时解救受困人员,抢救伤病员。

6.5.3 善后工作

做好撤离到安全地带师生的安抚工作,稳定情绪,消除事故对他们造成的心理影响。

积极配合政府或上级教育行政部门的工作,保障临时教室的使用,在最短的时间内恢复正常的教学秩序。

认真接待好家长,做好伤亡学生家长的抚慰、保险理赔工作。

配合相关部门做好事故的调查和善后处理工作。

6.6 煤气中毒事故

6.6.1 报警、报告

当发现有学生煤气中毒后,立即启动校级应急预案,同时拨打110、120电话,迅速向上级教育行政部门报告。组织相关工作人员按照职责分工迅速到位,开展抢救工作。

6.6.2 应对措施

救助人员到达现场后先关闭气源、开窗通气。不在煤气浓度过高的现场使用手机、开关电器，防止明火引发煤气爆炸。救助者在进入和撤离现场时，匍匐行动更安全。

迅速将中毒者转移到通风良好、空气新鲜的地方。根据中毒程度现场采取不同的救助措施，对轻度中毒者可将其搀扶到空气新鲜的房间休息，首先要松解中毒学生的衣扣，清除口鼻分泌物，保持呼吸通畅，有条件的可以吸氧；对中度以上中毒者（昏迷不醒者）立即手掐人中穴，同时呼救；对心跳呼吸微弱或已停止者，立即进行人工呼吸，胸外按压，并迅速送往医院抢救。

6.6.3 善后工作

在事故发生后，应及时向上级教育行政部门汇报事故最新情况。

在上级部门领导下组织相关人员做好伤亡学生的家长安抚工作，协助做好保险理赔等工作。

配合有关部门，调查事故原因，追究事故责任人责任。

6.7 大型群体活动事故

6.7.1 报警、报告

在学校举办的各类大型文体活动中，一旦发生重大安全事故，应立即启动应急预案，拨打110、119、120等紧急求救电话，并在第一时间向上级教育行政部门、当地政府报告，积极争取有关部门的支援救助。

6.7.2 应对措施

活动组织者和安全工作责任人要稳定现场秩序，组织师生有序疏散逃生，避免继发性事故发生。

学校和有关部门领导要在第一时间赶赴现场，指挥部署，组织疏导、抢救伤病员。

如出现师生伤亡等情况，立即组织有救助能力人员实施现场基本救助，等待专业医疗救助人员的到来。

6.7.3 善后工作

配合有关部门做好事故调查和善后工作。

做好学生的心理疏导和抚慰工作，消除事件对其心理的不良影响。

及时总结，进一步完善大型群体活动专项安全保卫方案，落实安全保卫措施。

6.8 校园爆炸事故

6.8.1 报警、报告

学校发生爆炸事故后，学校领导和有关部门负责同志要在第一时间赶到现场，组织抢救，在向上级主管部门报告的同时，立即拨打110，如有人员伤亡，应立即拨打120。

6.8.2 应对措施

学校要在爆炸现场及时设置隔离带、封锁和保护现场，疏散人员，控制好现场的秩序，检查并消除继发性危险，防止次生事故发生，切实保护好师生安全。

如果发现肇事者或直接责任者，应立即采取有效控制措施，并迅速报告公安机关。

在爆炸事故中应组织有救援能力的人员对受伤者进行现场救护，并拨打120或立刻以最快的方式送往医院进行救治。

6.8.3 善后工作

认真配合公安消防部门做好搜寻物证、排除险情、防止继发性爆炸等。

配合有关部门排查受损建筑，在最短的时间内恢复学校正常教学秩序。

稳定家长情绪，组织人员到医院看望受伤学生，协助有关部门处理好治疗、康复和医疗费等敏感问题。

对学生进行心理辅导，消除事件对其心理的不良影响。

进一步加强学校安全管理，完善门卫制度，增强师生的防范意识和能力。

6.9 危险物品泄漏污染事故

6.9.1 报告

因意外因素引起危险物品泄露，或因违反有关规定排放污染物造成环境污染事故灾难的，应立即启动应急预案并及时向上级教育行政部门和当地政府报告，同时设置污染区。

6.9.2 应对措施

对有明确污染源的事故，应立即控制污染物排放；对于化学危险品污染事故，程度轻微的，应启动学校相关应急预案进行处理，情况严重的，要立即向当地人民政府和上级主管部门报告，由当地人民政府启动相应应急预案进行处置。

对不明污染源的事故，应配合有关专家、技术人员赴事故现场进行调查检验，查明危险品类型，确定主要污染物质以及产生的危害程度或可能造成的危害。

查明情况后，要迅速制定消除或减轻危害的方案，立即组织人员实施。

对发生有毒物质污染可能危及师生生命、学校财产安全的，学校与当地教育行政部门应立即采取相应有效措施，控制污染蔓延，并及时报告当地政府启动相应应急预案，必要时应疏散或组织师生撤离。

重大污染事故，学校应在1小时内向当地环保部门报告。

6.9.3 善后工作

危险或危害排除后，学校应配合有关部门妥善处理好后续工作。

做好师生的心理疏导工作，如实通报污染状况，消除家长、社会的心理恐慌。

6.10 后勤安全保障事故

6.10.1 报告

发生跑水、断电、燃气泄漏等重大事故时，立即拨打119、110，报上级教育行政部门，必要时请求当地有关专业部门支持。

6.10.2 应对措施

学校有关领导、负责同志要立即赶到现场，组织人员迅速采取应急措施，进行抢修和抢救，控制事态。

必要时做好师生的疏散工作，保证师生的生命安全和身体健康。

做好现场保护，并联系地方政府卫生防疫部门进行检疫、化验和排污处理，力争在最短时间内恢复正常教育教学秩序。

6.10.3 善后工作

学校后勤部门要对校内重点场所以及供水、供电、供暖和通讯等关键设施做进一步全面细致检查。严格落实各项安全管理制度和操作程序，确保各种服务设施的安全运行。

6.11 校园周边安全事故

6.11.1 报警、报告

校园周边突发安全事故后，学校要立即向上级教育行政部门报告，同时联系当地党委、政府和公安部门等获取安全保卫援助。

6.11.2 应对措施

加强门卫制度，防止一切可疑人员进入校园。

在上级教育行政部门、当地党委、政府和公安部门的统一指挥下，采取有效措施，保障师生安全。

积极协助当地有关部门妥善处理事故，防止事态进一步恶化。

及时向师生员工通报有关情况，稳定师生员工情绪，维护校园秩序，避免不必要的恐慌和动荡。

6.11.3 善后工作

再次全面检查校园周边环境，细致排查有可能影响到师生安全的各种因素，及时向校园周边治安综合治理部门报告，提请开展集中专项整治，及时解决问题，消除隐患。

6.12 学校所属企事业单位安全事故

6.12.1 报告

学校所属企事业单位发生了重大生产安全事故时要及时向学校和有关部门报告，学校接到报告后在第一时间向上级教育行政部门报告。

6.12.2 应对措施

本着控制事态发展、积极救人、努力减少生命和财产损失、保持稳定的原则处理所发生的重大生产安全事故。

6.12.3 善后工作

认真做好善后工作，调查处理事故责任人。

尽快恢复学校教育教学秩序。

学校和有关企事业单位根据具体生产工作情况，吸取教训，进一步完善本单位安全工作应急预案。

6.13 师生集体外出活动安全事故

6.13.1 报警、报告

组织师生实习、参观、考察等集体活动时，发生意外事故应及时向有关领导和有关部门报告，并拨打110、120。

6.13.2 应对措施

积极争取事故发生地政府和有关部门的支援帮助。

组织有能力的教师和学生积极开展自救工作。

学校领导应及时向师生员工通报有关情况，消除恐慌，确保学校内部稳定。

6.13.3 善后工作

配合有关部门做好伤亡学生的理赔工作，慰问伤亡学生家属。

对于提出的合理要求，但一时难以解决的问题，要对师生、家长做好说服教育工作。

做好师生心理安抚工作，稳定师生情绪，保障学校正常教学秩序。

7 善后与恢复

7.1 教育行政部门

教育行政部门要协调好事发单位与有关部门的工作，争取在最短时间内完成善后与恢复工作。如火灾、建筑物倒塌、校园爆炸等事故严重破坏了教学场所，影响了教学秩序,要积极协调有关部门,争取各种资源,通过在安全地带临时搭建校舍、借(租)用房屋或异地复学等方式尽快恢复教学秩序,保障教育教学的延续性。

根据受灾地区实际及灾情核查、评估结果,制定恢复重建方针、目标、政策、重建进度、资金支持、优惠政策和检查落实等工作方案。

按照政府统一安排做好救灾物款的筹措和拨付,在政府的统一领导下,充分利用各类救灾资金开展灾后学校重建工作。

组织专业人员对师生进行心理干预和辅导。

对积极参加突发事件应急处置的集体和个人,给予表彰和奖励;对在突发事件的预防、报告、调查、控制和处置过程中有玩忽职守、失职、渎职等行为的相关责任人,要依照有关法律、法规和规定,给予行政处分,乃至依法追究其刑事责任。

7.2 各级各类学校

积极配合有关部门,加快学校灾后恢复重建工作。

采取多种措施,尽快恢复学校的正常教育教学秩序。

学校要关注师生的心理、情绪变化,积极转化师生的心理行为问题。

总结经验教训,调查、总结原因,找出预防、预警和处置环节中出现的问题,及时修订应急预案,对管理上的薄弱环节进行整改。

8 应急保障

8.1 信息保障

教育部、省级及以下教育行政部门和学校要建立健全并落实突发事故灾难类公共事件信息收集、传递、报送、处理等各环节运行机制,完善信息传输渠道,确保信息报送渠道的安全畅通。

8.2 物资保障

省级及以下教育行政部门和学校应储备充足物资,保障应对突发事故灾难类公共事件的需求。

8.3 资金保障

省级及以下教育行政部门应急资金纳入各地统一财政预算。

8.4 人员保障

省级及以下教育行政部门和学校应组建突发公共事件应急预备队,一旦启动预案，立即投入使用。

8.5 培训演练保障

省级及以下教育行政部门和学校应积极开展应急处置工作队伍的技能培训，定期进行安全演练，提高协同作战和快速反应能力。

9 附 则

9.1 本预案是教育系统处置事故灾难突发公共事件应急准备和响应的工作文件，各地和各校应遵照执行，并参照本预案制定本地区和本校的应急预案。

9.2 本预案自印发之日起实施。原《教育系统突发公共事件应急预案》中事故灾难类突发公共事件应急处置相关规定与本预案不一致的，依照本预案规定执行。

9.3 本预案由教育部制定并负责解释。教育部根据实际情况的变化，及时修订本预案。

学校甲型 H1N1 流感防控工作方案(试行)

(中华人民共和国教育部、卫生部 2009 年 11 月 6 日公布)

为科学有序地做好学校甲型 H1N1 流感疫情防控工作,提高防控和应对甲型 H1N1 流感疫情的能力,有效防范疫情在学校大规模暴发,保障学生、教职员工的身体健康和生命安全,维护正常的教育教学秩序,特制定本工作方案。

本方案适用于各级各类学校、托幼机构。其他教育机构及其他部门举办的各类教育培训机构、学生夏令营和冬令营等参照本方案执行。

一、学校甲型 H1N1 流感疫情划分

(一)学校未发现甲型 H1N1 流感病例

在学校内未发现甲型 H1N1 流感确诊病例。

(二)学校发现甲型 H1N1 流感散发病例

在学校内发现甲型 H1N1 流感确诊病例,但未发现与确诊病例有流行病学关联的急性呼吸道感染症状(急性起病,发热[体温≥37.5℃],或有明显的咳嗽、咽痛、鼻塞、流涕等呼吸道症状)者。

(三)学校出现甲型 H1N1 流感暴发疫情

1 周内,在同一学校(或同一校区、高校同一学院)发现 10 例及以上聚集性急性呼吸道感染症状者,且其中至少有 2 例为甲型 H1N1 流感确诊病例。

二、职能分工

按照属地化管理、联防联控的原则,在地方政府及其甲型 H1N1 流感联防联控工作机制或防控指挥部的领导下,教育、卫生行政等部门密切配合,共同监督和指导所辖学校、教育机构、医疗卫生机构做好甲型 H1N1 流感防控工作,形成各司其职、各负其责的学校甲型 H1N1 流感防控工作格局。

(一)卫生行政部门。指导学校甲型 H1N1 流感防控工作,协助教育行政部门和学校完善防控预案;负责组织协调和督促医疗卫生机构对学校甲型 H1N1 流

感防控工作进行指导；及时向教育行政部门和学校通报全国及行政区域内甲型H1N1流感疫情，并根据疫情变化情况，指导教育行政部门和学校及时调整和完善防控措施。

（二）医疗及疾病预防控制机构。从技术层面具体指导学校甲型H1N1流感防控工作，并与辖区内学校建立信息联动机制；负责辖区内学校疫情分析报告、病例诊治、流行病学调查；学校暴发甲型H1N1流感时，按照卫生部相关防控方案和技术文件，做好学校甲型H1N1流感暴发疫情的处理等工作；负责指导学校根据疫情变化及时调整和完善各项防控措施。

（三）教育行政部门。会同卫生等部门，制定符合本地区实际的学校应对甲型H1N1流感的对策、措施及应急预案；督促学校落实甲型H1N1流感的信息报告制度并及时上报相关信息；配合卫生部门，严密监测行政区域内学校甲型H1N1流感发生情况，并适时做出预警；指导下级教育行政部门及学校紧急应对和处置甲型H1N1流感疫情；检查督促行政区域内学校落实各项应对甲型H1N1流感的措施；协调解决学校应对甲型H1N1流感所需的物资、经费等保障；学校暴发甲型H1N1流感时，配合卫生部门做好学校甲型H1N1流感暴发疫情的处理等工作。

（四）学校。在卫生部门指导下，根据教育行政部门的部署，制定本校的甲型H1N1流感应急预案；建立一把手负总责与分管校长具体抓的学校甲型H1N1流感防控工作责任制，并将责任分解到部门、落实到人；明确并落实甲型H1N1流感的信息报告人；具体落实学校防控甲型H1N1流感各项措施；保障防控甲型H1N1流感所必需的场所、设施、人员等；学校暴发甲型H1N1流感时，配合卫生部门做好学校甲型H1N1流感暴发疫情的处理等工作。

（五）其他相关部门。在地方政府及其甲型H1N1流感联防联控工作机制或防控指挥部的领导下，依据各自职责，全力支持和做好相关的学校甲型H1N1流感防控工作。

三、防控措施

（一）学校未发现甲型H1N1流感病例

学校未发现甲型H1N1流感病例时，要积极开展以下常规预防措施：

1. 制订应对学校甲型H1N1流感疫情的预案、工作方案，明确各相关部门的具体职责。

2. 组织校医或负责学校卫生工作的人员参加上级教育、卫生行政部门或当地疾病预防控制机构组织的甲型 H1N1 流感防控知识及技术的培训。

3. 加强疫情应对物资准备。学校应在厕所（洗手间）、食堂、宿舍、教室和图书馆等公共场所配备充分的洗手设施。

4. 积极开展多种形式的健康宣教，普及甲型 H1N1 流感预防知识，让每一个学生和教职员工都知晓甲型 H1N1 预防知识，包括勤洗手，尤其是在咳嗽或打喷嚏后要以清水和肥皂或洗手液洗手；咳嗽或打喷嚏时用纸巾、毛巾等遮住口鼻，用过的纸巾要扔入垃圾箱；不随地吐痰；保证充足的营养和睡眠；锻炼身体；自觉监测自我健康状况，有病及时就医，不带病上课等。倡导师生保持健康行为，提高广大学生、教职员工对流感防治的正确认识和自我防护能力。

5. 加强教室、图书馆（阅览室）、教研室、宿舍等学生和教职员工学习、工作、生活场所的卫生与通风，特别是教室每一课间都要开窗通风，保持空气流通。

6. 积极开展学校爱国卫生运动。做好学校的环境清洁工作，尤其是厕所（洗手间）、食堂、教室、宿舍、浴室和会议室等公共场所。

7. 坚持晨检制度。中小学校及托幼机构应每日开展晨检，特别是新学期开学或长假返校后一周内应强化晨检工作。高等学校要通过辅导员（班主任）和学生干部、寝室长等多渠道及时了解学生的健康状况。一旦发现急性呼吸道感染症状者，要求其暂停上学，并及时就医。急性呼吸道感染病例症状消失 24 小时后，且晨检无异常即可正常上学，无需出具医疗机构相关证明。

8. 做好学生日常缺勤登记，及时了解缺勤原因。一旦发现因急性呼吸道感染所致缺勤异常增多的现象，应立即向当地疾病预防控制机构报告。

9. 建立健全校内有关部门和人员、学校与家长、学校与当地医疗机构及教育行政部门联系机制，明确具体联系人和联系方式，完善信息收集报送渠道，保证信息畅通。

10. 根据疫情防控需要，按照当地政府及甲型 H1N1 流感联防联控工作机制的部署，在地方卫生行政部门的统一安排下，积极配合卫生部门组织开展本校甲型 H1N1 流感疫苗接种工作。接种应坚持知情、自愿、免费的原则，按照《疫苗流通和预防接种管理条例》、《预防接种工作规范》，严格掌握接种禁忌症，具体参见卫生部现行的《甲型 H1N1 流感疫苗预防接种指导意见》。

（二）学校发现甲型 H1N1 流感散发病例

学校发现甲型 H1N1 流感散发病例后，应在强化各项常规预防措施的同时，采取以病例管理为主的防控措施，严防疫情传播。

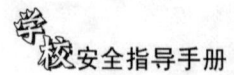

医疗卫生机构应采取以下卫生防控措施：

1. 指导患者按照当地卫生部门的要求，采取居家（在校）休息治疗或住院治疗。

2. 做好患者居家和在校休息治疗的医学指导和病情跟踪工作。

3. 指导、协助当地学校加强晨检工作，加强学校急性呼吸道感染症状监测和因病缺课监测，及时发现、报告和诊治可疑病例。

4. 原则上不必对散发的甲型H1N1流感病例的密切接触者（密切接触者指在未采取有效防护的情况下，诊治、照看传染期甲型H1N1流感患者；与患者共同生活；接触过患者的呼吸道分泌物、体液者）进行判定、追踪、登记和医学观察。

5. 接到学校发现5例及以上有流行病学关联的急性呼吸道感染症状者的疫情报告后，应立即组织调查核实，并采集患者标本送至具备条件的实验室开展检测。

学校应采取以下防控措施：

1. 学校应对病例做好登记。

2. 加强与居家休息治疗患者的联系，及时了解其每日健康状况。告知患者减少与其他人员的接触，必须接触时应戴口罩。

3. 高等学校应在医疗卫生机构的指导下划分独立场所，安排无条件居家的患者自我休息治疗，减少与其他人员的接触，如必须接触，应做好防护如戴口罩。学校应指定专人照顾其日常生活，并配合卫生部门做好患者的相关治疗工作。患者一旦病情加重，应及时住院治疗。

4. 居家和在校休息治疗患者症状消失后24小时，且晨检无异常即可正常上课，无须出具医疗机构相关证明。住院的患者应持有医疗卫生机构出具的出院证据方可上课。

5. 与病例有过密切接触的学生和教职员工等可正常上课、上班，但学校应要求其进行健康状况的自我观察。观察期限自最后一次接触病例后5天，一旦出现急性呼吸道感染症状，应及时就医，并向学校报告。学校应及时向当地疾病预防控制机构报告。

6. 出现确诊病例的班级在加强晨检工作的同时，应增加午检，以及时发现、报告可疑病例。

7. 1周内，学校发现5例及以上有关联的急性呼吸道感染症状者，应立即向当地疾病预防控制机构报告。

8. 按照国家和当地政府有关规定，在卫生部门的具体指导下落实其他应急处置措施。

(三) 学校出现甲型 H1N1 流感暴发疫情

学校出现甲型 H1N1 流感暴发疫情，应在强化上述各项防控措施的同时，强化疫情监测、病例管理、感染控制、防治知识宣传教育和减少大型聚集活动等综合防控措施，减轻疫情危害。

医疗卫生机构应采取以下卫生防控措施：

1. 对暴发疫情中发现的确诊、临床诊断甲型 H1N1 流感病例和急性呼吸道感染病例，参照上述散发甲型 H1N1 流感病例进行管理。

2. 对出现轻症急性呼吸道感染症状并与病例有过密切接触的学生和教职员工等，无需采集标本进行检测，可指导其采取上述散发病例的管理措施；指导密切接触人员中出现重症的急性呼吸道感染症状者，或密切接触人员中出现急性呼吸道感染症状的高危人群及时就医。

高危人群指患甲型 H1N1 流感后可能病情较重，病死率较高的人群。包括：妊娠妇女；伴有慢性呼吸系统疾病、心血管系统疾病［高血压除外］、肾病、肝病、血液系统疾病、神经系统及神经肌肉疾病、代谢及内分泌系统疾病、免疫功能抑制（包括应用免疫抑制剂或 HIV 感染等致免疫功能低下）、19 岁以下长期服用阿司匹林者；肥胖者（体重指数≥40 危险度高，体重指数在 30 – 39 可能是高危因素）；年龄＜5 岁的儿童（年龄＜2 岁更易发生严重并发症）；年龄≥65 岁的老年人。

3. 指导、协助当地学校加强晨检工作，指导发生疫情的学校开展晨午检和疫情日报、零报告。

4. 及时公布疫情和防控措施信息，加强区域内的信息公布和通告工作，配合教育部门强化防治知识宣传教育，稳定学生和教职员工的情绪。会同教育部门做好媒体沟通工作，发挥媒体传播信息和引导舆论的作用。

学校应采取以下防控措施：

1. 在卫生部门的指导下，通过多种形式（如健康告知书、宣传材料、电话、短信、黑板报等）做好与病例有过密切接触的学生、教职员工和家长的预防甲型 H1N1 流感宣传教育工作。

2. 中小学校及托幼机构在做好每日晨检和缺勤登记的同时，应增加午检，并每日向当地教育部门和卫生部门报告晨、午检和缺勤登记结果。高等学校应加强晨检工作，健全宿舍、班、院（系）、学生处和校医院等学生健康状况信息收集报送渠道。

3. 加强学校的环境、玩具、教学用具等的清洁工作，尤其是厕所（洗手间）、食堂、教室、宿舍、浴室和会议室等公共场所的卫生工作。

4. 学校出现暴发疫情期间，按照"非必须，不举办"的原则，尽量减少大型聚集活动。如必须举行，尽量在室外举行；如在室内举行，必须制定相应的工作方案，采取有关防控措施，如保持良好通风，避免使用中央空调，同时尽可能缩短人群聚集的时间。社团和学生团体应尽量避免参加校外的活动。

5. 加强对学校人员出入的管理，严格控制外来人员进入校园。不得向任何机构提供场所举办各类培训活动。

6. 停课措施。疫情达到以下标准时，可采取停课措施。原则上，停课的范围应根据疫情波及的范围和发展趋势，由小到大，如由班级到全校，由一个学校到多所学校等。

（1）班级停课。

①如班级当天新发现急性呼吸道感染病例达5例及以上，或发现当天内仍有急性呼吸道感染症状的学生累计达30%及以上，该班可实施停课，并立即报告当地疾病预防控制机构。

②当地疾病预防控制机构接到学校报告后，应立即组织调查核实，并采集患者标本进行检测。确认为甲型H1N1流感疫情的，应通知学校继续实施停课，停课期限一般为7天。排除甲型H1N1流感疫情的，学校可根据卫生部门建议予以复课。

③班级停课由学校和当地疾病预防控制机构共同决定实施，同时报上级主管教育行政部门备案。

④高校班级停课由高校自行决定。

（2）学校停课。

①如一所学校因急性呼吸道感染休息治疗的学生过多而影响学校正常教学活动时，当地卫生行政部门应组织专家组对疫情风险进行评估，并根据风险评估结果，会商当地教育行政部门，共同报请当地政府、甲型H1N1流感联防联控工作机制或防控指挥部同意后实施全校停课措施。

停课期限一般为7天。停课期限满后，如仍有急性呼吸道感染症状的学生，需症状完全消失24小时后方可恢复上课。

②如当地甲型H1N1流感的流行强度或疾病严重程度有明显增强趋势时，当地卫生行政部门可根据专家组风险评估结果，会商当地教育行政部门，共同报请当地政府、甲型H1N1流感联防联控工作机制或防控指挥部同意后实施疫情所在地学校停课措施。

(3) 各地可根据当地疫情发展的不同阶段作出科学研判,酌情调整班级和学校停课标准。

(4) 停课期间管理。

①停课前,除应告知学生、家长及教职员工甲型 H1N1 流感相关知识外,应让学生、家长及教职员工与学校保持联系,报告其是否出现急性呼吸道感染症状。学校应向属地疾病预防控制机构和教育行政部门每日报告学生和教职员工的健康状况。

②中小学校停课放假后,卫生、教育等相关部门应在当地政府的领导下,加强放假学生的校外管理,学生应减少外出,并避免校外的聚集和其他集体活动。高校停课后,要加强停课学生的在校管理。

③停课期间,出现轻症的急性呼吸道感染症状,无需采集标本进行检测,可对其采取上述散发病例的管理措施;出现重症的急性呼吸道感染症状者,或高危人群出现急性呼吸道感染症状,应及时就医治疗。学校一旦发现学生出现急性呼吸道感染症状,应及时向当地疾病预防控制机构报告。

中小学实验室规程

(2009 年 11 月 25 日教基二〔2009〕11 号公布
自 2009 年 11 月 25 日开始实施)

第一章　总　　则

第一条　为贯彻党和国家的教育方针，适应全面推进素质教育，深化课程改革，全面提高教学质量的需要，促进义务教育均衡发展，加强实验室建设与管理，为学校教育教学服务，特制定本规程。

第二条　本规程适用于各级政府、企事业单位、社会团体、其他社会组织及公民个人依法举办的全日制普通中小学。

第三条　本规程所指实验室包括：中学理科实验室、通用技术实验室、小学科学（自然）实验室、艺术专用教室、历史地理专用教室、实践活动室和开设其他课程需要的专用教室等。

第四条　实验室是学校基本的办学条件之一，也是重要的课程资源。实验室应成为学校进行素质教育、开展实验教学、综合实践活动、培养学生实践创新能力的重要场所和科学启蒙园地。

第五条　实验室应提供按照国家课程标准规定的实验内容和要求开设实验课的环境和条件，应满足进行课堂演示实验和学生分组实验的要求。

第二章　设置与仪器配备

第六条　实验室建设应执行《中小学实验室装备规范》（教基〔2006〕16号），教学仪器设备（包括课程教学中演示实验、分组实验、教学训练和综合实践活动所需要的仪器、设备、工具、教具、材料、用品）的配备应符合国家标准和规范要求。实验室应根据教育部的有关规定和课程标准进行设置，实验室的数量要与学校的规模相适应，保证满足教学需要。高中应设物理、化学、生物实验室，通用技术、艺术等专用教室和开设其他课程需要的专用教室；初中应设物理、化学、生物实验室和开设其他课程需要的专用教室；小学应设科学（自然）实验室或综合实验室和开设其他课程需要的专用教室。

第七条 实验室用房包含实验教学用房、配套用房和附属用房。实验教学用房主要用于师生开展实验教学活动；配套用房主要用于储藏和陈列仪器、设备、试剂、挂图、标本、模型；附属用房主要是准备室、实验室管理员办公室、教具维修室、暗室等。实验教学用房的面积应能够满足分组实验教学的需要并适度冗余，配套用房和附属用房的面积应能够满足仪器设备存放和实验教学准备活动的正常开展。

第八条 实验室应有良好的通风、换气、采光、照明、防火、防潮、防霉等条件，应符合教学的要求。要做到安全、环保，根据需要设置电源、网络接口和给排水管道以及排气、排污、排毒等设施，为实验教学的开展和实验操作考核创造良好的条件。实验室要有相应的实验桌凳，满足学生分组实验的需要；仪器室要有数量充足的仪器柜，按学科分类存放仪器、试剂、标本、模型等。

第九条 学校应根据选用的国家课程、地方课程和校本课程教材的教学需要，采取按国家和地方相关标准选配、定制、自制的方法，配齐配足课程教学中演示实验、分组实验、教学训练和综合实践活动所需要的教学仪器设备。做好教学仪器设备更新工作，逐步提高学校的装备水平。

第十条 教学仪器设备的采购必须遵循国家有关政策法规的规定和教学仪器采购的特点进行。采购的教学仪器设备必须经权威检测机构检测合格，必须符合国家相关标准，严禁不合格产品流入学校。

第十一条 实验室建设和实验教学要有相应的经费保障。地方教育行政部门要加大对中小学实验室建设的投入，教学仪器设备购置费用和实验室日常维护经费以及开展实验教学所必要添置的耗材费用应纳入学校教育公用经费开支范围。

第三章　管理与人员

第十二条 地方各级教育行政部门要加强对实验室建设的领导。制定实验室建设规划、实验室管理和教学规范；做好督导实验教学和考核、评估实验室使用效益等工作。

第十三条 学校要加强对实验室工作的领导和管理。要有一名学校负责人分管学校的实验室工作。对实验室工作应做到有计划、有检查、有总结，经费有落实，及时解决实验室建设和实验教学中遇到的各种问题。有条件的学校要利用课余时间向学生开放实验室。

第十四条 实验室要有科学、规范的管理制度。坚持按制度办事，采取切实有力的措施，保证各项管理制度的落实。

第十五条 实验室要维持科学、文明、安全的实验教学环境。科学制定实验操作程序，要有处理突发情况的各项措施，确保教师和学生的人身安全。

第十六条　实验室管理工作应做到规范化、科学化、现代化。应建立实验室建设档案、管理档案和实验教学档案，对教学仪器设备进行信息化管理，对实验室的"建、配、管、用"进行跟踪记录，提高实验室的综合效益。

第十七条　教学仪器设备应按学科和类别，分室、分柜、定位存放。要根据仪器的不同结构、性能和特点，做好防尘、防潮、防腐蚀、防曝晒、防蛀、防变质、防磁、防压等工作。

第十八条　化学药品要和仪器分开存放，并贴有明显标签。易燃、易爆、剧毒药品，应易地单独放置，要有专人保管，并严格执行领用手续。

第十九条　实验室教学仪器设备要经常处于良好的状态，保证实验教学的正常开展。做好仪器设备的管理、维修、维护、计量标定等工作。电学仪器要定期通电或及时充电，仪器要定期擦拭，化学试剂要经常检查存放情况，生物浸制标本应按要求定期补液。

第二十条　学校对教学仪器设备要建立有关的账册。每学年应对仪器设备进行核查清点，做到账物相符、账账相符，按规定程序做好报损、报废工作，并根据需要及时补充不足的设备和药品。

第二十一条　中小学校应设实验室管理员岗位。实验室管理员应具备相应的专业技能，并具有大专以上学历或具有中级以上相应系列专业技术职务。实验室管理员的编制在学校教职工总编制内解决，可根据从事实验室管理的工作量进行设定。

第二十二条　实验室管理员应纳入教师继续教育培训工作之中，坚持培训上岗制度。地方教育行政部门要制定实验室管理员培训计划，加强对实验室管理员的培训工作，制定实验室管理员工作职责和学校实验室工作考核评估指标体系，并认真组织考核。

第四章　附　则

第二十三条　地方各级教育行政部门要根据本规程，结合本地的实际情况，制定有关的实施细则或补充规定。

第二十四条　本规程自公布之日起施行。

农村寄宿制学校生活卫生设施建设与管理规范

(教体艺〔2011〕5号)

学校生活卫生设施是学校教育教学环境的重要组成部分，与学生的健康有着非常密切的关系。为贯彻落实《国家中长期教育改革和发展规划纲要（2010－2020年)》（以下简称《教育规划纲要》）提出的"加快农村寄宿制学校建设，优先满足留守儿童住宿需求"和"推进义务教育学校标准化建设，均衡配置教师、设备、图书、校舍等资源"的要求，依据农村中小学建筑、生活卫生设施等方面的相关标准和政策规定，制定《农村寄宿制学校生活卫生设施建设与管理规范》（以下简称《规范》）。

本《规范》重点对饮用水设施、宿舍、食堂、浴室、厕所、垃圾和污水设施等学校生活卫生设施的建设与管理提出要求。各地在贯彻落实《教育规划纲要》，制定当地教育改革与发展规划以及实施中西部农村初中校舍建设工程、义务教育标准化建设等相关教育工程时，应统筹考虑和安排学校生活卫生设施的建设与改造，并加强规范管理，切实落实学校生活卫生设施卫生管理制度和要求，保障学校师生有一个安全健康的生活与学习环境。

一、饮用水

（一）饮用水设施

当地有城镇集中式供水设施的学校，应使用城镇管网集中供水；城镇没有集中式供水设施的可使用自备水源供水。

1. 供水设施

采用二次供水的学校，二次供水设施周围应保持环境整洁，有良好的排水条件；设施的材质和内壁涂料应无毒无害，不得对饮用水造成二次污染；饮用水箱或蓄水池应专用并加盖上锁，蓄水容积以不超过学校48小时用水量为宜；设施应有安装消毒器的位置，有条件的学校应设有消毒器。

采用自备水井作为饮用水水源供水的学校，自备水源的水井选址应远离牲畜圈、校园独立式厕所及贮粪池、垃圾存放站（池）及污水排放点等污染源，距离应在 25 米以上；水井应设有高于地面 0.3 米以上的井沿，井口加盖并上锁，有条件的学校可建设专用供水泵房。

2. 饮水设施

使用煤、电、燃油、燃气等各种能源的开水锅炉每学期使用前应由专业人员进行有效的排污、清洗和消毒。储存开水的容器应每天清洗 1 次，加盖密封上锁。饮水机（桶装水）或其他类型直接提供饮水的设施应符合国家相关标准，并有产品质量监督检验报告等相关材料。

饮水点设置密度应考虑服务半径和学生人数，宜设在教室内或教学楼的公共区域。

教学楼内应在每层设饮水处，按每 40 人 – 45 人设置一个饮水水嘴。

3. 洗手设施

学校的公共区域应设置方便学生洗手的水龙头，原则上每个水龙头服务学生人数不超过 50 人。

学校应建立饮用水设施管理制度和维护档案，对饮用水设施的清洗、消毒、耗材更换等维护工作有详细的计划和记录。

（二）饮用水水质卫生要求

二次供水设施和自备水源供水的用水点的水质应符合《生活饮用水卫生标准》（GB5749 – 2006），并取得当地卫生部门水质检验合格报告。

桶装饮用水或其他类型直接供饮用的饮水应符合国家相关标准和卫生要求，并取得检验合格报告。

学校提供的饮用开水应烧至沸腾。

（三）饮用水水量要求

饮用水水量应满足学生每日在校的生活需要，原则上每人每天生活用水供应量不少于 20 升（不包括学校食堂用水量），每人每天饮水供应量不少于 2 升。

二、学生宿舍

（一）布局及建筑

学生宿舍选址应防止噪声和各种污染源的影响。宜选择有日照条件，且采光、通风良好，便于排水的地段。宿舍不得设在地下室或半地下室。

学生宿舍用房一般由居室、管理室、盥洗室、厕所、贮藏室及清洁用具室组成。

学生宿舍的消防、电气、楼梯、台阶等不能存在安全隐患，应符合国家相应的安全要求。

学生宿舍的建筑装修应使用安全无毒无害的材料，室内装修应符合国家现行标准防止由建筑装修材料造成的生物性、化学性、放射性等室内环境污染。

为保证充足的空气量，宿舍居室净高不宜过低，原则上在采用单层床时，不应低于3米；在采用双层床时，不应低于3.1米。

人均居室使用面积不宜小于3平方米。

宿舍居室窗地面积比不应低于1：7。

学生宿舍应具有一定的储藏空间，每人储藏空间宜为0.3－0.45立方米，储藏空间的宽度和深度不宜小于0.6米。

（二）基本设施

学生宿舍应保证一人一床，床铺应牢固结实，床铺面积应适合学生的身材，原则上小学生和中学生使用的床面长度分别不小于1.8米和2米，宽度不小于0.9米。为防止学生从床上跌落，双层床的上床应设置防跌落板（或杆），防跌落板（或杆）的高度不宜低于0.25米，长度不宜低于床体长度的2/3。小学生使用双层床的上床距离地面高度不宜高于1.6米。双层床应安装有安全可靠的小梯子和抓（扶）手。床铺上方应有一定的活动空间，原则上床上空间高度不小于1.2米。

学生宿舍应设置安全、环保、节能的人工照明设施，宿舍居室0.75米水平面的平均照度不应低于75lx。宿舍楼道和楼梯处应安装应急照明和应急疏散指示灯。

学生宿舍的盥洗室应配有满足学生使用的洗手盆或盥洗槽水龙头，配置数量宜按每10人至少设置一个。学生宿舍应设有衣物晾晒空间和设施。

学生宿舍应设有附建式厕所。宿舍厕所应采用蹲式大便器，大便器和小便器数量的设置应满足学生早晚如厕高峰期的需要。原则上女生厕所应按每10－12人设一个大便器，男生厕所应按每15人设一个大便器和两个小便器（或1.2米长小便槽）。厕位之间应设隔断。宿舍厕所内应设洗手水龙头、污水池和地漏。

学生宿舍应根据当地的气候条件设置安全的通风、取暖设施，采取有效措施防止一氧化碳中毒等安全事故的发生。新建或扩建的学生宿舍原则上不再使用燃煤取暖。

学生宿舍应安装有效的防蚊、蝇、蟑螂和防鼠害的设施。

(三) 卫生管理

学生宿舍应有专人管理,并建有宿舍卫生管理制度。

学生宿舍一层出入口及门窗应设置安全防护设施。

宿舍内禁止饲养宠物和家畜。

学生宿舍应每天进行卫生打扫,达到整洁、美观,地面无果皮、纸屑及痰迹等。

宿舍居室每天上、下午各进行不少于1小时的室内空气通风。

三、学校食堂

(一) 建筑与布局

食堂选址应防止各种污染源的影响,食堂距牲畜圈、校园独立式厕所及贮粪池、垃圾存放站(池)及污水排放点等污染源间的最小允许距离为25米。

食堂不应与教学用房合并设置,宜设在教学用房和宿舍区的下风向、校内独立厕所的上风向。厨房的噪声及排放的油烟、气味不得影响教学环境。

学校食堂一般应包括工作人员更衣间、原料存放间、食品加工操作间、备餐间、食品出售场所、就餐场所等。

食品处理区的布局应按照原料进入、原料处理、半成品加工、成品供应的流程进行设置。食堂加工操作间、内部设施应符合《学校食堂与学生集体用餐卫生管理规定》(教育部、卫生部令第14号)的要求。

(二) 卫生管理

学校食堂应持有有效的餐饮服务许可证,食堂从业人员应具有有效的健康合格证明和有效的食品安全知识培训合格证明。

食堂应当保持内外环境整洁,采取有效措施,消除老鼠、蟑螂、苍蝇和其他有害昆虫及其孳生条件。

餐饮具使用前必须洗净、消毒,未经消毒的餐饮具不得使用。禁止重复使用一次性使用的餐饮具。消毒后的餐饮具必须贮存在餐饮具专用保洁柜内备用。

用于原料、半成品、成品处理的刀、墩、盆等相关工具应分开使用,分区定位存放。

加工操作间和就餐场所应根据实际需要设置相应数量的垃圾箱(桶),垃圾箱（桶）应有盖，每餐后应及时对垃圾进行清运，并对垃圾箱（桶）进行有效的清洁。

食品原料采购、储存、加工环节应符合《学校食堂与学生集体用餐卫生管理规定》要求。应建立食品、食品添加剂和食品相关产品采购索证索票、进货查验和采购记录制度。

食堂应建立食品安全管理的各项规章制度，并张贴在食堂醒目位置。

清真食堂食品安全管理应严格执行国家及教育部的有关规定。

四、浴室

（一）建筑与布局

公共浴室应设有更衣室、浴室、厕所等房间，公寓内的浴室可不设更衣室。

更衣室、浴室、厕所的地面要防渗、防滑，浴室地面要有不小于2%的坡度，公共浴室屋顶应有一定弧度。

浴室应设气窗，气窗面积宜为地面面积的5%左右，以保持良好通风。浴室墙面应设墙裙，墙裙高度不应低于2.1米。

（二）浴室设施

更衣室和浴室应有保（供）暖设备，以保证寒冷季节学生洗浴时的室内温度要求，防止出现寒冷和冻伤。

更衣室和浴室应有换气设备，防止缺氧窒息和一氧化碳中毒等事故发生。

更衣室和浴室应安装人工照明设备，更衣室的平均照度应≥50lx，浴室的平均照度应≥30lx。

浴室宜使用淋浴喷头，新建、改建、扩建的浴室不得设池浴。淋浴喷头的设置数量可根据住宿学生人数及浴室开放时间等情况确定，应满足学生洗浴高峰时的需要；相邻淋浴喷头的间距不小于0.9米。

（三）卫生管理

学校的公共浴室应有专人管理，浴室内及其厕所应及时清扫、消毒，做到无积水、无异味。

浴室的热水应达到人体感觉适宜的温度。

淋浴间的热水量应满足学生洗浴的需要，以每人次40升为宜。定时开放的淋浴间应保证住宿学生至少每周一次淋浴。

浴室内不设公用洗浴毛巾。

浴室在开放后的当晚要彻底清洗,经过消毒后再行换水(消毒方法见附件)。

五、厕所

(一)建筑与布局

厕所建设应布局合理、适用、卫生、安全,防止污染水源、校园及周围环境。

独立式厕所的位置应选择在校园内,地势较高,地基排水通畅,不易被雨水淹没,学生容易到达之处,尽可能在当地主导风向的下风向。应距离自备水源、食堂25米以上,贮粪池要远离供水系统,避开教室和活动场所。

独立式厕所距离学生宿舍和教室的距离宜在200米以内,以保证学生如厕安全和方便。

教师厕所和学生厕所应分开设置。

在寒冷地区应采取保温御寒措施,贮粪池(无害化处理设施)应建在冰冻线以下。

厕所室内地坪标高应高于室外地坪0.15米以上。

新建、改建、扩建的厕所应符合表1中的建筑要求:

表1 学校厕所建筑卫生要求

序号	项目	标准	备注
1	厕屋内净高	独立式厕所 ≥3.0米	附建式厕所可按建筑物室内净高设置
2	蹲位数量	女生每13人设一个蹲位;男生每30人设一个蹲位,每20人设一个小便器或0.6米小便槽。	
3	厕窗	窗地面积比不小于1:10 窗台距地坪最小高度1.7米	
4	蹲位厕门	宜采用外开门,门高1.0-1.2米,下方留0.2米空隙。	
5	墙裙处理	釉面瓷片或水泥光面	
6	墙裙高度	≥1.2米	
7	地面处理	水泥地面或防滑瓷砖	防渗、防滑

续表

序号	项目	标准	备注
8	厕室内走道	单排蹲位不低于1.30米,双排蹲位不低于1.50米	推荐单排蹲位设计
9	厕位间面积	净尺寸应不小于0.9－1.0×1.1米	便器距后墙距离不应小于0.3米
10	便器	首选陶瓷便器,也可使用经检测证明安全可靠的工程塑料便盆	小学生便器可特制:宽为0.15－0.18米
11	贮粪池	密封、不渗漏、粪便处理符合无害化卫生要求	
12	卫生管理间	≥1.20平方米	有专用清扫工具

学校在新建、改建、扩建厕所时应考虑到残疾学生的如厕需要,提供无障碍设计。

厕所贮粪池出口应高于地坪0.10米,出粪口应密闭加盖。

有条件的地区应建设雨水收集设施,用收集的雨水冲洗厕所。

(二) 其他设施

厕所应设置有效的通风设施,厕所通风应以自然通风为主,机械通风为辅。

通往厕所的道路两侧和厕内均应设置人工照明设施,道路和厕内的平均照度应≥60lx。

厕所的前室或厕内应设置供学生使用的洗手设施。

水冲式厕所的给、排水设施必须齐全。非连续性供水的厕所内应备有贮水设施。同时应配有纸篓和清洁工具,能够维护厕内卫生。

厕所应安装防鼠和防蚊蝇设施,防止蚊蝇在厕内的孳生。

(三) 卫生管理

厕所应有环境保护措施和保洁制度,有专人维护、管理,保证厕内清洁卫生,地面无积水、无垃圾、无蝇蛆,便器内无粪迹、尿垢、杂物等。

厕所后贮粪池的粪便应及时清除,前贮粪池(三格化粪池的一、二池)应定期清掏,粪皮和粪渣必须进行无害化处理。

水冲式厕所污水应排入当地城镇规划的公共市政排水下水道管网,进行无害化处理。不具备公共污水排放系统的学校应建三格化粪池或净化沼气池,对粪便进行无害化处理。

对非卫生厕所，学校应制定专门的卫生管理制度，加强卫生维护和管理，妥善处理粪便粪水，防止造成环境污染和疾病传播，并有计划地进行卫生厕所的改造。

六、垃圾和污水

（一）垃圾收集（存放）设施

1. 设置

学校应设置使用方便的垃圾箱（桶、篓）等垃圾收集设施。

每个教室内应安放1-2个废纸（物）篓；每个宿舍应安放1-2个废纸（物）篓。

校园内道路两侧和操场周边等室外环境中应每隔300米设置1个垃圾箱（桶）；

垃圾箱（桶）应有盖。有条件的学校应设置垃圾分类收集设施，对可回收垃圾和不可回收垃圾进行分类收集。

垃圾存放站（池）应设置在校园当地主导风向的下风向处，距离食堂、自备水源、二次供水贮水池、教室、宿舍等的距离不低于25米；有条件的学校应使用密封式的垃圾存放设施设备。

教学区和生活区应备有卫生清洁工具。

2. 卫生管理

垃圾箱（桶、篓）内的垃圾每天至少清运一次，垃圾清运后应及时对垃圾箱（桶、篓）进行清洁；垃圾存放站（池）的垃圾应每周至少清运一次，夏季每周至少清运两次，垃圾清运后应及时对垃圾存放设备用生石灰或其他消毒剂进行消毒；校园内垃圾清运车辆应密封，防止垃圾散落。

（二）污水排放设施

1. 设置

生活污水排放应采用管道或暗沟排放，污水管道和暗沟应不渗漏；污水管道与供水管应有一定的水平间距，原则上在室外应大于1.5米、室内应大于0.5米；当污水管与供水管有交叉时，污水管应设在供水管下方，污水进口应设格栅，防止管沟堵塞。

降雨量较大的地区应有专门的雨水管渠，雨水管渠可采用明渠，雨水可单独排放也可并入污水管道。

2. 卫生管理

有城镇污水处理系统的学校,污水管道应接入城镇污水管网进行处理。

没有城镇污水处理系统的学校,生活污水排放点应不影响校内环境和校外环境,不得对水源产生污染。校园内不得有污水坑。

教育部关于修改《国家教育考试违规处理办法》的决定

(2011年12月23日第四十一次教育部部长办公会议通过
2012年1月5日中华人民共和国教育部令第33号发布
自2012年4月1日起施行)

为进一步保障考试安全，维护考试秩序，规范对国家教育考试中违规行为的处理，保障参加国家教育考试人员的合法权益，教育部决定对《国家教育考试违规处理办法》做如下修改：

一、将第二条修改为"本办法所称国家教育考试是指普通和成人高等学校招生考试、全国硕士研究生招生考试、高等教育自学考试等，由国务院教育行政部门确定实施，由经批准的实施教育考试的机构承办，面向社会公开、统一举行，其结果作为招收学历教育学生或者取得国家承认学历、学位证书依据的测试活动。"

二、将第六条第一段修改为："考生违背考试公平、公正原则，在考试过程中有下列行为之一的，应当认定为考试作弊："

将第（一）项修改为："携带与考试内容相关的材料或者存储有与考试内容相关资料的电子设备参加考试的；"

将第（三）项"强迫他人为自己抄袭提供方便的"，修改为"胁迫他人为自己抄袭提供方便的；"

将第（四）项修改为："携带具有发送或者接收信息功能的设备的；"

将第（九）项修改为："其他以不正当手段获得或者试图获得试题答案、考试成绩的行为。"

三、将第七条第（一）项中的"考试资格和考试成绩的"修改为："考试资格、加分资格和考试成绩的"；

第（二）项修改为："评卷过程中被认定为答案雷同的；"

四、将第八条第一段修改为："考生及其他人员应当自觉维护考试秩序，服从考试工作人员的管理，不得有下列扰乱考试秩序的行为："

第（三）项修改为："威胁、侮辱、诽谤、诬陷或者以其他方式侵害考试工作人员、其他考生合法权益的行为；"

增加一项作为第（四）项："故意损坏考场设施设备；"

原第（四）项修改为第（五）项。

五、将第九条第二款修改为："考生有第六条、第七条所列考试作弊行为之一的，其所报名参加考试的各阶段、各科成绩无效；参加高等教育自学考试的，当次考试各科成绩无效。

有下列情形之一的，可以视情节轻重，同时给予暂停参加该项考试1至3年的处理；情节特别严重的，可以同时给予暂停参加各种国家教育考试1至3年的处理：

（一）组织团伙作弊的；

（二）向考场外发送、传递试题信息的；

（三）使用相关设备接收信息实施作弊的；

（四）伪造、变造身份证、准考证及其他证明材料，由他人代替或者代替考生参加考试的。"

增加一款作为第四款："参加高等教育自学考试的考生有前款严重作弊行为的，也可以给予延迟毕业时间1至3年的处理，延迟期间考试成绩无效。"

六、将第十条中的"《治安管理处罚条例》"，修改为"《中华人民共和国治安管理处罚法》"。

七、将第十二条修改为："在校学生、在职教师有下列情形之一的，教育考试机构应当通报其所在学校，由学校根据有关规定严肃处理，直至开除学籍或者予以解聘：

（一）代替考生或者由他人代替参加考试的；

（二）组织团伙作弊的；

（三）为作弊组织者提供试题信息、答案及相应设备等参与团伙作弊行为的。"

八、第十三条第（四）项后增加一项作为第（五）项："未认真履行职责，造成所负责考场出现秩序混乱、作弊严重或者视频录像资料损毁、视频系统不能正常工作的；"

将第（五）项修改为第（六）项，其中的"积分误差"修改为"积分差错"。

其后各项序号依次顺延。

九、在第十六条"造成国家教育考试的试题、答案及评分参考丢失，"后增加"损毁、"。

十、将第十七条第一段修改为:"有下列行为之一的,由教育考试机构建议行为人所在单位给予行政处分;违反《中华人民共和国治安管理处罚法》的,由公安机关依法处理;构成犯罪的,由司法机关依法追究刑事责任:"

第一款第(二)项修改为:"代替考生或者由他人代替参加国家教育考试的;"

第(三)项修改为:"组织或者参与团伙作弊的;"

增加一款作为第二款:"国家工作人员有前款行为的,教育考试机构应当建议有关纪检、监察部门,根据有关规定从重处理。"

十一、在第十九条增加一款,作为第二款:"考试工作人员通过视频发现考生有违纪、作弊行为的,应当立即通知在现场的考试工作人员,并应当将视频录像作为证据保存。教育考试机构可以通过视频录像回放,对所涉及考生违规行为进行认定。"

十二、在第二十一条第一款后增加两款,分别作为第二款:"考生在参加全国硕士研究生招生考试中的违规行为,由组织考试的机构认定,由相关省级教育考试机构或者受其委托的组织考试的机构做出处理决定。"

第三款:"在国家教育考试考场视频录像回放审查中认定的违规行为,由省级教育考试机构认定并做出处理决定。"

原第二款修改为第四款。

十三、将第二十五条第二款修改为:"给予考生停考处理的,经考生申请,省级教育考试机构应当举行听证,对作弊的事实、情节等进行审查、核实。"

十四、将第二十九条修改为:"申请人对复核决定或者处理决定不服的,可以依法申请行政复议或者提起行政诉讼。"

十五、将第三十条修改为:"教育考试机构应当建立国家教育考试考生诚信档案,记录、保留在国家教育考试中作弊人员的相关信息。国家教育考试考生诚信档案中记录的信息未经法定程序,任何组织、个人不得删除、变更。

国家教育考试考生诚信档案可以依申请接受社会有关方面的查询,并应当及时向招生学校或单位提供相关信息,作为招生参考条件。"

国家教育考试违规处理办法

(2004年5月19日中华人民共和国教育部令第18号发布
根据2012年1月5日《教育部关于修改〈国家教育考试违规处理办法〉
的决定》修正)

第一章 总 则

第一条 为规范对国家教育考试违规行为的认定与处理，维护国家教育考试的公平、公正，保障参加国家教育考试的人员（以下简称考生）、从事和参与国家教育考试工作的人员（以下简称考试工作人员）的合法权益，根据《中华人民共和国教育法》及相关法律、行政法规，制定本办法。

第二条 本办法所称国家教育考试是指普通和成人高等学校招生考试、全国硕士研究生招生考试、高等教育自学考试等，由国务院教育行政部门确定实施，由经批准的实施教育考试的机构承办，面向社会公开、统一举行，其结果作为招收学历教育学生或者取得国家承认学历、学位证书依据的测试活动。

第三条 对参加国家教育考试的考生以及考试工作人员、其他相关人员，违反考试管理规定和考场纪律，影响考试公平、公正行为的认定与处理，适用本办法。

对国家教育考试违规行为的认定与处理应当公开公平、合法适当。

第四条 国务院教育行政部门及地方各级人民政府教育行政部门负责全国或者本地区国家教育考试组织工作的管理与监督。

承办国家教育考试的各级教育考试机构负责有关考试的具体实施，依据本办法，负责对考试违规行为的认定与处理。

第二章 违规行为的认定与处理

第五条 考生不遵守考场纪律，不服从考试工作人员的安排与要求，有下列行为之一的，应当认定为考试违纪：

（一）携带规定以外的物品进入考场或者未放在指定位置的；

（二）未在规定的座位参加考试的；

（三）考试开始信号发出前答题或者考试结束信号发出后继续答题的；

（四）在考试过程中旁窥、交头接耳、互打暗号或者手势的；

（五）在考场或者教育考试机构禁止的范围内，喧哗、吸烟或者实施其他影响考场秩序的行为的；

（六）未经考试工作人员同意在考试过程中擅自离开考场的；

（七）将试卷、答卷（含答题卡、答题纸等，下同）、草稿纸等考试用纸带出考场的；

（八）用规定以外的笔或者纸答题或者在试卷规定以外的地方书写姓名、考号或者以其他方式在答卷上标记信息的；

（九）其他违反考场规则但尚未构成作弊的行为。

第六条　考生违背考试公平、公正原则，在考试过程中有下列行为之一的，应当认定为考试作弊：

（一）携带与考试内容相关的材料或者存储有与考试内容相关资料的电子设备参加考试的；

（二）抄袭或者协助他人抄袭试题答案或者与考试内容相关的资料的；

（三）抢夺、窃取他人试卷、答卷或者胁迫他人为自己抄袭提供方便的；

（四）携带具有发送或者接收信息功能的设备的；

（五）由他人冒名代替参加考试的；

（六）故意销毁试卷、答卷或者考试材料的；

（七）在答卷上填写与本人身份不符的姓名、考号等信息的；

（八）传、接物品或者交换试卷、答卷、草稿纸的；

（九）其他以不正当手段获得或者试图获得试题答案、考试成绩的行为。

第七条　教育考试机构、考试工作人员在考试过程中或者在考试结束后发现下列行为之一的，应当认定相关的考生实施了考试作弊行为：

（一）通过伪造证件、证明、档案及其他材料获得考试资格、加分资格和考试成绩的；

（二）评卷过程中被认定为答案雷同的；

（三）考场纪律混乱、考试秩序失控，出现大面积考试作弊现象的；

（四）考试工作人员协助实施作弊行为，事后查实的；

（五）其他应认定为作弊的行为。

第八条　考生及其他人员应当自觉维护考试秩序，服从考试工作人员的管理，不得有下列扰乱考试秩序的行为：

（一）故意扰乱考点、考场、评卷场所等考试工作场所秩序；

（二）拒绝、妨碍考试工作人员履行管理职责；

（三）威胁、侮辱、诽谤、诬陷或者以其他方式侵害考试工作人员、其他考生合法权益的行为；

（四）故意损坏考场设施设备；

（五）其他扰乱考试管理秩序的行为。

第九条 考生有第五条所列考试违纪行为之一的，取消该科目的考试成绩。

考生有第六条、第七条所列考试作弊行为之一的，其所报名参加考试的各阶段、各科成绩无效；参加高等教育自学考试的，当次考试各科成绩无效。

有下列情形之一的，可以视情节轻重，同时给予暂停参加该项考试1至3年的处理；情节特别严重的，可以同时给予暂停参加各种国家教育考试1至3年的处理：

（一）组织团伙作弊的；

（二）向考场外发送、传递试题信息的；

（三）使用相关设备接收信息实施作弊的；

（四）伪造、变造身份证、准考证及其他证明材料，由他人代替或者代替考生参加考试的。

参加高等教育自学考试的考生有前款严重作弊行为的，也可以给予延迟毕业时间1至3年的处理，延迟期间考试成绩无效。

第十条 考生有第八条所列行为之一的，应当终止其继续参加本科目考试，其当次报名参加考试的各科成绩无效；考生及其他人员的行为违反《中华人民共和国治安管理处罚法》的，由公安机关进行处理；构成犯罪的，由司法机关依法追究刑事责任。

第十一条 考生以作弊行为获得的考试成绩并由此取得相应的学位证书、学历证书及其他学业证书、资格资质证书或者入学资格的，由证书颁发机关宣布证书无效，责令收回证书或者予以没收；已经被录取或者入学的，由录取学校取消录取资格或者其学籍。

第十二条 在校学生、在职教师有下列情形之一的，教育考试机构应当通报其所在学校，由学校根据有关规定严肃处理，直至开除学籍或者予以解聘：

（一）代替考生或者由他人代替参加考试的；

（二）组织团伙作弊的；

（三）为作弊组织者提供试题信息、答案及相应设备等参与团伙作弊行为的。

第十三条 考试工作人员应当认真履行工作职责，在考试管理、组织及评卷等工作过程中，有下列行为之一的，应当停止其参加当年及下一年度的国家教育

考试工作,并由教育考试机构或者建议其所在单位视情节轻重分别给予相应的行政处分:

(一) 应回避考试工作却隐瞒不报的;

(二) 擅自变更考试时间、地点或者考试安排的;

(三) 提示或暗示考生答题的;

(四) 擅自将试题、答卷或者有关内容带出考场或者传递给他人的;

(五) 未认真履行职责,造成所负责考场出现秩序混乱、作弊严重或者视频录像资料损毁、视频系统不能正常工作的;

(六) 在评卷、统分中严重失职,造成明显的错评、漏评或者积分差错的;

(七) 在评卷中擅自更改评分细则或者不按评分细则进行评卷的;

(八) 因未认真履行职责,造成所负责考场出现雷同卷的;

(九) 擅自泄露评卷、统分等应予保密的情况的;

(十) 其他违反监考、评卷等管理规定的行为。

第十四条 考试工作人员有下列作弊行为之一的,应当停止其参加国家教育考试工作,由教育考试机构或者其所在单位视情节轻重分别给予相应的行政处分,并调离考试工作岗位;情节严重,构成犯罪的,由司法机关依法追究刑事责任:

(一) 为不具备参加国家教育考试条件的人员提供假证明、证件、档案,使其取得考试资格或者考试工作人员资格的;

(二) 因玩忽职守,致使考生未能如期参加考试的或者使考试工作遭受重大损失的;

(三) 利用监考或者从事考试工作之便,为考生作弊提供条件的;

(四) 伪造、变造考生档案(含电子档案)的;

(五) 在场外组织答卷、为考生提供答案的;

(六) 指使、纵容或者伙同他人作弊的;

(七) 偷换、涂改考生答卷、考试成绩或者考场原始记录材料的;

(八) 擅自更改或者编造、虚报考试数据、信息的;

(九) 利用考试工作便利,索贿、受贿、以权徇私的;

(十) 诬陷、打击报复考生的。

第十五条 因教育考试机构管理混乱、考试工作人员玩忽职守,造成考点或者考场纪律混乱,作弊现象严重;或者同一考点同一时间的考试有1/5以上考场存在雷同卷的,由教育行政部门取消该考点当年及下一年度承办国家教育考试的资格;高等教育自学考试考区内一个或者一个以上专业考试纪律混乱,作弊现象严重，由高等教育自学考试管理机构给予该考区警告或者停考该考区相应专业1至3年的处理。

对出现大规模作弊情况的考场、考点的相关责任人、负责人及所属考区的负责人，有关部门应当分别给予相应的行政处分；情节严重，构成犯罪的，由司法机关依法追究刑事责任。

第十六条 违反保密规定，造成国家教育考试的试题、答案及评分参考（包括副题及其答案及评分参考，下同）丢失、损毁、泄密，或者使考生答卷在保密期限内发生重大事故的，由有关部门视情节轻重，分别给予责任人和有关负责人行政处分；构成犯罪的，由司法机关依法追究刑事责任。

盗窃、损毁、传播在保密期限内的国家教育考试试题、答案及评分参考、考生答卷、考试成绩的，由有关部门依法追究有关人员的责任；构成犯罪的，由司法机关依法追究刑事责任。

第十七条 有下列行为之一的，由教育考试机构建议行为人所在单位给予行政处分；违反《中华人民共和国治安管理处罚法》的，由公安机关依法处理；构成犯罪的，由司法机关依法追究刑事责任：

（一）指使、纵容、授意考试工作人员放松考试纪律，致使考场秩序混乱、作弊严重的；

（二）代替考生或者由他人代替参加国家教育考试的；

（三）组织或者参与团伙作弊的；

（四）利用职权，包庇、掩盖作弊行为或者胁迫他人作弊的；

（五）以打击、报复、诬陷、威胁等手段侵犯考试工作人员、考生人身权利的；

（六）向考试工作人员行贿的；

（七）故意损坏考试设施的；

（八）扰乱、妨害考场、评卷点及有关考试工作场所秩序后果严重的。

国家工作人员有前款行为的，教育考试机构应当建议有关纪检、监察部门，根据有关规定从重处理。

第三章 违规行为认定与处理程序

第十八条 考试工作人员在考试过程中发现考生实施本办法第五条、第六条所列考试违纪、作弊行为的，应当及时予以纠正并如实记录；对考生用于作弊的材料、工具等，应予暂扣。

考生违规记录作为认定考生违规事实的依据，应当由2名以上监考员或者考场巡视员、督考员签字确认。

考试工作人员应当向违纪考生告知违规记录的内容，对暂扣的考生物品应填写收据。

第十九条 教育考试机构发现本办法第七条、第八条所列行为的，应当由2名以上工作人员进行事实调查，收集、保存相应的证据材料，并在调查事实和证据的基础上，对所涉及考生的违规行为进行认定。

考试工作人员通过视频发现考生有违纪、作弊行为的，应当立即通知在现场的考试工作人员，并应当将视频录像作为证据保存。教育考试机构可以通过视频录像回放，对所涉及考生违规行为进行认定。

第二十条 考点汇总考生违规记录，汇总情况经考点主考签字认定后，报送上级教育考试机构依据本办法的规定进行处理。

第二十一条 考生在普通和成人高等学校招生考试、高等教育自学考试中，出现第五条所列考试违纪行为的，由省级教育考试机构或者市级教育考试机构做出处理决定，由市级教育考试机构做出的处理决定应报省级教育考试机构备案；出现第六条、第七条所列考试作弊行为的，由市级教育考试机构签署意见，报省级教育考试机构处理，省级教育考试机构也可以要求市级教育考试机构报送材料及证据，直接进行处理；出现本办法第八条所列扰乱考试秩序行为的，由市级教育考试机构签署意见，报省级教育考试机构按照前款规定处理，对考生及其他人员违反治安管理法律法规的行为，由当地公安部门处理；评卷过程中发现考生有本办法第七条所列考试作弊行为的，由省级教育考试机构做出处理决定，并通知市级教育考试机构。

考生在参加全国硕士研究生招生考试中的违规行为，由组织考试的机构认定，由相关省级教育考试机构或者受其委托的组织考试的机构做出处理决定。

在国家教育考试考场视频录像回放审查中认定的违规行为，由省级教育考试机构认定并做出处理决定。

参加其他国家教育考试考生违规行为的处理由承办有关国家教育考试的考试机构参照前款规定具体确定。

第二十二条 教育行政部门和其他有关部门在考点、考场出现大面积作弊情况或者需要对教育考试机构实施监督的情况下，应当直接介入调查和处理。

发生第十四、十五、十六条所列案件，情节严重的，由省级教育行政部门会同有关部门共同处理，并及时报告国务院教育行政部门；必要时，国务院教育行政部门参与或者直接进行处理。

第二十三条 考试工作人员在考场、考点及评卷过程中有违反本办法的行为的，考点主考、评卷点负责人应当暂停其工作，并报相应的教育考试机构处理。

第二十四条 在其他与考试相关的场所违反有关规定的考生，由市级教育考试机构或者省级教育考试机构做出处理决定；市级教育考试机构做出的处理决定应报省级教育考试机构备案。

在其他与考试相关的场所违反有关规定的考试工作人员，由所在单位根据市级教育考试机构或者省级教育考试机构提出的处理意见，进行处理，处理结果应当向提出处理的教育考试机构通报。

第二十五条 教育考试机构在对考试违规的个人或者单位做出处理决定前，应当复核违规事实和相关证据，告知被处理人或者单位做出处理决定的理由和依据；被处理人或者单位对所认定的违规事实认定存在异议的，应当给予其陈述和申辩的机会。

给予考生停考处理的，经考生申请，省级教育考试机构应当举行听证，对作弊的事实、情节等进行审查、核实。

第二十六条 教育考试机构做出处理决定应当制作考试违规处理决定书，载明被处理人的姓名或者单位名称、处理事实根据和法律依据、处理决定的内容、救济途径以及做出处理决定的机构名称和做出处理决定的时间。

考试违规处理决定书应当及时送达被处理人。

第二十七条 考生或者考试工作人员对教育考试机构做出的违规处理决定不服的，可以在收到处理决定之日起15日内，向其上一级教育考试机构提出复核申请；对省级教育考试机构或者承办国家教育考试的机构做出的处理决定不服的，也可以向省级教育行政部门或者授权承担国家教育考试的主管部门提出复核申请。

第二十八条 受理复核申请的教育考试机构、教育行政部门应对处理决定所认定的违规事实和适用的依据等进行审查，并在受理后30日内，按照下列规定作出复核决定：

（一）处理决定认定事实清楚、证据确凿，适用依据正确，程序合法，内容适当的，决定维持；

（二）处理决定有下列情况之一的，决定撤销或者变更：

1. 违规事实认定不清、证据不足的；
2. 适用依据错误的；
3. 违反本办法规定的处理程序的。

做出决定的教育考试机构对因错误的处理决定给考生造成的损失，应当予以补救。

第二十九条 申请人对复核决定或者处理决定不服的，可以依法申请行政复议或者提起行政诉讼。

第三十条 教育考试机构应当建立国家教育考试考生诚信档案，记录、保留在国家教育考试中作弊人员的相关信息。国家教育考试考生诚信档案中记录的信息未经法定程序，任何组织、个人不得删除、变更。

国家教育考试考生诚信档案可以依申请接受社会有关方面的查询，并应当及时向招生学校或单位提供相关信息，作为招生参考条件。

第三十一条 省级教育考试机构应当及时汇总本地区违反规定的考生及考试工作人员的处理情况，并向国家教育考试机构报告。

第四章 附 则

第三十二条 本办法所称考场是指实施考试的封闭空间；所称考点是指设置若干考场独立进行考务活动的特定场所；所称考区是指由省级教育考试机构设置，由若干考点组成，进行国家教育考试实施工作的特定地区。

第三十三条 非全日制攻读硕士学位全国考试、中国人民解放军高等教育自学考试及其他各级各类教育考试的违规处理可以参照本办法执行。

第三十四条 本办法自发布之日起施行。此前教育部颁布的各有关国家教育考试的违规处理规定同时废止。

校车安全管理条例

(2012年3月28日国务院第一百九十七次常务会议通过
2012年4月5日中华人民共和国国务院令第617号公布
自2012年4月5日起施行)

第一章 总　则

第一条　为了加强校车安全管理，保障乘坐校车学生的人身安全，制定本条例。

第二条　本条例所称校车，是指依照本条例取得使用许可，用于接送接受义务教育的学生上下学的7座以上的载客汽车。

接送小学生的校车应当是按照专用校车国家标准设计和制造的小学生专用校车。

第三条　县级以上地方人民政府应当根据本行政区域的学生数量和分布状况等因素，依法制定、调整学校设置规划，保障学生就近入学或者在寄宿制学校入学，减少学生上下学的交通风险。实施义务教育的学校及其教学点的设置、调整，应当充分听取学生家长等有关方面的意见。

县级以上地方人民政府应当采取措施，发展城市和农村的公共交通，合理规划、设置公共交通线路和站点，为需要乘车上下学的学生提供方便。

对确实难以保障就近入学，并且公共交通不能满足学生上下学需要的农村地区，县级以上地方人民政府应当采取措施，保障接受义务教育的学生获得校车服务。

国家建立多渠道筹措校车经费的机制，并通过财政资助、税收优惠、鼓励社会捐赠等多种方式，按照规定支持使用校车接送学生的服务。支持校车服务所需的财政资金由中央财政和地方财政分担，具体办法由国务院财政部门制定。支持校车服务的税收优惠办法，依照法律、行政法规规定的税收管理权限制定。

第四条　国务院教育、公安、交通运输以及工业和信息化、质量监督检验检疫、安全生产监督管理等部门依照法律、行政法规和国务院的规定，负责校车安全管理的有关工作。国务院教育、公安部门会同国务院有关部门建立校车安全管理工作协调机制，统筹协调校车安全管理工作中的重大事项，共同做好校车安全管理工作。

第五条 县级以上地方人民政府对本行政区域的校车安全管理工作负总责，组织有关部门制定并实施与当地经济发展水平和校车服务需求相适应的校车服务方案，统一领导、组织、协调有关部门履行校车安全管理职责。

县级以上地方人民政府教育、公安、交通运输、安全生产监督管理等有关部门依照本条例以及本级人民政府的规定，履行校车安全管理的相关职责。有关部门应当建立健全校车安全管理信息共享机制。

第六条 国务院标准化主管部门会同国务院工业和信息化、公安、交通运输等部门，按照保障安全、经济适用的要求，制定并及时修订校车安全国家标准。

生产校车的企业应当建立健全产品质量保证体系，保证所生产（包括改装，下同）的校车符合校车安全国家标准；不符合标准的，不得出厂、销售。

第七条 保障学生上下学交通安全是政府、学校、社会和家庭的共同责任。社会各方面应当为校车通行提供便利，协助保障校车通行安全。

第八条 县级和设区的市级人民政府教育、公安、交通运输、安全生产监督管理部门应当设立并公布举报电话、举报网络平台，方便群众举报违反校车安全管理规定的行为。

接到举报的部门应当及时依法处理；对不属于本部门管理职责的举报，应当及时移送有关部门处理。

第二章 学校和校车服务提供者

第九条 学校可以配备校车。依法设立的道路旅客运输经营企业、城市公共交通企业，以及根据县级以上地方人民政府规定设立的校车运营单位，可以提供校车服务。

县级以上地方人民政府根据本地区实际情况，可以制定管理办法，组织依法取得道路旅客运输经营许可的个体经营者提供校车服务。

第十条 配备校车的学校和校车服务提供者应当建立健全校车安全管理制度，配备安全管理人员，加强校车的安全维护，定期对校车驾驶人进行安全教育，组织校车驾驶人学习道路交通安全法律法规以及安全防范、应急处置和应急救援知识，保障学生乘坐校车安全。

第十一条 由校车服务提供者提供校车服务的，学校应当与校车服务提供者签订校车安全管理责任书，明确各自的安全管理责任，落实校车运行安全管理措施。

学校应当将校车安全管理责任书报县级或者设区的市级人民政府教育行政部门备案。

第十二条 学校应当对教师、学生及其监护人进行交通安全教育，向学生讲解校车安全乘坐知识和校车安全事故应急处理技能，并定期组织校车安全事故应急处理演练。

学生的监护人应当履行监护义务，配合学校或者校车服务提供者的校车安全管理工作。学生的监护人应当拒绝使用不符合安全要求的车辆接送学生上下学。

第十三条 县级以上地方人民政府教育行政部门应当指导、监督学校建立健全校车安全管理制度，落实校车安全管理责任，组织学校开展交通安全教育。公安机关交通管理部门应当配合教育行政部门组织学校开展交通安全教育。

第三章 校车使用许可

第十四条 使用校车应当依照本条例的规定取得许可。

取得校车使用许可应当符合下列条件：

（一）车辆符合校车安全国家标准，取得机动车检验合格证明，并已经在公安机关交通管理部门办理注册登记；

（二）有取得校车驾驶资格的驾驶人；

（三）有包括行驶线路、开行时间和停靠站点的合理可行的校车运行方案；

（四）有健全的安全管理制度；

（五）已经投保机动车承运人责任保险。

第十五条 学校或者校车服务提供者申请取得校车使用许可，应当向县级或者设区的市级人民政府教育行政部门提交书面申请和证明其符合本条例第十四条规定条件的材料。教育行政部门应当自收到申请材料之日起3个工作日内，分别送同级公安机关交通管理部门、交通运输部门征求意见，公安机关交通管理部门和交通运输部门应当在3个工作日内回复意见。教育行政部门应当自收到回复意见之日起5个工作日内提出审查意见，报本级人民政府。本级人民政府决定批准的，由公安机关交通管理部门发给校车标牌，并在机动车行驶证上签注校车类型和核载人数；不予批准的，书面说明理由。

第十六条 校车标牌应当载明本车的号牌号码、车辆的所有人、驾驶人、行驶线路、开行时间、停靠站点以及校车标牌发牌单位、有效期等事项。

第十七条 取得校车标牌的车辆应当配备统一的校车标志灯和停车指示标志。

校车未运载学生上道路行驶的，不得使用校车标牌、校车标志灯和停车指示标志。

第十八条 禁止使用未取得校车标牌的车辆提供校车服务。

第十九条 取得校车标牌的车辆达到报废标准或者不再作为校车使用的，学校或者校车服务提供者应当将校车标牌交回公安机关交通管理部门。

第二十条 校车应当每半年进行一次机动车安全技术检验。

第二十一条 校车应当配备逃生锤、干粉灭火器、急救箱等安全设备。安全设备应当放置在便于取用的位置，并确保性能良好、有效适用。

校车应当按照规定配备具有行驶记录功能的卫星定位装置。

第二十二条 配备校车的学校和校车服务提供者应当按照国家规定做好校车的安全维护，建立安全维护档案，保证校车处于良好技术状态。不符合安全技术条件的校车，应当停运维修，消除安全隐患。

校车应当由依法取得相应资质的维修企业维修。承接校车维修业务的企业应当按照规定的维修技术规范维修校车，并按照国务院交通运输主管部门的规定对所维修的校车实行质量保证期制度，在质量保证期内对校车的维修质量负责。

第四章 校车驾驶人

第二十三条 校车驾驶人应当依照本条例的规定取得校车驾驶资格。

取得校车驾驶资格应当符合下列条件：

（一）取得相应准驾车型驾驶证并具有3年以上驾驶经历，年龄在25周岁以上、不超过60周岁；

（二）最近连续3个记分周期内没有被记满分记录；

（三）无致人死亡或者重伤的交通事故责任记录；

（四）无饮酒后驾驶或者醉酒驾驶机动车记录，最近1年内无驾驶客运车辆超员、超速等严重交通违法行为记录；

（五）无犯罪记录；

（六）身心健康，无传染性疾病，无癫痫、精神病等可能危及行车安全的疾病病史，无酗酒、吸毒行为记录。

第二十四条 机动车驾驶人申请取得校车驾驶资格，应当向县级或者设区的市级人民政府公安机关交通管理部门提交书面申请和证明其符合本条例第二十三条规定条件的材料。公安机关交通管理部门应当自收到申请材料之日起5个工作日内审查完毕，对符合条件的，在机动车驾驶证上签注准许驾驶校车；不符合条件的，书面说明理由。

第二十五条 机动车驾驶人未取得校车驾驶资格，不得驾驶校车。禁止聘用未取得校车驾驶资格的机动车驾驶人驾驶校车。

第二十六条 校车驾驶人应当每年接受公安机关交通管理部门的审验。

第二十七条 校车驾驶人应当遵守道路交通安全法律法规，严格按照机动车道路通行规则和驾驶操作规范安全驾驶、文明驾驶。

第五章 校车通行安全

第二十八条 校车行驶线路应当尽量避开急弯、陡坡、临崖、临水的危险路段；确实无法避开的，道路或者交通设施的管理、养护单位应当按照标准对上述危险路段设置安全防护设施、限速标志、警告标牌。

第二十九条 校车经过的道路出现不符合安全通行条件的状况或者存在交通安全隐患的，当地人民政府应当组织有关部门及时改善道路安全通行条件、消除安全隐患。

第三十条 校车运载学生，应当按照国务院公安部门规定的位置放置校车标牌，开启校车标志灯。

校车运载学生，应当按照经审核确定的线路行驶，遇有交通管制、道路施工以及自然灾害、恶劣气象条件或者重大交通事故等影响道路通行情形的除外。

第三十一条 公安机关交通管理部门应当加强对校车行驶线路的道路交通秩序管理。遇交通拥堵的，交通警察应当指挥疏导运载学生的校车优先通行。

校车运载学生，可以在公共交通专用车道以及其他禁止社会车辆通行但允许公共交通车辆通行的路段行驶。

第三十二条 校车上下学生，应当在校车停靠站点停靠；未设校车停靠站点的路段可以在公共交通站台停靠。

道路或者交通设施的管理、养护单位应当按照标准设置校车停靠站点预告标识和校车停靠站点标牌，施划校车停靠站点标线。

第三十三条 校车在道路上停车上下学生，应当靠道路右侧停靠，开启危险报警闪光灯，打开停车指示标志。校车在同方向只有一条机动车道的道路上停靠时，后方车辆应当停车等待，不得超越。校车在同方向有两条以上机动车道的道路上停靠时，校车停靠车道后方和相邻机动车道上的机动车应当停车等待，其他机动车道上的机动车应当减速通过。校车后方停车等待的机动车不得鸣喇叭或者使用灯光催促校车。

第三十四条 校车载人不得超过核定的人数，不得以任何理由超员。

学校和校车服务提供者不得要求校车驾驶人超员、超速驾驶校车。

第三十五条 载有学生的校车在高速公路上行驶的最高时速不得超过80公

里,在其他道路上行驶的最高时速不得超过60公里。

道路交通安全法律法规规定或者道路上限速标志、标线标明的最高时速低于前款规定的,从其规定。

载有学生的校车在急弯、陡坡、窄路、窄桥以及冰雪、泥泞的道路上行驶,或者遇有雾、雨、雪、沙尘、冰雹等低能见度气象条件时,最高时速不得超过20公里。

第三十六条 交通警察对违反道路交通安全法律法规的校车,可以在消除违法行为的前提下先予放行,待校车完成接送学生任务后再对校车驾驶人进行处罚。

第三十七条 公安机关交通管理部门应当加强对校车运行情况的监督检查,依法查处校车道路交通安全违法行为,定期将校车驾驶人的道路交通安全违法行为和交通事故信息抄送其所属单位和教育行政部门。

第六章 校车乘车安全

第三十八条 配备校车的学校、校车服务提供者应当指派照管人员随校车全程照管乘车学生。校车服务提供者为学校提供校车服务的,双方可以约定由学校指派随车照管人员。

学校和校车服务提供者应当定期对随车照管人员进行安全教育,组织随车照管人员学习道路交通安全法律法规、应急处置和应急救援知识。

第三十九条 随车照管人员应当履行下列职责:

(一)学生上下车时,在车下引导、指挥,维护上下车秩序;

(二)发现驾驶人无校车驾驶资格、饮酒、醉酒后驾驶,或者身体严重不适以及校车超员等明显妨碍行车安全情形的,制止校车开行;

(三)清点乘车学生人数,帮助、指导学生安全落座、系好安全带,确认车门关闭后示意驾驶人启动校车;

(四)制止学生在校车行驶过程中离开座位等危险行为;

(五)核实学生下车人数,确认乘车学生已经全部离车后本人方可离车。

第四十条 校车的副驾驶座位不得安排学生乘坐。

校车运载学生过程中,禁止除驾驶人、随车照管人员以外的人员乘坐。

第四十一条 校车驾驶人驾驶校车上道路行驶前,应当对校车的制动、转向、外部照明、轮胎、安全门、座椅、安全带等车况是否符合安全技术要求进行检查,不得驾驶存在安全隐患的校车上道路行驶。

校车驾驶人不得在校车载有学生时给车辆加油,不得在校车发动机引擎熄灭前离开驾驶座位。

第四十二条　校车发生交通事故，驾驶人、随车照管人员应当立即报警，设置警示标志。乘车学生继续留在校车内有危险的，随车照管人员应当将学生撤离到安全区域，并及时与学校、校车服务提供者、学生的监护人联系处理后续事宜。

第七章　法律责任

第四十三条　生产、销售不符合校车安全国家标准的校车的，依照道路交通安全、产品质量管理的法律、行政法规的规定处罚。

第四十四条　使用拼装或者达到报废标准的机动车接送学生的，由公安机关交通管理部门收缴并强制报废机动车；对驾驶人处2000元以上5000元以下的罚款，吊销其机动车驾驶证；对车辆所有人处8万元以上10万元以下的罚款，有违法所得的予以没收。

第四十五条　使用未取得校车标牌的车辆提供校车服务，或者使用未取得校车驾驶资格的人员驾驶校车的，由公安机关交通管理部门扣留该机动车，处1万元以上2万元以下的罚款，有违法所得的予以没收。

取得道路运输经营许可的企业或者个体经营者有前款规定的违法行为，除依照前款规定处罚外，情节严重的，由交通运输主管部门吊销其经营许可证件。

伪造、变造或者使用伪造、变造的校车标牌的，由公安机关交通管理部门收缴伪造、变造的校车标牌，扣留该机动车，处2000元以上5000元以下的罚款。

第四十六条　不按照规定为校车配备安全设备，或者不按照规定对校车进行安全维护的，由公安机关交通管理部门责令改正，处1000元以上3000元以下的罚款。

第四十七条　机动车驾驶人未取得校车驾驶资格驾驶校车的，由公安机关交通管理部门处1000元以上3000元以下的罚款，情节严重的，可以并处吊销机动车驾驶证。

第四十八条　校车驾驶人有下列情形之一的，由公安机关交通管理部门责令改正，可以处200元罚款：

（一）驾驶校车运载学生，不按照规定放置校车标牌、开启校车标志灯，或者不按照经审核确定的线路行驶；

（二）校车上下学生，不按照规定在校车停靠站点停靠；

（三）校车未运载学生上道路行驶，使用校车标牌、校车标志灯和停车指示标志；

（四）驾驶校车上道路行驶前，未对校车车况是否符合安全技术要求进行检查，或者驾驶存在安全隐患的校车上道路行驶；

（五）在校车载有学生时给车辆加油，或者在校车发动机引擎熄灭前离开驾驶座位。

校车驾驶人违反道路交通安全法律法规关于道路通行规定的，由公安机关交通管理部门依法从重处罚。

第四十九条　校车驾驶人违反道路交通安全法律法规被依法处罚或者发生道路交通事故，不再符合本条例规定的校车驾驶人条件的，由公安机关交通管理部门取消校车驾驶资格，并在机动车驾驶证上签注。

第五十条　校车载人超过核定人数的，由公安机关交通管理部门扣留车辆至违法状态消除，并依照道路交通安全法律法规的规定从重处罚。

第五十一条　公安机关交通管理部门查处校车道路交通安全违法行为，依法扣留车辆的，应当通知相关学校或者校车服务提供者转运学生，并在违法状态消除后立即发还被扣留车辆。

第五十二条　机动车驾驶人违反本条例规定，不避让校车的，由公安机关交通管理部门处 200 元罚款。

第五十三条　未依照本条例规定指派照管人员随校车全程照管乘车学生的，由公安机关责令改正，可以处 500 元罚款。

随车照管人员未履行本条例规定的职责的，由学校或者校车服务提供者责令改正；拒不改正的，给予处分或者予以解聘。

第五十四条　取得校车使用许可的学校、校车服务提供者违反本条例规定，情节严重的，原作出许可决定的地方人民政府可以吊销其校车使用许可，由公安机关交通管理部门收回校车标牌。

第五十五条　学校违反本条例规定的，除依照本条例有关规定予以处罚外，由教育行政部门给予通报批评；导致发生学生伤亡事故的，对政府举办的学校的负有责任的领导人员和直接责任人员依法给予处分；对民办学校由审批机关责令暂停招生，情节严重的，吊销其办学许可证，并由教育行政部门责令负有责任的领导人员和直接责任人员 5 年内不得从事学校管理事务。

第五十六条　县级以上地方人民政府不依法履行校车安全管理职责，致使本行政区域发生校车安全重大事故的，对负有责任的领导人员和直接责任人员依法给予处分。

第五十七条　教育、公安、交通运输、工业和信息化、质量监督检验检疫、安全生产监督管理等有关部门及其工作人员不依法履行校车安全管理职责的，对负有责任的领导人员和直接责任人员依法给予处分。

第五十八条 违反本条例的规定，构成违反治安管理行为的，由公安机关依法给予治安管理处罚；构成犯罪的，依法追究刑事责任。

第五十九条 发生校车安全事故，造成人身伤亡或者财产损失的，依法承担赔偿责任。

第八章 附 则

第六十条 县级以上地方人民政府应当合理规划幼儿园布局，方便幼儿就近入园。

入园幼儿应当由监护人或者其委托的成年人接送。对确因特殊情况不能由监护人或者其委托的成年人接送，需要使用车辆集中接送的，应当使用按照专用校车国家标准设计和制造的幼儿专用校车，遵守本条例校车安全管理的规定。

第六十一条 省、自治区、直辖市人民政府应当结合本地区实际情况，制定本条例的实施办法。

第六十二条 本条例自公布之日起施行。

本条例施行前已经配备校车的学校和校车服务提供者及其聘用的校车驾驶人应当自本条例施行之日起90日内，依照本条例的规定申请取得校车使用许可、校车驾驶资格。

本条例施行后，用于接送小学生、幼儿的专用校车不能满足需求的，在省、自治区、直辖市人民政府规定的过渡期限内可以使用取得校车标牌的其他载客汽车。

教育部等十五部门关于印发《农村义务教育学生营养改善计划实施细则》等五个配套文件的通知

(教财〔2012〕2号)

各省、自治区、直辖市教育厅（教委）、党委宣传部、发展改革委、监察厅（局）、财政厅（局）、农业厅（局）、卫生厅（局）、审计厅、工商局、质量技术监督局、食品药品监管局、食品安全办、团委、妇联、供销社，新疆生产建设兵团教育局、党委宣传部、发展改革委、监察局、财务局、农业局、卫生局、审计局、工商局、质量技术监督局、食品药品监管局、食品安全办、团委、妇联、供销社：

根据《国务院办公厅关于实施农村义务教育学生营养改善计划的意见》（国办发〔2011〕54号），为进一步规范对农村义务教育学生营养改善计划实施工作的管理，切实有效地改善农村学生营养健康状况，现将《农村义务教育学生营养改善计划实施细则》等五个配套文件印发给你们，请遵照执行。

附件：1. 农村义务教育学生营养改善计划实施细则
2. 农村义务教育学生营养改善计划食品安全保障管理暂行办法
3. 农村义务教育学校食堂管理暂行办法
4. 农村义务教育学生营养改善计划实名制学生信息管理暂行办法
5. 农村义务教育学生营养改善计划信息公开公示暂行办法

附件1：

农村义务教育学生营养改善计划实施细则

第一章 总 则

第一条 为贯彻落实《国务院办公厅关于实施农村义务教育学生营养改善计划的意见》（国办发〔2011〕54号），指导各地科学有效地实施农村义务教育学生营养改善计划（以下简称营养改善计划），切实改善农村学生营养状况，提高农村学生健康水平，依照国家有关法律法规和标准规范，特制定本细则。

第二条 本细则适用于实施营养改善计划的试点地区和学校，其他地区和学校可参照实施。

第二章 管理体制和职责分工

第三条 营养改善计划在国务院统一领导下，实行地方为主，分级负责，各部门、各方面协同推进的管理体制，政府起主导作用。

第四条 成立全国农村义务教育学生营养改善计划工作领导小组，统一领导和部署营养改善计划的实施。成员单位由教育部、中宣部、国家发展改革委、公安部、监察部、财政部、农业部、卫生部、审计署、国家工商总局、国家质检总局、国家食品药品监管局、国务院食品安全委员会办公室、共青团中央、全国妇联、全国供销合作总社等部门组成。领导小组办公室设在教育部，简称全国学生营养办，负责营养改善计划实施的日常工作。

第五条 营养改善计划实施主体为地方各级政府。地方各级政府要加强组织领导，主要负责人负总责，分管负责人分工负责。要建立责权一致的工作机制，层层成立领导小组和工作机构，明确工作职责，确保工作落实到位。

（一）省级政府负责统筹组织。统筹制订本地区实施工作方案和推进计划；统筹规划国家试点和地方试点；统筹制定相关管理制度和规范；统筹安排资金，改善就餐条件；统筹监督检查。督促有关食品安全监管部门，组织制订食品安全宣传教育方案，指导开展食品安全宣传教育；组织制订食品安全事故应急预案；统一发布食品安全信息。

（二）市级政府负责协调指导。督促县级政府和有关部门严格履行职责，认真实施营养改善计划，加强工作指导和监督检查。

（三）县级政府是学生营养改善工作的行动主体和责任主体，负责营养改善计划的具体实施。包括制订实施方案和膳食营养指南或食谱，确定供餐模式和供餐内容，建设、改造学校食堂（伙房），制定工作管理制度，加强监督检查，对食品安全和资金安全负总责，主要负责人负直接责任。责成有关食品安全监管部门，组织开展食品安全事故应急预案制定及演练和学校食品安全事故调查。

第六条　各有关部门共同参与营养改善计划的组织实施，各司其职，各负其责。

（一）教育部门要把营养改善计划的实施作为贯彻落实教育规划纲要的重要工作，牵头负责营养改善计划的组织实施。会同有关部门做好实施方案，建立健全管理机制和监督机制。会同财政和审计等部门加强资金监管；会同财政、发展改革等部门加强学校食堂建设，改善学校供餐条件。配合有关部门做好食品安全监管，开展食品安全检查；配合卫生部门开展学生营养健康状况监测评估；配合卫生和食品安全等部门开展营养知识与食品安全宣传教育。

（二）财政部门要充分发挥公共财政职能，制定和完善相关政策，切实加大投入，落实专项资金，加强资金监管，提高经费使用效益。

（三）发展改革部门要加大力度支持农村学校改善供餐条件。加强农副产品价格监测、预警和监督检查，推进降低农副产品流通环节税费工作。

（四）农业部门负责对学校定点采购生产基地的食用农产品生产环节质量安全进行监管。鼓励和推动农产品生产企业、农民专业合作经济组织向农村学校供应安全优质食用农产品。从生产技术上指导和支持学校开展农产品种植、养殖等生产实践活动。

（五）工商部门负责供餐企业主体资格的登记和管理，以及食品流通环节的监督管理。

（六）质检部门负责对食品生产加工企业进行监管，查处食品生产加工中的质量问题及违法行为。

（七）卫生部门负责食品安全风险监测与评估、食品安全事故的病人救治、流行病学调查和卫生学处置；对学生营养改善提出指导意见，制定营养知识宣传教育和营养健康状况监测评估方案；在教育部门配合下，开展营养知识宣传教育和营养健康状况监测评估。

（八）食品药品监管部门负责餐饮服务食品安全监管，会同教育、农业、质检、工商等部门制定不同供餐模式的准入办法，与学校、供餐企业和托餐家庭（个人）签订食品安全责任书，安排专人负责，加强对食品原料采购、贮存、加工、餐用具清洗消毒、设施设备维护等环节的业务指导和监督管理。组织开展餐饮服务食品安全监督检查、食品安全知识培训。协助查处餐饮服务环节食品安全事故。

（九）食品安全议事协调机构的办事机构负责食品安全保障工作的综合协调。

（十）监察部门负责对地方各级政府和有关部门及其工作人员在营养改善计划实施过程中履行职责情况进行监督检查，查处违法违规行为。

（十一）审计部门负责对营养改善计划资金使用的真实性、合法性及其效益进行审计和审计调查，保证资金安全。

（十二）宣传部门负责新闻宣传，引导各级各类新闻媒体，全面、客观地反映营养改善计划实施情况，营造良好舆论氛围。

（十三）供销部门要发挥供销合作社网络优势，在食品供销方面要加强产销衔接，减少流通环节，降低流通成本，提高流通效率；推动大型连锁超市以及农民专业合作社、生产基地、专业大户等直接与学校建立采购关系，形成高效、畅通、安全、有序的食品供给体系。

第七条 学校负责具体组织实施，实行校长负责制。重点做好食堂管理，保证校园食品安全，组织和管理学生就餐。开展对学生及家长的营养与食品安全知识宣传教育。建立由学生代表、家长代表、教师代表等组成的膳食委员会，充分发挥其在确定供餐模式、供餐单位、配餐食谱和日常监督管理等方面的作用。

第八条 鼓励共青团、妇联等人民团体，居民委员会、村民委员会等有关基层组织，以及企业、基金会、慈善机构等，在地方政府统筹下，积极参与学生营养改善工作，在营养与食品安全知识宣传、改善就餐条件、创新供餐方式、加强社会监督等方面发挥积极作用。

第九条 地方各级政府和有关部门要高度重视营养改善计划的宣传工作，做好宣传方案，采取多种形式，向全社会准确、深入宣传有关政策，努力营造全社会共同支持、共同监督和共同推进的良好氛围。

第十条 试点县和学校要在营养食谱、原料供应、供餐模式、食品安全、监管体系、营养宣传教育等方面积极探索、及时总结，为稳步推进营养改善计划积累经验，发挥示范和辐射作用。

第十一条 建立工作机制。

（一）实行主要领导负责制。将营养改善计划实施情况纳入地方各级政府工作绩效评价体系，明确地方各级政府主要领导是营养改善计划实施的第一责任人，对本行政区域营养改善计划实施工作负领导责任；分管营养改善计划的负责人是直接责任人，其他负责人对分管的工作负管理责任。

（二）实行目标责任制。地方各级政府、部门、学校和有关企业（个人）之间层层签订目标责任书，并按照目标责任书的要求进行考核评估。根据考评结果，对未能切实履行责任的，限期纠正，必要时暂停拨付相关专项经费；对工作组织得力、任务完成较好的，予以表彰或给予奖励性补助。

（三）建立工作通报制度。全国学生营养办定期编发工作简（通）报，每月通报工作进展情况，宣传好的经验与做法，反映普遍性问题，加强对营养改善计划实施工作的指导和督办。各省、市、县学生营养办定期以工作简报、工作报告等形式逐级反映和上报本地营养改善计划实施情况。

（四）建立信息公开制度。地方各级政府应明确规定信息公开的内容、方式，保证信息公开的公正、公平、便民和及时、准确；采取多种方式，及时将工作方案、实施进展、运行结果向社会公示；督促供餐单位和个人定期公布配餐食谱、数量和价格，严禁克扣和浪费。

第十二条　试点地区以县为单位制定具体实施方案，经省级政府汇总审核后，报教育部、财政部备案。

第三章　供餐内容与模式

第十三条　试点县和学校根据地方特点，按照安全、营养、卫生的标准，因地制宜确定适合当地学生的供餐内容。

（一）供餐形式。以完整的午餐为主，无法提供午餐的学校可以选择加餐或课间餐。

（二）供餐食品。必须符合有关食品安全标准和营养要求，确保食品新鲜安全。供餐食品特别是加餐应以提供肉、蛋、奶、蔬菜、水果等食物为主，不得以保健品、含乳饮料等替代。有条件的学校可适度开展勤工俭学，补充食品原料供应。

（三）供餐食谱。参照有关营养标准，结合学生营养健康状况、当地饮食习惯和食物实际供应情况，科学制定供餐食谱，做到搭配合理、营养均衡。

第十四条　试点县和学校根据不同情况，确定供餐模式，以学校食堂供餐为主，企业（单位）供餐模式为辅。对一些偏远地区暂时不具备食堂供餐和企业（单位）供餐条件的学校和教学点，可实行家庭（个人）托餐。

（一）学校食堂供餐。由学校食堂为学生提供就餐服务。

（二）企业（单位）供餐。向具备资质的餐饮企业、单位集体食堂购买供餐服务。

（三）家庭（个人）托餐。由学校附近家庭或个人，在严格规范准入的前提下，承担学生就餐服务。

试点地区应加快学校食堂（伙房）建设与改造，在一定过渡期内，逐步以学校食堂供餐替代校外供餐。具体过渡期由省级政府统筹确定。

第十五条　营养改善计划实行供餐准入机制。

（一）学校食堂在取得餐饮服务许可证后方可为学生供餐；供餐企业（单位）必须在取得餐饮服务许可证并经相关部门审核后方可为学生供餐；托餐家庭（个人）必须符合准入要求并经相关部门审核后方可供餐。地方政府应为托餐家庭（个人）改善供餐条件提供必要支持。

供餐企业（单位）、托餐家庭（个人）具体准入办法由省级食品药品监管部门会同教育、质检、工商等部门制定。同时应结合实际，定期进行修订。

（二）县级政府组织招标，确定纳入营养改善计划的供餐企业（单位）、托餐家庭（个人）推荐名单，并向社会公示，供学校选择和社会监督。不具备准入要求的，严禁参与招标。

（三）采取校外供餐的学校要将食品安全作为首要条件，在县级政府确定的推荐名单中进行选择。

第十六条　实行供餐退出机制。

对企业（单位）供餐、家庭（个人）托餐实行退出机制。凡出现下列情况之一者，停止供餐资格。

（一）违反食品安全法律法规，被食品药品监管部门吊销或注销餐饮服务许可证的；违反相关法律法规，被登记机关吊销营业执照的。

（二）发生食品安全事故的，包括已供餐或已纳入营养改善计划推荐名单但未实施供餐的供餐企业（单位）、托餐家庭（个人）。

（三）食品药品监管部门日常监督检查中发现存在采购加工《食品安全法》禁止生产经营的食品、使用非食用物质及滥用食品添加剂、降低食品安全保障条件等食品安全问题，经整改仍达不到要求的。

（四）出现降低供餐质量标准、随意变更供餐食谱、擅自更换履约人等其他违反法律法规或合同（协议）的行为的。

（五）供餐期间存在克扣、减量、延时、拒绝供餐或服务态度恶劣等行为，情节较为严重的。

（六）在学校膳食委员会组织的测评中，两次不合格的。

具体退出办法由省级食品药品监管部门、教育部门会同有关部门制订。

第十七条　科学指导营养供餐。

（一）县级以上政府成立学生营养指导专家组。制定膳食营养指南或食谱，指导试点县、试点学校、供餐企业（单位）、托餐家庭（个人）科学合理供餐。

组织开展学生营养状况监测与评估。制定营养宣传教育指南，指导学校及社会进行营养科普宣传。

（二）试点县和学校应结合学生营养状况，根据专家组制定的膳食营养指南或带量食谱，选择肉、蛋、奶和其他营养价值较高的食品作为主要供餐内容，建立定时、定量供给制度，保证学生充足的能量和营养摄入。

第十八条 加强营养知识宣传教育。

（一）充分利用各种宣传教育形式，向学生、家长、教师、学校管理人员和供餐人员普及科学营养知识，提高全社会对学生营养改善工作重要性的认识，培养科学的营养观念，促进科学合理供餐。

（二）严格落实国家教学计划规定的健康教育时间，对学生进行营养知识宣传教育，建立健康的饮食行为模式，引导学生拒绝食用不健康食品，使广大学生能够利用营养知识终身受益。

第十九条 建立学生营养健康状况监测与评估制度。

试点县要按照国家制定的监测评估方案，确定一定数量的学校作为学生营养健康状况监测点，每年至少开展一次学生营养健康状况常规监测与评估。在常规监测的基础上，每年对部分试点地区和学校开展重点监测，及时跟踪了解学生营养改善情况，为学生营养改善工作提供科学依据。

第四章 食堂建设和管理

第二十条 改善学校食堂就餐条件。

（一）各地应结合当地社会经济发展规划和教育事业发展规划，在摸清底数的基础上，统筹制定学校食堂建设规划，分期实施，逐步达标。

（二）各地要统筹安排农村中小学校舍维修改造长效机制资金和中西部农村初中校舍改造工程项目，将学生食堂列为重点建设内容，使其达到餐饮服务许可的标准和要求。

中央财政在农村义务教育薄弱学校改造计划中专门安排食堂建设资金，对中西部地区农村学校改善就餐条件进行补助，并向国家试点地区适当倾斜。

（三）地方政府负责学校食堂建设及饮水、电力设施改造，厨具、餐具、清洗消毒设备配置等基础条件的改善，使其达到餐饮服务许可的标准和要求。

（四）学校食堂建设要本着"节俭、安全、卫生、实用"的原则，严禁超标准建设。规模较小学校，可以根据实际，利用闲置校舍改造食堂（伙房）、配备相关设施设备，为学生就餐提供基本条件。尊重少数民族饮食习惯，有清真餐需求的学校应设立清真灶。

（五）学校食堂（伙房）建设（改造）方案应经食品药品监管部门审核后方可实施，避免建成后不符合餐饮服务许可要求。食品药品监管部门应对学校食堂建设进行餐饮安全指导。

第二十一条　重视学校食堂管理。

（一）地方各级教育部门应会同有关部门，加强对学校食堂工作的指导和监督。在考核学校工作时，将食堂管理作为重要指标。

（二）学校应加强对食堂工作的领导与管理，建立健全覆盖各个环节的规章制度，实行校长负责制，配备专职或兼职食品安全管理员。应充分发挥膳食委员会在配餐食谱、食堂管理和检查评议等方面的作用。

（三）地方政府要根据当地实际为农村学校食堂配备合格工作人员并妥善解决待遇和专业培训等问题。从业人员不足的，应优先从富余教师中转岗，也可以采取购买公益性岗位的方式从社会公开招聘。人员招聘按照"省定标准、县级聘用、学校使用"的原则进行。从业人员必须具备相关条件，每年进行健康检查，定期接受业务技能培训。

（四）学校食堂应以服务师生为宗旨，按照"公益性、非营利性"的原则，合理确定伙食费标准和配餐方案，并报县级教育、卫生、价格管理部门备案。

（五）学校食堂一般应由学校自主经营，统一管理，封闭运营，不得对外承包。已承包的，合同期满，立即收回；合同期未满的，给予一定的过渡期，由学校收回管理。由社会投资建设、管理的学校食堂，经当地政府与投资者充分协商取得一致后，可由政府购买收回，交学校管理。

第二十二条　加强学校食堂财务管理。

（一）学校食堂实行专账核算。要加强收支管理、成本核算和票据管理，加强内控监督，确保资金使用安全、规范和有效。

（二）学校食堂结余款项滚动使用，统一用于改善学生伙食，不得用于学校教职工福利、奖金、津贴等支出或挪作他用。

（三）学校食堂实行财务公开，自觉接受学生、家长和膳食委员会的监督。学校食堂每学期期末应将食堂收支情况全面结算，结果向学校师生和家长公开，同时报送县级学生营养办备案。

第五章　食品质量与安全

第二十三条　试点地区应严格遵循食品安全法律法规，建立完善食品安全保障机制，落实食品安全保障措施。试点县要指定专门机构、落实专门人员负责营养改善计划的食品安全工作。

第二十四条 试点地区应坚持安全第一、稳步推进的原则,组织职能部门,对所辖学校供餐条件进行食品安全风险评估,按照评估情况,安排所辖学校分期分批实施营养改善计划。

凡供餐条件不能满足食品安全要求的学校,暂缓实施营养改善计划。

第二十五条 学校食堂、供餐企业（单位）、托餐家庭（个人）必须依法经营,建立健全食品安全管理制度,规范食品采购、贮存、加工、留样、配送等环节的管理。

（一）食品采购。建立大宗食品及原辅材料招标制度,凡进入营养改善计划的米、面、油、蛋、奶等大宗食品及原辅材料要通过公开招标、集中采购、定点采购的方式确定供货商。建立食品采购索证索票、进货查验和供货商评议制度,不得采购不合格食品。

（二）食品贮存。食品贮存场所要符合卫生安全标准,配备必要的食品储藏保鲜设施；建立健全食品出入库管理制度和库存盘点制度；食品贮存应当分类、分架,安全管理；遵循先进先出的原则,及时清理销毁变质和过期的食品。

（三）食品烹饪。需要熟制烹饪的食品应烧熟煮透,其烹饪时食品中心温度应不低于70℃。严禁使用非食用物质加工制作食品。食品添加剂的使用应符合有关规定,严禁超范围、超剂量使用。

（四）食品留样。每餐次的食品成品必须留样。留样食品应按品种分别盛放于清洗消毒后的密闭专用容器内,并放置于专用冷藏设施中冷藏48小时。

（五）食品配送。供餐企业（单位）必须具备送餐条件和资质。送餐车辆及用具必须清洁卫生。运输过程中食品的中心温度应保持在60℃以上。

第二十六条 实行学校负责人陪餐制度。学校负责人应轮流陪餐（餐费自理）,做好陪餐记录,及时发现和解决营养供餐过程中存在的问题和困难,总结和推广好的经验和做法。

第二十七条 食品安全培训。

县级有关部门要定期组织食品安全专家通过现场指导、培训等多种形式,增强学校、供餐企业（单位）、托餐家庭（个人）食品安全意识,强化食品安全管理措施,提高应对食品安全事故的能力。有条件的试点县,可将涉及营养改善计划的食品供货商等一并纳入培训。

第二十八条 完善食品安全事故应急处理机制。

逐级逐校制订详细的应急预案,明确突发情况下的应急措施,细化事故信息报告、人员救治、危害控制、事故调查、善后处理、舆情应对等具体工作方案,并定期组织演练。

第六章 资金使用与管理

第二十九条 资金安排。

（一）国家试点地区营养膳食补助按照国家规定的标准核定，所需资金由中央财政专项资金支持。

（二）鼓励有条件的地方在国家试点地区以外开展营养改善计划地方试点工作（以下简称地方试点）。地方试点应当以贫困地区、民族地区、边疆地区、革命老区等为重点，所需资金由地方财政统筹安排。

对地方试点工作开展较好并取得一定成效的省份，中央财政根据经费投入、组织管理、实施效果等情况给予奖励性补助。

（三）在实施营养改善计划的同时，继续落实好农村义务教育家庭经济困难寄宿生生活费补助（简称"一补"）政策，不得用中央专项资金抵减"一补"资金。

（四）鼓励企业、基金会、慈善机构等捐资捐助，在地方政府统筹下，积极开展营养改善工作，并按规定享受税费减免优惠政策。

第三十条 资金拨付。

省级财政部门应于收到中央专项资金预算文件25个工作日内，将预算分解到县。将营养改善计划专项资金纳入国库管理，实行分账核算，按照财政国库管理制度有关规定及时支付。

第三十一条 资金使用。

中央专项资金要全额用于为学生提供营养膳食，补助学生用餐，不得以现金形式直接发放给学生个人和家长。中央专项资金结余滚动用于下一年度学生营养改善计划。

营养改善计划专项资金应专款专用，严禁克扣、截留、挤占和挪用。

第三十二条 资金监管。

（一）财政部门应将专项资金管理使用情况列入重点监督检查范围。教育部门应当将专项资金的使用管理纳入教育督导的重要内容，定期进行督导。

各学校要建立健全内部控制制度，强化内部监管，主动接受审计部门的监督。

（二）各地应结合现有学籍管理平台，建立营养膳食补助实名制学生信息管理系统，对学生人数、补助标准、受益人数等情况进行动态监控，严防套取、冒领资金。

（三）各地要定期公布学生营养改善计划资金总量、学校名单及受益学生人数等信息。试点学校、供餐企业（单位）和托餐家庭（个人）应定期公布经费账目、配餐标准、带量食谱，以及用餐学生名单等信息，接受学生、家长和社会监督。

第七章 监督检查和责任追究

第三十三条 各级政府和有关部门按照职责分工，实行国家重点督查、省市定期巡查、县级经常自查，一级抓一级，层层抓落实，促进营养改善计划实施公开透明、廉洁运作。

地方各级政府要建立问责制度，制定专门的监督检查办法，对营养改善计划的实施进行全过程监督。

第三十四条 监督检查方式。

采用日常监督检查与专项监督检查相结合、内部监督检查与外部监督检查相结合等方式，进行全过程、全方位、常态化监督检查。

（一）日常监督。各有关部门和学校对本系统（单位）履行工作职责情况进行监督检查。教育督导部门要把营养改善计划实施情况作为重要工作内容定期督导；审计部门对资金管理使用情况进行审计监督；监察部门对有关职能部门履行工作职责情况进行监督。

（二）专项监督。在各级政府的领导下，由各级学生营养办牵头，组织相关部门对营养改善计划实施情况进行定期或不定期的重点督查及专项检查。

（三）人大、政协监督。地方各级政府要主动将营养改善计划实施情况向同级人大、政协报告，接受监督。

（四）社会监督。各地应成立学生、家长、教师代表和社会各界代表共同组成的监督小组，设置举报电话和公众意见箱，广泛接受社会监督。

第三十五条 监督检查重点。

监督检查的重点是食品安全、资金安全和职责履行，主要内容包括：

（一）食品安全。

1. 是否建立和实施供餐准入和退出机制。
2. 供餐单位是否办理餐饮服务许可证。
3. 供餐单位餐饮服务从业人员是否具有健康证明，是否按要求接受相关培训。
4. 大宗食品及原辅材料的供货商是否通过公开招标、集中采购、定点采购的方式确定，程序是否合规合法。
5. 食品采购、贮存、加工、供应等环节是否符合有关法律法规和标准。

6. 学校选定的供餐模式是否科学，食物搭配是否合理，供餐食品是否满足营养需求，是否建立营养监测与评估制度。

7. 是否制定食品安全事故应急预案，是否发生食品安全事故，事故发生后是否及时有效处理，相关单位和人员责任是否追究到位。

（二）资金安全。

1. 年度预算是否及时下达，资金拨付是否符合财政国库管理有关规定。

2. 是否专款专用，是否存在截留、滞留、挤占、挪用、套取、虚报、冒领等问题。

3. 是否出现虚列支出、白条抵账、虚假会计凭证和大额现金支付等情况。

4. 纳入政府采购范围的项目是否符合程序。

5. 结余资金是否按规定使用与管理。

6. 食堂聘用人员工资、设备设施购置等费用是否纳入当地财政预算，是否挤占学校公用经费。

7. 是否按规定落实有关税费减免优惠政策。

（三）职责履行。

1. 政府主导作用是否得到落实。

2. 相关职能部门是否严格履行工作职责，监督管理是否规范。

3. 是否成立营养改善计划领导小组和工作机构，是否有专门人员负责日常工作，是否有必要的办公条件和工作经费。

4. 是否建立健全相关工作机制，领导小组成员单位之间有无推诿扯皮现象。

5. 各项规章制度是否健全，是否制定了本地监督管理办法，是否有效执行。

6. 对营养改善计划执行情况是否定期进行跟踪督导、检查。

7. 营养改善计划实施过程中出现的问题是否及时、有效整改，相关人员的责任是否追究到位。

第三十六条 处理与责任追究。

对地方各级政府和有关部门及其工作人员在实施营养改善计划过程中的违法违纪行为，依照有关规定追究责任；涉嫌犯罪的移交司法机关依法处理。

第八章 附 则

第三十七条 各地可依据本细则制订具体实施办法。在营养改善计划实施过程中涉及的有关困难和问题，由各级学生营养办协调有关部门，依照相关法律法规解决。本级学生营养办无法解决的重大问题，逐级上报。

第三十八条 本细则由教育部、中宣部、国家发展改革委、监察部、财政部、农业部、卫生部、审计署、国家工商总局、国家质检总局、国家食品药品监管局、国务院食品安全委员会办公室、共青团中央、全国妇联、全国供销合作总社负责解释。

第三十九条 本细则自印发之日起施行。

附件2：

农村义务教育学生营养改善计划食品安全保障管理暂行办法

第一章 总 则

第一条 为贯彻落实《国务院办公厅关于实施农村义务教育学生营养改善计划的意见》（国办发〔2011〕54号）要求，加强和规范农村义务教育学生营养改善计划（以下简称营养改善计划）实施过程中的食品安全管理，保障学生饮食安全，特制定本办法。

第二条 本办法依据《中华人民共和国食品安全法》及其实施条例、《突发公共卫生事件应急条例》、《国家食品安全事故应急预案》等相关法律法规制定。

第三条 本办法适用于实施营养改善计划的试点地区和学校，其他地区和学校可参照执行。

第二章 组织领导和职责分工

第四条 营养改善计划实施过程中的食品安全管理按照"政府负责、部门协同、分级管理、以县为主"的原则，建立各司其职、各负其责、密切配合、齐抓共管的工作机制。

（一）地方各级政府要加强食品安全工作的组织领导，建立权责一致、全程监管的食品安全保障机制。

省级政府领导和统筹管理本行政区域食品安全工作。制定食品安全保障办法。督促有关食品安全监管部门，组织制定食品安全宣传教育方案，指导开展食品安全宣传教育；组织制定食品安全事故应急预案；统一发布食品安全信息。督促各有关部门依法履行食品安全监管职责，督促试点地区建立并落实食品安全保障制度和措施。统筹制定学校食堂建设规划，改善学生就餐条件。

市级政府负责协调指导食品安全管理工作。加强监督检查，督促县级政府和各有关食品安全监管部门严格履行食品安全监管职责。

县级政府是食品安全工作的行动主体和责任主体。负责制订食品安全保障实施方案。确定不同类型学校的供餐模式，制订企业（单位）供餐、家庭（个人）托餐等校外供餐招投标办法并组织招标工作。指定专门机构、落实专门人员负责食品安全工作。加强监督检查，督促各有关部门依法履行食品安全监管职责。责成有关食品安全监管部门，组织开展食品安全事故应急预案制定及演练和学校食品安全事故调查。

（二）各监管部门要依法履行食品安全监管职责，确保生产、采购、贮存、加工、供应等关键环节安全可控。

1. 食品安全议事协调机构的办事机构负责食品安全保障工作的综合协调。

2. 农业部门负责对学校定点采购生产基地的食用农产品生产环节质量安全进行监管。

3. 工商部门负责供餐企业主体资格的登记和管理，以及食品流通环节的监督管理。

4. 质检部门负责对食品生产加工企业进行监管，查处食品生产加工中的质量问题及违法行为。

5. 卫生部门负责食品安全风险监测与评估、食品安全事故的病人救治、流行病学调查和卫生学处置。

6. 食品药品监管部门负责餐饮服务食品安全监管，会同教育、农业、质检、工商等部门制定不同供餐模式的准入办法，与学校、供餐企业和托餐家庭（个人）签订食品安全责任书，安排专人负责，加强对食品原料采购、贮存、加工、餐用具清洗消毒、设施设备维护等环节的业务指导和监督管理。组织开展餐饮服务食品安全监督检查、食品安全知识培训。协助查处餐饮服务环节食品安全事故。

7. 教育部门负责学校食品安全管理。督促学校建立健全食品安全管理制度，落实食品安全保障措施，开展食品安全宣传教育。按照规定开展学校食堂食品安全日常自查。配合食品药品监管等部门与学校、供餐企业（单位）和托餐（家庭）个人签订食品安全责任书，并进行食品安全检查。

8. 其他相关部门按照各自职责协助做好食品安全保障工作。

第五条 学校食品安全实行校长负责制。建立健全并落实食品安全管理制度。在食品安全监管部门的指导下，制定食品安全事故应急预案，定期开展演练。不具备食堂供餐条件的学校必须从县级政府纳入营养改善计划的供餐企业

（单位）、托餐家庭（个人）推荐名单中选择供餐单位，并签订供餐合同（协议），明确双方的权利和义务。要充分发挥由学生、家长、教师等代表组成的膳食委员会在确定供餐模式、供餐单位、配餐食谱和食品安全监督管理等方面的作用。

第六条 供餐企业（单位）、托餐家庭（个人）必须严格自律，依法经营，建立健全食品安全管理制度，做好食品采购、贮存、加工、供应等环节的安全管理，接受社会监督。

第七条 鼓励社会参与。鼓励共青团、妇联等人民团体，居民委员会、村民委员会等有关基层组织，以及企业、基金会、慈善机构等，在地方政府统筹下，积极参与农村义务教育学生营养改善工作，在食品安全知识宣传、改善就餐条件、加强社会监督等方面发挥积极作用。

第三章　供餐准入及退出管理

第八条 实行供餐准入机制。

（一）学校食堂准入管理。

学校食堂（伙房）必须在办理餐饮服务许可证后方可为学生供餐。学校食堂建设与设施设备配备应当符合《餐饮服务许可管理办法》和《餐饮服务许可审查规范》规定的相关要求。学校食堂准入的基本要求如下：

具有与制作供应的食品品种、数量相适应的食品原料处理和食品烹饪、贮存等场所，保持该场所环境整洁，并与有毒、有害场所以及其他污染源保持规定的距离；

具有与制作供应的食品品种、数量相适应的经营设备或者设施，有相应的消毒、更衣、洗手、采光、照明、通风、冷冻冷藏、防尘、防蝇、防鼠、防虫、洗涤以及处理废水、存放垃圾和废弃物的设备或者设施；

具有合理的布局和加工流程，防止待加工食品与直接入口食品、原料与成品交叉污染，避免食品接触有毒物、不洁物；

具有经食品安全培训、符合相关条件的食品安全管理人员，以及与本单位实际相适应的保证食品安全的规章制度。

（二）供餐企业（单位）准入管理。

1. 供餐企业（单位）必须在办理餐饮服务许可证并经相关部门审核后方可为学生供餐。具体准入办法由省级食品药品监管部门会同教育部门等有关职能部门制订。

2. 供餐企业（单位）必须具有送餐资质和条件。配送条件应当符合食品操作规范的相关规定。

3. 供餐企业（单位）供餐人数不得超出其供餐能力。

（三）托餐家庭（个人）准入管理。

1. 托餐家庭（个人）必须符合准入要求并经相关部门审核后方可供餐。具体准入办法由省级食品药品监管部门会同教育部门等有关职能部门制订。

2. 托餐家庭（个人）应当具备餐饮安全的基本条件，场所应当清洁卫生，服务人员应当具有健康证明，接受食品安全培训，加工过程应做到生熟分开，严防交叉污染，具备清洗消毒条件。

3. 托餐家庭（个人）供餐人数不得超出其供餐能力。

4. 托餐家庭（个人）不得提供送餐服务。

5. 地方政府应为托餐家庭（个人）改善供餐条件提供相应支持。

（四）县级政府通过招标确定纳入营养改善计划的供餐企业（单位）、托餐家庭（个人）推荐名单，并向社会公示，供学校选择和社会监督。要严格审核供餐企业（单位）、托餐家庭（个人）的资质，不具备相应资质的，严禁从事营养改善计划的供餐、托餐服务。

（五）选择校外供餐服务的学校要将食品安全作为首要条件。不得选择未纳入营养改善计划推荐名单的供餐企业（单位）、托餐家庭（个人）提供供餐服务。

第九条 实行供餐退出机制。

对企业（单位）供餐、家庭（个人）托餐等校外供餐实行退出机制。出现下列情况之一者，由县级政府停止其供餐资格。

1. 供餐企业（单位）违反食品安全法律法规被食品药品监管部门吊销或注销餐饮服务许可证。

2. 发生食品安全事故者，包括已供餐或已纳入营养改善计划推荐名单但尚未实施供餐的供餐企业（单位）、托餐家庭（个人）。

3. 食品药品监管部门在监督检查中发现存在采购加工《食品安全法》禁止生产经营的食品、使用非食用物质及滥用食品添加剂、降低食品安全保障条件等食品安全问题，经整改仍达不到要求的。

4. 出现其他违反法律法规及有关规定的行为。

具体退出办法由省级食品药品监管部门、教育部门会同有关部门制订。

第四章　食品安全管理

第十条 制度建设与管理。

（一）学校、供餐企业（单位）、托餐家庭（个人）应当建立健全食品安全管理制度，配备专职或兼职食品安全管理员。食品安全管理制度主要包括：从业人员健康管理和培训制度，从业人员每日晨检制度，加工经营场所及设施设备清洁、消毒和维修保养制度，食品（原料）、食品添加剂、食品相关产品采购索证索票、进货查验和台账记录制度，食品贮存、加工、供应管理制度，食品安全事故应急预案以及食品药品监管部门规定的其他制度。

（二）学校食堂由学校自主经营，统一管理，封闭运营，不得对外承包。已承包的，合同期满，立即收回；合同期未满，给予一定的过渡期，由学校收回管理。由社会投资建设、管理的学校食堂，经当地政府与投资者充分协商取得一致后，可由政府购买收回，交学校管理。

第十一条 从业人员卫生管理要求

（一）餐饮服务从业人员（包括临时工作人员）每年必须进行健康检查，取得有效的健康合格证明后方可从事餐饮服务。凡患有痢疾、伤寒、甲型病毒性肝炎、戊型病毒性肝炎等消化道传染病，以及患有活动性肺结核、化脓性或者渗出性皮肤病等有碍食品安全疾病的，不得从事接触直接入口食品的工作。

（二）从业人员必须定期参加有关部门和单位组织的食品安全培训，增强食品安全意识，提高食品安全操作技能。

（三）实行每日晨检制度。发现有发热、腹泻、皮肤伤口或感染、咽部炎症等有碍食品安全病症的人员，应立即离开工作岗位，待查明原因并将有碍食品安全的病症治愈后，方可重新上岗。

（四）从业人员要有良好的个人卫生习惯。必须做到：工作前、处理食品原料后、便后用肥皂及流动清水洗手；接触直接入口食品之前应洗手消毒；穿戴清洁的工作衣、帽，并把头发置于帽内；不得留长指甲、涂指甲油、戴戒指加工食品；不得在食品加工和销售场所内吸烟。

第十二条 食品采购。

从食品生产单位、批发市场等采购的，严格执行《餐饮服务食品采购索证索票管理规定》，应当查验、索取并留存供货者的相关许可证和产品合格证明等文件；从固定供货商或者供货基地采购的，应当查验、索取并留存供货商或者供货基地的资质证明、每笔供货清单等；从超市、农贸市场、个体工商户等采购的，应当索取并留存采购清单。

第十三条 食品贮存。

食品贮存场所应符合卫生安全标准。食品和非食品库房应分开设置，配置良好的通风、防潮、防鼠等设施，配备必要的食品储藏保鲜设施。

建立健全食品出入库管理制度和收发登记制度。遵循先进先出的原则，及时清理销毁变质和过期的食品。

食品贮存应当分类、分架，安全管理。采购的食品以及待加工的食品应按照食品标签要求进行保存，需要冷藏的要及时进行冷藏贮存；熟制品、半成品与食品原料应分开存放，并明显标识，防止交叉污染；不得接触有毒物、不洁物。

第十四条 食品加工。

加工过程应认真执行《餐饮服务食品安全操作规范》。需要熟制烹饪的食品应烧熟煮透，其烹饪时食品中心温度应不低于70℃。

不得向学生提供腐败变质或者感官性状异常，可能影响学生健康的食物；不得制售冷荤凉菜、四季豆等高风险食品。

严格按照规定使用食品添加剂。严禁超范围、超剂量使用食品添加剂，不得采购、贮存、使用亚硝酸盐。严禁使用非食用物质加工制作食品。

第十五条 食品留样。

每餐次的食品成品必须留样，并按品种分别盛放于清洗消毒后的密闭专用容器内，放置于专用冷藏设施中冷藏48小时。每个品种留样量应满足检验需要，不少于100g，并记录留样食品名称、留样量、留样时间、留样人员、审核人员等。

第十六条 餐用具清洗与消毒。

按照要求对食品容器、餐用具进行清洗消毒，并存放在专用保洁设施内备用。提倡采用热力方法进行消毒。采用化学方法消毒的必须冲洗干净。不得使用未经清洗和消毒的餐用具。

第十七条 食品配送。

送餐车辆及工用具必须保持清洁卫生。每次运输食品前应进行清洗消毒，在运输装卸过程中也应注意保持清洁，运输后进行清洗，防止食品在运输过程中受到污染。

集体用餐配送的食品不得在10℃－60℃的温度条件下贮存和运输，从烧熟至食用的间隔时间（保质期）应符合以下要求：

烧熟后2小时的食品中心温度保持在60℃以上（热藏）的，其保质期为烧熟后4小时。

烧熟后2小时的食品中心温度保持在10℃以下（冷藏）的，保质期为烧熟后24小时，供餐前应加热，加热时食品中心温度不应低于70℃。

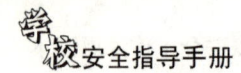

第五章 食品安全事故应急处理

第十八条 发生学生食物中毒等食品安全事故后,学校应立即采取下列措施:立即停止供餐活动;协助医疗机构救治病人;立即封存导致或者可能导致食品安全事故的食品及其原料、工用具、设备设施和现场,并按照相关监管部门的要求采取控制措施;积极配合相关部门进行食品安全事故调查处理,按照要求提供相关资料和样品;配合有关部门对共同进餐的学生进行排查;与中毒学生家长联系,通报情况,做好思想工作;根据相关部门要求,采取必要措施,把事态控制在最小范围。

学校应在2小时之内,向当地卫生、教育、食品药品监管等部门报告。不得擅自发布食品安全事故信息。

第十九条 卫生、教育等行政部门接到食品安全事故报告,或查明食品安全事故原因后,应当立即上报同级人民政府和上级主管部门,同时立即通报同级食品药品监督管理部门和其他有关部门。

第二十条 卫生行政部门依法组织对事故进行分析评估,核定事故级别。一般、较大、重大食品安全事故,分别由事故所在地的县、市、省级政府成立相应应急处置指挥机构,统一组织开展本行政区域事故应急处置工作。特别重大食品安全事故,由卫生部会同国务院食品安全办向国务院提出启动Ⅰ级响应的建议,经国务院批准后,成立国家特别重大食品安全事故应急处置指挥部(以下简称指挥部),统一领导和指挥事故应急处置工作。

第二十一条 卫生行政部门应及时组织医疗机构对中毒(患病)人员进行救治,协助食品安全综合协调部门和有关部门对事故现场进行卫生学处理。卫生行政部门组织疾病预防控制机构开展流行病学调查,相关部门及时组织检验机构开展抽样检验,尽快查找食品安全事故发生的原因。

第二十二条 食品安全监管部门应当依法强制就地或异地封存事故相关食品及原料和被污染的食品工用具等,待有关部门查明导致食品安全事故的原因后,责令食品生产经营者彻底清洗消毒被污染的食品工具及用具,消除污染。

第二十三条 对确认受到有毒有害物质污染的相关食品及原料,农业、质量监督、工商、食品药品监管等部门应当依法责令生产经营者召回、停止经营并销毁。检验后确认未被污染的应当予以解封。

第六章 监督检查

第二十四条 地方各级政府和有关部门要按照职责分工,采用日常监督检查与专项监督检查相结合、内部监督检查与外部监督检查相结合等方式，进行全过程、全方位、常态化监督检查。

第二十五条 有关部门依法开展对学校食堂、供餐企业（单位）、托餐家庭（个人）的食品安全监管和检查。有权采取下列措施：

（一）进入学生餐经营场所实施现场检查；

（二）对学生餐进行抽样检验；

（三）查阅、复制有关合同、票据、账簿以及其他有关资料；

（四）查封、扣押有证据证明不符合食品安全标准的食品、违法使用的食品和原料、食品添加剂、食品相关产品以及用于违法生产经营或者被污染的工具、设备；

（五）查封违法从事食品经营活动的场所。

第二十六条 有关部门应当建立学校食堂、供餐企业（单位）、托餐家庭（个人）食品安全信用档案，记录许可颁发、日常监督检查结果、违法行为查处等情况；根据食品安全信用档案的记录，对有不良信用记录的食品经营者增加监督检查频次。

第二十七条 在监督检查过程中，对发现的违法行为，要求责令改正，并依法进行行政处罚。

第七章 责任追究

第二十八条 建立食品安全责任追究制度。对违反法律法规、玩忽职守、疏于管理，导致发生食品安全事故，或发生食品安全事故后迟报、漏报、瞒报造成严重不良后果的，追究相应责任人责任；构成犯罪的，追究其刑事责任。

（一）县级以上地方政府在食品安全监督管理中未履行职责，本行政区域出现重大食品安全事故、造成严重社会影响的，依法对直接负责的主管人员和其他直接责任人员追究相应责任。

（二）县级以上卫生行政、农业行政、质量监督、工商行政管理、食品药品监督管理部门或者其他有关行政部门不履行食品安全监督管理法定职责、日常监督检查不到位或者滥用职权、玩忽职守、徇私舞弊的，依法对直接负责的主管人员和其他直接责任人员追究相应责任。

（三）学校、供餐企业（单位）和托餐家庭（个人）不履行或不正确履行食品安全职责，造成食品安全事故的，依法对直接负责的主管人员和其他直接责任人员追究相应责任。

第八章 附 则

第二十九条 本办法由教育部、中宣部、国家发展改革委、监察部、财政部、农业部、卫生部、审计署、国家工商总局、国家质检总局、国家食品药品监管局、国务院食品安全委员会办公室、共青团中央、全国妇联、全国供销合作总社负责解释。

第三十条 本办法自印发之日起施行。

附件3：

农村义务教育学校食堂管理暂行办法

第一章 总 则

第一条 为贯彻落实《国务院办公厅关于实施农村义务教育学生营养改善计划的意见》（国办发〔2011〕54号），规范农村义务教育学校食堂管理，特制定本办法。

第二条 本办法依据农村义务教育学生营养改善计划（以下简称营养改善计划）的实施细则、专项资金管理办法、食品安全保障管理办法及相关法律法规制定。

第三条 地方各级政府要高度重视农村义务教育学校食堂管理工作，各有关部门要共同参与对学校食堂的管理，各司其职、各负其责。学校要把食品安全和资金安全作为食堂管理的重点，切实承担起具体组织实施和管理责任。

第四条 本办法所称学校食堂，是指为学生（含教职工）提供就餐服务，按要求具有相对独立的原料存放、食品加工操作、食品出售及就餐空间的场所。

第五条 本办法适用于实施营养改善计划的试点地区和学校，其他地区和学校可参照执行。

第二章 基本要求

第六条 学校食堂应以改善学生营养、增强学生身体素质、促进学生健康成长为宗旨，坚持"公益性"、"非营利性"的原则，尊重少数民族饮食习惯，建立健全覆盖各个环节的规章制度。

第七条 审批制。学校开办食堂须提出书面申请，经相关部门审批同意，取得餐饮服务许可证后方可供餐。

第八条 校长负责制。校长是第一责任人，对学校食堂管理工作负总责。建立由校领导、后勤管理部门负责人和食堂管理人员组成的食堂管理工作领导小组，全面负责学校食堂管理。重大开支和重要事项，由集体讨论决定。

第九条 内部控制制度。针对学校食堂管理的各个关键环节，建立健全严密有效的内部控制制度，强化内部控制，提高管理水平。

第十条 岗位责任制。学校应根据学生就餐规模，切实做好定岗、定责、定薪工作，合理配置人员。学校应按照不相容岗位分设的要求，设置采购、加工、保管、会计、出纳、食品安全管理等工作岗位，建立岗位责任制，明确岗位职责。关键岗位应定期进行轮换。规模较小的学校，部分岗位可以由符合任职要求的其他人员兼任。

第十一条 学校负责人陪餐制。学校负责人应轮流陪餐（餐费自理），做好陪餐记录，及时发现和解决食堂管理中存在的问题和困难。

第十二条 科学营养供餐。各地应参照有关营养标准，结合学生营养健康状况、当地饮食习惯和食物实际供应情况，制订成本合理、营养均衡的食谱。

第十三条 食品安全事故应急处理机制。学校应防止投毒事故，保障饮水安全，建立完善食物中毒等食品安全事故的应急预案，细化事故信息报告、人员救治、危害控制、事故调查、善后处理、舆情应对等具体方案，并定期组织演练。

第十四条 学校食堂应按照《消防法》的规定，提高消防意识，加强消防安全管理，定期组织消防演练，防止发生火灾。

第十五条 建立膳食委员会。学校应成立由学生代表、家长代表、教师代表等组成的膳食委员会，发挥其在配餐食谱、食堂管理和检查评议等方面的作用。

第十六条 学校食堂一般应由学校自主经营，统一管理，不得对外承包。已承包的，合同期满，立即收回；合同期未满的，给予一定的过渡期，由学校收回管理。由社会投资建设、管理的学校食堂，经当地政府与投资者充分协商取得一致后，可由政府购买收回，交学校管理。

第三章 人员管理

第十七条 地方政府应为学校食堂配备数量足够的合格工作人员并妥善落实人员工资及福利，组织专业培训。从业人员不足的，应优先从富余教师中转岗，也可以采取购买公益性岗位的方式从社会公开招聘。人员招聘按照"省定标准、县级聘用、学校使用"的原则进行。

第十八条 食堂从业人员基本要求。

（一）学校应在食品药品监督管理部门和营养专业人员的指导下对食堂从业人员定期组织食品安全知识、营养配餐、消防知识、职业道德和法制教育的培训。

（二）学校食堂从业人员（含临时工作人员）每年必须进行健康检查，取得有效的健康合格证明。

（三）建立食堂从业人员晨检制度。食堂管理人员应在每天早晨各项饭菜烹饪活动开始之前，对每名从业人员的健康状况进行检查，并将检查情况记录在案。发现有发热、腹泻、皮肤伤口或感染、咽部炎症等有碍食品安全病症的，应立即离开工作岗位，待查明原因并将有碍食品安全的病症治愈后，方可重新上岗。从业人员有不良思想倾向及行为、精神异常等现象的，应立即调离工作岗位。

（四）食堂从业人员应具备良好的个人卫生习惯。处理食品及分餐前、处理食品原料及使用卫生间后，必须用肥皂及流动清水洗手消毒；穿戴清洁的工作衣、帽，并把头发置于帽内；不得留长指甲、涂指甲油、戴戒指加工食品；不得在食品加工和供应场所内吸烟。

第十九条 学校食堂应配备专职或兼职食品安全管理员，食品安全管理员原则上每年应接受累计不少于 40 小时的餐饮服务食品安全培训。

第四章 食品采购

第二十条 建立食品采购索证索票制度。食品采购应严格执行《餐饮服务食品采购索证索票管理规定》。从食品生产单位、批发市场等采购的，应当查验、索取并留存供货者的相关许可证和产品合格证明等文件；从固定供货商或者供货基地采购的，应当查验、索取并留存供货商或者供货基地的资质证明、每笔供货清单等；从超市、农贸市场、个体工商户、农户等采购的，应当索取并留存采购清单等有关凭证，做到源头可控，有据可查。

第二十一条 规范大宗食品采购行为。建立大宗食品及原辅材料招标制度。米、面、油、蛋、奶等大宗食品及原辅材料要通过公开招标、集中采购、定点采购的方式确定供货商。偏远地区学校或教学点可通过比选质量、价格的办法确定供货对象。

第二十二条 积极推进"农校对接"。建立学校蔬菜和农副产品直供基地，在保障产品质量和安全的前提下，减少农副产品采购和流通环节，降低原材料成本。

第二十三条 建立食品查验制度。采购包装食品时应严格查验食品生产日期、保质期，确保食品安全；不得采购质量不合格、超过保质期的食品；不得采购有腐败变质或感官性状异常的食品；不得采购《食品安全法》禁止生产、经营的食品。

第二十四条 建立双人采购和定期轮换制度。学校应实行双人采购，人员不足的可由教职工陪买，每次采购应做详细的采购记录备查。原则上采购人员每学期应轮换一次。

第二十五条 建立供货商评议制度。学校应定期对食品及原辅材料供货商进行综合评议，对评议不合格、违反食品安全法律法规、发生食品安全事故的供货商应列入黑名单，终止供货合同，取消其供货资格。供货商定期与学校进行结算，采购员与供货商之间原则上不得发生现金交易。

第五章　食品贮存

第二十六条 建立出入库管理制度。食堂物品的入库、出库必须由专人负责，签字确认。规模较大的学校，应由两个以上人员签字验收。严格入库、出库检查验收，核对数量，检验质量，杜绝质次、变质、过期食品的入库与出库。出库食品做到先进先出。

第二十七条 建立库存盘点制度。食堂物品入库、验收、保管、出库应手续齐全，物、据、账、表相符，日清月结。盘点后相关人员均须在盘存单上签字。食堂应根据日常消耗确定合理库存。发现变质和过期的食品应按规定及时清理销毁，并办理监销手续。

第二十八条 食品贮存场所应根据贮存条件分别设置，食品和非食品库房应分设，并配置良好的通风、防潮、防鼠等设施。食品贮存应当分类、分架、隔墙、离地存放，遵循先进先出的原则摆放，不同区域应有明显标识。散装食品应盛装于容器内，在贮存位置标明食品的名称、生产日期、保质期、供货商及联系方式等内容。盛装食品的容器应符合安全要求。

第六章　食品加工

第二十九条 食堂加工操作间应当符合下列要求：
（一）最小使用面积不得小于8平方米；
（二）墙壁应有1.5米以上的瓷砖或其他防水、防潮、可清洗的材料制成的墙裙；
（三）地面应由防水、防滑、无毒、易清洗的材料建造，具有一定坡度，易于清洗与排水；

（四）配备有足够的照明、通风、排烟装置和有效的防蝇、防尘、防鼠，污水排放和符合卫生要求的存放废弃物的设施和设备；

（五）配备餐饮服务许可证所规定的其他设施设备。

第三十条 食品加工过程应严格执行《餐饮服务食品安全操作规范》。

第三十一条 必须采用新鲜安全的原料制作食品，不得加工或使用腐败变质和感官性状异常的食品及原料。不得向学生提供腐败变质或者感官性状异常，可能影响学生健康的食物；不得制售冷荤凉菜、四季豆等高风险食品。

第三十二条 需要熟制烹饪的食品应烧熟煮透，其烹饪时食品中心温度应不低于70℃。烹饪后的熟制品、半成品与食品原料应分开存放，防止交叉污染。食品不得接触有毒物、不洁物。

第三十三条 建立食品留样制度。每餐次的食品成品必须留样，并按品种分别盛放于清洗消毒后的密闭专用容器内，放置于专用冷藏设施中冷藏48小时。每个品种留样量应满足检验需要，不少于100g，并记录留样食品名称、留样量、留样时间、留样人员、审核人员等信息。

第三十四条 严格按照规定使用食品添加剂。严禁超范围、超剂量使用食品添加剂，不得采购、贮存、使用亚硝酸盐。严禁使用非食用物质加工制作食品。

第三十五条 加工结束后及时清理加工场所，做到地面无污物、残渣；及时清洗各种设备、容器和用具，做到定期消毒，归位摆放。

第七章 食品供应

第三十六条 学校食堂供餐包括两种方式：一是包餐制，即全体学生统一伙食费标准，由学校食堂提供统一饭菜；二是自购制，即饭菜品种、数量由学生自由选购，学校食堂凭充值卡或饭菜票结算。学校可根据实际情况从中选择。

第三十七条 学校食堂应综合考虑学生的营养需要、当地经济发展水平、物价水平等因素，合理确定伙食标准和配餐方案，并报教育、卫生、价格管理部门备案。

第三十八条 学校应制订每周带量食谱并提前公布。

第三十九条 有清真餐需求的学校应设立清真灶，灶具、炊具使用，原材料采购、贮存、加工等应符合清真饮食的规定。

第四十条 就餐场所管理。学生就餐场所应张贴均衡营养、健康饮食行为等宣传资料；应设置洗手池等设备设施，有明确的洗手、消毒及检查等规定；就餐场所及设备设施应定期维护，保持干净整洁，做好地面防滑。

第四十一条　就餐秩序管理。学生就餐时，应落实校领导带班、班主任值班制度，加强就餐秩序的管理，做到安全、文明就餐，避免浪费。

第四十二条　餐用具清洗与消毒。按照要求对食品容器、餐用具进行清洗消毒，并存放在专用保洁设施内备用。提倡采用热力方法进行消毒。采用化学方法消毒的必须冲洗干净。不得使用未经清洗和消毒的餐用具。

第八章　财务管理

第四十三条　教育、财政部门应加强对学校财务工作的指导。建立健全食堂财会制度，配备专（兼）职财会人员，定期组织业务培训。

第四十四条　学校食堂财务纳入学校财务统一管理，实行专账核算。对营养改善资金收支情况必须设立专门台账，明细核算。

第四十五条　严格区分核算主体，由财政经费保障的人员、设施设备等方面的费用不得在食堂专账中列支。

第四十六条　学校必须确保营养改善专项补助资金足额用于学生伙食，不得以现金形式直接发给学生个人和家长，不得以保健品、含乳饮料等替代。

第四十七条　教职工在食堂就餐应与学生同菜同价，伙食费据实结算，不得挤占营养改善补助资金，不得侵占学生利益。

第四十八条　学校食堂收取伙食费应开具合法票据；支出要取得合法、有效的票据，按规定办理相应报销手续。

第四十九条　食堂收入包括：财政补助收入、伙食收入、其他收入等。不得将学校的店面承包收入、房租收入、其他非食堂经营服务收入转入食堂收入。不得转移食堂收入。严禁挪用食堂资金或设立"小金库"。

第五十条　食堂支出包括原材料成本、人工成本等。不得将应在学校事业经费列支的费用等计入食堂支出。食堂成本核算应以食堂的日常经营服务活动所必需的各项料、工、费为基本内容。

第五十一条　食堂的收支结余实施月度结算，食堂的结余款要专项用于改善学生伙食，严禁用于学校教职工福利、奖金、津补贴以及非食堂经营服务方面的支出。

第五十二条　学校食堂实行财务公开，自觉接受学生、家长、学校膳食委员会的监督。学校应定期（每学期至少一次）将食堂收支情况及时向学校师生和家长公开，同时报送教育部门备案。

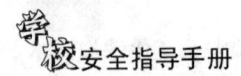

第九章 监督检查

第五十三条 教育部门要会同食品药品监管、卫生、物价、审计等部门，采取定期检查和随机抽查等形式，对学校食堂管理的各个环节加强监管。对发现的问题要予以通报并责令整改；情况严重的，要依法依规严肃处理，追究相应的责任。教育部门在考核学校工作时，应将食堂管理作为重要考核指标。

第五十四条 建立公示制度。学校应定期将营养改善计划受益学生名单、人数（次），学校食堂财务收支情况，物资采购情况，带量食谱、饭菜价格等情况予以公示，接受学校师生和家长的监督。

第五十五条 建立信息反馈渠道。设立校长信箱，食堂工作人员、就餐师生，可以对原材料采购、伙食质量等问题进行投诉或举报。学校应定期公布投诉或举报的处理情况。

第五十六条 建立责任追究制度。对违反规定、疏于管理、玩忽职守，导致学生发生食物中毒事故，或发生食品安全事故后迟报、漏报、瞒报造成严重不良后果的，追究相应责任人责任；构成犯罪的，追究其刑事责任。

第五十七条 有下列情形之一的，一经查实，依法依规严肃处理：

（一）在食堂经费中列支教职工伙食、奖金福利和招待费等费用；

（二）虚报、冒领、套取、挤占、挪用营养改善补助资金；

（三）克扣学生伙食、贪污受贿等。

第十章 附 则

第五十八条 本办法由教育部、中宣部、国家发展改革委、监察部、财政部、农业部、卫生部、审计署、国家工商总局、国家质检总局、国家食品药品监管局、国务院食品安全委员会办公室、共青团中央、全国妇联、全国供销合作总社负责解释。

第五十九条 各地应结合实际，制订具体实施办法。

第六十条 本办法自印发之日起施行。

附件4：

农村义务教育学生营养改善计划实名制学生信息管理暂行办法

第一章 总 则

第一条 为贯彻落实《国务院办公厅关于实施农村义务教育学生营养改善计划的意见》（国办发〔2011〕54号），实行农村义务教育学生营养改善计划（以下简称营养改善计划）实名制管理，准确掌握学生信息，防止虚报、冒领营养改善补助资金行为，确保资金安全，特制定本办法。

第二条 本办法依据《农村义务教育学生营养改善计划实施细则》、《中小学学生学籍信息化管理基本信息规范》等相关法规制定。

第三条 本办法所称实名制，是指享受营养改善计划补助的学生需要提供个人有效身份证件或经县级政府指定部门审核的有效证明，以便准确掌握学生信息的管理制度。

第四条 建立和完善实名制学生信息管理系统。该系统是指为有效实施实名制管理建立的信息管理系统。系统建设应利用现有的学籍管理系统，遵循"准确、完整、实用、够用"原则，能够接口开放、充分兼容、数据共享。信息采集应充分利用现有资源，避免重复工作。所有享受营养改善计划补助的学生信息必须进入系统管理。

第五条 本办法适用于实施营养改善计划的试点地区和学校，其他地区和学校可参照执行。

第二章 职责分工

第六条 地方各级教育部门负责做好实名制学生信息管理工作，对学生人数、补助标准、受益人次等情况实施动态监控，严防虚报、冒领、套取营养改善补助资金，确保工作落实到位。

第七条 实名制学生信息管理按照"分级管理、分级负责"的原则，实行中央、省（区、市）、市（地区、州、盟）、县（市、区、旗、团场）、学校五级管理体制。

教育部负责全国实名制学生信息管理的组织领导，构建全国实名制学生信息管理系统，对享受营养补助的学生信息进行存储、统计、维护、监控、分析等。

省级教育部门负责全省实名制学生信息管理的组织领导，依托现有学籍管理系统，建立实名制学生信息管理系统，实现"一人一号，全省联网"；负责全省信息的审核、存储、统计、分析、上报、维护、监控等。

市级教育部门负责全市实名制学生信息管理工作的检查、指导、协调；负责全市信息的审核、存储、统计、分析、上报、维护、监控等。

县级教育部门负责全县实名制学生信息管理工作的组织实施。审查试点学校入网资格；对全县信息的审核、存储、统计、分析、上报、维护、监控等负第一监管责任。

学校负责实名制学生信息管理工作的具体实施。建立实名制学生信息纸质档案和电子档案，负责信息采集、审核、录入、统计、上报、维护等，对学生信息的真实性负第一责任。

第八条 实名制学生信息管理实行校长负责制。校长是第一责任人，承担领导责任；分管学生学籍工作的校领导，是主管责任人，承担组织和监管责任；学校学籍管理员是直接责任人，承担具体实施工作。

第三章 基本信息

第九条 实名制学生信息包括学生基本信息、学校基本信息、报表信息等。

第十条 学生基本信息包括学籍号、姓名、曾用名、性别、出生日期、身份证类型、身份证号、民族、户籍所在地、学校名称、年级名称、班级名称、入学年月、入学方式、就学方式、健康状况、身高、体重、是否为留守儿童、外来务工人员子女、享受"一补"、现住址、监护人姓名、监护人电话、学生照片等信息。

学生的学籍号分学籍主号和学籍辅号。学籍主号为学生的身份证号，身份证重号应到当地公安部门申请修改，无身份证号码的学生学籍主号可用监护人的身份证号。学籍辅号由各省自行制定统一的编制规则，并报全国学生营养办备案。

第十一条 学校基本信息包括学校代码、学校名称、学校举办者类型、学校驻地城乡类别、学校办学类型、补助标准、供餐模式、学校地址、邮政编码、联系电话、传真、电子邮箱、网站主页地址、校长姓名、固定电话和手机号码。

第十二条 省、市、县、校四级报表包含自定义统计报表和常规统计报表，自定义报表根据需要确定相关统计信息，常规统计报表应含以下信息。

校级常规统计报表含在校学生总数、班级数、受益学生人数、寄宿生人数、享受"一补"人数、留守儿童人数、外来务工人员子女人数、补助标准、补助总额、供餐模式。

县级常规统计报表含受益学校名单、学校办学类型、学校受益学生人数、寄宿生人数、享受"一补"人数、留守儿童人数、外来务工人员子女人数、补助标准、补助总额、不同供餐模式受益学生数及其汇总数据。

市级常规统计报表含受益县名单、学校办学类型、学校受益学生人数、寄宿生人数、享受"一补"人数、留守儿童人数、外来务工人员子女人数、补助标准、补助总额、不同供餐模式受益学生数及其汇总数据。

省级常规统计报表含受益县、市名单、学校办学类型、学校受益学生人数、寄宿生人数、享受"一补"人数、留守儿童人数、外来务工人员子女人数、补助标准、补助总额、不同供餐模式受益学生数及其汇总数据。

第四章 信息管理

第十三条 实名制学生信息实行分级录入、分级审核。学校和学生基本信息由学校负责组织采集和录入，经系统查重和审核，报县级教育部门确认入库，县级教育部门要为学校录入信息提供支持与保障。

在初始使用实名制学生信息管理系统时，学校应及时录入当前所有在校学生的基本信息。在每年9月20日之前，学校应完成新生信息的录入与核对工作。

第十四条 学校应根据学生基本信息变动情况，及时在系统中更新。因学生学籍变更造成受益人数变化时，学校应及时上报，经县级教育部门审批后对系统数据进行相应更改。学生的姓名、性别、出生年月、身份证号等关键信息采用"到期即锁"的方式进行管理，锁定后如需更改，由学生及其监护人提出申请，经学校审核后报县级教育部门批准，方予更改。

第十五条 学生因转学、休学、毕业等原因发生学籍变更离校的，从变更之日起不再在原学校享受营养补助。从其他学校转入试点学校的学生，应享受营养补助。

第十六条 学校于每年9月25日前打印受益学生花名册，经学生监护人签字，学校盖章，报县级教育部门审核后，送县级学生营养办备案。

第十七条 学校于每年9月25日前按照实名制学生信息管理的要求上报常规报表至县级学生营养办。由县、市审核汇总后报省级学生营养办，各地省级学生营养办于每年10月中旬前将电子数据和书面报表汇总上报教育部、财政部。教育部、财政部复核后，对各地营养改善补助资金进行拨付。

第十八条 地方各级学生营养办要定期对统计数据进行全面分析，并供有关部门共享。数据分析应参考统计、计生等部门的统计信息。

第五章 条件保障

第十九条 地方各级教育部门和试点学校应建立涵盖信息采集、录入、审核、存储、变更、统计等各环节的管理制度，做到有章可循、有据可依，使学生信息管理科学规范。

第二十条 地方各级教育部门和试点学校要加强队伍建设，积极创造条件，强化对相关管理人员的业务指导与技术培训，组织开展经验交流与研讨，提高管理水平。

第二十一条 建立和完善经费保障制度。地方各级政府要将建立与维护营养改善计划实名制学生信息管理系统所需经费列入当地财政预算，确保落实。学校应配置必要设备，以顺利实施建档、采像、变更等日常管理工作。

第六章 信息安全

第二十二条 要建立健全集中统一、分工协作、各司其职的信息安全管理机制，按照"谁主管、谁负责"的原则，坚持预防为主、人防和技防相结合，切实加强信息安全工作。

第二十三条 加强网络安全管理，创设良好基础网络环境；优化系统功能、最大限度减少系统自身安全隐患；规范系统访问权限管理，各用户在业务授权范围内使用系统，严禁越权操作；建立数据备份与恢复、安全应急响应等制度办法，开展经常性的检查，发现问题立即整改，切实消除隐患。

第二十四条 促进信息有效利用与安全管理协调统一。严格禁止学生信息用于商业用途，未经上级教育部门批准，不得公开、提供、泄露、扩散学生相关信息。对擅自公开、提供、泄露、扩散学生相关信息，造成不良后果的，依法依规严肃处理。

第七章 监督检查

第二十五条 建立监督检查制度。采取定期检查与随机抽查相结合的方式，综合运用多种手段，强化对实名制学生信息管理工作的监督。

第二十六条 地方各级教育部门要按照有关规定对本行政区域内试点学校学生基本信息与学籍变更情况进行审核，认真核对电子与纸质档案材料，重点是营养改善补助资金、受益人数、各类供餐模式人数以及"一补"人数。

第二十七条 地方各级教育部门要加大监管和查处力度，凡虚报、冒领、套取专项资金的，将予以收回，并对相关责任人和单位作出严肃处理，情节严重的，依法追究有关人员和单位的法律责任。

第八章 附 则

第二十八条 本办法由教育部、中宣部、国家发展改革委、监察部、财政部、农业部、卫生部、审计署、国家工商总局、国家质检总局、国家食品药品监管局、国务院食品安全委员会办公室、共青团中央、全国妇联、全国供销合作总社负责解释。

第二十九条 各地应结合实际，制订具体实施办法。

第三十条 本办法自印发之日起施行。

附件5：

农村义务教育学生营养改善计划信息公开公示暂行办法

第一章 总 则

第一条 为贯彻落实《国务院办公厅关于实施农村义务教育学生营养改善计划的意见》（国办发〔2011〕54号）和《农村义务教育学生营养改善计划实施细则》，促进农村义务教育学生营养改善计划（以下简称营养改善计划）实施过程的公开、透明，特制定本办法。

第二条 营养改善计划信息公开应纳入地方各级政府整体信息公开工作范畴，统一管理。信息公开内容依照国家有关规定履行报批程序，未经批准不得发布。信息公开遵循公正、公平、便民的原则。

第三条 省（区、市）、市（地区、州、盟）、县（市、区、旗、团场）级政府为本行政区域信息公开工作的实施主体，负责组织、协调、指导、监督本地信息公开工作。参与营养改善计划实施的各有关部门，依据各自职责和业务范围，在当地政府领导下开展信息公开工作。

第四条 试点学校应在地方政府及有关部门的指导下，按照信息公开有关规定，结合营养改善计划实施情况，建立健全本校的信息公开管理制度，开展学校信息公开日常工作。

第五条 本办法适用于实施营养改善计划的试点地区和学校，其他地区和学校可参照执行。

第二章 公开内容

第六条 地方各级政府应按照国家有关规定,在职责范围内确定主动公开信息的具体内容,并重点公开下列信息:

(一)营养改善计划有关政策、法规、规章、规范性文件。

(二)营养改善计划组织机构和职责;举报电话、信箱或电子邮箱;供餐企业、托餐家庭名单;营养专家组人员名单。

(三)营养改善计划各阶段进展和总体实施情况;营养改善计划统计信息;营养改善计划财政预算、决算报告。

(四)营养改善计划重大建设项目的批准和实施情况;政府采购项目的目录、标准及实施情况。

(五)食品安全等突发事件的应急预案、预警信息及应对情况;突发食品安全事件调查处理情况。

(六)营养改善计划社会捐助等款物的管理、使用和分配情况。

(七)公众关心的热点、难点问题解决情况。

(八)营养改善计划监督检查情况。

(九)实施营养改善计划的先进经验、典型事例。

第七条 学校应主动公开的信息包括:

(一)营养改善计划实施方案;各项配套管理制度;组织机构与职责;举报电话、信箱或电子邮箱。

(二)营养改善计划学期实施进展情况;受助学生人数、姓名、班级等情况。

(三)营养改善补助收支情况和食堂财务管理情况;学校食堂饭菜价格、带量食谱。

(四)学校膳食委员会名单及工作开展情况;学校管理人员陪餐情况。

(五)学生和家长关心的热点、难点问题解决情况。

第八条 供餐企业(单位)、托餐家庭(个人)通过县级政府主动公开的信息包括:

(一)实施营养改善计划的各项配套管理制度;食品安全责任人、供餐方签约人姓名及联系方式;用餐学生名单、次数和时间。

(二)带量食谱、价格、数量、时间;接受补助与资助情况。

(三)食品安全等突发事件的应急预案。

第三章　公开方式

第九条　地方各级政府应定期将主动公开的信息，通过政府公报、新闻发布会、政府网站、报刊、广播、电视等便于公众知晓的方式公开。

第十条　学校应为学生、家长或者其他组织获取信息提供便利。定期通过以下一种或者几种方式公开信息：

（一）学校网站（页）、校园广播、校园信息公告栏，电视、报刊、杂志、相关门户网站，微博、短信、微信等；

（二）学校的公报（告）、年鉴、会议纪要、简报、致家长公开信、专用手册等；

（三）学校家长会、教代会、学代会等；

（四）其他便于公众及时、准确获取信息的方式。

第十一条　供餐企业（单位）、托餐（个人）应根据协议定期将学生营养改善相关信息，以书面报告形式报县级学生营养办和供餐学校，由县级政府统一公布。

第十二条　公民、法人或者其他组织可按相关要求和程序申请获取营养改善计划有关信息。

第十三条　地方各级政府应为公民、法人和其他组织申请公开信息提供方便。对能够当场答复的，当场予以答复；不能当场答复的，自收到申请之日起15个工作日内予以答复；不能答复的，依据实际情况，向申请人及时反馈。

第四章　附　则

第十四条　本办法由教育部、中宣部、国家发展改革委、监察部、财政部、农业部、卫生部、审计署、国家工商总局、国家质检总局、国家食品药品监管局、国务院食品安全委员会办公室、共青团中央、全国妇联、全国供销合作总社负责解释。

第十五条　各地应结合实际，制定具体实施办法。

第十六条　本办法自印发之日起施行。

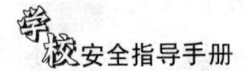

中小学校岗位安全工作指南

（教育部 2013年3月）

一、学校主要岗位安全职责

（一）学校安全工作领导小组

1. 全面负责学校安全工作，校长是领导小组组长，其他成员分工负责。领导小组下设安全保卫机构（保卫处），由分管安全工作的副校长分管。配备一定数量的专（兼）职保卫人员，建立高效规范的学校安全工作网络体系。

2. 学校安全工作领导小组下设指挥组、保卫组、现场处置组、现场救护组、通讯联络组、后勤保障组、事故调查组等应急小组。各组根据事故实际情况，启动工作。

3. 切实保证学校安全工作所需人、财、物并合理配置。

4. 制定学校各项安全管理制度、预警和突发事件应急预案，完善事故防范措施，检查督导安全工作"一岗双责"制度的落实。协助有关部门对重大安全事故做出处理，并在适当范围内通报。

5. 定期召开领导小组专题会议，组织学习上级部门下发的安全工作指导文件，制定年度学校安全工作计划，拟定安全目标管理责任书。结合学校特点研究部署学校常规性安全工作。

6. 代表学校与家长签订安全协议书。由校车服务提供者提供校车服务的，学校应当与校车服务提供者签订校车安全管理责任书。

7. 强化人防、物防、技防手段，抓好校舍设备维护、消防、治安、交通、食品、疾病预防、自然灾害防范等基础性安全工作。定期开展自查，及时排除安全隐患。重点做好校门秩序、教育教学、学生宿舍、食堂卫生、大型集体活动、集体外出等方面的安全工作。

8. 组织开展师生安全宣传教育和培训，定期不定期开展应急演练，提高师生对各类突发事件应急处置能力和逃生自救技能。

9. 在上级部门的指导下和学校周边单位建立校园周边综合治理小组，或建立联席会议制度。注重学校安全长效机制建设；加大校园周边综合整治力度，维护校园及周边安全。

10. 发生紧急情况立即启动应急预案，全面负责突发事件的指挥、协调等工作，及时组织抢险抢救。在有关部门领导下及时、妥善、依法处置事故。对相关人员进行责任追究。

11. 严格履行事故报告制度，及时向上级有关部门报告情况，做到30分钟内电话口头报告，2小时内简要书面报告。密切配合医疗、防疫、公安、消防等部门对事故的处理，认真执行上级有关指示。

12. 可设对外新闻发言人负责接待各界媒体，遇到突发事件时能冷静面对媒体采访，形成正确的舆论导向。教育师生员工共同做好稳定工作，未经同意不得随意接受采访、擅自发布信息。

13. 加强对教师侮辱、体罚学生现象的监管。

（二）校长

1. 学校的法定代表人，学校安全工作的第一责任人。

2. 认真贯彻落实国家有关学校安全工作的法律法规和上级对学校安全工作的部署。

3. 全面负责学校安全工作，建立健全组织机构和防范体系，落实责任制，依法制定学校各项安全管理制度和应急预案。

4. 建立安全工作奖惩制度，把安全工作纳入各部门、个人履职考核，与评优推先和绩效考核挂钩，调动全体教职工共同做好学校安全工作的积极性。

5. 组织召开学校安全工作领导小组会议，分析研究学校安全工作现状及存在的问题，有针对性地制定学校安全工作计划。

6. 及时制止和处理教职工侵犯学生权益和影响学生身心健康的行为。

7. 加强与所属乡镇、街道、社区、派出所、消防、卫生、城管等部门的联系，取得他们的支持和配合，共同做好校园及周边安全工作。

8. 遇到突发事件立即组织安全领导小组启动应急预案，并第一时间赶到现场指挥。

9. 学校安全职责所必需的其他行为。

（三）党（总支、支部）书记

1. 校园安全的共同责任人，对学校安全工作负主要领导责任。

2. 协助校长管好学校安全工作，校长不在校期间，履行校长岗位安全职责。

3. 通过党建工作加强安全教育，提高党员干部的安全责任意识，指导落实岗位安全职责。

4. 关心教职工的生活和思想动态，及时掌握校内不稳定因素，积极化解矛盾，维护校园安全稳定。

5. 督查学校安全管理制度落实，向学校安全工作领导小组提出整改建议。

6. 积极组织开展反邪教工作。

（四）分管安全工作的副校长

1. 在校长的领导下，具体负责学校安全工作，对学校安全工作负直接领导责任。

2. 可代校长组织召开学校安全工作领导小组会议，传达学习上级有关安全工作的文件，研究学校安全工作存在的问题和隐患，提出解决问题的方法和整改意见，确保学校安全。

3. 根据上级要求，依据相关法律法规，不断完善、建立健全学校安全工作管理制度，组织制定各种突发事件应急预案。

4. 全面落实学校安全工作责任制，层层签订学校安全工作责任书，把学校安全工作任务分解到各处室、部门和岗位，并负责检查、督促落实。

5. 指导学校安全专职干部和各部门负责人开展工作，定期不定期检查各处室、部门、岗位的安全防范和隐患排查工作，并建立相关台账，在相关记录表上签字。

6. 定期组织培训学校安全保卫干部和员工，强化安全责任意识，提高防范和应对突发事件的能力，杜绝因思想麻痹或工作失误造成的安全责任事故。

7. 加强师生安全教育和培训工作，定期组织开展各类宣传和应急演练活动，提高师生安全意识和自护能力。

8. 定期组织检查学校各部门的安全设施及器材，保证完好有效。

9. 协助校长加强与所属乡镇、街道、社区、派出所、消防、卫生、城管等部门的联系，积极开展校园及周边综合治理工作。

10. 建立健全学校安全管理各类台账和档案制度，检查指导学校各类安全资料的归档备案。

11. 督促检查放学前一分钟、每周一节课、每月一次专题讲座的安全教育。

（五）分管教学副校长

分管教学的副校长是学校教学工作的安全责任人，主要职责有：

1. 督促全校教师严格落实教学常规。特别是认真落实体育课、劳动课、实验（训）课等教学常规，防止学生意外伤害事故的发生。

2. 对必须在校外进行的教学活动要认真审批，要有严密的安全措施，确保活动安全进行。

3. 督促全校教师加强师德修养，关爱学生，不得体罚和变相体罚学生，切实减轻学生过重课业负担。要采取切实可行的措施，杜绝因体罚和心灵虐待造成对学生的伤害事件，确保学生身心健康发展。

4. 督促指导教师把学生安全作为教育教学的第一要事，摆在首位，认真落实各有关法规和上级文件对教育教学工作的安全规定，依法办事，依法执教。

5. 完成上级交办的其他安全工作任务。

（六）分管后勤副校长

分管后勤的副校长是学校设施设备安全责任人，其主要职责有：

1. 制定学校设施设备安全管理工作规章制度，做好学校设备设施安全管理工作。

2. 组织对学校建筑物、设施设备的安全检查，特别是消防安全检查，及时消除安全隐患，杜绝安全事故。

3. 加强对食堂、校内超市、自备水源的管理，确保学校食品及饮用水安全；加强学校卫生防疫工作。

4. 加强学校宿舍设施安全管理，确保师生宿舍安全。

5. 督促有关人员做好防盗工作，维护学校财产安全。

6. 加强学校的安全设施建设，确保校园安全。

7. 完成上级交办的其他安全工作任务。

（七）法制副校长

1. 协助学校按照有关法律法规制定完善校园安全管理制度，落实各项安全防范措施。

2. 协助学校加强安全工作，结合中小学学生特点，开展有针对性的交通、消防、治安等安全宣传及法制教育。

3. 协助学校做好对有不良行为学生的教育转化工作，落实具体帮教措施。

4. 协调有关部门对学校周边治安环境进行整治，严肃查处侵害师生合法权益和滋扰校园案件，建立长效机制，维护学校周边治安秩序。

5. 配合政法部门妥善处理在校师生违法案件，督促学校妥善处理校园内发生的严重违规违纪问题。

6. 协助学校与社会、家庭等方面建立联系，完善"三位一体"法制教育机制，落实各项治理措施。

7. 完成领导小组交办的其他安全工作。

（八）工会主席

1. 发挥工会组织对校园安全工作的参与和监督作用。
2. 定期召开工会委员会会议，检查各部门安全工作。
3. 协助学校摸查内部人员的不稳定因素，及时化解矛盾。
4. 关心教职工的思想动态和文化生活，帮助教职工解决生活中的困难和问题。对发生重大事情的家庭应及时慰问并家访。
5. 完成领导小组交办的其他安全工作。

（九）保卫主任

1. 在校长和分管副校长的领导下，具体负责学校日常安全管理工作。根据学校安全工作计划，制定部门实施细则，定期向分管安全工作副校长汇报学校安全工作情况。
2. 按时参加上级有关部门召开的安全会议并按相关要求，上报学校安全工作计划、总结、报表、材料、信息等。
3. 坚持每天对校园及重点部位进行巡查，发现安全隐患，立即责成有关部门进行整改并启动责任追究制度，规定完成整改的时间。问题严重的要及时向分管副校长汇报，制定详尽的整改方案。建立健全安全隐患排查整改台账，相关负责人及时在记录表上签字。
4. 结合学校安全工作实际，开展治安、消防、交通等校园安全宣传教育。
5. 履行校园日常安全管理和活动安全管理职责，检查督促各部门落实各种活动安全预案及安全措施。
6. 负责校园"三防"（人防、物防、技防）建设，管理安保人员，维护安防设施。
7. 负责学校门卫管理，夜间、节假日值班和巡逻安排，加强对值班人员的管理和检查。
8. 负责全校消防栓、灭火器、报警器、疏散通道等消防设备的日常检查和维护，保证校内消防器材的完好、有效，确保正常使用。
9. 配合学校安全工作领导小组主动与相关部门联系协调，建立密切的工作关系，搞好校园周边环境综合治理。
10. 校内发生安全事故或突发事件，要在第一时间赶到现场，及时向学校安全工作领导小组汇报，并根据应急预案配合指挥组落实报警、抢救、疏散、保护现场、调查取证、信息上报等工作，妥善处理突发事件。

11. 根据有关规定妥善保管视频监控录像资料，并建立资料档案。

12. 完成领导小组交办的其他安全工作。

（十）办公室主任

1. 会同有关处室负责学校安全宣传工作。

2. 负责本部门安全工作。

3. 负责学校安全教育和演练活动的讲话、录像等资料收集整理工作。

4. 负责全校信息沟通、信息公开、新闻发布及媒体采访等事宜。

5. 完成领导小组交办的其他安全工作。

（十一）德育主任

1. 结合学校安全工作目标和任务，开展学生德育工作，维护校园教育教学秩序、稳定师生情绪。

2. 组织落实学校安全工作领导小组安排部署的工作任务，依据部门安全岗位职责，对年级组长和班主任开展针对性的安全宣传教育和培训，指导年级和班级开展丰富多彩的安全教育和演练活动。

3. 定期召开年级主任和班主任安全工作会议，组织年级主任和班主任进行校园安全隐患自查互查活动，跟踪每节课学生异动情况，增强年级主任和班主任的安全意识，落实安全责任。

4. 在学生会和班委会设立安全委员，设"学生110"和班级安全员，协助做好学生安全工作。

5. 学校组织大型集体活动时，做好教育活动安全预案和活动前师生安全教育工作。

6. 利用升旗、广播操等时间，开展学生安全教育。

7. 通过板报、橱窗、广播、网络等开展对师生安全宣传教育。

8. 聘请消防、治安、交通、卫生等专家开展对师生的专题安全教育。

9. 通过家长会、家长信、短信等多种形式向家长宣传安全知识，提出安全要求，发挥家长对学生安全工作的主体作用。

10. 做好安全教育、家长接待、事故处理及相关材料的整理归档。

11. 负责住校生的教育和管理工作。

12. 负责卫生、防疫安全工作。

13. 完成领导小组交办的其他安全工作。

（十二）教务主任

1. 负责教务处所属各组（室）的安全管理工作，落实部门安全责任和各项安全管理制度，制定部门安全工作计划，并监督、检查、工作落实情况。

2. 定期召开部门安全工作会议。

3. 做好各种教具配备、保存及使用的安全管理。

4. 加强学生学籍信息的安全管理，建立信息保密制度。

5. 做好教学活动和考试安全预案及管理工作。

6. 配合校长积极稳妥做好学校招生、毕业工作，正确执行政策、有效化解矛盾，维护校园安全稳定。

7. 完成领导小组交办的其他安全工作。

（十三）总务主任

1. 负责学校总务后勤的安全管理工作，落实部门安全责任和各项安全管理制度，做好部门安全工作计划，监督、检查工作落实情况。

2. 定期召开部门安全工作会议。

3. 加强总务后勤人员的安全培训，提高各工种人员的安全意识和防范技能。

4. 做好学校建筑物和水、电、气等设施设备的安全检查和维护，根据保卫主任的要求定期维护或更换消防器材和特种设备，并建立台账，及时做好相关记录。

5. 切实加强学校食堂及食品卫生管理，严格执行《中华人民共和国食品卫生法》、卫生部《学生集体用餐监督管理办法》等法律法规，建立严格的学校卫生管理制度，自觉接受卫生防疫部门监督。

6. 组织相关人员按规定定期进行安全培训和体检；建立食品留样制度；随时掌握当地流行性疾病、食源性疾病和饮水污染的情况，采取切实有效的预防措施，杜绝疾病、流行性疾病和食品中毒事故的发生。

7. 落实本部门不同工种安全责任。组织部门人员定期检查负责范围内的安全。

8. 完成领导小组交办的其他安全工作。

（十四）少先队辅导员、团委（支部）书记

1. 贯彻执行安全法律法规、学校安全管理规定，履行部门岗位安全职责。

2. 在少先队和共青团组织中设立安全委员。经常开展对少先队员和共青团员的安全教育。

3. 制定少先队、共青团组织的各类大型集体活动预案，开展活动前的安全教育。

4. 定期组织学生活动场所的安全检查，发现隐患及时整改，并向学校有关

部门汇报。

5. 熟悉学校各类安全预案及流程,协助和配合学校有关部门处置突发事件。

6. 完成领导小组交办的其他安全工作。

(十五) 教科 (研) 室主任

1. 指导学科教师结合所教学科内容渗透安全教育,引导每个教师要因地制宜、因势利导开展学生安全教育。

2. 加强课堂、特别是实验课的安全管理。

3. 督促每位任课教师安全教育教案和开展"放学前一分钟安全教育"。每天最后一节课下课前,结合实际提醒学生注意交通安全、防劫防骗、防各种伤害事故等安全事项。

4. 完成领导小组交办的其他安全工作。

(十六) 教研组长

1. 教研组安全第一负责人,负责建立教研组日常安全管理制度,落实学校各项安全管理要求。

2. 定期召开教研组安全工作会议,维护学校教育教学安全。

3. 制定实验室安全规章制度,督促实验员做好实验室的安全管理工作。

4. 制定实验室突发事件应急预案并组织演练。

5. 监督指导各学科教师在学科教学中渗透安全教育。

(十七) 年级组长

1. 所在年级的安全第一负责人,负责建立年级安全工作的各项规章制度,明确本年级每位教师的安全岗位职责。

2. 建立健全由年级组长、班主任、任课教师、学生构成的年级安全管理体系,定期排查年级存在的安全隐患,促进年级安全工作常态化、制度化。

3. 及时传达上级有关安全工作文件精神,组织年级教师定期召开安全工作会议,落实学校安全工作有关要求,做好日常安全防范。

4. 做好年级特异体质学生身体情况登记和安全管理工作。制定年级大型活动安全预案并做好活动前的安全教育工作。

5. 指导班主任和任课教师加强对学生的安全教育和管理。

6. 负责本年级学生楼层、楼梯的安全管理。

7. 完成领导小组交办的其他安全工作。

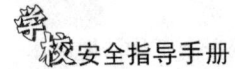安全指导手册

（十八）班主任

1. 班级安全管理的第一责任人，对本班学生安全及教室内的设施设备安全负责。

2. 认真落实学校安全工作的各项要求，及时解决班级出现的安全问题，排除安全隐患。

3. 在班委会和团支部设立安全委员，在班级设立若干安全员。

4. 保证晨（午、晚）检专时专用，仔细查看学生精神和身体状态，认真记录，及时上报。

5. 充分利用晨（午、晚）检、班会等时间开展学生安全教育。特别注意根据季节变化提醒学生预防疾病，防范各种可能发生的自然灾害和安全事故，提高学生安全防范意识和逃生自救技能。

6. 严格执行学生考勤和请销假制度，做好学生考勤统计工作，及时了解未到校上课或中途离校学生的情况，并及时与家长取得联系，做好记录。

7. 认真做好班级内各种不安全因素的排查和登记工作，发现问题及时向年级组长和校领导汇报。

8. 对有特异体质和心理异常的学生，应在家长的配合下及时做好记录。在安排体育、劳动、大型活动等时予以照顾。

9. 协助学校与家长签订安全协议书，并做好协议书回执留存。通过家长会、家访等形式开展家长安全教育，让家长切实担负起监护人职责，做好学生安全教育监管工作，特别是保障学生校外安全。

10. 组织班级集体活动必须征得学校领导同意并报上级教育行政部门批准后方可进行，做好安全预案和活动前的安全教育工作。

11. 发现学生在校出现身体不适或危险情况时，要立即采取措施、组织抢救，并及时通知家长、报告学校。

12. 开展"放学前一分钟安全教育"。结合实际提醒学生注意交通安全、防劫防骗、防各种伤害事故等安全事项。

13. 认真准确采集学生及家庭相关信息。

14. 完成领导小组交办的其他安全工作。

（十九）任课教师

1. 明确并履行岗位安全职责，落实学校安全工作的有关要求，做好安全防范工作。

2. 将安全教育有机渗透到本学科教学内容和教学过程中。

1356

3. 课前清点学生人数，发生异常情况应立即上报班主任，课堂上发现学生行为具有危险性时应及时制止、告诫、教育，并与班主任或学生家长及时沟通。课间负责本楼层就近楼梯间、楼层的安全工作。

4. 密切配合班主任开展安全工作，及时将班内的安全问题向班主任反映，协助班主任对学生进行安全教育，妥善处理班级出现的安全问题。

5. 课堂教学中如遇突发事件或安全问题，及时将学生有序疏散到安全地带并作妥善处理，同时立即向分管领导或校长汇报。

6. 开展"放学前一分钟安全教育"。每天最后一节课下课前，结合实际提醒学生注意交通安全、防劫防骗、防各种伤害事故等安全事项。

7. 完成领导小组交办的其他安全工作。

（二十）体育教师

1. 掌握教学班学生特异体质状况，在体育教学中合理安排相关学生活动，并做好记录。

2. 做好课前准备，根据教学内容，对场地、器材及教学环境进行全面安全检查，及时排除安全隐患。

3. 结合体育项目特点，讲解安全注意事项，带领学生认真做好准备活动，强化学生相互保护意识，提高学生自我保护能力。

4. 遵循体育运动规律，严格按照体育教学要求上好每节课，不违规操作。特别是体操教学，要做好"保护与帮助"的示范动作，教会学生如何进行"保护与帮助"。

5. 严格教学过程管理，把控学生动态。认真、及时解决好学生在体育教学过程中的各种矛盾或纠纷。

6. 掌握体育教学及体育课外活动中发生伤害事故的处理方法及程序，严格按照学校"学生体育教学及体育课外活动伤害事故（急病）应急预案"程序进行处理。

（二十一）电教教师

1. 负责学校电教设备维护与安全运行。及时检查和报告设备隐患，配合电工检修，保障电教设备安全运行。

2. 认真执行网络有关安全规定，确保校园网络安全。杜绝不良信息在校园网页上出现。

3. 做好防火、防盗、防潮工作。掌握灭火常识，会使用消防器材，紧急时刻具有扑救初起火灾的能力。

4. 一旦发生意外事故，积极采取救护措施，及时报告有关部门并保护好现场。

5. 每天下班时检查水电门窗，关闭所有应关电源，确认无安全隐患后方可下班。

（二十二）心理教师或心理健康学科任课教师

1. 做好学生心理辅导工作，普及心理健康和青春期知识。

2. 建立心理健康咨询室，负责做好心理健康咨询室及心理健康教育有关设施设备的安全维护。

3. 做好全校学生心理调查工作。配合班主任、家长对有心理问题的学生进行心理疏导，并做好跟踪随访和相关记录，及时汇报。

（二十三）财务人员

1. 提高安全防范意识，增强责任心，确保学校财务安全。

2. 加强印章、空白支票的保管和使用安全。空白支票与财务用章分开存放，严格按照财务规定存放现金。

3. 到银行取送款时，大宗款项必须三人以上专车接送，少量款项须两人以上接送。使用安全包，取送款人员必须做到人不离款、款不离身，确保现金和人身安全。

4. 确保学校财务账目、票据保存规范，避免因存放不当受潮损坏。

5. 做好财务室防火、防盗工作，做到人离门锁。

6. 下班时关好水电门窗，确认无安全隐患后方可下班。

（二十四）财产管理员

1. 全面负责、统一管理学校财产，建立台账确保所保管物品的安全。

2. 管理好学校仓库，建立仓库和财产管理制度。

3. 加强仓库消防安全，严禁火种入库，严禁库内吸烟和使用各种电热器具，定期检查更换库房的消防器材。对存放物品要留出顶、灯、墙、柱、堆等防火间距。

4. 仓库物品必须分类、有序、限额存放。做好防火、防盗和防潮工作。

5. 一旦发生意外事故，积极采取救护措施，及时报告有关部门并保护好现场。

6. 每天下班前对仓库进行安全检查，并作记录。下班时关好水电门窗，确认无安全隐患后方可下班。

（二十五）图书管理员

1. 学校图书馆安全工作第一责任人，切实落实各项安全管理制度，确保图书馆安全。

2. 图书馆开放期间，组织学生有序出入图书馆，做好安全门的标示和开启工作，防止发生拥挤踩踏伤害事故。

3. 图书馆内不得存放易燃品和私人物品，严禁吸烟。认真做好防火、防盗、防潮、降湿、防蛀等安全工作。

4. 加强电子阅览室的管理，注意网络安全，保证电子书籍的健康。

5. 一旦发生意外事故，积极采取救护措施，及时报告有关部门并保护好现场。

6. 每天对图书室、电子阅览室进行安全检查，并作记录。下班时关好水电门窗，确认无安全隐患后方可下班。

（二十六）档案管理员

1. 按上级规定和学校要求妥善保管档案资料，落实保密制度，确保档案安全。

2. 按有关要求安装防火防盗门，按规定配齐灭火器材，并及时检查、维护或更换，有条件的学校配备安全报警装置，做好防火、防盗工作。

3. 按天气情况开启空调和除湿机，维护档案室的温度和湿度，做好档案的防潮、降湿、防蛀工作，确保档案资料的安全与完整。

4. 严格执行档案查阅制度。

（二十七）体育器材保管员

1. 坚持每天检查体育运动器械、户外运动器材和场地，并做记录。发现安全问题立即停用，并将问题器械做封存警示，及时向有关领导（部门）报告并组织维修和处理，消除安全隐患。杜绝使用存在安全隐患的器材或器械。

2. 教育学生爱护器材，指导学生安全使用器材，教育学生发现器材安全问题及时向老师报告。

3. 坚持体育器材领借制度，器材室所借出的器材须符合安全标准，并及时归还、验收。

4. 借出的运动器材不允许放置在无人看管的场所。

5. 完成领导小组交办的其他安全工作。

（二十八）实验室管理员

1. 实验室安全第一责任人，在学校相关部门及教研组长的指导下，认真制定实验室的安全规章制度，并贯彻落实。

2. 定期不定期检查仪器，及时保养、维修，做到实验室内仪器、药品放置整齐，使用安全。

3. 严格执行有关规定，管理好有毒、有害、易燃易爆物品，做好采购、登记、储存、使用和处置工作，及时上报需处置的过期物品，加强实验室的安全管理。

4. 按规定配置灭火器材，及时检查、维护、更换。禁止无关人员进入实验室。做好防火、防盗工作。

5. 开展学生安全教育，指导学生安全使用实验用具和药品，防止伤害事故的发生。

6. 制定突发事件应急预案并组织演练，掌握各类事故发生时的处置方法。

7. 每天严格检查实验室及药品存放安全，并作记录。下班时关好水电门窗，确认无安全隐患后方可下班。

8. 完成领导小组交办的其他安全工作。

（二十九）食堂管理员

1. 食堂安全第一责任人，在主管领导的指导下具体负责学校食品安全的全面工作。建立健全相应管理档案。

2. 定期组织食堂从业人员参加食品安全培训。

3. 定期组织食堂工作人员健康体检，确保食堂所有工作人员持证上岗、安全上岗。

4. 严格遵守学校食堂食品采购索证制度、进货验收制度、厨房烹饪制度、卫生消毒制度、食品留样制度，不采购"三无"食品和腐烂变质食品，严把食堂生产各个安全环节。

5. 做好食堂防火、防潮、防尘、防虫害各项工作，定期检查维护食堂设备，要重点检查燃气、灶具、油烟管道、锅炉等重要设备，聘请专业人员定期清洗管道烟道，确保各项设施设备安全运行。

6. 不用的煤气罐不得放在灶具旁，应保管在安全地方。

7. 每天严格检查厨房、库房、燃气、水电、设备安全，并作记录。下班时关好水电门窗，确认无安全隐患后方可下班。

8. 完成领导小组交办的其他安全工作。

（三十）宿舍管理员

1. 宿舍安全和设施设备安全使用的第一负责人。

2. 建立住宿学生及其家长档案，建立特异体质学生档案，建立住宿生班级管理和班主任联系制度,管理好学生家长和班主任的联系电话。

3. 在学校德育处(学生处)和保卫处的指导下成立学生宿舍管理委员会,每个宿舍设宿舍长,配合宿舍管理员做好住宿生的各项管理工作。

4. 做好宿舍大门和出入人员管理,按时开关宿舍大门,严禁非住宿人员进入宿舍。认真落实宿舍管理值班制度,值夜班时不得睡觉。宿舍大门朝外开,夜间严禁上锁。

5. 定期检查维护宿舍各类设施和用品(门、窗、水、电、床、柜、暖气等),发现安全隐患及时报告相关领导或部门,配合有关部门及时消除隐患。

6. 加强宿舍区消防安全管理,严禁私拉乱接电线或使用大功率电器,严禁安全通道堆放物品,定期不定期开展宿舍区火灾等应急疏散演练,每间宿舍门后张挂疏散线路图。确保消防通道畅通。

7. 掌握消防栓、灭火器的正确使用方法和扑救初起火灾的能力,突发事件来临时,组织学生有序疏散并及时上报。

8. 严格执行学生请销假制度,学生请假回家要填写请假登记表,并告知家长和班主任,取得他们的同意方能准假。

9. 每晚熄灯前,清点各宿舍人数,发现有学生未归的,要立即查找,并及时与家长和班主任联系。

10. 每晚熄灯后,认真巡逻宿舍及周边环境并督促学生就寝,同时认真检查门、窗、水、电。巡逻时若发现学生生病,应及时与值班校医联系诊治,严重的要立即送往医院,并告知家长和班主任。

11. 学生上课后,逐个检查宿舍。发现滞留在宿舍的学生要问明情况,如有生病的学生,要及时采取救治措施,并立即通知家长和班主任。

12. 做好宿舍环境卫生和喷洒消毒管理工作,组织指导宿舍管理委员会定期评比宿舍卫生并公布,对宿舍内务和卫生差的要及时进行教育,并限时整改。

13. 完成领导小组交办的其他安全工作。

(三十一)校医

1. 学校卫生安全工作第一负责人,负责学校的卫生保健和疾病预防工作。

2. 在德育处(学生处)的配合下,成立学校红十字会。每班设立生活委员和红十字委员,协助班主任做好卫生保健工作。

3. 在德育处(学生处)的配合下,建立各班学生健康档案,为有特异体质的学生单独建档。

4. 负责学校卫生安全教育工作,积极开展师生食品卫生、疾病预防及急救常识的培训和教育。

5. 坚持每日查看各班晨（午、晚）检记录，发现异常，及时通知家长并尽快将患病学生送正规医院诊治。

6. 负责学生卫生保健工作（组织体检、预防接种、喷洒消毒、疾病防控、近视眼和龋齿防治等），及时处理学生常见病，做好治疗登记。

7. 制定学校突发疾病、食物中毒等应急预案，发生突发事件，立即启动应急预案，及时报告相关领导和部门，做好事故处理。

8. 配合德育处（学生处）组织全校大扫除和卫生检查，做好卫生评比和成绩公布，督促全校师生做好公共卫生工作。

9. 配合总务处定期检查食堂各项安全卫生制度落实情况，并建立检查记录台账。

10. 做好卫生室常用药品采购工作，保障供给。使用、维护和管理好学校医疗器械并按有关规定做好器械消毒工作，建立消毒登记档案，加强对废弃物品的安全卫生管理。学校医疗器械必须专人使用，一律不得外借。

11. 完成领导小组交办的其他安全工作。

（三十二）文印室人员

1. 文印室内严禁烟火，严禁非工作人员擅自进入。

2. 定期清理废弃纸张、油墨等易燃物品，定期检查文印室各类设备线路，防止因线路老化、超负荷工作发生火灾，定期检查文印室内消防设施，保证灭火器材完好有效。

3. 定期进行文印室各类安全隐患排查。

4. 遵守文件保密制度，严防泄密。

5. 下班时关好水电门窗，确认无安全隐患后方可下班。

6. 完成领导小组交办的其他安全工作。

（三十三）水电工

1. 持证上岗，严格按照操作规程作业。

2. 每天检查配电室、校园照明、网络、电话、广播、供水等设施设备，确保水电安全及时供给和运行。

3. 协助宿舍管理人员检查宿舍用电情况，严禁私接线路、安装插座、使用自备大功率电器。

4. 落实水电安全隐患排查制度。严防电路漏电、短路、电线老化、超负荷，消除水路跑、冒、漏等不安全因素，建立水电安全维护台账，发现隐患及时整改和报告。

5. 完成领导小组交办的其他安全工作。

(三十四) 门卫

1. 执行24小时值班制度，不得擅自离岗、空岗，按时交接班并做好交接记录，发现问题及时报告。

2. 严格落实校门开闭制度，学生上课时间应保持校门关闭。

3. 严格执行大门和出入人员管理制度，来访人员需进行严格验证，并依据学校有关会客登记制度履行登记手续。严禁无关人员进入校园。上课期间，学生必须持有班主任开具的出门证，方可出校。

4. 发现可疑人、事、物或其他治安信息，及时向相关领导或部门汇报。必要时，启动报警器或向110报警，并配合公安机关做好处置工作。

5. 对出入人员和车辆所携带、装运的物品、物资进行严格的检验、核查，禁止私自将危险或违禁物品带入。严防学校物资流失。

6. 疏导出入车辆和行人，清理门卫责任区内的无关人员，保证进出车辆畅通，人员出入有序无阻。

7. 任何人不得在警务室从事与该室工作无关的活动，不得存放或代人存放贵重物品、现金和危险品。

8. 做好警务室的消防安全工作，确保灭火器材的充足、完好和有效，定期检查插头、电线，发现问题及时报修。

9. 妥善保管、定期检查、熟练使用技防工具，在危急时刻充分发挥技防工具的作用，确保师生安全。

10. 在岗期间不与无关人员聊天，不干私活，不饮酒。

11. 完成领导小组交办的其他安全工作。

(三十五) 保卫人员

1. 在保卫主任的领导下开展工作，落实相关部门及学校保卫工作规章制度和要求，按时参加上级部门的保卫工作会议，并及时向领导汇报。

2. 熟悉业务，提高防范破案能力，记录并协助有关部门处理学校发生的案件，确保师生安全。

3. 做好节假日和平时的值班，及时解决值班中出现的问题。

4. 积极防范，组织和参加校内巡逻，发现安全隐患及时整改或向相关领导报告，提出整改意见。

5. 检查指导警务室等重点、要害部门人员的安全工作。

6. 保持与班主任、任课教师的联系，加强对个别不遵纪守法学生的法制安全教育，协助做好违法青少年的帮教工作。

7. 保护学校财产和师生人身安全不受侵害，发现问题及时处理。

8. 完成领导小组交办的其他安全工作。

（三十六）学校保安

1. 熟悉值勤岗位区域内的地形、地物，了解值勤岗位区域内的消防设施分布和使用，掌握报警方法。

2. 掌握保安业务知识，熟悉学校各项安全管理制度。

3. 严守岗位职责和工作规程，爱护通讯器材和物防设备。维护值勤岗位区域内的正常秩序、疏导交通。

4. 及时发现值勤岗位区域的各类安全隐患并上报。

5. 果断处理值勤中发现的问题，发现可疑人、事、物或其他治安信息，应及时盘查或监控，并上报保卫主任或相关领导。必要时，启动报警器或向110报警。

6. 制止师生各种不安全或易造成伤害的行为，发生违章或不服从管理者，应婉言劝阻并妥善处理，不听劝阻的，及时上报保卫主任解决。

7. 遇有火警或其他紧急情况，应迅速扑救或采取有效措施保护现场，并及时上报保卫主任。

8. 建立执勤巡逻和交接班记录台账，做好每日值勤问题记录和交接班记录，要求清楚、准确、属实。

9. 按时参加保安人员工作例会和相关业务培训，认真听讲并做好记录。

10. 工作中遇到疑难问题，应及时上报保卫主任，不得擅作主张或隐瞒不报。

11. 在不妨碍保安日常工作的前提下，协助其他部门做好服务工作。

12. 按时完成上级交办的其他安全工作。

（三十七）学生安全员

1. 做好自身安全工作。模范遵守学校各项安全制度，做安全工作带头人。

2. 及时制止不安全行为。提醒同学不携带危险物品入校，不翻越围墙、栏杆，不在教室、走道和人群集中的地方追逐嬉闹。发现危险行为要及时制止，如不听劝告要及时向老师报告。

3. 配合老师做好安全宣传教育工作。开展班级安全宣传工作，组织同学参加各类安全教育活动，增强同学安全意识和自我保护能力。

4. 协助老师维持活动秩序。课间操、运动会、观看演出、外出集体活动等活动期间，协助班主任组织同学有序上下楼、进退场和上下车等。

5. 排查安全隐患并及时上报。注意发现校内、班内存在的安全隐患，及时上报班主任和学校有关部门。

（三十八）保洁员

1. 做卫生清洁时设置地面防滑警示标志，卫生用具放置整齐，预防师生滑倒、绊倒。

2. 清洁用品（洁厕灵、消毒液等）应放在指定工作室，禁止将此类用品放置在卫生间等师生可接触到的地方。

3. 清洁灭火器时，检查是否存在人为动用导致器材失效。如有发现应及时报告相关领导或部门。

4. 保洁工作时应及时检查相关区域内的安全隐患（尤其是卫生间），如有异常，应及时报告相关领导或部门。

5. 完成领导小组交办的其他安全工作。

（三十九）校车管理员

1. 建立校车安全管理制度，落实校车安全管理职责。建立乘车学生档案。

2. 定期对校车驾驶员和随车照管人员开展安全教育，督促落实各项安全管理制度。

3. 督促校车驾驶员每天出车前认真检查车辆状况，严禁车辆带病上路，制止超载行为，确保行车安全。配合公安交管部门处理校车违法行为。

4. 认真排查校车安全隐患。建立校车安全隐患排查制度和台账，定期与校车驾驶员一同对校车安全隐患进行排查，发现安全隐患及时整改。

5. 完成领导小组交办的其他安全工作。

（四十）校车随车照管人员

1. 学生上下车时，在车下引导、指挥，维护上下车秩序。

2. 发现驾驶人无校车驾驶资格，饮酒、醉酒后驾驶，或者身体严重不适以及校车超员等明显妨碍行车安全情形的，制止校车开行，并及时报告校车管理员。

3. 清点乘车学生人数，帮助、指导学生安全落座、系好安全带，确认车门关闭后示意驾驶人启动校车。

4. 制止学生在校车行驶过程中离开座位等危险行为。

5. 核实学生下车人数，确认乘车学生已经全部离车后本人方可离车。

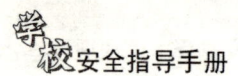

中华人民共和国特种设备安全法

(2013年6月29日第十二届全国人民代表大会常务委员会第三次会议通过 2013年6月29日中华人民共和国主席令第4号公布 自2014年1月1日起施行)

特种设备安全法突出了特种设备生产、经营、使用单位的安全主体责任，明确规定：在生产环节，生产企业对特种设备的质量负责；在经营环节，销售和出租的特种设备必须符合安全要求，出租人负有对特种设备使用安全管理和维护保养的义务；在事故多发的使用环节，使用单位对特种设备使用安全负责，并负有对特种设备的报废义务，发生事故造成损害的依法承担赔偿责任。

特种设备包括锅炉、压力容器、压力管道、电梯、起重机械、客运索道、大型游乐设施、场（厂）内专用机动车辆等。这些设备一般具有在高压、高温、高空、高速条件下运行的特点，易燃、易爆、易发生高空坠落等，对人身和财产安全有较大危险性。

第一章 总 则

第一条 为了加强特种设备安全工作，预防特种设备事故，保障人身和财产安全，促进经济社会发展，制定本法。

第二条 特种设备的生产（包括设计、制造、安装、改造、修理）、经营、使用、检验、检测和特种设备安全的监督管理，适用本法。

本法所称特种设备，是指对人身和财产安全有较大危险性的锅炉、压力容器（含气瓶）、压力管道、电梯、起重机械、客运索道、大型游乐设施、场（厂）内专用机动车辆，以及法律、行政法规规定适用本法的其他特种设备。

国家对特种设备实行目录管理。特种设备目录由国务院负责特种设备安全监督管理的部门制定，报国务院批准后执行。

第三条 特种设备安全工作应当坚持安全第一、预防为主、节能环保、综合治理的原则。

第四条 国家对特种设备的生产、经营、使用，实施分类的、全过程的安全监督管理。

第五条 国务院负责特种设备安全监督管理的部门对全国特种设备安全实施监督管理。县级以上地方各级人民政府负责特种设备安全监督管理的部门对本行政区域内特种设备安全实施监督管理。

第六条 国务院和地方各级人民政府应当加强对特种设备安全工作的领导，督促各有关部门依法履行监督管理职责。

县级以上地方各级人民政府应当建立协调机制，及时协调、解决特种设备安全监督管理中存在的问题。

第七条 特种设备生产、经营、使用单位应当遵守本法和其他有关法律、法规，建立、健全特种设备安全和节能责任制度，加强特种设备安全和节能管理，确保特种设备生产、经营、使用安全，符合节能要求。

第八条 特种设备生产、经营、使用、检验、检测应当遵守有关特种设备安全技术规范及相关标准。

特种设备安全技术规范由国务院负责特种设备安全监督管理的部门制定。

第九条 特种设备行业协会应当加强行业自律，推进行业诚信体系建设，提高特种设备安全管理水平。

第十条 国家支持有关特种设备安全的科学技术研究，鼓励先进技术和先进管理方法的推广应用，对做出突出贡献的单位和个人给予奖励。

第十一条 负责特种设备安全监督管理的部门应当加强特种设备安全宣传教育，普及特种设备安全知识，增强社会公众的特种设备安全意识。

第十二条 任何单位和个人有权向负责特种设备安全监督管理的部门和有关部门举报涉及特种设备安全的违法行为，接到举报的部门应当及时处理。

第二章 生产、经营、使用

第一节 一般规定

第十三条 特种设备生产、经营、使用单位及其主要负责人对其生产、经营、使用的特种设备安全负责。

特种设备生产、经营、使用单位应当按照国家有关规定配备特种设备安全管理人员、检测人员和作业人员，并对其进行必要的安全教育和技能培训。

第十四条 特种设备安全管理人员、检测人员和作业人员应当按照国家有关规定取得相应资格，方可从事相关工作。特种设备安全管理人员、检测人员和作业人员应当严格执行安全技术规范和管理制度，保证特种设备安全。

第十五条 特种设备生产、经营、使用单位对其生产、经营、使用的特种设备应当进行自行检测和维护保养，对国家规定实行检验的特种设备应当及时申报并接受检验。

第十六条 特种设备采用新材料、新技术、新工艺，与安全技术规范的要求不一致，或者安全技术规范未作要求、可能对安全性能有重大影响的，应当向国务院负责特种设备安全监督管理的部门申报，由国务院负责特种设备安全监督管理的部门及时委托安全技术咨询机构或者相关专业机构进行技术评审，评审结果经国务院负责特种设备安全监督管理的部门批准，方可投入生产、使用。

国务院负责特种设备安全监督管理的部门应当将允许使用的新材料、新技术、新工艺的有关技术要求，及时纳入安全技术规范。

第十七条 国家鼓励投保特种设备安全责任保险。

第二节 生 产

第十八条 国家按照分类监督管理的原则对特种设备生产实行许可制度。特种设备生产单位应当具备下列条件，并经负责特种设备安全监督管理的部门许可，方可从事生产活动：

（一）有与生产相适应的专业技术人员；

（二）有与生产相适应的设备、设施和工作场所；

（三）有健全的质量保证、安全管理和岗位责任等制度。

第十九条 特种设备生产单位应当保证特种设备生产符合安全技术规范及相关标准的要求，对其生产的特种设备的安全性能负责。不得生产不符合安全性能要求和能效指标以及国家明令淘汰的特种设备。

第二十条 锅炉、气瓶、氧舱、客运索道、大型游乐设施的设计文件，应当经负责特种设备安全监督管理的部门核准的检验机构鉴定，方可用于制造。

特种设备产品、部件或者试制的特种设备新产品、新部件以及特种设备采用的新材料，按照安全技术规范的要求需要通过型式试验进行安全性验证的，应当经负责特种设备安全监督管理的部门核准的检验机构进行型式试验。

第二十一条 特种设备出厂时，应当随附安全技术规范要求的设计文件、产品质量合格证明、安装及使用维护保养说明、监督检验证明等相关技术资料和文件，并在特种设备显著位置设置产品铭牌、安全警示标志及其说明。

第二十二条 电梯的安装、改造、修理，必须由电梯制造单位或者其委托的依照本法取得相应许可的单位进行。电梯制造单位委托其他单位进行电梯安装、改造、修理的，应当对其安装、改造、修理进行安全指导和监控，并按照安全技术规范的要求进行校验和调试。电梯制造单位对电梯安全性能负责。

第二十三条 特种设备安装、改造、修理的施工单位应当在施工前将拟进行的特种设备安装、改造、修理情况书面告知直辖市或者设区的市级人民政府负责特种设备安全监督管理的部门。

第二十四条 特种设备安装、改造、修理竣工后，安装、改造、修理的施工单位应当在验收后三十日内将相关技术资料和文件移交特种设备使用单位。特种设备使用单位应当将其存入该特种设备的安全技术档案。

第二十五条 锅炉、压力容器、压力管道元件等特种设备的制造过程和锅炉、压力容器、压力管道、电梯、起重机械、客运索道、大型游乐设施的安装、改造、重大修理过程，应当经特种设备检验机构按照安全技术规范的要求进行监督检验；未经监督检验或者监督检验不合格的，不得出厂或者交付使用。

第二十六条 国家建立缺陷特种设备召回制度。因生产原因造成特种设备存在危及安全的同一性缺陷的，特种设备生产单位应当立即停止生产，主动召回。

国务院负责特种设备安全监督管理的部门发现特种设备存在应当召回而未召回的情形时，应当责令特种设备生产单位召回。

第三节 经 营

第二十七条 特种设备销售单位销售的特种设备，应当符合安全技术规范及相关标准的要求，其设计文件、产品质量合格证明、安装及使用维护保养说明、监督检验证明等相关技术资料和文件应当齐全。

特种设备销售单位应当建立特种设备检查验收和销售记录制度。

禁止销售未取得许可生产的特种设备，未经检验和检验不合格的特种设备，或者国家明令淘汰和已经报废的特种设备。

第二十八条 特种设备出租单位不得出租未取得许可生产的特种设备或者国家明令淘汰和已经报废的特种设备，以及未按照安全技术规范的要求进行维护保养和未经检验或者检验不合格的特种设备。

第二十九条 特种设备在出租期间的使用管理和维护保养义务由特种设备出租单位承担，法律另有规定或者当事人另有约定的除外。

第三十条 进口的特种设备应当符合我国安全技术规范的要求，并经检验合格；需要取得我国特种设备生产许可的，应当取得许可。

进口特种设备随附的技术资料和文件应当符合本法第二十一条的规定，其安装及使用维护保养说明、产品铭牌、安全警示标志及其说明应当采用中文。

特种设备的进出口检验，应当遵守有关进出口商品检验的法律、行政法规。

第三十一条 进口特种设备，应当向进口地负责特种设备安全监督管理的部

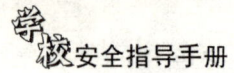

门履行提前告知义务。

第四节 使 用

第三十二条 特种设备使用单位应当使用取得许可生产并经检验合格的特种设备。

禁止使用国家明令淘汰和已经报废的特种设备。

第三十三条 特种设备使用单位应当在特种设备投入使用前或者投入使用后三十日内,向负责特种设备安全监督管理的部门办理使用登记,取得使用登记证书。登记标志应当置于该特种设备的显著位置。

第三十四条 特种设备使用单位应当建立岗位责任、隐患治理、应急救援等安全管理制度,制定操作规程,保证特种设备安全运行。

第三十五条 特种设备使用单位应当建立特种设备安全技术档案。安全技术档案应当包括以下内容:

(一)特种设备的设计文件、产品质量合格证明、安装及使用维护保养说明、监督检验证明等相关技术资料和文件;

(二)特种设备的定期检验和定期自行检查记录;

(三)特种设备的日常使用状况记录;

(四)特种设备及其附属仪器仪表的维护保养记录;

(五)特种设备的运行故障和事故记录。

第三十六条 电梯、客运索道、大型游乐设施等为公众提供服务的特种设备的运营使用单位,应当对特种设备的使用安全负责,设置特种设备安全管理机构或者配备专职的特种设备安全管理人员;其他特种设备使用单位,应当根据情况设置特种设备安全管理机构或者配备专职、兼职的特种设备安全管理人员。

第三十七条 特种设备的使用应当具有规定的安全距离、安全防护措施。

与特种设备安全相关的建筑物、附属设施,应当符合有关法律、行政法规的规定。

第三十八条 特种设备属于共有的,共有人可以委托物业服务单位或者其他管理人管理特种设备,受托人履行本法规定的特种设备使用单位的义务,承担相应责任。共有人未委托的,由共有人或者实际管理人履行管理义务,承担相应责任。

第三十九条 特种设备使用单位应当对其使用的特种设备进行经常性维护保养和定期自行检查,并作出记录。

特种设备使用单位应当对其使用的特种设备的安全附件、安全保护装置进行定期校验、检修，并作出记录。

第四十条 特种设备使用单位应当按照安全技术规范的要求，在检验合格有效期届满前一个月向特种设备检验机构提出定期检验要求。

特种设备检验机构接到定期检验要求后，应当按照安全技术规范的要求及时进行安全性能检验。特种设备使用单位应当将定期检验标志置于该特种设备的显著位置。

未经定期检验或者检验不合格的特种设备，不得继续使用。

第四十一条 特种设备安全管理人员应当对特种设备使用状况进行经常性检查，发现问题应当立即处理；情况紧急时，可以决定停止使用特种设备并及时报告本单位有关负责人。

特种设备作业人员在作业过程中发现事故隐患或者其他不安全因素，应当立即向特种设备安全管理人员和单位有关负责人报告；特种设备运行不正常时，特种设备作业人员应当按照操作规程采取有效措施保证安全。

第四十二条 特种设备出现故障或者发生异常情况，特种设备使用单位应当对其进行全面检查，消除事故隐患，方可继续使用。

第四十三条 客运索道、大型游乐设施在每日投入使用前，其运营使用单位应当进行试运行和例行安全检查，并对安全附件和安全保护装置进行检查确认。

电梯、客运索道、大型游乐设施的运营使用单位应当将电梯、客运索道、大型游乐设施的安全使用说明、安全注意事项和警示标志置于易于为乘客注意的显著位置。

公众乘坐或者操作电梯、客运索道、大型游乐设施，应当遵守安全使用说明和安全注意事项的要求，服从有关工作人员的管理和指挥；遇有运行不正常时，应当按照安全指引，有序撤离。

第四十四条 锅炉使用单位应当按照安全技术规范的要求进行锅炉水（介）质处理，并接受特种设备检验机构的定期检验。

从事锅炉清洗，应当按照安全技术规范的要求进行，并接受特种设备检验机构的监督检验。

第四十五条 电梯的维护保养应当由电梯制造单位或者依照本法取得许可的安装、改造、修理单位进行。

电梯的维护保养单位应当在维护保养中严格执行安全技术规范的要求，保证其维护保养的电梯的安全性能，并负责落实现场安全防护措施，保证施工安全。

电梯的维护保养单位应当对其维护保养的电梯的安全性能负责；接到故障通知后，应当立即赶赴现场，并采取必要的应急救援措施。

第四十六条 电梯投入使用后,电梯制造单位应当对其制造的电梯的安全运行情况进行跟踪调查和了解,对电梯的维护保养单位或者使用单位在维护保养和安全运行方面存在的问题,提出改进建议,并提供必要的技术帮助;发现电梯存在严重事故隐患时,应当及时告知电梯使用单位,并向负责特种设备安全监督管理的部门报告。电梯制造单位对调查和了解的情况,应当作出记录。

第四十七条 特种设备进行改造、修理,按照规定需要变更使用登记的,应当办理变更登记,方可继续使用。

第四十八条 特种设备存在严重事故隐患,无改造、修理价值,或者达到安全技术规范规定的其他报废条件的,特种设备使用单位应当依法履行报废义务,采取必要措施消除该特种设备的使用功能,并向原登记的负责特种设备安全监督管理的部门办理使用登记证书注销手续。

前款规定报废条件以外的特种设备,达到设计使用年限可以继续使用的,应当按照安全技术规范的要求通过检验或者安全评估,并办理使用登记证书变更,方可继续使用。允许继续使用的,应当采取加强检验、检测和维护保养等措施,确保使用安全。

第四十九条 移动式压力容器、气瓶充装单位,应当具备下列条件,并经负责特种设备安全监督管理的部门许可,方可从事充装活动:

(一)有与充装和管理相适应的管理人员和技术人员;

(二)有与充装和管理相适应的充装设备、检测手段、场地厂房、器具、安全设施;

(三)有健全的充装管理制度、责任制度、处理措施。

充装单位应当建立充装前后的检查、记录制度,禁止对不符合安全技术规范要求的移动式压力容器和气瓶进行充装。

气瓶充装单位应当向气体使用者提供符合安全技术规范要求的气瓶,对气体使用者进行气瓶安全使用指导,并按照安全技术规范的要求办理气瓶使用登记,及时申报定期检验。

第三章 检验、检测

第五十条 从事本法规定的监督检验、定期检验的特种设备检验机构,以及为特种设备生产、经营、使用提供检测服务的特种设备检测机构,应当具备下列条件,并经负责特种设备安全监督管理的部门核准,方可从事检验、检测工作:

(一)有与检验、检测工作相适应的检验、检测人员;

(二)有与检验、检测工作相适应的检验、检测仪器和设备;

（三）有健全的检验、检测管理制度和责任制度。

第五十一条 特种设备检验、检测机构的检验、检测人员应当经考核，取得检验、检测人员资格，方可从事检验、检测工作。

特种设备检验、检测机构的检验、检测人员不得同时在两个以上检验、检测机构中执业；变更执业机构的，应当依法办理变更手续。

第五十二条 特种设备检验、检测工作应当遵守法律、行政法规的规定，并按照安全技术规范的要求进行。

特种设备检验、检测机构及其检验、检测人员应当依法为特种设备生产、经营、使用单位提供安全、可靠、便捷、诚信的检验、检测服务。

第五十三条 特种设备检验、检测机构及其检验、检测人员应当客观、公正、及时地出具检验、检测报告，并对检验、检测结果和鉴定结论负责。

特种设备检验、检测机构及其检验、检测人员在检验、检测中发现特种设备存在严重事故隐患时，应当及时告知相关单位，并立即向负责特种设备安全监督管理的部门报告。

负责特种设备安全监督管理的部门应当组织对特种设备检验、检测机构的检验、检测结果和鉴定结论进行监督抽查，但应当防止重复抽查。监督抽查结果应当向社会公布。

第五十四条 特种设备生产、经营、使用单位应当按照安全技术规范的要求向特种设备检验、检测机构及其检验、检测人员提供特种设备相关资料和必要的检验、检测条件，并对资料的真实性负责。

第五十五条 特种设备检验、检测机构及其检验、检测人员对检验、检测过程中知悉的商业秘密，负有保密义务。

特种设备检验、检测机构及其检验、检测人员不得从事有关特种设备的生产、经营活动，不得推荐或者监制、监销特种设备。

第五十六条 特种设备检验机构及其检验人员利用检验工作故意刁难特种设备生产、经营、使用单位的，特种设备生产、经营、使用单位有权向负责特种设备安全监督管理的部门投诉，接到投诉的部门应当及时进行调查处理。

第四章　监督管理

第五十七条 负责特种设备安全监督管理的部门依照本法规定，对特种设备生产、经营、使用单位和检验、检测机构实施监督检查。

负责特种设备安全监督管理的部门应当对学校、幼儿园以及医院、车站、客运码头、商场、体育场馆、展览馆、公园等公众聚集场所的特种设备，实施重点安全监督检查。

第五十八条 负责特种设备安全监督管理的部门实施本法规定的许可工作，应当依照本法和其他有关法律、行政法规规定的条件和程序以及安全技术规范的要求进行审查；不符合规定的，不得许可。

第五十九条 负责特种设备安全监督管理的部门在办理本法规定的许可时，其受理、审查、许可的程序必须公开，并应当自受理申请之日起三十日内，作出许可或者不予许可的决定；不予许可的，应当书面向申请人说明理由。

第六十条 负责特种设备安全监督管理的部门对依法办理使用登记的特种设备应当建立完整的监督管理档案和信息查询系统；对达到报废条件的特种设备，应当及时督促特种设备使用单位依法履行报废义务。

第六十一条 负责特种设备安全监督管理的部门在依法履行监督检查职责时，可以行使下列职权：

（一）进入现场进行检查，向特种设备生产、经营、使用单位和检验、检测机构的主要负责人和其他有关人员调查、了解有关情况；

（二）根据举报或者取得的涉嫌违法证据，查阅、复制特种设备生产、经营、使用单位和检验、检测机构的有关合同、发票、账簿以及其他有关资料；

（三）对有证据表明不符合安全技术规范要求或者存在严重事故隐患的特种设备实施查封、扣押；

（四）对流入市场的达到报废条件或者已经报废的特种设备实施查封、扣押；

（五）对违反本法规定的行为作出行政处罚决定。

第六十二条 负责特种设备安全监督管理的部门在依法履行职责过程中，发现违反本法规定和安全技术规范要求的行为或者特种设备存在事故隐患时，应当以书面形式发出特种设备安全监察指令，责令有关单位及时采取措施予以改正或者消除事故隐患。紧急情况下要求有关单位采取紧急处置措施的，应当随后补发特种设备安全监察指令。

第六十三条 负责特种设备安全监督管理的部门在依法履行职责过程中，发现重大违法行为或者特种设备存在严重事故隐患时，应当责令有关单位立即停止违法行为、采取措施消除事故隐患，并及时向上级负责特种设备安全监督管理的部门报告。接到报告的负责特种设备安全监督管理的部门应当采取必要措施，及时予以处理。

对违法行为、严重事故隐患的处理需要当地人民政府和有关部门的支持、配合时，负责特种设备安全监督管理的部门应当报告当地人民政府，并通知其他有关部门。当地人民政府和其他有关部门应当采取必要措施，及时予以处理。

第六十四条　地方各级人民政府负责特种设备安全监督管理的部门不得要求已经依照本法规定在其他地方取得许可的特种设备生产单位重复取得许可，不得要求对已经依照本法规定在其他地方检验合格的特种设备重复进行检验。

第六十五条　负责特种设备安全监督管理的部门的安全监察人员应当熟悉相关法律、法规，具有相应的专业知识和工作经验，取得特种设备安全行政执法证件。

特种设备安全监察人员应当忠于职守、坚持原则、秉公执法。

负责特种设备安全监督管理的部门实施安全监督检查时，应当有二名以上特种设备安全监察人员参加，并出示有效的特种设备安全行政执法证件。

第六十六条　负责特种设备安全监督管理的部门对特种设备生产、经营、使用单位和检验、检测机构实施监督检查，应当对每次监督检查的内容、发现的问题及处理情况作出记录，并由参加监督检查的特种设备安全监察人员和被检查单位的有关负责人签字后归档。被检查单位的有关负责人拒绝签字的，特种设备安全监察人员应当将情况记录在案。

第六十七条　负责特种设备安全监督管理的部门及其工作人员不得推荐或者监制、监销特种设备；对履行职责过程中知悉的商业秘密负有保密义务。

第六十八条　国务院负责特种设备安全监督管理的部门和省、自治区、直辖市人民政府负责特种设备安全监督管理的部门应当定期向社会公布特种设备安全总体状况。

第五章　事故应急救援与调查处理

第六十九条　国务院负责特种设备安全监督管理的部门应当依法组织制定特种设备重特大事故应急预案，报国务院批准后纳入国家突发事件应急预案体系。

县级以上地方各级人民政府及其负责特种设备安全监督管理的部门应当依法组织制定本行政区域内特种设备事故应急预案，建立或者纳入相应的应急处置与救援体系。

特种设备使用单位应当制定特种设备事故应急专项预案，并定期进行应急演练。

第七十条　特种设备发生事故后，事故发生单位应当按照应急预案采取措施，组织抢救，防止事故扩大，减少人员伤亡和财产损失，保护事故现场和有关证据，并及时向事故发生地县级以上人民政府负责特种设备安全监督管理的部门和有关部门报告。

县级以上人民政府负责特种设备安全监督管理的部门接到事故报告，应当尽快核实情况,立即向本级人民政府报告,并按照规定逐级上报。必要时,负责特种设备安全监督管理的部门可以越级上报事故情况。对特别重大事故、重大事故,国务院负责特种设备安全监督管理的部门应当立即报告国务院并通报国务院安全生产监督管理部门等有关部门。

与事故相关的单位和人员不得迟报、谎报或者瞒报事故情况,不得隐匿、毁灭有关证据或者故意破坏事故现场。

第七十一条 事故发生地人民政府接到事故报告,应当依法启动应急预案,采取应急处置措施,组织应急救援。

第七十二条 特种设备发生特别重大事故,由国务院或者国务院授权有关部门组织事故调查组进行调查。

发生重大事故,由国务院负责特种设备安全监督管理的部门会同有关部门组织事故调查组进行调查。

发生较大事故,由省、自治区、直辖市人民政府负责特种设备安全监督管理的部门会同有关部门组织事故调查组进行调查。

发生一般事故,由设区的市级人民政府负责特种设备安全监督管理的部门会同有关部门组织事故调查组进行调查。

事故调查组应当依法、独立、公正开展调查,提出事故调查报告。

第七十三条 组织事故调查的部门应当将事故调查报告报本级人民政府,并报上一级人民政府负责特种设备安全监督管理的部门备案。有关部门和单位应当依照法律、行政法规的规定,追究事故责任单位和人员的责任。

事故责任单位应当依法落实整改措施,预防同类事故发生。事故造成损害的,事故责任单位应当依法承担赔偿责任。

第六章 法律责任

第七十四条 违反本法规定,未经许可从事特种设备生产活动的,责令停止生产,没收违法制造的特种设备,处十万元以上五十万元以下罚款;有违法所得的,没收违法所得;已经实施安装、改造、修理的,责令恢复原状或者责令限期由取得许可的单位重新安装、改造、修理。

第七十五条 违反本法规定,特种设备的设计文件未经鉴定,擅自用于制造的,责令改正,没收违法制造的特种设备,处五万元以上五十万元以下罚款。

第七十六条 违反本法规定,未进行型式试验的,责令限期改正;逾期未改正的,处三万元以上三十万元以下罚款。

第七十七条 违反本法规定,特种设备出厂时,未按照安全技术规范的要求随附相关技术资料和文件的，责令限期改正；逾期未改正的，责令停止制造、销售，处二万元以上二十万元以下罚款；有违法所得的，没收违法所得。

第七十八条 违反本法规定，特种设备安装、改造、修理的施工单位在施工前未书面告知负责特种设备安全监督管理的部门即行施工的，或者在验收后三十日内未将相关技术资料和文件移交特种设备使用单位的，责令限期改正；逾期未改正的，处一万元以上十万元以下罚款。

第七十九条 违反本法规定，特种设备的制造、安装、改造、重大修理以及锅炉清洗过程，未经监督检验的，责令限期改正；逾期未改正的，处五万元以上二十万元以下罚款；有违法所得的，没收违法所得；情节严重的，吊销生产许可证。

第八十条 违反本法规定，电梯制造单位有下列情形之一的，责令限期改正；逾期未改正的，处一万元以上十万元以下罚款：

（一）未按照安全技术规范的要求对电梯进行校验、调试的；

（二）对电梯的安全运行情况进行跟踪调查和了解时，发现存在严重事故隐患，未及时告知电梯使用单位并向负责特种设备安全监督管理的部门报告的。

第八十一条 违反本法规定，特种设备生产单位有下列行为之一的，责令限期改正；逾期未改正的，责令停止生产，处五万元以上五十万元以下罚款；情节严重的，吊销生产许可证：

（一）不再具备生产条件、生产许可证已经过期或者超出许可范围生产的；

（二）明知特种设备存在同一性缺陷，未立即停止生产并召回的。

违反本法规定，特种设备生产单位生产、销售、交付国家明令淘汰的特种设备的，责令停止生产、销售，没收违法生产、销售、交付的特种设备，处三万元以上三十万元以下罚款；有违法所得的，没收违法所得。

特种设备生产单位涂改、倒卖、出租、出借生产许可证的，责令停止生产，处五万元以上五十万元以下罚款；情节严重的，吊销生产许可证。

第八十二条 违反本法规定，特种设备经营单位有下列行为之一的，责令停止经营，没收违法经营的特种设备，处三万元以上三十万元以下罚款；有违法所得的，没收违法所得：

（一）销售、出租未取得许可生产，未经检验或者检验不合格的特种设备的；

（二）销售、出租国家明令淘汰、已经报废的特种设备，或者未按照安全技术规范的要求进行维护保养的特种设备的。

违反本法规定，特种设备销售单位未建立检查验收和销售记录制度，或者进口特种设备未履行提前告知义务的，责令改正，处一万元以上十万元以下罚款。

特种设备生产单位销售、交付未经检验或者检验不合格的特种设备的，依照本条第一款规定处罚；情节严重的，吊销生产许可证。

第八十三条 违反本法规定，特种设备使用单位有下列行为之一的，责令限期改正；逾期未改正的，责令停止使用有关特种设备，处一万元以上十万元以下罚款：

（一）使用特种设备未按照规定办理使用登记的；

（二）未建立特种设备安全技术档案或者安全技术档案不符合规定要求，或者未依法设置使用登记标志、定期检验标志的；

（三）未对其使用的特种设备进行经常性维护保养和定期自行检查，或者未对其使用的特种设备的安全附件、安全保护装置进行定期校验、检修，并作出记录的；

（四）未按照安全技术规范的要求及时申报并接受检验的；

（五）未按照安全技术规范的要求进行锅炉水（介）质处理的；

（六）未制定特种设备事故应急专项预案的。

第八十四条 违反本法规定，特种设备使用单位有下列行为之一的，责令停止使用有关特种设备，处三万元以上三十万元以下罚款：

（一）使用未取得许可生产，未经检验或者检验不合格的特种设备，或者国家明令淘汰、已经报废的特种设备的；

（二）特种设备出现故障或者发生异常情况，未对其进行全面检查、消除事故隐患，继续使用的；

（三）特种设备存在严重事故隐患，无改造、修理价值，或者达到安全技术规范规定的其他报废条件，未依法履行报废义务，并办理使用登记证书注销手续的。

第八十五条 违反本法规定，移动式压力容器、气瓶充装单位有下列行为之一的，责令改正，处二万元以上二十万元以下罚款；情节严重的，吊销充装许可证：

（一）未按照规定实施充装前后的检查、记录制度的；

（二）对不符合安全技术规范要求的移动式压力容器和气瓶进行充装的。

违反本法规定，未经许可，擅自从事移动式压力容器或者气瓶充装活动的，予以取缔，没收违法充装的气瓶，处十万元以上五十万元以下罚款；有违法所得的，没收违法所得。

第八十六条 违反本法规定，特种设备生产、经营、使用单位有下列情形之一的，-责令限期改正；-逾期未改正的，-责令停止使用有关特种设备或者停

产停业整顿,处一万元以上五万元以下罚款:

(一)未配备具有相应资格的特种设备安全管理人员、检测人员和作业人员的;

(二)使用未取得相应资格的人员从事特种设备安全管理、检测和作业的;

(三)未对特种设备安全管理人员、检测人员和作业人员进行安全教育和技能培训的。

第八十七条 违反本法规定,电梯、客运索道、大型游乐设施的运营使用单位有下列情形之一的,责令限期改正;逾期未改正的,责令停止使用有关特种设备或者停产停业整顿,处二万元以上十万元以下罚款:

(一)未设置特种设备安全管理机构或者配备专职的特种设备安全管理人员的;

(二)客运索道、大型游乐设施每日投入使用前,未进行试运行和例行安全检查,未对安全附件和安全保护装置进行检查确认的;

(三)未将电梯、客运索道、大型游乐设施的安全使用说明、安全注意事项和警示标志置于易于为乘客注意的显著位置的。

第八十八条 违反本法规定,未经许可,擅自从事电梯维护保养的,责令停止违法行为,处一万元以上十万元以下罚款;有违法所得的,没收违法所得。

电梯的维护保养单位未按照本法规定以及安全技术规范的要求,进行电梯维护保养的,依照前款规定处罚。

第八十九条 发生特种设备事故,有下列情形之一的,对单位处五万元以上二十万元以下罚款;对主要负责人处一万元以上五万元以下罚款;主要负责人属于国家工作人员的,并依法给予处分:

(一)发生特种设备事故时,不立即组织抢救或者在事故调查处理期间擅离职守或者逃匿的;

(二)对特种设备事故迟报、谎报或者瞒报的。

第九十条 发生事故,对负有责任的单位除要求其依法承担相应的赔偿等责任外,依照下列规定处以罚款:

(一)发生一般事故,处十万元以上二十万元以下罚款;

(二)发生较大事故,处二十万元以上五十万元以下罚款;

(三)发生重大事故,处五十万元以上二百万元以下罚款。

第九十一条 对事故发生负有责任的单位的主要负责人未依法履行职责或者负有领导责任的,依照下列规定处以罚款;属于国家工作人员的,并依法给予处分:

（一）发生一般事故，处上一年年收入百分之三十的罚款；

（二）发生较大事故，处上一年年收入百分之四十的罚款；

（三）发生重大事故，处上一年年收入百分之六十的罚款。

第九十二条 违反本法规定，特种设备安全管理人员、检测人员和作业人员不履行岗位职责，违反操作规程和有关安全规章制度，造成事故的，吊销相关人员的资格。

第九十三条 违反本法规定，特种设备检验、检测机构及其检验、检测人员有下列行为之一的，责令改正，对机构处五万元以上二十万元以下罚款，对直接负责的主管人员和其他直接责任人员处五千元以上五万元以下罚款；情节严重的，吊销机构资质和有关人员的资格：

（一）未经核准或者超出核准范围、使用未取得相应资格的人员从事检验、检测的；

（二）未按照安全技术规范的要求进行检验、检测的；

（三）出具虚假的检验、检测结果和鉴定结论或者检验、检测结果和鉴定结论严重失实的；

（四）发现特种设备存在严重事故隐患，未及时告知相关单位，并立即向负责特种设备安全监督管理的部门报告的；

（五）泄露检验、检测过程中知悉的商业秘密的；

（六）从事有关特种设备的生产、经营活动的；

（七）推荐或者监制、监销特种设备的；

（八）利用检验工作故意刁难相关单位的。

违反本法规定，特种设备检验、检测机构的检验、检测人员同时在两个以上检验、检测机构中执业的，处五千元以上五万元以下罚款；情节严重的，吊销其资格。

第九十四条 违反本法规定，负责特种设备安全监督管理的部门及其工作人员有下列行为之一的，由上级机关责令改正；对直接负责的主管人员和其他直接责任人员，依法给予处分：

（一）未依照法律、行政法规规定的条件、程序实施许可的；

（二）发现未经许可擅自从事特种设备的生产、使用或者检验、检测活动不予取缔或者不依法予以处理的；

（三）发现特种设备生产单位不再具备本法规定的条件而不吊销其许可证，或者发现特种设备生产、经营、使用违法行为不予查处的；

（四）发现特种设备检验、检测机构不再具备本法规定的条件而不撤销其核准，或者对其出具虚假的检验、检测结果和鉴定结论或者检验、检测结果和鉴定结论严重失实的行为不予查处的；

（五）发现违反本法规定和安全技术规范要求的行为或者特种设备存在事故隐患，不立即处理的；

（六）发现重大违法行为或者特种设备存在严重事故隐患，未及时向上级负责特种设备安全监督管理的部门报告，或者接到报告的负责特种设备安全监督管理的部门不立即处理的；

（七）要求已经依照本法规定在其他地方取得许可的特种设备生产单位重复取得许可，或者要求对已经依照本法规定在其他地方检验合格的特种设备重复进行检验的；

（八）推荐或者监制、监销特种设备的；

（九）泄露履行职责过程中知悉的商业秘密的；

（十）接到特种设备事故报告未立即向本级人民政府报告，并按照规定上报的；

（十一）迟报、漏报、谎报或者瞒报事故的；

（十二）妨碍事故救援或者事故调查处理的；

（十三）其他滥用职权、玩忽职守、徇私舞弊的行为。

第九十五条 违反本法规定，特种设备生产、经营、使用单位或者检验、检测机构拒不接受负责特种设备安全监督管理的部门依法实施的监督检查的，责令限期改正；逾期未改正的，责令停产停业整顿，处二万元以上二十万元以下罚款。

特种设备生产、经营、使用单位擅自动用、调换、转移、损毁被查封、扣押的特种设备或者其主要部件的，责令改正，处五万元以上二十万元以下罚款；情节严重的，吊销生产许可证，注销特种设备使用登记证书。

第九十六条 违反本法规定，被依法吊销许可证的，自吊销许可证之日起三年内，负责特种设备安全监督管理的部门不予受理其新的许可申请。

第九十七条 违反本法规定，造成人身、财产损害的，依法承担民事责任。

违反本法规定，应当承担民事赔偿责任和缴纳罚款、罚金，其财产不足以同时支付时，先承担民事赔偿责任。

第九十八条 违反本法规定，构成违反治安管理行为的，依法给予治安管理处罚；构成犯罪的，依法追究刑事责任。

第七章 附 则

第九十九条 特种设备行政许可、检验的收费,依照法律、行政法规的规定执行。

第一百条 军事装备、核设施、航空航天器使用的特种设备安全的监督管理不适用本法。

铁路机车、海上设施和船舶、矿山井下使用的特种设备以及民用机场专用设备安全的监督管理,房屋建筑工地、市政工程工地用起重机械和场(厂)内专用机动车辆的安装、使用的监督管理,由有关部门依照本法和其他有关法律的规定实施。

第一百零一条 本法自2014年1月1日起施行。

教育部 公安部 共青团中央 全国妇联关于做好预防少年儿童遭受性侵工作的意见

(教基一〔2013〕8号)

各省、自治区、直辖市教育厅(教委)、公安厅(局)、团委、妇联,新疆生产建设兵团教育局、公安局、团委、妇联:

近年来,在党中央、国务院的正确领导下,在各级党委政府及教育、公安、共青团、妇联等有关部门的共同努力下,少年儿童保护工作取得积极进展,少年儿童安全事故数量和非正常死亡人数逐年下降。但是,少年儿童保护工作也出现了一些新情况、新问题,亟待加以研究解决,如寄宿制学校增多导致学校日常安全管理难度加大,留守儿童由于缺乏父母监管容易出现安全问题,社会不良风气影响少年儿童身心发展,特别是今年以来媒体集中曝光的个别地方出现的少年儿童被性侵犯案件,引发社会各界高度关注。为切实预防性侵犯少年儿童案件的发生,进一步加强少年儿童保护工作,确保教育系统和谐稳定,现提出以下意见。

一、科学做好预防性侵犯教育

各地教育部门、共青团、妇联组织要通过课堂教学、讲座、班队会、主题活动、编发手册等多种形式开展性知识教育、预防性侵犯教育,提高师生、家长对性侵犯犯罪的认识。广泛宣传"家长保护儿童须知"及"儿童保护须知",教育学生特别是女学生提高自我保护意识和能力,了解预防性侵犯的知识,知晓什么是性侵犯,遭遇性侵犯后如何寻求他人帮助。教育学生特别是女学生提高警觉,外出时尽量结伴而行,离家时一定要告诉父母返回时间、和谁在一起、联系方式等,牢记父母电话及报警电话。要运用各类媒体普及有关知识,有条件的地方可设立学生保护热线和网站。

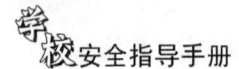安全指导手册

二、定期开展隐患摸底排查

各地教育部门要定期组织力量对中小学校进行拉网式排查，全面检查学校日常安全管理制度是否存在漏洞，重点检查教职工、学生是否有异常情况，特别是要关注班级内学生尤其是女学生有无学习成绩突然下滑、精神恍惚、无故旷课等异常表现及产生的原因。要加强对边远地区、山区学校、教学点的排查，切实做到县不漏校，校不漏人。对排查中发现的安全隐患要及时整改，发现的性侵犯事件线索和苗头要认真核实，涉及违法犯罪的要及时报警并报告上级部门。

三、全面落实日常管理制度

各地教育部门要坚持"谁主管、谁负责，谁开办、谁负责"的原则，落实中小学校长作为校园内部安全管理和学生保护第一责任人的责任。要指导学校建立低年级学生上下学接送交接制度，不得将晚离校学生交与无关人员。健全学生请假、销假制度，严禁学生私自离校。加强人防、物防和技防建设，完善重点时段和关键部位的安全监管。严格落实值班、巡查制度，加强校园周边治安综合治理。严格实行外来人员、车辆登记制度和内部人员、车辆出入证制度。

四、从严管理女生宿舍

各地教育部门和寄宿制学校要对所有女生宿舍实行"封闭式"管理，尚未实现"封闭式"管理的要抓紧时间改善宿舍条件。女生宿舍原则上应聘用女性管理人员。未经宿管人员许可，所有男性，包括老师和家长，一律不得进入女生宿舍。宿舍管理人员发现有可疑人员在女生宿舍周围游荡，要立即向学校报告并采取相应防范措施。学生临时有事离校回家必须向学校请假并电话告知家长，经宿舍管理人员同意并登记后方可离校。做好学生夜间点名工作，发现有无故夜不归宿者要及时报告。

五、切实加强教职员工管理

各地教育部门要把好入口关，落实对校长、教师和职工从业资格有关规定，加强对临时聘用人员的准入资质审查，坚决清理和杜绝不合格人员进入学校工作岗位，严禁聘用受到剥夺政治权利或者故意犯罪受到刑事处罚人员、有精神病史人员担任教职员工。要将师德教育、法制教育纳入教职员工培训内容及考核范

围,加强考核和评价,落实管理职责。要加强对教职员工的品行考核,对品行不良、侮辱学生、影响恶劣的,由县级以上教育行政部门撤销其教师资格。要关注教职员工队伍心理状况及工作状况,加强心理辅导,防止个别教职员工出现极端心理问题,及时预防个别教职员工出现的不良行为。

六、密切保持家校联系

各地教育部门、妇联组织要通过开展家访、召开家长会、举办家长学校等方式,提醒家长尽量多安排时间和孩子相处交流,切实履行对孩子的监护责任,特别要做好学生离校后的监管看护教育工作。要让家长了解必要的性知识和预防性侵犯知识,并通过适当方式向孩子进行讲解。学校要同家庭随时保持联系,特别要关注留守儿童家庭,及时掌握孩子情况,特别是发现孩子有异常表现时,家校双方要及时沟通,深入了解孩子表现情况,共同分析异常原因,及时采取应对措施。学校家长委员会、家长学校要与社区家长学校密切联系,构筑学校、家庭、社区有效衔接的保护网络。

七、妥善处置中小学生性侵犯事件

各地教育部门要建立中小学生性侵犯案件及时报告制度,一旦发现学生在学校内遭受性侵犯,学校或家长要立即报警并彼此告知,同时学校要及时向上级教育主管部门报告,报告时相关人员有义务保护未成年人合法权益,严格保护学生隐私,防止泄露有关学生个人及其家庭的信息,避免再次伤害。教育部门和学校要与共青团、妇联、家庭和医院等积极配合,向被性侵犯的学生及其家人提供帮助,及时开展相应的心理辅导和家庭支持,帮助他们尽快走出心理阴影。被性侵犯的学生有转学需求的,教育部门和学校应予以安排。对性侵学生者,各地要依法严惩,决不姑息。

八、努力营造良好社会环境和舆论氛围

各地教育部门、公安机关要分析学校及周边安全形势,掌握治安乱点和突出问题,大力整治学校及周边安全隐患。各地公安机关要重点排查民办学校、城乡结合部学校、寄宿制学校内部及周边的安全隐患,严厉打击对少年儿童性侵犯的违法犯罪活动。要加强校园周边巡逻防控,防止发生社会人员性侵犯在校女学生案件。各地教育部门要协调有关部门进一步加强对学生保护工作的正面宣传引导,防止媒体过度渲染报道性侵犯学生案件,营造全社会共同关心、关爱学生健

康成长的良好氛围。

九、积极构建长效机制

各地教育部门要将预防性侵犯教育作为安全教育的重要内容，在开学后、放假前等重点时段集中开展，纳入对新上岗教职工和新入学学生的培训教育中。共青团组织要将预防性侵犯教育作为青少年自护教育活动的重要方面，依托各地12355青少年服务台，开设自护教育热线，组织专业社工、公益律师、志愿者开展有针对性的自护教育、心理辅导和法律咨询。妇联组织要将预防性侵犯教育纳入女童尤其是农村留守流动女童家庭教育指导服务重点内容，维护女童合法权益。要加强协同配合，努力构建教育、公安、共青团、妇联、家庭、社会六位一体的保护中小学生工作机制，做到安全监管全覆盖。

教育部　公安部
共青团中央　全国妇联
2013年9月3日